DROIT DES SOCIÉTÉS

Des mêmes auteurs

Maurice Cozian

• *Précis de fiscalité des entreprises* (en collaboration avec Florence Deboissy et Martial Chadefaux), LexisNexis, réédition annuelle.

• *Exercices de fiscalité des entreprises* (en collaboration avec Martial Chadefaux), LexisNexis, réédition annuelle.

• *Les grands principes de la fiscalité des entreprises*, Litec, 4e édition, 1999, rééditée en 2015.

• *La comptabilité racontée aux juristes* (en collaboration avec Pierre-Jean Gaudel), 3e édition, 2020.

Alain Viandier

• *La notion d'associé*, LGDJ, coll. « Bibl. de droit privé », 1978.

• *La société en commandite, entre son passé et son avenir* (ouvrage en collaboration), Creda, Litec, 1983.

• *Recherche de légistique comparée*, Heidelberg, Springer, 1988.

• *OPA-OPE et autres offres publiques*, éd. F. Lefebvre, 5e édition, 2014.

• *Société et loi NRE, mode d'emploi après un an d'application* (en collaboration avec Anne Charvériat), Droit pratique F. Lefebvre, 2e édition, 2002.

Florence Deboissy

• *Code des sociétés* (en collaboration avec Guillaume Wicker, Laura Sautonie-Laguinoie, Gilles Auzero et Jean-Christophe Pagnucco), LexisNexis, réédition annuelle.

• *Précis de fiscalité des entreprises* (en collaboration avec Maurice Cozian et Martial Chadefaux), LexisNexis, réédition annuelle.

• *La simulation en droit fiscal*, LGDJ, coll. « Bibl. de droit privé », 1997, préface Maurice Cozian.

DROIT DES SOCIÉTÉS

34e ÉDITION

Maurice Cozian †
Professeur émérite de l'université de Bourgogne

Alain Viandier
Ancien professeur des universités

Florence Deboissy
Professeur à l'université de Bordeaux

LexisNexis

141, rue de Javel – 75015 Paris

Avertissement de l'Éditeur

Toute utilisation ou traitement automatisé, par des tiers, de données personnelles pouvant figurer dans cet ouvrage sont formellement interdits.

DANGER LE PHOTOCOPILLAGE TUE LE LIVRE

Le logo qui figure sur la couverture de ce livre mérite une explication. Son objet est d'alerter le lecteur sur la menace que représente pour l'avenir de l'écrit, tout particulièrement dans les domaines du droit, de l'économie et de la gestion, le développement massif du photocopillage.

Le Code de la propriété intellectuelle du 1er juillet 1992 interdit en effet expressément la photocopie à usage collectif sans autorisation des ayants droit. Or, cette pratique s'est généralisée dans les établissements d'enseignement supérieur, provoquant une baisse brutale des achats de livres au point que la possibilité même pour les auteurs de créer des œuvres nouvelles et de les faire éditer correctement soit aujourd'hui menacée.

Siège social : 141, rue de Javel - 75015 Paris

ISBN 978-2-7110-3513-7

Le 27 mai 2008, Maurice Cozian disparaissait dans un accident automobile. Cet ouvrage lui doit ses meilleures pages. Il reste présent dans ce manuel et c'est en espérant ne pas le décevoir que nous continuons à deux l'aventure vécue longtemps à trois.

AV et FD.

Avant-propos de la trente-troisième édition

Avec cette édition, qui atteint le chiffre symbolique de 33, s'achève pour l'essentiel ma participation à cet ouvrage. C'est l'occasion pour moi de remercier les lecteurs pour leur fidélité, mais aussi pour leur indulgence à l'égard d'un Manuel ayant presque doublé de volume depuis 1987, sous l'effet d'une inflation législative galopante.

Il revient désormais à Florence Deboissy, avec le talent qu'on lui connaît, de relever le défi de la 50e et pourquoi pas de la 100e édition.

AV

Sommaire

Introduction

1. – Le monde juridique est peuplé de personnes physiques et de personnes morales[1], celles-ci se déclinant principalement en sociétés et en associations. Dans certains États exotiques, connus pour le charme de leur fiscalité (d'où le nom de paradis fiscaux, lesquels comme tout paradis sont voués à l'extinction), le nombre des personnes morales dépasse parfois celui des personnes physiques. Mais la France n'est pas un paradis juridique ou fiscal ; face à plus de soixante-sept millions de personnes physiques, elle ne compte guère plus de trois millions et demi de personnes morales : soit environ plus de trois millions de sociétés et un demi-million d'associations.

2. – Le présent ouvrage est consacré aux sociétés, avec quelques brefs développements relatifs aux autres groupements. La matière est vaste. Pour s'échauffer, on envisagera les cinq interrogations suivantes :

Qu'est-ce qu'une société ?
Quelle réglementation pour la société ?
Pourquoi créer une société ?
Quelles sont les structures juridiques concurrentes de la société ?
Quelle fiscalité pour la société ?

SECTION 1

QU'EST-CE QU'UNE SOCIÉTÉ ?

3. – L'article 1832 du Code civil donne la réponse :

« La société est instituée par deux ou plusieurs personnes qui conviennent par un contrat d'affecter à une entreprise commune des biens ou leur industrie en vue d'en partager le bénéfice ou de profiter de l'économie qui pourra en résulter.

Elle peut être instituée, dans les cas prévus par la loi, par l'acte de volonté d'une seule personne.

Les associés s'engagent à contribuer aux pertes ».

4. – **But de la société.** « Partager le bénéfice ou profiter de l'économie. » On n'entre pas en société pour poursuivre un but altruiste, s'abîmer dans des recherches philosophiques, se lancer dans une quête spirituelle, prier, rêver, contempler, méditer. Nul n'entre en société s'il n'a pas l'intention de rechercher un avantage économique, profit ou économie : telle est la cause, le but de la société (V. *infra*, n° 204). Cette vocation aux bénéfices ou aux économies a pour contrepartie la contribution aux pertes.

5. – *Nombre d'associés.* Cette intention est le plus souvent le fait d'une pluralité d'individus : deux professeurs d'arts martiaux se réunissent pour promouvoir leur

(1) « Personnes morales », n'exagérons rien. « Ces personnes dites morales, n'ont pas de vie morale... Les dirigeants d'une société peuvent avoir l'âme charitable, la société elle-même ne connaît pas la générosité » : G. Ripert, *Aspects juridiques du capitalisme moderne*, LGDJ, 1951, n° 34.

art ; deux « youtubeurs » joignent leurs forces pour augmenter leur nombre de *followers* ; trois infirmières mettent en commun local, téléphone, seringues et pansements de manière à réduire leurs frais de fonctionnement. Étymologiquement, le terme de société vient de *socius* qui, en latin, signifie compagnon.

Mais depuis 1985 avec l'entreprise unipersonnelle à responsabilité limitée ou EURL (V. *infra*, n°s 1785 et s.), puis en 1999 avec la société par actions simplifiée unipersonnelle ou SASU (V. *infra*, n°s 1563 et s.), la société peut être constituée par une seule personne ; on parle alors de société unipersonnelle. Ainsi le *web designer* ou le professeur de coréen trouveront peut-être dans la société une alternative intéressante au statut d'entrepreneur individuel.

6. – *Objet de la société*. La société a pour objet la poursuite d'une entreprise commune, qui au demeurant, lorsque la société est unipersonnelle, est l'entreprise d'une seule personne. Le projet poursuivi par le canal de la société peut prendre les formes les plus variées : négoce, industrie, artisanat, agriculture, services aux entreprises ou aux particuliers, gestion de biens mobiliers ou immobiliers… Quel que soit l'objet social, autrement dit l'activité envisagée, la structure de la société et son fonctionnement sont identiques. Si différences il y a, elles procèdent de la réglementation propre à l'activité exercée : ainsi, des règles strictes encadrent la pharmacie, les casinos, les établissements de crédit, etc., mais la société pharmaceutique comme la société de banque obéissent aux mêmes règles de base du droit des sociétés. Il faut en effet distinguer les règles qui s'appliquent à la structure juridique qu'est la société est celles qui s'appliquent à son activité.

7. – *Diversité des formes sociales*. Les règles gouvernant la société varient toutefois selon le modèle de société choisi[(2)]. Le catalogue des formes sociétaires est riche, qui va de la simple société en participation appelée à demeurer secrète, jusqu'à la société anonyme constituée parfois de dizaines de milliers d'actionnaires et dont les actions peuvent être cotées en bourse. Entre ces deux extrêmes viennent s'intercaler plusieurs modèles, différenciés en fonction de l'activité – sociétés civiles et sociétés commerciales – ou selon la responsabilité encourue par les associés – limitée ou illimitée –, ou encore selon qu'elles donnent naissance à une personne morale ou non (V. pour la classification des sociétés, *infra*, n° 40). On pressent déjà les questions que les aspirants associés devront se poser : degré de risque toléré, compatibilité avec le projet entrepreneurial, utilité de la personnalité juridique.

8. – *Liberté contractuelle*. À ces questions, on doit en ajouter une autre, essentielle : quelle part de liberté souhaite-t-on dans l'organisation de la société ? Plus la société est sophistiquée, plus la réglementation est contraignante et la place de l'ordre public importante ; par exemple, la société anonyme permet une organisation sophistiquée, mais c'est aussi une machinerie complexe qui doit respecter le mode d'emploi défini par la loi, au point que certains se demandent si le contractuel est étouffé par l'institutionnel (V. *infra*, n° 10). À l'inverse, la société civile ou la société en nom collectif sont moins saturées de règles, mais encore faut-il accepter en contrepartie un risque plus grand.

(2) L. Godon, *L'éclatement des formes sociales : Rev. sociétés* 2017, p. 267.

Le coin des amateurs

1. De la société selon le chevalier d'Artagnan

9. – On va souvent chercher très loin des illustrations de société alors qu'il suffit d'interroger la mémoire de nos lectures d'enfance pour trouver des exemples pertinents. Témoin ce passage du *Vicomte de Bragelonne* (t. I, p. 235, éd. Gallimard, coll. « Folio ») où Alexandre Dumas met en scène la signature d'un contrat de société entre l'impécunieux d'Artagnan et le prospère Planchet :

« D'Artagnan prit la plume, la trempa dans l'encre et écrivit :

Entre messire d'Artagnan, ex-lieutenant des mousquetaires du roi, actuellement demeurant rue Tiquetonne, hôtel de la Chevrette,

Et le sieur Planchet, épicier, demeurant rue des Lombards, à l'enseigne du Pilon-d'Or,

A été convenu ce qui suit :

Une société au capital de quarante mille livres est formée à l'effet d'exploiter une idée apportée par M. d'Artagnan.

Le sieur Planchet, qui connaît cette idée et qui l'approuve de tous points, versera vingt mille livres entre les mains de M. d'Artagnan.

Il n'en exigera ni remboursement ni intérêt avant le retour d'un voyage que M. d'Artagnan va faire en Angleterre.

De son côté, M. d'Artagnan s'engage à verser vingt mille livres qu'il joindra aux vingt mille déjà versées par le sieur Planchet.

Il usera de ladite somme de quarante mille livres comme bon lui semblera, s'engageant toutefois à une chose qui va être énoncée ci-dessous.

Le jour où M. d'Artagnan aura rétabli par un moyen quelconque Sa Majesté le roi Charles II sur le trône d'Angleterre, il versera entre les mains de M. Planchet la somme de… etc. ».

2. La société, contrat ou institution ?

10. – Savoir si la société est un contrat ou une institution est un débat récurrent (V. l'éclairante synthèse de J.-Cl. May, *La société : contrat ou institution ?*, in *Contrat ou institution : un enjeu de société*, LGDJ, 2004, p. 122. – *Adde* Fl. Deboissy, *Le contrat de société*, in *Le contrat*, Travaux de l'Association H. Capitant, t. LV, Société de législation comparée, 2008, p. 119 et s. – T. Favario, *Regards civilistes sur le contrat de société : Rev. sociétés* 2008, p. 53 et s. – J.-F. Hamelin, *Le contrat-alliance*, Economica, 2012). Si le Code civil avait originairement perçu la société comme un contrat, cette analyse purement contractuelle fut remise en cause par la doctrine, à partir de la fin du XIXe siècle, qui appliqua la théorie publiciste de l'institution. Le principe majoritaire, le développement d'une réglementation contraignante, la considération d'un intérêt de la société distinct de l'intérêt personnel de ses membres, le souci d'assurer la pérennité de l'entreprise ont conduit à penser que la société n'était pas un pur produit de la volonté égoïste de ses membres, mais était un être social qui dépassait les volontés individuelles plus qu'elle ne leur était asservie.

Si le recours au concept d'institution a été utile historiquement pour mettre en lumière les particularités du contrat de société, il a perdu cette vertu. En effet, l'institution, telle qu'elle est vue en droit des sociétés, s'apparente davantage à une idée ou à une image qu'à une véritable théorie car elle ne détermine aucun régime juridique précis. Mieux, il est frappant de constater que la théorie de l'institution a été développée en droit commercial à l'époque où la théorie de l'autonomie de la volonté était systématisée en droit civil en réaction au développement de la législation d'ordre public. Devant la multiplication des règles impératives, la doctrine civiliste tenta en effet de sauvegarder la conception classique du contrat là où la doctrine commercialiste préféra l'abandonner en faisant appel à la notion d'institution.

Dans sa version actuelle, la théorie de l'institution est souvent appelée en renfort pour expliquer l'existence d'une législation d'ordre public : tout développement de l'ordre public est perçu comme une institutionnalisation de la société, là où la libéralisation des règles serait le signe d'une contractualisation de la société : la société « s'institutionnalise » ou se « contractualise » au gré du flux et du reflux de l'ordre public. Mais le recours à la notion d'institution est inutile dans la mesure où l'ordre public est une donnée intégrée par la théorie du contrat : un contrat ne perd pas sa nature du seul fait qu'il fait l'objet d'une législation d'ordre public. Il s'ensuit que l'alternative contrat-institution est fausse. Il suffit de parler de contrat et d'ordre public, notions qui coexistent.

3. La société, contrat ou personne morale ?

11. – La reconnaissance de la personnalité morale des sociétés a également contribué à brouiller l'épure originelle : comment la théorie du contrat pourrait-elle appréhender la capacité de jouissance et d'exercice de la société personnifiée, son autonomie patrimoniale ou encore l'existence de représentants légaux disposant du pouvoir d'engager la société à l'égard des tiers ?

Il faut bien voir que société et personne morale constituent deux notions indépendantes l'une de l'autre qui, loin de s'exclure, se combinent. Ainsi, dès lors que les statuts ont été adoptés, et dans l'attente d'une immatriculation, la société existe en tant qu'acte juridique mais elle n'a pas encore la personnalité morale (V. *infra*, n° 325). Également, certaines sociétés, telles la société en participation ou la société créée de fait, ne jouissent pas de la personnalité morale, faute d'immatriculation, mais n'en existent pas moins en tant qu'acte juridique (V. *infra*, nos 1993 et s.). Une telle dissociation se retrouve encore au moment de la disparition de la société puisque, si la dissolution met fin à l'acte juridique, la personnalité morale de la société subsiste pour les besoins de la liquidation du patrimoine social (V. *infra*, nos 799 et s.) et le contrat continue pour sa part à gérer les relations entre associés (Cass. 3e civ., 23 oct. 2013, n° 12-30.129 : *RJDA* 2/2014, n° 116 ; une société civile ayant continué son activité après l'arrivée du terme, la question se posait de savoir quel était l'organe compétent pour décider sa transformation ; réponse : l'organe prévu par les statuts, ce qui manifeste la survie du contrat au-delà du terme fixé par les parties).

Reste à établir le lien qui existe entre l'acte juridique fondateur – le contrat de société – et la personnalité morale. Même si, pour des raisons de commodité, on les étudie successivement, leur rapport n'est pas seulement de coexistence. La personnalité morale permet au contrat de société, non pas d'exister, mais de rayonner vers l'extérieur. En clair, la personnalité morale rend le contrat de société opposable aux tiers, ce qui justifie que son opposabilité soit subordonnée à une mesure de publicité (en ce sens J. Duclos, *L'opposabilité. Essai d'une théorie générale*, LGDJ, 1984, n° 241. – G. Wicker et J.-Ch. Pagnucco, *Rép. civ.* Dalloz, V° *Personne morale*, n° 20. – G. Wicker, *La théorie de la personnalité morale depuis la thèse de Bruno Oppetit : Mél. Oppetit*, Litec, 2009, p. 689).

4. La société, contrat ou acte unilatéral ?

12. – Étant admis que la société, selon les termes mêmes de l'article 1832 du Code civil, est un acte juridique, opposable aux tiers par l'immatriculation (V. *supra*, n° 11), reste à en préciser la nature. Même si la qualification de contrat de société est largement utilisée, on peut se demander si celle d'acte unilatéral, collectif ou individuel selon que la société est pluripersonnelle ou unipersonnelle, n'est pas plus appropriée. L'acte unilatéral se distingue du contrat en ce qu'il poursuit un intérêt unique là où le contrat se caractérise par une opposition d'intérêts. L'acte unilatéral collectif se définit comme l'acte émanant de deux ou plusieurs participants dont les volontés conjointes poursuivent un même but. Tel est bien le cas en matière de société puisque les associés poursuivent tous un même but, à savoir partager les bénéfices ou profiter des économies qui pourront en résulter. Lorsque la société est unipersonnelle, on parlera simplement d'acte unilatéral individuel (en ce sens, G. Wicker et J.-Ch. Pagnucco, *Rép. civ.* Dalloz, V° *Personne morale*, n° 27).

Faut-il en déduire que le contrat de société n'existe pas ? Non, car la qualification d'acte unilatéral ne fait pas obstacle à l'existence de deux types de relations contractuelles.

En premier lieu, que la société soit pluripersonnelle ou unipersonnelle, l'engagement sociétaire place chaque associé vis-à-vis de la société « dans une situation contractuelle composée de droits et obligations corrélatifs » (G. Wicker et J.-Ch. Pagnucco, *Rép. civ.* Dalloz, V° *Personne morale*, n° 94) : par son adhésion à l'acte sociétaire, l'associé s'engage à respecter certaines obligations à l'égard de la société et, en contrepartie, est créancier d'un certain nombre de droits, ce qui caractérise une relation de type contractuelle.

En second lieu, lorsque la société est pluripersonnelle, l'organisation des relations entre associés procède d'un acte contractuel, lequel vient préciser et aménager l'étendue comme l'exercice des droits et obligations de chacun ; ainsi, parce que les statuts « constituent le contrat accepté par les parties et fixant leurs droits et obligations » (Cass. com., 8 mars 2005 : *BJS* 2005, § 237, p. 995, note P. Le Cannu ; *JCP* E 2005, 1046, n° 9, obs. J.-J. Caussain, Fl. Deboissy et G. Wicker), les associés peuvent convenir, par exemple, d'une clause de retrait forcé ou d'une clause de non-concurrence, la seule limite étant, comme dans tout contrat, celle du respect de l'ordre public (C. civ., art. 6).

Pour l'ensemble de ces raisons, le terme de contrat de société continuera donc d'être utilisé dans cet ouvrage.

SECTION 2

QUELLE RÉGLEMENTATION POUR LA SOCIÉTÉ ?

13. – *Loi de 1966.* Pour l'essentiel, l'architecture du droit des sociétés d'aujourd'hui est celle dessinée par la loi du 24 juillet 1966, ultérieurement intégrée dans le Code de commerce. Conformément à l'idéologie dominante de l'époque, les sociétés, spécialement les sociétés anonymes et les SARL, ont été conçues comme des instruments dangereux appelant une réglementation tatillonne, avec force règles d'ordre public et sanctions pénales.

14. – *La révolution de 1994.* Petit à petit les choses ont évolué(3), l'une des étapes majeures étant la création en 1994 de la société par actions simplifiée ou SAS. La fin de l'ère glaciaire du droit des sociétés a été largement commandée par la mondialisation de l'économie. Les délocalisations ne concernent pas seulement l'industrie ou les services, mais aussi les institutions juridiques. Un groupe opérant à l'échelon européen ou mondial peut librement choisir le lieu d'implantation des sièges sociaux des différentes sociétés qu'il contrôle. De là une compétition parfois féroce entre les pays, y compris en Europe où l'attractivité d'États tels que les Pays-Bas, le Luxembourg ou l'Irlande, favorisée par le jeu de la liberté d'établissement (V. *infra*,

(3) V. I. Urbain-Parleani, P.-H. Conac et al., *Regards sur l'évolution du droit des sociétés depuis la loi du 24 juillet 1966*, Dalloz, 2018.

n° 382), n'est plus à démontrer[4]. De nombreuses réformes ont tenté de raviver l'attractivité de la France.

15. – *La vogue de la simplification et du recours aux ordonnances.* À partir de 2011, commence l'ère de la simplification, ou plutôt de la simplification paradoxale, puisque, au-delà de l'intitulé, les textes votés sont souvent facteurs de complications ; une autre tendance récente est le recours aux ordonnances, la loi se contentant souvent de fixer avec plus ou moins de précision la nature de la mesure pour laquelle le Gouvernement est habilité à « légiférer » ; pareille dévitalisation du rôle du Parlement est gênante pour l'usager ainsi privé de la lumière que peut apporter la consultation des travaux parlementaires sur le sens de telle ou telle disposition.

16. – Citons deux textes représentatifs de ce mouvement :

– la loi n° 2011-525 du 17 mai 2011 dite « de simplification du droit », transposant notamment la directive n° 2009/109 du 16 septembre 2009 relative aux fusions et scissions de SA ;

– la loi n° 2015-990 du 6 août 2015 pour la croissance, l'activité et l'égalité des chances économiques, dite « loi Macron » ; dans ce pot-pourri de règles d'importance inégale, on trouve plusieurs dispositions affectant le droit des sociétés, comme la réglementation des sociétés d'exercice libéral ou la cession forcée de titres en cas de procédure collective[5].

17. – *Loi Pacte.* Le 23 octobre 2017, le Gouvernement a lancé un Plan d'action pour la croissance et la transformation des entreprises, le Pacte. L'ambition des promoteurs du projet était de « donner aux entreprises le cadre et les leviers pour innover, pour se transformer, pour grandir et créer des emplois »[6]. Une phase dite de « co-construction » avec les acteurs du monde économique a d'abord été lancée ; elle a notamment donné lieu à un rapport sur « L'entreprise, objet d'intérêt collectif », rédigé par Mme N. Notat et M. J.-D. Senard. Ce rapport a formulé plusieurs recommandations dont l'essentiel nourrit la loi du 22 mai 2019 (L. n° 2019-486 : *JO* 23 mai)[7] ; à se limiter au droit des sociétés, elle couvre des champs aussi divers que la mission des commissaires aux comptes, la représentation équilibrée des hommes et des femmes dans les organes sociaux, l'information sur la rémunération des dirigeants, l'offre au public de jetons et le fonctionnement des marchés d'actifs numériques, les fonds de stabilité actionnariale, etc. L'une des ambitions de la loi est d'encourager les entreprises à dépasser les fins exclusivement lucratives, en les incitant notamment à une meilleure prise de conscience sociale et environnementale. On verra que sur plusieurs points, spécialement ceux concernant l'intérêt social et la raison d'être de l'entreprise, la pensée du législateur manque de clarté.

18. – *Loi de simplification et de clarification.* Une proposition de loi d'origine sénatoriale dite de simplification, de clarification et d'actualisation du droit des sociétés,

(4) K. Rodriguez, *L'attractivité, nouvelle perspective du droit national des sociétés* : *BJS* 2004, p. 330.
(5) I. Urbain-Parleani, P.-H. Conac et al., *Réflexions collectives sur la loi Macron* : *Rev. sociétés* 2015, p. 623 et s.
(6) Présentation du Pacte, site du ministère de l'Économie : economie.gouv.fr.
(7) H. Le Nabasque (ss dir.), *Loi Pacte et droit des sociétés* : *BJS* juin 2019, p. 33. – *Dossier Loi Pacte* : *JCP* E 2019, n° 1317. – I. Urbain-Parleani et a., *La loi Pacte, le nouveau visage du droit des sociétés* : *Rev. sociétés* 2019, p. 565 et s.

déposée en 2014[(8)] a enfin abouti en 2019, donnant naissance à la loi n° 2019-744 du 19 juillet 2019[(9)]. La loi modifie à la marge le droit des sociétés, qu'il s'agisse par exemple du sort des décisions collectives irrégulières dans les SARL, des cessions de parts de sociétés civiles, des augmentations de capital ou encore du régime des options de souscription.

19. – *Directives européennes.* Les règles juridiques ou fiscales sont l'un des termes de la concurrence interétatique ; de même qu'il est des pavillons de complaisance, il est des législations sociétaires de complaisance (*blue sky laws*), qui placent la barre des exigences minimales suffisamment bas pour attirer les sièges sociaux et les immatriculations (V. *supra*, n° 14). Les traités européens posant le principe de la libre concurrence, il était inévitable qu'ils prévoient la coordination des « garanties qui sont exigées, dans les États membres, des sociétés (...) pour protéger les intérêts tant des sociétés que des tiers » (Traité sur le fonctionnement de l'Union européenne [TFUE], art. 50, g). Sur cette base, de nombreuses directives intéressant le droit des sociétés ont vu le jour. De manière à simplifier la réglementation, une directive 2017/1132 du 14 juin 2017 a codifié en une seule directive les textes antérieurs, ce qui a donné naissance à un mini code européen de droit des sociétés. Cela concerne notamment les directives sur les fusions et les scissions, la protection des intérêts des associés et des tiers en matière de publicité, de validité des engagements sociaux et de nullité de la société, la constitution des sociétés anonymes et le maintien de leur capital.

20. – *Covid-19.* La pandémie a conduit le Gouvernement à déposer un projet de loi d'urgence pour faire face à l'épidémie, lequel a donné naissance à la loi n° 2020-290 du 23 mars 2020 autorisant le Gouvernement à prendre par ordonnance, dans un délai de trois mois, différentes mesures de simplification du fonctionnement des sociétés[(10)], en particulier en adaptant les modalités de réunion et de délibération des assemblées et organes collégiaux. A ainsi été adoptée l'ordonnance n° 2020-321 du 25 mars 2020, précisée par le décret n° 2020-418 du 10 avril 2020[(11)] ; cette ordonnance a été prorogée par l'ordonnance n° 2020-1497 du 2 décembre 2020[(12)], elle-même complétée par le décret n° 2020-1614 du 18 décembre 2020[(13)] ; les mesures d'assouplissement ainsi prises ont été reconduites jusqu'au 31 juillet 2021 par un décret du 9 mars 2021.

Ainsi, lorsqu'une assemblée est convoquée en un lieu affecté par une mesure administrative limitant les rassemblements, l'autorité de convocation peut

(8) Prop. de loi, Doc. Sénat n° 790 (session 2013-2014).

(9) BRDA 17/2019, p. 22 et s. – C. Coupet, *Loi du 19 juillet 2019 de simplification, de clarification et d'actualisation : miscellanées de droit des sociétés : BJS* oct. 2019, p. 35. – B. Dondero, *La loi de simplification, de clarification et d'actualisation du droit des sociétés : JCP E* 2019, 1479.

(10) R. Mortier et B. Zabala, *Ordonnances Covid-19 et droit des sociétés : JCP E* 2020, n° 1160. – A. Reygrobellet, *Le droit des sociétés en période d'urgence sanitaire : Rev. sociétés* 2020, p. 275.

(11) B. Dondero, *Réunions et délibérations des assemblées et organes dirigeants des personnes morales et entités dépourvues de personnalité morale de droit privé en raison de l'épidémie de Covid-19. D. n° 2020-418, 10 avr. 2020 : JCP E* 2020, act. 316. – A. Couret, *Décret du 10 avril 2020 : précisions sur les assemblées à huis clos : BJS* mai 2020, p. 7. – O. de Bailliencourt, *La tenue à huis clos des assemblées générales de sociétés cotées au regard de l'assouplissement des mesures sanitaires : Dr. sociétés* juill. 2020, comm. 95.

(12) A. Couret, J.-J. Daigre et C. Barillon, *Après le printemps, l'hiver des assemblées générales ! : JCP E* 2020, 823.

(13) B. Dondero, *Covid-19 et tenue des AG dans les sociétés : JCP E* 2021, 1042.

décider qu'elle se tiendra hors la présence physique de ses membres, lesquels sont contraints d'utiliser d'autres modalités d'expression, tels l'envoi d'un pouvoir, le vote à distance ou la visioconférence, dont les conditions sont assouplies à titre exceptionnel, les conditions légales ou statutaires étant neutralisées ; l'ordonnance a également facilité le recours à la consultation écrite, en la rendant possible, dès lors que la loi le prévoit, sans qu'une clause statutaire soit nécessaire ni ne puisse s'y opposer.

S'agissant des organes collégiaux d'administration, de direction ou de surveillance, les membres qui participent au moyen d'une conférence téléphonique ou audiovisuelle sont réputés présents, nonobstant ce que stipulent les statuts, et les décisions de ces organes peuvent même être prises par voie de consultation écrite, et ce quel que soit l'objet de la décision.

De son côté, l'Autorité des marchés financiers a rappelé les différentes modalités permettant aux actionnaires de participer aux assemblées générales sans être présents (communiqué du 6 mars 2020).

C'est ainsi qu'en application de ces mesures, de nombreuses sociétés ont opté pour la tenue de leur assemblée à huis clos, hors la présence physique des actionnaires, ce qui n'est pas sans poser problème en termes de démocratie actionnariale[14].

Le coin des amateurs

1. La codification du droit des sociétés

21. – À dire vrai, il n'existe pas de Code des sociétés comme il existe un Code civil ou un Code de commerce par exemple. Le droit des sociétés est réglementé pour partie dans le Code civil et pour partie dans le Code de commerce, sans compter les nombreux autres textes intéressant la matière.

a) Le Code civil

Il faut rappeler à titre liminaire que les dispositions générales du droit des obligations ont vocation à s'appliquer en droit des sociétés, ainsi par exemple des règles relatives à la protection du consentement.

La réglementation première du contrat de société se situe au titre IX du livre troisième (« Des différentes manières dont on acquiert la propriété ») du Code civil (art. 1832 et s.). C'est le premier des petits contrats qui prend place à la suite des quatre grands contrats que sont le contrat de mariage, la vente, l'échange et le bail. Selon l'article 1834 du Code civil, « les dispositions du présent chapitre sont applicables à toutes les sociétés, s'il n'en est autrement disposé par la loi en raison de leur forme ou de leur objet ». Par conséquent, des questions aussi fondamentales que la naissance de la personnalité morale, la dissolution ou la nullité sont réglées par le Code civil. Cela crée parfois des difficultés d'articulation avec les articles du Code de commerce traitant des mêmes thèmes (V. par ex., *infra*, n° 280 à propos de la nullité des sociétés). Outre les règles communes à toutes les sociétés, le Code civil réglemente spécialement la société civile, la société en participation et la société créée de fait.

(14) O. de Bailliencourt et J. Granotier, *La prolongation de l'ordonnance AG : une prolongation de l'atteinte à la démocratie actionnariale ?* : *Dr. sociétés* janv. 2021, n° 8.

b) Le Code de commerce

L'essentiel de la matière est compris dans le Code de commerce dont le livre II regroupe les dispositions applicables aux sociétés commerciales ainsi que les textes applicables aux sociétés européennes, aux GIE et GEIE. La première partie du code regroupe les textes à caractère législatif. La deuxième partie rassemble les textes à caractère réglementaire.

c) Le reste

De nombreux textes intéressant le droit des sociétés se trouvent en dehors du Code civil et du Code de commerce. Les dispositions relatives au droit boursier ont été en effet codifiées dans le Code monétaire et financier, tandis que plusieurs lois importantes ont échappé à toute codification, telle la loi du 31 décembre 1990 sur la société d'exercice libéral (V. *infra*, n°s 2089 et s.).

2. Jamais sans mon code

22. – S'il n'existe pas de Code des sociétés comme il existe un Code civil ou un Code de commerce, les maisons d'édition présentent sous cette appellation des recueils rassemblant la multitude de textes intéressant le droit des sociétés, à commencer par les articles du Code civil traitant de la société et ceux du Code de commerce relatifs aux sociétés commerciales, sans compter les textes particuliers visant l'agriculture, les coopératives, l'immobilier, les professions libérales, le secteur public, les salariés ou encore les groupements particuliers autres que les sociétés (association, fondation, indivision...).

On recommandera le *Code des sociétés et autres groupements* de couleur bleue, édité par LexisNexis, annoté par Florence Deboissy et Guillaume Wicker, en collaboration avec Gilles Auzero, Laura Sautonie-Laguionie, Jean-Christophe Pagnucco et Karl Lafaurie. Dans cet ouvrage, les articles de base sont enrichis de références doctrinales mentionnant les études les plus importantes publiées sur le sujet, puis de références jurisprudentielles où les décisions de justice les plus marquantes sont analysées selon un ordre logique. Le code annoté se présente au fond comme un véritable traité où les thèmes sont commentés à partir des textes de base. Les mêmes remarques valent pour le *Code des sociétés et des marchés financiers*, de couleur rouge, édité par Dalloz.

3. Comment faire des recherches en droit des sociétés

23. – Outre l'usage du code, il faut savoir consulter les traités, manuels, encyclopédies, recueils de jurisprudence, recueils d'études de cas et revues, sans compter les ouvrages spécialisés et les thèses se rapportant à des points particuliers, de même que les bases de données numériques (LexisNexis 360, Navis, Legifrance...). Enfin, il faut être attentif aux « choses de la vie ». Quotidiennement, les médias apportent leur moisson de faits relatifs aux sociétés (OPA, assemblées, conflits entre actionnaires, résultats financiers, émissions de valeurs mobilières...), qui valent pour un esprit curieux les meilleurs travaux dirigés.

a) Les traités et les manuels

Il est toujours instructif de comparer les traités et les manuels, chacun apportant un éclairage personnel sur chaque question examinée. Voici, parmi un large échantillon, les principaux publiés ces dernières années :

J. Bonnard, *Droit des sociétés*, Hachette, 15e éd., 2018.

A. Constantin, *Droit des sociétés*, Mémento Dalloz, 7e éd., 2014.

P. Didier et Ph. Didier, *Droit commercial*, t. II, *Les sociétés commerciales*, Economica, 2011.

B. Dondero, *Droit des sociétés*, Dalloz Hypercours, 6e éd., 2019.

M. Germain et V. Magnier, *Traité de droit commercial* de G. Ripert et R. Roblot, t. I, vol. 2, *Les sociétés commerciales*, LGDJ, 22e éd., 2017.

D. Gibirila, *Droit des sociétés*, Ellipses, 6e éd., 2020.

Y. Guyon, *Droit des affaires*, t. I, *Droit commercial général et sociétés*, Economica, 12e éd., 2003 ; *Les sociétés : aménagements statutaires et conventions entre associés*, LGDJ, 5e éd., 2002.

P. Le Cannu et B. Dondero, *Droit des sociétés*, Montchrestien, 8e éd., 2019.

Francis Lefebvre, *Mémento pratique des sociétés commerciales* (réédition annuelle).

V. Magnier, *Droit des sociétés*, Dalloz, 9e éd., 2019.

M. Menjucq, *Droit international et européen des sociétés*, Montchrestien, 5e éd., 2018.

Ph. Merle, *Sociétés commerciales*, Précis Dalloz, 24e éd., 2020, en collaboration avec A. Fauchon.

J. Mestre et D. Velardocchio, *Lamy Sociétés commerciales* (réédition annuelle).

J.-M. Moulin, *Droit des sociétés : 23 exercices corrigés*, Gualino, 4e éd., 2014 ; *Droit des sociétés et des groupes*, Gualino, 14e éd., 2020.

P. Mousseron, *Les conventions sociétaires*, LGDJ, 2e éd., 2014.

P. Mousseron et L. Chatain, *Droit des sociétés*, Joly Éditions, 2e éd., 2013.

D. Vidal et K. Luciano, *Cours de droit général des sociétés*, Gualino, 2e éd., 2016 ; *Cours de droit spécial des sociétés*, Gualino, 2e éd., 2016.

b) Les encyclopédies

Ce sont de véritables monuments, en plusieurs volumes, régulièrement mis à jour :

Dictionnaire permanent Droit des affaires.

Encyclopédie Dalloz, Répertoire Sociétés, sous la direction de V. Magnier avec le concours de M. Boizard.

Juri-Dictionnaire Joly Bourse, sous la direction de M. Roussille.

Juri-Dictionnaire Joly Sociétés, sous la direction de M. Roussille.

JurisClasseur Sociétés, sous la direction de F. Terré et de M. Germain.

c) Les revues

Les revues juridiques comportent des études doctrinales et reproduisent des décisions jurisprudentielles touchant au droit des sociétés : *Bulletin rapide de droit des affaires (BRDA), Dalloz, Gazette du Palais, Petites affiches, Revue de jurisprudence commerciale, Revue de jurisprudence de droit des affaires (RJDA), La Semaine juridique Entreprise et Affaires*. En plus de la *Revue trimestrielle de droit commercial et de droit économique* qui comporte plusieurs chroniques consacrées au droit des sociétés, il existe plusieurs revues entièrement consacrées à cette discipline : le *Bulletin Joly Sociétés* (mensuel), le *Droit des sociétés* (mensuel), le *Journal des sociétés* (mensuel), la *Revue des sociétés* (mensuelle), et *Actes pratiques et ingénierie sociétaire* (bimestriel). Il ne faut pas hésiter à consulter les revues spécialisées de comptabilité qui comportent souvent d'intéressantes études sur le droit des sociétés : *Bulletin du Conseil national des commissaires aux comptes, Bulletin comptable et financier, Revue fiduciaire comptable, Revue française de comptabilité*. Pour la fiscalité des sociétés, on se reportera notamment à *Droit fiscal* et à la *Revue de jurisprudence fiscale (RJF)*.

SECTION 3

POURQUOI CRÉER UNE SOCIÉTÉ ?

24. – Par-delà sa fonction normative, le droit est également une science d'organisation[15]. Aussi bien la création d'une société, quelles que soient les autres considérations, répond à un souci d'organisation et de structuration d'une activité ou d'un patrimoine. Ainsi, à côté du modèle de contrat-échange comme la vente, il existe un modèle de contrat-organisation[16], voire de contrat-alliance[17], qu'illustre le contrat de société.

On distinguera quatre vocations de la société selon qu'elle est conçue comme une technique d'organisation du partenariat, de l'entreprise, du patrimoine ou un simple instrument d'optimisation.

25. – Reste que la réalité est toujours plus nuancée que les classifications doctrinales. L'aspect patrimonial n'est pas absent dans les deux premiers types de sociétés. Dans toute société de partenaires, il y a une entreprise sous-jacente tandis que le partenariat est souvent présent dans la société conçue comme technique d'organisation de l'entreprise. L'organigramme d'un groupe fait apparaître le mélange des genres ; on y rencontre des sociétés qui exploitent des entreprises, d'autres qui gèrent des patrimoines immobiliers ou mobiliers, d'autres encore qui organisent des actions conjointes avec des partenaires extérieurs au groupe (les filiales communes par exemple), d'autres enfin qui sont de simples instruments d'optimisation financière ou fiscale.

§ 1. – La société, technique d'organisation du partenariat

26. – Ce fut la vocation première de la société que d'offrir un cadre d'organisation à des partenaires désirant participer à une œuvre commune. La société peut ainsi réunir des associés qui souhaitent exercer leur profession en commun. Des médecins, des notaires, des infirmiers, des avocats créent des sociétés civiles professionnelles (V. *infra*, nos 2059 et s.) ; des agriculteurs se réunissent au sein d'un groupement agricole d'exploitation en commun (GAEC, V. *infra*, n° 1989). L'important, dans ce type de société, c'est le talent de chacun, le travail qu'il fournit. Le véritable apport, même s'il n'est pas toujours traité en tant que tel, c'est donc l'industrie de chaque associé (V. *infra*, n° 249). La société de partenaires repose sur la confiance réciproque, la volonté de participer à l'œuvre commune et d'en partager le sort. En latin de juriste, on parle *d'intuitus personae* et d'*affectio societatis* (V. *infra*, nos 271 et s.).

(15) J. Paillusseau, *La logique organisationnelle dans le droit. L'exemple du droit des sociétés : Mél. Béguin*, Litec, 2004, p. 567.
(16) P. Didier, *Brèves notes sur le contrat-organisation : Mél. F. Terré*, Dalloz, 1999, p. 635 ; le contrat-échange « établit entre les parties un jeu à somme nulle en ceci que l'un des contractants gagne nécessairement ce que l'autre perd, et les intérêts des contractants y sont donc largement divergents » ; à l'inverse, le contrat-organisation « crée entre les parties les conditions d'un jeu de collaboration où les deux parties peuvent gagner ou perdre conjointement, et leurs intérêts sont donc structurellement convergents ».
(17) J.-F. Hamelin, *Le contrat-alliance*, Economica, 2012.

27. – Ceci ne signifie aucunement que l'on doive créer une société dès que l'on exerce ensemble la même profession à deux, trois ou plus. Dans les exploitations agricoles traditionnelles, les enfants travaillent souvent avec leurs parents, lesquels n'éprouvent pas la nécessité de créer une société. Le conjoint aide son époux, en dehors du cadre formel d'une société constituée et immatriculée, de là d'ailleurs des difficultés en cas de désamour et de divorce (V. *infra*, n° 696). De même, des médecins ou des avocats peuvent collaborer sans entrer en société, le statut applicable étant alors celui de la coexploitation ; ils peuvent aussi se contenter de mettre en commun des moyens en constituant une société civile de moyens (secrétariat, local, standard téléphonique), tout en exerçant leur activité séparément, sans partager les fruits de leur art (V. *infra*, n° 2082).

§ 2. – La société, technique d'organisation de l'entreprise

28. – L'entreprise peut être définie comme un ensemble cohérent de moyens humains et matériels regroupés, quelle que soit la forme juridique de ce regroupement, en vue de l'exercice d'une activité régulière participant à la production ou à la circulation des richesses, autrement dit une activité économique[18]. Toute entreprise n'est pas exploitée sous forme sociétaire, à preuve les entreprises individuelles. La réciproque est tout aussi vraie : toute société n'exploite pas nécessairement une entreprise (V. *infra*, n°s 35 et s.). Reste que, dans bien des cas, l'entreprise est exploitée dans le cadre d'une société qui, exerçant l'activité économique, prend la qualité d'entrepreneur.

En pratique, tout entrepreneur individuel se pose à un moment ou à un autre la question de la mise en société de son affaire. Quand il opte pour la société unipersonnelle (EURL, SASU, SELARL ou SELAS unipersonnelle), la société n'est pas une technique d'organisation du partenariat car on est en présence d'un associé unique ; elle est à l'état pur une technique d'organisation de l'entreprise.

A. – L'intérêt juridique

1° La gestion de l'entreprise

29. – Intimement liée à la personne de son propriétaire, l'entreprise individuelle présente une fragilité congénitale ; dépourvue de la personnalité morale, elle est en quelque sorte invertébrée, sans existence juridique. La société, à condition d'être immatriculée, aboutit à la constitution d'une nouvelle personne juridique. Elle fournit également une structure de management en organisant l'exercice du pouvoir.

2° La séparation des patrimoines

30. – Lorsque la société est dotée de la personnalité morale, la mise en société permet à l'égard des tiers une séparation du patrimoine de l'entreprise et du patrimoine

(18) La poursuite d'une activité économique constitue le critère de l'entreprise. – V. Cass. 1re civ., 12 mars 2002 : *BJS* 2002, § 224, p. 1033, note B. Saintourens : information annuelle de la caution lorsque le concours financier est accordé à une « entreprise » (C. monét. fin., art. L. 313-22).

personnel de l'entrepreneur ; la personne morale joue alors le rôle de la « cape d'invisibilité » connue des lecteurs de Harry Potter. On notera toutefois que dans les sociétés à risque illimité les associés sont tenus indéfiniment du passif social ; au vrai, dans les sociétés à risque limité, cet avantage ne doit pas être surestimé en raison des engagements de caution parfois exigés des associés.

3° La transmission de l'entreprise

31. – La forme sociétaire facilite la transmission de l'entreprise entre vifs : juridiquement il est plus facile de céder des titres sociaux que de céder une entreprise individuelle. La mise en société facilite de même la transmission de l'entreprise pour cause de mort. Le décès de l'entrepreneur individuel sonne souvent le glas de l'entreprise individuelle : l'entreprise tombe en indivision et sa gestion devient difficile. Au contraire, si l'entreprise est exploitée sous forme sociale, ce sont les titres et non l'entreprise qui sont transmis aux héritiers ou légataires (V. *infra*, n°s 526 et s.) ; la gestion et la transmission sont alors simplifiées. La société permet ainsi d'assurer la croissance et la pérennité de l'entreprise.

B. – L'intérêt financier

1° Le financement

32. – La société, dotée d'une structure de financement, peut ouvrir son capital à d'autres partenaires, obtenir des crédits bancaires, voire faire appel au marché financier. En effet, à un certain stade de développement, la fortune d'une personne ou d'une famille ne suffit plus et il faut faire appel à des investisseurs extérieurs.

2° La croissance

33. – La société est un remarquable instrument de concentration qui trouve son aboutissement dans la constitution de puissants groupes de sociétés. Par opposition aux sociétés de partenaires qui sont des sociétés de personnes, on est en présence cette fois de sociétés de capitaux dont la vocation est de drainer les énormes fonds qu'exige leur croissance.

C. – L'intérêt fiscal

34. – La fiscalité n'est plus un frein à la mise en société de l'entreprise individuelle (V. *infra*, n°s 150 et s.). Par ailleurs, lorsque la société est soumise à l'impôt sur les sociétés, les bénéfices sont imposés à un taux maximum de 31 %, abaissé à 27,5 % en 2021 (V. *infra*, n° 156), alors que, dans le cadre de l'impôt sur le revenu, le prélèvement fiscal, contributions sociales (CSG, CRDS) incluses, peut dépasser 60 %.

§ 3. – La société, technique d'organisation du patrimoine

35. – On continue de professer religieusement le dogme de l'unité et de l'indivisibilité du patrimoine. Rien de plus facile pourtant que de s'y soustraire. Pour diviser

le patrimoine, il suffit de multiplier les personnes, les biens que l'on souhaite isoler étant apportés à une société.

36. – Les nombreuses sociétés immobilières que l'on rencontre dans la pratique répondent à ce souci (V. *infra*, n°s 1921 et s. et 1990 et s.). Il en est de même des sociétés civiles de portefeuille ou encore des sociétés holdings dont l'objet est de détenir des participations dans d'autres sociétés (V. *infra*, n° 1925). Ces sociétés n'exploitent aucune entreprise ; elles se contentent de gérer leur patrimoine, mobilier ou immobilier, comme le feraient de simples particuliers. En cela, elles sont des sociétés patrimoniales par opposition aux sociétés des deux types précédents qui sont des sociétés professionnelles ou opérationnelles.

37. – De ce point de vue, la société peut être également un moyen de préparer une transmission successorale. En voici un exemple : les parents apportent, en nue-propriété, les immeubles dont ils sont propriétaires à une société civile immobilière. L'usufruit qu'ils se sont réservé leur garantit leur vie durant la perception des loyers ou l'usage de l'immeuble (résidence principale, secondaire…). Par donation-partage, ils répartissent les parts sociales entre leurs enfants qui deviennent ainsi associés de la société civile immobilière. Au décès des parents usufruitiers, la société réunissant les enfants recueille la pleine propriété des immeubles à moindre coût fiscal.

§ 4. – La société, instrument d'optimisation juridique ou financière

38. – Au-delà des propos convenus sur le partenariat et l'organisation patrimoniale, il faut prendre conscience du fait que la société est parfois aussi un simple instrument ou véhicule que la langue anglaise désigne sous le nom évocateur de *special purpose vehicle* ou *SPV* ; dans le domaine maritime, où de telles entités sont fréquentes, on utilise le terme *single ship company* [(19)]. Ces sociétés sont de simples coquilles (*shell companies*), sans salariés, avec des dirigeants qui sont parfois de simples prête-noms, destinées à porter un projet, un emprunt, un contrat, de là leur caractère éphémère : le contrat exécuté, la société disparaît ou est recyclée pour un autre usage. Pareille vocation est rendue possible par une localisation judicieuse, combinant l'absence de contraintes bureaucratiques, une fiscalité accueillante, une réglementation souple et peu exigeante en matière de transparence notamment, d'où le succès de pays connus parfois uniquement des philatélistes (et des amateurs d'optimisation juridique, financière et fiscale) : îles Caïmans, îles Vierges, Îles Cook, Samoa, Panama… Une véritable industrie est née, qui produit des coquilles comme d'autres produisent des chaussures, avec des grossistes, qui fabriquent des sociétés à la chaîne et des détaillants – cabinets d'avocats ou établissement financiers – qui les revendent aux utilisateurs finaux. Les grossistes et les détaillants assurent la création de la coquille mais aussi sa gestion, laquelle peut comprendre la fourniture de dirigeants ou le

(19) Ph. Delebecque, *Les single ship companies* : *Mél. P. Le Cannu*, Lextenso, 2014, p. 119.

secrétariat[20]. On mesure les facilités que procurent de telles coquilles pour des hommes d'affaires mal intentionnés ou certains hommes politiques à la moralité incertaine, ainsi que le danger pour l'ordre et le Trésor public, comme l'a révélé l'affaire *Panama papers* en avril 2016[21], ou plus récemment deux conventions judiciaires d'intérêt public de novembre 2019[22] et de janvier 2020[23]. Sur un autre plan, c'est la question de la réalité même de ces sociétés, autrement dit de leur substance, qui pose problème, car à un pareil niveau de rusticité et d'instrumentalisation, on peut se demander si de tels *zombies* méritent encore la reconnaissance de la personnalité juridique.

Ces observations faites, les SPV peuvent rendre des services parfaitement légitimes ; ainsi, certaines des interventions faites durant la pandémie de Covid-19 par la Banque fédérale américaine ont transité par une SPV créée pour l'occasion.

Le coin des amateurs

1. Statistiques

39. – Selon les chiffres mentionnés dans le rapport Notat-Sénard du 9 mars 2018 (V. *supra*, n° 17) il y avait 2 171 084 sociétés, toutes formes confondues, au 31 décembre 2015, chiffre à comparer aux 2 220 275 entreprises individuelles. Parmi les sociétés, la popularité revient aux SARL (1 537 199 dont 401 875 EURL), devant la SAS (429 671, dont 158 204 SASU), 48 071 sociétés civiles, 33 659 SA et… 508 commandites (Statistiques Sirene citées par le rapport Notat Sénard, *L'entreprise, objet d'intérêt collectif*, p. 97).

Ces données sont complétées par celles collectées par l'Agence France Entrepreneur, qui analyse annuellement les créations d'entreprise. Ainsi pour 2017, l'AFE recense 591 267 créations, soit une augmentation de 7 % par rapport à l'année précédente. La très grande majorité des entreprises créées – 67 % – sont des entreprises individuelles. Le solde se partage entre sociétés unipersonnelles, pour 17 %, dont 12 % de SASU et 5 % d'EURL, et sociétés pluripersonnelles pour 16 %, dont 8 % de SAS, 7 % de SARL et 1 % de sociétés diverses, SA, etc. (Agence France Entrepreneur, *La création d'entreprises en France en 2017*, juill. 2018). Ces chiffres peuvent être rapprochés des données de l'INSEE pour 2018, qui confirment le succès des SAS (61 % des créations de sociétés), avec une part prépondérante pour les SAS unipersonnelles. Pour leur part, les SARL ont représenté 36 % des créations de sociétés sur la même période (*INSEE Première* janv. 2019, n° 1734).

(20) Sur cette industrie de la création de sociétés, V. *The Economist* 7 avr. 2012, p. 55.

(21) *The Panama papers, a torrential leak* : *The Economist* 9 avr. 2016.

(22) Convention signée entre le procureur de la République financier et la société SAS Egis Avia, 28 nov. 2019, PNF-14 153 000 230 (disponible sur le site de l'Agence française anticorruption) ; la convention décrit l'intervention d'une société domiciliée aux îles Vierges britanniques, ayant pour adresse postale une autre société, suisse celle-là, et le circuit financier ayant permis, à l'occasion de la rénovation de l'aéroport d'Oran, de rémunérer, directement, un intermédiaire *via* un contrat de consultant, dont les honoraires représentaient 10 % du marché, et, indirectement, diverses personnes, dont le fils d'un ministre.

(23) Convention signée entre le procureur de la République financier et la société Airbus SE, 29 janv. 2020, PNF-16 159 000 839 (disponible sur le site de l'Agence française anticorruption) ; la convention décrit les modalités mises en œuvre par le groupe Airbus pour rémunérer divers intermédiaires à l'occasion de marchés avec plusieurs compagnies aériennes étrangères, chinoise, coréenne, taïwanaise, moyenne-orientale, népalaise, russe ; elle met en lumière par exemple la signature de contrats fictifs avec des sociétés interposées, contrôlées par les intermédiaires, les honoraires faisant un détour par une société libanaise avant, à travers un contrat de prêt fictif, d'atterrir dans les poches de divers agents publics chinois (Conv., n°s 85 et s.) ; ou encore le recours à une société appartenant au fils de l'intermédiaire (ancien haut dirigeant de la compagnie coréenne), société dont les parts furent rachetées par Airbus, les fonds étant virés à des comptes ouverts au Liban par une filiale du groupe ayant son siège à Dubaï, puis aboutissant dans le patrimoine de l'ancien haut dirigeant.

2. Taxinomie ou jeu des classifications

40. – L'un des passe-temps favoris des professeurs est le jeu des classifications, jeu qu'ils élèvent au rang d'une véritable science, la taxinomie, définie comme étant la science des lois de la classification (et non la manie des taxes), qu'il convient de ne pas confondre avec la taxidermie ou la taximanie (incapacité à user des transports en commun). Les sociétés s'y prêtent merveilleusement, car il y a presque autant de formes de sociétés que de sortes de fromages, surtout si au jeu juridique on mêle le jeu fiscal.

a) Les classifications des juristes

1. *Sociétés à risque illimité et sociétés à risque limité* ; le risque, c'est l'obligation personnelle des associés d'acquitter le passif social, illimitée dans un cas, limitée au montant des apports dans l'autre ; les premières comprennent les sociétés de personnes : société civile, SNC, société en commandite simple, société en participation, société créée de fait et GIE ; les secondes rassemblent les sociétés par actions (SA, commandites par actions, SAS) et les SARL.

2. *Sociétés civiles et sociétés commerciales* (V. *infra*, nos 392 et s.).

3. *Sociétés de personnes et sociétés de capitaux* ; dans les premières, l'élément essentiel réside dans la personne de l'associé (l'*intuitus personae*) ; dans les secondes, la personne de l'associé compte moins que les capitaux qu'il apporte ; au vrai, seules les sociétés par actions dont les titres financiers sont admis aux négociations sur un marché réglementé méritent le qualificatif de sociétés de capitaux ; l'*intuitus personae* est primordial dans les SARL comme dans les sociétés par actions fermées ne faisant pas appel à l'épargne publique, car leurs statuts comportent généralement des clauses d'agrément permettant de filtrer l'entrée de nouveaux arrivants (V. *infra*, nos 1253 et s.) ; c'est donc un abus de langage que de qualifier de sociétés de capitaux les sociétés par actions non cotées et les SARL.

4. *Sociétés par intérêts et sociétés par actions ;* seules les SA, les SAS et les commandites par actions peuvent émettre des actions, lesquelles sont des valeurs mobilières, donc des instruments financiers négociables notamment en bourse, si toutefois la société est cotée (ce qui n'est pas possible pour une SAS) ; dans les autres sociétés, y compris les SARL, les droits des associés sont représentés par des parts sociales dites encore parts d'intérêts, qui sont cessibles mais ne sont pas négociables (V. *infra*, n° 1224).

5. *Sociétés avec ou sans personnalité morale ;* les sociétés en participation et les sociétés créées de fait sont dépourvues de la personnalité morale ; les autres acquièrent la personnalité juridique à compter de leur immatriculation au registre du commerce et des sociétés ; d'où l'opposition des sociétés immatriculées et des sociétés non immatriculées (V. *infra*, nos 1993 et s.).

6. *Sociétés de droit et sociétés de fait* (V. *infra*, n° 2033).

7. *Sociétés de droit privé et sociétés de droit public.*

8. *Sociétés françaises et sociétés étrangères* (V. *infra*, nos 384 et s.).

9. *Sociétés de droit commun et sociétés à statut spécial ;* il existe une multitude de sociétés à statut spécial à raison de la forme (coopératives par exemple, V. *infra*, nos 75 et s.) et surtout à raison de l'objet (sociétés spécialisées du monde agricole, financier, immobilier... V. *infra*, nos 1989 et s.).

10. *Sociétés exploitant une entreprise et sociétés patrimoniales* (V. *supra*, n° 35).

b) Les classifications des fiscalistes

Les sociétés à risque limité (sociétés par actions et SARL) sont redevables d'un impôt, l'impôt sur les sociétés ; elles ont donc la qualité de contribuable. Dans les sociétés à risque illimité, les bénéfices réalisés sont imposés directement entre les mains des associés ; ces sociétés n'ont donc pas la qualité de contribuable (V. *infra*, n° 168). Mais cette distinction est loin d'être étanche compte tenu des exceptions et options qui peuvent être exercées (V. *infra*, n° 161).

SECTION 4

LES FORMES CONCURRENTES D'ORGANISATION

41. – La société est en concurrence avec d'autres structures juridiques, l'entreprise individuelle, les groupements à finalité particulière, l'association, voire, à la marge, la fiducie et la fondation.

§ 1. – L'entreprise individuelle

42. – L'entreprise individuelle représente le degré zéro de l'organisation juridique d'une entreprise. Le moniteur de salsa, le professeur de serbo-croate, l'influenceur, la *coach* informatique, l'éleveur de chats persans, le conseil esthétique, la garde du corps, etc. sont entrepreneurs en tant qu'ils exercent une activité économique. Ils peuvent créer une société, et pourquoi pas une société anonyme, mais quel intérêt y trouveraient-ils ? Leur vanité serait flattée, maman serait fière d'avoir une fille ou un fils président-directeur général ; toutefois, économiquement, cette pulsion narcissique peut coûter cher aux intéressés, en frais et temps perdu. Raison pour laquelle ils opteront pour l'entreprise individuelle, version standard ou version premium avec l'EIRL.

A. – La version standard

43. – Quand on est à la tête d'une simple entreprise de subsistance, par opposition à une entreprise de croissance, de type capitalistique, tournée vers l'accumulation du profit, l'entreprise individuelle est souvent la structure juridique la plus adaptée. Elle présente cependant l'inconvénient de ne pas permettre une séparation du patrimoine personnel et professionnel.

1° Attraits de la forme individuelle pour l'entreprise de subsistance

44. – La catégorie recouvre les petits commerçants ou artisans, les agriculteurs ou encore les professionnels libéraux exerçant à titre individuel ; ces micro-entreprises assurent la subsistance de l'exploitant qui en tire de quoi vivre et, le cas échéant, de quoi alimenter une épargne personnelle. Pour ces entreprises, les avantages du célibat juridique sont évidents :

– *sur le plan psychologique*, l'entrepreneur individuel est seul maître à bord, n'ayant de comptes à rendre à personne ; travailler seul est parfois une question de tempérament ou de choix de vie ; comme dans un domaine voisin, certains trouvent leur bonheur en solo sans pour autant être solitaires ; ils n'envisagent pas de se lier juridiquement à quelqu'un ou quelqu'une en principe pour la vie ;

– *sur le plan financier*, aucun coût de fonctionnement et aucune précaution particulière à prendre du fait de l'absence de séparation des biens personnels et des biens affectés à l'exploitation ;

– *sur le plan comptable et sur le plan fiscal*, les tracasseries sont réduites au strict minimum ; il existe en effet pour les petites entreprises des allègements comptables appréciables (C. com., art. L. 123-25 à L. 123-28) ; sur le plan fiscal, l'entrepreneur individuel, à condition de ne pas dépasser certaines limites de chiffre d'affaires, peut ainsi bénéficier du régime du micro-entrepreneur ou du régime des micro-entreprises ; à l'inverse, quand on crée une société, il faut nécessairement compter avec une bureaucratie et une paperasserie dévoreuses de temps et d'argent ;

– *sur le plan social*, l'entrepreneur individuel relève du régime des travailleurs non-salariés ; même si leur taux est élevé, les cotisations à payer sont réduites parce que calculées sur le bénéfice, par hypothèse faible ; elles sont en outre déductibles du résultat imposable ; toutefois, le régime des travailleurs indépendants est d'une grande lourdeur, sans compter les problèmes de décalage de trésorerie entre la date de réalisation des bénéfices et les appels de cotisation.

2° Absence de séparation des patrimoines

45. – *Principe.* L'entreprise individuelle étant dépourvue de personnalité juridique, son défaut majeur tient à l'absence d'autonomie juridique des biens affectés à l'exploitation de l'entreprise, lesquels ne forment pas un patrimoine distinct. L'entrepreneur individuel est donc comme le circumnavigateur qui embarquerait tous ses biens sur son bateau ; que les quarantièmes rugissants provoquent le naufrage et tout est englouti. Le seul effet juridique de l'affectation des éléments d'actif à l'exploitation est au bénéfice de l'exploitant individuel, qui peut demander à ses créanciers professionnels de poursuivre prioritairement l'exécution de leurs créances, pourvu qu'ils soient suffisants, sur ceux de ses biens nécessaires à l'exploitation de l'entreprise (CPC ex., art. 161-1).

46. – *Protection du patrimoine immobilier personnel.* Le législateur est cependant venu assurer la protection juridique du patrimoine immobilier personnel de l'entrepreneur individuel (C. com., art. L. 526-1 et s.).

D'abord, la résidence principale de l'entrepreneur est, depuis la loi Pacte du 22 mai 2019, de plein droit insaisissable, autrement dit sans qu'une déclaration soit nécessaire ; la résidence principale échappe donc de plein droit au droit de gage des créanciers professionnels.

Ensuite, s'agissant des autres biens immobiliers, moyennant une déclaration notariée publiée à la fois au registre du commerce et des sociétés (pour les commerçants) et au service de la publicité foncière, l'entrepreneur peut mettre tout bien foncier, bâti ou non bâti, non affecté à un usage professionnel, à l'abri du droit de poursuite des créanciers professionnels dont la créance est née postérieurement à la publication de la déclaration. La déclaration est toutefois inopposable à l'administration fiscale en cas de manœuvre frauduleuse ou d'inobservation grave et répétée d'obligations fiscales.

B. – La version premium : l'EIRL

47. – L'EIRL, entrepreneur individuel à responsabilité limitée, a été créé par la loi n° 2010-658 du 15 juin 2010, modifiée à plusieurs reprises et notamment par la loi Pacte du 22 mai 2019 (C. com., art. L. 526-5-1 et s. et R. 526-6 et s.).

48. – Aux termes de l'article L. 526-6 du Code de commerce : « Pour l'exercice de son activité en tant qu'entrepreneur individuel à responsabilité limitée, l'entrepreneur individuel affecte à son activité professionnelle un patrimoine séparé de son patrimoine personnel, sans création d'une personne morale »[(24)]. Ainsi, on obtient avec l'EIRL une limitation de responsabilité du même type que celle que réalise une EURL (V. *infra*, nos 1785 et s.), sans création d'une personnalité morale et sans les contraintes de fonctionnement d'une société.

49. – Cependant, le succès n'a pas été au rendez-vous : la constitution d'une EIRL n'est en réalité pas plus simple que la constitution d'une EURL, la limitation de responsabilité de l'entrepreneur individuel est loin d'être absolue et le fonctionnement de l'EIRL comme sa cessation obéissent à différentes contraintes.

1° La constitution de l'EIRL

50. – *Incitation.* Pour attraire davantage d'entrepreneurs vers l'EIRL, la loi Pacte du 22 mai 2019 a mis en place le dispositif suivant : l'entrepreneur, au moment de créer son entreprise, doit déclarer s'il choisit d'exercer en entreprise individuelle ou en EIRL (C. com., art. L. 526-5-1) ; c'est un peu comme si on le tirait par la manche pour lui chuchoter à l'oreille à la manière de certains messages publicitaires : « Et l'EIRL, vous y avez pensé ? ». Le système aurait d'ailleurs pu être perfectionné, par exemple en présentant au candidat entrepreneur la liste complète des modes d'organisation des entreprises, société anonyme comprise, voire en lui demandant d'emblée : « Êtes-vous vraiment sûr de vouloir devenir entrepreneur, connaissez-vous les risques, êtes-vous prêt à affronter les administrations, à gérer les complications de toute nature, etc. ? ».

51. – *Déclaration.* Le Code de commerce exige une simple déclaration au registre de publicité légale auquel l'entrepreneur individuel est tenu de s'immatriculer (registre du commerce et des sociétés, registre des métiers ou registre de l'agriculture tenu par la chambre d'agriculture) ou, à défaut, au registre spécial des entrepreneurs individuels à responsabilité limitée (C. com., art. L. 526-7 et R. 526-3, mod. D. n° 2019-987, 25 sept. 2019). La déclaration doit notamment comporter un état descriptif des biens, droits, obligations ou sûretés affectés à l'activité professionnelle avec indication de leur nature, qualité, quantité et valeur (C. com., art. L. 526-8), ce qui n'est pas sans rappeler les mentions devant figurer dans les statuts (C. civ., art. 1835). Depuis la loi Pacte du 22 mai 2019, l'entrepreneur est dispensé de la formalité de l'état descriptif s'il n'apporte aucun bien, situation courante s'il commence son activité et n'a ni argent, ni outils, ni contrat (C. com., art. L. 526-8).

52. – *Éléments affectés à l'exploitation.* L'entrepreneur doit formellement identifier dans la déclaration constitutive les éléments affectés à son activité professionnelle (C. com., art. L. 526-6 et L. 526-8). S'il omet de procéder à cette déclaration, ses

(24) E. Dinh, *L'EIRL, un hybride en droit français : JCP* E 2010, 1979. – B. Dondero, *L'EIRL, à propos de l'ordonnance du 9 décembre 2010 : JCP* G 2010, 1261. – B. Saintourens, *L'entrepreneur individuel à responsabilité limitée : Rev. sociétés* 2011, p. 351. – V. aussi l'ouvrage dirigé par F. Terré, *L'EIRL*, LexisNexis, 2010. – M. Mekki, *Le patrimoine aujourd'hui : JCP* G 2011, 1258.

deux patrimoines, personnel et professionnel, seront confondus en cas d'ouverture d'une procédure collective[25].

Quant à l'actif, le patrimoine affecté est obligatoirement composé de l'ensemble des biens, droits, obligations ou sûretés dont l'entrepreneur est titulaire qui sont nécessaires à l'exercice de son activité professionnelle, c'est-à-dire qui ne peuvent être utilisés que dans le cadre de cette activité (C. com., art. R. 526-3-1) ; il s'agit des éléments affectés par nature à l'exploitation (machines, outils, stocks, fonds de commerce, locaux d'exploitation, bail commercial...). L'entrepreneur est libre d'y ajouter les biens, droits, obligations ou sûretés qui, sans être nécessaires, sont toutefois utilisés pour les besoins de l'activité (par ex., un véhicule). En tout état de cause, il ne saurait être question d'affecter au patrimoine professionnel des éléments étrangers à l'activité professionnelle, tels la résidence principale, un immeuble de rapport ou un portefeuille de valeurs mobilières.

L'affectation peut également concerner des « obligations », autrement dit des dettes, soit qu'elles aient été contractées pour les besoins de l'activité professionnelle, soit qu'elles trouvent leur cause dans un bien affecté au patrimoine professionnel, par exemple un emprunt, ce qui équivaut alors à une cession de dette.

53. – *Accord du conjoint.* En cas d'affectation de biens communs, l'entrepreneur individuel doit justifier dans la déclaration constitutive de l'accord exprès du conjoint à peine d'irrecevabilité (C. com., art. L. 526-11), là où, en cas d'apport de biens communs à une EURL, il suffit d'en aviser le conjoint (V. *infra*, n° 536).

54. – *Modification du patrimoine affecté.* Le retrait d'un bien affecté à l'entreprise est possible depuis la loi Pacte du 22 mai 2019 (C. com., art. L. 526-8-1). Toutefois, la « désaffectation » d'un bien immobilier est soumise à des formalités de publicité (C. com., art. L. 526-9). En outre, pour tenir compte des évolutions inhérentes à la vie de l'entreprise, lesquelles peuvent impliquer l'affectation de nouveaux biens, l'inscription en comptabilité d'un bien non encore affecté emporte affectation (C. com., art. L. 526-8-1). En tout état de cause, les créances et indemnités qui remplacent les biens affectés ainsi que les biens acquis en emploi ou remploi sont à leur tour affectés par l'effet d'une subrogation réelle (C. com., art. L. 526-8-1).

2° La limitation de responsabilité

55. – Par exception au principe de l'unité du patrimoine posé par les articles 2284 et 2285 du Code civil, l'entrepreneur individuel, qu'il soit commerçant, artisan, professionnel libéral ou exploitant agricole, est titulaire de deux patrimoines autonomes, le patrimoine personnel non affecté et le patrimoine professionnel affecté (C. com., art. L. 526-12). Cette partition du patrimoine est lourde de conséquences, pour les créanciers professionnels comme pour les créanciers personnels, dont les droits de gage respectifs se trouvent, sauf exceptions, cantonnés.

(25) Cass. com., 7 févr. 2018, n° 16-24.481 : *BRDA* 6/2018, n° 17 ; *BJS* 2018, p. 226, note B. Saintourens ; *JCP E* 2018, 1276, note C. Lebel ; *Rev. sociétés* 2018, p. 311, note G. Grundeler.

a) Principe

56. – *Effet de l'affectation.* L'affectation a pour conséquence de limiter les risques encourus par l'entrepreneur individuel puisque le droit de gage des créanciers professionnels ne peut s'exercer que sur les biens affectés (C. com., art. L. 526-12) : la camionnette de livraison pourra par exemple être saisie, mais non le scooter du conjoint, le téléviseur familial ou l'armoire normande. Sur ce point, l'EIRL produit les mêmes conséquences que la constitution d'une société à risque limité, notamment une EURL.

57. – *Situation des créanciers personnels.* Les créanciers personnels de l'entrepreneur individuel (bénéficiaire d'une pension alimentaire, bailleur de l'appartement familial, société de crédit à la consommation, etc.) voient échapper à leur droit de gage les biens professionnels affectés. La solution est la même en cas de constitution d'une société, les créanciers personnels de l'associé ne pouvant, en principe, appréhender les biens sociaux. Toutefois, ils peuvent saisir les titres sociaux figurant dans le patrimoine de leur débiteur. Qu'en est-il pour l'EIRL ? Les créanciers personnels subissent une réduction de leur droit de gage sans contrepartie dans le patrimoine de leur débiteur.

La déclaration d'affectation est opposable de plein droit aux créanciers personnels dont les droits naissent postérieurement à sa publication (C. com., art. L. 526-12), mais non aux créanciers antérieurs[26]. L'affectation résultant de l'inscription d'un bien en comptabilité est opposable aux tiers à compter du dépôt du bilan de l'EIRL ou des documents comptables simplifiés auprès du registre où est immatriculé l'entrepreneur.

b) Exceptions

58. – *Fraude ou faute.* Le cloisonnement des patrimoines personnel et professionnel est loin d'être étanche (C. com., art. L. 526-12). Ainsi, l'entrepreneur individuel est responsable sur la totalité de ses biens, professionnels comme personnels, en cas de fraude ou de manquement grave aux obligations comptables (V. *infra*, n° 64). L'EIRL n'échappe pas à cette règle de bon sens : quelle que soit la nature du patrimoine affecté, patrimoine social, patrimoine fiduciaire ou patrimoine de l'EIRL, le bénéfice de l'autonomie patrimoniale disparaît en cas de fraude ou de faute.

59. – *Surévaluation.* L'entrepreneur doit également être attentif à l'évaluation des biens affectés. Ainsi, lorsque la valeur d'un élément d'actif du patrimoine affecté, autre que des liquidités, mentionnée dans l'état descriptif ou en comptabilité, est supérieure à sa valeur réelle au moment de son affectation, l'entrepreneur est responsable, pendant une durée de cinq ans, à l'égard des tiers sur la totalité de son patrimoine, affecté et non affecté, à hauteur de la différence entre la valeur réelle du bien au moment de l'affectation et la valeur mentionnée dans l'état descriptif ou en comptabilité (comp., *infra*, n° 228 en cas de surévaluation d'un apport en nature).

60. – *Insuffisance du patrimoine non professionnel.* En cas d'insuffisance du patrimoine non affecté, autrement dit du patrimoine personnel, le droit de gage des

(26) J. Valiergue, *EIRL : suppression de l'opposabilité de l'affectation aux créanciers antérieurs par la loi Sapin 2* : JCP E 2017, 1389.

créanciers personnels peut s'exercer sur le bénéfice réalisé par l'entrepreneur lors du dernier exercice clos et qui, par hypothèse, n'aurait pas été « distribué » (C. com., art. L. 526-12) : voilà un risque auquel ne s'expose pas, hors hypothèse d'une fraude paulienne, l'associé d'une EURL. On observera que l'entrepreneur peut bénéficier d'une procédure de traitement du surendettement, au même titre qu'un particulier, mais seulement pour les dettes relatives au patrimoine non affecté(27).

61. – *Trésor public et sécurité sociale.* Une extension spéciale du droit de gage est également prévue au bénéfice de ces créanciers particuliers que constituent l'administration fiscale (LPF, art. L. 273 B) ou les organismes de sécurité sociale (CSS, art. L. 133-4-7), lorsque l'entrepreneur, par ses manœuvres frauduleuses ou l'inobservation grave et répétée de ses obligations fiscales ou sociales, a rendu impossible le recouvrement des sommes dont il est redevable, au titre de son activité affectée comme de son activité non professionnelle (comp., *infra*, n° 484 avec la responsabilité fiscale du dirigeant).

62. – *Limitation conventionnelle de responsabilité ?* Par-delà ces exceptions légales se pose la question des exceptions conventionnelles portées à la limitation de responsabilité à travers la constitution de garanties, ce qui ruine l'objectif poursuivi par le législateur(28). En tout état de cause, l'entrepreneur ne peut pas, au titre de l'un de ses patrimoines, se porter caution des dettes nées à l'occasion de la gestion de l'autre patrimoine ; en effet, l'EIRL n'a pas la personnalité morale ; or nul ne peut se porter caution pour soi-même.

63. – *Procédure collective.* Logiquement, les exceptions portées à l'étanchéité des patrimoines se multiplient en cas de procédure collective(29). Comme le dirigeant de société (V. *infra*, n°s 495 et s.), l'entrepreneur individuel ayant commis une faute de gestion peut être condamné à combler tout ou partie de l'insuffisance d'actif, la somme éventuellement mise à sa charge s'imputant sur son patrimoine non affecté (C. com., art. L. 651-2). Comme en matière de sociétés (V. *infra*, n°s 495 et s.), les mêmes causes produisant les mêmes effets, une extension de procédure est encourue en cas de confusion des patrimoines personnel et affecté (C. com., art. L. 621-2, mod. Ord. n° 2019-964, 18 sept. 2019) : gare donc aux relations financières anormales entre les deux patrimoines dont est titulaire l'entrepreneur individuel. Tout ceci montre une fois de plus que le fonctionnement de l'EIRL n'est pas fondamentalement plus simple que celui de l'EURL.

Enfin, l'entrepreneur qui omet de préciser dans sa déclaration de cessation des paiements qu'il opère sous le régime de l'EIRL s'expose à voir ses créanciers personnels présenter leurs créances au passif de la procédure collective(30).

3° La vie de l'EIRL

64. – *Comptabilité.* En contrepartie du bénéfice de la limitation de responsabilité, l'EIRL a plusieurs obligations, dont celle de tenir une comptabilité de type commercial

(27) Cass. 2e civ., 27 sept. 2018, n° 17-22.013 : *BRDA* 20/2018, n° 18 ; *JCP* E 2018, 1528, note J.-D. Pellier.
(28) Sur cette question, V. Macorig-Venier, *Observations sur l'EIRL et les sûretés* : BJS 2011, § 106, p. 253.
(29) M.-H. Monsèrié-Bon, *L'EIRL et le droit des entreprises en difficulté* : BJS 2011, § 108, p. 270. – Ph. Pétel, *L'adaptation des procédures collectives à l'EIRL* : *JCP* E 2011, 1071 ; *EIRL et procédures collectives* : *CDE* mai-juin 2011, p. 17.
(30) Cass. com., 6 mars 2019, n° 17-26.605 : *BRDA* 13/2019, n° 24, obs. T. Mliczak ; *RJDA* 5/2019, n° 355.

pour son activité professionnelle[31] (C. com., art. L. 526-13 et R. 526-10-1). L'EIRL doit par ailleurs publier chaque année, au registre où est déposée la déclaration d'affectation (V. *supra*, n° 51), les informations relatives à son bilan, ce qui permet aux tiers de suivre l'évolution du patrimoine affecté (C. com., art. L. 526-14). Cette obligation de publication distingue nettement l'EIRL de l'entreprise individuelle ordinaire, laquelle n'est pas soumise à ce devoir de transparence.

65. – *Compte en banque.* L'autonomie patrimoniale ne pouvant se concevoir sans autonomie bancaire, l'EIRL doit, comme l'EURL, être titulaire d'un compte bancaire propre, cette contrainte étant inexistante dans l'entreprise individuelle.

66. – *Bénéfices.* Si les résultats de l'EIRL sont bénéficiaires, les profits accroissent en principe le patrimoine affecté, étant observé que le législateur n'a pas réglé la question de leur appréhension par l'entrepreneur individuel. Envisageant le revenu que l'entrepreneur est en droit d'appréhender, et non pas seulement les bénéfices qu'il peut se distribuer, l'article L. 526-18 du Code de commerce énonce que « l'entrepreneur individuel à responsabilité limitée détermine les revenus qu'il verse dans son patrimoine non affecté », sans préciser quelle forme doit prendre cette décision. Un simple virement bancaire, assorti d'une écriture comptable, suffit-il ? Ce revenu visant davantage à rémunérer le travail de l'entrepreneur que le capital affecté, il est délicat de déterminer à quelles conditions le versement de revenus sera constitutif d'une faute ou d'une fraude justifiant une extension des droits de gage des créanciers.

67. – *Fiscalité.* Deux situations doivent être distinguées selon le régime d'imposition de l'EIRL, lequel dépend du montant de son chiffre d'affaires (CGI, art. 1655 sexies).

Lorsque l'EIRL relève d'un régime forfaitaire d'imposition, régime des micro-entreprises ou régime du micro-entrepreneur, la création de l'EIRL est considérée, pour reprendre les termes de l'administration fiscale, « comme un non-événement fiscal » : l'entrepreneur individuel est traité sur le plan fiscal comme s'il n'avait pas constitué d'EIRL ; il s'ensuit que sa création n'emporte aucune conséquence fiscale.

Lorsque l'EIRL relève d'un régime réel d'imposition, normal ou simplifié, l'entrepreneur dispose d'une option. Si l'entrepreneur n'opte pas pour l'assimilation à une EURL, l'EIRL est soumis aux règles de l'entreprise individuelle. Si l'entrepreneur opte pour l'assimilation à une EURL, l'EIRL est obligatoirement soumis à l'impôt sur les sociétés ; il est possible de renoncer à cette option dans les cinq ans ; elle est ensuite irrévocable.

4° L'évolution de l'EIRL

a) La transmission de l'EIRL

68. – L'entrepreneur individuel peut céder à titre onéreux[32], voire transmettre à titre gratuit ou apporter en société, l'intégralité du patrimoine affecté sans procéder à sa liquidation (C. com., art. L. 526-17). Les parties publient au *BODACC* un avis

(31) Des obligations comptables simplifiées sont toutefois prévues pour les EIRL relevant du régime dit « micro-fiscal » ou du forfait agricole.
(32) V. Thomas, *EIRL, transmission entre vifs du patrimoine affecté* : *Rev. sociétés* 2013, p. 673.

signalant la transmission afin qu'elle puisse être opposable aux tiers. La cession permet de réaliser un transfert de l'entreprise individuelle ; comme cela a été souligné : « Le patrimoine d'affectation apparaît (...) comme un véhicule juridique emprunté par l'entreprise individuelle pour circuler d'une personne à l'autre »[(33)].

b) La cessation de l'EIRL

69. – *Dissolution.* L'EIRL prend fin par la décision de l'entrepreneur d'abandonner ce statut ou par son décès ; toutefois, si le ou les héritiers continuent l'activité dans les trois mois du décès, les effets de la déclaration, donc de la limitation de responsabilité, continuent (C. com., art. L. 526-16). La liquidation de l'EIRL emporte les mêmes conséquences fiscales que la cessation d'entreprise et l'annulation des droits sociaux d'une EURL (CGI, art. 1655 sexies).

70. – *Bilan.* Avec l'EIRL, le législateur a cherché à remédier à un défaut congénital de l'entreprise individuelle en instituant un cordon sanitaire entre le patrimoine personnel de l'entrepreneur et son patrimoine professionnel mais qui est loin d'être absolu. En revanche, d'autres points faibles de l'entreprise individuelle demeurent, qui sont autant de points forts de la société, en particulier l'absence de possibilité d'association : il y a un entrepreneur et un seul. Si l'un de ses proches ou un tiers souhaite participer au développement de l'entreprise, il ne peut le faire que par la voie du contrat de prêt, sans pouvoir être associé à la structure gérant l'entreprise et être en mesure de peser sur les décisions.

§ 2. – Les groupements à finalité particulière

71. – On placera sous ce pavillon les entités répondant au souci d'entreprendre différemment, comme l'entreprise sociale et solidaire (A), la société coopérative (B) ou encore la société à mission (C).

A. – L'entreprise sociale et solidaire

72. – La loi n° 2014-856 du 31 juillet 2014 (mod. L. n° 2019-486, 22 mai 2019) relative à l'économie sociale et solidaire a réuni sous un même toit les entreprises partageant les valeurs fondamentales du « produire autrement » qui, pour bénéficier du label d'entreprises de l'économie sociale et solidaire, doivent remplir plusieurs conditions (D. n° 2015-858, 13 juill. 2015) : la poursuite d'un objectif dépassant le seul partage des bénéfices ; une gouvernance démocratique ; une gestion conforme à certains principes financiers, comme l'utilisation des bénéfices pour le maintien et le développement de l'entreprise (investissements, etc.) ou l'absence de distribution des réserves.

73. – Dans cet univers se croisent des formes aussi diverses que la société coopérative (V. *infra*, n°s 75 et s.), la société à mission (V. *infra*, n° 84), la fondation (V. *supra*, n°s 122 et s.), l'association (V. *infra*, n°s 90 et s.), dès lors du moins pour ces deux

(33) V. Thomas, art. préc., n° 13.

dernières qu'elles ont une activité économique, ainsi que les sociétés commerciales, sous réserve qu'elles adhèrent aux valeurs fondamentales de l'économie sociale et solidaire et poursuivent un objectif d'utilité sociale, tel que le soutien aux personnes en situation de fragilité, la contribution à la préservation du lien social, au renforcement de la cohésion territoriale et le développement de l'économie durable.

74. – Le label « économie sociale et solidaire » confère plusieurs avantages, notamment en matière de financement par la Banque publique d'investissement (V. *infra*, n° 1678) ou de commandes publiques(34).

B. – La société coopérative

75. – Il peut paraître étrange de ranger la société coopérative parmi les formes concurrentes de la société. En fait, si la coopérative est une société, elle est proche de l'association par les objectifs qu'elle affiche, d'où cette position singulière.

1° La singularité des sociétés coopératives

76. – *Idée générale.* La société coopérative est régie par la loi n° 1947-1775 du 10 septembre 1947 portant statut de la coopération. Son but n'est pas de réaliser et de partager un profit, mais d'améliorer le sort de ses membres. Voici comment on les présentait dans les années 1930, présentation toujours pertinente :

> « Quel que soit leur objet, les sociétés coopératives se proposent toujours (...) de supprimer des intermédiaires afin de diminuer une dépense ou d'augmenter un gain. Elles se caractérisent par la réunion, en la même personne, de deux qualités généralement séparées entre lesquelles il existe une antinomie naturelle (patron et salarié, marchand de détail et consommateur, banquier et emprunteur) et par le rôle effacé et secondaire qu'y joue le capital par rapport au concours personnel et au travail des associés »(35).

77. – *Réglementation.* La loi du 31 juillet 2014 a profondément transformé la matière, en intégrant la réglementation des sociétés coopératives dans le cadre plus vaste de l'économie sociale et solidaire (V. *supra*, n° 72). Selon les chiffres publiés lors de la préparation du texte, il y aurait en France environ 22 000 entreprises coopératives, tous secteurs confondus.

Les plus connues sont les coopératives agricoles, dont le régime a été refondu par l'ordonnance n° 2019-362, du 24 avril 2019 (*adde* D. n° 2019-1137, 5 nov. 2019) et les sociétés coopératives ouvrières de production (V. *infra*, n° 81).

78. – *Principes coopératifs.* Les principes coopératifs sont les suivants :

– *variabilité du capital* ; ce principe se rencontre également dans certains types de sociétés (V. *infra*, n°s 601 et s.) ;

– *double qualité* ; par exemple, patron et salarié dans la SCOP – société coopérative de production, aujourd'hui dénommée société coopérative et participative – ; on parle aussi parfois de principe d'exclusivisme, ce qui veut dire que la coopérative est censée agir en principe pour le seul bien de ses membres, sauf pour certaines familles de coopératives, par exemple dans le secteur du crédit ou de la

(34) S. Grandvuillemin, *Être ou ne pas être une entreprise de l'économie sociale et solidaire ?* : *JCP* E 2015, 1542.
(35) Houpin et Bosvieux, *Traité théorique et pratique des sociétés*, t. II, 1935, n° 1568.

distribution ; par exception, les statuts peuvent également admettre des tiers non sociétaires à bénéficier de leurs activités dans la limite de 20 % de leur chiffre d'affaires (L. n° 1947-1775, 10 sept. 1947, art. 3) ;

– *altruisme* ; la vocation de la coopérative n'est pas de réaliser des bénéfices qui seraient ensuite répartis entre les coopérateurs ; ses fins ne sont pas seulement économiques, elles sont également sociales et morales ; les coopérateurs participent sans doute au capital de la coopérative, mais ce capital est rémunéré par le versement d'un intérêt annuel et non par la distribution de dividendes ;

– *démocratie* ; le coopérateur est traité de la même manière que le citoyen pour les affaires de la Cité : « un homme égale une voix », quelle que soit sa part de capital.

79. – La loi précitée du 31 juillet 2014 a modernisé le régime juridique des coopératives[36] en desserrant notamment le verrou du principe d'exclusivisme, pour permettre plus largement l'ouverture à des non-coopérateurs des services de la coopérative ; elle tente également de répondre au lancinant problème du financement des coopératives en instituant la catégorie des associés non-coopérateurs, qui, bien que n'étant pas membres à part entière de la société, peuvent néanmoins effectuer des apports, en numéraire ou en industrie, au bénéfice de la coopérative.

80. – *Société coopérative européenne.* Il existe une société coopérative européenne comme il existe une société européenne, réglementée aux articles 26-1 et suivants de la loi du 10 septembre 1947[37].

2° Les sociétés coopératives et participatives

81. – *Définition.* Les sociétés coopératives et participatives (ex-SCOP) réunissent des travailleurs qui s'associent pour exercer en commun leurs professions dans une entreprise qu'ils gèrent directement ou par l'intermédiaire de mandataires désignés par eux et nommés en leur sein (L. n° 78-763, 19 juill. 1978, art. 1) (pour les coopératives d'activité et d'emploi, V. *infra*, n° 89).

82. – **Quelques exemples de sociétés coopératives et participatives**[38].

• L'entreprise Via, installée à Roubaix, fournit des services d'interprétation, du français vers la langue des signes ou de celle-ci vers le français ; chaque salarié a vocation à devenir associé et la totalité du capital est détenue par des salariés.

• La marque Éthiquable, qui distribue du « chocolat équitable » (indispensable en période de révision), est gérée par une SCOP, dont la moitié des salariés est associée (Source : site web des SCOP, « La démocratie nous réussit »).

• A Capella, centre d'appel basé à Amiens ; les associés étant aussi salariés, une décision comme la modulation du temps de travail a fait l'objet d'un vote (idem).

(36) S. Grandvuillemin, *La loi du 31 juillet 2014 relative à l'économie sociale et solidaire et le droit coopératif* : *JCP* E 2014, 1478. – D. Hyest, *La richesse de la loi Économie sociale et solidaire* : *Rev. sociétés* 2015, p. 147 et s.

(37) I. Barsan, *La société coopérative européenne*, IRJS, 2016, préf. P. Le Cannu. – S. Grandvuillemin, *L'avènement du statut de coopérative européenne : le règlement du 22 juillet 2003* : *JCP* E 2003, 1667. – K. Rodriguez, *La société coopérative européenne : tenants et aboutissants* : *D.* 2004, p. 1219. – C. Cathiard, *La société coopérative européenne* : *JCP* E 2009, 1012.

(38) Selon les chiffres communiqués par la Confédération des SCOP, il y avait 2 991 sociétés de cette nature fin 2016. – Pour une liste des SCOP pour l'année 2020, cf. *JO* du 12 juin 2020.

• Alternatives Économiques, qui publie un magazine mensuel consacré aux problèmes économiques et sociaux.

• Groupe Chèque Déjeuner, acteur significatif du secteur des titres de services prépayés.

• Langues plurielles, organisme de formation linguistique, regroupe dans une SCOP une quinzaine de formateurs, traducteurs, interprètes et comédiens.

• Alpine Aluminium, société ayant repris en 2015 le site métallurgique des Forges de Cran, à la suite de la mise en redressement judiciaire de l'entreprise.

• TeleScop, entreprise montpelliéraine intervenant dans le domaine spatial.

83. – *Reprise d'entreprise par une société coopérative et participative.* Lors des conflits sociaux, il n'est pas rare que des solutions à base de coopératives soient avancées ; ainsi en 2012-2013, certains salariés de Fralib, société filiale d'Unilever que celle-ci souhaitait fermer, ont désiré constituer une société coopérative ouvrière de production qui se substituerait à Unilever ; cette dernière refusa toutefois de céder la marque concernée, sans laquelle l'activité n'était pas viable, ce qui a fait échouer le projet.

La loi précitée du 31 juillet 2014 favorise la reprise progressive d'entreprises par les salariés en leur concédant un délai de sept ans pour en acquérir la majorité, tout en permettant aux intéressés de bénéficier dès l'origine des avantages fiscaux des sociétés coopératives et participatives, lesquels sont conditionnés par la détention de la majorité du capital ; on a pu parler à ce propos de « SCOP d'amorçage »[(39)].

C. – La société à mission

84. – *Idée générale.* La loi Pacte du 22 mai 2019 a créé la société à mission, suivant en cela la recommandation du rapport sur « L'entreprise, objet d'intérêt collectif » (V. *supra*, n° 17)[(40)]. Le rapport suggérait d'autoriser les entreprises à opter pour un cadre juridique leur permettant de concilier les fins lucratives avec la poursuite d'objectifs sociaux et environnementaux[(41)]. Les modèles existent, spécialement aux États-Unis, où plusieurs États ont conçu un régime adapté à cet objectif, dont celui de la *Benefit Corporation*, dit *B corps*[(42)]. Parallèlement, une association – « B lab » – délivre un certificat attestant le respect des exigences propres à cette qualité. Parmi les bénéficiaires du label, on citera notamment la société française CAMIF et la filiale américaine du Groupe Danone, lequel a d'ailleurs pour ambition de placer l'ensemble du groupe sous ce régime[(43)].

85. – *Conditions.* La loi Pacte du 22 mai 2019 a introduit un nouvel article L. 210-10 dans le Code de commerce qui autorise les sociétés commerciales, lorsque certaines

(39) S. Grandvuillemin, art. préc., n° 23. – M. Bourgeois-Bertrel, *La reprise en SCOP* : *Rev. sociétés* 2015, p. 275.

(40) E. Masset, *L'introduction de nouveaux modèles : les sociétés à mission et les fonds de pérennité*, *in* I. Urbain-Parleani et a., *La loi Pacte, le nouveau visage du droit des sociétés* : *Rev. sociétés* 2019, p. 581 et s.

(41) Rapp. préc., p. 64 et s.

(42) Rapp. préc., p. 107 et s., ann. 7. – E. Masset, *Vers la société à mission ?* : *Rev. sociétés* 2018, p. 635 et s. – ANSA, Note 2020-1, *Entreprises à mission, étude comparée*, févr. 2020.

(43) Groupe Danone, document de référence 2017, p. 163. – *Adde*, *Danone and the rise of B corporations* : *The Economist* 11 août 2018, p. 53. – Avis de convocation à l'assemblée générale du 26 juin 2020, résolution n° 20.

exigences sont respectées, à faire état de leur qualité de société à mission. Le décret n° 2020-1 du 2 janvier 2020 a précisé les conditions d'application de la loi Pacte[44]. La société doit d'abord définir dans les statuts une raison d'être (V. *infra*, n°s 208 et s.). Elle doit ensuite afficher le ou les objectifs sociaux et environnementaux qu'elle se donne pour mission de poursuivre ; il peut s'agir par exemple de la réduction de l'empreinte carbone, de l'affirmation de la mixité du personnel, de l'affectation d'une partie des profits à une œuvre humanitaire (pour des exemples, V. *infra* n° 211).

86. – *Sanctions*. Si la notion de société à mission peut apparaître ambitieuse, son régime, et plus particulièrement les sanctions qui lui sont attachées, s'avèrent pourtant de nature à en limiter fortement la portée, et à lui donner, comme pour la raison d'être, un caractère assez déceptif. Certes, les statuts doivent prévoir la mise en place d'un comité de mission, distinct des organes sociaux, pour s'assurer du suivi de l'exécution de la mission ; ce comité doit présenter un rapport joint au rapport de gestion lors de l'assemblée générale annuelle (V. *infra*, n° 639). Et à ce rapport doit être joint un avis délivré par un organisme tiers indépendant chargé de vérifier l'exécution des objectifs sociaux et environnementaux[45]. Pour autant, les sanctions attachées à ces exigences, outre qu'elles ne sont pas automatiques, se limitent à un préjudice réputationnel ou d'image. En effet, il est seulement prévu que, à la demande du ministère public ou de tout intéressé, la société puisse être enjointe de supprimer la mention « société à mission » de tous ses actes, documents ou supports électroniques (C. com., art. L. 210-11). Reste que les juges pourraient donner une portée beaucoup plus large à cette mention à travers la notion d'intérêt social en faisant jouer les responsabilités et les nullités attachées à cette notion (V. *infra*, n° 207).

87. – *Label*. Au final, il ne s'agit pas d'une nouvelle forme sociale, mais d'un simple label. Et, pour l'heure, aucun avantage juridique ou fiscal n'est attaché à cette qualité. Aussi bien, l'entreprise à mission, au même titre que la coopérative ou l'entreprise sociale et solidaire, reste tenue d'observer les règles propres à sa forme sociale. Accessoirement, il n'est pas interdit à une entreprise de revendiquer les trois qualités ; on pense à la coopérative dotée d'une mission particulière.

Le coin des amateurs

1. Droit coopératif et droit des obligations

88. – Dans le secteur agricole où les coopératives sont très nombreuses et très puissantes, les tribunaux se sont efforcés d'infuser davantage de liberté dans les rapports entre la société coopérative et l'associé coopérateur – le fermier qui apporte son blé ou son vin à la coopérative dont il est associé – en se fondant sur le droit des obligations : le contrat de coopération étant un contrat de droit privé, les statuts d'une coopérative auxquels il se réfère ont valeur contractuelle dans les rapports entre la coopérative et chacun de ses

(44) A. Couret, *Le décret du 2 janvier 2020 relatif aux sociétés à mission* : BJS févr. 2020, p. 6. – E. Masset, *Décret n° 2020-1 du 2 janvier 2020 relatif aux sociétés à mission : la fusée peut désormais décoller* : *Rev. sociétés* 2020, p. 207.
(45) Sur le rôle de cet organisme, cons. D. n° 2020-1, 2 janv. 2020.

adhérents (Cass. 1re civ., 15 juill. 1999 : *BJS* 1999, p. 1115, note A. Couret). Ainsi, le principe de la prohibition des engagements perpétuels a permis d'annuler certains engagements de production contractés par des agriculteurs pour une durée excessive, c'est-à-dire excédant la durée moyenne de la vie professionnelle (Cass. 1re civ., 28 oct. 1997 : *BJS* 1998, p. 49, obs. P. Scholer). De même, le coopérateur peut invoquer le bénéfice de l'article 1217 du Code civil et réclamer la résolution judiciaire du contrat de coopération, dès lors que la société coopérative a manqué gravement à ses obligations (Cass. 1re civ., 20 mars 1990 : *RTD com.* 1990, p. 428, n° 12). Et puisque les statuts des coopératives prévoient l'application de pénalités financières aux coopérateurs, conformément à l'article R. 522-3 du Code rural et de la pêche maritime, il y a lieu de retenir la qualification de clause pénale et d'appliquer l'article 1231-5 du Code civil, lequel autorise le juge à « modérer ou augmenter la pénalité convenue, si elle est manifestement excessive ou dérisoire » (Cass. 1re civ., 15 juill. 1999, préc.). Le même texte autorise le juge à diminuer la pénalité lorsque l'engagement a été exécuté en partie, et ce à proportion de l'intérêt que l'exécution partielle a procuré au créancier.

On observera que la réforme issue de l'ordonnance n° 2019-362 du 24 avril 2019 et du décret n° 2019-1137 du 5 novembre 2019 a assoupli les conditions du retrait anticipé du coopérateur.

2. De la SCOP à la CAE

89. – La loi du 31 juillet 2014 (*adde* D. n° 2015-1363, 27 oct. 2015) a créé par ailleurs la CAE ou coopérative d'activité et d'emploi ; le porteur d'un projet entrepreneurial adhérant à une CAE est déchargé de la gestion comptable et fiscale, laquelle est mutualisée entre tous les coopérateurs ; il bénéficie en outre du statut d'entrepreneur salarié et de la protection sociale concomitante ; la CAE, employeur de l'entrepreneur, assure un accompagnement individualisé de ce dernier dans le développement de son activité économique ; ce dernier s'engage contractuellement avec la CAE, notamment sur ses objectifs et sa contribution au financement des services communs. L'accès au statut d'associé de la coopérative est possible.

On citera le cas de « Coopaname » qui regroupe près de huit cent cinquante entrepreneurs – qualifiés de coopanamiens – et se présente ainsi : « Multi-activité et ouverte, Coopaname propose à tout travailleur et toute travailleuse, qu'elle soit graphiste ou rempailleur de chaises, consultant ou e-commerçant, développeur informatique ou magicienne, d'intégrer librement la coopérative, d'y apporter son savoir-faire et d'y développer, de manière autonome, une activité économique qui lui permettra de s'y salarier et d'y bénéficier d'une protection sociale » (Source : site web de Coopaname – févr. 2020). Outre les activités énumérées, l'annuaire des entreprises comportait, en septembre 2020, une spécialiste des thérapies conjugales, un historien des entreprises, un concepteur d'outils en ligne et de chartes graphiques, une fabricante de bijoux poétiques, un décorateur d'intérieur spécialisé dans l'univers de l'enfant, une créatrice de « vêtements biologiques, écologiques et éthiques » (Source : site web de Coopanme – sept. 2020). Ailleurs, à Toulouse, La Maison de l'initiative regroupe de nombreux entrepreneurs dont les activités vont notamment de la formation en communication au *coaching* d'expatriés, en passant par l'éducation canine, la décoration florale, la réparation d'instruments à vent, la sophrologie, le secrétariat indépendant, les cours de pâtisserie à domicile, la conception de décors muraux (Source : site web maison-initiative.org – févr. 2020).

Reste la perplexité du théoricien : comment peut-on développer de manière autonome un projet d'entreprise tout en étant salarié, le salariat supposant la subordination ? Des esprits plus sévères y verront une forme de salariat de complaisance, dont la seule raison d'être est de permettre de bénéficier d'un statut juridique protecteur ; à quand des entrepreneurs fonctionnaires ? Des esprits moins critiques y verront une forme d'encouragement à l'entrepreneuriat, la possibilité donnée à toute personne désireuse de développer une activité lui tenant à cœur de réaliser son vœu et de se lancer dans l'aventure sans trop de risques financiers tout en bénéficiant d'un appui administratif. En cela, les CAE peuvent notamment intéresser des demandeurs d'emploi.

§ 3. – L'association

A. – La distinction de la société et de l'association

90. – *Popularité.* L'association se porte comme un charme : on comptait, fin 2019, environ 1 400 000 associations actives, animées par 12,5 millions de bénévoles ; elles emploient plus de 1 930 000 personnes, soit 10 % des salariés du secteur privé(46).

91. – *Définition.* La loi qui a institué l'association date du 1er juillet 1901 et n'a été que légèrement retouchée depuis.

À lire la loi, société et association sont aux antipodes l'une de l'autre. La société a pour vocation le partage des bénéfices ou d'économies entre les associés (C. civ., art. 1832), tandis que l'association est un groupement de personnes « formé dans un but autre que de partager des bénéfices » (L. 1er juill. 1901, art. 1er). La société est un groupement intéressé qui permet à ses membres de s'enrichir, en partageant un bénéfice ou en profitant d'une économie. L'association est au contraire un groupement non intéressé qui ne peut permettre à ses membres de s'enrichir. Cela explique peut-être que les mineurs puissent constituer librement une association, avec toutefois l'accord écrit de leur représentant légal s'ils ont moins de seize ans révolus (L. 1er juill. 1901, art. 2) ; un tuyau pour les enfants mécontents de la gouvernance familiale : constituez une association et manifestez pour le renversement de la dictature parentale, avec menaces d'actions revendicatives(47).

92. – *Domaine associatif.* Le champ d'action dévolu aux associations est vaste ; il englobe les activités religieuses, politiques, philosophiques, syndicales, artistiques, sportives, charitables... Ainsi, les cercles mystiques et cellules de piété, dont les membres travaillent pour « après », ne sont pas tendus vers une fin lucrative. Pareillement, les amicales de philosophes transcendantaux, d'admirateurs de couchers de soleil ou de pêcheurs à la ligne œuvrent en dehors du domaine des sociétés.

93. – *Finances.* Cela ne signifie pas que l'argent et la finance soient interdits de séjour dans les associations. Même si elle ne poursuit aucune activité économique, une association dispose d'un budget ; ce n'est pas le signe d'une déviation que de présenter un budget en équilibre, voire en excédent (par pudeur, on parle d'excédents et non de bénéfices) ; toutefois, les profits accumulés ne sont pas distribuables aux sociétaires et seront, en cas de dissolution, attribués à une autre association poursuivant un but analogue. Le cas échéant, l'association réalise même, à titre

(46) Statistiques établies par l'association Recherches et Solidarités et publiées dans son étude *La France associative en mouvement 2019*.
(47) Note des auteurs : cela est une plaisanterie bien entendu.

accessoire, des opérations lucratives : organisation de kermesses, vente d'articles divers ou fournitures de services. En outre, l'association peut faire appel pour les besoins de son activité à une ou plusieurs sociétés ; ainsi, les cinquante-cinq associations réunies sous le pavillon Habitat et Humanisme, et œuvrant pour l'accès des personnes en difficulté à un logement décent, contrôlent indirectement une société en commandite par actions, « La société foncière d'habitat et humanisme », qui a pour objet la construction, l'acquisition et la rénovation de logements(48).

94. - *Dérives.* La participation de l'association à la circulation des richesses peut faire naître des tentations chez des dirigeants peu scrupuleux : logement à des conditions favorables dans des immeubles appartenant à l'association, salaire injustifié, dépenses de représentation somptuaires, etc. Un pas de plus dans l'aberration de comportement et on tombe dans l'abus de confiance réprimé par l'article 314-1 du Code pénal. Voici un exemple : le dirigeant de l'association crée une société de conseil ou de communication animée par un proche, société qui dispose d'un contrat d'exclusivité avec l'association, contrat négocié sans mise en concurrence préalable et rémunéré à des conditions très avantageuses ; ainsi, les cotisations des partisans de la Cause se retrouvent indirectement dans les poches des dirigeants(49).

B. – La concurrence de l'association et de la société

1° La recherche d'une économie

95. - *Principe.* La Cour de cassation a jugé dans l'arrêt *Caisse rurale de Manigod* du 11 mars 1914 que la recherche d'économies par les membres, par opposition à la recherche et au partage des bénéfices, n'était pas contraire au but de l'association. Parallèlement, on sait qu'aux termes de l'article 1832 du Code civil, la société peut avoir pour objet de profiter d'une économie (V. *supra*, n° 3). Telle est également la vocation du groupement d'intérêt économique (V. *infra*, n° 2157).

96. - *Concurrence avec la société.* Voilà qui permet aux associations de regrouper des entreprises et d'entrer en concurrence à la fois avec les sociétés et les GIE quand il s'agit d'organiser par exemple des services communs. Prenons l'exemple du service de taxi-radio créé à l'initiative des chauffeurs de taxi d'une même ville qui s'associent pour gérer en commun les appels téléphoniques : cette action commune est source d'économies pour chacun. Selon les villes, la forme juridique retenue est une société coopérative, une association ou encore un GIE. Chaque formule a ses avantages mais aussi ses limites. Le même choix se retrouve quand des professionnels veulent créer des services communs tels que le secrétariat, l'informatique, la publicité...

2° La réalisation de bénéfices

97. - *Exercice d'une activité économique.* Certaines associations, et non des moindres, sont présentes sur le terrain économique où elles entrent en concurrence

(48) Informations recueillies sur le site Internet de Habitat et Humanisme (févr. 2020).
(49) Pour un exemple de transgression : Cass. crim., 5 févr. 2014, n° 12-80.154 : *BRDA* 6/2014, n° 4 ; le dirigeant avait fait effectuer des travaux personnels par les employés de l'association.

directe avec les sociétés : s'il leur est interdit de distribuer des bénéfices à leurs membres, il ne leur est pas interdit d'en réaliser. Les associations peuvent en effet exercer des activités qui traditionnellement relèvent du secteur commercial, indirectement par le biais d'une société constituée pour l'occasion, ou directement. Par exemple, une clinique, une maison de retraite, un service d'aide à domicile des personnes âgées, une agence de voyages, un club de sport, un établissement d'enseignement... peuvent être exploités aussi bien par une société que par une association. Certaines associations manient ainsi des capitaux considérables, réalisent un chiffre d'affaires énorme, emploient des centaines, voire des milliers de salariés. En bref, elles poursuivent une activité économique et se comportent comme de véritables entreprises, ce qui pose au juriste et au fiscaliste de redoutables problèmes.

a) Aspects juridiques

98. – *Contrôles.* Un point est acquis : lorsqu'elles exercent une activité de nature économique, les associations sont soumises à diverses sujétions, par exemple la désignation d'un commissaire aux comptes lorsque certains seuils sont franchis (V. *infra*, n° 1379) ou le respect d'une procédure de contrôle des conventions passées avec les dirigeants (V. *infra*, n° 1843).

99. – *Qualité de commerçant ?* Au-delà, les questions sont plus délicates : en œuvrant dans le champ économique, les associations n'accomplissent-elles pas des actes de commerce au sens de l'article L. 110-1 du Code de commerce ? Si elles le font à titre habituel, ne faut-il pas leur reconnaître la qualité de commerçant avec les droits et les obligations qui y sont attachés ?

Voici quel est l'état de la jurisprudence :

– une association peut accomplir des actes de commerce tout en restant dans les limites de son statut juridique[50] ;

– les litiges engagés à son encontre relèvent de la compétence du tribunal de commerce[51] ;

– mais une association ne peut pas pour autant invoquer la qualité de commerçant, ce qui lui interdit de demander le renouvellement d'un bail commercial, de donner un fonds de commerce en location-gérance[52] ou de demander son inscription au registre du commerce et des sociétés[53].

En bref, l'association qui accomplit des actes de commerce se voit appliquer toutes les sujétions du commerçant, sans pouvoir prétendre aux avantages de ce statut.

(50) Cass. com., 17 mars 1981 : *Rev. sociétés* 1982, p. 124, note G. Sousi ; exploitation d'une boucherie au sein de l'Institut Musulman de Paris, destinée à procurer aux fidèles de la viande préparée conformément à la loi coranique. – *Adde*, V. Grellière, *De l'illicéité ou non de l'association commerçante : RTD com.* 1997, p. 537.

(51) Cass. com., 14 févr. 2006 : *BRDA* 6/2006, n° 29 ; en l'espèce, une association avait créé un site Internet à l'usage des particuliers désirant vendre ou acheter un immeuble ; ces opérations d'intermédiaire immobilier constituent en effet des actes de commerce (C. com., art. L. 110-1, 3°).

(52) Cass. com., 19 janv. 1988 : *Rev. sociétés* 1988, p. 565, note S. Castro ; impossibilité pour l'association Foyer Léo Lagrange qui intervient dans le domaine des sports et des loisirs de mettre en location-gérance un bar-restaurant exploité dans ses locaux.

(53) Cass. com., 1er mars 1994 : *Rev. sociétés* 1994, p. 502, note Y. Guyon ; une association assurant l'hébergement de groupes de jeunes avait voulu s'inscrire au RCS pour obtenir le remboursement de sommes payées au titre de la TVA à l'occasion de travaux réalisés pour la réhabilitation de ses locaux, le remboursement étant conditionné par l'immatriculation.

b) *Aspects fiscaux*

100. – *Assujettissement aux impôts commerciaux.* Eu égard au poids non négligeable des associations dans l'activité économique, la question de leur assujettissement aux impôts commerciaux (impôt sur les sociétés, TVA, contribution économique territoriale) ne peut pas être éludée en raison du principe d'égalité devant les charges publiques et de la libre concurrence devant exister entre les différents opérateurs économiques. Par suite, une personne morale est soumise à l'IS dès lors qu'elle se livre à des opérations lucratives (CGI, art. 206, 1, *in fine*). Selon la doctrine administrative et la jurisprudence, une association est soumise à l'impôt sur les sociétés dès que l'une des trois conditions suivantes est remplie : sa gestion est intéressée ; elle concurrence une entreprise ; elle exerce son activité dans des conditions similaires à celles d'une entreprise (public visé, prix, publicité, produits...). Par exception, les personnes morales sans but lucratif qui ont une activité lucrative accessoire ne sont pas passibles de l'impôt sur les sociétés lorsque trois conditions cumulatives sont réunies : la gestion est désintéressée ; les activités non lucratives restent prépondérantes ; les recettes annuelles tirées des activités lucratives sont inférieures à 72 000 € (CGI, art. 206,1 bis).

101. – Comparaison du statut juridique de l'association et de la société.

TERMES DE COMPARAISON	ASSOCIATION	SOCIÉTÉ
Personnalité morale	OUI, si déclarée à la préfecture ; capacité juridique limitée (L. 1901, art. 6), sauf si l'association, déclarée depuis plus de trois ans, exerce une activité d'intérêt général (elle peut recevoir alors des dons et legs).	OUI, si elle est immatriculée au registre du commerce et des sociétés.
Objet	Civil en principe, mais peut accomplir des actes de commerce.	Civil ou commercial.
But	Non lucratif.	Lucratif.
Capital	Aucune exigence.	Exigence variable selon le type de société.
Patrimoine	Cotisations, local, immeubles strictement nécessaires à l'accomplissement du but social, sauf si l'association, déclarée depuis plus de trois ans, exerce une activité d'intérêt général.	Aucune limitation.
Apports	Facultatifs (connaissances, activité, biens...) ; l'apport ne donne pas lieu à l'attribution de titres (V. *infra*, n° 104).	Obligatoires. L'apport donne lieu à l'attribution de titres.
Droits financiers des membres	Néant ; ils ne peuvent se partager ni d'éventuels excédents ni le boni de liquidation.	Vocation au partage des bénéfices et du boni de liquidation.

Le coin des amateurs

1. Le droit des sociétés au secours des associations

102. – La société et l'association sont peut-être comme chiens et chats, mais cela n'interdit pas l'existence de règles communes. Ainsi, dans le silence des textes législatifs et réglementaires ou des statuts, les dispositions du droit des sociétés ont vocation à s'appliquer à titre subsidiaire aux associations, par exemple :

– pour déterminer les conditions de révocation des membres du conseil d'administration d'une association (Cass. 1re civ., 29 nov. 1994, n° 92-18.018 : *RJDA* 3/1995, n° 295) ;

– pour préciser les pouvoirs du président de prendre à titre conservatoire des mesures d'urgence (Cass. 1re civ., 3 mai 2006, n° 03-18.229 : *JCP* E 2006, 2675 ; *Rev. sociétés* 2006, p. 855, note D. Randoux) ;

– pour déterminer les causes de dissolution de l'association et le maintien de la personnalité morale de celle-ci pour les besoins de la liquidation (Cass. 1re civ., 13 mars 2007 : *Dr. sociétés* mai 2007, n° 91, obs. F.-X. Lucas ; *JCP* G 2007, 10105, note Fl. Deboissy et G. Wicker) ;

– pour déterminer la majorité nécessaire en cas de modification statutaire ayant pour effet d'augmenter les engagements des membres de l'association (Cass. 1re civ., 1er févr. 2017, n° 16-11.979 : *RJDA* 4/2017, n° 265 ; à l'image des sociétés, l'unanimité est requise).

Cela atteste de l'existence d'un droit commun des groupements de personnes issu du droit des sociétés.

2. Société et association : attention aux faux amis

103. – La pratique multiplie dans une joyeuse pagaille les faux-amis, nommant sociétés des groupements qui sont des associations et inversement.

a) Les associations nommées sociétés

Certains groupements portent le nom de sociétés, mais sont en réalité des associations. Ainsi, les sociétés de course, instituées par la loi du 2 juin 1891 pour l'amélioration de la race chevaline, sont des organismes à but non lucratif ; par suite, les excédents que dégage leur exploitation échappent à l'impôt sur les sociétés (CE, 10 avr. 2002 : *Dr. fisc.* 2002, n° 27, comm. 569, concl. G. Bachelier). Il en va de même pour les sociétés dites « savantes » ; la Société française des explorateurs, la Société de législation comparée ou la Société française de finances publiques ne sont pas des sociétés, mais des associations.

b) Les sociétés nommées associations

À l'inverse, des sociétés se cachent parfois derrière le masque de l'association ; tel est le cas des AARPI ou associations d'avocats à responsabilité professionnelle individuelle (L. n° 71-1130, 31 déc. 1971, art. 7 et 8, mod. Ord. n° 2019-964, 18 sept. 2019) ; ces associations permettent notamment aux avocats de partager les bénéfices de leur activité en commun, mais sans partager les responsabilités attachées aux fautes professionnelles éventuellement commises par les autres membres de l'association ; de fait, chacun des membres de l'association répond seul des actes professionnels qu'il accomplit ; dès lors qu'il y a partage de bénéfices, la qualification de société ne fait guère de doute (J.-J. Daigre, *Les associations d'avocats après le décret du 15 mai 2007 : de bien curieuses associations : Rev. sociétés* 2008, p. 725). Autre curiosité : bien que l'AARPI n'ait pas la personnalité juridique, une cour d'appel a considéré qu'elle pouvait agir en justice (CA Poitiers, 28 janv. 2020, n° 19/02107 : *BRDA* 17/2020, n° 4 ; au passage, la cour d'appel note que l'AARPI est une « société de fait »).

Sur le plan fiscal, l'AARPI relève de l'impôt sur le revenu, du moins pour les associés personnes physiques (CGI, art. 238 bis L A).

3. L'apport à une association

104. – L'apport à une société donne lieu à une remise de droits ou de titres, l'apporteur retrouvant dans son patrimoine la contrevaleur des biens qu'il a apportés. Or les associations n'émettent ni droits ni titres, ce qui rend impossible cette contrepartie. Il est vrai que certaines associations ont la faculté de créer des titres négociables (C. monét. fin., art. L. 213-3, 9°), mais ces derniers représentent un prêt, figure juridique distincte de celle de l'apport. En dépit de cette singularité, la validité de l'apport à une association n'est pas contestée (Potentier, *L'apport aux associations* : *JCP* N 1997, p. 831) ; au demeurant, l'article 9 bis de la loi du 1er juillet 1901 autorise l'apport partiel d'actif d'une association à une autre, et l'article 15 du décret du 16 août 1901 évoque pour sa part la « reprise des apports ». Quant à l'objet de l'apport, il peut s'agir d'une somme d'argent (par ex., Cass. com., 5 juill. 2005, n° 1020, F-PB : *RJDA* 2006, n° 665), de matériel – photocopieur, ordinateur, etc. –, voire d'un immeuble dès lors toutefois qu'il est « strictement nécessaire à l'accomplissement du but » de l'association (L. 1er juill. 1901, art. 6). Même licites, les apports à une association suscitent deux interrogations.

1. Apport ou donation ?

L'interrogation n'est pas simplement esthétique, car les conséquences juridiques et fiscales ne sont pas identiques. La clé est dans l'intention libérale de l'apporteur, condition subjective de l'existence d'une donation ; or cette intention libérale est antinomique avec la contrepartie qui caractérise le contrat à titre onéreux (C. civ., art. 1107, al. 1er). Il suffit donc qu'il y ait contrepartie pour que la qualification de donation soit refoulée au profit de celle d'apport. Sur la nature de la contrepartie, deux conceptions paraissent coexister au sein de la Cour de cassation.

Dans une première direction, qui est celle de la première chambre civile (V. not., Cass. civ., 24 févr. 1932 : *DH* 1932, jurispr. p. 235. – Cass. 1re civ., 1er mars 1988, n° 86-13.158 : *Bull. civ.* 1988, I, n° 52), le caractère onéreux de l'apport peut résulter de l'existence de contreparties seulement morales, comme la satisfaction de voir se réaliser l'œuvre qui commande l'affectation de l'apport. L'analyse est critiquable, car une contrepartie simplement morale ne peut permettre de distinguer un acte à titre onéreux d'un acte à titre gratuit ; au surplus, la contrepartie morale est consubstantielle à l'appartenance à l'association, ce qui interdit d'y voir un élément diacritique. De plus, celui qui consent une libéralité poursuit nécessairement une satisfaction morale, fût-elle strictement personnelle.

La seconde voie dégagée par la chambre commerciale (Cass. com., 7 juill. 2009, n° 07-21.957 : *RJF* 2009, n° 1172) paraît plus convaincante : un simple avantage moral est insuffisant. En effet, ce qui importe, c'est que l'avantage procuré se traduise pour le bénéficiaire par des obligations ou des charges pour l'association, même si l'exécution de ces obligations ou de ces charges n'a pas vocation à enrichir le patrimoine de l'apporteur ; à défaut, il s'agira d'une donation. L'onérosité procède ainsi moins du profit qu'en tire l'apporteur que de la charge qui en résulte pour le bénéficiaire de l'apport, cette charge se justifiant parce qu'elle permet à l'apporteur d'atteindre le but poursuivi par la réalisation de son apport ; ainsi d'un pouvoir plus important à l'apporteur ou encore de l'appartenance de droit aux organes dirigeants. De même, l'affirmation du droit de reprise de l'apport manifeste clairement l'absence d'intention libérale.

2. Reprise de l'apport

Différence de taille avec le régime des apports en société, la reprise des apports réalisés au profit d'une association n'est pas de droit ; les biens apportés sont entrés dans le patrimoine de l'association, qui en dispose à sa guise (Cass. 1re ch. civ., 4 nov. 1982 : *Rev. sociétés*

1983, p. 826, note G. Sousi. – *Adde* Lepeltier, *Apports et reprise d'apports dans les associations : BJS* 1997, p. 401). L'apporteur qui souhaite récupérer son apport sera donc bien inspiré de subordonner l'apport à l'affirmation statutaire du droit de reprise.

Lorsque la reprise est prévue, une controverse peut surgir si l'apport avait pour objet une somme d'argent. De fait, X a apporté à une association 100 000 € en 2005 ; si cette dernière est dissoute en 2025 et qu'il exerce son droit de reprise, la revendication portera-t-elle seulement sur 100 000 € ? Ou devra-t-on tenir compte de l'érosion monétaire, permettant ainsi à l'apporteur de récupérer une somme plus élevée ? Le principe du nominalisme monétaire impose la réponse : l'apporteur aura droit à 100 000 € et rien de plus. Les statuts peuvent-ils déroger à ce principe et prévoir qu'il sera tenu compte de l'inflation ? Non, selon la Cour de cassation, qui tient une telle clause pour nulle (Cass. com., 5 juill. 2005, préc.). En effet, la revalorisation monétaire de l'apport reviendrait à attribuer à l'apporteur une part des biens de l'association et à transgresser la règle selon laquelle on ne saurait attribuer aux sociétaires « une part quelconque des biens de l'association » (D. 16 août 1901, art. 15).

§ 4. – La fiducie ?

A. – Présentation de la fiducie

105. – *Origines.* La fiducie est une institution du droit romain que l'on retrouve à l'époque des croisades : le croisé plaçait son domaine dans les mains d'un tiers, à charge pour ce dernier de le gérer et de le lui remettre à son retour de Terre sainte ou de le remettre à ses héritiers en cas de décès. Après cette vogue relative, la fiducie est tombée dans l'oubli. Périodiquement, la question était posée de son retour officiel, ses promoteurs arguant principalement du handicap du droit français par rapport au droit anglais et à son institution fétiche, le trust, qui permet également un transfert temporaire de la propriété d'un bien. Finalement, la fiducie a été adoptée par la loi du 19 février 2007(54) (C. civ., art. 2011 et s.). Sur le plan fiscal, l'idée est d'assurer la neutralité fiscale de cet instrument(55).

106. – *Définition.* Aux termes de l'article 2011 du Code civil, « la fiducie est l'opération par laquelle un ou plusieurs constituants transfèrent des biens, des droits ou des sûretés, ou un ensemble de biens, de droits ou de sûretés, présents ou futurs, à un ou plusieurs fiduciaires qui, les tenant séparés de leur patrimoine propre, agissent dans un but déterminé au profit d'un ou plusieurs bénéficiaires ».

1° Établissement de la fiducie

a) Constitution de la fiducie

107. – *Modalités.* La fiducie est établie par la loi ou par contrat ; elle doit être expresse (C. civ., art. 2012). À la différence de la société (V. *infra*, n° 325), la fiducie est un contrat solennel ; au surplus, elle exige un acte notarié si elle porte sur des biens communs ou indivis.

(54) A. Prüm, *L'arrivée annoncée de la fiducie : RD bancaire et fin.* janv.-févr. 2007, p. 1 et s. – J.-Ph. Dom, *La fiducie-gestion et le contrat de société ; éléments de comparaison : Rev. sociétés* 2007, p. 481 et s.
(55) A. de Bissy, *Aspects fiscaux de la fiducie, loi du 19 février 2007 : JCP E* 2007, 1516.

D'abord, le contrat doit, à peine de nullité, comporter différentes mentions (C. civ., art. 2018) : la désignation des biens, droits ou sûretés transférés, la durée du transfert de propriété, qui ne peut pas excéder quatre-vingt-dix-neuf ans (pour les sociétés, V. *infra*, n° 759), l'identité du (ou des) constituant(s), du fiduciaire ainsi que du (ou des) bénéficiaire(s) ou, à défaut, les règles permettant sa désignation, la mission du fiduciaire et l'étendue de ses pouvoirs d'administration et de disposition.

Ensuite, le contrat de fiducie et ses avenants doivent être enregistrés à peine de nullité dans un délai d'un mois (C. civ., art. 2019. – CGI, art. 635, 1, 8°). L'enregistrement entraîne, sauf en cas de transfert d'un bien immobilier (V. *infra*, n° 113), la perception d'un droit fixe de 125 € (CGI, art. 1133 quater).

108. – *Déclaration.* Un registre national des fiducies a été mis en place en 2010 ; il a pour finalité « de centraliser les informations relatives aux contrats de fiducie nécessaires pour faciliter les contrôles permettant la lutte contre l'évasion fiscale, le blanchiment des capitaux et le financement du terrorisme » ; il est notamment consultable par les agents de l'administration fiscale et des douanes.

D'un point de vue fiscal, la fiducie doit faire l'objet d'une déclaration d'existence par le fiduciaire (CGI, art. 238 quater L).

b) Les acteurs de la fiducie

109. – *Le constituant* (ou les constituants) peut être une personne morale comme physique.

110. – *Le fiduciaire,* pour sa part, est soit une personne morale du secteur de la banque ou de l'assurance (C. civ., art. 2015), autrement dit un professionnel de la gestion du patrimoine d'autrui, soit un avocat. Le constituant et le fiduciaire doivent être résidents d'un État de l'Union européenne ou d'un État ou territoire ayant conclu avec la France une convention fiscale.

111. – *Le bénéficiaire* est une personne juridique, physique ou morale, déterminée ou déterminable : il peut s'agir d'un tiers, du fiduciaire ou encore du constituant. Après acceptation du bénéficiaire, le contrat ne peut être modifié ou révoqué qu'avec son accord, ce qui constitue une application du mécanisme de la stipulation pour autrui, ou par décision de justice (C. civ., art. 2028).

112. – *Le tiers protecteur* est désigné par le constituant de la fiducie et a pour mission de s'assurer de la préservation des intérêts du constituant ; ce peut être par exemple un expert-comptable ou un profane ; lorsque le constituant est une personne physique, il ne peut pas renoncer à la faculté de désignation d'un tiers protecteur (C. civ., art. 2017).

2° Le patrimoine fiduciaire

a) Constitution du patrimoine fiduciaire

113. – *Transfert fiduciaire.* Puisque le contrat de fiducie emporte transfert de propriété, les formalités habituelles de publicité trouvent à s'appliquer, qui varient en fonction des biens transmis (créances, immeubles, fonds de commerce, titres de sociétés…). Le transfert fiduciaire de propriété d'un immeuble, qui relève du régime de la formalité fusionnée (V. *infra*, n° 232), entraîne la perception de la taxe de publicité foncière au taux de 0,715 % (CGI, art. 1020).

114. – *En matière d'impôts directs*, le principe retenu est celui de la neutralité fiscale (CGI, art. 238 quater A et s.). À la condition que le constituant soit désigné comme l'un au moins des bénéficiaires, le transfert fiduciaire est traité comme une opération intercalaire, ce qui permet, par un mécanisme de sursis d'imposition, d'exclure du résultat imposable du constituant les profits, les pertes ainsi que les plus ou moins-values constatées à l'occasion de la constitution du patrimoine fiduciaire.

b) Nature du patrimoine fiduciaire

115. – *Patrimoine affecté*. Il s'infère de la définition du contrat de fiducie que le patrimoine fiduciaire est un patrimoine d'affectation.

D'une part, les biens et droits composant le patrimoine fiduciaire sont soumis à une affectation commune ; ils doivent être gérés dans un but particulier : finalité de gestion (le constituant confie temporairement la gestion d'une partie de son patrimoine au fiduciaire), de garantie (si le débiteur ne s'acquitte pas de sa dette à l'égard du bénéficiaire, ce dernier se fait attribuer les biens en paiement) ou toute autre finalité imaginée par les parties (V. *infra*, n°s 120 et s.). Une seule limite, la fiducie à fin de libéralité est prohibée (C. civ., art. 2013).

D'autre part, le patrimoine fiduciaire est distinct du patrimoine personnel du fiduciaire. Le patrimoine fiduciaire n'est pas affecté par l'ouverture d'une procédure collective à l'encontre du fiduciaire (C. civ., art. 2024).

c) Gestion du patrimoine fiduciaire

116. – *Sur le plan juridique*, les pouvoirs du fiduciaire, comme sa responsabilité, sont plus ou moins calqués sur ceux du dirigeant social.

À l'égard des tiers, lorsque le fiduciaire agit pour le compte de la fiducie, il doit en faire expressément mention (C. civ., art. 2021) ; il est alors réputé disposer des pouvoirs les plus étendus sur le patrimoine fiduciaire (V. *infra*, n° 436, le mécanisme de la représentation légale), à moins qu'il ne soit démontré que les tiers avaient connaissance de la limitation de ses pouvoirs prévue par le contrat de fiducie (C. civ., art. 2023).

Comme le mandataire, le fiduciaire doit rendre compte de sa gestion au constituant (C. civ., art. 2022). Le fiduciaire est responsable, sur son patrimoine propre, des fautes qu'il commet dans l'exercice de sa mission (C. civ., art. 2026).

117. – *Sur le plan fiscal*, conformément aux règles de droit commun, parce que c'est le fiduciaire, propriétaire des biens, qui gère ceux-ci, il est personnellement redevable de la TVA ainsi que des impôts locaux.

La solution est différente en matière d'impôts directs puisque le fiduciaire n'a pas la qualité de redevable. Le fiduciaire doit tenir une comptabilité distincte pour chaque patrimoine fiduciaire en respectant les exigences de la comptabilité commerciale (C. com., art. L. 123-12 à L. 123-15) ; il doit nommer un commissaire aux comptes chargé de procéder au contrôle des comptes fiduciaires. À partir du résultat comptable, le fiduciaire doit déterminer le résultat imposable de la fiducie et déposer une déclaration de résultat. Ce résultat, selon le schéma applicable aux sociétés de personnes (V. *infra*, n° 151), est imposé entre les mains du constituant. Le constituant est dans tous les cas personnellement redevable de l'impôt même si les fruits de la gestion fiduciaire sont attribués à un tiers.

En matière d'impôt sur la fortune immobilière, en application du principe de transparence fiscale, les actifs immobiliers transférés dans un patrimoine fiduciaire ou ceux éventuellement acquis en remploi sont compris dans le patrimoine imposable du constituant pour leur valeur vénale nette au 1er janvier de l'année d'imposition (CGI, art. 969).

3° L'extinction de la fiducie

118. – *Juridiquement*, comme le contrat de société (V. *infra*, nos 757 et s.), la fiducie prend fin par la survenance du terme, par la réalisation du but poursuivi (C. civ., art. 2029) ou par l'accord des parties.

Conformément à ce qui aura été stipulé dans le contrat, les biens seront transmis au bénéficiaire, qui peut être le constituant, le fiduciaire ou un tiers.

Lorsque le contrat de fiducie prend fin en l'absence de bénéficiaire, le patrimoine fiduciaire fait de plein droit retour au constituant. Lorsque le contrat prend fin par le décès du constituant, le patrimoine fiduciaire fait de plein droit retour à sa succession (C. civ., art. 2030).

119. – *Fiscalement*, l'extinction du contrat de fiducie vaut en principe cessation d'entreprise, ce qui emporte imposition immédiate, au nom du constituant, des résultats de l'exercice comme des plus-values constatées sur les actifs. Un régime de faveur, calqué sur celui applicable en cas de transmission universelle du patrimoine d'une personne morale, a toutefois été prévu, qui conduit à traiter l'extinction de la fiducie comme une opération intercalaire (V. *supra*, n° 114), à condition que la fiducie prenne fin sans liquidation du patrimoine fiduciaire (CGI, art. 238 quater K et 238 quater Q).

B. – Utilisations de la fiducie

120. – La fiducie n'a pas vocation à détrôner la société. La fiducie ne saurait être en effet une structure de gestion en commun : seul le fiduciaire (et non les constituants) gère ; on ne saurait donc voir dans la fiducie une technique d'exploitation directe d'une entreprise (V. *supra*, nos 28 et s.) ou d'organisation d'un partenariat (V. *supra*, nos 26 et s.). En revanche, elle peut constituer, le cas échéant, une technique d'organisation du patrimoine (V. *supra*, nos 35 et s.).

121. – **Exemples de recours à la fiducie en droit des sociétés.**

En demeurant dans la sphère des sociétés, voici quelques utilisations de la fiducie :

– gestion discrétionnaire d'un portefeuille de valeurs mobilières appartenant à une personne morale ou à une personne physique par un fiduciaire, à charge de restituer le portefeuille, ou ce qu'il en reste, à l'issue du contrat, au constituant ou aux personnes désignées par lui ; le fiduciaire n'étant pas tenu des contraintes pesant sur le mandataire en termes de représentation aux assemblées générales par exemple (V. *infra*, n° 1174) ;

– constitution d'une structure de *defeasance*, mécanisme par lequel une société extrait de son bilan une dette ou certains actifs « avariés » pour en confier la gestion à un établissement de crédit ;

– regroupement d'actifs de plusieurs entreprises en prévision d'une fusion ultérieure ou de la création d'une filiale commune ;

– gestion indirecte par les créanciers d'une entreprise à restructurer (V. S. Esquiva-Hesse, *L'utilisation de la fiducie dans le cadre des opérations de restructuration : Journ. sociétés* juin 2008, p. 66) ;

– opération de portage (V. *infra*, n° 2377) ;

– instrument de défense anti-OPA (P. Servan-Schreiber, *La fiducie : d'un moyen de gestion à une arme anti-OPA : JCP* E 2007, 2055) ;

– constitution de garanties au profit d'un créancier ; s'il n'exécute pas son obligation (par ex., le remboursement d'un prêt), le constituant court le risque d'être privé de la propriété du bien transféré à la fiducie ; en cas de défaillance, le créancier devient en effet propriétaire du bien, contre versement éventuel d'une somme d'argent représentant la différence, si elle est positive, entre la valeur du bien (déterminée par expertise) et la valeur de la créance (C. civ., art. 2372-3 et 2372-4) ;

– transfert de la gestion de ses biens à un tiers de confiance par une personne craignant à raison de son âge ou de sa maladie de ne plus être en mesure de le faire elle-même ;

– gestion d'un pacte d'actionnaires (V. *infra*, n°s 1314 et s.) : les actions « pactées » sont transférées à une fiducie, ce qui interdit à un des signataires du pacte de céder sa participation en contravention avec les dispositions du pacte qui reconnaissent par exemple un droit de préemption aux autres signataires ; de même l'unité de vue des membres du pacte est assurée, le vote attaché aux actions étant exercé par le fiduciaire (V. F. Barrière, *Le fiduciaire-actionnaire : Rev. sociétés* 2018, p. 428).

§ 5. – La fondation ?

122. – *Définition.* Aux termes de l'article 18 de la loi n° 87-571 du 23 juillet 1987, « la fondation est l'acte par lequel une ou plusieurs personnes physiques ou morales décident l'affectation irrévocable de biens, droits ou ressources à la réalisation d'une œuvre d'intérêt général et à but non lucratif ».

Avec un tel programme, on est aux antipodes de la société ; de fait, la société ne poursuit pas la réalisation d'une œuvre de bienfaisance et sa vocation n'est pas de faire la charité[56] ; de son côté, la fondation n'est pas une forme concurrente de la société au regard de l'exploitation d'une entreprise. Mais société et fondation peuvent coexister. Ainsi les sociétés peuvent souhaiter, au-delà du simple mécénat d'entreprise (V. *supra*, n° 137), créer leur propre œuvre de bienfaisance en constituant une structure *ad hoc*. Le législateur leur offre pour ce faire un cadre juridique approprié, la fondation d'entreprise ou la fondation actionnaire. Il faut y ajouter le fonds de dotation ainsi que le fonds de pérennité économique créé par la loi Pacte du 22 mai 2019.

(56) V. sur le thème plus large de la générosité sociale, J.-M. Moulin, *La société généreuse ; aspects de droit des sociétés : Journ. sociétés* mai 2012, p. 16.

A. – Les fondations d'entreprise

1° Présentation

123. – *Structure de mécénat ad hoc.* Les sociétés peuvent souhaiter, au-delà du simple mécénat d'entreprise (V. *supra*, n° 137), créer elles-mêmes leur propre œuvre de bienfaisance en instituant une structure *ad hoc*. Le législateur leur offre pour ce faire un cadre juridique approprié : la fondation d'entreprise. Il s'agit de susciter en France la constitution de fondations privées à l'image des grandes fondations américaines (Fondations Ford, Rockefeller, IBM, Gates...). En France, on citera notamment les fondations d'entreprise créées à l'initiative des sociétés suivantes : EDF, Cartier, Louis Vuitton, Vivendi, Danone, L'Oréal...

Parmi les 2 634 fondations recensées au 30 juin 2020, 427 ont été créées par des entreprises, chiffre à comparer avec les 50 000 existant aux États-Unis, les 8 800 existant au Royaume-Uni et les 8 300 existant en Allemagne(57).

124. – Quelques exemples d'objet de fondation d'entreprise.

• Fondation Orange : promouvoir la « solidarité numérique ».

• Fondation Louis Vuitton pour la création : « en s'appuyant sur une collection d'œuvres d'art axée autour de l'art moderne et contemporain, promouvoir l'art et la culture, soutenir la création artistique, le développement de l'accès du plus grand nombre aux œuvres d'art ».

• Fondation Monoprix : « participer à la création et au renforcement du lien social en centre-ville, contribuer notamment à la réalisation de projets dans les zones urbaines en lien avec la lutte contre l'exclusion ».

• Fondation Virbac (produits vétérinaires) : « sensibiliser, éduquer et informer le public en général et les enfants en particulier sur le respect des animaux ».

2° Encadrement

125. – *Conditions.* Le terme « fondation » est protégé et il est interdit de baptiser une œuvre quelconque de ce label si elle n'est ni une fondation reconnue d'utilité publique ni une fondation d'entreprise. Par conséquent, la loi pose de strictes conditions à la fondation d'entreprise : elle doit obtenir une autorisation préfectorale qui est publiée au *Journal officiel* ; la dotation apportée par l'entreprise doit être précisée ; la fondation doit tenir une comptabilité de type commercial avec bilan, compte de résultat et annexe ; un commissaire aux comptes doit être désigné ; un rapport d'activité doit être adressé chaque année à l'autorité administrative de tutelle (le préfet)... Il s'agit de vérifier que la fondation se consacre bien à la réalisation d'une œuvre d'intérêt général et se comporte en personne morale à but non lucratif.

B. – Les fonds de dotation

126. – *Définition.* La loi n° 2008-776 du 4 août 2008 a créé à côté des fondations les fonds de dotation. Ces fonds, qui ont également la personnalité morale, sont

(57) V. Panorama 2020 des fondations et fonds de dotation créés par des entreprises mécènes, EY.

constitués d'une dotation (bien immobilier, somme d'argent, titres de sociétés, contrat d'édition...) dont les revenus permettent de développer une activité d'intérêt général ; la structure est beaucoup plus légère que celle de la fondation, ce qui peut contribuer à développer le mécénat. Cette structure connaît un certain succès : sur 3 060 fonds de dotation constitués au 30 juin 2020, 390 l'ont été par des entreprises[58] (pour des exemples de fonds de dotation dans le secteur de la presse écrite, V. *infra*, n° 138).

127. – *Fiscalité.* Les fonds de dotation sont exonérés d'impôt sur les sociétés à condition que leur dotation ne soit pas consomptible[59].

C. – Les fondations actionnaires

128. – *Fondation à objet particulier.* Il peut arriver que le fondateur d'une entreprise souhaite assurer la pérennité de celle-ci en la mettant à l'abri des folies de ses héritiers ou des appétits de prédateurs ; il peut à cette fin placer une partie ou la totalité des titres qu'il détient dans une fondation[60]. Celle-ci perçoit les dividendes, vote aux assemblées ; grâce aux revenus perçus de l'activité de la société, elle est en mesure d'assurer l'objet voulu par son créateur. Il peut s'agir d'une fondation d'utilité publique, d'une fondation d'entreprise ou encore d'un fonds de dotation. En ce sens, la fondation actionnaire n'est pas une forme de fondation spécifique, mais une fondation ayant un objet particulier : la détention d'actions, voire de la majorité du capital, d'une société[61].

129. – Quelques exemples de fondations actionnaires.

Les fondations d'actionnaires sont fréquentes en Allemagne (fondations Bosch, Bertelsmann), au Danemark (fondations Lego, Carslberg)[62] et en Suède (fondations Saab ou Electrolux). Prenons ici l'exemple d'Ikea. Le groupe suédois Ikea est contrôlé par une société néerlandaise (Ingka Holding) dont la totalité du capital est détenue par la fondation Ingka, également néerlandaise. Le but de celle-ci est de favoriser l'innovation dans le domaine de la décoration et de l'architecture, ainsi que le financement en faveur de l'aide à l'enfance dans les pays en voie de développement ; elle y consacre sa fortune, évaluée à 36 milliards de dollars (*The Economist* 13 mars 2006). Un chiffre à méditer lors de la prochaine tentative de montage d'un meuble acheté en kit.

Les fondations d'actionnaires sont moins fréquentes en France. On signalera cependant la Fondation Pierre Fabre, créée par le fondateur du laboratoire pharmaceutique du même nom ; en août 2008, ce dernier a fait don de la totalité du capital de la société holding P.F. Participations, qui détient 60 % du laboratoire. La Fondation se trouve ainsi titulaire de la majorité de cette société ; grâce aux dividendes perçus, elle peut poursuivre son objet, à savoir permettre aux populations du Sud un meilleur accès aux médicaments et aux soins de qualité ; à ce titre, elle finance notamment un Master Mékong Pharma, basé à Hanoï, qui forme les pharmaciens diplômés du Laos, du Cambodge et du Vietnam.

(58) V. Panorama 2020 des fondations et fonds de dotation créés par des entreprises mécènes, EY.

(59) Y. Vincent, *Le fonds de dotation, ou comment concilier philanthropie et optimisation fiscale : un outil à [re]découvrir : Dr. sociétés* 2014, étude 1.

(60) Cons. D. Guérin, K. Cadiou et M. Le Gall-Ely, *L'utilisation des fondations ou fonds de dotation et la transmission des entreprises familiales : JCP* E 2015, 1146.

(61) C. Nouel, *Les fondations actionnaires : BJS* févr. 2020, p. 49.

(62) Sur les fondations actionnaires au Danemark, V. Rapport Notat-Sénard, *L'entreprise, objet d'intérêt collectif*, 9 mars 2018, p. 113.

130. – La loi Pacte du 22 mai 2019, pour encourager la création de fondations actionnaires, a autorisé les *fondations reconnues d'utilité publique* à recevoir et détenir des parts sociales ou actions d'une société commerciale, sans limitation de seuil de capital ou de droits de vote (L. n° 87-571, 23 juill. 1987, art. 18-3). Lorsque les parts ou actions confèrent le contrôle, les statuts de la fondation doivent indiquer les conditions dans lesquelles cette dernière assure la gestion de la participation sans s'immiscer dans la gestion de la société.

D. – Le fonds de pérennité économique

131. – *Idée générale.* En avril 2017, un rapport de l'Inspection générale des finances a souligné l'intérêt de développer en France les fondations actionnaires(63). Pour les auteurs du rapport, de tels instruments peuvent notamment permettre de protéger le capital des sociétés concernées et d'assurer l'indépendance de l'entreprise en cas de décès du fondateur, grâce à la constitution d'un actionnaire inamovible, le fonds de pérennité économique. L'idée a été reprise par la loi Pacte du 22 mai 2019(64), complétée par le décret n° 2020-537 du 7 mai 2020(65).

1° Constitution

132. – Le fonds de pérennité économique « est constitué par l'apport gratuit et irrévocable des titres de capital ou parts sociales d'une ou plusieurs sociétés exerçant une activité industrielle, commerciale, artisanale ou agricole, ou détenant directement ou indirectement des participations dans une ou plusieurs sociétés exerçant une telle activité, réalisé par un ou plusieurs fondateurs afin que ce fonds gère ces titres ou parts, exerce les droits qui y sont attachés et utilise ses ressources dans le but de contribuer à la pérennité économique de cette ou de ces sociétés et puisse réaliser ou financer des œuvres ou des missions d'intérêt général ». Des statuts doivent être établis, lesquels précisent notamment « l'indication des principes et objectifs appliqués à la gestion des titres ou parts ». Le fonds est déclaré à la préfecture, ce qui lui confère la personnalité juridique.

2° Administration

133. – Le fonds est dirigé par un conseil d'administration de trois membres au moins ; il est investi « des pouvoirs les plus étendus pour agir en toute circonstance au nom du fonds » ; il établit les comptes du fonds. Un comité de gestion est chargé du suivi permanent de la société ; il est composé d'au moins un membre du conseil d'administration et de deux autres personnes ; le comité peut formuler des recommandations au conseil. Le fonds est doté d'un commissaire aux comptes. En outre, l'autorité administrative – la préfecture où les statuts ont été déposés – « s'assure de la régularité du fonctionnement du fonds de pérennité économique ».

(63) A. Jevakhoff et D. Cavaillolès, *Le rôle économique des fondations*, Rapport 2017-M-008, Inspection générale des finances, avr. 2017.
(64) E. Masset, *L'introduction de nouveaux modèles : les sociétés à mission et les fonds de pérennité*, in I. Urbain-Parleani et a., *La loi Pacte, le nouveau visage du droit des sociétés* : *Rev. sociétés* 2019, p. 581 et s.
(65) *Loi Pacte : publication d'un décret relatif aux fonds de pérennité* : *JCP* E 2020, act. 341.

3° Caractère irrévocable ?

134. – *Principe.* Il est prévu que le fonds « est constitué par l'apport gratuit et irrévocable des titres de capital ou parts sociales » (V. *supra*, n° 132). En conséquence, les droits sociaux apportés sont inaliénables. Des exceptions sont toutefois prévues notamment pour les titres dépassant le seuil du contrôle de la société ou en cas d'autorisation judiciaire motivée par les nécessités de maintenir la pérennité économique de l'entreprise.

135. – *Trompe l'œil ?* Pour autant, le caractère irrévocable du fonds pourrait s'avérer n'être qu'un trompe-l'œil compte tenu des règles posées pour la dévolution de l'actif suite à la dissolution du fonds. Le fonds peut être dissous dans les conditions prévues par les statuts, ce qui autorise la stipulation d'un terme. La dissolution emporte la liquidation du fonds, autrement dit l'apurement du passif ; à l'issue des opérations de liquidation, l'actif subsistant, lequel peut comprendre les titres initialement apportés, est transféré soit à un bénéficiaire désigné par les statuts, soit à un autre fonds de pérennité, une fondation reconnue d'utilité publique ou un fonds de dotation.

Ainsi, selon ce qui sera retenu par les statuts, deux modèles de fonds sont envisageables. L'actif peut être dévolu à un autre fonds de pérennité, une fondation reconnue d'utilité publique ou un fonds de dotation et l'affectation des titres à un but d'intérêt général est alors irrévocable. Mais, à l'inverse, l'actif peut être dévolu à une personne désignée par les statuts, qui peut être, en l'absence de prévision du texte, une personne physique ou encore une personne morale ne poursuivant pas un but d'intérêt général. Or ce second modèle, qui ne correspond pas aux aspirations initiales des promoteurs du texte et qui est apparu tardivement au cours de la discussion parlementaire, soulève de très nombreuses difficultés, tant sur le plan juridique que fiscal, le fonds de pérennité devenant ainsi un outil de gestion et de transmission patrimonial.

Le coin des amateurs

1. La rencontre de l'Abbé Pierre et de la SAS

136. – Quand on pense à l'Abbé Pierre et aux compagnons d'Emmaüs, on pense à l'exclusion sous toutes ses formes et à la lutte contre le mal-logement ; de son côté, la SAS, ou société par actions simplifiée, évoque l'univers du capitalisme et de l'ingénierie financière. Mais rien n'interdit de marier les deux sphères, comme le montre la création par la Fondation de l'Abbé Pierre (FAP) de la SOLIFAP, SAS à capital variable. La SOLIFAP se présente comme une société d'investissement solidaire intervenant auprès des acteurs du mal-logement ; par son programme SOLIFAP-Foncier, par exemple, elle acquiert des logements qu'elle met à la disposition d'associations. Outre une dotation de la FAP, la société est financée par des tiers, fondations, sociétés financières ou d'assurances, soit au total quinze actionnaires (Source : Rapport annuel 2018). Le choix de la SAS permet à la FAP de disposer en toute circonstance de 67 % des droits de vote et de détenir d'un droit de veto sur toute décision de modification statutaire, de dissolution ou de fusion de la société (Statuts, art. 10).

Le schéma a été adopté par d'autres acteurs du monde humanitaire ; ainsi, l'association Frateli, qui œuvre pour l'égalité des chances, la réussite des études et l'insertion professionnelle, a constitué une SAS, FrateliLab, pour prolonger son activité dans de nouveaux secteurs et accéder à de nouveaux leviers de financement (V. *supra*, n° 93, l'exemple de l'association Habitat et Humanisme).

2. Le mécénat d'entreprise

137. – Le mécénat d'entreprise est régi par une loi n° 87-571 du 23 juillet 1987, modifiée à plusieurs reprises. Les entreprises sont invitées à prendre le relais des princes d'autrefois dans leur rôle de mécènes.

a) Aspects fiscaux

Le fisc exerce sa police et freine les élans de générosité excessive : la générosité est encouragée, mais tarifée (CGI, art. 238 bis). Les dons et subventions aux œuvres d'intérêt général (on entend par là les œuvres à caractère philanthropique, éducatif, scientifique, humanitaire, sportif, familial, culturel) ainsi qu'aux fondations reconnues d'utilité publique et aux établissements d'enseignement supérieur ouvrent droit à une réduction d'impôt de 60 % de leur montant dans la limite d'un plafond de 20 000 € ou cinq pour mille du chiffre d'affaires annuel de la société si ce dernier montant est supérieur. Cela signifie que, pour un don de 100, la réduction d'impôt accordée à l'entreprise est de 60, si bien que l'effort financier de l'entreprise est limité à 40. Suite aux polémiques relatives au financement de la reconstruction de la cathédrale Notre-Dame de Paris, le taux de la réduction d'impôt a été abaissé à 40 % pour la fraction des dons qui dépasse 2 M€, exception faite des dons consentis au profit d'organismes venant en aide aux personnes en difficulté.

b) Aspects de droit des sociétés

Dans les sociétés par actions (rien n'est prévu pour les autres sociétés), les actionnaires exercent un droit de regard sur ces actes de bienfaisance. Ils peuvent notamment demander à tout moment communication de la liste des actions nominatives de parrainage et de mécénat (V. *infra*, n° 1146). Voilà qui doit garantir la transparence de ce type de générosité et éviter que le fils du directeur général, plus doué pour le *metal rock* que pour les études de gestion, ne soit subventionné par la société de papa. Dans une affaire récente, deux dirigeants d'une société anonyme exploitant une grande surface ont ainsi été poursuivis pour abus de biens pour avoir financé avec les deniers sociaux une association chargée de recherches historiques sur leur nom de famille (Cass. crim., 5 mars 2014, n° 13-80.350 : *JurisData* n° 2014-003822).

c) Quelques exemples

Rien n'interdit aux sociétés de prévoir statutairement qu'elles consacreront N % de leur bénéfice distribuable au soutien de causes charitables, quitte à dépasser le plafond fiscal qui vient d'être rappelé.

Voici des exemples venus d'ailleurs propres à inspirer les sociétés françaises :

– une société californienne, *Make A Stand Lemon-Aid*, qui fabrique de la limonade, s'est engagée à donner annuellement 5 % de ses revenus à des organisations charitables luttant contre l'esclavage des enfants (cf. *A child helps transform the corporation : International New York Times* 14 nov. 2013. – *Adde Lemonade stand struggles to gain scale : International New York Times* 9 mars 2016) ;

– le fabricant de chaussettes Bombas qui, pour une paire achetée par un client, en offre une autre à un SDF (*Giving socks to the homeless to strengthen the bottom line : International New York Times* 22 mars 2016) ;– le fabricant de sauces Newman's Own, entreprise fondée par l'acteur Paul Newman, déclare verser tous ses profits à des organisations charitables et affiche son engagement sur les produits qu'elle commercialise (*If you don't know the face : International New York Times* 15 nov. 2016) ;

– la marque de chaussures Toms distribue une paire de chaussures aux enfants qui n'en ont pas pour toute paire achetée ; son projet a récemment évolué de manière à avoir un effet plus profond sur la situation des bénéficiaires (*Aid in kind, free two shoes : The Economist* 5 nov. 2016) ;

– le fabricant d'eaux minérales et de jus de fruits britannique, One Water, consacre ses profits au développement de l'accès à l'eau potable dans le monde (cf. Onewater.org.uk) ;

– le lunetier nord-américain Warby Parker, par son programme « Buy a pair, give a pair », distribue gratuitement des lunettes aux personnes dans le besoin dans plus de cinquante pays ;

– une partie du prix d'achat d'une Vespa 946 Red est rétrocédée à l'association Red fondée par le chanteur Bono, *leader* du groupe irlandais U2 (*At 72-Year-Old Italian star barely showing its age : New York Times* 8 janv. 2019).

3. La recette en vogue chez les journalistes : le cocktail association, fonds de dotation, société commerciale

138. – Certes, le mélange n'est pas aussi populaire que le fameux Martini de James Bond (*shaken not stirred*), mais il commence à se répandre dans le milieu de la presse. En voici trois exemples.

Premier exemple : *Mediapart*. En 2019, les fondateurs de cet organe de presse, rassemblés au sein d'une association « Association Pour le Droit de Savoir », ont décidé d'apporter les titres de la société portant le titre de presse à un « Fonds de dotation pour une presse libre », lequel détient une société pour l'indépendance de Mediapart, qui contrôle l'organe de presse. L'objectif est de sanctuariser ce dernier, en le rendant incessible (V. la brochure diffusée le 2 juillet 2019 et disponible sur le site de Mediapart). Les dividendes sont appelés à remonter au niveau du fonds de dotation, *via* la société intermédiaire, et à permettre au fonds de dotation d'œuvrer pour la liberté de la presse.

Deuxième exemple : *Libération*. En 2020, le groupe propriétaire du titre, Altice Media (BFMTV, SFR), a annoncé qu'il allait créer un « Fonds de dotation pour une presse indépendante » ; le fonds a vocation à créer une société commerciale (Presse Indépendante SAS), qui détiendra les parts de *Libération*. Les dividendes éventuels – le journal est régulièrement déficitaire – sont destinés à permettre au fonds de verser des subventions à des organismes tels que *Reporters sans frontière*. À nouveau, l'objectif est la sanctuarisation. S'y ajoute peut-être aussi le désir du groupe Altice Media de se libérer d'un pesant fardeau financier.

Troisième exemple : *Le Monde* et *L'Obs*. Fin 2020, M. Niel, annonçait lui aussi son intention de transférer sa participation dans ces deux titres de presse dans un fonds de dotation, l'opération devant être finalisée en 2021.

Au-delà de la *maestria* déployée par des jongleurs de formes sociales que l'on ne s'attend pas à trouver dans le milieu de la presse, ces montages posent le problème de l'avenir financier des titres. Il est très facile de sanctuariser, mais en créant ainsi des biens de mainmorte, on rend beaucoup plus délicate sinon impossible l'intervention d'un sauveteur financier en cas de difficultés. Certes, on peut envisager des dons au niveau du fonds de dotation, mais il n'est pas toujours facile de susciter la générosité publique, et les animateurs d'organismes à but lucratif le constatent tous les jours. Un autre niveau d'intervention peut consister à faire entrer un tiers à l'échelon de la société commerciale ; mais une telle entrée, pour être économiquement concevable, suppose qu'un minimum de pouvoir soit consenti au tiers et à la société intermédiaire dans la gestion du journal, ce qui est antinomique avec l'objectif d'indépendance absolue recherché par les promoteurs de tels montages. Bref, reparlons de tout cela dans quelques années.

SECTION 5

QUEL RÉGIME FISCAL ET SOCIAL POUR LA SOCIÉTÉ ?

139. – Trois points seront successivement abordés : le statut fiscal et social du dirigeant, la fiscalité des cessions de droits sociaux et l'imposition des résultats de la société.

SOUS-SECTION 1

LE STATUT FISCAL ET SOCIAL DU DIRIGEANT

140. – C'est l'exercice d'une activité professionnelle qui justifie l'assujettissement à un régime de sécurité sociale, ce qui permet de bénéficier d'une couverture sociale moyennant le paiement de cotisations sociales. Il faut donc distinguer selon que le dirigeant exerce ou non de véritables fonctions opérationnelles de gestion, ce qui lui permet de bénéficier ou non du régime fiscal et social des salariés.

§ 1. – Les dirigeants exerçant une activité professionnelle de direction

141. – Même s'ils ne sont pas, faute de lien de subordination, liés juridiquement à la société par un contrat de travail, les dirigeants exerçant des fonctions opérationnelles de direction sont assimilés à des salariés au regard du droit fiscal et du droit de la sécurité sociale. Sont concernés les dirigeants de sociétés soumises à l'impôt sur les sociétés (V. *infra*, n°s 155 et s.), à savoir le PDG, le directeur général, le président du conseil d'administration, les directeurs généraux délégués, les membres du directoire et les gérants.

Leurs rémunérations sont imposables dans la catégorie des traitements et salaires et sont soumises, dans les mêmes conditions que celles des salariés, au barème progressif de l'impôt sur le revenu.

La situation est identique en matière de régime social puisqu'ils sont affiliés au régime général de la sécurité sociale, assurance-chômage en moins.

142. – On relèvera le sort particulier réservé au gérant majoritaire de SARL : sur le plan fiscal, il est assimilé à un salarié tandis que, sur le plan social, il relève du régime des travailleurs indépendants.

§ 2. – Les dirigeants n'exerçant pas d'activité professionnelle de direction

143. – D'autres mandataires sociaux dont les missions sont plus légères et sont exercées par intermittence ne sont pas réputés exercer une véritable activité professionnelle. Sont concernés les membres du conseil d'administration et du conseil de surveillance, qui ne sont pas considérés comme exerçant une activité professionnelle. Par suite, ils ne relèvent d'aucun régime obligatoire de sécurité sociale tandis que leurs rémunérations sont imposables dans la catégorie des revenus de capitaux mobiliers.

SOUS-SECTION 2

LA FISCALITÉ DES CESSIONS DE DROITS SOCIAUX

144. – Face aux cessions de titres, le fisc est à l'affût avec son fusil à deux coups. Dès que ça bouge, il tire : un coup pour le vendeur, un coup pour l'acheteur. Le vendeur est imposé à raison de la plus-value qu'il réalise. C'est à l'égard de l'acheteur que les discriminations sont les plus criantes. Les cessions de titres sont soumises à la formalité de l'enregistrement avec paiement d'un droit à la charge du cessionnaire. Le taux varie selon que la cession porte sur des parts sociales, des actions ou des titres de sociétés à prépondérance immobilière (CGI, art. 726).

§ 1. – Les cessions de parts sociales

145. – Le taux applicable aux cessions de parts sociales est de 3 % ; il s'applique après un abattement de 23 000 € rapporté au pourcentage de titres cédés(66) ; cet abattement est écarté si la société est à prépondérance immobilière (V. *infra*, n° 148).

Comme les cessions de fonds de commerce sont taxées au taux de 3 % jusqu'à 200 000 € avec le même abattement de 23 000 € (CGI, art. 719)(67), il importe peu que la cession porte sur le fonds de commerce lui-même ou sur des parts sociales. Il existe tout de même une différence qui peut être significative. Le taux s'applique sur la valeur brute des actifs composant le fonds de commerce, sans imputation du passif. S'agissant au contraire de parts sociales, la valeur de celles-ci dépend de la valeur nette de la société après déduction du passif social.

§ 2. – Les cessions d'actions

A. – Montant des droits

146. – Le taux applicable aux cessions d'actions est de 0,1 %, ce qui est plus attractif que le taux applicable aux cessions de parts sociales (V. *supra*, n° 145) (sur la transformation d'une SARL en société par actions préalablement à une cession de contrôle, V. *infra*, n° 755). Par exception, si la société est à prépondérance immobilière, la cession des actions est soumise à un droit de 5 % (V. *infra*, n° 148).

(66) L'abattement de 23 000 € est réduit à proportion du pourcentage de parts cédées. Si un associé cède pour un prix de 60 000 € des parts sociales représentant 40 % du capital d'une SARL, les calculs sont les suivants :

– prix de cession	60 000
– abattement : 23 000 × 40/100	9 200
– base imposable	50 800
– droit exigible au taux de 3 %	1 524

(67) Le taux est de 5 % au-delà de 200 000 €.

B. – Champ d'application des droits

147. – Afin de ne pas entraver les négociations d'actions sur les marchés financiers français, lorsque la société est cotée, autrement dit lorsque les titres sont négociés sur un marché réglementé d'instruments financiers ou sur un système multilatéral de négociation, le droit n'est dû que si la cession est constatée dans un acte, c'est-à-dire dans un écrit valant preuve au sens du Code civil, ce qui n'est pas le plus fréquent ; cela implique l'indication du prix et de la chose vendue. Les acquisitions d'actions qui entrent dans le champ de la taxe sur les transactions financières sont exonérées (V. *infra*, n° 149).

En revanche, lorsque la société n'est pas cotée, les droits sont dus que la cession d'actions soit ou non constatée par un acte.

§ 3. – Les cessions de titres de sociétés à prépondérance immobilière

148. – Une société à prépondérance immobilière est une société non cotée en Bourse dont l'actif est principalement constitué d'immeubles, de droits immobiliers situés en France ou de participations dans des personnes morales non cotées, elles-mêmes à prépondérance immobilière (CGI, art. 726, I, 2°) ; cette condition doit être remplie soit au titre de l'année de cession, soit au titre de l'année précédente. Dans les sociétés qui exercent une activité économique, les immeubles affectés à l'exploitation ne sont pas pris en compte (hangars, usines…). Quelle que soit la forme de la société, les cessions de titres, qu'il s'agisse d'actions ou de parts sociales, sont soumises au taux de 5 %, sans application de l'abattement de 23 000 €. Dans l'immense majorité des cas, il s'agit de sociétés civiles immobilières. Mais ce peut être également s'agir de sociétés de capitaux, des sociétés anonymes par exemple, dont l'actif est composé pour plus de la moitié par des immeubles non affectés à l'exploitation. L'idée là encore est celle de neutralité fiscale : que l'on cède un immeuble (5,80 %) ou les titres d'une société à prépondérance immobilière (5 %), les taux sont quasiment identiques.

Le coin des amateurs

La taxe sur les transactions financières

149. – Sous la pression de divers États, dont la France, une proposition de directive a été présentée en vue d'instituer un système commun de taxe sur les transactions financières. Or, l'adoption d'un tel texte est loin d'être acquise en raison de l'opposition notamment des Britanniques et la proposition de taxe présentée en 2012 par la Commission n'a toujours pas abouti. Toujours est-il que la France a décidé de ne pas attendre ses partenaires européens en instituant une taxe franco-française sur les transactions financières (CGI, art. 235 ter ZD). Cette taxe, d'un montant de 0,3 % calculé sur le prix d'acquisition, est due par le prestataire de services d'investissement ; seuls sont visés les titres des sociétés cotées ayant leur siège en France dont la capitalisation boursière dépasse 1 milliard d'euros (ce qui concerne environ 150 sociétés) ; de multiples exonérations sont prévues ; les acquisitions d'actions qui entrent dans le champ de cette nouvelle taxe sont exonérées de droits d'enregistrement (V. *supra*, n° 147).

SOUS-SECTION 3

L'IMPOSITION DES RÉSULTATS

150. – L'État est un « associé » obligé, et encombrant, puisqu'il a vocation à appréhender une partie des bénéfices réalisés par la société. À cet égard, la neutralité est absente car le mode d'imposition des bénéfices varie en fonction du type de société. Classiquement, les sociétés à risque limité sont soumises à l'impôt sur les sociétés tandis que les sociétés à risque illimité sont soumises à l'impôt sur le revenu, d'où la distinction fiscale des sociétés de capitaux et des sociétés de personnes. On évoque à ce propos l'opacité fiscale des sociétés de capitaux relevant de l'impôt sur les sociétés (elles ont la qualité de contribuable) et la transparence fiscale des sociétés de personnes relevant de l'impôt sur le revenu (les résultats de la société sont imposés entre les mains des associés) (V. *infra*, n° 168). Cette dualité, loin d'être un handicap, constitue un efficace instrument de gestion fiscale. La souplesse est encore renforcée par le jeu des options ouvertes aux contribuables. En créant une société, on n'échappe certes pas à l'impôt, mais du moins peut-on choisir la sauce fiscale à laquelle on sera mangé.

§ 1. – La transparence fiscale des sociétés relevant du régime des sociétés de personnes

151. – Les sociétés de personnes – dont la liste est fixée par les articles 8 à 8 ter du Code général des impôts – sont dites fiscalement transparentes en ce qu'elles n'ont pas la qualité de redevable pour l'imposition des bénéfices ; le fisc adresse directement la note à payer à chacun des associés, lesquels ont seuls la qualité de contribuable. Les principales sociétés concernées sont la SNC, la SCS, l'EURL créée par une personne physique ou encore la société civile ; si elles le souhaitent, elles peuvent opter pour le régime de l'impôt sur les sociétés (V. *infra*, n° 164). La société commence par déterminer et calculer son propre résultat fiscal, qui est ensuite imposé entre les mains des associés. Il faut distinguer selon que ce résultat est bénéficiaire ou déficitaire.

A. – Le mode d'imposition des bénéfices

152. – Chacun des associés doit déclarer la quote-part de bénéfices sociaux correspondant à ses droits dans la société et payer l'impôt correspondant (CGI, art. 8), à savoir l'impôt sur le revenu dans le cas d'un associé personne physique[68]. Il n'est pas fait de distinction selon que les bénéfices sont mis en réserve ou en distribution. Comme dans l'entreprise individuelle, les sommes affectées à l'autofinancement

(68) Le qualificatif de sociétés de personnes relevant de l'impôt sur le revenu est exact lorsque les associés sont des personnes physiques. Il ne l'est pas lorsque les associés sont des personnes morales soumises à l'impôt sur les sociétés. Si par exemple deux SA s'associent au sein d'une SNC, leur quote-part dans les résultats de la SNC s'agrégera à leurs propres résultats, en plus s'il s'agit de bénéfices, en moins s'il s'agit de déficits ; les résultats de la filiale commune seront de ce fait soumis à l'impôt sur les sociétés du chef des deux SA.

subissent donc le même prélèvement fiscal que celles qui sont distribuées, ce qui est un handicap. Les associés sont imposés même en l'absence de distribution de bénéfices ; en contrepartie, la distribution ultérieure de réserves déjà taxées se fait en pleine exonération fiscale.

B. – Le mode d'imputation des déficits

153. – Dans le cas d'un associé personne physique, l'impôt sur le revenu frappe le revenu global du contribuable, les déficits venant en principe en déduction des autres revenus. Un déficit peut ainsi être une source d'économie fiscale ; on parle alors de défiscalisation. Le fisc a dû y mettre le holà en distinguant selon que l'associé exerce ou non une véritable profession dans la société. Dans le premier cas, on est en présence d'un associé actif qui peut imputer l'éventuel déficit sur son revenu global. Dans le second cas, on est en présence d'un associé passif à qui une telle imputation est interdite ; il pourra seulement imputer ce déficit sur les bénéfices de même nature réalisés au cours des six années suivantes (V. *infra*, n° 1834).

154. – Si l'on rencontre fréquemment des sociétés de personnes, des SNC le plus souvent, dans les organigrammes des groupes, c'est généralement pour des raisons fiscales. Lorsqu'une filiale est structurellement déficitaire, on lui donne volontiers la forme d'une SNC, ce qui permet d'imputer ses déficits sur les bénéfices de la société mère (V. *infra*, n° 2513). Une telle remontée des déficits est impossible si la filiale est soumise à l'impôt sur les sociétés.

§ 2. – L'opacité fiscale des sociétés relevant de l'impôt sur les sociétés

155. – L'impôt sur les sociétés est dû en principe par les sociétés par actions et les SARL. Depuis 2008, l'assujettissement à l'impôt sur les sociétés n'est plus une fatalité puisque certaines de ces sociétés peuvent opter pour le régime fiscal des sociétés de personnes dans les cinq ans de leur création (V. *infra*, n° 165). Les autres sociétés peuvent s'y soumettre par option (V. *infra*, n° 164). L'opacité a pour conséquence que la société a la qualité de contribuable : elle doit acquitter elle-même l'impôt sur les bénéfices qu'elle a réalisés. Lorsque des sommes sont distribuées, elles sont imposables entre les mains des associés. Ainsi, à la différence de ce qui se passe dans les sociétés de personnes, il faut distinguer deux étapes, celle de la réalisation des bénéfices, puis celle de leur distribution. Autre conséquence de l'opacité fiscale de la société, si les résultats de la société sont négatifs, le déficit ne saurait s'imputer sur le revenu des associés.

A. – Le mode d'imposition des bénéfices réalisés

156. – Une diminution progressive du taux de l'impôt sur les sociétés a été planifiée, avec pour objectif de ramener ce taux à 25 % d'ici à 2022 pour toutes les entreprises quel que soit le montant de leurs bénéfices. Pour les exercices ouverts en 2021, le taux de l'impôt sur les sociétés est fixé à 26,5 % dans la limite de 500 000 € de bénéfice imposable et à 27,5 % au-delà. Il existe par ailleurs un taux allégé de 15 % applicable aux PME (V. *infra*, n° 169). À l'opposé, une contribution sociale de 3,3 % est mise à la charge des grosses sociétés.

B. – Le mode d'imposition des bénéfices distribués

157. – Lorsqu'une société de capitaux met en distribution ses bénéfices sous forme de dividendes, ceux-ci constituent un revenu imposable entre les mains des associés qui les perçoivent. Les bénéfices sont donc imposés deux fois : une première fois au nom de la société quand ils sont réalisés ; une seconde fois au nom des associés quand ils sont distribués. Cette double imposition ne joue pas tant que les bénéfices restent en réserve ; l'autofinancement n'est pas pénalisé. Pour éviter la double imposition des bénéfices distribués, des correctifs ont été institués ; ils varient selon que l'associé est une personne physique ou une personne morale.

1° L'associé personne physique

158. – La fiscalité applicable aux distributions de bénéfices a été allégée en 2018. Sont concernés non seulement les dividendes, mais également les distributions effectuées lors de la liquidation de la société.

Les bénéfices distribués par une société soumise à l'IS à un associé personne physique sont imposables dans la catégorie des revenus de capitaux mobiliers. Ils sont soumis à un prélèvement forfaitaire unique (PFU) dont le taux est de 30 % (CRDS et CSG comprises).

Sur option, les contribuables peuvent soumettre les dividendes au barème progressif de l'impôt sur le revenu, la double imposition étant atténuée par le jeu d'un abattement de 40 % (CGI, art. 158, 3) ; l'imposition ne porte donc que sur 60 % des dividendes perçus. Les dividendes bruts sont en outre soumis à des prélèvements sociaux de 17,20 % (V. *infra*, n° 160).

159. – Quel que soit le mode d'imposition des bénéfices distribués (PFU ou progressivité du barème), la société doit opérer, au moment de la distribution, un prélèvement non libératoire de 30 % sur le montant brut distribué ; il s'agit d'une sorte d'acompte, qui s'imputera sur le montant de l'impôt dû par l'associé, l'excédent éventuel donnant lieu à restitution.

160. – **Exemple chiffré d'imposition des dividendes.**

On prendra l'exemple d'un contribuable marié qui perçoit en 2018 des dividendes d'un montant de 10 000 €. Disposant de revenus confortables, il atteint la tranche maximale de l'impôt sur le revenu, soit 45 %. Dans notre exemple, le régime du prélèvement forfaitaire unique est fiscalement plus intéressant que l'option pour la progressivité du barème de l'IR.

a) Application du prélèvement forfaitaire unique

– dividendes perçus	10 000
– prélèvement au taux de 30 %	3 000

Le montant du dividende perçu après impôt est donc de 7 000 €.

b) Option pour la progressivité du barème de l'IR

Il n'est pas tenu compte dans cet exemple simplifié de la part de CSG déductible.

Les calculs se présentent de la façon suivante :

– dividendes perçus	10 000
– réfaction de 40 %	4 000
– dividendes imposables	6 000
– impôt sur le revenu au taux de 45 %	2 700

Le contribuable sera par ailleurs soumis aux contributions sociales frappant les dividendes bruts (10 000) au taux de 17,20 %, soit 1 720 €, ce qui porte le montant de l'imposition à 4 420 €. Le montant du dividende perçu après impôt est donc de 5 580 €.

2° L'associé personne morale

161. – Dans les groupes de sociétés, il est possible d'opter pour le régime fiscal des sociétés mères qui emporte, lorsque certaines conditions sont remplies, la quasi-exonération des bénéfices distribués par la filiale à la société mère (V. *infra*, n° 2511), ce qui facilite la circulation des dividendes au sein du groupe.

C. – Le traitement fiscal des déficits

162. – On a vu que dans les sociétés transparentes le déficit remontait automatiquement jusqu'aux associés et s'imputait à leur niveau (V. *supra*, n° 153). Pareille remontée ne joue pas dans les sociétés opaques : celles-ci peuvent distribuer des dividendes mais non des quotes-parts de déficit. Le déficit s'imputera sur les bénéfices futurs de la société sans limitation de délai mais sous condition de plafond. La société peut également reporter le déficit de l'exercice sur les bénéfices de l'exercice antérieur (mécanisme du *carry back*), là encore dans la limite d'un plafond, ce qui lui permet de constater une créance sur l'État ; cette créance permet à la société de payer par compensation l'impôt sur les sociétés dû au titre des cinq exercices suivants ; si la créance n'a pas pu être utilisée dans les cinq ans (faute de bénéfices suffisants), la société peut en obtenir le remboursement.

§ 3. – Les options

163. – La distinction des sociétés soumises au régime des sociétés de personnes et des sociétés soumises au régime des sociétés de capitaux n'a rien d'absolu puisque les unes comme les autres peuvent, sur option, changer de camp fiscal.

A. – L'option pour le régime fiscal des sociétés de capitaux

164. – Certaines sociétés de personnes peuvent, sur option, être soumises à l'impôt sur les sociétés (CGI, art. 206, 3). Il s'agit des SNC, des sociétés civiles, des sociétés en commandite simple, des sociétés en participation, des EURL dont l'associé

unique est une personne physique, des EARL et des sociétés civiles professionnelles (V. pour l'EIRL, *supra*, n° 67).

L'option doit être signée dans les conditions prévues par les statuts ou, à défaut, par tous les associés, ce qui est logique puisque l'exercice de l'option modifie les engagements des associés (V. *infra*, n° 585) (CGI, art. 239). Il est possible de renoncer à l'option pour l'IS dans les cinq premières années de son exercice ; passé ce délai, l'option est irrévocable.

B. – L'option pour le régime fiscal des sociétés de personnes

165. – *Intérêt de l'option.* Les sociétés à risque limité peuvent, lorsque certaines conditions sont remplies, opter pour le régime fiscal des sociétés de personnes (V. aussi, pour l'option susceptible d'être exercée par certaines SARL dites de famille, *infra*, n° 1702). L'idée est de permettre aux associés de sociétés créées depuis moins de cinq ans dont les résultats seraient déficitaires d'imputer les déficits sociaux sur leurs propres revenus, ce que le régime de l'impôt sur les sociétés ne permet pas (V. *supra*, n° 153).

166. – *Conditions de l'option.* Ainsi, les SA, SAS et SARL peuvent opter pour le régime de l'impôt sur le revenu à condition de satisfaire aux exigences suivantes (CGI, art. 239 bis AB) :

– *conditions tenant à la société :* la société ne doit pas être cotée ; elle doit exercer à titre principal une activité industrielle, commerciale, artisanale, agricole ou libérale ; elle doit être créée depuis moins de cinq ans ; elle doit employer moins de cinquante salariés et avoir réalisé un chiffre d'affaires annuel ou un total de bilan inférieur à 10 millions d'euros au cours de l'exercice ;

– *conditions tenant aux associés :* le capital et les droits de vote doivent être détenus à hauteur de 50 % au moins par des personnes physiques, et à hauteur de 34 % au moins par un ou plusieurs dirigeants ainsi que par les membres de leur foyer fiscal.

167. – *Exercice de l'option.* L'option doit être exercée à l'unanimité des associés, ce qui est logique puisque ce changement de régime fiscal emporte augmentation des engagements des associés, d'où l'exigence que chacun y consente (C. civ., art. 1836). L'option vaut seulement pour cinq ans. Il est possible de renoncer dans ce délai de cinq ans. Si une société décide ou est contrainte d'abandonner le régime de l'impôt sur le revenu dans ce délai de cinq ans, elle réintègre définitivement le domaine de l'IS.

Le coin des amateurs

1. Images fiscales : transparence, semi-transparence, translucidité et opacité des sociétés

168. – À côté des sociétés dites « opaques » soumises à l'impôt sur les sociétés (V. *supra*, n°s 155 et s.) et des sociétés de personnes dites « semi-transparentes » (V. *supra*, n°s 151 et s.), il faut encore compter avec les sociétés dites « transparentes » ou « translucides ».

a) La transparence fiscale des sociétés de copropriété

Les seules sociétés qui soient réellement transparentes sur le plan fiscal sont les sociétés immobilières d'attribution, appelées également sociétés de copropriété, régies par les articles L. 212-1 et suivants du Code de la construction et de l'habitation. L'article 1655 ter du Code général des impôts énonce expressément que ces sociétés « sont réputées, quelle que soit leur forme juridique, ne pas avoir de personnalité distincte de celle de leurs membres pour l'application des impôts directs, des droits d'enregistrement, de la taxe de publicité foncière ». Cette transparence répond à un souci de neutralité fiscale. On a voulu soumettre à un statut fiscal identique les copropriétaires et les titulaires de droits sociaux donnant vocation à la jouissance d'une copropriété. Autrement dit, l'associé dont les droits sociaux donnent vocation à la jouissance d'un appartement est traité fiscalement comme s'il était copropriétaire de cet appartement.

Le même régime est applicable aux sociétés d'attribution d'immeubles en jouissance à temps partagé (*time share*) qui confèrent à chaque associé la possibilité de disposer d'un logement meublé pendant une ou plusieurs semaines par an (CGI, art. 239 octies) (V. *infra*, n° 1990).

b) La translucidité des sociétés d'investissement

Il existe deux types de sociétés d'investissement ; les premières gèrent des valeurs mobilières et les secondes des immeubles.

Le modèle du premier groupe est la SICAV (société d'investissement à capital variable). Il s'agit d'une société par actions qui gère un portefeuille de valeurs mobilières pour le compte de ses membres. Ceux-ci, au lieu de gérer directement leur épargne avec tous les soucis et les aléas que cela comporte, la confient à une société financière spécialisée. La SICAV se trouve dans le champ de l'impôt sur les sociétés, mais en est exonérée. Elle est par ailleurs tenue de distribuer l'essentiel des dividendes qu'elle perçoit et des plus-values qu'elle réalise à ses associés ; ceux-ci sont imposés selon le régime normal des dividendes et des plus-values. Il y a ainsi égalité de traitement entre ceux qui gèrent directement leur épargne et ceux qui en confient la gestion à une SICAV.

Un régime comparable est applicable aux OPCI (organismes de placement collectif immobilier) qui gèrent l'épargne de leurs associés dans les placements immobiliers (V. *infra*, n° 1990). Ils échappent à l'impôt sur les sociétés et les revenus qu'ils distribuent à leurs associés sont imposés comme des dividendes.

2. L'imposition allégée des bénéfices des petites et moyennes sociétés

169. – Le législateur a fait un geste en faveur des PME en abaissant le taux de l'impôt sur les sociétés à 15 %. Comme on peut s'en douter, le cadeau suppose de respecter différentes conditions (CGI, art. 219, I, b) :

– *importance de la société :* le chiffre d'affaires annuel, hors taxe, doit être inférieur à 10 M€ ;

– *caractère personnel de la société ;* elle doit être contrôlée à 75 % au moins par des personnes physiques ;

– *libération complète du capital ;* c'est un moyen de lutter contre la sous-capitalisation (V. *infra*, n° 223) ;

– *plafonnement de l'avantage fiscal ;* le taux de 15 % ne s'applique qu'à concurrence de 38 120 € de bénéfice par exercice ; on applique au-delà le taux normal de l'IS (V. *supra*, n° 156).

PREMIÈRE PARTIE

LE DROIT COMMUN DES SOCIÉTÉS

170. - *Droit commun.* Il existe un droit commun des sociétés[1], regroupant l'ensemble des règles générales applicables à toutes les sociétés. Ainsi le Code civil contient des dispositions gouvernant toutes les formes de sociétés, qu'elles soient civiles ou commerciales (C. civ., art. 1832 à 1844-17). Ces règles communes sont complétées de prescriptions provenant d'autres horizons : fiscalité, comptabilité, droit du travail, procédures collectives, procédure civile ou encore droit des contrats.

171. - *Droit spécial.* Le droit spécial des sociétés comprend plusieurs branches. Ainsi oppose-t-on les sociétés à risque limité et les sociétés à risque illimité qui obéissent chacune à des règles particulières.

Les sociétés à risque limité regroupent les sociétés par actions (SA, SAS et commandites par actions) et les SARL. Elles sont ainsi nommées car les associés, en principe, ne risquent dans l'aventure sociale que le montant de leur apport. Les sociétés à risque limité sont toutes commerciales à raison de leur forme. Leur poids économique est beaucoup plus lourd que celui des sociétés de personnes. Il faut isoler dans ce bloc les sociétés par actions faisant publiquement appel à l'épargne, qui sont soumises à des règles particulières. Il existe en effet un abîme entre une SA cotée en bourse et une SA familiale, alors qu'une SA familiale et une SARL familiale présentent de grandes ressemblances.

Les sociétés à risque illimité forment une catégorie plus hétéroclite. On y trouve des sociétés dotées de la personnalité morale (sociétés civiles, sociétés en nom collectif, sociétés en commandite simple) et des sociétés sans personnalité morale (sociétés créées de fait et sociétés en participation) ; certaines sont civiles et d'autres commerciales. Elles sont ainsi nommées car, outre le risque de perdre le montant

(1) P. Le Cannu, *Existe-t-il une société de droit commun ? : Mél. M. Jeantin*, Dalloz, 1999, p. 247. – *Adde*, M.-L. Coquelet, *La loi du 24 juillet 1966 comme modèle d'un droit commun des groupements, ibid.*, p. 195. – I. Parachkevova, *À la recherche d'un droit commun des sociétés commerciales : Journ. sociétés* févr. 2007, p. 46.

de leur apport, les associés sont tenus de répondre indéfiniment du passif social à l'égard des créanciers sociaux, en cours de vie sociale comme au moment de la liquidation.

172. – *Autres groupements.* Il faut enfin compter avec une branche périphérique constituée des autres groupements de personnes à but économique (GIE, GEIE) (V. *infra*, n°s 2155 et s.), auxquels on ajoutera certaines sociétés particulières, telles les sociétés propres au secteur libéral (V. *infra*, n°s 2054 et s.) ou la société européenne (V. *infra*, n°s 2188 et s.).

Le coin des amateurs

Comparaison des deux blocs de sociétés

173. – En la matière, un bon tableau vaut plus qu'un long discours.

ÉLÉMENTS DE COMPARAISON	SOCIÉTÉS À RISQUE LIMITÉ	SOCIÉTÉS À RISQUE ILLIMITÉ
I – Morphologie		
– place de l'ordre public	sociétés rigides, poids important de l'ordre public, sauf pour la SAS	sociétés souples marquées par la liberté contractuelle
– caractère civil ou commercial	sociétés commerciales par la forme	la SNC et la commandite simple sont commerciales par la forme ; les autres sont civiles ou commerciales en fonction de leur objet
– capital	exigence d'un capital minimum et interdiction des apports en industrie dans la SA et la SCA, mais pas dans la SAS et la SARL	absence de capital minimum ; apports en industrie autorisés
– comptes sociaux	publicité par dépôt au greffe du tribunal de commerce	absence de publicité des comptes
– fiscalité	régime de l'impôt sur les sociétés, sauf option pour l'impôt sur le revenu	régime de l'impôt sur le revenu, sauf option pour l'impôt sur les sociétés
II – Statut des associés		
– engagement aux dettes sociales	risque limité à la perte du montant des apports	risque illimité
– qualité de commerçant	pas de qualité de commerçant	qualité de commerçant si la société présente un caractère commercial par la forme ou par l'objet
III – Statut des dirigeants		
– statut fiscal et social	régime fiscal et social des salariés	régime fiscal et social des travailleurs indépendants

ÉLÉMENTS DE COMPARAISON	SOCIÉTÉS À RISQUE LIMITÉ	SOCIÉTÉS À RISQUE ILLIMITÉ
– cumul avec un contrat de travail	cumul possible, mais réglementé	cumul *a priori* impossible (V. *infra*, n° 1856)
– pouvoirs	engagent la société en cas de dépassement de l'objet social	n'engagent pas la société en cas de dépassement de l'objet social
– responsabilité pénale	existence de délits spécifiques : abus de biens sociaux, présentation de comptes infidèles…	pas de délits spécifiques, mais attention aux délits de droit commun : faux, escroquerie, abus de confiance

TITRE 1

LA NAISSANCE DES SOCIÉTÉS

174. - Par société, on entend le contrat de société (V. *supra*, n° 10), mais aussi la personne juridique qui va naître du contrat sous réserve de l'observation d'une publicité particulière, l'immatriculation au registre du commerce et des sociétés. Aussi faut-il porter attention à ces deux éléments, qui existent de façon distincte : le contrat (les statuts, le pacte social) et la personne morale (sur les liens entre personne morale et contrat, V. *supra*, n° 11).

175. - Cependant, si toute personne morale suppose un contrat originel, tout contrat de société ne donne pas le jour, *via* l'immatriculation, à une personne juridique. Par suite, certaines sociétés ne sont pas opposables aux tiers ; c'est le cas de la société en participation et de la société créée de fait (V. *infra*, n°s 1993 et s.). Mais ces situations sont marginales et le plus souvent les deux étapes, celle du contrat, puis celle de la personnalité morale, sont franchies.

CHAPITRE 1

LE CONTRAT DE SOCIÉTÉ

176. – Même si sa nature juridique est discutée (V. *supra*, nos 10 et s.), la constitution de la société repose, aux termes mêmes de l'article 1832 du Code civil, sur un acte juridique dont la validité suppose le respect de différentes conditions. Outre les conditions de droit commun applicables à tous les contrats, les conditions spécifiques au contrat de société sont la mise en commun d'apports, la vocation aux résultats et l'*affectio societatis*(1). Le défaut de l'une de ces conditions conduit à envisager le régime des nullités.

SECTION 1

LES CONDITIONS GÉNÉRALES

177. – En application de l'article 1128 du Code civil, plusieurs conditions générales sont nécessaires à la validité du contrat de société, à savoir le consentement des parties, leur capacité à contracter et un contenu licite et certain, ce qui recouvre l'objet et le but du contrat.

SOUS-SECTION 1

LE CONSENTEMENT DE L'ASSOCIÉ

178. – Le contrat de société n'est valablement formé que si les associés y consentent, ce qui correspond à l'exigence d'*affectio societatis* (V. *infra*, nos 271 et s.). Lors de la constitution de la société, le consentement de l'associé s'exprime par la conclusion des statuts. En cours de vie sociale, le consentement de l'associé au contrat de société s'exprime par l'acte d'apport ou par l'acte d'acquisition des titres, à titre gratuit ou à titre onéreux.

(1) R. Libchaber, *La société, contrat spécial : Mél. M. Jeantin*, Dalloz, 1999, p. 281. – Fl. Deboissy, *Le contrat de société*, Travaux de l'Association Henri Capitant, t. LV, p. 119.

§ 1. – Le consentement vicié

179. – Le consentement ne retient l'attention que par ses accidents. Le défaut de consentement est une hypothèse d'école. En revanche, en application de l'article 1130 du Code civil, le consentement de l'associé peut être vicié, ce qui peut emporter annulation de la société (V. *infra*, nos 282 et 301). L'erreur comme la violence sont envisageables mais rarement constatées. Le dol est plus fréquent : qu'il soit devenu associé par souscription (V. *infra*, n° 180) ou par acquisition de droits sociaux (V. *infra*, n° 1277), un associé peut invoquer les manœuvres frauduleuses ou le silence mensonger dont il a été victime sans lesquels il ne serait pas entré en société.

180. – **Entrée en société et manœuvres dolosives.**

En mariage trompe qui peut, dit-on. Certains imaginent qu'il en va de même en matière de société. Tout n'est pourtant pas possible ; il y a des limites à ne pas transgresser, à commencer par le dol. Illustrons le propos par la mésaventure survenue à un chômeur disposant d'un pécule de 150 000 € ; il entre en contact dans le cadre d'un forum de repreneurs d'entreprises avec les dirigeants d'une société qui exploite un fonds de commerce de quincaillerie. La société connaît des difficultés financières et un apport de fonds propres serait nécessaire. L'affaire est conclue : notre chômeur met son épargne à la disposition de la société dans le cadre d'une augmentation de capital qui lui est réservée (il dispose ainsi de 35 % du capital) ; il est embauché comme directeur des achats, puis le conseil d'administration le désigne comme directeur général.

Malgré l'injection d'argent frais, la société périclite et est mise en redressement judiciaire. Ayant perdu et son emploi et ses économies, il attrait les anciens dirigeants en justice et leur réclame 300 000 € de dommages-intérêts. Il leur reproche essentiellement de lui avoir caché l'ampleur des pertes financières de la société et la gravité des fautes de gestion qu'ils auraient antérieurement commises, ce qui l'a amené à souscrire à l'augmentation de capital dans des conditions objectivement anormales. Les juges ne retiennent ni les manœuvres ni la réticence dolosives. En effet, avant de souscrire à l'augmentation de capital, il a eu entre les mains les bilans des trois exercices précédents, lesquels donnaient exactement la mesure des pertes sociales. Quant aux fautes de gestion, elles étaient pour la plupart postérieures à son entrée dans la société (Cass. com., 19 juin 2001 : *JCP* E 2001, p. 1909, obs. A. Viandier et J.-J. Caussain).

Ce qui vaut pour la création de la société vaut aussi lorsque l'associé fait son entrée lors d'une augmentation de capital. L'investisseur déçu tente parfois d'obtenir le remboursement de sa mise en invoquant par exemple la dissimulation de pertes importantes lors de la négociation ayant préludé à l'augmentation de capital. Mais comme l'apprit à ses dépens une société ayant souscrit à une augmentation de capital de 720 000 €, encore faut-il que les manœuvres soient prouvées et qu'il soit démontré qu'elles ont été déterminantes du consentement lors de l'augmentation de capital. La société n'ayant pas satisfait à cette double condition, son action en annulation échoua (Cass. com., 3 nov. 2004, n° 1555, F-D : *BRDA* 5/2005, n° 3). Pire, comme l'investisseur mécontent avait systématiquement refusé les propositions de redressement de l'entreprise, préférant adopter un comportement de blocage, il est condamné à payer 7 600 € de dommages et intérêts au profit du fondateur de l'entreprise sur le fondement de l'article 1382 ancien du Code civil (aujourd'hui art. 1240). Bel exemple d'arroseur arrosé.

§ 2. – Le consentement simulé

A. – Les différents cas de simulation

181. – Par la simulation, on fait semblant de s'associer alors que la réalité est différente. La simulation peut porter sur l'existence même du contrat (l'acte est fictif), sur la nature du contrat (il y a déguisement) ou sur la personne de l'auteur d'un acte (c'est l'hypothèse de l'interposition de personne) :

– *simulation portant sur l'existence du contrat de société* : les prétendus associés n'ont eu aucune intention de s'associer ni de coopérer ensemble ; la société est fictive et n'existe que sur le papier ; elle n'a aucune existence juridique, aucune substance réelle (V. *infra*, n° 284) ;

– *simulation portant sur la nature du contrat de société* : cette fois les parties ont entendu conclure un contrat, mais sa véritable nature est tenue secrète ; il apparaît aux yeux des tiers sous l'apparence d'une société, alors que sa qualification réelle est différente ; généralement, c'est une volonté de fraude qui conduit les parties à déguiser en société une opération qui est réprimée par la loi ; le contrat de société peut par exemple cacher une donation portant atteinte aux droits des héritiers ou du conjoint du donateur(2) ;

– *simulation portant sur la personne de l'auteur d'un acte* : celui qui se présente comme associé n'est en réalité que le prête-nom du véritable associé qui tire les ficelles en coulisse (V. *infra*, n° 187) ; autre cas de figure, l'interposition de personnes peut concerner la société elle-même, qui n'est alors qu'un prête-nom dont l'intervention à une opération masque la participation d'une autre personne, par exemple un associé ou un dirigeant.

182. – **Quand la société prête son nom au dirigeant.**

Quoi de plus tentant, pour contourner une interdiction ou pour mettre un bien à l'abri des poursuites d'un créancier, que d'utiliser le masque d'une société à qui l'on fait jouer le rôle de prête-nom ? Si l'interposition de personne est établie, la participation de la société interposée sera déclarée inopposable aux tiers et les conséquences de l'acte pourront être imputées au véritable maître de l'affaire, par exemple le dirigeant social. En voici deux illustrations.

La première, classique, concerne l'utilisation d'une SCI pour réaliser une fraude paulienne (V. *infra*, n° 1927) : un contribuable avait cédé à une société dont il était gérant et détenait 99 % du capital un bien immobilier, pour un prix de 2 M€ payé hors la vue du notaire et intégralement financé par un emprunt contracté par la société, l'immeuble ayant été laissé à la jouissance gratuite de l'associé. Les juges du fond ont pu exactement en déduire que « la SCI, dont l'existence ne se justifiait que par la détention d'une propriété pour le compte d'autrui, était le prête-nom de M. X pour détourner un patrimoine personnel » (Cass. 3e civ., 18 mai 2017, n° 16-14.750 : *Dr. sociétés* 2017, n° 140, obs. H. Hovasse ; *Rev. sociétés* 2017, p. 711, note T. de Ravel d'Esclapon).

(2) Cass. 1re civ., 17 mars 1987, n° 85-14.007 : *JCP* G 1988, II, 20859, note M. Dagot : création d'une société immobilière par deux époux pour l'achat d'une villa ; l'épouse reçoit la moitié des parts sociales alors que l'époux a apporté l'intégralité des fonds ; la nullité de la donation déguisée de l'époux à l'épouse est prononcée.

La seconde concerne le contournement de l'interdiction, posée par l'article L. 642-3 du Code de commerce en cas de cession des actifs d'une société placée en liquidation judiciaire, faite aux dirigeants de droit ou de fait de la personne morale de présenter, directement ou par personne interposée, une offre de reprise (Cass. com., 8 mars 2017, n° 15-22.987 : *Dr. sociétés* 2017, n° 77, obs. H. Hovasse). Une société civile avait été déclarée adjudicataire d'actifs d'une société placée en liquidation judiciaire ; le ministère public avait agi en nullité des offres d'achat au motif que la société était la personne interposée des dirigeants de la société en liquidation. Alors même que les deux sociétés n'avaient ni associés ni dirigeants communs, la Cour de cassation a retenu que « l'interposition de personne au sens de l'article L. 642-3 du Code de commerce s'entend de l'intervention d'une personne morale qui masque, de quelque manière que ce soit, la participation des dirigeants de la société débitrice à l'opération d'acquisition » ; en l'espèce, les biens acquis par la société n'entraient pas dans son objet social tandis qu'une résolution d'assemblée l'avait autorisée à rétrocéder les biens acquis à un tiers.

183. – *Prête-noms et bénéficiaires effectifs.* Les sociétés immatriculées doivent communiquer au RCS différentes informations sur leurs bénéficiaires effectifs, autrement dit les personnes physiques qui, en dernier ressort, possèdent ou contrôlent la société (C. monét. fin., art. L. 561-46 et s.) (V. *infra*, n° 341). Ainsi, la société qui connaît l'existence d'une interposition de personnes entre son associé majoritaire et un tiers devrait, du moins en théorie, déclarer le nom de ce dernier au RCS (V. égal., pour la convention de croupier, *infra*, n° 2030).

B. – Les effets de la simulation

1° À l'égard des tiers

184. – *Option.* Les tiers disposent d'une option : s'en tenir à l'acte ostensible ou se prévaloir de l'acte secret en exerçant l'action en déclaration de simulation (C. civ., art. 1201). Une telle option entre l'apparence et la réalité est en revanche refusée aux parties à l'acte simulé, qui sont tenues par l'acte qu'elles ont réellement conclu ; ainsi, celui qui, par complaisance, accepte de faire partie d'une société en qualité d'associé ou de dirigeant ne saurait par la suite, en invoquant sa qualité de prête-nom, se soustraire à ses engagements envers les tiers (V. *infra*, n° 185).

185. – **À l'égard des tiers, le prête-nom est un associé à part entière.**

Voici un exemple d'associé pris au piège de l'apparence créée à l'égard des tiers. Une SA dont le capital n'a été que partiellement libéré est mise en liquidation et le liquidateur agit contre les associés en paiement du solde de leur apport ; une associée prétend échapper à cette obligation au prétexte qu'elle n'est qu'une « femme de paille », n'ayant participé à la constitution de la société que pour rendre service au fondateur, son concubin de l'époque ; son argumentation est rejetée : peu importent les mobiles de l'engagement dès lors que l'associé a adhéré au contrat de société en connaissance de cause ; pour les tiers, qui peuvent s'en tenir à l'apparence créée, l'associé complaisant est un associé à part entière (CA Versailles, 27 sept. 1990 : *BJS* 1990, p. 1033, note P. Le Cannu).

2° Entre les parties à l'acte simulé

186. – Les rapports entre les parties à la simulation sont pour leur part régis par l'acte secret, qui a pour eux force obligatoire. Toutefois, si la simulation a permis la réalisation d'une opération frauduleuse, les sanctions de la fraude, inopposabilité ou nullité, sont applicables (V., pour la société fictive, *infra*, n°s 284 et s.).

187. – **Quand les prête-noms se rebiffent...**

Le droit ne s'offusque pas de la simulation, qui n'est pas, sauf fraude ou abus, une pratique illicite. La présence de prête-noms n'est donc pas en principe une cause de nullité de la société. La Cour de cassation l'a rappelé dans les termes suivants : « Attendu qu'après avoir constaté qu'en l'espèce la simulation incriminée ne recouvrait aucune fraude et que la libération des actions n'était pas fictive, les fonds étant réellement et définitivement entrés dans les caisses de la société, la cour d'appel a considéré à juste titre que les souscriptions par prête-noms ne constituaient pas par elles-mêmes une cause de nullité » (Cass. com., 30 janv. 1961 : *JCP* G 1961, II, 12527, note Le Galcher-Baron). Par suite, dans leurs rapports entre eux, l'associé apparent doit s'incliner devant l'associé véritable.

Certains prête-noms sont pourtant tentés de se rebiffer en se prévalant, dans leurs rapports avec le maître de l'affaire, de leur qualité d'associé apparent. En voici un exemple concernant un laboratoire. Le président possédait en réalité la totalité des actions, mais la moitié figurait officiellement au nom de membres de sa famille. Pour diverses raisons, il demanda à ses prête-noms de céder leurs actions à un nouveau prête-nom en la personne du directeur commercial de la société. Le président céda alors la totalité des actions au groupe L'Oréal et encaissa la totalité du prix. Le directeur commercial tenta de récupérer une part du profit en arguant de sa qualité d'associé ; il échoua (Cass. com., 1er févr. 1994 : *BJS* 1994, p. 395, note P. Le Cannu).

La controverse revêt un certain piquant lorsqu'elle se double d'un conflit familial, le prête-nom étant par exemple le père ou la mère de l'associé véritable. En voici un exemple : un actionnaire détenant la quasi totalité du capital avait inscrit le solde au nom de son père ; il souhaita récupérer ces parts, se heurtant alors au refus du père ; les tribunaux donnèrent raison au fils, l'intégralité du capital ayant été apportée par ce dernier qui, au surplus, avait pris soin d'expliquer à son père par courriel le rôle exact de ce dernier ; et comme un malheur n'arrive jamais seul, les juges ordonnèrent le transfert au fils du compte courant ouvert au nom du père (CA Paris, 9 avr. 2013 : *RJDA* 7/13, n° 622). On imagine l'ambiance dans les réunions de famille qui ont suivi.

Par prudence, certains font signer aux prête-noms une cession de parts en blanc ; mais tous les risques ne sont pas éliminés pour autant (V. *infra*, n° 1768).

SOUS-SECTION 2

LA CAPACITÉ DE L'ASSOCIÉ

§ 1. – La capacité générale des personnes physiques

188. – Il existait autrefois des interdits frappant les époux ; ils ont disparu (V. *infra*, n° 535).

A. – Les personnes protégées

189. – La capacité de jouissance ou d'exercice requise des associés personnes physiques varie selon le type de société (pour l'annulation de la société fondée sur l'incapacité d'un associé, V. *infra*, n°s 282 et 301).

190. – *Les sociétés dans lesquelles les associés ont la qualité de commerçant* (la SNC par exemple) exigent la capacité commerciale, ce qui en interdit l'accès au mineur non émancipé (C. com., art. L. 121-2). L'accès aux sociétés conférant la qualité de commerçant à leurs membres est en revanche ouvert au mineur émancipé, à condition qu'il ait obtenu en justice l'autorisation d'être commerçant[3]. L'accès est également ouvert aux majeurs, à condition qu'ils ne soient frappés d'aucune mesure d'interdiction[4], d'incompatibilité ou de protection (curatelle ou tutelle).

191. – *L'accès aux sociétés ne conférant pas à leurs membres la qualité de commerçant* (sociétés par actions, SARL, société civile) est plus largement ouvert : un mineur non émancipé[5] (pour la société civile, V. *infra*, n° 1932) ou un majeur protégé peut avoir la qualité d'associé. Mais cette capacité de jouissance ne s'accompagne pas d'une pleine capacité d'exercice. Leur entrée en société, de même que l'exercice des prérogatives d'associés, supposent que les règles de représentation ou d'assistance propres à chaque régime de protection soient respectées[6] (V. *infra*, n° 195).

B. – Les étrangers

192. – *Prise en compte de la loi nationale.* La situation des étrangers appelle également quelques précisions[7]. La capacité d'un étranger, qu'il s'agisse d'une personne physique ou d'une personne morale, dépend de sa loi nationale et non de la loi française. Ainsi, pour déterminer si un étranger peut être associé d'une société française, il faut se référer à sa loi nationale. Les non-ressortissants résidant en France doivent détenir un titre de séjour régulier.

193. – *Règles particulières.* Un étranger souhaitant devenir associé d'une SNC ou acquérir la qualité d'associé commandité doit remplir les conditions posées pour exercer un commerce en France. Les mêmes conditions sont requises pour être représentant légal d'une société commerciale (notamment gérant de SARL, président du conseil d'administration, directeur général, directeur général délégué d'une SA ou d'une SAS). Il n'existe en revanche pas de restrictions particulières pour les ressortissants de l'Union européenne.

(3) Cette autorisation est donnée par le juge des tutelles au moment de la décision d'émancipation ou par le président du tribunal judiciaire si le mineur demande à être commerçant après avoir été émancipé.

(4) Pour éviter des fraudes, ainsi d'une personne interdite de gérer en raison d'une condamnation pénale et tentant néanmoins de créer et de diriger une société, a été institué un fichier national des interdits de gérer, consultable par les greffiers des tribunaux de commerce.

(5) Illustration : Nick d'Aloisio, Anglais de dix-sept ans, a créé une société pour l'exploitation d'une application destinée aux *smartphones*, société qui a été rachetée pour 30 millions de dollars par Yahoo (*The Economist* 30 mars 2013). – CA Montpellier, 29 janv. 2013 : *JurisData* n° 2013-010128 ; aucune faute ne peut être reprochée à un mineur non émancipé ayant participé à la constitution d'une SARL sans l'autorisation de ses parents.

(6) A. Cathelineau-Roulaud, *Effets de la réglementation des incapacités sur les sociétés* : JCP E 2010, 1727.

(7) A. Kwiatkowski-Maître, *Les dispositions concernant l'exercice d'un mandat social de dirigeant d'une société française par des étrangers* : JCP E 2008, 1873.

§ 2. – La capacité spéciale des personnes morales

194. – Les personnes morales de droit privé (sociétés, associations, congrégations religieuses[8], syndicats...) peuvent avoir la qualité d'associé. La situation des personnes morales de droit public est plus complexe. L'État peut souscrire au capital d'une société quelconque (V. *infra*, n° 685). Les collectivités publiques (communes, départements et régions), sauf autorisation accordée par décret en Conseil d'État, ne peuvent pour leur part prendre des participations que dans les sociétés qui ont pour objet l'exploitation de services publics locaux ou des activités d'intérêt général (CGCT, art. L. 2253-1, L. 3231-6 et L. 4211-1). Elles peuvent en revanche créer librement des sociétés d'économie mixte locales (CGCT, art. L. 1521-1).

Le coin des amateurs

Gestion du patrimoine des personnes protégées et droit des sociétés

195. – Les règles de représentation ou d'assistance propres à chacun des régimes de protection des majeurs ou des mineurs reposent sur la distinction des actes d'administration et des actes de disposition. Appliquée au droit des sociétés, la distinction est parfois délicate, qu'il s'agisse des actes par lesquels la personne protégée acquiert ou perd la qualité d'associé ou de l'exercice des prérogatives d'associé, notamment du droit de vote.

a) La distinction des actes d'administration et de disposition

Depuis la réforme du droit des mineurs et des majeurs protégés du 5 mars 2007, l'article 496 du Code civil renvoie à un décret en Conseil d'État le soin de dresser la liste des actes qui sont regardés comme des actes d'administration « relatifs à la gestion courante du patrimoine » et ceux qui sont regardés comme des actes de disposition « qui engagent celui-ci de manière durable et substantielle » (V. aussi, C. civ., art. 452 et 502).

Tel est l'objet du décret du 22 décembre 2008. Dans un premier temps, le décret pose des définitions générales en reprenant pour l'essentiel les critères, tant juridiques qu'économiques, dégagés en jurisprudence : constituent des actes d'administration les actes d'exploitation ou de mise en valeur du patrimoine de la personne protégée dénués de risque anormal ; constituent des actes de disposition les actes qui engagent le patrimoine de la personne protégée, pour le présent ou pour l'avenir, par une modification importante de son contenu, une dépréciation significative de sa valeur en capital ou une altération durable des prérogatives de son titulaire. Le décret dresse ensuite deux listes : une liste des actes regardés en toutes circonstances comme des actes d'administration ou des actes de disposition ; une liste des actes présumés être des actes d'administration ou des actes de disposition, sauf circonstances d'espèce permettant de retenir une qualification différente.

b) L'application au droit des sociétés

Le décret s'est bien sûr intéressé aux actes relevant du droit des sociétés. Mais, loin de retenir une approche méthodique conduisant à embrasser tous les cas de figure, il s'est essentiellement intéressé aux apports en société et aux instruments financiers (catégorie qui comprend les actions, V. *infra*, n° 1573), en occultant les parts sociales, qui sont les grandes oubliées.

(8) La société Bayard Presse qui édite plusieurs titres de la presse catholique est ainsi détenue à 100 % par la Congrégation des Assomptionnistes.

L'apport en société d'un immeuble, d'un fonds de commerce ou d'instruments financiers non admis à la négociation sur un marché réglementé est qualifié en toutes circonstances d'acte de disposition (V. aussi, C. civ., art. 505, al. 3, imposant une mesure d'instruction ou l'avis d'au moins deux professionnels qualifiés préalablement à l'autorisation de l'apport) ; les autres apports sont réputés être des actes de disposition mais cette présomption peut être écartée.

La conclusion d'un contrat de gestion de valeurs mobilières et d'instruments financiers constitue en toute hypothèse un acte de disposition tandis que sa résiliation constitue toujours un acte d'administration (V. C. civ., art. 500, al. 3). La vente d'instruments financiers non admis à la négociation sur un marché réglementé est, comme l'apport, qualifiée en toutes circonstances d'acte de disposition (V. C. civ., art. 505, al. 3 et 4). Constituent, sauf circonstances particulières, des actes de disposition l'acquisition et la cession d'instruments financiers non inclus dans un portefeuille, le nantissement d'instruments financiers et sa mainlevée, de même que la cession d'un portefeuille de titres en pleine propriété ou en nue-propriété. En revanche, les actes de gestion d'un portefeuille de titres sont en principe, sauf circonstances particulières, des actes d'administration, ce qui correspond à la solution retenue en jurisprudence (V. *infra*, n° 1576) ; il en est de même de l'exercice du droit de vote dans les assemblées (sauf ce qui est dit à propos des ordres du jour particuliers), des demandes d'attribution, de regroupement ou d'échange de titres, des cessions de rompus, de la souscription à une augmentation de capital ou de la conversion d'obligations.

Enfin, dans un certain désordre, le décret envisage différents actes intéressant le droit des sociétés. La qualification d'acte de disposition s'impose en toute hypothèse « pour la candidature aux fonctions de gérant ou d'administrateur » (pour le dirigeant incapable, V. *infra*, n° 994). La qualification d'acte de disposition est simplement présumée pour le « maintien dans le groupement », la cession et le nantissement de titres (ce qui vise donc les parts sociales) ou « la détermination du vote sur les ordres du jour suivants » : reprise des apports, modification des statuts, prorogation et dissolution du groupement, fusion, scission, apport partiel d'actif, agrément d'un d'associé, augmentation et réduction du capital, changement d'objet social, emprunt et constitution de sûretés, vente d'un élément de l'actif immobilisé, aggravation des engagements des associés.

On terminera par deux remarques. Qu'il s'agisse d'actions ou de parts sociales, l'exercice du droit de vote est en principe un acte d'administration ; toutefois, lorsque le vote porte sur la substance de la société, c'est la qualification d'acte de disposition qui doit en principe être retenue, ce qui est fondé. La cohérence fait en revanche défaut s'agissant de l'acquisition de titres. L'acquisition d'actions est, sauf circonstances particulières, un acte de disposition alors que rien n'est prévu pour l'acquisition de parts sociales ; or cet acte est loin d'être anodin, spécialement lorsque l'acquisition des parts confère à la personne protégée la qualité d'associé obligé indéfiniment au passif social (pour l'entrée d'un mineur dans une société civile, V. *infra*, n° 1932).

SOUS-SECTION 3

L'OBJET SOCIAL

§ 1. – La notion d'objet social

196. – *Définition.* L'objet social, autrement dit l'objet du contrat de société au sens de l'article 1163 du Code civil, peut être défini comme le type d'activité choisi par la société dans ses statuts (on parle d'objet statutaire) ; il s'agit de l'entreprise commune visée à l'article 1832 du Code civil. L'objet de la société doit être défini dans les statuts (C. civ., art. 1835). Il ne se confond pas avec d'autres notions telles que le but de la société (V. *infra*, n°s 204 et s.) ou l'activité sociale.

197. - *Distinction de l'objet statutaire et de l'objet réel.* L'activité sociale (l'objet réel) est l'activité réellement exercée par la société alors que l'objet social (objet statutaire) correspond au programme qu'elle s'est fixé ; l'objet social peut être défini de façon très large (par ex. : exploiter toutes activités hôtelières et de restauration sous toutes leurs formes), alors que l'activité réelle est plus modeste (l'exploitation d'une auberge de campagne). En cas de divergence entre l'objet social (objet statutaire) et l'activité sociale (objet réel), les tribunaux s'en tiennent à cette dernière, notamment s'il s'agit d'en apprécier la licéité (V. cependant, pour les sociétés à risque limité, *infra*, n° 200) ou de déterminer l'étendue de la protection bénéficiant à la dénomination sociale (V. *infra*, n° 367).

§ 2. – Les fonctions de l'objet social

198. - L'objet social est une condition essentielle du contrat de société, ce qui explique que sa disparition, par réalisation ou par extinction, emporte dissolution de la société (V. *infra*, n°s 765 et s.). Ceci explique encore que le changement complet d'objet social, et donc d'activité, vaut cessation d'entreprise au regard du droit fiscal (V. *infra*, n° 753). C'est encore l'objet social qui permet de déterminer si une société est civile ou commerciale lorsque la forme ne dicte pas la solution (V. *infra*, n° 392). C'est enfin au regard de l'objet social que peut s'apprécier la validité d'une cession de titres sociaux[9].

§ 3. – Les caractères de l'objet social

A. – La licéité de l'objet social

199. - L'objet social doit non seulement exister, il doit encore être licite (C. civ., art. 1833), c'est-à-dire n'être pas contraire à l'ordre public et aux bonnes mœurs. L'illicéité de l'objet est une cause de nullité de la société (V. *infra*, n° 294), qui est elle-même une cause de dissolution (V. *infra*, n° 772) ; aucune régularisation n'est possible (V. *infra*, n° 300). Traditionnellement, l'appréciation de l'illicéité de l'objet s'apprécie par référence à l'objet réel de la société. S'agissant des sociétés à risque limité, il faut cependant tenir compte de l'article 11 de la directive du 14 juin 2017, qui a codifié la directive du 16 septembre 2009 (V. *supra*, n° 19) ; ce texte pose une liste limitative de causes de nullité, lesquelles ont fait l'objet d'une interprétation particulièrement restrictive par la Cour de justice européenne ; il en ressort qu'il ne faut pas prendre en compte l'objet réel de la société mais son objet statutaire pour apprécier la licéité de l'objet social (V. *infra*, n° 200).

---

(9) Cass. com., 25 avr. 2006 : *Rev. sociétés* 2006, p. 793, note A. Viandier : acquisition d'actions réalisée dans un but totalement opposé à l'objet social.

200. – Dans les sociétés à risque limité, la licéité de l'objet s'apprécie au regard de l'objet statutaire et non de l'objet réel.

Là où la directive du 16 septembre 2009, codifiée par une directive du 14 juin 2017 (V. *supra*, n° 19), vise sans plus de précision le caractère illicite ou contraire à l'ordre public de l'objet de la société, la Cour de justice européenne a considéré dans l'arrêt *Marleasing SA* du 13 novembre 1990 (V. *infra*, n° 305) que, pour apprécier le caractère illicite de l'objet d'une société, il convient de s'en tenir à l'objet tel qu'il est défini par les statuts et non à l'activité réelle exercée par la société. S'en tenant à cette interprétation, la Cour de cassation a refusé de prononcer la nullité d'une société pour illicéité de son objet, en l'occurrence l'exercice du chantage par la multiplication de recours contentieux, au motif que son objet statutaire était licite (Cass. com., 10 nov. 2015, n° 14-18.179 : *BJS* 2016, p. 28, note crit. S. Messaï-Bahri ; *Dr. sociétés* 2016, n° 78, obs. M. Roussille ; *Rev. sociétés* 2016, p. 219, note B. Lecourt). La solution, en rupture avec la logique du droit français qui permet aux tiers, en cas de discordance entre l'apparence et la réalité, de privilégier la réalité, est pour le moins discutable : il est rare en effet que l'objet illicite s'affiche comme tel dans les statuts et la sanction de la nullité s'en trouve réduite à un simple épouvantail à moineaux.

Cette solution mérite cependant d'être nuancée. On peut ainsi citer l'exemple d'une société qui indiquait dans ses statuts avoir pour objet la fabrication ou la distribution d'implants oculaires alors qu'elle ne bénéficiait pas des autorisations requises ; la Cour de cassation a approuvé les juges du fond, après s'être référée à l'objet statutaire de la société, d'avoir constaté que la société avait été constituée pour l'exercice d'une activité contraire aux prescriptions du Code de la santé publique pour en prononcer l'annulation (Cass. com., 27 mai 2015, n° 14-17.035 : *BRDA* 13/2015, n° 5).

Plus clairement, la Cour de cassation semble bien admettre que si la nullité suppose l'illicéité du seul objet statutaire, cet objet peut néanmoins être apprécié non seulement en considération de la clause des statuts qui le définit, mais aussi plus largement en prenant en compte l'ensemble des dispositions statutaires ; ce qui a permis de censurer un arrêt d'appel qui avait refusé de prononcer, à propos du réseau Leclerc, la nullité de la société pour atteinte à la liberté de la concurrence en s'en tenant au seul libellé de l'objet social (Cass. com., 26 avr. 2017, n° 15-14.243 : *Dr. sociétés* 2017, n° 137, obs. R. Mortier).

201. – *Restitutions.* Lorsqu'une société est annulée pour nullité de son objet social, l'illicéité de l'objet social ne rend pas irrecevable la demande visant à l'apurement des comptes entre associés[10] ; en effet, la société procédant de ce qu'il est convenu d'appeler un « contrat-organisation », et non un « contrat-échange », l'irrecevabilité susceptible d'être opposée aux demandes en restitution fondées sur la règle *nemo auditur* ne peut pas être soulevée : en effet, l'action ne vise pas tant à une restitution qu'à une liquidation du patrimoine social et, au terme de celle-ci, au partage de l'actif.

B. – La détermination de l'objet social

202. – *Principe de spécialité.* L'objet social doit non seulement être licite, il doit encore être déterminé. En effet, la capacité de jouissance des personnes morales n'a pas

(10) Cass. com., 11 juill. 2006, n° 04-03.458 : *JCP* E 2007, 1049, obs. J.-J. Caussain, Fl. Deboissy et G. Wicker.

l'étendue de celle des personnes physiques : la capacité des personnes morales est spéciale, là où celle des personnes physiques est générale ; tel est le principe de la spécialité des personnes morales. L'ordonnance du 10 février 2016 l'avait inscrit à l'article 1145, alinéa 2, du Code civil : « La capacité des personnes morales est limitée aux actes utiles à la réalisation de leur objet tel que défini par leurs statuts et aux actes qui leur sont accessoires, dans le respect des règles applicables à chacune d'entre elles »[(11)]. Suite aux inquiétudes manifestées par une partie de la doctrine, et qui procédaient d'ailleurs d'une lecture discutable du texte, la loi du 20 avril 2018 de ratification de l'ordonnance du 10 février 2016 a modifié la rédaction de l'article 1145, alinéa 2, qui dispose désormais que « la capacité des personnes morales est limitée par les règles applicables à chacune d'entre elles ». La nouvelle version du texte réaffirme donc le principe de spécialité mais renvoie au droit spécial pour ce qui est de son contenu. Or les textes spéciaux, au moins en droit des sociétés, prévoient tous que l'étendue des pouvoirs sociaux, et donc de la capacité d'agir de la société, est bornée, objectivement, par l'objet social (V. *infra*, n° 437), et, subjectivement, par la nécessité d'agir dans l'intérêt social (V. *infra*, n° 442). Cela signifie donc que la capacité de la société se limite aux actes dont l'objet concourt effectivement à la réalisation de l'objet social, autrement dit, au sens strict de l'adjectif, aux actes qui sont utiles à sa réalisation. C'est dire que l'on a tout changé afin que rien ne change.

203. – *Détermination statutaire de l'objet social.* Parce que la capacité de la société est spéciale, les statuts doivent préciser quelle est l'activité en vue de laquelle elle a été créée (C. civ., art. 1835). De ce point de vue, un objet social à tiroirs est assurément une commodité dans les sociétés dont la stratégie repose sur la diversification des activités. Ainsi, les praticiens s'ingénient souvent à formuler l'objet social de la façon la plus extensive qui soit. Cela évite d'avoir à modifier les statuts lorsque la société doit étendre ou diversifier son activité. Cela évite encore la dissolution de la société pour réalisation ou extinction de son objet social (V. *infra*, n° 766).

Cette méthode n'est cependant pas sans risques, notamment lorsque la responsabilité des associés est illimitée puisque la société n'est engagée que par les actes du dirigeant qui entrent dans l'objet social (V. *infra*, n° 437) ; un objet social circonscrit de façon précise est alors un garde-fou pour les associés. Quelle que soit la forme de la société, un objet social étroit met les associés à l'abri de mauvaises surprises telles que la vente par le dirigeant d'un élément d'actif servant de support à l'activité sociale (fonds de commerce ou immeuble) ; en effet, en fonction de la rédaction de l'objet social, la vente d'un actif stratégique peut emporter modification ou extinction de l'objet social, ce qui ne relève pas de la compétence du dirigeant (V. *infra*, n° 447).

SOUS-SECTION 4

LE BUT DE LA SOCIÉTÉ

204. – La société étant un contrat à titre onéreux, le but de la société (on parlait auparavant de cause) correspond à l'avantage que les associés entendent retirer de

(11) B. Dondero, *Capacité et représentation des sociétés* : BJS 2016, p. 510. – D. Gallois-Cochet, *Réforme du droit des contrats et capacité des sociétés* : *Dr. sociétés* 2016, n° 142. – J.-M. Mousseron, *Le nouveau régime de la capacité contractuelle des sociétés : la boussole de l'objet social* : D. 2016, p. 906.

leur engagement (V. C. civ., art. 1107, al. 1er), autrement dit à l'objectif poursuivi par les associés au moyen de la société, alors que l'objet social correspond à l'activité assignée à la société et qui permettra de réaliser cet objectif grâce aux moyens mis à la disposition de la société, notamment par l'opération d'apport (V. *supra*, n° 196). Si la définition légale de la société lui assigne un but général et abstrait, la loi Pacte du 22 mai 2019 (V. *supra*, n° 17) a prévu que toute société puisse compléter ce but par l'indication d'une raison d'être, sans compter la possibilité pour les sociétés commerciales d'adopter le label de société à mission (V. *supra*, n° 84).

§ 1. – Le but général et abstrait de la société

205. – *Enrichissement des associés.* Selon l'article 1832 du Code civil, la société est constituée en vue de partager le bénéfice ou de profiter de l'économie qui pourra résulter de l'exercice de l'activité sociale. Autrement dit, la société a pour but l'enrichissement des associés, qu'il s'agisse pour chacun d'eux de partager un bénéfice ou de profiter d'une économie (V. *infra*, nos 252 et s.). Ce but, général et abstrait, est inhérent à la notion même de société ; il est celui qu'impose la catégorie juridique que constitue la société. Pour autant, ce but, s'il constitue l'objectif nécessairement poursuivi par les associés, n'est pas nécessairement celui exclusivement poursuivi par eux, car bien d'autres motivations particulières peuvent justifier la constitution d'une société, comme un souci d'organisation de l'entreprise ou la réalisation d'une économie fiscale. Et ce sont ces motivations particulières, qu'il s'agira, en application de l'article 1162 du Code civil, de contrôler pour apprécier si le but de la société est licite, cela à peine de nullité du contrat de société (V. *infra*, n° 291).

206. – *Vocation de chacun des associés à l'enrichissement.* Après avoir ainsi défini le but de la société, l'article 1833 du Code civil ajoute très logiquement que la société doit être constituée dans l'intérêt commun des associés, ce qui constitue la traduction de ce que la société doit être gérée de sorte que chacun d'eux ait vocation à participer aux résultats. Autrement dit, l'exigence d'intérêt commun traduit l'idée que la vocation de chaque associé aux résultats doit se vérifier dans la réalité sans que la société puisse être détournée de cet objectif au profit de certains d'entre eux (V. *infra*, n° 666).

207. – *Prise en compte des enjeux sociétaux et environnementaux.* La loi Pacte du 22 mai 2019 (V. *supra*, n° 17) a ajouté un alinéa à l'article 1833 précisant que « la société est gérée dans son intérêt social, en prenant en considération les enjeux sociaux et environnementaux de son activité »(12). Dans sa nouvelle rédaction, l'article 1833 considère ainsi, tour à tour, deux intérêts différents, l'intérêt commun des associés (al. 1er) et l'intérêt social (al. 2) : le premier qui concernerait la constitution de la société, et donc notamment la détermination des droits et pouvoirs des associés ; le second qui commanderait la gestion de la société (V. *infra*, n° 656). Dans cette perspective, il faudrait donc admettre que la gestion sociale n'ait pas pour préoccupation première, ou du moins exclusive, l'intérêt commun des associés et

(12) Fl. Deboissy et G. Wicker, *Définition et rôle de l'intérêt social : le projet de loi Pacte ou la difficulté de développer une communication politique en jouant sur les règles techniques* : *JCP E* 2019, 1145, n° 1.

donc la recherche d'un profit. Cela laisse donc admettre que d'autres intérêts environnementaux ou sociaux (par ex., le maintien de l'emploi) puissent freiner dans une mesure plus ou moins large cette recherche de profit.

Cet ajout risque ainsi de créer des perturbations dont ses auteurs n'ont peut-être pas eu conscience. En effet, si une règle impérative impose dans la gestion des sociétés la prise en considération de l'intérêt des associés et des préoccupations sociales et environnementales, cela revient légalement à imposer un arbitrage qu'il appartiendra au juge de vérifier. Or ce sera une grande nouveauté que de faire du juge l'arbitre de la gestion sociale et de contredire la règle traditionnelle de non-immixtion du juge. À cela s'ajoute que les responsabilités civile et pénale de la société (V. *infra*, n°s 403 et s.) ou des dirigeants (V. *infra*, n°s 450 et s. et 479 et s.), de même que la nullité des actes de gestion (V. *infra*, n°s 725 et s.) ou la révocation des dirigeants, devraient logiquement à l'avenir être appréciées à l'aune des préoccupations sociales et environnementales. En revanche, la loi a écarté expressément la sanction de la nullité de la société ou des délibérations sociales (C. civ., art. 1844-10).

§ 2. – La raison d'être

208. – La loi Pacte du 22 mai 2019 a autorisé... ce qui n'était pas interdit jusqu'alors, à savoir mentionner dans les statuts la raison d'être de l'entreprise[13]. L'article 1835 du Code civil a ainsi été complété de la phrase suivante : « Les statuts peuvent préciser une raison d'être, constituée des principes dont la société se dote et pour le respect desquels elle entend affecter des moyens dans la réalisation de son activité ».

A. – Origines

209. – L'apparition de la raison d'être est le prolongement des débats sur le but de la société, le dépassement des seules fins lucratives et l'affirmation de sa responsabilité sociale et environnementale (V. *supra*, n° 207), dont l'un des jalons est le rapport sur « L'entreprise, objet d'intérêt collectif » (V. *supra*, n° 17). Le législateur a repris la préconisation tenant à la possibilité pour la société de se doter d'une raison d'être et l'argumentaire brumeux qui l'accompagnait ; il y ajouta une touche de lyrisme, dont la grandiloquence cache mal l'indigence intellectuelle : « Ce projet incite ainsi (...) les sociétés à ne plus être guidées par une seule raison d'avoir, mais également une raison d'être, forme de doute existentiel fécond permettant de l'orienter vers une recherche à long terme »[14]. De nombreuses critiques furent émises sur le flou de cette notion et l'utilité d'une intervention du législateur, sans oublier les incertitudes sur la portée du texte[15]. Rien n'y fit et la loi Pacte du 22 mai 2019 consacra l'entrée de la raison d'être dans le Code civil.

(13) A. Viandier, *La raison d'être : BRDA* 10/2019, p. 53.
(14) Projet de loi n° 1088, relatif à la croissance et à la transformation des entreprises, 19 juin 2018, exposé des motifs, p. 59.
(15) I. Urbain-Parleani, *La raison d'être des sociétés dans le projet de loi Pacte du 19 juin 2018 : Rev. sociétés* 2018, p. 623 et s. – A. Tadros, *Regard critique sur l'intérêt social et la raison d'être de la société dans le projet de loi Pacte :* D. 2018, p. 1765.

B. – Notion

210. – La raison d'être n'est pas l'objet social ; l'objet définit l'activité que la société est autorisée à poursuivre (V. *supra*, n° 196), ce que ne fait pas la raison d'être. Ce n'est pas davantage l'intérêt social, impératif que les dirigeants et les associés doivent respecter dans leurs sphères respectives (V. *infra*, n°s 655 et s.).

211. – La raison d'être peut être comprise comme l'affirmation des valeurs que la société entend poursuivre dans l'accomplissement de son objet social ; lorsque la CAMIF affirme qu'elle entend « proposer des produits et services pour la maison, conçus au bénéfice de l'homme et de la planète »(16), ou lorsque le groupe Danone ambitionne « d'apporter la santé par l'alimentation au plus grand nombre »(17) et de « rendre aux gens leur souveraineté alimentaire »(18), ces deux sociétés proclament leur raison d'être.

C. – Liberté contractuelle

212. – *Hors ou dans les statuts.* Les sociétés sont libres d'insérer ou non dans leurs statuts leur raison d'être. À une inscription dans les statuts, les sociétés peuvent préférer une simple mention dans les documents sociaux ou publicitaires, ne serait-ce que pour éviter les effets juridiques indésirables d'une telle insertion. Hors des statuts, la raison d'être devient un simple objet de communication, ce qui ne correspond pas aux ambitions affichées par ses promoteurs.

213. – *Contenu.* La liberté s'étend au contenu de cette raison d'être. Le fait que les travaux préparatoires aient mis l'accent sur les valeurs nobles qu'est censée exprimer la raison d'être n'interdit pas aux associés d'avoir une vue plus égoïste que le bonheur de l'humanité, par exemple en affirmant que la raison d'être est de réaliser des profits pour le bénéfice des apporteurs en capitaux, marquant ainsi leur fidélité à l'article 1832 du Code civil.

Pour le reste, l'imagination a le pouvoir : visées sociales (faire des collaborateurs des associés à part entière du développement de la société), écologiques (limiter voire éradiquer les effets toxiques de l'activité pour l'environnement), économiques (équité et solidarité dans les relations avec les parties prenantes), humaines (améliorer la communication entre les êtres, lutter contre la pauvreté), etc. Et les amateurs de canulars auront l'embarras du choix entre la mise en application des Entretiens de Confucius, la poursuite des valeurs spirites, l'accès aux paradis artificiels pour tous, la conciliation de la poésie avec les impératifs du management, ou le très consensuel « conduire l'activité sociale dans une optique républicaine, citoyenne et alternative ».

D. – Portée et sanctions

214. – Avec une naïveté confondante, les promoteurs de la raison d'être avançaient que cette notion « est une indication, qui mérite d'être explicitée, sans pour autant que

(16) E. Masset, *Vers la société à mission ?* : *Rev. sociétés* 2018, p. 635 et s., n° 14.
(17) Document de référence, 2017, p. 163.
(18) AG, 26 avr. 2018, compte rendu, p. 7.

des effets juridiques y soient attachés »[19], position reprise dans l'exposé des motifs du projet de loi Pacte[20]. En vérité, outre que l'adoption d'une raison d'être est nécessaire pour obtenir le label de société à mission (V. *supra*, n°s 84 et s.), on ne fait pas entrer impunément un concept dans les statuts sans lui faire produire un certain nombre d'effets. Aussi bien, il pourrait sembler dans une première approche que la raison d'être constitue un objectif particulier assigné par les statuts à la société dont la réalisation serait susceptible d'avoir une influence sur l'appréciation de l'intérêt social ; ainsi par exemple, si une société adoptait comme raison d'être des principes tels que le respect du développement durable ou encore une gestion conforme à une charte d'éthique.

Dans cette perspective, la violation de la raison d'être emporte les mêmes conséquences que toute violation statutaire ; on pense notamment à la responsabilité civile et pénale de la société (V. *infra*, n°s 403 et s.) ou des dirigeants (V. *infra*, n°s 450 et s. et 479 et s.) et à leur révocation éventuelle ; d'autant que, pour les sociétés anonymes, le Code de commerce dispose que le conseil d'administration et le directoire sont tenus de prendre en considération la raison d'être dans leurs décisions (C. com., art. L. 225-35 et L. 225-64).

215. – En tout état de cause, la portée des effets varie en fonction de la précision de la raison d'être. Si les statuts affirment que la société a pour ambition d'œuvrer pour le bienfait de l'humanité, comment prouver la faute ? Qui pourrait agir ? En revanche, si les objectifs sociaux ou environnementaux sont précis, voire chiffrés, alors les risques juridiques sont plus grands ; on pense par exemple aux objectifs formulés par le groupe Unilever : réduire de moitié d'ici 2030 l'impact environnemental, améliorer la santé et le bien-être de plus d'un milliard d'êtres humains d'ici 2020[21].

Il y a donc un équilibre à trouver entre le souhait de limiter les effets indésirables de la proclamation d'une raison d'être et le sérieux de la démarche qui exige de dépasser le stade des aimables banalités.

SECTION 2

LES CONDITIONS SPÉCIALES

SOUS-SECTION 1

LA MISE EN COMMUN D'APPORTS

§ 1. – L'exigence d'apports

216. – *Définition.* Sans apport, il n'est pas de société[22]. L'apport est le contrat par lequel l'associé affecte un bien ou un droit à la société en contrepartie de la remise de titres sociaux (C. civ., art. 1843-3). Le contrat d'apport constitue ainsi un contrat

(19) Rapp. Notat-Senard, *op. cit.*, p. 4.
(20) Projet de loi n° 1088, relatif à la croissance et à la transformation des entreprises, 19 juin 2018, exposé des motifs, p. 59.
(21) *The gospel according to Paul : The Economist* 8 déc. 2018, p. 55. – Rapp. annuel 2017, p. 13 et s.
(22) *L'apport en société dans tous ses états : BJS* 2009, § 232, p. 1148.

à titre onéreux, au sens de l'article 1107, alinéa 1er, du Code civil, et plus précisément un contrat synallagmatique, au sens de l'article 1106, alinéa 1er, du Code civil : l'apporteur et la société bénéficiaire de l'apport s'obligent réciproquement, l'un à réaliser l'apport, l'autre à remettre des titres en contrepartie de l'apport (V. pour l'apport à une association, *supra*, n° 104). Par l'acte d'apport, les associés scellent le pacte social et manifestent leur consentement, autrement dit leur *affectio societatis* (V. *infra*, nos 271 et s.) ; les apports rendent également possible l'accomplissement de l'entreprise commune qui constitue l'objet de la société (V. *supra*, n° 196).

217. – *Objet de l'apport.* Tout aspirant associé doit ainsi apporter une somme d'argent, un bien ou son talent, d'où la distinction des apports en numéraire, en nature ou en industrie. La somme de la valeur des apports donne la mesure du capital social (V. *infra*, nos 594 et s.).

218. – *Sanctions.* On comprend la vigueur de la sanction prévue en l'absence d'apports ou d'apports fictifs : la nullité de la société (C. civ., art. 1844-10 ; C. com., art. L. 235-1). On peut toutefois se demander si cette cause de nullité est conforme à la directive européenne du 14 juin 2017 ayant codifié la directive du 16 septembre 2009 (V. *supra*, n° 19) qui ne cite pas la fictivité des apports comme cause de nullité des sociétés par actions et des SARL (V. *infra*, n° 305)(23). Au vrai, le défaut d'apport est rarissime, à la différence de l'apport fictif. L'apport est fictif lorsqu'il est dénué de toute valeur ou de toute utilité ; ainsi de l'apport d'un brevet périmé, d'une créance sur un débiteur insolvable ou encore d'un fonds de commerce sans valeur. Mais l'apport n'est pas fictif lorsque l'associé a dû emprunter, même auprès de ses coassociés, pour financer sa mise initiale puisque c'est en effet l'associé et non la société qui supporte les charges financières(24).

219. – *Montant.* Le montant des apports varie selon le type de société :

– dans les sociétés à risque limité, la loi impose un capital minimum ; la valeur totale des apports doit donc atteindre le minimum fixé ; en rupture avec cette logique, l'exigence d'un capital légal minimum a été supprimée dans la SARL (V. *infra*, n° 1696) et dans la SAS (V. *infra*, n° 1524) ;

– dans les sociétés à risque illimité, la loi n'impose aucun minimum ; des associés peuvent donc créer une SNC ou une société civile au capital d'un euro ; la loi prévoit même que les GIE et les GEIE peuvent être constitués sans capital, c'est-à-dire sans apports.

§ 2. – Les types d'apport

A. – L'apport en numéraire

220. – *Définition.* L'apport en numéraire est un apport qui a pour objet une somme d'argent. Il ne doit pas être confondu avec l'avance en compte courant qui

(23) V. en ce sens, CA Paris, 21 sept. 2001 : *Dr. sociétés* 2002, n° 78, obs. Th. Bonneau ; *BJS* 2002, p. 626, note M. Menjucq.
(24) Cass. com., 23 janv. 1963 : *Bull. civ.* 1963, III, n° 57. – En revanche, il y a apport fictif – et donc nullité de la société – lorsqu'il a été libéré au moyen d'un emprunt consenti non à l'associé, mais à la société elle-même : Cass. 3e civ., 19 juin 1996 : *BJS* 1996, p. 917, note P. Le Cannu.

est un prêt consenti par l'associé à la société (V. *infra*, n°s 611 et s.). Dans les deux cas, il y a remise d'une somme d'argent ; mais, dans le premier cas, l'associé reçoit en contrepartie des droits sociaux, tandis que, dans le second, il n'est que prêteur.

221. – *Souscription et libération.* Il faut ensuite distinguer la souscription et la libération de l'apport en numéraire. Par la souscription, l'associé s'engage à effectuer un apport d'un montant déterminé ; la société n'est créée qu'autant que la totalité du capital a été souscrite. Par la libération, l'associé exécute son engagement, c'est-à-dire verse la somme promise. La qualité d'associé est acquise, quelle que soit la date de libération, dès la souscription. On comparera utilement avec la conclusion du contrat de vente, le paiement du prix, qu'il soit immédiat ou échelonné dans le temps, n'étant pas en principe une condition de formation du contrat. Le délai de libération varie selon le type de société. Dans la SA (V. *infra*, n° 839) et la SAS (V. *infra*, n° 1526), la libération doit être au moins de la moitié de l'apport tandis qu'il doit être du cinquième dans la SARL (V. *infra*, n° 1697). Dans les deux cas, le solde doit être versé dans les cinq ans. Aucun délai légal n'est en revanche imposé dans les sociétés de personnes, d'où la possibilité de prévoir que les apports seront libérés au fur et à mesure de la réalisation des bénéfices. Voilà qui, dans ce type de société, tempère le principe de l'exigence des apports.

222. – *La fraction non libérée du capital social* est une créance de la société contre l'associé ; elle peut faire l'objet d'une saisie-attribution par un créancier social, même si les dirigeants n'ont pas procédé à un appel de fonds[(25)]. Pour autant, l'associé débiteur qui n'a pas entièrement libéré son apport bénéficie de toutes les prérogatives attachées à sa qualité : droit de vote[(26)], droit aux bénéfices, droit de céder ses titres. L'obligation de libérer les apports étant personnelle à l'associé, et non attachée à la détention des titres, l'associé ne saurait s'en prétendre déchargé du fait de la cession de ceux-ci[(27)] ou de son retrait de la société[(28)].

223. – Quand la loi encourage la libération des apports en numéraire.

Même si l'obligation de libérer les apports en numéraire n'est pas nécessairement d'exécution immédiate, tolérer la libération simplement partielle du capital souscrit en numéraire n'est qu'un pis-aller qui ne doit pas être encouragé. Ceci explique que le droit des sociétés et le droit fiscal fassent alliance pour encourager la libération complète du capital social.

1. Les réactions du droit des sociétés

On signalera les mesures suivantes :

– tant qu'elles ne sont pas entièrement libérées, les actions doivent rester nominatives (V. *infra*, n° 839) ;

(25) Cass. 2e civ., 12 mai 2016, n° 15-13.833, PB : *BJS* 2016, p. 588, note F. Danos ; *JCP* E 2016, 1486, note B. Dondero ; *Rev. sociétés* 2016, p. 673, note A. Lecourt ; la créance, bien que non exigible, est certaine et liquide, ce qui suffit à autoriser sa saisie.

(26) Cass. com., 20 sept. 2016, n° 14-28.107 : *JCP* E 2017, 1016, note I. Beyneix ; l'absence de libération de l'apport est sans incidence sur la qualité d'associé.

(27) CA Lyon, 9 juin 2005 : *BJS* 2006, § 108, p. 541, note F.-X. Lucas.

(28) Cass. 3e civ., 17 janv. 2019, n° 17-22.070 : *Dr. sociétés* 2019, n° 64, obs. H. Hovasse ; *JCP* E 1172, note P. Schultz.

– si les statuts prévoient le versement d'un premier dividende, c'est-à-dire un intérêt sur le capital libéré, les actions non libérées n'y ouvrent pas droit ; elles ont en revanche vocation au superdividende (C. com., art. L. 232-16 ; V. *infra*, n° 1208) ;

– l'associé qui ne respecte pas l'échéancier prévu pour la libération de son apport devient débiteur de plein droit des intérêts moratoires et peut être condamné à des dommages-intérêts compensatoires si la société subit un préjudice (C. civ., art. 1843-3, al. 5) ;

– si ce sont les dirigeants qui font preuve de négligence, tout intéressé peut solliciter un référé-injonction judiciaire sous astreinte en vue de les obliger à procéder aux appels de fonds ; on peut dans les mêmes conditions demander la désignation d'un mandataire chargé de procéder à cette formalité (C. civ., art. 1843-3, al. 5) (V. *infra*, n° 651) ; mais le juge ne peut pas condamner directement l'associé défaillant à libérer l'apport promis (Cass. com., 7 juill. 2009 : *BJS* 2009, § 211, p. 1053, note R. Mortier ; *JCP* E 2009, 2125, note P. Gourdon) ;

– en cas de procédure collective, le jugement d'ouverture rend exigible le montant non libéré du capital social (C. com., art. L. 624-20) ; le mandataire judiciaire a qualité pour mettre en demeure l'associé de verser les sommes restant dues (C. com., art. L. 622-20, al. 2) ;

– tant que le capital n'est pas entièrement libéré, on ne peut pas procéder à une augmentation de capital ni dans une SA (V. *infra*, n° 1422), ni dans une SARL (V. *infra*, n° 1774) ; une société par actions ne peut pas davantage émettre des obligations (V. *infra*, n° 1607).

2. Les réactions du droit fiscal

Afin d'encourager la constitution de fonds propres, et donc de lutter contre la sous-capitalisation, certaines mesures fiscales sont subordonnées à la libération complète du capital social :

– allègement du taux de l'impôt sur les sociétés en faveur des PME (V. *supra*, n° 169) ;

– déduction des intérêts alloués aux comptes courants d'associés (V. *infra*, n° 622).

B. – L'apport en nature

224. – L'apport en nature est l'apport d'un bien autre que de l'argent ou une industrie. Ce peut être un bien corporel (immeuble, matériel…) ou incorporel (clientèle civile ou commerciale, brevet, contrat, créance…). Quant à la mise à disposition, elle peut se faire en propriété ou en jouissance[29].

1° L'apport en propriété

225. – L'apport tangente ici la vente, que l'on envisage l'apport en propriété sous l'angle de la société, de l'apporteur ou de ses créanciers.

a) Pour la société

226. – *Transfert de propriété.* Tel un acheteur, la société devient propriétaire du bien apporté. Propriétaire, elle peut en user et en abuser ; elle en supporte

(29) N. Binctin, *La classification juridique des apports en nature : Rev. sociétés* 2009, p. 517.

également les risques. Que la chose disparaisse, par vol ou accident, et la société perdra l'apport sans que cela ait de conséquence sur la situation de l'apporteur.

227. – *L'opposabilité aux tiers* de ce transfert de propriété implique que la société soit dotée de la personnalité juridique. Deux conséquences en résultent.

À l'égard des tiers, le transfert de propriété intervient seulement au jour de l'immatriculation au registre du commerce et des sociétés.

La société en participation étant dépourvue de personnalité morale, son patrimoine n'est pas opposable aux tiers. Ainsi, même si l'apport est translatif de propriété dans les rapports entre associés, à l'égard des tiers, les biens mis à la disposition de la société sont soit la propriété d'un seul associé, soit la propriété indivise de l'ensemble des associés (V. *infra*, n° 2011).

b) Pour l'apporteur

228. – *Évaluation.* L'apporteur reçoit des droits sociaux à hauteur de la valeur du bien mis à la disposition de la société. Reste, ce qui est loin d'être aisé, à évaluer ce bien. Aucune méthode n'est prévue par le droit des sociétés, qui demeure en dehors des querelles des évaluateurs. Il appartient donc aux parties et à leurs experts d'arrêter la valeur des biens apportés. Le danger en la matière est surtout de surévaluation. Pour asseoir le crédit de leur société, les associés peuvent être tentés de majorer la valeur des biens apportés, ce qui gonfle artificiellement le capital social et fortifie la confiance des banquiers et des fournisseurs, lesquels voient parfois la valeur de la société se dégonfler comme un ballon de baudruche. Dans d'autres hypothèses, l'apporteur en nature tente d'améliorer sa position au détriment de ses coassociés. Ceux-ci peuvent alors à titre personnel demander à l'apporteur la réparation du préjudice subi (V. *infra*, n° 461). Il faut également compter avec la majoration frauduleuse d'actions créées (V. *infra*, n° 1480).

Pour éviter de tels mécomptes, des règles ont été posées dans les sociétés à risque limité mais non dans les sociétés à risque illimité. Ainsi, dans les sociétés par actions (V. *infra*, n°s 842 et s.) et les SARL (V. *infra*, n° 1699), la désignation d'un commissaire aux apports(30) par les associés statuant à l'unanimité, ou à défaut par le juge, et l'institution du délit de majoration frauduleuse d'apport en nature viennent dissuader les associés d'embellir leur apport (V. *infra*, n° 859). Ces règles sont écartées en cas d'apport de valeurs mobilières cotées.

229. – *Garantie.* L'apporteur est vis-à-vis de la société dans la position d'un vendeur : « l'apporteur est garant envers la société comme un vendeur envers son acheteur » (C. civ., art. 1843-3). Il est tenu de la garantie d'éviction et de la garantie des vices cachés. Ainsi l'apporteur d'un fonds de commerce ne saurait contribuer, par des actes de concurrence, à la dépréciation du fonds apporté.

230. – *Lorsque l'apporteur est marié sous le régime de la communauté*, il doit, à peine de nullité, obtenir le consentement de son conjoint en cas d'apport d'un immeuble, d'un fonds de commerce ou d'une exploitation, de droits sociaux

(30) D. Kling, *Le commissaire aux comptes et l'évaluation des apports* : *BJS* 2009, § 238, p. 1186.

non négociables ou de meubles corporels dont l'aliénation est soumise à publicité (V. *infra*, n° 538).

c) *Pour les créanciers de l'apporteur*

231. – *Protection du droit de gage.* Tout créancier est un peu voyeur : il aime avoir constamment dans son champ visuel la fortune de son débiteur ; il passe régulièrement devant l'immeuble de celui-ci, il s'inquiète de l'état de son parc automobile, de sa vêture… C'est assez dire son désarroi si ce même débiteur transfère à autrui la propriété de son immeuble et de ses automobiles, sinon de ses vêtements. Par un coup de baguette magique, des biens matériels, dont la consistance et la valeur pouvaient s'apprécier immédiatement, sont transmués en droits sociaux, invisibles et volatils. Le débiteur était propriétaire, il n'est plus qu'associé et, entre lui et ses biens d'hier, le rideau de l'autonomie du patrimoine social est tombé, qui fait obstacle à l'indiscrétion et aux poursuites des créanciers de l'apporteur. L'apport en société figure de fait en bonne place dans la panoplie des techniques utilisées par les débiteurs pour organiser leur insolvabilité. Les créanciers peuvent riposter en utilisant les armes classiques de l'action paulienne (V. *infra*, n° 1927) et de l'action en déclaration de simulation (V. *infra*, n° 284). Par ailleurs, si le débiteur est en état de cessation des paiements au moment de l'apport, et si la société connaissait cet état, ses créanciers peuvent, en cas de redressement ou de liquidation judiciaires, faire annuler celui-ci (C. com., art. L. 632-1)[31].

232. – *Publicité.* Certains apports sont soumis à des mesures de publicité. Tel est le cas pour l'apport d'un fonds de commerce (V. *infra*, n° 233), l'apport d'une créance, qui doit respecter les règles de validité et d'opposabilité de la cession de créance (C. civ., art. 1321 et s.), ou encore l'apport d'un immeuble, qui relève du domaine de la publicité foncière (D. 4 janv. 1955, art. 28, 1°).

233. – L'apport d'un fonds de commerce.

L'apport d'un fonds de commerce se rencontre le plus souvent lorsqu'un entrepreneur individuel décide de « se mettre en société ». L'opération fait courir des risques aux autres associés et surtout aux créanciers de l'apporteur. Ceci explique que le Code de commerce soumette au même formalisme les cessions et les apports de fonds de commerce (C. com., art. L. 141-21 et s.). Les parties doivent viser un document mentionnant le chiffre d'affaires mensuel réalisé entre la clôture du dernier exercice comptable et le mois précédent celui de la vente (C. com., art. L. 142-2).

Les créanciers de l'apporteur sont avertis grâce à la publicité faite par la société au *BODACC* et au *JAL* dans les quinze jours de l'apport. Dans les dix jours de la dernière de ces deux publicités, ils doivent déclarer leurs créances au greffe du tribunal de commerce ; la société devient alors solidairement responsable avec le débiteur principal du paiement du passif ainsi déclaré. Cette solidarité s'explique par le fait qu'à la différence de la cession, l'apport ne dégage aucun prix que les

(31) Cass. com., 3 mai 2011, n° 10-17.011, PB : *BJS* 2012, § 21, p. 56, note P. Le Cannu ; *JCP* E 2011, 1598, note J.-P. Legros : nullité de l'apport d'immeubles à une SCI en cessation des paiements au motif qu'il n'a pas donné lieu à l'attribution de titres sociaux proportionnels à la valeur des biens apportés.

créanciers pourraient se partager. Voilà qui ne fait pas l'affaire des coassociés qui peuvent apprendre que la valeur du fonds est absorbée par le montant des créances déclarées ; c'est pourquoi la loi leur offre la possibilité de demander, dans la quinzaine qui suit, l'annulation de la société ; c'est la sanction logique tenant au défaut d'apport (V. *supra*, n° 218).

Lorsque le fonds est un bien commun, l'accord des deux époux est exigé à peine de nullité (V. *infra*, n° 538).

2° L'apport en jouissance

234. - *Définition.* Si l'apport en propriété évoque la vente, l'apport en jouissance tangente le bail. L'article 1843-3 du Code civil énonce ainsi que l'apporteur « est garant envers la société comme un bailleur envers son preneur ». L'apport en jouissance peut être défini à partir de deux éléments[32]. D'une part, il s'agit d'une variété d'apport en nature donnant droit à l'attribution de droits sociaux (C. civ., art. 1843-3). D'autre part, l'apport en jouissance permet une mise à disposition temporaire de la jouissance d'un bien par l'apporteur au profit de la société. Il peut donc être rangé, avec le contrat de bail, le contrat de location-gérance ou le contrat de prêt à usage, au sein des techniques juridiques organisant une dissociation de la propriété et de la jouissance, l'apporteur restant propriétaire du bien dont la société a seulement un droit personnel de jouissance.

235. - *Utilisation.* L'apport en jouissance est peu utilisé en pratique et suscite un contentieux marginal[33]. Il est parfois choisi par certaines professions libérales désirant mettre leur clientèle à la disposition d'une société[34]. L'apport en jouissance n'est pourtant pas dépourvu d'attrait. Restant propriétaire du bien, l'apporteur est non seulement assuré de récupérer la pleine jouissance de ce dernier à la dissolution de la société, mais on lui remboursera de surcroît la valeur de son apport (V. *infra*, n° 250). Mieux, si la société fait l'objet d'une procédure collective, le bien apporté échappe au droit de gage des créanciers sociaux puisqu'il ne fait pas partie du patrimoine social.

3° L'apport en usufruit ou en nue-propriété

236. - *L'apport en usufruit* confère à la société la qualité d'usufruitière. L'usufruit concédé à une personne morale ne peut excéder trente ans (C. civ., art. 619) ; cette durée maximale étant impérative, les parties ne peuvent y déroger par des

(32) C. Regnault-Moutier, *La notion d'apport en jouissance*, LGDJ, 1994, préf. J. Prieur. – Ph. Engel, *Associé et créancier, l'apporteur en jouissance dans les sociétés de capitaux : JCP* E 1998, p. 2056. – N. Peterka, *Réflexions sur la nature juridique de l'apport en jouissance : BJS* 2000, p. 361.

(33) En voici tout de même un exemple original. Les bénéficiaires d'un pacte de préférence avaient apporté en jouissance leurs actions en justice contre des tiers à une société en participation. L'arrêt d'appel qui n'avait rien trouvé à y redire a été cassé au motif « qu'une action en justice ne peut faire l'objet d'un apport en jouissance rémunéré par l'attribution de droits sociaux » (Cass. com., 31 mai 2005 : *Rev. sociétés* 2006, p. 114, note B. Dondero). Il n'est pas interdit à des plaideurs de se regrouper au sein d'une société de défense et si en l'espèce l'apport en jouissance n'a pas été admis, c'est en raison, semble-t-il, du caractère aléatoire du recours en justice et de l'impossibilité de l'évaluer.

(34) Sur les aspects fiscaux de l'apport en jouissance d'une clientèle civile, CE, 18 sept. 1998 : *Dr. fisc.* 1998, n° 49, comm. 1081 ; *RJ com.* 1999, p. 353, note Fl. Deboissy. – CE, 26 mars 2003 : *RJF* 6/2003, n° 708 ; *RTD com.* 4/2003, p. 839, obs. Fl. Deboissy. – C. Regnault-Moutier, *Le régime fiscal de l'apport en jouissance d'un cabinet libéral à une société de capitaux : JCP* E 1999, I, p. 1573.

conventions contraires(35). Cette interprétation procède d'une application purement littérale, et donc peu satisfaisante, du texte : le délai de trente ans ayant été édicté à seule fin d'écarter le risque de perpétuité de l'usufruit, puisque les personnes morales, par le jeu d'éventuelles prorogations, ont vocation à ne jamais disparaître, il aurait été raisonnable de pouvoir retenir un délai plus long, à condition que l'usufruit soit assorti d'un terme, certain ou incertain, exclusif de toute perpétuité.

237. – *Quant à l'apport en nue-propriété*, il donne à la société la certitude de récupérer à l'avenir tous les attributs de la pleine propriété, lorsque l'usufruit – temporaire par nature – se sera éteint.

238. – *Intérêt pratique.* Les apports en usufruit ou en nue-propriété s'inscrivent le plus souvent dans une stratégie patrimoniale et fiscale de transmission d'un patrimoine. Ce sont surtout les avantages comptables et fiscaux qui expliquent le succès de ces apports en usufruit (V. *infra*, n°s 250 et 251) ou en nue-propriété.

239. – Apport d'un bien démembré *vs* démembrement des droits sociaux.

> Il faut bien distinguer l'apport en usufruit ou en nue-propriété, d'une part, et l'usufruit ou la nue-propriété portant sur des droits sociaux, d'autre part :
> – *en cas d'apport en nue-propriété ou en usufruit*, la société dispose seulement des prérogatives d'un nu-propriétaire ou d'un usufruitier sur les biens apportés ; l'apporteur reçoit en contrepartie des droits sociaux en pleine propriété à raison de la valeur de la nue-propriété ou de l'usufruit ;
> – *si la nue-propriété ou l'usufruit porte sur les droits sociaux*, cette circonstance n'a aucune incidence sur la vie de la société et est seulement l'affaire du nu-propriétaire et de l'usufruitier (V. *infra*, n°s 516 et s.).

C. – L'apport en industrie(36)

1° La notion d'apport en industrie

240. – *Définition.* À défaut de fortune personnelle, un associé peut apporter son industrie, c'est-à-dire son talent, qu'il mettra à la disposition de la société. On peut apporter son crédit – mais non son pouvoir politique, car ce serait un trafic d'influence pénalement répréhensible –, son expérience, son savoir-faire (exemple du maître de chais dans le Bordelais, d'un styliste dans une maison de couture, d'un « nez » dans l'industrie du parfum), en un mot son travail. L'apporteur en industrie est en effet un travailleur (en latin, *industria* signifie travail). Le contrat de travail n'est d'ailleurs pas loin ; c'est l'*affectio societatis* et l'absence de lien de subordination qui permettent de faire le départ entre l'associé et le salarié. L'apport en industrie peut également être le révélateur d'une société créée de fait (V. *infra*, n° 2036).

(35) Cass. 3e civ., 7 mars 2007 : *JCP E* 2007, 1877, n° 1, obs. crit. J.-J. Caussain, Fl. Deboissy et G. Wicker : cassation de l'arrêt ayant jugé qu'il était possible, dans le cas de l'usufruit d'un immeuble acquis par une SCI, de retenir une durée de plus de trente ans.

(36) L. Nurit-Pontier, *Repenser les apports en industrie* : *LPA* 3 juill. 2002, p. 4. – C. Malecki, *L'apporteur en savoir-faire : du bien-aimé au mal aimé ?* : *BJS* 2004, p. 1169.

241. – *Prévision statutaire.* L'apport en industrie doit être prévu dans les statuts. Faute d'une telle prévision statutaire, le travail fourni par un associé ne saurait recevoir la qualification d'apport en industrie(37) ; il en va de même si le soi-disant apporteur en industrie s'est contenté de payer certaines factures(38).

242. – *Obligation de l'apporteur.* L'associé qui s'est obligé à apporter son industrie doit rendre compte à la société de tous les gains réalisés dans le cadre de l'activité faisant l'objet de l'apport (C. civ., art. 1843-3, al. 6) ; l'associé est donc soumis à une obligation de non-concurrence et d'exclusivité tout à fait originale(39) ; le plein temps n'est cependant pas exigé et l'associé peut exercer une autre activité qui soit étrangère à celle de la société.

243. – *Qualité d'associé.* Même si l'apport en industrie ne concourt pas à la formation du capital social, l'apporteur en industrie est un véritable associé. Aussi lorsqu'une société comprend deux associés dont l'un a consenti un apport en industrie n'est-il pas possible de demander sa dissolution au prétexte qu'elle serait devenue unipersonnelle (C. civ., art. 1844-5)(40).

2° Le domaine de l'apport en industrie

244. – Ce type d'apport est interdit dans les SA et les SCA. Il se conçoit en revanche dans la SAS (V. *infra*, n° 1528), la SARL (V. *infra*, n° 1700), ainsi que dans les sociétés de personnes conçues comme des communautés de travail, telles les sociétés civiles professionnelles (V. *infra*, n° 2065) ou certaines sociétés en participation (V. *infra*, n° 2010).

3° Le régime de l'apport en industrie

245. – Le régime juridique de l'apport en industrie est singulier. Si l'apport en industrie ne donne pas droit à l'attribution de titres de capital, l'activité déployée par l'associé est rémunérée par un droit sur les bénéfices sociaux ; il bénéficie également de tous les droits politiques attachés à la qualité d'associé.

246. – *Absence de droits patrimoniaux.* L'apport en industrie ne participe pas à la formation capital social (C. civ., art. 1843-2) ; sa libération est en effet successive au fur et à mesure des services rendus et un tel apport ne saurait être saisi par les créanciers. Lors des opérations de partage, il ne peut être ni repris ni remboursé (V. *infra*, n° 2051). Également, les droits de l'apporteur en industrie sont incessibles ; il ne saurait monnayer son départ à la différence des autres associés qui peuvent tirer argent comptant de la cession de leurs parts ou actions ; l'associé qui désire quitter la société n'a d'autre choix que de demander l'annulation de ses titres sociaux.

247. – *Droit aux bénéfices ou aux économies.* Pour autant, l'activité déployée au profit de la société donne vocation aux bénéfices, c'est-à-dire aux réserves, aux

(37) Cass. com., 14 déc. 2004 : *Dr. sociétés* avr. 2005, n° 65, obs. F.-X. Lucas : faute pour les statuts de prévoir des apports en industrie, l'associé qui se retire ne peut pas demander que soit pris en compte, pour l'évaluation de ses parts, le travail qu'il a fourni depuis son entrée dans la société.
(38) CA Paris, 20 sept. 2011 : *RJDA* 3/2012, n° 292.
(39) R. Martin-Rose, *Regards sur l'obligation de non-concurrence en droit des sociétés* : *JCP* E 2012, 1713.
(40) Cass. 1re civ., 30 mars 2004 : *D.* 2004, p. 1088 ; il s'agissait en l'espèce d'une SCP d'huissiers.

dividendes et au boni de liquidation. La part de bénéfices réservée à l'apporteur en industrie est égale à celle de l'associé qui a le moins apporté (C. civ., art. 1844-1) ; il est cependant possible de prévoir une répartition différente.

248. – *Droit de participer aux décisions sociales.* Enfin, l'apporteur en industrie est un véritable associé disposant du droit de participer aux affaires sociales (C. civ., art. 1844, al. 1er), et notamment du droit à l'information et du droit de vote.

Le coin des amateurs

1. Les apports en industrie qui ne disent pas leur nom : la distinction des associés actifs et des associés passifs

249. – Le droit des sociétés ne prend guère en compte la distinction entre les associés actifs qui exercent leur activité ou leur profession au sein de la société et lui réservent par conséquent leur industrie, et les associés passifs qui ont simplement fait un placement financier. Le droit fiscal y est au contraire sensible (V. *infra*, nos 1833 et s.), de même que le droit de la sécurité sociale (V. *infra*, nos 1836 et s.). Si la distinction entre associés actifs et associés passifs est occultée en droit des sociétés, c'est parce que les apports en industrie ne sont pas traités comme de véritables apports. Ainsi, dans les pures sociétés de partenariat, une société civile professionnelle d'avocats ou de notaires par exemple, l'important est moins l'apport financier effectué par chacun que le talent qu'il déploie au service de la société (V. *infra*, n° 2072). De même, les bénéfices réalisés résulteront moins de la fructification de la finance apportée (il en faut, mais ce n'est pas le principal) que du travail fourni par chacun des associés. La répartition des bénéfices n'est d'ailleurs pas nécessairement proportionnelle à la participation au capital. Il est possible par une clause statutaire de moduler la vocation aux bénéfices en fonction de l'activité déployée par les associés, par exemple en indexant la répartition des bénéfices sur les résultats obtenus par chacun (V. *infra*, n° 2085).

La distinction entre associés actifs et passifs se retrouve dans les sociétés de capitaux, sociétés par actions ou SARL, qui se présentent comme une technique d'organisation de l'entreprise. La situation des associés passifs est simple : les dividendes qui leur sont versés rémunèrent les fonds qu'ils ont mis à la disposition de la société. Celle des associés actifs est plus délicate. Du fait qu'ils consacrent leur talent et leur temps à la société, il est légitime qu'ils soient rémunérés à ce titre. Le moyen le plus simple passe par la conclusion d'un contrat de travail entre l'associé et la société. Ce n'est pas toujours possible, notamment lorsque l'associé exerce des fonctions de direction et possède l'essentiel du capital ; il est trop en situation de force pour invoquer un réel lien de subordination envers la société dont il est à tous égards le patron. Qu'à cela ne tienne, les fonctions qu'il exerce seront rémunérées ; s'agissant par exemple du président d'une SA, il bénéficiera du statut fiscal et social des salariés, ce qui pendant très longtemps a été la planche de salut recherchée.

Il existe d'autres combinaisons permettant de favoriser les associés actifs par rapport aux associés passifs : leur réserver des parts privilégiées justifiant une répartition inégalitaire des bénéfices ou encore jouer sur la répartition entre apports en capital et avances en compte courant.

2. Apport en usufruit et intangibilité du capital social

250. – Le droit des sociétés confère au capital social des vertus quasi sacramentelles : pas de société sans capital même si son montant est parfois symbolique (V. *infra*, nos 594 et s.). Par ailleurs, on proclame que le capital est affecté au gage exclusif des créanciers sociaux, ce qui implique son intangibilité. Comment concilier ces principes avec le particularisme de l'apport en usufruit, qui est par nature temporaire ? Un jugement du tribunal administratif de Poitiers (TA Poitiers, 21 nov. 1996 : *RJF* 1997, n° 7) donne des éléments de réponse tout en conduisant à apprécier l'intérêt d'un tel apport.

a) L'affaire de l'hôtel poitevin

Une SA exploitait à Poitiers un hôtel-restaurant ; souhaitant, ne serait-ce que pour rassurer banquiers et créanciers, renforcer le capital social, le président de la société lui fait apport en usufruit, pour une durée de dix ans, d'actions de la société de champagne Louis Roederer qu'il possède à titre personnel ; l'augmentation de capital s'élève à 366 000 €, ce qui correspond à la valeur de l'usufruit des titres. Sur le plan comptable, la SA pratique chaque année un amortissement de 10 % de la valeur de l'usufruit inscrit à l'actif du bilan parmi les valeurs immobilisées afin de constater la perte de valeur de l'usufruit au fur et à mesure de l'écoulement du temps.

Passons sur le litige fiscal proprement dit (l'administration contestait à tort la nature d'immobilisation amortissable de l'usufruit) pour partager quelques réflexions juridiques. La validité d'un apport en usufruit de titres n'est pas en cause. Relevons cependant le paradoxe de la situation à l'expiration du délai de dix ans. L'usufruit comptabilisé à l'actif s'est volatilisé ; l'actif du bilan a donc fondu d'une valeur de 366 000 €. Par effet de symétrie, ne serait-ce que pour respecter la nécessaire correspondance de l'actif et du passif, ne conviendrait-il pas d'alléger le passif d'une même valeur, en clair d'annuler les actions attribuées au président de la SA à raison de son usufruit temporaire ?

Cette vision n'est pas celle du droit des sociétés. Ce dernier n'accorde d'importance qu'à la valeur initiale de l'apport, sans tenir compte des vicissitudes affectant ultérieurement le bien apporté. La valeur de l'apport est comptabilisée dans le capital social, au passif du bilan, ce qui correspond donc à une dette envers les associés (c'est cette dette qui est intangible). Le bien apporté est pour sa part comptabilisé à l'actif du bilan ; il peut se déprécier, voire disparaître, sans que cela ait d'incidence sur la valeur capitalisée au passif. Au moment de l'extinction de l'usufruit, le capital social ne sera pas réduit, le président-apporteur conservera ses actions et continuera de percevoir les dividendes correspondants. Mieux encore, à la dissolution de la société, on lui remboursera le nominal de son apport, soit 366 000 €.

Une simple comparaison permet de résoudre l'apparent paradoxe. Si le président de la société avait apporté en propriété une machine d'une valeur de 366 000 €, le matériel aurait été entièrement amorti au bout de dix ans et sa valeur réelle aurait de la même façon entièrement fondu. On n'aurait pas pour autant remis en cause le montant du capital social.

b) L'intérêt d'un apport temporaire en usufruit

Quel peut être l'intérêt d'apporter l'usufruit d'actions d'une maison de champagne à une société qui exploite un hôtel ? Le juriste répondra que c'est un moyen comme un autre d'augmenter les fonds propres de la société, de renforcer la majorité du dirigeant et de conférer à la société le droit de jouir du bien et donc de percevoir les revenus qui lui sont attachés.

Le fiscaliste sera tenté d'avancer une explication complémentaire. L'opération présente d'abord des avantages en matière d'impôt sur la fortune immobilière. Les biens ou droits grevés d'un usufruit sont en principe compris dans le patrimoine de l'usufruitier pour leur valeur en pleine propriété (CGI, art. 968) ; or, l'IFI étant dû par les personnes physiques et non par les personnes morales, la société usufruitière échappe à l'impôt. Quant à l'associé, les titres qu'il reçoit en contrepartie de l'apport en usufruit sont exclus du champ de l'IFI ou exonérés en tant que biens professionnels lorsque certaines conditions sont remplies. Autre avantage et non des moindres, le droit d'usufruit, compte tenu de son caractère temporaire, est amortissable, ce qui n'est pas le cas pour les titres de participation ; l'apport en usufruit de titres de participation permet donc de transformer un bien non amortissable en bien amortissable, ce qui permet une diminution du résultat comptable et fiscal et donc de l'impôt dû. On peut estimer que ces montages, dans la mesure où ils ne sont pas fictifs et ne procèdent pas d'un but exclusivement fiscal, relèvent de la simple habileté fiscale et ne tombent pas sous le coup de l'abus de droit (V. *infra*, n° 295).

3. Cession à titre onéreux d'un usufruit à une société : quel traitement fiscal ?

251. – On a vu que l'apport en société d'un usufruit pouvait être intéressant fiscalement. On relèvera toutefois l'existence d'une brimade fiscale (CGI, art. 13, 5) : le gain constaté lors de la première cession à titre onéreux (ce qui englobe la vente ou l'apport) d'un usufruit temporaire est taxé, non comme une plus-value, mais comme un revenu. Le cédant (personne physique ou société relevant de l'impôt sur le revenu) se voit donc privé des régimes de faveur applicables en matière de plus-values (report ou sursis d'imposition), tandis que le gain est imposable dans la catégorie de revenus à laquelle se rattache le bien dont l'usufruit est cédé : ainsi, en cas d'apport ou de vente de l'usufruit d'actions à une société, le cédant est imposé sur la valeur de l'apport dans la catégorie des revenus de capitaux mobiliers.

En cas de cession à titre onéreux d'un usufruit consenti à une société pour la durée de vie d'une personne physique, les droits de mutation doivent être liquidés par application du barème fiscal de l'article 669 du CGI : cet usufruit est en effet de nature viagère même s'il ne peut excéder trente ans conformément à l'article 619 du Code civil (Cass. com., 26 sept. 2018, n° 16-26.503, PB : *Dr. fisc.* 2018, n° 41, comm. 418, comm. F. Le Mentec ; *JCP* E 2018, 1543, note H. Hovasse et 1145, n° 3, obs. Fl. Deboissy et G. Wicker ; *RFP* nov. 2018, 14, note M. Leroy).

SOUS-SECTION 2

LA VOCATION AUX BÉNÉFICES, AUX ÉCONOMIES ET LA CONTRIBUTION AUX PERTES

252. – Sans être un jeu de société, le contrat de société participe du jeu de hasard : on ne gagne pas à tous les coups et il faut savoir perdre. Aussi, à côté de la vocation aux bénéfices et aux économies, convient-il d'envisager l'éventuelle contribution aux pertes.

§ 1. – La vocation aux bénéfices et aux économies

253. – Si la vocation aux bénéfices et aux économies doit exister au profit de tous les associés, il n'est pas nécessaire qu'elle soit égale pour tous. L'égalité n'est pas l'âme du contrat de société, d'où la validité des clauses d'inégalité de traitement. Mais certaines limites ne sauraient être franchies, d'où la prohibition des clauses léonines.

A. – La validité des clauses d'inégalité de traitement

254. – Le plus souvent, les statuts prévoient que la répartition des bénéfices et des pertes s'opère proportionnellement aux apports ; ainsi celui qui a apporté 10 % du capital a vocation à recevoir 10 % des bénéfices. En cas de silence des statuts, telle est la règle supplétive posée par la loi (C. civ., art. 1844-1).

255. – Mais la règle n'est pas d'ordre public et les statuts peuvent organiser un mode de répartition inégalitaire, certains associés recevant une part de bénéfices plus importante que leur participation au capital ou, à l'inverse, participant aux pertes dans une proportion moindre. En effet, tous les associés n'ont pas nécessairement la même position au sein de la société. Certains ne font qu'un placement financier ; il est naturel dans ce cas de proportionner les dividendes à leur participation au capital social. D'autres s'impliquent davantage dans la vie de la société ; il paraît dès lors légitime, si leur activité n'est pas autrement rémunérée (par des salaires par exemple), de leur réserver un supplément de dividendes (V. *infra*, n° 2085). On retrouve ainsi la distinction des associés passifs et des associés actifs (V. *supra*, n° 249).

B. – La prohibition des clauses léonines

256. – *Définition.* La clause léonine permet à un associé de se tailler « la part du lion », par allusion à la fable de La Fontaine, *La génisse, la chèvre et la brebis en société avec le lion.* Le Code civil (art. 1844-1) dispose que « la stipulation attribuant à un associé la totalité du profit procuré par la société ou l'exonérant de la totalité des pertes, celle excluant un associé totalement du profit ou mettant à sa charge la totalité des pertes sont réputées non écrites ». Le fondement de cette prohibition doit être recherché dans la cause de la société, autrement dit son but (V. *supra*, n° 204), qui est de faire profiter tous les associés d'un bénéfice ou d'une économie : faute que lui soit assurée une vocation aux bénéfices ou aux pertes, l'engagement de l'associé est privé de cause, ou de but, contrairement aux prévisions de l'article 1832 du Code civil. Serait par exemple considérée comme non écrite la clause par laquelle un associé renoncerait par avance à percevoir les dividendes auxquels il aurait droit. Des clauses aussi radicales sont rarissimes, mais on rencontre parfois des agencements plus subtils dont l'effet indirect est de prémunir un associé contre les aléas de la vie sociale. Constitue par exemple une clause léonine l'engagement pris par le dirigeant de verser aux associés un dividende minimum quel que soit le résultat social (V. aussi *infra*, n° 269 : prix plancher et prohibition des clauses léonines).

257. – *Sanction.* L'article 1844-1 du Code civil dispose que les clauses léonines « sont réputées non écrites », ce qui signifie qu'elles ne produisent aucun effet (V. *infra*, n° 306). Mais, si la clause léonine a été l'une des conditions déterminantes de la création de la société, ne pourrait-on pas demander la nullité de la société elle-même ? L'article L. 235-1 du Code de commerce l'interdit en ce qui concerne les sociétés par actions et les SARL. *A contrario*, les sociétés de personnes pourraient-elles être annulées ? Il ne le semble pas, l'éradication de la seule clause léonine s'accordant le mieux avec la lettre et l'esprit de l'article 1844-1. Ne convient-il pas de punir l'associé « léonin » par là où il a péché en le privant du bénéfice de la clause tout en l'obligeant à demeurer associé ? Cette solution est au demeurant confortée par l'article 1184, alinéa 2, du Code civil qui dispose que « le contrat est maintenu lorsque la loi répute la clause non écrite ».

§ 2. – La contribution aux pertes

258. – L'obligation de contribuer aux pertes est solennellement proclamée à l'article 1832 du Code civil : « Les associés s'engagent à contribuer aux pertes ». Ce second volet, moins réjouissant que la vocation aux bénéfices et aux économies, soulève plusieurs interrogations(41). De quelles pertes s'agit-il ? À quelle date et pour quel montant les associés sont-ils tenus d'y contribuer ?

A. – Le principe de la contribution aux pertes

259. – *Les pertes et les bénéfices* sont les faces opposées des résultats comptables tels qu'ils apparaissent à la clôture de chaque exercice (V. *infra*, n°s 626 et s.).

Si les résultats sont bénéficiaires, les associés peuvent en décider le partage sous forme de dividendes à moins que, par souci de prévoyance, ils ne préfèrent les mettre en réserve.

Si les résultats sont déficitaires, l'effet de symétrie ne joue pas et les associés n'ont pas, à la faveur d'un vote majoritaire, le pouvoir de décider une contribution immédiate aux pertes sociales (V. *infra*, n° 264). Les pertes donnent lieu seulement à un traitement d'ordre comptable (V. *infra*, n° 270). Elles sont portées au passif du bilan en report à nouveau négatif, ce qui entraîne une diminution des capitaux propres (V. *infra*, n° 647). L'apparition de pertes sociales défigure sans doute le bilan de la société mais n'affecte en rien le portefeuille des associés.

260. – *Contribution aux pertes et obligation aux dettes.* Pour autant, l'associé n'en est pas nécessairement quitte pour autant et il faut distinguer la contribution aux pertes et l'obligation aux dettes sociales.

L'obligation aux dettes sociales, autrement dit l'obligation de désintéresser les créanciers sociaux, existe uniquement à la charge des associés des sociétés à risque illimité. Dans une SNC ou une société civile, en cas de défaillance de la société, les créanciers sociaux ont la possibilité, à titre subsidiaire, de réclamer leur dû à chacun des associés, l'obligation de ceux-ci étant alors indéfinie, ce qui signifie qu'ils peuvent être tenus, solidairement ou conjointement, au-delà du montant de leurs apports (V. *infra*, n°s 1822 et s.). Pareille obligation aux dettes sociales n'existe pas dans les sociétés à risque limité, l'associé ne pouvant pas être tenu d'acquitter une dette sociale, sauf engagement de sa part (par ex. en qualité de caution) ou à titre de sanction en cas de méconnaissance de l'autonomie du patrimoine social (V. pour la mise à la charge de la société mère d'une dette de sa filiale, *infra*, n°s 2459 et s.).

La contribution aux pertes joue en revanche dans toutes les sociétés (C. civ., art. 1832) ; elle concerne les relations des associés entre eux et avec la société, car il s'agit de déterminer quelle est la contribution de chacun aux pertes sociales. La contribution aux pertes est donc la mesure du risque financier supporté par chaque associé si l'aventure sociale tourne mal : ce risque est limité au montant des apports dans les sociétés à risque limité et illimité dans les autres sociétés.

(41) F. Kendérian, *La contribution aux pertes sociales* : *Rev. sociétés* 2002, p. 617.

B. – La date et le montant de la contribution aux pertes

261. – Par principe, c'est seulement à la dissolution de la société que les associés sont tenus de contribuer aux pertes. Mais il ne s'agit pas là d'une règle d'ordre public. La loi et les associés peuvent en effet prévoir que l'obligation de contribuer aux pertes s'exécutera en cours de vie sociale.

1° Le principe : la contribution est reportée à la liquidation de la société

262. – *Date de la contribution aux pertes.* Bien que les textes soient muets sur ce point, il est admis que l'engagement de contribuer aux pertes ne s'exécute qu'à la dissolution de la société, laquelle emporte liquidation de la société(42). En effet, en cours d'activité, le traitement des pertes est en principe simplement comptable (V. *supra*, n° 259). Les partenaires ont le loisir d'espérer des jours meilleurs pour rééquilibrer les comptes sociaux. Mais cet espoir s'envole quand la société est dissoute ; c'est alors l'heure des comptes comme pour le joueur malheureux qui quitte la table de jeu.

263. – *Portée de l'obligation de contribuer aux pertes.* Le liquidateur commence par désintéresser les créanciers sociaux. Si la balance du passif social définitif et de l'actif fait apparaître un solde négatif, le liquidateur peut agir en contribution contre les associés (V. *infra*, n° 807) : cela signifie que les associés ne récupéreront pas leur mise initiale, et donc qu'ils perdront le montant de leur apport (V. *infra*, n° 816). Dans les sociétés à risque limité, c'est en principe le seul risque que courent les associés. Dans les sociétés à risque illimité, la contribution aux pertes doit se combiner avec l'obligation aux dettes, laquelle présente un caractère illimité (V. *infra*, n°s 1820 et s.). Les associés pourront donc être poursuivis au-delà de leur mise, jusqu'à leur ruine parfois ; l'associé n'assure donc pas seulement le financement de l'activité sociale par ses apports, mais il offre en outre son crédit. Dans un cas, on ne perd que sa mise ; dans l'autre, on peut y laisser jusqu'à sa dernière chemise.

264. – *Interdiction des appels de fonds.* Parce que la contribution aux pertes sociales intervient lors de la liquidation de la société, il ne saurait être question, quelle que soit la forme de celle-ci, de procéder à un appel de fonds auprès des associés en cours de vie sociale sans leur accord. En application de l'article 1836, alinéa 2, du Code civil, ces appels de fonds ne peuvent intervenir qu'à la condition que les associés y consentent puisque, de la même façon que les apports initiaux, ces appels de fonds constituent un mode de financement de l'activité sociale qui vient augmenter leur engagement initial(43) (V. *infra*, n° 585). Ainsi, dans le silence des statuts, une société ne peut pas envoyer à ses associés à la fin de l'exercice une facture correspondant aux charges de l'exercice non couvertes car cela revient à augmenter

(42) Cass. com., 3 mars 1975 : *Rev. sociétés* 1975, p. 454, note D. Randoux : « Sauf application de stipulations particulières, c'est seulement en cas de dissolution de la société que celle-ci peut agir contre ses membres en paiement de ses pertes ».

(43) Cass. com., 5 mai 2009, n° 08-14.043 : *Dr. sociétés* 2009, n° 181, obs. R. Mortier ; *RJDA* 7/2009, n° 645 ; l'assemblée d'une société civile, à la majorité de neuf voix contre une, avait décidé, pour remettre à flot la société, d'imposer à tous les associés un apport en compte courant ; l'opposant a fait juger que la décision était contraire au principe de non-augmentation des engagements des associés. – V. aussi, Cass. com., 7 mars 1989 : *Rev. sociétés* 1989, p. 473, note Y. Chartier.

leurs engagements en leur imposant une contribution au passif social contraire au principe de la limitation de responsabilité[44]. Faute d'obligation, un associé ne commet donc aucune faute en refusant de répondre à un appel de fonds qui n'a pas été prévu statutairement[45].

2° L'exception : la loi ou les associés peuvent prévoir une contribution anticipée

a) La contribution anticipée prévue par la loi

265. – Dans les sociétés de capitaux, en cas de perte de la moitié du capital social, les associés doivent renflouer la société s'ils décident la poursuite de l'activité sociale (V. *infra*, n°s 1458 et s.).

b) La contribution anticipée prévue par les associés

266. – *La contribution anticipée peut résulter d'une décision des associés.* Ainsi, en cas de réduction du capital à zéro décidée par les associés dans le cadre d'un « coup d'accordéon », les droits initiaux des associés sont purement et simplement annulés, ce qui est pour eux une façon de contribuer aux pertes puisqu'ils perdent la contrepartie de leur apport initial (V. *infra*, n° 1481).

267. – *Elle peut également résulter d'une clause statutaire,* si les statuts prévoient que les associés devront contribuer aux pertes à la clôture de chaque exercice[46]. Ce type de clause est fréquent dans les groupements ne générant que des charges qu'il convient de couvrir d'une façon ou d'une autre ; d'où les cotisations annuelles mises à la charge des associés. On prendra l'exemple d'une société civile de moyens constituée entre médecins exerçant leur activité dans les mêmes locaux avec un secrétariat commun (V. *infra*, n° 2082) ; cette organisation a pour but de réaliser des économies de loyers et de salaires ; l'équilibre financier est assuré par le versement de cotisations selon les modalités prévues par les statuts ; ces appels réguliers de fonds ne constituent en rien une augmentation des engagements des associés puisqu'ils y ont consenti en signant les statuts ; en revanche, lorsque la clause est insérée en cours de vie sociale, elle doit être adoptée à l'unanimité ; à défaut, il y aurait augmentation des engagements des associés sans leur consentement (C. civ., art. 1836, al. 2).

268. – On rapprochera de cette situation les engagements de contribution anticipée souscrits auprès de tiers, ainsi de l'obligation prise au bénéfice d'une banque de combler les déficits de trésorerie de la société[47] ; cela revient à éponger les pertes au fur et à mesure qu'elles sont constatées de manière à éviter le naufrage de la société.

(44) Cass. com., 18 déc. 2012, n° 11-30.572 : *BRDA* 2/2013, n° 3.

(45) Cass. com., 10 juill. 2012, n° 11-14.267, PB : *Dr. sociétés* 2012, n° 204, obs. H. Hovasse ; *BJS* 2012, § 390, p. 693, note B. Dondero ; *Rev. sociétés* 2012, p. 701, note Th. Massart.

(46) Cass. com., 9 juin 2004 : *BJS* 2005, p. 119, note A. Couret : une clause statutaire stipule que les pertes sociales sont réparties entre les associés, à la clôture de l'exercice et après approbation de l'assemblée générale annuelle, sous forme d'inscription en compte courant.

(47) Cass. com., 25 oct. 2011, n° 10-25.607 : *BJS* 2012, § 135, p. 200, note I. Parachkévova ; *BRDA* 24/2011, n° 1 ; la question posée concernait l'application éventuelle des formalités de l'article 1326, devenu article 1376 du Code civil (mention de la somme en toutes lettres, etc.) ; il est jugé que ces formalités ne sont pas requises car il s'agit d'un engagement de faire – procéder à un apport complémentaire – et non d'un engagement de payer.

Le coin des amateurs

1. Promesse d'achat à prix plancher et prohibition des clauses léonines

269. – La prohibition des clauses léonines est souvent invoquée lorsqu'un associé bénéficie d'une promesse d'achat de ses titres sociaux moyennant un prix convenu dans la promesse. Une telle promesse d'achat à prix plancher bénéficiant à un associé peut-elle être remise en cause sur le fondement de la prohibition des clauses léonines ? Si la société fait de mauvaises affaires et si le prix convenu excède la valeur réelle des droits, le promettant tentera de faire juger que la promesse d'achat est léonine car elle met l'associé bénéficiaire de la promesse à l'abri de tout aléa social : l'associé serait dispensé de toute contribution aux pertes en raison de la garantie financière résultant de la promesse de rachat de ses titres à un prix minimal. Toute la difficulté est de savoir si une telle promesse d'achat intéresse ou non le pacte social, ce qui suppose de distinguer selon que le promettant est un tiers ou un associé.

a) Promesse d'achat souscrite par un tiers

Il est fréquent qu'une promesse d'achat soit stipulée en cas de prise de contrôle d'une société. La prise de contrôle est une technique de transmission d'entreprise par laquelle la totalité ou la quasi-totalité des titres d'une société est cédée à un repreneur (V. *infra*, n°s 2333 et s.). Il arrive parfois que la cession s'étale dans le temps : le cessionnaire signe alors une promesse d'achat pour la partie des actions qu'il n'acquiert pas immédiatement en prévoyant un prix plancher au profit du cédant. On trouve le même type de promesse d'achat dans les conventions de portage (V. *infra*, n° 2377). Il s'agit d'une convention par laquelle une personne, le plus souvent un établissement financier (le porteur), acquiert des titres pour le compte d'un donneur d'ordre qui s'engage à les lui racheter à une date fixée et pour un prix minimal (promesse d'achat). Le porteur rend ainsi un service au donneur d'ordre (service de discrétion, service financier...) qui donne lieu à rémunération.

En matière de cession de contrôle, les tribunaux n'ont pas hésité, dans un premier temps, à prononcer la nullité demandée. Si la chambre civile continue de réaffirmer, tout en le nuançant, le principe de la nullité de telles clauses conformément à l'ancienne jurisprudence (Cass. 1re civ., 7 avr. 1987 : *JCP* E 1988, II, 15133, note M. Germain), la chambre commerciale de la Cour de cassation refuse pour sa part de faire jouer l'article 1844-1 du Code civil à l'égard de pareilles conventions : la promesse de rachat ayant pour objet d'assurer, moyennant un prix librement convenu, la transmission des droits sociaux entre associés, est sans incidence sur la participation aux bénéfices et la contribution aux pertes dans les rapports sociaux et ne porte pas atteinte au pacte social (Cass. com., 19 oct. 1999 : *JCP* E 1999, p. 2067, note Y. Guyon). La jurisprudence admet pour les mêmes raisons la validité des clauses de prix plancher insérées dans des conventions de portage (Cass. com., 24 mai 1994 : *BJS* 1994, p. 797, note P. Le Cannu. – CA Paris, 7 févr. 2013, n° 11/05209 : *BJS* 2013, p. 394, note F.-X. Lucas). En effet, la promesse souscrite par le tiers acquéreur au bénéfice de l'associé cédant intéresse les seuls rapports du cédant et du cessionnaire et ne met pas en cause le pacte social et le fonctionnement sociétaire. Le jeu de telles promesses de rachat de droits sociaux est essentiel dans la vie des affaires. Il est donc légitime de les mettre à l'abri d'une remise en cause fondée sur leur prétendu caractère léonin (E. Claudel, *Clauses léonines extrastatutaires, les voies d'un compromis : Mél. Jeantin*, Dalloz, 1999, p. 183. – F.-X. Lucas, *Promesses d'achat des droits sociaux à prix garanti et prohibition des clauses léonines. À la recherche de la cohérence perdue... : JCP* E 2000, p. 168).

b) Promesse d'achat souscrite par les autres associés

La situation est différente lorsque la promesse de rachat est souscrite, non pas par un tiers, mais par les autres associés au profit d'un associé se présentant comme un pur investisseur, par exemple une société de capital-risque, qui aménage par avance sa sortie (Cass. com., 16 nov. 2004 : *JCP* E 2004, 131, § 1, obs. J.-J. Caussain, Fl. Deboissy et G. Wicker). L'investisseur accepte de souscrire à une augmentation de capital, mais à la condition que les autres associés s'engagent à lui racheter les titres émis, à l'expiration d'un certain délai et pendant une certaine durée, au prix de souscription majoré d'un intérêt. La clause de rachat intéresse ici le pacte social et le fonctionnement sociétaire, ce qui impose de vérifier si l'associé reste soumis à un risque social. La chambre commerciale a validé cette clause de rachat lorsque le bénéficiaire de la promesse d'achat ne peut lever l'option qu'à l'expiration d'un certain délai et pendant un temps limité ; il en résulte qu'il reste, en dehors de cette période, soumis au risque de disparition ou de dépréciation des titres : tout risque social n'est donc pas supprimé, ce qui suffit à écarter le grief tenant au caractère léonin de la promesse (Cass. com., 25 févr. 2005 : *JCP* E 2005, 938, note H. Hovasse ; *JCP* E 2005, 1046, n° 1, obs. J.-J. Caussain, Fl. Deboissy et G. Wicker. – V. dans le même sens, Cass. com., 27 sept. 2005 : *BJS* 2005, § 13, p. 92, note A. Couret. – Cass. com., 3 mars 2009 : *RJDA* 5/2009, n° 434. – CA Paris, 3 juill. 2012, n° 11-08.630 : *BJS* 2013, § 12, p. 39, note B. Dondero).

2. Le traitement comptable des pertes

270. – Les pertes comptables correspondent au déficit, lequel exprime l'excédent des charges supportées par la société sur les produits réalisés par elle au cours d'un exercice donné (l'exercice comptable est la période de douze mois servant de référence au calcul des résultats ; ce n'est pas nécessairement l'année civile). Lorsque le solde est positif, il donne la mesure du bénéfice réalisé par la société ; s'il est négatif, il donne la mesure du déficit subi par la société.

Le résultat comptable est calculé conformément aux normes du Plan comptable général. Il peut être négatif sans que pour autant la situation financière de la société soit obérée. En effet, le résultat prend notamment en compte un certain nombre de charges non monétaires telles que les amortissements, les dépréciations et les provisions qui ne correspondent pas à des dettes de la société envers un tiers. Par ailleurs, des résultats négatifs peuvent être contrebalancés par des plus-values latentes que le principe de prudence interdit de faire apparaître en comptabilité. Des bureaux de prestige situés avenue des Champs-Élysées à Paris, complètement amortis, apparaissent pour une valeur de zéro à l'actif du bilan alors que leur valeur réelle peut être considérable.

Sur le plan comptable, les pertes apparaissent au passif du bilan dans un compte de report à nouveau négatif (V. *infra*, n° 647), qui influe sur le montant des capitaux propres. On prendra l'exemple d'une société au capital de 100 000 en distinguant selon que les résultats d'un montant de 40 000 sont bénéficiaires (ils sont mis en réserve) ou déficitaires (ils sont comptabilisés en report à nouveau négatif) :

– les résultats sont bénéficiaires :

capital	100 000
réserves	40 000
capitaux propres	140 000

– les résultats sont déficitaires :

capital	100 000
report à nouveau négatif	(40 000)
capitaux propres	60 000

SOUS-SECTION 3

L'AFFECTIO SOCIETATIS

271. – L'*affectio societatis* ne figure pas expressément dans la définition de l'article 1832 du Code civil. La tradition en fait cependant une composante du contrat de société. Pour autant, sa définition et son rôle restent passablement obscurs et le recours à une locution latine ne lui ajoute que le prestige qui s'attache à l'emploi du latin dans les pièces de Molière[(48)].

§ 1. – L'ambiguïté de l'*affectio societatis*

A. – L'assimilation de l'*affectio societatis* au consentement

272. – Il est communément admis que l'*affectio societatis* correspond à la volonté de participer au pacte social, mais il faut bien voir alors qu'il s'identifie au consentement de chacune des parties au contrat de société (V. *supra*, n° 178). Ainsi entendu, *l'affectio societatis*, de la même façon que le consentement, n'intègre pas les mobiles personnels de l'associé, qui restent en principe extérieurs à l'engagement (V. *infra*, n° 278), sauf s'ils ont été expressément intégrés au champ contractuel. Dès lors qu'une personne consent à devenir associée, lors de la formation du contrat de société ou ultérieurement par la souscription à une augmentation de capital ou par une acquisition de titres sociaux, elle est tenue par le consentement qu'elle a exprimé, ce qui exclut qu'il puisse ensuite être soutenu, au motif qu'elle aurait changé d'avis, que son engagement est rompu faute *d'affectio societatis* : tel est le principe de la force obligatoire de l'engagement énoncé par l'article 1103 du Code civil[(49)].

B. – Le contenu variable du consentement

273. – Si l'*affectio societatis*, en tant que consentement au contrat de société, existe dans toutes les sociétés, y compris unipersonnelles, son objet est variable selon que la forme choisie et la rédaction du pacte social prennent plus ou moins en compte les motivations particulières des associés.

274. – L'*affectio societatis* est souvent entendu comme la volonté des associés de collaborer ensemble, sur un pied d'égalité, au succès de l'entreprise commune ; c'est le « coude à coude » – sinon le corps à corps – entre associés, qui finissent parfois dos à dos. En réalité, si le contrat de société fait peser une obligation de collaborer

(48) N. Reboul, *Remarques sur une notion conceptuelle ou fonctionnelle* : l'affectio societatis : *Rev. sociétés* 2000, p. 425. – P. Serlooten, L'affectio societatis, *une notion à revisiter* : *Mél. Y. Guyon*, Dalloz, 2003, p. 1007. – S. Lacroix-De Sousa, *Le rayonnement de l'*affectio societatis : *Rev. sociétés* 2016, p. 499. – I. Tchotourian, *Vers une définition de l'affectio societatis lors de la constitution d'une société*, thèse, LGDJ, coll. « Bibl. dr. privé », 2011, n° 522.

(49) Cass. com., 11 juin 2013, n° 12-22.296, PB : *BJS* 2013, p. 624, note P. Le Cannu ; *JCP E* 2013, 1527, note B. Dondero : le cédant d'actions d'une SAS avait refusé d'accomplir les opérations nécessaires au transfert des titres au motif que les cessionnaires étaient dépourvus de tout *affectio societatis* ; il a été condamné à des dommages et intérêts au motif que les conventions légalement formées ne peuvent être révoquées que du consentement mutuel des parties ou pour les causes que la loi autorise, ce que n'était pas le cas en l'espèce.

à la charge des associés, lesquels sont soumis à un principe d'égalité, l'étendue de cette obligation de collaboration est variable d'une société à l'autre. A *minima*, cette obligation correspond pour chaque associé au droit de participer à la gestion de l'entreprise sociale en prenant part aux décisions collectives. Mais, sous réserve des règles sanctionnant l'abus du droit de vote, la participation effective aux affaires sociales n'est l'objet d'aucun engagement juridiquement sanctionné : l'absence de participation effective aux affaires sociales ne saurait donc entraîner de conséquences juridiques au titre d'une disparition de l'*affectio societatis*(50). Ainsi, ceux qui achètent des actions en bourse n'ont aucune obligation de participer aux affaires sociales ; dans la plupart des cas, ils ont seulement fait un placement financier de plus ou moins longue durée ; pour autant, ce sont de véritables associés.

275. – Il n'en reste pas moins que l'obligation de collaboration peut, de la même façon que dans le droit commun des contrats, connaître un contenu plus exigeant dans certaines sociétés en raison de la consistance de l'objet social (V. *supra*, n° 249) : c'est le cas tout particulièrement des sociétés civiles professionnelles dont l'objet même implique que chaque associé collabore à la réalisation de l'activité sociale (V. *infra*, n° 2061). Ces variations de l'obligation de collaboration ne doivent cependant rien à une quelconque variation de l'*affectio societatis* ; elles ne sont qu'une conséquence du contenu variable du pacte social auquel l'associé a consenti.

§ 2. – Le rôle prêté à l'*affectio societatis*

276. – La notion d'*affectio societatis* est souvent invoquée en cas de doute ou de crise, qu'il s'agisse de caractériser la fictivité d'une société ou l'existence d'une société créée de fait. En réalité, dans ces situations, la vraie question est celle de la réalité et de l'existence du consentement. Dans le cas de la fictivité, la question est de savoir si le consentement exprimé correspond à une véritable adhésion aux éléments du contrat de société ou si, à l'inverse, il n'est que de pure forme. Si les comparses ont participé à une mascarade de société, sans aucune intention sociétaire, uniquement pour rendre service au maître de l'affaire, la société est en effet fictive car leur consentement est dépourvu de tout contenu réel (V. *infra*, n° 284). Dans le cas de la société créée de fait, c'est l'adoption par les associés d'un comportement correspondant aux éléments constitutifs du pacte social qui permettra de retenir l'existence de la société en établissant ce qui n'est en définitive qu'une volonté tacite (V. *infra*, n°s 2035 et s.).

277. – La notion d'*affectio societatis* est encore invoquée en cas de crise grave, lorsque la mésentente paralyse le fonctionnement de la société. S'il est vrai que le juge peut alors être conduit à prononcer la dissolution de la société, ce n'est

(50) Une société et l'un de ses associés ne peuvent soutenir, pour lui dénier tout droit aux bénéfices sociaux, qu'un autre associé n'aurait été qu'un associé fictif dépourvu *d'affectio societatis* dès lors que l'absence de participation active et la circonstance que l'associé ne réclame pas sa part de bénéfices qui ne sont pas nécessairement distribués est insuffisante à prouver la disparition de son *affectio societatis* ; en outre, le fait pour cet associé de s'opposer au gérant manifeste clairement son intention de participer au fonctionnement de la société : Cass. com., 19 sept. 2006, n° 03-19.416 : *Dr. sociétés* 2007, n° 42, obs. H. Lécuyer.

pas parce que la belligérance a fait disparaître l'*affectio societatis*, mais parce qu'elle paralyse le fonctionnement de la société, de sorte que l'exécution du contrat de société est devenue impossible (V. *infra*, nos 777 et s.).

Le coin des amateurs

L'*affectio societatis* ne se confond pas avec les mobiles des associés

278. – Même si l'usage du latin évoque quelque cérémonie religieuse, une société n'est pas un cercle mystique et l'*affectio societatis* n'est pas la communion des fidèles. Telle est la leçon qui se dégage de l'arrêt *E. D. Le Maraîcher* (Cass. com., 10 févr. 1998 : *BJS* 1998, p. 767, note J.-J. Daigre).

La société Erteco exploite des supermarchés dans toute la France. Ayant regroupé son activité de distribution de fruits et légumes au sein d'une filiale spécialisée, dénommée ED Le Maraîcher, elle propose à quelques-uns de ses salariés d'exploiter cette activité dans des emplacements réservés à l'intérieur de ses magasins de grande surface, selon le montage suivant : chaque salarié intéressé constitue une SA dans laquelle la société Erteco se réserve une action ; un contrat de location-gérance est alors conclu en faveur de la société nouvellement créée. Ce montage a été reproduit à sept reprises. En termes d'organisation, cette technique se dénomme l'externalisation. Les relations s'étant envenimées, les anciens salariés, devenus PDG, demandent la nullité des contrats de société pour défaut d'*affectio societatis*. La cour d'appel de Paris, dans un arrêt du 7 juillet 1995, leur donne raison. Sa décision est cassée au motif que voici :

« Attendu que pour annuler les contrats de société, l'arrêt retient que les parties n'avaient pas l'intention de s'associer dans un intérêt commun et sur un pied d'égalité car les contrats n'avaient été conclus que pour permettre l'établissement des contrats de location-gérance, la société ED Le Maraîcher cherchant à maintenir son contrôle sur le marché et son associé cherchant à accéder à l'activité de commerçant. – Attendu qu'en se déterminant ainsi, par des motifs relatifs aux motivations des parties, impropres à exclure leur volonté réelle de s'associer, la cour d'appel n'a pas donné de base légale à sa décision. »

L'enseignement de l'arrêt est le suivant : l'*affectio societatis* ne se confond pas avec les mobiles personnels des associés. Il n'y a pas de place pour une appréciation subjective ; elle n'est autre chose que la volonté de s'associer au sein d'une même société, autrement dit le consentement ; elle présente donc un caractère objectif ; quels que soient les raisons, les motifs, les désirs des associés, il suffit d'identifier ce consentement pour caractériser l'*affectio societatis*.

SECTION 3

LA NULLITÉ DES SOCIÉTÉS

279. – La société est un contrat complexe qui implique la réunion de plusieurs éléments constitutifs. Que l'un fasse défaut et la validité de la société s'en trouve affectée. Pareil anéantissement est grave, d'autant que la société vit souvent de façon normale, sans que rien ne puisse laisser deviner aux associés comme aux tiers le germe de mort qui l'infeste. Compte tenu des nombreux inconvénients de l'anéantissement d'une société viable économiquement, le législateur a limité les cas d'annulation en encadrant l'action en nullité tout en cantonnant ses effets.

SOUS-SECTION 1

LES CAUSES DE NULLITÉ

280. – Notre droit des sociétés contient plus d'un doublon ; cela se vérifie notamment en matière de nullité. L'article 1844-10 du Code civil, applicable à l'ensemble des sociétés, prévoit que « la nullité de la société ne peut résulter que de la violation des dispositions de l'article 1832 et du premier alinéa des articles 1832-1 et 1833, ou de l'une des causes de nullité des contrats en général ». Pour sa part, l'article L. 235-1 du Code de commerce, qui ne concerne que les sociétés commerciales, dispose que « la nullité d'une société (...) ne peut résulter que d'une disposition expresse du présent livre ou des lois qui régissent la nullité des contrats ». Comme disposition expresse, le Code de commerce ne contient comme cause de nullité que le défaut d'accomplissement des formalités de publicité des SNC et des sociétés en commandite simple (C. com., art. L. 235-2) (V. *infra*, n° 1850).

281. – La combinaison des articles 1844-10 du Code civil et L. 235-1 du Code de commerce conduit à distinguer les causes de nullité tirées du droit commun des contrats et les causes de nullité propres à ce contrat spécial qu'est le contrat de société.

§ 1. – Les causes de nullité tirées du droit commun des contrats

A. – La nullité fondée sur l'incapacité des associés ou le vice du consentement

282. – *Domaine de la nullité.* Les vices pouvant entraîner la nullité du contrat de société tiennent d'abord à la capacité et au consentement des associés (V. *supra*, n°s 179 et s.). Toutefois, dans les sociétés par actions et dans les SARL, l'incapacité et le vice de consentement n'entraînent pas la nullité de la société, à moins que l'incapacité n'atteigne tous les associés fondateurs (C. com., art. L. 235-1). Est ainsi visée l'hypothèse d'école où une SA ou une SARL serait fondée par des gamins ou des déments.

283. – *Action interrogatoire.* Quelle que soit la forme sociale, toute personne y ayant intérêt peut exercer une action interrogatoire en mettant en demeure l'associé incapable ou celui dont le consentement a été vicié soit de régulariser, soit d'agir en nullité dans un délai de six mois à peine de forclusion (V. *infra*, n° 301).

B. – La nullité fondée sur la fictivité de la société

1° Appréciation de la fictivité de la société

284. – Une société fictive (société de façade, société-écran, société sans substance, coquille vide...) n'est qu'une apparence de société : elle n'existe que sur le papier. Elle est constituée par une personne physique ou une personne morale qui est le véritable maître de l'affaire, tandis que les associés ne sont que des prête-noms (des hommes ou femmes de paille) qui, le plus souvent, ont signé à l'avance des cessions de parts en blanc (V. *infra*, n° 1768).

285. – *Critères.* Il ne faut pas pécher par pruderie juridique et crier à la fictivité dès qu'une personne possède l'essentiel du capital d'une société et apparaît comme en étant le véritable maître. À ce compte, on pourrait annuler comme fictives les très nombreuses sociétés dont le capital appartient à plus de 99 % à une même personne, qu'elle soit physique ou morale, sans compter les sociétés unipersonnelles. Pareillement, l'absence de vie sociale ne suffit pas à elle seule à caractériser la fictivité de la société(51). La déclaration de fictivité, qui demeure exceptionnelle, suppose la réunion d'un faisceau d'indices concordants : défaut de pluralité d'associés, défaut de consentement réel des associés, défaut d'activité sociale, défaut de comptabilité, défaut de compte en banque, défaut de respect du rite sociétaire, défaut d'autonomie patrimoniale de la société, défaut d'autonomie juridique et décisionnelle...

286. – *Preuve non rapportée.* À l'opposé, doit être considérée comme réelle la société même dominée par une seule et même personne dès lors que les coassociés ne sont pas de simples potiches, que le rituel social est scrupuleusement respecté et que la société exerce l'activité prévue par ses statuts. De même, ce n'est pas parce que des associés communs créent à la fois une société civile immobilière et une société d'exploitation, l'immeuble possédé par la première étant donné en location à la seconde, que l'inévitable imbrication des intérêts est le signe d'une fictivité et d'une confusion des patrimoines (V. *infra*, n° 307). Ce n'est pas non plus parce que les pouvoirs des gérants sont inégaux, l'un d'entre eux ne pouvant réaliser aucune opération sociale, que cela suffit à tenir la société pour fictive(52).

287. – *Société étrangère.* L'appréciation de la fictivité d'une société dont le siège n'est pas situé en France relève de la loi applicable à cette dernière (*lex societatis*) et non de la loi française(53) ; la solution est identique s'agissant d'apprécier la fictivité du siège social statutaire (V. *infra*, n° 387). De la même façon, les juridictions françaises ne sont pas compétentes pour se prononcer sur la fictivité d'une société de droit étranger, seule la juridiction de l'État dont relève cette société étant compétente en application de l'article 22, point 2, du règlement européen n° 44/2001(54).

(51) Cass. com., 15 nov. 2017, n° 16-20.193 : *Dr. sociétés* 2018, n° 59, obs. R. Mortier ; *Rev. sociétés* 2018, p. 233, note J.-J. Daigre.

(52) Cass. com., 11 mars 2008 : *RJDA* 6/2008, n° 661.

(53) Cass. com., 21 oct. 2014, n° 13-11.805, PB : *Rev. sociétés* 2015, p. 463, note M. Menjucq ; une société française mise en liquidation judiciaire soutenait qu'une société chypriote dont une créance avait été admise au passif de la procédure était fictive en invoquant son absence d'activité, l'inexistence des organes de direction et l'absence *d'affectio societatis* ; il lui est répondu qu'il n'était pas allégué que la fictivité de la société ait été judiciairement reconnue en application de la loi dont elle relève.

(54) Mais le juge français est compétent pour connaître d'une action en paiement formée par une société de droit étranger contre une société de droit français, alors même qu'est invoquée la fictivité d'une seconde société de droit étranger, dès lors que la fictivité alléguée de cette dernière société ne constitue pas l'objet principal du litige : Cass. 1re civ., 4 mai 2017, n° 16-12.853, PB : *BJS* 2017, p. 539, note M. Menjucq ; *Rev. sociétés* 2017, p. 648, note T. Mastrullo. Il s'ensuit que le juge doit se déclarer compétent pour juger de l'action en paiement même s'il n'est pas compétent pour apprécier la fictivité alléguée.

2° Sanctions de la fictivité de la société

288. – *Nullité.* La jurisprudence a un temps hésité entre l'inexistence et la nullité de la société fictive ; l'enjeu est important puisque la déclaration d'inexistence, à la différence de l'action en nullité, est d'application rétroactive et échappe à tout délai de prescription ainsi qu'à toute régularisation. La chambre commerciale de la Cour de cassation, dans un arrêt de principe du 16 juin 1992, a écarté fermement l'inexistence en jugeant « qu'une société fictive est une société nulle et non inexistante »(55) ; par suite, les associés ne sauraient opposer cette nullité aux tiers de bonne foi (C. civ., art. 1844-16). Une société fictive est en effet nulle faute de pluralité d'associés et faute d'*affectio societatis*(56), voire de consentement véritable (V. *supra*, n° 276).

Il en résulte, d'une part, que le délai de prescription de l'action est de trois ans(57) et, d'autre part, que la déclaration de fictivité n'emporte pas rétroactivité(58). Reste que la directive du 14 juin 2017 ayant codifié la directive du 16 septembre 2009 (V. *supra*, n° 19) ne vise ni la fictivité ni le défaut de consentement parmi les causes limitatives de nullité des sociétés par actions et des SARL, ce qui pose la question de la conformité de cette jurisprudence au droit de l'Union européenne (V. *infra*, n° 305).

289. – *Inopposabilité.* Mais la sanction d'une société fictive n'est pas toujours la nullité et, le plus souvent, c'est la simple inopposabilité qui est retenue. Ainsi, la procédure collective ouverte contre une société fictive peut être étendue à ses associés(59) (V. *infra*, n° 487). De la même façon, une société fictive est inopposable à l'administration fiscale (V. *infra*, n° 295) ou aux tiers, à commencer par les créanciers personnels de l'associé (V. *infra*, n° 1927) ; ainsi le créancier d'un associé peut saisir les actifs de la société ou prendre des hypothèques judicaires conservatoires sur les biens sociaux (V. *infra*, n° 290).

290. – Exemples de sociétés fictives.

Sont fictives :

– une société immobilière créée par deux enfants de huit et onze ans (qui avaient, en cassant leur tirelire, apporté chacun 76 €) et leur père, récemment condamné au paiement d'une forte somme d'argent ; il a été jugé que, malgré la personnalité morale de la société et à cause de sa fictivité, le père devait être considéré comme le véritable propriétaire de l'immeuble appartenant à la société (Cass. 3e civ., 18 déc. 2007 : *RJDA* 4/2008, n° 367) ;

– une société immobilière entre époux, dépourvue de compte bancaire, de comptabilité, d'organes sociaux, le mari se comportant comme le propriétaire de l'immeuble

(55) Cass. com., 16 juin 1992 : *D.* 1993, p. 508, note L. Collet.

(56) L. Comanges, *Le dangereux paradoxe des sociétés fictives* : *BJS* 2003, p. 12. – Ch. Cutajar-Rivière, *La société-écran*, LGDJ, 1998.

(57) CA Paris, 1er déc. 1992 : *BJS* 1993, p. 323, note B. Saintourens.

(58) Cass. com., 22 juin 1999 : *JCP* E 2000, p. 181, note Ch. Cutajar ; en l'espèce, l'hypothèque maritime consentie par la société fictive était donc valable et opposable aux créanciers chirographaires tant que la fictivité de la société n'avait pas été déclarée.

(59) Cass. com., 19 févr. 2002 : *JCP* E 2002, 1510, note J.-P. Legros : « Attendu que la cour d'appel, qui n'était pas saisie d'une demande de nullité de la société GPL, a seulement constaté la fictivité de celle-ci et décidé, dans l'intérêt des tiers, d'étendre à Mme F. la procédure collective précédemment ouverte ».

constituant l'unique actif social (Cass. 3e civ., 10 oct. 2007 : *RJDA* 1/2008, n° 39) ; la même solution a été retenue pour une société civile immobilière n'ayant jamais fonctionné et dans laquelle tous les éléments constitutifs de la société, des apports à l'*affectio societatis*, faisaient défaut (Cass. com., 9 juin 2009 : *Rev. sociétés* 2009, p. 781, note N. Mathey) ;

– une société constituée par un architecte avec ses parents et des personnes ne portant aucun intérêt à l'activité sociale (travaux dans le bâtiment), dont les apports ne sont pas identifiés, qui n'a pas de salarié ni de ligne téléphonique propre, et qui « squatte » au cabinet dudit architecte ; la société étant fictive, ses engagements sont réputés avoir été pris par l'architecte lui-même (Cass. com., 4 oct. 2011, n° 09-16.293 : *BJS* 2012, § 19, p. 19, note I. Parachkévova ; *RJDA* 1/2012, n° 53) ;

– une société sans attache territoriale, qui n'a pas d'autre adresse qu'une boîte postale dans l'île antillaise de Saint-Kitts-et-Navis (Saint-Christophe-et-Niévès), qui n'exerce aucune activité réelle et dont le navire inscrit à son bilan a été financé par une autre société, laquelle en assure la gestion tout en s'en présentant comme propriétaire ; il s'ensuit que le créancier de la seconde société (propriétaire réel) peut procéder à la saisie conservatoire du navire entre les mains de la première (propriétaire fictif) (Cass. com., 14 juin 2016, n° 14-18.671, PB : *BJS* 2016, p. 593, note J.-P. Legros ; *Dr. sociétés* 2016, n° 203, obs. R. Mortier ; *Rev. sociétés* 2017, p. 81, note V. Thomas ; *RJDA* 10/2016, n° 689) ;

– des sociétés civiles immobilières détenues par deux époux communs en biens qui s'en partagent la direction, dont deux ont été utilisées pour dissimuler les acquéreurs réels des biens au mépris des règles déontologiques auxquelles était tenu l'époux notaire, alors que les assemblées générales et les registres sociaux n'ont jamais été tenus : Cass. 2e civ., 22 oct. 2020, n° 19-16.347, PBI : *BJS* avr. 2021, p. 44, note J.-J. Ansault ; le créancier personnel de l'époux a été autorisé à prendre des hypothèques judicaires sur les actifs immobiliers des sociétés.

C. – La nullité fondée sur la théorie de la fraude

291. – *Fraus omnia corrumpit* : la fraude corrompt toute chose[(60)]. Il s'agit là d'un principe général du droit dont la vertu est de faire échec au jeu normal des mécanismes juridiques. La fraude est une cause de nullité des sociétés tirée du droit des contrats : lorsque le contrat de société a été conclu dans un but, c'est-à-dire une cause, non conforme à l'ordre public, ce but est illicite au sens de l'article 1162 du Code civil, ce qui emporte nullité du contrat (C. civ., art. 1178). Consolidant une solution jurisprudentielle[(61)], l'article 1162 prévoit que la nullité est encourue que ce but ait été ou non connu de toutes les parties. L'associé innocent peut donc demander la nullité d'une société qui n'a été qu'un instrument de fraude entre les mains de son coassocié. Cependant, selon la jurisprudence de la Cour de justice de l'Union européenne, la cause (ou le but) illicite ne serait pas une cause de nullité des sociétés par actions et des SARL, ce qui mérite discussion (V. *infra*, n° 305).

(60) S. Schiller, *La fraude, nécessaire* deus ex machina *face à l'évolution du droit des sociétés : Rev. sociétés* 2014, p. 211.

(61) Cass. 1re civ., 7 oct. 1998 : *D.* 1998, p. 563, concl. J. Sainte-Rose : un contrat peut être annulé pour cause illicite ou immorale, même lorsque l'une des parties n'a pas eu connaissance du motif déterminant de la conclusion du contrat.

292. – *Inopposabilité.* La société frauduleuse n'est pas toujours annulée ; c'est la sanction de l'inopposabilité qui est retenue chaque fois qu'elle permet de rétablir les droits du tiers victime de la fraude (cas de la fraude paulienne par exemple)[(62)] (V. *infra*, n° 1927). De même, une société frauduleuse est inopposable à l'administration fiscale (V. *infra*, n° 295).

293. – Exemples de sociétés frauduleuses.

Voici quelques exemples de sociétés frauduleuses, selon les cas nulles ou inopposables :

– *fraude à la loi :* c'est l'exemple de l'entreprise morcelée en petites sociétés de quarante-neuf salariés afin d'éviter la constitution d'un comité social et économique ou la désignation de délégués syndicaux (Cass. crim., 23 avr. 1970 : *Bull. crim.* 1970, n° 144) ; ou l'exemple de la société civile immobilière constituée en vue de contourner l'interdiction pour le propriétaire d'un immeuble de se porter adjudicataire (SCI constituée six mois avant l'adjudication d'un immeuble par le propriétaire de celui-ci, qui en était le gérant, alors que la seule résolution adoptée par les associés a été de conférer au gérant le pouvoir de se porter adjudicataire au nom de la société : Cass. 2e civ., 3 mai 2007, n° 06-11.798 : *D.* 2007, p. 1344 ; *RJDA* 8-9/2007, n° 838) ;

– *fraude aux droits des créanciers :* ce sont les nombreux exemples dans lesquels les débiteurs aux abois tentent d'échapper aux poursuites de leurs créanciers en mettant leurs biens à l'abri de complaisantes sociétés, notamment des SCI (V. *infra*, n° 1927) ; l'action en déclaration de fraude (action paulienne) permet de faire échec à ce genre de manœuvre (Cass. 3e civ., 9 juill. 2003 : *JCP* E 2003, 1371 ; un débiteur avait créé avec son fils une société civile immobilière pour échapper au droit de poursuite de la banque qui lui avait consenti un prêt) ;

– *fraude aux droits du conjoint :* on prendra l'exemple d'une société constituée par un époux et sa compagne avec de l'argent commun, sans que le conjoint en ait été averti (CA Grenoble, 26 mars 2012 : *BJS* 2012, § 424, p. 777, note E. Naudin ; *Dr. sociétés* 2012, n° 99, note H. Hovasse) ou l'exemple d'un mari divorcé qui, pour échapper au droit de poursuite de son ex-épouse, créancière d'une prestation compensatoire, constitue avec sa nouvelle compagne une société civile à laquelle il apporte un immeuble et un yacht de grande valeur (CA Paris, 10 sept. 1993 : *JCP* E 1994, II, 584, note B.-H. Dumortier) ;

– *fraude aux droits des héritiers réservataires :* l'exemple classique est celui du remariage ; la fraude aux droits des enfants d'un premier lit sera par exemple réalisée par le biais d'une société civile immobilière constituée par le mari, sa seconde femme et leur fils (Cass. 1re civ., 17 mars 1992 : *D.* 1992, somm. p. 401, obs. Ph. Delebecque).

§ 2. – La nullité fondée sur le droit spécial du contrat de société

294. – L'article 1844-10 du Code civil dispose que la nullité de la société est encourue en cas de violation des dispositions de l'article 1832 et du premier alinéa

(62) B. Lecourt, *De l'utilité de l'action paulienne en droit des sociétés : Mél. Y. Guyon*, Dalloz, 2003, p. 615. – L. Sautonie-Laguionie, *La fraude paulienne*, LGDJ, t. 500, 2008, préf. G. Wicker.

des articles 1832-1 et 1833. Le demandeur à l'annulation choisira donc l'une des armes suivantes :

– absence de pluralité de personnes, défaut d'apport ou de participation aux résultats, absence de tout *affectio societatis* (C. civ., art. 1832) ;

– illicéité de l'objet (V. *supra*, n°s 199 et s.) ou absence d'intérêt commun des associés (C. civ., art. 1833, al. 1er) ; en revanche, ne constitue pas une cause de nullité de la société l'absence de prise en considération des enjeux sociaux et environnementaux de l'activité (C. civ., art. 1833, al. 2) (V. *supra*, n° 207).

Le coin des amateurs

Les sociétés fictives ou frauduleuses à l'épreuve de l'abus de droit fiscal

295. – De nombreuses sociétés sont créées avec des arrière-pensées fiscales. Peut-on en faire reproche ? Pas le moins du monde, car l'habileté fiscale n'est pas un péché, mais une vertu. Le bon père de famille doit gérer ses affaires au mieux de ses intérêts, y compris fiscaux. Il n'a jamais été dit, écrit ou jugé qu'entre plusieurs voies possibles il fallait choisir celle où l'on paie le plus d'impôt. L'optimisation fiscale trouve son fondement dans la liberté de gestion, qui autorise les contribuables, parmi plusieurs voies juridiques possibles, à privilégier celle qui est la moins imposée. Et le conseil qui négligerait d'orienter son client dans une telle direction engagerait sa responsabilité civile. Cela dit, habileté n'est pas licence et ici comme ailleurs l'excès devient répréhensible : le fisc ne saurait se voir opposer une société fictive ou frauduleuse. Les armes à sa disposition diffèrent selon qu'il agit en qualité d'agent taxateur chargé de calculer les impôts dus par chaque contribuable ou d'agent de recouvrement chargé de recouvrer les impôts.

a) Sociétés fictives, sociétés frauduleuses et détermination de la créance d'impôt

Dans l'exercice de sa souveraineté fiscale, l'État bénéficie de privilèges qualifiés de régaliens (ceux du roi autrefois) quand il s'agit de taxer ses sujets. Ceux qui, par des exercices de prestidigitation juridique, tentent de faire évaporer la matière fiscale, s'exposent à une procédure de rectification fiscale sur le terrain de l'abus de droit à but exclusivement (LPF, art. L. 64) ou principalement (LPF, art. L. 64 A) fiscal. L'abus de droit est le péché des surdoués, ou des acrobates, de la fiscalité. Il recouvre deux notions que le droit civil distingue : la simulation et la fraude à la loi. Si l'abus de droit est prouvé, l'acte simulé ou frauduleux est inopposable à l'administration fiscale et le montage s'écroule comme un château de cartes ; les impôts sont alors calculés à partir de la réalité que le contribuable a tenté d'occulter. Pour faire bonne mesure, en cas d'abus de droit fondé sur l'article L. 64 du Livre des procédures fiscales, le fisc y ajoute une amende de 80 %, réduite à 40 % lorsque le contribuable n'est ni le bénéficiaire principal ni l'instigateur de l'opération (CGI, art. 1729 b), sans compter les intérêts de retard. Il ne faudrait pas croire que l'abus de droit ne soit qu'un épouvantail de pacotille. Dans les montages les plus audacieux, il faut toujours prendre en compte le risque fiscal de l'abus de droit. Ce risque est source d'insécurité et, le plus souvent, facteur de sagesse... sauf pour les inconscients (Fl. Deboissy, *Montage sociétaire : attention au risque d'abus de droit : RTD com.* 2003, p. 181 et s. ; *L'opposabilité à l'administration fiscale des montages contractuels : RDC* 2007, p. 1006 et s.).

Ainsi, si la société créée par le contribuable n'existe que sur le papier, en clair si elle est fictive, elle n'est pas opposable à l'administration fiscale, qui peut l'écarter pour calculer l'impôt dû.

La sanction est la même si la société est constitutive d'une fraude à la loi fiscale. Selon l'article L. 64 du Livre des procédures fiscales, il y a abus de droit par fraude à la loi lorsque deux conditions sont remplies :

– le contribuable a recherché le bénéfice d'une application littérale des textes ou de décisions à l'encontre des objectifs poursuivis par leurs auteurs ;

– l'acte n'a pu être inspiré par aucun autre motif que celui d'éluder ou d'atténuer les charges fiscales que l'intéressé, si ces actes n'avaient pas été passés, aurait normalement supportées, eu égard à sa situation ou à ses activités réelles.

Il faut donc supposer que la société n'a été créée, contrairement à l'intention du législateur, que pour des considérations fiscales. Les tribunaux ne retiennent ce grief que si la société ne répond à aucune logique autre que fiscale. Autrement dit, la société sera opposable à l'administration fiscale si, à côté des motifs fiscaux, les associés peuvent faire valoir des motifs d'une autre nature : motifs juridiques, économiques, financiers, familiaux, patrimoniaux, organisationnels...

b) Sociétés fictives, sociétés frauduleuses et recouvrement de la créance d'impôt

Il faut supposer ici que l'impôt a été régulièrement déclaré et calculé mais que le contribuable ne puisse le payer (état d'impécuniosité) ou ne veuille le payer (état d'allergie fiscale). Pour sauver les meubles, et surtout les immeubles, il tente alors d'organiser son insolvabilité, par exemple en apportant ou en cédant des éléments de son patrimoine à une société contrôlée par des associés complaisants (parents ou amis). L'administration fiscale dispose en pareil cas des droits d'un créancier ordinaire. Lorsqu'elle découvre la supercherie, elle peut soit exercer une action en déclaration de simulation (V. *supra*, n° 182), soit exercer l'action paulienne afin que le juge déclare inopposable l'apport ou la cession ainsi réalisé (V. *infra*, n° 1927). Le Trésor est ici un simple créancier contraint de passer par l'office du juge.

SOUS-SECTION 2

L'ACTION EN NULLITÉ

296. – L'action en nullité relève du parcours du combattant. Les obstacles les plus redoutables tiennent à la qualité pour agir, à la brièveté de la prescription et à la possibilité d'une régularisation. Le législateur semble avoir atteint son but : le contentieux relatif à la nullité des sociétés est peu important.

§ 1. – L'obstacle de la qualité pour agir

297. – Le cercle des personnes pouvant agir dépend du caractère relatif ou absolu de la nullité. La nullité est absolue lorsque la règle violée a pour objet la sauvegarde de l'intérêt général ; elle est relative lorsqu'elle a pour objet la sauvegarde d'un intérêt privé (C. civ., art. 1179). S'il s'agit d'une nullité absolue, la demande peut émaner de toute personne intéressée : associé, créancier, dirigeant, commissaire aux comptes, salarié... (C. civ., art. 1180). S'il s'agit d'une nullité relative, seule la personne dont l'intérêt est protégé (la victime d'un dol par exemple) peut agir en nullité (C. civ., art. 1181).

§ 2. – L'obstacle de la prescription

298. – La prescription est de trois ans à compter du jour où la nullité est encourue, y compris en cas de fictivité (V. *infra*, n° 299) ou de fraude (C. civ., art. 1844-14). Il n'y a cependant pas de prescription possible lorsque la loi répute certaines clauses non écrites (V. *infra*, n° 306). Par ailleurs, celui à qui on demande d'exécuter un acte irrégulier peut toujours opposer l'exception de nullité, laquelle est perpétuelle si elle se rapporte à un contrat qui n'a reçu aucun commencement d'exécution (C. civ., art. 1185) (V. *infra*, n° 308).

299. – **Nullité de la société pour fictivité et prescription.**

L'univers des sociétés est sans doute peuplé d'une multitude de sociétés nulles qui n'en continuent pas moins leur vie comme si de rien n'était, soit que personne n'invoque le vice qui les affecte, soit que la prescription les mette à l'abri de toute contestation. Le rempart de la prescription a été renforcé en 2001 par la Cour de cassation dans les circonstances suivantes (Cass. 1re civ., 20 nov. 2001 : *JCP* E 2001, 225, note A. Viandier ; *Rev. sociétés* 2002, p. 683, note N. Reboul-Maupin).

Trois personnes créent une société civile immobilière mais, en fin de compte, toutes les parts sont réunies sur la tête d'une seule d'entre elles, soit directement, soit indirectement par l'intermédiaire de membres de la famille agissant en tant que prête-noms. Scénario classique. L'un des prête-noms se rebiffe (V. *supra*, n° 187) et soulève la nullité de la société pour perte de l'*affectio societatis*, à quoi un autre répond que la prescription de trois ans est d'ores et déjà acquise. La cour d'appel passe outre à l'objection au motif qu'il s'agit d'une nullité permanente et que la prescription ne commence à courir que du jour où la cause de nullité a disparu. La décision est cassée pour violation de l'article 1844-14 du Code civil, qui énonce que l'action en nullité se prescrit à compter du jour où la nullité est encourue et non à compter du jour où sa cause a cessé d'exister.

Au bout de trois ans, la nullité ne peut donc plus être invoquée. Une telle société serait-elle donc inattaquable ? Certainement pas. À défaut de nullité, on peut toujours agir en dissolution de la société. Les causes ne manquent pas : justes motifs, mésentente entre associés, réunion de toutes les parts en une seule main…

§ 3. – L'obstacle de la régularisation

300. – *Domaine.* La régularisation, c'est-à-dire la disparition de la cause de nullité, fait obstacle au prononcé de celle-ci. Semblable purge est impossible en une seule circonstance : l'illicéité de l'objet social (C. civ., art. 1844-11). Dans tous les autres cas, la régularisation est permise. L'action en nullité est éteinte si la cause de nullité a cessé le jour où le juge statue sur le fond en première instance. Le tribunal peut, même d'office, accorder un délai pour permettre la régularisation.

301. – *Vice du consentement ou incapacité.* Lorsque l'action est fondée sur un vice du consentement ou l'incapacité, la régularisation de la nullité est facilitée par le biais d'une action interrogatoire : celui par qui la nullité risque d'arriver peut être mis en demeure, soit de régulariser, soit d'agir en nullité dans un délai de six mois à

peine de forclusion (C. civ., art. 1844-12). La société ou un associé peut alors soumettre au tribunal toute mesure susceptible de supprimer l'intérêt du demandeur, notamment par le rachat de ses droits sociaux. Le tribunal peut soit prononcer la nullité, soit imposer les mesures proposées par la société ; en cas de contestation, la valeur des droits sociaux est fixée à dire d'expert en application de l'article 1843-4 du Code civil (V. *infra*, n° 1243). C'est un cas d'exclusion d'un associé prévu par la loi (V. *infra*, n° 570). Toute cette réglementation poursuit un seul objectif : tenter l'impossible pour que la nullité ne soit pas prononcée.

SOUS-SECTION 3

LES EFFETS DE LA NULLITÉ

302. – *Absence de rétroactivité.* Règle d'or : si la nullité de la société est prononcée, c'est sans rétroactivité (C. civ., art. 1844-15). La nullité est en fait une cause de dissolution de la société, qui ne vaut que pour l'avenir (C. civ., art. 1844-7, 3°). Pour le passé, les actes que la société a conclus ne sont donc pas remis en cause.

303. – *Protection des tiers.* Les tiers qui se sont fiés à l'apparence de régularité de la société peuvent donc demander l'exécution des engagements sociaux. La loi dispose en effet que « ni la société ni les associés ne peuvent se prévaloir d'une nullité à l'égard des tiers de bonne foi » (C. civ., art. 1844-16).

304. – *Responsabilité des associés et dirigeants.* Quant aux associés dont le comportement est à l'origine de l'annulation, ils engagent leur responsabilité civile. La règle vaut aussi pour les dirigeants.

Le coin des amateurs

1. La législation française sur les nullités est-elle conforme au droit de l'Union européenne ?

305. – La première directive européenne du 9 mars 1968, codifiée par une directive du 14 juin 2017 (V. *supra*, n° 19), qui ne vise que les sociétés par actions et les SARL, a entendu limiter les cas de nullité des sociétés dans le légitime souci de protéger les droits des tiers. Mais il faut compter avec le principe général du droit de l'Union européenne d'inopposabilité des situations abusives et frauduleuses.

a) Caractère limitatif des causes de nullité

Dans son article 11, elle énonce que les seuls cas de nullité sont les suivants :

– le défaut d'acte constitutif ou l'inobservation soit des formalités de contrôle préventif, soit de la forme authentique ;

– le caractère illicite ou contraire à l'ordre public de l'objet de la société ;

– l'absence, dans l'acte constitutif ou dans les statuts, de toute indication au sujet soit de la dénomination de la société, soit des apports, soit du montant du capital souscrit, soit de l'objet social ;

– l'inobservation des dispositions de la législation nationale relatives à la libération minimale du capital social ;

– l'incapacité de tous les associés fondateurs ;

– le fait que, contrairement à la législation nationale régissant la société, le nombre des associés fondateurs est inférieur à deux.

Les textes français qui visent « l'une des causes de nullité des contrats en général » (C. civ., art. 1844-10) ou les « lois qui régissent la nullité des contrats » (C. com., art. L. 235-1), vont bien au-delà de cette liste limitative. La Cour de justice des Communautés européennes, dans une décision du 13 novembre 1990 *Marleasing SA* s'est prononcée à propos du droit espagnol (B. Saintourens, *Les causes de nullité des sociétés : l'impact de la première directive CEE de 1968 sur les sociétés, interprétée par la Cour de justice des Communautés européennes : BJS* 1991, p. 123). Ce qui vaut pour l'Espagne vaut évidemment pour la France, d'où l'intérêt de cette décision.

Un créancier demandait la nullité d'une société espagnole sur le fondement de la cause illicite, car elle aurait été constituée en fraude de ses droits. La société en cause rétorquait que la première directive européenne de 1968 ne comportait pas de référence à l'absence ou à l'illicéité de la cause du contrat de société. Le tribunal espagnol a décidé de soumettre cette question préjudicielle à la Cour de justice des Communautés européennes. L'arrêt rendu par la Cour le 13 novembre 1990 est riche d'enseignements :

– le juge national est tenu d'interpréter sa propre loi conformément aux directives européennes ;

– les causes de nullité énoncées à l'article 11 de la directive de 1968 présentent un caractère limitatif et doivent être interprétées de façon restrictive ;

– l'absence de cause ou la cause illicite ne sont pas visées à l'article 11 ;

– le caractère illicite de l'objet de la société est une cause de nullité expressément visée ; mais l'objet doit être entendu comme l'objet tel qu'il est défini dans les statuts et non comme l'activité réelle exercée par la société.

On signalera que la fictivité des apports (V. *supra*, n° 218) comme la fictivité de la société (V. *supra*, n° 284) ne sont pas non plus citées comme cause de nullité de la société.

b) Principe général d'inopposabilité des situations abusives et frauduleuses

Faut-il en conclure que la fraude, comme d'ailleurs la fictivité, ne pourrait plus constituer une cause de nullité des sociétés par actions et des SARL ? Il est permis d'en douter. Les directives européennes ne sauraient écarter un principe général du droit aussi vénérable que *fraus omnia corrumpit*. De fait, la CJUE juge que l'interdiction des pratiques abusives constitue un principe général qui empêche un justiciable de se prévaloir abusivement ou frauduleusement du droit de l'Union européenne ; il s'ensuit que « les juridictions nationales peuvent, au cas par cas, en se fondant sur des éléments objectifs, tenir compte du comportement abusif ou frauduleux des personnes concernées pour leur refuser, le cas échéant, le bénéfice des dispositions du droit communautaire invoquées » (arrêt *Centros Ltd*, V. *infra*, n° 382). Il s'ensuit que le caractère limitatif des causes de nullité prévue par la directive européenne ne peut pas être invoqué en cas de fraude ou d'abus.

2. Les clauses statutaires réputées non écrites

306. – Une bonne règle se reconnaît à la qualité des sanctions qui en assurent l'efficacité. De ce point de vue, la technique législative des clauses réputées non écrites est tout à fait remarquable (S. Gaudemet, *La clause réputée non écrite*, Economica, 2006, préf. Y. Lequette. – J. Kullmann, *Remarques sur les clauses réputées non écrites : D.* 1993, p. 59). Même inscrites dans les statuts, de telles clauses sont censées ne pas exister. Il s'ensuit qu'elles sont rayées du contrat, lequel est pour sa part maintenu (C. civ., art. 1184, al. 2). Cette analyse n'est pas sans conséquences. Elle explique notamment que la prescription de trois ans visée à l'article 1844-4 du Code civil ne joue pas (V. *supra*, n° 298). Par ailleurs, la sanction n'a pas à être officialisée par une décision de justice (Cass. 3e civ., 26 avr. 1989 : *Bull. civ.* 1989, III, n° 93).

Le droit des sociétés en fait grand usage. Ainsi, selon l'article 1844-10, 2e alinéa, du Code civil : « Toute clause statutaire contraire à une disposition impérative du présent titre, dont la violation n'est pas sanctionnée par la nullité de la société, est réputée non écrite ». Est ainsi réputée non écrite la clause écartant le droit de vote de l'associé exclu, qui est contraire à la règle impérative selon laquelle tout associé peut participer aux décisions sociales (V. *infra*, n° 575).

De façon plus spéciale, il est fréquent que la loi répute certaines clauses statutaires non écrites. En voici quelques exemples :

– les clauses léonines (V. *supra*, n° 256) ;

– les clauses restreignant l'exercice de l'action sociale (V. *infra*, n° 458) ;

– les clauses prévoyant que le conseil d'administration délibère valablement avec moins de la moitié de ses membres ;

– les clauses attribuant aux administrateurs une rémunération non prévue par la loi (V. *infra*, n° 895) ;

– les clauses restreignant le libre droit de révocation du président du conseil d'administration (V. *infra*, n° 939) ;

– les clauses contrevenant à la compétence exclusive de l'assemblée extraordinaire pour modifier les statuts (V. *infra*, n° 1182) ;

– les clauses restreignant le droit de tout actionnaire de voter par correspondance ou de participer aux assemblées (V. *infra*, n° 1195) ;

– les clauses stipulant un intérêt fixe ou intercalaire au profit des associés (V. *infra*, n° 1208).

3. Le mélange SCI – société d'exploitation : fictivité ou confusion de patrimoines ?

307. – Dans le monde des affaires, on n'aime pas mélanger l'immobilier et l'investissement d'exploitation. Comme les juristes, les gestionnaires opèrent d'instinct la distinction des immeubles et des meubles. Au moment de se lancer dans une aventure nouvelle, les opérateurs créent le plus souvent deux structures parallèles : l'immobilier est logé dans une société *ad hoc*, par exemple une civile immobilière (SCI), les équipements professionnels dans une société d'exploitation (une SA, SAS ou SARL dans la plupart des cas) ; bien souvent l'une des deux sociétés cautionne les engagements de l'autre (V. *infra*, n° 1842). On retrouve généralement dans chacune des deux sociétés les mêmes associés et les mêmes dirigeants, les sièges sociaux sont souvent situés à la même adresse. Il existe donc une communauté d'intérêts entre les deux sociétés dont l'une joue le rôle du bailleur d'immeuble et l'autre celui du locataire. Lorsqu'ils sont correctement calculés, les loyers doivent permettre de couvrir les annuités de remboursement de l'emprunt contracté par la SCI. Si ce montage est fréquemment retenu, c'est qu'il permet, indépendamment des aspects fiscaux, de se constituer à bon compte un capital immobilier financé par la société d'exploitation. N'est-ce pas la stratégie utilisée par les investisseurs qui acquièrent des immeubles de rapport dont les loyers serviront à rembourser l'emprunt contracté ? Il faut cependant compter avec les accidents de parcours et notamment le dépôt de bilan de la société d'exploitation. Si les règles du jeu sociétaire ont été respectées, la mise en redressement ou en liquidation judiciaires de la société commerciale ne doit pas rejaillir sur la société civile. Les deux sociétés, même avec des associés communs, restent juridiquement autonomes l'une par rapport à l'autre.

On conçoit que les créanciers de la société d'exploitation ne se résignent pas à la contemplation de cet actif immobilier soustrait à leur droit de poursuite. C'est pourquoi ils multiplient les actions de guérilla pour rapatrier les immeubles dans la masse à partager. Ils disposent à cet effet de deux armes redoutables : la fictivité de la SCI qui ne serait qu'une fausse apparence de société (V. *supra*, n°s 284 et s.) et la confusion des patrimoines résultant de la coupable imbrication des actifs et des passifs des deux sociétés ou de flux financiers anormaux (V. *infra*, n° 487).

Dans certains cas, l'extension de la procédure collective se justifie : fixation de loyers exorbitants aboutissant à des transferts extravagants de trésorerie, prise en charge par la société d'exploitation d'importants travaux de rénovation ou d'aménagement devant revenir en fin de bail à la SCI sans aucun dédommagement (Cass. com., 13 sept. 2011, n° 10-24.536 : *BJS* 2012, § 18, p. 63, note E. Mouial Bassilana), désordre comptable avec mouvements financiers insolites ou inscription des dépenses et des recettes indifféremment dans les comptes de l'une ou l'autre société, loyers exorbitants dont la société d'exploitation s'est abstenue de réclamer le recouvrement sans mettre en œuvre la clause résolutoire stipulée dans le bail (Cass. com., 13 janv. 2015, n° 13-27.868 : *Rev. sociétés* 2015, p. 313, note B. Saintourens), réduction de la surface louée sans réduction proportionnelle du loyer (Cass. com., 16 janv. 2019, n° 17-20.725 : *BRDA* 6/2019, n° 13)... Il s'agit là de comportements relevant du vampirisme financier qui ne seraient pas concevables si les deux sociétés étaient contrôlées par des associés différents défendant âprement leurs intérêts respectifs. Lorsque les associés communs ont, dans leur intérêt personnel, pillé la société d'exploitation, il est légitime que les juges les sanctionnent en écartant la SCI abusive ou frauduleuse.

Dans d'autres hypothèses, on ne trouve pas trace de pareils dérèglements, les associés ayant scrupuleusement respecté l'autonomie patrimoniale et juridique de la SCI. En pareil cas, la dissociation de l'immeuble et de son exploitation ne saurait être contestée au prétexte que, les associés étant communs, la SCI est sous l'entière dépendance financière de la société d'exploitation et n'a d'autres ressources que les loyers qui lui sont versés (V. not., Cass. com., 10 mai 2005 : *RJDA* 10/2005, n° 1113 ; l'arrêt casse une décision de cour d'appel qui s'est « contentée » de relever le fonctionnement sur un mode fusionnel des deux entités pour décider la confusion de patrimoines). Ainsi, la communauté d'intérêts entre deux sociétés ne suffit pas à établir la fictivité de la société ou une confusion des patrimoines (Ch. Cutajar, *Le montage société civile – société d'exploitation à l'épreuve de l'extension jurisprudentielle de la procédure collective* : *BJS* 1999, p. 1057).

4. L'exception de nullité est perpétuelle

308. – La règle paraît sibylline aux profanes et sa formulation latine ajoute encore au mystère : *Quæ temporalia sunt ad agendum, perpetua sunt ad excipiendum* (ce qui est temporel quant à l'action est perpétuel quant à l'exception). Le jeu de l'exception de nullité permet de mettre le débiteur à l'abri du risque d'une action en nullité intentée par son créancier qui attendrait l'expiration du délai de prescription pour demander l'exécution du contrat. Une partie peut ainsi opposer l'exception de nullité sans condition de délai, à la condition que le contrat n'ait reçu aucune exécution. Cette solution jurisprudentielle (Cass. com., 8 avr. 2014, n° 13-18.120 : *BRDA* 10/2014, n° 2 ; *BJS* 2014, p. 503, note H. Lécuyer) est désormais inscrite dans la loi (C. civ., art. 1185). Voici une illustration du jeu de l'exception de nullité (Cass. 3e civ., 2 déc. 1998 : *Rev. sociétés* 1999, p. 359, note Y. Chartier ; *RTD civ.* 1999, p. 617, obs. J. Mestre). Une société civile immobilière consent un bail commercial de neuf ans à une société anonyme. Suite à un changement de président, le nouveau président de la SA conteste la validité du bail. Devant l'échec des pourparlers, la SA quitte les lieux et la SCI l'assigne en paiement des loyers restant à courir jusqu'à la fin de la première période triennale. La SA oppose la nullité du bail pour défaut d'autorisation du conseil d'administration (V. *infra*, n°s 1033 et s.). Les juges d'appel écartent la nullité ainsi soulevée en faisant valoir que la nullité du bail, faute d'avoir été intentée dans les trois ans de sa conclusion, était prescrite. Leur décision est cassée au regard du « principe selon lequel la prescription d'une action en nullité n'éteint pas le droit d'opposer celle-ci comme exception en défense à une action principale » (*adde* Cass. com., 18 mars 2020, n° 18-16.099 : *RJDA* 6/2020, n° 310 ; nullité de la délibération d'une assemblée générale).

CHAPITRE 2

LA PERSONNALITÉ MORALE

309. – La personne morale n'est pas une personne comme les autres. Ni souffrante, ni aimante, sans chair et sans os, la personne morale est un être abstrait, une pure construction juridique (V. pour l'application des droits de l'homme aux personnes morales, *infra*, n° 361). Et Casanova le savait bien, qui poursuivit nonnes et nonnettes, mais ne tenta jamais de séduire une congrégation[1]. On connaît la formule célèbre de Gaston Jèze : « Je n'ai jamais déjeuné avec une personne morale » ; « Moi non plus, mais je l'ai souvent vue payer l'addition », rétorquait malicieusement un spécialiste de droit pénal[2].

Pourquoi alors parler de personne ? À la vérité, la terminologie se comprend aisément pour peu que l'on veuille bien se départir de la confusion entre personne humaine et personne juridique. Qui dit personnalité morale dit patrimoine distinct. Or, selon la théorie classique, seules les personnes peuvent être titulaires d'un patrimoine et puisque cette personne est dépourvue de corps, elle est qualifiée de morale et non de physique[3]. On envisagera successivement la notion de personnalité morale, son acquisition, son individualisation, sa dotation financière et sa responsabilité.

(1) Un esprit inventif a cependant fait un pas utile dans cette direction, en tentant d'attribuer un sexe à la personne morale, Bluntschli, cité par B. Oppetit, *Les rapports des personnes morales et de leurs membres*, thèse Paris, 1963, p. 334. – On notera toutefois la prédominance du féminin, spécialement dans les groupes où il est question de mère, de fille, de petite-fille, de sœur.

(2) Jean-Claude Soyer.

(3) P.-Y. Gautier, *Les limites de la personnalité morale : Mél. Merle*, Dalloz, 2012, p. 293. – J. Pellerin, *La personnalité morale et la forme des groupements volontaires de droit privé : RTD com.* 1981, p. 471. – J. Paillusseau, *Le droit moderne de la personnalité morale : RTD civ.* 1993, p. 705. – G. Wicker et J.-Ch. Pagnucco, *Rép. civ.* Dalloz, V° *Personne morale*. – G. Wicker, *La théorie de la personnalité morale depuis la thèse de Bruno Oppetit : Mél. Oppetit*, Litec, 2009, p. 689. – *Adde*, N. Baruchel, *La personnalité morale en droit privé*, LGDJ, 2004.

SECTION 1

LA NOTION DE PERSONNE MORALE

SOUS-SECTION 1

RÉALITÉ OU FICTION ?

§ 1. – Les théories doctrinales

310. – Deux théories se sont principalement affrontées à propos de la nature juridique de la personnalité morale, la théorie de la fiction et la théorie de la réalité technique.

311. – *L'école de la fiction* est la première en date. Elle ne reconnaît comme sujets de droit que les êtres humains, faits de chair et de sang, et n'accepte de personnifier les groupements qu'à la condition que l'État autorise expressément cette personnification puisque seul l'État peut créer des fictions.

312. – *L'école de la réalité technique*, à rebours de cette conception anthropomorphique de la personne morale, considère que la personne morale est une réalité qui existe dès lors que certaines conditions sont réunies. Plus précisément, un groupement dispose de la personnalité juridique dès lors qu'il ressort des règles qui le régissent qu'il possède un intérêt distinct des intérêts individuels de ses membres et une organisation capable de dégager une volonté collective qui puisse représenter et défendre cet intérêt ; la reconnaissance de la personnalité morale par l'État n'est donc pas nécessairement expresse, mais peut être simplement implicite.

§ 2. – Le droit positif

313. – *Prévision expresse du législateur.* Parfois le législateur se prononce expressément, soit qu'il attribue la personnalité morale à un groupement en précisant les conditions de cette attribution, soit qu'il la refuse (V. *supra*, n° 48 pour l'EIRL). Telle est la solution retenue pour les sociétés (immatriculation au registre du commerce et des sociétés) ou pour les associations (déclaration à la préfecture et publication au *Journal officiel*). Ces exigences de publicité sont parfois interprétées comme une consécration de la théorie de la fiction, ce qui est très discutable : ce n'est pas parce que la jouissance de la personnalité morale est subordonnée à l'accomplissement d'une condition légale de publicité qu'elle constitue pour autant un pur artifice au pouvoir du législateur.

314. – *Silence du législateur.* Lorsque le législateur n'a pas reconnu expressément la personnalité morale à un groupement, la jurisprudence fait application de la théorie de la réalité technique. C'est par exemple ce que la Cour de cassation a jugé à propos du comité d'établissement auquel elle a reconnu la personnalité juridique en dehors de toute intervention législative (V. *infra*, n° 315). Or, en pareil cas, il s'agit simplement pour les juges de déduire l'existence de la personnalité morale de la mission et des prérogatives reconnues par l'État au groupement, lequel est ainsi toujours maître, expressément ou implicitement, de l'attribution de la personnalité morale(4). On notera une limite : faute que puisse être identifié un intérêt homogène, un groupe de sociétés n'est pas doté de la personnalité morale (V. *infra*, n° 2443).

315. – **Applications jurisprudentielles de la théorie de la réalité technique.**

Dans une décision de principe du 28 janvier 1954, la Cour de cassation a fait application de la théorie de la réalité technique pour reconnaître la personnalité juridique au comité d'établissement en dehors de toute intervention législative : « Attendu que la personnalité morale n'est pas une création de la loi : elle appartient en principe à tout groupement pourvu d'une possibilité d'expression collective pour la défense d'intérêts licites, dignes, par suite, d'être juridiquement reconnus et protégés » (Cass. 2e civ., 28 janv. 1954 : *D.* 1954, 2, 217, note Levasseur). De la même façon, la Cour de cassation a jugé qu'un comité de groupe possédait la personnalité juridique et pouvait agir en justice (Cass. soc., 23 janv. 1990 : *Rev. sociétés* 1990, p. 144, note R. Vatinet), ou encore que la Compagnie des commissaires-priseurs de Paris avait cette même capacité, car elle est un organisme créé par la loi avec mission de gérer certains intérêts collectifs présentant le caractère de droits susceptibles d'être invoqués en justice (Cass. 1re civ., 18 janv. 2005 : *JCP* E 2005, 1834, n° 10, obs. J.-J. Caussain, Fl. Deboissy et G. Wicker). On relèvera que, dans toutes ces espèces, l'enjeu était de reconnaître au groupement la possibilité d'exercer une action en justice, en demande ou en défense, de sorte qu'il puisse exercer la mission qui lui est confiée par la loi.

SOUS-SECTION 2

TRANSPARENCE OU OPACITÉ ?

§ 1. – Opposabilité de la société personne morale

316. – *Opposabilité de la société par les associés.* Lorsque la société est dotée de la personnalité juridique, elle constitue un sujet de droit autonome opposable aux tiers. De même que les habitants d'une maison de verre sont visibles tout en étant protégés des agressions extérieures, de même les associés sont connus, mais les tiers doivent traiter avec la société. Telle est l'opacité ou la cape d'invisibilité pour emprunter à l'univers de Harry Potter.

317. – *Opposabilité de la société aux associés.* Réciproquement, les associés ne peuvent pas dans leurs rapports avec les tiers faire abstraction de l'entité personnifiée qu'ils ont constituée. À l'égard des tiers, ils sont désormais représentés par

(4) G. Wicker, *La théorie de la personnalité morale depuis la thèse de Bruno Oppetit : Mél. Oppetit*, Litec, 2009, p. 689, spéc. nos 18 et s.

les dirigeants auxquels ils ont délégué une partie de leurs pouvoirs en adhérant à la société.

Pour cette raison, la voie de la tierce opposition est en principe fermée à l'associé dans la mesure où il a été représenté à l'instance par le représentant légal de la société (V. *infra*, n° 319).

Pour la même raison, l'associé ne peut pas en principe agir en responsabilité contre l'auteur d'un dommage causé à la société, sauf s'il établit l'existence d'un préjudice personnel et distinct de celui subi par la société, que ce préjudice soit causé par un dirigeant (V. *infra*, n° 460), un salarié(5) ou un tiers (V. *infra*, n° 320).

On notera toutefois qu'un associé peut engager sa responsabilité personnelle à l'égard des tiers à l'occasion de l'exercice de son droit de vote (V. *infra*, n° 567).

§ 2. – Limites et exceptions

318. – La transparence va consister à faire des trous dans le paravent, autrement dit à lever le voile de la personnalité morale. Ainsi, en matière de nationalité, plutôt que de déterminer celle-ci en fonction de la seule situation de la société, il arrive que l'on prenne en considération la nationalité des associés et des dirigeants pour en induire celle de la société (V. *infra*, n° 388). C'est parfois une clause d'un contrat passé par la société qui confère au tiers contractant la faculté de résilier le contrat en cas de modification de la personne des associés, de la personne des dirigeants ou de l'organisation sociétaire (V. *infra*, n°s 321 et 2278). La même image de transparence se retrouve dans le domaine fiscal (V. *supra*, n°s 150 et s.).

Le coin des amateurs

1. Droit d'accès au juge, tierce opposition de l'associé et CEDH

319. – La tierce opposition est une voie de recours ouverte, sous réserve qu'ils y aient intérêt, aux tiers, c'est-à-dire aux personnes qui n'ont été ni parties ni représentées au jugement attaqué (CPC, art. 582 et 583). Classiquement, la jurisprudence retenait que la tierce opposition est fermée aux associés dans la mesure où ils ont été représentés à l'instance par le représentant légal de la société (V. *supra*, n° 316) (pour une EURL, Cass. com., 23 mai 2006 : *BJS* 2006, § 245, p. 1173, note J.-F. Barbièri. – Cass. com., 3 juill. 2012, n° 11-16.984. – Pour les membres d'un GIE, Cass. 2e civ., 9 juill. 2009, n° 08-16.513 : *BJS* 2010, § 33, p. 150, note O. Staes). Mais la jurisprudence la plus récente a nuancé ce principe en reprenant l'exception de l'alinéa 2 de l'article 583 du CPC pour admettre la tierce opposition de l'associé contre le jugement auquel il n'a pas été partie s'il invoque une fraude à ses droits ou un moyen qui lui est propre (Cass. com., 31 mars 2021, n° 19-14.839, P) ; ce qui revient en définitive à assimiler l'associé aux créanciers et autres ayants-cause visés par le texte. Si la solution apparait claire, se pose néanmoins la question de son articulation avec les décisions antérieures relatives à l'associé d'une société civile où il était distingué selon que la société était *in bonis* ou en liquidation judiciaire.

(5) Cass. com., 3 mars 2020, n° 18-86.939 : *Dr. sociétés* août-sept. 2020, n° 110 : l'associé d'une SNC doit démontrer l'existence d'un préjudice propre, distinct de celui subi par la société, pour agir en réparation contre un employé de la société coupable de vol.

a) Tierce opposition de l'associé d'une société civile *in bonis*

Le créancier d'une SCI comportant deux associés avait obtenu la condamnation *in solidum* de la société et du gérant associé à lui rembourser le montant d'un prêt ; cela par un jugement auquel la SCI, défaillante, et le gérant étaient non comparants, non représentés. Le créancier social avait ensuite assigné le second associé en paiement de la dette sociale, sur le fondement de l'article 1857 du Code civil, et cet associé avait formé tierce opposition au jugement condamnant la société. Au double visa de l'article 6, § 1 de la Convention européenne des droits de l'homme et de l'article 583 du Code de procédure civile, la troisième chambre civile juge que « le droit effectif au juge implique que l'associé d'une société civile, poursuivi en paiement des dettes sociales, dont il répond indéfiniment à proportion de sa part dans le capital social, soit recevable à former tierce opposition à l'encontre de la décision condamnant la société au paiement, dès lors qu'il invoque des moyens que la société n'a pas soutenus » (Cass. 3e civ., 6 oct. 2010, n° 08-20.959, PB : *BJS* 2011, § 61, p. 120, note F.-X. Lucas ; *JCP* E 2010, 1993, n° 4, Fl. Deboissy et G. Wicker). Si cette décision fondait la recevabilité de la tierce opposition de l'associé poursuivi en paiement d'une dette sociale sur le droit d'accès au juge consacré par l'article 6, § 1 de la Convention européenne de sauvegarde des droits de l'homme et des libertés fondamentales et sur l'existence de moyens non soutenus par la société, des décisions plus récentes retiennent un fondement différent pour rejeter la tierce opposition (Cass. 3e civ., 23 sept. 2020, n° 19-16.643 : *Dr. sociétés* janv. 2021, n° 4, obs. N. Jullian et déc. 2020, n° 143, obs. H. Hovasse. – Cass. 3e civ., 17 déc. 2020, n° 19-17.829 : *BJS* mars 2021, p. 25, note B. Saintourens).

D'une part, ces décisions ne visent pas un moyen non soutenu par la société mais un moyen propre à l'associé. Cette dernière différence parait plus exacte et confirme l'idée que l'existence de moyens non soutenus par la société correspondait à la particularité des faits de l'espèce tranchée en 2010. En effet, il ressortait du rapport que, à l'audience ayant donné lieu à la décision attaquée, la société civile n'avait pas comparu et n'avait pas été représentée ; ce qui implique que les associés de la société civile, en principe représentés par celle-ci, ne l'avaient pas été dans les faits. Dans cette espèce, il en s'agissait donc pas pour l'associé d'invoquer des moyens que la société avait négligé de faire valoir, ce qui créerait une insécurité pour les tiers, mais de remédier à la carence des représentants sociaux qui n'avaient pas assuré la défense de la société. En conséquence, outre l'hypothèse où l'associé peut invoquer un moyen qui lui est propre, la solution préservant l'équilibre des intérêts entre les tiers créanciers et les associés serait d'ouvrir la tierce opposition à ces derniers, non pas de façon générale lorsqu'ils invoquent des moyens que la société n'aurait pas soutenus, mais lorsqu'ils invoquent une carence manifeste de leurs représentants que la partie tierce ne pouvait ignorer ; cette carence pouvant résulter soit d'une absence de défense, soit d'une défense manifestement dépourvue de tout sérieux (comp. pour l'action *ut singuli*, *infra*, n° 459).

D'autre part, ces décisions ne se fondent pas sur l'article 6 § 1 de la Convention européenne de sauvegarde des droits de l'homme et des libertés fondamentales, mais il faut néanmoins observer que l'une d'elles prend soin de relever que n'avait pas été invoquée la violation du droit effectif au juge (Cass. 3e civ., 17 déc. 2020, *préc.*).

On observera encore que, si toutes ces décisions se réfèrent au fait que l'associé était poursuivi en paiement des dettes sociales, il ne semble pas s'agir d'une condition de recevabilité propre à la tierce opposition mais d'une condition générale de recevabilité établissant l'intérêt à agir de l'associé ; ce qui revient à dire, surtout au regard de la décision précitée de la chambre commerciale du 21 mars 2021, qu'il n'y a désormais guère de spécificité à la tierce opposition de l'associé d'une société civile.

b) Tierce opposition de l'associé d'une société civile en liquidation judiciaire

Au double visa de l'article 6, § 1 de la Convention européenne des droits de l'homme et de l'article 583 du CPC, la chambre commerciale avait affirmé que « le droit effectif au juge implique que l'associé d'une SCI, qui répond indéfiniment des dettes sociales à proportion de sa part dans le capital social, soit recevable à former opposition à l'encontre du jugement ouvrant la liquidation judiciaire de la SCI » (Cass. com., 19 déc. 2006, PBIR : *JCP* E 2007, 1186, note D. Cholet et 1877, n° 9, obs. J.-J. Caussain, Fl. Deboissy et G. Wicker ; *BJS* 2007, § 122, p. 467, note P. Cagnoli et J. Vallansan. – V. aussi, Cass. com., 26 mai 2010, n° 09-14.241 : *Dr. sociétés* 2010, n° 158, obs. H. Hovasse ; *JCP* E 2010, 1861, note R. Perrot). Au vu de la jurisprudence ultérieure, on peut se demander si ces décisions, qui sacrifiaient d'une certaine façon à la mode des droits fondamentaux sans poser aucun critère propre à la tierce opposition, reste d'actualité.

2. L'associé peut-il agir en responsabilité civile contre l'auteur d'un dommage causé à la société ?

320. – En principe, l'associé ne peut pas agir personnellement en responsabilité contre l'auteur d'un dommage causé à la société, cette action étant entre les mains des représentants légaux de cette dernière (V. *supra*, n° 317). Toutefois, l'associé retrouve logiquement son autonomie d'action lorsqu'un dirigeant (V. *infra*, n°s 452 et s.) ou un tiers contractant de la société lui a causé un préjudice personnel et distinct de celui subi par la société elle-même (Cass. com., 8 févr. 2011, n° 09-17.034 : *BJS* 2011, § 190, p. 378, note F.-X. Lucas). C'est ainsi que des associés coopérateurs ont été recevables à agir en responsabilité à l'encontre d'un tiers contractant de la société coopérative qui avait rompu brutalement une relation commerciale établie ; en effet, compte tenu de leur double qualité d'associé et de contractant de la société (V. *supra*, n° 78), cette rupture leur a causé un préjudice personnel et distinct de celui subi par la société (Cass. com., 26 nov. 2013, n° 12-26.332 : *Dr. sociétés* 2014, n° 43, obs. H. Hovasse).

À l'opposé, la preuve d'un préjudice personnel et distinct n'a pas été jugée rapportée dans une espèce où l'associé d'une EURL entendait agir en responsabilité civile contre l'avocat de la société, complice du dol subi par cette dernière ayant conduit à sa liquidation judiciaire (Cass. com., 9 déc. 2014, n° 13-21.557 : *Dr. sociétés* 2015, n° 5, obs. R. Mortier ; *BJS* 2015, p. 122, note N. Pelletier ; *RJDA* 3/2015, n° 185. – V. égal., Cass. com., 28 juin 2016, n° 14-10.415, PB : *Rev. sociétés* 2016, p. 584, note E. Putman ; intervention des associés pour obtenir des dommages et intérêts du fait d'une procédure abusive intentée contre la société). La solution est identique lorsque l'action engagée par un associé à l'encontre d'un cocontractant de la société vise à la réparation du préjudice tenant à la perte de la valeur des titres, qui n'est pas distinct de celui subi par la société (Cass. com., 26 avr. 2017, n° 15-20.054 : *Rev. sociétés* 2017, p. 482, note J.-F. Barbièri) ou lorsqu'un associé demande réparation à un tiers du préjudice causé par des agissements parasitaires (Cass. com., 30 mai 2018, n° 17-10.393 : *Rev. sociétés* 2018, p. 507, obs. P. Pisani).

3. La clause d'*intuitus societatis*

321. – La prise en compte de la personne des associés, de la personne des dirigeants ou de l'organisation sociale exerce une influence non négligeable lors de la conclusion de nombreux contrats de longue durée (contrats de concession, de franchise, de licence de marque ou de brevet…). La démission ou le décès d'un « homme clé », la prise de contrôle par un concurrent, la modification de l'actionnariat, la transformation ou la fusion de la société constituent autant de circonstances propres à fragiliser cette dernière et à inquiéter légitimement son cocontractant. Celui-ci peut-il se prévaloir de telles modifications pour obtenir la résiliation du contrat ? La réponse dépend de la stipulation ou non d'une clause d'*intuitus societatis*.

a) En l'absence de clause d'*intuitus societatis*

Faute de prévision particulière en ce sens, les événements pouvant affecter la société ne concernent ni le maintien de la personnalité morale ni la survie du lien contractuel (Cass. com., 29 janv. 2013, n° 11-23.676 : *BRDA* 5/2013, n° 12 ; *JCP* E 2013, 1225, note F. Buy et 1702, n° 5, obs. Fl. Deboissy et G. Wicker). Selon la chambre commerciale de la Cour de cassation, en raison du principe d'autonomie de la personne morale, laquelle reste inchangée en cas de cession de contrôle ou de changement de dirigeants, un contrat de distribution exclusive est, faute de stipulation particulière en ce sens, maintenu en dépit des changements intervenus.

On observera qu'en matière de fusion, malgré le principe de transmission universelle de patrimoine de la société absorbée à la société absorbante, certains contrats sont réputés intransmissibles, même en l'absence de stipulation exprès, au motif qu'ils ont été conclus en considération de la personne de la société absorbée (V. *infra*, n° 2278).

b) En présence d'une clause d'*intuitus societatis*

Pour éviter toute controverse, les contractants prudents font entrer dans le champ contractuel les événements de nature à mettre fin à la relation contractuelle. C'est ainsi qu'est apparue dans certains contrats à exécution successive, en particulier les contrats de franchise, une clause dite d'*intuitu societatis* qui n'est qu'une transposition à la société de *l'intuitus personae* (C. Priéto, *La société contractante*, PU Aix-Marseille, 1994, n°s 682 et s. – J. Prieur, *Droit des contrats et droit des sociétés*, *Études A. Sayag*, Litec, 1997, p. 379 et s.).

Deux variantes existent. Parfois, l'une des parties bénéficie d'un droit de *résiliation* en cas de survenance d'événements affectant la société avec laquelle elle contracte. Parfois, la clause prévoit seulement *l'information* du cocontractant (le banquier par exemple) avec possibilité pour ce dernier de donner un agrément à l'opération projetée ; si l'opération est effectuée malgré l'absence d'agrément, le cocontractant peut résilier le contrat. Quel que soit le type de clause envisagé, il convient de prendre la mesure de son danger, puisque la société se trouvera souvent enfermée dans un choix cornélien : si elle réalise la modification sociétaire projetée, elle s'expose à la disparition d'une relation contractuelle qui peut constituer un élément essentiel de son exploitation ; si elle opte au contraire pour le maintien du contrat, elle sera obligée de renoncer à une mesure de restructuration peut-être indispensable à sa survie.

Les tribunaux valident de telles clauses, écartant ainsi à juste titre l'argument selon lequel elles feraient fi de la personnalité morale de la société en autorisant la prise en compte, par les tiers cocontractants, de la personne des dirigeants, de la personne des associés ou de l'organisation sociétaire (V. *supra*, n° 318). Toutefois, devant le risque de rupture arbitraire du contrat dont elles sont porteuses, l'admission de leur validité suppose que plusieurs conditions soient satisfaites.

Ces conditions sont les suivantes :

– spécification précise des circonstances matérielles susceptibles de permettre sa mise en œuvre ; la clause doit être interprétée de façon étroite ; ainsi, une clause prévoyant la résiliation d'un contrat en cas de cession du fonds de commerce ne pourrait pas jouer en cas de cession de contrôle ;

– absence de caractère abusif de l'exercice de la clause (CA Paris, 25 janv. 1995 : *BJS* 1995, p. 413, note A. Couret ; *RTD civ.* 1996, p. 158, obs. J. Mestre et, sur pourvoi, Cass. com., 14 janv. 1997 : *RTD civ.* 1997, p. 427, obs. J. Mestre ; *RJ com.* 1998, p. 178, note G. Wicker) ;

cela revient à dire que la clause doit être fondée sur un intérêt légitime : seule une cause légitime telle la bonne exécution du contrat ou la protection des intérêts du bénéficiaire de la clause peut justifier sa licéité (G. Wicker, note préc.) ;

– exigence de proportionnalité ; la mise en œuvre de la clause, à savoir l'éventuelle résiliation du contrat, ne doit pas être disproportionnée par rapport au risque réellement supporté par le cocontractant invoquant la stipulation.

SECTION 2

L'ACQUISITION DE LA PERSONNALITÉ MORALE

322. – La société, qui naît à la date de la conclusion des statuts, acquiert la personnalité juridique lors de son immatriculation[6].

SOUS-SECTION 1

LES DIFFÉRENTES ÉTAPES DE LA CONCEPTION

§ 1. – La négociation

323. – *Pourparlers.* Un homme (ou une femme) d'affaires, voulant créer sa propre entreprise en bénéficiant d'un statut fiscal et social favorable, décide de se mettre en société. Des pourparlers s'engagent avec des partenaires. Comme le prévoit l'article 1112 du Code civil, l'initiative, le déroulement et la rupture des négociations précontractuelles sont libres, mais doivent impérativement satisfaire aux exigences de la bonne foi. Il s'ensuit que la rupture des pourparlers est en principe libre : ne pas donner suite à un projet de société n'est pas en soi constitutif d'une faute, sauf aux juges à sanctionner l'abus dans la rupture sur le terrain de la responsabilité extracontractuelle (V. *infra*, n° 340).

324. – *Promesse.* La situation est différente lorsque les parties ont conclu un contrat de promesse de société, c'est-à-dire lorsqu'elles se sont mises d'accord sur les éléments essentiels du contrat de société (l'objet de la future société, sa forme, l'importance et la nature des apports) et manifestent par leur comportement leur volonté de s'associer[7].

Le contrat de société étant un contrat consensuel, on peut s'interroger sur l'autonomie d'une telle promesse au regard du contrat définitif. Il convient de faire ici application des solutions retenues en matière d'avant-contrats, spécialement en matière de vente ou de bail. La promesse de société vaut en principe société sauf si les parties ont érigé une formalité (par ex., la signature des statuts) en élément déterminant de leur

(6) D. Plantamp, *Le point de départ de la période de formation des sociétés commerciales : RTD com.* 1994, p. 1.

(7) Pour un exemple où le contrat de promesse de société a été retenu, Cass. com., 28 avr. 1987 : *Rev. sociétés* 1988, p. 59, note F. Benac-Schmidt. – Pour un cas dans lequel un tel contrat n'a pas été caractérisé, Cass. com., 9 avr. 1996 : *Rev. sociétés* 1997, p. 81, note F. Benac-Schmidt.

consentement. Dans la première hypothèse, le contrat de société est définitivement formé dès la signature de la promesse et doit produire ses effets à l'égard des parties. Dans la seconde hypothèse, le consentement au contrat final n'ayant pas été donné, la violation de la promesse n'est pas susceptible d'exécution forcée. L'auteur de la rupture peut seulement être condamné à indemniser le préjudice subi par ses cocontractants sur le terrain de la responsabilité contractuelle.

§ 2. – Les statuts

325. – *Forme et contenu.* On pourrait tout aussi bien parler de pacte social ou de contrat de société. Ils sont nécessairement établis par écrit et doivent contenir différentes mentions (C. civ., art. 1835). L'écrit peut prendre la forme d'un acte sous seing privé ou d'un acte authentique. Le passage devant un notaire est obligatoire lorsqu'est apporté un bien soumis à publicité foncière. Il est conseillé lorsque la société est constituée entre deux époux (V. *infra*, n°s 531 et s.). Le contrat de société n'est pas pour autant un contrat solennel. L'écrit n'est pas exigé comme condition de validité mais comme condition de preuve et surtout comme préalable à la formalité de l'immatriculation.

326. – *Liberté contractuelle.* Les statuts ne sont le plus souvent que le décalque de formulaires prérédigés que l'on adapte à l'objet et à la taille de la société envisagée. À partir du projet établi par les spécialistes, une négociation s'engage sur les points les plus importants, politiquement sinon juridiquement : qui aura la majorité du capital social, qui dirigera la société, quelle sera, le cas échéant, l'importance des avances en compte courant demandées à chacun ? En pratique, il est recommandé de retenir la formule de statuts courts, complétés opportunément par un protocole d'accord ou un pacte d'associés (V. *infra*, n°s 342 et 1314 et s.).

327. – Puis vient le moment de la *signature des statuts*, date importante, car elle formalise la constitution de la société. Selon l'article 1842, alinéa 2 du Code civil, « jusqu'à l'immatriculation, les rapports entre les associés sont régis par le contrat de société et par les principes généraux du droit applicables aux contrats et obligations ». La question qui se pose ici, importante dans l'hypothèse d'une modification des statuts, est celle de savoir si, avant l'immatriculation, les décisions doivent être prises à la majorité comme le prévoient les statuts, ou à l'unanimité comme cela est la règle, sauf clause contraire, dans les contrats. Il faut admettre que les statuts, en prévoyant des règles de majorité, dérogent précisément à la règle supplétive de l'unanimité ; ils doivent en conséquence recevoir application dans les rapports internes entre associés pendant la période précédant l'immatriculation.

§ 3. – La libération des apports

328. – Par le contrat de société, les associés se sont engagés à apporter un bien ou leur industrie ; ils devront donc réaliser cet apport à une date et selon des modalités qui varient en fonction du type de société (V. *supra*, n°s 216 et s.). Les apports en numéraire seront bloqués sur un compte bancaire au nom de la société en formation pour devenir disponibles après l'exécution des formalités d'immatriculation[8].

§ 4. – Les formalités de publicité

329. – *L'immatriculation*, qui marque la date d'acquisition de la personnalité morale, suppose le respect de plusieurs formalités de publicité. Après l'insertion d'un avis dans un support d'annonces légales, il convient de déposer un dossier d'immatriculation auprès d'un centre de formalités des entreprises afin que le greffier procède à l'immatriculation de la société et à l'insertion d'un avis au *BODACC*.

330. – Les réformes à venir.

La loi Pacte du 22 mai 2019 a instauré un guichet unique électronique géré par l'INPI pour l'accomplissement de l'ensemble des formalités liées à la création et à la vie des entreprises ; les modalités ont été précisées par un décret n° 2021-300 du 18 mars 2021 et le nouveau dispositif entrera en vigueur le 1er janvier 2023. Les actuels centres de formalités des entreprises demeurent compétents jusqu'au 31 décembre 2022.

La loi Pacte habilite également le Gouvernement à prendre par voie d'ordonnance les mesures pour créer un registre dématérialisé afin de recueillir et diffuser toutes les informations légales concernant les entreprises.

Signalons également qu'une proposition de directive du 25 avril 2018 envisage d'harmoniser l'utilisation des outils et processus numériques se rapportant à l'immatriculation et à la publicité des sociétés et opérations sociétaires sur les registres nationaux (K. Luciano, *L'utilisation d'outils et de processus numériques en droit des sociétés : BJS* 2019, p. 470).

A. – L'insertion d'un avis dans un support d'annonces légales

331. – La constitution d'une société suppose l'insertion d'un avis dans un support d'annonces légales dans le département du siège social ; cet avis doit mentionner les caractéristiques essentielles de la société (D. n° 78-704, 3 juill. 1978, art. 22. – C. com., art. R. 210-4, mod. D. n° 2020-106, 10 févr. 2020).

B. – L'immatriculation de la société

1° Le dépôt du dossier d'immatriculation

332. – *Guichet unique.* Le dossier d'immatriculation doit être déposé auprès du centre de formalités des entreprises compétent ; il est possible de déposer en ligne le dossier de création d'entreprise. Ces centres sont institués auprès des chambres de commerce et d'industrie ; pour les sociétés civiles, c'est le greffe du tribunal de commerce qui en fait office. Le passage par un tel centre, qualifié de guichet unique, permet aux entreprises de souscrire en un même lieu et sur un même document

(8) Cass. com., 19 mai 1998 : *BJS* 1998, p. 952, note P. Serlooten.

les déclarations auxquelles elles sont tenues par les lois et règlements dans les domaines juridique, administratif, social, fiscal et statistique. Les sociétés ont également la possibilité de déposer le dossier d'immatriculation par voie électronique au guichet unique de création d'entreprise.

333. – *Contenu du dossier d'immatriculation.* Le déclarant remplit une liasse unique, valable pour toutes les administrations, accompagnée des pièces justificatives exigées par les organismes destinataires. Le dossier d'immatriculation doit, à peine d'irrecevabilité, comprendre un certain nombre de pièces à joindre en double exemplaire, parmi lesquelles figurent nécessairement les statuts et les actes portant désignation des organes de direction et de contrôle. Il faut également déposer, au moment du dépôt du dossier ou au plus tard dans les quinze jours, la déclaration des bénéficiaires effectifs de la société, autrement dit les personnes physiques qui, en dernier ressort, possèdent ou contrôlent la société (V. *infra*, n° 341).

334. – *Mission du CFE.* Le centre se livre à un contrôle purement formel, puis adresse dans les vingt-quatre heures un exemplaire de la « liasse unique » à chacun des organismes intéressés :

– greffe du tribunal de commerce, pour immatriculation ;

– INSEE, pour inscription sur le répertoire national des entreprises et attribution d'un numéro SIREN ;

– administration fiscale, qui tient à être informée de l'apparition de tout contribuable potentiel ;

– organismes sociaux : URSSAF, caisses de retraite, Pôle emploi.

335. – *Récépissé de création d'entreprise.* Tout a été fait pour accélérer et simplifier la procédure d'immatriculation. Le centre de formalités des entreprises délivre gratuitement un récépissé de création d'entreprise dès le dépôt du dossier d'immatriculation (C. com., art. 123-9-1). Le récépissé, comportant la mention « en attente d'immatriculation », permet d'accomplir, sous la responsabilité de la personne agissant au nom de la société, les demandes nécessaires auprès des services tels que La Poste, EDF, un opérateur téléphonique...

336. – *Délai d'immatriculation.* L'immatriculation doit être demandée sitôt accomplies les formalités de constitution, publicité comprise (C. com., art. R. 123-36). Même si aucun délai n'est prévu par la loi, les fondateurs doivent agir sans tarder ; ainsi une demande déposée vingt ans après la signature des statuts a pu être rejetée(9). Dans les SA (V. *infra*, n° 841) et les SARL (V. *infra*, n° 1697), faute de signature des statuts ou d'immatriculation de la société dans les six mois du dépôt des fonds, les apporteurs en numéraire peuvent obtenir le retrait des fonds.

337. – *Mise à jour et rectification.* En cas de modification ultérieure des statuts, l'ensemble des pièces doit de la même façon être transmis au centre de formalités, lequel saisira le greffe du tribunal pour la mise à jour du dossier d'immatriculation. Par ailleurs, le juge commis à la surveillance du registre peut, à la demande de tout intéressé et notamment d'un associé, enjoindre à toute personne immatriculée au

(9) CA Paris, 24 janv. 2017, n° 16/15840 : *BJS* 2017, p. 363, note B. Saintourens ; *BRDA* 6/2017, n° 2.

RCS de faire procéder aux mentions complémentaires ou rectifications qu'elle doit y faire porter[10].

2° L'immatriculation de la société par le greffier

338. – Le greffier, après un contrôle formel du dossier, procède à l'immatriculation de la société au registre du commerce et des sociétés[11], avec attribution d'un numéro d'immatriculation. La formalité est effectuée gratuitement. L'immatriculation, sauf difficultés particulières, doit intervenir dans le délai franc d'un jour ouvrable après réception de la demande (C. com., art. 123-97). En cas de refus, le demandeur peut saisir le juge commis à la surveillance du registre.

C. – L'insertion d'un avis au *BODACC*

339. – Dans les huit jours de l'immatriculation, le greffier annonce la nouvelle par la voie du *BODACC* (*Bulletin officiel des annonces civiles et commerciales*). Quant au déclarant, il reçoit le précieux « récépissé K bis » qui est aux personnes morales ce que la carte nationale d'identité est aux personnes physiques.

Le coin des amateurs

1. La rupture des pourparlers

340. – Les pourparlers comme les fiançailles ne se rompent pas à la légère et l'associé versatile comme le fiancé inconstant peut voir sa responsabilité civile engagée (C. civ., art. 1112). Tout dépend en fait de l'état d'avancement du projet de société. En voici des illustrations.

Deux architectes entrent en négociation pour la création d'une société commune puis l'un d'entre eux rompt brutalement. Sa responsabilité est engagée au motif que « les pourparlers étaient très avancés, que X n'avait pas hésité à présenter Y comme son associé et que celui-ci était considéré comme tel par les tiers… » (Cass. com., 11 juill. 2000 : *BJS* 2000, p. 1167, note B. Saintourens. – V. égal., Cass. com., 22 mars 2017, n° 15-14.875 : *RJDA* 6/2017, n° 409 ; rupture le jour de la signature alors que les négociations avaient été engagées plusieurs mois auparavant).

Deux personnes, A et B, conçoivent un projet d'entreprise ayant pour objet la location de vidéos dans les trains à grande vitesse ; ils prennent contact avec des partenaires financiers X1 et X2 ; un projet de répartition du capital est élaboré mais non signé et le montant des « apports » en compte courant arrêté ; puis A et B changent de monture financière et font affaire avec Z qui s'engage à assurer les financements nécessaires ; dépit de X1 et X2 écartés de l'entreprise ; ils agissent à l'encontre de la société et du couple A et B. Leur action contre la société est jugée irrecevable, car celle-ci n'avait aucun lien contractuel avec les investisseurs frustrés. Leur action est jugée mal fondée à l'encontre de A et de B au motif que la valorisation des parts sociales et le financement n'avaient pas fait l'objet d'un accord, et qu'en outre les « apports » en compte courant n'avaient pas été effectués en totalité (Cass. com., 20 févr. 2007, n° 05-15.863 : *BJS* 2007, n° 275, p. 985, note P. Mousseron).

On rapprochera de ces deux exemples un cas relatif à la négociation d'un pacte d'actionnaires : une entreprise de conseil en hautes technologies apporte son aide administrative et

(10) Cass. com., 9 sept. 2020, n° 19-15.422, PB : *BJS* nov. 2020, p. 10, note B. Saintourens ; *Dr. sociétés* nov. 2020, n° 129, obs. J.-F. Hamelin ; *JCP* E 2021, 1070, n° 1, obs. J. Valiergue.
(11) Consultable sur SIRENE (www.sirene.fr).

financière à la création d'une société destinée à développer une plate-forme d'échanges sur Internet ; elle envisage chemin faisant d'entrer dans le capital de cette *start-up* et adresse aux fondateurs un projet de pacte d'actionnaires ; puis, deux mois après, l'entreprise de conseil renonce ; la demande de dommages-intérêts dirigée contre elle échoue ; en effet, les juges relèvent que les conditions posées à son entrée dans le pacte d'actionnaires (notamment la réalisation d'un audit) n'avaient pas été satisfaites et que les objectifs du projet étaient encore mal définis après neuf mois d'activité de l'entreprise (Cass. com., 16 févr. 2010, n° 09-12.097 : *RJDA* 6/2010, n° 636). De même, une simple lettre d'intention détaillant les conditions de l'investissement éventuel d'une entreprise de capital-risque ne vaut pas engagement de la société d'accepter l'investissement de ce « capital risqueur » (CA Versailles, 30 juin 2011 : *BRDA* 19/2011, n° 3 ; l'entreprise de capital-risque reprochait à la société d'avoir préféré un concurrent ; elle est déboutée de sa demande de dommages et intérêts. – *Adde* CA Versailles, 8 avr. 2014, n° 13/03008 : *BRDA* 10/2014, n° 10).

En résumé, il est déconseillé de s'engager à la légère, mais les juges reconnaissent également qu'il est tout aussi déconseillé de s'engager les yeux fermés, ce qui peut justifier la rupture des pourparlers ; prime à la sagesse du paysan cauchois qui pèse et repèse avant d'esquisser une tentative de pas.

2. Registre des bénéficiaires effectifs : fin de l'anonymat des associés ?

341. – Afin de lutter contre le blanchiment de capitaux et le financement du terrorisme, la loi Sapin 2 du 9 décembre 2016, transposant une directive du 20 mai 2015, impose aux sociétés non cotées immatriculées de communiquer au RCS différentes informations sur leurs bénéficiaires effectifs (C. monét. fin., art. L. 561-46 et s.) ; la notion, qui appartient au langage de la répression du blanchiment, désigne la personne physique qui contrôle « en dernier lieu » le groupement (C. monét. fin., art. L. 561-2-2 ; D. n° 2018-284, 18 avr. 2018). L'idée est d'éliminer les paravents – prête-noms, trusts, etc. – derrière lesquels se cache le maître de l'affaire ; l'efficacité du dispositif est limitée par la connaissance que peut réellement en avoir la société qui peut légitimement ignorer qu'elle est en fait contrôlée par X, narcotrafiquant notoire.

a) Notion de bénéficiaire effectif

Le bénéficiaire effectif est la ou les personnes physiques qui (C. monét. fin., art. L. 561-1) :

– soit détiennent, directement ou indirectement, plus de 25 % du capital ou des droits de vote de la société ;

– soit exercent, par tout autre moyen, un pouvoir de contrôle sur les organes de gestion, d'administration ou de direction de la société ou sur l'assemblée générale de ses associés ; ce qui semble directement renvoyer à la définition du contrôle posée par l'article L. 233-3, I, 3° et 4° du Code de commerce (V. *infra*, n° 2409).

b) Sociétés soumises à déclaration

Sont soumises à l'obligation d'identifier leurs bénéficiaires effectifs les sociétés tenues de s'identifier au RCS, ce qui englobe les sociétés étrangères ayant leur siège en France, les GIE et les organismes de placements collectifs, exception faite des sociétés dont les titres sont admis à la négociation sur un marché réglementé ainsi que les sociétés en participation et les sociétés créées de fait. L'exigence s'étend aux filiales non cotées d'une société mère cotée.

c) Contenu de la déclaration

Ces sociétés doivent obtenir et conserver des informations exactes et actualisées sur leurs bénéficiaires effectifs et déposer au greffe, au moment du dépôt du dossier d'immatriculation ou au plus tard dans les quinze jours, un document permettant de les identifier (nom, domicile, modalités de contrôle de la société...). Selon des juges du fond, cette obligation n'est pas satisfaite, au regard de l'objectif de transparence poursuivi, en l'absence d'indication du pourcentage exact de détention du capital et/ou des droits de vote par le bénéficiaire effectif dans la société déclarante (T. com. Bobigny, 18 mai 2018 : *BJS* 2018, p. 397, note D. Da et A. Tournier ; *Dr. sociétés* 2018, n° 161, obs. R. Mortier. – CA Lyon, 3e ch., 12 sept. 2019, n° 19/02040 : *Dr. sociétés* janv. 2020, n° 1, obs. R. Mortier). Ces éléments viennent ensuite abonder le registre des bénéficiaires effectifs (C. com., art. R. 561-55 et s.). Le but est de constituer un stock d'informations auquel ont notamment accès TRACFIN, l'administration fiscale, les douanes ou encore les autorités judiciaires.

d) Sanctions

Si cette obligation n'est pas respectée, le président du tribunal de commerce, d'office ou sur requête du procureur de la République ou de toute personne intéressée, peut prendre une ordonnance d'injonction, sans préjudice du prononcé de lourdes sanctions pénales (C. monét. fin., art. L. 561-48). *Adde* B. Dondero, *Le décret n° 2018-2894 du 18 avr. 2018 : JCP* E 2018, 354 ; *Le degré d'identification du bénéficiaire effectif : synthèse de l'acquis jurisprudentiel : JCP* E 2020, 1330. – J. Lasserre Capdeville, *L'identification du bénéficiaire effectif en droit des sociétés : Rev. sociétés* 2018, p. 7 et p. 423. – H. Le Nabasque, *Retour sur la notion de bénéficiaires effectifs : BJS* 2018, p. 8. – R. Mortier et S. Sol, *Le registre des bénéficiaires effectifs : Dr. sociétés* nov. 2017, 11. – A. Rocher, *Les données personnelles des bénéficiaires effectifs de sociétés : Rev. sociétés* 2020, p. 139. – B. Zabala et A. Rohmert, *Le régime des bénéficiaires effectifs appliqué aux sociétés : JCP* E 2017, 1585.

3. Les actes extrastatutaires

342. – L'accord des associés déborde parfois le cadre des statuts pour s'exprimer dans des actes extrastatutaires, ce qui démontre la vitalité du phénomène contractuel dans l'organisation de la société. Les actes sont de nature diverse et on peut distinguer les protocoles d'accord, le préambule, le règlement intérieur et le pacte adjoint. Ils suscitent diverses interrogations, notamment quant à leur relation avec les statuts, seul acte saisi par le Code de commerce et le Code civil (S. Schiller, *Pactes, statuts, règlement intérieur : quelle hiérarchie : Rev. sociétés* 2011, p. 331).

a) Le protocole d'accord

Le protocole d'accord est dressé par deux ou plusieurs partenaires qui arrêtent les conditions de leur collaboration au sein de l'entreprise commune : répartition des coûts, fonctionnement du comité de direction, nomination et salaires des cadres supérieurs, stratégie, objectifs, programme d'investissement... Le protocole d'accord se recommande notamment lorsque les partenaires ont une force équivalente (par ex., filiale à 50/50) ou disproportionnée (majoritaire et minoritaire). Du protocole d'accord, on pourrait dire qu'il est métastatutaire en tant qu'il englobe les statuts. Le protocole d'accord est généralement secret, il est élaboré avant même la constitution de la société. S'il est modifié, ce qui est rare, il le sera à l'unanimité. En application du principe de l'effet relatif des conventions, il engage seulement ses signataires : les tiers, fussent-ils associés, ne connaissent et n'appliquent que les statuts.

b) Le préambule

Le préambule est au contrat de société ce que l'exposé des motifs est à la loi. Les associés y déposent leurs instructions, leurs espoirs, leurs convictions et aussi certaines lignes de conduite qu'ils s'engagent à respecter. Il n'a pas seulement valeur ornementale. S'il est bien rédigé, il permet de régler certains conflits en dégageant la commune intention des parties. Quelle est sa valeur contraignante ? Tout dépend du lieu où il est logé. S'il figure dans le protocole d'accord, il en épouse la vertu métastatutaire. S'il est placé en tête des statuts, il a la même force obligatoire que ceux-ci.

c) Le règlement intérieur

Le règlement intérieur, qui n'est pas publié, a pour objet d'organiser la vie quotidienne de la société : politique commerciale commune d'un magasin collectif de commerçants indépendants, relations entre les organes sociaux, répartition des coûts dans un GIE (V. *infra*, n° 2165), mise en œuvre d'un programme dans une société de promotion immobilière, vie financière dans une coopérative agricole, fonctionnement et pouvoirs du conseil d'administration dans une SA (V. *infra*, n°s 921 et 1016)...

En tant qu'il règle le détail du fonctionnement de la société, dont les principes sont arrêtés par les statuts, le règlement intérieur est infrastatutaire. Il est subordonné aux statuts et sa validité doit être appréciée par rapport à ces derniers. Ainsi, la clause de non-réinstallation d'un associé retrayant stipulée dans un règlement intérieur a été jugée incompatible avec les statuts d'une société civile de moyens en ce qu'elle apportait des restrictions au libre exercice de leur profession par ses membres, là où la société avait pour seul but de faciliter l'exercice de cette profession par la mise en commun des moyens utiles à celle-ci (Cass. com., 1er mars 2011, n° 10-13.795, PB : *D.* 2011, p. 745, note A. Lienhard ; *Dr. sociétés* 2011, n° 88, obs. H. Hovasse). La violation du règlement intérieur peut être une cause de nullité d'une délibération sociale (V. *infra*, nos 733 et s.).

Le règlement intérieur peut être élaboré par les associés. Lorsque les statuts ont prévu un règlement intérieur ayant force obligatoire pour les associés, celui-ci doit être regardé comme faisant partie du pacte social et s'impose à eux (Cass. com., 20 oct. 1998 : *BJS* 1999, § 78, p. 381, note P. Le Cannu). Le règlement intérieur peut également être rédigé par les dirigeants. Cette dernière voie se recommande par sa souplesse ; elle n'est pas critiquable dès lors que les questions traitées relèvent de la sphère de compétence des dirigeants.

d) Le pacte adjoint ou pacte d'associés

C'est dans un pacte adjoint que sont le plus souvent consignés les droits et obligations des associés : agrément ou préemption, vote dans les assemblées et les conseils. Le pacte adjoint est parastatutaire ; il est contractuel et sa portée est limitée à ses signataires (V. *infra*, nos 1314 et s.). Sa transmission aux ayants cause de ces derniers – tels les héritiers – suit donc les règles du droit des obligations. Les ayants cause à titre universel, devenus associés au décès de leur auteur, sont tenus par le pacte, sauf volonté contraire des parties ou démonstration du caractère strictement personnel des engagements souscrits.

SOUS-SECTION 2

LE SORT DES ACTES PASSÉS PENDANT LA PÉRIODE DE CONCEPTION

343. – *Date d'acquisition de la personnalité morale.* Avant 1966, la naissance de la personnalité morale coïncidait avec la date de conclusion du contrat de société. Pour tenir compte des impératifs d'harmonisation européenne, et spécialement de sécurité des tiers, elle a été retardée à la date d'immatriculation de la société. Cette règle pose toutefois une difficulté. Un temps plus ou moins long peut s'écouler entre la signature des statuts et l'immatriculation au registre du commerce et des sociétés ; pendant cette période, des dépenses sont susceptibles d'être engagées (location de bureaux pour l'installation du siège social, embauche de personnel, achat de matériel, ouverture d'un compte bancaire...). Parfois, l'activité sociale débute même avant toute immatriculation (V. *infra*, n° 355). Or, faute d'immatriculation, la société n'a pas encore de personnalité juridique. À défaut de capacité juridique, elle ne peut évidemment pas contracter et l'engagement est nul pour défaut de capacité de jouissance de son auteur (V. *infra*, n° 356). Comment dès lors passer valablement un acte pendant la période de formation de la société ?

344. – *Réglementation.* L'écart entre la date de formation de la société et la date de son opposabilité aux tiers explique la réglementation figurant aux articles 1843 du Code civil et L. 210-6 du Code de commerce. Cette réglementation a été adoptée en application anticipée de la première directive européenne du 9 mars 1968, en vue de rendre équivalentes les garanties qui sont exigées des sociétés pour protéger les associés et les tiers[12] (Traité sur le fonctionnement de l'Union européenne [TFUE], art. 50, g). À cette fin, il a été prévu que les engagements souscrits pendant la période de formation de la société pèsent sur ceux qui les ont contractés au nom de la société, de sorte que les tiers soient certains d'avoir un contractant, sauf s'ils sont repris par la société après son immatriculation.

§ 1. – L'engagement des personnes qui ont passé les actes externes

345. – *Engagement personnel des « personnes qui ont agi au nom d'une société en formation ».* On désigne par actes externes les actes accomplis avec des tiers (bailleurs, banquiers, fournisseurs, salariés...) au nom de la société en formation. En l'absence de personnalité juridique de celle-ci, certains associés lui prêtent la leur en espérant ne servir que d'intermédiaires. Rien n'est moins sûr, à preuve l'article 1843 du Code civil selon lequel « les personnes qui ont agi au nom d'une société en formation, avant l'immatriculation, sont tenues des obligations nées des actes ainsi accomplis, avec solidarité si la société est commerciale, sans solidarité dans les autres cas ». L'engagement personnel de ceux qui ont agi permet d'assurer une protection efficace des tiers, lesquels risquent sinon d'être grugés, soit que la société ne soit jamais immatriculée[13], soit qu'elle ne reprenne pas les engagements souscrits en son nom. Jusqu'à une éventuelle reprise, l'acte n'engage donc que son auteur, qui est tenu en qualité de partie de l'acte et non au titre d'une quelconque responsabilité. Par conséquent, s'agissant d'un emprunt contracté pour le compte d'une société en formation et non repris après immatriculation, l'associé est personnellement tenu en qualité d'emprunteur, de sorte que l'article 1415 du Code civil est applicable à son engagement[14].

346. – *Notion de « personnes qui ont agi au nom d'une société en formation ».* La loi ne vise que « les personnes qui ont agi », c'est-à-dire celles qui ont passé personnellement les actes ou encore qui ont donné mandat de les passer. Ce ne sont

(12) P. Didier, *L'article 1843 du Code civil ou de la difficulté d'être européen* : *Mél. P. Drai*, Dalloz, 2000, p. 549.

(13) Cass. com., 20 févr. 2007, n° 05-15.863, F-P+B : *D.* 2007, p. 808 : malgré le défaut d'immatriculation de la société, l'adjudication effectuée par des associés fondateurs au nom d'une société en formation est valable et engage ceux-ci.

(14) Cass. 1re civ., 9 juill. 2014, n° 13-20.356, PBI : *BJS* 2014, p. 367, note J.-F. Barbièri ; *JCP* E 2014, 1651, n° 1, chron. Fl. Deboissy et G. Wicker.

pas nécessairement les fondateurs. On peut être fondateur sans avoir passé d'actes, comme on peut en avoir passé sans être fondateur. Les associés qui n'ont pas contracté avec les tiers ne peuvent donc pas en principe être poursuivis (V. toutefois *infra*, n° 351). D'où le conseil donné aux associés : ne conclure aucun acte tant que la société n'est pas immatriculée, laisser cet honneur – et cette responsabilité – aux fondateurs. À l'opposé, le créancier qui tient à sauvegarder ses droits exigera que l'acte soit passé par tous les associés.

347. – *Nature de l'engagement.* Cet engagement de principe des personnes qui ont agi au nom de la société en formation, dont la raison d'être est la protection des tiers, présente une nature particulière : ces personnes ont contracté, non dans leur intérêt personnel, mais dans l'intérêt de la société car l'activité a été déployée au nom de la société et non pour leur propre compte. Ainsi, cet engagement n'a pour objet que de garantir au tiers contractant qu'il aura en tout état de cause une personne contre laquelle il pourra poursuivre l'exécution de l'acte. Ceci explique que ces engagements aient vocation à être repris par la société une fois qu'elle aura été immatriculée.

§ 2. – La reprise des actes accomplis pour le compte de la société en formation

348. – Les articles 1843 du Code civil et L. 210-6 du Code de commerce prévoient que la société régulièrement immatriculée peut reprendre les engagements souscrits qui sont alors réputés avoir été dès l'origine contractés par celle-ci. La reprise permet ainsi de faire supporter par la société les conséquences des actes passés avant son immatriculation.

A. – Les formes de la reprise

349. – *Ratification ou représentation.* Trois formes de reprise peuvent être distinguées (D. n° 78-704, 3 juill. 1978, art. 6 ; C. com., art. R. 210-5 et R. 210-6). Dans tous les cas, la reprise suppose que l'acte ait été accompli au nom de la société en formation et qu'il y ait un accord des associés. À cet effet, deux techniques du droit des obligations sont sollicitées, celle de la ratification *a posteriori*, dans le premier et le troisième cas, celle de la représentation dans le second :

– *reprise des actes passés avant la signature des statuts* : la reprise est automatique s'ils sont recensés précisément[15] dans un état annexé aux statuts ou mentionnés avec la même précision dans les statuts[16] ; la signature de ceux-ci vaut ratification des engagements antérieurs ; en annexant les actes aux statuts, les associés manifestent leur volonté de les reprendre ;

(15) Cass. com., 13 juill. 2010, n° 09-68.142 : *BJS* 2010, § 193, p. 882, note J.-J. Barbièri ; *Dr. sociétés* 2010, n° 196, obs. M.-L. Coquelet ; *RJDA* 11/2010, n° 1075 ; refus de faire jouer la reprise d'un contrat de conseil au motif que l'état annexé mentionnait seulement « engagement de frais et honoraires de conseil » sans viser spécifiquement le contrat litigieux.

(16) Cass. 3e civ., 13 juill. 2011, n° 10-18.640 : *Dr. sociétés* 2011, n° 188, obs. R. Mortier ; *RJDA* 11/2011, n° 913 ; bail commercial consenti aux fondateurs.

– *reprise des actes passés entre la signature des statuts et l'immatriculation* : pour ces actes, la reprise est automatique lorsqu'ils ont été accomplis en vertu d'un mandat accordé par les associés à l'un d'eux, soit dans les statuts, soit par acte séparé ; l'immatriculation emporte alors reprise des engagements conclus au nom de la société en vertu de ce mandat(17) ; encore faut-il que le mandat précise la nature des actes à passer ; il ne saurait s'agir ni d'un mandat général(18), ni d'un mandat implicite(19) ; en revanche, le mandat peut être donné par l'ensemble des associés postérieurement à l'engagement, à condition qu'il intervienne avant l'immatriculation(20) ; le mandat peut être donné à l'associé gérant(21) ;

– *reprise quelle que soit la date des actes* : la reprise peut intervenir postérieurement à l'immatriculation, quelle que soit la date à laquelle l'acte a été passé, à la suite d'une décision spéciale prise, sauf clause contraire des statuts, à la majorité des associés(22) (pour une EURL, V. *infra*, n° 358) ; cette forme de ratification est utile lorsque les conditions d'une reprise automatique ne sont pas réunies, par exemple parce que le mandat confié à l'associé qui a agi était trop général ; cette forme de reprise, dite parfois « reprise-balai », ménage les intérêts des tiers (la société est engagée) et les intérêts des associés qui ont agi (ils ne sont pas engagés), sans sacrifier ceux des associés puisque la reprise suppose l'accord exprès de la majorité d'entre eux ; pour cette raison, la reprise doit résulter d'une décision expresse des associés(23) et ne peut pas être implicite, par exemple résulter d'une exécution de l'acte par les dirigeants.

350. – *Caractère limitatif des formes de reprise.* En dehors de ces trois cas de figure, aucune reprise n'est possible sur le fondement des textes du droit des sociétés, de là d'éventuelles mauvaises surprises (V. *infra*, n° 357). Reste toutefois les ressources du droit des obligations puisque les parties au contrat peuvent stipuler une clause de substitution(24) ou, après immatriculation de la société, convenir d'une substitution de contractant(25).

(17) Cass. com., 9 oct. 2001 : *BJS* 2002, p. 71, note M. Menjucq : reprise par la société d'un achat de fonds de commerce effectué par l'associé-gérant en vertu d'un mandat spécial.

(18) Cass. com., 21 juill. 1987 : *Rev. sociétés* 1987, p. 590, note P. Le Cannu : inefficacité d'une clause générale stipulant que « tous les engagements qui devraient être pris par le gérant dans le cadre de l'objet social pour le compte de la société en formation seraient repris par celle-ci dès son immatriculation au registre du commerce ». – Même solution lorsque ni le mandat donné par les statuts ni les documents annexés auxquels ils renvoient ne déterminent les engagements devant être pris pour le compte de la société en formation : Cass. com., 14 nov. 2006, n° 05-16.527 : *Dr. sociétés* 2007, n° 3, obs. H. Lécuyer ; *BJS* 2007, § 85, p. 374, note J.-F. Barbièri ; *JCP* E 2007, 1145, note J. Monnet.

(19) La deuxième chambre civile de la Cour de cassation a opportunément admis la reprise d'une enchère portée au nom et pour le compte d'une société en formation en se fondant sur l'existence d'un mandat implicite donné par les associés (à ne pas confondre avec une reprise implicite de l'acte par les dirigeants, V. *infra*, n° 357) ; en l'espèce, la volonté des associés de reprendre l'enchère n'était pas discutable puisque la société avait été constituée pour l'acquisition du bien litigieux : Cass. 2e civ., 10 sept. 2009, n° 08-15.882, PB : *JCP* E 2010, 1145, n° 1, obs. Fl. Deboissy et G. Wicker.

(20) Cass. com., 1er juill. 2008 : *JCP* E 2008, 2299, note C. Boismain.

(21) Cass. com., 9 oct. 2001 : *BJS* 2002, § 14, p. 71, note M. Menjucq.

(22) Cass. com., 12 juill. 2004 : *BJS* 2004, p. 1504, note J.-J. Daigre : seule une délibération spéciale de la collectivité des associés, prise sauf clause statutaire contraire à la majorité d'entre eux, constitue l'accomplissement régulier de la formalité exigée par les textes.

(23) Le seul fait que les charges financières résultant d'un contrat de bail conclu au nom de la société en formation aient été intégrées dans les comptes sociaux approuvés par la majorité des associés ne suffit pas à établir sa reprise par la société : Cass. com., 22 nov. 2005 : *Dr. sociétés* févr. 2006, n° 24, obs. J. Monnet.

(24) Cass. com., 21 mars 2018, n° 15-29.377 : *Dr. sociétés* 2018, n° 119, obs. R. Mortier ; *JCP* E 2018, 1361, note C. Barillon. – Cass. com., 15 janv. 2020, n° 17-28.127 : *Dr. sociétés* juill. 2020, n° 91, obs. R. Mortier : bail commercial stipulant qu'il est signé par M. P « pour le compte d'une société à constituer devant se substituer, qui aura pour objet l'exploitation d'un fonds de commerce dans les locaux loués ».

(25) Cass. 2e civ., 14 déc. 2006, n° 04-20.673 : *Dr. sociétés* 2007, n° 23, obs. H. Lécuyer.

B. – Les conditions de fond de la reprise

1° Condition tenant à l'immatriculation de la société

351. – Si les associés renoncent en définitive à immatriculer la société, cette dernière n'a pas de personnalité juridique : aucune reprise n'est dès lors concevable. Il faut dans ce cas s'en tenir au principe de l'engagement des personnes qui ont passé les actes. Autrement dit, c'est la personne ayant agi au nom de la société en formation qui est seule engagée. Cependant, si la société a exercé une activité durable et importante, le créancier peut soutenir que la société en formation s'est muée en une société en participation ou en une société créée de fait afin de pouvoir poursuivre une autre personne que celle qui a passé l'acte (V. *infra*, n° 355).

2° Conditions tenant à l'acte

352. – La reprise est un acte grave à la fois pour le créancier (puisque la reprise opère rétroactivement une substitution de débiteur) et pour la société (puisque l'acte passé par un associé va en définitive grever le patrimoine social). Les conditions de la reprise sont en conséquence strictement définies. La reprise ne peut concerner qu'un acte juridique conclu dans l'intérêt de la société et au nom de la société en formation :

– *un acte juridique* : la reprise s'applique selon le texte à tous les actes, obligations et engagements (pour les actes de procédure, V. *infra*, n° 359) ; le terme engagement est interprété comme ne visant que les actes juridiques et non les actes délictuels ou quasi délictuels ; par exemple, les conséquences d'un fait de concurrence déloyale perpétré par les fondateurs pendant la période de conception ne sauraient être supportées par la société par le jeu de la reprise[26] ;

– *un acte conclu dans l'intérêt de la société* : seul est susceptible de reprise un acte passé dans l'intérêt de la société ; par exemple, il ne saurait être question de reprendre un engagement conclu dans l'intérêt personnel de l'associé qui a agi ;

– *un acte conclu au nom de la société en formation* : l'engagement doit faire apparaître clairement qu'il a été passé au nom d'une société en formation afin que le tiers soit averti de la possibilité d'une substitution de contractant.

C. – Les effets de la reprise

353. – *Substitution rétroactive.* Ainsi qu'en dispose l'article 1843 du Code civil, la reprise, quelle qu'en soit la forme, met à la charge de la société les actes antérieurs à son immatriculation ; ces derniers « sont alors réputés avoir été dès l'origine contractés par celle-ci ». La reprise entraîne une substitution rétroactive de partie sans que le cocontractant n'ait à donner son accord. Les actes valablement repris sont réputés avoir été passés dès l'origine par la société[27], tandis que l'associé qui

(26) CA Paris, 24 févr. 1977 : *JCP* G 1978, II, 18957, note Y. Chartier : des cadres démissionnent d'une société, dont ils débauchent une partie du personnel, pour créer leur propre société.

(27) Cass. 3e civ., 7 avr. 2016, n° 15-10.881 PB : *Dr. sociétés* 2016, n° 100, obs. H. Hovasse ; *BJS* 2016, p. 642, note H. Barbier ; *Rev. sociétés* 2016, p. 523, note B. Saintourens ; par l'effet rétroactif de la reprise, la société est réputée propriétaire du bien à la date de la vente et non à la date de la décision de reprise ; elle a donc qualité pour agir en réduction du prix même si la reprise est intervenue après l'expiration du délai de forclusion. – Cass. 3e civ., 7 déc. 2011, n° 10-26.726,

a passé l'acte est rétroactivement déchargé de toute obligation personnelle[28]. Par suite, la société pourra elle-même demander l'exécution du contrat réputé passé en son nom[29].

354. – *Absence de rôle du créancier.* Le créancier n'a aucune initiative à prendre ni aucun avis à donner bien que la reprise ne lui soit pas toujours profitable, soit qu'à la responsabilité solidaire des personnes ayant agi soit par exemple substituée la responsabilité limitée d'une SA, soit que la société se révèle insolvable[30]. L'engagement de la personne ayant agi et celui de la société repreneuse sont alternatifs (soit l'un, soit l'autre) et non cumulatifs (l'un et l'autre). Si le créancier souhaite conserver, quoi qu'il advienne, un recours contre l'associé qui a passé l'acte, il peut lui demander de s'engager comme caution de la société en formation ; dans ce cas la reprise des engagements libère l'associé en tant que débiteur principal mais non en tant que caution[31].

Cette absence de rôle du créancier se retrouve lorsque la société refuse ou omet de reprendre les actes passés en son nom ; le créancier n'a pas le pouvoir d'obliger la société à reprendre expressément telle ou telle opération ; à défaut de reprise, il ne peut agir que contre l'associé avec lequel il a contracté.

Comme toujours, il faut réserver le cas de fraude. Constitue par exemple une fraude aux droits des créanciers l'immatriculation tardive d'une société en formation et la reprise des engagements des actes des associés, postérieure à une action en demande formulée à leur encontre par les créanciers : la société étant insolvable, la reprise des engagements a été déclarée inopposable aux créanciers[32].

Le coin des amateurs

1. Société en formation et société créée de fait, ou l'inconvénient de laisser le projet de société dans les limbes

355. – Il est des gestations qui se prolongent en raison du manque d'enthousiasme des promoteurs, de leur incapacité à « sauter le pas » ou de leur désinvolture ; résultat, en cas de difficultés, on se demandera comment qualifier la société inaboutie : société en formation ou société créée de fait ?

a) Critères de qualification

Le critère résulte de l'analyse de l'activité déployée par les associés : la société créée de fait est révélée par « le développement de façon durable et importante d'une activité dépassant

PB : *BJS* 2012, § 178, p. 288, note P. Le Cannu ; *Dr. sociétés* 2012, n° 40, obs. R. Mortier ; *Rev. sociétés* 2012, p. 218, note A. Reygrobellet : lorsqu'un bail commercial a été acquis au nom d'une société en formation, le bailleur qui donne congé ne peut, pour s'opposer au paiement d'une indemnité d'éviction, soutenir que la société locataire n'était pas immatriculée à la date de ce congé dès lors que, du fait de la reprise des engagements pris en son nom, elle était réputée avoir la personnalité morale à la date de délivrance du congé.

(28) La reprise d'un acte passé pour le compte d'une société en formation décharge les associés ayant passé l'acte, peu important que seul l'un d'entre eux ait été investi du mandat spécial nécessaire à cette reprise : Cass. com., 13 déc. 2005, n° 04-12.528 : *BJS* 2006, § 104, p. 518, note P. Le Cannu ; *JCP* E 2006, 1126.

(29) Cass. com., 29 janv. 2008 : *RJDA* 4/2008, n° 403 ; un bail avait été conclu pendant la période de formation de la société ; le bail repris par celle-ci, elle peut elle-même demander la mise à disposition des locaux.

(30) Une société reprend l'engagement souscrit en son nom au cours de la période constitutive puis se révèle insolvable ; le créancier tente de se retourner contre la personne qui a agi au nom de la société. C'est trop tard ; ladite personne est entièrement libérée de ses obligations : Cass. com., 22 mai 1991 : *BJS* 1991, p. 702, note P. Le Cannu.

(31) Cass. 1re civ., 26 avr. 2000 : *LPA* 20 févr. 2001, note M. Bruggeman.

(32) CA Paris, 22 nov. 1988 : *BJS* 1989, p. 313.

l'accomplissement de simples actes nécessaires à la constitution de la société » (Cass. com., 9 nov. 1987 : *BJS* 1987, p. 857). L'allongement de la période de conception et l'importance de l'activité exercée sont donc autant d'indices révélant que les associés ont renoncé à la société initialement projetée pour le charme discret de la société créée de fait, notamment du fait de sa clandestinité.

b) Enjeux de la qualification

Le choix entre les deux figures juridiques emporte des conséquences pratiques importantes. S'il s'agit d'une société en formation, seul l'auteur de l'acte est engagé. S'il s'agit au contraire d'une société créée de fait, l'article 1873 du Code civil commande d'appliquer les règles de la société en participation ; or, en principe, dans une telle société, chaque associé contracte en son nom personnel et est seul engagé à l'égard des tiers. La situation semble donc la même dans la société en formation et dans la société créée de fait : seul celui qui a personnellement passé l'acte est tenu tandis que les autres associés sont à l'abri des poursuites du créancier. Toutefois, ce principe est écarté dans trois cas énumérés par l'article 1872-1 du Code civil (V. *infra*, n° 2020) : tous les associés sont tenus lorsqu'ils ont agi en qualité d'associés au vu et au su des tiers ; l'associé qui s'est immiscé dans l'opération comme celui au profit duquel l'engagement a tourné peuvent être également poursuivis. Par suite, si le créancier arrive à prouver que la société en formation est en réalité une société créée de fait, il n'aura guère de mal à établir que l'une de ces trois conditions est remplie et pourra en définitive se retourner contre un autre que son débiteur initial, et accroître ainsi ses chances d'obtenir paiement de sa créance.

c) Application

La Cour de cassation a mis en œuvre ces principes dans une décision du 26 novembre 1996 (*BJS* 1997, p. 149, note P. Serlooten ; *JCP* G 1997, II, 22904, note D. Gibirila. – *Adde*, Ch. Goyet, *L'article 1872-1 du Code civil s'applique-t-il aux situations informelles ?* : *D.* 1998, p. 37). Une SA est immatriculée tardivement après avoir commencé à exercer de façon massive son activité. L'arrêt d'appel ayant retenu la responsabilité solidaire de tous les associés est cassé pour défaut de base légale : les juges auraient dû caractériser les actes personnels des associés permettant de considérer qu'ils avaient agi en qualité d'associés au vu et au su des tiers ou qu'ils s'étaient immiscés dans le contrat passé par le représentant de la société, leur faisant croire qu'ils entendaient s'engager à leur égard. Si une telle preuve peut être rapportée par le créancier, les associés seront finalement tenus indéfiniment au passif social au mépris de la limitation de responsabilité liée au choix de la SA et initialement inscrite dans les statuts.

Dans une autre affaire, deux personnes ayant projeté de constituer une SNC dont l'objet était l'acquisition des parts d'une tierce société se sont retrouvées associées d'une société créée de fait pour cause de défaut d'immatriculation de la SNC ; simple question d'esthétique dira-t-on puisque la responsabilité est la même dans les deux sociétés ; certes, mais pour l'associé ne participant pas aux opérations de constitution de la société, la différence est sensible : faute d'immatriculation, il n'est pas associé d'une SNC, et faute de participation aux opérations de constitution, il est en principe immunisé contre une poursuite des tiers… sauf reconnaissance d'une société créée de fait. En l'espèce, il a été jugé que les fondateurs avaient dépassé le simple stade des actes nécessaires à la création de la société, l'associé gérant ayant notamment contracté un emprunt au nom de la société pour réaliser l'acquisition de parts envisagée, et comme l'associé non-gérant était imprudemment intervenu au prêt, qu'il s'était présenté comme l'un des associés et… qu'il avait les poches plus profondes que le gérant, il fut condamné au remboursement du prêt (Cass. com., 26 mai 2009, n° 08-13.891 : *BRDA* 15-16/2009, n° 3 ; *Dr. sociétés* 2009, n° 197, obs. M.-L. Coquelet ;

Rev. sociétés 2010, p. 26, note B. Dondero. – *Adde* CA Paris, 11 mars 2009 : *RJDA* 8-9/2009, n° 742).

d) Moralité

L'associé d'une société en formation qui ne participe pas directement aux formalités de constitution et d'immatriculation, sera bien inspiré, soit d'insister pour que le projet sorte rapidement des limbes, soit de faire « profil bas » tant que la société n'est pas immatriculée et que la situation des actes conclus antérieurement à l'acquisition de la personnalité morale n'a pas été régularisée. À jouer précocement à l'associé, il risque de voir sa responsabilité financière engagée si les créanciers ne sont pas payés alors que la société n'est toujours pas immatriculée.

2. La nullité des actes passés par la société en formation pour défaut de capacité de jouissance

356. – Selon l'article 1128 du Code civil, la capacité de contracter est une condition de validité du contrat. Il s'ensuit que l'acte conclu directement par une société en formation est nul pour défaut de capacité de jouissance de son auteur. C'est ce qui a été jugé dans l'hypothèse d'un prêt contracté par une société non encore immatriculée, alors qu'il n'avait pas été indiqué qu'il avait été souscrit au nom d'une société en formation ; le contrat a été annulé, à la demande de la société emprunteuse, pour absence de personnalité morale de cette dernière (Cass. com., 17 juill. 2001 : *BJS* 2001, § 274, p. 1267, obs. P. Scholer. – Cass. com., 9 janv. 2019, n° 17-15.386 : *BJS* 2019, p. 6, note J.-F. Barbièri).

Or qu'advient-il lorsque la société est ensuite immatriculée ? Le défaut de capacité de jouissance est une cause de nullité relative, qui est susceptible d'être couverte (C. civ., art. 1181). Ainsi, une fois immatriculée, la société acquiert la capacité de jouissance et la nullité ainsi couverte ne devrait pas pouvoir être prononcée (pour un acte de procédure, V. *infra*, n° 359). Pour autant, la nullité a été prononcée à plusieurs reprises en matière de bail (Cass. com., 2 févr. 2010, n° 09-13.405 : *RJDA* 5/2010, n° 508), de vente d'immeuble (Cass. com., 5 oct. 2011, n°s 09-70.571 et 09-72.855 : *BJS* 2012, § 550, p. 948, note P. Le Cannu ; *RJDA* 1-2012, n° 52), de fourniture de marchandises (Cass. com., 21 févr. 2012, n° 10-27.630 : *BRDA* 5/2012, n° 2 ; *Dr. sociétés* 2012, n° 58, obs. R. Mortier), de surenchère (Cass. 2e civ., 28 sept. 2017, n° 16-20.903 : *BJS* 2018, p. 26, note T. de Ravel d'Esclapon ; *Dr. sociétés* 2018, n° 41, obs. R. Mortier) ou encore de contrat d'architecte (Cass. com., 13 nov. 2013, n° 12-26.158 : *BJS* 2014, p. 67, note A. Constantin) ; la solution est d'autant plus rigoureuse qu'il avait été mentionné dans l'acte que la société était en cours d'enregistrement (V. égal., pour la nullité de contrats indiquant que la société était en cours d'immatriculation, Cass. com., 10 févr. 2021, n° 19-10.006, FP : *BJS* mai 2021, p. 32, note T. de Ravel d'Esclapon).

3. Les mauvaises surprises des fausses reprises

357. – La période de formation est décidément pleine d'incertitudes. Plusieurs décisions soulignent la nécessité de respecter scrupuleusement les conditions de forme de la reprise pour que celle-ci soit efficace. À défaut, le créancier risque de bien mauvaises surprises.

a) L'exécution de l'acte par les dirigeants ne vaut pas reprise par les associés

Un prêt bancaire est consenti au profit d'une société en formation à la demande d'un associé désigné ensuite comme gérant. La société règle les premières échéances, puis se trouve dans l'impossibilité de faire face aux échéances suivantes. La banque se retourne alors contre les cautions qui ont garanti les engagements de la société. La cour d'appel, estimant que l'exécution partielle du contrat valait reprise implicite, les condamne au paiement. Sa décision est cassée (Cass. 1re civ., 2 oct. 2002 : *BJS* 2002, p. 1335, note B. Saintourens ;

JCP E 2003, 627, n° 1, obs. J.-J. Caussain, Fl. Deboissy et G. Wicker). La même solution a été retenue à l'occasion d'un marché de travaux sur des meubles ; après son immatriculation, la société avait réceptionné les travaux et procédé à un paiement partiel ; cela valait-il reprise ? Non (Cass. com., 17 juin 2008 : *BRDA* 15-16/2008, n° 1. – V. aussi, Cass. com., 13 déc. 2011, n° 11-10.699, PB : *Dr. sociétés* 2012, n° 39, obs. R. Mortier). La solution est fondée en ce que la reprise suppose en tout état de cause une décision des associés (V. *supra*, n° 349). Dans la mesure où la reprise tacite s'infère d'un commencement d'exécution, elle procède seulement du pouvoir des dirigeants qui assurent la gestion quotidienne de la société. En admettre la validité reviendrait dès lors à déposséder l'assemblée de son pouvoir au profit des dirigeants.

Le dernier mot n'est peut-être pas dit : pourquoi ne pas invoquer les règles de la gestion d'affaires, puisque l'engagement résultant d'un quasi-contrat, contrairement au mécanisme de la reprise, ne procède pas d'une manifestation de volonté ? La mise en œuvre de la gestion d'affaires conduit en effet à confronter, non l'intérêt des dirigeants et celui de la société apprécié par l'assemblée des associés, mais l'intérêt de la société et celui du tiers cocontractant. Or, pour résoudre cette opposition d'intérêts, aucune règle spéciale du droit des sociétés ne permet d'écarter le droit commun de la gestion d'affaires et de sacrifier l'intérêt du tiers contractant lorsqu'il apparaît que l'acte a été utile et a profité à la société. À suivre…

b) Le concours de tous les associés à l'acte ne vaut pas reprise

Une SARL est créée par deux associés pour l'exploitation d'un restaurant ; ils signent un contrat de bail au nom de la société en formation. La SARL, dûment immatriculée, n'acquittant sans doute pas les loyers, le bailleur se retourne contre les deux associés en faisant valoir que le bail n'a pu être repris par la SARL en l'absence du mandat signé par les associés. La cour d'appel rejette la demande du bailleur au motif que la signature du bail par l'ensemble des associés vaut mandat implicite. L'arrêt est cassé pour violation de la loi (Cass. com., 6 déc. 2005 : *BJS* 2006, p. 517, note P. Le Cannu). Une solution identique, à savoir l'absence de reprise, a été retenue dans une espèce où tous les associés avaient accepté la prise en charge par la société des obligations résultant du contrat (Cass. com., 23 mai 2006 : *BJS* 2006, § 240, p. 1157, note P. Scholer) et dans une affaire où trois des quatre fondateurs avaient accepté une cession de créances effectuée pour le compte de la société en formation (Cass. com., 9 oct. 2007 : *RJDA* 2/2008, n° 130 ; *JCP* E 2008, 1517, note C. Lebel).

C'est du légalisme porté à l'extrême : le fondement du formalisme de la reprise est l'accord de volonté des associés (V. *supra*, n° 349). Lorsque tous les associés ont concouru à l'acte, la raison d'être du texte est respectée, ce qui devrait, par identité de raison, autoriser le jeu de la reprise.

4. Un pas de plus dans le formalisme et la rigueur : le cas de l'EURL

358. – Si l'EURL est soumise aux règles de droit commun de la reprise des actes passés pendant la période de formation, il faut tout de même se méfier des pièges liés à l'unipersonnalité. Pas de difficulté si les actes passés au nom de la société sont recensés dans un état annexé aux statuts : leur signature vaut reprise des engagements antérieurement passés. Le passage par le rite du mandat laisse perplexe : l'associé unique peut-il se donner mandat à lui-même pour signer les contrats prévus ? La réponse semble positive puisque l'associé agit au titre de deux qualités différentes.

Reste la régularisation par l'associé unique après l'immatriculation de l'EURL. Le procédé est efficace… à condition de respecter scrupuleusement certains rites : l'associé doit en effet prendre une décision formelle et la répertorier sur le registre spécial des décisions (V. *infra*, n° 1807). Certaines cautions ont su jouer de ce formalisme rigoureux pour se soustraire à leurs engagements comme l'illustre l'affaire que voici. Un entrepreneur de travaux publics décide d'apporter son fonds de commerce à une EURL. La banque lui consent un prêt, garanti par ses quatre frères qui s'engagent en tant que cautions hypothécaires. L'EURL ayant déposé le bilan, la banque lance à leur encontre une procédure de saisie immobilière. Les frères se défendent en objectant que le registre des délibérations de l'EURL ne fait état d'aucune décision de reprise du prêt. Un vrai miracle juridique pour les cautions : elles ne sauraient être tenues là où le débiteur principal ne l'est pas. La cour d'appel rejette cette argumentation au motif que le fait que l'associé unique ait perçu le montant du prêt et en ait disposé sans émettre de réserve valait ratification implicite. La cassation est sèche : « Attendu qu'en statuant ainsi, sans constater que la reprise des engagements résultant du prêt contracté au nom de la société avait fait l'objet d'une décision sociale, la cour d'appel a violé les textes susvisés » (Cass. com., 31 mai 2005 : *BJS* 2005, p. 1417, note H. Lécuyer).

On peut supposer que l'associé unique a péché par ignorance. On pourrait également imaginer qu'il ait agi par cynisme pour soustraire ses frères aux affres du cautionnement. Dans ce cas, le créancier pourrait sans doute invoquer la fraude (V. *supra*, n° 354), ou encore la gestion d'affaires (V. *supra*, n° 357, *a*) ; mais on imagine les difficultés de la preuve à apporter. Décidément, le fondamentalisme juridique de la Cour de cassation en matière de reprise laisse un goût amer au regard du sentiment de l'équité.

5. Assignation en justice d'une société en formation : mode d'emploi ?

359. – La chambre commerciale de la Cour de cassation persiste à vouloir traiter de façon identique toutes les hypothèses d'absence de personnalité morale, se refusant à distinguer entre personnalité morale impossible lorsque le défaut de personnalité morale est irrémédiable (société liquidée ou absorbée, société créée de fait ou en participation) et personnalité morale future. C'est ce que confirme un arrêt rendu dans les circonstances suivantes (Cass. com., 20 juin 2006, n° 03-15.957, FS-P+B+I+R : *BJS* 2006, § 291, p. 1419, note J.-F. Barbièri ; *JCP* E 2007, 1049, n° 1, obs. J.-J. Caussain, Fl. Deboissy et G. Wicker) : le titulaire de droits intellectuels avait actionné une société alors en formation, qui avait déposé des noms de domaine sur le réseau Internet, en vue qu'il lui soit fait interdiction d'utiliser ces dénominations qui portaient atteinte à ses droits et en réparation du préjudice subi. Les juges du fond déclarèrent cette demande recevable au motif que, du fait de l'immatriculation en cours d'instance de la société assignée, le dépôt des noms de domaine effectué antérieurement à cette date avait été repris automatiquement par la société lors de son immatriculation. La décision est cassée par la chambre commerciale au double visa des articles 32 et 126 du Code de procédure civile au motif « qu'est irrecevable toute prétention émise par ou contre une personne dépourvue du droit d'agir ; que cette situation n'est pas susceptible d'être régularisée lorsque la prétention est émise par ou contre une partie dépourvue de personnalité juridique ». En conséquence, la société étant, lors de l'assignation, dépourvue de personnalité juridique, la demande était en l'espèce irrecevable, sans que cette situation ait pu être régularisée (V. déjà dans le même sens, Cass. com., 30 nov. 1999 : *Rev. sociétés* 2000, p. 512, note M. Beaubrun. – Cass. com., 14 juin 2000 : *BJS* 2000, p. 1078, note B. Saintourens).

Paradoxalement, la deuxième chambre civile de la Cour de cassation, gardienne des règles de procédure, est moins formaliste que la chambre commerciale ; elle a en effet admis la régularisation, du fait de la reprise de l'acte suite à l'immatriculation de la société, d'une enchère portée au nom et pour le compte d'une société en formation représentée par son gérant (Cass. 2e civ., 10 sept. 2009, n° 08-15.882, PB : *JCP* E 2010, 1145, n° 1, obs. Fl. Deboissy et G. Wicker).

Outre qu'elle peine à recueillir l'adhésion des juges du fond, cette solution de la chambre commerciale se trouve en opposition, quant à la nature de la sanction, avec les jurisprudences des deuxième et troisième chambres civiles qui sanctionnent le défaut de personnalité morale, non par une irrecevabilité, mais par une nullité de fond (Cass. 2e civ., 11 sept. 2003 : *BJS* 2004, § 45, p. 263, note B. Saintourens. – Cass. 3e civ., 9 oct. 1996 : *Procédures* déc. 1996, n° 348, obs. R. Perrot ; *RJ com.* 1998, p. 16, note D. Velardocchio).

Cette remarque faite, lorsqu'une société est assignée à raison d'un droit constitué pour son compte pendant sa période de formation, puis est immatriculée en cours d'instance, deux cas de figure doivent être distingués selon qu'ont été assignées les personnes ayant agi au nom de la société en formation ou la société en formation elle-même.

a) Assignation délivrée aux personnes ayant agi au nom de la société en formation

Le premier, qui est le plus simple, est celui où le demandeur à l'action assigne ceux des associés qui ont agi au nom et pour le compte de la société en formation. Conformément à l'article 1843 du Code civil, ceux-ci sont tenus des actes ainsi accomplis : ils doivent donc être tenus pour les titulaires du droit litigieux, ce qui implique qu'ils soient titulaires du droit d'agir en défense relativement à ce droit. Reste cependant qu'ils ne seront alors parties à l'instance qu'en leur qualité de titulaires de ce droit. Par conséquent, si, par l'effet de la reprise des engagements, la société devient après son immatriculation, et l'acquisition de sa personnalité morale, titulaire de ce droit, l'action doit alors lui être transmise. De la même façon que le cessionnaire d'un droit substantiel est également cessionnaire de l'action afférente au droit, la société acquiert la position processuelle de ceux de ses fondateurs qui, étant à l'origine du droit, avaient été assignés. En définitive, la reprise du droit substantiel selon les règles définies pour la reprise des engagements souscrits au nom d'une société en formation suffit à emporter transfert de l'action et, partant, de la position processuelle.

b) Assignation délivrée à la société en formation

Le second cas, qui est plus complexe, est celui où l'assignation a été délivrée à la société en formation avant qu'elle ait acquis sa personnalité morale. Cette assignation fait alors apparaître trois vices.

En premier lieu, la défense de la société est irrecevable car, étant dépourvue de capacité de jouissance, elle ne peut en aucune façon être titulaire d'un droit d'action (CPC, art. 122) ; ce à quoi correspond la nature de l'irrégularité retenue par la chambre commerciale. Or, que se passe-t-il après que la société, ayant été immatriculée, se trouve investie de la personnalité morale ? Dans l'hypothèse où, conformément aux règles du droit des sociétés, est opérée la reprise du droit litigieux par la société, celle-ci se trouve désormais titulaire du droit substantiel et du droit d'action y afférent. Il s'ensuit que, en application de l'article 126 du Code de procédure civile, la cause en ayant disparu, l'irrecevabilité doit être écartée. Et là encore, on ne comprend pas pourquoi la chambre commerciale affirme « que cette situation n'est pas susceptible d'être régularisée lorsque la prétention est émise par ou contre une partie dépourvue de personnalité juridique ».

En deuxième lieu, l'assignation est affectée d'une nullité de fond pour incapacité de jouissance, et plus spécialement pour défaut de capacité d'ester en justice de la société (CPC, art. 117) ; ce à quoi correspond la nature de l'irrégularité retenue par les deuxième et troisième chambres civiles. Or, si la société acquiert la capacité de jouissance, disparaît cette cause d'irrégularité de fond. En application de l'article 121 du Code de procédure civile, la nullité, étant couverte, ne devrait pas pouvoir être prononcée. Et ici l'on ne comprend pas pourquoi la deuxième chambre civile affirme dans une telle hypothèse que cette « irrégularité de fond (…) ne peut être couverte » (Cass. 2e civ., 11 sept. 2003, préc. – *Contra*, Cass. 3e civ., 9 oct. 1996, préc.).

En troisième et dernier lieu, il est une autre cause de nullité pour irrégularité de fond qui tient au défaut de pouvoir de la personne à laquelle a été délivrée l'assignation (CPC, art. 117) puisque, la société n'ayant pas encore la personnalité morale, il n'existait par hypothèse aucune personne habilitée à la représenter. Deux sous-hypothèses sont alors à envisager. Soit cette personne se trouve désormais investie du pouvoir de représenter la société personne morale, et il y a alors lieu d'appliquer la règle de l'article 121 du Code de procédure civile prévoyant que la nullité ne peut pas être prononcée lorsque la cause en a disparu. Soit cette personne, malgré l'acquisition de sa personnalité morale par la société, demeure toujours sans pouvoir pour la représenter : l'irrégularité de fond demeure alors mais elle est susceptible d'être régularisée, ce qui suppose un acte positif de régularisation.

Il apparaît en définitive que rien ne devrait s'opposer à la régularisation de l'action intentée contre une société en formation. Seulement, loin d'une approche univoque, cela suppose une triple vérification : que la société ait effectivement acquis la personnalité morale ; qu'elle ait repris l'acte ou le droit qui est la cause de l'action ; que l'assignation soit parvenue à celui qui a le pouvoir de représenter la société personne morale. *Adde* E. Guégan, *Les actes de procédure réalisés avant l'immatriculation de la société : Dr. sociétés* 2019, étude 1, p. 7.

SECTION 3

L'INDIVIDUALISATION DE LA PERSONNE MORALE

360. – Étant une personne juridique, la société se voit reconnaître des droits non seulement patrimoniaux mais encore extrapatrimoniaux (V. *infra*, n° 361). Elle a un nom, un domicile, une nationalité. Par ailleurs, elle a ou non la qualité de commerçant selon qu'elle est commerciale ou civile. En contrepartie, elle a des devoirs ; si elle ne les respecte pas, elle engage sa responsabilité non seulement civile mais aussi pénale.

Le coin des amateurs

Comment appliquer les droits de l'homme aux personnes morales ?

361. – Les personnes morales peuvent-elles bénéficier des droits et garanties relevant des droits de l'homme ? En première analyse, on doit en douter car ces personnes-là ne sont pas des personnes physiques : « Ce sont vraiment des monstres (...) S'ils ont pris la figure humaine, c'est seulement pour se prévaloir de l'égalité de droits. En réalité ces personnes morales ne sont pas des personnes, car elles n'ont ni corps susceptible de souffrance, ni âme éprise d'idéal. Ce sont des robots. Elles ont été créées sur le modèle des hommes. Il ne faut pas se laisser prendre à l'illusion de cette forme humaine » (G. Ripert, *Aspects juridiques du capitalisme moderne*, LGDJ, 1951, n° 37). Être désincarné, la personne morale est affranchie des avatars de la destinée humaine ; elle vit dans un autre monde, sans âge... et sans rhumatisme, sans âme et sans état d'âme, sans pensée, sans rêve, sans sentiment et sans joie ; ses analystes ne sont que financiers et ne doivent rien aux enseignements de Freud ou Lacan ; ce n'est pas une personne humaine, ce qui justifie, au rebours de toute tentation anthropomorphique, une application limitée des droits de l'homme, conduisant à lui reconnaître certains droits et à en écarter d'autres. En effet, ce n'est pas la personne en tant que telle qui est protégée mais uniquement la poursuite de l'objet qui a justifié sa constitution.

a) Les droits reconnus aux personnes morales

En droit interne, utilisant alternativement l'article 1240 du Code civil et l'arme pénale, les juges ont condamné diverses atteintes aux personnes morales, faisant ainsi apparaître, en creux, des droits jusqu'alors réservés aux personnes physiques (V. L. Dumoulin, *Les droits de la personnalité des personnes morales : Rev. sociétés* 2006, p. 1 et s.). La démarche est identique pour l'application de la Convention européenne des droits de l'homme (G. Royer, *La convention EDH et le droit des sociétés : JCP* G 2008, 185. – V. Wester-Ouisse, *La jurisprudence et les personnes morales ; du propre de l'homme aux droits de l'homme : JCP* G 2009, 121). Pour autant, pour chacun de ces droits, il ne s'agit en rien d'un décalque des droits reconnus aux personnes physiques mais d'une transposition, en tant que de raison, des seuls droits de nature à permettre à la personne morale d'exercer son activité dans le cadre de sa capacité, laquelle est spéciale et non générale (C. civ., art. 1145, al. 2 ; V. *supra*, n°s 202 et s.).

La personne morale se voit d'abord reconnaître, en tant que compléments naturels de sa capacité processuelle, les garanties procédurales que constituent le droit d'ester en justice (Prot. add. – Cass. com., 8 juill. 2003 : *Bull. civ.* 2003, IV, n° 121), le droit d'accès à un tribunal et, partant, le droit à l'aide juridictionnelle (Charte des droits fondamentaux de l'Union européenne, art. 47. – CJUE, 22 déc. 2010, aff. C-279/09) ou encore le droit à un procès équitable (Conv. EDH, art. 6. – CEDH, 27 févr. 1992, *Sté Stenuit c/ France*).

Sur le plan substantiel, la personne morale a droit à la protection de son nom, ou plus exactement, dans le cas d'une société, de sa dénomination sociale. En effet, les juges se gardent bien de confondre le nom patronymique, qui identifie la personne physique dans tous les aspects de son existence, et la dénomination sociale, qui confère simplement une exclusivité à la société dans son domaine d'intervention (V. *infra*, n° 367).

La personne morale a également droit à une certaine intimité, sans que ce dernier concept ne recouvre le droit au respect de la vie privée reconnu aux personnes physiques (V. *infra*, *b*). Ainsi, elle a droit à la protection pénale du domicile (Cass. crim., 23 mai 1995 : *RTD civ.* 1996, p. 130), ou, plus exactement, à la protection de son siège social (Conv. EDH, art. 8. – CEDH, 16 avr. 2002 : *BJS* 2003, p. 953, obs. N. Mathey). Ce droit à la tranquillité justifie la répression des harcèlements (Cass. crim., 25 oct. 2000 : *D.* 2001, p. 2349 ; concurrent harcelant par téléphone – trois cents appels successifs – une autre entreprise, et rendant ainsi indisponible le numéro vert de celle-ci). La personne morale peut également se prévaloir d'un certain secret des affaires (CA Paris, 17 mars 2004 : *BJS* 2004, p. 1237 ; injonction faite à un journaliste de cesser de publier « en ligne » des informations confidentielles sur une société dite d'intelligence économique : noms des clients, des sous-traitants. – R. Dumas, *La diffusion d'informations économiques sur Internet, nouvelle illustration des conflits de droits fondamentaux : BJS* 2004, p. 1185. – J. Raynard, *Les secrets d'affaires de l'entreprise : à propos de la proposition de directive sur la protection des savoir-faire et des informations commerciales non divulguées : Mél. M. Germain*, LexisNexis-LGDJ, 2015, p. 713 et s.).

La personne morale a encore droit à la protection de son image, ou, plus exactement, de sa réputation (CA Paris, 30 juin 2006 : *RJDA* 12/2006, n° 1222 ; mise en jeu de la responsabilité d'un analyste financier – Morgan Stanley – auquel la société LVMH reprochait des appréciations biaisées de nature à porter atteinte à son image), ce qui autorise la sanction de la diffamation comme de la calomnie (Cass. crim., 22 juin 1999 : *RJDA* 11/1999, n° 1210 : condamnation de l'auteur d'une lettre adressée à la Commission bancaire comportant l'allégation de divers faits de nature à faire encourir des sanctions judiciaires ou administratives à la banque concernée).

Enfin, une société personne morale peut prétendre à indemnisation de son préjudice moral au titre de la responsabilité contractuelle ou délictuelle (Cass. com., 15 mai 2012, n° 11-10.278, PB : *BJS* 2012, § 302, p. 536, note J.-F. Barbièri ; *D.* 2012, p. 2285, note B. Dondero ; *JCP* E 2012, 1510, note R. Mortier ; *Rev. sociétés* 2012, p. 620, note Ph. Stoffel-Munck).

Relevons enfin que la Cour de justice de l'Union européenne a accepté d'étendre aux personnes morales la solution dégagée pour les personnes physiques selon laquelle la victime d'atteintes aux droits de la personnalité sur Internet peut saisir d'une action en responsabilité au titre de l'intégralité du dommage les juridictions de l'État membre où se situe le centre de ces intérêts ; ainsi, ce sont les juridictions de l'État membre où se situe le centre des intérêts de la personne morale qui sont compétentes pour juger des recours tendant à la rectification ou à la suppression des informations dommageables, ce qui renvoie au lieu où sa réputation commerciale est la plus établie, lequel est déterminé « en fonction du lieu où elle exerce l'essentiel de son activité économique » sans considération de son siège statutaire (CJUE, 17 oct. 2017, n° C-194/16 : *BJS* 2018, p. 13, note M. Menjucq).

b) Les droits refusés aux personnes morales

L'absence de corps et d'âme de la personne morale est un obstacle à la reconnaissance de différents droits ou garanties, comme l'interdiction de la torture (Conv. EDH, art. 3), de l'esclavage et du travail forcé (Conv. EDH, art. 4), le droit à la sûreté, qui prohibe par exemple la détention irrégulière (Conv. EDH, art. 5), le droit au mariage (Conv. EDH, art. 12)...

Pour le reste, la personne morale ne peut revendiquer un quelconque droit à la protection de l'honneur et de la considération, mais simplement un droit à la protection de ses activités ; ainsi la Cour de cassation a jugé que les actes reprochés à l'association Greenpeace (détournement du logo d'AREVA associé à une tête de mort), qui ne visaient pas la société en tant que personne morale mais les marques déposées par elle et donc ses produits, portaient atteinte à ses activités et services, et non à l'honneur ou à la considération de la personne morale (Cass. 1re civ., 8 avr. 2008, n° 07-11.251, PBI : *Bull. civ.* 2008, I, n° 104 ; *JCP* G 2008, II, 10106, note C. Hugon).

De la même façon, la personne morale ne peut se prévaloir du droit à la protection de la vie privée ; c'est ce que la Cour de cassation a jugé dans une espèce où une société titulaire d'un bail commercial reprochait au propriétaire d'avoir installé dans l'immeuble un système de vidéosurveillance en réclamant en référé le retrait du dispositif et l'indemnisation du préjudice résultant de l'atteinte à sa vie privée ; ces demandes sont rejetées au motif que, « si les personnes morales disposent, notamment, d'un droit à la protection de leur nom, de leur domicile, de leurs correspondances et de leur réputation, seules les personnes physiques peuvent se prévaloir d'une atteinte à la vie privée au sens de l'article 9 du Code civil » (Cass. 1re civ., 17 mars 2016, n° 15-14.072, PB : *BRDA* 6-2116, n° 1 ; *BJS* 2016, p. 314, note D. Poracchia ; *Dr. sociétés* 2016, n° 98, obs. R. Mortier ; *JCP* E 2016, 1473, note T. Stefania ; *Rev. sociétés* 2016, p. 594, note L. Dumoulin). Sans doute la société eut elle été plus avisée d'invoquer la protection de son domicile.

Enfin, une personne morale, parce qu'elle est dépourvue de capacité créatrice susceptible de s'exprimer dans une œuvre de l'esprit, ne peut avoir la qualité d'auteur (Cass. 1re civ., 15 janv. 2015, n° 13-23.566 : *BJS* 2015, p. 179, note F. Pollaud-Dulian).

SOUS-SECTION 1

L'APPELLATION

362. – *Appellation initiale.* Toute société dotée de la personnalité juridique doit avoir une appellation (C. civ., art. 1835). C'est le nom de la société, sa dénomination. Le choix de l'appellation, qui peut comprendre des signes (V. *infra*, n° 366), est librement fait par les associés ; les limites sont minimes : interdiction de choisir plusieurs appellations pour une seule société, proscription des noms contraires à l'ordre public ou aux bonnes mœurs, défense d'imiter l'appellation d'une société concurrente ou de reproduire un patronyme autre que celui d'un des associés (sur les conflits entre nom patronymique et dénomination sociale, V. *infra*, n° 365). La dénomination sociale peut être déposée à titre de marque et elle bénéficie alors de la protection attachée aux marques. Pour le reste, la protection de la dénomination sociale est assurée par une action en concurrence déloyale ; son succès suppose d'établir un risque de confusion, lequel s'apprécie au regard des activités effectivement exercées par la société (V. *infra*, n° 367). Afin d'éviter tout risque de confusion entraînant la riposte de la société concurrente, il est prudent de consulter l'Institut national de la propriété industrielle (INPI) qui répertorie la totalité des appellations des sociétés.

363. – *Changement d'appellation.* Ces règles valent également en cas de changement d'appellation, opération laissée à la discrétion des associés, ce qui tranche avec l'immutabilité du patronyme des personnes physiques. Le changement équivaut à une modification des statuts avec l'exigence d'une majorité qualifiée. Il y a lieu d'avertir les tiers de la rectification, d'où, notamment, une inscription modificative au registre du commerce et des sociétés.

364. – *Mention de la forme sociale.* Afin que les tiers soient dûment renseignés sur le type de société auquel ils ont affaire, la dénomination doit être suivie ou précédée de la mention de la forme sociale :

– tantôt la mention peut être indiquée en abrégé ; ceci vaut pour la société en nom collectif (SNC), la société à responsabilité limitée (SARL), la société anonyme (SA), le groupement d'intérêt économique (GIE) et le groupement européen d'intérêt économique (GEIE), de même que pour les quatre formes de sociétés d'exercice libéral (V. *infra*, n° 2117) : sociétés d'exercice libéral à responsabilité limitée (SELARL), sociétés d'exercice libéral à forme anonyme (SELAFA), sociétés d'exercice libéral en commandite par actions (SELCA) et sociétés d'exercice libéral par actions simplifiées (SELAS) ;

– tantôt l'abréviation est interdite ; la mention doit figurer en toutes lettres pour la société en commandite simple ou par actions, pour la société civile, pour la société par actions simplifiée ou pour la société en participation ; les sigles correspondants (EURL, SCS, SCA, SCI, SAS, SASU, SE, SEP) sont couramment utilisés dans les ouvrages et les revues mais les sociétés ne sauraient s'en contenter dans les actes et documents destinés aux tiers, notamment les lettres, factures et publications diverses.

Le coin des amateurs

1. Le nom des fondateurs est-il la propriété de la société ?

365. – Rien de plus naturel que de personnaliser la société que l'on crée en faisant figurer son nom patronymique dans la dénomination sociale. M. Jacques Dupond, qu'il soit commerçant, vigneron ou avocat, créera ainsi à son image la société Jacques Dupond. Puis la société se développe et un jour se détache de son fondateur ne serait-ce qu'à son décès. Ceux qui « prêtent » leur nom (mieux vaudrait dire « donnent ») à la société qu'ils créent

et animent doivent prendre garde au fait qu'il leur échappe par la suite et parfois pour l'éternité : Citroën et Renault par exemple ont d'abord été des personnes physiques ayant un nom, une famille, une tradition…

a) Le nom patronymique, objet de propriété incorporelle de la société : l'affaire *Bordas*

Pierre et Henri Bordas créent en 1946 une SARL qu'ils dénomment « Éditions Bordas », laquelle est ultérieurement transformée en SA. Les fondateurs cèdent plus tard à un groupe financier la majeure partie du capital social. Pierre Bordas demeure président, mais à la suite d'un désaccord avec les nouveaux maîtres, il doit démissionner. Le conflit se déplace alors sur le terrain judiciaire. Pierre Bordas demande qu'il soit ordonné à la société de cesser toute utilisation du patronyme Bordas. Juridiquement, l'action est fondée sur le principe de l'inaliénabilité du nom patronymique. Succès devant la cour d'appel de Paris, échec devant la Cour de cassation : « le principe de l'inaliénabilité (…) du nom patronymique, qui empêche son titulaire d'en disposer librement pour identifier au même titre une autre personne physique, ne s'oppose pas à la conclusion d'un accord portant sur l'utilisation de ce nom comme dénomination sociale ou nom commercial ; ce patronyme (Bordas) est devenu, en raison de son insertion dans les statuts, un signe distinctif qui s'est détaché de la personne physique qui le porte, pour s'appliquer à la personne morale qu'il distingue, et devenir ainsi objet de propriété incorporelle » (Cass. com., 12 mars 1985 : *Rev. sociétés* 1985, p. 607, note G. Parleani). Il s'ensuit que le cédant de titres sociaux ne peut s'opposer à ce que la société continue d'utiliser son nom patronymique après son départ, sauf s'il a pris le soin d'interdire cette utilisation lors de la cession. Ainsi, en cas de cession des titres d'une société ayant pour dénomination le nom patronymique du cédant, la cession du droit d'utiliser ce nom qui constitue le signe distinctif de la société cédée est de droit, sauf si le cédant a interdit son utilisation lors de la cession (Cass. com., 12 juin 2007, n° 06-12.244, FS-PB : *BJS* 2007, § 333, p. 1277, note J.-Cl. Hallouin ; *D.* 2007, p. 1796, obs. A. Lienhard ; *Dr. sociétés* 2007, n° 160, obs. J. Monnet ; *RJDA* 10/2007, n° 967. – *Adde* A. Viandier, *Les conflits entre cédant et cessionnaire relatifs aux noms : RJ com.* 1995, p. 1).

Pour parfaire la protection de son droit de propriété incorporelle, la société qui a pour signe distinctif un nom patronymique est en droit de le déposer à titre de marque, mais à la condition que ce patronyme ne bénéficie en lui-même d'aucune notoriété, son titulaire ayant cessé toute activité depuis longtemps, et que la renommée du signe à la date du dépôt des marques résulte exclusivement de son exploitation par la société (Cass. com., 29 janv. 2008, n° 05-20.195). À l'opposé, si le patronyme est célèbre, la société ne peut l'utiliser comme dénomination sociale ou le déposer à titre de marque sans l'accord de son titulaire (CA Bordeaux, 16 mai 2011 : *RJDA* 11/2011, n° 916 ; succès d'un des descendants de Gustave Eiffel dans sa tentative pour faire interdire à une société de constructions métalliques d'utiliser ce nom comme dénomination sociale ou de le déposer à titre de marque). Également, si le nom est notoirement connu sur le territoire national, le consentement du fondateur à l'utilisation de son nom dans la dénomination sociale ne vaut pas autorisation donnée à la société de déposer celui-ci à titre de marque (Cass. com., 24 juin 2008, aff. *Constructions André Beau* : *RJDA* 10/2008, n° 1025).

En tout état de cause, l'enregistrement d'une marque ne fait pas obstacle à l'utilisation du même signe comme dénomination sociale lorsque cette utilisation est soit antérieure à l'enregistrement, soit le fait d'un tiers de bonne foi utilisant son nom patronymique (CPI, art. L. 713-6). Cette condition de bonne foi n'a pas été jugée remplie dans l'espèce suivante (Cass. com., 13 nov. 2013, n° 12-26.439 : *BJS* 2014, p. 74, note C.-A. Maetz). Une société utilisant le nom de son fondateur comme dénomination sociale et l'ayant déposé à titre de marque a été cédée par le descendant du fondateur ; ce dernier a ensuite constitué une société concurrente exerçant son activité dans le même domaine ; sans vergogne aucune, il a utilisé son patronyme comme dénomination sociale et l'a déposé à titre de marque : la société cédée a obtenu la nullité de la marque et l'interdiction pour la société d'utiliser le nom patronymique dans sa dénomination sociale.

b) Le nom patronymique déposé à titre de marque par son titulaire : l'affaire *Ducasse*

La situation est différente lorsque le titulaire du patronyme a déposé celui-ci à titre de marque. S'il cède ses parts, il peut s'opposer, en l'absence de cession expresse de son patronyme, au dépôt de celui-ci par la société à titre de marque. Ainsi, après avoir obtenu sa troisième étoile Michelin, Alain Ducasse, chef de cuisine notoirement connu, crée en 1991 avec deux autres associés une SARL en vue de la commercialisation de la ligne A. Ducasse. Il dépose par la suite la marque « A. Ducasse » après avoir racheté une marque déposée par un tiers comportant son nom et son prénom. Apprenant que la SARL a de son côté déposé la marque « Ducasse », le maestro demande en justice la nullité du dépôt de la SARL au motif qu'il a été effectué en fraude de ses droits. Appliquant la jurisprudence *Bordas*, la cour d'appel d'Aix-en-Provence fait valoir la théorie du détachement et confirme la validité du dépôt de marque effectué par la SARL. L'arrêt est cependant cassé au motif que « le consentement donné par un associé fondateur, dont le nom est notoirement connu, à l'insertion de son patronyme dans la dénomination d'une société exerçant son activité dans le même domaine ne saurait, sans accord de sa part et en l'absence de renonciation expresse ou tacite à ses droits patrimoniaux, autoriser la société à déposer ce patronyme à titre de marque pour désigner les mêmes produits ou services (Cass. com., 6 mai 2003 : *BJS* 2003, p. 921, note P. Le Cannu ; *D.* 2004, somm. p. 265, obs. J.-Cl. Hallouin).

Moralité : selon que vous serez célèbre ou non, la solution du litige sera différente ; prime à la renommée… ou au narcissisme. Et paradoxe : l'entrepreneur bien tranquille, qui fuit la notoriété, a moins de droits sur un nom qu'il peine à protéger du public que la célébrité qui met son nom à toutes les sauces et fait tout pour le banaliser.

2. Dénomination sociale : vers la mort du langage articulé ?

366. – L'appellation sociale peut comprendre des signes tels que : |, /, *, +, $, etc. Tel est le sens d'un arrêt de la cour d'appel de Paris du 16 février 2001 (*RJDA* 2001, n° 688). Une société avait voulu insérer dans sa dénomination le signe *, le greffier s'était opposé à cette innovation. Le juge commis à la surveillance du registre du commerce avait partagé cette opposition. La cour d'appel de Paris adopte une position différente :

« Considérant que la dénomination d/g* Desgrippes Gobé Group, choisie par les associés, n'est pas de nature à créer une tromperie ou une confusion sur la nature juridique du groupement auquel elle s'applique et qu'elle ne peut, au stade de l'inscription modificative, faire l'objet d'un refus. »

On observera que, de son côté, le Comité de coordination du registre du commerce et des sociétés avait antérieurement précisé qu'une dénomination sociale pouvait comporter le signe @, mais que le signe @, faute d'être une lettre de l'alphabet, n'était pas acceptable (*BRDA* 1/2002, p. 4). Allez comprendre ! Les juges du fond sont pour leur part moins puristes, qui ont estimé que le caractère @ fait partie des caractères autorisés à composer une dénomination sociale destinée à être inscrite sur le fichier alphabétique du RCS (CA Caen, 6 mars 2003 : *BJS* 2003, p. 783, note P. Scholer).

Il reste qu'une appellation ne saurait se limiter à de tels signes et que l'impératif d'identification commande que la dénomination comprenne au moins un mot, un nom ou un prénom, seraient-ils de fantaisie : le langage articulé n'est pas encore mort.

3. La protection de la dénomination sociale s'apprécie au regard de l'activité effective de la société

367. – Loin de tout anthropomorphisme, il faut se garder d'assimiler dénomination sociale et patronyme d'une personne physique. En effet, là où le nom d'une personne physique l'identifie de façon générale dans tous les aspects de son existence en tant qu'il constitue un élément de sa personnalité, la dénomination d'une personne morale ne lui confère une exclusivité que dans son domaine spécial d'intervention. C'est ce qui ressort d'un arrêt de la chambre commerciale de la Cour de cassation du 10 juillet 2012, qui a soumis la dénomination sociale au principe de spécialité (Cass. com., 10 juill. 2012, n° 08-12.010, PB : *BJS* 2012, § 437, p. 772, note J. Larrieu ; *Rev. sociétés* 2012, p. 49, note F. Pollaud-Dulian). Quelques jours avant la sortie du film « Barbie Cœur de princesse », une société dénommée « Cœur de princesse » avait déposé la marque éponyme et assigné la société Mattel France, distributrice du film et des poupées Barbie, en contrefaçon de sa marque fraîchement acquise et en concurrence déloyale pour usurpation de sa dénomination sociale.

La cour d'appel rejeta l'action en contrefaçon et annula la marque pour dépôt frauduleux ; dans son pourvoi, la société reprochait aux juges de ne pas avoir pris en compte l'antériorité de sa dénomination sociale et de ne pas avoir procédé à une comparaison entre les produits et services désignés dans les statuts et ceux désignés dans l'enregistrement de la marque. Le pourvoi est rejeté au motif que « la dénomination sociale ne bénéficie d'une protection que pour les activités effectivement exercées par la société et non pour celles énumérées dans les statuts ». Or, à la date du dépôt, la société avait pour activité effective la vente de déguisements et non de poupées ; la société ne pouvait donc se prévaloir d'un droit antérieur que sur son activité de déguisement. Ainsi, la Cour de cassation se prononce nettement en faveur de la soumission de la dénomination au principe de spécialité, lequel se définit en fonction de l'objet réel de la société et non de son objet statutaire. L'action en concurrence déloyale a également été rejetée faute qu'ait été démontré un risque de confusion dans l'esprit du public entre les poupées commercialisées par la société Mattel et les activités exercées par la société sous la dénomination « Cœur de princesse ». C'est dire là encore que le risque de confusion s'apprécie, non au regard de l'objet statutaire, mais au regard de l'activité effectivement exercée par la société.

SOUS-SECTION 2

LE SIÈGE SOCIAL

§ 1. – La détermination du siège social

368. – *Définition.* Le siège social est à la personne morale ce que le domicile est à la personne physique : c'est le lieu de son principal établissement (sur l'application à une personne morale de la protection du domicile, V. *supra*, n° 361). De la même façon, le règlement relatif à la société européenne dispose que le siège de la société doit être fixé « au centre de ces intérêts principaux » (V. *infra*, n° 2198). Comme l'appellation, les statuts doivent mentionner le siège social, d'où le qualificatif de siège statutaire (sur la domiciliation des sociétés, V. *infra*, n° 381). Au vrai, le siège statutaire ne correspond pas toujours à la réalité. Exemple : les statuts fixent le siège à Cannes, chez la grand-mère du principal associé, alors que l'usine est située à Mulhouse et le centre de décision à Deauville ; des trois localisations, c'est la dernière qui exprime la réalité ; en effet, le siège réel est le lieu où la société est gouvernée, le lieu de sa direction financière et administrative(33) (V., pour la liberté d'établissement, *infra*, n° 382). En cas de discordance entre le siège statutaire et le siège réel, le Code civil pose une option au profit des tiers : ils peuvent, selon leur intérêt, se contenter du siège statutaire ou préférer le siège réel (C. civ., art. 1837, al. 2) (V. *infra*, n° 391), ce qui constitue une application de la théorie de la simulation (C. civ., art. 1201).

369. – *Conséquences.* La localisation du siège social est assortie de nombreux enjeux :

– lorsqu'une société est assignée en justice, elle doit l'être en principe devant le tribunal du lieu où elle est établie (CPC, art. 42 et 43) ;

– la notification destinée à une personne morale doit être faite au lieu de son établissement, c'est-à-dire son siège social (CPC, art. 690) ;

– c'est le lieu du siège social qui détermine l'endroit où doivent être accomplies les formalités légales de publicité ;

– c'est le lieu du siège social qui détermine la nationalité de la société et la loi qui lui est applicable (V. *infra*, n° 386) ;

– c'est enfin lui qui détermine l'application de la loi pénale, par exemple en matière d'abus de biens sociaux (V. *infra*, n° 391).

§ 2. – Le transfert du siège social

370. – Comme on s'en doute, il est beaucoup plus simple de déplacer le siège social en France que dans un autre État, surtout s'il s'agit d'un État tiers à l'UE.

A. – Le transfert du siège social en France

371. – La société déplace son siège social par simple modification de ses statuts. La décision relève donc de la compétence des associés statuant à la majorité requise (pour un exemple de refus sanctionné au nom de l'abus de minorité, V. *infra*, n° 676). Signalons les deux particularités suivantes :

– dans les SARL, la faculté de déplacer le siège social sur le territoire français est accordée au gérant sous réserve d'une ratification par une décision des associés prise à la majorité des parts sociales (C. com., art. L. 223-18, al. 8) ;

– dans les SA, le conseil d'administration peut décider seul le déplacement du siège social sur l'ensemble du territoire français, sous réserve de la ratification par l'assemblée générale ordinaire (C. com., art. L. 225-36, al. 1er).

(33) Cass. com., 6 janv. 1998 : *BJS* 1998, p. 370, note R. Routier ; en l'espèce, la société était immatriculée, pour des raisons fiscales, aux îles Vierges britanniques mais le centre de décision était situé en France au domicile de son dirigeant ; c'est de là qu'étaient engagées les opérations commerciales et les opérations financières ; la société a en conséquence été considérée comme ayant son siège social en France.

B. – Le transfert du siège social dans un autre État

372. – Dans un contexte de délocalisation des entreprises, on mesure l'importance pour les États de dissuader les sociétés de quitter leur territoire, au besoin en utilisant l'arme juridique et fiscale. Toutefois, lorsque le transfert a lieu au sein de l'Union européenne, les États membres doivent tenir compte de la liberté d'établissement.

1° Le transfert du siège hors Union européenne

373. – Il est généralement admis qu'une société n'a d'existence et de personnalité morale qu'en tant qu'entité créée dans le cadre d'un ordre juridique national ; une société n'a donc d'existence qu'à travers la législation nationale qui en détermine la constitution et le fonctionnement. Par suite, le transfert du siège statutaire dans un autre État, qui emporte changement de nationalité, entraîne la dissolution de la société et la perte de sa personnalité morale (V. *infra*, n° 389).

374. – Le transfert du siège social à l'étranger emporte les conséquences fiscales d'une cessation d'entreprise ; d'où l'exigibilité de tous les impôts liés aux opérations de liquidation (V. *infra*, n°s 820 et s.). Pour le fisc, il s'agit d'un acte de trahison (passer à l'ennemi) passible de la peine de mort.

2° Le transfert du siège au sein de l'Union européenne

a) Les aspects juridiques

375. – *Rôle de la CJUE.* Les questions se posent différemment lorsque le transfert de siège social a lieu au sein de l'Union européenne. Il existait un projet de 14e directive du 5 mai 1997 en vue de garantir la neutralité juridique des transferts de siège social au sein de l'Union européenne, mais il a été abandonné en 2007. C'est donc à la CJUE qu'est revenue la tâche de préciser la marge de liberté de l'État membre d'origine comme de l'État membre d'accueil en cas de transfert du siège social, avec ou sans transfert du siège réel, au sein de l'Union européenne, opération qualifiée de transformation transfrontalière (V. *infra*, n° 383).

376. – *Directive du 18 novembre 2019.* En dépit de cette avancée jurisprudentielle, l'élaboration d'un régime complet applicable aux transformations transfrontalières, et plus largement à l'ensemble des opérations de mobilité transfrontalière, restait à construire en vue d'harmoniser les procédures applicables et de protéger les parties prenantes (associés, créanciers et salariés). Tel est l'objet de la directive adoptée par le conseil de l'UE le 18 novembre 2019, modifiant la directive du 14 juin 2017, en vue de créer un droit harmonisé de la mobilité transfrontalière des sociétés de capitaux[34] en instituant des règles communes aux transformations (transfert du siège dans un autre État membre)[35], scissions et fusions transfrontalières (V. *infra*, n°s 2288 et s.) ; la directive devra être transposée dans un délai de trente-six mois par les États membres.

(34) C. Cathiard, *Proposition de directive de la Commission européenne en matière de mobilité transfrontalière des entreprises* : Dr. sociétés oct. 2018, étude 12. – M. Menjucq, *Proposition modificative de la directive (UE) n° 2017/1132 : le droit des sociétés européen à l'heure de la mobilité transfrontalière et du numérique* : BJS 2019, p. 449. – E. Schlumberger, *Harmonisation en vue des règles touchant à la mobilité des sociétés dans l'Union européenne* : Dr. sociétés déc. 2018, 2.
(35) M. Menjucq, *Les transformations transfrontalières* : BJS 2019, p. 450.

377. – Procédure de transformation transfrontalière.

La procédure de transformation transfrontalière prévue par la directive adoptée par le Conseil de l'UE le 18 novembre 2019 permet de garantir à la société le maintien de sa personnalité morale sans dissolution et liquidation dans l'État de départ et sans création d'une nouvelle entité dans l'État de destination. L'opération est soumise à un double contrôle préalable de légalité. Un contrôle est d'abord opéré par l'autorité compétente de l'État de départ qui délivre un certificat préalable ; l'autorité compétente doit vérifier si « l'opération est mise en place à des fins abusives ou frauduleuses menant ou visant à contourner la législation nationale ou de l'Union ou à se soustraire à celle-ci, ou à des fins criminelles »(36). Un contrôle est ensuite effectué par l'autorité compétente de l'État de destination.

La protection des parties prenantes passe, d'une part, par l'interdiction de procéder à une transformation transfrontalière, notamment lorsque la société est en liquidation ou fait l'objet d'une procédure d'insolvabilité ou de cessation des paiements. D'autre part, les associés qui n'ont pas voté l'opération ou qui étaient privés de droit de vote bénéficient d'un droit de retrait passant par le rachat de leurs titres. Enfin, les créanciers peuvent le cas échéant bénéficier de garanties tandis que les droits acquis des salariés à un régime de participation sont protégés.

378. – *Autres techniques.* Il existe d'autres techniques permettant la mobilité des sociétés dans l'espace européen, à savoir la société anonyme européenne ou la coopérative européenne (V. *supra*, n° 80) dont le siège peut être transféré dans un autre État de l'Union européenne sans remise en cause de la personnalité morale (V. *infra*, n° 2198).

b) Les aspects fiscaux

379. – *Principe de l'absence d'imposition.* Il faut tenir compte là encore de la liberté d'établissement (V. *infra*, n° 382). Le transfert de siège social n'entraîne pas les conséquences fiscales d'une cessation d'entreprise (CGI, art. 221, 2, al. 3) : l'ancienne société française se transforme en établissement stable, non doté de la personnalité morale, soumis à l'IS en France ; les plus-values latentes ne sont donc pas imposables.

380. – *Transfert d'actifs à l'étranger.* Il en va autrement si des éléments d'actif sont transférés à l'étranger. La loi ouvre une option au candidat au départ : soit l'impôt est acquitté dans les deux mois du transfert des actifs ; soit le paiement de l'impôt est fractionné sur cinq ans sur demande expresse de la société.

Le coin des amateurs

1. La domiciliation des sociétés

381. – Il est des activités qui se réduisent à des coups de téléphone ; on pense à certains courtiers ou intermédiaires. Ils n'ont, en dehors de leur téléphone mobile, de leur tablette et de leur ordinateur portable, ni local ni matériel ni secrétaire. Si l'activité est exercée au

(36) C. Cathiard, *Analyse pratique du nouveau contrôle anti-abus, anti-fraude dans les opérations de transformations, fusions et scissions transfrontalières* : *Dr. sociétés* 2019, act. 12.

nom d'une société, où la loger ? Pour les sociétés en manque de siège social, le Code de commerce propose deux solutions : la domiciliation chez le représentant légal et la domiciliation collective.

a) Domiciliation chez le représentant légal

La société peut être domiciliée au domicile de son représentant légal, qu'il soit propriétaire ou locataire de sa résidence d'habitation, à condition dans ce dernier cas qu'aucune disposition législative ni aucune clause du bail ou du règlement de copropriété ne s'y oppose (C. com., art. L. 123-11-1). Même en présence de telles limitations, afin de faciliter la constitution de la société, la loi admet qu'une telle domiciliation est autorisée pendant cinq ans à compter de la constitution de la société.

Témoignant d'une certaine faveur pour la domiciliation, la Cour de cassation a jugé que la stipulation dans le bail d'habitation d'une clause d'habitation exclusivement bourgeoise, dont l'objet est pourtant d'interdire toute autre affectation des locaux, n'exclut pas une domiciliation permanente de la société dans le local loué dès lors que la société n'a ni secrétariat, ni clientèle, ni matériel dans le local et n'y exerce aucune activité, aucun trouble lié à cette domiciliation n'étant constaté (Cass. 3e civ., 25 févr. 2016, n° 15-13.856, PB : *BJS* 2016, p. 320, note B. Saintourens ; *Rev. sociétés* 2016, p. 604, note A. Reygrobellet).

b) Domiciliation collective

La société peut être domiciliée dans des locaux occupés en commun avec d'autres entreprises (C. com., art. L. 123-11 ; R. 123-167 et s.). Il existe en effet des sociétés, dites de domiciliation, dont l'objet est d'héberger juridiquement les sociétés ; ce sont des sortes d'hôtels pour personnes morales. Elles leur offrent des locaux pour les réunions et un secrétariat pour la gestion du courrier et la tenue des archives. Un contrat de domiciliation en bonne et due forme doit être signé et déposé au greffe du tribunal de commerce (un tel contrat n'est pas exigé lorsque, dans un groupe, société mère et filiales ont leur siège social à la même adresse). Cette domiciliation commerciale vaut également domiciliation fiscale. Mais le fisc, soupçonneux, redoute que la société hébergée ne déménage à la cloche de bois ; la société de domiciliation doit donc lui adresser chaque trimestre la liste des sociétés domiciliées avec entrées et sorties. Pour éviter de telles fraudes, l'activité de domiciliation suppose l'obtention d'un agrément (C. com., art. L. 123-11-3).

Une société de domiciliation ne saurait limiter son activité à celle d'une « boîte aux lettres », se contentant de transmettre le courrier aux dirigeants sociaux. Tel est le cas d'une entreprise qui hébergeait cinquante-huit sociétés dans une seule pièce où seules deux personnes pouvaient prendre place sans se gêner, bref une cabine téléphonique en quelque sorte ; elle a été condamnée à supprimer du registre du commerce la mention relative à son activité de domiciliation (CA Paris, 25 oct. 2002 : *BRDA* 5/2003, n° 1. – V. aussi, CA Paris, 31 janv. 2003 : *BJS* 2003, p. 660, note J.-M. Bahans).

2. La constitution d'une société ou d'une succursale au sein de l'UE à l'épreuve de la liberté d'établissement

382. – En application de l'article 49 TFUE, « les restrictions à la liberté d'établissement des ressortissants d'un État membre dans le territoire d'un autre État membre sont interdites ». Ainsi, les ressortissants d'un État membre sont libres de créer « une succursale ou une filiale sur le territoire d'un autre État membre », ce qui comporte « la constitution et la gestion d'entreprises, et notamment de sociétés au sens de l'article 54, deuxième alinéa, dans les conditions définies par la législation du pays d'établissement pour ses propres ressortissants ». Par une série de décisions, la Cour de justice de l'Union européenne a précisé les conséquences de la liberté d'établissement en droit des sociétés (V., pour le transfert de siège social, *infra*, n° 383).

a) Arrêt *Centros*

Par un arrêt *Centros* du 9 mars 1999, la Cour de justice européenne a consacré le droit pour les ressortissants d'un État membre de constituer une société dans un autre État membre tout en maintenant leur activité dans l'État d'origine afin de profiter de la législation moins contraignante applicable dans l'État d'enregistrement de la société, sous réserve toutefois de la fraude, qui n'a pas été retenue en l'espèce (CJCE, 9 mars 1999, *Centros : BJS* 1999, p. 705, note J.-Ph. Dom ; *D. affaires* 1999, p. 550, err. 666, note M. Menjucq ; *Dr. sociétés* 1999, n° 181, obs. D. Vidal ; *JCP* E 1999, p. 1285, rect. p. 1385, obs. Y. Reinhard ; *JDI* 2000, p. 484, obs. M. Luby). Selon la Cour, le droit de l'Union européenne s'oppose à ce qu'un premier État membre refuse l'immatriculation d'une succursale d'une société constituée en conformité avec la législation d'un second État membre dans lequel elle a son siège sans y exercer d'activités commerciales ; tel est le cas lorsque la succursale est destinée à permettre à la société en cause d'exercer l'ensemble de son activité dans le premier État où cette succursale sera constituée en évitant d'y constituer une société et en éludant ainsi l'application des règles de constitution des sociétés qui y sont plus contraignantes en matière de libération d'un capital social minimal. Toutefois, cette interprétation n'exclut pas que les autorités du premier État membre puissent prendre toute mesure de nature à prévenir ou à sanctionner les fraudes, soit à l'égard de la société elle-même, le cas échéant en coopération avec le second État membre dans lequel elle est constituée, soit à l'égard des associés dont il serait établi qu'ils cherchent en réalité, par le biais de la constitution d'une société, à échapper à leurs obligations vis-à-vis de créanciers privés ou publics établis sur le territoire du premier État membre.

b) Arrêt *Uberseering*

Dans un arrêt *Uberseering* du 5 novembre 2002, la Cour de justice européenne a imposé à chaque État membre de respecter la capacité juridique acquise par une société dans son État de constitution (CJCE, 5 nov. 2002, *Uberseering : BJS* 2003, p. 452, note M. Luby ; *JCP* G 2003, II, 10032, note M. Menjucq ; *Rev. sociétés* 2003, p. 315, note J.-Ph. Dom ; *Rev. crit. DIP* 2003, p. 508, obs. P. Lagarde). Ainsi, lorsqu'une société constituée conformément à la législation d'un État membre sur le territoire duquel elle a son siège statutaire exerce sa liberté d'établissement dans un autre État membre, le droit communautaire impose à ce dernier de respecter la capacité juridique et la capacité d'ester en justice que cette société possède en vertu du droit de son État de constitution.

c) Arrêt *Inspire Art*

Dans un arrêt *Inspire Art* du 30 septembre 2003, la Cour de justice européenne (CJCE, 30 sept. 2003, *Inspire Art : BJS* 2003, p. 1308, note M. Menjucq ; *D.* 2004, p. 491, note E. Pataut ; *JCP* E 2004, 251, note V. Magnier), confirmant l'arrêt *Centros*, rappelle que les raisons pour lesquelles la société a été constituée dans un premier État membre ainsi que la circonstance qu'elle exerce ses activités exclusivement ou presque exclusivement dans l'État membre d'établissement ne la privent pas, sauf à établir au cas par cas l'existence d'un abus, du droit d'invoquer la liberté d'établissement garantie par le traité.

La Cour juge ensuite, s'agissant de l'établissement d'une succursale dans un autre État membre, que l'article 2 de la 11e directive n° 89/666/CEE du Conseil du 21 décembre 1989, concernant la publicité des succursales créées dans un État membre par certaines formes de sociétés relevant du droit d'un autre État, s'oppose à une législation nationale *[en l'espèce, loi hollandaise sur les sociétés étrangères de pure forme]* qui prévoit à la charge de la succursale d'une société constituée en conformité avec la législation d'un autre État membre, des obligations de publicité non prévues par cette directive. Également, le droit communautaire s'oppose à une législation nationale qui soumet l'exercice de la liberté d'établissement à titre secondaire dans cet État, par une société constituée en conformité avec la législation d'un autre État membre, à certaines conditions prévues en droit interne des sociétés pour la constitution de sociétés, relatives au capital minimal et à la responsabilité des administrateurs.

3. Liberté d'établissement et transfert du siège social au sein de l'UE

383. – La Cour de justice européenne a précisé dans trois décisions, fondées sur le principe de liberté d'établissement (V. *supra*, n° 382), les règles applicables au transfert de siège social au sein de l'UE, qualifié de transformation transfrontalière (V. *supra*, n°s 375 et s.).

a) Arrêt *Cartesio*

Une société établie en Hongrie souhaitait déplacer son siège social en Italie tout en conservant le bénéfice de l'application de la loi hongroise, ce que le juge hongrois lui refusa. En effet, la Hongrie, comme la France, retient que le critère de rattachement d'une société à son ordre juridique est celui du siège réel. Confirmant cette solution, la Cour de justice européenne retient que le principe de la liberté d'établissement laisse admettre qu'une législation nationale décide que le transfert du siège social dans un autre État membre fait perdre à la société sa qualité de société de l'État sous la législation duquel elle a été constituée (CJCE, 16 déc. 2008, aff. C-210/06, *Cartesio : D.* 2009, p. 465, note R. Kovar ; *JCP* E 2009, 1208, note F. Mélin. – *Adde* A.-S. Cornette de Saint-Cyr, *Le transfert de siège social transfrontalier : JCP* E 2009, 1286. – R. Dammann, L. Wynaendts et R. Nader, *La renaissance inattendue de la théorie du siège réel : D.* 2009, p. 574. – G. Jazottes, *Le transfert de siège : statu quo ou revirement ? : BJS* 2009, § 173, p. 803). Il ressort de cette décision que les États membres sont libres de définir le critère de rattachement à leur ordre juridique, ici le critère du siège réel, ce qui revient à admettre que le transfert de siège emporte, pour l'État d'origine, dissolution de la société. Mais la Cour indique que l'État d'origine ne saurait empêcher les sociétés constituées sur son territoire, en imposant leur dissolution et leur liquidation, de se transformer en une société de droit national de l'autre État membre, pour autant que le droit de cet État le permette.

b) Arrêt *Vale*

C'est cette dernière hypothèse qu'a eu à juger l'arrêt *Vale* du 12 juillet 2012 où une société souhaitait faire le chemin inverse de l'Italie vers la Hongrie. La société de droit italien souhaitait transférer son siège et son activité en Hongrie tout en conservant sa personnalité morale (CJUE, 12 juill. 2012, aff. C-378/10, *Vale : D.* 2012, p. 3009, note P.-H. Conac ; *Dr. sociétés* déc. 2012, n° 18, note T. Allain ; *Rev. sociétés* 2012, p. 645, note G. Parleani). Elle avait donc demandé son inscription au registre des sociétés hongrois avec la mention selon laquelle elle avait pour « prédécesseur en droit » la société italienne. La Cour de justice de l'Union européenne confirme le droit d'obtenir cette inscription, et donc admet le maintien de sa personnalité morale par l'État d'accueil. Ainsi, s'agissant du transfert du siège d'une société avec changement de droit national applicable, mais maintien de la personnalité juridique, c'est-à-dire d'une transformation transfrontalière, la réglementation nationale qui, tout en prévoyant pour les sociétés nationales la faculté de se transformer, ne permet pas la transformation d'une société relevant du droit d'un autre État membre est de nature à dissuader les sociétés ayant leur siège dans d'autres États membres d'exercer la liberté d'établissement garantie par le traité. Par suite, l'État d'accueil ne peut s'opposer à l'opération mais peut simplement exiger que la société qui entend transférer son siège sur son territoire satisfasse aux exigences requises pour une transformation interne.

Faisant application de ces principes, la cour d'appel de Paris a jugé qu'aucune disposition du droit national n'empêche qu'une société constituée en France ne se transforme en une société d'un autre État membre de l'Union européenne pour autant que ce droit le permette (en l'espèce la Belgique), la survie de la personnalité morale n'étant pas affectée par la transformation de la forme sociale de l'intéressée, de société civile non connue du droit belge en SNC (CA Paris, 5e ch., 3 juin 2014, n° 14/03053 : *BJS* 2014, p. 373, note L. Marion).

c) Arrêt *Polbud*

Appliquant au transfert transfrontalier du siège social la solution retenue par l'arrêt *Centros* pour la constitution d'une filiale (V. *supra*, n° 382), la Cour de justice de l'Union européenne juge que le déplacement du siège statutaire dans un autre État membre, même sans déplacement du siège réel et sans exercice d'une activité économique effective dans le pays d'accueil, relève de la liberté d'établissement. Il s'ensuit que la liberté d'établissement permet à la société de se rattacher à l'ordre juridique de son choix pourvu que cet ordre juridique soit prêt à l'accueillir. Il en résulte une concurrence des droits qui profite au droit national le moins disant en termes d'ordre public sociétaire (CJUE, 25 oct. 2017, aff. C-106/16, *Polbud-Wykonawstwo sp. z o.o* : *BJS* 2018, p. 19, note T. Mastrullo ; *JCP* E 2018, 1014, note M. Menjucq et 1174, n° 1, obs. Fl. Deboissy et G. Wicker ; *Rev. sociétés* 2018, p. 47, note G. Parleani. – *Adde* I. Barsan, *Que reste-t-il du critère du siège social réel après l'arrêt Polbud ?* : *Dr. sociétés* mars 2018, 4).

SOUS-SECTION 3

LA NATIONALITÉ

384. – Alors que la nationalité des personnes physiques est en principe un attribut fixe et intangible, celle des personnes morales est à contenu variable (une société peut être considérée comme française à tel égard et comme étrangère à tel autre). Qui plus est, une société peut changer de nationalité.

§ 1. – Le critère de la nationalité

385. – Il existe un principe (le critère du siège social), tempéré par une exception (le critère du contrôle).

A. – Le principe : le critère du siège social

386. – *Incorporation* vs *siège réel.* Dans le système anglais, repris par plusieurs États du nord de l'Europe, toute société créée et enregistrée en Angleterre est anglaise (théorie de l'incorporation) quelles que soient les attaches matérielles de la société, notamment le siège social réel ; il s'agit d'une solution libérale qui donne son plein effet à la loi d'autonomie.

Pour déterminer quelle est la nationalité d'une société, le droit français retient pour sa part en principe le critère du siège social (V. pour la liberté d'établissement, *supra* n° 382) : toute société dont le siège social est situé en France a la nationalité française et est soumise aux dispositions de la loi française (*lex societatis*) (C. civ., art. 1837 et C. com., art. L. 210-3)[37].

(37) Cass. com., 8 févr. 1972 : *Bull. civ.* 1972, IV, p. 61 : la société Shell-France avait son siège social sur l'avenue des Champs-Élysées ; le propriétaire refusa de renouveler le bail commercial et de payer une indemnité de non-renouvellement, en excipant de la qualité d'étrangère de la locataire ; la Cour de cassation lui répondit que la société était française à raison

387. – *Discordance siège statutaire/siège réel.* En cas de discordance entre le siège statutaire, fixé à l'étranger, et le siège réel, fixé en France, le siège statutaire peut être écarté au profit du siège réel (C. civ., art. 1837, al. 2), ce qui a pour conséquence de rendre applicable la loi française, et notamment la loi pénale (V. *infra*, n° 391). En revanche, lorsqu'une société française soutient que le siège statutaire d'une société fixé à l'étranger est fictif sans soutenir que son siège réel est situé en France, les critères français du siège social n'ont pas vocation à s'appliquer dès lors qu'aucun lien de rattachement avec la France n'est invoqué ; l'appréciation de la fictivité du siège social de la société étrangère doit donc être opérée en fonction des critères posés par la loi étrangère applicable à la société (*lex societatis*)(38) ; la solution est identique s'agissant d'apprécier la fictivité de la société (V. *supra*, n° 287).

B. – L'exception : le critère du contrôle

388. – L'exception relève de la « jurisprudence du temps de guerre ». Quand il s'est agi, après la Première Guerre mondiale, de faire le départ entre biens amis et biens ennemis afin d'étendre le champ des séquestres et des confiscations frappant les propriétés appartenant aux ressortissants de nations hostiles, il a été fait appel au critère du contrôle. Cela revenait à prendre en compte la nationalité des personnes contrôlant et dirigeant la société considérée. Furent ainsi réputées allemandes les sociétés dont le capital était, en majorité, la propriété d'Allemands, alors que leur siège était en France. En dehors des temps de guerre, le critère du contrôle est également utilisé pour déterminer la nationalité des sociétés appartenant à des secteurs sensibles : banque, concession de service public, transport maritime, presse...

§ 2. – Le changement de nationalité

389. – Rien de plus simple que de changer la nationalité d'une société ; il suffit de transférer le siège social hors des frontières nationales. Sur le plan juridique, le transfert du siège dans un autre État, qui emporte changement de nationalité, entraîne en principe dissolution de la société et perte de sa personnalité morale (V. *supra*, n° 373) ; mais on a vu que ce principe est fortement tempéré en cas de déplacement du siège social dans l'Union européenne (V. *supra*, nos 375 et s.).

390. – Ceci explique que le changement de nationalité implique le vote unanime des associés (C. com., art. L. 222-9 et L. 223-30). Certes, il est prévu que dans les sociétés anonymes la décision peut être prise à la majorité qualifiée en assemblée générale extraordinaire à condition que le pays d'accueil ait signé une convention en ce sens (C. com., art. L. 225-97) ; mais ce texte est resté lettre morte puisqu'aucune convention de cette nature n'a été conclue.

de son siège social, peu important que l'essentiel des parts sociales, ainsi que les leviers de commande, soient aux mains d'étrangers opérant de l'étranger.

(38) Cass. com., 21 oct. 2014, n° 13-11.805, PB : *Rev. sociétés* 2015, p. 463, note M. Menjucq.

Le coin des amateurs

De l'importance du siège réel pour la détermination de la loi pénale applicable

391. – Lorsque le siège statutaire n'est pas fixé en France, la société, parce qu'elle est de nationalité étrangère, ne relève pas de la loi française (V. *supra*, n° 389). Toutefois, si son siège réel est localisé en France, le siège statutaire fixé à l'étranger peut être écarté sur le fondement de l'article 1837, alinéa 2, du Code civil (V. *supra*, n° 368), ce qui rend la loi française applicable. Ainsi, en matière d'abus de biens sociaux, le lieu de commission de l'infraction, qui détermine la loi applicable, est celui du siège où a été arrêtée et traduite en comptabilité la décision d'user abusivement des biens de la société. En conséquence, si le siège de la société est fixé à l'étranger, le dirigeant ne peut être poursuivi du chef d'abus de biens sociaux (V. *infra*, n° 1065). En revanche, en cas de discordance entre le siège statutaire situé à l'étranger et le siège réel situé en France, les juges peuvent faire prévaloir le siège réel, ce qui emporte application de la loi française.

C'est ce qui a été jugé à propos de l'affaire *Elf* (Cass. crim., 31 janv. 2007 : *Dr. sociétés* avr. 2007, n° 83, obs. R. Salomon). La société Elf-Gabon, dont le siège statutaire est en République gabonaise, prétendait qu'elle était de nationalité étrangère, ce qui interdisait de lui appliquer les textes français incriminant l'abus de biens sociaux. Relevant que la société Elf-Gabon, contrôlée majoritairement par une société française, avait un établissement en France immatriculé au registre du commerce et des sociétés, que son président résidait à Paris et que la décision d'octroyer les avances litigieuses avait été prise dans les locaux de la tour Elf à la Défense, les juges ont considéré que son siège réel était situé en France. La société devait donc être considérée comme étant de nationalité française, ce qui rendait applicable la loi française et permettait de poursuivre ses dirigeants pour abus de biens sociaux.

La même solution a été retenue dans une affaire où le dirigeant d'une société avait abusé des biens d'une société de droit espagnol ; ayant retenu que la société espagnole était fictive et que son activité s'exerçait en France, les juges en ont déduit que l'infraction avait été commise en France, ce qui autorisait la poursuite du dirigeant du chef d'abus de biens sociaux (Cass. crim., 25 juin 2014, n° 13-84.445 : *Dr. sociétés* 2014, n° 135, obs. R. Salomon ; *JCP* E 2015, 1030, § 3, obs. R. Salomon ; *Rev. sociétés* 2015, p. 50, note crit. M. Menjucq. – V. égal., Cass. crim., 2 mars 2021, n° 19-80.991, PBI : *Dr. sociétés* mai 2021, n° 68, obs. R. Salomon).

SOUS-SECTION 4

LA QUALITÉ CIVILE OU COMMERCIALE

392. – La qualité civile ou commerciale d'une société demeure un élément essentiel de son individualisation. Certes, le régime des sociétés civiles et celui des sociétés commerciales se sont rapprochés du fait d'influences mutuelles. Néanmoins, l'arête, bien que moins vive, est toujours importante et il est essentiel de déterminer le caractère civil ou commercial d'une société.

§ 1. – L'exposé des critères

393. – Il existe deux *critères* de distinction : la forme de la société et l'objet social. Celui de la forme l'emporte sur celui de l'objet pour les sociétés commerciales. L'article L. 210-1 du Code de commerce énonce en effet que « sont commerciales à raison de leur forme et quel que soit leur objet, les sociétés en nom collectif, les sociétés en commandite simple, les sociétés à responsabilité limitée et les sociétés par actions ».

394. – *S'agissant des sociétés civiles*, la forme doit nécessairement correspondre à l'objet (V. *infra*, n° 398). On relèvera que, par société civile, on peut entendre trois choses distinctes :

– *le genre* : c'est la société civile par opposition à la société commerciale ;

– *l'espèce* : c'est le type de société tel qu'il est régi par les articles 1845 et suivants du Code civil ; tel est le cas des sociétés civiles agricoles ou des sociétés civiles immobilières soumises au régime général du Code civil ;

– *la sous-espèce* : il s'agit cette fois des sociétés civiles spéciales soumises à un statut particulier : sociétés civiles professionnelles, sociétés civiles d'attribution…

395. – *Pour les autres sociétés, et groupements*, autrement dit pour les sociétés en participation, les sociétés créées de fait, les GIE et les GEIE, ces groupements sont civils si leur objet est civil, commerciaux dans le cas contraire. Le critère de l'objet l'emporte cette fois sur celui de la forme.

§ 2. – Les conflits de critères

A. – Les sociétés à forme commerciale et à objet civil

396. – *Principe.* Une société à forme commerciale (société par actions, SARL, SNC, commandite simple) peut avoir un objet civil ; dans ce cas, le régime est dicté par la forme et non par l'objet. Par exemple, la SA d'expertise comptable, d'ingénieurs-conseils ou d'architectes, est commerciale même si son objet est civil. Par suite, tous les actes de ces sociétés sont des actes de commerce, d'où la compétence du tribunal de commerce[39]. Également, une société commerciale par la forme doit respecter les obligations comptables applicables aux commerçants (C. com., art. L. 123-12 et s.).

397. – *Exceptions.* Mais tout principe comporte des exceptions. En voici trois :

– les litiges concernant les SEL, qui sont commerciales par la forme, relèvent exclusivement de la compétence des tribunaux civils (V. *infra*, n° 2098) ;

– les ventes d'immeubles sont réputées conserver leur nature civile quelle que soit la qualité de la société venderesse, ce qui exclut la compétence des tribunaux de commerce ;

– le régime des baux commerciaux est refusé aux sociétés commerciales par la forme exerçant une activité civile, une SA d'expertise comptable par exemple.

(39) Par ex., Cass. com., 10 mars 1998 : *BJS* 1998, p. 665, note J.-J. Daigre ; « nonobstant la nature civile du mandat unissant un agent général à une compagnie d'assurances, la compagnie Prudence Créole GFA était bien fondée à revendiquer la compétence de la juridiction commerciale, le litige opposant deux personnes morales ayant la qualité de commerçantes à l'occasion de l'exercice de leur activité statutaire. »

B. – Les sociétés à forme civile et à objet commercial

398. – *Principe.* Si une société commerciale par la forme peut exercer une activité de caractère civil, la réciproque n'est pas vraie. Une société civile par la forme ne saurait exercer une activité commerciale, exploiter un fonds de commerce par exemple.

399. – *Conséquences.* Si une société civile se livre à ce genre de fantaisie, elle risque de le payer cher :

– *sur le plan juridique,* la société est requalifiée en société créée de fait ; or la société créée de fait est soumise au régime de la société en participation (V. *infra,* n° 2033), laquelle, lorsque son objet est commercial, relève des règles de la SNC ; c'est ainsi que les associés des sociétés civiles ayant une activité commerciale se trouvent tenus indéfiniment et solidairement des dettes sociales comme les associés en nom collectif(40) ; de plus, faute qu'elle ait été prise aux conditions requises pour les modifications statutaires, la décision changeant l'affectation d'un élément de l'actif d'une société civile pour le destiner à une activité non conforme à l'objet statutaire et à son caractère civil est frappée de nullité(41) ;

– *sur le plan processuel,* une action menée par une société civile transformée en société créée de fait est irrecevable pour défaut de capacité(42) ;

– *sur le plan fiscal,* elle est soumise d'office au régime de l'impôt sur les sociétés (V. *infra,* n° 1931).

Le coin des amateurs

1. Forme des sociétés et compétence juridictionnelle

400. – La répartition de la compétence des juridictions civiles et des juridictions consulaires en matière de droit des sociétés soulève de nombreuses difficultés. En voici trois.

a) Quelles sont les juridictions compétentes en cas de contestation entre associés ou entre la société et un associé ?

Si la société est civile, les litiges entre associés relèvent de la compétence des tribunaux civils. À l'inverse, si elle est commerciale, que les associés aient ou non la qualité de commerçant, les tribunaux de commerce sont compétents (C. com., art. L. 721-3) : « les tribunaux de commerce connaissent (...) des contestations relatives aux sociétés commerciales ».

Les juridictions commerciales sont compétentes dès lors que la contestation est relative à une société commerciale, peu importe qu'elle exerce une activité de nature civile ; ainsi la demande d'expertise *in futurum* dirigée contre une SARL de commissaires aux comptes doit être portée devant le tribunal de commerce (Cass. com., 29 sept. 2009, n° 08-17.205 : *BJS* 2010, § 6, p. 32, note L. Godon). Par exception, les tribunaux civils sont seuls compétents pour connaître des actions en justice dans lesquelles l'une des parties est une société d'exercice libéral alors même qu'il s'agit d'une société commerciale par la forme (V. *infra,* n° 2098).

(40) CA Rouen, 22 nov. 1995 : *JCP* E 1997, 992, note J.-P. Arrighi.

(41) Cass. com., 13 juill. 2010, n° 09-16.100, PB : *RJDA* 11/2010, n° 1090 ; *Rev. sociétés* 2010, p. 502, note B. Dondero : société d'exploitation d'une ferme délaissant l'activité agricole civile au profit d'une activité hôtelière commerciale, avec conversion des bâtiments en salles de réception, de séminaires et de concert.

(42) Cass. 3e civ., 5 juill. 2000 : *Rev. sociétés* 2001, p. 100, note B. Saintourens ; dans cette affaire, l'arrêt d'appel est cassé pour avoir omis de rechercher si l'activité exercée par une société civile immobilière présentait ou non un caractère commercial.

Sont visés non seulement les litiges opposant les associés entre eux mais également ceux qui opposent la société et les associés. Encore faut-il que le différend ait pour origine la création, le fonctionnement ou la liquidation de la société ; relève par exemple de la compétence des tribunaux de commerce l'action relative à l'interprétation et à l'exécution d'un pacte d'associé conclu par un salarié actionnaire dès lors que le pacte n'est pas un accessoire du contrat de travail (Cass. soc., 18 oct. 2007 : *RJDA* 2/2008, n° 133).

Toutefois, lorsque le demandeur est un non-commerçant, il dispose du choix de saisir le tribunal civil ou le tribunal de commerce, par exemple en cas d'action en concurrence déloyale exercée par un non-commerçant contre une société commerciale (Cass. com., 18 nov. 2020, n° 19-19.463, PB : *BJS* avr. 2021, p. 8, note D. Poracchia).

b) Quelles sont les juridictions compétentes en cas de contestation portant sur une cession de titres sociaux ?

En principe, les litiges relatifs à une cession de titres sociaux ne mettent pas en cause le pacte social et échappent pour cette raison à la compétence des tribunaux de commerce. Par exception, en cas de cession de contrôle, ce sont les juridictions commerciales qui sont compétentes (V. *infra*, n° 1231). Prenant acte de la nouvelle rédaction de l'article L. 721-3, certains auteurs considèrent que relèvent de la compétence des juridictions commerciales toutes les contestations concernant la propriété de parts ou d'actions d'une société commerciale (P. Bézard, *La réforme de la réglementation concernant le domaine de l'arbitrage et ses conséquences sur le droit des sociétés, Études offertes à B. Mercadal*, éd. Francis Lefebvre, 2002, p. 297).

Qu'en est-il de la jurisprudence ? La chambre commerciale a jugé que relève de la compétence des juridictions commerciales un litige portant tant sur des prises de participations majoritaires dans les sociétés de divers groupes, que sur l'organisation ou la gestion de ceux-ci et des sociétés en cause (Cass. com., 14 déc. 2004 : *BJS* 2005, § 159, p. 728, note F. Fages et C. Vexliard ; *Dr. sociétés* févr. 2005, n° 31, obs. H. Hovasse). La cour d'appel de Versailles a également retenu la compétence du tribunal de commerce pour trancher une contestation relative à l'exécution d'une promesse de cession d'actions, laquelle était de nature à faire perdre ou acquérir la qualité d'associé, au motif que tout litige ayant pour objet l'existence même de la qualité d'associé a trait au pacte social (CA Versailles, 13 mai 2004 : *JCP* E 2005, 33, note J.-P. Legros). La question s'est encore posée à propos d'un litige entre associés portant sur le nombre d'actions devant être attribuées à l'un d'entre eux, par l'exercice d'un bon de souscription d'actions, en exécution d'une convention passée entre la société et l'associé, convention selon laquelle le nombre d'actions attribuées dépendait de la fréquentation du site exploité par ce dernier ; la chambre commerciale de la Cour de cassation a jugé que relevait de la compétence des juridictions commerciales l'action intentée par l'un des associés qui contestait le décompte de cette fréquentation, et donc le nombre d'actions à attribuer au bénéficiaire (Cass. com., 14 févr. 2006 : *JCP* E 2007, 1390, note J.-P. Legros ; *Rev. sociétés* 2007, p. 787, note B. Saintourens).

Pour autant, peut-on déduire de cette jurisprudence que tous les litiges relatifs aux cessions de titres de sociétés commerciales relèvent désormais de la compétence des juridictions consulaires ? Une telle interprétation semble pécher par excès. Dans les arrêts précités, les litiges avaient certes pour objet la titularité de titres sociaux, mais, plus fondamentalement, ils avaient pour cause une opération ayant une influence directe sur le fonctionnement de la société ou le montant de son capital, ce qui semble constituer un critère rationnel, au-delà de la stricte cession de contrôle, pour fonder la compétence des juridictions consulaires.

Ce qui vaut pour la cession des titres vaut pareillement pour les clauses accessoires à la cession. Ainsi, le litige portant sur la clause de non-concurrence souscrite par les cédants dans la convention de cession d'actions, étant né à l'occasion d'une cession de titres de société commerciale, relève de la compétence du tribunal de commerce (Cass. com., 10 juill. 2007, n° 06-16.548, PBI : *BJS* 2007, p. 1242, note D. Poracchia ; *D.* 2008, p. 518, note Thevenet-Montfrond ; *Dr. sociétés* 2007, n° 179, obs. H. Hovasse ; *Rev. sociétés* 2007, p. 793, note B. Saintourens ; *RJDA* 12/2007, n° 1245). De la même façon, le litige relatif à la cession de créance en compte courant incluse dans l'acte de cession des actions, étant né à l'occasion de la cession des titres d'une société commerciale, ressortit à la compétence du tribunal de commerce (Cass. com., 12 févr. 2008, n° 07-14.912 : *Dr. sociétés* 2008, n° 78, obs. H. Hovasse ; *Rev. sociétés* 2008, p. 370, note B. Saintourens). L'objet même de ces clauses, clause de non-concurrence ou cession de compte courant, révèle que la cession des titres avait une influence directe sur le fonctionnement de la société ou le montant de son capital (V. aussi, pour le litige relatif aux honoraires d'une prestation de conseil financier préparatoire à une cession de contrôle : Cass. com., 15 janv. 2008, n° 07-12.102 : *BJS* 2008, § 82, p. 386, note D. Vidal).

c) Quelles sont les juridictions compétentes en cas d'action en responsabilité civile intentée contre un dirigeant ?

Aucune difficulté ne se pose lorsqu'une action en responsabilité civile est intentée contre le dirigeant d'une société civile : qu'elle soit exercée par un associé, par la société ou par un tiers, l'action relève toujours de la compétence des juridictions civiles. Qu'en est-il lorsque l'action en responsabilité civile est dirigée contre le dirigeant d'une société commerciale ? Le dirigeant d'une société commerciale n'a pas la qualité de commerçant. Pour autant, la jurisprudence considère classiquement que l'action doit être portée devant les juridictions commerciales. Cette solution est confortée par la nouvelle rédaction de l'article 721-3 du Code de commerce : la contestation portant sur la gestion de la société est assurément « relative à une société commerciale ». La solution est identique lorsque l'action en responsabilité civile est intentée contre un dirigeant de fait : la juridiction commerciale est compétente dès lors que les faits allégués se rattachent par un lien direct à la gestion de sociétés commerciales, peu important que les défendeurs n'aient pas eu la qualité de commerçant non plus que celle de dirigeant de droit de ces sociétés (Cass. com., 27 oct. 2009, n° 08-20.384, PBIR : *D.* 2010, p. 296, note B. Dondero ; *JCP E* 2010, 1017, note J.-P. Legros ; *Rev. sociétés* 2010, p. 30, note B. Saintourens). De la même façon, parce que sa mission se rattache directement à la gestion de la société, l'action en responsabilité civile intentée contre le liquidateur amiable d'une société commerciale relève de la juridiction consulaire (Cass. com., 14 nov. 2018, n° 16-26.115, PBI : *BJS* 2019, p. 17, note A. Reygrobellet ; *JCP* E 2019, 1145, n° 5, note R. Raffray et 1632, note D. Houtcieff ; *JCP* G 2019, 45, note C. Lebel ; *Dr. sociétés* 2019, n° 23, obs. C. Coupet).

2. Forme des sociétés et clause compromissoire

401. – Il est relativement fréquent que les statuts soumettent à une procédure d'arbitrage le litige survenant à raison de la société entre la société et l'un de ses associés, ou entre les associés entre eux. La validité de la clause compromissoire est expressément reconnue par la loi dans les contestations relatives aux sociétés commerciales (C. com., art. 721-3, al. 5). Pour le reste, l'article 2061 du Code civil disposait que « la clause compromissoire est valable dans les contrats conclus à raison d'une activité professionnelle ». Une telle clause pouvait ainsi figurer dans les statuts de sociétés civiles, du moins quand elles exerçaient une activité professionnelle, par exemple une société d'avocats ; elle ne pouvait en revanche trouver place dans les sociétés, telles les sociétés civiles immobilières, qui ne sont que des techniques d'organisation du patrimoine (V. *supra*, n° 35. – *Adde*, E. Scholastique, *Arbitrage et droit des sociétés* : *Dr. et patrimoine* 6/2002, p. 52).

En vue d'étendre le champ d'application de la clause compromissoire, la loi de modernisation de la justice du XXIe siècle du 18 novembre 2016 a supprimé toute référence aux contrats conclus à raison d'une activité professionnelle. La clause peut donc valablement être stipulée dans n'importe quel contrat, par exemple dans les statuts d'une société civile n'exerçant pas d'activité professionnelle ou dans un pacte d'associés. Toutefois, « lorsque l'une des parties n'a pas contracté dans le cadre de son activité professionnelle, la clause ne peut lui être opposée » (C. civ., art. 2061, al. 2). Le non-professionnel a donc le choix : comparaître devant l'arbitre ou devant un tribunal étatique.

3. Forme des sociétés et fiscalité

402. – En matière d'imposition des bénéfices, c'est la forme de la société qui l'emporte sur son objet tandis que la forme sociale est indifférente en matière de TVA et de contribution économique territoriale.

a) La prédominance de la forme en matière d'imposition des bénéfices

Les sociétés à risque limité (sociétés par actions et SARL), quelle que soit la nature de l'activité exercée, relèvent en principe de l'impôt sur les sociétés (V. *supra*, n° 155), lequel renvoie au régime des bénéfices industriels et commerciaux, quel que soit l'objet de la société. Si une société anonyme exploite un domaine agricole, les bénéfices seront calculés selon le mode commercial et non selon le mode agricole. De même, si des avocats coopèrent dans le cadre d'une société d'exercice libéral, les bénéfices seront soumis à l'impôt sur les sociétés, alors même que les professions libérales relèvent en principe du régime des bénéfices non commerciaux.

b) L'indifférence de la forme sociale en matière de TVA et de contribution économique territoriale

L'article 256 A du Code général des impôts dispose que « sont assujetties à la TVA les personnes qui effectuent d'une manière indépendante une des activités économiques mentionnées au cinquième alinéa, quels que soient le statut juridique de ces personnes, leur situation au regard des autres impôts et la forme ou la nature de leur intervention ». De même que « l'habit ne fait pas le moine », l'habit ne fait pas la TVA, ce qui renvoie au principe fondamental de neutralité de la TVA posé par la directive TVA. Ainsi, les activités médicales ne sont pas soumises à la TVA, quand bien même elles seraient exercées dans le cadre d'une société par actions ou d'une SARL.

Quant à la contribution économique territoriale (CGI, art. 1441), elle est due par toute personne exerçant une activité professionnelle indépendante, qu'elle soit civile ou commerciale. Les agriculteurs en sont toutefois exemptés, quel que soit le statut juridique de l'exploitation ; une société anonyme exploitant un domaine agricole échappera ainsi à la contribution économique territoriale.

SECTION 4

LA RESPONSABILITÉ DE LA PERSONNE MORALE

403. – Une personne morale a-t-elle une conscience ? Peut-on lui imputer des fautes engageant sa responsabilité ? Ces interrogations ont suscité des débats passionnés entre les tenants de la réalité des personnes morales et ceux de la fiction (V. *supra*, nos 310 et s.). Elles ne sont plus de mise aujourd'hui. Face à la capacité de nuisance des personnes morales, la jurisprudence reconnaît depuis longtemps la responsabilité civile des personnes morales, avant que la loi ne consacre en 1994 le principe de leur responsabilité pénale.

SOUS-SECTION 1

LA RESPONSABILITÉ CIVILE DE LA PERSONNE MORALE

404. – *Principe.* En sa qualité de sujet de droit, une société immatriculée est tenue de répondre de ses faits dommageables. Ainsi, celui qui s'estime victime des agissements d'une société peut lui demander réparation du dommage qu'il a subi en se fondant sur la responsabilité contractuelle (mauvaise exécution d'un contrat passé au nom de la société) ou la responsabilité délictuelle (par ex. pollution causée par l'un des navires appartenant à la société). Il est donc possible d'agir directement contre la société sans avoir à mettre en cause la personne qui est intervenue dans la réalisation du dommage, dirigeant ou préposé. Toutes les causes de responsabilité délictuelle visées aux articles 1240 et suivants du Code civil peuvent être déclinées : responsabilité pour faute personnelle de la société, responsabilité du fait des choses, responsabilité du fait d'autrui, responsabilité du fait des animaux[43].

405. – Illustration.

Un ouvrier avait trouvé la mort à la suite du fonctionnement défectueux d'un monte-charge manœuvré par l'un des associés. Les ayants cause de la victime avaient actionné directement la société sur le fondement de l'article 1382 (ancien) du Code civil. Les juges du fond rejetèrent leur action sous le prétexte que la responsabilité d'une société ne pouvait être recherchée pour faute. Leur décision fut cassée pour le motif de principe que voici : « Attendu que la personne morale répond des fautes dont elle s'est rendue coupable par ses organes et en doit la réparation à la victime sans que celle-ci soit obligée de mettre en cause, sur le fondement de l'article 1384, alinéa 5, lesdits organes pris comme préposés » (Cass. 2e civ., 27 avr. 1977, *Sté Guerre : Bull. civ.* 1977, II, n° 108, p. 74).

406. – *L'avant-projet de réforme de la responsabilité civile* prévoyait en son article 1242-1 que « la faute de la personne morale résulte de celle de ses organes » (ce qui correspond à l'idée que les organes déterminent la volonté sociale) « ou d'un défaut d'organisation ou de fonctionnement » (ce qui est l'intégration dans la loi de solutions jurisprudentielles éparses)[44]. Cette disposition a été supprimée mais il semble possible, même en l'absence de prévision légale, d'imputer à faute à la personne morale un défaut d'organisation ou de fonctionnement qui a permis

(43) Cass. 2e civ., 27 sept. 2001 : *D.* 2002, inf. rap. p. 2948 : responsabilité d'une société du fait d'un veau ayant provoqué la charge d'un taureau. – Pour un autre exemple où une société, et avec elle sa compagnie d'assurances, s'est trouvée condamnée à réparer le préjudice subi par un cycliste renversé par un chien dont la société était réputée détenir la garde, Cass. 2e civ., 22 févr. 1984 : *RTD civ.* 1985, p. 399, obs. J. Huet. D'où l'utilité de stipuler dans les statuts que la société ne détiendra ni veau, ni chien…

(44) J.-F. Hamelin, *Société et responsabilité civile : quelle réforme ? Dr. sociétés* oct. 2020, Repère 9.

la réalisation de fautes, source de préjudices pour autrui. De fait, les carences dans l'organisation ou le fonctionnement constituent une faute personnelle dont la personne morale doit répondre. Une personne morale est en effet soumise à l'obligation d'adopter une organisation qui ne soit pas de nature à permettre la réalisation de dommages ; elle doit encore s'assurer de son bon fonctionnement, le cas échéant par la mise en place de procédures de contrôles internes.

SOUS-SECTION 2

LA RESPONSABILITÉ PÉNALE DE LA PERSONNE MORALE

407. – *Principe.* La jurisprudence posait le principe de l'irresponsabilité pénale des personnes morales au motif qu'on ne pourrait leur imputer une volonté délictueuse ni leur infliger des sanctions telles que l'emprisonnement. Ce principe, qui datait d'une autre époque, était inadapté face à la puissance des personnes morales et à leur capacité corrélative de nuisance. La responsabilité des personnes morales est aujourd'hui proclamée à l'article 121-2 du Code pénal[45] :

« Les personnes morales, à l'exclusion de l'État, sont responsables pénalement (...) dans les cas prévus par la loi et les règlements, des infractions commises, pour leur compte, par leurs organes ou représentants (...) La responsabilité pénale des personnes morales n'exclut pas celle des personnes physiques auteurs ou complices des mêmes faits... ».

408. – *Mise en œuvre.* Il a évidemment fallu adapter l'appareil répressif à l'encontre de ce nouveau type de délinquants. Voici, en résumé, les grandes lignes :

– *personnes morales responsables* ; toutes les personnes morales sont visées à l'exception de l'État et des collectivités territoriales dans l'exercice d'activités relevant de leurs prérogatives de puissance publique ; cela représente plus de deux millions de délinquants virtuels : sociétés bien sûr, même publiques, mais aussi associations de toute nature, syndicats, comités d'entreprise, partis politiques... ; une condition toutefois : l'existence de la personnalité morale (une société non immatriculée ne peut être poursuivie pénalement) (sur la question de la transmission de la responsabilité pénale en cas de fusion-absorption de la société, V. *infra*, n° 2265) ;

– *infractions punissables* ; la responsabilité pénale des personnes morales ne peut être engagée que dans les cas prévus par la loi ou les règlements[46] ;

– *conditions de mise en œuvre* ; d'une part, le fait délictueux doit avoir été commis par un organe ou représentant précisément identifié (V. *infra*, n° 410) ; lorsqu'il s'agit d'infractions intentionnelles, la responsabilité de la personne morale suppose la démonstration du fait que l'organe ou le représentant avait conscience de commettre une infraction[47] ; d'autre part, l'infraction doit avoir été commise pour le

(45) Un esprit imaginatif ambitionna de faire déclarer ce texte inconstitutionnel ; il échoua, sa question prioritaire de constitutionnalité étant jugée non sérieuse par la Cour de cassation : Cass. crim. [QPC], 29 mars 2011 : *RJDA* 8-9/2011, n° 699. – *Adde* J.-H. Robert, *Questions prioritaires de constitutionnalité dirigées contre la responsabilité pénale des personnes morales : des échecs répétés* : *JCP* E 2011, étude 6.

(46) E. Cartier, *De la suppression du principe de la spécialité de la responsabilité pénale des personnes morales* : *Mél. Bouloc*, Dalloz, 2007, p. 97. – A. Gallois et D. Cochet-Gallois, *L'imputation d'une infraction attitrée à une personne morale* : *Mél. Merle*, Dalloz, 2012, p. 279.

(47) Cass. crim., 2 déc. 1997 : *BJS* 1998, p. 512, note J.-F. Barbièri.

compte de la personne morale ; autrement dit, l'infraction doit lui profiter ; ainsi, lorsque le représentant ou l'organe a agi dans son intérêt personnel, la personne morale ne saurait être pénalement responsable ;

– *exonération* ; contrairement aux personnes physiques (V. *infra*, n° 483), la personne morale ne peut invoquer l'existence d'une délégation de pouvoirs pour s'exonérer de sa responsabilité pénale[48] ;

– *procédure applicable* ; le Code de procédure pénale a dédié une série de dispositions relatives à la poursuite, l'instruction et le jugement des infractions commises par les personnes morales (CPP, art 706-41 et s.) ; il n'est évidemment pas question de convoquer la personne morale elle-même devant le juge d'instruction et de la soumettre à interrogatoire ou de la mettre en garde à vue ; la loi prévoit donc que l'action publique s'exercera à l'encontre de la personne morale « prise en la personne de son représentant légal à l'époque des poursuites » ; si le représentant légal fait lui-même l'objet de poursuites pénales, le président du tribunal judiciaire peut à sa demande désigner un mandataire de justice[49] ;

– *sanctions encourues* ; la division traditionnelle entre peines criminelles, correctionnelles ou contraventionnelles est maintenue ; l'emprisonnement est évidemment exclu ; dans les cas les plus graves, le juge pourra prononcer la dissolution de la personne morale (la peine de mort est ressuscitée pour les personnes morales), sauf s'il s'agit d'un syndicat, d'un comité social et économique ou d'un parti politique ; une amende est généralement encourue (le maximum est fixé au quintuple du tarif prévu pour les personnes physiques) ; comme celles prononcées à l'encontre des personnes physiques, les amendes correctionnelles infligées à des personnes morales doivent être motivées[50] ; d'autres sanctions sont encore envisageables : interdiction d'exercer certaines activités professionnelles, exclusion des marchés publics, affichage de la décision prononcée ou diffusion par presse écrite ou tout autre moyen de communication audiovisuelle (une annonce aux heures d'écoute de télévision ?) ; notons enfin la constitution d'un casier judiciaire des personnes morales et la possibilité d'une réhabilitation.

409. – Exemples de condamnation pénale de sociétés.

• Condamnation d'une société pour homicide involontaire suite au décès d'un salarié ayant chuté d'une nacelle au motif que les règles d'utilisation de l'engin n'avaient pas été respectées (Cass. crim., 15 janv. 2008 : *RJDA* 7/2008, n° 798).

• Condamnation d'une société du chef d'exploitation d'une installation nucléaire (la centrale de Fessenheim) en violation de la réglementation suite à un incident concernant un tuyau d'alimentation et des réservoirs de secours (Cass. crim., 17 déc. 2019, n° 19-81.138 : *Dr. sociétés* 2020, n° 29, obs. R. Mortier).

(48) Cass. crim., 4 sept. 2018, n° 18-80.942 : *BJS* 2019, p. 13, note N. Bargues ; *Dr. sociétés* 2019, n° 36, obs. R. Salomon.

(49) La désignation d'un tel mandataire est facultative, et laissée à l'initiative du représentant légal : Cass. crim., 15 févr. 2005 : *BJS* 2005, § 246, p. 1117, note J.-F. Barbièri.

(50) Cass. crim., 9 janv. 2018, n° 17-80.200, PB : *BJS* 2018, p. 137, note N. Barque : la motivation doit tenir compte des ressources et des charges de la personne morale.

• Condamnation, dans l'affaire *HSBC*, de deux SCI pour complicité de fraude fiscale par organisation d'insolvabilité et de blanchiment, l'infraction principale ayant été commise par le gérant (Cass. crim., 29 janv. 2020, n° 17-83.577, PBI : *BJS* avr. 2020, p. 12, note N. Bargue ; *Dr. fisc.* 2020, n° 13, comm. 213, note S.-M. Cabon ; *JCP* G, 633, note S. Détraz).

Le coin des amateurs

La notion d'organe et de représentant en matière de responsabilité pénale des personnes morales

410. – Pour que la responsabilité pénale de la personne morale puisse être engagée, il faut que l'infraction ait été commise par un organe ou représentant, lequel doit être identifié de façon suffisamment précise ; le juge ne saurait par exemple se borner à viser le « responsable en matière de gestion du personnel » (Cass. crim., 10 déc. 2019, n° 18-84.737 : *RJDA* 4/2020, n° 214) ; également, pour que la responsabilité pénale de la société puisse être engagée, un fait précis doit être imputé à cet organe ou représentant (Cass. crim., 9 mars 2021, n° 30-83.304, PBI). Est visé toute personne ou groupe de personnes investi du pouvoir de représenter la personne morale ou de prendre une décision en son nom (G. Wicker et J.-Ch. Pagnucco, *Rép. civ. Dalloz*, V° *Personne morale*, n°s 91 et s.).

La jurisprudence a reconnu la qualité de représentant aux personnes suivantes :

– le dirigeant doté par la loi du pouvoir de représenter la société à l'égard des tiers : le PDG de la SA (par ex., Cass. crim., 1er déc. 1998 : *D.* 1998, p. 34, note M.-A. Houtmann), le directeur général délégué (Cass. crim., 7 juill. 1998 : *Rev. sociétés* 1999, p. 399, note B. Bouloc) ou le gérant d'une SARL (CA Lyon, 3 juin 1998 : *BJS* 1999, p. 258, note J.-F. Barbièri) ;

– le salarié titulaire d'une délégation de pouvoirs (par ex., Cass. crim., 30 mai 2000 : *BJS* 2001, p. 37, note C. Mascala. – Cass. crim., 15 mai 2007, n° 05-87.260 : *JCP* S 2007, 1954, obs. J.-F. Césaro), voire d'une subdélégation de pouvoirs (Cass. crim., 26 juin 2001 : *JCP* E 2002, 371, note D. Ohl. – Cass. crim., 25 mars 2014, n° 13-80.376, PBI : *BJS* 2014, p. 304, note N. Ferrier) ;

– un organe social habilité par la loi à prendre une décision au nom de la personne morale, tel un conseil d'administration, ou encore un « comité exécutif » investi par les statuts du pouvoir de prendre des décisions au nom de la société (Cass. crim., 14 mars 2018, n° 16-82.117, PB : *RJDA* 8-9/2018, n° 641 ; *Rev. sociétés* 2018, p. 459, note J.-H. Robert ; le comité avait validé la corruption d'agents publics étrangers. – *Adde* H. Matsopoulou, *Les évolutions jurisprudentielles en matière de responsabilité pénale des personnes morales : Rev. sociétés* 2015, p. 703).

TITRE 2

LA VIE DES SOCIÉTÉS

411. – Avec la vie des sociétés, c'est tout le droit des sociétés qu'il faudrait exposer. On s'en tiendra à certaines tranches de vie mettant en relief :

– *le rôle des acteurs* : dirigeants et associés ;
– *les aspects financiers*, autrement dit la dotation de la société et ses résultats ;
– *les crises*, qu'elles soient politiques ou juridiques ;
– *les évolutions*, à savoir la transformation et la disparition de la société.

CHAPITRE 1

LES ACTEURS

SECTION 1

LES DIRIGEANTS

412. – La théorie de la réalité des personnes morales, dans son approche sociologique, met en lumière le rôle des organes. Il n'est pas de société sans organe de direction, pas plus qu'il n'est d'État sans pouvoir exécutif. Pour autant, le recours à l'image « d'organe social », au sens de rouage sociétaire, ne permet pas de conclure au caractère institutionnel de la société (V. *supra*, n° 10). Qu'il s'agisse du statut comme des pouvoirs des dirigeants sociaux, il faut distinguer l'ordre interne (les relations au sein de la société) et l'ordre externe (les relations avec les tiers).

413. – **Les dirigeants : mandataires dans l'ordre interne et représentants légaux dans l'ordre externe.**

Dans l'ordre interne, selon l'analyse contractuelle classique de la société, les dirigeants, qui sont chargés par les associés de représenter la société, ont la qualité de mandataires au sens de l'article 1984 du Code civil. Ne sont-ils d'ailleurs pas qualifiés de mandataires sociaux ? Certes, une personne est en principe libre de donner mandat, alors que le recours aux dirigeants est imposé par la loi. Certes, le mandant est en principe libre de définir l'étendue du mandat, alors que les pouvoirs des dirigeants, au moins dans certaines sociétés, sont largement définis par la loi. Pour autant, l'existence de cette réglementation ne suffit pas à remettre en cause la qualification de mandat dans l'ordre interne : ce n'est pas parce que le mandat est imposé par la loi et que le pouvoir de représentation des dirigeants fait l'objet d'une réglementation légale que sa source n'est pas conventionnelle. Au demeurant, il est fréquent que les décisions jurisprudentielles relatives au statut et aux pouvoirs dans l'ordre interne des dirigeants de société soient expressément fondées sur les textes du Code civil réglementant le mandat.

Dans l'ordre externe, s'agissant des rapports avec les tiers, les dirigeants auxquels la loi confie le pouvoir d'engager la société ont la qualité de représentants légaux au sens de l'article 1153 du Code civil (V. *infra*, n° 436).

414. – À côté des dirigeants de droit, on peut rencontrer dans les sociétés des dirigeants de fait. Les dirigeants ont pour mission de représenter la société, tant dans les rapports internes que dans les rapports avec les tiers. Comme les mandataires (C. civ., art. 1992), ils répondent des fautes commises dans la gestion de la société.

SOUS-SECTION 1

LA VARIÉTÉ DES DIRIGEANTS

§ 1. – Les dirigeants de droit

415. – Conformément aux règles du mandat (C. civ., art. 2003 et 2004), les dirigeants de droit, nommés par les associés, peuvent être révoqués par ces mêmes associés.

A. – Le pouvoir de nomination et de révocation

416. – *Nomination.* De même que dans une démocratie le peuple désigne ses représentants, dans une société les associés désignent les dirigeants ; c'est l'une de leurs prérogatives politiques.

Dans les sociétés dont le capital est concentré entre les mains d'une personne ou d'une famille, le maître de l'affaire (le principal associé) est généralement désigné comme dirigeant ; le détenteur du capital est en même temps patron de l'entreprise. Propriété et pouvoir vont alors de pair.

Au contraire, dans les grandes sociétés dont le capital est disséminé entre de multiples associés, en particulier les sociétés faisant offre au public de titres financiers, les dirigeants sont choisis en raison de leurs compétences techniques. Ce sont des *managers* professionnels ne possédant qu'une part infime du capital. Il y a alors dissociation de la propriété et du pouvoir.

417. – *Révocation.* À de rares exceptions près (V. *infra*, n° 1107 pour les membres du directoire), parallélisme des formes oblige, le pouvoir de nomination entraîne celui de révocation. Le pouvoir de révocation reconnu aux associés est quelque peu théorique lorsque le dirigeant possède l'essentiel du capital, mais non s'il est un *manager* soumis au bon vouloir des associés. Ceux-ci peuvent le remercier s'il a cessé de plaire ou s'il ne donne plus satisfaction.

B. – La publicité de la nomination et de la cessation des fonctions

418. – *Publicité légale.* Les tiers doivent être informés de la nomination, mais aussi de la révocation ou de la démission des dirigeants. La publicité est assurée selon les modes habituels : support habilité à recevoir des annonces légales, registre du commerce et des sociétés, *BODACC*. Lorsque la nomination a été régulièrement publiée, ni la société ni les tiers ne peuvent se prévaloir d'une irrégularité dans la désignation des dirigeants (C. com., art. L. 210-9). La publicité entraîne ainsi purge des vices de désignation, ce qui est un facteur de sécurité pour les tiers.

419. - Pour autant, le défaut de publicité de la désignation d'un dirigeant ne peut avoir pour effet de soustraire celui-ci aux responsabilités attachées aux fonctions qu'il a acceptées et exercées[1].

§ 2. – Les dirigeants de fait

420. - Se mêler de la gestion d'une société sans avoir la qualité de dirigeant peut être lourd de conséquences. C'est ce qu'ont appris à leurs dépens de nombreux dirigeants de fait.

A. – Les critères de la direction de fait

1° Énoncé du critère

421. - *Immixtion dans la gestion.* Hors l'hypothèse du dirigeant qui poursuit ses fonctions malgré l'arrivée du terme mettant fin à ses fonctions, et qui devient donc dirigeant de fait (V. *infra*, n° 1535), la qualité de dirigeant de fait « est caractérisée par l'immixtion dans les fonctions déterminantes pour la direction générale de l'entreprise, impliquant une participation continue à cette direction et un contrôle effectif et constant de la marche de la société en cause »[2]. Mérite donc cette qualité quiconque s'immisce ouvertement dans la direction d'une société, par exemple en donnant des instructions aux salariés, en traitant avec les banques, en définissant la politique sociale ou en percevant des règlements au nom de la société.

2° Mise en œuvre du critère

422. - C'est bien sûr à *l'associé majoritaire* que l'on pense immédiatement ; toutefois la position majoritaire ne présume pas l'ingérence et l'associé majoritaire qui s'est borné à exercer le droit de contrôle et d'intervention attaché à ses titres ne saurait être tenu pour un dirigeant de fait (pour une société mère, V. *infra*, n° 2496).

On peut également croiser l'époux du dirigeant de droit s'il s'immisce dans la direction de l'entreprise[3].

423. - Dépassant le cercle des associés, on rencontre d'autres dirigeants en puissance, notamment parmi les *créanciers*. Ainsi, le banquier tente quelquefois de piloter lui-même la société ; il est alors qualifié de dirigeant de fait[4]. Cependant,

(1) Cass. com., 8 juill. 2003 : *BRDA* 19/2003, n° 4 : le dirigeant prétendait échapper à une action en comblement de passif au motif que sa nomination n'avait pas donné lieu aux publications légales.

(2) CA Paris, 11 juin 1987 : *BJS* 1987, p. 719. – *Adde*, D. Tricot, *Les critères de la gestion de fait : Dr. et patrimoine* 1/1996, p. 24.

(3) CA Paris, 12 janv. 2016, n° 14/24115 : *RJDA* 3/2016, n° 194 ; l'époux organisait les chantiers menés par la société, il avait été seul présent lors d'un contrôle fiscal, et suivait seul les opérations de procédure collective, le dirigeant de droit ne parlant pas français.

(4) Cass. com., 27 juin 2006 : *D.* 2006, p. 1892, obs. A. Lienhard, confirmant CA Versailles, 29 avr. 2004 : *BJS* 2004, § 245, p. 1201, note A. Constantin et Y. Lévy. – Ph. Delebecque, *L'administrateur de fait par personne interposée : une notion à définir : JCP* E 2005, p. 234 : condamnation en responsabilité pour insuffisance d'actif d'une banque en qualité d'administrateur de fait par l'intermédiaire de ses représentants au conseil d'administration de la société.

tout créancier, même puissant, ne saurait être qualifié *a priori* de dirigeant : il peut demander des explications et des comptes sans changer de statut ; ce qui lui est interdit, c'est de se substituer aux dirigeants régulièrement nommés ou de participer aux décisions de gestion.

424. – **Et d'autres encore...**

La frontière entre le contrôle et la direction peut être franchie par d'autres :

– *le président du conseil de surveillance*, qui était particulièrement impliqué dans la gestion de la société, s'est vu reconnaître la qualité de dirigeant au sens de l'article 221-1 du règlement général de l'AMF au motif notamment que lui était imputable une interview donnée en janvier 2009 au journal *La Bourse et la vie* (Cass. com., 7 oct. 2014, n° 13-18.871 : *JCP* E 2014, 1025, note Y. Paclot ; *BRDA* 20/2014, n° 7) ; la même solution a été retenue à propos du président du conseil de surveillance d'une société mère, considéré comme le dirigeant de fait d'une filiale, notamment parce qu'il se présentait imprudemment comme le « manager » de celle-ci (CA Paris, 22 mars 2016, n° 15/14846 : *RJDA* 7/2016, n° 536) ;

– *le maître de l'ouvrage, le concédant ou le franchiseur* (V. *infra*, n° 2385) ;

– *l'investisseur* (V. J.-M. Pérez et F. Mazeron, *Danger de la qualification de dirigeant de fait pour les acteurs du Private equity : JCP* E 2012, 1653) ;

– *une commune* (Cass. com., 15 juin 2011, n° 09-14.578 : *BJS* 2011, § 441, p. 910, note P. Rubellin : condamnation de la commune d'Angoulême à combler l'insuffisance d'actif d'une association sportive) ;

– *l'État* (V. dans l'affaire *SCOPD Manufrance*, T. confl., 23 janv. 1989 : *D.* 1989, p. 367, note P. Amselek et F. Derrida ; *Gaz. Pal.* 1989, II, p. 579, note D. Plantamp).

B. – Les conséquences de la direction de fait

425. – *Principe.* Le sort réservé au dirigeant de fait peut être résumé de la façon suivante : il est assimilé au dirigeant de droit pour les aspects contraignants, mais sans pouvoir se prévaloir des règles favorables inhérentes au statut de dirigeant de droit (V. pour l'indemnisation du dirigeant de fait, *infra*, n° 428). Ainsi le dirigeant de fait n'a ni le statut (être électeur et éligible à la chambre de commerce ou au tribunal de commerce par exemple) ni les pouvoirs d'un dirigeant de droit. En particulier, il ne représente pas la société à l'égard des tiers[5] et n'a pas qualité pour exercer un pourvoi en cassation[6].

426. – *Responsabilité du dirigeant de fait.* La loi aligne parfois la responsabilité du dirigeant de fait sur celle du dirigeant de droit. Ainsi en est-il en matière de responsabilité fiscale (V. *infra*, n° 484), de responsabilité pour insuffisance d'actif (V. *infra*, n°s 496 et 2496) ou encore de responsabilité pénale : les infractions prévues pour les dirigeants de droit des sociétés commerciales sont en effet étendues aux dirigeants de fait (C. com., art. L. 241-9, L. 245-16 et L. 246-2), notamment l'abus de biens sociaux[7].

Une telle assimilation n'est pas prévue par les textes en matière de responsabilité civile, mais la Cour de cassation retient que le dirigeant de fait peut engager

(5) Cass. com., 29 sept. 2015, n° 13-28.501 : *BRDA* 21/2015, n° 8 ; *Dr. sociétés* 2016, n° 7, obs. M. Roussille.
(6) Cass. com., 12 janv. 1993 : *RJF* 4/1993, n° 554.
(7) Cass. crim., 20 sept. 2000 : *RJDA* 2001, n° 38 : condamnation du gérant de fait d'une SARL.

sa responsabilité civile pour les mêmes causes qu'un dirigeant de droit[8]. Lorsqu'il s'agit d'une société commerciale, l'action en responsabilité civile doit être portée, comme pour les dirigeants de droit, devant les juridictions commerciales (V. *supra*, n° 400). En revanche, le dirigeant de fait ne peut pas se prévaloir du bénéfice de la prescription triennale (V. *infra*, n° 1063) ; de façon plus contestable, il a été jugé que la responsabilité du dirigeant de droit ne peut pas être mise en œuvre par le biais de l'action sociale *ut singuli* (V. *infra*, n° 454). Enfin, Ainsi, le fisc taxe de la même façon dirigeant de fait et dirigeant de droit.

427. – *Responsabilité du dirigeant de droit.* Bien évidemment, la responsabilité du dirigeant de fait n'efface pas celle du dirigeant de droit ; ainsi, le fait pour un dirigeant de droit de s'être déchargé de ses fonctions sur un dirigeant de fait n'est pas une cause d'exonération de responsabilité pénale[9].

Le coin des amateurs

1. Le dirigeant de fait peut-il obtenir une indemnisation pour sa gestion ?

428. – Il est d'abord certain que le dirigeant de fait ne peut prétendre à une quelconque rémunération au titre de la gestion de la société. Mais peut-il obtenir remboursement des frais exposés à l'occasion de sa gestion en invoquant les règles de la gestion d'affaires ? Peut-il soutenir, pour reprendre les termes de l'article 1301 du Code civil, qu'il gère volontairement (autrement dit sans titre), l'affaire d'autrui (autrement dit la société), sans opposition du propriétaire (autrement dit des associés), ce qui lui ouvrirait droit au remboursement des dépenses nécessaires et utiles (C. civ. art. 1301-2) ? La cour d'appel de Rennes a rejeté une telle demande dans une espèce où le gérant de fait d'une SCI demandait le remboursement des dépenses exposées à l'occasion de la vente d'un immeuble social ; les juges d'appel ont considéré, d'une part, que le bénéfice de la gestion d'affaires était incompatible avec l'existence d'un mandat et, d'autre part, que la gestion n'avait pas été utile puisque la revente s'était soldée par une moins-value. La décision a été cassée pour violation des articles 1372 et 1375 anciens du Code civil (auj. art. 1300 et 1301-2) : les juges ne pouvaient écarter le bénéfice de la gestion d'affaires du seul fait de l'allégation d'un mandat dont l'existence avait été écartée ; par ailleurs, l'utilité de la gestion doit s'apprécier au moment de l'accomplissement des actes et non en contemplation de ses conséquences (Cass. 1re civ., 3 févr. 2011, n° 10-30.093 : *BJS* 2011, § 176, p. 400, note B. Dondero ; *Dr. sociétés* 2011, n° 66, obs. H. Hovasse ; *Rev. sociétés* 2011, p. 637, note V. Thomas).

Si l'on comprend bien la motivation de la Cour de cassation, il ne saurait en être déduit que le dirigeant de fait pourra nécessairement prétendre au bénéfice des règles de la gestion d'affaires. En effet, il ressort de l'article 1301 du Code civil, et de l'interprétation qu'en retient la jurisprudence, que l'intervention d'un gérant d'affaires ne se justifie qu'en cas d'empêchement du maître de l'affaire (Cass. com., 12 janv. 1999 : *JCP* G 1999, II, 1194, note Petit : une banque ne peut se borner à invoquer l'utilité de l'aliénation de titres sans établir que son client ne pouvait raisonnablement être considéré comme ne pouvant agir par lui-même) ; il lui faudrait donc établir l'empêchement, voire l'absence du dirigeant du droit.

(8) Cass. com., 21 mars 1995 : *Rev. sociétés* 1995, p. 501, note B. Saintourens.
(9) Cass. crim., 31 mai 2012, n° 11-86.324 : *Rev. sociétés* 2013, p. 47, note H. Matsopoulou ; abus de biens sociaux.

2. La variété des statuts de dirigeant

429. – Tous les dirigeants ne se ressemblent pas, tant s'en faut. Leur titre déjà varie : président, directeur, administrateur, gérant... Comme pour les classifications de sociétés (V. *supra*, n° 40), on se livrera à un exercice de taxinomie en proposant les dix critères suivants de distinction :

1) Associé ou non ? Quelle que soit la forme de la société, les dirigeants ne doivent avoir la qualité d'associé que si les statuts l'exigent ; une particularité : dans les commandites, les commanditaires ne peuvent avoir la qualité de gérant.

2) Personne physique ou personne morale ? Dans les SA, le président du conseil d'administration, le directeur général, les directeurs généraux délégués et les membres du directoire sont nécessairement des personnes physiques ; il en est de même des gérants dans les SARL. Les membres du conseil d'administration ou du conseil de surveillance dans les SA, les gérants des sociétés de personnes, les administrateurs des GIE et GEIE, de même que les présidents et autres dirigeants de SAS, peuvent être des personnes morales.

3) Révocable ou irrévocable ? Il n'existe pas en droit de dirigeant irrévocable ; les dirigeants sont révocables sur décision des associés ; certains sont révocables *ad nutum*, c'est-à-dire de façon discrétionnaire et sans indemnité ; tel est le sort du président-directeur général, du président du conseil d'administration, des administrateurs et des membres du conseil de surveillance dans la SA ; les autres dirigeants sont révocables pour justes motifs ; ceci ne signifie pas qu'ils ne peuvent être révoqués en l'absence de justes motifs, mais seulement que leur révocation justifie l'octroi de dommages-intérêts. Question : comment assurer la révocabilité du dirigeant associé unique dans les sociétés unipersonnelles ?

4) À durée déterminée ou à durée indéterminée ? Dans les SA, la loi fixe la durée du mandat des dirigeants ; dans les autres sociétés, ce sont les statuts qui fixent cette durée ; ils peuvent prévoir que le gérant est désigné pour la durée de la société, ce qui est une sorte d'irrévocabilité ; reste cependant la possibilité d'une révocation judiciaire pour cause légitime.

5) Commerçant ou non ? Lorsque la direction est confiée à un tiers non associé, celui-ci a la position de mandataire, ce qui exclut la qualité de commerçant. Dans la SNC et dans la commandite, les gérants associés acquièrent automatiquement la qualité de commerçant. Dans la société par actions et la SARL, les dirigeants n'ont pas la qualité de commerçant, mais ils sont éligibles au tribunal de commerce et à la chambre de commerce.

6) « Cumulard » ou non ? Dans les sociétés par actions et les SARL, le cumul des fonctions de dirigeant et de salarié est possible sous certaines conditions ; dans la SAS, le cumul est libre ; dans les sociétés de personnes, un tel cumul est discuté pour les associés (V. *infra*, n° 1856).

7) Rémunéré ou bénévole ? Dans toutes les sociétés, les fonctions de dirigeant sont généralement rémunérées, mais rien n'interdit qu'elles soient gratuites.

8) De droit ou de fait ? Par principe, le dirigeant de fait est soumis aux mêmes sujétions et aux mêmes responsabilités que le dirigeant de droit (V. *supra*, n°s 420 et s.).

9) Statutaire ou non statutaire ? Le statut du dirigeant est identique, qu'il soit désigné dans les statuts ou dans un acte ultérieur ; par exception à ce principe, le gérant statutaire d'une SNC bénéficie d'un statut plus protecteur puisque sa révocation ne peut être décidée qu'à l'unanimité des autres associés.

10) Bénéficiant ou non du statut fiscal et social des salariés ? Sont seuls à bénéficier de ce régime les dirigeants de SA (président du conseil d'administration, directeur général, directeur général délégué et membres du directoire), de SAS et les gérants minoritaires de SARL.

3. Le devoir de loyauté du dirigeant envers les associés

430. – Les juges font peser sur le dirigeant un devoir de loyauté, lequel constitue en réalité une application du devoir de bonne foi de l'article 1104 du Code civil (B. Daille-Duclos, *Le devoir de loyauté du dirigeant* : *JCP* E 1998, p. 1486. – H. Le Nabasque, *Le développement du* *devoir de loyauté en droit des sociétés : RTD com.* 1999, p. 273. – M. Lathelize-Bonnemaizon, *Bilan et perspective du devoir de loyauté en droit des sociétés : LPA* 23 juin 2000. – B. Petit, *L'évolution du devoir de loyauté en droit des sociétés : RJDA* 4/2015, p. 243).

a) Fondement du devoir de loyauté du dirigeant envers les associés

Le devoir de loyauté procède de l'obligation de bonne foi affirmée par l'article 1104 du Code civil. Investi par les associés de la charge de conduire les affaires sociales, le dirigeant social doit respecter ce commandement qui s'impose à tout contractant et spécialement au mandataire. À ce titre, il doit exercer ses pouvoirs dans l'intérêt de la société et non le sien propre ou celui d'un tiers (V. sur le détournement de pouvoirs, *infra*, n° 442).

Ainsi, le dirigeant ne peut pas contracter avec la société pour son compte personnel au détriment des associés sans les en informer au préalable. Exemple : le dirigeant d'une SAS exploitant une clinique ne saurait acquérir seul l'immeuble dans lequel est exercée l'activité sociale sans en informer ses co-associés alors qu'ils entendaient acheter ensemble cet immeuble (Cass. com., 18 déc. 2012, n° 11-24.305, PB : *Dr. sociétés* 2013, n° 48, note M. Roussille).

De la même manière, le dirigeant ne saurait détourner à son profit des offres contractuelles émanant de tiers (pour les règles de *common law* interdisant aux dirigeants de se saisir des « opportunités d'affaires » *[corporate opportunities]* appartenant à la société, V. M. Corradi, *Les opportunités d'affaires saisies par les administrateurs de la société en violation du devoir de loyauté : BJS* 2011, § 54, p. 157. – G. Helleringer, *Le dirigeant face aux opportunités d'affaires : D.* 2012, p. 1560). Il ne saurait davantage concurrencer la société qu'il a la charge de conduire (V. *infra*, n° 431).

b) Application aux acquisitions de titres sociaux par le dirigeant en vue de leur revente à un tiers

Ces dernières années, une jurisprudence abondante a mis à contribution le devoir de loyauté pour apprécier le comportement du dirigeant se portant acquéreur de titres sociaux sans informer les cédants qu'il est en pourparlers avec un tiers en vue de la revente des titres à un prix plus élevé.

La Cour de cassation a proclamé solennellement l'existence du devoir de loyauté dans une décision du 27 février 1996 (*JCP E* 1996, II, 838, note D. Schmidt et N. Dion). En l'espèce, le dirigeant était en discussion avec un éventuel repreneur prêt à racheter la société au prix fort. Un minoritaire lui demande au même moment de lui trouver un acquéreur pour ses actions. Le dirigeant les lui rachète lui-même puis les revend quelques jours plus tard au repreneur pour plus du double du prix initial. Le cédant assigne le dirigeant en réparation du préjudice subi. La Cour de cassation condamne ce dernier à des dommages et intérêts sur le fondement du devoir de loyauté : « Attendu que X a manqué au devoir de loyauté qui s'impose au dirigeant d'une société à l'égard de tout associé, en particulier lorsqu'il en est intermédiaire pour le reclassement de sa participation ».

Cette jurisprudence a depuis été confirmée à de multiples reprises (V. not. Cass. com., 12 mai 2004 : *BJS* 2004, § 218, p. 1115, note D. Schmidt ; *JCP E* 2004, 1510, n° 3, obs. J.-J. Caussain, Fl. Deboissy et G. Wicker. – Cass. com., 11 juill. 2006, n° 05-12.024 : *Dr. sociétés* 2007, n° 1, obs. H. Lécuyer. – Cass. com., 12 mars 2013, n° 12-11.970 : *BRDA* 7/2013, n° 7 ; *Rev. sociétés* 2013, p. 689, note T. Massart ; achat pour 762 000 € et revente un mois plus tard à 1 700 000 €. – Cass. com., 15 mars 2017, n° 15-14.419 : *Dr. sociétés* 2017, n° 160, obs. R. Mortier ; *Rev. sociétés* 2017, p. 485, note Th. Massart ; *RJDA* 6/2017, n° 410 ; achat au prix de 760 000 € et revente huit jours après pour 1 736 000 €. – CA Paris, 6 août 2019, n° 17/09608 : *RJDA* 12/2019, n° 756, 1re esp. ; cession à 350 € par titre et revente à 1 000 € ; absence de condamnation au motif que l'information sur l'existence d'un mandat de vente à un prix et à une échéance indéterminés n'était pas de nature à influer sur la décision de cession).

De cette jurisprudence, on peut induire le principe selon lequel l'obligation de loyauté du dirigeant oblige ce dernier à partager avec l'associé dont il se propose d'acquérir les titres toute information pertinente (Cass. com., 10 juill. 2018, n° 16-27.868 : *BJS* 2018, p. 634, note A. Reygrobellet ; *Dr. sociétés* 2018, n° 184, obs. R. Mortier). L'information pertinente ne se limite pas à l'existence de pourparlers avec un tiers, mais englobe les informations relatives à la valeur de la société ; viole donc son obligation de loyauté le dirigeant qui s'abstient d'attirer l'attention de l'associé cédant sur l'existence de bénéfices distribuables d'un montant supérieur à celui du prix stipulé (Cass. com., 6 mai 2008, n° 07-13.198 : *Dr. sociétés* 2008, n° 156, obs. H. Hovasse) (V. *infra*, n° 1284). Il va de soi que l'obligation n'a de sens que si l'associé cédant ne dispose pas lui-même de l'information (Cass. com., 13 déc. 2016, n° 15-18.002 : *RJDA* 4/2017, n° 253). Avec cette obligation d'information précontractuelle, on retrouve, appliquée au dirigeant, la règle posée par l'article 1112-1 du Code civil : « Celle des parties qui connaît une information dont l'importance est déterminante pour le consentement de l'autre doit l'en informer dès lors que, légitimement, cette dernière ignore cette information ou fait confiance à son cocontractant ».

Lorsque le manquement au devoir de loyauté est caractérisé, le préjudice subi par le cédant n'est pas égal au montant de la plus-value réalisée par le dirigeant mais consiste en la perte d'une chance de pouvoir négocier ses actions à un meilleur prix, laquelle peut s'avérer limitée, notamment lorsqu'aucune autre personne n'était intéressée par l'acquisition des titres (Cass. com., 15 mars 2017, n° 15-14.419, préc. ; perte de chance évaluée souverainement par les juges du fond à 5 % de la plus-value réalisée par les dirigeants).

4) L'obligation de non-concurrence du dirigeant envers la société

431. – L'obligation de non-concurrence du dirigeant varie selon qu'il est encore en fonction ou a cessé ses fonctions (L. Godon, *L'obligation de non-concurrence des dirigeants sociaux : BJS* 1999, p. 5. – R. Marsin-Rose, *Regards sur l'obligation de non-concurrence en droit des sociétés : JCP* E 2012, 1713. – J.-L. Navarro, *L'obligation de non-concurrence en droit des sociétés : Journ. sociétés* oct. 2013, p. 39. – M. Tirel, *La responsabilité civile du dirigeant pour ses actes de concurrence envers la société : BJS* 2017, p. 150).

a) En cours de mandat social

En cours de mandat social, le dirigeant est tenu, même en l'absence de prévision contractuelle, d'une obligation de loyauté qui lui interdit de conclure des affaires, en qualité de dirigeant d'une autre société, dans le même domaine d'activité. La solution a été affirmée avec force par la chambre commerciale de la Cour de cassation dans une affaire où un gérant de SARL avait, en qualité de gérant d'une autre société, négocié un marché dans le même domaine d'activité ; l'arrêt d'appel ayant écarté sa responsabilité civile a été cassé au motif qu'il était « tenu d'une obligation de loyauté et de fidélité pesant sur lui en raison de sa qualité de gérant de la société (...) lui interdisant de négocier, en qualité de gérant d'une autre société, un marché dans le même domaine d'activité » (Cass. com., 15 nov. 2011, n° 10-15.049, PB : *BJS* 2012, § 116, p. 112, note H. Le Nabasque ; *JCP* E 2011, 1893, note A. Couret et B. Dondero. – Pour la situation de l'associé, V. *infra*, n°s 565 et 566).

Il en va différemment si les associés ont donné leur accord au dirigeant pour qu'il exerce une activité concurrente (Cass. com., 18 mars 2020, n° 18-17.010 : *BRDA* 11/2020, n° 3 ; *BJS* juill.-août 2020, p. 10, note V. Allagaert ; *Dr. sociétés* juill. 2020, n° 92, obs. J.-F. Hamelin ; *JCP* E 2020, 1429, note N. Jullian et *JCP* E 2021, 1070, n° 2, obs. J.-C. Pagnucco ; gérant d'une SARL négociant pour le compte d'une autre société qu'il dirige un marché dans le même domaine d'activité que la SARL).

S'il ne peut exercer une activité concurrente à celle de la société, un dirigeant peut en revanche, sous réserve des règles relatives au cumul de mandats, exercer ses fonctions dans plusieurs sociétés. Reste qu'il doit s'abstenir de tout comportement susceptible de porter atteinte à l'intérêt de chacune des sociétés qu'il dirige, quand bien même elles feraient partie du même groupe ; ce qu'on appelle ici loyauté est en effet l'obligation pour le dirigeant d'exercer ses pouvoirs de direction dans le respect de l'intérêt social. C'est ainsi qu'une personne qui cumule la qualité d'administrateur de la société mère et d'administrateur d'une filiale, tenu d'un devoir de loyauté à l'égard de la société mère, doit, lorsqu'une décision est votée par le conseil d'administration de cette dernière, voter dans le même sens au sein du conseil d'administration de la filiale, sauf lorsque cette décision est contraire à l'intérêt social de cette filiale (V. *infra*, n° 2431).

b) À l'expiration du mandat social

Le devoir de loyauté du dirigeant se traduit, lorsqu'il quitte ses fonctions, par l'obligation qui lui est faite de s'abstenir de tout acte de concurrence déloyale à l'encontre de son ancienne société, ce qui est la simple application d'une règle générale en matière de concurrence. On prendra l'exemple suivant (Cass. com., 24 févr. 1998 : *BJS* 1998, p. 813, note B. Petit). Dans cette affaire, M. Kopcio exerce au sein d'une société les fonctions salariées de directeur régional en étant tenu par une clause de non-concurrence. Il est mis fin à cette clause lors de sa nomination comme dirigeant de l'une des filiales du groupe. Quelque temps plus tard, il organise son départ en incitant plusieurs collaborateurs à démissionner pour le rejoindre au sein d'une société concurrente qu'il allait créer. La société le poursuit pour concurrence déloyale, mais elle est déboutée par la cour d'appel au prétexte que la clause initiale de non-concurrence avait été abandonnée. Son arrêt est cassé au motif que « M. Kopcio était tenu à une obligation de loyauté à l'égard de cette entreprise ».

Hors l'obligation de ne pas commettre d'actes de concurrence déloyale, l'ancien dirigeant n'est donc débiteur d'une obligation de non-concurrence que s'il l'a contractuellement acceptée ; ainsi, le dirigeant qui n'a pas la qualité d'associé n'est pas lié par une clause statutaire de non-concurrence, faute d'y avoir consenti (Cass. com., 10 juill. 2012, n° 11-20.668 : *Rev. sociétés* 2013, p. 219, note M. Roussille). Quelles sont les conditions de validité d'une telle clause ? Plus précisément, faut-il étendre à la clause souscrite par le dirigeant pour le temps suivant la cessation de ses fonctions les conditions posées par la jurisprudence sociale en faveur du salarié, et spécialement l'exigence d'une contrepartie financière ? Une réponse négative semble s'imposer : il est probable que l'exigence d'une contrepartie financière sera écartée lorsque l'obligation de non-concurrence est souscrite par le dirigeant social, à moins qu'il ne soit salarié au moment de la souscription de l'obligation (V. *infra*, n° 566). Cela étant, dans les sociétés cotées, il est fréquent que la stipulation d'une clause de non-concurrence donne lieu au versement d'une indemnité importante (V. les recommandations du Code de gouvernement d'entreprise AFEP-MEDEF, *infra*, n° 921).

SOUS-SECTION 2

LES POUVOIRS DES DIRIGEANTS

432. – Il faut distinguer les pouvoirs des dirigeants vis-à-vis des associés et vis-à-vis des tiers.

§ 1. – Dans l'ordre interne

433. – *Principe.* En leur qualité de mandataire, les dirigeants ont dans l'ordre interne tous pouvoirs pour accomplir les actes de gestion que commande l'intérêt de la société (V. *infra*, n°s 655 et s.). Ainsi les dirigeants exercent les missions de tout chef d'entreprise : assurer la production et la commercialisation des produits ou services, gérer la trésorerie, établir les plans de financement... Les dirigeants assument à la fois la direction économique de l'entreprise (ils exercent les fonctions dévolues à tout patron) et la direction juridique de la société qui exploite l'entreprise. Il s'agit là d'un pouvoir quotidien de gestion quand l'intervention des associés n'est qu'épisodique.

434. – *Limites.* Aussi étendus soient-ils, ces pouvoirs connaissent des limites.

En leur qualité de mandataires, les dirigeants sont tenus d'agir dans l'intérêt de la personne représentée, à savoir la société, ce qui leur interdit d'agir dans leur propre intérêt au détriment de l'intérêt social (V. *supra*, n° 430). Les dirigeants doivent en outre inscrire leur action dans les limites tracées par l'objet social qui détermine la capacité de jouissance de la société (V. *supra*, n° 202).

Ils doivent encore respecter les prérogatives des autres organes, spécialement celles des associés. Ainsi seuls les associés sont compétents pour passer les actes qui excédent le pouvoir de gestion des dirigeants (pour la cession des actifs sociaux, V. *infra*, n° 447) ou encore ceux qui leurs sont réservés par la loi, modifier les statuts ou approuver les comptes par exemple (V. *infra*, n° 631).

Les statuts peuvent par ailleurs interdire aux dirigeants de passer certains actes (vendre un fonds de commerce, souscrire un emprunt dépassant un certain montant...) ou leur imposer l'autorisation préalable des associés ou d'un organe de contrôle.

435. – *Sanctions.* Le dirigeant qui ne respecterait pas ces limites s'expose sur le plan interne à une double sanction :

– *sanction politique :* les associés mécontents peuvent décider sa révocation ;

– *sanction juridique :* si le dirigeant a commis une faute ayant causé un préjudice à la société, il engage sa responsabilité civile à l'égard de celle-ci (V. *infra*, n°s 450 et s.).

§ 2. – Dans l'ordre externe

436. – *Représentant légal.* L'un des objectifs du droit de l'Union européenne est d'assurer la sécurité des tiers qui contractent avec la société en la personne de son représentant légal. Celui qui est investi de cette qualité est habilité à représenter la société dans les rapports avec les tiers, dans la limite des pouvoirs que la loi lui reconnaît, quelles que puissent être par ailleurs les restrictions qui leur sont apportées dans les statuts[10]. Ainsi, les règles relatives à la représentation légale des sociétés visent à assurer la sécurité des tiers en réservant l'opposabilité de plein droit de leurs pouvoirs aux seuls représentants définis par la loi et dans les limites posées

(10) Dans un domaine voisin, celui de l'association, la loi n'ayant pas institué de représentant légal de l'association, le président ne peut la représenter en justice, à défaut de clause statutaire, qu'à la condition d'avoir reçu un mandat spécial : Cass. 1re civ., 19 nov. 2002 : *D.* 2003, p. 21, concl. J. Sainte-Rose ; *JCP* E 2003, 627, n° 12, obs. J.-J. Caussain, Fl. Deboissy et G. Wicker.

par celle-ci. Cependant, l'exercice des fonctions de direction implique, surtout dans les grandes sociétés, de compléter l'organisation légale et statutaire du pouvoir par le recours aux délégations de pouvoirs (V. *infra*, n° 446). Ainsi, le tiers qui contracte avec la société doit vérifier que l'acte a été passé par le représentant légal de la société ou, à défaut, par une personne ayant le pouvoir d'engager la société en vertu d'une délégation de pouvoirs (V. *infra*, n° 446). Encore faut-il tenir compte des limites posées par la loi en distinguant selon que l'acte a été accompli en dépassement de l'objet social, en violation d'une clause statutaire limitative de pouvoirs ou en méconnaissance de l'intérêt social.

A. – Le dépassement de l'objet social

437. – Il faut distinguer selon que la société contractante est une société à risque limité ou une société à risque illimité.

438. – *Dans les sociétés à risque limité* (sociétés par actions et SARL), la société est engagée par les actes des dirigeants quand bien même ils ne relèveraient pas de l'objet social[11]. Les sanctions sont uniquement d'ordre interne (V. *supra*, n° 433). L'engagement de la société suppose toutefois que le tiers contractant soit de bonne foi, c'est-à-dire qu'il ait ignoré que l'acte ne s'inscrivait pas dans les limites assignées à l'objet social, ou qu'il ne pouvait l'ignorer compte tenu des circonstances[12]. La loi précise que la seule publication des statuts ne suffit pas à établir la mauvaise foi du tiers.

439. – *Dans les sociétés à risque illimité* (notamment société civile et SNC), pareille sécurité juridique ne se retrouve pas pour les tiers contractants. En effet, les dirigeants n'engagent la société que par les actes entrant dans l'objet social ; l'acte passé par le dirigeant en dépassement de l'objet social est donc inopposable à la société. C'est l'ampleur des risques courus par les associés qui justifie que ces derniers soient protégés contre les agissements intempestifs des dirigeants. Le tiers qui contracte avec une société à risque illimité doit donc être prudent et vérifier les contours de l'objet social. À défaut, le tiers éconduit peut tenter d'engager la responsabilité personnelle du dirigeant, à condition toutefois de démontrer qu'il s'agit d'une faute détachable des fonctions (V. *infra*, n°s 463 et s.).

B. – La violation d'une clause statutaire limitative de pouvoirs

440. – *Inopposabilité de la clause aux tiers.* Il n'est pas rare que les statuts prévoient expressément que le dirigeant devra obtenir l'autorisation préalable de l'assemblée des associés avant de passer certains actes : vente d'un immeuble ou d'un fonds de commerce, souscription d'un emprunt dépassant tel montant, action

(11) Cass. com., 24 juin 2020, n° 18-11.958 : *Dr. sociétés* août-sept. 2020, n° 102, obs. J.-F. Hamelin ; *JCP* E 2020, 1493, note A. Thobie : un gérant de SARL peut engager la société dans une promesse de vente immobilière sans avoir à justifier que l'acte s'inscrit dans l'objet social.

(12) Cass. com., 19 sept. 2018, n° 17-17.600 : *BJS* 2018, p. 627, note J.-J. Barbièri ; *Dr. sociétés* 2018, n° 207, obs. J. Heinich ; *JCP* E 2019, 1145, n° 7, obs. J.-Ch. Pagnucco ; la mauvaise foi du tiers, en l'occurrence l'administration fiscale, ne saurait résulter du seul fait qu'elle aurait exigé, lors de la signature de l'acte de cautionnement, que lui soit remis copie du procès-verbal d'assemblée autorisant le dirigeant à se porter caution.

en justice[13]. Que se passe-t-il si le dirigeant passe seul un tel acte au mépris de l'interdiction statutaire ? La loi cherche avant tout à protéger les tiers. Aussi bien les clauses statutaires limitant les pouvoirs des dirigeants sont-elles déclarées inopposables aux tiers[14] : la société ne peut pas se prévaloir de la clause pour remettre en cause l'acte. Selon la Cour de cassation, l'acte est opposable à la société même si le tiers avait connaissance de l'existence de la limitation de pouvoir[15]. La société peut toutefois engager la responsabilité civile du dirigeant si l'acte lui cause un préjudice (V. *infra*, n°s 450 et s.), sans préjudice de la révocation du dirigeant. Il est possible dans les statuts de prévoir des sanctions plus dissuasives pour garantir le respect d'une clause limitative de pouvoirs : clause pénale ou encore clause d'exclusion si le dirigeant a la qualité d'associé.

441. – *Opposabilité de la clause à la société en matière processuelle.* On notera que si la société ne peut pas opposer la clause au tiers, la réciproque n'est pas toujours vraie[16]. Certes, en matière contractuelle, le tiers cocontractant ne peut pas se voir opposer le défaut de pouvoir du représentant légal de la société résultant de la méconnaissance d'une clause statutaire et rien ne justifie qu'il puisse pour sa part s'en prévaloir pour rechercher la nullité d'un contrat qui ne lui conviendrait plus afin de s'en dégager alors même qu'il y a consenti[17]. En revanche, pour certains actes, et spécialement les actes de procédure, les règles qui leur sont propres peuvent expliquer qu'un tiers puisse opposer à la société la clause limitative de pouvoirs pour contester l'acte. C'est ce qui a été jugé pour l'exercice d'une action en justice[18] ou pour un congé, exercée ou délivré en méconnaissance d'une clause limitative de pouvoirs[19].

C. – La violation de l'intérêt social

442. – *Nullité de l'acte.* L'acte a été passé contrairement à l'intérêt de la société, par exemple au profit d'une personne que le dirigeant souhaite avantager ou au profit du dirigeant lui-même. La jurisprudence sanctionne la violation de l'intérêt social par la nullité de l'acte quelle que soit la forme de la société, même si plusieurs arrêts ont pu être interprétés comme écartant le jeu de la nullité dans les sociétés de capitaux (V. *infra*, n° 448).

(13) A.-C. Rouaud, Les limitations statutaires au pouvoir d'agir en justice du représentant légal de société : Rev. sociétés 2014, p 415.

(14) Parce que le gérant associé n'est pas un tiers au contrat de société, une clause statutaire limitative de pouvoirs lui est opposable : Cass. 3e civ., 25 mai 2005 : *BJS* 2005, § 250, p. 1133, note P. Le Cannu.

(15) Pour une SARL, Cass. com., 2 juin 1992 : *BJS* 1992, note P. Le Cannu. – Pour une société civile : Cass. 3e civ., 24 janv. 2001 : *BJS* 2001, p. 529, note F.-X. Lucas. – Cass. 3e civ., 12 juill. 2005 : *BJS* 2006, § 46, p. 231, note Y. Dereu.

(16) D. Gallois-Cochet, L'invocabilité par les tiers des clauses limitant le pouvoir des dirigeants sociaux : Mél. M. Germain, LexisNexis-LGDJ 2015, p. 325 et s.

(17) V. Fl. Deboissy et G. Wicker, obs. ss Cass. com., 23 oct. 2019, n° 18-11.425 : *JCP* E 2020, 1344, n° 2 ; V. égal. *BJS* mars 2020, p. 22, note V. Allagaert ; *Dr. sociétés* févr. 2020, n° 26, obs. J.-P. Legros.

(18) Cass. 2e civ., 23 oct. 1985 : *Rev. sociétés* 1986, p. 408, note B. Bouloc ; en l'espèce, le président d'une SA exerce une action en justice alors que les statuts exigent une autorisation préalable du conseil d'administration ; le tiers poursuivi a obtenu l'annulation de la procédure en invoquant le défaut de qualité du demandeur. – Cass. com., 14 févr. 2018, n° 16-21.077 : *BJS* 2018, p. 269, note A. Couret ; un tiers peut se prévaloir des statuts d'une personne morale pour justifier du défaut de pouvoir d'une personne pour représenter la société en justice.

(19) Cass. 3e civ., 14 juin 2018, n° 16-28.672, PB : *BJS* 2018, p. 483, note A. Couret ; *Dr. sociétés* 2018, comm. 160 ; *RTD com.* 2018, p. 982, note M.-H. Monsérié-Bon ; *JCP* E 2019, 1145, n° 8, obs. R. Raffray ; *Rev. sociétés* 2019, p. 42, note B. Lecourt ; le preneur peut opposer les restrictions statutaires des pouvoirs du dirigeant du GFA bailleur.

Quelle que soit la portée de cet arrêt, les solutions doivent en tout état de cause être repensées à l'aune de la réforme du droit des contrats opérée par l'ordonnance du 10 février 2016. L'article 1157 du Code civil dispose en effet que « lorsque le représentant détourne ses pouvoirs au détriment du représenté, ce dernier peut invoquer la nullité de l'acte accompli si le tiers avait connaissance du détournement ou ne pouvait l'ignorer ». Ainsi, en cas de détournement de pouvoir imputable au dirigeant, ce qui est le cas lorsqu'il passe un acte qui est contraire à l'intérêt social, la sanction encourue est la nullité relative : seule la société, à l'exclusion du tiers, peut invoquer la nullité. Encore lui faut-il démontrer que le tiers contractant a eu connaissance de ce détournement de pouvoir ou n'a pu l'ignorer, ce qui est de nature à préserver l'impératif de sécurité juridique.

443. – L'existence d'une situation de *conflits d'intérêts* peut laisser craindre que le dirigeant ne sacrifie l'intérêt social sur l'autel de son intérêt personnel. Aussi bien l'ordonnance du 10 février 2016 avait prévu que l'article 1161 du Code civil réglemente les conflits d'intérêts résultant des deux hypothèses de contrat avec soi-même, celle du contrat où le représentant conclut et pour le compte du représenté et pour son propre compte, et celle du contrat conclu par un même représentant en vertu d'une double représentation(20). Ce texte s'appliquait que les personnes en cause soient des personnes physiques ou des personnes morales. Suite à un intense lobbying(21), le texte a été modifié par la loi de ratification du 20 avril 2018 qui en réserve désormais l'application à la seule représentation des personnes physiques.

La situation des personnes morales, et plus spécialement des sociétés, se présente donc aujourd'hui de la façon suivante : soit la situation de conflit d'intérêts est régie par un texte spécial ; soit il n'y a pas de texte spécial et l'acte constitutif d'un conflit d'intérêts échappe à tout contrôle *a priori*, un contrôle *a posteriori* restant possible par la sanction du détournement de pouvoir (V. *supra*, n° 442). Néanmoins, lorsque sera opposée à un plaideur la limitation du domaine de l'article 1161 du Code civil à la représentation des seules personnes physiques, la question se posera de savoir si cette rupture d'égalité devant la loi repose sur un but nécessaire, légitime et proportionné ; autrement dit, si cette restriction est conforme à la Constitution (DDHC, art. 6).

444. – *Sanctions.* Le dirigeant indélicat doit en tout état de cause répondre civilement de la faute de gestion qu'il a commise (V. *infra*, n°s 450 et s.) ; il peut être poursuivi pénalement pour abus de biens sociaux (V. *infra*, n°s 1065 et s.) ou abus de confiance (V. *infra*, n°s 1830 et s.). Quant au fisc, en cas de contrôle, il est en droit d'invoquer l'acte anormal de gestion (V. *infra*, n°s 662 et s).

(20) A. Couret, Nouveau régime de la représentation et conflits d'intérêts en droit des sociétés : Rev. sociétés 2017, p. 331. – A. Couret et A. Reygrobellet, Le droit des sociétés menacé par le nouvel article 1161 du Code civil : D. 2016, p. 1867. – R. Mortier, Conflits d'intérêts : pourquoi et comment appliquer aux sociétés le nouvel article 1161 du Code civil ? : Dr. sociétés août-sept. 2016, étude 11. – H. Le Nabasque, Conventions libres et réglementées : faut-il avoir peur de l'article 1161 du Code civil ? : BJS 2016, p. 681.

(21) Fl. Deboissy et G. Wicker, La modification de l'article 1161 du Code civil par le Sénat : la réglementation des conflits d'intérêts victime du lobbying : JCP E 2018, 1664.

Le coin des amateurs

1. Contracter avec une société : quelles sont les précautions à prendre ?

445. – Le tiers qui contracte avec une société doit procéder à quelques vérifications élémentaires quant aux pouvoirs de la personne qui prétend engager la société. La sanction d'un défaut ou d'un dépassement de pouvoir est en effet l'inopposabilité de l'acte au représenté, sauf si le tiers peut se prévaloir d'un mandat apparent, ce qui est rarement admis en droit des sociétés (C. civ., art. 1156).

a) Les vérifications élémentaires à opérer

Sous réserve des limites posées par la loi tenant à l'objet social ou à l'intérêt social, le dirigeant qui a la qualité de représentant légal de la société a le pouvoir de l'engager dans les rapports avec les tiers. Ainsi, le tiers qui contracte avec une société doit vérifier qu'il a bien pour interlocuteur le représentant légal de celle-ci (V. *supra*, n° 436), ce qui passe par la vérification d'un extrait K bis (V. *supra*, n° 339). Encore faut-il, pour que la société soit engagée, que son représentant légal n'ait pas conclu l'acte en son seul nom, sans indiquer avoir agi en qualité de représentant de la société (Cass. com., 22 févr. 2005 : *BJS* 2005, § 197, p. 877 : acte passé en son nom propre par le gérant associé unique d'une EURL, alors qu'il ne résultait ni de l'acte ni d'aucune autre pièce qu'il était intervenu en qualité de représentant de la société) ; à défaut d'une telle mention, il appartient au tiers contractant d'apporter la preuve que le dirigeant a eu et manifesté la volonté d'agir au nom et pour le compte de la société (Cass. com., 7 juill. 2020, n° 18-19.292 : *BJS* oct. 2020, p. 10, note N. Ferrier).

Si l'interlocuteur n'est pas le représentant légal de la société, les vérifications seront plus poussées. Le tiers doit s'assurer que son interlocuteur dispose d'une délégation du pouvoir d'engager la société (V. *infra*, n° 446), sans oublier de vérifier l'étendue des pouvoirs confiés au délégataire.

b) Le secours limité de la théorie du mandat apparent

Le tiers qui n'aurait pas procédé à ces vérifications essentielles peut-il invoquer la théorie du mandat apparent (C. civ., art. 1156) ? Selon ce texte, l'acte accompli par un représentant sans pouvoir ou au-delà de ses pouvoirs est inopposable au représenté, sauf si le tiers contractant a légitimement cru en la réalité des pouvoirs du représentant, notamment en raison du comportement ou des déclarations du représenté. Ainsi un tiers qui contracte avec une société ne peut se prévaloir de la théorie du mandat apparent que si les circonstances rendent légitime son ignorance de l'absence de pouvoirs de la personne ayant passé l'acte, ce qui est difficile à démontrer dans un système de représentation légale.

Pour cette raison, la Cour de cassation rejette régulièrement le jeu du mandat apparent en matière de représentation des sociétés au motif que les circonstances ne permettent pas d'établir la croyance légitime du tiers (V. cependant, Cass. com., 23 avr. 2013, n° 12-11.993 : *BJS* 2013, p. 629, note H. Barbier).

C'est ce qui a été jugé pour un contrat conclu par :

– *la fille du gérant d'une SARL* (Cass. com., 13 janv. 2009, n° 07-17.962, FD : *Dr. sociétés* 2009, n° 202, obs. D. Gallois-Cochet) ;

– *l'actionnaire majoritaire d'une SA* (Cass. com., 22 nov. 2011, n° 10-23.125 : *BJS* 2012, § 128, p. 204, note H. Barbier) ;

– *un salarié* (Cass. com., 6 nov. 2012, n° 11-23.424 : *Rev. sociétés* 2013, p. 350, note J.-J. Ansault. – Cass. com., 6 oct. 2015, n° 14-15.969 : *Rev. sociétés* 2016, p. 106, note A. Reygrobellet) ;

– *une assistante de direction* (Cass. com., 6 oct. 2015, n° 14-13.812 : *BJS* 2016, p. 16, note N. Ferrier ; *RJDA* 1/2016, n° 21) ;

– *le directeur administratif et financier d'une SA* (Cass. 3e civ., 15 juin 2011, n° 10-21.085 : *BJS* 2012, § 448, p. 857, note H. Barbier ; *Rev. sociétés* 2012, p. 226, note A. Latil : avenant à un contrat de bail ; le fait que ce même directeur ait signé un autre avenant deux ans plus tôt ne dispensait pas le contractant, représenté par un professionnel de l'immobilier, de la vérification élémentaire de son pouvoir d'engager la société locataire).

2. La délégation de pouvoirs

a) Définition

446. – L'exercice des fonctions de direction implique, surtout dans les grandes sociétés, de compléter l'organisation légale et statutaire du pouvoir par le recours aux délégations de pouvoirs ou, plus ponctuellement, à un mandat ordinaire. Si la mise en œuvre d'un mandat obéit aux règles de droit commun, ce qui autorise notamment qu'il soit consenti à un tiers (Cass. 2e civ., 22 oct. 1997 : *Rev. sociétés* 1998, p. 76, note Y. Chartier : exercice d'une action en justice par un tiers), la notion de délégation de pouvoirs renvoie à une forme particulière de mandat en ce sens que, moins volatile qu'un mandat ordinaire, il a pour objet l'exercice d'une fonction participant à l'organisation du pouvoir au sein de l'entreprise (N. Ferrier, *La délégation de pouvoir, technique d'organisation de l'entreprise*, LexisNexis, coll. « Bibl. de droit de l'entreprise », 2005). En l'absence de réglementation spécifique, et sous réserve des solutions originales qu'impose la particularité de son objet, la délégation de pouvoirs obéit aux règles du mandat (J.-F. Bulle, *Les délégations de pouvoirs* : *JCP* E 1999, p. 1136. – A. Larcena et A. Elineau, *Pratique des délégations de pouvoirs : règles et évolutions récentes de cet outil de répartition des pouvoirs et responsabilités* : *Dr. sociétés* févr. 2012, n° 2, étude 4, p. 8. – J.-M. Moulin et S. Colliot, *La vie des délégations de pouvoirs dans l'entreprise* : *BJS* 2012, § 398, p. 745).

Quant à la fonction déléguée, la délégation de pouvoirs peut avoir pour objet d'investir son bénéficiaire du pouvoir soit de prendre une décision dans le fonctionnement de l'entreprise sociétaire, soit de représenter la société à l'égard des tiers ; ainsi le représentant légal de la société peut déléguer le pouvoir de licencier un salarié (V. *infra*, n° 1541) ou encore le pouvoir d'agir en justice au nom de la société, et plus particulièrement le pouvoir de déclarer une créance de la société en cas de procédure collective ouverte contre le débiteur. Dans la mesure où le délégataire se trouve ainsi intégré à l'organisation sociale, il est en général choisi parmi les dirigeants ou préposés. Ainsi le directeur juridique reçoit-il une délégation pour assigner, faire appel, former un pourvoi en cassation… De son côté, le directeur financier recevra pouvoir d'engager la société à l'égard des banques, au moins à l'intérieur de certaines limites.

b) Conditions de validité

La validité d'une délégation de pouvoirs suppose la réunion de deux conditions. D'une part, elle doit être déterminée dans son objet, ce qui ne signifie pas qu'elle doive être spéciale, autrement dit limitée à certains actes spécifiés, mais simplement que son objet doit être précisément identifié ; il n'est pas davantage nécessaire qu'elle soit limitée géographiquement (V. pour la délégation du pouvoir de représenter la société en justice : Cass. com., 13 sept. 2017, n° 15-26.666 : *BJS* 2017, p. 724, note N. Ferrier). D'autre part, il est généralement affirmé qu'elle doit être temporaire. En réalité, l'exigence signifie seulement que, puisque la délégation est de la nature du mandat, elle ne saurait être irrévocable. C'est ce qu'a jugé la chambre commerciale de la Cour de cassation à propos de la délégation du pouvoir de représenter la société en justice consentie sans limitation de durée par le président du directoire d'une

SA à un directeur administratif et financier ; elle a cassé l'arrêt d'appel ayant invalidé cette délégation au motif qu'« aucune disposition n'exige que la délégation du pouvoir de représenter une société en justice soit donnée pour une durée déterminée » (Cass. com., 17 janv. 2012, n° 10-24.811, PB : *BJS* 2012, § 182, p. 293, note D. Poracchia ; *Rev. sociétés* 2012, p. 627, note V. Thomas).

La délégation de pouvoirs peut, lorsque certaines conditions sont remplies, conduire à exonérer le délégant sur le terrain pénal (V. *infra*, n° 483).

c) *Quid* en cas de disparition de l'auteur de la délégation ?

Qu'advient-il de ces délégations lorsque l'auteur de la délégation cesse ses fonctions ? La pratique distingue généralement les délégations de signature et les délégations de compétence. Les premières confèrent à un mandataire le soin de signer un acte pour le compte et au nom d'un dirigeant. Parce qu'elles ne sont en réalité que de simples mandats, elles deviennent caduques en cas de cessation des fonctions du déléguant. Les délégations de compétence, qui seules correspondent à la notion de délégation de pouvoirs, visent à l'exercice d'une fonction sociale et non seulement à relayer la personne du déléguant. En conséquence, puisque ce dernier les a consenties en tant qu'organe social et non en tant que personne individualisée, les délégations subsistent malgré le changement de dirigeant (Cass. com., 4 févr. 1997 : *BJS* 1997, p. 543. – Cass. com., 15 mars 2005 : *D.* 2005, p. 957, obs. A. Lienhard ; *JCP* E 2005, n° 1046, n° 2, obs. J.-J. Caussain, Fl. Deboissy et G. Wicker). De la même façon, la subdélégation consentie par un salarié subsiste après la cessation de ses fonctions (Cass. com., 8 juill. 2008, n° 07-13.868 : *Bull. civ.* 2008, IV, n° 146 ; *RJDA* 2008, n° 1155 : déclaration d'une créance). On observera que lorsque la cessation de fonctions procède d'une transformation de la société, toutes les délégations deviennent caduques (Cass. crim., 3 janv. 1986 : *D.* 1987, p. 84).

3. Le dirigeant peut-il céder les actifs stratégiques de la société sans l'accord des associés ?

447. – Dans les sociétés cotées, il est recommandé de consulter l'assemblée générale ordinaire en cas de cession de l'actif principal de la société (V. *infra*, n° 2309). Hors cette hypothèse, les dirigeants sociaux peuvent-ils céder sans le consentement des associés un actif particulièrement important pour l'exercice de l'activité sociale ou bien encore l'unique actif de la société ? Peut-il être soutenu qu'un tel acte excède les pouvoirs de gestion des dirigeants en ce qu'il emporte dépassement (V. *supra*, n° 437), modification, voire extinction de l'objet social (V. *infra*, n°s 767 et s.) ? On distinguera les sociétés de gestion et les sociétés exploitant une entreprise, étant observé que, dans tous les cas, la solution dépend des contours de l'objet social, lequel détermine la capacité de jouissance de la société (V. *supra*, n° 202), et donc l'étendue des pouvoirs des dirigeants. Ainsi, si la société a pour objet la gestion d'un actif déterminé (titres d'une société, portefeuille de valeurs mobilières ou immeuble identifié) ou l'exploitation d'un fonds de commerce déterminé, le dirigeant ne peut procéder à la cession sans l'accord des associés. Mais une telle situation est rare, l'objet social étant généralement rédigé de façon plus générale. Il s'ensuit que, le plus souvent, la cession d'un actif patrimonial ou d'un fonds, fût-il l'unique actif de la société, est un acte de gestion du patrimoine social qui relève de la compétence des dirigeants.

a) Le cas des sociétés de gestion

Lorsque la société a pour objet la gestion d'actifs non déterminés, qui sont donc fongibles, la décision de cession d'un actif est un acte de gestion, autrement dit d'administration, du patrimoine social, qui relève, sauf dispositions particulières des statuts, du pouvoir du dirigeant et non un acte de disposition qui supposerait d'être autorisé par les associés.

C'est ce qui a été jugé à propos d'une société civile ayant pour objet « l'acquisition, la gestion et l'administration de titres de sociétés » à laquelle les trois associés avaient chacun fait apport d'un nombre identique d'actions d'une autre société (Cass. com., 7 oct. 2008, n° 07-18.635, PB : *JCP* E 2008, 2545, n° 6, obs. Fl. Deboissy et G. Wicker). Par délibération prise en assemblée générale ordinaire, deux des associés ont décidé à la majorité d'autoriser le gérant à céder ces actions. Le troisième associé a alors demandé l'annulation de cette délibération, soutenant qu'elle avait eu pour effet de priver la société de son objet. Cette action a été rejetée : dès lors que la société civile avait pour objet statutaire l'acquisition, la gestion et l'administration de titres de sociétés, et non l'acquisition, la gestion et l'administration des seules actions dont elle était propriétaire, la cession n'a pas eu pour conséquence d'épuiser l'objet social, et donc d'emporter sa dissolution pour extinction de son objet, cela quand bien même les titres cédés constituaient le seul actif dont elle était propriétaire. En effet, il n'y a pas extinction de l'objet social tant que celui-ci demeure possible (V. *infra*, n° 767).

La même solution a été retenue à propos d'une SCI qui avait pour objet « la propriété, l'exploitation par bail ou location et la gestion de tous immeubles et ensembles immobiliers à usage d'habitation et généralement toutes opérations civiles se rattachant directement et indirectement à cet objet » ; les juges ont là encore écarté l'action en nullité engagée par les associés en retenant que le gérant avait le pouvoir de vendre l'immeuble, seul actif de la société (Cass. 3e civ., 18 déc. 2001 : *BJS* 2002, p. 434, note B. Saintourens. – V. aussi s'agissant de la promesse de vente d'un immeuble social par une SCI, Cass. com., 26 févr. 2008, nos 06-21.744 et 06-22.151 : *Dr. sociétés* 2008, n° 149, obs. R. Mortier). Pour autant, la prudence s'impose car la troisième chambre civile de la Cour de cassation retient depuis une interprétation beaucoup plus restrictive. Ainsi, une SCI avait pour objet « l'acquisition, la propriété, l'administration, la mise en location, la gestion et l'exploitation de tous immeubles (...) notamment les biens immobiliers qu'elle se propose d'acquérir » ; la troisième chambre civile a approuvé les juges du fond d'avoir retenu que cet objet consistait dans l'acquisition et la gestion par tous moyens d'un patrimoine immobilier mais ne prévoyait pas la vente d'immeuble (Cass. 3e civ., 6 sept. 2011, n° 10-21.815 : *BJS* 2011, § 501, p. 982, obs. D. Poracchia. – V. égal., Cass. 3e civ., 23 oct. 2013, n° 12-22.720, FS-D : *BRDA* 23/2013, n° 1 ; *BJS* 2014, p. 34, note J.-P. Garçon. – Cass. 3e civ., 5 nov. 2020, n° 19-21.214 : *BJS* 2021, p. 41, note T. de Ravel d'Esclapon ; *Dr. sociétés* févr. 2021, n° 19, obs. N. Jullian : en ne visant dans l'objet social que la propriété d'un bien, les statuts ne permettent pas au gérant d'une SCI de disposer d'un bien sans l'accord des associés). Aussi convient-il pour échapper à toute incertitude de rédiger l'objet social avec précision. Ainsi, dès lors que les statuts investissent le gérant du pouvoir de vendre des immeubles, le gérant peut y procéder quand bien même il s'agirait de l'unique immeuble de la SCI (Cass. 3e civ., 12 févr. 2013, n° 11-20.570 : *BJS* 2013, p. 405, note F.-X. Lucas).

Pour le reste, afin de limiter les pouvoirs du dirigeant, il est possible de limiter l'objet social, et donc la capacité de jouissance de la société, à la détention et à la gestion d'un actif déterminé, mais au prix d'une dissolution de la société en cas de cession ou de disparition de celui-ci. S'il est décidé de ne pas limiter ainsi l'objet social, il est possible de préciser dans les statuts les conditions et les modalités du remploi du prix. Il est surtout possible, par une clause statutaire limitative de pouvoirs, de prévoir que la cession de l'actif déterminé est soumise à une autorisation unanime des associés, de sorte d'éviter que le dirigeant ou certains associés ne puissent en décider seuls la cession. Certes, une telle clause est inopposable aux tiers, y compris s'ils sont de mauvaise foi, mais un certain nombre de sanctions peuvent être mises en œuvre (V. *supra*, n° 440).

b) Le cas des sociétés exploitant une entreprise

Chaque fois que l'objet social n'est pas réduit à l'exploitation d'un fonds de commerce ou artisanal déterminé, la cession du fonds, fût-il l'unique actif de la société, est un acte de gestion du patrimoine social qui relève de la compétence des dirigeants.

Ainsi, le PDG d'une SA gérant une maison de repos avait vendu le fonds et l'immeuble dans lequel elle était exploitée ; un actionnaire avait contesté la validité d'un tel acte qui vidait l'objet social de son contenu ; la Cour de cassation n'en a pas moins confirmé la validité de la vente, car les statuts visaient « l'exploitation de toute maison de repos, l'achat, la création, la location, l'exploitation et l'aliénation de tous établissements de cette nature... » (Cass. com., 29 janv. 1979 : *Bull. civ.* 1979, IV, n° 28. – V. égal., Cass. com., 20 nov. 2012, n° 11-27.835, PB : *BJS* 2013, § 13, p. 8, note J.-F. Barbièri ; *Rev. sociétés* 2013, p. 283, note Y. Chaput ; rejet de la demande en dissolution d'une société exploitant une maison de retraite après la cession de son fonds de commerce dès lors que son objet n'était pas circonscrit à cette seule activité). La solution aurait été différente si les statuts avaient limité l'objet social à l'exploitation de l'immeuble cédé ; à défaut d'une telle précision, rien n'empêchait la société, avec l'argent récolté, de faire l'acquisition d'un nouvel établissement ; c'est l'un des risques encourus lorsque l'objet social est rédigé de façon trop extensive (V. *supra*, n° 203).

La même solution a été retenue à propos de la promesse de cession du fonds de commerce d'une SARL à laquelle la société prétendait ne pas donner suite sans engager sa responsabilité au motif que l'acte n'aurait pas été autorisé par les associés ; cette argumentation a été écartée au motif que la cession d'un fonds de commerce ne constitue pas « en elle-même un acte relevant des pouvoirs légalement réservés aux associés (...), dès lors qu'il n'était pas allégué que les promesses litigieuses auraient rendu nécessaire une modification des statuts » (Cass. com., 31 janv. 2012, n° 10-15.489 : *Rev. sociétés* 2012, p. 230, note J.-F. Barbièri). Si une telle preuve avait été apportée, l'acte aurait pu être annulé. Certes, dans les rapports avec les tiers, une société à risque limité est en principe engagée par les actes qui dépassent l'objet social (V. *supra*, n° 437), mais avec une limite : les dirigeants ne peuvent de leur propre chef modifier ou éteindre l'objet social.

4. La nullité de l'acte au regard de l'intérêt social : l'exemple des garanties consenties par une société

448. – La garantie consentie par une société est sanctionnée par la nullité que la jurisprudence fonde sur sa contrariété à l'intérêt social. Mais on peut se demander si la question est bien posée et si le problème n'est pas davantage d'apprécier si la garantie est justifiée par l'intérêt social plutôt que de savoir si elle est contraire à celui-ci.

a) La sanction de la contrariété à l'intérêt social

On peut commercer par citer un arrêt de 2007 qui rejette le pourvoi intenté contre un arrêt de cour d'appel ayant annulé une caution donnée par une filiale à sa société mère, garantie octroyée sans contrepartie, privant la caution de ressources éventuelles et grevant lourdement son patrimoine immobilier (Cass. com., 13 nov. 2007, n° 06-15.826 : *Dr. sociétés* 2008, n° 32, obs. H. Hovasse ; *JCP* E 2008, 1280, n° 3, obs. J.-J. Caussain, Fl. Deboissy et G. Wicker ; *RJDA* 2/2008, n° 137). De même, un arrêt de 2008 approuve l'annulation du cautionnement d'un dirigeant par sa société civile en relevant que la garantie est dépourvue de contrepartie suffisante, la société pouvant être obligée de réaliser son entier patrimoine, ce qui était de nature à compromettre son existence en cas de défaillance du débiteur (Cass. com., 3 juin 2008, n° 07-11.785 : *BJS* 2008, § 189, p. 883, note J.-F. Barbièri ; *JCP* E 2008, 2545, n° 4, obs. Fl. Deboissy et G. Wicker). Cette solution a depuis lors été régulièrement reconduite (Cass. 3e civ., 15 sept. 2015, n° 14-21.348 : *BJS* 2016, p. 33, note T. Le Gueut ; *Rev. sociétés* 2016, p. 744, note A. Viandier ; caution donnée par le gérant d'une SCI et jugée contraire à l'intérêt social en raison du défaut de proportionnalité entre le cautionnement et l'avantage retiré. – Cass. com., 6 janv. 2021, n° 19-15.299 : *BJS* mai 2021, p. 40, note J. Crastre ; *Dr. sociétés* avr. 2021, n° 47, obs. N. Jullian).

La nullité est encourue même si la garantie a été consentie à l'unanimité des associés (V. *infra*, n° 1842). Cette solution est pleinement fondée : le consentement donné à l'unanimité des associés ne saurait couvrir le vice de l'acte : même si l'on admet que l'intérêt social correspond à l'intérêt commun des associés (V. *infra*, n° 666), cela ne revient pas à considérer que la société est leur chose. La société est le moyen pour chaque associé, par l'exercice de l'activité sociale, de profiter d'une économie ou de réaliser un bénéfice. Ainsi, en affectant des biens à la société, les associés s'engagent à les réserver à la seule activité sociale, ce qui doit en principe exclure qu'ils puissent en tirer une quelconque garantie pour des dettes qui n'ont aucun rapport avec l'activité sociale. Ainsi les associés ne peuvent pas, même à l'unanimité, autoriser un acte qui n'a aucune utilité pour la société en ce qu'il ne comporte aucune contrepartie pour l'exploitation sociale.

Cette sanction vaut-elle pour toutes les formes de sociétés ? À propos de garanties consenties par le gérant d'une SARL, la chambre commerciale de la Cour de cassation a cassé l'arrêt des juges du fond ayant annulé celles-ci pour contrariété avec l'intérêt social au motif qu'il résulte de dispositions de l'article L. 223-18, « lesquelles doivent être mises en œuvre à la lumière de celles de l'article 10 de la directive 209/101/CE du Parlement européen et du Conseil, du 16 septembre 2009, ayant codifié la première directive 68/151/CEE du Conseil, du 9 mars 1968, que, serait-elle établie, la contrariété à l'intérêt social ne constitue pas, par elle-même, une cause de nullité des engagements souscrits par le gérant d'une société à responsabilité limitée à l'égard des tiers » (Cass. com., 12 mai 2015, n°s 13-28.504 et 14-11.028, PB : *BJS* 2015, p. 650, note R. Mortier ; *Dr. sociétés* 2015, n° 147, obs. M. Roussille ; *JCP* E 2016, 1036, n° 5, obs. Fl. Deboissy et G. Wicker ; *Rev. sociétés* 2015, p. 515, note A. Viandier. – Cass. com., 16 oct. 2019, n° 18-19.373 : *BJS* janv. 2020, p. 32, note J.-Ch. Pagnucco ; *JCP* E 2020, 1007, note C. Feunten. – V. égal. pour une SAS, Cass. com., 19 sept. 2018, n° 17-17.600 : *BJS* 2018, p. 627, note J.-J. Barbièri ; *Dr. sociétés* 2018, n° 207, obs. J. Heinich ; *JCP* E 2019, 1145, n° 7, obs. J.-Ch. Pagnucco). Certains ont estimé pouvoir généraliser cette solution en considérant que la nullité des actes contraires à l'intérêt social n'est plus susceptible d'être invoquée dans les sociétés à risque limité. Outre qu'une telle interprétation de l'arrêt est discutable (V. Fl. Deboissy et G. Wicker, obs. préc.), elle se trouve condamnée par l'article 1157 du Code civil qui sanctionne par la nullité relative les actes qui procèdent d'un détournement de ses pouvoirs par le représentant, à la condition que le tiers contractant ait eu connaissance de ce détournement de pouvoir ou n'ait pu l'ignorer (V. *supra*, n° 442).

b) L'appréciation au regard de l'intérêt social

Ce n'est pas sans raison si la jurisprudence a commencé de placer la question des garanties octroyées par une société sur le terrain de l'objet social avant d'en venir ensuite à la considération de l'intérêt social. Par hypothèse, la garantie ne peut entrer dans l'objet social, lors même que celui-ci fait artificiellement l'objet d'une modification statutaire, dans la mesure où la garantie n'est pas une composante ordinaire de l'activité sociale. Mais si la garantie de la dette d'autrui, quel qu'en soit le bénéficiaire, associé, dirigeant ou tiers, ne peut constituer l'objet principal de la société, elle peut constituer un objet accessoire à condition qu'elle soit susceptible de favoriser l'activité sociale. La vraie question n'est pas alors celle de la non-contrariété de la garantie à l'intérêt social, mais de rechercher si l'acte présente un intérêt, une utilité, pour la société, autrement dit s'il est de nature à lui procurer un avantage direct ou indirect (V. la jurisprudence citée *infra*, n° 1842). – *Adde* Ph. Dupichot, *Derrière l'intérêt social de la SCI caution : La cause ?* : *BJS* 2015, p. 260. – R. Dalmau, *La nullité des sûretés consenties par les sociétés civiles en garantie des dettes d'autrui : un ouvrage encore sur le métier* : *Rev. sociétés* 2018, p. 487.

SOUS-SECTION 3

LA RESPONSABILITÉ DES DIRIGEANTS

449. – La direction d'une société est rarement une sinécure et malheur à celui qui, trop confiant dans l'habileté et l'honnêteté de ses collaborateurs, plane sur son petit nuage, insouciant des réalités de la gestion quotidienne. Un jour vient où l'orage se déclare et le dirigeant redescendu sur terre fait le rude apprentissage de la responsabilité, qu'elle soit civile, pénale ou fiscale (sur la responsabilité du dirigeant de fait, V. *supra*, n° 426).

§ 1. – La responsabilité civile

450. – La responsabilité civile des dirigeants est une réalité quotidienne qui donne lieu à une jurisprudence fournie[22]. Les dirigeants exercent des fonctions à risques dans un environnement juridique et économique hostile. L'âpreté de la compétition les conduit à des comportements dépassant parfois les limites de l'honnêteté, de là un risque d'action en responsabilité civile. De fait, les actions en responsabilité civile intentées contre les dirigeants se multiplient, qu'elles soient initiées par les tiers ou par les associés. Et la loi n'est pas en reste, multipliant les obligations à la charge des dirigeants, spécialement en matière de *compliance* (V. *infra*, n° 478), ce qui se traduit par un alourdissement de leur responsabilité. Les plus prudents ne manquent pas de souscrire une assurance-responsabilité civile dont les primes sont prises en charge par la société (V. *infra*, n° 477).

451. – Action en responsabilité civile contre un dirigeant : quels sont les délais de prescription ?

Les délais de prescription sont identiques que l'action en responsabilité contre le dirigeant soit exercée par la société ou par un associé (action sociale ou action individuelle) ou qu'elle soit exercée par un tiers (V. *infra*, n° 464). Les délais varient en revanche selon la forme de la société :

– dans la SA (V. *infra*, n° 1057), la SAS (V. *infra*, n° 1543), la SCA (V. *infra*, n° 1509) et la SARL (V. *infra*, n° 1723), le délai de prescription est de trois ans à compter du fait dommageable ou à compter de sa révélation s'il a été dissimulé ;

– dans les autres sociétés (société civile, société en commandite simple et SNC), faute de dispositions spéciales, on applique les règles de prescription de droit commun ; l'action se prescrit par cinq ans à compter du jour où la victime a connu, ou aurait dû connaître, les faits lui permettant de l'exercer (C. civ., art. 2224) ; la solution est la même lorsque l'action est exercée contre un dirigeant de fait (V. *supra*, n° 426).

(22) B. Petit et Y. Reynard, Responsabilité civile des dirigeants : RTD com. 1997, p. 282. – F. Descorps Declère, Pour une réhabilitation de la responsabilité civile des dirigeants sociaux : Rev. sociétés 2003, p. 25. – Adde Responsabilité civile des dirigeants de sociétés commerciales : *BRDA* 3/2003, n° 23.

A. – La responsabilité des dirigeants envers la société et les associés

452. – *Faute du dirigeant.* Il est assez fréquent que la responsabilité civile du dirigeant soit mise en cause par la société ou par les associés pour faire sanctionner une dérive dans la gestion. L'action en responsabilité est une arme efficace entre les mains des associés minoritaires ; puisque ceux-ci ne peuvent pas, faute de majorité, révoquer les dirigeants, ils peuvent toujours leur intenter un procès. Cette action en responsabilité civile suppose d'établir que le dirigeant a commis une faute. Si l'on généralise les solutions posées par l'article 1850 du Code civil et par les articles L. 223-22 et L. 225-251 du Code de commerce, les dirigeants répondent des manquements aux dispositions légales et réglementaires applicables aux sociétés, de la violation des statuts (par ex., une clause limitative de pouvoirs), enfin et surtout de leurs fautes de gestion. Le critère de la faute de gestion réside dans la méconnaissance de l'intérêt social[(23)] : est fautif le comportement du dirigeant non conforme à l'intérêt de la société (V. *infra*, nos 655 et s.).

453. – Lorsque l'associé ou la société demande la réparation du préjudice causé à la société, on parle d'action sociale. Lorsque l'associé demande la réparation d'un préjudice qu'il a subi personnellement, on parle d'action individuelle. Dans les deux cas, les délais de prescription sont identiques (V. *supra*, n° 451).

1° La réparation du préjudice social : action sociale *ut singuli* et action *ut universi*

454. – Lorsque la société subit un préjudice causé par une faute des dirigeants, ce sont normalement ces derniers qui, en tant que représentants de la personne morale, devraient agir en justice : tel est l'objet de l'action sociale *ut universi*. Or, les intéressés sont rarement enclins à tresser la corde qui servira à les pendre. Le débat de conscience, s'il existe, sera facilement tranché en cas de changement des dirigeants sociaux, le successeur n'ayant aucune raison d'épargner son prédécesseur. Restent les hypothèses, fréquentes, où les dirigeants sont demeurés en place malgré le préjudice causé à la société. Comment assurer alors la défense du patrimoine social ?

455. – La réponse est fournie par l'action sociale *ut singuli*, qui existe dans toutes les sociétés (C. civ., art. 1843-5), c'est-à-dire l'action en responsabilité civile intentée par les associés contre les dirigeants sociaux visant à allouer des dommages et intérêts à la société[(24)]. Mais cette action reste rare puisque l'associé supporte le poids de la procédure sans en retirer de bénéfice direct.

S'agissant du demandeur, chaque associé peut exercer l'action sociale, même s'il ne possède qu'une seule part ou une seule action (pour la SA, V. *infra*, n° 1058)[(25)].

(23) Par ex., Cass. com., 5 avr. 2018, n° 16-23.365 : *BJS* 2018, p. 402, note S. Messaï-Bahri ; *Rev. sociétés* 2018, p. 665, note L. Godon ; confier à un prestataire la réalisation d'un logiciel dépassant ses compétences en dépit de la réticence du conseil de surveillance, emploi fictif d'une salariée travaillant en réalité au domicile du dirigeant et d'un autre associé.

(24) J.-Ch. Pagnucco, *L'action sociale* ut universi *et* ut singuli *en droit des groupements*, LGDJ, Fondation Varenne, 2006, préf. Fl. Deboissy.

(25) Lorsque les statuts d'une SELARL subordonnent la qualité d'associé à l'exercice d'une profession au sein de la société, le propriétaire de parts sociales qui y a cessé son activité n'est pas recevable à exercer l'action *ut singuli*, réservée,

L'associé ne peut agir qu'à l'encontre des dirigeants de droit de la société dont il détient les titres ; ainsi, les actionnaires d'une société mère sont irrecevables à agir contre les dirigeants de l'une des filiales[26]. De façon logique, l'action *ut singuli*, réservée aux associés, échappe au monopole du commissaire à l'exécution du plan de sauvegarde, lequel n'a qualité à agir qu'au nom et dans l'intérêt collectif des créanciers[27].

S'agissant du défendeur, l'action doit être exercée contre un dirigeant, ou celui qui a vocation à le remplacer tel le liquidateur amiable[28], mais non contre un tiers qui aurait causé un préjudice à la société[29], sauf si le tiers est complice du dirigeant[30] ; l'action civile en responsabilité exercée *ut singuli* contre le receleur ou le complice du dirigeant est recevable même si l'action publique est éteinte du fait du décès de ce dernier[31]. De façon plus contestable, la chambre commerciale de la Cour de cassation juge que l'action *ut singuli* ne peut pas être exercée contre le liquidateur amiable, alors même qu'en sa qualité de représentant légal, il a vocation à remplacer le dirigeant pour tous les actes nécessaires à la liquidation[32]. De façon tout aussi discutable, la Cour de cassation exclut que l'action *ut singuli* puisse être exercée contre un dirigeant de fait ; hors la voie de l'action sociale *ut universi*, reste la possibilité pour un associé de demander en justice la nomination d'un mandataire *ad hoc* en vue d'agir en responsabilité contre le dirigeant de fait[33].

456. – *Fondement.* Comment expliquer que chaque associé soit autorisé à se substituer au représentant légal de la société dans l'exercice de l'action en responsabilité ? Cette attribution dérogatoire de la qualité pour agir à l'associé est justifiée, d'une part, par le caractère conservatoire de l'action *ut singuli*, puisqu'elle a pour objet la défense du patrimoine social, et, d'autre part, par son caractère subsidiaire : c'est parce qu'est constatée une carence des personnes ayant en principe vocation à représenter la société que l'associé se voit reconnaître qualité pour agir en vue de la conservation du patrimoine social (V. *infra*, n° 459). L'associé qui agit *ut*

---

par la loi, aux associés : Cass. com., 24 juin 2020, n° 18-17.338 : *BJS* sept. 2020, p. 22, note J.-F. Barbièri ; *JCP* E 2021, 1070, n° 7, obs. J.-C. Pagnucco.

(26) Cass. com., 13 mars 2019, n° 17-22.128 : *BJS* juin 2019, p. 10, note A. Gaudemet ; *JCP* E 2019, 1450, note J. Gallois et 1531, n° 8, obs. J.-Ch. Pagnucco ; *RJDA* 6/2019, n° 425 ; *Rev. sociétés* 2019, p. 523, note P. Le Cannu.

(27) Cass. com., 12 nov. 2020, n° 19-11.972, PB : *BJS* janv. 2021, p. 49, note I. Parachkévova.

(28) CA Paris, 11 sept. 2014, n° 13-13.435 : *Dr. sociétés* 2015, n° 26, obs. D. Gallois-Cochet ; *Rev. sociétés* 2015, p. 237, note A. Lecourt.

(29) Cass. com., 19 mars 2013, n° 12-14.213, PB : *Dr. sociétés* 2013, n° 119, obs. M. Roussille : rejet de l'action *ut singuli* exercée par des actionnaires minoritaires contre un tiers en réparation du préjudice subi par la société du fait des agissements de celui-ci.

(30) Cass. crim., 28 janv. 2004 : *BJS* 2004, § 132, p. 678, note J.-F. Barbièri ; *D.* 2004, p. 1447, note H. Matsopoulou ; *Dr. et patrimoine* 7-8/2004, p. 108, obs. D. Poracchia : l'action sociale *ut singuli* peut être exercée à l'encontre d'un tiers, non-administrateur, dès lors que celui-ci a été condamné pour complicité du fait de l'infraction commise par les dirigeants sociaux au préjudice de la société, avec lesquels il est donc tenu solidairement en application de l'article 480-1 du Code de procédure pénale.

(31) Cass. crim., 6 nov. 2019, n° 17-87.150 : *BJS* mars 2020, p. 7, note J.-F. Barbièri ; *Dr. sociétés* janv. 2020, n° 15, obs. R. Salomon.

(32) Cass. com., 21 juin 2016, n° 14-26.370 PB : *BJS* 2016, p. 665, note P. Rubellin ; *Dr. sociétés* 2016, n° 185, obs. C. Coupet ; *Rev. sociétés* 2017, p. 154, note A. Lecourt ; cassant CA Paris, 11 sept. 2014, n° 13-13.435 : *Dr. sociétés* 2015, n° 26, obs. D. Gallois-Cochet ; *Rev. sociétés* 2015, p. 237, note A. Lecourt ; les dispositions de l'article L. 223-22 n'autorisent les associés à exercer l'action sociale en responsabilité qu'à l'encontre des gérants. – Cass. com., 6 déc. 2017, n° 16-21.005 : *Rev. sociétés* 2018, p. 719, note A. El Mejri.

(33) Cass. com., 29 mars 2017, n° 16-10016 : *BJS* 2017, p. 521, note C. Coupet ; *Dr. sociétés* 2017, n° 101, obs. J. Heinich ; *Rev. sociétés* 2017, p. 562, note L. Godon.

singuli conserve un intérêt à l'action même si la société exerce ultérieurement une action *ut universi*(34).

457. - *Régime procédural.* La société, en sa qualité de créancière des dommages et intérêts, doit être régulièrement mise en cause à l'instance par l'intermédiaire de ses représentants légaux (D. 3 juill. 1978, art. 38)(35). Dans la SA, lorsqu'il existe un conflit d'intérêts entre celle-ci et ses représentants légaux, un mandataire *ad hoc* peut être désigné (V. *infra*, n° 1060). L'associé agissant *ut singuli* peut également solliciter une mesure conservatoire contre le dirigeant ; parce que la mesure conservatoire vise la protection de la créance de la société, l'associé doit logiquement agir au nom de la société(36). Ainsi l'action sociale *ut singuli* permet non seulement d'établir la créance de réparation appartenant la société mais aussi de mettre en œuvre les mesures de contrainte destinées à assurer l'effectivité de cette créance, mesures conservatoires ou encore voies d'exécution(37). Également, l'associé qui dispose de l'action sociale *ut singuli* pour agir en réparation du préjudice social justifie d'un intérêt légitime à solliciter une mesure d'instruction *in futurum* (V. *infra*, n° 714)(38).

458. - *Indisponibilité de l'action sociale.* La loi a tout fait pour garantir l'effectivité de l'action sociale en posant le principe de son indisponibilité (C. civ., art. 1843-5) :

– toute clause des statuts qui aurait pour effet de subordonner l'action en responsabilité à une autorisation ou à un avis de l'assemblée générale est réputée non écrite ;

– toute clause statutaire de renonciation par les associés à une telle action est réputée non écrite ;

– aucune décision de l'assemblée des associés ne peut avoir pour effet d'éteindre une action en responsabilité contre les dirigeants pour la faute commise dans l'accomplissement de leur mandat(39) ; ainsi, le quitus donné par une assemblée ne peut pas faire obstacle à une action ultérieure en responsabilité.

459. - **Le caractère subsidiaire de l'action sociale *ut singuli*.**

> Le principe de subsidiarité de l'action sociale *ut singuli* a été posé à propos d'une affaire qui en son temps a défrayé la chronique (Cass. crim., 12 déc. 2000 : *Rev. sociétés* 2001, p. 323, note A. Constantin). Il concerne en effet des personnages

(34) Cass. com., 27 sept. 2017, n° 15-28.835 : *Rev. sociétés* 2018, p. 1211, note B. Saintourens ; l'action exercée ultérieurement par la société ne met pas fin à l'instance.

(35) Cass. crim., 13 sept. 2006, n° 05-85.083 : *Dr. sociétés* 2007, n° 44, obs. H. Lécuyer. – L'exercice de l'action civile pour abus de biens sociaux par la voie de l'action sociale *ut singuli* n'impose pas de mettre en cause la société devant la juridiction d'instruction, mais uniquement devant la juridiction de jugement : Cass. crim., 3 oct. 2007, n° 06-87.849 ; *JCP* E 2008, 1090, note J.-H. Robert ; *JCP* E 2008, 1280, n° 7, obs. J.-J. Caussain, Fl. Deboissy et G. Wicker.

(36) Cass. 2e civ., 14 sept. 2006 : *BJS* 2007, § 54, p. 269, note D. Schmidt ; *JCP* E 2007, 1049, obs. J.-J. Caussain, Fl. Deboissy et G. Wicker.

(37) Cass. com., 7 juill. 2009, n° 08-15835, PB : *BJS* 2010, § 24, p. 122, note B. Dondero ; *JCP* E 2010, 1088, note K. Rodriguez ; *Rev. sociétés* 2009, p. 832, note V. Thomas : l'associé a qualité pour demander au juge de l'exécution, pour le compte de la personne morale, d'assortir d'une astreinte une décision exécutoire ayant accueilli l'action sociale en responsabilité exercée *ut singuli*.

(38) Cass. 2e civ., 20 déc. 2007, n° 07-12.611 : *JurisData* n° 2007-042052.

(39) Cass. com., 8 mars 2016, n° 14-16.611 : *BJS* 2016, p. 476, note S. Schiller ; *Dr. sociétés* 2016, n° 143, obs. M. Roussille ; l'autorisation donnée par l'assemblée générale ne saurait exonérer le dirigeant de sa responsabilité qui, ayant agi avec une légèreté blâmable envers la société, a cédé le cabinet d'expertise qu'elle exploitait en acceptant un prix très inférieur à sa valeur, sans justifier de la recherche d'un autre acquéreur.

familiers au monde des affaires. La société en cause est la société Testut qui à l'époque faisait partie de l'empire industriel de Bernard Tapie. L'autre protagoniste est Alain Géniteau, véritable soldat du droit des sociétés connu pour ses actions en responsabilité contre les dirigeants de sociétés cotées.

Alain Géniteau, estimant que les anciens administrateurs de la société Testut (parmi lesquels figure Bernard Tapie) se sont rendus coupables de divers délits et notamment d'abus de biens sociaux, les cite devant le tribunal correctionnel et se constitue partie civile. Il leur réclame des dommages-intérêts à la fois pour le préjudice personnel qu'il a subi (exercice de l'action individuelle) et pour le préjudice collectif subi par la société (exercice de l'action sociale *ut singuli*). Les nouveaux dirigeants de la société exercent parallèlement l'action sociale *ut universi*. Le tribunal correctionnel condamne pénalement Bernard Tapie mais rejette les demandes de dommages-intérêts présentées par la société Testut et par Alain Géniteau. Les nouveaux dirigeants de la société s'en tiennent là et ne font pas appel. Alain Géniteau continue le combat. La cour d'appel déclare son action irrecevable au motif que la société Testut a renoncé à faire appel et que l'action sociale est dès lors éteinte. Son arrêt est cassé dans les termes suivants : « Attendu qu'en se prononçant ainsi, alors que l'intervention, devant les premiers juges, du représentant légal de la société ne pouvait priver le demandeur du droit propre, appartenant à l'actionnaire, de présenter des demandes au profit de celle-ci et de relever appel en son nom, la cour d'appel a méconnu le sens et la portée des textes susvisés ». En l'espèce, les dirigeants de la société n'ayant pas interjeté appel, il était normal que l'associé se voie accorder la possibilité d'exercer une voie de recours.

De la même façon, si les dirigeants en place exercent l'action sociale *ut universi* de façon purement formelle, sans émettre aucune critique à l'encontre du dirigeant contre lequel l'action en responsabilité civile est exercée, l'intervention des représentants légaux ne saurait priver les associés de leur droit propre d'agir *ut singuli* (Cass. crim., 16 déc. 2009, n° 09-88.305 : *Dr. sociétés* 2010, n° 78, obs. R. Salomon ; *JCP* E 2010, 1993, n° 1, obs. Fl. Deboissy et G. Wicker).

2° La réparation du préjudice individuel de l'associé : l'action individuelle

460. – *Exigence d'un préjudice personnel.* Avec l'action individuelle, l'associé demande au dirigeant social fautif la réparation d'un préjudice qui lui est personnel, autrement dit un préjudice qui n'est pas le simple corollaire de celui subi par la société (V. pour l'action intentée par l'associé contre un tiers, *supra*, n° 320). Cette action, qui n'est prévue par aucun texte spécial, relève du droit commun de la responsabilité civile (V. pour l'appréciation du préjudice personnel dans la SNC, *infra*, n° 1857). En particulier, elle n'est pas subordonnée à la condition que les fautes imputées aux dirigeants soient détachables de leurs fonctions sociales[(40)].

461. – *Preuve rapportée.* Il est possible de citer l'exemple du détournement par un dirigeant des dividendes revenant à un associé, la perte d'une créance en compte courant, ou le fait pour les dirigeants d'induire intentionnellement en erreur les associés minoritaires sur les causes et les conditions d'une réduction de capital en

(40) Cass. com., 9 mars 2010, n° 08-21547, PB : *BJS* 2010, § 109, p. 537, note D. Schmidt ; *D.* 2010, p. 761, obs. A. Lienhard ; *Dr. sociétés* 2010, n° 109, note M.-L. Coquelet ; *JCP* E 2010, 1483, note S. Schiller ; *Rev. sociétés* 2010, p. 230, note H. Le Nabasque.

vue de racheter leurs titres à moindre coût[41], sans oublier la surévaluation d'un apport en nature ayant pour conséquence de « diluer » la participation des autres associés[42] ou la sous-évaluation[43].

Mais le terrain d'élection de l'action individuelle est celui de l'information financière. Selon la chambre criminelle de la Cour de cassation, est recevable la constitution de partie civile d'un associé agissant à titre individuel en réparation du préjudice personnel direct résultant du délit de présentation ou de publication de comptes infidèles (V. *infra*, n° 1098). La même solution est retenue par la chambre commerciale : s'agissant de faits antérieurs au jugement d'ouverture, il y a place pour un préjudice personnel distinct de celui subi par la personne morale, peu important que la procédure collective fasse apparaître une insuffisance d'actif, dès lors que les actionnaires ont été incités à investir dans les titres de la société et à les conserver en raison de fausses informations diffusées par les dirigeants, d'une rétention d'informations et d'une présentation de comptes inexacts ; cependant, celui qui acquiert ou conserve des titres émis par voie d'offre au public au vu d'informations erronées perd seulement une chance d'investir ses capitaux dans un autre placement ou de renoncer à celui déjà réalisé[44]. Cependant, la possibilité d'exercer l'action individuelle en matière d'information financière[45] n'est ouverte que lorsque la société est cotée ; doit donc être rejetée l'action fondée sur le dol imputé au dirigeant d'une société ne faisant pas appel public à l'épargne.

462. – *Preuve non rapportée.* En revanche, selon une jurisprudence constante de la chambre commerciale de la Cour de cassation, l'associé qui invoque une dépréciation de la valeur de ses titres due à une mauvaise gestion des dirigeants ne caractérise pas un préjudice individuel distinct du préjudice social ; le premier (la perte de valeur des titres) n'est que le corollaire du second (l'atteinte portée au patrimoine social) ; la demande en réparation doit en conséquence suivre la voie de l'action sociale[46]. La chambre criminelle retient la même solution lorsque l'action en réparation emprunte la voie de l'action civile (V. *infra*, n° 1098). De la même façon, n'invoque pas la réparation d'un préjudice qui lui soit personnel l'associé qui soutient que les fautes de gestion du gérant d'une société civile ont conduit à une minoration du montant des bénéfices distribués[47].

(41) Cass. com., 8 nov. 2005 : *BJS* 2006, § 99, p. 502, note J.-J. Daigre ; *Dr. sociétés* mars 2006, n° 41, obs. H. Lécuyer ; *JCP* E 2006, 1497, note J.-L. Navarro.

(42) Cass. com., 28 juin 2005 : *BJS* 2006, p. 80, note S. Messai-Bahri ; *JCP* E 2005, 1325, note H. Hovasse ; *RJDA* 10/2005, n° 1107.

(43) Cass. com., 26 avr. 2017, n° 15-28.104 : *BJS* 2017, p. 513, note J.-F. Barbièri ; *Dr. sociétés* 2017, n° 117, obs. R. Mortier ; *Rev. sociétés* 2017, p. 628, note K. Deckert.

(44) Cass. com., 9 mars 2010, n° 08-21547, PB : *BJS* 2010, § 109, p. 537, note D. Schmidt ; *Dr. sociétés* 2010, n° 109, note M.-L. Coquelet ; *JCP* E 2010, 1483, note S. Schiller ; *Rev. sociétés* 2010, p. 230, note H. Le Nabasque. – Cass. com., 6 mai 2014, n° 13-17.632, PB : *Rev. sociétés* 2014, p. 579, note E. Dezeuze et J. Trèves.

(45) L'action individuelle ne peut être exercée que lorsque la société, faisant appel public à l'épargne, est tenue par la loi de donner au public une information exacte, précise et sincère, de sorte qu'elle porte atteinte à la bonne information du public en communiquant ou diffusant une information inexacte, imprécise ou trompeuse : Cass. com., 16 mai 2018, n° 16-20.684 : *BJS* 2018, p. 569, note P.-L. Périn ; *Dr. sociétés* 2019, n° 24, obs. C. Coupet ; *Rev. sociétés* 2018, p. 708, note J. Prorok.

(46) Cass. com., 1er avr. 1997 : *BJS* 1998, p. 650, note J.-F. Barbièri.

(47) Cass. 3e civ., 22 sept. 2009, n° 08-18.789 : *Dr. sociétés* 2010, n° 1, obs. M.-L. Coquelet. – Cass. 3e civ., 8 juin 2010, n° 09-66.802, FP : *Dr. sociétés* 2010, n° 178, obs. H. Hovasse ; *BJS* 2011, § 13, p. 17, note M.-L. Coquelet : détournement de recettes sociales par le gérant d'une SCI.

B. – La responsabilité envers les tiers

463. – Lorsque l'action en responsabilité est exercée par un tiers, les dirigeants sont-ils bien ou mal traités ? Cela dépend de la situation financière de la société. Si la société fait l'objet d'une procédure collective, et spécialement d'une liquidation judiciaire, le dirigeant est souvent condamné personnellement (V. *infra*, n°s 495 et s.). À l'opposé, si les finances sont équilibrées (on dit en latin qu'elles sont *in bonis*), les juges sont indulgents à l'égard des dirigeants puisque leur responsabilité civile n'est engagée à l'égard des tiers qu'en cas de faute détachable des fonctions.

464. – Les *délais de prescription* sont les mêmes qu'en cas d'exercice de l'action par la société ou un associé (V. *supra*, n° 451). Ainsi, dans les sociétés par actions et les SARL, lorsque le tiers choisit d'agir directement contre le dirigeant, l'action se prescrit par trois ans[48]. Dans les autres sociétés, l'action se prescrit par cinq ans.

1° L'exigence d'une faute détachable des fonctions

465. – *Principe.* Alors que les textes ne distinguent pas selon que le dirigeant est responsable envers la société ou envers les tiers, la Cour de cassation protège les dirigeants sociaux comme le Conseil d'État protège les fonctionnaires, c'est-à-dire dans une ambiance de large irresponsabilité. En effet, alors qu'elle retenait initialement la responsabilité personnelle du dirigeant dès qu'une faute était imputable à ce dernier, la jurisprudence a progressivement admis que le dirigeant n'était responsable à l'égard des tiers qu'en cas de faute détachable de ses fonctions[49]. Les juges ont ainsi transposé en droit des sociétés les solutions admises en droit administratif selon lesquelles l'agent ne répond que de sa faute personnelle détachable de ses fonctions et non de sa simple faute de service[50]. Autrement dit, en cas de dommage causé par le fait fautif d'un dirigeant, le tiers doit en principe se retourner contre la société, la responsabilité du représentant n'étant qu'exceptionnelle et subordonnée à la démonstration d'une faute détachable de ses fonctions et qui lui soit imputable personnellement[51]. Cette exigence, à laquelle les cours d'appel ont tendance à résister, est régulièrement rappelée par la Cour de cassation[52].

---

(48) Cass. com., 23 oct. 1990 : *Rev. sociétés* 1991, p. 538, note Y. Chaput. – Cass. 1re civ., 9 févr. 2012, n° 09-69594 : *Dr. sociétés* 2012, n° 63, obs. D. Gallois-Cochet.

(49) G. Auzero, L'application de la notion de faute personnelle détachable des fonctions en droit privé : D. 1998, p. 502. – E. Nicolas, La notion de faute séparable des fonctions des dirigeants sociaux à la lumière de la jurisprudence récente : Rev. sociétés 2013, p. 535. – V. Wester-Ouisse, Critique d'une notion imprécise : la faute du dirigeant de société détachable des fonctions : D. 1999, p. 782.

(50) Cette transposition – et la quasi-irresponsabilité à laquelle elle conduit – n'est sans doute pas justifiée dans la mesure où la gestion des personnes morales de droit privé n'est pas soumise aux contraintes du service public et que, contrairement à l'État, une société n'est pas toujours solvable, V. en ce sens G. Wicker, *Rép. civ.* Dalloz, V° *Personne morale*, n° 78.

(51) Ainsi, la responsabilité civile de la société est engagée par les agissements de son dirigeant qui, en tant qu'organe social et pendant le temps où il était salarié d'une autre société, a démarché des clients pour le compte de sa société, Cass. com., 4 mai 1999 : *BJS* 1999, p. 1222, note L. Godon.

(52) Cass. com., 23 nov. 2010, n° 09-15339 : *BJS* 2011, § 109, p. 186, note J. Couard : cassation pour manque de base légale d'une décision d'appel ayant retenu la responsabilité civile d'un dirigeant ayant, par sa négligence, facilité des détournements de fonds sociaux opérés par le chef comptable de la société sans avoir recherché s'il avait commis une faute séparable de ses fonctions sociales.

2° Les critères de la faute détachable des fonctions

466. – *Faute intentionnelle d'une particulière gravité.* Depuis une décision de principe de 2003 (V. *infra*, n° 467), la faute détachable est celle qui est incompatible avec l'exercice normal des fonctions de dirigeant, cette incompatibilité se définissant à partir de deux éléments : le caractère intentionnel de la faute et sa particulière gravité(53). Quant à la faute intentionnelle, elle devrait être caractérisée chaque fois qu'un dirigeant aura accompli un fait délictueux en ayant conscience, ou en ayant dû avoir conscience, de causer un dommage à autrui. S'agissant de la faute d'une particulière gravité, elle semble s'entendre d'une faute particulièrement grave, ce qui la ramène en fait à l'exigence d'une faute lourde.

467. – **Quand la Cour de cassation pose les critères de la faute détachable.**

Dans un arrêt du 20 mai 2003, la chambre commerciale a énoncé les critères de la faute détachable des fonctions permettant la mise en jeu de la responsabilité personnelle du dirigeant à l'égard des tiers (Cass. com., 20 mai 2003 : *D.* 2003, p. 2623, note B. Dondero ; *JCP* E 2003, 1203, n° 2, obs. J.-J. Caussain, Fl. Deboissy et G. Wicker ; *Rev. sociétés* 2003, p. 479, note J.-F. Barbièri). Il faut admettre que les faits s'y prêtaient puisque la gérante d'une SARL avait cédé à un fournisseur, en paiement d'une livraison de matériaux, deux créances qu'elle avait antérieurement cédées à une banque. Les juges du fond, approuvés par la Cour de cassation, firent droit à la demande du fournisseur qui invoquait la responsabilité personnelle de la gérante aux fins d'obtenir réparation du préjudice résultant du non-règlement des créances cédées. Dans un attendu de principe, la Cour de cassation a rappelé le principe selon lequel « la responsabilité du dirigeant à l'égard des tiers ne peut être retenue que s'il a commis une faute séparable de ses fonctions » pour ensuite définir celle-ci : « il en est ainsi lorsque le dirigeant commet intentionnellement une faute d'une gravité particulière incompatible avec l'exercice normal des fonctions sociales ».

468. – *Appréciation judiciaire.* La nécessité d'une faute détachable de l'exercice des fonctions conduit à exonérer largement les dirigeants, même s'ils se sont rendus coupables de fautes de gestion particulièrement graves : ni un dépassement de pouvoirs (V. *infra*, n° 1008), ni le dépôt tardif des comptes sociaux, alors même que ce retard est pénalement sanctionné(54), ne suffisent à caractériser une telle faute. On relèvera cependant des signes d'une exigence accrue de la jurisprudence à l'égard des dirigeants.

D'abord, même si ceux-ci ont agi dans la limite de leurs attributions, et que les décisions litigieuses ont été approuvées par l'assemblée générale, il convient de rechercher si ces décisions ont constitué de la part de leurs auteurs des fautes intentionnelles d'une particulière gravité incompatibles avec l'exercice normal de leurs fonctions sociales(55).

(53) La première chambre civile a retenu une formulation identique : Cass. 1re civ., 16 nov. 2004 : *BJS* 2005, p. 370, note B. Dondero.

(54) Cass. com., 3 mai 2018, n° 16-23.627 : *BJS* 2018, p. 509, note S. Messaï-Barhri ; *Dr. sociétés* 2018, n° 165, obs. J. Heinich ; faute pénale non intentionnelle.

(55) Cass. com., 10 févr. 2009, n° 07-20445, PB : *D.* 2009, p. 559, obs. A. Lienhard ; non-comptabilisation de provisions suite à la rupture abusive de contrats de licence en dépit des réserves émises de façon répétée par le commissaire aux comptes.

Ensuite, pour la chambre commerciale de la Cour de cassation(56), comme pour la troisième chambre civile(57), une infraction pénale intentionnelle constitue en elle-même une faute détachable, sans qu'il soit nécessaire de vérifier si les faits reprochés au dirigeant sont d'une particulière gravité et incompatibles avec l'exercice normal de ses fonctions.

Enfin, après avoir jugé que le dol du dirigeant dans l'exécution d'un contrat n'était pas une faute détachable des fonctions(58), la chambre commerciale a retenu la solution inverse dans l'hypothèse de mensonges et de dissimulations du gérant d'une EURL portant sur des informations qu'il savait déterminantes du consentement de l'acquéreur du fonds artisanal exploité par la société(59).

469. – Petit tour d'horizon de la faute détachable des fonctions.

Voici quelques exemples de mise en œuvre de la responsabilité civile du dirigeant à l'égard de tiers :

– les cogérants d'une station d'autoroute avaient masqué les panneaux de la compagnie pétrolière dont leur société exploitait le fonds, et commercialisaient du carburant acheté pour leur compte sur le marché libre (Cass. com., 8 févr. 2005 : *BJS* 2005, § 193, p. 855, avis M.-A. Lafortune) ;

– le gérant d'une EURL avait engagé des travaux qui se sont révélés défectueux ; après avoir résilié le contrat d'assurance, il avait organisé la transmission occulte du marché après avoir perçu des acomptes et avait procédé à la dissolution de la société sans en avertir sa cliente (Cass. 3e civ., 11 janv. 2012, n° 10-20.633) ;

– les gérants d'une SCI avaient commis diverses malversations destinées à faire échapper les immeubles sociaux au gage des créanciers (Cass. com., 31 mars 2015, n° 14-14.575 : *BJS* 2015, p. 363, note S. Messaï-Bahri) ;

– le dirigeant d'une société chargée d'effectuer des travaux sur des véhicules de compétition ; dès le dépôt du rapport d'expertise, le dirigeant avait mis la société en sommeil détruisant les espoirs des clients d'obtenir un dédommagement (Cass. com. 12 mai 2015, n° 14-13.104 : *RJDA* 11/2015, n° 756) ;

– le gérant d'une société organisant des stages de parapente et omettant de souscrire les assurances exigées par la réglementation (Cass. com., 27 mai 2015, n° 13-23.772 : *RJDA* 8-9/2015, n° 575 ; *Rev. sociétés* 2016, p. 95, note F. Rizzo) ;

– le dirigeant d'une société animé d'une pulsion d'actions en justice le conduisant à engager des recours en tous sens contre des projets immobiliers, recours étrangers à l'objet social et à l'intérêt de la société (Cass. com., 10 nov. 2015, n° 14-18.179 : *BJS* 2016, p. 28, note S. Messaï-Bahri ; *BRDA* 24/2015, n° 2 ; *Rev. sociétés* 2016, p. 219, note B. Lecourt) ;

(56) Cass. com., 28 sept. 2010, n° 09-66.255, PBRI : *Dr. sociétés* 2011, n° 225, obs. M. Roussille ; *JCP* E 2011, 1000, n° 1, obs. Fl. Deboissy et G. Wicker. – V. aussi Cass. com., 9 déc. 2014, n° 13-26.298 : *BJS* 2015, p. 134, note P. Dupichot ; défaut de souscription des assurances obligatoires de dommages et de responsabilité en matière de construction.

(57) Par ex., Cass. 3e civ., 10 mars 2016, n° 14-15.326, PB : *BJS* 2016, p. 335, note S. Messaï-Bahri. – Cass. 3e civ., 7 juin 2018, n° 16-27.680, PBI : *Dr. sociétés* 2018, n° 189, obs. J. Heinich ; *Rev. sociétés* 2018, p. 723, note J.-F. Barbièri.

(58) Cass. com., 28 avr. 1998 : *BJS* 1998, p. 888, note P. Le Cannu ; un dirigeant avait affirmé que des chaudières étaient la propriété de la société alors qu'elles étaient grevées d'une clause de réserve de propriété ; la cour d'appel avait retenu sa responsabilité personnelle, mais la décision a été cassée pour défaut de base légale ; comme l'a souligné le commentateur, « la jurisprudence relative à la faute séparable montre une fois de plus son aspect immoral : le président peut mentir, pourvu que ce soit dans l'intérêt social ».

(59) Cass. com., 4 nov. 2020, n° 18-19.747 : *BJS* avr. 2021, p. 42, note J.-Ch. Pagnucco ; *JCP* E 2021, 1236, note A. Tardif : carnets de commandes fallacieux, mauvais état de santé d'un salarié, fausse allégation quant à la transmission du certificat Qualibat.

– le gérant d'une société installatrice de piscines omettant de souscrire les assurances obligatoires de responsabilité décennale des constructeurs, omission constitutive d'une infraction pénale intentionnelle (Cass. com., 29 nov. 2016, n° 14-25.626 : *RJDA* 3/2017, n° 188 ; *Adde* Cass. com., 14 déc. 2017, n° 16-24.492 : *RJDA* 3/2018, n° 242) ;

– le dirigeant se rendant complice d'un abus de biens sociaux au détriment d'une tierce société (Cass. com., 18 sept. 2019, n° 16-26.962 : *RJDA* 12/2019, n° 754).

3° Domaine de la faute détachable des fonctions

470. – *Cantonnement.* Est-ce à dire que le caractère non séparable de la faute garantisse à coup sûr l'impunité du dirigeant ? On aurait tort de le croire. En effet, sans revenir sur le principe de l'exigence d'une faute séparable, la jurisprudence s'ingénie à en limiter le champ d'application.

471. – Si la société est condamnée à indemniser le tiers, elle peut se *retourner contre le dirigeant* dès lors qu'elle peut lui reprocher une faute de gestion et ce, sans avoir à établir l'existence d'une faute détachable(60). La situation est pour le moins paradoxale : la société, qui a le pouvoir de nommer et de révoquer les dirigeants, est mieux traitée que les tiers qui, pourtant, n'ont aucune responsabilité dans le choix de ceux-ci. L'hypothèse est toutefois largement théorique. Imagine-t-on le dirigeant exerçant contre lui-même l'action récursoire au nom de la société ? Concrètement, l'initiative ne peut venir que de minoritaires agissant *ut singuli* ou encore de la nouvelle équipe dirigeante lorsque l'ancien dirigeant a été remercié (V. *supra*, nos 450 et s.).

472. – En cas de liquidation judiciaire de la société, une *action en responsabilité pour insuffisance d'actif* peut être engagée contre le dirigeant sans qu'il soit exigé que la faute soit détachable des fonctions (V. *infra*, nos 497 et s.). Ainsi, lorsque la faute est la cause d'un préjudice collectif, peu importe qu'elle ait été ou non séparable des fonctions. En revanche, si le créancier réclame réparation d'un préjudice individuel, autrement dit un préjudice personnel distinct, il doit démontrer que le dirigeant a commis une faute détachable de ses fonctions(61). Comprenne qui pourra : on voit mal ce qui peut justifier une telle différence de traitement.

473. – Le prononcé de *sanctions par l'AMF* à l'égard du dirigeant d'une personne morale n'est pas subordonné à la démonstration d'une faute détachable de ses fonctions(62).

474. – L'exigence d'une faute séparable est écartée lorsqu'est recherchée la responsabilité civile du gérant d'une *société en participation* (V. *infra*, n° 2019) ou du liquidateur amiable (V. *infra*, n° 808).

475. – Enfin, si les agissements du dirigeant sont constitutifs d'une *infraction pénale*, un abus de biens sociaux par exemple, la victime peut exercer une action

(60) La responsabilité du dirigeant à l'égard de la société qu'il dirige n'est pas subordonnée à la preuve d'une faute détachable de ses fonctions : Cass. 1re civ., 15 mai 2007, n° 06-12317 : *Dr. sociétés* 2007, n° 151, obs. R. Mortier.

(61) Cass. com., 7 mars 2006 : *JCP* E 2006, 2035, n° 2, obs. J.-J. Caussain, Fl. Deboissy et G. Wicker.

(62) Cass. com., 31 mars 2004 : *Dr. sociétés* juill. 2004, n° 131, obs. Th. Bonneau ; *JCP* E 2004, 1510, n° 4, obs. J.-J. Caussain, Fl. Deboissy et G. Wicker.

civile devant les tribunaux répressifs (V. *infra*, n° 1098). Le caractère décevant des actions directes en responsabilité explique que les tiers usent (et abusent) de l'action civile devant les tribunaux répressifs. La chambre criminelle reste en effet insensible à la distinction entre faute séparable ou non des fonctions ; elle considère en effet que le grief tiré du défaut de caractérisation d'une faute détachable est inopérant, « les juges n'ayant pas à s'expliquer sur l'existence d'une telle faute pour caractériser une faute civile (...) »(63). La situation est là encore paradoxale puisqu'elle secrète une pénalisation du contentieux quand précisément le recours à la faute détachable a pour objectif avoué d'alléger la responsabilité des dirigeants.

476. – Tout ceci vient souligner le caractère pernicieux de l'exigence d'une faute détachable, d'autant plus que la faute non détachable, telle qu'elle est aujourd'hui entendue par les juges, est par nature assurable, puisqu'elle est par hypothèse non intentionnelle et non dolosive (V. *infra*, n° 477). Dès lors il est pour le moins douteux de laisser peser la charge d'un risque assurable sur les tiers plutôt que sur ceux qui sont en mesure de souscrire une assurance.

Le coin des amateurs

1. L'assurance-responsabilité des dirigeants

477. – Le métier de dirigeant est un métier à risque et le risque appelle l'assurance. Les États-Unis connaissent depuis longtemps l'assurance de la responsabilité civile des dirigeants de société. La mode a franchi l'Atlantique (A. Constantin, *De quelques aspects de l'assurance de responsabilité civile des dirigeants sociaux* : *RJDA* 7/2003, p. 595. – P.-G. Marly, *La faute dans l'assurance de responsabilité des dirigeants* : *JCP* E 2006, 1490 ; *Assurance de responsabilité des dirigeants*, ss dir. A. Couret : *BJS* 2010, § 160, p. 760. – A. Cohen-Jonathan et K. Haeri, *L'assurance de responsabilité civile des mandataires sociaux de l'entreprise* : *Rev. sociétés* 2015, p. 487).

En général, c'est la société elle-même qui négocie le contrat d'assurance destiné à couvrir la responsabilité personnelle de ses dirigeants et qui paie les primes correspondantes ; il s'agit donc généralement d'une assurance « pour compte ». Toutes les fautes ne sont cependant pas assurables :

– la loi interdit l'assurance de la responsabilité pénale ; on ne peut faire prendre en charge par une compagnie d'assurances le paiement d'amendes pénales ;

– l'article L. 113-1, alinéa 2, du Code des assurances exclut les conséquences des fautes commises de façon intentionnelle ou dolosive, c'est-à-dire une faute commise volontairement avec l'intention de nuire ; ainsi, lorsque le dirigeant a commis une faute intentionnelle de nature à engager sa responsabilité civile personnelle à l'égard des tiers (V. *supra*, n° 465), il semble qu'elle ne puisse pas être couverte par une assurance, du moins chaque fois qu'elle est commise volontairement avec l'intention de nuire ; la solution est la même lorsque le dirigeant, par une faute intentionnelle, a causé un préjudice à la société ou à un associé ; les préjudices corporels sont de même exclus (par ex., les frais d'une hospitalisation due à des échanges de coups lors d'une discussion musclée) ; la Cour de cassation a ainsi jugé que la garantie de l'assureur est exclue lorsque le dirigeant a eu la volonté et la conscience de mettre à la charge de son propre assureur les conséquences qui résulteraient de ses fautes (Cass. 2e civ., 14 juin 2012, n° 11-17.367, PB : *BJS* 2012, § 387, p. 696,

(63) Cass. crim., 5 avr. 2018, n° 16-83.961, PB : *BJS* 2018, p. 258, note R. Salomon et A. Couret ; *Rev. sociétés* 2018, p. 598, note Y. Prorok.

note B. Saintourens : condamnation du dirigeant à une amende pénale et à une amende prononcée par l'AMF pour diffusion d'informations inexactes) ;

– les polices peuvent prévoir des franchises et des exclusions de garanties.

Sous ces réserves et dans ces limites, l'assurance garantit les dirigeants contre les conséquences pécuniaires des fautes qu'ils pourraient commettre dans l'exercice de leurs fonctions (V. Cass. 2e civ., 1er juin 2011, n° 10-18.143 : *BJS* 2011, § 477, p. 860, note A. Constantin ; *Rev. sociétés* 2011, p. 679, note B. Dondero). Qu'en est-il de l'aspect fiscal ? (H. de Feydeau, *Les aspects fiscaux de la couverture des risques responsabilité civile professionnelle des dirigeants de sociétés de capitaux : Dr. fisc.* 1993, n° 8, p. 380 – *Réponse du Comité fiscal de la mission d'organisation administrative : JCP* E 2001, p. 1801). La position de l'administration fiscale est la suivante :

– côté dirigeant, la prime d'assurance prise en charge par la société constitue un avantage en nature, c'est-à-dire un supplément de rémunération imposable à son nom ;

– côté société, les primes versées ont par principe la nature des charges déductibles des résultats imposables ; il n'en serait autrement que si l'assurance couvrait des comportements abusifs des dirigeants, autrement dit contraires à l'intérêt de la société, correspondant à la notion fiscale d'actes anormaux de gestion (V. *infra*, nos 662 et s.).

2. Obligation de vigilance anticorruption : de nouvelles obligations pour de nouvelles responsabilités

478. – L'un des objectifs de la loi Sapin 2 du 9 décembre 2016 est la lutte contre la corruption, ce qui s'est traduit par la création de l'Agence française anticorruption, la protection des lanceurs d'alerte et, pour ce qui concerne plus particulièrement les sociétés, la mise à la charge des dirigeants d'une obligation de vigilance anticorruption (V. sur l'obligation de vigilance à la charge des sociétés mères, *infra*, n° 2465). Ces nouvelles obligations se traduisent par de nouvelles responsabilités (D. Dedieu et D. Gallois-Cochet, *Obligations et responsabilités des dirigeants dans le cadre des exigences de compliance en droit français : BJS* 2018, p. 173).

Sont concernés les dirigeants des sociétés qui emploient au moins cinq cents salariés ou qui appartiennent à un groupe de sociétés dont la société mère a son siège en France lorsque le groupe réalise un chiffre d'affaires supérieur à 100 millions d'euros ou emploie au moins cinq cents salariés.

Les dirigeants doivent mettre en œuvre différentes mesures de nature à prévenir la corruption au sein de l'entreprise : code de conduite, dispositif d'alerte, cartographie des risques, procédure d'évaluation de la situation des clients, fournisseurs et intermédiaires au regard des risques identifiés, dispositif de contrôles internes.

Les sanctions prononcées par l'Agence française anticorruption dans le respect du principe de contradictoire sont aussi nombreuses que variées, étant observé qu'elles peuvent viser les dirigeants comme la société : avertissement, injonction de mise en conformité, sanction pécuniaire dont le montant ne peut excéder 200 000 € pour les personnes physiques et 1 million d'euros pour les personnes morales, publication de la décision d'injonction ou de sanction.

Reste à savoir si ce lourd dispositif sera efficace.

§ 2. – La responsabilité pénale

A. – Les causes

479. – Le dirigeant social est *responsable pénalement*. En sa qualité de chef d'entreprise, il répond des infractions à la réglementation générale des entreprises (droit du travail, droit de l'environnement, Code de la route, droit de la consommation...) et aux réglementations spécifiques gouvernant le secteur d'activité de l'entreprise. Il répond encore de l'infraction de fraude fiscale (CGI, art. 1741)[64], ainsi que des infractions révélant un défaut de surveillance ou une imprudence ayant entraîné un dommage (par ex., un homicide involontaire du fait d'un accident pharmaceutique).

480. – *Dans les sociétés à risque limité*, autrement dit les sociétés par actions et les SARL, des délits spécifiques ont été conçus pour donner une morale des affaires à ceux qui n'en ont pas (C. com., art. L. 241-1 et s.), ainsi de la présentation de comptes infidèles, de l'abus de biens sociaux... (V. *infra*, n°s 1064 et s.) ; les textes visent les dirigeants de droit comme les dirigeants de fait (V. *supra*, n° 426). Les personnes physiques coupables de telles infractions encourent à titre de peines complémentaires différentes interdictions d'exercice, notamment l'interdiction de diriger, d'administrer, de gérer ou de contrôler une société commerciale (C. com., art. L. 249-1), ce qui constitue une sanction particulièrement efficace. En outre, des sanctions pénales sont mises à la charge des dirigeants de grandes sociétés, par exemple en matière de lutte anticorruption (V. *supra*, n° 478).

481. – *Dans les sociétés à risque illimité*, il n'existe pas de délits spécifiques. Mais le droit commun s'applique et le gérant déloyal qui détourne des actifs sociaux est en grand danger d'être poursuivi pour abus de confiance (V. *infra*, n°s 1830 et s.).

482. – Lorsque le dirigeant est condamné pénalement, il ne saurait mettre à la charge de la société le paiement des amendes qui lui ont été infligées ; il encourrait de ce fait une deuxième condamnation pour abus de biens sociaux ou abus de confiance.

B. – Les exonérations

483. – *Délégation de pouvoirs.* La responsabilité pénale du dirigeant est écartée si, n'ayant pas personnellement pris part à l'infraction, il rapporte la preuve qu'il a délégué ses pouvoirs à une personne pourvue de la compétence, de l'autorité et des moyens nécessaires[65] (V. *supra*, n° 446), ce qui ne saurait être le cas lorsque la délégation de pouvoirs a été consentie à une personne frappée d'une interdiction de gérer[66]. Si une telle preuve est rapportée, le délégataire encourt les sanctions pénales correspondantes. En revanche, le dirigeant ne peut s'exonérer de sa responsabilité pénale au prétexte qu'il se serait défaussé de ses fonctions de direction sur un dirigeant de fait (V. *supra*, n° 426).

§ 3. – La responsabilité fiscale

484. – Lorsque la société connaît des difficultés financières, il est tentant pour les dirigeants de différer le paiement des dettes d'impôt. Savent-ils qu'ils risquent d'être

(64) Pour un exemple de condamnation d'un dirigeant impliqué dans une fraude à la TVA (fraude carrousel) : Cass. crim., 19 sept. 2007, n° 06-88533 : *BJS* 2008, § 16, p. 55, note Fl. Deboissy.

(65) Cass. crim., 19 août 1997 : *BJS* 1997, p. 36, note C. Mascala : un président-directeur général poursuivi pénalement pour fraude fiscale ne peut pas se prévaloir d'une délégation de pouvoirs au profit d'un directeur financier, dans la mesure où il a gardé le contrôle effectif du respect des obligations fiscales de la société.

(66) Cass. crim., 4 sept. 2018, n° 18-80.942 : *BJS* 2018, p. 685, note N. Bargues.

condamnés à payer de leurs deniers personnels ces dettes sociales dont ils ont délibérément négligé le règlement ? La loi a en effet institué à leur encontre un mécanisme sévère de solidarité fiscale (LPF, art. L. 267). Les comptables publics n'hésitent pas à mettre en œuvre cette solidarité ; elle donne d'ailleurs lieu à une jurisprudence fournie[67]. Aussi, quand une société éprouve des difficultés financières, au lieu de pratiquer la politique de l'autruche, le dirigeant doit-il s'empresser de prendre l'attache du fisc afin de négocier un échéancier de règlement de l'arriéré fiscal. Sa tranquillité personnelle est à ce prix.

485. – Voici les points essentiels à retenir :

– *qualité des dirigeants* : peu importe qu'ils soient dirigeants de droit ou de fait, qu'ils soient rémunérés ou bénévoles ;

– *nature des groupements* : peu importe qu'il s'agisse d'une société ou de tout autre groupement tel qu'un GIE ou une association ;

– *faute commise par le dirigeant* : une simple négligence ne suffit pas ; le dirigeant doit s'être rendu coupable soit de manœuvres frauduleuses, soit d'inobservations graves et répétées des obligations fiscales ;

– *recouvrement de l'impôt rendu impossible* : la responsabilité du dirigeant n'est que subsidiaire ; elle ne joue que si sa faute rend le recouvrement de l'impôt impossible en cas d'insolvabilité de la société ; encore faut-il que le comptable public ait lui-même fait diligence à temps ; sinon on imputera à sa négligence l'impossibilité de recouvrer l'impôt ;

– *procédure à suivre* : la procédure est doublement encadrée ; le comptable public doit d'abord obtenir l'autorisation de son supérieur hiérarchique ; il doit ensuite assigner le dirigeant devant le tribunal judiciaire du lieu du siège social ;

– *indépendance par rapport aux autres procédures du droit commun* : c'est en général à la suite de l'ouverture d'une procédure collective que le comptable public trouve intérêt à invoquer la solidarité fiscale des dirigeants ; cette action est indépendante de l'action en responsabilité pour insuffisance d'actif[68] ; les deux actions ne reposent pas sur le même fondement et surtout leurs résultats sont opposés : les sommes allouées à la suite de l'action en responsabilité pour insuffisance d'actif sont réparties entre les créanciers sociaux quand le Trésor bénéficie seul de la mise en œuvre de la responsabilité fiscale du dirigeant ; la solidarité fiscale du dirigeant peut ainsi être recherchée même si l'action pour insuffisance d'actif a été rejetée par une décision antérieure ou, à l'inverse, si le dirigeant a déjà été condamné de ce chef ; le Trésor dispose donc d'une action spéciale en paiement du passif fiscal dont il est le bénéficiaire exclusif (sur la déductibilité fiscale des sommes ainsi acquittées, V. *infra*, n° 486).

(67) J.-P. Le Gall et G. Blanluet, La responsabilité fiscale des dirigeants d'entreprises : Rev. sociétés 1992, p. 669. – B. Poullain, La responsabilité fiscale des dirigeants de personnes morales : Dr. et patrimoine 2/1998, p. 35.

(68) Cass. com., 9 déc. 1997 : *RJDA* 1998, p. 3, concl. M.-Ch. Piniot. – Il a par ailleurs été jugé que le Trésor pouvait agir contre le dirigeant même en cas de clôture de la procédure pour insuffisance d'actif : Cass. com., 30 mai 2000 : *Dr. fisc.* 2000, n° 52, comm. 1075.

Le coin des amateurs

Le dirigeant contraint d'acquitter un passif social peut-il déduire de ses revenus imposables les paiements effectués ?

486. – La réponse est *a priori* affirmative. Le revenu imposable est en effet un revenu net de frais (CGI, art. 13). Il est donc fondé que le dirigeant puisse imputer sur les rémunérations que lui verse la société les charges et les pertes qu'il a supportées dans l'exercice de ses fonctions. Il s'agit là d'un risque du métier et le fisc doit en prendre acte. Comme on peut s'en douter, ce dernier ne se résigne qu'à contrecœur à jouer ce rôle d'assureur, même si sa prise en charge n'est que partielle.

La matière n'est pas simple et suscite un contentieux délicat. Les règles varient en fonction du fondement de l'obligation d'acquitter le passif social, ce qui conduit à examiner les trois hypothèses suivantes : le dirigeant poursuivi en tant que caution, le dirigeant poursuivi pour insuffisance d'actif, le dirigeant poursuivi en paiement du passif fiscal. Mais au-delà des particularités propres à chacune de ces hypothèses, il convient de faire état de conditions préalables à défaut desquelles l'imputation fiscale sera interdite.

a) Les conditions préalables à défaut desquelles l'imputation fiscale est interdite

Ces conditions préalables sont au nombre de quatre :

– *la société doit relever de l'impôt sur les sociétés* ; on sait que dans les sociétés de personnes relevant de l'impôt sur le revenu, les SNC par exemple, les associés peuvent imputer directement sur leurs revenus imposables leur quote-part du déficit fiscal alors même qu'ils n'ont pas renfloué la société (V. *supra*, n° 153) ; il est hors de question qu'ils déduisent une deuxième fois les paiements qu'ils seraient amenés à effectuer au titre de leur obligation aux dettes ou de leur contribution aux pertes ; à l'inverse, dans les sociétés de capitaux relevant de l'impôt sur les sociétés, sociétés par actions et SARL essentiellement, le déficit fiscal n'est pas imputable sur le revenu personnel des associés (V. *supra*, n° 162) ; c'est donc uniquement dans ce cadre qu'est envisageable la déductibilité des paiements effectués par les dirigeants pour le compte de la société ;

– *le dirigeant doit être rémunéré à raison des fonctions qu'il exerce* ; il n'y a de charge déductible que là où il y a revenu imposable ; le dirigeant bénévole, faute de rémunération, ne saurait donc faire état à l'encontre du fisc du passif social qu'il a dû assumer (pour d'autres désagréments fiscaux liés au bénévolat, V. *infra*, n° 989) ; le dirigeant pourrait certes faire valoir qu'il perçoit des dividendes ; mais il ne s'agit pas là de la contrepartie de la fonction qu'il exerce puisque le dividende rémunère uniquement le capital investi dans la société ;

– *le dirigeant, s'il bénéficie du régime fiscal des salariés, doit renoncer à la déduction forfaitaire de 10 % pour frais professionnels* pour déduire le montant réel de ses charges ; si celles-ci sont plus élevées que les rémunérations perçues, on est en présence d'un déficit qui s'imputera sur les autres revenus du dirigeant ; rappelons que les rémunérations versées aux dirigeants de sociétés de capitaux (SA, SAS et SARL) sont généralement soumises au régime fiscal des traitements et salaires (V. *supra*, n°s 141 et s.) ;

– *le dirigeant doit s'être exécuté contraint et forcé* ; *a contrario*, cela signifie que s'il règle spontanément certains passifs de la société afin d'éviter un dépôt de bilan, il ne pourra imputer ces paiements sur ses revenus imposables (CE, 28 mai 1984 : *Dr. fisc.* 1984, n° 40, comm. 1658, concl. Racine ; *RJF* 1984, n° 832) ; la solution est à la fois sévère et inopportune.

b) Le dirigeant poursuivi en tant que caution

Quand il s'engage comme caution, le dirigeant prend un risque qui est justifié par le souci de sauvegarder sa source de revenus. Aussi est-il naturel qu'en cas d'exécution il puisse imputer sur ses revenus imposables les paiements qu'il a dû effectuer. Encore faut-il que le risque encouru ne soit pas déraisonnable. Partant du postulat que l'engagement du dirigeant ne doit pas être hors de proportion avec les émoluments qu'il perçoit, le Conseil d'État a posé la règle du triple. Si par exemple sa rémunération annuelle est de 400 000 € et qu'il s'engage comme caution pour un montant de 2 000 000 €, les sommes qu'il aura dû débourser seront déductibles à concurrence de 1 200 000 € (trois fois la rémunération annuelle) mais non pour le surplus. Telle est dans son dernier état la mathématique qui a cours au Conseil d'État (CE, 19 janv. 1998 : *Dr. fisc.* 1998, n° 24, comm. 531, concl. J. Arrighi de Casanova ; *RJF* 1998, n° 268 ; *RTD com.* 1998, p. 708, obs. Fl. Deboissy). C'est une application, parmi d'autres, du principe de proportionnalité. Lorsque le dirigeant exerce des mandats dans plusieurs sociétés du même groupe, le plafond s'apprécie société par société, sauf si les sociétés en cause ont des activités complémentaires ou sont étroitement liées d'un point de vue capitalistique ou commercial (CE, 9e et 10e ss-sect., 26 nov. 2014, n° 358736 : *Dr. sociétés* 2015, n° 81, obs. J.-L. Pierre).

Signalons que sont exclus du droit à imputation les associés, quand bien même ils seraient membres du conseil d'administration ou du conseil de surveillance dans une société anonyme (V. *infra*, n° 896).

c) Le dirigeant engageant sa responsabilité pour insuffisance d'actif

Le dirigeant condamné en responsabilité pour insuffisance d'actif (V. *infra*, n° 496) est-il autorisé à imputer les paiements effectués sur ses revenus imposables ? C'est ce qui a été admis alors même que le dirigeant s'était rendu coupable de graves erreurs de gestion ayant justifié l'interdiction de diriger d'autres sociétés (CE, 27 mai 1987 : *Dr. fisc.* 1987, n° 43, comm. 1918 ; *RJF* 1987, n° 722). La même solution a été retenue pour un administrateur de société anonyme, qui a pu imputer sur les revenus mobiliers qu'il avait perçus (dividendes et jetons de présence) les sommes qu'il avait été condamné à verser au titre de l'action en insuffisance d'actif (CE, 29 avr. 1977 : *Dr. fisc.* 1977, n° 38, comm. 1313, concl. M. Rivière ; *RJF* 1977, n° 379 ; *Rev. sociétés* 1977, p. 433, note M. Cozian). L'administrateur fautif est en fin de compte mieux traité fiscalement que l'administrateur caution, ce qui est pour le moins paradoxal.

Au contraire, de façon bienvenue, tout droit à déduction a été refusé au dirigeant coupable d'abus de biens sociaux (CE, 7 déc. 1987 : *Dr. fisc.* 1988, n° 24, comm. 1177 ; *RJF* 1988, p. 88, concl. B. Martin-Laprade. – CAA Bordeaux, 12 févr. 2009 : *Dr. fisc.* 2009, n° 25, comm. 374, note J.-L. Pierre) ou d'abus de pouvoirs (CAA Bordeaux, 2 févr. 1999 : *RJF* 2000, n° 1124 ; *RTD com.* 2000, p. 755, obs. Fl. Deboissy).

d) Le dirigeant poursuivi en paiement du passif fiscal

Le dirigeant qui systématiquement néglige d'acquitter les impôts et taxes de la société risque d'être condamné à les payer de ses deniers personnels (V. *supra*, n° 484). Il a été jugé qu'il pouvait déduire de ses revenus imposables les sommes ainsi acquittées (CE, 6 févr. 1995 : *RJF* 1995, n° 432 ; le gérant majoritaire de la SARL n'avait pas reversé au Trésor la TVA qu'il avait facturée à ses clients. – CAA Paris, 29 mars 1994 : *Dr. fisc.* 1994, n° 48, comm. 2027 ; *RJF* 1994, n° 763). Le fisc restitue ainsi (partiellement) de la main gauche ce qu'il a prélevé de la main droite, ce qui est aussi paradoxal qu'inopportun.

SOUS-SECTION 4

LE SORT DES DIRIGEANTS EN CAS D'OUVERTURE D'UNE PROCÉDURE COLLECTIVE

487. – Les procédures de sauvegarde, de redressement et de liquidation judiciaires conduisent toutes à un traitement judiciaire des difficultés de l'entreprise par l'organisation d'un règlement collectif des créanciers (pour l'application aux groupes de sociétés, V. *infra*, n°s 2490 et s.). Mais là où l'ouverture d'une procédure de redressement judiciaire ou de liquidation judiciaire est subordonnée à la preuve d'une cessation des paiements, à savoir l'impossibilité pour l'entreprise de faire face au passif exigible avec l'actif disponible, la procédure de sauvegarde est réservée aux entreprises qui connaissent certes des difficultés, mais sans être en état de cessation des paiements. Dans les trois cas, la procédure peut être étendue à une ou plusieurs autres personnes en cas de confusion de patrimoines (V. *supra*, n° 307 et *infra*, n°s 2492 et s.) ou de fictivité de la personne morale (V. *supra*, n° 284 et s.), le président du tribunal pouvant alors ordonner toute mesure conservatoire utile à l'égard des biens du défendeur (C. com., art. L. 621-2). L'ouverture d'une procédure collective contre la société affecte les pouvoirs des dirigeants, contre lesquels des sanctions peuvent le cas échéant être prononcées.

§ 1. – Les pouvoirs des dirigeants

488. – La situation des dirigeants est différente selon que l'entreprise fait l'objet d'un plan de sauvegarde, d'un plan de redressement ou d'une liquidation judiciaire.

A. – Procédure de sauvegarde

489. – *Période d'observation.* En cas d'ouverture d'une procédure de sauvegarde, pendant la période d'observation, le principe est celui de l'absence de dessaisissement du débiteur : l'administration de l'entreprise est assurée par son dirigeant (C. com., art. L. 622-1 I), ce qui signifie que les dirigeants sociaux conservent leurs prérogatives de gestion. Toutefois, lorsque le tribunal désigne un administrateur judiciaire (C. com., art. L. 621-4), il peut le charger de surveiller le débiteur dans sa gestion ou de l'assister pour tout ou partie des actes de gestion (C. com., art. L. 622-1 II) ; le débiteur continue à exercer sur son patrimoine les actes de disposition et d'administration, ainsi que les droits et actions qui ne sont pas compris dans la mission de l'administrateur (C. com., art. L. 622-3).

B. – Procédure de redressement judiciaire

490. – *Période d'observation.* En cas d'ouverture d'une procédure de redressement judiciaire, pendant la période d'observation, l'administrateur judiciaire peut être investi d'une mission d'assistance du débiteur ou d'une mission de représentation (C. com., art. L. 631-12) ; dans ce dernier cas, le débiteur est dessaisi de ses pouvoirs, qui sont exercés par l'administrateur ; le débiteur continue à exercer sur son patrimoine les actes de disposition et d'administration, ainsi que les droits et actions qui ne sont pas compris dans la mission de l'administrateur (C. com., art. L. 622-3 et L. 631-14).

En outre, à compter du jugement d'ouverture de la procédure de redressement judiciaire, les parts sociales, titres de capital ou valeurs mobilières donnant accès au capital de la personne morale qui sont détenus, directement ou indirectement par les dirigeants de droit ou de fait, rémunérés ou non, ne peuvent être cédés, à peine de nullité, que dans les conditions fixées par le tribunal ; les titres sont virés à un compte spécial bloqué, aucun mouvement ne pouvant être effectué sans l'intervention du juge-commissaire (C. com., art. L. 631-10). La rémunération des dirigeants est maintenue en l'état, au jour de l'ouverture de la procédure, sauf décision contraire du juge-commissaire saisi sur demande de l'administrateur judiciaire, du mandataire judiciaire ou du ministère public (C. com., art. L. 631-11).

491. – *Plan.* La procédure peut déboucher soit sur un plan de continuation, soit sur un plan de cession. Lorsque le redressement le requiert, le tribunal peut, sur demande du ministère public, subordonner l'adoption du plan de redressement au remplacement d'un ou plusieurs dirigeants, ou prononcer l'incessibilité des titres sociaux détenus par les dirigeants de droit ou de fait et décider que le droit de vote y attaché sera exercé, pour une durée qu'il fixe, par un mandataire de justice désigné à cet effet. Le tribunal peut encore, dans les mêmes conditions, ordonner la cession des titres sociaux des dirigeants de droit ou de fait, le prix de cession étant fixé à dire d'expert (C. com., art. L. 631-19-1)(69). Ces mesures ne sont pas applicables lorsque le débiteur exerce une activité libérale soumise à un statut législatif ou réglementaire. Le Conseil constitutionnel a jugé que ces dispositions étaient conformes à la Constitution(70).

C. – Procédure de liquidation judiciaire

492. – À la différence des deux hypothèses précédentes, le jugement qui ouvre ou prononce la liquidation judiciaire emporte de plein droit *dessaisissement du débiteur* de l'administration ou de la disposition de ses biens (C. com., art. L. 641-9 I) ; les droits et actions du débiteur sont exercés, pendant toute la durée de la liquidation judiciaire, par le liquidateur. Toutefois, le débiteur accomplit les actes et exerce les droits et actions qui ne sont pas compris dans la mission du liquidateur ou de l'administrateur lorsqu'il en a été désigné un (C. com., art. L. 641-9 I), c'est-à-dire ses droits propres (exercice de certaines voies de recours, demande de clôture de la liquidation judiciaire...).

493. – *Date de la cessation des fonctions dirigeantes.* Afin de régler les difficultés découlant de la dissolution de plein droit de la société du fait de la liquidation judiciaire de la société (C. civ., art. 1844-7-7°), et de la perte corrélative des pouvoirs des dirigeants (pour l'ouverture à l'associé de la tierce opposition, V. *supra*, n° 319), la

(69) A. Cerati-Gauthier, La promotion de la reprise interne dans l'ordonnance n° 2014-326 du 12 mars 2014 : JCP E 2014, 1435.

(70) Cons. const., 7 oct. 2015, n° 2015-486 QPC : *BJS* 2015, p. 658, note F. Mélin ; *JCP* E 2015, 1562, note A. Cérati-Gauthier ; *JCP* G 2015, 1390, note B. Brignon : la possibilité de cession forcée des titres du dirigeant ne méconnaît ni le droit de propriété ni le principe d'égalité devant la loi.

dissolution de la société intervient au jour de la clôture de la liquidation judiciaire pour insuffisance d'actif (V. *infra*, n° 793). Il s'ensuit que les dirigeants en fonction lors du prononcé du jugement de liquidation judiciaire le demeurent, ce qui leur permet d'exercer les droits propres du débiteur (C. com., art. L. 641-9 II) ; leur rémunération est maintenue ou modifiée par le juge-commissaire (C. com., art. L. 631-11 et L. 641-11). En cas de nécessité, un mandataire *ad hoc* peut être désigné aux lieu et place des dirigeants par ordonnance du tribunal sur requête de tout intéressé, du liquidateur ou du ministère public.

§ 2. – Les sanctions des dirigeants

494. – Si, par leurs fautes ou leur impéritie, les dirigeants ont contraint la société au dépôt de bilan, ils encourent des sanctions civiles (ils doivent participer au dédommagement du naufrage), pénales (le juge leur inflige peines d'amende et/ou prison) et professionnelles (on leur enlève le permis de diriger). En cas de redressement judiciaire de la société, ils peuvent également être tenus de céder leurs titres lorsque le redressement de l'entreprise le requiert (V. *supra*, n° 491).

A. – Les sanctions civiles : la responsabilité pour insuffisance d'actif

495. – Le législateur a tenté de trouver un point d'équilibre entre les deux préoccupations suivantes : adoucir le sort des dirigeants sans leur assurer une trop grande impunité. Il n'est toutefois pas certain que ce résultat soit atteint tant les incertitudes entourant les conditions de l'action ainsi que son exercice restent nombreuses[71].

1° Les conditions de l'action

496. – *Principe.* Lorsque la liquidation judiciaire d'une personne morale fait apparaître une insuffisance d'actif[72], et donc l'impossibilité de désintéresser les créanciers sociaux, le tribunal peut, en cas de faute de gestion ayant contribué à cette insuffisance d'actif, décider que le montant de cette insuffisance d'actif sera supporté, en tout ou en partie, par tous les dirigeants de droit ou de fait, ou par certains d'entre eux, ayant contribué à la faute de gestion (C. com., art. L. 651-2)[73] ; l'action peut être engagée contre un administrateur de SA, qui a la qualité de dirigeant de droit bien qu'il n'assume pas la direction générale de la société (V. *infra*, n° 891).

497. – L'action en responsabilité pour insuffisance d'actif n'est ouverte qu'en cas de *liquidation judiciaire*. Il s'ensuit que l'action ne peut être exercée ni dans le cours de la procédure de sauvegarde ou de redressement, ni en cours d'exécution du plan de sauvegarde ou de redressement. La situation du dirigeant, que l'on pourrait croire favorable pendant cette période, est en réalité très incertaine, car se pose

(71) I. Parachkékova-Racine, Retour sur les écueils de l'action en responsabilité pour insuffisance d'actifs : BJS 2018, p. 600.

(72) Cass. com., 1er juill. 2020, n° 19-11.849 : *Dr. sociétés* janv. 2021, n° 10, obs. J.-P. Legros : l'insuffisance d'actif s'apprécie au jour où le tribunal statue.

(73) M. Germain, L'action en comblement du passif social : entre droit commun et droit spécial : Le Code de commerce, Livre du Bicentenaire, Dalloz, 2007, p. 243.

une redoutable question[74] : interdire le jeu des actions en responsabilité civile de droit commun conduirait à assurer au dirigeant une totale impunité, ce qui n'est guère envisageable ; à l'inverse, admettre le jeu de telles actions aboutirait, paradoxalement, à le traiter plus sévèrement puisque s'appliquerait alors le principe de la réparation intégrale là où le droit des procédures collectives laisse un pouvoir d'appréciation au juge en fonction de la gravité de la faute. Et l'incertitude s'accroît à la lecture de l'article L. 631-10-1 du Code de commerce, qui prévoit la possibilité de mesures conservatoires contre le dirigeant à l'encontre duquel est engagée une action en responsabilité fondée sur une faute ayant contribué à la cessation des paiements du débiteur (V. *supra*, n° 2494) ; ces mesures conservatoires peuvent être prises lorsque le débiteur est en liquidation judiciaire, mais également en cas de redressement judiciaire ; ce qui pourrait signifier que le dirigeant serait dans ce dernier cas susceptible de faire l'objet d'une action en responsabilité civile fondée sur l'article 1240 du Code civil.

On relèvera enfin que l'action en insuffisance d'actif peut se cumuler avec l'action en responsabilité fiscale intentée par l'administration contre le dirigeant (V. *supra*, n° 484), ainsi qu'avec la solidarité du dirigeant à acquitter les amendes pénales mises à la charge de la société pour fraude fiscale[75] (CGI, art. 1745), laquelle n'est pas une action en responsabilité mais une garantie de paiement.

498. – *Quant au fond*, une double exigence doit être satisfaite : la preuve d'une faute de gestion[76] et la démonstration d'un lien de causalité entre ce comportement fautif et l'insuffisance d'actif[77]. Peu importe en revanche que la faute soit séparable ou non de l'exercice des fonctions (V. *supra*, n° 470). La faute de gestion se ramène souvent à un manque de bon sens, ce qui affaiblit la thèse de ceux qui voudraient exiger des dirigeants d'entreprise la possession d'un diplôme, car le bon sens ne s'enseigne pas.

La faute de gestion est variée (V. *infra*, n° 504) :

– *faute d'action :* aventurisme ou témérité, lancement de projets d'investissement démesurés, entêtement dans une diversification malheureuse ;

– *faute d'omission :* défaut de surveillance des cadres supérieurs ou du président, lancement d'opérations sans étude préalable sérieuse, absence de comptabilité analytique…

499. – *Simple négligence.* Reste à savoir si toute faute de gestion peut être sanctionnée. Afin de favoriser l'esprit d'entreprise et le rebond du débiteur, la loi dite « Sapin 2 » du 9 décembre 2016 retient qu'en cas de « simple négligence du dirigeant de droit ou de fait dans la gestion de la société, sa responsabilité au titre de l'insuffisance d'actif ne peut être engagée » (C. com., art. L. 651-2), cette règle étant

(74) Traditionnellement, l'action en comblement de passif, qui pouvait être exercée à tout moment de la procédure, quelle que soit au demeurant celle-ci, excluait les actions en responsabilité civile de droit commun pour faute du dirigeant : Cass. com., 28 févr. 1995 : *BJS* 1995, § 684, note J.-J. Daigre.

(75) Cass. com., 5 sept. 2018, n° 17-13.626, PBI : *BJS* 2018, p. 639, note E. Mouial-Bassalana ; *Dr. sociétés* 2019, n° 32, obs. J.-P. Legros.

(76) S. Hadji-Artinian, *La faute de gestion en droit des sociétés*, Litec, 2001, préf. A. Viandier.

(77) Cass. com., 25 mars 2020, n° 18-21.841, FD : *BJS* juill. 2020, p. 34 : le dirigeant d'une personne morale peut être condamné à supporter tout ou partie de l'insuffisance d'actif dès lors que la faute de gestion qu'il a commise a contribué à cette insuffisance, sans qu'il y ait lieu de déterminer la part de celle-ci imputable à sa faute.

applicable aux instances en cours[78]. Outre que l'on comprend mal pourquoi un dirigeant, et plus encore lorsqu'il s'agit d'un dirigeant de fait, n'aurait pas à assumer les conséquences de sa gestion négligente, la formule « simple négligence » est ambiguë. On peut supposer que le législateur a voulu viser une négligence assimilable à une faute légère par opposition à la faute lourde ou à la faute intentionnelle ou dolosive car, sauf à écarter par principe la sanction des fautes d'abstention, toute négligence ne saurait déboucher sur une irresponsabilité.

2° L'exercice de l'action

500. – Le tribunal[79] est saisi par le liquidateur ou le ministère public. En cas d'inertie du liquidateur, le tribunal peut également, dans l'intérêt collectif des créanciers, être saisi par la majorité des créanciers contrôleurs, après une mise en demeure restée sans suite (C. com., art. L. 651-3).

501. – L'action se *prescrit* par trois ans à compter du jugement prononçant la liquidation judiciaire (C. com., art. L. 651-2, al. 3).

3° Le montant de la condamnation

502. – Les dirigeants condamnés doivent supporter *tout ou partie du passif social*, selon ce que décide le tribunal, lequel dispose d'un pouvoir d'appréciation (sur la déductibilité fiscale des sommes ainsi acquittées, V. *supra*, n° 486). En cas de pluralité de dirigeants, le tribunal peut, par décision motivée, les déclarer solidairement responsables. Les sommes versées entrent dans le patrimoine de la société et sont réparties entre les créanciers sociaux au marc le franc (C. com., art. L. 651-2, al. 4), déduction faite des frais de justice (C. com., art. L. 651-3, al. 4). Si le dirigeant n'acquitte pas les dettes mises à sa charge, sa faillite personnelle peut être prononcée (C. com., art. L. 653-6) (V. *infra*, n° 510).

503. – En vue d'assurer l'efficacité du dispositif, le tribunal est doté de *pouvoirs d'investigation* afin de réunir des informations sur la situation patrimoniale des dirigeants ; le président du tribunal peut également prononcer toute mesure conservatoire utile à l'égard des biens des dirigeants (C. com., art. L. 651-4).

504. – Quelques exemples de fautes de gestion justifiant une condamnation en responsabilité pour insuffisance d'actif.

Ce ne sont que quelques illustrations dans une myriade de condamnations :
– témérité du président approuvée par l'ensemble des membres du conseil d'administration, défaut de surveillance générale, responsabilité pénale de la personne morale (Cass. com., 3 janv. 1995 : *BJS* 1995, p. 266 et 432, note A. Couret) ;
– rémunération excessive du gérant de SARL par rapport au chiffre d'affaires prévisionnel (CA Rennes, 13 déc. 1995 : *Dr. sociétés* 1996, n° 195, obs. Y. Chaput) ;

(78) Cass. com., 5 déc. 2018, n° 17-22.011 : *BJS* 2019, p. 41, note T. Favario.

(79) L'action en comblement de passif, étant indissociable de la procédure collective de la personne morale, relève de la compétence du tribunal qui a la procédure, même à l'égard d'un dirigeant étranger domicilié à l'étranger : Cass. com., 5 mai 2004, n° 01-02041 : *Bull. civ.* 2004, IV, n° 82 ; *JCP* E 2004, n° 1249, p. 1350, note S. Reifegerste ; *Dr. sociétés* 2004, n° 211, note J.-P. Legros ; *BJS* 2004, § 268, p. 1349 ; *D.* 2004, p. 1796, note J.-L. Vallens ; *Rev. sociétés* 2004, p. 715, note P.-M. Le Corre.

– le fait pour une personne morale ayant accepté un poste d'administrateur de s'être abstenue d'exiger du PDG qu'il déclare l'état de cessation des paiements de la société (Cass. com., 25 mars 1997 : *BJS* 1997, p. 799) ;

– le fait pour un père de désigner comme dirigeant de droit sa fille, âgée de vingt ans (première affaire) ou de vingt-deux ans (deuxième affaire), également incompétentes l'une et l'autre ; dans la première espèce, l'inertie de la jeune fille est qualifiée de faute de gestion ; dans la seconde, le père est condamné en tant que dirigeant de fait pour avoir omis de déclarer la cessation des paiements dans les délais requis (Cass. com., 23 juin 1998 et 7 juill. 1998 : *JCP* E 1999, p. 29, obs. A. Viandier et J.-J. Caussain) ; la jeunesse comme l'incompétence ne sont donc pas des parades efficaces en cas de sinistre, pas plus d'ailleurs que le respect dû au père ;

– tenue d'une comptabilité incomplète ou irrégulière (Cass. com., 18 janv. 2000 : *BJS* 2000, § 103, note J.-F. Barbièri) ;

– poursuite d'une activité déficitaire en connaissance de cause (Cass. com., 14 janv. 2004 : *Dr. sociétés* 2004, n° 168, obs. J.-P. Legros) ;

– distribution exceptionnelle de réserves, décidée par le conseil d'administration et entérinée en assemblée, dans un contexte de baisse d'activité et alors que le passif n'est pas réglé : Cass. com., 25 oct. 2011, n° 10-23.671 : *BJS* 2012, § 136, p. 243, note D. Poracchia ;

– faute grave de gestion du dirigeant d'une société holding consistant à imposer à une filiale la cession d'une sous-filiale opérationnelle, privant la cédante de toute remontée de dividendes et créant un passif important : CA Paris, 29 sept. 2017, n° 16/05150 : *BRDA* 24/2017, n° 8 ;

– absence de déclaration de cessation des paiements pendant plus de neuf mois, laquelle ne pouvait relever d'une simple négligence eu égard aux difficultés financières et à l'endettement de la société qui étaient connus des dirigeants (Cass. com., 5 févr. 2020, n° 18-15.075 : *LEDEN* mars 2020, p. 1, obs. F.-X. Lucas).

Le passage en revue de ces décisions permet de dégager des lignes de force : les dirigeants sociaux doivent être prudents, réfléchis, assidus, employer les instruments comptables de contrôle et de prévision, savoir s'arrêter à temps. Joueurs et amateurs, s'abstenir...

B. – Les sanctions pénales : la banqueroute

505. – *Comportements incriminés.* Sans préjudice de l'application de diverses infractions spécifiques aux procédures collectives (C. com., art. L. 654-8 et s.), la sanction civile se double parfois d'une sanction pénale en cas de délit de banqueroute[80]. Les comportements incriminés sont les suivants (C. com., art. L. 654-2) :

– avoir, dans l'intention d'éviter ou de retarder l'ouverture de la procédure de redressement ou de liquidation judiciaire, fait des achats en vue d'une revente au-dessous du cours ou employé des moyens ruineux pour se procurer des fonds ;

– avoir détourné ou dissimulé tout ou partie de l'actif du débiteur ;

– avoir frauduleusement augmenté le passif du débiteur ;

(80) J.-H. Robert, Banqueroute et autres infractions : commentaire des dispositions pénales de la loi n° 2005-845 du 26 juillet 2005 : Dr. pén. 2005, étude 15 ; La banqueroute et ses infractions satellites de 1807 à 2005 : Le Code de commerce, Livre du Bicentenaire, Dalloz, 2007, p. 271.

– avoir tenu une comptabilité fictive ou fait disparaître des documents comptables de l'entreprise ou de la personne morale ou s'être abstenu de tenir toute comptabilité lorsque les textes applicables en font obligation.

506. – *La sanction* est dissuasive : cinq ans d'emprisonnement et 75 000 € d'amende (C. com., art. L. 654-3), sans compter l'éventuel prononcé de peines complémentaires : interdiction des droits civiques, diffusion de la décision, faillite personnelle ou interdiction de gérer (C. com., art. L. 654-5 et L. 654-6). Ainsi, la faillite personnelle comme l'interdiction de gérer peuvent être prononcées tant par le juge commercial ou civil (V. *infra*, n° 512) que par le juge pénal, ce qui a été jugé conforme à la Constitution[81].

C. – Les sanctions professionnelles

507. – La faillite personnelle et l'interdiction de diriger ou de contrôler une entreprise sont des déchéances, donc des incapacités-sanctions, d'ampleur variable, qui peuvent frapper le dirigeant d'une société faisant l'objet d'une procédure collective[82]. Dans les deux cas, le tribunal fixe la durée de la mesure, qui ne peut être supérieure à quinze ans (C. com., art. L. 653-11).

1° La faillite personnelle

508. – *Comportements incriminés.* La faillite personnelle applicable à tout dirigeant, de droit ou de fait, d'une personne morale est définie aux articles L. 653-1 et suivants du Code de commerce. Voici les faits qui peuvent justifier le prononcé de cette déchéance (C. com., art. L. 653-5) :

– avoir exercé une activité professionnelle contrairement à une interdiction prévue par la loi ;

– avoir, dans l'intention d'éviter ou de retarder l'ouverture de la procédure collective, fait des achats en vue d'une revente au-dessous du cours ou employé des moyens ruineux pour se procurer des fonds ;

– avoir souscrit, pour le compte d'autrui, sans contrepartie, des engagements jugés trop importants au moment de leur conclusion, eu égard à la situation de l'entreprise ou de la personne morale ;

– avoir payé ou fait payer, après cessation des paiements et en connaissance de cause de celle-ci, un créancier au préjudice des autres créanciers ;

– avoir, en s'abstenant volontairement de coopérer avec les organes de la procédure, fait obstacle à son bon déroulement ;

– avoir fait disparaître des documents comptables, ne pas avoir tenu de comptabilité lorsque les textes applicables en font obligation, ou avoir tenu une comptabilité fictive, manifestement incomplète ou irrégulière au regard des dispositions applicables ;

– avoir déclaré sciemment, au nom d'un créancier, une créance supposée.

509. – Également, la faillite personnelle peut être prononcée à l'encontre du dirigeant contre lequel aurait été relevé l'un des faits suivants, c'est-à-dire l'un des

(81) Cons. const., 29 sept. 2016, n° 2016-570 : *BJS* 2016, p. 738, note B. Saintourens.
(82) H. Matsopoulou, Réflexions sur la faillite personnelle et l'interdiction de gérer : D. 2007, p. 104.

faits justifiant antérieurement *l'obligation aux dettes sociales* (C. com., art. L. 653-4) (V. *supra*, n° 495) :

– avoir disposé des biens de la personne morale comme des siens propres ;

– sous le couvert de la personne morale masquant ses agissements, avoir fait des actes de commerce dans un intérêt personnel ;

– avoir fait des biens ou du crédit de la personne morale un usage contraire à l'intérêt de celle-ci à des fins personnelles ou pour favoriser une autre personne morale ou entreprise dans laquelle il était intéressé directement ou indirectement[(83)] ;

– avoir poursuivi abusivement, dans un intérêt personnel, une exploitation déficitaire qui ne pouvait conduire qu'à la cessation des paiements de la personne morale ;

– avoir détourné ou dissimulé tout ou partie de l'actif ou frauduleusement augmenté le passif de la personne morale.

510. – La faillite personnelle peut encore être prononcée à l'encontre du dirigeant qui *n'aurait pas acquitté les sommes mises à sa charge suite à une action en insuffisance d'actif* (V. *supra*, n° 502) (C. com., art. L. 653-6). La prescription de trois ans ne commence à courir que lorsque le jugement de condamnation du dirigeant à supporter le passif social est devenu exécutoire, le liquidateur étant avant cette date dans l'impossibilité d'agir[(84)].

511. – *Sanctions.* La faillite personnelle emporte interdiction générale du droit de diriger, directement ou indirectement, toute personne morale (C. com., art. L. 654-2). Le dirigeant condamné qui viole l'interdit prononcé à son égard encourt un emprisonnement de deux ans et/ou une amende de 375 000 € (C. com., art. L. 654-15).

2° L'interdiction de diriger ou contrôler une entreprise ou une personne morale

512. – L'article L. 653-8 du Code de commerce autorise le tribunal, dans les cas justiciables de la faillite personnelle, ou encore en cas de défaut intentionnel de demande d'ouverture d'une procédure de redressement ou de liquidation judiciaire dans le délai de quarante-cinq jours à compter de la cessation des paiements, à prononcer, par une décision motivée[(85)], l'interdiction de diriger ou contrôler, directement ou indirectement, une entreprise ou une personne morale. Le tribunal peut ainsi cantonner l'interdiction à certaines entreprises, par exemple celles dans lesquelles le dirigeant a des intérêts.

(83) Cass. com., 21 oct. 2020, n° 19-14.138 : *BJS* déc. 2020, p. 55 ; cassation pour défaut de base légale de l'arrêt d'appel n'ayant pas établi que l'usage des biens de la société contraire à l'intérêt de celle-ci avait été fait par le gérant à des fins personnelles ou pour favoriser une autre personne morale ou entreprise dans laquelle il était intéressé directement ou indirectement.

(84) Cass. com., 7 nov. 2018, n° 17-18.661 : *BJS* 2019, p. 42, note T. Favario ; condamnation à faillite personnelle d'une durée de cinq ans à l'encontre du dirigeant ayant fait preuve d'une volonté délibérée de s'abstenir du moindre versement.

(85) Cass. com., 25 mars 2020, n° 18-11.684 : *BJS* sept. 2020, p. 42, note B. Saintourens : le tribunal qui prononce une mesure d'interdiction de gérer doit motiver sa décision, tant sur le principe que sur le *quantum* de la sanction, au regard de la gravité des fautes et de la situation personnelle de l'intéressé.

SECTION 2

LES ASSOCIÉS

513. – On commencera par envisager la question de l'attribution de la qualité d'associé, qui est parfois délicate. Cette qualité emporte reconnaissance d'attributs fondamentaux. Ainsi s'explique que la qualité d'associé fasse l'objet de différentes mesures de sauvegarde.

SOUS-SECTION 1

L'ATTRIBUTION DE LA QUALITÉ D'ASSOCIÉ

514. – La plupart du temps, l'attribution de la qualité d'associé ne soulève aucune difficulté : est associé celui qui est propriétaire de titres sociaux, qu'il les ait acquis par voie de souscription (au moment de la constitution de la société ou suite à une augmentation de capital) ou par voie d'acquisition (à titre gratuit ou à titre onéreux). Les choses sont plus délicates lorsque la propriété des titres est démembrée ou indivise, étant observé que la vie de couple peut également avoir une incidence sur l'attribution de la qualité d'associé.

§ 1. – Les droits sociaux démembrés

515. – Il est fréquent que les droits sociaux fassent l'objet d'un démembrement de propriété, spécialement quand il s'agit d'en préparer la transmission à la génération suivante (V. *supra*, n° 236) ou encore lorsque le conjoint survivant reçoit l'usufruit des titres appartenant au prédécédé. Quels sont le statut du nu-propriétaire et celui de l'usufruitier ? La loi du 19 juillet 2019 (V. *supra*, n° 18) a modifié l'article 1844 du Code civil pour poser que « le nu-propriétaire et l'usufruitier ont le droit de participer aux décisions collectives[86]. Le droit de vote appartient au nu-propriétaire, sauf pour les décisions concernant l'affectation des bénéfices, où il est réservé à l'usufruitier. Toutefois, pour les autres décisions, le nu-propriétaire et l'usufruitier peuvent convenir que le droit de vote sera exercé par l'usufruitier ».

A. – Le statut du nu-propriétaire

516. – Il est admis par tous que le nu-propriétaire a la *qualité d'associé*. L'article 1844 du Code civil dispose que « si une part est grevée d'un usufruit (...), le droit de vote appartient au nu-propriétaire, sauf pour les décisions concernant l'affectation des bénéfices, où il est réservé à l'usufruitier ». Mais le texte ajoute que les statuts peuvent déroger à cette combinaison (pour le démembrement de propriété d'actions, V. *infra*, n° 1194). Se pose alors la question des contours de la liberté statutaire.

(86) Fl. Deboissy et G. Wicker, Une certitude sur le droit de l'usufruitier à participer aux décisions collectives, des incertitudes sur la répartition conventionnelle des droits de vote : JCP E 2019, 1531, n° 1.

517. – *Droit de participer aux décisions collectives.* Le principe est que le droit du nu-propriétaire de participer aux décisions collectives est d'ordre public : il ne peut pas être écarté par une clause statutaire contraire[87]. Cette solution jurisprudentielle a été consacrée par la loi du 19 juillet 2019.

518. – *Droit de vote.* Mais participer ne signifie pas nécessairement voter. Ainsi, il est possible de supprimer le droit de vote du nu-propriétaire, à condition qu'il ne soit pas dérogé à son droit de participer aux décisions collectives[88], ce qui signifie qu'il doit être convoqué, recevoir l'information préalable, avoir la possibilité d'assister à l'assemblée et de participer aux débats. Si l'on tient compte des règles du droit des biens, la suppression du droit de vote du nu-propriétaire ne devrait pas être possible lorsqu'est en cause la substance de la chose (C. civ., art. 578) ; ainsi en est-il notamment en cas de modification statutaire importante ou en cas de décision de dissolution de la société. Pour autant, à propos de la décision de fusion-absorption d'une société dont les titres étaient démembrés, la Cour de cassation a jugé que n'était pas illicite la clause statutaire qui attribuait le droit de vote à l'usufruitier pour les décisions ordinaires et extraordinaires et qui précisait que, dans tous les cas, les nus-propriétaires étaient obligatoirement convoqués aux assemblées générales[89].

Reste que l'usufruitier qui, par son vote, porte atteinte à la substance de la chose démembrée, commet un abus de jouissance. Pour autant que soit démontrée cette atteinte à la substance des titres sociaux[90], cet abus peut être sanctionné par la déchéance de l'usufruit ou sa conversion en rente viagère (pour la déchéance d'un usufruit portant sur un portefeuille de valeurs mobilières, V. *infra*, n° 1576), sans préjudice de son éventuelle responsabilité civile (C. civ., art. 618).

519. – À l'opposé, la clause des statuts selon laquelle l'usufruitier représente le nu-propriétaire pour toutes les décisions sociales, quel qu'en soit l'objet, n'est pas valable en ce qu'elle interdit l'accès du nu-propriétaire à l'assemblée[91].

B. – Le statut de l'usufruitier

1° Les prérogatives de l'usufruitier

a) Prérogatives politiques

520. – *Droit de vote.* Les prérogatives de l'usufruitier de titres sociaux sont d'abord d'ordre politique. Il vote en principe dans les assemblées quand il est question de

(87) Cass. com., 4 janv. 1994 : *JCP* E 1994, I, 363, n° 4, obs. A. Viandier et J.-J. Caussain ; *Rev. sociétés* 1994, p. 278 ; *BJS* 1994, § 62 et 68, p. 249 et 279, note J.-J. Daigre.

(88) Cass. com., 22 févr. 2005, n° 03-17.421 : *D.* 2005, somm. p. 1430, obs. B. Thullier ; *JCP* E 2005, 1046, n° 3, obs. J.-J. Caussain, Fl. Deboissy et G. Wicker. – Se trouve ainsi confirmée l'interprétation restrictive de l'arrêt *de Gaste* (Cass. com., 4 janv. 1994 : *JCP* E 1994, I, 363, n° 4, obs. A. Viandier et J.-J. Caussain). – R. Kaddouch, *Conditions de l'attribution statutaire de la totalité du droit de vote au seul usufruitier* : *JCP* E 2005, 968.

(89) Cass. com., 2 déc. 2008, n° 08-13185 : *BJS* 2009, § 26, p. 1116 ; *D.* 2009, p. 780, note B. Dondero ; *Dr. sociétés* 2009, n° 198, obs. M.-L. Coquelet, cassant CA Caen, 19 févr. 2008 : *Dr. sociétés* 2008, n° 198, obs. M.-L. Coquelet ; *JCP* E 2008, 1025, note Y. Paclot et 2545, n° 1, obs. Fl. Deboissy et G. Wicker.

(90) Rejet de l'action en déchéance de l'usufruit de titres sociaux pour abus de jouissance du fait de la transformation d'une SA en SCA dès lors que la baisse alléguée de la valeur des actions du fait de la transformation d'une SA en SCA n'est pas établie : CA Douai, 13 févr. 2013, n° 11-05.224 : *BJS* 2013, p. 567, note A. Tadros ; *Dr. sociétés* 2013, n° 79, obs. R. Mortier ; *JCP* E 2013, 1702, n° 2, obs. Fl. Deboissy et G. Wicker.

(91) Cass. 2e civ., 13 juill. 2005 : *BJS* 2006, § 43, p. 217, note P. Le Cannu.

statuer sur l'affectation des bénéfices (C. civ., art. 1844, al. 3). Cette prérogative constitue un minimum auquel les statuts ne peuvent pas déroger. La chambre commerciale de la Cour de cassation a en effet jugé, au visa de l'article 578 du Code civil, qu'est nulle la clause des statuts privant l'usufruitier de tout droit de vote, ce qui ne lui permet pas de voter les décisions concernant l'affectation des bénéfices(92) (sur les risques de donation indirecte, V. *infra*, n° 544). Là encore, cette solution jurisprudentielle a été consacrée par la loi n° 2019-744 du 19 juillet 2019.

Le droit de vote de l'usufruitier peut être élargi par une disposition statutaire. Les décisions prises en violation de la clause statutaire relative au droit de vote de l'usufruitier encourent la nullité(93).

Le texte dispose en outre que pour les décisions autres que l'affectation des bénéfices, « le nu-propriétaire et l'usufruitier peuvent convenir que le droit de vote sera exercé par l'usufruitier » ; le nu-propriétaire peut donc, par un mandat, et semble-t-il quelles que soient les dispositions des statuts du moins si l'on s'en tient à la lettre du texte, confier à l'usufruitier l'exercice de son droit de vote.

521. – *Droit de participer aux décisions collectives.* La troisième chambre civile de la Cour de cassation avait considéré que le défaut de convocation de l'usufruitier n'est pas une cause de nullité des assemblées générales dont l'objet est autre que l'affectation des bénéfices(94) : ainsi, à la différence du nu-propriétaire (V. *supra*, n° 517), l'usufruitier se voyait privé du droit de participer aux décisions collectives, ce qui n'était guère protecteur des intérêts qu'il peut faire valoir dans la gestion de la société en sa qualité d'usufruitier. De façon très opportune, la loi du 19 juillet 2019 est revenue sur cette solution en retenant que le droit de l'usufruitier de participer aux décisions collectives est d'ordre public.

b) Prérogatives financières

522. – Les prérogatives de l'usufruitier sont ensuite d'ordre financier, ce qui se traduit au premier chef par un *droit aux dividendes*(95). Lorsque la distribution d'un dividende à l'usufruitier s'opère par prélèvement sur les réserves, se pose la question de savoir quels sont les droits respectifs de l'usufruitier et du nu-propriétaire (V. *infra*, n° 545).

2° La question de la qualité d'associé de l'usufruitier

523. – *Controverses doctrinales.* L'usufruitier a-t-il la qualité d'associé ? Ici, les opinions divergent et, sur ce point, les auteurs du présent ouvrage n'ont pu se

(92) Cass. com., 31 mars 2004 : *JCP* E 2004, 929, note A. Rabreau ; *JCP* E 2004, 1510, n° 1, obs. J.-J. Caussain, Fl. Deboissy et G. Wicker ; *Dr. sociétés* juin 2004, p. 26, obs. H. Hovasse. – *Adde*, A. Viandier, *L'irréductible droit de vote de l'usufruitier* : *RJDA* 8-9/2004, p. 859.

(93) Cass. com., 13 janv. 2021, n° 19-13.399 : *BJS* avr. 2021, p. 34, note A. Rabreau ; *Dr. sociétés* mai 2021, n° 60, obs. N. Jullian : méconnaissance de la clause statutaire attribuant le droit de vote à l'usufruitier pour les décisions ordinaires et au nu-propriétaire pour les décisions extraordinaires.

(94) Cass. 3e civ., 15 sept. 2016, n° 15-15.172 : *BJS* 2016, p. 722, note A. Rabreau ; *D.* 2016, p. 2199, note F. Danos ; *Dr. sociétés* 2016, n° 184, obs. H. Hovasse ; *JCP* E 2016, 1633, note S. Zinti ; *JCP* E 2017, 1087, n° 3, obs. Fl. Deboissy et G. Wicker ; *Rev. sociétés* 2017, p. 30, note T. de Ravel d'Esclapon.

(95) La société qui détient des parts en usufruit dans une autre société ne peut prétendre bénéficier du régime fiscal mère-fille (V. *infra*, n° 2511) pour les dividendes qu'elle perçoit, en sa qualité d'usufruitière, de cette seconde société : CJCE, 22 déc. 2008, aff. C-48/07 : *Dr. fisc.* 2009, n° 12-13, comm. 254.

mettre d'accord. L'un, dans sa thèse, a démontré qu'il était juridiquement impossible qu'un usufruitier de parts sociales ou d'actions pût se voir reconnaître la qualité d'associé[(96)]. L'autre, invoquant le bon sens plus que les principes (comment refuser la qualité d'associé à celui qui dispose des droits financiers et d'une partie des droits politiques ?), estime que la qualité d'associé doit être reconnue à la fois au nu-propriétaire et à l'usufruitier[(97)]. La dernière arrivée incline en faveur de cette seconde opinion[(98)] : chacun se voyant reconnaître une partie des prérogatives sociales, chacun a implicitement, mais nécessairement, la qualité d'associé[(99)]. C'est parce que tout associé a le droit de participer aux décisions collectives que l'alinéa 3 de l'article 1844 distribue les prérogatives d'associé entre le nu-propriétaire et l'usufruitier, ce qui postule qu'ils partagent l'un et l'autre la qualité d'associé. Au demeurant, la qualité d'associé n'exprimant que la qualité de titulaire du titre social, le démembrement des titres sociaux emporte démembrement du titre d'associé : ce sont donc leurs deux titres réunis qui forment le titre unique d'associé.

524. – *Droit positif.* De façon implicite, la troisième chambre civile semble avoir dénié à l'usufruitier la qualité d'associé (V. *supra*, n° 521). On relèvera à l'opposé que la loi du 19 juillet 2019, en indiquant que l'usufruitier a le droit de participer aux décisions collectives, lui reconnaît implicitement la qualité d'associé.

525. – *Enjeux.* La querelle doctrinale n'est pas sans incidences pratiques. Ainsi, chaque fois qu'une action est réservée par la loi à l'associé, par exemple la demande en désignation d'un expert en gestion (V. *infra*, n°s 701 et s.) ou l'exercice de l'action sociale *ut singuli* (V. *supra*, n° 454), seuls ceux qui ont la qualité d'associé peuvent agir. Selon la réponse donnée, l'usufruitier aura ou non qualité pour exercer cette prérogative. Si l'on admet que le titre d'associé est démembré, il faut en déduire que ces actions, qui présentent un caractère conservatoire, peuvent être exercées tant par le nu-propriétaire que par l'usufruitier, chacun d'eux ayant intérêt à la défense de son droit sur le titre. La solution est la même pour les prérogatives d'information, qui peuvent être exercées tant par le nu-propriétaire que par l'usufruitier (V. en matière d'actions démembrées, C. com., art. L. 225-118). De la même façon, l'action en nomination d'un administrateur provisoire, qui peut être exercée par le nu-propriétaire[(100)], devrait également pouvoir l'être pour l'usufruitier.

§ 2. – Les droits sociaux indivis

526. – *Qualité d'associé.* En cas d'indivision des titres sociaux[(101)], à la suite par exemple d'une succession, de la dissolution d'un régime de communauté ou de

(96) A. Viandier, *La notion d'associé*, LGDJ, 1978, n°s 248 et s.
(97) M. Cozian, Du nu-propriétaire ou de l'usufruitier, qui a la qualité d'associé ? : JCP E 1994, I, 374.
(98) Fl. Deboissy et G. Wicker, Le droit de vote est une prérogative essentielle de l'usufruitier de titres sociaux : JCP E 2004, 1290.
(99) En ce sens, J. Derruppé, Un associé méconnu : l'usufruitier de parts et actions : Defrénois 1994, p. 1137.
(100) V. pour la demande exercée par un nu-propriétaire indivis, Cass. 3e civ., 26 mars 2019, n° 17-26.695, PBI : *JCP* E 2019, 1146, note J. Gallois.
(101) J.-B. Donnier, L'associé indivis : Dr. sociétés mars 2016, p. 41. – S. Schiller et H. Fabre, L'indivision des droits sociaux : JCP N 2014, 1333, n° 2. – L. Nurit-Pontier, Combien pèsent les indivisaires de droits sociaux ? : BJS 2007, § 183, p. 657.

la conclusion d'un PACS (V. *infra*, n° 540), chacun des indivisaires, parce qu'il est cotitulaire du titre social, a la qualité d'associé(102). S'agissant des prérogatives pécuniaires, les dividendes versés à l'époux associé après son divorce accroissent l'indivision post-communautaire(103) (C. civ., art. 815-10, al. 2). S'agissant du droit de participer aux affaires sociales, la situation des indivisaires diffère de celle de titulaires privatifs de droits sociaux. Il faut en effet distinguer les prérogatives sociales qui doivent être exercées de façon collective et celles qui peuvent l'être de façon individuelle, soit qu'elles sont attachées à la qualité d'associé, soit qu'elles sont de nature conservatoire.

A. – Les prérogatives exercées collectivement

527. – *Droit de vote.* Étant cotitulaire d'un titre unique, chacun des indivisaires a la qualité d'associé, mais l'unité du titre implique l'indivisibilité de certaines prérogatives afférentes et donc, leur exercice collectif : les indivisaires ne peuvent donc pas en principe exercer leurs prérogatives de façon isolée. Spécialement, s'agissant du droit de vote, les indivisaires doivent se faire représenter par un mandataire unique, choisi parmi les indivisaires ou en dehors d'eux ; en cas de désaccord, le mandataire est désigné en justice à la demande du plus diligent (C. civ., art. 1844, al. 2) (pour les actions indivises, V. *infra*, n° 1194)(104). Même en cas de désaccord entre eux, ce mandataire peut être désigné parmi les indivisaires(105). La désignation du mandataire peut être demandée même si aucune assemblée n'a encore été convoquée à cette date(106).

528. – **Quelles sont les conditions de majorité applicables à la désignation du mandataire ?**

Faut-il appliquer la règle de l'unanimité ou faut-il faire application de l'article 815-3 du Code civil qui prévoit que le ou les indivisaires qui disposent d'au moins deux tiers des droits indivis peuvent, à cette majorité, effectuer les actes d'administration relatifs aux droits indivis ? Le texte visant notamment la désignation d'un mandataire pour l'accomplissement d'un acte d'administration, il aurait semblé logique d'admettre que c'est la majorité des deux tiers, et non l'unanimité, qui trouve à s'appliquer lorsque les décisions soumises au vote des associés constituent des actes d'administration. Telle n'est pas la direction dans laquelle s'est orientée la jurisprudence. En cas de désaccord des coïndivisaires, il ne peut être dérogé aux dispositions impératives de l'article 1844 du Code civil disposant que le mandataire chargé de représenter les indivisaires est désigné en justice à la demande du plus diligent (Cass. 1re civ., 15 déc. 2010, n° 09-10.140, PB : *BJS* 2011, § 189, p. 373, note F.-X. Lucas ; *JCP* E 2011, 1072, note H. Hovasse et 1826, n° 2, obs.

(102) Cass. 1re civ., 6 févr. 1980 : *Rev. sociétés* 1980, p. 521, note A. Viandier. – Cass. com., 21 janv. 2014, n° 13-10.151, PB : *D.* 2014, p. 647, note N. Borga ; *JCP* E 2014, 1069, note A. Couret ; *Rev. sociétés* 2014, p. 487, note P. Le Cannu : « les copropriétaires indivis de droits sociaux ont la qualité d'associé ». – V. aussi sur cet arrêt *infra*, n° 529.

(103) Cass. 1re civ., 28 mars 2018, n° 17-16.198, PB : *Dr. sociétés* 2018, n° 118, obs. R. Mortier.

(104) V., jugeant de façon discutable que le refus de désignation d'un mandataire commun peut être sanctionné au titre de l'abus de minorité : Cass. 3e civ., 21 déc. 2017, n° 15-25.627, PBI : *JCP* E 2018, 1077, note C. Barillon et 1174, n° 3, obs. Fl. Deboissy et G. Wicker ; *JCP* G 2018, 115, note J. Klein ; *Dr. sociétés* 2018, comm. 43, obs. H. Hovasse ; *BJS* 2018, p. 74, note J.-F. Barbièri ; *D.* 2018, p. 147, note A. Couret. – V. égal. sur cet arrêt, *infra*, n° 678.

(105) Cass. com., 10 juill. 2012, n° 12-21.789, PB : *BJS* 2012, § 434, p. 786, note B. Dondero ; *Dr. sociétés* 2012, n° 162, obs. D. Gallois-Cochet ; *JCP* E 2012, 1601, note R. Mortier.

(106) CA Paris, 7 janv. 2009 : *BRDA* 6-2009, n° 1 ; *Rev. sociétés* 2009, p. 631, note L. Godon.

Fl. Deboissy et G. Wicker ; *Rev. sociétés* 2011, p. 280, note L. Godon). Ainsi, à défaut d'unanimité, quand bien même la condition de majorité des deux tiers des droits indivis serait remplie, le mandataire doit être désigné en justice.

B. – Les prérogatives exercées individuellement

529. – *Droit de participer aux décisions collectives.* S'agissant des prérogatives d'information, chacun des copropriétaires de titres indivis dispose d'un droit individuel à l'encontre de la société (V. en matière d'actions démembrées, C. com., art. L. 225-118)(107). Ainsi, chaque indivisaire peut obtenir communication des livres ou documents sociaux ou poser des questions écrites(108). La même solution s'impose pour le droit pour tout indivisaire, en sa qualité d'associé, de participer à l'assemblée alors même qu'un mandataire commun a été désigné pour représenter les indivisaires à l'assemblée(109).

530. – Pareillement, chaque indivisaire peut exercer seul les *prérogatives à caractère conservatoire*, puisque chacun a intérêt à préserver le titre dont il est cotitulaire (C. civ., art. 815-2, al. 1er). Ainsi en est-il de :

– l'exercice de l'action sociale *ut singuli*(110) (V. *supra*, n° 454) ;

– la demande en désignation d'un expert en gestion (V. *infra*, nos 701 et s.), qui, dans le cas d'une société par actions, peut être présentée par certains indivisaires seulement dès lors que l'ensemble des actions indivises représente au moins 5 % du capital(111) ;

– l'ajournement d'une assemblée générale extraordinaire ayant pour ordre du jour l'émission de titres donnant accès au capital de la société émettrice(112) ; le report de l'assemblée permet en effet aux actionnaires d'user de leur droit individuel à information ;

– la désignation d'un administrateur provisoire ; ainsi, lorsque la mésentente entre indivisaires vient perturber le fonctionnement social, un administrateur provisoire peut être désigné par l'un quelconque des coïndivisaires en sa qualité d'associé(113) à condition bien sûr que la mésentente paralyse le fonctionnement de la société conformément au droit commun(114) (V. *infra*, n° 693) ; pour dénouer la situation, l'administrateur provisoire peut être amené à céder les actions indivises (V. *infra*, n° 699).

(107) Les irrégularités de convocation des associés coïndivisaires à l'assemblée générale d'une société civile n'emportent pas, faute de grief, l'annulation de cette dernière : CA Paris, 1er mars 2018, n° 15/07467 : *BJS* 2018, p. 581, note J.-Ch. Pagnucco ; *BRDA* 8/2018, n° 4.

(108) Cass. 3e civ., 27 juin 2019, n° 18-17.662, PBI : *BJS* 2019, p. 22, note J. Heinich ; *JCP E* 2019, 1467, note R. Mortier.

(109) Cass. com., 21 janv. 2014, n° 13-10.151, PB : *BJS* 2014, p. 212, note D. Poracchia et H. Barbier ; *D.* 2014, p. 647, note N. Borga ; *JCP E* 2014, 1069, note A. Couret ; *Rev. sociétés* 2014, p. 487, note P. Le Cannu : violent l'article 1844, alinéa 1, du Code civil les juges qui interdisent l'accès à l'assemblée d'un indivisaire au motif qu'un représentant a été désigné.

(110) Cass. crim., 4 nov. 2009, n° 09-80.818 : *Dr. sociétés* 2010, n° 35, obs. R. Salomon ; *Rev. sociétés* 2010, p. 379, note L. Godon : recevabilité de l'action civile exercée *ut singuli* par le copropriétaire de titres sociaux indivis qui, en sa qualité de coïndivisaire, a la qualité d'associé recevable à agir au nom de la société.

(111) Cass. com., 4 déc. 2007, n° 05-19.643 : *BJS* 2008, § 46, p. 205, note A. Lecourt ; *JCP E* 2008, 1280, n° 6, obs. J.-J. Caussain, Fl. Deboissy et G. Wicker.

(112) Cass. com., 7 juill. 2021, n° 18-19.330 : *BJS* sept. 2020, p. 17, note R. Dalmau ; *Dr. sociétés* nov. 2020, n° 127, obs. R. Mortier.

(113) V. pour un nu-propriétaire indivis, Cass. 3e civ., 26 mars 2019, n° 17-26.695, PBI : *JCP E* 2019, 1146, note J. Gallois.

(114) Cass. 3e civ., 30 juin 2015, n° 13-25.685 : *Rev. sociétés* 2016, p. 49, note E. Naudin ; la société civile pouvait fonctionner bien que les droits attachés aux parts sociales indivises aient été suspendus à défaut d'agrément, cela grâce aux parts détenues en pleine propriété par les autres associés.

§ 3. – L'incidence de la vie de couple sur la qualité d'associé

531. – On examinera successivement la situation de l'associé marié, celle de l'associé divorcé, celle enfin de l'associé signataire d'un PACS(115).

A. – L'associé marié

532. – En se mariant, les conjoints s'unissent pour le meilleur et pour le pire, tout comme les associés qui s'unissent au sein d'une société. Des époux, déjà unis, peuvent s'unir plus encore en s'associant au sein d'une même société. Se pose alors la question du statut du conjoint de l'associé, qui suppose d'articuler les règles du droit des sociétés et celles des régimes matrimoniaux ; les problèmes sont redoutables et les équilibres délicats, le droit des sociétés se transformant parfois en machine à détruire le régime de communauté (V. *infra*, n° 547 pour la mise en société d'un patrimoine propre et n° 548 pour le sort des *stock-options*).

533. – Société vs mariage : respect, fidélité et assistance.

> L'entrée en société n'est pas le mariage et les associés ne sont pas assujettis aux obligations pesant sur les époux qui « se doivent mutuellement respect, fidélité, secours et assistance » (C. civ. art. 212).
>
> Le respect est parfois absent, de là des situations de crise, évocatrices de scènes de ménage, spécialement si les associés sont par ailleurs époux ou concubins, imposant l'intervention de tuteurs judiciaires (V. *infra*, n°s 686 et s.).
>
> Et la fidélité ? Elle n'est pas ignorée par le droit des sociétés. Dans certains cas, la fidélité est récompensée : droit de vote double (V. *infra*, n° 1162), dividende majoré (V. *infra*, n° 1211). Dans d'autres cas, elle est imposée : obligation de demeurer associé du fait d'une clause d'inaliénabilité (V. *infra*, n°s 1554 et 2199), interdiction de concurrencer la société (V. *infra*, n° 565), privation du bénéfice des actions gratuites en cas de départ anticipé (V. *infra*, n° 1366).
>
> Le secours et l'assistance ne sont imposés par la loi que dans des cas rarissimes (V. *infra*, n° 1222, « Remplir son devoir d'actionnaire »). Mais la voie contractuelle permet d'affirmer cette double obligation, par exemple à travers le blocage des comptes courants pendant une période déterminée (V. *infra*, n° 618).

1° La société entre époux

534. – Pendant longtemps, au nom du principe de l'immutabilité des conventions matrimoniales, la loi s'est opposée à ce que deux époux puissent faire partie d'une même société, sauf s'il s'agissait d'une société par actions. Désormais, deux époux, seuls ou avec d'autres, peuvent être associés dans une même société, y compris une société créée de fait (V. *infra*, n°s 2041 et 2045), leur responsabilité serait-elle indéfinie et solidaire et leurs apports proviendraient-ils de biens communs

(115) L. Nurit-Pontier, Le couple et le droit des sociétés : Dr. et patrimoine 6/2003, p. 20 ; Couples et sociétés : Actes prat. strat. patrimoniale 1-2012, ss dir. J. Prieur.

(C. civ., art. 1832-1). Il est cependant recommandé de constituer la société par acte authentique, ce qui la met à l'abri d'une annulation pour donation déguisée (C. civ., art. 1832-1, al. 2).

2° Le conjoint de l'associé

535. – *Financement des titres sociaux par des fonds propres ou personnels.* Une personne mariée, quel que soit son régime matrimonial, peut entrer dans une société sans avoir à demander l'autorisation de son conjoint. Les brimades anciennes frappant les femmes mariées appartiennent à un passé révolu au nom de l'égalité des sexes, l'autonomie professionnelle et la capacité de gestion patrimoniale. L'indépendance est pleine et entière lorsque les époux sont mariés sous le régime de la séparation de biens ou de la participation aux acquêts, ou encore en cas de communauté si l'apport (à la constitution de la société ou lors d'une augmentation de capital) ou l'acquisition des droits sociaux (en cas de rachat) est financé grâce à des biens propres ou des biens personnels. Dans ce cas, le conjoint de l'associé n'a pas voix au chapitre : il ne peut rien exiger, encore moins interdire. Le mariage n'affecte d'aucune manière la qualité d'associé.

536. – *Financement des titres sociaux par des fonds communs.* Les solutions sont plus nuancées lorsque, dans le cadre du régime de communauté, la souscription ou l'acquisition des droits sociaux est financée grâce à des biens communs (pour l'EIRL, V. *supra*, n° 53). Lorsque les époux réalisent l'apport ou l'acquisition ensemble, chacun d'eux a la qualité d'associé pour la moitié des titres[116]. Mais qu'en est-il lorsque l'apport ou l'acquisition des titres est le fait de l'un seul des époux ? Quelle que soit la forme de la société, seul l'apporteur ou l'acquéreur a la qualité d'associé (V. *infra*, n° 546). Ceci n'empêche pas que les droits sociaux, de même que les dividendes, demeurent des biens communs dont la valeur entre en communauté[117]. On retrouve ainsi la différence, classique dans les régimes matrimoniaux, entre le titre (la qualité d'associé), qui est personnel, et la finance, qui est commune. Ainsi, lorsqu'un époux finance des actions ou des parts sociales[118] avec des fonds communs, il a seul la qualité d'associé, mais la valeur des titres sociaux tombe en communauté[119]. Au sens de la distinction du titre et de la finance, la qualité d'associé regroupe l'ensemble des prérogatives dont l'exercice est réservé à celui des époux qui est titulaire du titre ; il a donc seul qualité pour exercer les prérogatives sociales relevant de la gestion de la société (V. *infra*, n° 546). C'est dire que le titre vient dessiner une zone d'exclusivité au bénéfice de son titulaire en dérogation des règles ordinaires de répartition des pouvoirs entre époux. On retrouve cette distinction du titre et de la finance à la dissolution de la communauté[120].

(116) Cass. com., 15 mai 2012, n° 11-13.240, PB : *BJS* 2012, § 394, p. 718, note H. Lécuyer ; *D.* 2012, p. 1856, note V. Barabé-Bouchard ; *Dr. sociétés* 2012, n° 138, obs. H. Hovasse ; *Rev. sociétés* 2013, p. 38, note E. Naudin.

(117) L'époux victime du recel de titres sociaux dépendant de la communauté peut prétendre à la propriété exclusive des titres, mais aussi aux dividendes depuis la date de dissolution de la communauté : Cass. 1re civ., 31 oct. 2007, n° 06-10.348 : *BJS* 2008, § 50, p. 220, note H. Lécuyer ; *JCP* E 2008, 1280, n° 1, obs. J.-J. Caussain, Fl. Deboissy et G. Wicker.

(118) Cass. 1re civ., 9 juill. 1991 : *Bull. civ.* 1991, I, n° 232 ; *Defrénois* 1991, p. 1333, note P. Le Cannu. – Cass. 1re civ., 10 févr. 1998 : *Bull. civ.* 1998, I, n° 47 ; *Defrénois* 1998, p. 1119, note O. Milhac. – Cass. 1re civ., 4 juill. 2012, n° 11-13.384, PBI : *BJS* 2012, § 354, p. 608, note H. Lécuyer ; *Dr. sociétés* 2012, n° 158, obs. R. Mortier ; *Rev. sociétés* 2012, p. 717, note I. Dauriac.

(119) Cass. 1re civ., 16 mai 2000 : *Dr. famille* 2000, comm. 115, obs. B. Beignier.

(120) Après dissolution de la communauté, la qualité d'associé attachée à des parts sociales dépendant de celle-ci ne tombe pas dans l'indivision post-communautaire qui n'en recueille que leur valeur, de sorte que le conjoint associé

537. – *Sociétés par intérêts.* Toutefois, dans les sociétés autres que les sociétés par actions, autrement dit dans les sociétés par intérêts (SARL, SNC, sociétés civiles...), le conjoint a son mot à dire. Si l'apporteur (ou l'acquéreur) a en principe seul la qualité d'associé, son conjoint peut revendiquer la même qualité pour la moitié des parts sociales ; dans ce cas, chacun a la qualité d'associé à égalité. C'est pour permettre l'exercice de ce droit de revendication que le conjoint doit, à peine de nullité, être averti du projet d'apport ou d'acquisition (C. civ., art. 1832-2)(121), même si les époux sont étrangers(122) ; l'action en nullité, régie par l'article 1427 du Code civil, se prescrit par deux ans(123). Le conjoint peut revendiquer la qualité d'associé aussi longtemps qu'un jugement de divorce passé en force de chose jugée n'est pas intervenu(124). Trois situations sont envisageables :

– *le conjoint revendique immédiatement la qualité d'associé* ; l'agrément de l'un vaut automatiquement agrément de l'autre ; les associés doivent donc agréer les deux ou rejeter les deux (V. pour l'exigence d'un agrément légal dans la SNC, *infra*, n° 1884) ;

– *le conjoint renonce par écrit à revendiquer la qualité d'associé* ; sa renonciation est définitive et ne peut faire l'objet d'une rétractation ultérieure ; l'époux renonçant est privé du droit de repentir ;

– *le conjoint reste dans l'expectative* ; son silence actuel ne lui interdit pas d'exercer ultérieurement son droit de revendication ; les clauses d'agrément prévues à cet effet par les statuts – il faut une clause spéciale – sont opposables au conjoint, l'époux associé ne participant pas au vote.

538. – Si l'on examine maintenant le *fonctionnement de la société*, on s'aperçoit que le conjoint de l'associé n'est pas traité comme un tiers quelconque. En voici quelques illustrations :

– *en cas de cession des droits sociaux*, l'agrément prévu pour l'entrée des tiers dans la société est interdit pour le conjoint dans les sociétés anonymes (V. *infra*, n° 1256) et est facultatif dans les SARL (V. *infra*, n° 1760) ; il est en revanche exigé dans les sociétés en nom collectif (V. *infra*, n° 1883) et dans les sociétés civiles mais, dans ce dernier cas, la règle n'est pas toujours d'ordre public (V. *infra*, nos 1960 et s.) ;

– *en cas de cession ou d'apport en nature d'immeubles, de fonds de commerce ou de parts sociales communes*, le consentement des deux époux est requis à peine de nullité de la cession ou de l'apport (C. civ., art. 1424) ; un époux marié sous le régime de la communauté ne peut donc céder seul des parts sociales (parts de SARL, de

peut transmettre à titre gratuit ces parts sans recueillir l'accord de ses coïndivisaires : Cass. 1re civ., 12 juin 2014, n° 13-16309, PBI : *Defrénois* 2014, p. 1093, note V. Barabé-Bouchard ; *Dr. sociétés* 2014, n° 183, obs. R. Mortier ; *JCP* E 2014, 1651, n° 4, obs. crit. Fl. Deboissy et G. Wicker ; *Rev. sociétés* 2014, p. 734, note E. Naudin.

(121) A. Rabreau, Plaidoyer pour la suppression de l'article 1832-2 du Code civil : Mél. M. Germain, LexisNexis-LGDJ, 2015, p. 697 et s.

(122) CA Paris, 9 févr. 2017, n° 15/15891 : *BRDA* 7/2017, n° 6 ; un couple de Portugais s'installe en France, l'époux acquiert la moitié des parts d'une SARL dont le capital n'était pas entièrement libéré sans informer l'épouse ; la société ayant été mise en liquidation judiciaire, le liquidateur demande à l'épouse de verser la part du capital non libéré ; cette dernière plaide qu'elle n'a pas été informée alors que des biens communs ont été utilisés pour cette opération et par suite que l'acquisition des parts par l'époux est nulle ; la cour de Paris lui donne raison.

(123) Cette action est exclusive de l'action en inopposabilité sanctionnant les actes frauduleux (C. civ., art. 1421), laquelle se prescrivait avant 2008 par trente ans : Cass. 1re civ., 23 mars 2011, n° 09-66512, PBI : *JCP* E 2011, 1428, note H. Hovasse ; *Rev. sociétés* 2011, p. 488, note E. Naudin.

(124) Cass. com., 14 mai 2013, n° 12-18.103, PB : *BJS* 2013, p. 453, note E. Naudin ; *Dr. sociétés* 2013, n° 136, obs. H. Hovasse : l'épouse peut revendiquer la qualité d'associé pendant l'instance en divorce, alors même que, dans les rapports entre époux concernant leurs biens, le divorce a pris effet au jour de l'assignation.

SNC, de SCI...) sans le consentement de son conjoint ; le cessionnaire doit donc s'enquérir du régime matrimonial du cédant à peine d'amères déconvenues ;

– *pour l'exercice du droit de vote dans les assemblées*, l'associé peut se faire représenter par son conjoint dans les SA (V. *infra*, n° 1176) et dans les SARL (V. *infra*, n° 1744) ; dans les autres types de société, la représentation par le conjoint est subordonnée à une clause spéciale des statuts ;

– *pour l'application des règles relatives à la protection du logement familial* : l'article 215, alinéa 3, du Code civil prévoit que les époux ne peuvent, à peine de nullité, disposer l'un sans l'autre des droits par lesquels est assuré le logement de la famille ; cette règle doit-elle trouver application en cas de cession d'un immeuble constituant le logement de la famille et appartenant à une société dont un seul des époux est associé ? Selon la jurisprudence, la validité de la cession du logement familial requiert le consentement du conjoint si la société est fictive ou si la famille occupe le logement en vertu d'une autorisation découlant d'un droit d'associé conférant la jouissance des locaux ou d'un titre régulier d'occupation (bail, droit d'habitation, convention de mise à disposition)(125).

B. – L'associé divorcé

539. – L'existence de liens patrimoniaux puissants n'évite pas la désagrégation du lien matrimonial, et la procédure de divorce vient parfois perturber le fonctionnement de la société constituée par les époux. La perturbation peut notamment entraîner la nomination d'un administrateur provisoire (V. *infra*, n° 696), la dissolution pour mésintelligence (V. *infra*, n° 777) ; elle peut aussi justifier la révocation de l'époux dirigeant (V. *infra*, n° 990) ou le retrait d'un associé (V. *infra*, n° 1978). Ces hypothèses n'ont rien d'exceptionnel compte tenu de la multiplication des sociétés familiales ayant pour objet la détention du patrimoine immobilier du couple (V. *supra*, n° 36), sans compter les petites sociétés de famille dans lesquelles les deux conjoints exercent leur activité professionnelle.

C. – L'associé pacsé

540. – On retrouve en matière de PACS les mêmes questions qu'en matière de mariage(126). Sur le plan fiscal, le partenaire est d'ailleurs largement assimilé à l'époux. Deux partenaires peuvent-ils être associés au sein d'une même société ? Quel est le statut du partenaire d'un associé ?

1° La société entre partenaires

541. – Deux personnes liées par un PACS peuvent, seules ou avec d'autres, être associées au sein d'une même société ; cela ne fait pas problème. De la même

(125) Cass. 1re civ., 11 mars 1986, n° 84-12.489 : *Defrénois* 1986, p. 1259, note G. Champenois. – Preuve d'un titre régulier d'occupation non rapportée : Cass. 1re civ., 14 mars 2018, n° 17-16.482 : *Dr. sociétés* 2018, comm. 101, obs. H. Hovasse ; *AJF* 2018, p. 300, obs. J. Casey ; *Defrénois* 2018, n° 13, p. 5 ; *JCP* G 2018, 554, obs. G. Wiederkehr ; *JCP* E 2019, 1145, n° 4, obs. J.-Ch. Pagnucco ; *RJPF* 2018-05/32, obs. J. Dubarry ; *RTD civ.* 2018, p. 469, note B. Vareille.

(126) C. Malecki, Le PACS et le droit des sociétés : Rev. sociétés 2000, p. 653. – H. Hovasse, R. Gentilhomme et M. Deslandes, PACS et sociétés : Actes prat. ing. sociétaire janv.-févr. 2001. – R. Besnard Goudet, Réflexions sur le PACS et le droit des sociétés : JCP E 2001, p. 1128.

manière, si elles ont participé à une œuvre commune avec une âme d'associés, on pourra faire juger qu'il y avait entre elles une société créée de fait ; on leur transposera la jurisprudence relative aux sociétés créées entre concubins ou entre époux (V. *infra*, n°s 2041 et 2045). Pour le reste, le droit des sociétés ignore le PACS. Ainsi, les conventions interdites visant les dirigeants s'étendent au conjoint mais non, faute de texte, au partenaire pacsé (pour la SA, V. *infra*, n° 1025).

2° Le partenaire de l'associé

542. – *Principe.* L'article 515-5 du Code civil dispose que chacun des partenaires conserve l'administration, la jouissance et la libre disposition de ses biens personnels, sauf stipulation contraire de la convention de PACS. Chacun des partenaires peut donc acquérir, souscrire ou céder librement des titres sociaux. Unique propriétaire des titres, le partenaire exerce seul les prérogatives attachées à ceux-ci.

543. – *Régime de l'indivision.* Par exception, les partenaires peuvent, dans la convention initiale ou dans une convention modificative, choisir de soumettre au régime de l'indivision les biens acquis, ensemble ou séparément, à compter de l'enregistrement de ces conventions (C. civ., art. 515-5-1) ; les biens sont alors réputés indivis par moitié, sans recours de l'un des partenaires au titre d'une contribution inégale. Chacun des partenaires, en sa qualité d'indivisaire, a la qualité d'associé (V. *supra*, n°s 527 et s.), étant précisé que l'exercice du droit de vote est réglé conformément aux prescriptions de l'article 1844, alinéa 2 : représentation des indivisaires par un mandataire unique désigné en justice en cas de désaccord (V. *infra*, n° 1194). La situation pourrait être plus délicate lorsque l'acquisition de la qualité d'associé est liée à la personne de l'acquéreur : qualification professionnelle ou encore agrément, sans que l'acquéreur ait fait état de l'existence de la convention de PACS et de son contenu, en l'occurrence la soumission des biens acquis en cours de PACS au régime de l'indivision. Deux voies sont envisageables. La première est de faire application de l'article 515-5-2 du Code civil disposant que les biens à caractère personnel restent la propriété exclusive de chaque partenaire. La seconde est de faire application de la distinction du titre et de la finance, seul l'acquéreur se voyant reconnaître le titre d'associé quand la finance resterait indivise (V. *supra*, n° 536).

Le coin des amateurs

1. Démembrement de propriété des droits sociaux et donation indirecte

544. – Le démembrement de propriété des titres sociaux peut être le moyen pour l'usufruitier de consentir un avantage au nu-propriétaire mais il faut alors prendre garde à la qualification de donation indirecte, avec toutes les conséquences juridiques et fiscales qui s'y attachent.

a) Mise en réserve des bénéfices par l'usufruitier et donation indirecte

Lorsque les titres d'une société font l'objet d'un démembrement de propriété, peut-il être soutenu que la mise en réserve des bénéfices sociaux est le moyen pour l'usufruitier de consentir, de façon indirecte, une donation au nu-propriétaire ? À cette question, l'administration fiscale avait répondu par l'affirmative dans l'espèce suivante. Une mère avait donné à ses trois enfants, en s'en réservant l'usufruit, la nue-propriété de la totalité des parts d'une SCI, à l'exception d'une part dont elle avait conservé la pleine propriété. Pendant quatre exercices consécutifs, il a été décidé lors d'assemblées générales ordinaires de mettre en réserve la totalité des bénéfices réalisés. L'administration a considéré que, par cette mise en réserve, l'usufruitier avait consenti une donation indirecte aux nus-propriétaires, soumise entre leurs mains aux droits de donation.

L'argumentation de l'administration fiscale a été écartée par la Cour de cassation au motif que les bénéfices réalisés par une société ne participant de la nature des fruits que lors de leur attribution sous forme de dividendes, lesquels n'ont pas d'existence juridique avant l'approbation des comptes de l'exercice par l'assemblée générale, la constatation par celle-ci de l'existence de sommes distribuables et la détermination de la part attribuée à chaque associé (V. *infra*, n° 563). Par suite, avant cette date, l'usufruitier des parts sociales, qui n'a pas de droits sur les bénéfices, ne consent aucune donation au nu-propriétaire en participant à l'assemblée générale qui décide d'affecter les bénéfices à un compte de réserves (Cass. com., 10 févr. 2009, n° 07-21.806, PB : *Dr. fisc.* 2009, n° 12-13, comm. 252, note R. Gentilhomme ; *JCP* E 2009, 1287, note H. Hovasse, rejetant le pourvoi dirigé contre, CA Lyon, 16 oct. 2007, n° 06-03.324 : *Dr. fisc.* 2008, n°s 19-20, comm. 319, note R. Gentilhomme ; *Dr. sociétés* 2008, n° 123, obs. R. Mortier. – Dans le même sens, Cass. com., 31 mars 2009, n° 08-14.053).

Cela ne veut pas dire pour autant que tout risque de requalification en donation indirecte est exclu. En effet, même si la créance de dividendes des associés ne naît qu'au jour de la décision de distribution, cela ne signifie pas que les associés n'ont, préalablement à cette date, aucun droit sur les bénéfices (V. *infra*, n° 563). Par suite, chaque fois qu'il peut être établi qu'en mettant les bénéfices sociaux en réserve, l'usufruitier a renoncé à son droit de jouissance sans en tirer profit, de façon directe ou indirecte, il en résulte bien un transfert de droit au profit du nu-propriétaire qui, s'il est justifié par une intention libérale et accepté par le nu-propriétaire, laisse admettre la qualification de donation indirecte. Tel serait par exemple le cas si l'usufruitier décidait de façon systématique d'affecter les bénéfices à un compte de réserve, ces réserves étant ensuite distribuées intégralement au nu-propriétaire (Fl. Deboissy et S. Quilici, *Optimisation fiscale et SCI : Actes prat. ing. sociétaire* 2009, n° 103, p. 47).

b) Modification de la part des associés dans les bénéfices et donation indirecte

Peut-il être soutenu que la modification statutaire de la répartition des droits à dividendes entre les associés est le moyen pour l'usufruitier de consentir, de façon indirecte, une donation au nu-propriétaire ? Là encore, l'argumentation de l'administration fiscale a été rejetée par la chambre commerciale de la Cour de cassation (Cass. com., 18 déc. 2012, n° 11-27.745 : *Dr. sociétés* 2013, n° 44, obs. H. Hovasse ; *JCP* E 2013, 1702, obs. Fl. Deboissy et G. Wicker, n° 3 ; *Rev. sociétés* 2013, p. 203, note H. le Nabasque). L'essentiel des parts d'une société civile était démembré entre les parents, usufruitiers, et leurs deux enfants, nus-propriétaires, chacun d'entre eux détenant quelques parts en pleine propriété ; les parents avaient droit à 95 % des dividendes tandis que les enfants avaient droit à 5 % des dividendes. Les associés réunis en assemblée générale ont décidé à l'unanimité de modifier la répartition de la part des associés dans les bénéfices sociaux pour une durée de cinq ans en attribuant 17 % des droits à dividendes à chacun des parents et 30,5 % à chacun des enfants. L'administration fiscale a considéré qu'en renonçant à 61 % de leurs droits à dividendes, les usufruitiers avaient consenti une donation indirecte aux nus-propriétaires ; elle a donc soumis les dividendes distribués en application de cette clause aux droits de donation. La décision des juges d'appel ayant confirmé cette qualification a été cassée pour violation des articles 894 et 1842 du Code civil.

On sait que toute donation suppose un acte de dépouillement auquel le donateur doit consentir. Alors que les juges d'appel avaient retenu que la décision de modifier la répartition des dividendes, prise en assemblée à l'unanimité des associés, émanait nécessairement des usufruitiers donateurs, la chambre commerciale a jugé que la modification de la répartition de la part de chaque associé dans les bénéfices sociaux ne pouvait résulter que d'une décision collective des associés et qu'ainsi, en participant à cette décision émanant d'un organe social, les parents n'avaient pu consentir à une donation ayant pour objet un élément de leur patrimoine. Cette motivation, qui repose sur une conception formelle jusqu'à l'absurde du fonctionnement sociétaire, laisse perplexe : en votant l'adoption d'une délibération sociale modifiant la répartition des droits des associés dans les bénéfices sociaux, chaque associé consent à ce que l'étendue de ses droits dans la société soit modifiée ; en application de l'article 1836 du Code civil, une telle modification ne peut au demeurant être effectuée « sans le consentement de celui-ci ». On ajoutera que la chambre commerciale devrait revisiter la notion de libéralité indirecte et s'interroger sur la logique qui a commandé l'introduction de l'article 854 dans le Code civil.

Toute donation suppose en outre un dépouillement actuel et irrévocable du donateur. Les juges d'appel avaient considéré que le dépouillement des parents était irrévocable puisqu'en cas de distribution de dividendes, ils ne pouvaient pendant cinq ans demander une autre répartition. La chambre commerciale, reprenant mot pour mot la motivation adoptée dans sa décision du 10 février 2009 (V. *supra, a*) juge au contraire qu'avant la décision de mise en distribution, l'usufruitier des parts sociales, qui n'a pas de droits sur les bénéfices, ne consent aucune donation au nu-propriétaire.

2. La distribution de réserves à l'usufruitier

545. – La question du traitement d'une distribution de réserves à l'usufruitier suscite depuis longtemps des interrogations doctrinales. Elle a donné lieu à des réponses émanant de la chambre commerciale de la Cour de cassation et de la première chambre civile dont l'articulation est délicate.

a) La réponse de la chambre commerciale : la distribution des réserves à l'usufruitier fait naître un quasi-usufruit

La question a été tranchée par la chambre commerciale de la Cour de cassation dans une décision du 27 mai 2015 : « dans le cas où la collectivité des associés décide de distribuer un dividende par prélèvement sur les réserves, le droit de jouissance de l'usufruitier de droits sociaux s'exerce, sauf convention contraire entre celui-ci et le nu-propriétaire, sous la forme d'un quasi-usufruit sur le produit de cette distribution revenant aux parts sociales grevées d'usufruit, de sorte que l'usufruitier se trouve tenu (...) d'une dette de restitution exigible au terme de l'usufruit et qui, prenant sa source dans la loi, est déductible de l'actif successoral lorsque l'usufruit s'éteint par la mort de l'usufruitier » (Cass. com., 27 mai 2015, n° 14-16.246, PBRI : *BJS* 2015, p. 675, obs. A. Périn-Dureau ; *D.* 2015, p. 1752, note A. Rabreau ; *Dr. sociétés* 2015, n° 144, obs. R. Mortier ; *JCP* 2015, 767, note A. Tadros ; *JCP* E 2015, 1036, obs. Fl. Deboissy et G. Wicker, n° 2 et 1354, note H. Hovasse. – V. aussi, Cass. com., 24 mai 2016, n° 15-17.788, PB : *Rev. sociétés* 2016, p. 691, note R. Vabres). Par cette décision hautement signalée, la chambre commerciale pose trois règles qui mériteraient certes d'être nuancées mais commencent néanmoins à tracer le régime des titres sociaux démembrés en rappelant la réalité de l'entreprise sociétaire à un moment où se multiplient les montages qui jouent sur la seule dimension formelle de la personnalité morale.

En premier lieu, à la différence du bénéfice de l'exercice, les réserves sociales ne sont pas par principe au pouvoir de l'usufruitier mais peuvent participer de la substance de l'entreprise sociale ; de sorte qu'elles peuvent appartenir au nu-propriétaire et non pas à l'usufruitier. Reste que cette solution mériterait d'être précisée en considération de deux éléments. Tout d'abord, le rattachement des réserves à la nue-propriété, c'est-à-dire à la substance de la société, ne vaut de façon certaine que pour les réserves constituées antérieurement au démembrement, c'est-à-dire à une époque où l'usufruitier n'avait aucun droit sur les bénéfices mis en réserve. S'agissant ensuite des réserves constituées depuis la naissance du droit de l'usufruitier, puisqu'elles relèvent de son droit au bénéfice, elles doivent en principe pouvoir faire l'objet à son seul profit d'une distribution sous la forme d'un dividende. Mais cette dernière solution doit encore être nuancée, car il faut encore rechercher si ces réserves ont été employées au développement de l'entreprise sociale pour s'intégrer à la substance de la société, auquel cas leur distribution ne saurait profiter au seul usufruitier.

En deuxième lieu, les réserves distribuées sous la forme d'un dividende appréhendé par l'usufruitier sont l'objet d'un quasi-usufruit. Cette solution mériterait là encore d'être nuancée pour ne valoir que pour les réserves qui participent de la substance de l'actif social, c'est-à-dire celles constituées antérieurement au démembrement des titres et celles constituées postérieurement, mais qui ont concouru au développement de l'entreprise sociale. S'agissant de ces seules réserves, elles ne sauraient être appréhendées définitivement par l'usufruitier, qui ne doit pas porter atteinte à la substance de la chose (C. civ., art. 578). La règle est donc que l'usufruit se reporte automatiquement sur les produits distribués, ce qui a pour conséquence de le transformer en quasi-usufruit ; l'usufruitier est alors redevable d'une dette de restitution, exigible au terme de l'usufruit, qui est déductible de l'actif successoral lorsque l'usufruit s'éteint par la mort de l'usufruitier.

En troisième lieu, l'arrêt réserve la convention contraire entre l'usufruitier et le nu-propriétaire. En effet, pour les seules réserves soumises au démembrement, il est légitime que l'un et l'autre puissent s'entendre pour que le dividende correspondant aux réserves distribuées soit partagé entre eux selon la valeur respective de leurs droits. Bien que l'arrêt ne le précise pas, rien ne semble s'opposer à ce que cette convention contraire intervienne à l'occasion de la décision de distribuer les réserves, ou encore qu'elle soit posée par les dispositions statutaires destinées à organiser les rapports entre usufruitier et nu-propriétaire.

b) La réponse de la première chambre civile : la distribution des réserves doit bénéficier au seul nu-propriétaire

La première chambre civile de la Cour de cassation a jugé pour sa part que « les fonds provenant de la distribution des réserves constituées par la société (...) devaient bénéficier aux seuls nus-propriétaires et figurer à l'actif de l'indivision successorale » (Cass. 1re civ., 22 juin 2016, n° 15-19.471, PB : *BJS* 2016, p. 568, note R. Mortier ; *D.* 2016, p. 1976, note A. Rabreau ; *Dr. sociétés* 2016, n° 141, obs. H. Hovasse ; *Rev. sociétés* 2016, p. 531, note C. Donzel-Taboucou). Si l'on s'en tient à l'énoncé formel de cette motivation, le présent arrêt peut sembler en contradiction avec celui rendu par la chambre commerciale le 27 mai 2015. En effet, pris au pied de la lettre, il semble dénier tout droit à l'usufruitier sur les réserves distribuées là où la chambre commerciale lui reconnaît un quasi-usufruit. En réalité, cette contrariété de jurisprudence pourrait n'être qu'une apparence si l'on relie chacune des solutions à la question qu'elle devait trancher. Dans l'arrêt du 27 mai 2015, il était demandé à la chambre commerciale si les réserves distribuées sous forme de dividendes appréhendés par l'usufruitier avaient fait naître à sa charge une dette de restitution au profit du nu-propriétaire, cette dette devant dans l'affirmative venir en déduction de l'actif dans la succession de l'usufruitier. Pour y répondre, la chambre commerciale a retenu l'existence d'un simple quasi-usufruit sur les réserves distribuées pour en déduire « que l'usufruitier se trouve tenu (...) d'une dette de restitution ». Par conséquent, si l'usufruitier n'est investi que d'un quasi-usufruit, sa dette de restitution constitue une créance au profit du nu-propriétaire dont la valeur doit être rapportée à celui-ci. Et c'est précisément ce que retient la première chambre civile lorsqu'elle décide que la valeur des réserves distribuées doit « figurer à l'actif de l'indivision successorale », même si la motivation retenue est pour le moins maladroite.

3. Même si les titres sociaux sont communs, l'époux n'a pas la qualité d'associé

546. – Quand des époux sont mariés sous le régime de la communauté, les titres sociaux souscrits par l'un des conjoints en cours de mariage grâce à des fonds communs sont des biens communs. Quant à l'autre conjoint, il n'a pas le titre d'associé, sauf si, dans l'hypothèse de parts sociales, il revendique cette qualité (V. *supra*, n° 535). Dépourvu du titre d'associé, le conjoint ne peut exercer les prérogatives attachées à cette qualité, ni en subir les sujétions. Ainsi, faute d'être associé, le conjoint ne peut voter dans les assemblées. Il ne peut pas davantage demander le remboursement d'un compte courant d'associé, même si les fonds prêtés sont des biens communs (Cass. 1re civ., 9 févr. 2011, n° 09-68.659, PBI : *Dr. sociétés* 2011, n° 64, obs. M.-L. Coquelet) ou percevoir les dividendes attachés à des parts sociales financées par des deniers communs (Cass. 1re civ., 5 nov. 2014, n° 13-25.820, PB : *BJS* 2015, p. 119, note A. Rabreau ; *Dr. sociétés* 2015, n° 1, obs. R. Mortier ; *JCP* E 2014, 1651, n° 3, obs. Fl. Deboissy et G. Wicker ; *Rev. sociétés* 2015, p. 190, note E. Naudin). Ces solutions sont fondées : le conjoint de l'associé ne saurait exercer les prérogatives relevant de la gestion de la société, laquelle est bien évidemment réservée à ceux-là seuls qui ont la qualité d'associé.

Ces solutions peuvent être mises en rapport avec celle retenue par la troisième chambre civile dans un arrêt du 20 février 2002 où il a été jugé que, dans une société à risque illimité, le passif social ne constitue une dette personnelle que du seul époux associé (Cass. 3e civ., 20 févr. 2002 : *Dr. sociétés* 2002, n° 86, obs. F.-X. Lucas ; *BJS* 2002, p. 718, note F.-X. Lucas ; *JCP* E 2002, 766, note Th. Bonneau) ; ce qui implique, conformément aux articles 1413 et 1418 du Code civil, que ce passif n'est exécutoire que sur les biens communs et les seuls biens propres de cet époux. Là encore, la solution se justifie par cette simple observation que le passif social est une conséquence de la gestion sociale qui est au seul pouvoir de l'époux associé.

4. Mise en société d'un patrimoine propre : comment priver la communauté de tout droit sur les revenus affectés à l'enrichissement de ce patrimoine

547. – Lorsque les revenus d'un bien propre sont affectés à l'amélioration de ce bien propre, la communauté a droit à récompense (Cass. 1re civ., 20 févr. 2007, n° 05-18.066 : *D.* 2007, p. 1578, note M. Nicod). Mais si l'époux a la mauvaise idée – du moins pour son conjoint – de mettre en société ce bien propre, il peut priver la communauté de tout droit sur les fruits et revenus affectés à l'amélioration de ce bien. Telle est la conclusion, peu satisfaisante, qui s'infère d'un arrêt du 12 décembre 2006 (Cass. 1re civ., 12 déc. 2006, n° 04-20.663 : *BJS* 2007, § 83, p. 363, note Th. Revet ; *D.* 2007, p. 318 ; *Defrénois* 2008, p. 310, obs. G. Champenois ; *JCP* E 2007, 1877, n° 2, obs. J.-J. Caussain, Fl. Deboissy et G. Wicker ; *Rev. sociétés* 2007, p. 326, note D. Randoux).

a) Analyse de l'arrêt

Une SARL avait été constituée entre un fils et sa mère un an avant que celui-ci ne se marie sous le régime de la communauté réduite aux acquêts : les parts sociales du fils avaient donc la nature de biens propres. Quelque quinze années plus tard, et seulement un an et demi avant le prononcé du divorce des époux, les deux associés décidèrent de procéder à une augmentation de capital par incorporation de réserves – le montant de celui-ci a été multiplié par quinze –, les parts nouvelles ainsi créées étant attribuées gratuitement à chacun des deux associés. Suite au divorce des époux, l'ex-épouse revendiqua la propriété en nature de la moitié des parts sociales émises lors de l'augmentation de capital et, à défaut, demanda à ce que soit reconnu un droit à récompense au profit de la communauté.

Elle soutenait d'abord qu'en cas d'augmentation de capital par incorporation de réserves, les parts gratuites distribuées aux associés mariés sous un régime de communauté constituent des acquêts de communauté, quand bien même les parts sociales initialement détenues par chacun d'eux seraient propres. L'argument est rejeté à juste titre par la première chambre civile : les parts nouvelles constituant « des accroissements se rattachant à des valeurs mobilières propres », ils avaient eux-mêmes, par application de l'article 1406, alinéa 1er, du Code civil, la nature de biens propres.

Elle soutenait ensuite qu'à supposer qu'elles se voient reconnaître la nature de biens propres, ces parts nouvelles créées par incorporation de réserves provenaient d'économies réalisées sur des revenus de biens propres, ce qui ouvrait droit à récompense au profit de la communauté. L'argument est rejeté : selon la cour, les bénéfices réalisés par la société ne deviennent des fruits ou revenus de biens propres, susceptibles de constituer des acquêts de communauté, que lorsqu'ils sont attribués sous forme de dividendes ; par suite, la communauté ayant été sans droit sur les réserves dont l'incorporation a permis l'augmentation de capital, elle ne saurait « prétendre à récompense du fait de l'augmentation du capital social, aucun prélèvement sur les fonds communs n'ayant été opéré à cette occasion ».

b) Appréciation de la solution

Cette exclusion de tout droit à récompense au profit de la communauté paraît douteuse : certes, la communauté ne peut appréhender les bénéfices sociaux « que lorsqu'ils sont attribués sous forme de dividendes » puisque, avant cette date, aucune créance de dividende n'existe (V. *infra*, n° 563). Faut-il pour autant en déduire que la communauté n'a, antérieurement à toute distribution, aucun droit sur la valeur qu'ils représentent ? Cette exclusion de tout droit sur la valeur des bénéfices mis en réserve, et donc ici de tout droit à récompense, fait de la forme sociale le meilleur moyen de dépouiller la communauté des droits que les articles 1401 et 1403 du Code civil lui reconnaissent sur les fruits et revenus de biens propres.

Un autre raisonnement peut être proposé. La mise en société étant une forme originale de détention d'éléments patrimoniaux, les bénéfices sociaux sont nécessairement des fruits et revenus du patrimoine détenu sous forme sociale. Appliqué au régime de communauté, cela signifie que les bénéfices sociaux constituent des fruits et revenus du patrimoine propre mis en société. Dès avant la distribution des bénéfices de l'exercice ou des réserves sous la forme de dividende, seul moyen pour les associés d'appréhender cette valeur compte tenu de l'autonomie du patrimoine social, les bénéfices constituent une valeur qui, à travers la société, appartient aux associés : toute augmentation du patrimoine social profite aux associés, ne serait-ce que par l'augmentation de la valeur de leurs titres. Dans le cadre du régime de communauté, ces observations impliquent que les bénéfices sociaux réalisés grâce à des biens propres détenus sous forme sociale constituent des fruits et revenus de biens propres et, à ce titre, une valeur commune. Néanmoins, en raison de l'autonomie du patrimoine social, cette valeur commune ne pourra être effectivement et matériellement appréhendée par la communauté que lors de sa distribution sous forme de dividende. Antérieurement à cette distribution, il s'opère donc, selon la distinction classique, une dissociation du titre et de la finance (V. *supra*, n°s 536 et s.).

5. *Stock-options* et régime de communauté

548. – Le droit des sociétés serait-il la machine à détruire l'économie du régime de communauté ? Après qu'elle ait permis à un époux de priver la communauté, et donc son conjoint, des revenus de ses biens propres en faisant apport de ceux-ci à une société

(V. *supra*, n° 547), la première chambre civile vient soustraire aux biens communs cette rémunération particulière du travail que représentent les stock-options en les qualifiant de biens propres par nature (Cass. 1re civ., 9 juill. 2014, n° 13-15.948, PBI : *BJS* 2014, p. 378, note A. Rabreau ; *Dr. sociétés* 2015, n° 24, obs. R. Mortier ; *JCP* E 2014, 1541, note F. Sauvage et 1651, n° 2, obs. Fl. Deboissy et G. Wicker).

a) Analyse de l'arrêt

En l'espèce, suite au divorce de deux époux mariés sous le régime de la communauté légale, une difficulté était intervenue lors de la liquidation de la communauté tenant à la nature des options de souscription ou d'achat d'actions attribuées à l'époux avant la date de dissolution de la communauté, mais levées postérieurement. L'épouse demandait qu'elles soient intégrées à l'actif communautaire, ce que contestait le mari. L'arrêt d'appel ayant fait droit à cette demande est cassé pour violation des articles 1401 et 1404 du Code civil, ensemble l'article 1589 du même code et l'article L. 225-183, alinéa 2, du Code de commerce au motif que « si les droits résultant de l'attribution, pendant le mariage à un époux commun en biens, d'une option de souscription ou d'achat d'actions forment des propres par nature, les actions acquises par l'exercice de ces droits entrent dans la communauté lorsque l'option est levée durant le mariage ». Ainsi, avant leur levée, les stock-options constituent des biens propres par nature, quand les actions acquises par le jeu de l'option pendant le mariage constituent des biens communs.

b) Appréciation de la solution

En qualifiant les options d'achat ou de souscription d'actions de biens propres par nature, la première chambre civile s'en tient à la lettre des articles 1404 du Code civil qui, instituant la catégorie des propres par nature, vise notamment « les créances (...) incessibles », et L. 225-183, alinéa 2, du Code de commerce, selon lequel « les droits résultant des options consenties sont incessibles jusqu'à ce que l'option ait été exercée ». Ce faisant se trouve écartée la qualification de biens communs qui peut être défendue sur la base de l'article 1401 du Code civil qui déclare communs les biens provenant de l'industrie personnelle des époux ; ce qui est évidemment le cas des *stock-options* qui constituent une forme particulière de rémunération. Un esprit pratique retiendra que lorsque le désamour s'installe et que la rupture s'approche, le conjoint titulaire d'options sera bien inspiré d'attendre, si cela est possible, le prononcé du divorce avant d'exercer ses options ; un autre aura l'élégance de ne pas attendre pour ne pas léser son conjoint ; tout est affaire de morale personnelle, laquelle dans de telles circonstances tend à se réduire à peau de chagrin.

On observera ici que le plus satisfaisant eut été de faire application de la distinction du titre et de la finance (V. *supra*, n° 536), en déclarant propre le titre de bénéficiaire de l'option et commune la valeur de celle-ci (V., en ce sens, CA Paris, 7 mai 2004 : *BJS* 2005, p. 86, note H. Lécuyer ; *JCP* G 2005, I, 128, obs. Ph. Simler). En admettant que l'option soit effectivement un bien propre, la nature propre ou commune des actions résultant de son exercice devrait dépendre du financement de leur acquisition, de sorte qu'elles seraient communes si elles sont financées par des deniers communs, alors qu'elles seraient propres en cas de financement sur fonds propres.

Dans la mesure où, eu égard à la solennité qu'elle a voulu donner au présent arrêt, il est peu probable que la première chambre civile modifie à l'avenir sa position, il n'est plus qu'à rechercher les moyens que celle-ci ne préjudicie pas excessivement aux droits de la communauté. Au vu de la qualification ici retenue, la préservation de ces droits ne peut passer que par la reconnaissance d'un droit à récompense dans la mesure où cette qualification a pour effet d'attribuer au patrimoine propre de l'époux une valeur par nature commune. Parce que sa fonction économique est de compléter la rémunération de son bénéficiaire en l'intéressant à l'augmentation de valeur des actions qui en sont l'objet, l'option ne peut être réduite à un droit à l'acquisition des actions, autrement dit à une promesse. Si l'option constitue juridiquement une promesse au sens de l'article 1589 du Code civil, économiquement, elle permet l'attribution à son bénéficiaire d'un droit aux plus-values afférentes aux titres. Or cette valeur a pour source l'industrie personnelle de l'époux au sens de l'article 1401. Il devrait donc être la matière d'un droit à récompense, fixé en application de l'article 1469, alinéa 3, du Code civil au profit subsistant. – *Adde* S. Schiller et H. Fabre, *Le sort des rémunérations des dirigeants face au régime matrimonial de la communauté* : BRDA 3/2016, n° 31.

SOUS-SECTION 2

LES ATTRIBUTS DE LA QUALITÉ D'ASSOCIÉ

549. – Il est possible de distinguer les droits politiques, autrement dit les prérogatives extra-pécuniaires, les droits financiers et les droits patrimoniaux (sur la notion de droits propres de l'associé, V. *infra*, n° 562). En contrepartie de ces droits, l'associé est soumis à plusieurs obligations, à commencer par l'obligation de libérer ses apports (V. *supra*, n°s 221 et s.) et celle de contribuer aux pertes (V. *supra*, n°s 258 et s.). Il peut être également tenu, mais à condition qu'il y ait consenti, à une obligation de non-concurrence (V. *infra*, n° 566). L'associé mis en liquidation judiciaire n'est pas dessaisi de l'exercice des actions et prérogatives liées à sa qualité d'associé ou de dirigeant, que le liquidateur n'a donc pas qualité pour exercer, ce qui peut sembler contestable (V. *infra*, n° 562).

§ 1. – Les droits politiques

A. – Le droit de participer aux décisions collectives

550. – L'associé est citoyen de cette cité qu'est la société, d'où ses prérogatives politiques : « tout associé a le droit de participer aux décisions collectives » (C. civ., art. 1844, al. 1er). Cette prérogative revêt deux formes, toutes deux d'ordre public.

551. – La première est le *droit d'information* de l'associé sur les comptes et la politique sociale, dont le contenu et les formes varient selon la forme sociale.

552. – La seconde est le droit de *participer aux décisions*, ce qui englobe, d'une part, le droit de participer aux assemblées et, d'autre part, le droit d'y exprimer un vote (pour les titres démembrés, V. *supra*, n° 517 et *infra*, n° 1194. – Pour les titres indivis, V. *supra*, n° 529) ; ainsi l'associé peut exercer son droit de contrôle sur les dirigeants, en les révoquant au besoin. Ces prérogatives sont d'ordre public : il résulte de l'article 1844, alinéa 1er du Code civil, que tout associé ayant le droit de participer aux décisions collectives et de voter, les statuts sont autorisés à déroger à ces dispositions dans les seuls cas prévus par la loi. Les statuts ne peuvent donc pas déroger à ces dispositions en privant certains associés du droit de vote dans un cas non prévu par la loi[127] (V. en cas d'exclusion d'un associé, *infra*, n° 575).

(127) Cass. com., 9 févr. 1999 : *BJS* 1999, p. 566, note J.-J. Daigre ; *Rev. sociétés* 1999, p. 80, note P. Le Cannu : les statuts d'une commandite par actions étendaient l'interdiction de voter du dirigeant ayant contracté avec la société sur l'approbation de cette convention à sa famille ; la clause a été jugée nulle.

553. – Si tout associé a le droit de participer aux décisions collectives, l'inverse est également vrai : *seul un associé peut participer aux décisions collectives* ; ainsi la participation de l'héritier d'un associé non agréé selon les règles statutaires emporte nullité des décisions sociales, quand bien même la majorité aurait été obtenue sans son vote (V. *infra*, n° 554).

554. – **Seul l'associé peut participer aux décisions collectives.**

Si le droit des sociétés est parfois exagérément formaliste, l'exigence du respect des procédures sociétaires n'est cependant pas toujours l'expression d'une conception formelle mais peut tout à l'inverse viser à garantir l'intégrité du consentement à l'origine des décisions sociales, ainsi qu'en atteste l'important arrêt de la Cour de cassation rendu le 8 juillet 2015 (Cass. 3ᵉ civ., 8 juill. 2015, n° 13-27.248, FS-P : *BJS* 2015, p. 585, note J.-P. Garçon ; *Dr. sociétés* 2015, n° 189, obs. R. Mortier ; *JCP* E 2016, 1036, obs. Fl. Deboissy et G. Wicker, n° 1). En l'espèce, suite au décès du gérant associé d'une SCI, une assemblée générale avait été convoquée en vue de procéder à la nomination d'un nouveau gérant. Alors même qu'ils n'avaient pas été agréés, les héritiers de l'associé décédé avaient pris part à l'assemblée générale au cours de laquelle l'un d'entre eux avait été élu gérant. Cette assemblée générale ayant été annulée à la demande de l'un des associés fondateurs, la société forma un pourvoi qui fut rejeté au motif « qu'il résulte de l'article 1844 du Code civil que seuls les associés ont le droit de participer aux décisions collectives de la société ». Après quoi elle relève que la cour d'appel avait constaté que « les héritiers (...), qui n'avaient pas obtenu d'agrément dans les conditions prévues par les statuts ne pouvaient se prévaloir d'un agrément tacite et n'étaient pas associés de la SCI, avaient cependant pris part à l'assemblée générale et à l'élection des gérants ». Ce dont il résulte que la cour d'appel pouvait légalement déduire que « l'assemblée générale qui s'était tenue irrégulièrement devait être déclarée nulle, comme la désignation [du] gérant ». Trois enseignements peuvent être tirés de cet arrêt.

Le premier enseignement est que seul un associé a le droit de participer aux décisions collectives, ce qui signifie que seul un associé est en droit de prendre part à l'assemblée et, le cas échéant, d'y voter. Néanmoins, assister n'étant pas participer, la solution laisse admettre qu'un non-associé puisse, à titre d'observateur, assister aux assemblées (V. *infra*, n° 1200).

Le deuxième enseignement tient à la condamnation de tout agrément tacite, ce qui s'explique par l'idée que la « procéduralisation » du consentement social en matière d'agrément participe du souci de son intégrité, ce qui implique de tenir compte non seulement de la volonté exprimée par les associés, mais aussi de la délibération dont elle est la résultante.

S'agissant enfin de la sanction, la troisième chambre civile retient que la participation d'un non-associé à une décision sociale, en ce qu'elle constitue une violation de la disposition impérative de l'article 1844 du Code civil, doit être sanctionnée par la nullité (V. *infra*, nᵒˢ 730 et s.). La solution est intéressante en ce qu'elle écarte la théorie du vote utile qui était invoquée par le pourvoi, selon laquelle la majorité aurait été obtenue même en faisant abstraction des votes litigieux. Cela témoigne là encore d'une conception substantiellement exigeante du consentement social plutôt que d'une conception formelle où celui-ci se réduirait à la simple addition d'un nombre de votes suffisant à satisfaire aux règles de majorité.

555. – L'associé qui, par son vote fautif, cause un préjudice à ses coassociés ou à un tiers est tenu à réparation, à condition dans ce dernier cas qu'il ait commis une faute détachable de ses prérogatives d'associé (V. *infra*, n° 567).

B. – La modulation des droits politiques

556. – Le principe d'égalité est une vertu d'ordre politique encore qu'elle n'ait pas la même portée qu'en droit constitutionnel(128). En droit des sociétés, l'égalité ne se confond ni avec l'uniformité ni avec l'identité, ce qui signifie que l'étendue des droits et obligations de chacun des associés, comme l'équilibre existant entre eux, peuvent être variables d'un associé à l'autre.

557. – *Dans les sociétés par actions et les SARL*, le droit de vote est attaché aux parts sociales ou actions et, par principe, un associé a autant de voix que de titres ; de ce point de vue, le régime est inégalitaire. Dans les sociétés par actions, la règle « une action – une voix » n'est toutefois pas absolue. Dans les SA, la loi autorise la création d'actions de préférence sans droit de vote (V. *infra*, n° 1591) ou d'actions à droit de vote double (V. *infra*, n° 1161). Dans la SAS, on peut même créer des actions à droits de vote multiples (V. *infra*, n° 1551). Il faut encore compter avec la possibilité de créer des actions de préférence à droits de vote multiples dans les sociétés non cotées (V. *infra*, n° 1590).

558. – *Dans les sociétés à risque illimité*, autrement dit les SNC (V. *infra*, n° 1893) et les sociétés civiles (V. *infra*, n° 1982), le vote se fait en principe par tête (et non par titres), mais les statuts peuvent retenir des règles différentes. La solution est la même dans les GIE (V. *infra*, n° 2168). La règle républicaine selon laquelle un homme vaut une voix est également retenue dans des groupements d'essence non « capitalistique » telles les coopératives (V. *supra*, n° 78).

§ 2. – Les droits financiers

559. – La société n'est pas une institution désintéressée ; selon les termes mêmes de l'article 1832 du Code civil, les associés y entrent pour partager un bénéfice ou profiter d'une économie, cet espoir de profit constituant la cause de leur engagement(129).

560. – Les droits financiers (d'autres parlent de droits pécuniaires) s'expriment par la vocation à percevoir des dividendes, qui peuvent trouver leur origine dans une distribution des bénéfices de l'exercice (V. *infra*, n° 648) ou dans une distribution des réserves (V. *infra*, nos 643 et s.). À la dissolution de la société, la vocation aux bénéfices se traduit par le partage du boni de liquidation, quand il existe, entre les associés (V. *infra*, nos 818 et s.).

(128) Ainsi, il n'existe pas, en droit de l'Union européenne, de principe général d'égalité des actionnaires qui imposerait à l'actionnaire acquérant ou renforçant son contrôle dans la société d'offrir aux minoritaires de racheter leurs actions aux mêmes conditions : CJCE, 15 oct. 2009, aff. C-101/08 : *Rev. sociétés* 2010, p. 46, note G. Parleani.
(129) H. Le Nabasque, Les droits financiers de l'associé : Mél. J. Normand, Litec, 2003, p. 307.

§ 3. – Les droits patrimoniaux

561. – Les droits sociaux (parts sociales ou actions) font partie du patrimoine de l'associé. Celui-ci peut les monnayer en tirant argent comptant de leur cession, avec plus-value le cas échéant. Une telle cession sera plus ou moins aisée selon le type de société et surtout selon que les titres sont ou non admis à la négociation sur un marché réglementé. Les titres peuvent, le cas échéant, être d'utiles instruments de garantie ; ils peuvent faire l'objet d'un nantissement au profit d'un créancier (V. *infra*, nos 1298 et s., 1762 et 1979 et s.). On rappellera que l'apporteur en industrie, bien qu'ayant la qualité d'associé, est privé des attributs patrimoniaux puisque ses droits sont incessibles (V. *supra*, n° 240).

Le coin des amateurs

1. Une notion à éclaircir : les droits propres de l'associé

562. – La doctrine a mis en relief l'existence de droits propres de l'associé et la jurisprudence semble parfois s'y référer pour en déduire des solutions qui peuvent paraître discutables. La raison en est que cette formulation est non seulement imprécise mais en outre trompeuse car elle suggère que les droits en question seraient attachés à la personne même de l'associé. En réalité, sous l'expression de droits propres, on trouve deux catégories de droits distinctes qui sont l'une et l'autre étrangères à la personne de l'associé.

Au titre des droits propres est tout d'abord protégée la qualité d'associé, c'est-à-dire en fait la qualité de partie, laquelle implique : d'une part, le droit de conserver cette qualité, ce qui se ramène en fait à un problème de propriété et interdit les mesures d'exclusion, sauf prévision légale ou statutaire (V. *infra*, nos 569 et s.) ; d'autre part, le fait que les engagements qui en découlent ne peuvent être augmentés sans le consentement de l'associé (V. *infra*, n° 585), ce qui relève de la question de la force obligatoire de l'engagement.

Dans une seconde direction, la référence aux droits propres renvoie en fait aux prérogatives d'ordre public attachées à la qualité d'associé, tels la vocation aux bénéfices (V. *supra*, nos 253 et s.), le droit de participer aux décisions sociales (V. *supra*, nos 550 et s.) ou le droit d'exercer l'action sociale *ut singuli* (V. *supra*, n° 458). Ces prérogatives qui ne sont pas liées à la personne de l'associé s'imposent plus exactement parce qu'elles sont de l'essence de la qualité d'associé, de sorte que le titre ne peut en être dépouillé même du consentement de l'associé (V. M. Germain, *La renonciation aux droits propres des associés : illustrations : Mél. F. Terré*, Dalloz, 1999, p. 401). On observera que l'idée fausse que ces « droits propres » seraient attachés à la personne de l'associé a conduit la jurisprudence à considérer qu'en cas de liquidation judiciaire de l'associé, ces prérogatives d'associé n'étaient pas soumises à la règle du dessaisissement, ce qui permet étrangement à l'associé d'une SCI quasi unipersonnelle de continuer à gérer en toute indépendance son patrimoine immobilier au risque d'une fraude aux droits de ces créanciers (Cass. com., 18 oct. 2011, n° 10-19.647, PB : *D.* 2012, p. 593, note B. Dondero ; *Rev. sociétés* 2012, p. 249, note B. Saintourens et Ph. Duprat : cassation de l'arrêt ayant admis, suite à la mise en liquidation judiciaire du gérant d'une SCI détenant 99 % de son capital, l'action exercée par le liquidateur judiciaire en désignation d'un mandataire *ad hoc* appelé à se prononcer sur les conditions du remboursement des comptes courants d'associé).

2. La nature juridique des dividendes

a) Les dividendes sont des fruits...

563. – Deux actionnaires avaient cédé les actions composant le capital d'une société ; le cessionnaire ayant payé en retard le solde du prix, les cédants l'avaient assigné en paiement des intérêts légaux sur le solde du prix des actions sur le fondement de l'article 1652 du Code civil, aux termes duquel l'acheteur doit l'intérêt du prix, notamment si la chose vendue produit des fruits. Mais les actions produisent-elles des fruits ? La cour d'appel répondit par la négative au motif que les dividendes des actions ne peuvent pas être assimilés à des fruits, car leur perception suppose l'existence de bénéfices, aléatoires, et d'une décision de l'assemblée arrêtant leur distribution. La Cour de cassation censura (Cass. com., 5 oct. 1999 : *BJS* 1999, p. 1104, note A. Couret ; *JCP* E 2000, p. 29, n° 2, obs. A. Viandier et J.-J. Caussain. – *Adde*, Cass. com., 5 déc. 2000 : *RJDA* 2001, n° 319) : « Attendu qu'en statuant ainsi alors que les sommes qui, faisant partie du bénéfice distribuable, sont, soit en vertu des statuts, soit après décision de l'assemblée générale, réparties entre les actionnaires, participent de la nature des fruits, la cour d'appel a violé les textes susvisés (C. civ., art. 586 et 1652) ». – (V. Mercier, *Le droit des biens au secours du droit des sociétés ; le régime de la répartition de dividendes : Dr. sociétés* janv. 2008, p. 7). Relevons toutefois que la Cour de cassation a retenu la qualification de produits s'agissant d'une distribution de réserves (V. *supra*, n° 545).

b)... acquis au jour de la décision de distribution

C'est la décision de l'assemblée générale de distribuer tout ou partie des bénéfices réalisés au cours de l'exercice sous forme de dividendes qui confère à ces derniers une existence juridique ; il s'ensuit que la créance de dividendes ne figure dans le patrimoine personnel de l'associé qu'à compter de cette décision. De nombreuses conséquences en découlent :

– en cas de décès d'un associé avant la décision de distribution, les dividendes ne sont pas inclus dans l'actif successoral taxable (Cass. com., 23 oct. 1990 : *JCP* E 1991, II, 127, note P. Serlooten ; *JCP* N 1991, p. 87, note M. Marteau-Petit ; *D.* 1991, p. 173, note Y. Reinhard) ;

– avant la décision de distribution, le délai quinquennal de l'article 2277 du Code civil ne peut pas commencer à courir (Cass. com., 19 sept. 2006, n° 03-19.419 : *JurisData* n° 2006-035096 ; *Dr. sociétés* 2007, n° 42, obs. H. Lécuyer) ;

– en cas de saisie-attribution des bénéfices sociaux, la saisie dans les mains de la société est sans effet en l'absence d'une décision de distribution de ces bénéfices (Cass. 2e civ., 23 nov. 2006 : *RJDA* 4/2007, n° 537) ; de la même façon, le fait que la société soumise au régime fiscal des sociétés de personnes ait déclaré la part de bénéfices imposables au nom de chaque associé ne confère pas aux dividendes une existence juridique, ce qui interdit toute saisie-attribution des bénéfices entre les mains de la société (Cass. com., 13 sept. 2017, n° 16-13.674, FPBI : *BJS* 2017, p. 651, note A. Reygrobellet ; *Dr. sociétés* 2017, n° 185, obs. H. Hovasse ; *JCP* E 2017, 1676, note Fl. Deboissy et G. Wicker ; *RJDA* 12/2017, n° 804 ; *Procédures* 2017, n° 262, obs. L. Raschel) ;

– en cas de divorce, les dividendes provenant des actions appartenant en propre à un époux sont des acquêts de communauté ; mais tel n'est pas le cas des bénéfices non distribués et inscrits en report à nouveau ou mis en réserve (V. *supra*, n° 547) ;

– en cas de démembrement de propriété des titres sociaux, avant la décision de mise en distribution des bénéfices, l'usufruitier, qui n'a pas de droits sur les bénéfices, ne peut consentir aucune donation au nu-propriétaire (V. *supra*, n° 544) ;

– en cas de cession de titres, c'est le cessionnaire des titres qui a droit à l'intégralité des dividendes mis en distribution postérieurement à la date de cession (Cass. com., 9 juin 2004 : *BJS* 2004, § 278, p. 1403, note H. Le Nabasque ; *Dr. sociétés* déc. 2004, n° 204, obs. F.-G. Trébulle ; *Dr. et patrimoine* févr. 2005, p. 132, obs. D. Poracchia ; *JCP* E 2004, act. p. 1043) ; par suite, la convention par laquelle l'acquéreur de titres s'engage à rembourser au cédant le solde de son compte courant déterminé après qu'il aura été crédité de sa quote-part de bénéfices réalisés par la société constitue une contrepartie négociée, à la charge de l'acquéreur, de la cession de parts dans laquelle elle trouve sa cause, ce qui en fait un élément du prix de cession des parts entrant dans l'assiette des droits de mutation à titre onéreux (Cass. com., 28 nov. 2006, n° 04-17.486 : *BJS* 2007, § 94, p. 403, note Th. Revet ; *Dr. fisc.* 2007, 189, rapp. C. Guéguen ; *JCP* E 2007, 1361, note Fl. Deboissy et G. Wicker) ;

– en cas de déclaration par une société soumise au régime fiscal des sociétés de personnes de la part de bénéfices imposables au nom de chaque associé, les dividendes n'ont pas d'existence juridique faute de décision de distribution (Cass. com., 4 févr. 2014, n° 12-23.894 : *BJS* 2014, p. 307, note C. Taboutot-Hyest ; *Dr. sociétés* 2014, n° 62, obs. H. Hovasse ; *Rev. sociétés* 2014, p. 373, note A. Reygrobellet).

3. Les conventions passées entre la société et un associé

564. – On peut toujours craindre des abus lorsqu'un associé, surtout s'il est en position de force, passe une convention avec la société. Face à ce risque, le droit des sociétés réagit de façon différente selon le type de société :

– *dans les SA, les SCA et les SAS,* les conventions passées entre la société et un associé possédant plus de 10 % des droits de vote sont soumises à une procédure d'autorisation (V. *infra*, n°s 1033 et s., 1511 et 1546) ;

– *dans les SARL,* la loi applique aux associés la distinction entre les conventions libres, réglementées et interdites ; gérants et associés non-gérants sont donc traités de la même façon (V. *infra*, n° 1766) ;

– *dans les sociétés de personnes,* la loi ne pose aucune règle particulière ; elle s'en remet au droit commun de la responsabilité si les associés abusent de leur situation pour imposer à la société une convention désavantageuse ; en revanche, une procédure de contrôle des conventions passées avec les dirigeants est instituée dans certains cas (V. *infra*, n° 1843).

4. L'obligation de non-concurrence de l'associé en l'absence de clause de non-concurrence

565. – Par principe, l'associé n'est pas tenu en cette seule qualité à une obligation de non-concurrence à l'égard de la société (pour le dirigeant, V. *supra*, n° 430). Ainsi, la chambre commerciale a jugé que l'associé n'est « en cette qualité ni tenu de s'abstenir d'exercer une activité concurrente de celle de la société ni d'informer celle-ci d'une telle activité et doit seulement s'abstenir d'actes de concurrence déloyaux » (pour une SARL, Cass. com., 15 nov. 2011, n° 10-15.049, PB : *BJS* 2012, § 116, p. 112, note H. Le Nabasque ; *JCP* E 2011, 1893, note A. Couret et B. Dondero. – Cass. com., 19 mars 2013, n° 12-14.407 : *Dr. sociétés* 2013, n° 102, obs. M. Roussille ; *RJDA* 6/2013, n° 514. – Cass. com., 3 mars 2015, n° 13-25.237 : *Dr. sociétés* 2015, n° 103, obs. R. Mortier ; *Rev. sociétés* 2015, p. 585, note B. Saintourens. – Pour une SAS, Cass. com., 10 sept. 2013, n° 12-23.888 : *BJS* 2013, p. 724, note J.-F. Barbièri ; *Dr. sociétés* 2013, n° 3, obs. R. Mortier ; *JCP* E 2014, 1702, n° 6, obs. Fl. Deboissy et G. Wicker). Cette solution est fondée. En tant que telle, la qualité d'associé ne saurait faire naître une obligation de non-concurrence, ce qui autorise celui-ci à exercer une activité concurrente de la société ou à prendre des participations dans des sociétés concurrentes, sous la réserve générale que cette concurrence ne soit pas fautive ou déloyale.

Cela vaut-il pour toutes les sociétés et dans toutes les circonstances ? Non. Ainsi, l'apporteur en industrie est tenu d'une obligation de non-concurrence et d'exclusivité

(V. *supra*, n° 247), de même que l'apporteur d'un fonds de commerce qui garantit la société de l'absence d'éviction de son fait personnel (en ce sens : Francis Lefebvre, *Mémento Sociétés commerciales* 2021, n°s 24110 et 34100). De même faut-il prendre en compte la forme de la société : l'associé d'une société civile professionnelle est tenu de ne pas concurrencer la société (V. *infra*, n° 2063).

Pour éviter toute controverse, spécialement dans les sociétés de personnes, les fondateurs seraient bien inspirés de prévoir une stipulation statutaire appropriée s'ils estiment que la participation à la société est incompatible avec l'exercice d'une activité concurrente à celle-ci (V. *infra*, n° 566).

5. L'obligation de non-concurrence de l'associé en présence d'une clause de non-concurrence

566. – Une obligation de non-concurrence peut être stipulée dans les statuts, à condition, lorsque l'obligation est ajoutée en cours de vie sociale, de recueillir l'accord unanime des associés, puisque cela revient à augmenter leurs engagements (Cass. com., 26 mars 1996, n° 93-21.250 : *BJS* 1996, p. 604, note P. Le Cannu ; *Dr. sociétés* 1996, n° 122, obs. Th. Bonneau ; *Rev. sociétés* 1996, 793, note L. Godon) (V. *infra*, n°s 585 et s.). La clause peut également être prévue dans un pacte d'associés, ce qui suppose le consentement du débiteur de l'obligation, signataire du pacte. Elle peut encore être mise à la charge de l'associé cédant dans l'acte de cession de titres sociaux (Cass. com., 12 déc. 2018, n° 17-18.640 : *BJS* mai 2019, p. 10, note B. Saintourens ; *JCP* E 2019, 1531, n° 3, obs. J.-Ch. Pagnucco).

a) Validité

Comme pour toute clause de non-concurrence, les tribunaux subordonnent la validité de la stipulation à la double exigence qu'elle soit justifiée dans son principe par l'existence d'un risque concurrentiel en la personne du débiteur (ce à quoi correspond l'exigence d'un intérêt légitime), et que la portée de la clause ne limite l'activité professionnelle du débiteur qu'à proportion du risque concurrentiel qu'il présente (ce à quoi correspond l'exigence que la clause soit limitée dans le temps et dans l'espace). Par exemple, la clause insérée dans les statuts d'une coopérative, limitée dans le temps, a été jugée proportionnée aux intérêts légitimes de la coopérative au regard de son objet, car la coopérative avait une activité distincte de celle de ses membres (Cass. com., 4 nov. 2014, n° 13-23.569 : *RJDA* 3/2015, n° 157). En revanche, la stipulation statutaire interdisant, sans limitation dans l'espace et dans le temps, aux associés d'une société vendant des « articles de fête » de prendre une participation dans une société concurrente et d'y exercer des fonctions a été jugée disproportionnée aux intérêts de la société et annulée (Cass. com., 20 sept. 2016, n° 15-13.263 : *RJDA* 12/2016, n° 845).

b) Exigence d'une contrepartie financière ?

La principale question tient à l'extension au droit des sociétés de l'exigence d'une contrepartie financière posée par la jurisprudence sociale lorsque la clause de non-concurrence est souscrite par un salarié. La situation se présente différemment selon que l'associé cumule ou non cette qualité avec celle de salarié.

i) Si l'associé a la qualité de salarié

Dans ce cas de figure, une contrepartie financière est requise (Cass. com., 15 mars 2011, n° 10-13.824, PB : *D.* 2011, p. 1261, note Y. Picod ; *JCP* E 2011, 1826, n° 5, obs. Fl. Deboissy et G. Wicker. – *Adde*, Cass. com., 4 oct. 2016, n° 15-15.996 : *Rev. sociétés* 2016, p. 738, note S. Prévost. – *Adde* P. Le Cannu, *La clause de non-concurrence dans les pactes d'actionnaires* : *BJS* 2011, § 261, p. 524).

Cette solution a par exemple été confirmée à propos d'une cession de titres sociaux, à condition que l'associé ait eu, à la date de son engagement, la qualité de salarié (Cass. com., 8 oct. 2013, n° 12-25.984 : *BJS* 2014, p. 17, note B. Saintourens ; *D.* 2013, p. 2741, note T. Favario ; *Dr. sociétés* 2014, n° 2, obs. R. Mortier ; *JCP* E 2014, 1702, n° 6, obs. Fl. Deboissy et G. Wicker ; *Rev. sociétés* 2014, p. 102, note J.-F. Barbièri. – V. *contra*, CA Paris, 20 mai 2015, n° 13/04108 : *AJCA* août-sept. 2015, n° 364, note L. Godon ; *JCP* E 2016, 1036, obs. Fl. Deboissy et G. Wicker, n° 4).

En imposant à l'engagement souscrit par l'associé une condition posée au profit du salarié, la Cour de cassation prévient ainsi toute fraude aux droits des salariés par un cumul artificiel de cette qualité avec celle d'associé.

ii) Si l'associé n'a pas la qualité de salarié

Il se déduit de l'arrêt du 8 octobre 2013 précité que, lorsque l'engagement de non-concurrence est souscrit par un débiteur n'ayant que la qualité d'associé, et que celui-ci acquiert par la suite la qualité de salarié, le régime de l'engagement est déterminé au regard de la seule qualité d'associé, de sorte qu'une contrepartie financière n'est pas requise. La mise à l'écart de l'exigence d'une contrepartie financière se justifie dans la mesure où, dans une telle occurrence, il n'y a pas de risque de contournement des règles protectrices des salariés.

Dans un domaine voisin, la première chambre civile a jugé qu'au regard du caractère exclusivement libéral de l'activité de mandataire d'assurance, la validité de la clause de non-concurrence souscrite par un tel mandataire n'est pas subordonnée à l'octroi d'une contrepartie financière (Cass. 1re civ., 2 oct. 2013, n° 12-22.846, PBRI : *Bull. civ.* oct. 2013, p. 193).

6. L'exercice du droit de vote peut-il être une cause de responsabilité personnelle de l'associé ?

567. – La responsabilité personnelle de l'associé peut-elle être engagée en raison de sa participation à une décision collective ? Dans une première approche, la réponse de principe semble négative : la décision collective exprime la volonté sociale ; c'est donc la société – et non les associés ayant voté la décision – qui est tenue des conséquences préjudiciables de celle-ci. En réalité, cette approche est très formelle puisque la volonté sociale exprimée dans une délibération traduit la volonté de ses auteurs, donc la volonté des associés l'ayant adoptée. Raison pour laquelle leur responsabilité civile est susceptible d'être engagée sur le fondement de l'article 1240 du Code civil si cette décision procède d'une faute personnelle ayant causé un préjudice aux autres associés ou aux tiers.

a) La responsabilité personnelle de l'associé à l'égard des autres associés

Prenons l'hypothèse d'un abus de droit de vote : procédant d'une faute personnelle de l'associé, il peut être sanctionné par la responsabilité personnelle de son auteur (V. *infra*, nos 673 et s.). Plus généralement, la mise en œuvre de la responsabilité civile de l'associé à l'égard de ses coassociés suppose de démontrer l'existence d'une volonté de nuire, qui caractérise une faute personnelle de sa part (Cass. com., 13 mars 2001 : *JCP* E 2001, 753, note A. Viandier). En l'espèce, révoqué de ses fonctions sur décision de l'assemblée générale, le gérant associé d'une SARL avait assigné personnellement ses deux associés en paiement de dommages et intérêts. La décision des juges du fond ayant rejeté la demande est cassée au visa de l'article 1382 du Code civil au motif que la décision de révocation, prise en violation flagrante des règles légales relatives à la tenue et à la convocation des assemblées des associés, avait été inspirée par une intention vexatoire et contraire à l'intérêt social, ce qui caractérisait de la part de ses auteurs une volonté de nuire constitutive d'une faute. En revanche, si la volonté de nuire fait défaut, la responsabilité personnelle de l'associé ne saurait être engagée (Cass. com., 12 févr. 2013, n° 11-23.610 : *RJDA* 6/2013, n° 516 ; *Rev. sociétés* 2013, p. 426, note B. Saintourens).

b) La responsabilité personnelle de l'associé à l'égard des tiers

Alors que rien ne commandait cette solution, la jurisprudence est plus exigeante lorsque la responsabilité civile de l'associé pour faute personnelle est mise en œuvre par un tiers. En effet, transposant à l'associé la solution applicable au dirigeant social (V. *supra*, n°s 463 et s.), la jurisprudence retient qu'un tiers peut engager la responsabilité civile d'un associé qui, par son vote, lui aurait causé un préjudice, mais à la condition de démontrer l'existence d'une faute intentionnelle d'une particulière gravité, incompatible avec l'exercice normal des prérogatives d'associé.

Faute de démontrer l'existence d'une telle faute, un ancien salarié n'est pas fondé à agir en responsabilité civile contre l'associé unique d'une SAS ayant procédé à une distribution de dividendes (Cass. com., 12 mars 2013, n° 12-11.514 : *BJS* 2013, p. 480, note M. Germain et P.-L. Périn ; *Dr. sociétés* 2013, n° 141, obs. D. Gallois-Cochet ; *Rev. sociétés* 2013, p. 346, note B. Dondero). Pour la même raison, n'engage pas sa responsabilité civile l'associé majoritaire d'une SA sous contrat d'enseigne avec une entreprise de distribution, qui avait voté une modification des statuts contraire à ce contrat d'enseigne (Cass. com., 18 févr. 2014, n° 12-29.752 : *BRDA* 5/2014, n° 2 ; *BJS* 2014, p. 382, note B. Fages ; *JCP* E 2014, 1160, note B. Dondero).

c) Quand l'administration fiscale est moins bien traitée que les associés et les tiers

En rupture totale avec cette logique d'imputation de la décision sociale à l'associé, la Cour de cassation a jugé, pour rejeter l'existence d'une donation indirecte taxable, que la modification de la répartition de la part de chaque associé dans les bénéfices sociaux résultait d'une décision collective des associés et qu'ainsi, en participant à cette décision émanant d'un organe social, les parents n'avaient pu consentir à une donation ayant pour objet un élément de leur patrimoine (V. *supra*, n° 544). Cette motivation repose sur une conception formelle jusqu'à l'absurde du fonctionnement sociétaire puisqu'en votant l'adoption d'une délibération sociale modifiant la répartition des droits des associés dans les bénéfices sociaux, chaque associé consent à ce que l'étendue de ses droits dans la société soit modifiée.

SOUS-SECTION 3

LA SAUVEGARDE DE LA QUALITÉ D'ASSOCIÉ

568. – L'associé a d'abord le droit de rester dans la société. Par principe, on ne peut l'évincer contre son gré ; c'est poser le problème de l'exclusion de l'associé. Mais le droit de rester dans la société postule-t-il l'obligation d'y rester ? C'est évoquer cette fois un droit de retrait. Enfin, il s'agit du droit de rester dans la société aux conditions qui étaient convenues à l'origine ; voilà qui justifie l'interdiction d'augmenter les engagements de l'associé sans son accord.

§ 1. – L'exclusion de l'associé

A. – Le principe[130]

569. – *Interdiction de l'exclusion judiciaire.* Dans les clubs et les associations, il existe des procédures d'exclusion à l'encontre des membres devenus indésirables. L'Église n'hésite pas à excommunier ceux de ses fidèles qui ne se plient pas à sa

(130) J. Granotier, L'exclusion d'un associé : vers de nouveaux équilibres ? : JCP G 2012, 653.

doctrine. L'État lui-même peut retirer sa nationalité à un citoyen à titre de sanction dans des circonstances exceptionnelles. Peut-on de la même façon retirer sa qualité de citoyen à un associé trouble-fête en l'excluant de la société ? La loi est muette sur ce point. Coupant court aux controverses doctrinales et aux flottements jurisprudentiels, la Cour de cassation a en 1996 proclamé le principe de l'interdiction de l'exclusion d'un associé(131). Ainsi, en l'absence de texte ou de clause statutaire, le juge ne peut de lui-même prononcer l'exclusion d'un associé, ce qui peut être discuté ; de même les associés, hors les cas prévus par la loi ou les statuts, ne peuvent prononcer l'exclusion de l'un d'entre eux(132).

B. – Les exceptions

1° Les causes légales d'exclusion

570. – Le droit de l'associé à demeurer dans la société n'a rien d'absolu et la loi prévoit des exceptions dans un certain nombre d'hypothèses. En voici quelques exemples :

– dans les sociétés à capital variable (V. *supra*, nos 601 et s.) ;

– lorsque l'incapacité ou le vice du consentement d'un associé risquent d'entraîner l'annulation de la société (V. *supra*, n° 301) ;

– à l'encontre des dirigeants (V. *supra*, n° 491) ou des associés (V. *infra*, n° 1308) en cas de redressement judiciaire de la société ;

– dans les sociétés cotées, à l'encontre des minoritaires qui ne possèdent pas plus de 10 % du capital ou des droits de vote (V. *infra*, n° 1653).

2° Les clauses statutaires d'exclusion

a) La validité des clauses d'exclusion

571. – Rien n'interdit d'insérer dans les statuts une clause autorisant l'exclusion d'un associé si certains événements nettement précisés à l'avance viennent à se réaliser(133). La loi prévoit expressément cette possibilité dans la SEL (V. *infra*, n° 2126), dans la SAS (V. *infra*, n° 1559), ou encore dans la société européenne (V. *infra*, n° 2199). Dans les autres sociétés, la jurisprudence a admis la validité de telles clauses, d'abord implicitement(134), puis expressément(135). Les titres sont rachetés par les autres associés ou les dirigeants, ou encore par la société elle-même dans le

(131) Cass. com., 12 mars 1996 : *Rev. sociétés* 1996, p. 554. – CA Toulouse, 10 juin 1999 : *JCP* E 2000, II, 10372, note J.-J. Daigre. – *Adde*, S. Dariosecq et N. Métais, *Les clauses d'exclusion, solution à la mésentente entre associés* : *BJS* 1998, p. 893.

(132) On signalera que certaines opérations portant sur le capital, le « coup d'accordéon » notamment, aboutissent indirectement à exclure certains associés (V. *infra*, n° 1481).

(133) D. Gallois-Cochet, L'obscure clarté du régime de l'exclusion statutaire : Dr. sociétés 2014, étude 23.

(134) Cass. com., 13 déc. 1994 : *JCP* E 1995, II, 705, note Y. Paclot : « Ayant relevé que les statuts de la société ne prévoyaient pas la possibilité d'exclure un actionnaire, la cour d'appel a estimé à bon droit que la société n'était pas fondée à ordonner la cession de ses actions détenues par les sociétés ETARCI et SCPPMI ».

(135) Cass. com., 8 mars 2005 : *D.* 2005, p. 839, obs. A. Lienhard ; *JCP* E 2005, 1046, n° 9, obs. J.-J. Caussain, Fl. Deboissy et G. Wicker : il est possible et licite de prévoir dans les statuts d'une SNC, qui constituent le contrat accepté par les parties et fixent leurs droits et obligations, que le redressement judiciaire de l'un des associés lui fera perdre cette qualité, dès lors que lui est due la valeur des droits dont il a été ainsi privé pour un motif qui est en l'occurrence conforme à l'intérêt de la société et à l'ordre public. – Cass. com., 20 mars 2012, n° 11-10.855, PB : *BRDA* 7/2012, n° 1 ; *Dr. sociétés* 2012, n° 77, obs. H. Hovasse ; *JCP* E 2012, 1310, note R. Mortier : validité de la clause statutaire stipulant que la perte de la qualité d'associé au sein d'une des sociétés du groupe peut entraîner, à la seule discrétion du gérant, l'exclusion de l'intéressé.

cadre d'une réduction de capital (V. *infra*, n° 1454). Il s'agit donc d'une cession pour une cause prévue dans les statuts et non d'une exclusion résultant d'un vote de l'assemblée, laquelle, en l'état du droit positif, semble impossible (V. *supra*, n° 569).

572. – *Modalités d'adoption.* Lorsque la clause est adoptée lors de la constitution de la société, elle doit par hypothèse recueillir le consentement de tous les associés. Si, en cours de vie sociale, il est envisagé d'insérer dans les statuts une clause d'exclusion qui n'y figurait pas auparavant, le consentement des associés concernés ne semble pas requis car la clause, qui précise les modalités de cessation de la qualité d'associé, n'emporte pas augmentation des engagements de ce dernier[(136)]. C'est ce qui a été jugé en matière d'association par la Cour de cassation[(137)], mais la règle est transposable aux sociétés.

b) Les causes d'exclusion

573. – *Motifs d'exclusion.* La clause doit préciser l'organe compétent pour prononcer l'exclusion, lequel peut disposer d'une liberté d'appréciation[(138)], ainsi que les événements autorisant le rachat des titres.

L'exclusion peut d'abord être prévue à titre de sanction d'un associé qui n'aurait pas respecté l'une de ses obligations ; elle présente alors la nature d'une clause résolutoire. Une telle clause peut être utile en cas de mésentente entre associés en permettant l'exclusion de l'associé fauteur de trouble (V. *infra*, n°s 777 et s.) ou celle d'un associé minoritaire qui, par son attitude, obère la survie de la société, par exemple en refusant de voter la prorogation de la société (V. *infra*, n° 762). La clause peut également venir sanctionner le manquement à une obligation comportementale mise statutairement à la charge des associés[(139)].

L'exclusion peut encore être prévue pour une cause objective, par exemple le changement de contrôle d'un associé personne morale (ce type de clause est d'ailleurs un moyen de prévenir certaines fraudes aux clauses d'agrément, V. *infra*, n° 1260) ou la perte d'une qualité exigée par les statuts, telle la qualité de salarié ; il s'agit ici d'une clause de caducité de la qualité d'associé[(140)].

574. – *Contrôle de l'abus.* Il appartient aux juges, quand ils en sont saisis, de vérifier que l'exclusion n'est pas abusive[(141)]. Ce contrôle est d'ordre public[(142)]. Si l'abus

(136) V. *contra*, CA Paris, 17 févr. 2015, n° 14/00358 : *BRDA* 6/2015, n° 1 ; *BJS* 2015, p. 359, note R. Mortier ; *Dr. sociétés* 2015, n° 108, obs. D. Gallois-Cochet.

(137) Cass. 1re civ., 1er févr. 2017, n° 16-11.979 : *D.* 2017, p. 743, note D. Gallois-Cochet ; dans le silence des statuts, la modification statutaire ayant pour effet de permettre l'exclusion d'un sociétaire sans motif disciplinaire n'emporte pas augmentation des engagements et n'a donc pas à être adoptée à l'unanimité.

(138) Cass. com., 20 mars 2012 : préc. ; la clause prévoyait la possibilité pour le gérant d'une société civile d'exclure un associé en cas de survenance d'un événement déterminé.

(139) Cass. com., 14 oct. 2020, n° 18-19.181 : *BJS* déc. 2020, p. 10, note G. Grundeler ; *Dr. sociétés* mars 2021, n° 32, obs. R. Mortier : désintérêt se manifestant par une absence répétée aux assemblées générales d'une SAS.

(140) Pour la perte de la qualité de salarié de la société, V. Cass. com., 29 sept. 2015, n° 14-17.343 : *RJDA* 2/2016, n° 127 ; *BJS* 2015, p. 629, note B. Dondero ; *Dr. sociétés* 2016, n° 43, obs. R. Mortier ; *Rev. sociétés* 2016, p. 228, note J.-J. Ansault. – Toutefois, une cour d'appel peut, sans méconnaître les droits de la défense, déduire que l'intéressé avait, en application d'une clause statutaire licite, perdu sa qualité d'associé non du fait de son exclusion, mais par suite de la perte de sa qualité de salarié : Cass. com., 9 mars 2017, n° 15-14.416 : *BJS* 2017, p. 374, note J.-J. Ansault ; *Dr. sociétés* 2017, n° 138, obs. R. Mortier.

(141) Cass. com., 14 oct. 2020, n° 18-19.181 : *BJS* déc. 2020, p. 10, note G. Grundeler ; *Dr. sociétés* mars 2021, n° 32, obs. R. Mortier : preuve non rapportée, sur le terrain de l'abus de majorité, que l'exclusion aurait eu pour but de tenir en échec le droit de préemption de l'associé exclu dont les conditions étaient plus favorables.

(142) Cass. com., 21 oct. 1997 : *BJS* 1998, p. 40, note P. Le Cannu ; *Rev. sociétés* 1998, p. 99, obs. B. Saintourens : cassation pour violation de la loi d'un arrêt ayant refusé de se livrer à un contrôle de la gravité des motifs invoqués pour justifier l'exclusion en donnant effet à une clause statutaire écartant tout contrôle judiciaire sur le fond.

est démontré, outre qu'elle peut donner lieu à des dommages et intérêts, la décision prise abusivement par une assemblée générale d'exclure un associé affecte par elle-même la régularité des délibérations prises par cette assemblée, ce qui en justifie l'annulation(143).

c) Les modalités de la décision d'exclusion

575. – En fonction des prévisions statutaires, la décision d'exclusion est prise soit par les dirigeants(144), soit par la collectivité des associés. Lorsque les statuts subordonnent l'exclusion d'un associé à une décision collective des associés, l'associé dont l'exclusion est proposée ne peut être privé de son droit de participer à la décision et de voter sur la proposition(145) (V. *supra*, n° 552). La clause statutaire écartant le droit de vote de l'associé exclu étant contraire à l'article 1844, alinéa 1er du Code civil, qui pose une règle impérative, elle est réputée non écrite (V. *supra*, n° 306), ce qui emporte annulation de la décision d'exclusion prise en application de celle-ci, peu importent que l'intéressé ait été admis à participer au vote(146), et sans que le juge ne puisse se substituer aux organes de la société en ordonnant sa modification(147).

d) Les garanties attachées à l'exclusion

576. – La décision d'exclusion emporte *rachat des titres* de l'associé exclu. En cas de désaccord sur les modalités d'évaluation, la jurisprudence avait retenu l'application de l'article 1843-4 du Code civil, ce qui conduisait à faire fixer le prix de cession par un expert, lequel déterminait seul les critères les plus appropriés, parmi lesquels pouvaient figurer ceux prévus dans les statuts (V. *infra*, n° 1249). Cependant, la réforme de l'article 1843-4 opérée par l'ordonnance n° 2014-863 du 31 juillet 2014 est venue censurer cette jurisprudence : en cas de mise en œuvre d'une clause statutaire d'exclusion, le recours à l'expert ne s'impose désormais que si le prix n'est pas déterminé ou déterminable, sauf clause prévoyant le recours au tiers évaluateur de l'article 1843-4 du Code civil en cas de désaccord sur le prix (V. *infra*, n° 1243).

577. – *Garanties procédurales.* Les juges contrôlent les conditions procédurales de l'exclusion en vérifiant si le principe du contradictoire et les droits de la défense ont été respectés, ce qui signifie que l'associé menacé d'exclusion doit avoir été averti et mis en mesure de présenter ses observations(148). Rele-

(143) Cass. com., 3 févr. 2021, n° 16-19.691, FSP : *BJS* avr. 2021, p. 30, note B. Saintourens : exclusion prononcée pour résister aux prétentions financières de l'associé d'une SELAS d'avocats ayant donné sa démission pour cause de maladie.

(144) Ainsi les statuts peuvent valablement confier au gérant d'une société civile le pouvoir d'exclure un associé : Cass. com., 20 mars 2012, n° 11-10.855, PB : *BRDA* 7/2012, n° 1 ; *Dr. sociétés* 2011, n° 77, obs. H. Hovasse ; *JCP* E 2012, 1310, note R. Mortier.

(145) Cass. com., 23 oct. 2007 : *JCP* E 2007, 2433, note A. Viandier ; *JCP* E 2008, 1280, n° 8, obs. J.-J. Caussain, Fl. Deboissy et G. Wicker. – *Adde* J.-Ph. Dom, *L'existence du droit de vote de l'associé, principe fondamental du droit des sociétés* : *RJDA* 1/2008, p. 3. – Cass. com., 10 févr. 2015, n° 13-17.555 ; lorsque la société comprend deux associés, la décision d'exclusion ne peut être prise par l'autre associé.

(146) Cass. com., 6 mai 2014, n° 13-14.960 : *BJS* 2014, p. 506, note R. Mortier ; *D.* 2014, p. 1485, note B. Dondero ; *Rev. sociétés* 2014, p. 550, note P. Le Cannu.

(147) Cass. com., 9 juill. 2013, nos 11-27.235 et 12-21.238 : *BJS* 2013, p. 636, note D. Poracchia ; *D.* 2013, p. 2627, note F. Ait-Ahmed ; *Dr. sociétés* 2013, n° 154, obs. R. Mortier ; *Rev. sociétés* 2014, p. 40, note J.-J. Ansault.

(148) Cass. com., 7 juill. 1992 : *JCP* G 1993, II, 3652, n° 16, obs. A. Viandier et J.-J. Caussain ; *Rev. sociétés* 1993, p. 109. En l'espèce la résolution prononçant l'exclusion d'un membre d'un GIE a été adoptée sans que le vote ait été précédé d'un débat sur les faits imputés à l'associé exclu, lequel n'a donc pas été mis en mesure ni

vons que cette exigence d'un débat contradictoire n'est pas fondée sur l'article 6, § 1 de la Convention européenne de sauvegarde des droits de l'homme et des libertés fondamentales (V. *infra*, n° 589). L'impossibilité pour l'associé exclu de venir s'expliquer devant l'organe ayant prononcé son exclusion n'est pas une cause de nullité de la décision d'exclusion (V. *infra*, n° 590), mais ouvre seulement droit à la réparation du préjudice subi. Lorsque l'exclusion est prononcée de plein droit, il a été jugé que le non-respect de ces garanties procédurales est sans incidence (V. *infra*, n° 591).

578. - *Localisation de la clause hors des statuts.* Les clauses statutaires d'exclusion soulèvent de nombreuses difficultés, ce qui se traduit par un important contentieux. En réaction, les praticiens ont pris l'habitude de délocaliser ces clauses en dehors des statuts : on fait signer à l'associé un acte extrastatutaire par lequel il s'engage à céder ses titres aux associés ou dirigeants, les bénéficiaires de la promesse étant en droit de lever l'option si la condition stipulée se réalise. Toute la question est alors de savoir si une telle promesse vaut ou non exclusion (V. *infra*, n° 1270).

§ 2. – Le retrait de l'associé

579. - L'entrée en société vaut-elle entrée en religion avec prononcé de vœux perpétuels ? L'associé est-il à tout jamais prisonnier de son titre ? Au contraire, la porte de la société est-elle toujours ouverte, permettant à celui qui s'ennuie de se retirer à son gré ? À la vérité, il est deux façons d'envisager la sortie d'un associé : soit il propose un remplaçant à qui il cède ses droits (V. *supra*, n° 561), soit il demande à ce que ses droits lui soient rachetés, ce qui correspond techniquement à un retrait[(149)]. Il y a en effet retrait lorsqu'un associé, sans avoir à proposer un cessionnaire, obtient le remboursement de son investissement.

A. – Les hypothèses de retrait

580. - *Domaine.* La possibilité de retrait est généralement prévue par la loi dans les sociétés où l'*intuitus personae* est le plus fort, à la condition que l'associé fasse valoir un juste motif ; pourquoi retenir de force un associé rebelle qui a perdu la foi et l'esprit d'équipe ? On trouvera des exemples de retrait dans les sociétés suivantes : sociétés civiles (V. *infra*, n°s 1971 et s.), GFA (V. *infra*, n° 1989), sociétés d'exercice libéral, sociétés civiles professionnelles (V. *infra*, n° 2077) ou GIE (V. *infra*, n° 2173).

Le droit de retrait est également classique dans les sociétés à capital variable (V. *supra*, n° 601 et s.).

Enfin, lorsque la cession des titres est soumise à agrément et que cet agrément n'est pas délivré, le cédant se voit parfois reconnaître le droit au rachat de ses titres ; il s'agit là encore d'une hypothèse de retrait.

---

d'obtenir de l'assemblée l'information à laquelle il avait droit, ni de s'exprimer sur les faits qui lui étaient reprochés. – Cass. com., 20 mars 2012, n° 11-10855, PB, préc. n° 571 : respect de la procédure contradictoire prévue par les statuts.

(149) H. Hovasse, M. Deslandes et R. Gentilhomme, *La séparation d'associés : Actes prat. ing. sociétaire* déc. 1997, p. 4. – H. Hovasse, Le retrait d'associé et la gestion du patrimoine : Dr. et patrimoine 12/1998, p. 42.

581. – *Modalités.* Selon les cas, le retrait s'opère dans les conditions prévues dans les statuts, sur autorisation unanime des autres associés, ou sur décision du juge pour justes motifs (V. pour la consécration d'un droit de retrait judiciaire en l'absence de texte, *infra*, n° 1989).

B. – Le régime du retrait

582. – *Rachat des titres.* Techniquement, le retrait suppose que les titres soient rachetés soit par la société (il y aura en ce cas annulation des titres et réduction de capital), soit par les autres associés. En l'absence de dispositions statutaires, la valeur des droits sociaux de l'associé qui se retire doit être déterminée à la date la plus proche de celle du remboursement de la valeur de ces droits, et non à la date à laquelle celui-ci a manifesté sa volonté de se retirer(150). En cas de désaccord, la valeur des droits est déterminée par un tiers évaluateur en application de l'article 1843-4 du Code civil (V. *infra*, n°s 1243 et s.).

583. – *À quelle date le retrayant perd-il sa qualité d'associé ?* Selon la jurisprudence, il conserve sa qualité d'associé jusqu'au remboursement de la valeur de ses titres, ce qui lui permet, jusqu'à cette date, d'exercer les prérogatives attachées à sa qualité d'associé(151) et d'exercer son droit aux bénéfices(152). La solution est différente dans les SCP exploitant un office ministériel puisque la perte de la qualité d'associé est subordonnée à la publication de l'arrêté prononçant le retrait (V. *infra*, n° 2077).

584. – *Lorsqu'il se traduit par une réduction de capital*, le retrait d'associé, qui n'emporte pas dissolution de la société, ne se confond pas avec la liquidation ; il s'ensuit que n'a pas vocation à s'appliquer la règle de l'article 1844-9 du Code civil selon laquelle le partage de l'actif entre associés est soumis aux règles du partage des successions. De même, le retrait d'associé n'est pas susceptible de rescision pour lésion(153), tandis que le droit de partage de 2,50 % n'est pas dû. Le retrait d'associé n'équivaut pas davantage à une vente des titres(154).

Cependant, faisant application de l'article 1844-9, alinéa 3, du Code civil applicable au partage consécutif à la liquidation de la société (V. *infra*, n° 818), la Cour de cassation considère que l'associé qui se retire d'une société peut obtenir en justice que lui soient attribués les biens qu'il a apportés lorsqu'ils se retrouvent en nature dans l'actif social ; c'est ce qui a été retenu pour le retrait d'une SCI(155)

(150) Cass. com., 4 mai 2010, n° 08-20693, PB : *Dr. sociétés* 2010, n° 25, obs. H. Hovasse.

(151) Pour un GAEC : Cass. com., 17 juin 2008, n°s 06-15045 et 07-14965, PBR : *BJS* 2008, § 207, p. 967, note F.-X. Lucas ; *Dr. sociétés* 2008, n° 176, obs. R. Mortier ; *D.* 2008, p. 1818, note A. Lienhard. – Pour une société civile, Cass. com., 17 juin 2008, n° 06-05045, PBR : *D.* 2008, p. 1818, note A. Lienhard. – Pour une SCP d'avocats, Cass. com., 10 sept. 2014, n° 13-13.957 : *Rev. sociétés* 2015, p. 115, note J.-F. Barbièri.

(152) L'associé d'une SCI conserve son droit aux bénéfices sociaux tant qu'il n'a pas été intégralement remboursé de la valeur de ses parts : Cass. com., 27 avr. 2011, n° 10-17778 : *Dr. sociétés* 2011, n° 151, obs. H. Hovasse.

(153) Cass. 3e civ., 15 janv. 1997 : *D.* 1997, p. 216, note P. Malaurie ; *BJS* 1997, § 131, p. 328, note J.-J. Daigre.

(154) Cass. com., 2 févr. 2010, n° 09-10384, PB : *JCP E* 2010, 1299, note R. Mortier : une société marchand de biens ne peut prétendre avoir satisfait à la condition de revente des immeubles dans un délai de quatre ans en soutenant que, suite à son retrait, un associé a reçu la propriété d'immeubles sociaux en contrepartie de la valeur des parts annulées ; il y a donc déchéance du régime fiscal de faveur prévu par l'article 1115 du Code général des impôts.

(155) Cass. 3e civ., 12 mai 2010, n° 09-14747, PB : *D.* 2010, p. 1344 : *D.* 2010, p. 2814, note D.-R. Martin ; *JCP E* 2010, 1794, note C. Lebel ; *Rev. sociétés* 2010, p. 384, note J.-F. Barbièri.

et d'un groupement forestier(156). Cette solution peut s'avérer redoutable pour la société et les autres associés lorsque le bien constitue le support nécessaire de l'exploitation sociale à laquelle le retrait d'associé, à la différence de la dissolution, ne met pas fin.

§ 3. – L'interdiction d'augmenter les engagements de l'associé

585. – *Principe.* En entrant dans la société, l'associé connaît la nature et l'étendue de ses engagements, autrement dit de ses obligations. On ne saurait les alourdir par la suite sans son consentement, ce qui est une application classique du principe de la force obligatoire du contrat (V. *supra*, n° 562). Telle est la règle qu'énonce l'article 1836 du Code civil : « En aucun cas, les engagements d'un associé ne peuvent être augmentés sans le consentement de celui-ci »(157). Par suite, les modifications statutaires qui emportent aggravation ou modification des engagements de l'associé supposent qu'il y consente ; si tous les associés sont concernés, l'unanimité est requise.

586. – **Exemples d'augmentation des engagements de l'associé supposant son consentement.**

La règle de l'intangibilité des engagements justifie notamment les conséquences suivantes :

– l'assemblée générale ne peut imposer à un associé de souscrire à une augmentation de capital contre son gré ; elle ne peut pas davantage lui imposer une mesure de blocage de son compte courant (V. *infra*, n° 624), l'incorporation du compte courant au capital (V. *infra*, n° 1443) ou encore le versement de fonds complémentaires en cours de vie sociale (V. *supra*, n° 264) ;

– la transformation d'une SA ou d'une SARL en SNC ou en SAS suppose un accord unanime des associés (V. *infra*, nos 1487, 1530 et 1780) ;

– le consentement de l'associé est requis pour l'adoption d'une clause de non-concurrence (V. *supra*, n° 565) ;

– la prorogation de la société qui a pour conséquence le maintien des apports en jouissance au-delà du terme initialement convenu et qui les contraint à continuer à participer aux charges suppose leur accord unanime (Cass. com., 20 déc. 2017, n° 16-19.283 : *BJS* 2018, p. 140, note T. de Ravel d'Esclapon).

587. – En revanche, *il n'y a pas augmentation des engagements de l'associé* lorsqu'une décision sociale affecte l'utilité que présente cet engagement pour l'associé, mais sans en modifier le contenu(158). La solution est identique en cas d'insertion dans les statuts d'une clause prévoyant une indemnité à la charge

(156) Cass. com., 22 mars 2005, n° 01-11154 : *Dr. sociétés* juin 2005, n° 109, obs. F.-X. Lucas.
(157) F. Rizzo, Le principe d'intangibilité des engagements des associés : RTD com. 2000, p. 27.
(158) Cass. com., 26 oct. 2010, n° 09-71.404, PB : *JCP* E 2011, 1000, n° 4, obs. Fl. Deboissy et G. Wicker ; *JCP* G 2010, 1211, note P. Mousseron ; la décision de filialiser une partie des activités de la société, qui diminue pour l'associé l'utilité que représente pour lui sa participation dans la société, n'emporte pas augmentation de ses engagements.

de l'associé ayant manqué à l'exécution d'une obligation prévue dans les statuts, mais qui ne modifie ni l'objet de cette obligation, ni sa durée, ni son montant[(159)] ; en effet il ne s'agit pas ici d'alourdir l'engagement souscrit par l'associé, mais simplement de prévoir une exécution par équivalent de cet engagement. L'unanimité n'est pas davantage requise pour l'adoption d'une clause d'exclusion (V. *supra*, n° 572) ou pour le remboursement d'un compte courant d'associé (V. *infra*, n° 616).

588. – *Sur le plan procédural*, la Cour de cassation a jugé que l'interdiction d'augmenter les engagements des associés sans leur consentement constitue une disposition d'ordre public, sanctionnée par une nullité absolue. La demande en nullité peut donc être formée par tout associé, y compris celui qui a voté la décision litigieuse[(160)] ; s'agissant de protéger le consentement, la nullité relative aurait été plus indiquée.

Le coin des amateurs

1. L'application du principe du contradictoire en droit des groupements

589. – Depuis longtemps déjà, la jurisprudence impose l'exigence d'un débat contradictoire en cas de révocation d'un dirigeant social, *ad nutum* (V. *infra*, n° 942) ou sur juste motif (V. *infra*, n°s 1735 et 1937), comme en cas d'exclusion d'un associé (V. *supra*, n° 571), d'un coopérateur, d'un sociétaire ou d'un membre de GIE (V. *infra*, n° 2174). Ainsi le dirigeant révoqué comme le membre exclu doivent-ils avoir été informés et mis en mesure de présenter leurs observations.

a) Rejet du fondement tiré de l'article 6, § 1 de la Convention européenne de sauvegarde des droits de l'homme

L'emprise croissante du droit européen sur les législations nationales a conduit à y voir une transposition des garanties processuelles fondées sur l'article 6, § 1 de la Convention européenne de sauvegarde des droits de l'homme. Le principe du contradictoire s'est en effet imposé comme un principe fondamental du droit européen des droits de l'homme, l'organisation d'un échange contradictoire entre les parties au procès étant l'un des moyens d'assurer l'égalité des armes entre elles, gage d'un procès loyal et équitable, tout en favorisant l'émergence de la vérité. Aussi le droit à un procès équitable implique-t-il par principe, pour une partie, la faculté de prendre connaissance des observations ou des pièces produites par l'autre, ainsi que d'en discuter (par ex., CEDH, 24 févr. 1995, n° 307-B : *D.* 1995, 449, note Huyette).

La Cour de cassation a répudié à juste titre ce fondement en marquant dans plusieurs décisions, en forme de coup d'arrêt, sa volonté de ne pas appliquer l'article 6, § 1 de la Convention européenne de sauvegarde des droits de l'homme aux décisions d'exclusion ou de révocation prises par les organes sociaux : d'une part, parce qu'il ne s'agit

(159) Cass. 1re civ., 30 nov. 2016, n° 15-23.105 : *Dr. sociétés* 2017, n° 20, obs. R. Mortier ; clause prévoyant qu'une indemnité est due par l'associé coopérateur en cas de non-livraison des quantités de blé prévues qui n'a pour effet ni de modifier les volumes de blé à livrer, ni d'allonger la durée de son engagement au sein de la société et qui n'excède pas la valeur du blé non livré.

(160) Cass. com., 13 nov. 2003 : *JCP* E 2004, 337, note A. Viandier ; *JCP* E 2004, n° 601, obs. crit. J.-J. Caussain, Fl. Deboissy et G. Wicker ; *Rev. sociétés* 2004, p. 97, note B. Saintourens : une société civile de médecins s'était engagée à racheter les parts de l'un d'entre eux, créant ainsi une obligation à la charge des autres associés.

pas d'organes juridictionnels ; d'autre part, parce qu'il s'agit de la violation d'engagements contractuels. Ainsi, dans le cas d'une association, lorsque le membre connaissait la sanction à laquelle il était exposé et a été mis en mesure de se faire entendre par les organes chargés d'arrêter la sanction, il n'y a pas violation des principes de la contradiction et d'impartialité qui s'imposent dans le droit associatif ; pour le reste, les dispositions de l'article 6 de la Convention, et spécialement le droit d'être assisté par un avocat, sont sans application aux conseils d'administration et aux assemblées générales examinant la violation d'engagements contractuels (Cass. com., 16 mars 2004 : *BJS* 2004, § 217, p. 1109, note E. Garaud. – Cass. com., 14 déc. 2004 : *BJS* 2005, § 106, p. 515, note Ph. Néau-Leduc. – Cass. com., 11 juill. 2006 : *D.* 2006, p. 2399). Également, parce que l'assemblée générale n'est pas un organisme juridictionnel, mais un organe interne à la société, la décision de révoquer un gérant et de l'exclure de la société en sa qualité d'associé ne suppose pas de lui reconnaître le droit d'être assisté par un avocat (Cass. com., 10 mai 2006 : *Rev. sociétés* 2007, p. 70, note L. Godon).

b) Fondements envisageables

D'autres fondements peuvent venir justifier l'exigence d'un débat contradictoire. L'on peut d'abord voir dans ces garanties procédurales une conséquence du caractère disciplinaire de la mesure prononcée ; il ne paraît pas infondé d'imposer un débat contradictoire lorsque la révocation du dirigeant ou l'exclusion de l'associé sont fondées sur une faute commise par l'intéressé.

Dans les autres hypothèses, révocation *ad nutum*, révocation fondée sur un juste motif ne procédant pas d'une faute ou exclusion prononcée pour une cause objective, les garanties procédurales attachées à un débat contradictoire peuvent être rattachées à l'exigence de motivation que semble imposer l'exercice de tout pouvoir unilatéral, du moins lorsque la mise en œuvre de ce pouvoir suppose une appréciation des faits. Ainsi, à propos du réseau Leclerc, la Cour de cassation a retenu que le non-respect de ces garanties procédurales est sans incidence lorsque l'exclusion est prononcée de plein droit (V. *infra*, n° 591).

2. Le non-respect du principe du contradictoire n'est pas une cause de nullité de la décision d'exclusion

590. – S'agissant de la mise en œuvre d'une clause d'exclusion, la Cour de cassation a précisé les sanctions applicables lorsque l'associé exclu n'a pas été mis en mesure de s'expliquer (Cass. com., 13 juill. 2010, n° 09-16.156, PB : *Dr. sociétés* 2010, n° 200, obs. H. Hovasse ; *JCP* E 2011, 1000, n° 3, obs. Fl. Deboissy et G. Wicker. – V. dans le même sens, Cass. com., 9 nov. 2010, n° 10-10.150 : *BJS* 2011, § 58, p. 114, note P. Mousseron). En application de la clause statutaire lui reconnaissant un pouvoir d'exclusion, le conseil d'administration d'une société coopérative à forme anonyme à capital variable avait exclu un associé coopérateur, lui reprochant divers manquements aux engagements fondamentaux contractés à l'égard du groupement. Ce dernier avait agi en annulation de la décision d'exclusion en invoquant notamment que, faute pour l'exclusion d'avoir été inscrite à l'ordre du jour du conseil et portée à sa connaissance, absent de la réunion, il n'avait pu s'expliquer sur les faits qui lui étaient reprochés. La décision de la cour d'appel d'Aix-en-Provence ayant fait droit à sa demande est cassée pour violation de l'article L. 235-1 du Code de commerce ; en effet, « la nullité des actes et délibérations des organes d'une société ne peut résulter que de la violation d'une disposition impérative du droit des sociétés ou des lois qui régissent les contrats » ; en conséquence « l'impossibilité pour l'associé exclu de venir s'expliquer devant l'organe décidant son exclusion n'est pas une cause de nullité de la délibération ayant prononcé l'exclusion ».

L'enseignement premier de cette décision est que la décision d'exclusion était sans doute illicite, mais que toute illicéité n'est pas une cause de nullité de la délibération sociale ; ce que la chambre commerciale a eu l'occasion de rappeler dans son importante décision du 18 mai 2010 relative à la violation des statuts et du règlement intérieur (V. *infra*, n° 733). Pour apprécier la portée de la décision, il convient de partir des données qu'elle restitue, à savoir que la clause d'exclusion statutaire a été mise en œuvre en conséquence des manquements commis par l'associé coopérateur au regard des engagements qu'il avait souscrits en cette qualité. Dans cette perspective, cette clause statutaire se présente comme une clause résolutoire par laquelle la société, dont la volonté est ici exprimée par le conseil d'administration, est en droit de mettre fin à l'engagement d'associé de celui auquel il peut être reproché un manquement à ce même engagement. Au vu de cette qualification de clause résolutoire, le respect des droits de la défense ne saurait constituer une condition d'existence du droit pour la société d'exclure son associé : ce droit existe sous la double condition qu'il ait été prévu par les statuts et qu'un manquement correspondant aux prévisions de la clause puisse être imputé à l'associé. Dès lors que sont réunis ces deux éléments, la société est libre de mettre en œuvre le droit d'exclure l'associé. Aussi bien n'est-ce qu'au stade de la mise en œuvre de la clause d'exclusion, qu'il peut être question du respect des droits de la défense. En conséquence, le non-respect éventuel de ces droits n'est pas de nature à affecter le principe de l'exclusion, mais seulement les conditions dans lesquelles elle est intervenue. Dans une telle éventualité, l'exclusion apparaît abusive non dans son principe, mais dans ses modalités factuelles de mise en œuvre ; de sorte que la sanction de l'abus ne peut consister en l'annulation de la décision d'exclusion, mais dans l'octroi de dommages et intérêts à raison du caractère fautif des conditions de fait dans lesquelles elle a été prononcée.

3. Exclusion du réseau Leclerc et respect des garanties procédurales

591. – Là où certains réseaux de grande distribution sont adossés à un groupe de sociétés, les magasins étant exploités sous la forme de succursales ou de filiales à 100 % (Carrefour, Casino, Auchan...), le réseau Leclerc est organisé sur la base d'une association qui regroupe des personnes physiques partageant les idées et les méthodes d'Édouard Leclerc en matière de distribution. Les adhérents peuvent obtenir de l'association la conclusion de contrats de panonceau leur permettant, à titre personnel, l'exploitation de la marque Leclerc dans les magasins exploités par les sociétés commerciales qu'ils contrôlent ; ces sociétés sont elles-mêmes affiliées à une coopérative et à une centrale régionale d'achat. L'adhésion à l'association Édouard Leclerc emporte engagement de respecter une charte contraignante visant à promouvoir le rayonnement du réseau et à renforcer, par une politique de mutualisation des risques, la solidarité des sociétaires. Si l'adhérent ne respecte pas l'un de ses engagements, la sanction est immédiate, qui prend la forme d'une exclusion.

En l'espèce, accusé de concurrence déloyale, de débauchage et de retard dans le paiement de diverses créances, un adhérent a été convoqué par une lettre prenant la forme d'un ultimatum devant l'organe disciplinaire de l'association en vue que soit prononcée son éventuelle exclusion. Après audition de l'intéressé, l'association lui a notifié sa radiation de l'association et la résiliation de son contrat de panonceau. Dans une première décision, la Cour de cassation a jugé que la décision d'exclusion de l'adhérent ne satisfaisait pas aux exigences de la loi du 1er juillet 1901 sur les associations et au principe du respect des droits de la défense dans la mesure où la lettre de convocation de celui-ci devant l'organe disciplinaire ne faisait pas apparaître les griefs précis formulés à son encontre, condition nécessaire pour lui permettre de présenter utilement sa défense (Cass. 1re civ., 19 mars 2002 : *Rev. sociétés* 2002, p. 333, note Y. Guyon ; *RTD civ.* 2002, p. 534, obs. P.-Y. Gauthier).

La cour de renvoi, approuvée par la Cour de cassation, s'est alors fondée sur l'ensemble contractuel interdépendant formé par les trois structures juxtaposées (l'association, la coopérative et la centrale d'achat) pour en déduire que la résiliation du contrat de panonceau, pivot de l'activité recherchée, en application de la clause résolutoire qui y était stipulée, suffisait à justifier les exclusions prononcées ultérieurement, quand bien même la procédure disciplinaire suivie au sein de l'association ne permettait pas à l'intéressé une défense appropriée (Cass. 1re civ., 13 nov. 2008, n° 06-12.920, PB : *Dr. sociétés* 2009, n° 25, obs. R. Mortier ; *BJS* 2009, § 116, p. 572, note P. Rubellin ; *JCP* E 2009, n° 1767, n° 2, obs. Fl. Deboissy et G. Wicker).

Deux enseignements peuvent être tirés de cet arrêt. Le premier tient à la cause de l'exclusion ici prononcée. L'anéantissement du contrat de panonceau, en interdisant pour l'avenir l'exploitation d'un centre commercial sous le nom de Leclerc, privait de toute raison d'être la participation de l'adhérent à l'association et aux sociétés d'achat. De là, il ressort que la considération d'un ensemble contractuel fait apparaître une cause d'exclusion nécessaire en l'absence même de toute stipulation expresse tant dans le contrat d'association que dans le pacte statutaire. Le second tient à la procédure applicable à l'exclusion. L'exclusion de l'association se trouve justifiée par le jeu d'une cause nécessaire d'exclusion, lors même que la procédure suivie avait méconnu les droits de la défense. Il est possible d'en déduire que le respect des droits de la défense ne s'impose pas lorsque la cause d'exclusion joue de plein droit (*Adde*, Cass. com., 29 sept. 2015, n° 14-17.343 : *BJS* 2015, p. 629, note B. Dondero ; *Dr. sociétés* 2016, n° 43, obs. R. Mortier ; *Rev. sociétés* 2016, p. 228, note J.-J. Ansault : la cour déduit du caractère automatique de l'éviction de l'associé du fait de la perte de sa qualité de salarié le rejet de la nécessité de tout débat contradictoire).

CHAPITRE 2

LES ASPECTS FINANCIERS

592. – La société a un objet social qui correspond au programme qu'elle se propose d'exécuter et qu'elle se doit de financer. Elle bénéficie à cette fin d'une dotation composée de fonds propres ou de fonds empruntés. L'exercice de l'activité sociale permet ensuite de dégager des résultats, qui peuvent être positifs (la société réalise des bénéfices) ou négatifs (la société enregistre des pertes).

SECTION 1

LA DOTATION DE LA SOCIÉTÉ

593. – La société peut compter soit sur des fonds propres, soit sur des fonds d'emprunt. Les fonds propres correspondent au « haut de bilan », pour reprendre l'expression des financiers. La dotation initiale est fournie par les associés ; elle correspond au capital social. D'autres ressources viendront ensuite compléter cette dotation, tels les bénéfices mis en réserve, ce qui donne la mesure des capitaux propres. Quant aux fonds empruntés (« bas de bilan »), on s'en tiendra ici à cette catégorie spécifique au droit des sociétés que constituent les comptes courants d'associés.

SOUS-SECTION 1

LE CAPITAL SOCIAL

§ 1. – La notion de capital social

594. – *Définition.* Le droit des sociétés attache au capital social une importance quasi sacramentelle. Son montant doit être précisé dans les statuts et être rappelé sur les papiers administratifs et commerciaux. Le capital social, qui correspond à la somme de la valeur des apports, hors les apports en industrie (V. *supra*, n° 246), est une représentation abstraite dont le montant est inscrit au passif du bilan, tandis

que les éléments apportés par les associés, qui ont une existence concrète, sont répertoriés à l'actif du bilan. Il faut en effet distinguer capital social et actif social (V. *infra*, n° 605) et, plus généralement capital social et patrimoine social (V. *infra*, n° 607). Le capital social est une notion qui relève à la fois du droit des sociétés et du droit comptable, sans compter la gestion financière. Aussi est-il éclairant de raisonner à partir d'un exemple chiffré.

595. – **Présentation du bilan d'une société nouvelle.**

Jacques exploite à titre individuel un magasin de vente de baignoires et souhaite étendre son domaine d'activité au négoce de jacuzzis ; il a besoin pour cela d'un supplément de capitaux frais d'un montant de 2 000 000 €. Louis, l'un de ses amis, est prêt à les lui apporter. Ils décident la création à égalité d'une SARL au capital de 2 000 000 €. Jacques apportera son fonds dont la valeur nette est estimée à 1 000 000 € ; il exercera les fonctions de gérant et consacrera à la SARL la totalité de son temps ; il aura droit à ce titre à une rémunération mensuelle complétée par une prime de fin d'année. Louis apportera 1 000 000 € en capital et 1 000 000 € en compte courant, ce dernier étant rémunéré au taux de 5 % l'an ; il n'exercera aucune fonction au sein de la société. Voici comment se présente le bilan de la société (sur la notion de bilan, V. *infra*, n° 605) :

Bilan de l'entreprise individuelle de Jacques

ACTIF		PASSIF	
Clientèle	350 000	Capital	1 000 000
Droit au bail	200 000	Emprunt bancaire	300 000
Matériel et mobilier	450 000	Dettes envers fournisseurs	100 000
Marchandises	350 000		
Créances sur clients	50 000		
TOTAL	1 400 000		1 400 000

Bilan de la SARL

ACTIF		PASSIF	
Clientèle	350 000	Capital	2 000 000
Droit au bail	200 000	Compte courant d'associé	1 000 000
Matériel et mobilier	450 000		
Marchandises	350 000	Emprunt bancaire	300 000
Créances sur clients	50 000	Dettes envers fournisseurs	100 000
Trésorerie	2 000 000		
TOTAL	3 400 000		3 400 000

Quelques réflexions sur la SARL :

– au moment de la création de la société, le montant des capitaux propres est égal à celui du capital, soit 2 000 000 € ; c'est le haut de bilan ;

– le passif externe s'élève à 1 400 000 € ; c'est le bas de bilan ;

– Jacques est un associé actif, consacrant à la société la totalité de son temps ; cela revient pour lui à effectuer un quasi-apport en industrie, mais rémunéré de façon forfaitaire (V. *supra*, n° 249) ; étant gérant minoritaire de la SARL, il bénéficie du statut fiscal et social des salariés ;

– Louis, n'exerçant aucune activité dans la SARL, est un associé passif ; son apport en capital sera rémunéré par des dividendes et son apport en compte courant par un intérêt annuel.

596. - *Montant.* Traditionnellement, le capital social n'a pas la même importance dans les sociétés de capitaux et les sociétés de personnes. C'est un élément essentiel des premières et la loi impose un minimum dans les SA et les SCA. Dans les secondes, aucun minimum n'est imposé. À la limite, une société pourrait être créée sans capital ; tel serait le cas d'une SNC ou d'une société civile professionnelle dont les associés ne feraient que des apports en industrie. C'est bien la démonstration que dans les sociétés de personnes ce n'est pas le poids des capitaux apportés qui compte, mais le crédit et le talent des associés, sans oublier leur engagement illimité aux dettes sociales. La SARL et la SAS font ici figure de curiosité puisque, bien qu'étant des sociétés à risque limité, elles ne sont pas soumises à l'exigence d'un capital social minimum (V. *infra*, nos 1524 et 1696).

§ 2. – Les fonctions du capital social

597. - Outre sa fonction de financement de l'aventure sociale, le capital exerce d'abord une fonction de garantie : il est affecté au droit de gage des créanciers. Il exerce surtout une fonction politique : il donne la clé de répartition des prérogatives sociales entre les associés.

A. – Le capital : gage des créanciers

598. - Il ne faut pas prendre l'expression « gage des créanciers » au sens de sûreté spéciale, synonyme de nantissement, mais au sens de droit de gage général, celui que possède tout créancier sur les biens de son débiteur (C. civ., art. 2285). Même de ce point de vue, l'expression n'est guère heureuse, car le droit de gage des créanciers porte non sur la valeur abstraite qu'est le capital, qui figure au passif du bilan, mais sur les différents éléments qui composent l'actif social (V. *infra*, n° 605). On ne saisit pas le capital, mais des machines, des marchandises, des créances... Parce qu'il constitue le gage des créanciers, le capital est en principe intangible.

1° Le principe de l'intangibilité du capital social

599. - Cette fonction de garantie est importante dans les sociétés à risque limité (sociétés par actions et SARL), car les créanciers n'ont pas en principe de recours contre les associés ; la société est leur seul débiteur. Aussi bénéficient-ils d'une garantie complémentaire avec la règle de l'intangibilité du capital social (on parle aussi de fixité du capital). Ce principe ne doit pas être pris à la lettre, car il est possible d'augmenter ou de réduire le capital en respectant le formalisme lié aux modifications

statutaires. La règle signifie seulement que les associés n'ont pas en principe le droit de demander le remboursement de leur créance d'apport tant que la société n'est pas dissoute. Le principe de l'intangibilité interdit également aux associés de « manger » le capital en le mettant en distribution sous forme de dividendes. Ils se rendraient alors coupables, du moins dans les sociétés par actions et les SARL, du délit de distribution de dividendes fictifs.

600. – Cette fonction de garantie n'entraîne aucun blocage des biens figurant à l'actif. Si les affaires vont mal, ces éléments peuvent fondre alors que le montant du capital social reste inchangé au passif. Il ne s'agit donc pas d'une garantie contre l'évaporation des éléments d'actif. En réalité, c'est le montant des capitaux propres qui donne la mesure réelle de la garantie des créanciers (V. *infra*, n° 609).

2° L'exception : les sociétés à capital variable

601. – Par exception au principe de l'intangibilité du capital social, il est possible de créer des sociétés à capital variable (C. com., art. L. 231-1). La clause de variabilité du capital doit être inscrite dans les statuts et être régulièrement publiée ; les mots « à capital variable » doivent être indiqués dans tous les actes émanant de la société et destinés aux tiers (C. com., art. L. 231-2). La clause peut être introduite dans n'importe quel type de société, à l'exception des sociétés anonymes. C'est la directive européenne du 13 décembre 1976 qui a imposé au droit français cette interdiction particulière. Les négociateurs français ont seulement réussi à arracher deux entorses à cette interdiction en faveur de deux sociétés anonymes, les SICAV et les sociétés coopératives (V. *supra*, n°s 78 et 168).

602. – La formule de variabilité du capital permet l'entrée de nouveaux associés et la sortie, volontaire (le retrait) ou forcée (l'exclusion), d'anciens associés sans qu'il y ait à modifier les statuts (C. com., art. L. 231-6). Ceux-ci doivent prévoir un capital statutaire correspondant au maximum de parts sociales pouvant être émises. Le capital réel, évolutif par nature, ne saurait cependant descendre ni en dessous du dixième du capital statutaire ni, pour les sociétés autres que les coopératives, en dessous des seuils légaux exigés en fonction de la forme sociale (C. com., art. L. 231-5).

B. – Le capital : clé de répartition des prérogatives sociales entre associés

603. – Le pouvoir appartient à ceux qui contrôlent le capital ; d'où la prééminence des associés majoritaires. C'est cet aspect politique qui explique que toute modification du capital social exige l'intervention d'une assemblée générale statuant à une majorité qualifiée. La participation au capital constitue en effet la clé de répartition du pouvoir politique (le nombre de voix dont chaque associé dispose dans les assemblées) comme des droits financiers reconnus à chaque associé. Cette clé de répartition proportionnelle n'est toutefois pas d'ordre public ; il est en effet possible de prévoir une répartition statutaire des droits politiques non proportionnelle à la participation au capital social (V. *supra*, n° 556). Il est également possible de prévoir des clauses d'inégalité de traitement financier, sous réserve de respecter la prohibition des clauses léonines (V. *supra*, n° 256).

604. – Ceci explique que, dans la pratique, on rencontre deux catégories d'associés : ceux qui ont une âme de bailleur de fonds ou d'investisseur (ils font un simple placement financier dont ils attendent dividendes et plus-values) et ceux qui recherchent le pouvoir politique, c'est-à-dire le contrôle de la société (on les appelle parfois les « contrôlaires »). Il est parfois difficile d'apprécier à qui appartient réellement le pouvoir dans une société. Si les droits sont disséminés entre une multitude de petits porteurs, on peut contrôler la société avec une simple participation minoritaire.

Le coin des amateurs

1. La distinction du capital social et de l'actif social

605. – Pour comprendre la distinction du capital social et de l'actif social, il faut partir de la notion comptable de bilan (V. un exemple *supra*, n° 595). Le bilan est une photographie du patrimoine de l'entreprise à la clôture de l'exercice. Il décrit les emplois (l'actif du bilan) et les ressources ayant permis le financement de cet actif (le passif) (C. com., art. L. 123-13). Par hypothèse, un bilan est équilibré car il y a correspondance entre les emplois et les ressources.

a) L'actif

L'actif, placé à gauche du bilan, indique la composition des biens et des droits affectés à l'exploitation. On distingue :

– *l'actif immobilisé*, composé des biens et droits affectés durablement à l'exploitation : il peut s'agir d'immobilisations corporelles (terrains, immeubles bâtis, matériel et outillage…), d'immobilisations incorporelles (fonds de commerce, brevets, marques…) ou d'immobilisations financières (titres de participation, créances à moyen ou long terme) ;

– *l'actif circulant*, composé de biens et droits qui ont vocation à circuler, autrement dit qui ne sont pas affectés durablement à l'exploitation : stocks, créances liées au cycle d'exploitation (créances clients), disponibilités (liquidités disponibles à la banque ou en caisse), titres de placement…

b) Le passif

Le passif, le côté droit du bilan, renseigne sur l'origine des ressources de la société, fonds propres ou fonds empruntés ; les fonds propres sont en haut du bilan ; les fonds empruntés sont en bas de bilan. Il s'agit dans tous les cas de dettes de la société : soit envers les associés (passif interne) ; soit envers les tiers (passif externe).

Au titre du *passif interne*, on trouve en première ligne le capital social. Le capital social correspond à une dette de la société envers les associés dont l'exigibilité est reportée à la liquidation de la société puisque, tant que la société n'est pas dissoute et liquidée, les associés ne peuvent pas en principe réclamer le montant de leur créance. Il s'agit d'une créance de dernier rang : si la société fait l'objet d'une liquidation judiciaire, les associés ne récupéreront leur mise qu'une fois que tous les créanciers sociaux, y compris les créanciers chirographaires, auront été désintéressés ; les associés ont donc la position de créanciers sous-chirographaires ou hypochirographaires. On trouve ensuite les réserves, qui correspondent là encore à une dette de la société envers les associés puisqu'elles ont vocation à profiter aux associés à travers la distribution des dividendes ou la répartition du boni de liquidation. Les pertes sont inscrites dans le compte de réserves dit « compte de report à nouveau négatif » (V. *supra*, n° 270).

Au titre du *passif externe*, on trouve toutes les dettes de la société à l'égard des tiers, à savoir les emprunts bancaires, les comptes courants d'associés, les dettes auprès des fournisseurs, les dettes fiscales et sociales…

2. La responsabilité pour insuffisance de capital

606. – On ne se lance pas dans les affaires avec son seul enthousiasme, la fleur au fusil et les poches désespérément vides. Et les inconscients ne sont pas à l'abri d'une action en responsabilité s'ils créent une entreprise sur des bases financières trop fragiles. Encore faut-il distinguer la situation des dirigeants et celle des associés.

a) La situation des dirigeants

La jurisprudence retenait traditionnellement qu'en créant une société sans apporter de fonds propres suffisants pour assurer son fonctionnement dans des conditions normales et en poursuivant l'activité sans prendre aucune mesure pour remédier à cette insuffisance de fonds propres, un dirigeant commettait une faute de gestion de nature à entraîner sa condamnation à combler le passif social (Cass. com., 23 nov. 1999, n° 97-12.834 : *RJDA* 2000, n° 457) (V. *supra*, n°s 495 et s.). Cette jurisprudence a été rapportée au motif que « l'insuffisance des apports consentis à une société lors de sa constitution, qui est imputable aux associés, ne constitue pas une faute de gestion » (Cass. com., 10 mars 2015, n° 12-15.505 : *BRDA* 6/2015, n° 9 ; *BJS* 2015, p. 244, note I. Parachkékova ; *Dr. sociétés* 2015, n° 164, obs. R. Mortier. – Cass. com., 17 juin 2020, n° 19-10.341, PB : *JCP* E 2020, 1362, note S. Tisseyre). Il est vrai que l'obligation d'apport incombe à l'associé en cette dernière qualité et non en sa qualité de dirigeant ; par suite, il ne peut pas s'agir d'une faute de gestion imputable à ce dernier. La solution a été étendue à l'absence de recapitalisation de la société alors que les capitaux propres étaient devenus inférieurs à la moitié du capital social (V. *infra*, n°s 1458 et s.), au motif là encore que le défaut de reconstitution des capitaux propres, qui est imputable aux actionnaires, ne constitue pas une faute de gestion dont les dirigeants doivent répondre (Cass. com., 13 oct. 2015, n° 15.755 : *BJS* 2016, p. 157, note J. Heinich). Constitue en revanche une faute de gestion le fait pour les dirigeants de ne pas avoir fait ou tenté de faire procéder à une augmentation de capital lorsqu'elle s'avère nécessaire à la survie de la société (Cass. com., 16 juill. 2016, n° 14-23.310 : *Rev. sociétés* 2017, p. 44, note J. Heinich).

b) La situation des associés

Les associés engagent leur responsabilité civile s'ils constituent une société avec un capital insuffisant ; tel est le cas de la filiale reprochant à sa mère de ne pas l'avoir suffisamment dotée (V. *infra*, n° 2439).

3. Le principe de l'autonomie du patrimoine social

607. – Toute société a un patrimoine propre, distinct de celui de ses associés. Comme pour une personne physique, le patrimoine englobe tous les droits et obligations de la société. Il faut donc distinguer le patrimoine social et le capital social, ce dernier représentant seulement le montant des apports. Le principe de l'autonomie du patrimoine social signifie que le patrimoine des associés est séparé de celui de la société. Ce principe de la séparation des patrimoines emporte des conséquences tant à l'égard des associés qu'à l'égard des créanciers.

a) Autonomie active

L'actif social échappe aux associés qui ne sont pas copropriétaires des sommes ou biens apportés ; ils sont seulement titulaires de droits sociaux. Autrement dit, les associés doivent respecter l'engagement qu'ils ont souscrit en acceptant d'affecter des biens à la poursuite d'une entreprise commune. Ainsi, les associés ne peuvent pas puiser impunément dans les caisses sociales ; à défaut, s'ils ont la qualité de dirigeant de droit ou de fait, ils se rendent coupables sur le plan pénal du délit d'abus de biens sociaux ou d'abus de confiance, selon la forme de la société. En cas de liquidation judiciaire, les dirigeants peuvent être obligés de combler l'insuffisance d'actif (V. *infra*, n° 496).

b) Autonomie passive

Les créanciers sociaux peuvent exercer leur droit de gage sur le patrimoine de la société mais pas sur le patrimoine des associés, du moins dans les sociétés à risque limité. En effet, dans les sociétés à risque illimité, en cas de carence de la société, les créanciers peuvent se retourner contre les associés, tenus indéfiniment et parfois solidairement au passif social, lorsque la société est commerciale.

Les créanciers personnels des associés, pour leur part, ne peuvent pas saisir les biens de la société. Ils n'ont aucun droit sur le patrimoine social, sauf en cas de fraude des associés ou de simulation (V. *supra*, n°s 284 et s.).

4. Variations sémantiques autour du capital

608. – Le mot « capital » vient du latin *caput-capitis* qui signifie « tête ». Au dire des linguistes, c'est l'une des racines les plus fécondes de notre langue. S'y rattachent des termes aussi variés que capitaine, décapitation, chef, cheptel (V. J. Pinoche, *Dictionnaire étymologique du français*, éd. Les usuels du Robert, V° *Chef*). Par ailleurs, le mot « capital » est doté à lui seul de multiples significations. Passons sur le Grand Capital cher aux marxistes. Les juristes doivent en revanche se méfier du sens que réservent à ce mot les économistes, les financiers ou les comptables ; ils n'utilisent évidemment pas la même langue. Ce n'est pas tout ; le mot a engendré divers néologismes qui ne sont pas nécessairement reconnus par l'Académie française.

a) La capitalisation

Chacun connaît la technique, sinon le régime, de la capitalisation des intérêts (V. O. Gout, *La capitalisation des intérêts : éclairage sur un mécanisme réputé obscur : Dr. et patrimoine* 12/2000, p. 26).

En droit des sociétés, il s'agit d'autre chose. Est visée l'incorporation de certaines valeurs au capital ; c'est ainsi que la capitalisation des réserves constitue l'une des variantes de l'augmentation de capital (V. *infra*, n° 1438). Il en va de même de l'incorporation des comptes courants au capital social (V. *infra*, n° 1443).

b) La recapitalisation

Les praticiens font une différence entre capitalisation, qui est un terme neutre, et recapitalisation, qui est plus volontariste. On parle de recapitalisation lorsqu'une société souffre d'anémie financière et que l'on décide de lui injecter une nouvelle dose de fonds propres, un peu à la manière d'une transfusion sanguine, par voie d'augmentation de capital (V. *infra*, n° 1483). Il existe plusieurs familles de « donneurs ». Tantôt, ce sont les associés d'origine qui sont mis à contribution ; ils remplissent, dit-on, leur devoir d'actionnaires (V. *infra*, n° 1222) ; le cas échéant, leurs comptes courants sont incorporés au capital. Tantôt, il faut faire appel à un opérateur extérieur ; on lui propose dans ce cas une ouverture du capital ; c'est une des modalités de la cession de contrôle (V. *infra*, n° 2339). Tantôt on sollicite le cercle des amis et des partenaires pour constituer un « tour de table ».

c) La sous-capitalisation

La sous-capitalisation, qui se traduit par une insuffisance du capital social au regard des fonds empruntés, est l'état d'une société dont le capital social est manifestement inadapté au volume de ses activités. La société n'est pas nécessairement en mauvaise posture, car il ne faut pas confondre capital social et capitaux propres (V. *infra*, n° 609). Les sociétés françaises, surtout les petites et moyennes entreprises à caractère familial, sont généralement sous-capitalisées, et ce de manière délibérée, les maîtres de l'affaire privilégiant le financement par comptes courants d'associés (V. *infra*, n° 611). On citera un autre cas de sous-capitalisation manifeste lorsque des repreneurs créent une holding de reprise pour racheter une société ; le capital est souvent réduit au minimum, le financement du rachat étant assuré pour l'essentiel par des emprunts ; cette formule d'endettement massif permet de réaliser ce que les financiers appellent un effet de levier (V. *infra*, n° 2342). Au plan fiscal, des règles ont été posées pour lutter contre la sous-capitalisation dans les groupes de sociétés (V. *infra*, n° 2502).

d) La décapitalisation

Cette fois, la société n'est pas sous-capitalisée, elle est surcapitalisée. Elle est prospère et dispose de fonds propres pléthoriques. D'où l'idée de réduire le capital et de restituer aux associés une partie de leurs apports. C'est à quoi correspond la décapitalisation qui n'est qu'une réduction de capital non motivée par des pertes (V. *infra*, n° 1454). Il s'agit surtout d'une stratégie entre les mains des dirigeants de sociétés cotées soucieux de créer de la valeur pour leurs actionnaires, cela à des conditions fiscalement avantageuses lorsqu'il s'agit de personnes physiques (V. *infra*, n° 1473). Une augmentation de capital peut faire le bonheur de la société, mais pas nécessairement celui des actionnaires qui, à l'avenir, devront partager le gâteau avec les nouveaux arrivés. On parle de la dilution de leur droit aux bénéfices au fur et à mesure que s'agrandit le tour de table. Une réduction de capital, s'accompagnant à l'inverse d'une diminution du nombre des bénéficiaires, ou du moins du nombre des actions, a pour résultat immédiat de revaloriser les actions restantes ; c'est l'effet de *relution* par opposition à l'effet de *dilution*.

SOUS-SECTION 2

LES CAPITAUX PROPRES

609. – Alors que le capital social est une notion abstraite caractérisée par son intangibilité, la notion de capitaux propres a un contenu beaucoup plus concret qui est soumis à variation. L'article L. 123-13 du Code de commerce dispose que « le bilan décrit séparément les éléments actifs et passifs de l'entreprise, et fait apparaître, de façon distincte, les capitaux propres » (V. *supra*, n° 605). Ceux-ci comprennent, outre le montant du capital social, les réserves antérieurement constituées ou, en négatif, les pertes qui n'ont pu être apurées et qui figurent dans le compte de report à nouveau négatif.

610. – Ce sont les capitaux propres (et non le capital social) qui donnent la mesure de la *situation financière réelle de la société*, bonne ou mauvaise.

Si les capitaux propres dépassent le montant du capital social, c'est un gage de prospérité puisque l'excédent provient de la mise en réserve de bénéfices antérieurs.

En cas de pertes importantes, le montant des capitaux propres peut être négatif, ce qui n'est bien sûr pas un signe de bonne santé financière (pour un exemple chiffré, V. *supra*, n° 270). Si les capitaux propres deviennent inférieurs au montant du capital social, cela signifie que la société a subi des pertes supérieures au montant du capital social : elle « mange » son capital, ce qui n'est pas de bon augure. En pareil cas, dans les sociétés par actions et les SARL, les associés doivent se concerter sur les mesures à prendre : dissoudre la société ou poursuivre l'activité en reconstituant les capitaux propres (V. *infra*, nos 1458 et s.).

SOUS-SECTION 3

LES COMPTES COURANTS D'ASSOCIÉS

611. – *Prêt consenti par l'associé.* Tous les associés participent au financement de la société par leurs apports dont le total donne la mesure du capital social. Mais ils peuvent compléter ce financement en lui consentant des prêts. On parle en pratique d'avances en compte courant, voire d'apports en compte courant. Cette dernière terminologie est doublement fallacieuse car il ne s'agit ni d'apports ni de comptes courants. Les comptes courants d'associés sont de simples prêts qui présentent la caractéristique d'être consentis non par des établissements financiers mais par les associés eux-mêmes. Il s'agit donc d'une exception au monopole bancaire au profit des associés[1].

612. – *Importance pratique.* Le recours au financement par compte courant d'associé est très fréquent. On le rencontre aussi bien dans les PME où le montant des comptes courants dépasse souvent celui du capital que dans les groupes lorsque par exemple la société mère consent des avances à ses filiales. Paradoxalement, le droit des sociétés, particulièrement tatillon en ce qui concerne le capital social, ignore les comptes courants d'associés (V. cependant *infra*, n° 2125 dans les sociétés d'exercice libéral). Sur le plan juridique, les avances en compte courant sont régies par le droit commun des obligations, lequel renvoie à la liberté contractuelle[2]. En réalité, c'est le droit fiscal qui assure la police en la matière. D'où l'intérêt de distinguer les aspects juridiques et les aspects fiscaux sans omettre quelques indications d'analyse financière.

§ 1. – Les aspects juridiques des comptes courants d'associés

613. – C'est sans doute leur souplesse d'utilisation qui explique l'engouement pour les avances en compte courant. Il convient pourtant de prendre garde à l'épée de Damoclès que peuvent constituer des demandes intempestives de remboursement.

A. – La souplesse d'utilisation

614. – *Absence de formalisme.* Bien souvent l'opération ne donne lieu à aucun écrit. On supposera par exemple que le dirigeant d'une société anonyme dont il détient la quasi-totalité du capital décide de la renflouer en lui avançant des fonds

(1) H. Hovasse, Comptes courants d'associés et monopole des banques : JCP E 2010, 1284.
(2) D. Danet, Comptes courants d'associés : pour en finir avec un apartheid juridique : RTD com. 1993, p. 55.

parfois empruntés auprès de son banquier. L'opération se limite à un virement financier au profit de la société et à la passation d'une écriture comptable créditant le compte courant du dirigeant dans la société. Aucun écrit ne retrace l'opération de prêt réalisée par le dirigeant au profit de la société. Ni le conseil d'administration, ni l'assemblée générale, ni le commissaire aux comptes n'ont été saisis. Cette façon de procéder n'est sans doute pas à l'abri de toute critique, du moins lorsque le compte courant est rémunéré par un intérêt ; on est dans ce cas en présence d'une convention réglementée soumise à autorisation préalable(3), à moins que la convention ne puisse être qualifiée de convention libre, car courante et conclue à des conditions normales (V. *infra*, n° 1029). À l'opposé, si la mesure de renflouement s'était traduite par une augmentation de capital, il aurait fallu réunir une assemblée générale extraordinaire et procéder à une modification des statuts.

De la même façon, le remboursement de l'avance en compte courant n'est soumis à aucun formalisme, ce qui n'est pas le cas du remboursement des apports dans le cadre d'une réduction de capital (V. *infra*, n° 1454).

615. – *Compte courant.* Au quotidien, le compte courant du dirigeant ou d'un simple associé est crédité du montant des rémunérations qui lui sont dues : salaires, redevances, dividendes… La société y trouve un moyen commode d'alimenter sa trésorerie. Pour le dirigeant, ce n'est pas de l'argent dormant puisque les sommes figurant à son compte peuvent être rémunérées par le versement d'un intérêt(4). Il peut prélever à sa guise les sommes dont il a besoin ; de ce point de vue, le terme de compte courant est évocateur. Il y a tout de même une limite à ne pas franchir ; le compte courant ne saurait en effet être débiteur. Dans les sociétés par actions et dans les SARL, boucler des fins de mois difficiles grâce à des avances consenties par la société constitue une faute de gestion qui tombe sous le coup de l'abus de biens sociaux (V. *infra*, n° 1069), sans compter les conséquences de la qualification de convention interdite (V. *infra*, nos 1025 et 1766) ou la mise en œuvre de la responsabilité civile de l'intéressé(5), sans compter la qualification fiscale de distribution irrégulière (CGI, art. 111, *a*).

B. – Le remboursement de la créance de compte courant

1° Principe

616. – *Avance à durée indéterminée.* Le principe de l'intangibilité du capital social ne s'appliquant pas aux avances en compte courant, les associés prêteurs sont en principe en droit de demander à tout instant le remboursement de leur créance, du moins chaque fois que l'avance a été consentie sans condition de délai, cela même en cas de difficultés financières de la société(6). Certains juges du fond ayant tendance,

(3) CA Paris, 6 juill. 1993 : *Dr. sociétés* 1993, n° 190, obs. H. Le Nabasque.

(4) La créance d'intérêts afférente à une créance de compte courant antérieure au jugement d'ouverture a, par voie d'accessoire, la nature de créance antérieure soumise au principe de l'interdiction des paiements qui doit être déclarée, même si les intérêts ont continué à courir après le jugement d'ouverture : Cass. com., 27 sept. 2017, n° 16-19.394, PB : *BJS* 2017, p. 749, note J. Heinich ; *Dr. sociétés* 2018, n° 14, obs. R. Mortier.

(5) Cass. com., 4 nov. 2014, n° 13-13.555 : *Dr. sociétés* 2015, n° 27, obs. M. Roussille : action en responsabilité civile intentée par le liquidateur judiciaire contre un gérant de SARL dont le compte courant d'associé était débiteur ; en l'espèce, l'arrêt ayant admis cette action est cassé car les juges ont fixé le point de départ de la prescription de l'action au jour de l'ouverture de la procédure collective sans caractériser une dissimulation du fait dommageable.

(6) CA Aix-en-Provence, 6 juill. 2017, n° 15/05231 : *Dr. sociétés* 2017, n° 203, obs. R. Mortier.

au nom de l'équité, à rejeter les demandes de remboursement faites à contretemps et risquant de ruiner l'équilibre financier de la société, la Cour de cassation doit régulièrement rappeler le principe selon lequel, sauf stipulation contraire, un associé est en principe en droit d'exiger le remboursement de son compte courant à tout moment(7), sans que les autres associés puissent prétendre qu'il s'agit d'une augmentation de leurs propres engagements(8). De la même façon, sauf s'il est intervenu en violation d'une convention ou des statuts ou sous la forme d'un paiement effectué par des moyens inhabituels, le remboursement d'une créance de compte courant, qui n'emporte pas appauvrissement du débiteur, ne peut pas être attaqué par la voie de l'action paulienne(9). Lorsque l'associé fait l'objet d'une procédure collective, il est dessaisi au profit du liquidateur du droit d'agir en remboursement de sa créance de compte courant(10). Si la société est incapable de rembourser les avances en raison des opérations aventureuses de son dirigeant, celui-ci peut voir sa responsabilité engagée(11). Lorsque l'avance est consentie sans condition de délai, l'associé peut renoncer à son droit au remboursement, à condition toutefois que cette renonciation procède d'une volonté précise et non équivoque(12).

617. – S'agissant de *dividendes payés par inscription au compte courant*, les règles spéciales de prescription relatives aux dividendes ne s'appliquent pas à la demande de remboursement du solde du compte courant(13). En conséquence, la prescription de la créance de remboursement ne court qu'à compter du jour de sa demande en paiement par l'associé, la créance n'étant devenue exigible qu'à cette date(14).

2° Aménagements contractuels

618. – Si on veut mettre la société à l'abri de telles menaces, voire de chantages entre les mains d'associés, il convient de prévoir par écrit les conditions du remboursement en stipulant un terme (convention de blocage) (V. *infra*, n° 624), un délai de préavis, ou encore en encadrant la procédure de remboursement, par exemple en prévoyant que le remboursement ne peut intervenir qu'après une décision du conseil d'administration prenant en compte la trésorerie disponible et les besoins de la société(15).

(7) Cass. com., 8 déc. 2009 : *BRDA* 1/2010, n° 2 : l'associé peut, sauf disposition conventionnelle contraire, demander à tout moment le remboursement du solde créditeur de son compte courant ; le juge ne peut pas plafonner le montant du remboursement pour tenir compte de la trésorerie disponible de la société.

(8) Cass. 3e civ., 3 mai 2018, n° 16-16.558 : *Dr. sociétés* 2018, n° 140, obs. H. Hovasse ; *BJS* 2018, p. 428, note J.-F. Barbièri ; *JCP* E 2019, 1145, n° 2, obs. J.-Ch. Pagnucco.

(9) Cass. com., 15 mai 2019, n° 18-10.403 : *JCP* E 2019, 1562, note Z. Can Koray.

(10) L'action en paiement du solde d'un compte courant d'associé n'est pas une action liée à la qualité d'associé du débiteur placé en liquidation judiciaire mais tend au recouvrement de la créance dont il dispose contre la personne morale : Cass. com., 23 sept. 2014, nos 12-29.262 et 13-15.437, PB : *Rev. sociétés* 2015, p. 124, note B. Saintourens.

(11) CA Paris, 22 mai 2008 : *BRDA* 18/2008, n° 6 ; le gérant avait confondu la trésorerie de la société et celle d'autres sociétés lui appartenant.

(12) La renonciation à un droit, en l'occurrence l'existence d'une créance en compte courant, ne peut résulter que d'actes manifestant sans équivoque la volonté de renoncer : Cass. com., 3 févr. 2015, n° 13-28.272. – Cass. com., 14 févr. 2006 : *Rev. sociétés* 2006, p. 960, note P. Le Cannu : la volonté de l'associé quant à la modification de son droit au remboursement peut résulter de son adhésion à la résolution d'assemblée décidant de cette modification.

(13) Cass. com., 10 déc. 2013, n° 12-26.235 : *Dr. sociétés* 2014, n° 47, obs. D. Gallois-Cochet.

(14) Cass. com., 18 oct. 2017, n° 15-21.906 : *BJS* 2017, p. 730, note J.-F. Barbièri.

(15) Cass. com., 9 oct. 2007 : *RJDA* 1/2008, n° 41 ; la clause n'est pas potestative car le remboursement ne dépend pas du seul bon vouloir du conseil d'administration, en raison de la double référence à la trésorerie disponible et aux besoins de financement.

3° Tempéraments judiciaires

619. – À défaut d'encadrement contractuel du droit à remboursement, la société peut tenter d'éviter ou de retarder le remboursement du compte courant en utilisant l'une des deux voies judiciaires suivantes :

– invoquer l'article 1343-5 du Code civil en demandant au juge de lui accorder un délai de grâce, ce qui exige de démontrer la gravité de la situation financière de la société[16] ; en revanche, selon la Cour de cassation, les dispositions de l'article 1900 du Code civil qui autorisent le juge, en l'absence de terme prévu dans le contrat de prêt, à accorder un délai de remboursement à l'emprunteur ne sont pas applicables au compte courant d'associé, motif pris que sa caractéristique essentielle serait d'être remboursable à tout moment[17] ;

– convaincre le juge que la demande de remboursement est abusive, par exemple parce qu'elle est un simple moyen de pression exercé par le titulaire du compte dans le cadre d'un conflit plus large l'opposant à la société ; mais sous peine de ruiner le principe du droit à remboursement, la voie de l'abus est empruntée avec la plus grande parcimonie par le juge[18].

C. – Double qualité d'associé et de prêteur

620. – *Cumul des qualités.* L'associé peut cumuler la double qualité d'associé et de prêteur, comme d'autres cumulent la double qualité d'associé et de salarié. Lorsque l'associé présente cette double qualité et qu'il est débiteur de la société au titre de la libération d'un apport en numéraire, il peut invoquer la compensation entre sa dette d'apport et sa créance de compte courant. Dès lors que chacune des créances est fongible, liquide et exigible avant l'ouverture d'une procédure collective[19], l'associé peut invoquer le jeu de la compensation légale[20].

621. – *Indépendance des qualités.* Pour autant, même si elles se cumulent, les qualités d'associé et de prêteur sont juridiquement indépendantes l'une de l'autre. De fait, si la qualité de partie à un compte courant d'associé suppose en règle générale, au moins initialement, la qualité d'associé, ces deux qualités ne sont pas pour autant indissociables. La créance en compte courant procède d'un contrat de prêt dont la seule particularité est qu'il est consenti par un associé alors que la dette d'apport procède du contrat de société. Il s'ensuit que la créance en compte courant et la dette d'apport ne présentent entre elles aucun lien nécessaire. La jurisprudence en tire deux conséquences.

En premier lieu, après l'ouverture d'une procédure collective, aucune compensation ne peut avoir lieu entre la dette d'apport et la créance de compte courant,

---

(16) CA Versailles, 2 avr. 1999 : *RJDA* 7/1999, n° 788. – CA Paris, 24 févr. 2015, n° 13/20394 : *BRDA* 6/2016, n° 3 ; *BJS* 2015, p. 338, note M. Laroche ; *Dr. sociétés* 2015, n° 105, obs. R. Mortier.

(17) Cass. com., 10 mai 2011, n° 10-18.749 : *BJS* 2011, § 397, p. 754, note J. Lasserre Capdeville ; *JCP* E 2011, 1575, note R. Mortier ; *RJDA* 7/2011, n° 628 : condamnation de la SAS Geneviève Lethu, placée sous sauvegarde, à rembourser une avance en compte courant d'associé conclue à durée indéterminée.

(18) CA Paris, 30 mai 2008 : *Dr. sociétés* 2008, n° 243, M.-L. Coquelet.

(19) Il faut tout de même prendre garde au jeu des nullités de la période suspecte si les conditions de la compensation se sont réalisées entre la cessation des paiements et le jugement d'ouverture (C. com., art. L. 632-1 et s.).

(20) Cass. com., 8 janv. 2002 : *BJS* 2002, p. 477, note F.-X. Lucas ; *JCP* E 2002, 1639, n° 3, obs. J.-J. Caussain, Fl. Deboissy et G. Wicker.

car la condition de connexité posée par l'article L. 622-7, I, du Code de commerce n'est pas satisfaite[21].

En second lieu, parce qu'il n'existe pas de lien d'accessoire à principal entre l'apport en société et la fourniture de crédit, la cession des titres n'emporte pas cession de la créance de compte courant, qu'il s'agisse d'une vente[22] ou d'une donation des titres[23].

§ 2. – Les aspects fiscaux des comptes courants d'associés

622. – La véritable police des comptes courants d'associés est assurée non par le Code de commerce, qui les ignore, mais par le Code général des impôts qui en limite les avantages fiscaux. La fiscalité des intérêts est en effet plus favorable que celle des dividendes ; les premiers constituent des charges déductibles des résultats imposables de la société, mais non les seconds ; la rémunération des comptes courants d'associés entraîne donc une économie d'impôt pour la société.

623. – L'encadrement fiscal est le suivant (CGI, art. 39, 1, 3°) :

– les intérêts ne sont déductibles que si le capital social a été intégralement libéré ; il serait en effet paradoxal qu'une société emprunte auprès de ses associés alors que ceux-ci n'ont pas intégralement libéré le capital qu'ils ont souscrit (V. *supra*, n° 223) ;

– pour éviter des abus, le taux des intérêts déductibles est plafonné en fonction du taux moyen pratiqué par les établissements de crédit.

Par ailleurs, lorsque l'avance est consentie par un associé personne morale, a été mise sur pied une complexe machine de guerre destinée à lutter contre le phénomène de sous-capitalisation au sein des groupes de sociétés (V. *infra*, n° 2502).

§ 3. – L'analyse financière des comptes courants d'associés

624. – *Quasi-fonds propres.* Les comptes courants d'associés constituent des dettes de la société et figurent à ce titre en bas de bilan au titre du passif externe (V. *supra*, n° 605). En analyse financière, ce passif présente tout de même des particularités. Il a des allures de quasi-fonds propres si certaines mesures sont prises, notamment à la demande des banquiers.

Lorsque ceux-ci accordent à une PME un emprunt, ils peuvent imposer une mesure de blocage interdisant aux dirigeants ou aux associés principaux de réclamer le remboursement de leurs avances avant l'arrivée d'un terme convenu, l'échéance

(21) Cass. com., 20 mai 1997 : *BJS* 1997, p. 861, note J.-Ph. Dom. – Cass. com., 18 janv. 2000 : *BJS* 2000, p. 527, note A. Couret. – Cette solution doit être approuvée, V. *JCP* E 2002, 1639, n° 3, obs. J.-J. Caussain, Fl. Deboissy et G. Wicker.

(22) Cass. com., 11 janv. 2017, n° 15-14.064 : *BJS* 2017, p. 163, note J.-F. Barbièri ; *Dr. sociétés* 2017, n° 56, obs. R. Mortier ; *RJDA* 3/2017, n° 178 – J.-F. Barbièri, *Cession de droits sociaux et sort du compte courant* : *BJS* 2008, § 37, p. 160.

(23) Cass. 3e civ., 18 nov. 2009, n° 08-18.740, PB : *Dr. sociétés* 2010, n° 23, obs. R. Mortier.

du prêt bancaire par exemple[24]. La société n'a pas le pouvoir d'imposer ce terme contre son gré à un associé, car ce serait augmenter ses engagements (V. *supra*, n° 585)[25].

En outre, les banques exigent parfois une clause de déclassement de rang – ou clause de subordination – par laquelle les dirigeants et associés acceptent, en cas de liquidation de la société, d'être remboursés après tous les autres créanciers, privilégiés ou chirographaires.

625. – Si les affaires vont mal et qu'il faut reconstituer les capitaux propres, on peut jouer sur les comptes courants d'associés, soit en les incorporant au capital, soit en les abandonnant (V. *infra*, n° 1482).

SECTION 2

LES RÉSULTATS

626. – Que la société ait pour but la réalisation de bénéfices ou d'économies, il convient une fois l'an de déterminer le résultat puis de décider de son affectation.

SOUS-SECTION 1

LA DÉTERMINATION DU RÉSULTAT

627. – Quelle que soit la forme de la société, le résultat doit être calculé, puis les comptes annuels doivent être approuvés et, pour certaines sociétés, publiés. Les règles d'établissement et de publication des comptes annuels ont été assouplies dans les PME (V. *infra*, n° 641).

§ 1. – Le calcul du résultat

628. – Calculer le résultat de la société revient à additionner les produits tirés de l'activité puis de soustraire les charges ayant permis la réalisation de ceux-ci.

629. – *Dans les sociétés astreintes à la tenue d'une comptabilité commerciale* (C. com., art. L. 123-12 et s.), à savoir les sociétés commerciales et les sociétés civiles ayant opté pour l'impôt sur les sociétés (V. *supra*, n° 164), la détermination du résultat se fait à la clôture de l'exercice comptable, lequel correspond en principe à une période de douze mois. Mais il n'y a pas nécessairement coïncidence entre l'année civile et l'exercice comptable. Par exemple, lorsque l'activité est saisonnière, l'exercice peut aller du 1er juin au 31 mai de l'année suivante. Déterminer le résultat est

(24) Cass. com., 10 juin 2012, n° 11-10.0018 : *BJS* 2012, § 177, p. 295, note F.-X. Lucas : lorsqu'elles sont bloquées ou lorsque leur remboursement n'est pas demandé, les avances en compte courant ne constituent pas un passif exigible pour l'appréciation de l'état de cessation des paiements d'une société.

(25) Cass. com., 24 juin 1997 : *BJS* 1997, p. 871, note B. Saintourens.

l'affaire des comptables puisque le résultat social n'est autre que le résultat comptable (sur le traitement comptable des pertes, V. *supra*, n° 270). Le fiscaliste se saisit ensuite du résultat comptable pour déterminer le résultat fiscal et calculer l'impôt dû.

630. – *Dans les autres sociétés*, il faut également établir les comptes au moins une fois dans l'année, mais les obligations comptables sont beaucoup plus légères (pour la société civile, V. *infra*, n° 1926).

§ 2. – L'approbation des comptes annuels

631. – Dans les sociétés tenues à l'établissement d'une comptabilité commerciale (V. *supra*, n° 629), les comptes annuels (on les appelle également les comptes sociaux) comprennent trois documents de synthèse : le bilan, le compte de résultat et l'annexe. Ils doivent être approuvés par les associés dans les six mois de la clôture de l'exercice, en même temps que le rapport de gestion (C. com., art. L. 232-1 ; V. *infra*, n° 639). Dans les groupes de sociétés, l'approbation est étendue aux comptes consolidés (V. *infra*, n° 2476). Dans les autres sociétés, par exemple les sociétés civiles, on se contente de soumettre à l'approbation des associés le rapport établi par le gérant (V. *infra*, n° 1926).

632. – Un vote éclairé suppose une *information* sur les comptes sociaux, dont les modalités varient selon la forme de la société. Les comptes sociaux et le rapport de gestion sont adressés aux associés quinze jours au moins avant la tenue de l'assemblée, d'office dans les sociétés de personnes, sur demande dans les sociétés par actions et les SARL. Les mêmes documents sont communiqués au commissaire aux comptes et au comité social et économique, du moins si ces organes existent. Lorsque les personnes intéressées ne peuvent obtenir ces documents, elles peuvent solliciter en référé une injonction judiciaire sous astreinte ou la nomination d'un mandataire chargé de procéder à la communication (C. com., art. L. 238-1) (V. *infra*, n° 651).

§ 3. – La publication des comptes annuels

A. – Le domaine de l'obligation de publication

633. – Pour les personnes physiques, le secret de la vie privée s'étend à leur fortune. Pour les personnes morales, les plus importantes du moins, c'est au contraire la transparence qui a cours : elles doivent publier chaque année l'état de leur fortune, ou de leur infortune.

Les sociétés cotées doivent publier leurs comptes annuels et le rapport de gestion ; lorsque la société établit un document de référence, elle peut le déposer au greffe, ce qui la dispense alors de publier ses comptes annuels et son rapport de gestion (C. com., art. L. 232-23, III).

Dans les sociétés par actions non cotées (C. com., art. L. 232-23) et les *SARL* (C. com., art. L. 232-22), l'obligation de publication ne concerne que les comptes annuels mais pas le rapport de gestion, consultable au siège social par tout intéressé (pour l'EURL, V. *infra*, n° 1809).

Dans les SNC, l'obligation de publication ne s'impose que si tous les associés sont des sociétés à risque limité (des SA, des SAS ou des SARL par exemple) et ne concerne que les comptes sociaux, le rapport de gestion pouvant simplement être consulté au siège social par tout intéressé (C. com., art. L. 232-21) (V. *infra*, n° 639).

Les autres sociétés de personnes peuvent continuer à cultiver le secret de leurs résultats financiers. Ceci explique que, par discrétion, certains hommes d'affaires ou certains groupes choisissent la SNC ou la société civile.

634. – Les règles de publication des comptes annuels sont simplifiées dans les PME (V. *infra*, n° 641).

B. – Les modalités de l'obligation de publication

635. – Les dirigeants doivent *déposer au greffe du tribunal de commerce* dans le mois qui suit l'assemblée générale annuelle d'approbation des comptes les documents suivants : comptes annuels, rapport de gestion (du moins s'il est soumis à publication), rapport du commissaire aux comptes, proposition d'affectation du résultat et résolution décidant de l'affectation. Lorsque ces documents sont déposés sous forme électronique, le délai est porté à deux mois. Lorsque la société a nommé un commissaire aux comptes, elle peut charger ce dernier d'adresser directement les documents au greffe du tribunal (C. com., art. L. 823-8-1).

636. – Les esprits curieux peuvent ainsi, en se déplaçant au greffe ou *via* Internet, obtenir un certain nombre de renseignements concernant un partenaire, un concurrent ou qui que ce soit :
- extraits du registre du commerce et des sociétés (extrait K bis notamment) ;
- comptes annuels ;
- chiffres clés (chiffre d'affaires, résultat net, effectif...) ;
- défaillances, déclarations de cessation des paiements...

C. – La sanction de l'obligation de publication

637. – On comprend que certaines entreprises rechignent à dévoiler leur intimité financière, par négligence, par culte du secret ou pour masquer d'éventuelles difficultés. Le dirigeant qui a omis de procéder à la publication des comptes annuels encourt une amende de 1 500 €, portée à 3 000 € en cas de récidive (C. com., art. R. 247-1).

638. – Les tiers ne sont pas privés de tout moyen de riposte puisqu'ils disposent de plusieurs voies pour obtenir l'exécution forcée de l'obligation de publication ; l'action est ouverte à tout intéressé (V. *infra*, n° 640).

D'abord, selon l'article R. 210-18 du Code de commerce, lorsque la publicité a été omise, tout intéressé peut demander au président du tribunal de commerce statuant en référé de désigner un mandataire chargé d'accomplir la formalité (V. *infra*, n° 651).

Ensuite, à la demande de tout intéressé ou du ministère public, le président du tribunal, statuant en référé, peut enjoindre au dirigeant, sous astreinte, de procéder au dépôt des pièces et actes au registre du commerce et des sociétés auquel la société est tenue, ce qui est le cas des comptes sociaux ; il peut également désigner un mandataire chargé d'accomplir cette formalité (C. com., art. L. 123-5-1)[(26)].

Enfin, le président du tribunal, en cas d'omission du dépôt des comptes annuels au greffe, peut adresser une injonction de le faire, à bref délai, sous astreinte (C. com., art. L. 611-2 II)[(27)] ; l'ordonnance rendue par le président du tribunal de commerce doit, à peine de nullité, comporter l'indication du nom du greffier et sa signature[(28)].

Le coin des amateurs

1. Le rapport de gestion

639. – Dans les sociétés commerciales, les dirigeants ont l'obligation de présenter annuellement à l'assemblée générale d'approbation des comptes un rapport de gestion. Ce rapport est important car il permet d'informer les associés de l'évolution des affaires sociales durant l'année écoulée ; il vient ainsi compléter et éclairer l'information donnée dans les comptes sociaux.

a) Le contenu du rapport de gestion

Le rapport de gestion expose la situation de la société, son évolution prévisible, les événements importants survenus depuis la clôture de l'exercice, les activités de la société en matière de recherche et de développement et les succursales existantes (C. com., art. L. 232-1, II). D'autres mentions sont requises, notamment l'activité des filiales ou les prises de participation (C. com., art. L. 233-6), l'existence d'actions d'autocontrôle (C. com., art. R. 233-19, al. 2) ou encore le montant des dividendes versés au titre des trois derniers exercices (CGI, art. 243 bis).

b) Le domaine du rapport de gestion

Sont tenues d'établir un rapport de gestion toutes les sociétés commerciales, à l'exception des petites EURL (V. *infra*, n° 1809) et SASU (V. *infra*, n° 1565). Cette dispense a été étendue aux petites entreprises au sens de l'article L. 123-16 du Code de commerce (V. *infra*, n° 641).

À l'opposé, dans les SARL (C. com., art. L. 223-26, al. 6) et les SNC (C. com., art. L. 221-7, al. 4) qui dépassent certains seuils fixés par décret, le rapport de gestion doit comporter des mentions particulières (C. com., art. L. 225-100-1, al. 3 à 6).

Enfin, dans la SA, le rapport de gestion fait figure de véritable fourre-tout (V. *infra*, n° 1020).

2. Tout intéressé peut contraindre la société à déposer ses comptes annuels

640. – Les roueries de la concurrence sont insoupçonnées. Outre que le défaut de publication des comptes peut constituer un acte de concurrence déloyale (CA Versailles,

(26) L'existence de cette disposition spéciale n'est pas exclusive de l'action de droit commun fondée sur l'article L. 232-23 du Code de commerce, qui fait obligation à toute société par actions de déposer ses comptes annuels, l'exécution forcée de cette obligation pouvant être demandée en référé : Cass. com., 3 mars 2021, n° 19-10.086, FP.

(27) N. Stolowy, De nouvelles injonctions de faire en matière de publication des comptes par les sociétés : JCP E 2006, 1462.

(28) Cette injonction ne constitue pas une sanction ayant le caractère d'une punition : Cons. const., 1er juill. 2016, n° 2016-548 QPC : *Rev. sociétés* 2017, p. 15, note A. Reygrobellet. – L'atteinte portée à la protection des données personnelles à caractère patrimonial est proportionnée au but légitime de détection et de prévention des difficultés des entreprises : Cass. com., 24 juin 2020, n° 19-14.098, PB : *Dr. sociétés* oct. 2020, n° 118, obs. J.-F. Hamelin.

18 mars 2014 : *BRDA* 9/2014, n° 3), un concurrent curieux peut contraindre la société à déposer ses comptes annuels (CA Rennes, 2 déc. 1992 : *JCP* E 1993, II, 500, note P. Le Floch). Une société A exploite à Nantes un hypermarché à l'enseigne *Leclerc*. L'un de ses concurrents, la société B, exploite un autre hypermarché dans la même ville dans le cadre d'une succursale sans personnalité juridique. La société B cherche à connaître, *via* les comptes sociaux, la situation financière et les conditions d'exploitation de son concurrent. Mais celui-ci n'a pas déposé ses comptes au greffe du tribunal de commerce. Pour l'y contraindre, une société d'expertise comptable l'assigne en référé (C. com., art. R. 210-18) : « Lorsqu'une formalité de publicité a été omise (...), tout intéressé peut demander au président du tribunal de commerce statuant en référé de désigner un mandataire chargé d'accomplir la formalité. » La société A lui oppose diverses fins de non-recevoir ; n'étant qu'un « sous-marin » de la société B, elle n'a pas la qualité d'intéressé au sens du décret de 1967 ; la publicité est en effet organisée au profit des créanciers et non des concurrents ; quant aux comptes propres à la succursale de la société B, ils ne sont pas davantage publiés, car ils sont noyés dans les comptes globaux de la société à succursales multiples. La demande de la société d'expertise comptable est en fin de compte jugée recevable et un mandataire est désigné avec mission d'accomplir les formalités de publicité omises. Saisie d'un autre contentieux, la Cour de cassation a censuré un arrêt d'appel qui avait rejeté la demande émanant d'un tiers au prétexte qu'il ne démontrait pas en quoi la production des comptes sociaux était nécessaire à la défense de ses intérêts (Cass. com., 15 juin 1999 : *BJS* 1999, p. 1013, note J.-M. Bahans ; *JCP* E 2000, p. 30, obs. A. Viandier et J.-J. Caussain. – V. égal., Cass. com., 6 déc. 2005 : *BJS* 2006, § 96, p. 488, note P. Scholer ; *RJDA* 3/2006, n° 293).

En effet, la demande d'injonction est « sauf abus, ouverte à toute personne sans condition tenant à l'existence d'un intérêt particulier ». Elle peut ainsi être exercée par un ancien salarié (Cass. com., 3 avr. 2012, n° 17-17.130, PB : *BJS* 2012, p. 545, note F.-X. Lucas ; *RJDA* 2012, n° 683) ou un fonds d'investissement, actionnaire minoritaire (T. com. Paris, ord. réf., 16 oct. 2019 : *JCP* E 2019, 1518, note S. Almaseanu). La seule limite tient à l'existence d'un abus mais la jurisprudence n'en offre aucun exemple. La curiosité – le voyeurisme financier – n'est pas en soi un abus ; en revanche, les demandes participant d'une entreprise de guérilla et de déstabilisation contre la société, caractérisant l'intention de nuire du demandeur, constitueraient sans doute un tel abus.

3. Allègements comptables bénéficiant aux PME

641. – Les chocs de simplification successifs ont conduit à divers allègements au bénéfice des PME en matière d'établissement et de publication des comptes annuels (J.-F. Barbièri, *La présentation simplifiée et la confidentialité des comptes sociaux selon la loi Pacte : BJS* juin 2019, p. 94). Ils concernent les personnes physiques comme les personnes morales tenues d'établir une comptabilité de type commercial.

a) Les allègements bénéficiant aux micro-entreprises

Les micro-entreprises sont dispensées d'établir une annexe si elles respectent deux des trois conditions suivantes : total du bilan n'excédant pas 350 000 € ; chiffre d'affaires net ne dépassant pas 700 000 € ; nombre moyen de salariés au cours de l'exercice égal au plus à 10 (C. com., art. L. 123-16-1 et D. 123-200).

Les micro-entreprises peuvent également déclarer que les comptes annuels qu'elles déposent ne seront pas rendus publics (C. com., art. L. 232-25, al. 1er ; R. 123-111-1) ; en pareil cas, le rapport des commissaires aux comptes n'est pas rendu public (C. com., art. L. 232-26). Elles doivent souscrire à cette fin une déclaration de confidentialité des comptes annuels (C. com., art. R. 225-111-1).

Une société en sommeil répondant à la définition de la micro-entreprise peut être autorisée à tenir un bilan et un compte de résultat abrégé lorsqu'elle n'emploie aucun salarié et qu'elle a fait l'objet d'une inscription de cessation d'activité au RCS (C. com., art. 123-28-2).

b) Les allègements bénéficiant aux petites entreprises

Les petites entreprises peuvent adopter une présentation simplifiée de leurs comptes annuels si elles respectent deux des trois conditions suivantes : total du bilan n'excédant pas 6 M€ ; chiffre d'affaires net ne dépassant pas 12 M€ ; nombre moyen de salariés au cours de l'exercice égal au plus à 50 (C. com., art. L. 123-16 et D. 123-200). Elles peuvent également demander que leur compte de résultat ne soit pas rendu public, sauf s'il s'agit de sociétés appartenant à un groupe au sens de l'article L. 233-16 du Code de commerce (V. *infra*, n° 2475) (C. com., art. L. 232-25, al. 2 ; R. 123-111-1). Les entreprises optant pour la discrétion doivent souscrire une déclaration de confidentialité des comptes annuels (C. com., art. R. 225-111-1).

c) Les allègements bénéficiant aux moyennes entreprises

Sont concernées les entreprises qui ne dépassent pas deux des trois seuils suivants, fixés par décrets : total du bilan de 20 M€, montant net du chiffre d'affaires de 40 M€ ; nombre moyen de salariés de 250 (C. com., art. D. 123-200, al. 4). Les moyennes entreprises peuvent adopter une présentation simplifiée de leur compte de résultat (C. com., art. L. 123-16). Elles peuvent également demander que ne soit rendue publique qu'une présentation simplifiée de leur bilan et de leur annexe, sans que cette présentation soit accompagnée du rapport des commissaires aux comptes, sauf s'il s'agit de sociétés appartenant à un groupe au sens de l'article L. 233-16 du Code de commerce (V. *infra*, n° 2475) (C. com., art. 232-25, al. 3 ; R. 123-111-1).

SOUS-SECTION 2

L'AFFECTATION DU RÉSULTAT

642. – En même temps qu'ils statuent sur les comptes sociaux, les associés décident de l'affectation du résultat sur la base des propositions faites par les dirigeants. Lorsque le résultat est déficitaire, les pertes doivent être inscrites dans un compte de report à nouveau négatif (V. *supra*, n° 270). Lorsque les résultats sont bénéficiaires, les associés peuvent décider soit la mise en réserve du résultat (il abondera les capitaux propres et permettra l'autofinancement de la société), soit sa mise en distribution (il financera les dividendes distribués aux associés).

§ 1. – La mise en réserve du résultat

A. – Les réserves obligatoires

643. – L'obligation de constituer des réserves peut résulter soit de la loi, soit des statuts. Dans les deux cas, les réserves sont indisponibles en ce sens que, de la même façon que le capital social (V. *supra*, n° 599), elles ne peuvent pas être distribuées aux associés ; il s'agit d'un quasi-capital (sur la nature juridique des réserves, V. *supra*, n° 545). Les associés peuvent décider ultérieurement l'incorporation des réserves obligatoires au capital social : le quasi-capital devient alors capital tout court.

1° La réserve légale

644. – La loi impose la constitution d'une réserve légale uniquement dans les sociétés par actions et dans les SARL (C. com., art. L. 232-10) ; pareille obligation ne se rencontre pas dans les sociétés de personnes. Elle se calcule sur le bénéfice net de l'exercice, diminué le cas échéant des pertes antérieures. Son taux est de 5 %. Le prélèvement cesse d'être obligatoire dès que les sommes inscrites à la réserve légale atteignent le dixième du capital.

2° La réserve statutaire

645. – Il s'agit de la mise en réserve d'un pourcentage du bénéfice, imposée par les statuts ; la réserve statutaire complète dans ce cas la réserve légale. Elle est rare en pratique.

B. – Les réserves facultatives

646. – Une fois que la réserve légale, voire la réserve statutaire si elle est imposée, a été dotée, les associés peuvent librement décider que tout ou partie du bénéfice disponible de l'exercice sera porté à un compte de réserve facultative, également appelée réserve ordinaire. Les réserves facultatives ne sont pas indisponibles ; les associés peuvent décider ultérieurement leur mise en distribution sous forme de dividendes, à moins qu'ils ne préfèrent les incorporer au capital.

C. – Le report à nouveau

647. – Le report à nouveau représente la partie du résultat qui n'a été ni mise en réserve ni distribuée ; il s'agit d'une somme, assez faible en général, qui est laissée en instance d'affectation jusqu'à la prochaine assemblée[29]. Elle sera alors ajoutée au bénéfice disponible après dotation de la réserve légale et l'assemblée aura à statuer sur le total ainsi formé.

Lorsque le résultat est déficitaire, la perte figure au passif du bilan en report à nouveau négatif, affecté par conséquent du signe moins (V. *supra*, n° 270).

§ 2. – La mise en distribution du résultat

648. – Après approbation des comptes annuels et constatation de l'existence de sommes distribuables, l'assemblée générale détermine la part attribuée aux associés sous forme de dividendes (C. com., art. L. 232-12). Dans les sociétés commerciales, seule la répartition du bénéfice distribuable tel que défini par l'article L. 232-11 du Code de commerce est autorisée. Il s'agit du bénéfice comptable de l'exercice, diminué de l'impôt sur les sociétés (quand celui-ci est exigible), des pertes antérieures, de la dotation à la réserve légale (de la réserve statutaire si elle existe) et augmenté du report à nouveau. Si le bénéfice distribuable n'est pas suffisant, l'assemblée peut arrondir le dividende par prélèvement sur les réserves antérieures, autres que la réserve légale ou la réserve statutaire.

(29) C. Barillon, La nature juridique du report à nouveau : BJS 2017, p. 345.

CHAPITRE 3

LES CRISES

649. – La vie d'une société n'est pas toujours celle d'un long fleuve tranquille. Comme celle d'un couple ou de toute autre institution humaine, elle connaît des crises internes, qui sont plus ou moins aiguës, opposant entre eux les membres de la société : dirigeants et associés. Quand la paix ne peut être retrouvée à l'amiable, il faut en appeler à un arbitre extérieur qui ne peut être que le juge, qui est ainsi devenu, par nécessité, un acteur clé de la vie des sociétés. Pour autant, le juge ne saurait être omniprésent et tout-puissant : le gouvernement d'une société n'est pas le gouvernement des juges[1].

On distinguera les crises politiques, qui affectent l'exercice du pouvoir au sein de la société, et les crises juridiques, qui sont dominées par la théorie des nullités affectant les actes internes passés par la société.

Le coin des amateurs

1. Les crises, le juge et le référé

650. – Il est souvent question de référé dans les textes concernant le droit des sociétés, ce qui justifie quelques rappels de procédure civile.

Référé rime avec rapidité ; il faut aller aussi vite que possible quand il y a grippage des rouages sociétaires. Il convient à titre liminaire de distinguer les ordonnances sur requête et les ordonnances de référé, même si elles sont les unes et les autres rendues par un juge unique.

Les ordonnances sur requête sont rendues par le juge en l'absence d'une instance contradictoire, c'est-à-dire sans présence d'une partie adverse. Elles ne sont pas inconnues du droit des sociétés ; ainsi, quand une société arrive à son terme, les associés doivent se réunir un an au moins à l'avance pour décider ou non sa prorogation ; en cas d'inaction des dirigeants « tout associé peut demander au tribunal statuant sur requête la désignation d'un mandataire de justice chargé de provoquer la consultation prévue » (C. civ., art. 1844-6 ; V. *infra*, n° 759). De la même façon, lorsque la gérance d'une SARL est vacante suite à la démission du gérant, le président du tribunal de commerce peut valablement désigner, par ordonnance sur requête, un mandataire *ad hoc* chargé de convoquer une assemblée en vue de procéder

(1) J. Mestre, Réflexions sur les pouvoirs du juge dans la vie des sociétés : RJ com. 1985, n° 4, p. 81. – M. Jeantin, Le rôle des juges en droit des sociétés : Mél. R. Perrot, 1996, p. 149. – A. Gijengan, P. Troussière et S. de Vendeuil, Le rôle du juge dans la vie des sociétés, éd. Fidal, 1997.

à son remplacement ; la société étant dépourvue de représentant légal, un débat contradictoire est hors de propos (Cass. com., 19 déc. 2006, n° 05-17.671 : *Dr. sociétés* 2007, n° 77, obs. J. Monnet ; *JCP* E 2007, 1503, note H. Lécuyer). D'une manière générale, les mesures d'instruction avant procès (une expertise ou un constat par exemple) peuvent être ordonnées à la demande de tout intéressé, sur requête ou sur référé (CPC, art. 145 et 812). Le juge ne peut retenir la formule non contradictoire que si l'efficacité de la mesure sollicitée implique que la partie adverse n'ait pas été préalablement avertie (Cass. 3e civ., 13 mai 1987 : *Bull. civ.* 1987, III, n° 112). *Les ordonnances de référé* respectent le principe du contradictoire, ce qui implique la mise en cause de la partie adverse ; il en est fait grand usage en droit des sociétés ; il convient de bien distinguer en la matière les ordonnances de référé proprement dites et les ordonnances rendues en la forme de référé.

a) Les ordonnances de référé proprement dites

L'ordonnance de référé est une décision provisoire prise, en cas d'urgence, en l'absence de contestation sérieuse sur le fond (CPC, art. 808). Même en présence d'une contestation sérieuse, le président du tribunal peut prescrire en référé les mesures conservatoires ou de remise en l'état qui s'imposent afin de prévenir un dommage imminent ou de faire cesser un trouble manifestement illicite ; il peut notamment ordonner l'exécution forcée de l'obligation, même s'il s'agit d'une obligation de faire (CPC, art. 809 et 873). La procédure de référé permet aux parties d'attendre sans dommage la solution définitive qui sera rendue par le tribunal saisi au fond. Parce qu'elles ont un caractère provisoire, les ordonnances de référé sont dépourvues d'autorité de la chose jugée au principal.

Relèvent de cette catégorie les ordonnances qui désignent un séquestre (V. *infra*, n° 711), un expert *in futurum* (V. *infra*, n° 714), un mandataire *ad hoc* (V. *infra*, n° 720), qui décident l'ajournement de l'assemblée des associés (V. *infra*, n° 1199) ou encore constatent qu'un actionnaire d'une société cotée est privé de droits de vote faute d'avoir respecté les règles de déclaration de franchissement de seuils (T. com. Paris., ord. réf., 14 mai 2009, aff. *Gecina* : inédit ; V. *infra*, n° 2361).

b) Les ordonnances rendues en la forme des référés

Les ordonnances rendues en la forme des référés sont de véritables décisions au fond, dotées de l'autorité de la chose jugée, mais rendues selon les règles procédurales des référés. Elles ne sont pas soumises aux conditions de fond des ordonnances de référé. Les ordonnances de référé-injonction qui font l'objet de textes spéciaux dans le Code de commerce relèvent de cette catégorie (V. *infra*, n° 651).

2. Le succès du référé injonction de faire en droit des sociétés

651. – Le droit des sociétés est un droit formaliste, qui met à la charge des dirigeants de nombreuses obligations destinées notamment à garantir l'information des associés ou des tiers. Reste à assurer l'effectivité de ces obligations. À cette fin peut être utilisée la procédure du référé injonction de faire. Deux fondements sont possibles, le Code de procédure civile ou le Code de commerce, étant précisé que l'existence d'une disposition spéciale du Code de commerce ne fait pas obstacle à une demande de référé injonction fondée sur le Code de procédure civile (V. à propos de la publication des comptes annuels, Cass. com., 3 mars 2021, n° 19-10.086, FP : *BJS* mai 2021, p. 16, note A. Reygrobellet). Dans tous les cas, l'objet de la mesure est d'obtenir des dirigeants, en référé, l'exécution forcée d'une obligation de faire, éventuellement sous astreinte. La voie du référé est retenue à la fois parce qu'elle est rapide et parce qu'elle respecte le caractère contradictoire de la procédure (V. *supra*, n° 650). Si le référé injonction connaît un tel succès en droit des sociétés, c'est parce qu'il s'agit, lorsque l'obligation de faire n'est pas standardisée, du moyen le plus efficace et le moins coûteux de satisfaire le créancier (sur le mouvement de généralisation en Europe du principe de l'exécution forcée de l'obligation, V. *Projet de cadre commun de référence, Principes contractuels communs*, Société de législation comparée, 2008, ss dir. D. Mazeaud, B. Fauvarque-Causson et G. Wicker, p. 88 et s.).

a) Le référé injonction de faire des articles 809 et 873 du Code de procédure civile

Le référé injonction peut d'abord être prononcé sur le fondement des articles 809 et 873 du Code de procédure civile qui autorisent, dans les cas où l'existence de l'obligation n'est pas sérieusement contestable, le président du tribunal à ordonner, dans le cadre d'une ordonnance de référé, l'exécution de l'obligation même s'il s'agit d'une obligation de faire (V. *supra*, n° 650).

Les avatars de la fusion Suez-GDF en fournissent une bonne illustration. La Commission européenne avait prévu d'adresser une communication de griefs aux deux sociétés, avec demande de réponse dans les quinze jours. Informés par la presse, les six administrateurs de GDF représentant les salariés ont demandé la réunion d'un conseil afin d'examiner un projet de réponse en se fondant sur une disposition du règlement intérieur de la société, qui, complétant sur ce point la loi, prévoyait la convocation du conseil sur demande d'au moins six administrateurs. Suite au refus du président du Conseil, les six administrateurs ont obtenu en référé que le président soit condamné à réunir le conseil, procédure qui a été validée par la Cour de cassation (Cass. com., 29 janv. 2008, n° 06-20.311 : *BJS* 2008, § 84, p. 392, note B. Saintourens, rejetant le pourvoi contre, CA Paris, 31 août 2006 : *BJS* 2007, § 13, p. 113, note J.-M. Mousseron).

On mesure l'efficacité du référé injonction, seul à même de satisfaire les créanciers, ici les administrateurs, et son caractère prophylactique puisque, en imposant l'exécution de l'obligation de faire, on évite d'avoir à en sanctionner judiciairement l'inexécution par la nullité ou la mise en œuvre de la responsabilité civile du débiteur.

b) Le référé injonction de faire du Code de commerce

La loi de 1966 avait multiplié les sanctions pénales ; l'expérience a démontré que leur menace n'intimidait guère les dirigeants. La loi du 15 mai 2001 lui a préféré la méthode plus directe du référé-injonction (E. Jeuland et F. Manin, *Les incertitudes du référé injonction de faire en droit des sociétés* : *Rev. sociétés* 2004, p. 1) (C. com., art. L. 238-1 et s.).

L'objectif est de contraindre, sous le double signe de la rapidité et de l'efficacité, les dirigeants à exécuter les formalités que la loi met à leur charge. L'ordonnance, rendue en la forme des référés (V. *supra*, n° 650), est une injonction de faire. Le plus souvent, l'injonction s'adresse aux dirigeants eux-mêmes, éventuellement sous astreinte ; mais le juge peut également désigner un mandataire *ad hoc* qui sera chargé d'exécuter la formalité omise. La demande est dans certains cas réservée aux associés (demande de communication de certaines informations avant la tenue des assemblées générales) ; dans d'autres cas, elle est ouverte à toute personne intéressée (exécution des mesures de publicité des comptes sociaux, par exemple).

Voici quelques exemples d'obligations dont l'exécution peut justifier le recours à la procédure du référé-injonction :

– libération complète du capital social (V. *supra*, n° 223) ;

– communication aux associés des comptes sociaux et du rapport de gestion (V. *supra*, n° 632) ;

– dépôt des comptes sociaux au greffe du tribunal de commerce (V. *supra*, n° 638) ;

– omission de certaines informations dans le rapport de gestion (V. *infra*, n° 1020), le rapport sur le gouvernement d'entreprise (V. *infra*, n° 1021) et la déclaration de performance extra-financière (V. *infra*, n° 1022) ; les astreintes et frais de procédure sont mis à la charge des dirigeants défaillants ;

– convocation de l'assemblée annuelle d'approbation des comptes d'une SARL (V. *infra*, n° 1741).

Faut-il évoquer, avec le développement de ces procédures, une judiciarisation du droit des sociétés ? Il ne le semble pas, car, de toutes les façons, le juge aurait eu vocation à intervenir en cas d'inexécution de l'obligation. Simplement, on lui permet d'intervenir en amont : l'exécution forcée de l'obligation évite d'avoir ultérieurement à en faire sanctionner judiciairement l'inexécution, comme elle évite le coût résultant pour le créancier ou les tiers de cette inexécution.

3. La clause de conciliation et le droit des sociétés

652. – La clause de conciliation, qui constitue un mode alternatif de résolution des litiges, est la clause par laquelle les parties s'engagent à soumettre leur litige à un conciliateur préalablement à la saisine du juge judiciaire ou arbitral. Ces clauses peuvent être utiles pour régler des querelles entre associés compte tenu du caractère confidentiel, consensuel et rapide du traitement du litige (J.-B. Tap, *Les clauses de conciliation et de médiation face aux conflits sociétaires : Rev. sociétés* 2017, p. 615). Par une décision du 14 février 2003, une chambre mixte en a renforcé l'efficacité en jugeant, à propos d'une cession de droits sociaux, que la clause de conciliation rendait irrecevable l'action en justice et que sa mise en œuvre suspendait le cours de la prescription (Cass. ch. mixte, 14 févr. 2003 : *JCP* E 2003, 707, note H. Croze et D. Gautier ; *JCP* E 2003, 627, n° 4, obs. J.-J. Caussain, Fl. Deboissy et G. Wicker). La solution est identique lorsque la clause de conciliation est stipulée dans les statuts (Cass. com., 15 juin 2010, n° 09-16.323 : *Rev. sociétés* 2011, p. 235, note J.-F. Barbièri). On prendra pour exemple la clause stipulée dans un acte de cession de titres sociaux prévoyant qu'en cas de désaccord, les parties devront tenter de trouver une solution amiable entre elles ou par l'intermédiaire d'un tiers désigné d'un commun accord ou par le président du tribunal de commerce statuant en référé (Cass. com., 19 juin 2019, n° 17-28.804 : *Dr. sociétés* déc. 2019, n° 200, obs. R. Mortier).

Pour autant, il convient de bien mesurer la portée d'une telle clause, qui n'a pas pour effet de rendre irrecevable toute action en justice fondée sur une mésentente entre associés. La question s'est posée à propos de l'action en nomination d'un administrateur provisoire (V. *supra*, n°s 687 et s.). La Cour de cassation a jugé cette demande recevable en dépit du non-respect de la clause de conciliation préalable et obligatoire stipulée dans les statuts d'une société holding, au motif qu'une telle clause, ayant vocation à s'appliquer en cas de désaccord entre les associés sur l'administration de la société et de perte de *l'affectio societatis*, n'est pas applicable à l'action tendant à obtenir la désignation d'un administrateur provisoire dont l'objet est « de sauvegarder les intérêts de la personne morale, compromis par la mésentente entre les organes de direction » (Cass. com., 8 nov. 2016, n° 14-21.481 : *BJS* 2017, p. 117, note P.-L. Perrin ; *JCP* E 2017, 1195, note B. Lecourt). C'est dire que la clause de conciliation s'efface devant l'action en désignation d'un administrateur provisoire, action conservatoire fondée sur la paralysie des organes sociaux et un péril imminent.

SECTION 1

LES CRISES POLITIQUES

653. – Le comportement des dirigeants ou les dissensions entre les associés peuvent provoquer des crises affectant l'existence même de la société : il est des mésintelligences qui conduisent à la dissolution de la société (V. *infra*, n°s 777 et s.).

Le suicide collectif reste heureusement exceptionnel et le plus souvent des mesures d'apaisement permettent de retrouver la sérénité.

654. – La loi n'a pas prévu de mesures d'ensemble pour permettre la résolution de ces conflits[(2)]. Ce sont les juges qui ont dessiné au fil de l'eau les contours de constructions originales telles que l'intérêt social, l'abus du droit de vote ou encore l'administration provisoire. Parfois, il suffit au juge de trancher entre les prétentions des protagonistes. Le cas échéant, il est amené à placer lui-même des « tuteurs » auprès des organes sociaux en place.

SOUS-SECTION 1

LA BOUSSOLE DE L'INTÉRÊT SOCIAL

§ 1. – La notion d'intérêt social

655. – La *notion d'intérêt social* n'apparaissait avant la loi Pacte du 22 mai 2019 que de façon détournée, notamment à propos des pouvoirs des dirigeants. Voici par exemple la formule de l'article 1848 du Code civil : « Le gérant peut accomplir tous les actes de gestion que demande l'intérêt de la société ». Il s'agit d'un concept forgé par la jurisprudence au gré des besoins et des espèces, ce qui explique que ses applications soient pour l'essentiel identifiées quand sa notion reste incertaine. Les organes sociaux doivent agir dans l'intérêt de la société, de même que les contrats doivent être exécutés de bonne foi ou encore que les époux doivent respecter l'intérêt de la famille. En ce sens, l'intérêt social est un standard, un guide qui impose d'agir dans le respect des éléments fondamentaux de la société. C'est un impératif de conduite, en clair la boussole qui indique la marche à suivre. On peut ajouter que c'est l'une des facettes de l'éthique qui doit présider à la bonne marche des sociétés[(3)], mais d'une éthique qui trouve sa source non dans la morale mais dans la règle de droit et la norme sociétaire.

656. – Désormais, *l'intérêt social est spécialement visé par l'article 1833, alinéa 2, du Code civil* (V. *supra*, n° 207), qui indique que cet intérêt doit commander la gestion de la société. S'il est précisé que cet intérêt doit intégrer la considération des enjeux sociaux et environnementaux de l'activité, le texte ne donne pour autant aucune définition certaine de la notion (V. pour les différentes conceptions doctrinales, *infra*, n° 666)[(4)]. S'il n'est pas douteux que l'intérêt social comprend l'intérêt commun des associés visé à l'article 1833, alinéa 1er, du Code civil, l'ajout de cette notion implique nécessairement qu'elle ne s'y limite pas. Cela signifie donc que d'autres intérêts devront être pris en considération, et notamment des intérêts sociaux et environnementaux. Reste que ces derniers peuvent être d'une infinie variété puisque, par exemple, les intérêts sociaux peuvent viser l'intérêt des salariés,

(2) D. Schmidt, De quelques conflits récents au sein des sociétés par actions : JCP E 2021, 1087.
(3) J. Mestre, Éthique et droit des sociétés : Mél. A. Honorat, éd. Frison-Roche, 2000, p. 291.
(4) D. Schmidt, Loi Pacte : l'intérêt social : JCP E 2019, 1318.

l'intérêt des partenaires économiques ou encore l'intérêt de l'activité de la société pour l'économie locale, voire nationale.

657. – *Immixtion du juge ?* Si le juge devait en définitive donner une portée véritable à l'introduction de cette notion, il lui appartiendrait, d'abord, de préciser les intérêts à considérer et, ensuite, de procéder à une pesée entre tous les intérêts en présence pour en apprécier la violation(5). Mais il faut bien voir que sa décision le conduirait alors nécessairement à apprécier l'opportunité de la gestion et à s'immiscer dans celle-ci, ce qu'il s'est toujours interdit de faire.

§ 2. – La violation de l'intérêt social

658. – Quand l'intérêt social est violé, c'est que les organes de la société (dirigeants ou associés réunis en assemblée selon la nature de la décision prise) n'ont pas respecté les règles du jeu social. Le juge est alors appelé à rétablir le bon ordre des choses et, le cas échéant, à prononcer les sanctions contre les fauteurs de trouble. Est mise en action l'artillerie lourde qui croise la puissance de feu du droit des sociétés, du droit pénal et du droit fiscal.

A. – La réaction du droit des sociétés

659. – C'est au premier chef le droit des sociétés qui assure la police du fonctionnement de la société au nom du respect dû à l'intérêt social. En voici les principales manifestations :

– un acte contraire à l'intérêt social peut être annulé (V. *supra*, n°s 442 et 448) ;

– les dirigeants engagent leur responsabilité civile lorsqu'ils méconnaissent l'intérêt social (V. *supra*, n° 452) ;

– la validité d'une clause statutaire d'exclusion s'apprécie au regard de l'intérêt social (V. *supra*, n° 571) ;

– il y a abus de majorité, de minorité ou d'égalité lorsque, dans leur intérêt personnel, les associés agissent ou s'abstiennent contrairement à l'intérêt social (V. *infra*, n°s 668 et s.) ;

– c'est au nom de l'intérêt social que le juge accepte de désigner un administrateur provisoire (V. *infra*, n°s 687 et s.), un expert de gestion (V. *infra*, n°s 700 et s.) ou de prononcer une mesure de séquestre (V. *infra*, n° 711) ;

– l'intérêt social sert de guide pour apprécier le juste motif de révocation des dirigeants sociaux (V. *infra*, n° 1735).

B. – La réaction du droit pénal

660. – Lorsque les dirigeants font passer leur intérêt personnel avant celui de la société, lorsque par exemple ils s'approprient, directement ou indirectement, certaines de ses richesses, ils risquent d'être traduits devant le tribunal correctionnel. Certains dirigeants peuvent en témoigner qui ont passé plusieurs mois, voire plusieurs années, au cachot.

(5) A. Tadros, Qui est dépositaire de l'intérêt social ? : JCP E 2020, 1557.

661. – *Deux situations sont à distinguer* :

– dans les sociétés par actions et les SARL, il existe un délit spécifique, redoutable et redouté, l'abus de biens sociaux (V. *infra*, n°s 1064 et s.) ;

– dans les sociétés de personnes, les sociétés civiles et les sociétés en nom collectif notamment, les actes de malfaisance des dirigeants produisent en général moins de dommages collatéraux ; la loi n'a donc pas prévu de sanction pénale spécifique ; ceci ne vaut pas pour autant immunité pénale car il est toujours possible de recourir au droit commun ; le gérant indélicat qui par exemple puise dans la caisse de la société pour financer ses dépenses personnelles pourra être poursuivi pour abus de confiance (V. *infra*, n° 1830).

C. – La réaction du droit fiscal

662. – *Liberté de gestion.* Pas plus que le juge ou le commissaire aux comptes, l'administration fiscale ne saurait s'immiscer dans la gestion des entreprises. Les dirigeants sont maîtres de la gestion de la société et en supportent le cas échéant la responsabilité. Il n'appartient pas à l'administration de se faire *a posteriori* le censeur de la politique qui a été suivie, quand bien même des erreurs de gestion auraient été commises. Les dirigeants ont un droit à l'erreur et c'est aux associés de les sanctionner si nécessaire ; le fisc n'a pas à faire la police à leur place.

663. – *Acte anormal de gestion.* Ceci étant, si tout contrôle de l'opportunité d'une décision de gestion est refusé à l'administration fiscale, un contrôle de légalité est possible. Les dirigeants ne sauraient faire n'importe quoi, n'importe quand, n'importe comment. Le fisc n'est pas l'assureur tous risques des incartades et des fantaisies des dirigeants. Le fisc est intéressé aux résultats de la société, qui constituent l'assiette de sa créance. Il peut utiliser à cette fin la théorie prétorienne de l'acte anormal de gestion selon laquelle est inopposable à l'administration fiscale tout acte qui, parce qu'il ne comporte pas de contrepartie suffisante pour l'exploitation, diminue indûment le résultat fiscal, ce qui se traduit par un manque à gagner fiscal. Conformément à sa mission qui consiste à collecter l'impôt légalement dû, l'administration a alors le pouvoir de rectifier l'assiette de la créance fiscale en neutralisant les conséquences de l'acte sur le résultat imposable : elle peut refuser la déduction de charges injustifiées dans leur principe ou dans leur montant (par ex., le financement par la société d'une dépense personnelle du dirigeant) ; lorsque la société renonce indûment à un profit, l'administration peut réintégrer le manque à gagner dans les résultats imposables (par ex., la renonciation anormale au paiement d'un loyer). Le bénéficiaire est également imposable à raison de l'avantage qui lui a été indûment consenti (V. *infra*, n° 665).

664. – *Fondement.* L'idée qui fonde la théorie de l'acte anormal de gestion est simple : la société devant répondre des conséquences des actes accomplis par ceux qui sont en charge de l'intérêt social, c'est en principe à elle d'assumer les conséquences fiscales de leurs fautes de gestion ; elle ne peut donc, par l'économie d'impôt qui résulterait d'une diminution de son résultat imposable, reporter le poids de ses fautes de gestion, au moins en partie, sur la collectivité des contribuables (dans l'hypothèse de détournements commis par des salariés, V. *infra*, n° 667).

665. – Quelles sont les conséquences fiscales d'un acte anormal de gestion ?

Prenons l'exemple d'un dirigeant qui, en qualité de prestataire, facture à sa société un service pour un prix de 200 alors que la valeur réelle est au maximum de 50. En invoquant l'acte anormal de gestion commis au détriment de la société, le fisc utilise une arme à double détente :

– *imposition de la société qui s'est indûment appauvrie* : le vérificateur calcule le bénéfice imposable de la société comme si le prix facturé était de 50 ; il s'ensuit que la surfacturation, soit 150, est rejetée des charges déductibles, ce qui conduit à un supplément de résultat imposable de 150 ;

– *imposition du dirigeant qui s'est indûment enrichi* : il est taxé de son côté sur le montant de l'avantage anormal qui lui a été consenti, soit un supplément de revenu de 150.

Le coin des amateurs

1. Les conceptions doctrinales de l'intérêt social

666. – S'agissant de définir l'intérêt social, les querelles doctrinales fleurissent (A. Constantin, *L'intérêt social : quel intérêt ? : Mél. B. Mercadal*, éd. F. Lefebvre, 2002, p. 315. – G. Goffaux-Callebaut, *La définition de l'intérêt social : RTD com.* 2004, p. 35). Elles ne sont pas gratuites car, en cas de crise, les sanctions, leur objet et plus encore les conditions qui les déterminent, varient selon que la vision que l'on a de l'intérêt social procède d'une conception contractuelle, institutionnelle ou inspirée de la doctrine de l'entreprise.

a) Conception contractuelle

Dans le prolongement de l'analyse contractuelle de la société (V. *supra*, n°s 9 et s.), l'intérêt social correspond à l'intérêt commun des associés visé à l'article 1833 du Code civil. En matière d'acte juridique, la notion d'intérêt renvoie en effet aux parties à l'acte, en l'occurrence aux associés (G. Wicker et J.-Ch. Pagnucco, *Rép. civ.* Dalloz, V° *Personne morale*, n° 26). L'intérêt commun est dès lors l'intérêt de chacun des associés, identique pour tous, tel qu'il est défini dans l'acte de société. Cet intérêt personnel, mais objectivé par son inscription dans le pacte social, se définit par référence au but du contrat de société (V. *supra*, n°s 204 et s.), à savoir l'enrichissement de l'ensemble des parties contractantes par la réalisation de l'objet social (C. civ., art. 1832). Et, parce qu'il est commun, et donc le même pour tous, l'intérêt social ne saurait être réduit aux aspirations égoïstes de certains associés, qu'ils soient minoritaires, majoritaires ou égalitaires. En revanche, dans la mesure où tous les associés sont d'accord, ils sont libres de décider du sort de la société, par exemple en prononçant sa dissolution alors même qu'elle serait économiquement viable, mais dans le respect de l'ordre public et des engagements souscrits à l'égard des tiers, notamment les salariés ou les créanciers. Raison pour laquelle certains actes, même conclus à l'unanimité, peuvent être contraires à l'intérêt social (V. *supra*, n° 448).

b) Conception institutionnelle

Comme dans la thèse précédente, l'intérêt social ne se confond pas avec l'intérêt égoïste des associés, encore moins avec l'intérêt personnel des dirigeants. La société a un intérêt propre qui transcende celui des associés. En fin de compte, il s'agit de l'intérêt propre de la société en tant que personne morale, en tant que communauté dans laquelle associés et dirigeants ne sauraient agir en négligeant l'intérêt commun et supérieur qui les domine.

Cette conception est peut-être moins éloignée de la précédente qu'il n'y paraît, car elle revient en fait à souligner que la liberté des associés, comme celle des dirigeants, n'est pas entière mais assujettie au respect du pacte social, de l'ordre public et des engagements contractés vis-à-vis des tiers.

c) Conception inspirée de la doctrine de l'entreprise

Dans cette conception défendue par l'École de Rennes (V. not., J. Paillusseau, *Les fondements du droit moderne des sociétés* : *JCP* E 1995, I, 488), l'intérêt social ne saurait être confiné au seul intérêt de la société. Il englobe l'intérêt de l'entreprise qui est la réalité économique, humaine et financière à laquelle la société sert d'enveloppe juridique. S'il est vrai que la société est le plus souvent une technique d'organisation de l'entreprise, il n'en reste pas moins que cette dernière est une chose dont la société, en tant qu'exploitante, est propriétaire (V. *supra*, n°s 28 et s.). La considération de l'intérêt de l'entreprise n'est dès lors qu'une façon imagée de dire que la gestion de la société doit être développée dans le respect des contraintes inhérentes à l'entreprise, c'est-à-dire pesant sur la société en sa qualité d'entrepreneur et d'employeur.

2. Fraudes internes et détournements commis par des salariés : qui doit en supporter le coût fiscal ?

667. – Lorsque des détournements ont été commis par des salariés, le montant du préjudice qui en résulte pour la société peut-il ou non venir en déduction des résultats imposables de la société ? La question de l'application ou non de la qualification fiscale d'acte anormal de gestion (V. *supra*, n°s 662 et s.), d'une portée pratique évidente dans un contexte de multiplication des fraudes internes, revient à se demander qui, de la société ou de la collectivité des contribuables, doit supporter le coût fiscal de ces détournements.

Dans une décision du 5 octobre 2007, le Conseil d'État a considéré que la déduction fiscale dépendait du point de savoir si la société, prise en la personne de ses dirigeants, était ou non responsable, directement ou indirectement, des détournements (CE, 8e et 3e ss-sect., 5 oct. 2007, n° 291049 : *Dr. fisc.* 2007, comm. 165, concl. N. Escault, note A. de Bissy ; *JCP* E 2008, 1280, n° 2, obs. J.-J. Caussain, Fl. Deboissy et G. Wicker). En l'espèce, le directeur financier et le responsable d'un département de la société Alcatel CIT avaient organisé des détournements de fonds résultant notamment de facturations fictives et de surfacturations au profit de sociétés dans lesquelles ils étaient intéressés. Soutenant que ces opérations ne relevaient pas d'une gestion normale, l'administration fiscale avait refusé d'en admettre la déduction des résultats de la société.

La cour administrative d'appel de Paris confirma le redressement en considérant que les détournements n'avaient pas été commis à l'insu de la société et de ses dirigeants aux motifs que ces dirigeants auraient pu avoir connaissance des détournements, attestés notamment par de nombreuses irrégularités comptables, s'ils n'avaient pas fait preuve de négligences dans l'exercice de leurs fonctions. Le Conseil d'État censure cette motivation pour erreur de droit en reprochant aux juges d'appel ne pas avoir recherché « si par leur comportement délibéré ou par leur carence manifeste dans l'organisation du département et la mise en œuvre des dispositifs de contrôle, contraires à l'intérêt de l'entreprise, ces dirigeants avaient été à l'origine, directe ou indirecte, des détournements en cause ». Statuant ensuite au fond, le Conseil d'État prononce la décharge des impositions litigieuses en estimant, à l'opposé des juges d'appel, que les détournements devaient « être réputés avoir été commis à l'insu de la société ». Ainsi, le Conseil d'État lie l'acte anormal de gestion à la seule action de ceux qui sont en charge de l'intérêt de la société : l'acte anormal de gestion correspond nécessairement à une faute de gestion imputable aux dirigeants sociaux ; qui plus est, une faute intentionnelle ou une faute lourde.

La question se pose de la même façon pour la déductibilité fiscale des pertes constatées par la Société Générale suite aux agissements d'un « trader » ayant mis en péril la santé de la société, déductibilité qui a conduit à une économie d'impôt de près de 2,2 milliards d'euros… (V. aussi sur cette affaire, *infra*, n° 925). Cette déductibilité est d'autant plus contestable que les juridictions judiciaires, au terme d'une longue saga, ont considéré que la banque avait commis une faute justifiant une réduction de l'indemnisation de son préjudice du fait du caractère lacunaire de ses systèmes de contrôle (CA Versailles, 23 sept. 2016, n° 14-01.570 : *D.* 2016, p. 1927, obs. J. Lasserre Capdeville).

SOUS-SECTION 2

L'ABUS DU DROIT DE VOTE

§ 1. – L'abus de majorité

A. – La définition de l'abus de majorité

668. – Dans une société, comme dans une démocratie, les décisions se prennent à la majorité, devant laquelle la minorité doit s'incliner. C'est un gage d'efficacité par rapport au droit commun des contrats, lequel connaît, du moins en principe, la règle de l'unanimité. La minorité n'est pas pour autant livrée pieds et mains liés aux caprices de la majorité. À l'instar des régimes politiques, le droit des sociétés est confronté au redoutable problème de la protection des minorités(6). Par la règle majoritaire, les minoritaires délèguent le pouvoir de décision aux majoritaires, lesquels ne doivent pas détourner le pouvoir qui leur est ainsi confié.

669. – *Critères.* Qu'est-ce qu'un abus de majorité (pour des exemples, V. *infra*, n° 672) ? C'est la transposition en droit des sociétés de la théorie civiliste de l'abus de droit (on peut user de son droit, mais non en abuser dans le seul dessein de nuire à autrui ou en le détournant de sa fonction) ou du détournement de pouvoir. Autant dire que son application doit rester exceptionnelle, car il n'y a pas faute *a priori* à user de son droit ou à exercer un pouvoir. Selon la formule employée par la Cour de cassation, il y a abus de majorité lorsque la résolution litigieuse est prise contrairement à l'intérêt social et dans l'unique dessein de favoriser les membres de la majorité au détriment de ceux de la minorité(7). Deux conditions doivent donc être remplies, la contrariété à l'intérêt social et la rupture de l'intérêt commun.

670. – L'abus du droit de vote par les majoritaires suppose d'abord qu'ils aient fait un *usage de ce droit contraire à l'intérêt de la société*. Pour classique qu'elle soit, cette formulation n'est pas dépourvue d'ambiguïté. Ainsi, dans certaines espèces, la décision majoritaire est annulée au motif qu'elle est contraire aux exigences d'une bonne gestion sociale, les majoritaires ayant alors sacrifié la prospérité ou la pérennité de la société à leur intérêt personnel (pour une décision de dissolution, V. *infra*, n° 773). Dans d'autres espèces, les juges retiennent la contrariété à l'intérêt social

(6) On rappellera la cinglante apostrophe qu'un député socialiste, André Laignel, asséna le 20 octobre 1981 aux députés de l'opposition lors d'une discussion houleuse à l'Assemblée nationale : « Vous avez juridiquement tort parce que vous êtes politiquement minoritaires. »
(7) Cass. com., 18 avr. 1961 : *JCP* 1961, 12164, note D. B.

au motif que la décision litigieuse n'est pas justifiée au regard des exigences de la gestion sociale. L'abus est alors retenu parce que la rupture d'égalité entre associés ne trouve aucune justification dans les exigences de la gestion sociale. Tel est le cas notamment d'une affectation systématique du bénéfice à la réserve qui ne répond ni à l'objet ni aux intérêts de la société (V. *infra*, n° 682).

671. – Les majoritaires doivent ensuite avoir *voté dans leur intérêt personnel, au détriment de l'intérêt des minoritaires.* Il s'ensuit que l'abus de majorité relève non d'un contrôle d'opportunité – il ne s'agit pas d'apprécier si la décision litigieuse est inopportune – mais d'un contrôle de légalité – il s'agit de rechercher si la décision est destinée à rompre l'égalité entre associés, c'est-à-dire à rompre la communauté d'intérêts qui doit exister entre eux en application de l'article 1833 du Code civil.

672. – Quelques exemples d'abus de majorité à ne pas suivre.

- Mise en réserve systématique de bénéfices (V. *infra*, n° 682).
- Augmentation de capital réalisée dans le seul but de diluer la participation d'un associé minoritaire juste avant que la société ne reçoive une importante somme (Cass. 3e civ., 8 juill. 2015, n° 13-14.348, PB : *BJS* 2015, p. 643, note H. Hovasse ; *Dr. sociétés* 2015, n° 190, obs. R. Mortier ; *Rev. sociétés* 2016, p. 169, note E. Schlumberger) (V. égal., *infra*, n° 683).
- Délibération organisant une dévolution héréditaire de la gérance d'une société civile au profit de l'un des deux clans d'associés (CA Paris, 27 févr. 1997 : *JCP* E 1997, II, 982, note A. Viandier).
- Sous-filialisation abusive.
- Vente des actifs de la société à une société tierce créée par les majoritaires, pour un prix très inférieur à leur valeur vénale (Cass. com., 24 mai 2016, n° 14-28.121 : *BRDA* 12/2016, n° 7 ; *Rev. sociétés* 2017, p. 226, note L.-M. Pillebout ; société civile).
- Augmentation importante de la rémunération des cogérants majoritaires malgré la chute des résultats, avec cessation de la politique habituelle de distribution de dividendes (Cass. com., 18 déc. 2019, n° 18-11.580 : *BJS* avr. 2020, p. 16, note J.-F. Barbièri). Prive en revanche sa décision de base légale la cour qui constate un abus de majorité sans vérifier si l'augmentation de la rémunération du gérant majoritaire de SARL et le complément de rémunération perçu n'étaient pas justifiés par l'évolution du chiffre d'affaires (Cass. com., 14 oct. 2020, n° 18-24.732 : *BJS* déc. 2020, p. 34, note J.-F. Barbièri ; *JCP* E 2021, 1071, note J. Gasbaoui et J.-N. Stoffel).

B. – Les sanctions de l'abus de majorité

673. – *Responsabilité civile.* La sanction peut d'abord consister dans l'octroi de dommages-intérêts. L'action en responsabilité est fondée sur l'article 1240 du Code civil (il faut donc que le demandeur apporte la preuve d'un préjudice) et est soumise à la prescription de droit commun de cinq ans. L'action en réparation doit être dirigée contre les associés majoritaires ; il y aurait erreur d'aiguillage à réclamer des dommages et intérêts à la société[8].

(8) Cass. com., 6 juin 1990 : *BJS* 1990, p. 782, note P. Le Cannu.

674. – *Nullité.* L'abus de majorité est également une cause de nullité de la décision (V. *infra*, n° 736). L'action en annulation de la délibération abusive est fondée sur l'article 1844-10 du Code civil. Elle doit être intentée contre la société et se prescrit en principe par trois ans, sauf application d'une prescription plus courte[9] ; la prescription court à compter de la délibération litigieuse, sauf dissimulation[10]. Conformément à l'article 31 du Code de procédure civile, cette action en nullité est ouverte à tous ceux qui peuvent se prévaloir d'un intérêt légitime[11], les associés minoritaires mais aussi un dirigeant agissant au nom de la société[12]. L'abus de majorité porte en effet préjudice non seulement aux minoritaires mais encore à la société. Il n'est donc pas illogique que la société puisse agir pour faire sanctionner un acte contraire à l'intérêt social.

§ 2. – L'abus de minorité

675. – Face à la superbe des forts, il faut compter avec la tyrannie des faibles, ce qui pose le problème de l'abus de minorité[13]. Certaines décisions sociales, notamment celles qui entraînent une modification des statuts, ne peuvent être prises qu'à une majorité qualifiée, par exemple les deux tiers dans les SA. L'associé qui dispose d'une minorité de blocage a entre les mains une arme redoutable ; il peut s'opposer par exemple à la prorogation d'une société arrivée à son terme, à une augmentation de capital essentielle pour la survie de la société, à un changement hautement souhaitable de forme sociale… Également, lorsqu'une décision doit être adoptée à l'unanimité, chaque associé dispose de fait d'un droit de veto. Reste à tracer la frontière entre le droit de voter contre, qui est légitime, et l'opposition entêtée, qui serait constitutive d'un abus[14].

A. – La définition de l'abus de minorité

676. – *Critères.* Selon la Cour de cassation, un minoritaire se rend coupable d'abus si son attitude a été contraire à l'intérêt général de la société en ce qu'il aurait interdit la réalisation d'une opération essentielle pour celle-ci, dans l'unique dessein de favoriser ses propres intérêts au détriment de l'ensemble des autres associés. À l'évidence, une telle formulation traduit le caractère exceptionnel de l'abus de minorité. Il implique la conjonction d'éléments objectifs (une opération essentielle et conforme à l'intérêt social) et d'éléments subjectifs (l'attitude égoïste des minoritaires).

---

(9) Par ex., en cas de remise en cause pour abus de majorité d'une opération d'apport partiel d'actif placée sous le régime des scissions, est applicable la prescription de six mois prévue par l'article L. 235-9, alinéa 2 du Code de commerce : Cass. com., 30 nov. 2004 : *BJS* 2005, p. 241, note P. Le Cannu ; *JCP* E 2004, 131, n° 2, obs. J.-J. Caussain, Fl. Deboissy et G. Wicker.

(10) Cass. com., 30 mai 2018, n° 16-21.022, PB : *Dr. sociétés* 2018, n° 145, note J. Heinich ; *JCP* E 2018, 1459, note J. Klein.

(11) On peut donc trouver critiquable la décision d'une cour d'appel ayant jugé que l'associé retrayant ne peut agir en annulation pour abus de majorité d'une décision d'assemblée générale statuant sur le remboursement de ses droits sociaux, CA Paris, 30 avr. 1997 : *BJS* 1998, p. 654, note crit. P. Le Cannu.

(12) Cass. com., 21 janv. 1997 : *JCP* E 1997, II, 965, note J.-J. Daigre ; *Rev. sociétés* 1997, p. 527, note B. Saintourens.

(13) A. Constantin, La tyrannie des faibles – De l'abus de minorité en droit des sociétés : Mél. Y. Guyon, Dalloz, 2003, p. 213.

(14) Les minoritaires peuvent certes faire valoir leurs droits, mais ils engagent leur responsabilité si leur action relève du harcèlement à l'encontre des majoritaires.

677. – *Illustrations.* Le refus de voter le transfert du siège social en fournit en bon exemple[15], ou encore le refus de voter une augmentation de capital. Si la société est menacée de dissolution parce que son capital est inférieur au minimum requis par la loi ou parce qu'il lui faut reconstituer ses capitaux propres, l'opposition systématique, sans motif pertinent, du minoritaire est *a priori* suspecte[16]. À l'inverse, si la société est prospère et si l'augmentation de capital ne répond qu'à des préoccupations d'ambition économique, l'opposition du minoritaire peut être justifiée par son désir de conserver son poids politique dans la société (éviter l'effet de dilution). Pour autant, le contrôle judiciaire ne procède pas d'un contrôle de l'opportunité du refus d'adopter la décision ; ainsi, le seul fait que les minoritaires, à qui n'avaient pas été communiquées des informations suffisantes sur l'utilité de l'opération, se soient opposés à une décision essentielle pour la survie de la société ne suffit pas à établir l'abus de minorité ; encore faut-il établir que le refus des minoritaires est fondé sur l'unique dessein de favoriser leurs propres intérêts au détriment des autres associés[17].

B. – La sanction de l'abus de minorité

678. – *Responsabilité civile.* Les minoritaires peuvent d'abord être condamnés à des dommages-intérêts ; les règles sont les mêmes qu'en cas d'abus de majorité (V. *supra*, n° 673)[18].

679. – *Nomination d'un mandataire ad hoc.* Lorsque l'abus de minorité est reconnu, la sanction n'est pas l'annulation de l'acte abusif puisque par hypothèse aucune décision n'a été prise. Les tribunaux peuvent-ils autoriser les majoritaires à passer outre à l'obstruction des minoritaires ? Certains, craignant l'instauration d'un gouvernement des juges, y sont hostiles ; d'autres n'éprouvent pas les mêmes appréhensions. La Cour de cassation a proposé une solution de compromis. Le juge ne peut pas substituer son appréciation à celle des associés et ne peut donc pas prendre une décision valant vote[19]. Obligation lui est faite de désigner

(15) CA Rennes, 13 juin 2000 : *BJS* 2001, p. 258, note J.-F. Barbièri ; refus du minoritaire de déplacer le siège social localisé dans une société de domiciliation (V. *supra*, n° 381) au lieu du principal établissement de la société. – CA Saint-Denis de La Réunion, 19 sept. 2008 : *Dr. sociétés* 2009, n° 1, obs. M.-L. Coquelet ; refus du minoritaire de ratifier la décision de transfert du siège social, alors même que ce transfert était déjà effectif.

(16) CA Paris, 11 févr. 2014, n° 12/21679 : *RJDA* 6/2014, n° 529 ; *Dr. sociétés* 2014, n° 114, obs. R. Mortier ; *Rev. sociétés* 2015, p. 99, note A.-L. Champetier de Ribes ; opposition dictée par des considérations purement personnelles et défaut de communication des comptes sociaux à l'associé minoritaire.

(17) Cass. com., 20 mars 2007 : *Dr. sociétés* 2007, n° 87, obs. H. Lécuyer ; *JCP* E 2007, 1755, note A. Viandier ; *JCP* E 2007, 1877, n° 3, obs. J.-J. Caussain, Fl. Deboissy et G. Wicker ; refus de voter une augmentation de capital destinée à reconstituer les capitaux propres de la société, indispensable à la survie de la société. – Cass. com., 4 déc. 2012, n° 11-25.408 : *Rev. sociétés* 2013, p. 151, note A. Viandier ; refus de l'actionnaire minoritaire d'approuver un projet d'accord entre l'actionnaire majoritaire (GDF-Suez) et un tiers portant sur l'exploitation d'un parc éolien maritime.

(18) Par ex., Cass. com., 18 juin 2002 : *BJS* 2002, p. 1197, note L. Godon ; les minoritaires ont été condamnés à payer de lourds dommages-intérêts parce que leur refus de voter une augmentation de capital nécessaire à la survie de la société était contraire à l'intérêt social et n'avait pour but que d'acculer les majoritaires à prendre en charge les risques correspondants.

(19) Cass. com., 9 mars 1993 : *JCP* E 1993, II, 448, note A. Viandier : « Attendu qu'en statuant ainsi, alors que le juge ne pouvait se substituer aux organes sociaux légalement compétents et qu'il lui était possible de désigner un mandataire aux fins de représenter les associés minoritaires défaillants à une nouvelle assemblée et de voter en leur nom dans le sens des décisions conformes à l'intérêt social, mais ne portant pas atteinte à l'intérêt légitime des minoritaires, la cour d'appel a violé les textes susvisés ». – Cass. 3e civ., 21 déc. 2017, n° 15-25.627, PBI : *JCP* E 2018, 1077, note C. Barillon et 1174, n° 3, obs. Fl. Deboissy et G. Wicker ; *JCP G 2018, 115*, note J. Klein ; *Dr. sociétés* 2018, comm. 43, obs. H. Hovasse ;

un mandataire *ad hoc* chargé de voter à la place et au nom des minoritaires, aux frais exclusifs de ces derniers. Le juge ne peut pas fixer le sens du vote du mandataire, car sinon celui-ci ne ferait que porter la volonté du juge[20]. Le mandataire ainsi nommé doit rendre compte au minoritaire de l'exécution de ce mandat sans pouvoir se retrancher derrière le secret professionnel tiré de son statut de mandataire judiciaire[21]. Économie de moyens et de temps, il serait autrement plus simple que le juge vienne corriger le vice dont la résolution est affectée, remédiant ainsi à l'obstruction du minoritaire.

§ 3. – L'abus d'égalité

680. – *Définition.* L'abus d'égalité n'est qu'une variété d'abus de minorité et est soumis au même régime. L'hypothèse vise surtout les sociétés composées de deux associés possédant chacun la moitié du capital social. Dans les assemblées, qu'elles soient ordinaires ou extraordinaires, toutes les décisions impliquent en conséquence l'unanimité. En cas de crise, l'un des associés peut bloquer le fonctionnement de la société par des votes négatifs ou en s'abstenant de voter. Toutefois, l'opposition systématique de l'un des deux associés ne révèle pas nécessairement un abus d'égalité. Le refus de vote est parfois justifié par l'attitude de l'autre associé (V. *infra*, n° 684). Comment sortir de l'impasse ?

681. – *Sanctions.* Le juge peut désigner un administrateur provisoire en espérant que les tensions s'apaiseront avec le temps ; mais le remède n'est pas toujours efficace. Il ne saurait en tout état de cause prononcer l'exclusion de l'associé trublion en lui imposant de céder ses titres à son partenaire (V. *supra*, n° 569). Lorsque l'abus d'égalité est caractérisé, une lourde condamnation à des dommages-intérêts suffira parfois à faire entendre raison à l'obstructionniste. Si la situation est irrémédiable, le juge prononcera la dissolution de la société pour mésintelligence (V. *infra*, n°s 777 et s.). Hors de là, s'il estime que la société est viable, le juge désignera un mandataire *ad hoc* qui votera au nom du minoritaire récalcitrant.

Le coin des amateurs

1. Mise en réserve systématique des bénéfices et abus de majorité

682. – De par sa définition, la société est instituée en vue de partager le bénéfice qui pourra en résulter ; c'est donc une machine à distribuer des fonds à ses associés et non une machine à thésauriser. Une société qui, à la façon d'une association, ne distribuerait jamais les bénéfices qu'elle réalise ne respecterait pas *a priori* sa finalité (V. Th. Massard, *La société sans dividendes : Mél. M. Germain*, LexisNexis-LGDJ, 2015, p. 525 et s.). Il n'empêche que certaines sociétés familiales s'abstiennent trop souvent de distribuer le moindre dividende. Les

BJS 2018, p. 74, note J.-F. Barbièri ; *D.* 2018, p. 147, note A. Couret : la reconnaissance de l'abus de minorité ne vaut pas validité d'une résolution adoptée à une majorité insuffisante.

(20) Cass. 3e civ., 16 déc. 2009, n° 09-10.209, PB : *JCP* E 2010, 1145, n° 2, obs. Fl. Deboissy et G. Wicker. – Cass. com., 4 févr. 2014, n° 12-29.348, PB : *BJS* 2014, p. 302, note D. Schmidt ; *Rev. sociétés* 2014, p. 426, note B. Saintourens.

(21) Cass. com., 18 nov. 2014, n° 13-19767, PB : *Dr. sociétés* 2015, n° 22, obs. R. Mortier.

majoritaires ne sont généralement pas frustrés, car ils perçoivent par ailleurs de confortables rémunérations s'ils cumulent avec leur qualité d'associé celle de dirigeant voire celle de salarié. Pour les minoritaires, la situation est différente ; ils voient le bas de laine de la société se gonfler sans pouvoir espérer en profiter. Les conditions d'un conflit judiciaire sont donc réunies ; la clé de la décision est à trouver dans l'abus de majorité : la mise en réserve est-elle contraire à l'intérêt social et a-t-elle été prise dans l'unique dessein de favoriser les majoritaires au détriment des minoritaires ?

a) Exemples de mises en réserve non abusives

Bien que le partage des bénéfices réalisés entre les associés corresponde au but de la société, leur mise en réserve est également prévue par la loi sur les sociétés (C. com., art. L. 232-12). C'est souvent une décision recommandée sur le plan financier car les sociétés françaises souffrent bien souvent d'un manque de fonds propres. La mise en réserve des bénéfices n'est donc pas *a priori* une décision contraire à l'intérêt de la société, et par conséquent à l'intérêt des associés. A ainsi été cassé l'arrêt dans lequel la cour d'appel a retenu un abus de majorité pour mises en réserve de bénéfices au motif que ces décisions étaient contraires à l'intérêt social et destinées uniquement à favoriser les actionnaires majoritaires, alors qu'elle avait relevé que ces mises en réserve avaient été accompagnées de très importants investissements (Cass. com., 3 juin 2003 : *BJS* 2003, p. 1049, note L. Godon). La même solution a été retenue dans une espèce où la mise en réserve systématique des bénéfices était justifiée par des projets d'investissement et était nécessaire pour l'obtention et le financement d'un prêt (Cass. com., 4 nov. 2020, n° 18-20.409 : *BJS* févr. 2021, p. 38, note C.-A. Michel). Dans un autre arrêt, l'abus est écarté alors que la société, qui n'avait pas distribué de dividendes depuis plusieurs années, avait des disponibilités importantes et ne justifiait pas d'un plan d'investissement imposant des mesures d'épargne, faute qu'ait été démontré que la résolution a été prise dans l'unique dessein de favoriser les majoritaires au détriment des minoritaires (Cass. com., 10 juin 2020, n° 18-15.614 : *BRDA* 14/2020, n° 4 ; *BJS* oct. 2020, p. 19, note A. Reygrobellet ; *JCP* E 2021, 1070, n° 3, obs. J.-C. Pagnucco).

b) Exemples de mises en réserve abusives

Si la mise en réserve des bénéfices est souvent de bonne politique, il est des cas dans lesquels elle traduit une perversion des majoritaires et une dénaturation du but de la société :

– la société étouffe sous des réserves sans aucune utilité pour elle, faute d'investissement à financer ; les réserves ne sont alors qu'argent dormant : c'est Harpagon amassant des écus d'or pour le seul plaisir de les contempler ;

– les majoritaires, du fait de leur position de dirigeants ou d'associés titulaires d'un contrat de travail, perçoivent de confortables rémunérations, rendant superflue toute distribution de dividendes ;

– les minoritaires sont sacrifiés sur tous les plans ; ils ne perçoivent aucun dividende alors que les bénéfices réalisés sont confortables ; ne participant pas à l'activité de la société, ils n'en perçoivent aucun salaire ; leurs titres n'étant pas cotés, ils n'ont aucun espoir de pouvoir les céder (sinon à vil prix aux majoritaires), ni de réaliser la moindre plus-value ; ce sont des laissés-pour-compte ; dans les assemblées, ils n'ont pas voix au chapitre ; privés de dividendes, ils sont condamnés à une épargne forcée ; faute de marché, ce sont des otages prisonniers de leurs titres (pour une illustration, presque caricaturale, V. l'affaire *Langlois et Peters* : Cass. com., 22 avr. 1976 : *Rev. sociétés* 1976, p. 479, note D. Schmidt. – V. aussi, Cass. com., 1er juill. 2003 : *BJS* 2003, p. 1137, note A. Constantin. – Cass. 3e civ., 7 févr. 2012, n° 10-17.812 : *Rev. sociétés* 2012, p. 622, note A.-L. Champetier de Ribes-Justeau. – Cass. 3e civ., 8 juill. 2015, n° 13-14.348, PB : *BJS* 2015, p. 643, note H. Hovasse ; *Dr. sociétés* 2015, n° 190, obs. R. Mortier ; *Rev. sociétés* 2016, p. 169, note E. Schlumberger. – Cass. 3e civ.,

12 nov. 2015, n° 14-23.716 : *Dr. sociétés* 2016, n° 4, obs. R. Mortier ; *Rev. sociétés* 2016, p. 526, note E. Schlumberger. – Cass. com., 20 févr. 2019, n° 17-12.050 : *RJDA* 7/2019, n° 503 ; la mise en réserve n'avait pour justification que de répondre à une augmentation de la rémunération du gérant).

2. Les tribulations financières de la société d'exploitation du château de Giscours : augmentation de capital, prime d'émission et abus de majorité

683. – Le Château Giscours est l'un des crus les plus prestigieux du vignoble bordelais. Et voilà que l'on apprend, en parcourant les gazettes, que la société qui en assure l'exploitation connaît des difficultés financières (Cass. com. 22 mai 2001 : *BJS* 2001, p. 1003, note H. Le Nabasque ; *JCP* E 2001, p. 1911, obs. A. Viandier et J.-J. Caussain. – *Adde* D. Cohen, *La prime d'émission entre liberté et contrôle : JCP* E 2002, 5). L'affaire, il est vrai, remonte à 1992 et la société a été renflouée par la suite.

En décembre 1992, la société, pour faire face aux pertes qui se sont accumulées, décide une augmentation du capital assortie d'une prime d'émission représentant cinquante-neuf fois le nominal des actions émises (sur la fonction de la prime d'émission, V. *infra*, n°s 1432 et s.). Les majoritaires souscrivent seuls à l'augmentation de capital, ce qui renforce leur contrôle sur la société. Les minoritaires qui, faute de moyens financiers, n'ont pu participer à l'opération engagent un contentieux en brandissant l'arme de l'abus de majorité et celle de la fraude. Ils critiquent le montant exorbitant de la prime d'émission justifié, selon eux, non par la situation financière de la société, mais par le seul désir de les évincer. Ils sont déboutés en appel et leur pourvoi en cassation est rejeté. Voilà qui mérite quelques explications.

Il peut en effet paraître paradoxal de prévoir une faramineuse prime d'émission alors que la société accuse des pertes. L'expert désigné par les juges donne l'explication : les pertes sont dues pour l'essentiel aux dotations aux comptes d'amortissement et de provisions et l'on sait qu'il ne faut pas confondre pertes juridiques et pertes comptables (V. *supra*, n° 270). La stratégie menée par les majoritaires n'est sans doute pas dénuée d'arrière-pensée expansionniste. Mais on retiendra la leçon de l'arrêt : l'habileté n'est pas nécessairement un abus de majorité ou une fraude.

3. Opposition de l'un des associés et abus d'égalité

684. – Le contentieux de l'abus d'égalité est remonté jusqu'à la Cour de cassation pour la première fois en 1997 (Cass. com., 8 juill. 1997 : *BJS* 1997, p. 980, obs. E. Lepoutre). Deux frères détiennent chacun la moitié du capital d'une SARL ; l'un d'eux refuse systématiquement toutes les résolutions proposées par son coassocié, gérant de la SARL. Le gérant et la société assignent l'associé récalcitrant en dommages et intérêts sur le fondement de l'abus d'égalité. Le tribunal de commerce fait droit à la demande et condamne lourdement l'associé : il doit verser dix millions de francs à la société et deux millions à son frère. La décision est infirmée en appel et le pourvoi engagé par le gérant est rejeté. Loin de constituer un abus d'égalité, l'opposition de l'associé est justifiée en l'espèce par l'attitude du gérant. Les carences dans la gestion et le refus de transparence imputables à ce dernier ont légitimé la suspicion de l'autre associé et son refus corrélatif de voter les résolutions qui lui étaient soumises ; la preuve d'une atteinte à l'intérêt général de la société n'est donc pas rapportée. On retiendra de cet arrêt qu'il ne faut pas trop vite crier à l'abus d'égalité en cas de refus de vote de l'un des associés égalitaires. En réalité, le partage du capital d'une société à parts égales entre deux associés est une situation dangereuse, *a fortiori* lorsque les deux associés ont la qualité de gérant.

Voici à l'opposé une affaire où l'abus d'égalité a été reconnu (Cass. com., 16 juin 1998 : *BJS* 1998, p. 1083, note P. Le Cannu) ; dans une SARL regroupant deux frères, il a été jugé que constituait un abus d'égalité le refus par l'un d'eux de voter la mise en réserve des bénéfices dont la société avait besoin pour financer un investissement important, vital pour la survie de la société.

4. État actionnaire, intérêt social et intérêt général

685. – L'État est actionnaire de nombreuses sociétés dans lesquelles il détient une participation minoritaire – ainsi de Renault – ou majoritaire – ainsi d'EDF (V. *infra*, n° 1688). – (V. sur l'intervention de l'État dans le financement des sociétés, *infra*, n°s 1675 et s.), de là des conflits possibles entre l'intérêt général et l'intérêt social. Ainsi, lorsque EADS met au point, à l'automne 2006 et au début 2007, un plan de réorganisation dit Power 8, les dirigeants doivent faire face à l'interventionnisme des États français et allemand soucieux de préserver l'emploi dans ces deux pays ; alors que l'intérêt social pourrait suggérer une diminution des effectifs tenant uniquement compte des conditions d'exploitation et conduisant par exemple à fermer tel ou tel site industriel, l'intérêt général oblige à tenir compte des contraintes locales et à équilibrer les sacrifices entre les deux pays, fût-ce au détriment de la rationalité économique (interview de M. Louis Gallois, *Financial Times* 3 mars 2007).

De même, lorsque l'État fixe le prix de l'électricité, il le fait en considération d'impératifs de politique économique et sociale, et non pas strictement en fonction de l'intérêt social de l'entreprise dont il est actionnaire. L'intérêt social plie devant l'intérêt général ; tout au moins c'est ce que pensent les serviteurs de l'État, en attendant qu'un actionnaire un peu moins timoré que les autres ne vienne rechercher la responsabilité de l'État s'il estime que l'intérêt de l'entreprise a été négligé au nom de l'intérêt général (rappr. Cass. crim., 17 mai 2006 : *JCP* E 2006, 2509, note J.-H. Robert ; *Rev. sociétés* 2006, p. 885, note B. Bouloc ; responsabilité civile de l'administrateur représentant l'État au conseil d'administration du Crédit Lyonnais).

Les choses se sont améliorées au moins dans la forme sinon le fond, depuis 2004, avec la création de l'Agence de participation de l'État (V. *infra*, n° 1676). Cependant, les institutions sont une chose... et la pratique des hommes politiques en est une autre. Aussi bien, tant que l'État détiendra des participations même minoritaires dans des entreprises, on peut craindre que ces derniers soient tentés de peser sur le destin de ces entreprises. Ils le font bien pour des entreprises privées, pourquoi s'en priveraient-ils pour des entreprises ayant le redoutable privilège de compter l'État au nombre de leurs associés ? En témoigne le sauvetage de la société Alstom par l'État, qui a rempli le carnet de commandes de la société en faisant acheter par la SNCF quinze rames TGV, destinées à circuler sur la ligne Intercités Marseille-Bordeaux.

L'État remplit en revanche parfaitement sa mission lorsque, bien que n'étant pas actionnaire, il conditionne son aide à l'adoption par la société bénéficiaire de nouvelles règles d'organisation ; on pense à l'exemple de l'aide apportée par l'État au groupe Peugeot – plus précisément à la banque du groupe – en octobre 2012, aide supposant la renonciation à la distribution de dividendes, l'attribution d'options de souscription ainsi que la modification de la *gouvernance* du groupe par la nomination d'une personnalité indépendante et l'entrée d'un représentant salarié au conseil de surveillance (V. *infra*, n° 1683). Ici, intérêt social et intérêt général coïncident, puisque la cure d'austérité infligée aux dirigeants et aux actionnaires contribue au redressement du groupe. Et l'on peut prolonger l'exemple avec l'aide apportée par l'État aux entreprises suite à la crise du Covid-19, notamment sous forme de report des échéances fiscales et sociales, qui est conditionnée à l'absence de distribution de dividendes. Ainsi, tirant la leçon des erreurs commises après la crise financière de 2008, le

Gouvernement a précisé le 2 avril 2020 que les grandes entreprises qui demandent le report de paiement de leurs échéances fiscales et sociales doivent s'abstenir de distribuer des dividendes et de procéder à des rachats d'actions entre le 27 mars 2020 et le 31 décembre 2020 : si des facilités sont consenties aux entreprises pour préserver leurs liquidités, c'est pour leur éviter la cessation des paiements et non pour gonfler les distributions de dividendes aux associés.

SOUS-SECTION 3

L'INTERVENTION DE « TUTEURS » JUDICIAIRES

686. – Toutes les crises, heureusement, ne mènent pas à la dissolution, et souvent l'intervention d'un tiers désigné par le juge entraîne une baisse des tensions et assure un retour à la sérénité. La désignation d'un administrateur provisoire qui se substitue momentanément aux organes de direction est la mesure la plus radicale. Parfois la désignation d'un expert chargé d'enquêter sur le point litigieux sera suffisante. Il faut enfin compter avec d'autres intervenants, tels le séquestre, l'expert *in futurum*, le contrôleur ou l'observateur de gestion, sans oublier l'enquêteur-conciliateur.

§ 1. – L'administrateur provisoire

687. – *Création prétorienne.* La désignation par le juge d'un administrateur provisoire qui se substitue en tout ou partie aux organes légaux le temps que se dénoue la crise est une mesure grave et exceptionnelle. Elle n'est ni prévue ni organisée par la loi. Il s'agit d'une pure construction prétorienne, témoignage du pouvoir légitime du juge de s'immiscer dans la gestion de la société lorsque la survie ou le bon fonctionnement de celle-ci sont menacés[22].

688. – La désignation d'administrateurs provisoires n'est pas propre au droit des sociétés ; on la rencontre dans d'autres institutions en crise ; ainsi le ministre de l'Éducation nationale peut désigner un administrateur provisoire à la tête d'une université si celle-ci est dans l'incapacité d'élire un président ; le pape fait de même lorsque, dans une abbaye en crise, les religieux ne parviennent pas à élire un abbé accepté par tous.

A. – Les conditions de recevabilité de l'action

689. – *Caractère conservatoire.* La demande est présentée devant le tribunal, le plus souvent par la voie du référé en raison de l'urgence (V. *supra*, n° 650). Compte tenu du péril auquel est soumise la société, cette action conservatoire est recevable alors même que la clause statutaire de conciliation prévue dans les statuts n'aurait pas été respectée (V. *supra*, n° 652).

(22) G. Bolard, Administration provisoire et mandat ad hoc : JCP E 1995, I, 509. – B. Lecourt, Questions autour de l'administrateur provisoire : JCP E 2016, 1384.

690. - *Demandeurs.* N'étant pas attitrée, l'action est ouverte à toute personne se prévalant d'un intérêt légitime (CPC, art. 31). Les associés minoritaires sont les demandeurs naturels ; les dirigeants, notamment lorsqu'ils viennent d'être révoqués, peuvent également présenter une demande, ou encore les administrateurs d'une SA s'ils estiment que les informations dont ils disposent sont insuffisantes. Dans des situations exceptionnelles, surtout en cas d'inertie des associés, l'initiative peut être prise, sous réserve là encore qu'un intérêt légitime soit démontré, par le commissaire aux comptes, le comité d'entreprise (ou le comité social et économique)(23), voire un créancier(24).

B. – Les conditions de fond de l'action

691. - *Crise grave.* La nomination d'un administrateur provisoire ne se conçoit qu'en cas de crise grave ; c'est une mesure exceptionnelle qui suppose rapportée la preuve de circonstances rendant impossible le fonctionnement normal de la société(25). Par-delà les intérêts égoïstes des protagonistes, le juge se fonde sur l'intérêt social. Aussi bien ne désignera-t-il un administrateur provisoire qu'à la double condition d'une paralysie des organes sociaux et d'un péril imminent.

1° La paralysie des organes sociaux

692. - *Preuve rapportée.* La désignation d'un administrateur provisoire est indéniablement justifiée en cas de paralysie des organes sociaux. Voici une SA dont tous les administrateurs, y compris le président, ont démissionné ou ont été révoqués ; les actionnaires, divisés en deux blocs rivaux, ne peuvent se mettre d'accord sur la désignation des remplaçants ; on peut craindre le pire pour une telle société, bateau ivre privé de tout organe de direction ; la désignation d'un administrateur provisoire s'impose à l'évidence. Il en va de même lorsque les organes sont en place, mais sont atteints de paralysie pour cause d'emprisonnement (V. *infra*, n° 995) ou de mésintelligence ; ainsi de ces administrateurs composant le conseil d'une SA qui, par leur hostilité agressive, entravent le fonctionnement normal de la société au point d'en compromettre la survie(26).

693. - *Preuve non rapportée.* Le fait qu'il n'y ait pas de dirigeant de droit en fonction n'impose pas la nomination d'un administrateur provisoire dès lors que l'action d'un dirigeant de fait empêche la paralysie sociale(27). Également, les dissensions entre les associés, si violentes soient-elles, ne justifient pas la désignation d'un administrateur provisoire tant que les organes sociaux fonctionnent normalement(28) ; la solution est la même en cas de mésentente entre des associés indivis (V. *supra*, n° 530) ;

(23) Cass. soc., 23 oct. 2012, n° 11-24.609 : *JCP* E 2013, 1010, note T. Lahalle ; rejet de la demande au motif que le changement de direction et la modification de la stratégie des dirigeants ne suffisent pas à établir l'absence de fonctionnement normal et la menace d'un péril imminent.

(24) Cass. com., 14 févr. 1989 : *JCP* E 1989, II, 15517, n° 2, obs. A. Viandier et J.-J. Caussain.

(25) Cass. com., 25 janv. 2005 : *Rev. sociétés* 2006, p. 828, note A. Lecourt. – Cass. com., 6 févr. 2007, n° 05-19008 : *Dr. sociétés* 2007, n° 73, note H. Hovasse ; *BJS* 2007, p. 690, note P. Scholer.

(26) Cass. com., 26 avr. 1982 : *Rev. sociétés* 1984, p. 93, note J.-L. Sibon.

(27) Cass. 1re civ., 16 nov. 2017, n° 16-23.685 : *RJDA* 3/2018, n° 34 ; société civile immobilière.

(28) Par ex., Cass. com., 29 sept. 2009, n° 08-19937, PB : *BJS* 2010, § 4, p. 23, note G. Gil : graves dissensions entre les associés de la société titulaire des droits d'édition d'une partie des albums d'Astérix le Gaulois.

le juge préfère dans ce cas laisser jouer les mécanismes sociétaires. L'administrateur provisoire n'est pas un arbitre chargé de trancher les conflits opposant minoritaires et majoritaires. Cette dernière proposition doit cependant être nuancée ; bien souvent, les minoritaires sollicitent la désignation d'un administrateur provisoire alors même que les organes en place ne sont en rien paralysés. Certains juges du fond accèdent à leur demande si l'intérêt social est gravement menacé ; c'est évoquer la deuxième condition qu'est le péril imminent.

2° Le péril imminent

694. – *Péril actuel.* En principe, il faut que la société soit exposée à un péril certain et imminent pour que le juge accepte d'intervenir au nom de l'intérêt social. Si le risque évoqué est simplement éventuel, la demande n'est pas fondée(29). Le juge, soucieux de ne pas s'immiscer dans la gestion de la société, fait preuve d'une grande prudence ; ainsi, les actes de concurrence déloyale d'un gérant n'ont pas été jugés suffisants pour justifier la désignation d'un administrateur provisoire, dès lors que l'entreprise n'était pas en péril(30). Le péril imminent a en revanche été retenu dans le cas d'associés majoritaires utilisant la société pour un tirer un profit exclusivement personnel au détriment de l'intérêt social(31).

695. – *Péril futur.* La situation est plus délicate lorsque le préjudice, sans être actuel, risque de se réaliser si aucune mesure d'urgence n'est prise. Certains tribunaux acceptent de désigner un administrateur provisoire à titre préventif pour conjurer un péril futur, par exemple les graves conséquences que l'annulation prévisible de la désignation des gérants ne manquerait pas d'entraîner pour la société(32).

696. – Quand mésentente conjugale rime avec mésentente sociale.

Il n'est pas rare que les querelles conjugales retentissent sur le fonctionnement de la société, en particulier lorsque les époux sont les seuls associés. La désignation d'un administrateur provisoire est le moyen d'interrompre ce tête-à-tête mortifère pour la vie sociale. En voici deux exemples concernant une SCI et une SAS.

Deux époux mariés sous le régime de la séparation de biens détiennent à parts égales le capital d'une société civile immobilière, laquelle s'est endettée pour acquérir un local donné en location au mari qui y exerce son activité professionnelle. Le mari, en qualité de gérant, ne dépose pas de déclaration fiscale et ne règle plus les échéances de l'emprunt, d'où un recours du fisc et de la banque contre l'épouse, qui sollicite la désignation d'un administrateur provisoire. La cour d'appel de Paris fait droit à la demande au motif que la mésentente évidente entre les associés en instance de divorce, comme les anomalies dans sa gestion, compromettent

(29) Cass. com., 21 févr. 2012, n° 11-18.608 : cassation d'une ordonnance de référé ayant accepté de nommer un administrateur provisoire alors qu'il n'était pas démontré que la gestion du gérant était préjudiciable à l'intérêt social, sur la base d'un conflit entre associés et d'un simple risque de remise en cause par les tiers des actes accomplis.

(30) Cass. com., 29 sept. 2015, n° 14-11.491 : *RJDA* 1/2016, n° 29.

(31) Cass. com., 18 juin 2013, n° 12-13.255 : *Rev. sociétés* 2014, p. 88, note D. Poracchia : mise en vente de biens immobiliers sans en informer les demandeurs, refus de leur communiquer des documents comptables et des contrats d'assurance, défaut de convocation des assemblées générales. – Cass. com., 8 févr. 2017, n° 15-19.897 : *BJS* 2017, p. 291, note G. Gil ; *RJDA* 5/2017, n° 339 ; gérant, parmi d'autres aberrations de comportement, opérant des prélèvements injustifiés dans les fonds sociaux.

(32) Cass. com., 17 janv. 1989 : *BJS* 1989, p. 321, note J.-J. Daigre.

la marche de la société et qu'il y a ainsi une crise ouverte qui expose sa survie à un péril imminent (CA Paris, 20 mars 2002 : *BJS* 2002, p. 973).

Même scénario pour deux époux, l'un président et l'autre directeur général d'une SAS contrôlant plusieurs filiales ; en raison des bisbilles entre les deux dirigeants, le fonctionnement de la société est paralysé et, leur mandat étant arrivé à échéance, aucun renouvellement n'étant possible, un administrateur provisoire a donc été nommé (Cass. com., 8 nov. 2016, n° 14-21.481 : *RJDA* 2/2017, n° 85).

C. – La mission de l'administrateur provisoire

697. – *Nomination.* L'administrateur provisoire doit être choisi sur la liste des administrateurs judiciaires (C. com., art. L. 811-1 et s.). S'agissant d'un organe de gestion, la nomination doit être publiée au registre du commerce et des sociétés.

698. – *Pouvoirs.* La décision du juge définit en principe l'étendue de la mission de l'administrateur provisoire. De cette mission dépend l'étendue de ses pouvoirs. Lorsque l'administrateur est chargé d'un pouvoir général d'administration, de direction et de représentation de la société, sa nomination emporte dessaisissement des dirigeants sociaux[(33)], aussi longtemps qu'il n'est pas mis fin à son mandat par une décision judiciaire et alors même que de nouveaux dirigeants seraient nommés[(34)]. L'administrateur provisoire se substitue donc temporairement, en tout ou partie, aux dirigeants en place et aucune initiative sociale, telle la tenue d'une assemblée, ne doit venir entraver le bon déroulement de sa mission[(35)]. L'administrateur doit prendre d'urgence les mesures nécessaires pour conjurer les dangers menaçant la société. Il doit également s'occuper de la gestion quotidienne, ce qui englobe à l'évidence les actes conservatoires[(36)].

699. – *Actes de disposition ?* L'administrateur peut-il prendre des actes de disposition engageant l'avenir de la société ? Tout dépend de l'étendue de sa mission et de ce que commande l'intérêt social. Lorsqu'il est investi d'un mandat général de gestion et de représentation de la société, il peut par exemple donner le fonds de commerce de la société en location-gérance dès lors que cette opération permettrait de résorber le passif social et de faire face aux échéances. On peut aller plus loin et admettre que l'administrateur judiciaire soit investi de tous les pouvoirs conférés par la loi aux organes de direction. Même lorsque la mission confiée

(33) La désignation d'un administrateur provisoire pour gérer et administrer une SCI entraîne le dessaisissement des organes sociaux jusque-là en place, lesquels n'ont plus qualité pour engager la société et exercer une voie de recours : Cass. 3e civ., 25 oct. 2006, n° 05-15393, PB : *Dr. sociétés* 2007, n° 41, obs. H. Lécuyer ; *BJS* 2007, p. 274, obs. F.-X. Lucas.

(34) Ainsi, le gérant d'une EURL mis en prison alors qu'a été nommé un administrateur provisoire investi du pouvoir d'administration, de direction et de représentation de la société n'a pas le pouvoir d'exercer une voie de recours au nom de la société : Cass. soc., 22 juin 2010, n° 09-70517 : *BJS* 2011, § 492, p. 972, note I. Parachkévova ; *Dr. sociétés* 2011, n° 192, obs. D. Gallois-Cochet.

(35) Cass. com., 13 janv. 2021, n° 18-25.713, FP : report en référé de l'assemblée générale en vue de désigner le nouveau président d'une SAS, dès lors que cette délibération, dont l'urgence n'est pas avérée, serait de nature à affecter la confiance accordée par les banques à un administrateur provisoire dont la mission est de reprendre les négociations avec ces dernières pour restructurer la dette de la société.

(36) V. pourtant, Cass. 3e civ., 3 mai 2007, n° 05-18486, PB : *Dr. sociétés* 2007, n° 127, obs. H. Lécuyer ; *BJS* 2007, p. 1057, note B. Saintourens : alors même qu'il a la mission d'administrer et de gérer tant activement que passivement une SCI, la nature conservatoire de la mission de l'administrateur provisoire ne lui permet pas de saisir le juge des loyers commerciaux d'une demande tendant à la fixation du prix du loyer d'un bail renouvelé.

à l'administrateur provisoire exclut les actes de disposition, il entre dans les pouvoirs du juge des référés de l'autoriser à céder des actions indivises, pourvu qu'une telle mesure soit justifiée par l'urgence et l'intérêt commun[37]. Mais il ne saurait en tout état de cause prendre des décisions qui relèveraient de la compétence des assemblées, dissoudre la société par exemple.

§ 2. – L'expert de gestion

700. – *Prévision légale.* A la différence de l'administrateur provisoire, qui est une création des juges, l'expert de gestion est prévu par la loi. Sa désignation n'est possible que dans les sociétés par actions (C. com., art. L. 225-231) et les SARL (C. com., art. L. 223-37)[38]. La désignation d'un tel expert est fréquemment sollicitée. L'action, qui présente un caractère conservatoire, suppose pour aboutir que soient remplies des conditions de recevabilité et des conditions de fond.

A. – Les conditions de recevabilité de l'action

701. – *Action attitrée.* L'action en nomination d'un expert de gestion est une action attitrée, seules les personnes désignées dans la loi ayant qualité à agir (V., en cas de démembrement des titres, *supra*, n° 525).

702. – *Dans les SARL*, un ou plusieurs associés représentant au moins un dixième du capital social peuvent, individuellement ou en se groupant, demander en justice la désignation d'un expert chargé de présenter un rapport sur une ou plusieurs opérations de gestion.

703. – *Dans les sociétés par actions*, la procédure est plus complexe puisque deux procédures de nomination coexistent[39].

Les associations d'actionnaires (V. *infra*, n° 1672) et les minoritaires, s'ils représentent au moins 5 % du capital (éventuellement en se regroupant), peuvent poser par écrit au président du conseil d'administration ou au directoire des questions sur une ou plusieurs opérations de gestion de la société (V. en cas de titres sociaux indivis, *supra*, n° 529) ; l'exigence d'une question préalable posée au dirigeant est une condition de recevabilité de la demande en justice[40]. Les actionnaires minoritaires d'une société mère peuvent également s'intéresser aux opérations de gestion effectuées au sein d'une filiale (V. *infra*, n° 2518). En cas de défaut de réponse dans le délai d'un mois ou en cas de réponse jugée non satisfaisante[41], les actionnaires peuvent demander en référé (V. *supra*, n° 650) la désignation d'un ou plusieurs experts char-

(37) Cass. 1re civ., 10 juin 2015, n° 14-18.944 : *BJS* 2015, p. 476, note E. Naudin.

(38) Doit par suite être rejetée une demande de nomination d'un expert de gestion dans les autres types de sociétés ou personnes morales, même si leurs activités présentent un caractère commercial, par exemple une coopérative : Cass. com., 30 nov. 2004 : *BJS* 2005, § 81, p. 410, note B. Saintourens.

(39) A. Cerati-Gauthier, La nouvelle expertise de gestion assure-t-elle une meilleure information aux actionnaires minoritaires ? : LPA 5 avr. 2002.

(40) Cass. com., 14 févr. 2006 : *BJS* 2006, § 128, p. 619, note L. Godon ; *JCP* E 2006, 2035, n° 6, obs. J.-J. Caussain, Fl. Deboissy et G. Wicker.

(41) Cass. com., 17 janv. 2006 : *JCP* E 2006, 1981, note D. Gibirila : il appartient au juge saisi de la demande en nomination de l'expert de vérifier si les éléments de réponse présentent un caractère satisfaisant.

gés d'enquêter et de dresser un rapport. L'existence du droit d'agir en justice s'apprécie à la date de la demande introductive d'instance et ne peut pas être remise en cause par l'effet de circonstances postérieures, par exemple un coup d'accordéon privant le demandeur de ses titres (V. *infra*, n° 1481), ce qui ne lui permet plus de satisfaire à la condition de détention de 5 % du capital[(42)].

Le ministère public, le comité social et économique, et l'AMF dans les sociétés dont les actions sont admises aux négociations sur un marché réglementé, peuvent également demander en référé la désignation d'un expert, mais sans avoir à observer la phase préalable des questions écrites imposée aux actionnaires[(43)].

704. – *Caractère subsidiaire.* L'action présente un caractère subsidiaire : certes, il n'est pas nécessaire que le demandeur démontre avoir épuisé toutes les voies normales d'information[(44)], mais la demande doit être repoussée lorsque des explications peuvent être demandées aux dirigeants ou aux commissaires aux comptes par les voies de droit habituelles[(45)] : le demandeur doit en tout état de cause démontrer que la mesure présente pour lui un intérêt, ce qui n'est pas le cas lorsqu'il est en mesure d'obtenir les informations par un canal habituel[(46)].

B. – Les conditions de fond de la nomination

705. – *Opération déterminée.* L'expertise doit porter sur une ou plusieurs opérations déterminées. Autrement dit, l'expertise de gestion n'est pas un moyen de faire procéder à un audit, c'est-à-dire à un contrôle d'ensemble de la gestion de la société.

706. – *Opération de gestion.* L'expertise doit porter sur une opération de gestion. La Cour de cassation fait prévaloir un critère organique : la décision de gestion est celle émanant des dirigeants à l'exclusion de celle adoptée en assemblée, telle une augmentation de capital[(47)] ; elle considère en effet que les minoritaires sont en mesure de s'informer et qu'ils ont pu exercer leur droit de critique à l'occasion du vote.

Pour la Cour de cassation, les décisions qui relèvent de la compétence des organes de direction mais qui nécessitent néanmoins l'autorisation de l'assemblée générale sont des opérations de gestion pouvant faire l'objet d'une expertise de

(42) Cass. com., 6 déc. 2005 : *D.* 2006, p. 67, obs. A. Lienhard ; *JCP* E 2006, 2035, n° 7, obs. J.-J. Caussain, Fl. Deboissy et G. Wicker.

(43) La demande d'expertise formée par le comité d'entreprise (comité social et économique) d'une filiale portant sur une opération de gestion passée par la filiale (prêt consenti par la filiale auprès de la société mère) n'a pas à être précédée d'une question écrite mais doit, à peine d'irrecevabilité, être dirigée contre la filiale et non contre la société mère : Cass. com., 10 sept. 2013, n° 12-16.509, PB : *Dr. sociétés* 2013, n° 204, obs. M. Roussille ; *JCP* E 2013, 1652, note F. Duquesne.

(44) Cass. com., 21 oct. 1997 : *JCP* E 1998, p. 36, note Y. Guyon.

(45) Cass. com., 16 juill. 1991 : *RJDA* 1991, p. 709.

(46) La demande ne peut être accueillie lorsque le demandeur, disposant en sa qualité d'administrateur et directeur général de toutes les informations nécessaires, ne démontre ni l'existence d'un risque d'atteinte à l'intérêt social, ni l'impossibilité d'obtenir des informations : CA Versailles, 14 févr. 2007, n° 06-05831 : *BJS* 2007, § 237, p. 858, note J.-F. Barbièri. – De même, lorsqu'une nouvelle expertise ne permettrait pas d'obtenir d'autres informations que celles qui figurent déjà dans les deux rapports établis par l'expert-comptable désigné par le comité central d'entreprise, le juge peut, à bon droit, rejeter la demande de désignation d'un expert formée par cette même institution : Cass. com., 12 févr. 2008, n° 06-20.121 : *BJS* 2008, § 81, p. 384, note G. Auzero.

(47) Parce qu'elle ne constitue pas une opération de gestion, un associé ne peut pas demander la nomination d'un expert de gestion pour présenter un rapport sur une augmentation de capital prévue par un plan de redressement : Cass. com., 25 sept. 2012, n° 11-18.312, PB : *BJS* 2013, § 20, p. 48, note I. Parachkévova ; *Dr. sociétés* 2012, n° 206, obs. M. Roussille ; *Rev. sociétés* 2013, p. 286, note J.-F. Barbièri.

gestion : autoriser n'est pas décider. C'est ce qui a été jugé pour les apports partiels d'actifs non soumis au régime des scissions(48), pour les conventions réglementées approuvées par les associés(49) ou pour la vente d'un immeuble soumise en application d'une clause statutaire à l'autorisation des associés, dès lors qu'il n'était pas démontré que la vente avait été effectivement décidée par l'assemblée générale(50).

707. – *Présomption d'irrégularité.* Enfin, pour que l'action aboutisse, il faut que le demandeur fasse état d'une présomption d'irrégularité, ou du moins établisse que l'opération concernée est susceptible de porter atteinte à l'intérêt social(51). Si une telle présomption d'irrégularité est constatée, le juge est tenu de nommer un expert de gestion(52), quand bien même les sommes en cause seraient minimes(53).

C. – La mission de l'expert

708. – *Nomination.* La demande, dirigée contre la société, est portée devant le président du tribunal de commerce statuant en la forme des référés (V. *supra*, n° 650). Le juge vérifie si les conditions de recevabilité de la demande sont remplies et si celle-ci est fondée.

709. – *Pouvoirs.* Dans l'affirmative, le juge détermine la mission exacte de l'expert et les opérations sur lesquelles l'investigation doit porter. À l'issue de sa mission, l'expert fait un rapport, lequel est adressé au demandeur, aux dirigeants, au ministère public, au comité social et économique et à l'AMF si la société est cotée. Il est ensuite annexé au rapport du commissaire aux comptes, s'il en existe un, pour être soumis à la prochaine assemblée des associés. Le but de l'expertise de gestion est de fournir des armes à des associés recherchant l'affrontement avec les dirigeants en place. Aussi, si les révélations contenues dans le rapport le justifient, les hostilités peuvent-elles être déclenchées : action en responsabilité contre les dirigeants, demande de révocation, action en nullité des décisions abusives...

§ 3. – Les autres intervenants

710. – On peut citer le séquestre, l'expert *in futurum*, le contrôleur ou l'observateur de gestion et enfin l'enquêteur-conciliateur. Ils présentent la caractéristique, à

(48) Cass. com., 12 janv. 1993 : *JCP* E 1993, II, 415, note A. Viandier. – Inversement, lorsque l'apport partiel d'actif est soumis au régime des scissions, la décision d'approbation du projet de traité d'apport relève de la compétence de l'assemblée générale extraordinaire ; elle ne constitue donc pas une décision de gestion susceptible de faire l'objet d'une mesure d'expertise de gestion (CA Paris, 4 sept 1998 : *BJS* 1999, p. 250, note F.-X. Lucas).

(49) Cass. com., 5 mai 2009, n° 08-15.313, PB : *D.* 2009, p. 1355 ; *JCP* E 2009, 1659, note A. Cerati-Gauthier ; *Rev. sociétés* 2009, p. 807, note L. Godon : la circonstance que les opérations aient reçu l'approbation des associés en tant que conventions réglementées n'est pas de nature à faire obstacle à la demande d'expertise de gestion.

(50) Cass. com., 13 sept. 2017, n° 15-25.950 : *BJS* 2018, p. 32, note J. Delvallée ; *Dr. sociétés* 2018, n° 6, obs. J. Heinich ; *RJDA* 1/2018, n° 34.

(51) Cass. com., 10 déc. 2013, n° 12-24.232 : *BJS* 2014, p. 83, note J.-F. Barbièri ; présomptions d'irrégularités ou de risque d'atteinte à l'intérêt social d'une SA déduites d'un rapport spécial du commissaire aux comptes dénonçant une convention non autorisée accordant un avantage exceptionnel consenti à une autre société ayant le même dirigeant.

(52) Cass. com., 24 oct. 2018, n° 17-12.582 : *BJS* 2019, p. 30, note J.-M. Moulin ; *Dr. sociétés* 2019, n° 6, obs. J. Heinich : absence de factures justificatives et irrégularités comptables.

(53) Cass. com., 16 déc. 2020, n° 18-25.630 : *BJS* mars 2021, p. 28, note G. Gil ; *Dr. sociétés* avr. 2021, n° 49, obs. J.-F. Hamelin : remboursements de frais au bénéfice du gérant d'un montant minime.

la différence de l'administrateur provisoire, de se juxtaposer et non de se substituer aux organes de gestion.

A. – Le séquestre

711. – *Mission conservatoire.* La mise sous séquestre de titres sociaux est fréquemment demandée en référé (V. *supra*, n° 650) à l'occasion de conflits opposant deux associés, voire un associé à la société[54]. Elle vise à placer dans les mains d'un séquestre les actions ou parts litigieuses, ce qui les rend indisponibles et aboutit à les figer pendant tout le temps du litige. Cette mesure conservatoire est fondée sur l'article 1961 du Code civil, lequel vise le litige sur la propriété d'un bien, mais a fait l'objet d'une interprétation extensive par les tribunaux. Aussi bien le séquestre est-il prononcé dans tous les cas où il convient d'assurer la conservation des droits des parties ; il permet notamment de bloquer une opération de restructuration pendant tout le temps de la procédure au fond.

712. – **Quelques exemples de mise sous séquestre de titres sociaux.**

> Voici des exemples de situations justifiant une mise sous séquestre :
> – risque sérieux d'annulation d'une cession d'actions (CA Pau, 23 févr. 1994 : *JCP* E 1995, I, 447, n° 1, obs. A. Viandier et J.-J. Caussain) ;
> – sauvegarde de l'intérêt de la société dont la survie est en péril du fait d'un conflit entre deux groupes d'actionnaires (Cass. com., 19 mai 1987 : *JCP* E 1987, I, 16959, n° 13, obs. A. Viandier et J.-J. Caussain) ;
> – violation d'une clause d'agrément ou d'un pacte de préférence.

713. – *Exercice du droit de vote.* Si le séquestre conserve, c'est en principe l'associé qui vote[55]. Mais le juge peut décider d'attribuer le droit de vote au séquestre, par exemple en cas de violation d'une clause d'agrément[56] ou d'un pacte de préférence[57], lorsque les intérêts du bénéficiaire risquent d'être irrémédiablement compromis. Ceci revient à priver l'associé de son droit de vote dans l'attente de l'issue du litige.

B. – L'expert *in futurum* (CPC, art. 145)

714. – *Coexistence de deux actions.* À côté de l'expert de gestion nommé sur le fondement de l'article L. 225-231 ou 223-37 du Code de commerce (V. *supra*, nos 700 et s.),

(54) M. Bordonneau, Le séquestre de valeurs mobilières : Dr. et patrimoine 2001, p. 40.

(55) M. Michineau, Qualification de la mesure de séquestre et sort du droit de vote attaché aux actions litigieuses séquestrées : Rev. sociétés 2016, p. 7.

(56) Lorsqu'en cas de violation d'une clause d'agrément, les actions cédées sont confiées à un séquestre, il ne saurait être exclu de sa mission d'exercer les droits de vote afférents à ces actions dès lors que la non-représentation des actionnaires appartenant à la catégorie dont relèvent les actions sous séquestre pourrait aboutir à un changement de contrôle de la société préjudiciable à cette catégorie d'actionnaires : Cass. com., 23 oct. 2007, n° 06-16574 : *BJS* 2008, § 24, p. 103, note P. Le Cannu ; *Dr. sociétés* 2008, n° 11, note H. Hovasse.

(57) Le bénéficiaire d'un pacte de préférence peut obtenir que le droit de vote attaché aux titres objet du pacte soit confié au séquestre dès lors que le débiteur du droit de préférence pourrait en faire un usage susceptible de créer une situation irréversible au détriment du bénéficiaire : Cass. com., 25 sept. 2012, n° 11-20.061 : *BJS* 2013, § 51, p. 111, note A. Gaudemet ; *Rev. sociétés* 2012, p. 152, note A. Couret. – V. sur renvoi, donnant mission au séquestre de s'abstenir de voter sur les résolutions afférentes à la révocation des administrateurs et à la nomination de nouveaux dirigeants, CA Angers, 2 juill. 2013, n° 13-00.237 : *BJS* 2013, p. 788, note J.-F. Barbièri.

il est possible de recourir à l'expertise *in futurum*[58], appelée également expertise préventive ou encore référé probatoire[59]. L'article 145 du Code de procédure civile dispose que « s'il existe un motif légitime de conserver ou d'établir avant tout procès la preuve des faits dont pourrait dépendre la solution d'un litige, les mesures d'instruction légalement admissibles peuvent être ordonnées à la demande de tout intéressé, sur requête ou en référé » (V. *supra*, n° 650). Ces deux corps de textes ont un objet différent : les articles L. 225-231 et L. 223-37 du Code de commerce permettent la désignation d'un expert chargé de rédiger un rapport tandis que l'article 145 du Code de procédure civile a pour objet de rassembler ou de conserver des preuves en vue d'une action en justice. Pour autant, les deux actions permettent en pratique d'atteindre le même résultat : obtenir judiciairement des informations sur la gestion sociale.

715. – *Domaine des deux actions.* La comparaison des textes révèle que la nomination d'un expert de gestion est plus difficile à obtenir que celle d'un expert *in futurum*.

La première action est attitrée et est cantonnée aux sociétés par actions et aux SARL. La seconde est en revanche ouverte à tout intéressé à condition, conformément à l'exigence posée par l'article 145 du Code de procédure civile, qu'il se prévale d'un motif légitime[60] de conserver ou d'établir avant tout procès la preuve des faits dont pourrait dépendre la solution d'un litige[61] ; la mesure d'instruction *in futurum* doit être prononcée dès lors que ces conditions sont remplies[62], sans que le juge ne puisse ajouter d'autres conditions, tels l'identité du défendeur à la mesure d'instruction et au procès envisagé[63], ou encore le manquement à l'obligation de loyauté du demandeur à l'égard du défendeur[64].

Ensuite, l'expertise de gestion n'est prévue que dans certaines sociétés quand l'expertise préventive peut concerner n'importe quelle société ou groupement.

Enfin, l'expertise de gestion porte seulement sur une décision déterminée prise par les dirigeants tandis que l'expertise préventive peut avoir pour

(58) Cass. 2e civ., 22 oct. 2020, n° 19-14.484, PBI : *BJS* janv. 2021, p. 11, note G. Gil : le juge territorialement compétent est le président du tribunal susceptible de connaître de l'instance au fond ou celui du tribunal dans le ressort duquel les mesures sollicitées doivent être exécutées, sans que la partie requérante ne puisse opposer une clause attributive de compétence territoriale.

(59) L. Cadiet, Brèves observations sur l'expertise préventive en droit des sociétés : Mél. M. Jeantin, Dalloz, 1999, p. 151. – J. Moury, Expertise de gestion : la concurrence indélicate de l'article 145 nouveau du Code de procédure civile : ibid., p. 297.

(60) Cass. 2e civ., 10 déc. 2020, n° 19-22.619, PBI : *BJS* févr. 2021, p. 7, note E. Guégan : l'appréciation du motif légitime relève du pouvoir souverain des juges du fond.

(61) Cass. com., 8 juill. 2003 : *BJS* 2003, § 239, p. 1152, note M.-L. Coquelet : action intentée par un actionnaire minoritaire. – Cass. com., 15 nov. 2011, n° 10-28036 : *BJS* 2012, § 181, p. 301, note N. Pelletier ; motif légitime du cédant qui entend faire établir avant tout procès la valeur des titres cédés en invoquant les confidences du comptable de la société et les contradictions du protocole de cession. – Cass. com., 4 févr. 2014, nos 12-27.398 et 13-11.447 : *BJS* 2014, p. 310, note G. Gil ; *Rev. sociétés* 2014, p. 661, note C. Tabourot-Hyest ; motif légitime tenant à l'allégation de la faute de la société UPS ayant filialisé une activité accessoire de maintenance en vue de sa reprise par des salariés alors qu'elle savait sa pérennité non assurée, ce qui ne préjuge pas du succès de l'action en responsabilité civile.

(62) Ce qui n'est pas le cas lorsque la finalité de la demande est purement exploratoire : Cass. 2e civ., 24 sept. 2015, n° 14-19.012 : *BJS* 2015, p. 624, note G. Gil.

(63) Cass. 2e civ., 27 févr. 2014, n° 13-10.013, PB : *Rev. sociétés* 2014, p. 4729, note A. Cerati-Gauthier.

(64) Cass. 2e civ., 20 mars 2014, n° 12-29.568, PB : *Rev. sociétés* 2014, p. 4729, note A. Cerati-Gauthier ; cassation de l'ordonnance ayant rejeté la demande au motif que le demandeur (la société But) avait manqué de loyauté en s'abstenant d'informer le juge de l'existence d'un contentieux au fond l'opposant au défendeur, un ancien cadre ayant rejoint la société Conforama. – V., dans le même sens, Cass. 2e civ., 20 mars 2014, n° 13-11.135, PB : *Rev. sociétés* 2014, p. 4729, note A. Cerati-Gauthier.

objet toute opération sans pour autant autoriser une mission d'investigation générale[65].

716. – *Concurrence des deux actions.* Même si son domaine est plus étroit, l'expertise *in futurum* ne présente pas un caractère subsidiaire par rapport à l'expertise de gestion, ce qui est logique puisque les deux actions, parce qu'elles ont un objet différent, n'entrent pas en conflit. Ainsi, la mesure d'instruction *in futurum* peut être sollicitée quand bien même les demandeurs, en leur qualité d'actionnaires, bénéficient des droits d'information et des procédures spécifiques du droit des sociétés[66]. Les deux expertises peuvent même se succéder, l'expertise préventive venant alors rattraper l'échec de l'expertise de gestion ; ainsi, une expertise précédemment ordonnée sur le fondement de l'article L. 225-231 du Code de commerce ne fait pas obstacle à ce qu'une expertise soit confiée au même expert sur le fondement de l'article 145 du Code de procédure pénale[67].

C. – Le contrôleur ou l'observateur de gestion

717. – Il est des cas dans lesquels les conditions de nomination d'un administrateur provisoire ne sont pas réunies, mais le juge estime opportun d'ordonner une mesure de surveillance pour sauvegarder les droits du demandeur ; il désigne alors un observateur ou contrôleur de gestion[68]. L'observateur ne gère pas, il regarde et écoute. Son rôle est en quelque sorte celui d'un « casque bleu ».

718. – **Exemples de missions dévolues à l'observateur de gestion.**

- Assister aux délibérations des organes sociaux.
- Faire connaître aux créanciers tous actes qui seraient susceptibles de compromettre la valeur des actions nanties.
- Faire rapport au tribunal des manquements aux injonctions ordonnées par celui-ci.
- Surveiller la régularité et l'effectivité des actes accomplis par le gérant.

D. – L'enquêteur-conciliateur

719. – Lorsque, malgré une crise, le juge estime que les conditions de nomination d'un administrateur provisoire ne sont pas réunies, par exemple parce que les organes sociaux fonctionnent normalement, il n'hésite pas à désigner un mandataire *ad hoc*, qualifié d'enquêteur-conciliateur, qui sera chargé d'enquêter sur les causes du conflit, de proposer des remèdes et, si possible, de concilier les protagonistes. Le juge se fait ainsi juge de paix des affaires sociales[69].

(65) Cass. com., 5 avr. 2018, n° 16-19.966 : *Rev. sociétés* 2018, p. 650, note A. Cerati-Gauthier.

(66) Cass. com., 18 oct. 2011, n° 10-18989, PB : *Dr. sociétés* 2012, n° 10, obs. D. Gallois-Cochet ; *JCP* E 1002, note N. Randoux.

(67) Cass. com., 15 sept. 2015, n° 13-25.275 : *BJS* 2015, p. 581, note G. Gil ; *Dr. sociétés* 2016, n° 8, obs. M. Roussille. – Cass. com., 24 juin 2020, n° 18-17.104 : *BJS* sept. 2020, p. 19, note G. Gil.

(68) Cass. com., 10 janv. 1972 : *JCP* 1972, II, 17134, note Y. Guyon : un ancien actionnaire, après avoir vendu ses titres sous condition que la pérennité de la société soit assurée, a obtenu la nomination d'un contrôleur de gestion ayant pour mission de veiller à ce que la gestion des cessionnaires n'entraîne pas la liquidation de la société avant qu'il ne soit statué sur la résolution de la vente.

(69) CA Paris, 7 mars 1990 : *Pétrossian : Rev. sociétés* 1990, p. 256.

E. – Le mandataire *ad hoc*

720. – Hors les hypothèses où la nomination d'un mandataire *ad hoc* est prévue par la loi (V. par ex., pour la convocation d'une assemblée, *infra*, n° 1167), il peut arriver que le juge des référés, dans des situations particulièrement délicates où la mésentente entre les associés et l'existence de forts conflits d'intérêts font craindre que des décisions soient prises dans des conditions susceptibles de provoquer des contestations judiciaires, recourt à la technique du mandataire *ad hoc* en se fondant sur l'article 872 du Code de procédure civile (V. *supra*, n° 650).

721. – Exemples de nomination d'un mandataire *ad hoc*.

- Nomination d'un mandataire *ad hoc* avec notamment mission de présider l'assemblée générale des actionnaires, aux lieu et place du président de la société, dont la même décision plafonne les droits de vote pour cause de non-respect des règles de franchissement de seuils instituées au sein des sociétés cotées (T. com. Paris, ord. réf., 6 mai 2009, aff. *Gecina*, inédit).
- Suite au blocage du fonctionnement du conseil d'administration ayant pour cause l'opposition entre deux groupes d'administrateurs issus du rapprochement entre les sociétés Essilor et Luxottica, nomination d'un mandataire *ad hoc* avec mission, d'une part, de piloter la défense de la société partie à une procédure d'arbitrage et, d'autre part, de désigner l'arbitre ainsi que le conseil devant assister la société (T. com. Paris, 26 avr. 2019 : *BJS* janv. 2019, p. 23, note Ph. Merle).

722. – *Exigence d'un dysfonctionnement.* Cette immixtion du juge dans le fonctionnement des organes sociaux suppose que soit rapportée la preuve d'un dysfonctionnement, par exemple un manquement à l'obligation d'information des associés[70] ou un manquement du gérant à ses obligations statutaires[71]. La demande doit donc être conforme à l'intérêt social[72]. Ainsi le juge des référés ne peut décider, à la demande du dirigeant minoritaire, la désignation d'un mandataire *ad hoc* chargé d'exercer les droits de vote attachés aux actions de l'associé majoritaire sans préciser en quoi l'exercice par celui-ci de ses pouvoirs d'actionnaire majoritaire empêchait le fonctionnement normal de la société[73].

SECTION 2

LES CRISES JURIDIQUES

723. – Il y a crise juridique lorsque la décision prise par les organes sociaux n'est pas conforme aux lois et aux règlements. En effet, si le cap est donné par l'intérêt

(70) Cass. 3e civ., 21 juin 2018, n° 17-13.212 : *BJS* 2018, p. 504, note J.-F. Barbièri ; *Dr. sociétés* 2018, n° 163, obs. H. Hovasse ; suite à la mésentente de deux concubins associés d'une société civile, la concubine avait été privée de tout accès aux documents comptables et aucune assemblée n'avait été convoquée.
(71) CA Douai, 3 oct. 2019, n° 19/00492 : *BJS* janv. 2020, p. 36, note J. Heinich ; preuve non rapportée.
(72) Cass. com., 13 janv. 2021, n° 18-24.853, PB : *Dr. sociétés* mai 2021, n° 61, obs. J.-F. Hamelin.
(73) Cass. com., 10 nov. 2009, n° 08-19356 : *BJS* 2010, § 30, p. 139, note G. Gil.

social, la société ne peut évoluer que dans le chenal balisé par les lois et règlements en vigueur. À défaut, le risque de sanctions est important : nullité des actes et délibérations, inopposabilité ou encore responsabilité.

SOUS-SECTION 1

LA NULLITÉ DES ACTES ET DÉLIBÉRATIONS

724. – Si les décisions de justice sont rares en matière de nullité de sociétés (V. *supra*, n° 296), la nullité d'un acte ou d'une délibération sociale (délibération d'une assemblée, décision du conseil d'administration…) suscite un contentieux relativement important(74). Il faut dire que l'articulation des textes du Code civil et du Code de commerce laisse quelque peu à désirer et que les règles, particulièrement sibyllines, ne brillent pas par leur clarté. L'insécurité juridique qui en résulte s'accorde mal des objectifs du droit de l'Union européenne visant à réduire le jeu des nullités en droit des sociétés, qu'il s'agisse de leur cause, de leur régime ou de leur effet.

§ 1. – Les causes de nullité

725. – Deux textes sont en concours, l'article L. 235-1 du Code de commerce, qui s'applique aux sociétés commerciales et aux GIE, et l'article 1844-10, alinéa 3, du Code civil qui s'applique pour l'essentiel aux sociétés civiles.

L'article 1844-10, alinéa 3, dispose que la nullité des actes et délibérations des organes de la société ne peut résulter que de la violation d'une disposition impérative du présent titre ou de l'une des causes de nullité des contrats en général.

L'article L. 235-1 distingue pour sa part la nullité des actes ou délibérations modificatifs des statuts, qui ne peut résulter que d'une disposition expresse du présent livre ou des lois qui régissent la nullité des contrats, et la nullité des actes et délibérations non modificatifs des statuts, qui ne peut résulter que de la violation d'une disposition impérative du présent titre ou de l'une des causes de nullité des contrats en général.

Il est ainsi possible d'isoler les causes de nullité des décisions modificatives des statuts d'une société commerciale ou d'un GIE, qui sont spécifiques, et de regrouper les causes de nullité des décisions des sociétés civiles et des décisions non modificatives des statuts d'une société commerciale ou des GIE, qui sont soumises à des règles identiques.

A. – La nullité des actes ou délibérations modificatifs des statuts d'une société commerciale ou d'un GIE

1° La nullité fondée « sur une disposition expresse du présent livre »

726. – Selon l'article L. 235-1 du Code de commerce applicable aux sociétés commerciales et aux GIE, la nullité d'un acte ou d'une délibération modifiant les statuts

(74) J.-P. Legros, La nullité des décisions de sociétés : Rev. sociétés 1991, p. 275. – M. Germain, De quelques limites de la nullité des décisions sociales prévues à l'article 360 de la loi de 1966 : BJS 1992, p. 491.

(changement de raison sociale, augmentation ou réduction de capital, prorogation, transformation...) doit être fondée sur une disposition expresse « du présent livre ». Sont ici visés les cas dans lesquels figure dans le livre II du Code de commerce un article prévoyant expressément que la sanction d'une règle est la nullité de la décision.

727. – Voici quelques exemples :

– *pour les SARL*, non-respect des formes et délais de convocation des assemblées (C. com., art. L. 223-27, al. 5), non-respect des règles relatives à la transformation (C. com., art. L. 223-43, al. 4)... ;

– *pour les SA*, non-respect des formes et délais de convocation (C. com., art. L. 225-104, al. 2), des conditions de quorum et de majorité des assemblées extraordinaires (C. com., art. L. 225-96 et L. 225-121)...

2° La nullité fondée sur le droit des contrats

728. – L'article L. 235-1 prévoit que la nullité des actes et délibérations modificatifs des statuts peut résulter également des « lois régissant la nullité des contrats ». En effet, une décision sociale est un acte juridique dont la validité suppose le respect des prescriptions du droit des contrats. La délibération est donc nulle pour illicéité de l'objet, illicéité du but ou vice du consentement. S'agissant de cette dernière occurrence, c'est le dol qui est le plus fréquemment rencontré (V. *supra*, nos 179 et s.), la victime pouvant être par exemple le souscripteur d'une augmentation de capital, mais on peut trouver également des exemples d'annulation d'une délibération sociale pour violence.

729. – *Fraude*. En application du droit commun des contrats, la fraude, qui corrompt tout, peut être une cause de nullité des délibérations modificatives des statuts.

Il peut s'agir de la *fraude à la loi*, c'est-à-dire le fait de se placer artificiellement en dehors du domaine d'une loi impérative.

Il peut s'agir encore d'une fraude aux droits des tiers, autrement dit d'une *fraude paulienne*, ainsi d'une augmentation de capital par apport en nature motivée par le désir de l'apporteur d'éviter une saisie, d'une fusion destinée à tenir en échec les droits d'un créancier bénéficiaire d'un cautionnement (V. *infra*, n° 2269) ou d'une dissolution précipitée sans liquidation pour échapper à une procédure collective (V. *infra*, n° 824).

La nullité de la délibération sociale peut encore être prononcée en cas de *fraude aux droits des associés*[75]. L'atteinte aux droits des minoritaires peut également être sanctionnée par la nullité sur le fondement de l'abus de majorité (V. *supra*, nos 673 et s.) ; en revanche ni l'abus de minorité ni l'abus d'égalité ne peuvent anéantir la décision pour la simple et bonne raison qu'aucune décision n'a pu être prise.

(75) Cass. com., 6 juill. 1983, n° 82-12910 : *Bull. civ.* 1983, IV, n° 206 : annulation d'une décision générale extraordinaire d'une SA pour fraude aux droits des actionnaires minoritaires, « éliminés » par ruse ou artifice. – CA Paris, 25 nov. 2008, n° 06-18340 : *RJDA* 2009, n° 236 : annulation d'une décision d'augmentation de capital d'une SAS pour fraude aux droits des minoritaires.

B. – La nullité des actes ou délibérations d'une société civile ainsi que des décisions non modificatives des statuts d'une société commerciale

1° La nullité fondée sur la violation d'une disposition impérative

a) Principe

730. – Lorsqu'il s'agit de prononcer la nullité d'actes ou de délibérations non modificatifs des statuts d'une société commerciale – nomination d'un administrateur, rémunération du gérant, approbation des comptes, délibération du conseil d'administration... – l'article L. 235-1 du Code de commerce n'exige plus que la nullité procède d'une disposition expresse et se contente du non-respect d'une disposition impérative. Une condition identique est inscrite à l'article 1844-10, alinéa 3, du Code civil que l'acte soit ou non modificatif des statuts. Comme exemple de dispositions impératives, on peut citer l'article 1844, alinéa 1er, du Code civil posant le droit pour tout associé de participer aux décisions collectives, ce qui justifie l'annulation de l'assemblée à laquelle une personne non associée aurait participé (V. *supra*, n° 554). Plus généralement, on peut estimer qu'une disposition sanctionnée pénalement est nécessairement impérative.

b) Application en cas de violation d'un texte réglementaire

731. – Alors que les textes visent exclusivement la violation d'une disposition impérative « du présent livre » (pour le Code de commerce) et « du présent titre » (pour le Code civil), textes qui ont une nature législative, la question se pose de savoir si la violation de certaines dispositions du décret de 23 mars 1967, codifié dans la partie réglementaire du Code de commerce, ou du décret de 3 juillet 1978 peut être sanctionnée par la nullité. Le problème est aisément résolu lorsque la loi prévoit expressément que la violation d'une disposition réglementaire est sanctionnée par la nullité (par ex., C. com., art. L. 225-121) ou lorsque le texte réglementaire est indissociable de la loi(76).

732. – Pour le reste, tout dépend du contenu du texte réglementaire. Privilégiant une approche purement formelle, la jurisprudence s'est refusée un temps à annuler une délibération sociale sur le seul fondement de la violation d'un texte réglementaire. Appliqué à la convocation aux assemblées des associés d'une société civile, il s'ensuivait qu'une convocation irrégulière ne pouvait être sanctionnée par la nullité puisque ses modalités sont précisées par décret(77). À propos d'une société civile, revenant sur la jurisprudence antérieure, une chambre mixte, au double visa des textes législatifs (C. civ., art. 1844, al. 1er et 1844-10) et réglementaires (D. 3 juill. 1978, art. 40), a jugé que « les associés sont convoqués, à peine de nullité faisant grief, quinze jours au moins avant la réunion de l'assemblée, par lettre

(76) Cass. com., 15 avr. 1982 : *Rev. sociétés* 1983, p. 343, note J. H. ; l'article L. 225-105 relatif à l'ordre du jour des assemblées étant sanctionné par la nullité (C. com., art. L. 225-121), l'article 129 du décret de 1967 (C. com., art. R. 225-72) qui lui fait pendant peut lui-même servir de fondement à une action en nullité.

(77) Cass. 3e civ., 24 sept 2003 : *JCP* E 2004, n° 9, obs. crit. J.-J. Caussain, Fl. Deboissy et G. Wicker. – V. aussi, Cass. 3e civ., 19 juill. 2000 et Cass. 3e civ., 11 oct. 2000 : *BJS* 2001, p. 70, note L. Grosclaude : le non-respect de l'article 44 du décret du 3 juillet 1978 n'est pas sanctionné par la nullité.

recommandée »[78]. Le régime de la violation d'une disposition réglementaire obéit ainsi au même mécanisme que la nullité des actes de procédure pour vice de forme, dont le prononcé suppose d'établir l'existence d'un grief[79].

c) Application en cas de violation des statuts ou du règlement intérieur

733. – La même interrogation a cours en cas de violation des statuts[80] ou du règlement intérieur. Il ressort de la jurisprudence que la violation des statuts ou du règlement intérieur ne constitue pas en elle-même une cause de nullité des actes et délibérations sociales, ce qui est parfaitement fondé et serait au demeurant impraticable, que l'on songe par exemple à l'hypothèse d'une règle conventionnelle venant simplement fixer le jour ou le lieu auquel doivent se tenir les réunions du conseil. Une telle violation constitue certes un acte illicite au regard du principe de force obligatoire de l'article 1103 du Code civil, mais cela n'implique en aucune façon que la sanction d'un acte illicite soit la nullité. Dans un nombre important d'hypothèses, la méconnaissance des statuts ou du règlement intérieur est simplement constitutive d'une faute, laquelle engage la responsabilité de son auteur pourvu qu'il en résulte un dommage.

734. – Pour autant, il est des cas où seul l'anéantissement de la décision prise en violation de la règle conventionnelle est de nature à assurer la pleine effectivité de celle-ci. Encore faut-il déterminer les cas dans lesquels une telle illicéité peut constituer une cause de nullité. Répudiant la logique du tout ou rien, la chambre commerciale de la Cour de cassation considère que la violation des statuts ou du règlement intérieur ne constitue pas en elle-même une cause de nullité de la délibération sociale, sous réserve des cas dans lesquels il a été fait usage de la faculté, ouverte par une disposition impérative, d'aménager conventionnellement la règle posée par celle-ci (V. *infra*, n° 735).

735. – **Annulation d'une délibération pour violation d'une règle statutaire.**

Compte tenu des principes dégagés par la jurisprudence, la violation d'une règle statutaire peut, selon les cas, être ou ne pas être une cause d'annulation de la délibération sociale.

a) Refus d'annulation de délibérations sociales

• Délibérations prises par le conseil d'administration d'une SAS dont la composition ne respectait pas les prévisions statutaires (Cass. com., 18 mai 2010, n° 09-14.855, PBRI : *BJS* 2010, § 135, p. 651, note H. Le Nabasque ; *D.* 2010, p. 1345, obs. A. Lienhard ; *Dr. sociétés* 2010, n° 156, obs. M.-L. Coquelet ; *JCP* E 2010, 1562, note A. Couret et B. Dondero ; *JCP* E 2011, 1000, n° 2, obs. Fl. Deboissy et G. Wicker ; *Rev. sociétés* 2010, p. 374, note P. Le Cannu).

(78) Cass. ch. mixte, 16 déc. 2005 : *JCP* E 2006, 1346, avis M. Domingo ; *JCP* E 2006, 2035, n° 9, obs. J.-J. Caussain, Fl. Deboissy et G. Wicker ; *Rev. sociétés* 2006, p. 327, note B. Saintourens. – Cass. com., 7 juill. 2015, n° 14-18.705 : *Dr. sociétés* 2015, n° 1914, obs. R. Mortier ; *Rev. sociétés* 2016, p. 237, note B. Saintourens.

(79) Cass. com., 21 juin 2011, n° 10-21928 : *JCP* E 2011, 1736, note R. Marsin-Rose ; *Dr. sociétés* 2011, n° 167, obs. R. Mortier : les irrégularités constatées ne sauraient faire grief à l'associé qui a décidé de ne pas participer aux décisions collectives.

(80) J.-P. Legros, La violation des statuts est-elle une cause de nullité ? : Dr. sociétés avr. 1991, p. 1. – L. Bornhauser-Mitrani, La violation d'une clause statutaire : LPA 8 avr. 1998, p. 11. – A. Charvériat, De quelques difficultés relatives à la nullité d'une décision sociale irrégulière : Rev. sociétés 2010, p. 212.

• Décision d'affectation des bénéfices d'une société civile prise par consultation écrite des associés, là où les statuts prévoyaient que la décision devait être prise par les associés réunis en assemblée, au motif que les statuts n'ont fait qu'user de la liberté qui leur était offerte par la loi de déterminer le domaine d'application des modalités d'adoption des décisions collectives des associés (Cass. com., 19 mars 2013, n° 12-15.283, PB : *JCP* E 2013, 1289, note B. Dondero ; *Dr. sociétés* 2013, n° 98, dossier R. Mortier ; *Rev. sociétés* 2014, p. 51, note P. Le Cannu).

b) Annulation de délibérations sociales

• Décision d'agrément intervenue en violation des conditions prévues par les statuts d'une SARL, au motif que la possibilité donnée aux associés de limiter la cessibilité des parts sociales entre eux relève des dispositions impératives des articles L. 223-14 et L. 223-16 du Code de commerce (Cass. com., 10 févr. 2015, n° 13-25.588 : *Dr. sociétés* 2015, n° 67, obs. D. Cochet-Gallois ; *BJS* 2015, p. 238, note J.-Ch. Pagnucco).

• Décision de modification de l'objet social prise en violation des règles statutaires de majorité renforcée, au motif que le principe d'unanimité, sauf clause contraire, pour modifier les statuts posé par l'article 1836 du Code civil relève des dispositions impératives du titre visé par l'article 1844-10 du Code civil (Cass. 3e civ., 8 juill. 2015, n° 13-14.348 : *BJS* 2015, p. 643, note H. Hovasse ; *Dr. sociétés* 2015, n° 190, obs. R. Mortier ; *Rev. sociétés* 2015, p. 643, note E. Schlumberger).

2° La nullité fondée sur le droit des contrats

736. – Ce qui a été dit plus haut vaut de la même façon ici (V. *supra*, nos 728 et s.) : la fraude[81], l'abus de majorité, voire le simple abus (V. pour une décision d'exclusion abusive, *supra*, n° 574) sont des causes d'annulation, de même que l'illicéité de l'objet ou du but, les vices du consentement, l'existence d'un trouble mental[82]... En revanche, en l'absence de démonstration d'une fraude, d'un abus de droit ou de toute autre cause de nullité des contrats, la nullité d'une délibération d'assemblée ne peut pas être prononcée sur le seul fondement d'une contrariété à l'intérêt social[83], ce qui est justifié.

§ 2. – Le régime de l'action en nullité

737. – Le législateur, outre qu'il limite les causes de nullité, complique la tâche des demandeurs éventuels, transformant l'action en véritable course d'obstacles :

– *obstacle de la qualité pour agir* ; lorsque l'action n'est pas attitrée par la loi, il convient de se reporter à la distinction des nullités absolues ou relatives (C. civ., art. 1179) en distinguant selon que la règle violée a pour objet la sauvegarde de l'intérêt général, auquel cas l'action en nullité est ouverte à tout intéressé (C. civ., art. 1180), ou selon que

(81) Pour un exemple d'annulation d'une délibération de conseil d'administration pour fraude, CA Versailles, 29 juin 2000 : *BJS* 2000, p. 1149, note P. Le Cannu ; le conseil d'administration s'est déroulé dans une précipitation anormale dont l'objectif était à l'évidence d'écarter un administrateur afin de permettre l'agrément d'un tiers et son entrée en force dans le capital de la société pour en prendre ultérieurement le contrôle.

(82) CA Paris, 26 juin 2018, n° 17/03617 : *Dr. sociétés* 2019, n° 1, obs. R. Mortier ; preuve rapportée du trouble mental de l'unique associée, âgée de 98 ans, d'une société civile.

(83) Cass. com., 13 janv. 2021, n° 18-21.860, FP : *BJS* avr. 2021, p. 13, note E. Schlumberger ; *Dr. sociétés* mars 2021, n° 36, obs. J.-F. Hamelin : délibération d'assemblée générale octroyant des primes exceptionnelles au gérant d'une SARL.

la nullité a pour objet la protection d'un intérêt privé, auquel cas la nullité ne peut être invoquée que par la partie que la loi entend protéger[84] (C. civ., art. 1181) ;

– *obstacle de la prescription de trois ans* à compter du jour, sauf dissimulation[85], où la nullité est encourue (C. civ., art. 1844-14 ; C. com., art. L. 235-9)[86], même lorsque l'irrégularité alléguée résulte d'une fraude[87] ; même lorsque l'action en nullité est éteinte, conformément au droit commun, tout intéressé peut opposer l'exception de nullité, laquelle est perpétuelle lorsqu'elle se rapporte à un contrat qui n'a reçu aucune exécution (V. *supra*, n° 308) ;

– *obstacle de la régularisation*, puisque toute décision nulle, sauf nullité fondée sur l'illicéité de l'objet, peut être régularisée (C. com., art. L. 235-3)[88] ;

– *obstacle de l'action interrogatoire*, ouverte lorsque la nullité est fondée sur un vice du consentement ou l'incapacité d'un associé (V. *supra*, n° 283) (C. civ., art. 1844-12) ;

– *obstacle du pouvoir d'appréciation des juges*, la loi prévoyant le plus souvent que la nullité est facultative[89], ce à quoi il convient d'ajouter, s'agissant d'un vice de forme, l'heureuse importation, en cas de violation d'une disposition réglementaire, de la théorie processuelle des nullités faisant grief (V. *supra*, n° 732) ou le contrôle de l'intérêt à agir[90].

§ 3. – Les effets de l'action en nullité

738. – Contrairement à la nullité de la société, la nullité d'une délibération sociale est rétroactive[91]. Ni la société, ni les associés ne peuvent se prévaloir de la nullité à l'égard des tiers de bonne foi (C. civ., art. 1844-16 ; C. com., art. L. 235-12).

SOUS-SECTION 2

LES AUTRES SANCTIONS

§ 1. – L'inopposabilité

739. – Il est des cas dans lesquels la loi ou le juge, loin de retenir la nullité de l'acte querellé, se contente d'en proclamer l'inopposabilité à la société. Le défaut de conformité

(84) Cass. com., 17 déc. 2002 : *BJS* 2003, p. 307, note P. Le Cannu : le gérant non associé d'une SARL n'a pas qualité pour demander l'annulation d'une assemblée générale qui s'est tenue irrégulièrement faute d'avoir été préalablement convoqué. Seuls les associés, dont la loi protège les intérêts, sont recevables à invoquer la violation des dispositions régissant la convocation aux assemblées. Il s'agit en conséquence d'une nullité relative.

(85) Cass. com., 26 sept. 2018, n° 16-13.917 : *Dr. sociétés* 2019, n° 7, obs. J. Heinich.

(86) L'action en nullité d'un rachat de titres pour vice du consentement, qui n'est pas fondée sur une irrégularité de la délibération ayant autorisé l'opération, n'est pas soumise à la prescription triennale : Cass. com., 20 mars 2012, n° 11-13534, PB : *Rev. sociétés* 2012, p. 582, note J. Moury.

(87) Cass. 3e civ., 15 oct. 2015, n° 14-17.517 : *BJS* 2016, p. 103, note M. Caffin-Moi ; *Rev. sociétés* 2016, p. 150, note J.-F. Barbièri.

(88) J.-P. Legros, *Comment éviter la nullité d'une délibération sociale ?* : *LPA* 2 avr. 2002 (la nullité d'une délibération, y compris la décision d'augmenter le capital peut toujours être régularisée sur le fondement d'un texte spécial au droit des sociétés).

(89) Par ex., l'annulation d'une délibération d'assemblée pour non-respect des modalités de convocation des associés dans la SARL (C. com., art. L. 223-27) et dans la SA (C. com., art. L. 225-104) est facultative ; son prononcé est une faculté et non une obligation pour les juges du fond (V. *infra*, nos 1169 et 1743).

(90) J.-J. Ansault, Le contrôle de l'intérêt à agir en nullité des délibérations sociales : Rev. sociétés 2012, p. 7.

(91) J. Moury, Les nullités en cascade en droit des sociétés : Rev. sociétés 2013, p. 599.

de l'acte au regard du droit des sociétés ne provoque pas son anéantissement, il en limite seulement les effets à l'égard de la société, qui ne saurait être engagée par cet acte. Outre le cas de la fraude paulienne, l'exemple le plus caractéristique est celui des cautions, avals et garanties non autorisés par le conseil d'administration d'une SA. Il a été jugé que ces garanties sont inopposables à la société lorsqu'elles n'ont pas été dûment autorisées (V. *infra*, n° 1007). La différence avec la nullité est sensible : le vice ne saurait être couvert ni par une autorisation ultérieure du conseil d'administration ni par un début d'exécution de l'engagement.

§ 2. – La responsabilité civile

740. – Une action en responsabilité civile fondée sur l'annulation des actes et délibérations peut être intentée (C. civ., art. 1844-17 ; C. com., art. L. 235-13). En effet, les dirigeants sociaux sont responsables « des infractions aux dispositions législatives et réglementaires » (V. *supra*, n° 452). Il reste cependant à prouver le préjudice et le lien de causalité entre cette faute et ce préjudice. L'action se prescrit par trois ans.

CHAPITRE 4

LES ÉVOLUTIONS

SECTION 1

LA TRANSFORMATION DES SOCIÉTÉS

741. – *Définition.* La transformation est le passage d'une forme de société à une autre forme de société : une SA se mue en SARL ou en SAS, une SNC devient commandite simple, une société civile évolue en société d'exercice libéral… Il y a également transformation lorsqu'une société transfère son siège social dans un autre État membre sans perte de sa personnalité morale (V. *supra*, n° 383).

Il n'y a pas en revanche transformation lorsque les modifications statutaires n'affectent pas la forme même de la société ; il en est par exemple ainsi lorsqu'une SA passe du mode classique avec conseil d'administration au mode nouveau avec conseil de surveillance ou encore lorsqu'une EURL se mue en SARL pluripersonnelle.

742. – *Pourquoi transformer ?* La décision est souvent fondée sur un souci d'acclimatation aux réalités économiques. Réalités heureuses : l'entreprise a passé le cap difficile de l'adolescence, elle est devenue bénéficiaire. Alors la forme en nom collectif ne présente plus les mêmes avantages, notamment fiscaux, d'où la transformation par exemple en SAS ; ou encore, la prospérité de la société est telle qu'une introduction en bourse est envisageable à moyen terme, d'où le choix de la SA. Réalités malheureuses : la SARL exploitait un grand magasin au cœur d'une ville ; les affaires déclinant, les fondateurs abandonnent cette activité et se contentent de gérer le patrimoine immobilier de la société ; la forme initiale n'est plus justifiée et une transformation en société civile immobilière intervient.

SOUS-SECTION 1

LE MÉCANISME DE LA TRANSFORMATION

743. – *Modification des statuts.* La transformation aboutit à une modification du pacte originaire ; les associés avaient opté pour une forme donnée, c'est à eux et non aux dirigeants de prendre la décision de transformation. Ils sont donc conduits à se réunir en assemblée pour arrêter le principe et les conditions de la

transformation. Semblable résolution exige une majorité qualifiée qui varie selon le type de société et également selon la forme souhaitée : ainsi, dans les SA, la majorité est des trois quarts du capital social, voire des deux tiers, pour une transformation en SARL (V. *infra*, n° 1749) et des quatre quarts – l'unanimité – pour une mutation en SNC. La loi impose également l'unanimité pour la transformation d'une société en SAS (V. *infra*, n° 1530).

744. – *Publicité.* Les tiers doivent être avisés du changement, lequel emporte parfois à leur égard des conséquences importantes. Ils traitaient hier avec une SNC, bénéficiant ainsi de la garantie offerte par la responsabilité indéfinie et solidaire des associés, ils traiteront demain avec une SARL et, pour l'avenir, ladite garantie disparaîtra. Cette publicité passe par les formalités suivantes : support habilité à recevoir des annonces légales, registre du commerce, *BODACC* (V. *supra*, n°s 329 et s.). La transformation n'est opposable aux tiers, aux créanciers notamment, qu'à la date d'exécution des mesures de publicité.

SOUS-SECTION 2

LES CONSÉQUENCES JURIDIQUES DE LA TRANSFORMATION

§ 1. – Les conséquences à l'égard de la société

745. – *Maintien de la personnalité morale.* Phénomène d'adaptation, la transformation est vue d'un bon œil par le droit des sociétés, lequel admet la survie de la personnalité morale sous la nouvelle forme : « La transformation régulière d'une société en une société d'une autre forme n'entraîne pas la création d'une personne morale nouvelle… » (C. civ., art. 1844-3). L'entreprise continue dans un autre cadre ; c'est l'image du bernard-l'ermite qui passe d'une coquille à l'autre au fur et à mesure de sa croissance.

746. – *Les conséquences* de ce maintien de la personnalité morale sont nombreuses ; ainsi, les engagements souscrits par la société transformée sont maintenus[1] de même que la société transformée ne perd pas sa capacité d'ester en justice[2]. La société ancienne et la société transformée ne constituant pas deux sociétés distinctes, mais deux formes successives d'une seule et même personne morale, les actifs sociaux demeurent dans son patrimoine malgré le changement de forme sociale sans faire l'objet d'un apport de la première à la seconde[3].

§ 2. – Les conséquences à l'égard des associés

747. – À la date de la décision de transformation, ils sont *réputés associés de la forme d'accueil.* S'ils étaient par exemple associés en nom, ils deviennent actionnaires et bénéficient pour l'avenir (mais non pour le passé) d'une limitation de

(1) Cass. com., 7 déc. 1993 : *RJDA* 1994, p. 321.
(2) Cass. 2e civ., 8 juill. 2004 : *Dr. sociétés* 2004, p. 20, obs. F.-G. Trébulle.
(3) Cass. com., 27 mai 2015, n° 13-27.458 : *BJS* 2015, p. 587, note E. Giqiaud ; *Dr. sociétés* 2015, n° 146, obs. H. Hovasse : faute d'apport de l'immeuble, l'intervention d'un commissaire aux apports n'est pas nécessaire.

responsabilité. Ils obéissent désormais aux règles gouvernant la forme d'adoption et ce dans leur totalité : majorités, cessions de droits sociaux, prérogatives financières… Pour tout cela, c'est le droit de la nouvelle forme qui s'applique intégralement.

§ 3. – Les conséquences à l'égard des dirigeants

748. – *Perte de la qualité de dirigeant.* Les dirigeants qui pilotaient la société avant sa transformation perdent automatiquement cette qualité, sans pouvoir prétendre avoir fait l'objet d'une révocation(4). Les délégations qui leur auraient été consenties deviennent caduques (V. *supra*, n° 446). En cas de transformation d'une SA en SAS, une clause de révision du prix de cession d'actions dont la mise en œuvre est conditionnée au maintien du cédant à un poste d'administrateur est frappée de caducité si les statuts de la SAS ne mentionnent pas l'existence d'un conseil d'administration(5) ; en effet, si les dirigeants restent à la tête de la société transformée, c'est en vertu d'une nouvelle désignation réalisée conformément aux règles propres à la nouvelle forme sociale.

§ 4. – Les conséquences à l'égard des salariés

749. – *Maintien des contrats de travail.* Le droit du travail règle le sort des salariés en cas de transformation. Tirant les enseignements de la survie de la personne morale, il pose le principe de la continuation des contrats de travail. En effet, l'article L. 1224-1 du Code du travail dispose que « s'il survient une modification dans la situation juridique de l'employeur, notamment par succession, vente, fusion, transformation du fonds, mise en société, tous les contrats de travail en cours au jour de la modification subsistent entre le nouvel employeur et le personnel de l'entreprise ».

750. – *Maintien des droits collectifs.* Les conventions et accords collectifs de travail continuent à s'appliquer dans la nouvelle structure pour une durée maximum d'un an, sauf si un accord dit de substitution est conclu au cours de cette période (C. trav., art. L. 2261-9). Quant aux autres droits collectifs, par exemple les mandats des représentants du personnel, ils perdurent jusqu'à leur terme. Encore faut-il que ces droits soient compatibles avec la nouvelle structure. Par exemple, qu'une SA se transforme en SARL ou en commandite simple et les représentants du comité social et économique au sein du conseil d'administration perdent *ipso facto* leur strapontin du seul fait de la disparition du conseil d'administration.

§ 5. – Les conséquences à l'égard des créanciers

751. – *Maintien des droits des créanciers.* Les droits des créanciers sociaux ne sont pas atteints par la transformation, qu'il s'agisse de la dette comme des garanties

(4) CA Paris, 22 sept. 2015, n° 14/12205 : *Dr. sociétés* 2016, n° 10, obs M. Roussille ; *BJS* 2016, p. 141, note P.-L. Perrin : le dirigeant ne peut donc pas se prévaloir de l'indemnité conventionnelle stipulée en cas de révocation.

(5) Cass. com., 25 janv. 2017, n° 14-28.792, PBRI : *BJS* 2017, p. 170, note M. Germain et P.-L. Perrin ; *JCP* E 2017, 1147, note C. Barillon ; en effet, seuls les statuts de la SAS fixent les conditions dans lesquelles la SAS est dirigée, peu important que le cédant ait, de fait, poursuivi l'exercice de ses fonctions.

qui y sont attachées. Ainsi la transformation n'emporte pas caducité des cautionnements souscrits par les dirigeants au profit des créanciers de la société transformée[(6)]. Toujours en matière de garanties, les créanciers conservent pour les créances antérieures à la transformation le bénéfice de la solidarité qui existait au jour de la naissance de leur créance ; le cas typique est celui de la mutation d'une SNC en SARL : pour les créances nées avant le changement, la responsabilité solidaire et indéfinie des associés de l'époque demeure. En revanche, pour les créances apparues ultérieurement, cette garantie disparaît, sauf engagement exprès à l'égard d'un créancier donné. Les solutions sont évidemment inverses quand une SA ou une SARL se transforme en SNC.

SOUS-SECTION 3

LE COÛT FISCAL DE LA TRANSFORMATION

752. – Comme toute modification statutaire, la transformation est soumise à la formalité de l'enregistrement, qui est effectuée gratuitement (CGI, art. 635, 5°). Pour le reste, ce n'est pas parce qu'une transformation est régulière et n'entraîne pas la création d'une personne morale nouvelle que l'on est nécessairement quitte avec le fisc. La transformation peut s'accompagner en effet d'un changement de régime fiscal ou d'un changement d'activité réelle, ce qui vaut cessation d'entreprise au sens fiscal du terme.

753. – En la matière, comme souvent, le fisc aime entonner deux airs successifs. Le premier est destiné à semer la panique chez les contribuables, le second à les rassurer (l'art de souffler et le chaud et le froid). Ainsi, le fait pour une société de passer du camp de l'impôt sur le revenu à celui de l'impôt sur les sociétés (par ex., SNC optant pour le régime de l'impôt sur les sociétés) ou l'inverse (SARL immobilière se transformant en société civile) est considéré comme une cessation d'activité, ce qui rend exigibles les multiples impositions liées à la dissolution d'une société (CGI, art. 221-2). Ceci dit, la loi prévoit aussitôt, sur option, un généreux régime de sursis d'imposition des plus-values (CGI, art. 221 bis)[(7)].

Vaut de même cessation d'activité le fait pour une société de changer complètement d'activité, le fait par exemple pour une société industrielle de se transformer en société holding après avoir apporté ses secteurs d'activité à des sociétés opérationnelles. Là encore, le même régime de sursis d'imposition rend ces restructurations à peu près indolores sur le plan fiscal (CGI, art. 221, 5).

754. – *Sort du déficit.* En revanche, la gestion du déficit est plus délicate :

– si la société relève de l'impôt sur le revenu, le déficit remonte immédiatement et automatiquement jusqu'aux associés (V. *supra*, n° 153) ; le déficit ayant été consommé, la transformation avec changement d'activité réelle n'a pas d'incidence fiscale ;

– il en va différemment si la société relève de l'impôt sur les sociétés ; dans ce cas, le déficit reste bloqué au niveau de la société et n'est imputable que sur les

(6) Cass. com., 20 févr. 2001 : *Rev. sociétés* 2001, p. 807, note C. Malecki.
(7) C. David, Transformation de société et droit fiscal : Mél. M. Jeantin, Dalloz, 1999, p. 221.

résultats des exercices suivants (V. *supra*, n° 162) ; encore faut-il que la société reste elle-même, ce qui n'est pas le cas fiscalement si elle change d'activité réelle ; le déficit est alors perdu.

Le coin des amateurs

Un bel exemple d'optimisation fiscale : transformer une SARL en SA ou en SAS juste avant d'en céder le contrôle

755. – On a déjà exposé la théorie fiscale de l'abus de droit (V. *supra*, n° 295). Le fisc a la possibilité de brandir cette arme pour prétendre que la transformation d'une SARL en SA ne répond à aucune logique économique et ne s'explique que par des préoccupations fiscales, alléger la fiscalité pesant sur une cession de contrôle par exemple.

Les droits de mutation à titre onéreux frappant les cessions d'actions sont en effet moins lourds que ceux frappant les cessions de parts sociales (V. *supra*, nos 145 et s.). Il est donc tentant, pour diminuer la charge fiscale du cessionnaire, de transformer la SARL en SA ou en SAS juste avant d'en céder le contrôle. L'administration avait annoncé qu'elle se réservait la possibilité d'invoquer l'abus de droit face à cette manœuvre. Selon elle, la transformation réalisée à la veille d'une cession est sans intérêt pour les cédants ; c'est aux cessionnaires de la décider si elle présente pour eux un intérêt stratégique. On conçoit que la crainte de l'abus de droit contrariait bien des projets de transformation.

Fort opportunément, la Cour de cassation a eu l'occasion, dans un arrêt *RMC-France*, de se prononcer sur ce type de montage en jugeant qu'il n'avait rien d'abusif et qu'il relevait seulement d'une légitime habileté fiscale (Cass. com., 10 déc. 1996 : *JCP* E 1997, II, 923, note H. Hovasse). L'administration a pris acte de cette jurisprudence et a en conséquence rapporté sa doctrine antérieure. Se trouve ainsi éliminée la grave insécurité fiscale qui pesait sur les transformations de sociétés. Il n'y a donc rien d'illégitime à transformer une société pour bénéficier d'un régime fiscal plus favorable, à condition que le but de la transformation ne soit pas exclusivement fiscal (V. égal., pour la transformation jugée non abusive d'une SA en SNC destinée à permettre une consolidation sauvage des résultats, *infra*, n° 2513).

SECTION 2

LA DISPARITION DES SOCIÉTÉS

756. – Quand on veut ôter la vie à une société, autrement dit lorsque l'on veut mettre fin au contrat de société, on en provoque la dissolution. Par dissolution on entend retour à l'état indépendant d'éléments autrefois groupés. Analysons les causes puis les effets de la dissolution.

SOUS-SECTION 1

LES CAUSES DE DISSOLUTION

757. – *L'article 1844-7* du Code civil énonce les causes de dissolution communes à tous les types de société : l'arrivée du terme, la réalisation ou l'extinction de l'objet, l'annulation, la dissolution anticipée décidée par les associés, la dissolution judiciaire pour justes motifs, la dissolution judiciaire consécutive à une réunion des parts en une seule main, le prononcé de la liquidation judiciaire, enfin toute autre cause prévue par les statuts. Il faut de surcroît compter avec les causes propres à certains types de société.

758. – **Causes de dissolution propres à certains types de société.**

1. Société civile

• Absence de gérant depuis plus d'un an (C. civ., art. 1846-1).

• Révocation du gérant, si les statuts prévoient dans ce cas la dissolution (C. civ., art. 1851, al. 3).

• Décès d'un associé, si les statuts prévoient dans ce cas la dissolution (C. civ., art. 1870, al. 2).

• Interdiction ou incapacité d'un associé, si les statuts prévoient dans ce cas la dissolution (C. civ., art. 1860).

2. Société en nom collectif

• Décès d'un associé, sauf clause statutaire contraire (C. com., art. L. 221-15).

• Révocation du gérant dans certains cas (C. com., art. L. 221-12).

• Interdiction ou incapacité d'un associé, sauf clause statutaire contraire (C. com., art. L. 221-16, al. 1er).

3. Société anonyme

• Nombre d'actionnaires inférieur à sept dans les sociétés cotées (C. com., art. L. 225-247, al. 1er) (V. *infra*, n° 836).

• Réduction du capital en deçà du minimum légal (C. com., art. L. 224-2, al. 2).

• Capitaux propres inférieurs à la moitié du capital social (C. com., art. L. 225-248, al. 4).

Ces causes valent sauf régularisation dans les délais prescrits.

4. Société à responsabilité limitée

• Dépassement du plafond de cent associés (C. com., art. L. 223-3).

• Capitaux propres inférieurs à la moitié du capital social (C. com., art. L. 223-42, al. 4).

Ces causes valent sauf régularisation dans les délais prescrits.

5. Société en participation

• Notification adressée par l'un des associés à tous les autres si la société a été conclue pour une durée indéterminée (C. civ., art. 1872-2).

§ 1. – L'arrivée du terme

759. – Les sociétés, à l'exception des sociétés en participation (V. *infra*, n° 2022), sont nécessairement conclues pour une durée déterminée qui ne saurait excéder 99 années (C. civ., art. 1838 ; C. com., art. L. 210-2). Elles n'ont donc pas vocation à

l'éternité car ce serait heurter le principe de la prohibition des engagements perpétuels[8].

A. – Le principe de la dissolution

760. – Que se passe-t-il à l'arrivée du terme convenu ? Si les associés restent les bras croisés, la société se trouve automatiquement dissoute (C. com., art. L. 1844-6)[9]. Le greffier peut inscrire d'office au RCS la dissolution de la société à l'expiration du terme, sauf si la société est prorogée (C. com., art. R. 123-75 et R. 123-124).

B. – La prorogation de la société

761. – *Procédure de prorogation.* Les associés ont la possibilité, avant la date fatidique, de décider la prorogation de la société. Encore faut-il qu'ils le fassent à temps. C'est pour les alerter que la loi impose qu'ils soient consultés un an au moins avant la date d'expiration afin de décider si la société doit être prorogée. À défaut, tout associé peut demander au président du tribunal statuant sur requête la désignation d'un mandataire de justice chargé de provoquer la consultation (C. civ., art. 1844-6). La clause statutaire organisant les modalités de la prorogation de la société ne peut pas être invoquée par les tiers ; ainsi, dès lors que la prorogation est bien intervenue avant l'échéance du terme, le tiers ne peut pas se prévaloir du non-respect du délai statutaire de deux ans avant l'arrivée du terme prévu pour la consultation des associés[10].

762. – *Modification des statuts.* La décision de prorogation du terme est prise à la majorité exigée pour la modification des statuts et fait l'objet d'une publicité (V. *supra*, n°s 332 et s.). Elle doit être enregistrée mais la formalité est gratuite.

Il arrive que, par pure malveillance, les minoritaires refusent de voter la prorogation de la société, par ailleurs en pleine prospérité. Pour les associés, l'opération relève du suicide fiscal, la cascade d'impositions aboutissant à une quasi-confiscation. C'est la mort de l'entreprise, avec la dispersion de l'outil de travail et le licenciement du personnel. Peut-on s'opposer à un tel scénario catastrophe ? On pense évidemment à l'abus de minorité (V. *supra*, n°s 675 et s.). Une parade efficace – encore faut-il que les associés y aient songé – consiste à inclure dans les statuts une clause par laquelle, en cas de désaccord sur la prorogation, les opposants s'engagent à céder leurs parts aux associés voulant poursuivre l'aventure sociale (V. *supra*, n°s 569 et s.).

763. – *Absence de prorogation tacite ou rétroactive.* Les associés peuvent décider de ne pas reconduire la société qui est alors dissoute de plein droit à l'arrivée du

(8) R. Libchaber, Réflexions sur les engagements perpétuels et la durée des sociétés : Rev. sociétés 1995, p. 437. – Adde J. Ghestin, Existe-t-il en droit positif français un principe général de prohibition des engagements perpétuels ? : Mél. D. Tallon, SLC, 1999, p. 251. – F. Rizzo, Regards sur la prohibition des engagements perpétuels : Dr. et patrimoine 1/2000, p. 60.

(9) Cass. com., 31 janv. 2012, n° 10-24715, PB : une société est automatiquement dissoute à la date de son terme statutaire, à défaut de prolongation décidée par les associés avant cette date. – CA Paris, 28 avr. 2000 : *BJS* 2001, p. 399, note J.-M. Bahans : la décision tardive des associés, même prise à l'unanimité, est sans effet sur la dissolution de plein droit de la société.

(10) Cass. com., 30 juin 2015, n° 14-17.649, PB : *Dr. sociétés* 2015, n° 193, obs. H. Hovasse ; *BJS* 2015, p. 416, note J.-F. Barbièri ; *Rev. sociétés* 2016, p. 19, note E. Schlumberger ; en l'espèce, une SCI faisant l'objet d'une procédure collective contestait la recevabilité de l'appel formé par une banque au motif que cette dernière n'avait pas été valablement prorogée.

terme (C. civ., art. 1844-7, 1°). Il en est de même si par ignorance ils laissent passer le terme sans s'être prononcés ; la société est alors traitée comme une société de fait[11]. Il n'existe aucune possibilité de prorogation tacite, de même que les associés ne peuvent, après l'expiration du terme, décider rétroactivement de la prorogation de la société[12]. Certes, les associés peuvent toujours, à l'unanimité, décider de recréer la société ; de façon opportune, l'administration fiscale s'abstient alors de tirer les conséquences fiscales de cette mort suivie d'une résurrection, mais la procédure est bien lourde.

764. – *Régularisation.* Opportunément, la loi du 19 juillet 2019 (V. *supra*, n° 18) est venue instituer une procédure de régularisation (C. civ., art. 1846) : lorsque la consultation n'a pas eu lieu, le président du tribunal, statuant sur requête à la demande de tout associé dans l'année suivant la date d'expiration de la société, peut constater l'intention des associés de proroger la société et autoriser la consultation à titre de régularisation dans un délai de trois mois, le cas échéant en désignant un mandataire de justice chargé de la provoquer. Si la société est prorogée, les actes conformes à la loi et aux statuts antérieurs à la prorogation sont réputés être réguliers et avoir été accomplis par la société ainsi prorogée.

§ 2. – La réalisation ou l'extinction de l'objet social

765. – L'objet social est une condition essentielle du contrat de société (V. *supra*, nos 196 et s.), dont la disparition emporte caducité du contrat de société au sens de l'article 1186 du Code civil. Ceci explique que la réalisation ou l'extinction de l'objet social soit une cause de dissolution de la société (C. civ., art. 1844-7, 2°).

A. – La réalisation de l'objet

766. – *Objet réalisé.* La réalisation de l'objet ne joue qu'exceptionnellement, car elle suppose que les associés n'ont entendu se lier que pour la réalisation d'un programme précis et limité dans le temps. On en trouve des exemples avec les sociétés en participation créées pour une opération ponctuelle, par exemple une société en participation créée pour le financement d'un film ou la réalisation d'un spectacle (V. *infra*, n° 2002). Il en est de même de certaines sociétés civiles de construction-vente[13] ; on crée une société par programme immobilier et on la dissout quand tous les appartements sont vendus (V. *infra*, n° 1990). La réalisation de

(11) Le maintien de l'activité sociale postérieurement à l'arrivée du terme et la persistance de l'*affectio societatis* font ressortir l'existence d'une société devenue de fait ; les statuts de la société dissoute par la survenance du terme statutaire continuent de régir les rapports entre associés, et donc l'existence du droit de retrait prévu par eux : Cass. 1re civ., 13 déc. 2005 : *Dr. sociétés* mars 2006, n° 34, obs. H. Lécuyer ; *JCP* E 2006, 2035, n° 4, obs. J.-J. Caussain, Fl. Deboissy et G. Wicker. – *Adde*, P. Le Cannu, *La troublante énigme de la société devenue de fait* : *BJS* 2006, § 121, p. 565. – M. Zolomian, *Les sociétés devenues de fait* : *Rev. sociétés* 2016, p. 407.

(12) Cass. com., 13 sept. 2017, n° 16-12.479, PB : *BJS* 2017, p. 594, note J.-F. Barbièri ; *Dr. sociétés* 2017, n° 184, obs. H. Hovasse ; *Rev. sociétés* 2018, p. 185, note M. Zolomian : cassation de l'arrêt d'appel ayant admis la prorogation tacite d'un GFA après l'arrivée du terme puis sa prorogation rétroactive par décision des associés.

(13) Cass. com., 3 avr. 2007, n° 05-12781 : *BJS* 2007, § 299, p. 1101, note J.-P. Garçon ; *JCP* E 2007, 1841, obs. H. Lécuyer, rejetant le pourvoi contre : CA Paris, 5 nov. 2004 : *Rev. sociétés* 2005, p. 231, obs. I. Urbain-Parleani : dissolution d'une

l'objet emporte caducité du contrat de société ; c'est au fond le succès qui est ici cause de dissolution.

B. – L'extinction de l'objet

767. - *Objet devenu impossible.* En cas d'extinction de l'objet, c'est plutôt d'échec qu'il faut ici parler : l'objet social ne peut plus être atteint, ce qui emporte là encore caducité du contrat de société. En vérité, cette cause de dissolution est rarement prononcée en raison de la rédaction très large de l'objet social (V. *supra*, n° 202).

768. - **Exemples d'extinction de l'objet social.**

• Une société a pour objet l'exploitation d'un fonds de commerce ; la cessation définitive de l'exploitation suite au congé délivré par le bailleur des locaux emporte extinction de l'objet social, d'où la dissolution de plein droit de la société (Cass. com., 30 mars 2016, n° 14-13.729 : *Dr. sociétés* 2016, n° 99, obs. R. Mortier ; *BRDA* 7/2016, n° 6).

• Une société qui a pour objet la réalisation d'expertises pour le compte de compagnies d'assurance ne fonctionne que grâce aux qualités de son gérant, lequel bénéficie d'un agrément personnel des compagnies ; suite à la démission du gérant, et faute de successeur agréé pour prendre la relève, l'assemblée a dû constater l'extinction de l'objet social et, à la majorité simple, solliciter en justice la désignation d'un liquidateur (CA Paris, 14 avr. 1995 : *BRDA* 10/1995, p. 6).

• Une société a pour objet l'exploitation d'un unique actif déterminé qui est cédé par le dirigeant (V. *supra*, n° 447).

769. - *Extinction totale.* La difficulté est de déterminer si l'extinction est totale ou non. Si elle ne l'est pas, le maigre filet d'activité suffit à maintenir en vie la société. Autrement dit, tant que l'objet demeure possible, la dissolution pour extinction de l'objet ne peut pas être prononcée[14]. Ainsi la nationalisation des installations du canal de Suez n'a pas occasionné la dissolution de la Compagnie du même nom, car depuis plusieurs années celle-ci s'était tournée vers d'autres opérations financières et industrielles (V. *infra*, n° 771). La solution est identique lorsque l'objet social reste réalisable malgré la cession de l'unique actif social, ce qui est le cas chaque fois que l'objet n'est pas cantonné à la gestion ou à l'exploitation de cet actif déterminé (V. *supra*, n° 447).

770. - *Cessation d'activité.* La cessation d'activité n'entraîne pas nécessairement la dissolution de la société, qui peut être mise en sommeil (V. *infra*, n° 823) ou encore changer d'activité. En voici un exemple : une SA est créée pour exploiter l'hôtel dont elle est propriétaire. Même si la fermeture de l'hôtel est décidée, la société continue de survivre tant que les associés n'en prononcent pas la dissolution ;

société de construction-attribution dont l'objet était la construction d'un immeuble d'habitation en vue de sa division dès lors que la construction est achevée.

(14) Ainsi s'explique le fait que le départ à la retraite de l'un des deux associés d'une société civile de moyens n'a pas pour conséquence d'éteindre l'objet de la société, qui est de faciliter l'exercice de la profession de ses membres par la mise en commun de tous moyens matériels nécessaires : Cass. com., 15 juill. 2009, n° 08-15267 : *BJS* 2010, § 12, p. 53, note S. Provost ; *Rev. sociétés* 2010, p. 106, note I. Urbain-Parleani.

ils peuvent changer l'affectation des locaux, les donner en location par appartements par exemple, ce qui peut justifier la transformation de la SA en société civile immobilière. Ils peuvent encore vendre l'immeuble et investir les fonds dans une autre activité ; il suffit de modifier l'objet social en conséquence.

771. – **L'épopée de la Compagnie universelle du canal de Suez.**

> C'est une belle page de notre histoire. En 1854, Ferdinand de Lesseps obtient la concession de l'exploitation du canal de Suez pour une durée de 99 années à compter de son achèvement. L'inauguration a lieu le 17 novembre 1868 en présence de l'impératrice Eugénie, ce qui reporte au 17 novembre 1967 l'expiration de la concession. Par une loi du 26 juillet 1956, le colonel Nasser nationalise le canal moyennant une indemnité de 43 milliards de francs. Une assemblée générale extraordinaire du 25 juin 1957 modifie la dénomination de la société (elle devient la Compagnie Financière de Suez), son objet social (elle se transforme en société à vocation financière) et proroge sa durée jusqu'au 31 décembre 2050. Estimant que la société s'est trouvée dissoute de plein droit le 26 juillet 1956, un actionnaire mal intentionné conteste la régularité des décisions prises et demande le partage immédiat des dépouilles (et du trésor de guerre) de la Compagnie universelle. La perte de la concession ne traduit-elle pas l'extinction de l'objet au sens de l'article 1844-7 ? Au vrai, la société avait depuis longtemps diversifié ses activités, notamment dans le domaine financier. Le tribunal de commerce de la Seine (22 juin 1959) rejeta en conséquence les prétentions gloutonnes de l'actionnaire trop pressé (*Gaz. Pal.* 1959, II, 222).

§ 3. – L'annulation du contrat de société

772. – L'annulation du contrat de société, qui est rarement prononcée, entraîne la dissolution de la société (C. civ., art. 1844-7, 2°), mais sans rétroactivité (V. *supra*, n° 302).

§ 4. – La dissolution anticipée par décision des associés

773. – *Mutuus dissensus.* Là encore cette cause de dissolution est tirée du droit commun des contrats puisqu'elle n'est rien d'autre que la rupture du contrat de société par décision des associés (C. civ., art. 1844-7, 4°). Les associés se sont associés librement, ils peuvent donc se séparer tout aussi librement. Souvent, c'est lorsque les affaires vont mal et que les pertes ne cessent de s'accumuler, que les associés décident de mettre fin à l'instrument de leur ruine : mieux vaut en général une liquidation à l'amiable décidée à temps qu'une liquidation judiciaire imposée après coup. Mais la dissolution d'une société viable est parfois décidée, ne serait-ce que parce que les associés souhaitent mettre fin à l'aventure commune et reprendre leur liberté.

774. – *Modification des statuts.* La décision de dissolution anticipée est prise dans les conditions prévues pour la modification des statuts. Lorsque la décision est prise à la majorité, elle ne porte pas en principe préjudice aux minoritaires,

puisque le préjudice résultant de la perte d'une chance de recueillir à l'avenir des dividendes est également supporté par tous(15). Pour qu'il y ait abus, il faut que le minoritaire prouve qu'il subit du fait de la dissolution un préjudice propre(16). Parce que la décision relève de la compétence des associés, les dirigeants ne sauraient de leur propre chef mettre fin à la société, même de façon indirecte, par exemple en vendant l'actif dont l'exploitation correspond à l'objet social (V. *supra*, n° 447).

§ 5. – La dissolution judiciaire pour justes motifs

775. – L'article 1844-7, 5° du Code civil dispose que la société prend fin « par la dissolution judiciaire prononcée par le tribunal à la demande d'un associé, pour justes motifs, notamment en cas d'inexécution de ses obligations par un associé ou de mésentente entre associés paralysant le fonctionnement de la société ».

A. – L'inexécution de ses obligations par un associé

776. – *Résolution du contrat pour inexécution.* Le premier des justes motifs exprimés par le Code civil est l'inexécution par un associé de ses obligations. Conformément aux solutions du droit des contrats, le juge dispose d'un pouvoir d'appréciation et cette cause de dissolution judiciaire est rarement prononcée. Transposant la solution prévue par le texte en cas de mésentente entre associés, la Cour de cassation juge que la dissolution ne peut être prononcée que si l'inexécution des obligations de l'associé paralyse le fonctionnement de la société(17). Cette solution peut sembler discutable en ce qu'elle s'éloigne du fondement de cette cause de dissolution, qui constitue une simple application de la résolution des contrats pour inexécution (C. civ., art. 1217).

B. – La mésentente entre associés

777. – *Exécution impossible du contrat.* Selon l'article 1844-7-5°, la dissolution est prononcée par le tribunal en cas de mésentente entre associés paralysant le fonctionnement de la société(18), ce qui signifie que l'exécution de contrat de société étant devenue impossible, le juge en prononce l'extinction. Cette cause de dissolution est fréquemment invoquée. Lorsque la zizanie s'installe, les conflits minoritaires-majoritaires s'accompagnent souvent d'actions de guérilla en forme de demande de dissolution pour mésintelligence.

778. – *Appréciation judiciaire.* Le succès de l'action est loin d'être garanti car les juges répugnent à faire disparaître une société économiquement viable et sont

(15) Cass. com., 7 mars 2018, n° 16-10.727 : *Rev. sociétés* 2018, p. 439, note D. Schmidt.
(16) Cass. com., 8 févr. 2011, n° 10-11788 : *BJS* 2011, p. 288, note F.-X. Lucas : dissolution d'une société viable contrairement à l'intérêt social et dans l'unique dessein de permettre au majoritaire de se soustraire à ses engagements envers l'associé minoritaire auquel il avait promis de racheter ses titres.
(17) Cass. com., 3 mai 2018, n° 15-23.456 : *BJS* 2018, p. 484, note T. Ravel d'Esclapon ; *Rev. sociétés* 2018, p. 498, note D. Schmidt.
(18) P. Canin, La mésentente entre associés, cause de dissolution judiciaire anticipée des sociétés : Dr. sociétés 1998, p. 4. – H. Matsopoulou, La dissolution pour mésentente entre associés : Rev. sociétés 1998, p. 21.

parfois séduits par d'autres voies : désignation d'un administrateur provisoire lorsque la crise n'est pas irréversible (V. *supra*, n°s 687 et s.), condamnation du trublion à des dommages et intérêts, mais non son exclusion, sauf clause statutaire le prévoyant (V. *supra*, n°s 569 et s.). La mise à mort de la société ne devant pas être la réponse à tous les conflits entre associés, les juges sont particulièrement exigeants quant à l'appréciation des conditions de l'action, qu'il s'agisse des conditions de recevabilité ou des conditions de fond.

779. – *Recevabilité de l'action.* L'action est attitrée[(19)] : seul l'associé a qualité pour agir en dissolution pour juste motif[(20)]. Selon la chambre commerciale de la Cour de cassation, l'imputabilité de la mésentente au demandeur est sans incidence sur la recevabilité de la demande ; en revanche, le fait que le demandeur soit à l'origine de la mésentente fait obstacle quant au fond à ce qu'elle soit regardée comme un juste motif de dissolution de la société[(21)].

780. – *Bien-fondé de l'action.* L'associé qui agit en dissolution, outre qu'il ne doit pas être à l'origine de la mésentente, doit prouver l'existence d'une mésentente grave et sérieuse. Mais la disparition de l'*affectio societatis* ne suffit pas à entraîner la dissolution de la société ; encore faut-il que cette mésentente entraîne une paralysie du fonctionnement de la société (pour une société en sommeil, V. *infra*, n° 823).

Ces deux conditions relèvent de l'appréciation souveraine des juges du fond. La mésentente entre associés, même patente et ancienne, ne suffit pas à elle seule à aboutir à la dissolution de la société[(22)]. Ainsi, une mésintelligence se traduisant par une simple gêne dans l'administration de la société n'est pas un motif suffisant[(23)]. Il faut une entrave totale à la bonne marche des affaires sociales caractérisée par un blocage du fonctionnement sociétaire ; tel est le cas lorsque toute prise de décision par les organes sociaux est impossible, par exemple parce que le conflit existant entre deux blocs d'associés égalitaires fait obstacle à l'adoption de toute délibération sociale[(24)] ou parce que, les dirigeants en place ayant démissionné, aucun dirigeant ne peut être nommé en remplacement.

(19) Ce qui exclut l'action du syndic de la liquidation des biens de l'un des associés : Cass. com., 28 sept. 2004 : *Dr. sociétés* févr. 2005, n° 25, obs. F.-X. Lucas. – Est en revanche recevable la demande en dissolution formée par l'administrateur provisoire chargé de représenter la société condamnée en première instance à racheter les parts d'un associé retrayant : Cass. 1re civ., 14 déc. 2004 : *BJS* 2005, § 109, p. 525, note J.-J. Daigre.

(20) Si le droit d'agir appartient aux seuls associés, le fait que la demande en dissolution ait également été formée au nom de la société n'affecte pas la recevabilité de la demande formée par l'associé qui était également représentant légal de la société : CA Pau, 13 mars 2008 ; *Dr. sociétés* 2008, n° 220, obs. M.-L. Coquelet.

(21) Cass. com., 16 sept. 2014, n° 13-20.083, PB : *Dr. sociétés* 2014, n° 162, obs. H. Hovasse ; *JCP* E 2014, 1585, note B. Dondero et 1651, n° 6, obs. crit. Fl. Deboissy et G. Wicker.

(22) Cass. ch. mixte, 16 déc. 2005 : *JCP* E 2006, 1346, avis M. Domingo ; *JCP* E 2006, 2035, n° 9, obs. J.-J. Caussain, Fl. Deboissy et G. Wicker ; *Rev. sociétés* 2006, p. 327, note B. Saintourens. – V. admettant sur renvoi la dissolution pour mésentente, CA Versailles, 12 janv. 2007 : *BJS* 2007, § 158, p. 620, note D. Poracchia.

(23) Cass. 3e civ., 16 mars 2001, n° 10-15459 : *D.* 2011, p. 874 : refus de prononcer la dissolution d'une SCI pour mésentente entre deux concubins, associés et cogérants de la société, faute de paralysie de celle-ci.

(24) Cass. 3e civ., 6 sept. 2011, n° 10-23511 : dissolution d'une SCI et d'une SCM en raison de la mésentente entre les deux associés égalitaires qui bloque toute prise de décision. – Cass. com., 10 sept. 2013, n° 12-20.523 : *Dr. sociétés* 2013, n° 21, obs. R. Mortier : profondes dissensions entre deux blocs d'associés égalitaires empêchant toute prise de décision utile et toute nomination d'un gérant. – En revanche la paralysie n'est pas démontrée lorsque les décisions sociales sont prises, en dépit de l'opposition des deux blocs d'associés, grâce à la voix prépondérante du gérant : Cass. com., 5 avr. 2018, n° 16-19.829 : *Rev. sociétés* 2018, p. 715, note B. Lecourt.

781. – **Dissolution de sociétés viables mais dans l'incapacité de fonctionner.**

Même quand la société est viable, les tribunaux prononcent parfois la dissolution lorsque la mésentente entraîne la paralysie et, à terme, la ruine de la société sans aucun espoir de réconciliation des antagonistes. Il en est ainsi notamment dans les petites sociétés de partenariat ou les sociétés familiales qui sont fondées sur un fort *intuitus personae*, tout particulièrement lorsque les associés se divisent en deux groupes égalitaires, s'attaquant et se neutralisant mutuellement.

a) Sociétés de partenariat

– mésentente des deux associés d'une société civile professionnelle de notaires qui ne laisse envisager aucune issue amiable (Cass. 1re civ., 16 oct. 2013, n° 12-26.729, PB : *Dr. sociétés* 2013, n° 22, obs. R. Mortier) ;
– mésentente durable entre les deux associés égalitaires d'une SAS qui ne peuvent prendre aucune délibération sociale (Cass. com., 9 déc. 2014, n° 13-24.083 : *Rev. sociétés* 2015, p. 223, note B. Saintourens) ;
– mésentente grave entre un avocat et des experts-comptables, associés au sein d'une société de moyens, sur fond de désaccord sur la clé de répartition des charges, le tout soldé par une coupure brutale de l'accès Internet de l'un des associés (Cass. com., 23 juin 2015, n° 14-16.065 : *RJDA* 10/2015, n° 665) ;
– rapports conflictuels de deux agents immobiliers associés à parts égales d'une SCI empêchant toute prise de décision (Cass. 3e civ., 17 déc. 2020, n° 19-15.964 : *BJS* mars 2021, p. 30, note M. Storck).

b) Sociétés familiales

– conflits personnels et sociaux, nés de la crise conjugale ayant entraîné le divorce des époux associés égalitaires d'une SCI ayant pour objet la gestion du patrimoine du couple acquis au cours du mariage (CA Pau, 23 janv. 2006 : *BJS* 2006, § 134, p. 647, note A. Lecourt ; *Dr. sociétés* mai 2006, n° 71, obs. H. Lécuyer) ;
– mésentente de deux concubins, seuls associés d'une SCI ayant acquis un immeuble par recours à l'emprunt (Cass. 3e civ., 26 nov. 2015, n° 14-22.077 : *Rev. sociétés* 2016, p. 158) ;
– conflits passionnel et financier entre deux concubins, associés à égalité d'une société civile immobilière, s'ajoutant à l'absence de tenue d'assemblée et de toute prise de décision depuis la séparation des concubins (CA Paris, 31 mars 2016, n° 15/13327 : *Rev. sociétés* 2017, p. 95, note J.-J. Ansault ; *RJDA* 7/2016, n° 538) ;
– dissentiment rejaillissant sur le fonctionnement de la société : anomalies dans le fonctionnement, disparition de tout *affectio societatis*, conflit sur la répartition des parts sociales et la représentation d'une indivision successorale (Cass. 3e civ., 25 janv. 2018, n° 17-10.353 : *RJDA* 4/2018, n° 328).

§ 6. – La réunion de toutes les parts en une seule main

A. – Les aspects juridiques

782. – On commencera par signaler qu'une SARL se mue en EURL, et une SAS en SASU, si toutes les parts sociales ou toutes les actions se trouvent réunies entre

les mains d'un associé unique. Dans les autres formes sociales, lorsqu'un associé réunit entre ses mains toutes les parts ou actions, la société n'est pas automatiquement dissoute car cette situation peut être régularisée.

1° Régularisation de la société devenue unipersonnelle

783. – *Délai de régularisation.* Selon l'article 1844-5, 6° du Code civil, « La réunion de toutes les parts sociales en une seule main n'entraîne pas la dissolution de plein droit de la société. » L'insolite n'a toutefois qu'un temps et le droit tolère seulement de telles sociétés : « tout intéressé peut demander cette dissolution si la société n'a pas été régularisée dans le délai d'un an ». Un créancier est admis à demander une telle dissolution, à condition toutefois qu'il justifie d'un intérêt légitime à agir (CPC, art. 31)(25) ; il en est ainsi du titulaire d'une créance en compte courant(26).

784. – *La péremption du délai de régularisation* n'interdit pas la survie de la société. D'une part, si personne n'agit en dissolution, elle continue à vivre sur un seul pied. D'autre part et surtout, un intéressé (on pense à un créancier) agirait-il que l'associé unique pourrait régulariser *in extremis* avant que le tribunal ne statue sur le fond de l'affaire. Mieux, l'associé unique peut solliciter au nom de la société un délai maximal de six mois pour régulariser la situation. Tout est donc fait pour que la société ne disparaisse pas si tel est le vœu de l'associé unique.

2° Dissolution de la société devenue unipersonnelle

a) Mode de dissolution

785. – Mais le souhait de l'associé unique peut être de mettre fin à la société. Il peut alors à tout moment dissoudre la société par déclaration au greffe du tribunal de commerce (D. 3 juill. 1978, art. 8). La solution est identique pour les sociétés unipersonnelles, SASU ou EURL (V., pour une dissolution frauduleuse, *infra*, n° 824).

b) Date de la perte de la personnalité morale

786. – *Publicité dans un support habilité à recevoir des annonces légales.* La décision de dissolution doit être publiée dans un support habilité à recevoir des annonces légales. Cette publicité détermine le point de départ du délai d'opposition des créanciers, qui est de trente jours. À l'issue du délai d'opposition des créanciers, dès lors qu'aucune opposition n'a été émise, la transmission du patrimoine est réalisée et la personnalité morale disparaît(27).

787. – *Publicité au RCS.* La décision de dissolution doit également faire l'objet d'une mention au RCS, qui en conditionne l'opposabilité aux tiers (C. com.,

---

(25) CA Paris, 27 sept. 1996 : *Dr. sociétés* janv. 1997, p. 4 : dans cette affaire, deux pharmaciennes exploitaient, dans le cadre d'une SNC, la Grande pharmacie de la gare de Lyon. L'une cède ses droits à l'autre qui devient associée unique. La SNC est ensuite mise en redressement judiciaire, un plan de continuité de l'exploitation étant arrêté. Un créancier agit en dissolution de la société. Les juges ordonnent à la SNC de régulariser sa situation dans les six mois, faute de quoi elle sera dissoute de plein droit.

(26) Cass. com., 3 déc. 2013, n° 12-23.787 : *BJS* 2014, p. 153, note A. Reygrobellet ; *Dr. sociétés* 2014, n° 23, obs. H. Hovasse : dissolution d'une SCI devenue unipersonnelle à la demande du titulaire d'une créance de compte courant.

(27) Cass. com., 11 juin 2003 : *JCP* E 2003, act. p. 1273. – Cass. com., 20 mai 2014, n° 13-14.933.

art. R. 123-70)[28]. Il s'ensuit que la société dissoute ne peut pas invoquer la perte de sa personnalité morale pour faire obstacle à la demande d'ouverture d'une procédure de liquidation judiciaire formée par les salariés dès lors que la dissolution n'a pas encore été publiée. Pour autant, si la publication au RCS est déjà intervenue, mais que le délai d'opposition de trente jours n'est pas encore écoulé, la société conserve sa personnalité morale, y compris à l'égard des tiers[29].

c) Conséquences de la dissolution

788. – Les conséquences de la dissolution d'une société unipersonnelle varient selon que l'associé unique est une personne physique ou une personne morale.

789. – *Si l'associé unique est une personne physique*, la dissolution est suivie d'une liquidation. Dans le cas d'une société à risque limité, par exemple une EURL ou une SASU, l'associé unique peut ainsi bénéficier d'une limitation de sa responsabilité ; il subit en contrepartie le coût et le formalisme de la liquidation.

790. – *Si l'associé unique est une personne morale*, la dissolution de la société entraîne la transmission universelle du patrimoine de la société à l'associé unique personne morale sans qu'il y ait lieu à liquidation (C. civ., art. 1844-5, al. 3 et 4). Il y a dans ce cas dissolution par réunion des patrimoines ; on parle en pratique de « dissolution-confusion ». Sous cet angle, la réunion de toutes les parts en une seule main permet de mettre fin à une société en court-circuitant le lourd formalisme de la liquidation et du partage. Les intérêts des créanciers de la société dissoute ne sont pas sacrifiés puisqu'ils peuvent faire opposition dans les trente jours de la publication de la dissolution dans un support d'annonces légales (V. *supra*, n° 786), sans compter l'arme de la fraude paulienne (V. *infra*, n° 824).

L'associé unique recueille l'ensemble de l'actif et du passif né du chef de la société dissoute[30]. Ainsi, toutes les créances et les dettes nées antérieurement, même si elles ne sont pas encore liquides et exigibles, sont recueillies par l'associé unique, que leur source soit délictuelle[31] ou contractuelle[32], quand bien même il s'agirait d'un contrat *intuitu personae*[33] ; mais les contrats *intuitu personae* conclus

(28) La transmission du patrimoine n'est réalisée et il n'y a disparition de la personnalité morale qu'à l'issue du délai d'opposition des créanciers ; passé ce délai, le pourvoi formé contre la société est irrecevable : Cass. 3e civ., 20 juin 2007, n° 06-13.514 : *BJS* 2007, § 354, p. 1359, note F.-X. Lucas ; *Dr. sociétés* 2007, n° 159, obs. H. Hovasse. – Dès lors que ce délai de trente jours est écoulé, un tiers est fondé à se prévaloir de la perte de la personnalité morale de la société survenue avant l'assignation, peu important que la publication de la décision de dissolution au RCS ait été faite postérieurement à cette date : Cass. com., 11 mars 2014, n° 13-10.557, PB : *BJS* 2014, p. 368, note L. Camensuli-Feuillard ; *Dr. sociétés* 2014, n° 100, obs. H. Hovasse ; *Rev. sociétés* 2014, p. 665, note V. Thomas.

(29) Cass. com., 23 oct. 2019, n° 18-15.475 : *BJS* janv. 2020, p. 43, note B. Brignon ; *Dr. sociétés* déc. 2019, n° 203, obs. J.-F. Hamelin ; *JCP* E 2020, 1344, n° 9, obs. Fl. Deboissy et G. Wicker ; *RDC* 2020/1, p. 47, note L. Sautonie-Laguionie ; la société ne peut se prévaloir de la perte de sa personnalité morale pour faire obstacle à la demande d'ouverture d'une procédure de liquidation judiciaire formée par les salariés dès lors que la transmission universelle de son patrimoine n'avait pas encore été publiée au RCS.

(30) Le bailleur ne peut pas soutenir que cela équivaut à une cession de bail : Cass. 3e civ., 9 avr. 2014, n° 13-11.640 : *Rev. sociétés* 2014, p. 497, note A. Reygrobellet.

(31) La dette de dommage et intérêts (licenciement abusif), qui naît au jour où le dommage est causé, est transmise à l'associé unique dès lors que son fait générateur est antérieur à la dissolution de la société, quand bien même elle serait judiciairement constatée après cette date : Cass. com., 2 févr. 2010, n° 09-11938, PB : *Dr. sociétés* 2010, n° 133, obs. M.-L. Coquelet.

(32) Cass. com., 7 juin 2006 : *JCP* E 2006, 2294, note H. Hovasse : contrat d'agence commerciale.

(33) Cass. com., 11 mars 2020, n° 18-20.064 : *BJS* juill.-août 2020, p. 6, note R. Raffray : condamnation de l'associé unique à acquitter les dettes de loyers et d'acquisition de matériels, nées avant l'opération, trouvant leur source dans un contrat de coopération conclu *intuitu personae*.

par la société devenue unipersonnelle prennent fin pour l'avenir[34], sauf accord du contractant. Également, la caution qui garantit le prêt contracté par la société dissoute ne saurait prendre argument de la transmission universelle du patrimoine de celle-ci à son associé unique pour échapper à son engagement[35]. Sur le plan processuel, les décisions rendues à l'encontre de la société sont investies de l'autorité de chose jugée à l'égard de l'associé unique[36].

791. – *En cas d'ouverture d'une procédure collective* contre la société unipersonnelle, à compter du jugement d'ouverture, le patrimoine du débiteur ne peut être cédé ou transmis que selon les règles applicables aux procédures collectives ; il s'ensuit que la dissolution, par l'effet de la liquidation judiciaire, de la société dont toutes les parts sont réunies en une seule main, n'entraîne pas transmission universelle de son patrimoine à l'associé unique personne morale[37]. Cette solution est tout à la fois opportune et fondée juridiquement : la transmission universelle suppose une confusion du patrimoine transmis avec celui du bénéficiaire de la transmission ; or, à compter de l'ouverture de la procédure, le patrimoine de la société universelle fait l'objet d'une saisie collective au bénéfice des créanciers[38], ce qui interdit toute confusion avec le patrimoine de l'associé unique.

B. – Les aspects fiscaux

792. – Si on appliquait le droit commun de la fiscalité des dissolutions de sociétés, l'opération relèverait du suicide fiscal lorsque la société dissoute est bénéficiaire (V. *infra*, n°s 820 et s.). Mais la dissolution par confusion des patrimoines bénéficie du régime fiscal de faveur des fusions (CGI, art. 210-0A) (V. *infra*, n°s 2283 et s.).

§ 7. – La liquidation judiciaire de la société

793. – La société prend fin par l'effet d'un *jugement ordonnant la clôture de la liquidation judiciaire pour insuffisance d'actif* (C. civ., art. 1844-7, 7°).

794. – *Deux conséquences en découlent.* D'une part, les dirigeants en fonction le demeurent, un mandataire *ad hoc* pouvant être désigné en cas de nécessité en leur lieu et place par ordonnance du président du tribunal sur requête de tout intéressé, du liquidateur ou encore du ministère public (C. com., art. L. 641-9-II). D'autre part, la clôture de la procédure pour extinction du passif n'emporte plus dissolution de la société.

(34) Cass. com., 4 févr. 2014, n° 12-22.404 : *Rev. sociétés* 2014, p. 657, note L. Amiel-Cosme : contrat de fourniture conclu *intuitu personae* à l'égard du distributeur mais non du fournisseur.

(35) Cass. com., 19 nov. 2002 : *BJS* 2002, p. 174, note M.-L. Coquelet ; *JCP* E 2003, 627, n° 2, obs. J.-J. Caussain, Fl. Deboissy et G. Wicker. – Dans le cas d'une obligation à terme, la caution qui s'est engagée avant la dissolution de la société reste tenue, peu important que la dette n'ait pas été exigible à cette date : Cass. com., 5 mai 2004 : *BJS* 2004, § 248, p. 1227, note P. Scholer.

(36) Cass. soc., 25 oct. 2007 : *BRDA* 1/2008, n° 7.

(37) Cass. com., 12 juill. 2005 : *JCP* E 2005, 1586, note J.-P. Legros ; *JCP* E 2005, 1834, n° 1, obs. J.-J. Caussain, Fl. Deboissy et G. Wicker.

(38) V. M. Sénéchal, L'effet réel de la procédure collective, Litec, 2002.

§ 8. – Les autres causes statutaires

795. – *Condition résolutoire.* Les associés peuvent prévoir dans les statuts d'autres causes de dissolution (C. civ., art. 1844-7, 8°) : changement de nationalité ou d'occupation d'un d'entre eux, baisse continue du résultat, passage d'un partenaire sous le contrôle d'un concurrent… Pareilles conditions résolutoires sont cependant à manier avec la plus grande circonspection. Si la société est prospère, l'acte de dissolution équivaut à un suicide fiscal. Il peut être plus judicieux de s'en tenir à une clause prévoyant le rachat des droits de l'associé cessant d'être *persona grata* (V. *supra*, n°s 571 et s.).

SOUS-SECTION 2

LES EFFETS DE LA DISSOLUTION

§ 1. – La publicité de la dissolution

796. – *Formalités de publicité.* Les tiers doivent être avertis de la dissolution de la société comme ils l'ont été de sa naissance (V. *supra*, n°s 329 et s.). Les formalités sont les suivantes :

– enregistrement gratis de l'acte de dissolution ;

– insertion d'un avis dans un support habilité à recevoir des annonces légales ;

– dépôt des actes de dissolution et de désignation du liquidateur au centre des formalités des entreprises ; le centre transmet le dossier aux différents organismes intéressés et spécialement au greffe du tribunal de commerce, lequel en fait mention sur le registre du commerce et en assure la publicité par le canal du *BODACC* ; la dissolution ne produit ses effets à l'égard des tiers qu'à compter de sa publication au RCS (C. civ., art. 1844-8 et C. com., art. L. 237-2).

797. – *Effacement des données.* Selon la Cour de justice de l'Union européenne, les mandataires sociaux, personnes physiques, dont les données personnelles sont inscrites au RCS ne peuvent en exiger l'effacement après la dissolution de la société ; la Cour a cependant précisé que, dans des situations particulières, des raisons prépondérantes et légitimes pourraient justifier que l'accès aux données soit limité, à l'expiration d'un délai suffisamment long, aux seuls tiers justifiant d'un intérêt spécifique à leur consultation[39].

798. – Sur tous les actes et papiers commerciaux destinés aux tiers (lettres, factures…), la dénomination sociale doit être suivie de la mention « société en liquidation » et du nom du liquidateur. C'est une façon d'assurer la publicité permanente de l'état de liquidation.

(39) CJUE, 9 mars 2017, aff. C-398/15 : *BJS* 2017, p. 445, note A. Sotiropoulou ; *Rev. sociétés* 2018, p. 79, note A. Reygrobellet.

§ 2. – La survie de la personnalité morale de la société en liquidation

A. – Le principe

799. – *Maintien de la personnalité morale.* Aux termes de l'article 1844-8, alinéa 3, du Code civil, « la personnalité morale de la société subsiste pour les besoins de la liquidation jusqu'à la publication de la clôture de celle-ci »[(40)]. Ainsi la société est dissoute mais conserve sa personnalité juridique. Elle dispose toujours d'un patrimoine séparé de celui de ses associés ; les créanciers ne sont donc pas obligés de diviser leurs actions en paiement. La dette reste sociale et la société demeure leur seul débiteur ; de plus, les créanciers sociaux évitent ainsi la concurrence des créanciers personnels des associés. Les titres sociaux conservent leur nature mobilière jusqu'au partage[(41)]. Par suite, jusqu'à la clôture de la liquidation, les parts sociales peuvent être cédées ou faire l'objet d'une saisie-arrêt[(42)].

800. – *Jusqu'à la publication de la clôture de la liquidation.* La survie de la personnalité morale se termine avec la publication de la clôture de la liquidation. En vue d'éviter des liquidations qui s'éternisent, le Code civil autorise tout intéressé à saisir le tribunal qui fait alors procéder à la liquidation ou à son achèvement, lorsque la clôture n'est pas intervenue dans un délai de trois ans à compter de la dissolution (C. civ., art. 1844-8, al. 4).

B. – Les tempéraments

801. – La société dissoute n'est qu'en sursis et le liquidateur ne saurait par exemple lancer des activités nouvelles ou poursuivre l'exploitation sociale. S'il gère, c'est uniquement afin de mener à bien et dans les meilleures conditions les opérations de liquidation. En d'autres termes, la capacité juridique de la société est réduite aux actes nécessaires aux opérations de liquidation. Les images qui s'imposent ici sont celles de la bougie qui se consume ou du navire dont les machines sont arrêtées et qui continue à courir sur son erre (sa vitesse acquise) ; il est de moins en moins manœuvrable et s'immobilisera bientôt.

802. – Il est toutefois un tempérament au tempérament ; une société, même en liquidation, peut fusionner ou se scinder (C. civ., art. 1844-4). C'est le seul cas dans lequel elle peut connaître une nouvelle vie. Les associés ne sauraient en revanche, après la décision de dissolution, changer d'avis et ressusciter la société ou encore décider sa transformation[(43)].

---

(40) A. Bouilloux, La survie de la personnalité morale pour les besoins de la liquidation : Rev. sociétés 1994, p. 393. – E. Boronald-Lesoin, La survie de la personne morale dissoute : RTD com. 2003, p. 1.
(41) Cass. 2e civ., 27 oct. 1971 : *D.* 1972, p. 473, note M. Donnier.
(42) Cass. com., 3 oct. 2006, n° 04-14611 : *BJS* 2007, § 46, p. 237, note M.-N. Legrand.
(43) Cass. com., 12 nov. 1992 : *JCP* E 1993, II, 408, note Y. Guyon.

§ 3. – Les opérations de liquidation

803. – La matière fait l'objet d'une réglementation minutieuse(44). On renverra aux textes pour le détail (C. civ., art. 1844-8 et 1844-9 ; C. com., art. L. 237-1 et s.). On se limitera à l'essentiel en rappelant que les opérations de liquidation sont écartées lorsque toutes les parts ou actions de la société dissoute sont réunies entre les mains d'un associé personne morale (V. *supra*, nos 783 et s.).

A. – La nomination du liquidateur

804. – *Modalités de nomination.* Le liquidateur est nommé conformément aux dispositions des statuts ou, à défaut, par décision des associés. S'ils ne peuvent se mettre d'accord, c'est le juge qui procède à sa nomination. Selon les cas, le liquidateur est un amateur (un ancien dirigeant par exemple) ou un professionnel (un administrateur judiciaire). Dans les affaires les plus complexes, plusieurs liquidateurs peuvent être désignés. La nomination fait l'objet d'une publicité pour être opposable aux tiers (C. com., art. L. 237-3).

805. – *Durée du mandat.* Dans les sociétés commerciales, pour éviter que la liquidation ne s'éternise, la durée du mandat du liquidateur est limitée à trois ans(45) ; ce délai de trois ans est impératif(46), mais un renouvellement est possible (C. com., art. L. 237-21). En revanche, aucune disposition légale ne limite la durée du mandat du liquidateur d'une société civile (V. *infra*, n° 1988).

B. – La mission du liquidateur

806. – *Pouvoirs.* Dès sa nomination, le liquidateur se substitue aux organes de direction qui perdent leurs pouvoirs de gestion et de représentation à compter de la dissolution de la société (en cas de liquidation judiciaire de la société, V. *supra*, n° 793). Désormais, le liquidateur est le seul représentant de la société, y compris dans les rapports avec les tiers. Comme les anciens dirigeants, il agit sous le contrôle des associés ; il doit les convoquer régulièrement et leur présenter l'état d'avancement des opérations. Une première réunion a lieu dans les six mois de sa prise de fonction. Ensuite, tous les ans, dans les six mois suivant la clôture de l'exercice, il présente aux associés les comptes annuels et un rapport de liquidation. Les associés peuvent prendre communication des documents sociaux dans les mêmes conditions qu'antérieurement (C. com., art. L. 237-26). La survie de la personnalité morale permet le respect des rites sociétaires.

(44) F.-X. Lucas (ss dir.), La liquidation dite amiable des sociétés : BJS 2009, § 58, p. 285. – B. Lecourt, Réflexions sur le régime de la liquidation des sociétés in bonis : JCP E 2018, 1292.

(45) À défaut de durée prévue dans l'acte de désignation du liquidateur ou dans les statuts, ou encore de renouvellement à leur terme, les fonctions du liquidateur, même nommé pour la durée de la liquidation, prennent fin à l'expiration du délai de trois ans prévu par la loi : Cass. com., 18 janv. 2011, n° 10-11624 : *BJS* 2011, § 192, p. 380, note F.-X. Lucas ; *Rev. sociétés* 2011, p. 166. – Cass. com., 21 juin 2011, n° 10-19070 : *BJS* 2011, § 458, p. 853, note F.-X. Lucas. – Lorsque les fonctions du liquidateur ont pris fin, l'assemblée générale ne peut renouveler rétroactivement ces fonctions pour régulariser le défaut de pouvoir du liquidateur : Cass. com., 8 nov. 2005 : *BJS* 2006, § 77, p. 387, note J.-Cl. Hallouin.

(46) Cass. com., 3 mai 2016, n° 14-25.213, PB : *BJS* 2016, p. 491, note A. Reygrobellet ; *JCP* E 2016, 1386, note B. Dondero ; le liquidateur, même nommé pour la durée de la liquidation en application d'une clause des statuts, ne peut, sauf renouvellement régulier, poursuivre son mandat au-delà d'une durée de trois ans.

807. – *Apurement du passif.* Le liquidateur commence par dresser un inventaire de l'actif et du passif. Ensuite interviennent les opérations proprement dites de liquidation, autrement dit d'apurement du passif. À cette fin, le liquidateur peut être amené à céder des actifs pour désintéresser les créanciers sociaux. Comme on est hors procédure collective, le liquidateur n'est pas tenu de respecter un ordre quelconque. Il règle les créanciers au fur et à mesure qu'ils se présentent, au prix de la course. Dans la pratique, surtout si les opérations sont menées par un liquidateur professionnel, les choses se passent autrement. Avant de procéder aux règlements, le liquidateur dresse un état estimatif en distinguant le passif privilégié et le passif chirographaire. Si la balance du passif social définitif et de l'actif fait apparaître un solde négatif, le liquidateur peut agir en contribution contre les associés(47). Si les fonds sont suffisants, il désintéresse tous les créanciers. En cas de cessation de paiements, le liquidateur doit solliciter l'ouverture d'une procédure collective(48).

C. – Les responsabilités

808. – *Le liquidateur* est responsable, tant à l'égard de la société que des tiers, des conséquences dommageables des fautes qu'il commet dans l'exercice de ses fonctions (non prise en compte de l'intégralité du passif, absence de demande d'ouverture d'une procédure collective…). Dans les sociétés commerciales, l'action se prescrit par trois ans à compter de la date du fait dommageable (C. com., art. L. 237-12) ; elle relève de la compétence des juridictions consulaires (V. *supra*, n° 400). Dans les sociétés civiles, on applique le délai de prescription de droit commun de cinq ans. La responsabilité du liquidateur n'est pas subordonnée à la démonstration d'une faute séparable de ses fonctions(49). Elle ne peut pas être exercée par la voie de l'action sociale *ut singuli* (V. *supra*, n° 454).

809. – *Les actions en responsabilité contre les associés non liquidateurs*, leurs conjoints survivants, héritiers ou ayants cause se prescrivent par cinq ans à compter de la publication de la dissolution de la société au registre du commerce et des sociétés (C. com., art. L. 237-13).

D. – La clôture de la liquidation

810. – *Assemblée de clôture.* Lorsque sa mission est achevée, le liquidateur convoque les associés pour présenter le compte final de la liquidation (C. com.,

(47) Lorsqu'une société est en liquidation judiciaire, seul le liquidateur judiciaire peut agir contre les associés en fixation de leur contribution aux pertes sociales, l'irrecevabilité de toute demande formée par une autre personne devant être relevée d'office : Cass. com., 3 mai 2018, n° 15-20.348, PB : *Dr. sociétés* 2018, n° 186, obs. H. Hovasse ; *JCP* E 2018, 1340, note C. Lebel. – V. pour une SNC, Cass. com., 27 sept. 2016, n° 15-13.348, PB : *BJS* 2016, p. 699, note F.-X. Lucas ; *JCP* E 2016, 1621, note C. Barillon. – V. pour une société civile de moyens, Cass. com., 20 sept. 2011, n° 10-24.888, PB : *BJS* 2011, p. 902, note F.-X. Lucas ; *Dr. sociétés* 2012, n° 212, note H. Hovasse ; *JCP* E 2012, 1777, n° 6, obs. Fl. Deboissy et G. Wicker.

(48) La liquidation amiable d'une société imposant l'apurement intégral du passif, et les créances litigieuses devant en conséquence être garanties par une provision jusqu'au terme des procédures en cours, il appartient au liquidateur, au cas où l'actif apparaîtrait insuffisant pour répondre de ces créances, de différer la clôture de la liquidation et de solliciter, le cas échéant, l'ouverture d'une procédure collective : Cass. com., 11 oct. 2005, n° 03-19161 : *BJS* 2006, § 97, p. 491, note C. Regnault-Moutier. – Cass. com., 26 juin 2007, n° 05-20569 : *BJS* 2007, § 323, p. 1233, note P. Le Cannu.

(49) Cass. com., 11 juin 2013, n° 12-18.853, P : *BJS* 2013, p. 745, note F.-X. Lucas ; *Dr. sociétés* 2013, n° 180, obs. M. Roussille ; responsabilité du liquidateur s'étant abstenu de différer la clôture des opérations de liquidation jusqu'au terme des procédures en cours devant les juridictions prud'homales et de demander l'ouverture d'une procédure collective contre la société.

art. L. 237-9). Si ce dernier omet de convoquer l'assemblée de clôture, tout associé peut demander en justice la désignation d'un mandataire chargé de procéder à la convocation. L'assemblée doit statuer sur le compte définitif, se prononcer sur le quitus de la gestion du liquidateur, donner à ce dernier décharge de son mandat et constater la clôture de la liquidation. Si l'assemblée refuse d'approuver les comptes, ceux-ci sont transmis, à la demande du liquidateur ou de tout intéressé, au greffe du tribunal de commerce.

811. – *Publicité.* L'avis de clôture de la liquidation est publié dans un support habilité à recevoir des annonces légales (C. com., art. R. 237-8) et la société perd la personnalité morale à cette date (C. civ., art. 1844-8, al. 3). La loi n'imposant aucun délai pour procéder à cette publicité, tout intéressé ou le ministère public peut saisir le tribunal pour faire achever la liquidation si la publication de la clôture n'est pas intervenue dans les trois ans à compter de la dissolution (C. civ., art. 1844-8, al. 4).

812. – *Radiation de la société.* Le liquidateur doit procéder à la radiation de la société au registre du commerce et des sociétés dans le délai d'un mois à compter de la publication des opérations de liquidation (C. com., art. R. 123-75). À défaut, toute société est radiée d'office au terme d'un délai de trois ans à compter de la mention au registre de sa liquidation (C. com., art. R. 123-131)(50).

E. – Situation postérieure à la clôture de la liquidation

813. – *Passif subsistant.* Comment faire lorsqu'après la clôture de la liquidation et les formalités de publicité, un créancier que l'on avait oublié fait valoir ses droits ? La jurisprudence admet dans ce cas que « la personnalité morale d'une société subsiste aussi longtemps que les droits et obligations à caractère social ne sont pas liquidés »(51). Elle condamne ainsi une conception purement formelle de la clôture : les droits du créancier ayant pour gage le patrimoine social, la clôture de la liquidation lui est logiquement inopposable. La publication par décision des associés ou une radiation prématurée ne peuvent donc pas entraîner une disparition de la personne morale tant que tous les droits et obligations n'ont pas été liquidés. La nomination d'un mandataire *ad hoc* doit être demandée en justice puisque le liquidateur a perdu son mandat avec la clôture des opérations de liquidation(52).

814. – *Action contre les associés.* La réouverture de la procédure de liquidation est source de complication et de frais. Elle n'est pas la seule voie possible. La jurisprudence admet en effet que le créancier puisse agir directement contre les anciens associés de la société dissoute. L'efficacité de son recours varie selon la nature de la société :

– *s'il s'agit d'une société à risque illimité,* le recours est toujours admis puisque les associés sont tenus personnellement et indéfiniment du passif social, soit de façon conjointe (société civile par exemple), soit de façon solidaire (SNC notamment) ;

(50) La radiation d'office d'une société au RCS ne met pas fin à sa personnalité morale et n'emporte pas extinction des fonctions des dirigeants : Cass. com., 4 mars 2020, n° 19-10.501 : *JCP* E 2020, 1337, note B. Receveur et 1344, n° 4, obs. J. Valiergue. – Cass. com., 24 juin 2020, n° 18-14.248 : *BJS* oct. 2020, p. 27, note B. Saintourens.

(51) Cass. com., 13 févr. 1996 : *BJS* 1996, p. 496, note J.-J. Daigre.

(52) Cass. com., 15 juin 1993 : *Rev. sociétés* 1993, p. 797, note Y. Chartier.

ainsi, le créancier d'une société civile dissoute et liquidée est recevable à agir en paiement de la dette directement contre l'un des associés, obligé aux dettes sociales[53], dès lors que la preuve d'une vaine et préalable poursuite est rapportée[54] (V. *supra*, n°s 1954 et s.) ;

– *s'il s'agit d'une société à risque limité*, les associés supportent les pertes sociales à concurrence de leurs apports ; il s'ensuit qu'ils sont tenus du passif social à hauteur de la reprise des apports et du boni de liquidation dont ils ont profité[55].

815. – *Responsabilité civile du liquidateur.* En cas de clôture fautive de la liquidation, le créancier dont la créance a été omise peut également engager la responsabilité civile du liquidateur[56] (V. *supra*, n° 808).

§ 4. – La reprise des apports

816. – *Reprise en espèce.* La reprise des apports s'effectue en principe en espèce. Les associés reçoivent le montant nominal de leurs parts ou actions s'il subsiste des fonds suffisants après désintéressement de tous les créanciers et paiement des honoraires du liquidateur. Dans le cas contraire, le remboursement se fait au marc le franc.

817. – *Reprise en nature.* La reprise des apports peut aussi s'effectuer en nature. Selon l'article 1844-9, alinéa 3, du Code civil, les associés peuvent valablement décider, dans les statuts ou par une décision distincte, que certains biens seront attribués à certains associés. À défaut, tout bien qui se retrouve dans la masse à partager est attribué, sur sa demande et à charge de soulte s'il y a lieu, à l'associé qui l'a apporté. Ainsi, un associé pourra reprendre l'immeuble ou le fonds de commerce dont il a fait initialement apport.

§ 5. – Le partage du boni de liquidation

818. – *Indivision post-sociétaire.* Si la subsistance d'un passif permet le maintien de la personnalité morale (V. *supra*, n° 813), tel n'est pas le cas en présence d'un actif non liquidé puisque les associés, ou certains d'entre eux, peuvent demeurer dans l'indivision pour tout ou partie des biens (C. civ., art. 1844-9, al. 4)[57]. Comme toute indivision légale, cette indivision post-sociétaire a vocation à être partagée. Ainsi

(53) Cass. 3e civ., 31 mars 2004 : *BJS* 2004, p. 998, note J.-P. Garçon.

(54) Le créancier qui a fait délivrer à la société civile, dissoute et radiée, une assignation en référé transformée en procès-verbal de recherches infructueuses établit l'existence d'une vaine et préalable poursuite, lui permettant d'agir en paiement des dettes sociales contre les associés : Cass. com., 25 sept. 2007, n° 06-11.088 : *Dr. sociétés* 2007, n° 49, obs. R. Mortier ; *JCP* E 2007, 2313 et 2554, note A. Cerati-Gauthier.

(55) Cass. com., 3 juill. 2001 : *JCP* E 2002, 76, note Y. Guyon. – Cass. com., 8 oct. 2013, n° 12-24.825, PB : *BJS* 2013, p. 830, note F.-X. Lucas ; *Dr. sociétés* 2014, n° 6, obs. D. Gallois-Cochet.

(56) Cass. com., 29 sept. 2009, n° 08-18.804 : *BJS* 2010, § 18, p. 79, note P. Rubellin : le liquidateur, ancien dirigeant de la société, a procédé à la clôture des opérations de liquidation le jour même de la dissolution sans avoir accompli les formalités de publicité qui lui incombaient et sans avoir pris aucune mesure pour sauvegarder les droits de l'administration fiscale, alors qu'il ne pouvait ignorer que la société s'était frauduleusement soustraite à l'établissement et au paiement de l'impôt.

(57) Ce sont en ce cas les règles de l'indivision qu'il convient d'appliquer, Cass. com., 24 mars 1998 : *BJS* 1998, p. 780, note J.-P. Garçon. – CA Paris, 15 sept. 1998 : *BJS* 1999, p. 303, note D. Randoux.

« les règles concernant le partage des successions (...) s'appliquent aux partages entre associés » (C. civ., art. 1844-9, al. 2)(58). Le cas échéant, surtout dans les affaires familiales, un associé pourra demander le bénéfice de l'attribution préférentielle.

819. – *Boni de liquidation.* Une fois que les associés ont récupéré le montant de leur mise initiale, le solde disponible, s'il y en a un, représente le boni de liquidation. Il est partagé entre les associés proportionnellement à leurs droits à moins que les statuts n'aient prévu un autre mode de répartition (C. civ., art. 1844-9, al. 1er). Il s'agit pour les associés d'une forme de partage des bénéfices.

§ 5. – Les aspects fiscaux

820. – Si créer une société ne coûte rien sur le plan fiscal, il n'en va pas de même des liquidations, qui constituent une cause de cessation d'entreprise, dont le coût peut être élevé si elles dégagent un boni de liquidation. Certes, lorsque la société est en déconfiture, le partage dégage un mali de liquidation et les associés, ayant tout perdu, ont au moins la consolation de n'avoir pas d'impôt à payer. Si la société est prospère, le coût fiscal est supportable lorsque la société relève de l'impôt sur le revenu, mais risque d'être confiscatoire dans le cas contraire. Dans tous les cas, un droit de partage de 2,50 % est dû sur le montant de l'actif net partagé (CGI, art. 746)(59).

A. – La société relève de l'impôt sur le revenu

821. – Dissoudre une société de personnes ne coûte guère plus cher que liquider une entreprise individuelle. Le coût le plus lourd provient généralement de la vente des immobilisations avec l'imposition des plus-values qui jusque-là étaient latentes mais il existe différents régimes de faveur. La reprise des apports ne constitue pas une opération imposable, pas plus que la répartition des réserves puisque celles-ci ont déjà été imposées au moment de la réalisation des bénéfices (V. *supra*, n° 152).

B. – La société relève de l'impôt sur les sociétés

822. – La dissolution d'une société prospère relevant de l'impôt sur les sociétés (SA, SAS, SARL...) est une opération fiscalement coûteuse, à tel point que certaines sociétés ayant cessé toute activité renoncent à se dissoudre et demeurent en sommeil (V. *infra*, n° 823) :

– *situation de la société :* elle paiera l'impôt sur les sociétés sur le boni de liquidation ;

– *situation des associés :* ils ne subissent aucune imposition à raison de la reprise de leurs apports puisqu'elle ne dégage aucun enrichissement ; la répartition du boni net de liquidation est en revanche imposée à leur nom comme un revenu mobilier (V. *supra*, n° 157).

(58) Le partage amiable requiert le consentement unanime des parties, ce qui fait obstacle à l'application d'une clause statutaire prévoyant une répartition conventionnelle des lots à la majorité : Cass. com., 30 mai 2007, n° 05-13.851 : *BJS* 2007, § 335, p. 1287, note H. Lécuyer ; *Rev. sociétés* 2007, p. 787, note J.-F. Barbièri.

(59) L'actif net partagé inclut les primes d'émission, les primes de fusion ainsi que les réserves non incorporées au capital social : Cass. com., 26 sept. 2018, n° 16-24.070, PB : *Dr. sociétés* 2018, n° 205, obs. H. Hovasse ; *Dr. fisc.* 2018, n° 45, comm. 442, note J.-F. Desbuquois ; *JCP* E 2019, 1015, note L. Chesneau.

Le coin des amateurs

1. La mise en sommeil des sociétés

823. – Il est des sociétés économiquement mortes mais juridiquement vivantes. Ce sont les sociétés en sommeil (d'autres parlent de sociétés inactives, de sociétés nécropoles, de sociétés en hibernation, de sociétés dormantes, de coquilles vides...). L'espèce est mélangée, à la fois ossuaire et vivier. D'un côté, on trouve des sociétés infantiles, nées en sommeil, qui n'ont pas encore exercé d'activité. De l'autre, il y a les sociétés séniles, qui ont eu leur heure de gloire ; ayant abandonné toute activité, elles ont été mises en sommeil. Les problèmes juridiques ne sont pas les mêmes dans les deux cas (P. Diener, *Un abus de la personnalité morale : la société en sommeil*, in *Dix ans de droit de l'entreprise*, Litec, 1978, p. 81. – G. Notté, *Les sociétés en sommeil* : *JCP* Cl 1981, 13499).

a) Les sociétés infantiles attendant d'être réveillées

Ce sont des sociétés régulièrement conçues et immatriculées mais sans activité (V. *supra*, n° 38). On les trouve essentiellement dans les banques d'affaires et les groupes. Elles sont prêtes à fonctionner du jour au lendemain. Dotées d'un objet attrape-tout, elles sont aptes à conduire n'importe quelle activité économique. Elles constituent un corps de réserve, des pièces de rechange. Qu'une opportunité survienne et elles seront réveillées, telle la Belle au bois dormant attendant le baiser du prince charmant. Les délais et les tracas de l'immatriculation sont économisés. Ces sociétés, qui ne sont que des coquilles vides en attente d'emploi, sont-elles valides ? Certains en doutent, y voyant des sociétés fictives, voire frauduleuses (en ce sens, V. P. Diener, préc.). L'opinion dominante est plus indulgente ; si la société est une technique d'organisation de l'entreprise, on ne fait jamais que tailler à l'avance le vêtement juridique dont on habillera plus tard une entreprise quelconque.

b) Les sociétés séniles mises en sommeil

Les sociétés séniles vivotent. Si ce n'est pas encore la mort, c'est déjà le coma. Le droit des sociétés ne doit-il pas en prendre acte ?

Les textes prévoient la radiation du registre du commerce et des sociétés pour cessation d'activité, radiation qui peut être décidée d'office par le greffier (C. com., art. R. 123-129). Mais quel est l'effet d'une telle radiation ? Les amateurs de symétrie verront dans ce biffage de la société du registre du commerce une « désimmatriculation », donc une cause supplémentaire de disparition de la personnalité morale. La symétrie est toutefois trompeuse. De même que la radiation de l'état civil est sans conséquence sur la vie du citoyen passé pour mort, de même la radiation de la société ne la prive pas de sa personnalité juridique ; celle-ci subsiste aussi longtemps que les droits et obligations à caractère social ne sont pas liquidés (Cass. com., 20 févr. 2001 : *Dr. sociétés* juin 2001, obs. Th. Bonneau).

Est-ce une cause de dissolution tenant à la réalisation ou à l'extinction de l'objet social ? Non, et les tribunaux répugnent à prononcer la dissolution de la société pour cause de mise en sommeil dès lors qu'une chance de réveil demeure et que l'objet social demeure possible. La demande en dissolution judiciaire pour juste motif sera pareillement rejetée, dès lors que l'impossibilité de fonctionner normalement n'est pas établie (Cass. com., 23 mars 2010, n° 08-22.073 : *JCP* E 2010, 1449, obs. A. Viandier). Aucun principe ni aucun texte n'imposent de dissoudre et de liquider une société qui a cessé l'activité pour laquelle elle a été constituée.

Au reste, cessant son activité, la société change d'activité. De technique d'organisation de l'entreprise, elle devient technique d'organisation du patrimoine, car elle se contentera à l'avenir de gérer les biens dont elle est propriétaire. Il sera d'ailleurs prudent de modifier en conséquence l'objet social. Si la société possède un important patrimoine immobilier, elle le fera fructifier par voie de location ; le cas échéant, une transformation en société civile immobilière sera envisagée. Si elle possède un actif de valeurs mobilières, elle se comportera comme une société de portefeuille ; elle peut dans ce cas intéresser certains amateurs. Et si la société cède tous ses actifs, et qu'elle ne détient plus que des liquidités à l'actif, d'où l'appellation de société liquide, elle aura alors pour objet la gestion de ces liquidités.

Cependant, la mise en sommeil de la société peut être l'occasion de la mise en jeu de la responsabilité du dirigeant s'il est établi qu'elle a constitué de sa part une faute intentionnelle d'une particulière gravité incompatible avec l'exercice normal de ses fonctions sociales (Cass. com., 12 mars 2015, n° 14-13.104 : *JCP* E 2016, 1036, n° 6 ; la mise en sommeil répondait au souci de rendre irrécouvrable une créance).

2. La dissolution furtive

824. – Soit une SARL poursuivie par l'URSSAF pour cotisations impayées ; « ni une ni deux », l'intégralité du capital est rassemblée en une seule main, celle d'une société allemande, qui décide dans le même souffle de dissoudre la société devenue unipersonnelle et de s'attribuer le patrimoine de celle-ci ; parallèlement, l'URSSAF continuait à poursuivre et à demander le redressement judiciaire d'une société… disparue du fait de la dissolution. Revenu de sa surprise, le créancier agit en annulation de la dissolution pour fraude ; la cour de Paris a accueilli la demande en relevant notamment qu'en agissant avec une telle précipitation, l'associé unique avait tenté, par un but légitime, la dissolution sans liquidation, d'obtenir un résultat contraire à l'application des règles d'ordre public sur les procédures collectives (CA Paris, 19 mai 2011, n° 10-08.992 : *BJS* 2011, § 445, p. 914, note M.-L. Coquelet ; *BRDA* 17/2011, n° 2).

La dissolution furtive paraît d'ailleurs intéresser les sociétés allemandes comme en témoigne une autre affaire ayant donné lieu à un arrêt de la Cour de cassation du 11 septembre 2012 (Cass. com., 11 sept. 2012, n° 11-11.141 : *Rev. sociétés* 2013, p. 31, note B. Saintourens). Une société de gardiennage est assignée en ouverture d'une procédure de liquidation judiciaire le 30 septembre 2008 par l'URSSAF de Paris et l'URSSAF des Bouches-du-Rhône pour cotisations impayées ; le 8 octobre, l'associé unique de la société cède l'intégralité de ses parts à une société allemande (qui ne sera immatriculée à Munich que plusieurs semaines après), laquelle décide le même jour la dissolution de la société ; le 9 novembre – soit trente jours après la publication de la décision de dissolution dans *L'Auvergnat de Paris*, journal d'annonces légales – et faute d'opposition des créanciers la société est radiée du registre du commerce et des sociétés. Les deux URSSAF soutinrent avec succès que la dissolution puis la transmission universelle du patrimoine au nouvel associé unique réalisaient une fraude et qu'il convenait de suspendre leurs effets jusqu'au paiement intégral de leurs créances (V. cependant, refusant de tenir compte d'une fraude aux droits des salariés, CA Paris, 28 janv. 2014, n° 13/15104 : *JCP* E 2014, 1316, note crit. J.-Ch. Pagnucco).

Moralité, la société unipersonnelle offre certes des facilités mais pas celle d'échapper à ses créanciers ; ici aussi la fraude vicie tout.

DEUXIÈME PARTIE

LE DROIT SPÉCIAL DES SOCIÉTÉS

825. – Le droit des sociétés comporte une partie générale et une partie spéciale ; celle-ci passe en revue les principales formes de sociétés, lesquelles mettent en œuvre les règles exposées dans la première partie. Deux grandes familles composent la partie spéciale ; celle des sociétés à risque limité et celle des sociétés à risque illimité.

826. – Malgré l'obsession classificatrice des professeurs, certains groupements atypiques sont rebelles à cette division bipartite ; on se résignera donc à ouvrir un autre tiroir dans lequel seront rangés les sociétés propres au secteur libéral, la société européenne et des groupements qui ne sont pas des sociétés, tels le GIE et le GEIE.

TITRE 1

LES SOCIÉTÉS À RISQUE LIMITÉ

827. – Les sociétés à risque limité englobent deux grandes familles :

– *la famille des sociétés par actions*, dans laquelle se détache la SA, ce qui ne doit pas masquer les deux autres espèces, l'une ayant le privilège de l'ancienneté (la société en commandite par actions ou SCA), l'autre celui de la jeunesse (la société par actions simplifiée ou SAS créée en 1994) ;

– *la famille des SARL*, qui s'est enrichie en 1985 d'un rameau nouveau, celui des EURL.

828. – Ces sociétés présentent des caractéristiques communes qui les différencient des sociétés à risque illimité (V. *supra*, n° 173) :

– *sur le plan juridique*, les associés ne sont pas obligés au passif social en cours de vie sociale, ce qui signifie que les créanciers sociaux ne peuvent en principe réclamer paiement de leur créance qu'à la société ; le seul risque encouru par les associés est de perdre éventuellement le montant de leur apport (V. *supra*, n° 262) ; par ailleurs, ces sociétés sont soumises à une législation contraignante, mise à part la SAS (V. *infra*, n°s 1519 et s.) ; les dirigeants sont l'objet d'incriminations spécifiques ; enfin, ces sociétés entrent dans le champ des différentes mesures d'harmonisation européenne, notamment la directive du 9 mars 1968, codifiée par la directive du 14 juin 2017 (V. *supra*, n° 19) ;

– *sur le plan fiscal*, elles sont assujetties, du moins en principe, à l'impôt sur les sociétés (V. *supra*, n° 165).

CHAPITRE 1

LA SOCIÉTÉ ANONYME

829. – L'apparition de sociétés caractérisées par la responsabilité limitée des associés et la libre cessibilité des droits sociaux est relativement récente. Certes, les archéologues du droit des sociétés en ont relevé des indices à l'époque romaine avec les *societates regigalium*, qui étaient des formes de sociétés par actions créées à Rome par les publicains, hommes d'affaires dont l'une des missions était la collecte des impôts pour le compte de la République romaine puis de l'Empire.

830. – On trouve des traces plus significatives en France au temps de Richelieu et de Colbert avec les grandes compagnies coloniales. À partir de la Révolution, l'histoire des sociétés anonymes est agitée :

– la loi d'Allarde du 2 mars 1791 sur la liberté du commerce et de l'industrie entraîne comme conséquence naturelle la libre constitution de sociétés par actions ; cela fit le bonheur de financiers sans scrupules et la ruine d'actionnaires sans défense ;

– devant de tels scandales, la Convention interdit purement et simplement la constitution de sociétés par actions ;

– le Directoire rétablit la liberté, de là de nouveaux scandales ;

– en 1807, par prudence, le Code de commerce soumet la constitution de sociétés anonymes à une autorisation gouvernementale, parcimonieusement accordée au demeurant ; d'où la fièvre des commandites par actions, qui n'étaient pas soumises à autorisation et les scandales financiers qu'elles ont autorisés ;

– la loi du 24 juillet 1867 donne un véritable statut aux sociétés par actions et supprime l'autorisation gouvernementale pour la constitution des sociétés anonymes.

831. – La loi de 1867 a été remplacée un siècle plus tard par celle du 24 juillet 1966, soumise depuis à de très fréquentes révisions et finalement intégrée dans le Code de commerce en 2000.

832. – Florilège des principaux textes ayant modifié le régime de la SA.

• La loi du 15 mai 2001 sur les Nouvelles régulations économiques (loi NRE) a affiné le statut des sociétés anonymes.

• La loi Sécurité financière du 1er août 2003 a renforcé la protection des actionnaires et des investisseurs.

• L'ordonnance du 24 juin 2004 a entièrement refondu le régime des valeurs mobilières.

• La loi du 26 juillet 2005 pour la confiance et la modernisation de l'économie a rajeuni la réglementation des sociétés par actions.

• La loi du 21 août 2007 a durci les conditions d'indemnisation des dirigeants en cas de cessation des fonctions.

• La loi du 4 août 2008 de modernisation de l'économie a notamment ajusté le régime des actions de préférence.

• La loi du 22 mars 2012 relative à la simplification du droit et à l'allégement des démarches administratives a prévu différents aménagements techniques.

• La loi du 14 juin 2013 de sécurisation de l'emploi a étendu la représentation des salariés au sein des organes de direction des grandes sociétés.

• L'ordonnance du 31 juillet 2014 a réformé la procédure des conventions réglementées, le rachat des actions de préférence et la législation applicable aux valeurs mobilières.

• L'ordonnance du 10 septembre 2015 a réduit le nombre minimum d'associés à deux dans les SA non cotées ; l'ordonnance a diminué le nombre minimum d'actionnaires dans la SA.

• La loi du 6 août 2015 pour la croissance, l'activité et l'égalité des chances économiques, dite loi Macron, a durci les règles de cumul des mandats, renforcé le contrôle de l'octroi de retraites chapeau, mais a assoupli le régime des actions gratuites et des bons de souscription de parts de créateur d'entreprise.

• La loi du 17 août 2015, relative au dialogue social et à l'emploi a réorganisé la représentation des salariés dans les conseils d'administration.

• La loi du 9 décembre 2016 relative à la transparence, la lutte contre la corruption et la modernisation de la vie économique, dite « Sapin 2 », a procédé à de nombreuses modifications du droit des sociétés (régime des apports, rémunérations des dirigeants, mesures anti-corruption…).

• L'ordonnance du 4 mai 2017 qui vise à faciliter la prise de décisions et la participation des actionnaires.

• L'ordonnance du 12 juillet 2017 portant diverses mesures de simplification et de clarification des obligations d'information à la charge des entreprises.

• L'ordonnance du 19 juillet 2017 relative à la publication d'informations non financières par certaines grandes entreprises et certains groupes d'entreprises.

• La loi Pacte n° 2019-486 du 22 mai 2019 (V. *supra*, n° 17).

• La loi du 19 juillet 2019 de simplification, de clarification et d'actualisation du droit des sociétés.

833. – La SA présente plusieurs particularités :

– *c'est une société à risque limité*, les actionnaires étant en principe uniquement exposés au risque de perdre le montant de leur apport ;

– *c'est une société de capitaux*, le capital apporté comptant plus que la personne de celui qui apporte ; en principe, la SA n'est pas conclue *intuitus personae* et l'actionnaire s'efface derrière l'action ;

– *c'est une société hiérarchisée*, où chaque organe dispose de pouvoirs propres ;

– *c'est une société marquée par un fort ordre public*, qui subit la concurrence de la SAS, laquelle est autrement plus souple et simple à faire fonctionner (V. *infra*, n° 1521) ;

– *c'est une société commerciale par la forme*, la nature de l'activité, fût-elle civile, étant sans influence sur la qualification commerciale de la société ;

– *c'est une société par actions*, qui émet des valeurs mobilières, lesquelles, puisque fongibles, sont susceptibles d'être admises à la négociation sur un marché réglementé (V. *infra*, n°s 1574 et s.) ;

– *c'est une société qui peut offrir ses titres au public*, à la différence de la plupart des autres formes sociales (C. civ., art. 1841).

SECTION 1

LA CONSTITUTION

834. – Seules les règles spécifiques à la création de la SA seront examinées ; pour le surplus, il convient de renvoyer au régime général de constitution des sociétés (V. *supra*, n°s 322 et s.). Deux modes de constitution sont envisageables (C. com., art. L. 225-2 et s.) :

– *avec offre au public d'instruments financiers* ; c'est la voie spectaculaire de constitution : les épargnants sont sollicités de participer à la création de la société par la presse ou tout moyen publicitaire, ce qui est rarissime (V. *infra*, n° 835) ;

– *sans offre au public d'instruments financiers* ; c'est la voie intimiste qui est habituellement retenue : quelques personnes réunissent leurs capitaux et créent entre elles la société.

835. – **La constitution avec offre au public d'instruments financiers.**

Cette forme de constitution est très rare en raison de sa lourdeur. Une réglementation minutieuse est en effet prévue afin de protéger et d'informer les souscripteurs (C. monét. fin., art. 411-1 et s. ; C. com., art. L. 225-2 à L. 225-11).

1. La notion de société offrant au public des instruments financiers

L'offre au public d'instruments financiers est caractérisée par deux critères alternatifs (C. monét. fin., art. L. 411-1) :

– une communication adressée sous quelque forme et par quelque moyen que ce soit à des personnes et présentant une information suffisante sur les conditions de l'offre et sur les titres à offrir, de manière à mettre un investisseur en mesure de décider d'acheter ou de souscrire ces titres financiers ;

– un placement de titres financiers par des intermédiaires financiers.

2. Les formalités de constitution

• Rédaction d'un projet de statuts déposé au greffe du tribunal de commerce où il peut être consulté par les tiers.

• Publication d'une notice au *BALO* avant le début des opérations de souscription.

• Rédaction, à l'intention du public, d'un document d'information (prospectus) soumis au visa préalable de l'Autorité des marchés financiers.

• Établissement de bulletins de souscription pour la constatation des apports en numéraire.
• Convocation d'une assemblée générale constitutive qui constate que le capital a été entièrement souscrit (au moins 37 000 €) et que les actions sont libérées du montant exigible (au moins la moitié) ; l'assemblée nomme les premiers administrateurs et désigne un ou plusieurs commissaires aux comptes.

SOUS-SECTION 1

LES CONDITIONS DE FOND

836. – La SA obéissant au droit commun des sociétés, ses créateurs doivent respecter les conditions de droit commun : consentement, capacité, objet, but, apports, *affectio societatis*, participation aux résultats (V. *supra*, nos 176 et s.). À cela s'ajoutent quelques exigences ou interdictions particulières :

– la SA est constituée entre deux associés ou plus ; par exception, pour les sociétés dont les titres sont admis aux négociations sur un marché réglementé, le nombre des associés ne peut pas être inférieur à sept (C. com., art. L. 225-1 et L. 22-10-2, créé Ord. n° 2020-1142, 16 sept. 2020) ; comme les associés n'ont pas la qualité de commerçant, on peut choisir un mineur, fût-il un nourrisson (V. *supra*, n° 188) ;

– le capital social est d'au moins 37 000 € (1) ;

– les apports en industrie sont interdits (V. *supra*, n° 240), de même que les clauses de variabilité du capital (V. *supra*, n° 601).

SOUS-SECTION 2

LES CONDITIONS DE FORME

§ 1. – La rédaction d'un projet de statuts

837. – Le conseil juridique choisi par les fondateurs élabore un projet de statuts, qui doit comporter plusieurs mentions obligatoires (V. *infra*, n° 838). La pratique se partage en deux écoles : celle du « court », qui réduit les statuts au minimum, et celle du « long », qui n'hésite pas à rappeler dans les statuts les solutions légales et réglementaires. Le « court » est préférable, ne serait-ce que parce qu'il évite d'avoir à modifier les statuts à chaque modification des textes législatifs ou réglementaires. Les statuts peuvent être opportunément complétés par un protocole d'accord ou un pacte d'actionnaires, lesquels, n'étant pas publiés, présentent l'avantage de la discrétion (V. *infra*, nos 1314 et s.). Dans un premier temps, il s'agit d'un projet de statuts, car la signature ne peut intervenir qu'après la réalisation des apports et, le cas échéant, le contrôle des apports en nature ou des avantages particuliers (V. *infra*, n° 848).

(1) Certaines activités réclament un montant plus important : 450 000 € pour les sociétés d'assurances, 225 000 € pour les banques…, mais seulement 300 € pour les sociétés de rédacteurs de presse ou 1 500 € pour les sociétés coopératives.

838. – Statuts : quelles sont les mentions obligatoires ?

Les mentions suivantes doivent figurer dans les statuts (C. com., art. L. 210-2 et R. 224-2) :
- identité des signataires ;
- spécification de la forme anonyme de la société ;
- durée ;
- dénomination sociale ;
- siège social ;
- objet social ;
- montant du capital social ;
- nombre d'actions émises avec, pour chaque catégorie, l'indication de leur valeur nominale ou de la part de capital qu'elles représentent et, éventuellement, de la nature des droits particuliers qui leur sont attachés ;
- mention de la forme, nominative ou au porteur, des actions ;
- spécification et évaluation des apports en nature ;
- composition, fonctionnement et pouvoirs des organes sociaux ;
- règles de partage des bénéfices.

§ 2. – La réalisation des apports

A. – Les apports en numéraire

839. – Si la totalité du capital doit être souscrite avant la signature des statuts, la loi (C. com., art. L. 225-3 et L. 225-12) n'impose que la libération immédiate d'au moins la moitié des apports en numéraire(2). Le solde est à libérer au plus tard dans les cinq ans de l'immatriculation, aux dates fixées sur décision du conseil d'administration ou du directoire(3) ; dans le meilleur des cas, les premiers bénéfices distribués permettent de compléter la libération de l'apport. Les retardataires sont de plein droit débiteurs d'intérêts moratoires, au taux légal, sans compter les diverses mesures prévues pour inciter à la libération du capital souscrit (V. *supra*, n° 223). En cas de cession des actions, le cédant reste tenu envers la société de l'obligation de libérer les apports (V. *supra*, n° 222). Tant qu'elles ne sont pas entièrement libérées, les actions doivent rester nominatives, le non-respect de cette exigence pouvant emporter annulation des titres (C. com., art. L. 228-9).

840. – Les fonds sont versés aux fondateurs, à charge pour eux de les remettre sous huit jours à un dépositaire (banque, notaire, Caisse des dépôts et consignations) ; l'apporteur peut également remettre les sommes directement entre les mains du dépositaire (c'est une mesure de prudence qui empêche les fondateurs, cela s'est vu, de s'enfuir avec la caisse). Le dépositaire, au vu de la liste des actionnaires, établit un certificat, pièce indispensable à la signature des statuts. Les

(2) L'obligation de libération immédiate n'est que du quart en cas d'augmentation du capital (V. *infra*, n° 1422).
(3) Le versement spontané par l'actionnaire est dépourvu d'effet à l'égard des tiers ; en cas de redressement judiciaire de la société, un nouveau versement devra être effectué : Cass. com., 15 juill. 1992 : *BJS* 1992, p. 1183.

fonds, indisponibles jusqu'à l'immatriculation, restent dans les caisses du dépositaire (V. *supra*, n° 328).

841. – À l'instar de ce qui est prévu dans la SARL (V. *infra*, n° 1697), faute de signature des statuts ou d'immatriculation de la société dans un délai de six mois à compter du dépôt des fonds, une procédure de retrait des fonds est organisée (C. com., art. L. 225-11 ; R. 22-10-13, créé D. n° 2020-1742, 29 déc. 2020). Les souscripteurs peuvent désigner à l'unanimité un mandataire afin de demander le retrait des fonds au dépositaire ; à défaut, tout souscripteur peut demander en justice la nomination d'un mandataire chargé de retirer les fonds pour les restituer aux souscripteurs.

B. – Les apports en nature

842. – *Nécessaire évaluation.* Les apports en nature doivent être libérés immédiatement (on ne conçoit pas la libération partielle de la propriété d'un immeuble, d'un fonds de commerce ou d'un brevet). Se pose en revanche un problème d'évaluation qui n'existe pas avec l'apport en numéraire. Le danger est celui de la surévaluation (V. *supra*, n° 228), d'où la mise en place d'une procédure de vérification des apports en nature. Un autre risque de rupture d'égalité entre actionnaires existe lorsque les statuts prévoient l'existence d'avantages particuliers au profit de certains d'entre eux ; une procédure dite de vérification des avantages particuliers doit alors être respectée (V. *infra*, n° 848).

1° Domaine de la procédure d'évaluation des apports en nature

843. – La procédure de vérification des apports en nature est écartée dans deux cas, pour les valeurs mobilières cotées et, pour les autres actifs, lorsqu'ils ont déjà fait l'objet d'une évaluation par un commissaire aux apports dans les six mois précédant l'opération (C. com., art. L. 225-8-1).

844. – Certains fondateurs tentent d'éviter l'application des règles relatives à l'apport en nature en procédant en deux temps : vente du bien à la société puis augmentation par celle-ci de son capital ; l'augmentation de capital est réservée au vendeur, qui se libère par compensation avec sa créance sur la société constituée par le prix de vente. Pour déjouer cette fraude, l'article L. 225-101 du Code de commerce prévoit que lorsqu'une société, dans les deux ans suivant son immatriculation, acquiert un bien appartenant à un actionnaire et dont la valeur est au moins égale à un dixième de son capital social, un commissaire doit être désigné judiciairement pour apprécier la valeur du bien.

2° Commissaire aux apports

845. – *Désignation.* Les fondateurs peuvent désigner eux-mêmes le commissaire aux apports, à condition d'être tous d'accord. À défaut, il est désigné en justice, sur demande des fondateurs ou de l'un d'entre eux, par le président du tribunal de commerce, parmi les personnes inscrites sur la liste des commissaires aux comptes (C. com., art. L. 225-8 et L. 225-12).

846. – *Mission.* Le commissaire fait un rapport sur l'évaluation du ou des biens apportés : immeubles, machines, contrats, brevets… Le cas échéant, il est assisté d'un appréciateur spécialisé ou sapiteur, ainsi d'un expert foncier pour un terrain ou d'un expert maritime pour un navire... Le rapport est mis à la disposition des actionnaires avant la signature des statuts. Selon les conclusions du commissaire aux apports, le projet de statuts est éventuellement corrigé ; ce n'est pas une obligation et les fondateurs ont la faculté de maintenir l'évaluation initiale ; ce faisant, ils courent le risque, s'ils sont de mauvaise foi, d'être poursuivis pour majoration frauduleuse d'apports en nature (V. *infra*, n° 859).

847. – *Responsabilité.* La responsabilité civile du commissaire aux apports est engagée à l'égard des actionnaires en cas de faute leur ayant causé un préjudice[4], voire sa responsabilité pénale s'il s'est rendu complice du délit de majoration frauduleuse.

848. – **Les avantages particuliers.**

Les actionnaires sont égaux, mais certains sont privilégiés en raison des avantages qui leur sont personnellement reconnus par les statuts ou en raison des actions de préférence qu'ils détiennent (V. *infra*, n°s 1588 et s.) ; ces avantages peuvent être conférés à la création de la société ou en cours de vie sociale : droit de préférence sur l'actif social, dividende préciputaire (prélevé en priorité), cumulatif (reportable en cas d'insuffisance de bénéfices distribuables), option sur certains actifs, prélèvement prioritaire sur le boni de liquidation ou avantages tarifaires sur les services délivrés par la société (par ex., avantages tarifaires sur les remontées mécaniques bénéficiant à certains actionnaires d'une société exploitante).

1. Procédure

Afin de protéger les autres actionnaires, que ces avantages soient incorporés ou non dans l'action, une procédure doit être suivie, dite procédure des avantages particuliers (C. com., art. L. 225-8 et L. 225-12) :

– intervention d'un commissaire aux apports chargé d'apprécier la valeur de l'avantage particulier ;

– vote d'une assemblée générale statuant sur l'octroi de l'avantage particulier ; l'assemblée statue aux conditions de quorum et de majorité prévues pour les assemblées extraordinaires (C. com., art. L. 225-9 et L. 225-12), les bénéficiaires ne participant pas au vote (C. com., art. L. 225-10 et L. 225-12).

2. Domaine

L'avantage particulier est une faveur attribuée à une personne déterminée.

1° D'abord, il ne saurait y avoir avantage particulier sans faveur ou privilège. C'est la raison pour laquelle les juges insistent sur l'idée de rupture d'égalité. On observera que la nature – pécuniaire ou non – de l'avantage est indifférente : par exemple, une représentation spécifique au conseil d'administration est un avantage particulier (V. toutefois, *contra*, Ph. Reigné et Th. Delorme, *La nature nécessairement pécuniaire des avantages particuliers : BJS* 2002, p. 1117 et s.). Également, la qualité de l'attributaire importe peu ; il peut s'agir selon l'article L. 225-8 d'un associé ou d'un tiers : le droit de regard accordé à un tiers sur la gestion peut

(4) Pour un exemple : Cass. com., 28 juin 2005 : *RJDA* 10/2005, n° 1107 ; surévaluation d'un apport de titres de sociétés.

ainsi constituer un avantage particulier (V. *infra*, n° 2395 à propos de l'alliance entre Renault et Nissan). L'avantage peut être institué dans les statuts ou dans un protocole d'accord. En revanche, lorsque l'avantage est institué par la loi, il n'y a pas avantage particulier ; cela a été jugé à propos d'une fusion-absorption d'une filiale par sa société mère, celle-ci bénéficiant de la transmission universelle du patrimoine de la filiale, à la différence des associés minoritaires de cette filiale (CA Douai, 7 juill. 1994 : *RJDA* 1994, p. 996).

2° Ensuite, il n'y a avantage particulier que dans la mesure où les privilèges octroyés le sont à une ou plusieurs personnes déterminées (V. en ce sens, C. com., art. L. 228-15). Autrement exprimé, l'avantage particulier s'infuse d'*intuitus personae* ; il est accordé à titre personnel à une ou plusieurs personnes. La précision permet d'exclure de la catégorie des avantages particuliers les privilèges simplement attribués à des actions, sans considération de la personne de leurs titulaires. C'est ainsi que la COB (devenue AMF) tient pour extérieure à la catégorie des avantages particuliers la remise accordée par une société à tous ses actionnaires en considération des achats effectués par eux des produits fabriqués par ladite société (*Bull. COB* 1979, n° 15). De même, si une société décide de créer des actions de priorité et en offre la souscription à tous les actionnaires existants, voire au public, il n'y a pas institution d'un avantage particulier. Ces solutions s'appliquent notamment en cas de création d'actions de préférence (V. *infra*, n° 1593) : la procédure de vérification des avantages particuliers ne s'impose que lorsque les actions sont émises au profit d'un ou plusieurs actionnaires nommément désignés (C. com., art. L. 228-15).

Mais la démarcation est parfois délicate – et la prudence doit être de mise – lorsque le privilège est accordé à toutes les actions d'une catégorie possédées par une seule personne. Il suffit en effet que la personne d'un actionnaire déterminé et dénommé se profile derrière la catégorie d'actions de priorité pour que le privilège octroyé participe des avantages particuliers.

§ 3. – La signature des statuts

849. – La signature des statuts est l'instant solennel de la constitution de la société. En paraphant le contrat de société, les fondateurs franchissent le Rubicon ; ils sont contractuellement liés et tout repentir de leur part, s'il n'est pas partagé par leurs partenaires, engage leur responsabilité contractuelle et non plus délictuelle (V. *supra*, n° 323).

850. – Lorsqu'un état des actes accomplis pour le compte de la société en formation est annexé aux statuts, la signature de ces derniers est la condition de la reprise automatique desdits actes par la société au jour de l'immatriculation (V. *supra*, n° 349).

851. – Faute de signature des statuts dans les six mois du dépôt des fonds, une procédure de retrait des fonds est organisée (V. *supra*, n° 841).

§ 4. – La désignation des dirigeants

852. – Jusqu'alors, l'intervention des fondateurs était informelle et spontanée ; il faut désormais un responsable pour orchestrer la marche vers l'immatriculation. Les premiers administrateurs étant généralement désignés dans les statuts, c'est à eux qu'il appartient d'élire le président et le directeur général ; ce dernier accomplit alors les dernières formalités et commence (voire poursuit) l'exploitation de l'entreprise.

§ 5. – Les dernières formalités

853. – Le faire-part de naissance est diffusé selon les règles valant pour toutes les sociétés (V. *supra*, n°s 329 et s.) : avis dans un support habilité à recevoir des annonces légales et passage au centre de formalités des entreprises ; le greffier procède à l'immatriculation et à une insertion au *Bulletin officiel des annonces civiles et commerciales* (BODACC).

854. – Après l'immatriculation et la réception de l'extrait K bis, le directeur général récupère la libre disposition des fonds déposés par les souscripteurs.

SOUS-SECTION 3

LES SANCTIONS

§ 1. – Les sanctions civiles

855. – *Nullité de droit commun.* On retrouve pour la SA les causes de nullité applicables à toutes les sociétés : fictivité ou fraude (V. *supra*, n°s 284 et s.), ou encore illicéité de l'objet (V. *supra*, n° 200). Relevons toutefois deux règles particulières : les vices du consentement comme l'incapacité d'un associé ne sont des causes de nullité que s'ils sont partagés par tous les associés ; la société demeure valable entre les personnes capables ou dont le consentement n'est pas vicié, ce qui suppose qu'au moins un des actionnaires de départ soit capable ou que son consentement ne soit pas vicié (V. *supra*, n° 282).

856. – *Quant aux exigences propres à la SA*, par exemple le nombre minimum d'actionnaires dans les sociétés cotées ou le montant du capital, leur irrespect n'est pas sanctionné par la nullité ; cependant, à défaut de régularisation, tout intéressé peut demander la dissolution de la société (V. *infra*, n° 1490).

857. – *Responsabilité des fondateurs.* Les fondateurs auxquels la nullité de la société est imputable peuvent être déclarés solidairement responsables du dommage causé aux tiers ou aux actionnaires par l'annulation de la société (C. com., art. L. 225-249) ; l'action est soumise à une prescription triennale (C. com., art. L. 225-250 et L. 235-13). C'est le cas lorsqu'ils ont fermé les yeux sur le caractère fictif des apports ; dans cette hypothèse, la répression est également pénale.

§ 2. – Les sanctions pénales

858. – *Émission ou négociation d'actions.* Les fondateurs et dirigeants doivent craindre des poursuites pénales s'ils ont émis ou négocié des actions sans que les actions de numéraire aient été libérées de moitié à la souscription, ou sans que les actions d'apport aient été intégralement libérées avant l'immatriculation. L'amende, de 150 000 €, est doublée lorsque les actions ont fait l'objet d'une offre au public (C. com., art. L. 242-1). Est également puni de 150 000 € d'amende le fait pour un actionnaire de négocier des actions de numéraire pour lesquelles le versement de la moitié n'a pas été effectué (C. com., art. L. 242-3).

859. – Est encore sanctionnée pénalement la *majoration frauduleuse des apports en nature* (V. *supra*, n° 842) ; dans ce dernier cas, plus grave que le précédent, l'amende encourue n'est pourtant que de 9 000 €, mais peut s'y ajouter une peine d'emprisonnement de cinq ans (C. com., art. L. 242-2, 4°).

SECTION 2

LES DIRIGEANTS

860. – Les fondateurs de sociétés anonymes ont le choix entre deux formules, lesquelles sont susceptibles de variantes :

– *la direction « à la française »*, avec conseil d'administration et directeur général ;

– *la direction « à l'allemande »*, avec conseil de surveillance et directoire (V. *infra*, nos 1100 et s.).

SOUS-SECTION 1

LA STRUCTURE CLASSIQUE : CONSEIL D'ADMINISTRATION, PRÉSIDENT DU CONSEIL D'ADMINISTRATION ET DIRECTEUR GÉNÉRAL

861. – *Évolution.* Le titre de PDG a été créé par la loi du 16 novembre 1940 ; la loi de 1966 lui a substitué celui de président du conseil d'administration. La pratique n'a pas retenu la nouvelle dénomination et s'en tient généralement à l'ancienne (sans doute à cause du prestige lié au sigle de PDG). La loi NRE du 15 mai 2001 a introduit la possibilité de dissocier les fonctions de président et de directeur général. Cette modification est inspirée des pratiques américaines qui distinguent les *directors* et les *officers*. Le choix entre réunion ou dissociation des deux fonctions appartient au conseil qui doit en informer les actionnaires et les tiers par un avis dans un support habilité à recevoir des annonces légales (C. com., art. L. 225-51-1 et R. 225-27).

862. – Deux modèles sont dès lors envisageables :

– *la dissociation des deux fonctions* : le président du conseil d'administration, comme son nom l'indique, préside cet organe tandis que le directeur général dirige la société, la représente à l'égard des tiers et assume la fonction de chef d'entreprise avec toutes les responsabilités qui s'y attachent[5] ;

(5) La gouvernance des établissements de crédit a été renforcée par l'ordonnance n° 2014-158 du 20 février 2014 ; le texte impose par exemple la dissociation des fonctions de directeur général et de président (C. monét. fin., art. L. 511-58) et limite le cumul des fonctions de direction (C. monét. fin., art. L. 511-52).

– *la réunion des deux fonctions* : le président du conseil assume en plus la direction générale de la société ; les dispositions relatives au directeur général lui sont alors applicables.

Dans les deux cas, le directeur général peut être assisté de directeurs généraux délégués.

863. – Seront étudiés successivement le conseil d'administration, le président du conseil d'administration et les organes de direction de la SA, directeur général et directeurs généraux délégués.

§ 1. – Le conseil d'administration

A. – La composition du conseil

1° La taille du conseil

864. – *Nombre d'administrateurs.* Le conseil d'administration est composé de trois membres au minimum et de dix-huit au maximum (C. com., art. L. 225-17, al. 1er). En cas de fusion, les administrateurs de la société absorbée rejoignent souvent ceux de la société absorbante, ce qui autorise à dépasser le plafond de dix-huit pendant un délai de trois ans à compter de la date de la fusion sans pouvoir dépasser le plafond de vingt-quatre (V. *infra*, n° 2260). Plusieurs dispositifs visent à assurer la représentation des salariés au conseil d'administration (V. *infra*, nos 1373 et s.), mais les salariés ainsi nommés ne sont pas pris en compte pour le calcul du plafond.

865. – *Administrateur supplémentaire.* En cas de décès, démission ou révocation du président du conseil d'administration, et si le conseil n'a pu le remplacer par un de ses membres, le conseil peut nommer un administrateur supplémentaire appelé aux fonctions de président (C. com., art. L. 225-17, al. 2).

2° La représentation équilibrée des hommes et des femmes au conseil

866. – *Règle générale.* L'article L. 225-17, alinéa 2 du Code de commerce énonce que « le conseil d'administration est composé en recherchant une représentation équilibrée des femmes et des hommes ». Plus que d'un principe, il s'agit en fait d'un vœu pieux, car aucune sanction n'est prévue en cas de représentation non équilibrée des deux sexes.

867. – *Sociétés cotées.* Des règles plus exigeantes sont posées dans les sociétés anonymes et les sociétés en commandite par actions cotées, pour lesquelles la loi fixe des quotas[6]. La proportion des administrateurs de chaque sexe doit être au moins de 40 % (C. com., art. L. 225-18-1 et L. 22-10-3, créé Ord. n° 2020-1142, 16 sept. 2020). L'écart entre les membres de chaque sexe ne peut pas être supérieur à deux dans les conseils de plus de huit personnes (par ex., pour un conseil de dix membres, il pourra y avoir six femmes et quatre hommes). Les représentants des salariés actionnaires et les administrateurs élus par les salariés ne sont pas pris en compte pour le calcul de ce seuil.

(6) A. Maymont, *La représentation équilibrée hommes-femmes dans les conseils de sociétés* : JCP E 2013, 1667.

Lorsque l'équilibre est rompu, le conseil a six mois pour régulariser la situation. De plus, toute nomination intervenue en contrariété avec les règles d'équilibre (par ex., un conseil de dix membres, six femmes et quatre hommes ; un homme décède ou démissionne, et il est remplacé par une femme) est nulle ; la nullité de cette désignation peut emporter nullité des délibérations auxquelles l'intéressé a participé.

868. – *Sociétés de grande taille.* Des règles identiques s'appliquent depuis 2017 aux « grosses » sociétés, cotées ou non, employant plus de cinq cents salariés et présentant un montant net de chiffre d'affaires ou un total de bilan d'au moins 50 M€. Les sociétés non cotées qui emploient entre 250 et 499 salariés et dont le chiffre d'affaires est supérieur à 50 M€ ont eu jusqu'au 1er janvier 2020 pour féminiser leurs conseils.

869. – Promotion de la mixité : en progrès mais peut mieux faire.

Les conseils d'administration et de surveillance ont longtemps été des clubs masculins, un peu à la manière de certains clubs anglais. De fait, l'instauration de quotas a donné lieu à de vifs échanges[7]. On pouvait assurément critiquer l'urgence (la promotion des administrateurs indépendants est plus urgente), la méthode (la loi est-elle le meilleur instrument ?), la durée de la transition, les pourcentages, la rigueur de la sanction, mais ce sont là des points techniques.

En fait, la vraie question est ailleurs : la promotion des administratrices est-elle ou non de nature à améliorer la qualité des travaux au sein des conseils ? Nous le pensons. D'abord, l'hybridation des compétences, des points de vue et des expériences, est un facteur de renforcement de la qualité des travaux et de l'efficacité des conseils au même titre que la présence d'administrateurs indépendants[8]. Ensuite – et c'est un homme qui tient ici la plume – force est de reconnaître que les femmes sont dans l'ensemble plus rigoureuses que les hommes, ce qui s'observe dans la vie publique, la vie associative, la vie des facultés… et la rédaction d'un ouvrage. Si l'on ajoute à cela qu'elles sont moins sujettes aux maladies de l'ego que les hommes, cette recherche d'une représentation équilibrée est une bonne chose en termes de gouvernement d'entreprise. Et comme le signalerait en passant un mauvais esprit : trois heures à disséquer un bilan ou un business plan en face d'une jolie femme est plus gratifiant qu'en face d'un vieil énarque pontifiant, gloire déchue du CAC 40.

Toute plaisanterie mise à part, la situation évolue puisqu'en janvier 2017, le seuil de 40 % de femmes dans les conseils au sein des sociétés du CAC 40 était atteint alors qu'il était d'à peine plus de 15 % en 2011 (Ethics & Boards, données de janvier 2017). Mais ce satisfecit doit être relativisé car certaines sociétés ont préféré réduire la taille de leur conseil pour atteindre plus facilement ce seuil, tandis que 70 % des femmes nommées dans les conseils le sont en qualité d'administrateurs indépendants. Surtout, même si les choses sont en train d'évoluer (V. *infra*, n° 988), partage des sièges au conseil ne signifie pas partage du pouvoir car les femmes sont encore très peu présentes au sein des instances dirigeantes de la société.

(7) V. not. : F.-X Lucas, *La modernitude s'invite dans les conseils d'administration* : *BJS* 2009, p. 945. – Ph. Reigné, *Les femmes et les conseils d'administration* : *JCP E* 2010, 1048. – F.-L. Lucas, *Femmes… je vous aime…* : *JCP E* 2010, 1170.
(8) A. Viandier, *L'administrateur indépendant des sociétés cotées* : *RJDA* 6/2008, p. 599, n° 12.

3° Les conditions de nomination

a) Qualité d'actionnaire

870. – *Absence d'obligation légale.* Le Code de commerce dispose que « les statuts peuvent imposer que chaque administrateur soit propriétaire d'un nombre d'actions de la société, qu'ils déterminent » (C. com., art. L. 225-25). Si les statuts sont muets, il n'y a donc aucune obligation pour l'administrateur d'être actionnaire.

871. – *Prévision statutaire.* Si une exigence statutaire est posée et que l'intéressé n'est pas titulaire du nombre de titres requis au jour de sa nomination, il a six mois pour se mettre en règle, faute de quoi il est réputé démissionnaire(9). Pour satisfaire à cette condition statutaire de détention d'un certain nombre d'actions, il est possible de recourir à la formule accueillante du prêt de consommation, par lequel est mis à la disposition de l'administrateur, pour la durée de son mandat, le minimum d'actions imposé par les statuts. La pratique du prêt de titres se rencontre aussi dans les groupes de sociétés, la société mère prêtant des actions détenues dans une filiale à l'un de ses mandataires sociaux afin de lui permettre de devenir administrateur de celle-ci ; il est parfois stipulé que les dividendes sont reversés au prêteur (V. *infra*, n° 926).

b) Interdictions, incapacités et incompatibilités

872. – *Interdictions et incapacités.* Bien que l'administrateur n'ait pas la qualité de commerçant, les individus qui sont interdits d'activité commerciale ne sauraient administrer une société, ainsi s'ils tombent sous le coup de certaines condamnations pénales ou sont frappés de faillite personnelle(10). Également, un mineur non émancipé ne peut pas administrer une SA, de même qu'une personne placée sous tutelle (V. *infra*, n° 994).

873. – *Incompatibilités.* Il faut ajouter certaines incompatibilités visant les fonctionnaires(11), les parlementaires, les officiers ministériels, les auxiliaires de justice. En revanche, les avocats et les notaires peuvent, sous certaines conditions, être désignés comme administrateurs.

c) Les limites d'âge

874. – Le nombre des administrateurs ayant dépassé l'âge de soixante-dix ans ne peut être supérieur au tiers des administrateurs en fonction (C. com., art. L. 225-19), sauf clause contraire. Les fondateurs ont donc la faculté, par une clause spéciale des

(9) Cass. com., 7 juin 2011, n° 10-17.732, PB : *BJS* 2012, § 3, p. 22, note F.-X. Lucas ; *RJDA* 8-9/2011, n° 713 ; *Rev. sociétés* 2011, p. 631, note B. Saintourens ; étant réputé démissionnaire d'office, le président du conseil est irrecevable à agir en désignation d'un huissier pour assister à l'assemblée générale.

(10) La loi n° 2012-387 du 22 mars 2012 a créé un fichier national des interdits de gérer pour éviter que certaines personnes concernées ne passent au travers des mailles du filet.

(11) En principe, les fonctionnaires ne peuvent pas exercer une activité lucrative privée à caractère professionnel ou participer aux organes de gestion de sociétés ou d'associations à but lucratif (L. n° 83-634, 13 juill. 1983, art. 25 septies) ; en conséquence, un fonctionnaire, par exemple un enseignant, ne peut pas être administrateur de SA, quand bien même ses fonctions ne seraient pas rémunérées (CE, 15 déc. 2000 : *BJS* 2001, p. 503. – A. Jacquemont, *Un administrateur exerce-t-il une profession ?* : *JCP* E 2001, p. 792). Toutefois, la présence d'un fonctionnaire au conseil d'administration n'invalide pas les décisions prises par cet organe (CA Versailles, 26 oct. 1989 : *RF compt.* 1991, p. 55, note Ph. Reigné).

statuts, d'élever (ou d'abaisser) et l'âge et la proportion, ce qui donne à cette règle, au moins dans les petites sociétés, un caractère théorique ; un simple rempart de papier protège des tentations gérontocratiques.

d) Personne physique ou personne morale

875. – Une personne morale peut être administrateur au même titre qu'une personne physique ; une société, voire une association, est donc autorisée à administrer une autre société (C. com., art. L. 225-20). Seule exigence : la nomination d'un représentant permanent qui occupe effectivement le siège attribué à la société ; le représentant permanent est soumis aux mêmes conditions et aux mêmes responsabilités civiles et pénales que s'il était administrateur en son nom propre[12] ; il est désigné par la personne morale au plus tard lors de son entrée en fonction comme administrateur ; il occupe un siège éjectable car la personne morale peut le remplacer à tout moment en cours de mandat.

e) Cumul des mandats d'administrateur

876. – *Fondement de la réglementation.* Même si la mission de l'administrateur exige seulement qu'il participe aux réunions périodiques du conseil, ce qui n'implique pas une présence constante au sein de la société, le législateur a considéré qu'au-delà d'un certain nombre de mandats la mission ne pouvait pas être correctement accomplie. Surtout, la limitation du cumul des mandats vise à éviter leur trop forte concentration, ce qui est de nature à affecter l'indépendance de l'intéressé tout en multipliant les situations de conflits d'intérêts. Ainsi, l'administrateur d'une société mère qui est également administrateur d'une filiale est tenu d'un devoir de loyauté à l'égard de la première, qui influe sur le sens de son vote au conseil de la seconde (V. *supra*, n° 431).

877. – *Limitation du nombre de mandats.* En principe, une personne physique ne peut appartenir simultanément à plus de cinq conseils d'administration ou conseils de surveillance (C. com., art. L. 225-21, al. 1er) (pour les règles plus sévères posées par le Code de gouvernement d'entreprise AFEP-MEDEF, V. *infra*, n° 921). La détermination de ce plafond appelle deux précisions :

– les mandats dans les sociétés étrangères ne sont pas pris en compte ;

– le plafond ne s'applique pas aux personnes morales qui peuvent cumuler autant de postes d'administrateur qu'elles le désirent ; en revanche, les fonctions exercées en qualité de représentant permanent sont plafonnées.

878. – *Groupes de sociétés.* Des dérogations sont prévues dans les groupes de sociétés :

– lorsqu'une personne exerce un mandat d'administrateur au sein de la société mère, les mandats d'administrateur exercés dans les filiales, cotées ou non, contrôlées au sens de l'article L. 233-16 (V. *infra*, n° 2475) ne sont pas décomptés ;

– les mandats d'administrateur exercés dans les filiales non cotées contrôlées au sens de l'article L. 233-16 par une même société (dont l'intéressé n'est pas admi-

(12) Cass. com., 8 janv. 2020, n° 18-15.027, PB : *BJS* mars 2020, p. 29, note G. Grundeler ; possibilité d'imputer une faute de gestion à un représentant permanent dans le cadre d'une action en insuffisance d'actif.

nistrateur) ne comptent que pour un seul mandat, sous réserve que le nombre de mandats détenus à ce titre n'excède pas cinq ; en clair, cinq mandats d'administrateur comptent pour un lorsqu'ils sont exercés dans des sociétés « sœurs » non cotées, contrôlées par une même société.

f) Cumul global des mandats

879. – *Un plafond global de cinq mandats* s'applique en cas d'exercice simultané de mandats d'administrateur, de membre du conseil de surveillance, de directeur général, de membre du directoire ou de directeur général unique de sociétés anonymes ayant leur siège sur le territoire français ; l'exercice de la direction générale par un administrateur est décompté pour un seul mandat (C. com., art. L. 225-94-1, al. 1er).

880. – *Ce plafond est réduit à trois mandats* pour les mandats sociaux exercés au sein de sociétés cotées par les personnes exerçant un mandat « exécutif » (directeur général, membre du directoire ou directeur général unique) dans une société cotée qui dépasse certains plafonds d'effectif salarié(13).

Par dérogation, ne sont pas pris en compte les mandats d'administrateur ou de membre de conseil de surveillance exercés par le directeur général, les membres du directoire ou le directeur général unique des sociétés holdings dont l'activité principale est d'acquérir et de gérer des participations au sens de l'article L. 233-2, autrement dit représentant entre 10 et 50 % du capital (C. com., art. L. 225-94-1, al. 3).

881. – *Par exception*, que le plafond soit fixé à cinq ou à trois mandats, ne sont pas pris en compte les mandats d'administrateurs et de membres du conseil de surveillance dans les sociétés contrôlées, au sens de l'article L. 233-16 (V. *infra*, n° 2411), par la société dans laquelle est exercé un mandat (C. com., art. L. 225-94-1, al. 2)(14).

882. – *Sanction.* Toute personne physique qui se trouve en infraction avec ces dispositions doit se démettre de l'un de ses mandats dans les trois mois. À l'expiration de ce délai, elle est réputée démissionnaire et doit restituer les rémunérations perçues, sans que soit remise en cause la validité des délibérations auxquelles elle a pris part.

4° La procédure de nomination

883. – Les premiers administrateurs sont désignés dans les statuts. Pour la suite, deux procédures coexistent : l'une normale (l'élection par l'assemblée générale), l'autre exceptionnelle (la cooptation par le conseil). Dans tous les cas, la nomination doit faire l'objet d'une publicité (V. *supra*, n° 418).

a) La voie normale : l'élection par l'assemblée générale

884. – Il s'agit d'une prérogative de l'assemblée générale ordinaire (C. com., art. L. 225-18). L'assemblée extraordinaire est cependant compétente si, au cours de cette assemblée, un administrateur est révoqué à l'occasion d'un incident de

(13) Au moins 5 000 salariés permanents dans la société et ses filiales, directes ou indirectes, dont le siège social est fixé sur le territoire français ; au moins 10 000 salariés permanents dans la société et ses filiales, directes ou indirectes, dont le siège social est fixé sur le territoire français et à l'étranger (C. com., art. L. 225-94-1).

(14) Des règles particulières sont posées pour les établissements financiers (D. n° 2014-1315, 3 nov. 2014).

séance (V. *infra*, n° 1200). L'élection d'un administrateur suppose que les actionnaires soient dûment informés des qualités de l'impétrant, d'où la possibilité d'obtenir communication de divers renseignements sur les candidats (âge, références et activités professionnelles, emploi éventuel au sein de la société, autres mandats exercés...).

b) La voie exceptionnelle : la cooptation par le conseil

885. – La cooptation consiste pour les membres du conseil d'administration à choisir eux-mêmes leurs collègues (V. également, en cas de décès, démission ou révocation du président, la possibilité pour le conseil de nommer un administrateur supplémentaire, *supra*, n° 865) ; le choix est simplement provisoire puisqu'il est soumis à la ratification ultérieure de l'assemblée[15].

886. – La faculté de cooptation est enfermée dans d'étroites limites (C. com., art. L. 225-24) :

– elle n'est possible qu'en cas de vacance par décès ou démission (mais non par révocation) ;

– elle n'est possible que si le nombre des administrateurs encore en fonction est au moins égal au minimum légal (trois) ;

– elle est à l'inverse obligatoire lorsque le nombre des administrateurs est devenu inférieur au minimum statutaire, tout en étant supérieur à trois, le minimum légal.

5° La cessation des fonctions

887. – *Terme.* La durée des fonctions est prévue par les statuts, sans pouvoir excéder six ans (C. com., art. L. 225-18). Les administrateurs sont rééligibles ; le non-renouvellement ne vaut pas révocation[16]. Outre l'arrivée du terme, d'autres événements peuvent écourter la durée du mandat, ne serait-ce que la dissolution ou la transformation de la société, le décès de l'administrateur ou le butoir de la limite d'âge (V. *supra*, n° 874).

888. – *Démission et mise sous tutelle.* L'administrateur est libre de démissionner quand bon lui semble sans avoir à se justifier ; sa décision serait cependant blâmable et appellerait une condamnation à des dommages-intérêts si elle était motivée par l'intention de nuire (V. *infra*, n° 992) ; si tous les administrateurs démissionnent, la seule issue est la nomination judiciaire d'un administrateur provisoire dont la mission sera de convoquer une assemblée générale afin de reconstituer le conseil (V. *supra*, n°s 687 et s.). De façon bienvenue, la loi du 19 juillet 2019 de simplification du droit des sociétés prévoit que l'administrateur placé sous tutelle est réputé démissionnaire d'office, sans remise en cause des délibérations auxquelles il a pris part (C. com., art. L. 225-15) (V. *infra*, n° 994).

(15) Lorsque le conseil d'administration néglige de soumettre à l'assemblée la ratification des administrateurs cooptés, tout intéressé peut demander en justice la désignation d'un mandataire chargé de convoquer l'assemblée ; faute d'avoir procédé à une telle demande, il n'est pas possible de critiquer l'absence de ratification : CA Paris, 29 juin 2017, n° 16/14653 : *Dr. sociétés* 2017, n° 209, obs. C. Coupet.

(16) CA Paris, 7 sept. 2004 : *RJDA* 2/2005, n° 156 ; le conseil avait proposé le renouvellement du mandat d'un administrateur mais n'avait pas été suivi par l'assemblée ; les juges refusent de considérer que la décision de l'assemblée, qui n'a fait qu'exercer son pouvoir souverain, équivaut à une révocation.

889. – *Révocation.* Les administrateurs « peuvent être révoqués à tout moment par l'assemblée générale ordinaire » (C. com., art. L. 225-18) ; il importe peu que la question n'ait pas été inscrite à l'ordre du jour en raison de la théorie des incidents de séance (V. *infra*, n° 1168) ; le même pouvoir est reconnu à l'assemblée générale extraordinaire. Les administrateurs sont révocables *ad nutum*, c'est-à-dire de façon discrétionnaire, sans pouvoir réclamer de dommages et intérêts en cas de révocation sans juste motif ; de nombreux tempéraments sont toutefois apportés à ce principe (V. *infra*, n°s 937 et s.).

B. – Le statut des administrateurs

890. – Bien qu'ils soient membres de l'organe de gestion d'une société commerciale par la forme, les administrateurs n'ont pas la qualité de commerçant. Pour le reste, quatre questions se posent, qui concernent la qualification de dirigeant, leur rémunération, la possibilité d'un cumul avec un contrat de travail et leur responsabilité.

1° La qualification de dirigeant

891. – *A priori*, les administrateurs n'ont pas la qualité de dirigeant puisqu'ils n'assument aucune fonction de gestion ou de direction opérationnelle. Par exception, en droit des entreprises en difficulté, l'analyse est différente en cas d'action pour insuffisance d'actif (V. *supra*, n° 496) ; en effet, ce qui compte en la matière est l'appréciation des responsabilités encourues en cas de mise en liquidation judiciaire ; et, de ce point de vue, les administrateurs sont réputés être dirigeants[(17)].

2° La rémunération

a) Le régime juridique

892. – *Rémunération des administrateurs.* Même si la règle n'est pas d'ordre public, les administrateurs sont généralement rémunérés. Cette rétribution portait jusqu'à la loi Pacte du 22 mai 2019 le nom de « jetons de présence »[(18)]. On parle désormais de « rémunération des administrateurs ». Il s'agit d'une rémunération globale fixée chaque année par l'assemblée générale, que le conseil répartit à sa guise entre ses membres (C. com., art. L. 225-45) (pour la règle *say on pay*, V. *infra*, n° 964). La répartition n'est pas nécessairement égalitaire et peut tenir compte, par exemple, de l'assiduité aux réunions ou des missions particulières éventuellement exercées.

893. – *Compléments de rémunération.* Ces rémunérations sont complétées le cas échéant par d'autres versements (sur le contrôle du montant de la rémunération, V. *infra*, n° 989) :

– remboursement des frais de déplacement et des dépenses engagées dans l'intérêt de la société (C. com., art. R. 225-33) ;

(17) Cass. com., 31 mai 2011, n° 09-13.975 : *Act. proc. coll.* 2011, comm. 207, obs. J.-Chr. Pagnucco ; *BJS* 2011, § 405, p. 817, note B. Saintourens ; *JCP* E 2011, n° 1655, note A. Couret et B. Dondero ; *Rev. sociétés* 2011, p. 521, note Ph. Roussel Galle ; condamnation d'administrateurs à combler une partie de l'insuffisance d'actif.

(18) Selon les promoteurs de la loi, le terme a été supprimé pour « réconcilier les Français avec le monde de l'entreprise », ce qui revient à ignorer que nos concitoyens sont plus sensibles au montant des sommes qu'à leur dénomination.

– rémunérations exceptionnelles pour des missions particulières : négociation d'un marché, mise au point d'un plan de restructuration, pourparlers en vue d'un rapprochement avec d'autres entreprises... ;

– salaires en cas de cumul régulier avec un contrat de travail (V. *infra*, n° 900).

894. – *Sociétés cotées.* Deux règles particulières s'appliquent dans les sociétés cotées. La rémunération de chaque administrateur doit être indiquée dans le rapport sur le gouvernement d'entreprise (V. *infra*, n° 1021). La rémunération des administrateurs est par ailleurs soumise à la procédure du *say on pay* (V. *infra*, nos 964 et s.).

895. – L'article L. 225-44 du Code de commerce précise que les administrateurs ne peuvent recevoir de la société aucune autre rémunération, permanente ou non, toute clause contraire des statuts étant réputée non écrite (V. *supra*, n° 306). Cela interdit donc à un administrateur de réclamer une rémunération *a posteriori* par le biais d'une action pour enrichissement sans cause(19).

b) Le régime fiscal et social

896. – *Imposition du chef de l'administrateur.* Le fisc n'est pas tendre avec les administrateurs ; leur rémunération est taxée non comme des revenus du travail, mais comme des revenus de capitaux mobiliers (CGI, art. 117 bis). Les sommes perçues sont imposées sans abattement particulier, mais certains frais liés à l'exercice des fonctions d'administrateur peuvent être déduits. Lorsqu'un administrateur est tenu d'acquitter une dette de la société en qualité de caution, la somme ainsi payée ne constitue pas une charge déductible de ses revenus imposables (V. *supra*, n° 486).

897. – *Déductibilité par la société.* La société versante n'est pas mieux lotie puisque les rémunérations ne sont déductibles des résultats imposables que dans une limite peu élevée (CGI, art. 210 sexies) ; pour le fisc, la rémunération d'un administrateur équivaut à 5 % de la rémunération des personnes les mieux rémunérées de la société(20). La société peut évidemment dépasser ce plafond fiscal, mais ce supplément de rémunération ne constitue pas une charge déductible des résultats.

898. – *En matière d'impôt sur la fortune immobilière*, les administrateurs ne sauraient revendiquer l'exonération attachée aux biens professionnels puisqu'ils ne sont pas considérés comme exerçant une activité professionnelle au sens de l'article 975 III du Code général des impôts.

899. – *Régime social.* Pour la même raison, n'étant ni travailleurs salariés ni travailleurs indépendants, ils ne bénéficient d'aucun régime de protection sociale.

(19) Cass. com., 16 mai 1995 : *BJS* 1995, p. 757 : l'épouse divorcée prétendait avoir, au cours du mariage, effectué divers travaux au sein de la société présidée par son mari, actionnaire majoritaire, et dont elle était administratrice ; l'arrêt de la cour d'appel ayant reçu l'action *de in rem verso* (enrichissement sans cause) est cassé par la Cour de cassation. – *Adde* Cass. soc., 5 nov. 2009, n° 08-43.177 : *RJDA* 2/2010, n° 131.

(20) Il faut d'abord déterminer la moyenne des rémunérations versées aux cinq ou dix personnes les mieux rémunérées selon que la société compte moins ou plus de 200 salariés ; le maximum déductible ne saurait dépasser 5 % de cette moyenne multipliée par le nombre d'administrateurs ; si par exemple la rémunération moyenne s'élève à 300 000 € et qu'il existe douze administrateurs, la masse des rémunérations déductibles sera limitée à 180 000 (300 000 × 5 % × 12).

3° Le cumul avec un contrat de travail

900. – *Arguments contre.* Peut-on exercer des fonctions d'administration dans la SA et en être salarié[21] ? Les objections à cette confusion des genres ne manquent pas (sur le principe de non-cumul retenu par le code AFEP-MEDEF, V. *infra*, n° 921). En tant que salarié, l'administrateur est sous les ordres du directeur général, qui pourra le licencier ; en tant que membre du conseil d'administration, l'administrateur surveille ce même directeur général et pourra le cas échéant voter son limogeage. L'administrateur est révocable *ad nutum* ; mais sa position de salarié et la crainte de devoir lui verser de lourdes indemnités pour licenciement ne portent-elles pas atteinte au principe de la libre révocabilité ? Ne peut-on craindre la création d'emplois fictifs pour les administrateurs en place avec de confortables prébendes ?

901. – *Arguments pour.* À l'inverse, les salariés ne doivent pas rester prisonniers de leur statut et c'est leur assurer une promotion que de leur ouvrir la porte du conseil. Surtout, dans les petites sociétés familiales[22], il n'est pas raisonnable d'imposer aux salariés à qui on offre un poste d'administrateur et qui continueront d'exercer leurs fonctions antérieures, de renoncer à leur statut fiscal et social, de même qu'aux garanties financières inhérentes à ce statut (indemnités de licenciement, allocations d'assurance-chômage, prise en charge des salaires par l'AGS). Au demeurant, en cas d'ouverture d'une procédure collective, c'est surtout Pôle emploi qui est à l'origine des contentieux en s'opposant aux prétentions d'anciens dirigeants à la garantie des salaires de l'AGS et aux allocations de chômage.

902. – *Réglementation.* Aussi comprend-on que la loi ait adopté une position médiane qui concilie les intérêts en présence (C. com., art. L. 225-22) (V. dans les SELAFA, *infra*, n° 2121) : un administrateur ne peut pas en principe devenir salarié mais la réciproque n'est pas vraie puisque le salarié peut devenir administrateur.

a) Un administrateur en fonction ne peut pas conclure un contrat de travail avec la société

903. – *Principe.* La règle selon laquelle un administrateur en fonction ne peut pas en principe conclure un contrat de travail avec la société ne figure pas expressément dans la loi. Elle a été dégagée par la jurisprudence sur la base de deux textes :

– l'article L. 225-44 prévoyant que les administrateurs ne peuvent percevoir aucune rémunération autre que celles prévues au titre de leur mandat ;

– l'article L. 225-22 précisant les conditions auxquelles un salarié peut être nommé administrateur ; il en résulte *a contrario* qu'un administrateur ne peut pas devenir salarié.

904. – *Sanction.* Le contrat de travail irrégulièrement conclu par l'administrateur est frappé de nullité absolue, insusceptible de régularisation. L'administrateur

(21) G. Auzero et N. Ferrier, *Cumul d'un contrat de travail et d'un mandat social : Rép. sociétés Dalloz.*
(22) Dans les groupes, les problèmes sont moins aigus ; un cadre salarié de la maison mère peut, sans risque pour lui, être désigné parallèlement comme administrateur, voire président, d'une filiale ; il n'y a pas alors cumul de fonctions au sein d'une même société (V. *infra*, n° 2441).

est donc contraint de reverser le salaire indûment perçu[23] ; il peut toutefois réclamer une indemnité à raison du profit qu'en a retiré la société. Autre conséquence : en cas de révocation, l'administrateur ne peut pas se prévaloir des dispositions protectrices du droit du travail[24]. À l'administrateur qui souhaite devenir salarié de la société, il n'est d'autre issue que de démissionner de ses fonctions d'administrateur[25]. Mais dans un tel cas, il ne saurait redevenir immédiatement administrateur une fois devenu salarié, car cela constituerait une fraude à la loi[26].

905. – *Assouplissement.* La règle est assouplie dans les petites et moyennes sociétés qui emploient moins de 250 salariés et dont le total du bilan n'excède pas 43 millions d'euros ou le chiffre d'affaires 50 millions d'euros (C. com., art. L. 225-21-1). Un administrateur peut alors devenir salarié à condition que le contrat de travail soit effectif et que le plafond du tiers des administrateurs en fonction ne soit pas dépassé (V. *infra*, n° 906).

b) Un salarié peut devenir administrateur sous certaines conditions

906. – *Principe.* Un salarié peut accéder au conseil d'administration à condition de respecter les deux conditions suivantes, tirée pour la première du droit du travail et, pour la seconde, du droit des sociétés :

– *le contrat de travail doit correspondre à un véritable emploi salarié, ce qui suppose le respect de deux conditions* : d'une part, le contrat de travail doit être effectif, c'est-à-dire être sérieux et sincère ; les fonctions exercées doivent être des fonctions techniques, détachables des fonctions d'administration générale qu'assume tout administrateur ; d'autre part, le lien de subordination envers la société doit être réel ; s'agissant de simples administrateurs, dont les fonctions sont à la fois collégiales et intermittentes, la jurisprudence accepte volontiers le cumul, alors qu'elle est beaucoup plus restrictive à l'égard des directeurs généraux (V. *infra*, n° 969), lesquels sont investis d'un pouvoir individuel et quotidien de décision ;

– *le nombre des administrateurs titulaires d'un contrat de travail ne peut dépasser le tiers des administrateurs en fonction* ; il convient le cas échéant d'élargir le cercle des administrateurs pour accroître les possibilités de cumul[27].

---

(23) Cass. soc., 21 févr. 2006 : *RJDA* oct. 2006, n° 1044 ; le contrat de travail conclu le 1er octobre 2001 avec un administrateur en fonctions est nul de nullité absolue, ce qui autorise la société à demander la restitution des salaires versés. – *Adde* Cass. com., 7 déc. 2016, n° 15-23.820 : *RJDA* 4/2017, n° 260.

(24) Cette nullité joue même si le contrat de travail a été conclu par l'administrateur alors que la société était encore en formation ; en effet, la date de la prise des fonctions d'administrateur est la date de l'acceptation des fonctions et non la date de l'immatriculation de la société ; par suite, l'administrateur révoqué ne peut pas invoquer une méconnaissance des règles du licenciement : CA Paris, 29 juin 2001 : *BJS* 2001, p. 1135, note P. Le Cannu.

(25) Cass. soc., 26 juin 2008 : *RJDA* 11/2008, n° 1124 ; démission suivie, le même jour, de la conclusion d'un contrat de travail ; l'ASSEDIC prétendait que le contrat était nul car la démission des fonctions d'administrateur avait été publiée après sa conclusion ; cette prétention est rejetée, la seule date pertinente étant celle de la signature du contrat de travail.

(26) Cass. soc., 18 mai 2005 : *RJDA* 11/2005, n° 1243 ; l'intéressé avait démissionné le 22 mai 2000, avait immédiatement été engagé comme directeur salarié avant d'être à nouveau nommé administrateur un mois plus tard ; licencié pour faute grave le 20 octobre 2001, il avait réclamé les indemnités afférentes, qui lui furent refusées au motif que le contrat de travail était frauduleux, donc nul.

(27) Si les statuts prévoient l'élection d'administrateurs salariés, ceux-ci ne sont pas pris en compte pour le calcul de ce quota (V. *infra*, n° 1377) ; la règle est identique pour les représentants des salariés actionnaires nommés au conseil d'administration (V. *infra*, n° 1375) (C. com., art. L. 225-22, al. 3).

907. – *Sanction.* Faute de respect de ces conditions, il y a nullité de la nomination en qualité d'administrateur, sans que cela entraîne la nullité des délibérations auxquelles l'administrateur a pris part.

908. – *Sort du contrat de travail.* Une solution intermédiaire entre la perte définitive de la qualité de salarié et le plein cumul des deux fonctions consiste à prévoir que le contrat de travail est simplement suspendu pendant la durée du mandat d'administrateur et qu'il reprend effet à la fin de ce dernier. La chambre sociale de la Cour de cassation admet en effet que « le contrat de travail se trouve, en l'absence de convention contraire, suspendu pendant l'exercice du mandat »(28). Cette solution ménage les intérêts du salarié appelé à siéger au conseil puisqu'il retrouve son emploi salarié s'il est révoqué en tant qu'administrateur(29). Si la société désire se passer des services de l'intéressé, elle se voit dans l'obligation de le licencier, sans que le licenciement trouve une cause réelle et sérieuse dans la seule cessation des fonctions de dirigeant. L'intéressé, qui n'a droit à rien en tant qu'administrateur révoqué, peut alors prétendre à une indemnisation en tant que salarié licencié. Pendant la période de suspension de son contrat de travail, le salarié devenu mandataire social reste tenu envers son employeur d'une obligation de loyauté(30).

4° La responsabilité

909. – C'est la mise en jeu éventuelle de leur responsabilité qui est le révélateur des obligations des administrateurs (V. *infra*, n°s 1051 et s.) : assister aux réunions, exercer un contrôle effectif, demeurer discret...

C. – Le fonctionnement du conseil

910. – Le conseil d'administration est un organe collégial : l'administrateur tire son pouvoir de sa seule participation au conseil ; en dehors du conseil, il n'est rien, et ne peut pas, par exemple, représenter la société en justice(31).

1° La tenue des réunions du conseil

911. – *Convocation.* Les statuts déterminent les règles relatives à la convocation et aux délibérations du conseil d'administration (C. com., art. L. 225-36-1). Le conseil est normalement convoqué par son président, qui fixe l'ordre du jour (V. *infra*, n° 927). La convocation peut être tardive, à condition qu'elle ne soit pas frauduleuse et que tout ait été mis en œuvre pour permettre la présence de tous les administrateurs(32).

912. – *La cadence des réunions* est prévue dans les statuts (une fois l'an dans bien des sociétés familiales où le conseil ne joue qu'un rôle symbolique, tous les deux

(28) Cass. soc., 13 juin 2006 : *RJDA* 10/2006, n° 1026 ; jurisprudence constante.
(29) Ainsi, la période d'essai reprend son cours après la révocation du mandat social : Cass. soc., 24 avr. 2013, n° 12-11.825 : *BJS* 2013, p. 483, note G. Auzero.
(30) Cass. soc., 16 mai 2018, n° 16-22.655 : *Dr. sociétés* 2018, n° 182, R. Mortier.
(31) Cass. com., 3 oct. 2006 : *RJDA* janv. 2007, n° 63 ; irrégularité de la déclaration des créances effectuée par un administrateur à l'occasion d'une procédure collective.
(32) CA Paris, 30 juin 2016, n° 15/16033, *SA Cie des bateaux mouches* : *BJS* 2017, p. 126, note S. Messaï-Bahri ; *Dr. sociétés* 2016, n° 208, obs. C. Coupet ; *Rev. sociétés* 2016, p. 743, note J.-P. Mattout ; la convocation d'un conseil quarante-huit heures avant sa tenue n'est pas frauduleuse dès lors que les deux administrateurs auteurs de la convocation ont fait diligence pour s'assurer de la présence du troisième administrateur, lequel a pu au demeurant être présent.

mois, voire tous les mois, dans d'autres sociétés...). Les réunions se tiennent parfois sur le papier, ce qui n'est pas sans risque (V. *infra*, n° 920). Si le conseil n'a pas été réuni depuis plus de deux mois, le tiers au moins de ses membres peut demander au président de convoquer celui-ci sur un ordre du jour déterminé (C. com., art. L. 225-36-1) ; la même prérogative est reconnue au directeur général. Le président est lié par les demandes de convocation qui lui sont ainsi adressées (V. *supra*, n° 651 pour l'utilisation du référé-injonction).

913. – *Deux délégués du comité social et économique* (si une telle instance existe) sont obligatoirement convoqués ; ils ont une simple voix consultative et ne participent donc pas aux votes (V. *infra*, n° 1374). Il ne faut pas les confondre avec les représentants des salariés au conseil dont la nomination est prévue par la loi (V. *infra*, n°s 1375 et s.) ou par les statuts (V. *infra*, n° 1377). Le commissaire aux comptes doit être convoqué lorsque le conseil examine ou arrête les comptes annuels ou intermédiaires (C. com., art. L. 823-17) ; dans les autres cas, sa présence est facultative.

914. – *Quorum.* Le conseil ne délibère valablement que si la moitié au moins de ses membres sont présents ; toute clause contraire est réputée non écrite (C. com., art. L. 225-37, al. 1er) ; cela signifie que, pour le calcul du quorum de la moitié, il n'est pas tenu compte des administrateurs représentés.

915. – *Majorité.* Chaque administrateur ne dispose que d'une voix, quel que soit le nombre d'actions dont il est titulaire ; le vote a lieu par tête, et non par actions comme dans les assemblées. Un même administrateur ne peut être porteur que d'une seule procuration. Sauf clause contraire des statuts, les décisions se prennent à la majorité des membres présents ou représentés et le président a voix prépondérante en cas de partage.

916. – *Réunion à distance.* Si le règlement intérieur du conseil le prévoit – ce qui suppose que le conseil soit doté d'un règlement intérieur – et si les statuts ne l'interdisent pas, les décisions du conseil d'administration peuvent être prises par des moyens de visioconférence ou de télécommunication transmettant au moins la voix des participants et satisfaisant à des caractéristiques techniques permettant la retransmission continue et simultanée des délibérations, les participants, seraient-ils physiquement absents de la salle de réunion, étant alors réputés présents pour le calcul du quorum et de la majorité (C. com., art. L. 225-37, al. 3 ; R. 225-21). Cette concession aux nouvelles technologies est écartée pour l'établissement des comptes annuels, du rapport de gestion et des comptes consolidés. Ces règles ont été assouplies en raison de la crise sanitaire (V. *supra*, n° 20).

917. – *Consultation écrite.* Autre assouplissement, les statuts peuvent prévoir que la décision de cooptation d'un administrateur (V. *supra*, n° 885), l'autorisation des avals et garanties (V. *infra*, n°s 1003 et s.), la modification des statuts, la convocation de l'assemblée générale (V. *infra*, n° 1002) et la décision de transfert du siège social au sein du même département, peuvent être prises par consultation écrite des administrateurs (C. com., art. L. 225-37, al. 3). Là aussi, ces règles ont été assouplies en raison de la crise sanitaire (V. *supra*, n° 20).

2° Les droits et devoirs des administrateurs

918. – *Droit d'information.* Afin d'exercer au mieux leurs fonctions et prendre des décisions éclairées, les administrateurs jouissent d'un droit à l'information. Ce droit, initialement reconnu par les juges(33), a été consacré par le législateur (C. com., art. L. 225-35, al. 3) : le président ou, selon les cas, le directeur général de la société est tenu de communiquer à chaque administrateur tous les documents et informations nécessaires à l'accomplissement de sa mission ; sa défaillance sur ce point peut justifier sa révocation(34). L'information, pour être utile, doit être préalable à la tenue du conseil(35). Si certains administrateurs étaient privés de ce droit, les délibérations seraient nulles. Mais les administrateurs doivent exercer cette prérogative conformément à l'intérêt social ; ils ne sauraient entraver l'action des dirigeants par des demandes incessantes ou réclamer des informations sur des opérations ne relevant pas de leur compétence.

919. – *Confidentialité et loyauté.* Les administrateurs sont tenus de demeurer discrets à l'égard des informations confidentielles qui leur sont communiquées(36). Comme tous mandataires, ils sont tenus à une obligation de loyauté leur interdisant de porter atteinte à l'intérêt de la société qu'ils représentent (V. *supra*, n° 430). Le règlement intérieur du conseil d'administration peut renforcer ces diverses obligations ainsi que l'illustre l'affaire *SCORE SE – COVEA* (V. *infra*, nos 921 et 924).

Le coin des amateurs

1. De l'inconvénient des réunions fantômes du conseil d'administration

920. – Il est bien connu que, dans beaucoup de sociétés à caractère familial, le conseil d'administration – voire les assemblées générales – ne se tient que sur le papier, les administrateurs se contentant de signer après coup les procès-verbaux établis par le juriste de la société ou par le conseil extérieur chargé de ce que l'on appelle le secrétariat de la société (avocat, notaire, expert-comptable...). Ce n'est là que parodie de rituel sociétaire. Ce travestissement ne prête généralement pas à conséquence même si deux dangers doivent être signalés. D'une part, les condamnations pénales ne sont pas à exclure ; l'établissement et l'usage d'un procès-verbal mensonger constituent un faux et usage de faux réprimé par l'article 441-1 du Code pénal de trois ans d'emprisonnement et 45 000 € d'amende (CA Paris, 5 avr. 1991 : *JCP* E 1991, I, 87, n° 14, obs. A. Viandier et J.-J. Caussain. – *Adde* Cass. crim., 28 mars 2007 : *Juris-Data* n° 2007-038768). D'autre part, les procès-verbaux de conseil d'administration ne font foi que jusqu'à preuve du contraire. En conséquence, tout intéressé peut en contester les énonciations en rapportant la preuve de leur caractère erroné ou mensonger. C'est ainsi qu'une délibération de conseil d'administration a été annulée au motif que le procès-verbal a été dressé après la levée de la réunion et que ses mentions étaient inexactes quant à la présence effective de l'un des administrateurs (CA Paris, 10 mars 2000 : *BJS* 2000, p. 939, note L. Grosclaude).

(33) L'arrêt *Cointreau* de la chambre commerciale du 2 juillet 1985 (*JCP* E 1985, p. 14758, note A. Viandier) a consacré l'obligation faite au président de fournir aux administrateurs, dans un délai suffisant, les informations nécessaires à l'exercice de leur droit de contrôle.

(34) Cass. com., 3 févr. 2015, n° 13-28.164 : *BRDA* 5/2015, n° 5 ; transmission d'une information capitale la veille seulement de la réunion.

(35) Cass. com., 8 oct. 2002 : *JCP* E 2003, 317, note A. Viandier ; cassation d'un arrêt ayant jugé que l'information dispensée en cours de conseil aux administrateurs présents était suffisante.

(36) B. Fages, *Le devoir de discrétion de l'administrateur* : *BJS* 2019, p. 7.

2. Codes de gouvernement d'entreprise : *soft law, compliance, name and shame*

921. – Le Code de commerce ne suffit pas et il est apparu nécessaire, sous les influences anglaise et nord-américaine, de préciser les bonnes pratiques en matière de gestion des entreprises cotées en bourse, ce que l'on dénomme *corporate governance* ou gouvernement d'entreprise (Ph. Bissara, R. Foy et A. de Vauplane, *Droit et pratique de la gouvernance des sociétés cotées*, Joly éd., 2007. – M. Germain, V. Magnier et M.-A. Noury, *La gouvernance des sociétés cotées : JCP* E 2013, 1638. – E. Grévain-Lemercier, *Les défis actuels de la gouvernance des sociétés cotées : Dr. sociétés* mai 2013, étude 10. – J.-M. Moulin, *Société anonyme, la gouvernance des sociétés : JCl. Commercial*, Fasc. 1350). Ces pratiques ont fait l'objet de rapports établis par des organismes privés, qui ont abouti en France à l'élaboration de différents codes. Ainsi, l'AFEP et le MEDEF ont élaboré un code de gouvernement d'entreprise des sociétés cotées régulièrement révisé (A. Couret, *La réforme du Code AFEP-MEDEF : BJS* 2017, p. 15 ; *La révision du Code AFEP-MEDEF et le droit des sociétés : BJS* 2018, p. 489. – B. Dondero, *Le code AFEP-MEDEF révisé : un nouveau départ : Rev. sociétés* 2014, p. 7. – B. François, *Code 2018 de gouvernement d'entreprise : une nouvelle version en vain : Rev. sociétés* 2018, p. 575. – Y. Paclot, *Gouvernement d'entreprise : la révision du code AFEP-MEDEF préférée à la loi : BJS* 2013, p. 556). Ce code s'adresse aux sociétés dont les titres sont admis aux négociations sur un marché réglementé, soit le marché Euronext Paris pour la France ; les sociétés dont les titres sont admis aux négociations sur un système multilatéral de négociation – Alternext, devenu Euronext Grouth – entrent plutôt dans le champ du code Middlenext dont une nouvelle version a été diffusée en 2016 (P. Portier, *Le Code Middlenext s'universalise : BJS* 2016, p. 634 ; *BRDA* 3/2017, p. 21, n° 24), qui vise les valeurs moyennes et petites même si sa portée tend à s'élargir. Ces codes formulent différentes recommandations, ce qui pose la question de leur force juridique et de leur contenu.

a) La force juridique des codes de gouvernement d'entreprise : *comply or explain*

Parce qu'ils ont une source purement privée, les codes de gouvernement d'entreprise sont dépourvus de force obligatoire, d'où l'image de *soft law* par opposition à la *hard law* (E. Dubois et J. Chacornac, *Les limites de l'autorégulation en droit des sociétés : BJS* 2013, p. 758). Le terme « recommandations » ne doit cependant pas tromper ; certes, ces règles ne sont pas à proprement parler obligatoires. Cependant, chaque année, les sociétés doivent établir un rapport sur le gouvernement d'entreprise, dans lequel elles doivent exposer les règles de fonctionnement du conseil et surtout préciser si elles suivent ou non les recommandations de place et pourquoi ; le rapport doit également expliquer en quoi la société se réfère, ou ne se réfère pas, à un code de gouvernement d'entreprise (V. *infra*, n°s 1021 et s.). Telle est la règle *comply or explain* : « on applique ou on explique » (A. Couret, *Comply or explain : les destinées françaises du principe : BJS* 2017, p. 202. – C. Donzel-Taboucou, *Le principe « appliquer ou expliquer » en France : Rev. sociétés* 2015, p. 347). De cette maxime probatoire d'origine anglo-saxonne est né un substantif, la compliance (ou conformité), qui exige des entreprises de se conformer aux règles du droit « dur » comme du droit souple (J.-M. Augagneur, *La compliance a-t-elle une valeur ? : JCP* E 2017, 1522. – M.-A. Frison-Roche, *Le droit de la compliance : D.* 2016, p. 1871). Les investisseurs sont ainsi informés de la qualité du gouvernement de telle ou telle entreprise et, pour certains, c'est un critère d'investissement au même titre que les résultats de la société. Et il est vrai que les investisseurs institutionnels, spécialement anglais et américains, apprécient peu qu'une société soit rétive à l'application d'un code de gouvernance.

L'AMF, de son côté, établit chaque année un rapport... sur les rapports, qui pointe les insuffisances en matière de gouvernement d'entreprise (C. monét. fin., art. L. 621-18-3). Ainsi, l'AMF a dénoncé à plusieurs reprises l'absence ou l'insuffisance des justifications apportées en cas de mise à l'écart d'une disposition du code. Le code AFEP-MEDEF prévoit que l'explication doit être « compréhensible, pertinente et circonstanciée » et indiquer les mesures alternatives adoptées. Également, le code institue un Haut Comité de gouvernement d'entreprise chargé de rédiger un rapport annuel public sur l'application du code. Dans son rapport, le comité n'hésite pas à fustiger, tout comme l'AMF, les sociétés qui n'ont pas pris en compte les recommandations et qui ne s'en sont pas expliquées, ce qu'on l'on appelle le *name and shame*.

En outre, on peut estimer qu'en cas de sinistre – liquidation judiciaire de la société – s'il apparaissait par exemple que le conseil ne comprenait aucun administrateur indépendant, qu'aucun comité n'avait été constitué, que le conseil se réunissait très épisodiquement... autour d'un verre, la responsabilité des dirigeants et des administrateurs pourrait être recherchée.

Tout cela est vrai, mais ne suffit pas toujours à assurer la discipline recherchée et la loi demeure bien souvent le meilleur moyen d'imposer une morale à ceux qui en sont dépourvus. Ainsi, il arrive que certaines recommandations soient dans un second temps intégrées dans la loi. On prendra l'exemple de l'ordonnance du 8 décembre 2008 qui a imposé la constitution de comités des comptes ou d'audit dans les sociétés cotées (V. *infra*, n° 925). Mais c'est surtout la question de l'encadrement de la rémunération des dirigeants qui illustre la relative inefficacité de la méthode douce, ce qui a justifié une intervention législative (V. *infra*, n° 989).

b) Le contenu du Code de gouvernement d'entreprise AFEP-MEDEF (édition 2020)

Parmi les recommandations, on relèvera notamment :

– la distinction des mandataires sociaux exécutifs (PDG, directeur général, directeur général délégué, président et membre du directoire) et non exécutifs (président du conseil d'administration et président du conseil de surveillance) ;

– la nécessité d'établir un règlement intérieur du conseil, exposant les modalités d'organisation et de fonctionnement de cet organe ; il est recommandé de le publier sur le site Internet de la société ou dans le document de référence (V. A. Viandier, *Le règlement intérieur du conseil d'administration des sociétés cotées : RJDA* 12/2003, p. 1003) ; le règlement intérieur participe d'une contractualisation des devoirs de l'administrateur en ce qu'il complète et précise les obligations fondamentales qui lui sont imposées : ainsi de la prévention des conflits d'intérêts, de l'obligation de confidentialité ou encore de l'obligation de loyauté ; dès lors que l'administrateur a adhéré au règlement intérieur du conseil, tout manquement à l'une de ses dispositions, ainsi érigées en obligations contractuelles, est susceptible d'engager la responsabilité contractuelle de l'administrateur à l'égard de la société (sur l'affaire *SCOR SE – COVEA*, V. *infra*, n° 924) ;

– la limitation du nombre des mandats d'administrateur à quatre autres mandats dans des sociétés cotées extérieures au groupe, y compris étrangères, ce qui va au-delà des règles légales (V. *supra*, n° 876) ;

– la présence d'un nombre suffisant d'administrateurs indépendants (V. *infra*, n° 922) ;

– la mise en place d'une politique de diversité (spécialement de féminisation) au sein des instances dirigeantes de la société (V. *infra*, n° 988) ;

– la nécessité pour le conseil d'évaluer régulièrement son fonctionnement ;

– la constitution de comités au sein du conseil, de manière à renforcer l'efficacité de celui-ci par l'étude préparatoire des questions soumises au conseil : comité d'audit, comité en charge de la sélection ou des nominations, comité en charge des rémunérations (V. *infra*, n° 925) ;

– le principe du non-cumul d'un contrat de travail et d'un mandat social ;

– l'opportunité de dissocier les fonctions de président du conseil et de directeur général ;

– le plafonnement des indemnités de départ des dirigeants sociaux à deux ans de rémunération (V. *infra*, n° 949) ; sont comprises dans ce plafond les indemnités versées en contrepartie d'une clause de non-concurrence (V. *supra*, n° 431), qui font l'objet de recommandations spécifiques (notamment, elles doivent faire l'objet d'une réflexion approfondie du comité des rémunérations et être autorisées par le conseil).

3. L'administrateur indépendant

922. – La présence d'administrateurs indépendants est une pièce maîtresse du gouvernement d'entreprise (A. Viandier, *L'administrateur indépendant des sociétés cotées : RJDA* 6/2008, p. 599) (V. *supra*, n° 921). On s'interrogera sur le fondement et la portée de l'obligation de nommer des administrateurs indépendants, avant de préciser la notion d'indépendance et les responsabilités encourues.

a) Fondement et portée de l'obligation de nommer des administrateurs indépendants

Pourquoi nommer des administrateurs indépendants ? Parce que la participation d'un tiers vigilant aux travaux du conseil d'administration, outre qu'elle apporte le bénéfice d'un regard extérieur, a aussi des vertus prophylactiques en tant qu'elle permet d'éviter les aberrations de comportement les plus criantes ; ce qu'apporte la présence de l'administrateur indépendant, c'est un gage d'objectivité et d'indépendance. En outre, l'efficacité de la réflexion et de l'action, dans la cité comme dans l'entreprise, naît de l'hybridation des compétences, et les administrateurs indépendants contribuent à cette démarche d'enrichissement mutuel.

Sont-ils obligatoires ? À se contenter de lire le Code de commerce, on peut affirmer que la loi n'exige pas la présence d'administrateurs indépendants au sein des sociétés cotées. Une société cotée pourrait donc demeurer rebelle aux pressions du marché et à la force de l'usage et ne pas prévoir la présence d'administrateurs indépendants au sein de son conseil d'administration. Malgré ce silence, la présence d'administrateurs indépendants est, au moins indirectement, obligatoire. De fait, c'est un usage très largement répandu, en raison des recommandations préconisées dans les codes de gouvernement d'entreprise (V. *supra*, n° 921) et on peut s'accorder pour considérer que la présence d'administrateurs indépendants est opportune ; dès lors, n'y a-t-il pas une faute de la part des dirigeants sociaux et des membres du conseil d'administration à ne pas promouvoir cette participation et à ne pas proposer à l'assemblée des actionnaires l'élection d'administrateurs ayant cette qualité ? En effet, le « bon professionnel », conscient des normes de comportement en vigueur, se doit de les mettre en œuvre. À coller à la jurisprudence sur la responsabilité des administrateurs, on peut ainsi considérer que l'impératif d'exercice sérieux des fonctions au sein d'une société cotée comprend l'obligation de s'assurer du respect des préconisations de place, donc de la présence d'un minimum d'administrateurs indépendants.

Quelle doit être la proportion d'administrateurs indépendants ? Selon le code AFEP-MEDEF, la proportion doit être de la moitié dans les sociétés au capital dispersé et du tiers dans les autres, ces taux étant globalement respectés (AMF, Rapport 2017 sur le gouvernement d'entreprise).

b) Notion d'administrateur indépendant

Comment définit-on l'indépendance ? À la vérité, tout administrateur doit être indépendant, en ce sens qu'il doit faire preuve d'une indépendance d'esprit à l'égard des dirigeants et ne pas hésiter à les questionner, à les critiquer, seraient-ils membres de la même famille ou des amis très proches. En fait, l'indépendance qui fonde l'administrateur indépendant est l'indépendance matérielle. Il y a donc une différence de nature entre l'indépendance requise de l'administrateur *lambda* et celle qui fonde l'administrateur indépendant : l'administrateur indépendant est l'administrateur qui est matériellement indépendant.

Ainsi, le Code de gouvernement d'entreprise AFEP-MEDEF (V. *supra*, n° 921) rappelle qu'un administrateur est indépendant lorsqu'il est dépourvu de lien d'intérêt particulier avec la société ou son groupe qui puisse compromettre l'exercice de sa liberté de jugement. Par suite, on ne peut pas qualifier d'indépendant l'administrateur qui est salarié de la société, celui qui perçoit une rémunération variable liée à la performance de la société ou du groupe, ou qui entretient une relation d'affaires significative avec celle-ci – comme banquier, consultant, fournisseur, commissaire aux comptes, par exemple –, ou qui est parent avec l'un des dirigeants, etc. Enfin, un administrateur n'est plus considéré comme indépendant au bout de douze ans de fonction, délai bien long. Reste qu'en pratique, ainsi que l'a pointé l'AMF dans ses rapports sur le gouvernement d'entreprise, les sociétés ne respectent pas toujours ces préconisations, sans s'en expliquer de façon satisfaisante, par exemple en nommant un administrateur indépendant exerçant des fonctions exécutives avec une banque en lien d'affaires avec la société.

Autre faiblesse, dans la pratique française, c'est le conseil qui s'auto-attribue le label d'administrateur indépendant en qualifiant parmi ses membres ceux qu'il considère avoir cette vertu et en le faisant savoir auprès des actionnaires dans son rapport sur le gouvernement d'entreprise.

c) Responsabilité de l'administrateur indépendant

Les administrateurs indépendants encourent-ils une responsabilité particulière ? Tout administrateur supporte, en principe, la même responsabilité, laquelle est gouvernée par l'article L. 225-251 du Code de commerce. Il est responsable des infractions aux dispositions législatives ou réglementaires, des violations des statuts et des fautes de gestion qu'il pourrait commettre. Pour apprécier si ce devoir a été satisfait, les juges comparent le comportement de l'administrateur dont la responsabilité est recherchée avec celle d'un administrateur « normal », incarnation du bon père de famille dans la sphère sociétaire. Conséquence logique de la collégialité, la responsabilité de l'administrateur est en principe une responsabilité collective, car elle est le résultat de décisions ou d'omissions communes. Il reste que si l'administrateur indépendant assume des missions particulières, sa responsabilité pourra s'en trouver affectée en cas de défaillance dans l'accomplissement desdites missions. En effet, l'article L. 225-251 du Code de commerce permet de rechercher la responsabilité individuelle de l'administrateur.

En pratique, la question se pose principalement pour les membres du comité d'audit, dont la présidence doit être confiée à un administrateur indépendant (V. *infra*, n° 925) ; il n'est pas niable que la négligence de ces derniers est de nature à engager leur responsabilité, à l'égard des tiers, comme d'ailleurs à l'égard des autres administrateurs. Le fait que les comités n'aient pas de pouvoir décisionnel ne change rien à l'affaire : à une mission précise, répondent des diligences tout aussi précises et l'accomplissement défectueux de ces diligences est source de responsabilité. En cela, l'administrateur indépendant, spécialement en tant qu'il peut avoir le monopole de la participation à certains comités, peut encourir une responsabilité singulière.

4. Célébrités au conseil

923. – Il n'est pas rare dans les conseils d'administration des sociétés cotées américaines de croiser des célébrités, artistes, sportifs, ou hommes et femmes politiques. Ainsi, H. Kissinger est ou a été présent dans plusieurs sociétés importantes, dont American Express, A. Gore est au conseil de Apple, Emma Watson au conseil de Kering (YSL, Gucci) et Nancy Reagan a été à celui de Revlon. Suivant peut-être ce dernier exemple, Mme Bernadette Chirac fut administratrice de LVMH, tandis que Nicolas Sarkozy siège au conseil d'administration des sociétés Accor et Groupe Barrière, ainsi qu'au conseil de surveillance de Lagardère ; de son côté, Édouard Philippe, ancien Premier ministre, a été nommé au conseil de la société Atos. En Allemagne, la pratique est courante, l'ancien chancelier G. Schröder préside la société Nordstream chargée de la construction du gazoduc reliant la Russie à l'Allemagne par la mer Baltique, ainsi que le conseil d'administration de la société d'État russe Rosneft ; les anciens ministres de l'Économie et des Finances, S. Gabriel et P. Steinbrück sont, l'un, au conseil de Deutsche Bank et l'autre à celui de ThyssenKrupp, etc. (V. *Diese Politiker wechselten in die Wirtschaft*, disponible sur le site du quotidien *Die Welt* : welt.de).

Pourquoi un tel recours aux célébrités ? Un lecteur de G. Flaubert se rappellera ce passage de l'*Éducation sentimentale* dans lequel le banquier Dambreuse tente de convaincre Frédéric de rejoindre l'une de ses entreprises : « Nous avons dans notre conseil… un pair de France, un savant de l'Institut, un officier supérieur du Génie en retraite, des noms connus ! De pareils éléments rassurent les capitaux craintifs et appellent les capitaux intelligents ». Il y a toujours une part de vérité dans cette affirmation ; la nomination au conseil permet de conférer à la société davantage de visibilité, voire de crédit. Mais, au-delà des paillettes, il y a aussi un avantage réel, spécialement si l'entreprise recourt à d'anciens politiques ; d'abord, elle va profiter du carnet d'adresses et des relations de l'intéressé(e), que ce soit à l'intérieur du pays d'origine ou à l'étranger ; des portes s'ouvrent, des conflits s'apaisent, on prend plus facilement au téléphone un ancien ministre qu'un inconnu. Dans le même ordre d'idées, la présence d'un ancien président peut, espère-t-on, servir de bouclier contre les tentatives de prise de contrôle inamicales. Incidemment, un chercheur de l'Université du Missouri, étudiant les performances de 700 sociétés dotées d'un tel conseil, a conclu qu'une dose raisonnable de « people » est de nature à améliorer le parcours boursier de la société (*Financial Times* 31 mai 2014).

Et les *inconvénients* ? Pour l'entreprise, bénéficiant du capital symbolique de la célébrité, elle court le risque de subir indirectement les scandales affectant ladite célébrité : soupçons de dopage pour le sportif, usage de drogues pour l'artiste, vie sentimentale chaotique de l'un ou l'autre affichée dans les journaux à sensation, etc. Le recours à un ancien politique n'est pas non plus sans dangers, spécialement si celui-ci (ou celle-ci) est une forte personnalité, ayant au long de sa carrière constitué une belle collection d'adversaires et de mécontents. Si l'on ajoute à cela la tentation toujours présente dans le village gaulois de pratiquer la *Schadenfreude* et de se réjouir du malheur d'autrui, voire à y contribuer, on peut imaginer le plaisir malsain de certains actionnaires ou salariés à rechercher la responsabilité des membres du conseil des entreprises concernées en cas de difficulté, et spécialement celle de la célébrité.

De là d'ailleurs un *risque* réel pour cette dernière. Le propre d'une telle personnalité est d'être très sollicitée : selon les cas, épreuves sportives, concerts, tournages, entretiens, conférences, etc. Or, ainsi que l'enseigne la jurisprudence de la Cour de cassation développée autour de l'article L. 225-251 du Code de commerce (V. *infra*, n° 1055), tout administrateur est tenu « à une surveillance et à un contrôle sérieux de l'administration de la société » (Cass. com., 31 janv. 1995, n° 210 : *RJDA* 7/1995, n° 902. – Cass. com., 25 mars 1997, n° 95-10.995 : *RJDA* 7/1997, n° 966 – Cass. com., 30 mars 2010, n° 08-17.841 : *RJDA* 7/2010, n° 760. – *Adde* CA Limoges, 17 janv. 2013, n° 11/01356 : *BRDA* 11/2013, n° 24), le défaut de surveillance constituant une faute de gestion. Une telle mission impose une présence régulière, une attention constante et l'aptitude à analyser une documentation juridique et financière de plus en plus compliquée ; or on peut être un remarquable joueur de football ou de guitare électrique et ne pas posséder les rudiments de la science financière. Et le danger s'accroît si la célébrité est invitée à rejoindre un comité spécialisé du conseil (D. Martin et O.-T. Thieu, *La responsabilité civile des membres des comités spécialisés : RJDA* 10/2010).

En revanche, l'intensité du danger décroît si la société est à directoire et conseil de surveillance. En effet, le conseil n'étant pas un organe de gestion à la différence du conseil d'administration (V. *infra*, n° 1134), le risque est moins élevé (pour une illustration : Cass. com., 8 janv. 2020, n° 18-23.991 : *Dr. sociétés* mars 2020, n° 37, obs. J.-F. Hamelin ; *RJDA* 3/2020, n° 164 ; absence d'application de l'article L. 653-8 du Code de commerce sur l'interdiction de gérer aux membres d'un conseil de surveillance, faute pour ces derniers d'exercer une fonction de direction).

Et qu'il soit permis aux cinéphiles d'un autre âge de rêver à ce qu'aurait pu être un conseil d'administration où aurait siégé Ingrid Bergman, le frisson éprouvé par les actionnaires lors de l'arrivée de l'actrice de *Casablanca* et *Sonate d'automne* dans les assemblées générales ; gageons que certains se seraient laissés aller à fredonner la chanson de Sam : « You must remember this, a kiss is just a kiss, a sigh is just a sigh, the fundamental things apply as time goes by... » ; en espérant qu'à la fin de l'assemblée, ils n'auraient pas été tentés de chanter plutôt, « une perte est juste une perte, un scandale est juste un scandale, une faillite est juste une faillite ».

5. Gare à la violation du règlement intérieur par un administrateur : l'affaire *SCOR SE – COVEA*

924. – Le tribunal de commerce de Paris a rendu le 10 novembre 2020 un jugement sévère à l'encontre de l'administrateur d'une société cotée qui souligne la force des règlements intérieurs des conseils d'administration établis en conformité avec le Code de gouvernement d'entreprise AFEP-MEDEF (V. *supra*, n° 922) (T. com. Paris, 1re ch., n° 2019036759 : *BJS* janv. 2021, p. 19, note B. Fages ; *BRDA* 24/2020, p. 20, note A. Viandier ; *Rev. sociétés* févr. 2021, p. 99, note D. Schmidt. – *Adde* Dossier, *JCP* E 2020, 1553). Le président de l'assureur COVEA, M. D. (ci-dessous l'Administrateur) était membre à titre personnel du conseil du réassureur SCOR SE. Lors de sa nomination, l'Administrateur s'engagea à obéir au règlement intérieur, lequel affirme notamment les obligations de loyauté, de respect de la confidentialité des informations et énonce les modalités de traitement des conflits d'intérêts. Parallèlement, en 2013, COVEA étant devenu le principal actionnaire de SCOR SE, un accord de *standstill* fut signé, plafonnant à 10 % la participation de l'assureur dans le réassureur ; l'échéance de l'accord était fixée à avril 2019. En 2018, COVEA commença à étudier divers scénarios de rapprochement dans le secteur de la réassurance ; très vite, l'étude privilégia la piste SCOR SE, comme il ressort de la présentation faite par une banque d'affaires à la mi-juillet d'un projet Abbaye. De son côté, tout aussi secrètement, SCOR SE analysait un projet Parfum, fondé sur une alliance avec un autre réassureur, PARTNER RE ; à ce titre, une réunion du comité stratégique du conseil d'administration fut organisée le 25 juillet, à laquelle l'Administrateur participa ; lors de la réunion, Parfum fut présenté et plusieurs notes de banques d'affaires étudiées, dont une valorisation de SCOR SE. Ainsi, fin juillet 2018, deux projets étaient examinés, Abbaye chez l'assureur, et Parfum chez le réassureur ; or ces projets étaient incompatibles, car si Parfum était adopté, du fait du changement de taille de SCOR SE, la réalisation de Abbaye devenait difficile sinon impossible. Seul l'Administrateur pouvait avoir conscience de cette situation ; de fait, le réassureur ignorait l'existence du projet Abbaye, alors que l'Administrateur, du fait de sa présence au comité stratégique du 25 juillet, connaissait les deux options concurrentes. Et il mit à profit cette dissymétrie d'information, en accélérant la préparation d'Abbaye : le 23 août, les conseils du groupe COVEA approuvaient un projet d'offre publique sur les actions du réassureur au prix de 43 € par titre, offre conditionnée à l'accord de la cible. Le lendemain, la proposition d'offre fut faite au président de SCOR SE ; le 28, interdiction était faite à l'Administrateur de participer aux réunions devant se prononcer sur la proposition ; le 30, le conseil de SCOR SE rejetait l'offre. En dépit de ce refus, qui rendait l'offre sans objet dès lors qu'elle était conditionnée à l'accord de la cible, COVEA publia néanmoins un communiqué le 4 septembre, par lequel l'assureur informait le marché tout à la fois, du projet, de sa caducité, et de son intérêt pour une opération amicale ; suite à ce communiqué, le cours de SCOR SE passa de 35 € à 43 €. Les semaines suivantes, le réassureur demanda à plusieurs reprises à l'Administrateur de démissionner de ses fonctions en raison du conflit d'intérêts dans lequel il se trouvait, ce qui fut finalement fait le 13 novembre.

Et la machine judiciaire se mit en route : *pre-action disclosure* à Londres, pour obtenir des banques d'affaires de COVEA de la documentation éventuellement reçue concernant le projet Parfum ; dans la foulée, citation directe délivrée à l'Administrateur pour abus de confiance et à COVEA pour recel du même délit, et action en responsabilité civile contre les mêmes personnes ; c'est cette dernière procédure qui a abouti au jugement du tribunal de commerce de Paris du 10 novembre 2020, décision frappée d'appel.

Le tribunal considère d'emblée qu'en adhérant au règlement intérieur, l'Administrateur a fait de ce document « l'*instrumentum* [de son] contrat », ce qui ouvre la voie à une éventuelle responsabilité contractuelle. Les juges passent ensuite en revue les différentes fautes reprochées à l'intéressé :

– conflit d'intérêts persistant à compter de la mi-juillet 2018, en raison de la préparation du projet concurrent Abbaye, ce qui aurait dû conduire l'Administrateur à s'abstenir de participer au comité stratégique et à démissionner dès l'émission de la proposition d'offre ;

– violation de l'obligation de confidentialité, affirmée par le règlement intérieur, mais aussi par l'article L. 225-37 du Code de commerce, par la transmission d'informations relatives au projet Parfum aux banques conseil mandatées pour préparer un projet d'offre, ainsi qu'à plusieurs collaborateurs de COVEA ;

– transgression de l'obligation de loyauté, par la mise en œuvre occulte d'un projet Abbaye propre à ruiner le projet Parfum.

Le tribunal écarte chemin faisant plusieurs des arguments avancés par l'Administrateur : caractère amical de l'offre, celle-ci étant conditionnée à l'accord de SCOR SE ; absence d'atteinte à l'intérêt social de cette dernière, dès lors que ses initiatives avaient seulement pour objet de présenter, avec la proposition, une solution alternative aux membres du conseil. Les juges estiment en effet que la question n'est pas celle des mérites de l'offre, mais celle du respect du règlement intérieur. Le tribunal retient donc la responsabilité contractuelle de l'Administrateur.

Ils retiennent également la responsabilité, délictuelle cette fois, de l'assureur, lui reprochant sa complicité dans la violation par l'Administrateur de ses obligations, mais aussi le caractère équivoque du communiqué de presse du 4 septembre portant avis de décès de l'offre.

Quant aux préjudices, à côté des frais de conseil juridique occasionnés par la résistance de l'Administrateur, le tribunal de commerce indemnise notamment du surcoût des opérations de rachat d'actions du fait de l'augmentation du cours de SCOR SE consécutif au communiqué du 4 septembre.

Total : un peu plus de 20 millions d'euros de condamnation solidaire ; on espère que les intéressés sont… assurés.

6. En marge du conseil d'administration : les comités d'études et les censeurs

a) Les comités d'études ou de direction

925. – Les comités d'études, comités de direction ou comités exécutifs (on parle en pratique du COMEX) sont une création de la pratique, surtout des sociétés cotées (C. com., art. R. 225-29, al. 2. – J.-M. Calendini, *Les comités de direction : BJS* 1992,

p. 851. – Chr. de Ganay d'Indy et L. Engel, *Les comités d'audit* : *BJS* 2003, p. 723). Ils sont créés à l'initiative du conseil d'administration qui en détermine librement la composition et les attributions : politique de rémunération des dirigeants (comités de rémunération, V. *infra*, n° 960), contrôle des comptes (comités d'audit), stratégie, sélection des dirigeants... Le Code de gouvernement d'entreprise AFEP-MEDEF (V. *supra*, n° 921) préconise l'instauration de trois comités, le comité d'audit, le comité en charge de la sélection ou des nominations et enfin le comité en charge des rémunérations ; il doit être présidé par un administrateur indépendant (V. *supra*, n° 925), ce qui correspond à la pratique de nombreuses sociétés, et il est recommandé d'y intégrer un administrateur salarié.

L'exigence a parfois une source légale. Ainsi, les sociétés cotées doivent instituer au sein de leurs conseils d'administration ou de surveillance un comité d'audit ou des comptes (C. com., art. L. 823-19). Le comité a plusieurs fonctions : émettre un avis au conseil avant la nomination des commissaires aux comptes, suivre le processus d'élaboration de l'information financière, vérifier l'efficacité des systèmes de contrôle interne, s'assurer des modalités de contrôle des comptes par les commissaires, etc. La précision de ces missions peut permettre, en cas de défaillance, d'engager la responsabilité des membres du comité (rappr. D. Martin et O.-T. Tieu, *La responsabilité civile des membres du comité spécialisé* : *RJDA* 10/2010, p. 867).

Les comités, même le comité d'audit, n'ont qu'un pouvoir consultatif. Ils sont dépourvus de tout pouvoir de décision et se contentent d'assumer un rôle d'étude et de préparation des délibérations. Ainsi, ils ne sauraient s'emparer des attributions légales du conseil ; a par exemple été jugée contraire à la loi la création par une assemblée générale extraordinaire d'un comité de direction empiétant sur les attributions du conseil d'administration (CA Aix-en-Provence, 28 sept. 1982 : *Rev. sociétés* 1983, p. 773, note J. Mestre) ; de même, l'avis d'un comité *ad hoc* attribuant un complément de retraite à un président ne vaut pas décision du conseil d'administration et est donc dépourvu de fondement légal (Cass. com., 11 oct. 2005 : *JCP* E 2005, 1796, note H. Hovasse ; *JCP* E 2005, 1834, n° 4, obs. J.-J. Caussain, Fl. Deboissy et G. Wicker). Les comités d'études peuvent être des organes permanents, ainsi des comités d'audit ou de rémunération. Ils peuvent être également temporaires, créés en fonction des circonstances. Ainsi, en janvier 2008, confronté aux acrobaties d'un « trader » ayant mis en péril la santé de la société (V. aussi sur cette affaire, *supra*, n° 667), le conseil d'administration de la Société Générale institua en son sein un comité spécial de trois administrateurs indépendants chargé de procéder à différentes vérifications (Communiqué de presse du conseil d'administration de la Société Générale, 30 janv. 2008).

b) Les censeurs

Encore que l'institution soit ancienne (A. Bienvenu-Perrot, *Des censeurs du* XIX*e siècle au gouvernement d'entreprise du* XXI*e siècle* : *RTD com.* 2003, p. 449), les censeurs ne sont visés par aucun texte ; on note leur présence spécialement dans les banques, les sociétés d'assurances et les sociétés d'investissement. Leur rôle, tel que défini par les statuts, est généralement un rôle de surveillance de tout ou partie de la gestion. Ils interviennent spontanément ou à la demande du conseil d'administration qui sollicite leur opinion. Ainsi seront-ils chargés par exemple de veiller à la stricte exécution des statuts et du règlement intérieur, de vérifier l'état de la caisse et du portefeuille, d'arrêter avec le commissaire aux comptes le programme de révision comptable. Les censeurs ne doivent pas apparaître comme de véritables administrateurs, auquel cas ils devraient être soumis au même régime juridique, par exemple en matière de conventions réglementées (CA Aix-en-Provence, 6 févr. 1975 : *RTD com.* 1975, 554, n° 25). La sociologie des affaires enseigne que l'institution a parfois un rôle diplomatique : accorder une dignité à des personnes éminentes à qui il n'a pas été possible d'offrir un siège d'administrateur en raison du malthusianisme législatif qui en limite le nombre. Le collège des censeurs joue rarement le rôle de pépinière des futurs administrateurs (Th. Jacomet et A. Cuisance, *Les censeurs : BJS* 1993, p. 723).

7. Le prêt de consommation d'actions à des administrateurs

926. – S'il est classique, dans les sociétés fermées à fort *intuitus personae*, qu'un actionnaire prête à un administrateur le nombre minimum d'actions éventuellement imposé par les statuts (V. *supra*, n° 870), la technique du prêt de titres est également pratiquée dans les groupes de sociétés, une société anonyme mettant à la disposition de l'un de ses dirigeants, pressenti pour être administrateur d'une filiale, les actions qu'elle détient dans celle-ci. L'instrument juridique est le prêt de consommation. Il s'agit du contrat par lequel une partie livre à l'autre une certaine quantité de choses qui se consomment par l'usage, l'emprunteur devenant propriétaire de la chose, à charge d'en rendre autant de même espèce et qualité à l'issue du prêt (C. civ., art. 1892 et 1893). Ainsi, quand il porte sur des choses consomptibles, le contrat de prêt est translatif de propriété, à la différence d'un contrat de location d'actions : tout en assurant à l'administrateur la qualité d'actionnaire, il le dispense de débourser les sommes nécessaires à l'acquisition des actions, sommes qui peuvent dans certains cas représenter un investissement important. Surtout, la durée du prêt étant calquée sur celle du mandat, la cessation des fonctions de dirigeant coïncide avec la restitution des titres au prêteur ; la restitution suscite parfois des difficultés, le détenteur des actions s'estimant le véritable propriétaire, ce qui oblige à prouver que c'est par l'effet d'un prêt – et non d'une cession – que l'intéressé est devenu actionnaire (V. par ex., CA Paris, 10 juin 2005 : *BRDA* 21/2005, n° 4 ; *JCP* E 2005, 1834, n° 6, obs. J.-J. Caussain, Fl. Deboissy et G. Wicker). Le prêt de consommation d'actions suscite plusieurs interrogations.

a) Des actions peuvent-elles faire l'objet d'un prêt de consommation ?

Si les actions sont des biens fongibles en ce qu'elles confèrent à leur titulaire des droits identiques et sont interchangeables (V. *infra*, n° 1575), elles ne sont pas pour autant des choses consomptibles. Selon le vocabulaire juridique Capitant, une chose consomptible est une chose dont on ne peut faire usage sans la détruire (boissons, denrées) ou l'aliéner (monnaie), ce qui n'est évidemment pas le cas des actions. Faut-il en déduire que le prêt de consommation d'actions est impossible ? Non puisqu'il est admis que la volonté de l'homme puisse remédier à l'état naturel des choses. Rien n'interdit donc de conclure un prêt de consommation ayant pour objet des actions. Cette possibilité a au demeurant été reconnue par une réponse ministérielle (Rép. min. n° 26584 à M. Ph. Marini : *JO* Sénat 26 oct. 2000, p. 3710 ; *BJS* 2000, p. 1191). Mais, pour que la qualification de prêt de consommation soit retenue, encore faut-il, selon la cour de Versailles, que l'emprunteur ait droit aux fruits, donc aux dividendes, au même titre qu'un actionnaire (CA Versailles, 25 févr. 2010 : *Dr. sociétés* 2010, n° 162, obs. D. Gallois-Cochet ; *RJDA* 8-9/2010, n° 854) ; les juges ont ainsi estimé que la clause de reversement des dividendes au prêteur, qui privait l'emprunteur des actions des fruits de l'action, interdisait de tenir cet arrangement pour un véritable prêt de consommation ; par suite, l'emprunteur n'était pas devenu actionnaire et il ne satisfaisait donc pas à l'exigence posée par les statuts de détention d'un certain nombre d'actions de la société.

b) Le prêt de consommation d'actions est-il une convention interdite au sens de l'article L. 225-43 du Code de commerce ?

Certaines conventions passées entre la SA et ses dirigeants sont interdites en ce qu'elles présentent un risque majeur pour le patrimoine social (V. *infra*, n°s 1025 et s.). Il est ainsi interdit « aux administrateurs autres que les personnes morales de contracter, sous quelque forme que ce soit, des emprunts auprès de la société ». Cette disposition s'applique-t-elle à l'administrateur personne physique qui se fait consentir un prêt de titres par la SA pour devenir administrateur d'une filiale ? Si la lettre de l'article semble postuler une réponse positive – « sous quelque forme que ce soit » –, l'analyse de son esprit conduit à une réponse moins catégorique : le but de la règle est d'interdire les prêts d'argent et non de prohiber sans nuance tous les emprunts auprès de celle-ci, spécialement ceux qui, tel le prêt de consommation d'actions, peuvent être conformes à l'intérêt social. Aussi est-il logique d'écarter l'application de l'article L. 225-43, réserve faite de l'hypothèse dans laquelle le prêt de consommation dissimulerait un prêt d'argent (en ce sens, Rép. min. n° 26584 à M. Ph. Marini : *JO* Sénat 26 oct. 2000, p. 3710 ; *BJS* 2000, p. 1191). Reste que, si le prêt de consommation d'actions n'est pas une convention interdite, il peut s'agir d'une convention réglementée soumise à autorisation, sauf à retenir son caractère courant (V. *infra*, n°s 1033 et s.).

c) Le prêt de consommation d'actions peut-il tomber sous le coup d'un pacte de préférence stipulé dans un pacte d'actionnaires ?

Supposons qu'un pacte d'actionnaires stipule que toute cession impose au cédant d'informer les autres actionnaires afin de leur permettre d'exercer leur droit de préférence et que l'un des signataires consente un prêt d'actions à un tiers pour lui permettre d'accéder au conseil d'administration ; le prêt déclenche-t-il l'application du pacte de préférence ? Oui, car le prêt emporte cession des actions prêtées (en ce sens : CA Paris, 2 juill. 2002 : *JurisData* n° 2002-190681). D'où l'intérêt d'aménager le pacte d'actionnaires pour exclure les prêts aux administrateurs du champ du droit de préférence.

8. Ordre du jour du conseil d'administration : les questions diverses sont à consommer avec modération

927. – La convocation du conseil d'administration doit indiquer l'ordre du jour (V. *supra*, n° 911). Réserve faite de la révocation du président et du directeur général qui peut intervenir à tout moment en application de la théorie dite des incidents de séance (V. *infra*, n° 1168), l'absence d'inscription d'une délibération à l'ordre du jour est un cas de nullité. Si l'on conçoit que l'auteur de la convocation soit tenté de ne pas faire apparaître une question délicate en réservant son étude au titre des questions diverses, il convient toutefois d'user de cette pratique avec modération (Cass. com., 3 mai 2000 : *BJS* 2000, p. 821, note P. Le Cannu). En l'espèce, la convocation ne mentionnait pas l'existence d'une délibération portant sur une convention réglementée qui avait été incluse dans le point de l'ordre du jour intitulé « questions diverses ». La Cour de cassation a estimé que la cour d'appel avait à bon droit annulé la délibération. On retiendra de cette décision que l'autorisation d'une convention réglementée doit être expressément mentionnée dans l'ordre du jour. En fait, les questions diverses « ne doivent présenter qu'une minime importance », ainsi que le prévoit l'article R. 225-66 du Code de commerce à propos des assemblées d'actionnaires (V. *infra*, n° 1196). La transparence et la bonne information des administrateurs sont à ce prix.

§ 2. – Le président du conseil d'administration

928. – Depuis 2001, le président du conseil d'administration, en tant que tel, n'a pas vocation à assumer la direction générale de la société (V. *supra*, n° 861), mais à organiser et à diriger les travaux du conseil (V. *infra*, n°s 1009 et s.).

A. – La nomination

929. – Le président est nommé par le conseil d'administration (C. com., art. L. 225-47). Il doit remplir différentes conditions :

– être une personne physique (C. com., art. L. 225-47) ;

– ne pas être âgé de plus de soixante-cinq ans, mais les statuts peuvent déroger à cette condition d'âge (C. com., art. L. 225-48) ;

– être membre du conseil d'administration et, si les statuts l'exigent, actionnaire (C. com., art. L. 225-47) ;

– s'il est étranger, satisfaire aux règles de capacité requises pour exercer une activité commerciale (V. *supra*, n° 192) ;

– ne pas être placé sous tutelle (V. *infra*, n° 994) ;

– s'il exerce par ailleurs la profession d'avocat, ne pas être directeur général de la société (D. 27 nov. 1991, mod. D. n° 2020-58, 29 janv. 2020) ;

– respecter les règles de cumul applicables aux administrateurs (V. *supra*, n°s 876 et s.) ; il n'est donc pas possible en principe d'exercer plus de cinq mandats de président ; s'il est en plus directeur général, il est astreint aux règles de cumul applicables à cette fonction (V. *infra*, n° 956).

B. – Le statut

1° Le statut juridique

a) La rémunération

930. – *Pouvoir de fixer la rémunération.* C'est au conseil d'administration de déterminer la rémunération du président (C. com., art. L. 225-47, al. 1er). Dans les sociétés cotées, la rémunération du président est fixée dans les conditions prévues à l'article L. 22-10-8 (créé Ord. n° 2020-1142, 16 sept. 2020), laquelle est ainsi soumise au vote des associés (V. *infra*, n° 964). Ce qui est dit à propos de la rémunération du directeur général vaut pour le président : la décision du conseil ne relève pas du champ des conventions réglementées ; la compétence du conseil est exclusive et préalable (V. *infra*, n° 960). Mais cette compétence ne va pas jusqu'à la possibilité de revenir rétroactivement, sans l'accord des intéressés, sur une prime ou un élément de la rémunération qui aurait été accordé, cela même si les sommes n'ont pas encore été versées[37].

931. – *Contenu de la rémunération.* Puisque le président est nécessairement administrateur, il peut recevoir à ce titre une rémunération particulière (V. *supra*, n° 892), à laquelle il faut ajouter le cas échéant les rémunérations perçues au titre des conseils où il représente la société. En outre, la qualité de président ouvre droit à une rémunération spéciale fixée par le conseil (C. com., art. L. 225-47, al. 1er), qui peut s'accompagner d'avantages en nature (V. *infra*, n° 958). Le président peut également

(37) Cass. com., 10 févr. 2009, n° 08-12.564, PB : *BRDA* 4/2009, n° 1 ; *BJS* 2009, § 110, p. 556, note P. Le Cannu ; *JCP* E 2009, 31-34, n° 5, obs. Fl. Deboissy et G. Wicker ; le conseil de surveillance d'une SA avait révoqué le président du directoire et attribué une prime de résultat aux autres membres du directoire ; quatre mois plus tard, alors que la prime n'avait pas encore été versée, le conseil avait prétendu la supprimer rétroactivement ; cette décision est sans effet ; la solution, bien que concernant une société à directoire, vaut tout autant pour une société à conseil d'administration.

bénéficier de stock-options (V. *infra*, n°s 1346 et s.) ou d'attribution d'actions gratuites (V. *infra*, n°s 1363 et s.). Si le président est aussi directeur général de la société, il a droit à une rémunération au titre de cette seconde fonction (V. *infra*, n° 958). S'il bénéficie en outre d'un contrat de travail effectif, le président peut percevoir un salaire (V. *infra*, n° 932). La rémunération du président est soumise à diverses mesures de publicité (V. *infra*, n° 1021) ; en cas d'excès ou d'abus, différentes sanctions trouvent à s'appliquer (V. *infra*, n° 989).

b) Le cumul avec un contrat de travail

932. - *Conditions du cumul.* Aucun texte ni aucun principe n'interdisent le cumul des fonctions de président avec celles de salarié de la société (sur le principe de non-cumul retenu par le code AFEP-MEDEF, V. *supra*, n° 921). Mais les conditions posées à l'égard des administrateurs valent pour le président : impossibilité, sauf dans les PME, pour un président en fonction de devenir salarié ; limitation au tiers des administrateurs salariés ; emploi effectif et subordonné (V. *supra*, n°s 900 et s.). S'agissant du lien de subordination, la jurisprudence se montre très attentive en tenant notamment compte du pourcentage de participation du président dans le capital social (V. *infra*, n° 971).

933. - *Procédure des conventions réglementées.* La conclusion du contrat de travail n'est pas soumise à la procédure des conventions réglementées lorsqu'elle est antérieure à la prise de fonction (C. com., art. L. 225-38) ; en revanche, toute modification du contrat de travail suppose le respect de cette procédure (V. *infra*, n° 972).

2° Le statut fiscal et social

934. - *Assimilation à un salarié.* Quand bien même le président posséderait 99 % du capital social, il bénéficie du même statut fiscal et social que les salariés, ce qui est avantageux :

– déduction de 10 % pour frais professionnels, sauf option pour les frais réels (sur les conséquences fiscales d'une rémunération excessive, V. *infra*, n° 989) ;

– même couverture sociale que les salariés, à l'exclusion du risque de chômage.

Au regard de l'impôt sur la fortune immobilière, la fonction de président ouvre droit au régime de l'exonération des biens professionnels (CGI, art. 975 III).

C. – Le remplaçant du président : l'administrateur délégué[38]

935. - En cas de décès ou d'empêchement temporaire, le conseil peut désigner un administrateur délégué afin de remplacer le président (C. com., art. L. 225-50). L'administrateur étant délégué « dans les fonctions de président » et celles-ci n'englobant plus la direction générale de la société, il faut en déduire qu'il se substitue à ce dernier dans ses seules fonctions de président, l'intéressé tiendrait-il également le rôle de directeur général[39]. La délégation est consentie pour une période déterminée ; en cas de décès, l'administrateur délégué demeure en poste jusqu'à l'élection du nouveau président.

(38) A. Viandier, *L'administrateur délégué* : *D. affaires* 1996, p. 311.
(39) A. Viandier et A. Charveriat, *Sociétés et loi NRE*, éd. Francis Lefebvre, 2002, n° 154.

D. – La fin des fonctions

936. – Le président est désigné pour le temps de son mandat d'administrateur, six ans au plus, et est rééligible. Sauf réélection, le terme de son mandat d'administrateur marque également le terme de son mandat de président. D'autres événements mettent fin à ses fonctions : décès, atteinte de la limite d'âge, démission (V. *supra*, n° 888 et *infra*, n° 992). Comme pour les administrateurs, c'est la révocation qui cristallise le gros du contentieux.

1° Le principe de la révocation *ad nutum*

937. – *Principe.* Le président, qu'il assume ou non les fonctions de directeur général, est assis sur un siège éjectable ; il est révocable à tout moment sur décision du conseil d'administration (C. com., art. L. 225-47, al. 3). Il l'est également par l'assemblée générale – ordinaire ou extraordinaire – laquelle peut lui enlever sa qualité d'administrateur et faire tomber, par ricochet, sa qualité de président. On résume sa situation en disant qu'il est révocable *ad nutum*, sur un signe de tête.

938. – *Conséquences.* La révocation *ad nutum* emporte trois conséquences :

– *le dirigeant peut être démis de ses fonctions sans juste motif* ; les tribunaux refusent de contrôler les motifs de la révocation qui n'ont pas à être justes (pour la révocation d'une dirigeante enceinte, V. *infra*, n° 988) ;

– *le dirigeant peut être démis de ses fonctions sans préavis*, mais il doit avoir été mis en mesure de s'expliquer, ce qui suppose qu'il ait eu connaissance des motifs de sa révocation (V. *infra*, nos 942 et s.) ;

– *le dirigeant n'a en principe droit à aucune indemnité* ; des tempéraments existent toutefois (V. *infra*, nos 940 et s.).

939. – *Règle d'ordre public.* La règle de la révocation *ad nutum* est d'ordre public ; toute clause contraire est réputée non écrite (C. com., art. L. 225-47, al. 3), d'où, en principe, l'inefficacité des dispositions, statutaires ou extrastatutaires[40], qui pourraient dissuader les actionnaires d'exercer leur droit de révocation : durée déterminée du mandat[41], respect d'un préavis, garantie d'emploi[42], stipulation d'un pacte d'actionnaires prévoyant une autorisation préalable[43], engagement de racheter les actions de l'intéressé pour un montant important et injustifié, engagement de verser une indemnité exorbitante[44]... Toutefois, la jurisprudence ne censure de tels

(40) Est illicite la stipulation insérée dans un pacte d'actionnaires ayant pour effet de porter atteinte à la libre révocabilité des dirigeants ; par suite, n'engage pas sa responsabilité l'actionnaire qui vote la révocation d'un administrateur en méconnaissance de cette stipulation : Cass. com., 26 avr. 2017, n° 15-12.888 : *BJS* 2017, p. 532, note T. de Ravel d'Esclapon ; *Dr. sociétés* 2017, n° 124, obs. J. Heinich ; *Rev. sociétés* 2018, p. 107, note E. Schlumberger.

(41) CA Paris, 11 févr. 1994 : *RJDA* 1994, p. 324 ; convention entre actionnaires prévoyant l'irrévocabilité du président pendant cinq ans.

(42) Cass. com., 3 mai 1995 : *RJDA* 1995, p. 878 ; engagement souscrit au nom de la société par les actionnaires de la majorité de maintenir dans ses fonctions de président le cédant, et, à défaut, de lui consentir un emploi salarié dans la société jusqu'à sa retraite.

(43) Pour agir en responsabilité contre les associés ayant décidé de mettre fin à ses fonctions d'administrateur, un PDG invoquait la clause d'un pacte d'actionnaires prévoyant une autorisation préalable du conseil d'administration ; l'action est rejetée au motif qu'une telle clause a pour effet de limiter le droit de l'assemblée générale de révoquer à tout moment un administrateur : Cass. com., 14 mai 2013, n° 11-22.845, PB : *BJS* 2013, p. 634, note A. Gaudemet ; *D.* 2013, p. 2319, note B. Dondero ; *Dr. sociétés* 2014, n° 157, obs. M. Roussille ; *Rev. sociétés* 2013, p. 566, note B. Saintourens.

(44) Cass. com., 14 juin 2005 : *RJDA* 11/2005, n° 1237 ; indemnité de douze mois de salaires jugée dissuasive et abusive compte tenu des mauvais résultats sociaux.

engagements que si leur importance est de nature à dissuader la société de révoquer le président (V. *infra*, n° 947).

2° Les hypothèses d'indemnisation

a) L'indemnisation judiciaire

940. – *Révocation injurieuse ou vexatoire.* Si le juge ne peut se fonder sur les motifs de la révocation pour octroyer des dommages et intérêts au dirigeant limogé, il peut apprécier les circonstances de celle-ci. Les dirigeants destitués réclament, et parfois obtiennent, des dommages et intérêts en raison du caractère abusif de la révocation. La révocabilité *ad nutum* n'autorise pas la malveillance et le dirigeant est fondé à réclamer des dommages-intérêts sur le fondement de l'article 1240 du Code civil si son éviction intervient dans des circonstances brutales, injurieuses ou vexatoires : publicité tapageuse, accusations diffamatoires, injures… coups et blessures. C'est la théorie de l'abus de droit qui justifie la réparation du préjudice subi par le dirigeant ainsi « traîné dans la boue ».

941. – **Exemples de révocation injurieuse ou vexatoire.**

• Le directeur général est contraint de vider son bureau de ses effets personnels avant même que la décision de révocation devienne effective, la révocation intervenant en outre dans des conditions portant atteinte à sa réputation auprès du personnel et du milieu bancaire avec lequel ses fonctions l'amenaient à travailler habituellement ; 35 000 € de dommages-intérêts (CA Paris, 28 janv. 2003 : *Juris-Data* n° 2003-202612).

• Le président (d'une SAS) est révoqué à 18 heures sans avoir eu la possibilité de s'expliquer lors du conseil ayant décidé cette mesure ; à 18 heures 20 l'intéressé, refusant de quitter les lieux, fait l'objet d'une tentative d'expulsion par un huissier de justice ; sollicités à 18 heures 45, les services de police refusent de procéder à l'évacuation en constatant qu'il s'agit d'un litige de droit privé ; le tout au su et à la vue du personnel, avec une publicité dans le milieu professionnel portant atteinte à l'honneur et à l'image professionnelle du dirigeant ; condamnation de la société et de l'actionnaire majoritaire à 150 000 € de dommages-intérêts (CA Paris, 13 oct. 2006 : *RJDA* 7/2007, n° 742).

• Le directeur général d'une SAS se voit notifier sa révocation sur le champ et sans explication ; il lui est interdit de récupérer ses affaires personnelles et de prendre congé de ses collaborateurs ; il lui est fait interdiction de revenir au siège et il est sommé de restituer l'ensemble de ses documents de travail ; il est immédiatement coupé de la transmission électronique de ses correspondances et mails ; dommages-intérêts de 50 000 € (CA Paris, 30 juin 2009 : *RJDA* 1/2010, n° 34).

• Un communiqué est publié dans la presse… avant que l'intéressé, en fonction depuis vingt ans, soit informé de sa révocation (CA Paris, 9 mars 2010 : *RJDA* 10/2010, n° 970) ;

• Le silence le plus absolu est gardé par la société sur le sort du dirigeant qui a pu légitimement penser qu'il serait renouvelé dans ses fonctions (CA Paris, 29 janv. 2013 : *BRDA* 4/2013, n° 3).

• Information de certains salariés par les actionnaires avant que la décision de révocation ne soit prise (CA Paris, 22 sept. 2015, n° 12/17403 : *RJDA* 12/2015, n° 839).

• Emploi de termes « abaissants et outrageants », témoignant d'une position manifestement humiliante à l'égard de la présidente révoquée ; condamnation personnelle de chacun des deux autres administrateurs à 5 000 € de dommages et intérêts (CA Paris, 30 juin 2016, n° 15/16033, *SA Cie des bateaux-mouches* : *BJS* 2017, p. 126, note S. Messaï-Bahri ; *Dr. sociétés* 2016, n° 208, obs. C. Coupet ; *Rev. sociétés* 2016, p. 743, note J.-P. Mattout).

942. – *Révocation déloyale.* Selon une jurisprudence aujourd'hui bien établie, le dirigeant remercié doit avoir été mis en mesure de présenter ses observations, faute de quoi il peut obtenir réparation du préjudice subi(45). Après avoir un temps évoqué le principe du contradictoire(46) (V. *supra*, n° 589), la jurisprudence fonde aujourd'hui l'indemnisation du dirigeant sur la violation d'une obligation de loyauté, ce qui semble plus exact. En effet, le principe de contradiction est à relier à l'examen du caractère abusif de la révocation : or l'absence de possibilité de contradiction – d'explication – est ici un élément d'appréciation d'une éventuelle brutalité, constitutive d'un abus, et non pas une règle de procédure autonome. Ainsi, la révocation est loyale dès lors que le dirigeant a été mis en mesure de débattre contradictoirement des motifs de son éviction(47), ce qui suppose qu'il en ait eu connaissance avant qu'il soit procédé au vote(48). En revanche, la révocation est déloyale lorsque les motifs dont le dirigeant a été informé et sur lesquels il a pu s'exprimer sont différents de ceux qui ont été ultérieurement invoqués à l'occasion d'une instance judiciaire pour justifier cette révocation(49).

943. – **Exemples de révocation loyale.**

Sous couvert du contrôle du caractère loyal de la révocation, les juges se contentent de condamner l'embuscade tendue au dirigeant. Tel n'est le cas dans les exemples suivants.

• Le conseil d'administration a été appelé à délibérer sur un ordre du jour particulièrement explicite portant sur l'examen d'une situation de blocage et l'intéressé a été entendu préalablement à la décision de révocation contestée (Cass. com., 11 mars 2014, n° 12-12.074 : *BJS* 2014, p. 387, note J.-J. Ansault).

• Le dirigeant a été informé de la révocation de ses mandats avant le conseil et les motifs de cette révocation ont pu être discutés contradictoirement pendant le conseil (Cass. com., 21 juin 2017, n° 15-21.685 : *BJS* 2017, p. 604, note

(45) V. not. Cass. com., 24 janv. 1998 : *JCP* E 1998, I, 1306, n° 6, obs. A. Viandier et J.-J. Caussain : révocation jugée abusive parce que « décidée sans [que l'intéressé] ait été mis en mesure de présenter préalablement ses observations ».

(46) P. Le Cannu, *Le principe de contradiction et la protection des dirigeants* : *BJS* 1996, p. 11. – B. Daille-Duclos, *L'application extensive du principe du contradictoire en droit des affaires* : *JCP* E 2000, p. 1990 et s.

(47) Cass. com., 29 mars 2011, n° 10-17.667 : *RJDA* 6/2011, n° 538 ; *Rev. sociétés* 2011, p. 563, note J.-F. Barbièri ; révocation d'un directeur général qui n'avait pas été mis en mesure de débattre contradictoirement des motifs de son éviction, ce qui lui a causé un préjudice moral devant être réparé.

(48) Cass. com., 14 mai 2013, n° 11-22.845, PB : *BJS* 2013, p. 634, note A. Gaudemet ; *D.* 2013, p. 2319, note B. Dondero ; *Dr. sociétés* 2014, n° 157, obs. M. Roussille ; *Rev. sociétés* 2013, p. 566, note B. Saintourens : cassation de l'arrêt d'appel ayant retenu que le principe de la contradiction suppose seulement que l'administrateur ait été mis en mesure de présenter ses observations préalablement à la décision de révocation sans rechercher s'il avait eu connaissance des motifs de sa révocation.

(49) Cass. com., 22 nov. 2016, n° 15-14.911 : *BJS* 2017, p. 224, note J.-J. Ansault ; *Dr. sociétés* 2017, n° 42, obs. J. Heinich ; *Rev. sociétés* 2017, p. 213, note P.-L. Perrin.

P. Kasparian ; *Dr. sociétés* 2017, n° 164, obs. J. Heinich. – V. égal., Cass. com., 26 avr. 2017, n° 15-12.560 : *Dr. sociétés* 2017, n° 122, obs. C. Coupet ; *Rev. sociétés* 2017, p. 413).

• L'intéressé a été averti, même de façon informelle, que la question de sa révocation allait être posée et ne pouvait donc ignorer que sa révocation allait être évoquée lors du conseil (Cass. com., 12 mai 2004 : *BJS* 2004, § 258, p. 1275).

• L'administrateur s'est lui-même exclu des débats et ne peut donc se plaindre d'avoir été écarté (Cass. com., 22 nov. 2016, n° 15-14.911 : *BJS* 2017, p. 224, note J.-J. Ansault ; *Dr. sociétés* 2017, n° 42, obs. J. Heinich ; *Rev. sociétés* 2017, p. 213, note P.-L. Perrin).

b) L'indemnisation conventionnelle

1) Les aspects juridiques

944. – La révocation du dirigeant – sauf caractère abusif – ne donne lieu à aucune indemnisation. Mais il est possible de prévoir une indemnité conventionnelle, appelée « parachute doré » (*golden parachute*)[50].

945. – *Quelle procédure ?* Pareille indemnisation peut être un élément du statut du dirigeant, défini dès son entrée en fonctions, par exemple par la résolution du conseil d'administration le nommant, ou ultérieurement. Lorsque le dirigeant est en même temps salarié, il n'est pas rare que sa protection soit organisée à l'échelon du contrat de travail : prévision d'un préavis de plusieurs mois, indemnité contractuelle de licenciement, etc. Quel que soit l'*instrumentum*, l'aspect conventionnel est indéniable, ce qui oblige à la soumettre à la procédure des conventions réglementées[51] (V. *infra*, n° 1038). Certes, la détermination du salaire du dirigeant échappe à cette procédure (V. *supra*, n° 930), mais cette indemnisation n'est pas à proprement parler un élément du salaire. L'observation de cette procédure a deux vertus : révéler l'existence de la promesse d'indemnisation aux actionnaires et permettre au commissaire aux comptes de formuler un avis. Les règles sont plus contraignantes dans les sociétés cotées (V. *infra*, n° 946).

946. – **L'encadrement des indemnités de départ dans les sociétés cotées.**

La pratique des indemnités de départ concerne au premier chef les sociétés cotées qui font l'objet depuis quelques années de scandales à répétition. On citera par exemple les indemnités versées en 2015 à son ancien dirigeant par la société Alcatel, entreprise fortement endettée et en perte de compétitivité dans son secteur : bien que réduit de moitié, ce « parachute doré » de 13,7 millions d'euros incluait une indemnité de non-concurrence conclue en juillet 2015, date à laquelle il était notoire que le dirigeant rejoindrait Altice, une société concurrente d'Alcatel.

(50) J. El Ahdad, *Les parachutes dorés et autres indemnités conventionnelles de départ des dirigeants : Rev. sociétés* 2004, p. 18.

(51) La convention par laquelle la société s'engage à verser à son directeur général une indemnité représentant une année de rémunération en cas de cessation de ses fonctions relève du régime des conventions réglementées et doit, à défaut d'autorisation du conseil, être annulée compte tenu de ses conséquences dommageables pour la société : Cass. com., 26 nov. 2013, n° 12-25.004 : *BJS* 2014, p. 169, note M. Roussille ; *Rev. sociétés* 2014, p. 387, note V. Thomas.

Cet exemple, pris parmi de nombreux autres, explique l'encadrement législatif des indemnités de départ dans les sociétés cotées. Sont notamment concernés les indemnités de révocation – entre dix-huit mois et trois ans le plus souvent –, les compléments de retraite, les indemnités versées en application d'une clause de non-concurrence (V. *supra*, n° 431), les avantages en nature postérieurs à la cessation des fonctions (automobile, secrétariat...), sans oublier les retraites dites « chapeau » (V. *infra*, n° 991). Outre le plafonnement de leur déductibilité fiscale (V. *supra*, n° 951) et leur publicité (V. *infra*, n° 1021), les indemnités de départ allouées aux dirigeants sociaux sont soumises à l'approbation des associés dans le cadre de la procédure de *say on pay* (V. *infra*, n°s 964 et s.).

947. – *Quelle validité ?* La question la plus délicate est celle de la conformité de l'indemnité au principe de la libre révocabilité des mandataires sociaux. La jurisprudence paraît avoir atteint un point d'équilibre : l'indemnisation, qui n'est pas par elle-même illicite, peut le devenir si elle a pour effet de dissuader les actionnaires d'exercer leur libre droit de révocation[(52)]. Tout est donc affaire de montant et de recherche du niveau au-delà duquel les actionnaires peuvent hésiter devant la dépense que constitue la décision de révocation. Les juges prennent généralement en compte les résultats passés de l'entreprise – des résultats pitoyables ne justifient pas la générosité – et, surtout, ils mesurent l'incidence du versement promis sur l'équilibre financier de la société[(53)].

Dans les grandes sociétés, le critère du montant n'est pas approprié et la somme prévue, même importante en valeur absolue, est infinitésimale compte tenu de la taille de l'entreprise. De là un autre critère qui doit prendre le relais et qui tient à la conformité aux usages : l'indemnité est-elle usuelle pour une entreprise de cette dimension ? Si les juges reconnaissent le caractère non dissuasif du montant promis, ils ne sauraient le réduire en se fondant sur l'article 1231-5 du Code civil ; en effet, l'indemnité n'a pas la nature d'une clause pénale puisque la société, par principe, n'a pas l'obligation de maintenir l'intéressé en fonctions.

La question ouvre une autre perspective, celle de la conformité à l'intérêt social (rappr. pour la fiscalité, *infra*, n° 950), car l'indemnité peut n'être pas dissuasive tout en étant contraire à l'intérêt social. C'est parfois le contrat conclu par la société avec le dirigeant qui soumet le versement de l'indemnité à l'absence de faute de ce dernier[(54)]. Même en l'absence de stipulation conventionnelle, le fait que la convention ait été autorisée par le conseil, puis approuvée par l'assemblée générale, ne dispense pas de s'interroger sur sa conformité à l'intérêt de la société, et chemin faisant de s'interroger sur la responsabilité civile des membres des organes sociaux ayant

(52) Cass. com., 26 mai 2004 : *JCP* E 2004, 1344, note A. Viandier : indemnité dissuasive, car égale à la moitié du bénéfice annuel de la société.

(53) Cass. com., 15 nov. 2011, n° 09-10.893 : *BJS* 2012, § 82, p. 122, note A. Couret ; *Dr. sociétés* 2012, n° 43, obs. D. Gallois-Cochet ; *JCP* E 2012, 1001, note A. Viandier ; versement d'une ampleur telle qu'il porte une atteinte majeure à l'équilibre financier de la société (SAS). – *Adde* CA Amiens, 8 mars 2011 : *JCP* E 2011, 1429, note D. Gallois-Cochet ; indemnité exorbitante au regard du résultat (négatif) même si la somme est dérisoire au regard du chiffre d'affaires.

(54) Cass. com., 5 juill. 2016, n° 14-23.904 : *Dr. sociétés* 2016, n° 207, obs. C. Coupet ; *Rev. sociétés* 2016, p. 601, note D. Schmidt ; faute grave du directeur général rendant impossible son maintien en fonction et le privant de toute indemnité de départ selon les termes du contrat conclu avec la société.

accordé l'indemnisation[55]. Mais la simple contrariété à l'intérêt social ne constitue pas en tant que telle une cause de nullité de la délibération sociale ; encore faut-il rattacher cette nullité à une cause de nullité des contrats, abus, fraude ou but illicite (V. *supra*, n° 736).

948. – *Quelle stabilité* ? L'engagement d'indemnisation est-il pérenne ? La question paraît saugrenue : les conventions faisant la loi des parties, l'indemnité promise doit être versée lorsque les conditions de son versement sont satisfaites. Cependant, il faut compter, par exemple, avec la mauvaise santé financière de la société ou la découverte de faits préoccupants concernant la gestion passée du dirigeant. Ainsi, les tribunaux raisonnant sur des compléments de retraite et des avantages en nature ont admis la possibilité de supprimer les avantages accordés, notamment en raison des difficultés économiques de la société ou de la perte de confiance de la société à l'égard du bénéficiaire[56], ou encore si les formalités requises n'avaient pas été respectées (V. *infra*, n° 991).

949. – *Quel avenir* ? C'est un euphémisme que de dire que les parachutes dorés ont très mauvaise presse. Et, la crise aidant, il n'est pas incongru de dénoncer des arrangements qui aboutissent parfois à récompenser… l'échec. Deux organisations professionnelles, l'AFEP et le MEDEF, ont tenté de répondre à l'émotion suscitée par certains scandales en édictant une série de recommandations (V. *supra*, n° 921). Parmi celles-ci figurent la suppression du cumul contrat de travail/mandat social, qui permet parfois au bénéficiaire de jouir d'un double parachute, mais aussi le plafonnement à deux ans de rémunération des indemnités de départ ainsi que l'encadrement des retraites complémentaires des dirigeants et des indemnités de non-concurrence. Ces suggestions sont dépourvues de force obligatoire ; cependant, la très grande majorité des sociétés concernées ont décidé de les appliquer.

2) Les aspects fiscaux

950. – *Côté dirigeant*, les indemnités perçues à l'occasion de la cessation de ses fonctions sont en principe imposables (CGI, art. 80 duodecies) mais elles sont exonérées dans la limite de trois fois le plafond annuel de la sécurité sociale (123 408 € pour 2021).

951. – *Côté société*, les sommes sont déductibles dès lors que la rémunération correspond à un travail effectif et qu'elle n'est pas excessive (CGI, art. 39, 1, 1°) ; il faut donc vérifier si le versement est conforme à l'intérêt de la société, dans son principe comme dans son montant[57] (V. *infra*, n° 989).

(55) Pour une tentative de mise en cause de la responsabilité du nouveau directeur général ayant effectué le versement de l'indemnité contractuelle, laquelle avait été approuvée par l'assemblée générale des actionnaires : CA Versailles, 12 mai 2010 : *RJDA* 10/2010, n° 964.

(56) Cass. com., 14 déc. 2004 : *RJDA* 2005, n° 406 ; *JCP* E 2005, 1834, n° 5, obs. J.-J. Caussain, Fl. Deboissy et G. Wicker : l'ancien président de la société Elf bénéficiait d'un secrétariat, d'une automobile et d'un chauffeur en contrepartie de l'assistance et de l'expérience qu'il était appelé à apporter ; ces avantages lui furent retirés au motif des diverses procédures liées à ce que l'on désigne pudiquement l'affaire *Elf* ; l'intéressé demanda le rétablissement des avantages ; il fut débouté en considération du fait que ces procédures étaient exclusives du lien de confiance conditionnant la fourniture de ladite assistance.

(57) CE, 9 avr. 1999 : *RTD com.* 2000, p. 214, obs. Fl. Deboissy : déductibilité de l'indemnité versée au PDG révoqué au motif que le versement a eu pour but de permettre à la société, en gardant l'ancien dirigeant à son service comme

Dans les sociétés cotées, une règle spéciale de plafonnement s'applique aux indemnités ou avantages alloués aux président, directeur général ou directeur général délégué à raison de la cessation ou du changement de fonctions (indemnités de départ, retraites chapeau, indemnités de non-concurrence, stock-options...) : les sommes ne sont déductibles que dans la limite de trois fois le plafond annuel de la sécurité sociale par bénéficiaire (123 408 € pour 2021) (CGI, art. 39, 5 bis).

§ 3. – Le directeur général et les directeurs généraux délégués

952. – Le directeur général est à la fois le chef d'entreprise et le représentant légal de la société : c'est le vrai patron de la société. Il peut de surcroît présider le conseil d'administration lorsque les deux fonctions n'ont pas été dissociées (V. *supra*, n° 861).

953. – *Ni commerçant, ni salarié.* Il est avéré que le directeur général n'a pas la qualité de commerçant, encore qu'il en possède certaines prérogatives (il est électeur et éligible à la chambre de commerce et au tribunal de commerce), et surtout qu'il en subisse certaines servitudes : ainsi, en cas de procédure collective ouverte contre la société, il est exposé à certaines sanctions (V. *supra*, n°s 494 et s.) ; également, s'il est étranger, il est soumis aux règles de capacité requises pour exercer une activité commerciale (V. *supra*, n° 192) (V. pour les majeurs protégés, *infra*, n° 994). Il est également certain qu'il n'a pas, à raison de ses fonctions, la qualité de salarié ; il ne bénéficie donc d'aucune des mesures de protection offertes par le droit du travail, d'où par exemple l'incompétence du conseil des prud'hommes à son endroit.

954. – *Mandataire et représentant légal.* S'agissant des relations avec les actionnaires, il peut être qualifié de mandataire social, ce qui justifie sa révocabilité, sa responsabilité et son obligation de rendre périodiquement compte de sa gestion. S'agissant des relations avec les tiers, il a la qualité de représentant légal de la société (V. *supra*, n° 436).

955. – **Directeur général, directeur général délégué, directeur général unique et directeur technique : gare aux confusions.**

On prendra garde à ne pas confondre les personnes suivantes :

– le directeur *général* assume, comme son nom l'indique, la direction générale de la SA ;

– le directeur général *délégué* assiste le directeur général (V. *infra*, n°s 975 et s.) ;

– le titre de directeur général *unique* est utilisé lorsqu'une seule personne exerce les fonctions dévolues au directoire dans la SA de type nouveau (V. *infra*, n° 1103) ; par ailleurs, lorsque les statuts prévoient que le pouvoir de représentation est attribué à un ou plusieurs membres du directoire autres que le président, ceux-ci portent le titre de directeurs généraux (V. *infra*, n° 1126) ;

– le directeur *technique*, contrairement aux personnes précédentes, n'est pas un dirigeant mais un salarié, cadre supérieur de la société (V. *infra*, n° 975).

directeur commercial, de conserver la clientèle attachée à la famille et d'éviter tout litige susceptible de résulter de la baisse de sa rémunération.

A. – La nomination

956. – *Pouvoir de nomination.* C'est le conseil, et non l'assemblée, qui désigne le directeur général (C. com., art. L. 225-51-1) ; toute clause contraire serait nulle.

957. – *Conditions de nomination.* La loi impose certaines qualités aux candidats :

– le directeur général est nécessairement une personne physique (C. com., art. L. 225-51-1) ;

– il ne doit pas être âgé de plus de soixante-cinq ans, mais les statuts peuvent déroger à cette condition d'âge (C. com., art. L. 225-54) ;

– il ne doit pas faire l'objet d'une mesure de tutelle (V. *infra*, n° 994) ;

– une même personne ne peut exercer simultanément plus d'un mandat de directeur général ou de membre du directoire de sociétés anonymes ayant leur siège sur le territoire français (C. com., art. L. 225-54-1)(58) ; par exception, un deuxième mandat peut être exercé dans une filiale contrôlée au sens de l'article L. 233-16 (V. *infra*, n° 2475) ; un deuxième mandat peut également être exercé dans une autre société, à condition que cette dernière ne soit pas cotée ;

– le directeur général peut, sauf exigence statutaire, ne pas être administrateur ; il est ainsi possible de faire appel à un tiers sans avoir à se préoccuper de lui faire acquérir ou de lui prêter des actions de la société.

B. – La rémunération

1° Aspects juridiques

a) Les formes de la rémunération

958. – *Les modalités de rémunération* sont variables ; on rencontre même des directions générales non rémunérées (V. *infra*, n° 989). Habituellement, la rémunération comprend une partie fixe et une partie variable constituée d'un intéressement à la progression des affaires (pourcentage des bénéfices, voire du chiffre d'affaires). S'y ajoutent parfois les avantages en nature, tels que logement et voiture de fonction, garde-robe, assurance-vie au profit du conjoint des enfants, complément de retraite (V. *infra*, n° 991), inscription au Cercle ou au club de golf, loge à l'Opéra, croisière de formation, chirurgie esthétique… ; attention cependant au risque pénal d'abus de biens sociaux en cas de prise en charge de dépenses purement privées étrangères à l'intérêt de la société (V. *infra*, n°s 1065 et s.). Les options de souscription ou d'achat d'actions peuvent de même constituer un substantiel complément de rémunération bénéficiant d'un régime fiscal attrayant (V. *infra*, n°s 1346 et s.), de même que des attributions d'actions gratuites (V. *infra*, n°s 1363 et s.). S'il cumule sa fonction avec un contrat de travail, le directeur général peut percevoir un salaire (V. *infra*, n° 969). S'il a la qualité d'administrateur, il reçoit également une rémunération à ce titre (V. *supra*, n° 892).

959. – *Publicité.* Comme celle du président, la rémunération du directeur général doit être publiée (V. *infra*, n° 1021).

(58) Des règles plus strictes sont conçues pour le cumul des fonctions de direction dans les établissements financiers (C. monét. fin., art. L. 511-52 et L. 533-26).

b) *La procédure de fixation de la rémunération dans les sociétés non cotées*

960. – *Compétence du conseil d'administration.* C'est au conseil d'administration de déterminer la rémunération du directeur général (C. com., art. L. 225-53, al. 3), sans intervention des associés.

961. – *Compétence préalable.* La compétence du conseil d'administration est préalable. Un dirigeant l'a appris à ses dépens qui estimait suffisante une ratification *a posteriori* du conseil d'administration ; il fut condamné à restituer les rémunérations indûment perçues[59]. Autre conséquence, faute de décision préalable du conseil d'administration, le complément de rémunération alloué au dirigeant ne constitue pas une charge déductible des résultats de la société[60].

962. – *Compétence exclusive.* La compétence du conseil est exclusive, ce qui condamne la pratique largement répandue qui confie à un comité *ad hoc* le soin de déterminer la rémunération du directeur général là où le comité ne doit avoir qu'un rôle consultatif (V. *supra*, n° 925)[61]. Le fait pour le dirigeant de s'assurer le contrôle d'un tel comité, dans son intérêt personnel, en ne mettant pas en mesure le conseil d'administration de remplir sa mission peut être constitutif du délit pénal d'abus de pouvoir (V. *infra*, n° 1069).

963. – La fixation de la rémunération n'entre pas dans le champ des conventions réglementées.

> Pour la Cour de cassation, la fixation de la rémunération du PDG n'entre pas dans le champ des conventions réglementées à raison de son caractère unilatéral (V. *infra*, n°s 1033 et s.), exclusif de toute convention. Il s'agit là d'une vue bien théorique des choses car, en fait, une véritable négociation s'instaure en vue d'aboutir à un accord de volonté créant des effets de droit. Même si son fondement est contestable, la solution est en revanche heureuse. On comprend bien la mise à l'écart de la procédure des conventions réglementées : il n'y aurait guère de sens à soumettre à l'autorisation préalable du conseil une convention… pour laquelle cet organe a seul compétence.

c) *La procédure de fixation de la rémunération dans les sociétés cotées*

964. – *Covid.* Certains excès et abus sont parfois constatés dans la fixation du montant des rémunérations de dirigeants de sociétés cotées (V. *infra*, n° 989). On notera cependant qu'avec la pandémie Covid-19, de nombreux dirigeants de grandes sociétés cotées ont accepté spontanément de renoncer à une partie de leur rémunération ou, à tout le moins, d'en suspendre le versement. Nouvel exemple du jeu de la *soft law* ou *soft power* en droit des sociétés (V. *supra*, n° 921), cette mesure

(59) Cass. com., 15 déc. 1987 : *BJS* 1988, p. 80. – V. A. Picand-L'Amérec, *L'autorémunération du président du conseil d'administration* : *BJS* 1988, p. 319.

(60) CAA Bordeaux, 10 avr. 2001 : *Dr. fisc.* 2002, n° 7, comm. 124, concl. M. Heinis. – CE, 6 avr. 2001 : *Dr. fisc.* 2002, n° 526.

(61) Cass. com., 11 oct. 2005 : *JCP* E 2005, 1796, note H. Hovasse ; *JCP* E 2005, 1834, n° 4, obs. J.-J. Caussain, Fl. Deboissy et G. Wicker : un comité *ad hoc* avait attribué un complément de retraite au président du conseil d'administration, sans qu'il y ait eu délibération de cette instance ; l'irrégularité commise justifie le refus de la société de verser le complément de retraite.

n'a pas été imposée par l'État comme condition de son soutien (comp. en matière de dividendes et rachats d'actions, *infra*, n° 1212) mais procède de simples recommandations de place. Ainsi, l'AFEP a demandé aux dirigeants mandataires sociaux de réduire de 25 % leur rémunération globale pour 2020 tant que des salariés de leur entreprise seront en chômage partiel, les rémunérations non payées étant versées à des actions de solidarité nationale en relation avec le Covid-19. La BCE est également intervenue pour inviter à une extrême modération dans le versement des rémunérations variables des banquiers.

965. – *Say on pay*. De façon plus pérenne, la solution consiste à donner aux actionnaires la possibilité d'émettre un avis sur la rémunération des dirigeants, ce que l'on dénomme la règle *say on pay* (« avis sur les rémunérations »)[62]. En France, la règle, initialement simplement prévue par le Code de gouvernement d'entreprise des sociétés cotées AFEP-MEDEF (V. *supra*, n° 921), a acquis un caractère contraignant avec la loi dite « Sapin 2 » du 9 décembre 2016[63], puis a été élargie avec la loi Pacte du 22 mai 2019[64] afin de mettre le droit français en conformité avec la directive du 17 mai 2017 concernant les droits des actionnaires de sociétés cotées. Une ordonnance n° 2019-1234 a été adoptée à cette fin le 27 novembre 2019, complétée par un décret n° 2019-1234 du même jour[65] (C. com., art. L. 22-10-8 et L. 22-10-34, créé Ord. n° 2020-1142, 16 sept. 2020 ; R. 22-10-14 et R. 22-10-18, créés D. n° 2020-1742, 29 déc. 2020).

966. – *Domaine du say on pay*. La consultation des associés, qui ne concernait initialement que les SA cotées, a été élargie aux SCA cotées. Tous les mandataires sociaux sont désormais visés : président, directeurs généraux, directeurs généraux délégués, mais également administrateurs et membres du conseil de surveillance. Toutes les formes de rémunérations sont concernées, fixes, variables ou exceptionnelles, y compris les indemnités versées à raison de la cessation des fonctions (V. *infra*, n° 991).

967. – *Modalités du say on pay*. La consultation des associés est double : ils doivent se prononcer *a priori* sur la politique de rémunération des dirigeants et *a posteriori* sur l'information en matière de rémunération et sur les rémunérations attribuées ou versées.

Ex ante, chaque année, la politique de rémunération des mandataires sociaux arrêtée par le conseil doit faire l'objet d'une résolution soumise à l'approbation de l'assemblée générale des actionnaires. La politique ainsi définie, ce qui recouvre les

(62) F. Barrière, *La rémunération des dirigeants sociaux : un encadrement évolutif* : *Dr. sociétés* oct. 2013, étude 18. – N. Cuzacq, *De l'éthique de la rémunération à la rémunération éthique du dirigeant* : BJS 2013, p. 673. – C. Granier, *L'attrait du droit souple dans l'encadrement de la rémunération des dirigeants sociaux* : *Rev. sociétés* 2016, p. 207. – S. Torck, *Rémunérations des dirigeants de sociétés cotées : la régulation plutôt que la moralisation* : *Dr. sociétés* 2013, comm. 163. – A. Viandier, *L'avis consultatif de l'assemblée des actionnaires sur la rémunération des dirigeants sociaux* : JCP E 2013, 1416.

(63) H. Le Nabasque, *Le champ d'application du nouveau say on pay* : BJS 2017, p. 263. – P. Portier, *L'encadrement des rémunérations des dirigeants de sociétés cotées dans la loi Sapin 2* : BJS 2017, p. 81.

(64) C. Coupet, *Loi pacte : l'encadrement de la rémunération des dirigeants, entre libéralisation et renforcement* : JCP E 2019, 1319.

(65) A. Couret, *La rémunération des mandataires sociaux des sociétés cotées* : JCP E 2019, 1561. – J.-F. Hamelin, *L'éternelle réforme de la rémunération des dirigeants de sociétés cotées* : *Dr. sociétés* janv. 2020, n° 5. – E. Schlumberger, *Le nouveau say on pay, suite et… fin ?* : BJS févr. 2020, p. 15.

principes comme les critères de détermination des rémunérations des mandataires sociaux, doit être conforme à l'intérêt social de la société, contribuer à sa pérennité et s'inscrire dans sa stratégie commerciale ; elle doit être présentée dans le rapport sur le gouvernement d'entreprise (V. *infra*, n° 1021). L'approbation de l'assemblée générale est également requise pour toute modification des éléments de la rémunération des dirigeants susvisés, ainsi qu'à chaque renouvellement du mandat. Si l'assemblée générale approuve cette politique de rémunération, elle s'impose au conseil d'administration ou au conseil de surveillance lorsqu'il attribue une rémunération à un mandataire social, l'intéressé ne pouvant prendre part au vote ; toute attribution d'une rémunération non conforme à la politique ainsi approuvée est sanctionnée par la nullité. Si l'assemblée générale refuse d'approuver la résolution qui lui est soumise, on s'en tient au *statu quo ante*.

Ex post, autrement dit l'année suivante, l'assemblée générale est consultée sur deux questions distinctes. D'une part, les associés doivent se prononcer sur les informations devant figurer dans le rapport sur le gouvernement d'entreprise (V. *infra*, n° 1021), lesquelles doivent fournir une vue d'ensemble complète sur les rémunérations octroyées ; faute d'approbation, le conseil doit présenter à la prochaine assemblée générale une politique révisée, toute rémunération fixe individuelle étant dans l'attente purement et simplement suspendue. D'autre part, les associés doivent se prononcer, par une résolution distincte pour chacun des dirigeants concernés, sur les rémunérations versées au titre de l'exercice antérieur.

2° Aspects fiscaux et sociaux

968. – *Assimilation à un salarié.* Comme le président du conseil d'administration, le directeur général bénéficie du même statut fiscal et social que les salariés (V. *supra*, n° 934). La fonction de directeur général ouvre droit en matière d'impôt sur la fortune immobilière au régime d'exonération des biens professionnels (CGI, art. 975 III). Pour alléger les charges fiscales et sociales du dirigeant, la pratique a recours à des conventions de management, dont la validité a parfois été remise en cause par les tribunaux (V. *infra*, n°s 1050 et 2440).

C. – Le cumul avec un contrat de travail

969. – *Si le directeur général est membre du conseil d'administration*, les conditions posées à l'égard des administrateurs lui sont applicables (sur le principe du non-cumul retenu par le code AFEP-MEDEF, V. *supra*, n° 921) : impossibilité en principe pour un directeur général en fonction de devenir salarié, limitation au tiers des administrateurs salariés, emploi effectif et subordonné (V. *supra*, n°s 900 et s.).

970. – *Si le directeur général n'est pas membre du conseil d'administration*, la seule condition tient à l'existence d'un emploi effectif et subordonné ; en particulier, la règle de l'antériorité du contrat de travail ne semble pas être applicable. Si la conclusion du contrat de travail est postérieure à la prise de fonctions de directeur général, elle est soumise à la procédure des conventions réglementées (V. *infra*, n° 1038).

971. – *S'agissant du lien de subordination*, la jurisprudence se montre très attentive. Ainsi, la maîtrise du capital par l'intéressé est incompatible avec l'existence d'un lien de subordination ; la solution semble acquise en ce qui concerne les gérants majoritaires de SARL (V. *infra*, n° 1734) ; elle vaut pour les mêmes raisons à l'encontre du directeur général majoritaire d'une SA[66]. L'objection tombe si le directeur général ne détient qu'une participation minoritaire. Il en est ainsi lorsque les actionnaires de contrôle de la société demandent à l'un des cadres d'en prendre la direction tout en conservant ses fonctions salariées antérieures. Sa liberté d'action n'est que relative et il doit prendre les directives de ses mandants pour les décisions importantes.

972. - *Terminons par deux précisions* :

- toutes les modifications du contrat de travail, une augmentation de salaire ou l'octroi d'un complément de retraite, doivent être soumises aux formalités applicables aux conventions réglementées (V. *infra*, n° 1038) ; il est donc plus simple d'augmenter la rémunération allouée ès qualités de directeur général – qui procède d'une décision unilatérale – que celle allouée ès qualités de salarié – qui procède d'une modification du contrat ;
- ni l'assemblée ni le conseil n'ont compétence pour licencier un salarié ; en cas de cumul des fonctions, c'est donc le directeur général seul qui a qualité pour se licencier lui-même ; la marche à suivre est la suivante : le conseil révoque le directeur général et le successeur licencie le salarié déchu.

D. – La fin des fonctions

973. - La *durée des fonctions* du directeur général est fixée par le conseil d'administration. Contrairement à la règle qui vaut pour le président, lorsque le directeur général est membre du conseil d'administration, la durée de ses fonctions n'est pas calquée sur la durée de son mandat d'administrateur. D'autres événements mettent fin à ses fonctions : décès, arrivée de la limite d'âge, démission (V. *supra*, n° 888 et *infra*, n° 992), révocation.

974. - *Révocation*. Le directeur général est révocable à tout moment par le conseil d'administration (C. com., art. L. 225-55, al. 1er).

Lorsque le directeur général assume les fonctions de président, il est révocable *ad nutum* sans qu'un motif soit exigé (V. *supra*, n°s 937 et s.).

En revanche, lorsque les fonctions de président et de directeur général sont dissociées, si la révocation est décidée sans juste motif, elle peut donner lieu à des dommages et intérêts (C. com., art. L. 225-55). S'agissant de l'appréciation du juste motif de révocation, il y a lieu de se reporter à la jurisprudence développée à propos des membres du directoire et des gérants de SARL (V. *infra*, n° 1735). Outre l'argument tiré de l'absence de juste motif, le directeur général peut également invoquer le caractère déloyal de sa révocation, par exemple s'il n'a pas été mis en mesure de présenter ses observations (V. *supra*, n° 940). Ainsi, malgré l'emploi de la formule « à tout moment » utilisée par l'article L. 225-55, le directeur général doit être mis en mesure de présenter ses observations préalablement à sa révocation ; il peut

(66) Le président du conseil d'administration d'une SA, qui assure la direction de la société et qui est détenteur avec son frère de la majorité des actions, n'est pas dans un état de subordination permettant de caractériser l'existence d'un contrat de travail : Cass. soc., 29 juin 2017, n° 16-15.814 : *Dr. sociétés* 2017, n° 189, obs. J. Heinich.

également obtenir des dommages-intérêts si sa révocation est intervenue dans des circonstances injurieuses ou vexatoires. Une indemnité conventionnelle est envisageable ; elle obéit aux mêmes règles que celle attribuée au président (V. *supra*, nos 944 et s.).

E. – L'assistance du directeur général : le directeur général délégué

1° La distinction d'avec les directeurs techniques

975. – Rien n'est plus ambigu que le titre de directeur (V. *supra*, n° 955). Ainsi, il ne faut pas confondre le directeur général délégué (c'est un mandataire social désigné par le conseil d'administration) et les directeurs techniques (ce sont des cadres supérieurs salariés embauchés par le directeur général). Le premier est la doublure du directeur général ; les seconds ne sont pas des mandataires sociaux, mais des salariés, bénéficiant de toutes les garanties attachées à cette qualité, à qui la responsabilité d'un service a été confiée : directeur financier, directeur juridique, directeur comptable, directeur de la production, directeur de la communication… Le comble de la confusion est atteint lorsqu'un directeur technique est appelé directeur général adjoint, ce qui ne veut juridiquement rien dire(67).

976. – Les directeurs techniques n'ont pas la qualité de représentant légal de la société (V. *supra*, n° 436)(68), même s'ils bénéficient de délégations de pouvoirs dans des domaines bien délimités qui leur confèrent seulement la qualité de représentants conventionnels (V. *supra*, n° 446). À l'opposé, le directeur général délégué est un mandataire social qui assiste le directeur général et dispose du pouvoir légal de représenter la société à l'égard des tiers (V. *infra*, n° 986).

2° La nomination du directeur général délégué

977. – *Procédure de nomination.* Sur proposition du directeur général, le conseil d'administration peut nommer une ou plusieurs personnes physiques chargées d'assister le directeur général avec le titre de directeur général délégué (V. sur la féminisation des fonctions de directeur général délégué, *infra* n° 988).

978. – *Nombre.* Le nombre maximum de directeurs généraux délégués est fixé par les statuts ; en tout état de cause, il ne peut pas être supérieur à cinq (C. com., art. L. 225-53). La désignation d'un directeur général délégué est facultative.

979. – *Conditions.* Les conditions à remplir sont les suivantes :

– être une personne physique (C. com., art. L. 225-53) ;

– satisfaire à différentes règles de capacité (pour la capacité des étrangers, V. *supra*, n° 192) ;

– ne pas faire l'objet d'une mesure de tutelle (V. *infra*, n° 994) ;

– ne pas être âgé de plus de soixante-cinq ans, sauf dérogation statutaire (C. com., art. L. 225-54).

(67) Sur la question plus large du statut du « cadre dirigeant », V. A. Couret et B. Dondero, *L'organisation du pouvoir dans les sociétés entre salariat et mandat social : la question du cadre dirigeant* : *JCP* E 2012, 1175.

(68) CA Dijon, 28 nov. 2003 : *Dr. sociétés* mars 2004, n° 47, obs. J. Monnet : inopposabilité à la société d'un bail signé par le directeur des ventes, simple préposé.

En revanche, il n'est pas nécessaire d'être actionnaire ni d'être administrateur. Le nombre de mandats de directeurs généraux délégués susceptibles d'être détenus n'est pas plafonné.

3° Le statut du directeur général délégué

980. - *Cumul avec un contrat de travail.* Le cumul d'un mandat de directeur général délégué et d'un contrat de travail est envisageable, à condition que les deux fonctions soient nettement distinguées et qu'il y ait une véritable subordination de l'intéressé(69) (sur le principe de non-cumul retenu par le code AFEP-MEDEF, V. *supra,* n° 921). Si le directeur général délégué est membre du conseil d'administration, les conditions prévues pour les administrateurs lui sont applicables (V. *supra,* n° 906). À l'inverse, quand il n'est pas administrateur, il convient sans doute d'admettre, comme pour le directeur général non-administrateur (V. *supra,* n° 970), qu'aucune condition d'antériorité n'est exigée : un directeur général délégué en fonction peut donc conclure un contrat de travail avec la société en respectant la procédure des conventions réglementées (V. *infra,* nos 1033 et s.).

981. - *La rémunération* du directeur général délégué est déterminée par le conseil d'administration (C. com., art. L. 225-53), selon les mêmes règles que celles applicables au directeur général (V. *supra,* n° 960). Elle donne lieu à information dans le rapport de gestion (V. *supra,* n° 930).

982. - *Statut fiscal et social.* Le directeur général délégué bénéficie du même statut social et fiscal que le directeur général (V. *supra,* n° 968).

4° La durée des fonctions du directeur général délégué

983. - *La durée du mandat* du directeur général délégué est fixée par le conseil d'administration en accord avec le directeur général (C. com., art. L. 225-56, II)

984. - *Le directeur général délégué suit le sort du directeur général* (C. com., art. L. 225-55, al. 2) ; ainsi, en cas de décès, démission ou révocation de ce dernier, le directeur général délégué n'est maintenu en fonction que jusqu'à la nomination d'un nouveau directeur général, sauf à ce que ce dernier propose au conseil de reconduire le directeur général délégué dans ses fonctions.

985. - *Révocation.* Le directeur général délégué est révocable à tout moment par le conseil sur proposition du directeur général ; mais, si la révocation a lieu sans juste motif, elle peut donner lieu à dommages et intérêts à la différence d'un administrateur par exemple (V. *supra,* n° 888). Peut constituer un juste motif de révocation la perte de confiance du directeur général(70).

5° Les pouvoirs du directeur général délégué

986. - *Pouvoirs délégués.* Le directeur général délégué n'a pas de pouvoir propre, mais seulement des pouvoirs délégués, tels que les a définis le conseil d'administration en accord avec le directeur général (C. com., art. L. 225-56, II, al. 1er).

(69) Cass. soc., 29 janv. 1992 : *RJDA* 1992, p. 272 : la subordination est notamment induite du fait que le directeur général avait reçu des « avertissements » pour absences injustifiées.
(70) CA Paris, 22 janv. 2019, n° 17/04102 : *BJS* juin 2019, p. 16, note C. Barillon.

987. – *Qualité de représentant légal.* Cet aménagement interne des fonctions est sans incidence à l'égard des tiers, puisque les directeurs généraux délégués disposent à l'égard des tiers des mêmes pouvoirs que le directeur général (C. com., art. L. 225-56, II, al. 2). En leur qualité de représentants légaux, ils ont le pouvoir d'engager la société, les clauses limitant leurs pouvoirs étant inopposables aux tiers[71].

Le coin des amateurs

1. Être une femme dirigeante

988. – La *représentation plus équilibrée* des hommes et des femmes au sein des conseils d'administration et de surveillance (V. *supra*, nos 866 et s.) ne sera qu'un gadget encombrant si un effort réel n'est pas fait, à l'image des pays du nord de l'Europe, pour ouvrir plus largement les postes de haute responsabilité aux femmes (direction générale, présidence, comités de direction, comités exécutifs…). À cette fin, le code AFEP-MEDEF (V. *supra*, n° 921) prévoit la mise en place d'une « politique de diversité », notamment de féminisation, au sein des instances dirigeantes de la société. Or le droit souple est souvent de peu d'effet, d'où la nécessité du renfort de la loi. Plusieurs lois récentes ont cherché à renforcer l'accès des femmes aux instances dirigeantes de la société. Ainsi, le rapport sur le gouvernement d'entreprise doit, sous peine de devoir s'en expliquer (V. *infra*, n° 1021), « comporter des informations sur la manière dont la société recherche une représentation équilibrée des hommes et des femmes au sein du comité mis en place, le cas échéant, par la direction générale en vue de l'assister régulièrement dans ses missions générales et sur les résultats en matière de mixité dans les 10 % de postes à plus forte responsabilité » (C. com., art. L. 22-10-10, créé Ord. n° 2020-1142, 16 sept. 2020). Également, en cas de nomination de directeurs généraux délégués, le conseil d'administration doit déterminer un processus de sélection garantissant jusqu'à son terme la présence d'au moins une personne de chaque sexe parmi les candidats (C. com., art. L. 225-53, mod. Ord. n° 2020-1142, 16 sept. 2020) ; la règle est identique pour la composition du directoire.

Au-delà de la mixité dans les organes sociaux, se pose la question annexe de *la dirigeante en congé de maternité.* La Cour de justice de l'Union européenne a considéré qu'une réglementation nationale qui permet la révocation d'un membre d'un comité de direction sans restriction aucune lorsque la personne a la qualité de « travailleuse enceinte » et que sa révocation est essentiellement fondée sur son état de grossesse est contraire à la directive du 19 octobre 1992 relative à la protection des travailleuses enceintes et constitue une discrimination directe fondée sur le sexe contraire à la directive du 9 février 1976 relative à l'égalité de traitement des hommes et des femmes : nouvelle brèche dans le principe de la révocation *ad nutum* ? (CJUE, 2e ch., 11 nov. 2010, aff. C-232/09 : *Dr. sociétés* 2011, n° 8, obs. M. Roussille ; la qualité de travailleuse enceinte a été reconnue à une dirigeante lettonne au motif que, membre d'un comité de direction, elle fournissait des prestations à la société contre rémunération et exerçait son activité sous la direction et le contrôle d'un autre organe).

Sur un autre plan, le fait d'être tenue éloignée de la gestion de la société en raison de son congé de maternité vaut-il circonstance atténuante dans un procès en responsabilité ? En principe non : ainsi, une gérante de SARL tentait d'échapper à la mise en cause de sa responsabilité fiscale pour inobservations graves et répétées des règles relatives à la TVA ; il a été jugé que cet heureux événement n'est pas une cause exonératoire de responsabilité (CA Colmar, 12 janv. 2010 : *JurisData* n° 2010-016443).

(71) V. Cass. com., 10 juin 1997 : *BJS* 1997, p. 967 ; *JCP* E 1998, I, 510, n° 7, obs. A. Viandier et J.-J. Caussain ; mêmes pouvoirs de représenter la société à l'égard des tiers que le PDG.

2. « Un peu, beaucoup, passionnément, à la folie, pas du tout » : variations sur la rémunération des dirigeants

989. – Reprenons la ritournelle, sans effeuiller la marguerite, en nous concentrant sur la rémunération des dirigeants des sociétés non cotées, c'est-à-dire la quasi-totalité des sociétés, situées en dehors du champ des codes de gouvernance et autres normes régissant les entreprises offrant leurs titres au public (V. *supra*, n°s 964 et s.).

a) Un peu...

Si certains dirigeants se satisfont d'une modeste rémunération, inférieure au SMIC, d'autres, à l'unisson de leurs salariés, réclament une revalorisation régulière, parfois substantielle, de leurs appointements. Comment régler le conflit lorsque « l'autorité de tutelle » (le conseil d'administration dans la SA, l'assemblée générale dans la SARL) fait preuve d'avarice ?

Une chose est sûre : le dirigeant ne peut décider unilatéralement une augmentation – même raisonnable – de sa rémunération. C'est l'occasion de rappeler le principe de hiérarchie des organes sociaux : un organe ne saurait s'arroger une prérogative que la loi réserve à un autre organe (V. *infra*, n° 997). Le dirigeant qui enfreint ce principe encourt une sanction civile et pénale : sur le plan civil, il est tenu de restituer la rémunération indûment perçue (CA Paris, 19 mai 2015, n° 14/02087 : *RJDA* 8-9/2015, n° 579) et il s'expose à une révocation pour juste motif (CA Paris, 27 oct. 2015, n° 14/14699 : *RJDA* 4/2016, n° 296) ; sur le plan pénal, il risque une condamnation pour abus de biens sociaux (Cass. crim., 15 juill. 1981 : *BJS* 1981, p. 840. – Cass. crim., 22 mars 2017, n° 15-84.229 : *Rev. sociétés* 2017, p. 591, note B. Bouloc ; octroi d'une prime non prévue par les statuts et non autorisée par le conseil d'administration).

Reste le recours aux tribunaux. Mais ceux-ci sont-ils compétents pour arbitrer la juste rémunération à laquelle peuvent prétendre les dirigeants ? Par principe, les tribunaux, qui se gardent de toute immixtion dans le fonctionnement des organes sociaux, n'ont pas le pouvoir de modifier la rémunération allouée aux dirigeants sauf s'il est établi que la décision est irrégulière ou abusive (Cass. com., 17 déc. 2013, n° 12-27.213 : *BJS* 2014, p. 147, note B. Dondero. – V. *infra*, n° 1718).

b) Beaucoup, passionnément, à la folie...

Il n'y a pas de plafond de rémunération, en dehors du cas des dirigeants des sociétés dans lesquelles l'État détient plus de 50 % du capital (V. *infra*, n° 1685). De là des tentations auxquelles certains dirigeants succombent. Qu'encourent les gourmands, voire les gloutons ?

1. – Sur le terrain du *droit des sociétés*

Les minoritaires peuvent demander l'annulation de la délibération du conseil d'administration ou de l'assemblée générale pour abus de majorité (V. *supra*, n° 672).

Également, si le dirigeant s'est octroyé irrégulièrement des augmentations de salaire qui ont causé un préjudice à la société, celle-ci peut demander réparation du préjudice subi (CA Paris, 11 oct. 1988 : *BJS* 1988, p. 920. – Cass. com., 20 sept. 2016, n°s 14-22.189 et 14-24.282 : *Rev. sociétés* 2017, p. 27 ; preuve du lien de causalité avec les difficultés sociales non démontrée).

En cas de liquidation judiciaire, l'octroi d'une rémunération excessive peut constituer une faute de gestion sur le terrain de l'action en insuffisance d'actifs, à condition de démontrer que la rémunération que le dirigeant s'est octroyée est manifestement excessive au regard de la situation financière de la société (Cass. com., 31 mai 2016, n° 14-24.779 : *BJS* 2016, p. 677, note E. Mouial-Bassilana ; preuve non rapportée). En revanche, l'octroi d'une rémunération excessive par le dirigeant est impropre à elle seule à caractériser des relations financières anormales constitutives d'une confusion des patrimoines (Cass. com., 11 mars 2020, n° 18-24.052 : *BJS* juill. 2020, p. 22, note A. Cerati ; rémunération équivalent à 13 % du chiffre d'affaires et prise en charge par la société des cotisations personnelles des cogérants, alors que les fonds propres de la société étaient devenus négatifs ; rejet de l'extension de procédure). À ce propos, on rappellera que l'extension de procédure est une arme destinée à rétablir la réalité économique de l'entreprise, non à sanctionner le comportement fautif du dirigeant.

2. – Sur le terrain du *droit pénal*

Dans les cas les plus graves, les dirigeants peuvent être condamnés pour abus de biens sociaux (V. *infra*, n°s 1065 et s.). C'est ce qui a été jugé pour un dirigeant de fait dont la rémunération représentait près du tiers de la marge brute et près de la moitié des frais généraux (Cass. crim., 13 déc. 1988 : *Rev. sociétés* 1989, p. 257, note B. Bouloc. – Cass. crim., 29 juin 2016, n° 15-81.871 : *Rev. sociétés* 2017, p. 104, note B. Bouloc ; salaire jugé ruineux), ou pour le dirigeant d'une société connaissant de graves difficultés, dont la rémunération variait en fonction du chiffre d'affaires, et qui émettait des factures fictives de manière à augmenter artificiellement ce paramètre et donc sa rémunération (Cass. crim., 22 sept. 2004 : *Rev. sociétés* 2005, p. 200, note B. Bouloc). Et le président du conseil d'administration qui présente aux administrateurs, en toute connaissance de cause, un argumentaire fallacieux en vue de l'octroi injustifié d'une indemnité de départ au directeur général se rend coupable de complicité d'abus de biens sociaux (Cass. crim., 20 déc. 2017, n° 16-83.617 : *Dr. sociétés* 2018, n° 36, obs. R. Salomon).

3. – Sur le terrain du *droit fiscal*

L'administration fiscale joue le rôle de censeur en s'appuyant sur l'article 39, 1, 1° du Code général des impôts, qui dispose que « les rémunérations ne sont admises en déduction des résultats que dans la mesure où elles correspondent à un travail effectif et ne sont pas excessives eu égard à l'importance du service rendu ». Cette police fiscale des rémunérations constitue une illustration légale de la théorie de l'acte anormal de gestion (V. *supra*, n°s 662 et s.). La chasse aux excès concerne principalement les dirigeants de sociétés familiales ; possédant la majorité du capital, ils déterminent plus ou moins généreusement le montant de leur rémunération, d'où des abus possibles. En tout état de cause, le montant de la rémunération doit être apprécié au cas par cas en tenant compte des services effectivement rendus à la société (CE, 23 janv. 2002 : *Dr. fisc.* 2002, comm. 382, concl. S. Austry ; *RJF* 2003, n° 378).

La rémunération jugée excessive est réintégrée dans les résultats imposables de la société. Quant au dirigeant, il est imposé sur ce montant, selon le régime des distributions irrégulières de bénéfices (CGI, art. 111, d) ; si le dirigeant atteint la tranche maximale de l'impôt sur le revenu, le fisc empoche, en additionnant le supplément d'impôt sur les sociétés et le supplément d'impôt sur le revenu, une grande partie du montant de la rémunération excessive (V. aussi, pour le plafonnement de la déductibilité fiscale des indemnités de départ dans les sociétés cotées, *supra*, n° 951).

c) ... pas du tout

Le bénévolat n'est pas interdit mais il peut s'avérer hors de prix et la gratuité n'emporte pas l'irresponsabilité. Ainsi, le dirigeant poursuivi pour insuffisance d'actif ne saurait se prévaloir de l'absence de rémunération pour bénéficier d'un traitement de faveur ; il a ainsi été jugé que l'article 1992, alinéa 2, du Code civil, selon lequel la responsabilité du mandataire doit s'apprécier moins rigoureusement lorsque son mandat est gratuit, n'est pas applicable au dirigeant poursuivi pour insuffisance d'actif sur le fondement de l'article L. 651-2 du Code de commerce, « la responsabilité de ce dirigeant s'appréciant, sur le fondement de ce texte spécial, de la même manière, qu'il soit rémunéré ou non » (Cass. com., 9 déc. 2020, n° 18-24.730 : *BJS* févr. 2021, p. 49, note D. Poracchia ; *JCP* E 2021, 1070, n° 5, obs. Fl. Deboissy et G. Wicker et 1154, note J.-B. Barbièri).

La gratuité n'emporte pas davantage le repentir : un président n'avait jamais demandé de rémunération ; au moment de la liquidation amiable de la société, il réclame 128 000 € au motif que toute prestation de travail mérite salaire ; cette prétention est écartée au motif de l'inapplication des règles du droit du travail aux mandataires sociaux (Cass. com., 12 janv. 1993 : *BJS* 1993, p. 338, note Y. Chaput. – Cass. com., 31 janv. 2012, n° 10-26.329 : *RJDA* 5/2012, n° 500 ; *Rev. sociétés* 2012, p. 373, note J.-F. Barbièri ; gérant de société civile omettant pendant trente ans de réclamer la rémunération prévue par les statuts).

Sur le plan fiscal et social, faute de rémunération, le dirigeant n'exerce pas d'activité professionnelle, ce qui entraîne des conséquences tant sur le terrain social que fiscal : le dirigeant bénévole d'une SA ne peut pas être affilié au régime général de sécurité sociale des salariés (Cass. ch. réunies, 24 juin 1966 : *Rev. sociétés* 1967, p. 136) ; il ne relève pas pour autant du régime des non-salariés ; il ne bénéficie donc d'aucune couverture sociale, à ce titre du moins. Par ailleurs, les dirigeants condamnés à combler le passif social peuvent, sous certaines conditions, considérer les sommes ainsi versées comme une charge déductible de leurs rémunérations imposables (V. *supra*, n° 486) ; encore faut-il qu'il y ait rémunération, car il n'y a de charge déductible que là où il y a revenu imposable ; un PDG qui avait accepté son mandat sans rémunération l'a appris à ses dépens (CE, 18 févr. 1985 : *JCP* E 1985, II, 14526, concl. de Guillenschmidt et note C. David). La solution est identique pour le dirigeant bénévole s'étant porté caution de sa société : faute de revenu, la somme versée au créancier suite à la mise en œuvre du cautionnement n'est pas déductible (CE, 26 nov. 1999 : *RJF* 2000, n° 50 ; *RTD com.* 3/2000, p. 752, obs. Fl. Deboissy).

3. « Don Juan, s'abstenir », ou le dirigeant amoureux

990. – Écartons d'emblée les comportements pénalement répréhensibles constitutifs d'une agression sexuelle (C. pén., art. 222-22 et s.) ou de harcèlement (C. pén., art. 222-33) et raisonnons sur la situation heureusement plus courante d'une relation amoureuse consentie entre un(e) dirigeant(e) et un(e) salarié(e), voire un tiers en relation avec la société.

a) La permission d'aimer…

Il n'est pas interdit à une personne exerçant des fonctions de direction au sein d'une société d'être amoureux, et elle n'encourt de ce fait aucune conséquence, du moins tant que la passion n'affecte pas l'intérêt social. Exemple à ne pas suivre du dirigeant qui fait prendre en charge par la société les frais exposés à l'occasion de son mariage (Cass. crim., 19 mai 2016, n° 15-83.047 : *Rev. sociétés* 2017, p. 169, note B. Bouloc ; SAS).

Autre cas, pittoresque : le président d'une SA devenu amoureux de son assistante avait licencié le mari encombrant, également employé dans l'entreprise ; la société est condamnée à verser au mari de lourdes indemnités pour licenciement abusif ; pour empêcher le président de se livrer à d'autres extravagances ruineuses pour la société, les minoritaires obtiennent la nomination en justice d'un administrateur provisoire (CA Rouen, 25 sept. 1969 : *JCP* 1970, 16219, note Y. Guyon).

Dans le même ordre d'idées, la révocation d'un directeur général a été jugée légitime, l'intéressé n'ayant pas informé le président que l'un des salariés, son compagnon, avait fait l'objet d'un dépôt de plainte pour agression sexuelle dans les locaux de la société, plainte ultérieurement classée sans suite ; en effet, les juges ont considéré que ce silence constituait un manque de loyauté et une confusion entre vie professionnelle et vie personnelle ; l'amour ou l'amitié ne doivent pas rendre aveugle (CA Paris, 28 juin 2016, n° 16/06208 : *RJDA* 10/2016, n° 703).

D'autres désagréments menacent, dans le sillage du *désamour*. En voici une illustration : dans une SARL familiale, le mari exerce les fonctions de gérant majoritaire, tandis que son épouse, associée minoritaire, le seconde en tant que salariée. Divorce. L'épouse commence alors à s'agiter : demande de dissolution de la société pour mésentente, demande de désignation d'un administrateur provisoire pour crise grave… L'époux-gérant tente de mettre fin à ce déluge en licenciant l'épouse-salariée ; le licenciement n'est pas considéré comme abusif, le dissentiment du couple rendant impossible la continuation du contrat de travail dans une entreprise de petite taille nécessitant de bonnes relations entre deux personnes appelées à collaborer constamment (CA Aix-en-Provence, 3 janv. 1990 : *Dr. sociétés* janv. 1991, p. 4). En revanche, dans le même désordre d'idées, il a été jugé que l'existence d'une procédure de divorce entre le gérant et son épouse associée constituait un juste motif de révocation du gérant (CA Rouen, 13 juin 1991 : *JurisData* n° 1991-050351), comme la découverte de l'existence d'une famille naturelle (Cass. com., 25 sept. 2007, n° 06-12.274 : *BRDA* 22/2007, n° 8 ; *Dr. sociétés* 2008, n° 28, obs. R. Mortier ; aux lecteurs qui pourraient être tentés de conclure au retour de l'ordre moral, précisons que le gérant de la société [civile] immobilière avait modifié les modalités de gestion du patrimoine social en le mettant en location, ce qui avait privé son épouse et ses enfants de la possibilité d'habiter l'immeuble considéré, avant de prendre le large pour rejoindre la famille naturelle qu'il avait créée en parallèle). Et quand la mésentente conjugale débouche sur une mésentente sociale, la nomination d'un administrateur provisoire peut être envisagée (V. *supra*, n° 696).

b) … ailleurs que dans la société.

Pour éviter que le bouleversement des mœurs et le dérèglement des passions affectent l'entreprise, l'habitude s'est répandue aux États-Unis, au moins dans les grandes sociétés et avant même l'apparition du mouvement « *#MeToo* », d'instaurer une règle de « non-fraternisation » entre les collaborateurs, dirigeants compris. Sont ainsi proscrits, par exemple, les *romantic relationships* entre un cadre et un autre salarié placé hiérarchiquement sous son autorité. Le risque est grand dans ce type de relation, rarement discrète, que l'atmosphère de travail s'en ressente, les rumeurs de favoritisme, attesté ou non, se répandant dans la communauté de travail. Certaines normes vont jusqu'à ordonner la révélation à l'entreprise de toute relation physique, et le mauvais esprit d'imaginer le type de formulaire à remplir le lendemain du coup de foudre.

En application de ces règles, les dirigeants de grands groupes ont été révoqués pour avoir entretenu des relations étroites avec une salariée, des exemples récents ayant été fournis par le directeur général de Intel en juin 2018 et celui de MacDonald en novembre 2019.

La prohibition dépasse la relation sexuelle pour couvrir les relations d'affection et les marques d'attention ; ainsi, en 2012, le directeur général de Best Buy's a été remercié pour avoir entretenu des relations étroites, ni physiques ni platoniques, avec une employée, lui donnant des billets pour des rencontres sportives ou des concerts (Pearl Jam ou Chopin ?), échangeant des messages de sympathie (cons. *Firing reflects scrutiny of workplace romance : New York Times* 6 nov. 2019). Bref, le dirigeant partant en vacances serait bien inspiré de limiter ses cartes postales – les auteurs sont un peu vieux jeu – à ses collaborateurs à des vues banales en évitant d'emprunter à Lamartine une phrase du genre « un seul être vous manque et tout est dépeuplé ».

Dans certains groupes français, des règles voisines sont posées ; par exemple, le code d'éthique du groupe Kering (4e éd., disponible sur le site du groupe) proscrit, au titre des conflits d'intérêts, le fait « d'entretenir des relations de travail inappropriées avec son supérieur hiérarchique ou son subordonné » (Code, p. 15) ; on résistera à la tentation de commenter le qualificatif « inappropriées ».

4. Le dirigeant retraité d'une société non cotée

991. – Le dirigeant d'une société non cotée qui prend sa retraite a droit aux mêmes pensions de retraite que les salariés (régime général, régime des cadres...). Cela ne représente pas le niveau antérieur de rémunération. D'où la pratique de certaines sociétés d'allouer aux anciens dirigeants un complément de retraite, réversible le plus souvent sur la tête du conjoint survivant, qui prend la forme d'une rémunération différée versée au moment du départ à la retraite.

Au regard du droit des sociétés, on s'accorde à voir dans la pension de retraite un complément ou un substitut de la rémunération du dirigeant, d'où la compétence du conseil d'administration quant à son attribution (V. *supra*, n° 960). Cela explique que la Cour de cassation fasse échapper l'octroi de la pension, présentée comme un complément de *rémunération*, à la procédure des conventions réglementées prévue à l'article L. 225-38 du Code de commerce (V. *infra*, n° 1037) ; encore faut-il que la pension réponde aux trois conditions suivantes (Cass. com., 3 mars 1987 : *Rev. sociétés* 1987, p. 266, note Y. Guyon. – Cass. com., 10 févr. 1998 : *BJS* 1998, p. 521, note P. Le Cannu) :

– être justifiée par les services rendus à la société pendant l'exercice des fonctions ;

– être proportionnée à ces services ;

– ne pas constituer une charge excessive pour la société.

Lorsque ces conditions sont remplies, la compétence du conseil d'administration est exclusive et il n'est pas du pouvoir de l'assemblée générale d'annuler la décision qui a été régulièrement prise (Cass. com., 22 janv. 1991 : *Rev. sociétés* 1992, p. 61, note J.-P. Legros). Parce qu'il doit faire l'objet d'une décision du conseil d'administration, l'octroi d'un complément de retraite ne peut pas résulter d'une ratification implicite par le conseil (Cass. com., 27 févr. 2001 : *BJS* 2001, p. 631, note M. Storck. – Cass. com., 11 oct. 2005 : *JCP* E 2005, 1796, note H. Hovasse ; *JCP* E 2005, 1834, n° 4, obs. J.-J. Caussain, Fl. Deboissy et G. Wicker). Également, le conseil d'administration est seul compétent pour supprimer une pension viagère réversible attribuée à un ancien président lorsque celle-ci constitue une charge excessive eu égard aux difficultés économiques rencontrées par la société (Cass. com., 24 oct. 2000 : *JCP* E 2001, p. 37, note Y. Guyon). L'ex-dirigeant ne peut se prévaloir d'aucune rente de situation : sa situation est marquée du sceau de la précarité.

En revanche, si les conditions exposées plus haut ne sont pas remplies, la pension est analysée comme une *indemnité exceptionnelle*, devant être soumise à la procédure des conventions réglementées de l'article L. 225-38 du Code de commerce, puisque détachée de la rémunération normale du dirigeant (rappr. Cass. com., 7 juill. 2004 : *BRDA* 17/2004, n° 2).

Au regard du droit fiscal, admettre la déductibilité fiscale des pensions de retraite suppose de caractériser la conformité du versement à l'intérêt social (référence obligée à la théorie de l'acte anormal de gestion, V. *supra*, n° 662). Les pensions de retraite allouées à un dirigeant *ad hominem* en raison de services rendus ne sont déductibles fiscalement des résultats que si elles sont justifiées par l'état de besoin de l'ancien dirigeant et fondées sur une sorte d'obligation naturelle d'assistance alimentaire à la charge de la société (CE, 15 févr. 2002 : *JCP* E 2002, p. 602 ; *RJF* 5/2002, n° 479) ; autrement dit, il faudrait supposer que l'ancien dirigeant, devenu clochard, en soit réduit à « faire la manche »... ; hors de là, la pension est considérée comme anormale et ne saurait venir en déduction du bénéfice imposable pour le calcul de l'impôt sur les sociétés. En tout état de cause, les provisions constituées pour faire face au versement par la société d'allocations en raison du départ à la retraite d'un salarié ou d'un dirigeant ne sont pas déductibles fiscalement (CGI, art. 39, 5).

5. Le dirigeant démissionnaire

992. – Le Code de commerce est discret sur la question de la démission des dirigeants, qui soulève pourtant un contentieux récurrent.

a) Démission abusive

Un *préavis* est-il requis ? L'article 2007 du Code civil dispose que « le mandataire peut renoncer au mandat en notifiant au mandant sa renonciation ». Il s'agit d'un droit discrétionnaire qui n'a pas à être justifié ; en application de ce principe, nul ne doit demeurer prisonnier de sa fonction. Mais liberté ne signifie pas licence ; le dirigeant engagerait sa responsabilité et pourrait être condamné à des dommages-intérêts si la démission intervenait à contretemps, dans des conditions intempestives, ou dans l'intention de nuire à la société. Un minimum de civilité est requis de la part du dirigeant qui abandonne son poste. L'existence d'un motif légitime (désaccord sur un point important) et le respect de délais raisonnables de préavis interdisent de qualifier la démission d'abusive (CA Paris, 12 mai 1993 : *JCP* E 1994, 331, n° 7, obs. A. Viandier et J.-J. Caussain).

Acte unilatéral, la démission prend *effet* à compter de sa notification à la société, et non, sauf stipulation contraire, à l'expiration du préavis (Cass. com., 20 sept. 2017, n° 15-28.262 : *RJDA* 1/2018, n° 28 ; conditions d'application d'un contrat d'option de vente d'actions au cas de départ de la société).

b) Révocation déguisée

Le dirigeant démissionnaire ne saurait exiger des dommages-intérêts puisqu'il quitte la société à sa seule initiative. Encore faut-il qu'il s'agisse d'une vraie démission et non d'une révocation déguisée. On ne s'y trompe pas quand on dit d'un personnage qu'il a été « démissionné » ou « limogé ». Cependant, il arrive que toutes les parties en présence soient d'accord pour camoufler la révocation sous la forme moins infamante d'une démission, assortie le cas échéant d'une confortable indemnité. La communication financière de certaines sociétés fait d'ailleurs parfois montre d'une certaine ambiguïté dans l'annonce du départ de son dirigeant ; ainsi, la société Engie informa le marché de la fin de mandat par sa directrice générale en ces termes : « Le conseil d'administration… s'est réuni le 24 février 2020. Il a été entériné l'acceptation par Madame K de la proposition qui lui a été faite de mettre fin à ses fonctions de directrice générale sans attendre le terme de son mandat prévu pour mai 2020 » (Communiqué du 24 février 2020 disponible sur le site Internet de la société).

Dans d'autres cas, les maîtres de l'affaire s'emploient à *forcer* le dirigeant en place à présenter sa démission, de façon à le priver de tout droit à indemnité ; la démission équivaut alors à une révocation ; un gérant de SARL « démissionné » de la sorte a pu obtenir des dommages-intérêts pour révocation sans justes motifs (Cass. com., 30 mai 1980 : *Bull. civ.* 1980, IV, n° 224, p. 181. – *Adde* CA Paris, 18 juin 2015, n° 14/21779 ; *RJDA* 10/2015, n° 661 ; membre d'un directoire insulté, n'étant plus convoqué aux réunions du directoire et dont les fonctions avaient été dévitalisées par la création d'un comité exécutif). De la même façon, le gérant qui a remis entre les mains de l'associé majoritaire d'une SARL une lettre de démission signée en blanc pourra plaider, lorsque la lettre cessera d'être blanche, qu'il a été l'objet d'une révocation abusive (V. *infra*, n° 1768).

c) Caractère irrévocable

Quant au dirigeant qui, de façon impulsive et sous le coup de l'émotion, donne sa démission, est-il en droit de la reprendre ? Non. En effet, sauf stipulation contraire des statuts, la démission est un acte juridique unilatéral qui produit tous ses effets dès lors qu'elle a été portée à la connaissance de la société, aucune acceptation de cette dernière n'étant nécessaire. Il s'ensuit que la démission ne peut faire l'objet d'aucune rétractation, son auteur pouvant seulement en contester la validité en démontrant que sa volonté n'a pas été libre et éclairée (Cass. com., 22 févr. 2005 : *JCP* E 2005, 683, note J.-L. Navarro. – Cass. com., 8 juin 2017, n° 14-29.618 : *BJS* 2017, p. 544, note J.-F. Barbièri ; *Dr. sociétés* 2017, n° 206, obs. J. Heinich).

d) Opposabilité aux tiers

Vis-à-vis des tiers, la situation est différente et la démission ne leur est opposable que du jour où les formalités de publicité sont effectuées (Cass. com., 28 nov. 1995 : *RJDA* 1996, p. 362. – V. *supra*, n° 418). Aussi un administrateur démissionnaire est-il fondé à exiger en justice que soit mentionné le caractère erroné de sa qualité d'administrateur sur tous les documents sociaux, de même que la publication de la décision de justice dans un support habilité à recevoir des annonces légales (CA Paris, 15 mars 2002 : *JCP* E 2003, 1639, n° 4, obs. J.-J. Caussain, Fl. Deboissy et G. Wicker).

6. Le suicide du dirigeant

993. – Une société est-elle responsable du suicide de son directeur général survenu peu de temps après que ce dernier ait reçu une lettre de convocation au conseil d'administration dont l'ordre du jour comportait l'étude de sa révocation ? Telle est la question, délicate et inédite, soumise à la cour d'appel de Reims en 2003 (CA Reims, 10 nov. 2003 : *JurisData* n° 2003-237240). La cour d'appel rejette la demande d'indemnisation des héritiers au motif notamment que la procédure avait été régulière, que l'intéressé avait eu le temps de préparer utilement sa défense et qu'il n'ignorait pas avoir « gravement failli aux directives expressément données quant aux modalités prévues pour honorer la commande du principal client ». La cour conclut à l'absence de faute et ajoute qu'au surplus, il n'existait aucun lien de causalité entre le comportement de la société et le suicide du directeur général dès lors qu'aucun indice dans le comportement de la victime ne laissait augurer un tel acte, qui procédait du seul libre arbitre de son auteur. Effectivement, pour le juriste, au-delà du drame humain, c'est bien ce libre arbitre qui empêche de reconnaître la responsabilité de la société ; en revanche, si la liberté morale de l'intéressé a été profondément altérée par le comportement de la société qui aurait harcelé gravement le dirigeant, ou qui l'aurait humilié, alors la responsabilité de la société pourrait être engagée. On peut sur ce point évoquer la jurisprudence développée en droit du travail à propos du suicide, lequel est qualifié d'accident du travail s'il s'explique par les pressions psychologiques de l'employeur (rappr. Cass. 2e civ., 3 avr. 2003 : *RJS* 7/2003, n° 938), mais n'est pas justiciable d'une telle qualification s'il résulte d'un acte réfléchi et volontaire.

7. Le dirigeant sous tutelle ou curatelle

994. – Quand les personnes placées aux fonctions dirigeantes vieillissent, au risque de devoir un jour être placées sous un régime de protection, il est parfois difficile de leur signifier que le temps est venu de cesser d'exercer une fonction au sein de la société. La mise sous tutelle ou curatelle d'un dirigeant social, qui n'a rien d'une hypothèse d'école dans un contexte d'allongement de l'espérance de vie, pose plusieurs questions.

a) Le représentant du dirigeant peut-il représenter la société ?

Si le dirigeant est placé sous tutelle en cours de mandat social, le tuteur n'est pas investi du pouvoir de représenter la société, ce qui est fondé (Cass. 1re civ., 12 juill. 2012, n° 11-13.161, PB : *BJS* 2012, § 438, p. 770, note M.-H. Monsérié-Bon ; *Dr. sociétés* 2012, n° 179, note H. Hovasse). La solution, adoptée pour un gérant de société civile, vaut pour toutes les fonctions dirigeantes et peut être étendue à la curatelle, car elle est fondée sur cette idée simple que la mission du tuteur comme celle du curateur est de pourvoir aux intérêts de la personne protégée (C. civ., art. 425) et non à ceux dont cette dernière pouvait être en charge.

b) Une personne protégée peut-elle exercer des fonctions dirigeantes ?

Plus délicate est la question de savoir si une personne protégée peut exercer des fonctions dirigeantes. Le décret du 22 décembre 2008 (V. *supra*, n° 195) prévoit que la candidature aux fonctions de gérant ou d'administrateur est regardée en toutes circonstances comme un acte de disposition. On relèvera d'abord que le texte ne mentionne pas les fonctions dirigeantes qui, dans la SA, ne supposent pas la qualité d'administrateur (directeur général et directeur général délégué), pas plus qu'il n'envisage les fonctions dirigeantes dans la SA à directoire et conseil de surveillance ; en raisonnant par analogie, voire *a fortiori*, il semble que la même solution doive être retenue. Il faut ensuite inférer de la qualification d'acte de disposition posée par le texte que, pour postuler à une fonction dirigeante, la personne protégée doit se faire assister (régime de la curatelle) ou obtenir les autorisations nécessaires (régime des mineurs et des majeurs sous tutelle) ; faut-il en déduire que la personne protégée est apte à être titulaire d'un mandat social (capacité de jouissance) ? Ce qui pose la question suivante : une personne qui ne peut gérer seule son propre patrimoine peut-elle valablement gérer le patrimoine d'autrui ? Une décision avait semblé l'admettre (Cass. com., 29 sept. 2009, n° 08-15.125 : *JCP* E 2009, 2066, note H. Hovasse), ce qui est pour le moins paradoxal : en l'espèce, il a en effet été jugé qu'un majeur sous curatelle avait pu valablement transiger seul au nom de la société là où, s'il avait agi en son nom propre, il aurait dû être assisté de son curateur (C. civ., art. 467 et 506).

Une complète actualisation du droit des sociétés aurait dû conduire à l'édiction d'une règle de droit commun, applicable à toutes les sociétés, s'alignant sur le modèle de l'article 1160 du Code civil qui prévoit la cessation des fonctions du représentant atteint d'une incapacité ou frappé d'une interdiction. Or la loi du 19 juillet 2019 (V. *supra*, n° 18) n'a réglé que partiellement cette question (J.-F. Hamelin, *Incidences de la mise sous tutelle d'un dirigeant : Dr. sociétés* oct. 2019, n° 168). Les nouveaux textes ne concernent que le gérant de SARL et toutes les catégories de dirigeants dans la SA, y compris les membres du conseil d'administration et du conseil de surveillance. Dans la SARL, si le gérant unique est mis sous tutelle, le commissaire aux comptes ou tout associé convoque l'assemblée des associés à seule fin de procéder, le cas échéant, à la révocation du gérant unique, et dans tous les cas, à la désignation d'un ou plusieurs gérants (C. com., art. L. 223-27). Dans la SA, un dirigeant ou un administrateur placé sous tutelle est réputé démissionnaire d'office, sans que cela n'affecte les délibérations auxquelles il a participé (C. com., art. L. 225-19).

La logique commande donc que les dirigeants de toutes les autres sociétés soient soumis à la règle de droit commun de cessation des fonctions édictée à l'article 1160 du Code civil. Une telle distorsion est d'autant plus malvenue que les nouveaux textes ne visent que la tutelle pour prévoir la révocation du gérant de SARL ou la démission du dirigeant de la SA, quand l'article 1160 vise d'une façon générale l'incapacité.

Il faut encore compter avec les textes spéciaux autorisant une personne protégée à exercer une fonction sociale, ce qui est le cas du mineur seul associé d'une société unipersonnelle (C. civ., art. 388-1-2 et 401 ; V. *infra*, n°s 1566 et 1802) ; c'est-à-dire en fait une société qui est en charge du seul intérêt d'associé unique de l'incapable. Enfin, il est toujours possible de prévoir dans les statuts que les fonctions du dirigeant prennent fin s'il est soumis à une mesure de protection en cours de mandat social (A. Bouquemont, *Comment pallier l'incapacité du dirigeant par les clauses des statuts : JCP* E 2014, 1331).

8. Pêle-mêle de dirigeants

995. – Un peu à la manière des pêle-mêle de photos de famille, voici en vrac plusieurs clichés de dirigeants révélés par l'actualité, spécialement judiciaire :

– *le dirigeant lointain* ; peut-on déménager lorsque l'on est dirigeant ? Oui, à condition de déménager aussi l'entreprise. Un gérant a été révoqué en raison de son déménagement à 500 km du magasin exploité par la société (CA Pau, 6 mars 2003 : *RJDA* 12/2003, n° 1191) ;

– *le dirigeant intempérant* ; peut-on boire et fumer lorsque l'on gère une société ? Oui, car la conduite d'une entreprise n'est pas celle d'un avion ou d'une automobile, mais encore faut-il que la société n'exploite pas un commerce de produits frais... C'est ainsi qu'un gérant d'un tel fonds qui abusait de l'alcool et du tabac a pu être justement révoqué (CA Versailles, 4 mars 2004 : *RJDA* 7/2004, n° 844) ; l'intéressé n'avait pas amélioré sa situation en se permettant des remarques désagréables au personnel et en embauchant, pour un emploi fictif, son épouse ;

– *le dirigeant dépensier* ; le dirigeant d'une société de sécurité achetant 8 000 bouteilles de champagne, sans que le caractère social de la dépense soit attesté, coche la case abus de biens sociaux (Cass. crim., 30 janv. 2019, n° 17-85.304 : *RJDA* 6/2019, n° 434 ; *Rev. sociétés* 2019, p. 540, B. Bouloc) ;

– *le dirigeant étudiant* ; tout étudiant peut diriger une société ; et l'on imagine l'intérêt de certains examinateurs à rencontrer un président-directeur général et le plaisir pervers à l'interroger sur ses responsabilités ou telle subtilité du fonctionnement de la société ; d'autres seront plus suspicieux, car ils ont déjà rencontré des dirigeants étudiants qui n'étaient que des hommes ou femmes de paille, gérants de droit sans pouvoir réel (par ex. : CA Paris, 12 avr. 2002 : *RJDA* 4/2002, n° 1030) et ils se demanderont s'ils ont en face d'eux un naïf, un inconscient ou... un étudiant ignorant des périls menaçant les dirigeants prête-noms ;

– *le dirigeant militant politique* ; la militance politique n'est pas interdite au dirigeant de société, qui peut donc prêter ses bras pour coller des affiches, participer aux réunions électorales et signer des lettres de soutien ; mais il entre sur un terrain dangereux, celui de l'abus de biens sociaux (V. *infra*, n°s 1065 et s.), si, dans son élan militant, il en vient à faire prendre en charge par sa société les salaires des employés du ou des partis ayant ses faveurs (Cass. crim., 21 sept. 2005 : *RJDA* 12/2005) , pour être à l'abri de la critique, il conviendrait que le dirigeant puise dans sa cassette personnelle, mais peu poussent le militantisme jusqu'au sacrifice ;

– *le dirigeant mauvaise langue* : l'obligation de loyauté du dirigeant lui impose de s'abstenir de diffuser des rumeurs négatives sur l'entreprise (CA Versailles, 1er juill. 2014 : *JCP* E 2014, note B. Dondero ; le dirigeant d'un groupe en cours de négociation pour sa recapitalisation avait pris des contacts pour son propre compte auprès d'un fonds d'investissement concurrent de l'actionnaire majoritaire de la société afin de monter un dossier concurrent de celui de ce dernier) ; la même contrainte interdit au directeur général adjoint de dénigrer le directeur général au risque de discréditer ce dernier, comportement constituant un juste motif de révocation (CA Paris, 22 janv. 2019, n° 17/04102 : *RJDA* 5/2019, n° 347) ;

– *le dirigeant mis en détention* ; suggérer aux clients ou aux banquiers de visiter le dirigeant à la maison d'arrêt réclame une certaine audace et s'expose à des refus outragés, de là l'utile désignation d'un administrateur judiciaire qui représentera la société en attendant que les associés se réunissent, pour ceux du moins qui ne sont pas à l'ombre, et nomment un administrateur provisoire (V. *supra*, n° 698) ; d'où, si l'on n'y prend pas garde, le risque de chevauchement des compétences si l'administrateur judiciaire est toujours en fonction alors qu'un nouveau dirigeant a été nommé (Cass. soc., 22 juin 2010, n° 09-70.517 : *BRDA* 15-16/2011, n° 3 ; *BJS* 2011, § 492, p. 972, note I. Parachkévova ; *Dr. sociétés* 2011, n° 192, obs. D. Gallois-Cochet) ; accessoirement, il a été jugé que l'incarcération d'un dirigeant ne saurait excuser son absence de coopération avec les organes de la procédure collective (CA Douai, 6 juin 2013 : *JCP* E 1594, note C. Delattre ; condamnation à la faillite personnelle) ;

– *le dirigeant drogué* ; le dirigeant d'une banque coopérative anglaise, de surcroît pasteur méthodiste, a défrayé la chronique lorsqu'un journal à scandale a diffusé une vidéo où on le voyait acheter un cocktail de drogues : cocaïne, méthamphétamine, kétamine ; pour ne rien arranger, au-delà d'autres singularités du personnage, son établissement était en grande difficulté (*International New York Times* 22 nov. 2013) ; à quand des analyses sanguines avant la nomination aux fonctions de direction ?

– *le dirigeant maniaque de la création de sociétés sans avenir* ; un dirigeant de société, bien intentionné mais sans doute un peu maladroit, ne peut s'empêcher de créer des sociétés ; malheureusement, elles tombent toutes en faillite ; persistant alors que son comportement lui a valu de multiples interdictions de gérer, il est finalement condamné à un an de prison ferme (Cass. crim., 29 nov. 2016, n° 15-86.116 : *BRDA* 1/2017, n° 4) : quand la névrose d'échec conduit au cachot... ;

– *le dirigeant atteint de troubles psychologiques* ; un tel état de santé est un juste motif de révocation, dès lors qu'il constitue une menace pour le fonctionnement de la société (CA Paris, 5 mars 2004 : *RJDA* 11/2004, n° 1226 ; gérant de SARL) ;

– *le dirigeant discriminé* : à l'instar de ce qui existe pour les salariés, la loi Pacte du 22 mai 2019 interdit sous peine de responsabilité civile d'écarter d'une procédure de nomination un candidat à une fonction dirigeante pour des raisons discriminatoires fondées sur le sexe, l'âge, l'état de santé, les opinions politiques, les convictions religieuses... (C. trav., art. L. 1132-1 ; mod. L. n° 2019-1461, 27 déc. 2019).

SOUS-SECTION 2

LES POUVOIRS DES DIRIGEANTS

996. – La loi NRE du 15 mai 2001 a redéfini la distribution des rôles en distinguant les pouvoirs du conseil d'administration, les pouvoirs du président du conseil et ceux du directeur général, sachant que ces deux dernières fonctions peuvent être exercées par la même personne.

997. – *Hiérarchie des organes sociaux.* La SA se caractérise par la hiérarchisation des organes et la séparation des pouvoirs : chaque organe est doté de pouvoirs qui lui sont propres. C'est la solution que la Cour de cassation a posée en 1946 dans un important arrêt *Motte*, plusieurs arrêts ultérieurs en tirant les conséquences (V. *infra*, n° 1018).

998. – L'arrêt *Motte* du 4 juin 1946 sur le principe de la hiérarchie des organes.

Lors d'une assemblée générale extraordinaire, les actionnaires décident de modifier l'organisation des pouvoirs en confiant au président les attributions jusque-là réservées au conseil d'administration. Sur recours de Motte, qui a qualité d'administrateur, cette décision est déclarée nulle pour le motif que voici (Cass. civ., 4 juin 1946 : *JCP* 1947, II, 3518, note Bastian) : « Attendu que l'arrêt attaqué annule la résolution votée par l'assemblée générale qui modifie l'article 24 des statuts sociaux et investit le président-directeur général de l'ensemble des pouvoirs attribués jusqu'alors au conseil d'administration ; – Attendu, en effet, que la société anonyme est une société dont les organes sont hiérarchisés et dans laquelle l'administration est exercée par un conseil élu par l'assemblée générale ; qu'il n'appartient donc pas à l'assemblée générale d'empiéter sur les prérogatives du conseil en matière d'administration ».

§ 1. – Les pouvoirs du conseil d'administration

A. – Pouvoirs généraux

999. – *Compétence normale.* Selon l'article L. 225-35 du Code de commerce, le conseil d'administration détermine les orientations de l'activité de la société et veille à leur mise en œuvre. Il se saisit de toute question intéressant la bonne marche de la société et règle par ses délibérations les affaires qui la concernent. Il procède aux contrôles et vérifications qu'il juge opportuns.

1000. – *Compétence exceptionnelle.* Il peut, à titre exceptionnel, exercer certaines compétences en principe dévolues à l'assemblée (C. com., art. L. 225-36) :

– déplacer le siège social dans l'ensemble du territoire français, sous réserve d'une ratification par l'assemblée générale ordinaire ;

– mettre les statuts en harmonie avec les dispositions impératives de la loi et des règlements, sous réserve d'une ratification par l'assemblée générale extraordinaire.

1001. – *Limites.* Les pouvoirs du conseil connaissent des limites :

– en application du principe de la hiérarchie des organes (V. *supra*, n° 997), il ne saurait empiéter sur les pouvoirs propres des autres organes, en particulier ceux de l'assemblée générale (C. com., art. L. 225-35, al. 1er) ;

– il doit en toute occasion respecter l'intérêt social (V. *supra*, n° 442) ;

– il doit agir dans la limite de l'objet social (C. com., art. L. 225-35, al. 1er), la société étant toutefois engagée à l'égard des tiers de bonne foi en cas de dépassement de cet objet (V. *supra*, n° 437) ;

– il doit respecter les clauses statutaires limitatives de pouvoirs (par ex., celles exigeant l'autorisation de l'assemblée générale pour certaines décisions très importantes), mais la société est engagée à l'égard des tiers de bonne comme de mauvaise foi en cas de dépassement de ces limitations (V. *supra*, n° 440) ;

– n'ayant pas la qualité de représentant légal, l'administrateur comme le conseil ne peut pas agir en justice(72).

B. – Pouvoirs particuliers

1° Prérogatives propres du conseil

1002. – Le conseil jouit de prérogatives qu'il est seul à pouvoir exercer ; ni le président ni le directeur général ni l'assemblée des actionnaires ne sauraient se substituer à lui. Voici les plus importantes :

– convocation des assemblées générales et fixation de l'ordre du jour (V. *infra*, n° 1167) ;

– établissement des comptes sociaux et du rapport de gestion (V. *infra*, n° 1020) ;

– nomination et révocation du président, du directeur général et des directeurs généraux délégués, ainsi que fixation de leur rémunération ;

(72) Cass. com., 3 oct. 2006 : *BRDA* 21/2006, n° 2 ; *JCP* E 2007, 1049, n° 7, obs. J.-J. Caussain, Fl. Deboissy et G. Wicker ; la demande de destitution judiciaire du commissaire aux comptes ne peut pas être introduite par le conseil d'administration mais doit l'être par le représentant légal de la société.

– modification du capital sur délégation de l'assemblée générale extraordinaire (V. *infra*, n° 1424) ;

– autorisation des conventions passées entre la société et l'un de ses dirigeants ou actionnaires possédant plus de 10 % du capital (V. *infra*, n°s 1033 et s.) ;

– élaboration de la politique de rémunération des mandataires sociaux (V. *supra*, n° 967) ;

– élaboration du rapport sur le gouvernement d'entreprise (V. *infra*, n° 1021).

2° Autorisation des cautions, avals et garanties accordés par la SA

1003. – *Autorisation préalable.* Les cautions, avals et garanties accordés par la SA à des tiers doivent faire l'objet d'une autorisation du conseil d'administration qui en limite le montant, l'autorisation ne valant pas au-delà d'une année[73] (C. com., art. L. 225-35, al. 4, mod. L. 19 juill. 2019 et R. 225-28). Autrement dit, la société n'est engagée que dans la limite du plafond ainsi fixé et seulement si une autorisation préalable a été accordée depuis moins d'un an par le conseil. Des garanties peuvent toutefois être consenties aux administrations fiscales et douanières sans limitation de montant.

1004. – *Groupe de sociétés.* Il existe une mesure d'assouplissement dans les groupes de sociétés. Par exception, l'autorisation annuelle peut être donnée sans limite de montant pour garantir les engagements pris par des sociétés contrôlées au sens de l'article L. 233-16 du Code de commerce (V. *infra*, n° 2411) ; une délégation peut être consentie à cette fin au directeur général à condition qu'il en rende compte une fois par an.

1005. – *Garanties visées.* L'autorisation préalable du conseil d'administration est exigée pour toutes les garanties consenties par la société à un tiers (V. *infra*, n° 1006), qu'il s'agisse de sûretés réelles (gage, hypothèque…) ou de sûretés personnelles : cautionnement, lettre de confort ou d'intention (V. *infra*, n° 2454), garantie à première demande, promesse de porte-fort…

1006. – Quelles sont les garanties entrant dans le champ de l'article L. 225-35, alinéa 4 ?

A été qualifié de garantie :

– un engagement de préservation de l'emploi (Cass. com., 17 nov. 1992 : *BJS* 1993, p. 116, note Y. Chaput) ;

– une contre-garantie (Cass. com., 13 oct. 1992 : *RJDA* 1992, p. 912) ;

– l'engagement pris par une société mère de se substituer à sa filiale défaillante dans les droits et obligations découlant d'un contrat de crédit-bail (Cass. com., 25 févr. 2003 : *RJDA* 7/2003, n° 734) ;

(73) B. Dondero, *Réflexions sur les mécanismes d'autorisation des sûretés et garanties consenties par les sociétés anonymes* : D. 2004, p. 405 et 485. – F. Sauvageot, *Le régime et la procédure d'autorisation des cautions, avals et garanties dans la SA* : *Dr. sociétés* janv. 2020, étude 1 (1re partie) et *Dr. sociétés* juill. 2020, étude 9 (2nde partie) ; *La détermination et le plafonnement du montant des autorisations des cautions, avals et garanties dans la SA* : *Dr. sociétés* oct. 2020, étude 10 ; *Les sanctions de la procédure d'autorisation des cautions, avals et garanties dans la SA* : *Dr. sociétés* nov. 2020, étude 11.

– l'engagement souscrit par une SA, cessionnaire d'actions, de se substituer aux engagements de caution souscrits par l'actionnaire cédant et, à défaut, de le contre-garantir (Cass. com., 24 juin 2003 : *BJS* 2003, § 218, p. 1030, note P. Le Cannu. – V. aussi, Cass. com., 15 janv. 2013, n° 11-27.648 : *D.* 2013, p. 624, note B. Dondero ; *Dr. sociétés* 2013, n° 64, obs. M. Roussille) ;

– une promesse de porte-fort (CA Paris, 4 nov. 2008 : *BRDA* 1/2009, n° 2 ; *Dr. sociétés* 2009, n° 51 ; obs. D. Gallois-Cochet : société s'engageant à ce que sa filiale conclue un contrat de travail avec une personne déterminée, contrat comportant une garantie d'emploi de cinq ans).

Encore faut-il que la garantie ait été souscrite pour garantir les engagements d'un tiers et non le propre engagement de la société. Échappent ainsi aux prévisions de l'article L. 225-35, alinéa 4 :

– la garantie souscrite par une SA au titre de ses propres engagements (Cass. com., 4 mai 1999 : *BJS* 1999, p. 974, note D. Legeais) ;

– la garantie des engagements d'une succursale, puisque, faute que cette dernière ait la personnalité juridique, cela revient pour la société à garantir ses propres engagements (CA Dijon, 23 avr. 2004 : *RJDA* 11/2004, n° 1228) ;

– la garantie de passif souscrite par une société qui cède les titres d'une tierce entreprise puisqu'elle garantit son propre engagement, et non l'engagement d'un tiers (Cass. com., 12 juill. 2011, n° 10-16.118 : *BJS* 2011, § 447, p. 865, note J.-F. Barbièri ; *RJDA* 10/2011, n° 821 ; *Rev. sociétés* 2011, p. 102, note J.-J. Daigre) ;

– l'engagement, en qualité de délégué, de payer à un tiers les sommes que la société doit au délégant : l'engagement n'a pas pour objet de garantir la dette d'un tiers mais d'éteindre la dette de la société à l'égard du délégant (Cass. com., 15 janv. 2013, n° 11-28.173, PB : *Dr. sociétés* 2013, n° 83, obs. M. Roussille ; *JCP* E 2013, 1269, note R. Marty ; *Rev. sociétés* 2013, p. 291, note D. Legeais).

1007. – *Inopposabilité.* La sanction[74] d'une absence d'autorisation, d'une caducité ou d'un dépassement du plafond n'est pas la nullité mais l'inopposabilité de la garantie à la société (sur cette sanction, V. *supra*, n° 739). Elle ne peut être couverte ni par une approbation postérieure à l'acte ni par un début d'exécution de l'engagement. Il s'agit d'une exception remarquable au principe selon lequel le directeur général engage valablement la société ; cela impose au créancier désireux de bénéficier d'une garantie accordée par une SA qu'il se livre à des vérifications (V. *infra*, n° 1019). Par ailleurs, la contrariété à l'intérêt social d'une garantie pour autrui accordée par la société peut être sanctionnée par la nullité (V. *supra*, n° 448).

1008. – *Responsabilités.* Le créancier qui s'est cru à tort garanti peut-il engager la responsabilité personnelle du directeur général à titre délictuel ? Pour être couronnée de succès, une telle initiative suppose de démontrer une faute du dirigeant séparable ou détachable de ses fonctions. Or, la Cour de cassation juge qu'un dirigeant ayant accordé irrégulièrement un cautionnement au nom de la SA commet certes une faute, mais qui n'est pas détachable de ses fonctions[75]. Cette solution

(74) F. Sauvageot, *Les sanctions de la procédure d'autorisation des cautions, avals et garanties dans la société anonyme* : *Dr. sociétés* nov. 2020, étude 11.

(75) Cass. com., 20 oct. 1998 : *BJS* 1999, p. 88, note J.-F. Barbièri. – V. aussi, Cass. com., 9 mai 2001 : *BJS* 2001, p. 1020, note J.-F. Barbièri : cassation de l'arrêt ayant retenu la responsabilité du président pour avoir consenti un aval sans autorisation préalable du conseil d'administration au motif que les juges n'ont pas recherché si le dirigeant avait commis une

n'est pas à l'abri de la critique car le dirigeant qui accorde une garantie sans autorisation valable du conseil d'administration agit sans pouvoir ; or le dépassement de pouvoir ne saurait relever de l'exercice normal des fonctions[76].

Le créancier peut-il alors mettre en cause la responsabilité de la société ? Certains le contestent au motif que l'acte irrégulier lui étant inopposable, la société ne peut encourir aucune responsabilité[77]. Cependant, même si la garantie, en tant qu'acte juridique, n'engage pas la société, il n'en reste pas moins que les conditions de sa conclusion révèlent une faute dans le fonctionnement social qui devrait permettre la mise en œuvre de la responsabilité de la personne morale à défaut de celle de son représentant. Toutefois, le créancier ayant de son côté commis une négligence en s'abstenant de vérifier les pouvoirs du dirigeant, sa propre faute peut aboutir à réduire, voire à supprimer, son droit à réparation[78]. Au cas où la société serait tout de même condamnée, il lui resterait à se retourner contre son dirigeant par le biais de l'action sociale en invoquant la faute de ce dernier sur le fondement de l'article L. 225-251.

§ 2. – Les pouvoirs du président du conseil

1009. – Les fonctions de présidence du conseil et de direction générale de la société sont aujourd'hui dissociées, quand bien même elles peuvent être exercées par la même personne. Le président du conseil d'administration assume deux types de tâches : il est à la fois l'animateur du conseil et le garant du bon fonctionnement de la société.

A. – La présidence du conseil d'administration

1010. – *Présider.* Comme son nom l'indique, le président préside le conseil et, à ce titre, il organise et dirige les travaux de celui-ci (C. com., art. L. 225-51) : il convoque le conseil, prépare les réunions, arrête l'ordre du jour (V. *supra*, n° 927), assure la discipline et le suivi des réunions ; en cas de partage de voix, la sienne est prépondérante, sauf disposition statutaire contraire (V. *supra*, n° 914).

1011. – *Rendre compte.* Le président doit également rendre compte des travaux du conseil à l'assemblée générale (C. com., art. L. 225-51).

B. – La surveillance du bon fonctionnement des organes sociaux

1012. – *Contenu de la mission de surveillance.* Le président doit veiller au bon fonctionnement des organes de la société (C. com., art. L. 225-51). Il s'assure en

faute séparable de ses fonctions. – Cass. com., 8 nov. 2017, n° 16-10.626 : *BJS* 2018, p. 84, note B. Dondero ; *Dr. sociétés* 2018, n° 46, note C. Coupet : n'est pas détachable des fonctions la faute du PDG qui consent un nantissement pour le compte de la société sans y avoir été préalablement autorisé par le conseil d'administration, dès lors que le créancier n'est pas en mesure d'établir le caractère délibéré de cette faute.

(76) G. Wicker, *Rép. civ.* Dalloz, V° *Personne morale*, n° 78.

(77) Ph. Simler et Ph. Delebecque, obs. ss Cass. com., 20 oct. 1998, préc. : *JCP* G 1999, I, 116.

(78) Conformément aux principes de la responsabilité civile, cette faute du créancier peut conduire les juges à diminuer le montant de la réparation à laquelle il serait en droit de prétendre, V. par ex. CA Paris, 3 avr. 1998 : *BJS* 1998, p. 1162, note P. Le Cannu.

particulier que les administrateurs sont en mesure de remplir leur mission ; à cet effet, il doit veiller à ce que soit correctement assurée leur information (V. *supra*, n° 918). Il doit encore porter à la connaissance du conseil et des commissaires aux comptes la liste et l'objet des conventions libres (V. *infra*, n° 1029), de même qu'il doit aviser ces derniers de l'existence de conventions réglementées (V. *infra*, n° 1039). Il reçoit les questions posées par les actionnaires à l'occasion de la mise en œuvre de la procédure d'expertise de gestion (V. *supra*, n° 700). Il répond également aux questions qui lui sont posées par tout actionnaire représentant au moins 5 % du capital social sur tout fait de nature à compromettre la continuité de l'exploitation (V. *infra*, n° 1150).

1013. – *Défaut de qualité de représentant légal.* Aussi riche que soit le rôle dévolu au président, celui-ci, s'il n'est pas en même temps directeur général, ne représente pas la société. En conséquence, il ne saurait interjeter appel d'une décision judiciaire au nom de la société[79].

§ 3. – Les pouvoirs du directeur général

1014. – *Pouvoirs de direction.* La direction générale de la société est assumée, sous sa responsabilité, soit par le président du conseil, soit par une autre personne qui prend le titre de directeur général (C. com., art. L. 225-51-1). Le directeur général est investi des pouvoirs les plus étendus pour agir en toutes circonstances au nom de la société (C. com., art. L. 225-56, 1) (pour le pouvoir de céder des actifs sociaux, V. *supra*, n° 447). Il est chef d'entreprise et représentant légal de la société à l'égard des tiers (V. *supra*, n° 436) : il embauche et licencie les salariés, négocie les accords d'entreprise, reçoit les délégués du personnel, signe les contrats au nom de la société, passe les commandes, assure les biens sociaux, agit en justice... De même, il est l'interlocuteur des administrations fiscales ou sociales.

1015. – *Les limites* que connaissent ses pouvoirs sont classiques, à commencer par celle de l'intérêt social (V. *supra*, n° 442). Également, il doit exercer ses fonctions dans les limites de l'objet social, la société étant toutefois engagée à l'égard des tiers de bonne foi (V. *supra*, n° 437). Il ne doit pas empiéter sur les pouvoirs que la loi attribue expressément aux assemblées d'actionnaires, au conseil d'administration, voire au président si les deux fonctions sont dissociées. Enfin, les statuts ou le règlement intérieur du conseil d'administration limitent parfois ses pouvoirs en exigeant par exemple que la signature de contrats qui dépassent certains seuils soit soumise à l'autorisation préalable du conseil. Mais ces limites sont inopposables aux tiers qui pourront demander l'exécution du contrat quand bien même l'autorisation du conseil n'aurait pas été sollicitée ; on rappellera que l'inopposabilité joue également à l'égard des tiers de mauvaise foi connaissant l'existence des clauses limitatives de pouvoirs (V. *supra*, n° 440). En outre, ces clauses ne doivent pas être telles qu'elles réduisent le directeur général à un rôle

(79) CA Paris, 23 sept. 2009 : *RJDA* 1/2010, n° 53 : appel dans une instance relative à la protection de la marque appartenant à la société.

de simple exécutant, gommant les pouvoirs propres qu'il tient de son office de direction générale. Dans les sociétés faisant appel public à l'épargne, ces limitations de pouvoirs doivent être mentionnées dans le rapport sur le gouvernement d'entreprise (V. *infra*, n° 1021).

1016. - *Répartition des tâches.* Par-delà les formules distinctes utilisées par la loi pour caractériser les pouvoirs du conseil d'administration et ceux du directeur général, dans la vie quotidienne, la répartition des tâches dévolues aux deux organes procède de la nature des choses, des statuts, du règlement intérieur et de l'usage :

– *la nature des choses* : le directeur général est un opérationnel, c'est au surplus un personnage unique ; le conseil, organisme collégial, ne siège pas en permanence et son intervention se limite à quelques réunions par an (cinq ou six dans le meilleur des cas), réunions qui durent rarement plus de deux à trois heures ;

– *les statuts* : certains statuts contiennent des clauses limitatives de pouvoirs, qui concernent le directeur général, mais qui peuvent également s'appliquer au conseil, lequel est parfois requis de solliciter l'autorisation de l'assemblée ;

– *le règlement intérieur du conseil d'administration* : lorsqu'il en est établi un (V. dans les sociétés cotées, *supra*, n° 922), il précise les pouvoirs propres du conseil ; il est courant de stipuler que le conseil d'administration de la société approuve les orientations stratégiques proposées par le directeur général, est informé des déviations par rapport à ces orientations, examine le budget annuel présenté par le directeur général, autorise les opérations significatives, veille à la maîtrise des risques générés par l'activité sociale, etc. ; le règlement intérieur peut encore préciser les obligations à la charge des administrateurs (V. *supra*, n° 924) ;

– *l'usage* : le directeur général est en charge de la gestion quotidienne, il donne les impulsions à l'activité sociale, il est tacticien mais aussi stratège ; le conseil intervient en pratique à la demande du directeur général, qui lui soumet certains projets de croissance externe (un projet d'OPA par exemple), l'informe des opérations majeures en cours d'exécution.

1017. - Ces considérations conduisent à poser les solutions suivantes :

– *le conseil donne son avis sur les décisions les plus importantes* ; il arrête, avec le directeur général, les grandes orientations stratégiques, économiques, financières, sociales ou technologiques de l'entreprise ; ainsi, il approuve le projet de rachat d'une autre entreprise, un plan d'intéressement des salariés, la cession d'une filiale importante, une introduction en Bourse... ;

– *le conseil surveille l'action du directeur général* et s'assure que cette action est conforme aux lois, aux statuts, à l'objet et à l'intérêt social[(80)] ;

– *pour le reste*, c'est le directeur général qui assure la gestion quotidienne de la société et la représente auprès des tiers, assisté le cas échéant de directeurs généraux délégués.

(80) Par exemple, le conseil d'administration peut ordonner un audit comptable et financier par un cabinet déterminé, là où le directeur général proposait un autre cabinet : T. com. Bordeaux, 2 janv. 2003 : *Rev. sociétés* 2003, p. 134, note B. Saintourens.

Le coin des amateurs

1. Quelques conséquences du principe de la hiérarchie des organes sociaux

1018. – Le principe de la hiérarchie des organes a été mis en œuvre à plusieurs reprises depuis l'arrêt *Motte* de 1946 (V. *supra*, n° 998) :

– impossibilité pour une assemblée générale de corriger le vice affectant la nomination du président par le conseil (Cass. com., 31 janv. 1968 : *D.* 1968, p. 321) ;

– interdiction faite à l'assemblée d'empiéter sur les prérogatives du conseil, par exemple d'annuler l'octroi d'un complément de retraite à un ancien dirigeant lorsque la décision a été régulièrement prise par le conseil d'administration (Cass. com., 22 janv. 1991 : *Rev. sociétés* 1992, p. 61, note J.-P. Legros. – V. *supra*, n° 991) ;

– incompétence de l'assemblée pour se prononcer sur une délibération du conseil (Cass. com., 18 mai 1982 : *Rev. sociétés* 1983, p. 71) ;

– interdiction de créer un comité d'études doté de pouvoirs de décision concurrents de ceux du conseil (V. *supra*, n° 925) ;

– interdiction pour le président de se substituer au conseil pour le déplacement du siège social (Paris, 28 avr. 1983 : *JCP* 1986, II, 20553, note A. Viandier) ;

– interdiction d'assujettir le président au pouvoir de décision d'un tiers, fût-il l'actionnaire majoritaire ayant avancé une importante somme à la société (Cass. com., 11 juin 1965 : *RTD com.* 1965, p. 861, obs. R. Houin. – T. com. Paris, 1er août 1974 : *Rev. sociétés* 1974, p. 685, note B. Oppetit) ;

– interdiction de céder le fonds de commerce constituant la seule activité de la société si cette cession rend impossible la poursuite de l'objet social (V. *supra*, n° 447) ;

– invalidité de la pension de retraite du président d'une société d'assurances contrôlée par l'État et fondée sur une simple lettre du directeur des assurances au ministère de l'Économie, et non sur une délibération du conseil d'administration de la société (Cass. com., 6 févr. 2007 : *Rev. sociétés* 2007, p. 553, note J.-P. Mattout).

2. Les vérifications à opérer par les créanciers obtenant la garantie d'une société anonyme

1019. – Les tiers qui contractent avec une SA n'ont pas de précaution particulière à prendre ; à condition que l'acte soit conforme à l'intérêt social (V. *supra*, n° 448) et de traiter avec un représentant légal (V. *supra*, n° 436), ils n'ont pas à s'inquiéter de l'objet social ni de l'étendue des pouvoirs du dirigeant qui signe l'acte ; le système du pouvoir légal leur assure pleine sécurité, sauf dans un domaine, celui des cautions, avals et garanties, lesquels supposent une autorisation préalable du conseil d'administration (C. com., art. L. 225-35 et R. 225-28). Les créanciers doivent alors se livrer à de minutieuses vérifications à peine d'amères déconvenues :

– *vérifier que le débiteur garanti n'est pas un dirigeant ayant contracté un emprunt auprès de la société*, une telle opération étant interdite (V. *infra*, n° 1025) ; la société peut opposer cette nullité aux tiers, sauf s'ils sont de bonne foi ; mais ils sont censés savoir que l'article L. 225-43 interdit aux sociétés de garantir les engagements de leurs dirigeants ;

– *vérifier que le représentant de la société a été préalablement autorisé par le conseil d'administration* (V. *supra*, n° 1003), d'où la nécessité pour le créancier de se faire communiquer une copie du procès-verbal du conseil (Cass. com., 13 févr. 2001 : *BJS* 2001, p. 608, note J.-F. Barbièri) ; le créancier se voit refuser le bénéfice de la théorie du mandat apparent (Cass. com., 24 févr. 1987 : *Rev. sociétés* 1987, p. 407, note Y. Guyon ; V. *supra*, n° 445) ;

– *vérifier que l'autorisation remonte à moins d'une année*, puisque l'autorisation donnée par le conseil ne vaut pas au-delà (C. com., art. R. 225-28) ;

– *vérifier que le montant de la garantie n'excède pas le maximum fixé par le conseil* ; celui-ci peut en effet accorder son autorisation pour un plafond donné, le directeur général engageant librement la société dans cette seule limite ;

– *être attentif aux événements de nature à affecter la garantie*, par exemple la transformation (V. *supra*, n° 751), la fusion, la scission ou l'apport partiel d'actif (V. *infra*, nos 2269 et s.).

3. Le rapport de gestion dans les SA : un véritable fourre-tout

1020. – Le conseil d'administration présente annuellement à l'assemblée générale des actionnaires un rapport, dit de gestion (C. com., art. L. 225-100), auquel est joint le rapport sur le gouvernement d'entreprise (V. *infra*, n° 1021). Le rapport de gestion doit d'abord contenir les mentions imposées dans toutes les sociétés, les contraintes étant allégées pour les petites sociétés (V. *supra*, n° 639). Sous l'effet de réformes législatives successives, le rapport de gestion dans la SA s'est alourdi au point de devenir un véritable fourre-tout, surtout dans les sociétés cotées et les grandes sociétés. En vue de clarifier et de rationaliser le contenu du rapport, les règles ont été remodelées par les ordonnances du 12 juillet 2017 et du 19 juillet 2017 : le rapport de gestion est complété par un rapport sur le gouvernement d'entreprise (V. *infra*, n° 1021) et une déclaration de performance extra-financière (V. *infra*, n° 1022).

Les sanctions sont lourdes : l'obligation d'établir un rapport de gestion est sanctionnée d'une peine d'emprisonnement de six mois et d'une amende de 9 000 € (C. com., art. L. 242-10). Sur le plan civil, en cas d'omission de certaines informations, une procédure de référé-injonction trouve à s'appliquer (V. *supra*, n° 651), sans compter la nullité des délibérations prises en assemblée (C. com., art. L. 225-121).

a) Dans les SA non cotées

Le rapport de gestion comprend les informations suivantes (C. com., art. L. 225-100-1, I) :

– analyse objective et exhaustive de l'évolution des affaires, des résultats et de la situation financière de la société, notamment de sa situation d'endettement, au regard du volume et de la complexité des affaires ;

– dans la mesure nécessaire à la compréhension de l'évolution des affaires, mention des résultats ou de la situation de la société, des indicateurs clés de performance de nature financière et, le cas échéant, de nature non financière ayant trait à l'activité spécifique de la société, notamment des informations relatives aux questions d'environnement et de personnel ;

– une description des principaux risques et incertitudes auxquels la société est confrontée ;

– lorsque cela est pertinent pour l'évaluation de son actif, de son passif, de sa situation financière et de ses pertes ou profits, des indications sur ses objectifs et sa politique concernant la couverture de chaque catégorie principale de transactions prévues pour lesquelles il est fait usage de la comptabilité de couverture, ainsi que sur son exposition aux risques de prix, de crédit, de liquidité et de trésorerie ; ces indications comprennent l'utilisation par l'entreprise des instruments financiers ;

– l'état de la participation des salariés au capital social au dernier jour de l'exercice (C. com., art. L. 225-102).

b) Dans les sociétés cotées

Lorsque la société est cotée, le rapport doit être déposé au greffe du tribunal de commerce (V. *supra*, n° 633). Le rapport de gestion est alors sérieusement menacé d'obésité, car s'y ajoutent :

– des indications sur les risques financiers liés aux effets du changement climatique et la présentation des mesures que prend l'entreprise pour les réduire en mettant en œuvre une stratégie bas-carbone dans toutes les composantes de son activité (C. com., art. L. 22-10-35, 1°, créé Ord. n° 2020-1142, 16 sept. 2020) ;

– pour les sociétés les plus importantes, une déclaration de performance extra-financière (C. com., art. L. 225-102-1 et L. 22-10-36, créé Ord. n° 2020-1142, 16 sept. 2020) (V. *infra*, n° 1022) ;

– les principales caractéristiques des procédures de contrôle interne et de gestion des risques mises en place par la société relatives à l'élaboration et au traitement de l'information comptable et financière (C. com., art. L. 22-10-35, 2°, créé Ord. n° 2020-1142, 16 sept. 2020).

Et comme si cela ne suffisait pas, le législateur, toujours pour les sociétés cotées, a alourdi cet ensemble indigeste en complétant le rapport de gestion par des rapports annexes, par exemple sur les opérations de rachat d'actions (C. com., art. L. 22-10-62, créé Ord. n° 2020-1142, 16 sept. 2020). Le commissaire aux comptes, s'il en existe un, doit même rédiger un rapport… sur le rapport sur le gouvernement d'entreprise (C. com., art. L. 225-235) (V. *infra*, n° 1022).

4. Le rapport sur le gouvernement d'entreprise

1021. – L'ordonnance du 12 juillet 2017 a remplacé le rapport spécial qui incombait au président du conseil par un rapport sur le gouvernement d'entreprise, qui relève de la compétence du conseil d'administration (C. com., art. L. 225-37) ou du conseil de surveillance (C. com., art. L. 225-68). Ce rapport est soumis aux associés lors de l'assemblée générale ordinaire annuelle. Dans les SA de type moniste, il doit être joint au rapport de gestion ou faire l'objet d'une section spécifique au sein du rapport de gestion ; dans les SA de type dualiste, il doit être joint au rapport de gestion. Ce rapport est soumis aux mêmes obligations de publication (V. *supra*, n° 633) et aux mêmes sanctions (V. *infra*, n° 1020) que le rapport de gestion (C. com., art. L. 232-23). Ce rapport fait lui-même l'objet d'un rapport par le commissaire aux comptes, s'il en existe un. Le rapport sur le gouvernement d'entreprise est exigé dans toutes les SA et SCA (mais pas les SAS), mais son contenu diffère selon que la société est cotée ou non (C. com., art. L. 22-10-9 à L. 22-10-11, créé Ord. n° 2020-1142, 16 sept. 2020).

a) Dans les sociétés non cotées

Dans les sociétés non cotées, le rapport sur le gouvernement d'entreprise contient des informations relatives à la gouvernance de la société qui portent sur :

– l'ensemble des mandats et fonctions exercés par chaque mandataire social ;

– les conventions réglementées conclues par un dirigeant ou un actionnaire disposant de plus de 10 % du capital avec une société contrôlée au sens de l'article L. 233-3 du Code de commerce (V. *infra*, n° 1041) ;

– les délégations accordées au conseil d'administration en matière d'augmentation de capital (V. *infra*, n° 1424) ;

– le choix de dissocier ou non les fonctions de président et de directeur général (V. *supra*, n° 862) ;

– la composition et le fonctionnement du conseil.

b) Dans les sociétés cotées

Dans les sociétés cotées, le rapport doit de surcroît contenir des informations supplémentaires sur la gouvernance qui concernent :

– la représentation équilibrée des hommes et des femmes au sein du conseil (V. *supra*, n°s 866 et s.) et du comité exécutif (V. *supra*, n° 988) ;

– les limitations apportées par le conseil d'administration au pouvoir du directeur général (V. *supra*, n° 902) ;

– la façon dont la société se réfère, ou ne se réfère pas, à un code de gouvernement d'entreprise (sur la règle *comply or explain*, V. *supra*, n° 921) ;

– les modalités particulières de participation des actionnaires aux assemblées générales ;

– les événements susceptibles d'avoir une incidence sur les OPA et OPE ;

– la description de la procédure d'évaluation des conventions libres et de leur mise en œuvre (V. *infra*, n° 1032).

Le rapport sur la gouvernance regroupe en outre les informations relatives à la politique de rémunération des dirigeants sociaux soumise à l'approbation des associés (V. *supra*, n° 967). Le rapport doit indiquer, sous peine de référé-injonction (V. *supra*, n° 651) :

– la rémunération totale et les avantages de toute nature versés par la société durant l'exercice en distinguant les éléments fixes, variables et exceptionnels composant ces rémunérations et avantages, ainsi que les critères en application desquels ils ont été calculés ou les circonstances à la suite desquelles ils ont été attribués ;

– les engagements de toute nature pris par la société au bénéfice de ses mandataires sociaux, correspondant à des éléments de rémunération, des indemnités ou des avantages dus ou susceptibles d'être dus en raison de la prise, de la cessation ou du changement de leurs fonctions ou postérieurement à l'exercice de celles-ci, ce qui couvre les « parachutes dorés » (V. *infra*, n°s 944 et s.), notamment les engagements de retraite et autres avantages viagers (V. *supra* n° 991 et *infra*, n° 2344, à propos du *management package*) ; à défaut, hormis les cas de bonne foi, les versements effectués et les engagements pris peuvent être annulés ;

– la prise en compte de la performance extra-financière dans la détermination des éléments variables de la rémunération ;

– les écarts de rémunération entre dirigeants et salariés par le calcul de différents indicateurs (salaire médian, salaire moyen...).

5. RSE et *reporting* extra-financier

1022. – Née aux États-Unis dans les années 1970, la *Corporate social responsability* correspond à l'idée selon laquelle l'entreprise doit prendre en compte l'impact de son activité en matière environnementale et sociale en tenant compte des parties prenantes à l'activité de l'entreprise (salariés, fournisseurs, consommateurs...). Cette théorie a été traduite en France par le terme de « Responsabilité sociétale des entreprises » (RSE) (P. Berlioz, *Droit dur ou droit souple : un [non] choix lourd de conséquences : Rev. sociétés* 2018, p. 644. – P. Deumier, *La responsabilité sociétale de l'entreprise et les droits fondamentaux : D.* 2013, p. 1564. – R. Family, *La responsabilité sociétale de l'entreprise : du concept à la norme : D.* 2013, p. 1558. – C. Malecki, *L'irrésistible montée en puissance de la RSE : les impulsions européennes et françaises de l'année 2013 : BJS* 2013, p. 594. – V. Mercier, *Le rôle des parties prenantes dans l'évolution du droit des sociétés : BJS* nov. 2019, p. 44).

Cette prise en compte peut s'inscrire dans une démarche purement volontaire de *soft law*. Ainsi, en matière de développement durable, une société peut avoir intérêt à adopter un comportement « éco-responsable », lequel, par-delà l'effet marketing, peut être un facteur de rentabilité et de croissance en ce qu'il favorise la prévention des risques environnementaux (que l'on pense ici à la filière nucléaire) ou conduit à identifier de nouvelles opportunités ou stratégies (ce qu'on appelle la croissance verte) (V. Mercier, *Responsabilité sociétale des entreprises et droit des sociétés : entre contrainte et démarche volontaire : Dr. sociétés* avr. 2011, p. 6).

Outre la prise en considération des enjeux sociaux et environnementaux de l'activité de la société à travers les notions d'intérêt social (V. *supra*, n° 207), de raison d'être (V. *supra*, n°s 208 et s.) ou de société à mission (V. *supra*, n°s 84 et s.), la loi a renforcé le mouvement dans les grandes sociétés en développant depuis 2001 le *reporting* extra-financier. Ce *reporting* est destiné à rendre compte de l'impact de l'activité de la société en matière de responsabilité sociale, sociétale et environnementale. Ainsi, à côté de l'information financière classique due aux associés et investisseurs s'ajoutent, suite à la transposition de la directive RSE du 22 octobre 2014 (C. Malecki, *Transposition de la directive RSE : un nouveau cadre de publications extra-financières pour les grandes entreprises* : *BJS* 2017, p. 632), des informations de plus en plus nombreuses sur les performances extra-financières de l'entreprise (B. Parance et E. Groulx, *La déclaration de performance extra-financière* : *JCP* E 2018, 1128). Le mouvement ne devrait pas se tarir, la Commission européenne ayant annoncé la révision prochaine de la directive RSE qui devrait se traduire par une extension du champ des informations et des entreprises concernées par le *reporting* extra-financier (ainsi qu'en témoignent les propositions que l'AMF souhaite porter dans le cadre des travaux de révision : *Projet de refonte de la directive RSE : les propositions de l'AMF* : *Dr. sociétés* août 2020, alerte 25). En l'état actuel de la législation, ces informations doivent prendre place dans une déclaration de performance extra-financière, insérée dans le rapport de gestion, qui doit être rendue publique sur le site Internet de la société pour une durée de cinq ans (C. com., art. L. 225-102-1 et L. 22-10-36, créé Ord. n° 2020-1142, 16 sept. 2020). Les sociétés les plus importantes ont en outre l'obligation de faire viser cette déclaration par un organisme tiers indépendant.

Sont d'abord concernées les sociétés cotées qui ont plus de 500 salariés et dont le total du bilan est supérieur à 20 M€ ou dont le chiffre d'affaires est supérieur à 40 M€ (C. com., art. R. 22-10-29, créé D. n° 2020-1742, 29 déc. 2020). Sont ensuite concernées les sociétés non cotées qui ont plus de 500 salariés et dont le total du bilan ou du chiffre d'affaires est supérieur à 100 M€ (C. com., art. R. 225-104). Sont visées les SA, les SCA (mais pas les SAS), les sociétés européennes ayant leur siège en France et les SNC dont l'ensemble des parts est détenu par des SA, SCA, SARL, SNC ou sociétés de droit étranger de forme comparable. Des dispositions particulières sont prévues dans les groupes.

Ces sociétés doivent rendre compte des conséquences sociétales et environnementales de leurs activités (ce qui inclut les conséquences du changement climatique, la lutte contre le gaspillage alimentaire, l'économie circulaire, les conditions de travail des salariés, la lutte contre les discriminations, la promotion de la diversité...) ; les sociétés cotées doivent en outre exposer les effets de leur activité au regard du respect des droits de l'homme ainsi que de la lutte contre la corruption et la fraude fiscale.

Reste la question, essentielle, des sanctions. L'addition est *a priori* assez légère puisqu'il s'agit uniquement d'obligations de dire et non de faire. Ainsi, si la déclaration de performance extra-financière n'est pas insérée dans le rapport de gestion, tout intéressé peut utiliser la procédure du référé-injonction (V. *supra*, n° 651). Mais il faut également compter avec les sanctions attachées à la méconnaissance de la *soft law*, à commencer par le préjudice d'image lié au *name and shame* (V. *supra*, n° 921), sans oublier l'accès au crédit ou à l'assurance.

SOUS-SECTION 3

LES CONVENTIONS PASSÉES ENTRE LA SOCIÉTÉ ET LES DIRIGEANTS

1023. – *Risque de conflit d'intérêts.* Les dirigeants (administrateurs, président, directeur général, directeurs généraux délégués) sont en mesure, par leurs prérogatives, d'imposer à la société des conventions qui sont bonnes pour eux, mais mauvaises pour elle. Exemples : le directeur général achète un terrain pour son compte personnel et le revend immédiatement à la société pour un prix largement supérieur ; un administrateur achète à la société certains éléments d'actif à un prix inférieur à leur valeur ; un directeur général délégué négocie avec la société un contrat de travail pour son épouse, avantageux pour elle, d'autant qu'il est fictif. Compte tenu de la double caquette du dirigeant qui contracte en son nom propre et au nom de la société, il existe un risque de conflits d'intérêts, autrement dit un risque de contradiction entre l'intérêt social qui doit commander l'action du dirigeant lorsqu'il représente la société et son intérêt personnel à la convention (V. *infra*, n° 1049).

1024. – *Équilibre législatif.* On aurait pu envisager l'interdiction pure et simple de toute convention entre la société et ses dirigeants ; la sanction eût été excessive, car il est des conventions qui peuvent être utiles à la fois à la société et au dirigeant. D'où le compromis mis en place par le législateur. Le régime est fonction des risques liés aux conventions en cause ; certaines sont interdites, d'autres libres, d'autres enfin soumises à l'autorisation préalable du conseil d'administration. La matière a été retouchée par l'ordonnance n° 2014-683 du 31 juillet 2014[81], puis par la loi Sapin 2 du 9 décembre 2016, et enfin par la loi Pacte du 22 mai 2019[82].

§ 1. – Les conventions interdites

A. – Le domaine des conventions interdites

1025. – *Conventions concernées.* Les conventions interdites sont celles qui présentent un risque majeur pour le patrimoine social. Elles sont énumérées limitativement par l'article L. 225-43 du Code de commerce :

– emprunt ou découvert consenti par la société (sur l'application de cette interdiction au prêt d'actions par une SA à l'un de ses dirigeants, V. *supra*, n° 926) ;

– caution ou aval des engagements personnels du dirigeant (par ex., garantie de l'emprunt immobilier d'un administrateur).

1026. – *Dirigeants concernés.* Les dirigeants concernés sont les administrateurs autres que les personnes morales, les représentants permanents des personnes morales administratrices, le président, le directeur général, les directeurs généraux délégués ; il faut y ajouter le conjoint (mais pas le partenaire lié par un PACS), les ascendants et les descendants de ces diverses personnes ainsi que toute personne interposée. Il est donc interdit d'utiliser le crédit de la société au profit des dirigeants et de leurs proches parents.

1027. – *Exceptions.* Le principe de l'interdiction est assoupli par deux exceptions :

– *l'une en faveur des administrateurs qui sont des personnes morales* ; ainsi par exemple dans les groupes, les filiales peuvent consentir des avances ou des avals au profit de la société mère, même si celle-ci occupe un poste d'administrateur ; ceci facilite la gestion centralisée de la trésorerie au sein du groupe (V. *infra*, n° 2428) ; la convention doit être soumise à la procédure d'autorisation de l'article L. 225-38

(81) B. Dondero, *Le nouveau droit des conventions réglementées dans les sociétés anonymes* : *JCP E* 2014, 1466. – M. Roussille, *Ordonnance du 31 juillet 2014. Dispositions relatives aux conventions réglementées* : *Dr. sociétés* 2014, n° 144. – D. Schmidt, *Dispositions relatives aux conventions réglementées dans la société anonyme* : *Rev. sociétés* 2014, p. 616.

(82) E. Schlumberger, *Les incidences de la loi Pacte sur la procédure de contrôle des conventions réglementées* : *BJS* juin 2019, p. 56.

(V. *infra*, n°s 1033 et s.), sauf s'il s'agit d'une convention courante conclue à des conditions normales, auquel cas sa conclusion est libre (V. *infra*, n° 1029) ;

– *l'autre relative aux établissements bancaires* qui peuvent consentir des prêts ou accorder des garanties à leurs dirigeants ; l'article L. 225-43 prévoit que ces opérations doivent avoir un caractère courant, compte tenu de l'activité de l'établissement, et être conclues à des conditions normales.

B. – La sanction des conventions interdites

1028. – *Nullité absolue.* La sanction est la nullité absolue de la convention[83], d'où l'impossibilité d'une confirmation ultérieure et l'ouverture de l'action à tout intéressé. Le juge peut relever d'office la nullité. La société peut opposer cette nullité aux tiers, sauf s'ils sont de bonne foi. Ainsi, un créancier qui a prêté de l'argent à un dirigeant pourra se prévaloir du cautionnement fourni par la société, en dépit de la nullité de ce dernier, s'il ignorait les fonctions de dirigeant assumées par son débiteur (V. *supra*, n° 1019). À l'inverse et de manière choquante en raison du caractère d'ordre public de la nullité, les bénéficiaires de la convention interdite peuvent l'invoquer à l'égard d'un tiers, dès lors que celui-ci est un professionnel censé connaître la règle d'ordre public[84].

§ 2. – Les conventions libres

1029. – *Notion de convention libre.* Selon l'article L. 225-39 du Code de commerce, ne sont pas soumises à autorisation les conventions passées entre les dirigeants et la société qui portent « sur des opérations courantes et conclues à des conditions normales », de même que les conventions conclues avec une filiale à 100 % (V. *infra*, n° 2438). Reste à s'entendre sur le courant et le normal, les deux conditions étant cumulatives.

1030. – *Convention courante.* Précisons à titre liminaire qu'il n'y a pas de caractère courant sans une certaine récurrence, ce qui exclut les opérations de caractère exceptionnel[85]. Plus précisément, est courante la convention dont le principe ne présente rien d'inusuel, ce qui s'apprécie de façon objective en considération :

– soit de l'activité ordinaire de la société ; ainsi de la vente des produits fabriqués par l'entreprise[86], de la conclusion de baux[87] ou de l'achat d'un brevet à un administrateur par une société ayant pour objet social l'exploitation de tous brevets[88] ;

(83) Cass. ch. mixte, 10 juill. 1981 : *Rev. sociétés* 1982, p. 84, note Ch. Mouly.

(84) Cass. com., 25 avr. 2006 : *Rev. sociétés* 2006, p. 818, note R. Routier ; emprunt auprès d'une banque garanti par un cautionnement hypothécaire de la société dirigée ; l'emprunteur peut opposer la nullité de l'opération à la banque prêteuse et échapper à l'obligation de remboursement ; l'arrêt concerne une SARL, mais la solution vaut tout autant pour une SA.

(85) N'est pas courante en raison de son caractère exceptionnel une convention de présentation de clientèle passée entre une clinique et l'un de ses médecins associés, par ailleurs administrateur : Cass. com., 11 mars 2003 : *BJS* 2003, p. 684, note D. Vidal ; *JCP* E 2004, 1203, obs. J.-J. Caussain, Fl. Deboissy et G. Wicker, n° 4.

(86) En revanche, n'est pas courante la convention conclue entre deux sociétés d'expertise comptable qui a eu pour conséquence une véritable sous-traitance de l'activité sociale de l'une d'entre elles : Cass. crim., 13 déc. 2000 : *BJS* 2001, p. 499, note J.-F. Barbièri.

(87) CA Paris, 17 oct. 2006 : *RJDA* 4/2007, n° 375 ; la cour constate que les locations litigieuses sont effectuées par la société d'une manière habituelle dans le cadre de son activité.

(88) CA Paris, 4 juin 2003 : *BJS* 2003, p. 1315, note L. Godon.

– soit des pratiques usuelles pour des sociétés placées dans une situation similaire ; ainsi d'une convention de trésorerie dans un groupe de sociétés(89) ou de conventions de locations d'immeubles, détachement de personnel ou engagement de frais communs dans un groupe de sociétés(90).

1031. – *Conventions normales.* Sont normales les conventions conclues à des conditions comparables à celles ordinairement appliquées dans la société en cause ou encore dans les autres sociétés du même secteur ; par conditions, on entend le prix, mais aussi les garanties, les obligations de chacune des parties, la durée, les pénalités(91)...

1032. – *Dans les SA cotées*, le conseil d'administration doit mettre en place une procédure permettant d'évaluer régulièrement si les conditions autorisant la qualification de convention courante conclue à des conditions normales sont effectivement remplies ; les personnes directement ou indirectement intéressées ne peuvent pas participer à cette évaluation (C. com., art. L. 22-10-12, créé Ord. n° 2020-1142, 16 sept. 2020). La loi ne prévoyant pas de sanctions particulières, seules les sanctions tirées du droit commun, telle la responsabilité, ont vocation à s'appliquer. Le rapport sur le gouvernement d'entreprise doit comporter la description de la procédure ainsi que sa mise en œuvre (V. *supra*, n° 1021).

§ 3. – Les conventions réglementées

1033. – *Qualification résiduelle.* Les conventions qui ne sont ni libres (V. *supra*, n° 1029) ni interdites (V. *supra*, nos 1025 et s.) sont soumises à une procédure d'autorisation et de contrôle (C. com., art. L. 225-38), d'où l'appellation de conventions réglementées(92).

A. – Le domaine des conventions réglementées

1° Les personnes

1034. – *Personnes concernées.* Doit être soumise à l'autorisation préalable du conseil d'administration toute convention intervenant entre la société et l'une des personnes visées à l'article L. 225-38, à savoir :

– le directeur général ;

– l'un des directeurs généraux délégués ;

– l'un des administrateurs, y compris le président du conseil ;

– l'un des actionnaires disposant d'une fraction des droits de vote supérieure à 10 % ou, s'il s'agit d'une société actionnaire, la société la contrôlant au sens de l'article L. 233-3 (V. *infra*, nos 2409 et s.).

(89) CA Versailles, 8 avr. 2002 : *JCP* E 2002, 1639, n° 8, obs. J.-J. Caussain, Fl. Deboissy et G. Wicker approuvant la solution. – Pour une critique, V. H. Le Nabasque, *BJS* 2002, p. 923.

(90) CA Paris, 17 oct. 2003 : *BJS* 2004, p. 224, note D. Schmidt.

(91) N'est pas normale la convention passée entre la SA exploitant une clinique et une société de fait dont l'un des administrateurs est associé, dès lors qu'elle concède à la société de fait l'exercice de la radiologie et de l'échographie pendant une durée anormalement longue et sans contrepartie financière ou technique pour la SA : CA Aix-en-Provence, 8e ch. B, 27 janv. 1995 : *BJS* 1995, p. 325.

(92) V., sur les aspects fiscaux, L. Chatain, *Conventions réglementées et fiscalité : les liaisons dangereuses* : *Dr. fisc.* 2015, n° 6, comm. 124.

1035. – *Élargissement aux personnes indirectement intéressées.* L'autorisation préalable couvre un vaste domaine puisqu'elle s'étend :

– aux conventions intervenant directement ou par personne interposée ;

– aux conventions auxquelles l'une des personnes visées par le texte est indirectement intéressée(93) ;

– aux conventions passées entre la société et une entreprise dans laquelle le dirigeant a des intérêts, qu'il en soit propriétaire, associé indéfiniment responsable ou dirigeant.

1036. – *Groupes de sociétés.* Sont exclues du champ d'application des conventions réglementées les conventions conclues avec une filiale détenue directement ou indirectement à 100 % (V. *infra*, n° 2438) ; elles relèvent donc du régime des conventions libres (V. *supra*, n° 1029).

2° Les actes

1037. – *Notion de convention.* L'article L. 225-38 du Code de commerce n'a vocation à s'appliquer que là où il y a convention, c'est-à-dire un accord de volonté créant, modifiant ou éteignant un rapport de droit. D'où l'exclusion de certains actes sans caractère conventionnel :

– la résolution par laquelle le conseil d'administration fixe la rémunération du président ou du directeur général (V. *supra*, n°s 930 et 958) ;

– une décision de l'assemblée générale telle que l'approbation d'une convention de fusion, l'approbation d'un apport partiel d'actif ou la fixation de la rémunération allouée aux administrateurs ;

– le jeu de la compensation légale.

En revanche, la procédure s'applique quelle que soit la forme de la convention : une convention, même orale, doit être soumise à l'autorisation du conseil(94).

1038. – *Cumul avec un contrat de travail.* La convention conclue alors que l'intéressé n'est pas encore (ou n'est plus) dirigeant n'entre pas dans le champ des conventions réglementées(95), sauf fraude(96). Toutefois, son renouvellement comme sa modification imposent le respect de la procédure ; ainsi, quand un salarié devient administrateur, l'autorisation préalable est exigée lorsque les conditions du contrat

(93) Pour un exemple : T. com. Paris, 20 juin 2006 : *Rev. sociétés* 2006, p. 825, note J.-J. Daigre ; cession de participations par une SA à deux fondations néerlandaises dans lesquelles le président de la société cédante est soit président, soit administrateur. – L'existence d'une convention réglementée ne peut être exclue sans que soit recherché si le dirigeant de la société preneuse à bail et associé de la SCI bailleresse est indirectement intéressé à la conclusion du bail : Cass. com., 16 mai 2018, n° 16-18.183 : *BJS* 2018, p. 495, note I. Parachkékova ; *Dr. sociétés* 2018, n° 144, obs. C. Coupet ; *Rev. sociétés* 2018, p. 591, note K. Deckert.

(94) Cass. com., 27 févr. 2001 : *BJS* 2002, p. 614, note J.-J. Daigre : convention d'assistance orale conclue entre la société Cerus et son actionnaire le plus important, par ailleurs administrateur, la société Valéo.

(95) N'est pas soumise à la procédure des conventions réglementées la convention conclue régulièrement et sans fraude à une date à laquelle le bénéficiaire n'était pas encore mandataire social : Cass. com., 16 mai 2018, n° 16-13.207 : *BJS* 2018, p. 493, note B. Saintourens ; *Dr. sociétés* 2018, n° 143, obs. J. Heinich.

(96) Cass. com., 5 janv. 2016, n° 14-18.688, PB : *BJS* 2016, p. 205, note B. Dondero ; *RJDA* 3/2016, n° 205 ; quelques jours avant sa nomination en qualité de dirigeant, un salarié bénéficie d'un avenant à son contrat de travail lui assurant une indemnité de licenciement ; suite à sa révocation, sa demande en paiement de l'indemnité est rejetée au motif que l'avenant a été conclu en fraude aux dispositions légales régissant les conventions réglementées ; la Cour de cassation confirme l'annulation pour fraude de la convention conclue par le salarié avant qu'il ne devienne dirigeant en ce qu'elle a pour cause l'acceptation du mandat social.

de travail sont modifiées, par exemple du fait d'une augmentation de salaire (V. *supra*, n° 972). La procédure des conventions réglementées s'impose également lorsque le dirigeant conclut un contrat de travail avec la société[97]. Elle s'applique de même à l'indemnité de départ négociée par un dirigeant (V. *supra*, n° 945), ou à la transaction conclue entre la société et le PDG révoqué, dès lors qu'il a conservé son mandat d'administrateur[98].

B. – La procédure

1° Les règles générales

1039. – *Procédure d'autorisation.* La procédure est complexe ; elle ne comporte pas moins de cinq étapes à franchir (C. com., art. L. 225-40, mod. L. n° 2019-486, 22 mai 2019) :

– *information du conseil par l'intéressé* dès qu'il a connaissance d'une convention à laquelle l'article L. 225-38 est applicable ; l'information doit être complète et indiquer les modalités essentielles de la convention : tarifs, délais de paiement, garanties… ; cette obligation s'étend aux personnes indirectement intéressées à la convention ;

– *autorisation préalable du conseil* par un vote auquel l'intéressé, s'il est administrateur, ne doit pas participer ; cette interdiction s'étend également aux personnes indirectement intéressées à la convention ; afin de faciliter la tâche des associés et du commissaire aux comptes, le conseil doit motiver sa décision en justifiant de l'intérêt de la convention pour la société, notamment en précisant ses conditions financières ;

– *information du commissaire aux comptes, s'il en existe un*, par le président sur les conventions autorisées et conclues, cela dans un délai d'un mois à compter de leur conclusion ; le président doit indiquer les motifs justifiant de l'intérêt de la convention pour la société (C. com., art. R. 225-30) ;

– *rapport spécial du commissaire aux comptes ou du président du conseil d'administration en l'absence de commissaire aux comptes*, contenant l'énumération des conventions, le nom du dirigeant ou actionnaire concerné, la nature et l'objet des conventions avec la mention des clauses essentielles (prix ou tarifs pratiqués, ristournes consenties, délais de paiement accordés…), les motifs justifiant de l'intérêt de la convention pour la société et, plus généralement, toute indication permettant aux actionnaires d'apprécier l'intérêt qui s'attache à la conclusion des conventions (C. com., art. R. 225-31) ; le rapport est mis à la disposition des actionnaires vingt jours au moins avant la réunion de l'assemblée générale ordinaire[99] ; dans les SA

(97) Cass. soc., 12 juin 2012, n° 11-10.135 : *BJS* 2012, § 481, p. 852, note B. Dondero ; *Dr. sociétés* 2012, n° 161, obs. M. Roussille : promesse d'embauche consentie au directeur général ; V. aussi sur cet arrêt, *infra*, n° 1046.

(98) Cass. com., 1er mars 2011, n° 10-13.993 : *JCP* E 2011, 1341, note M. Roussille ; *BJS* 2011, § 182, p. 391, note B. Dondero : la transaction avait pour objet de mettre fin au litige, né ou à naître, relatif aux circonstances ou aux conditions de la révocation (ancien président de Havas). – Sur l'arrêt de renvoi écartant toutes conséquences préjudiciables pour la société, V. *infra*, n° 1044.

(99) Les manquements du commissaire aux comptes dans la présentation de son rapport spécial, dont il n'est pas soutenu qu'ils sont à l'origine de la perte d'une chance de ne pas approuver les conventions litigieuses, ne peuvent être la cause du préjudice né de la conclusion de ces conventions : Cass. com., 26 févr. 2013, n° 11-22.531, PB : *BJS* 2013, § 155, p. 330, note J.-F. Barbièri ; *Dr. sociétés* 2013, n° 82, obs. D. Gallois-Cochet ; *JCP* E 2013, n° 1182, note B. Dondero ; *Rev. sociétés* 2013, p. 288, note D. Schmidt.

non dotées d'un commissaire aux comptes (V. *infra*, n° 1379), l'élaboration du rapport incombe au président du conseil d'administration ;

– *approbation lors de l'assemblée ordinaire annuelle* au vu du rapport du commissaire aux comptes ; l'intéressé ne peut pas prendre part au vote ; cette interdiction s'étend aux personnes indirectement intéressées à la convention ; en revanche, afin de permettre un vote de l'assemblée dès la première convocation, les actions sont prises en compte pour le calcul du quorum ; cette approbation est très importante au regard de la responsabilité du bénéficiaire de la convention ; en effet, elle interdit, sauf fraude, de rechercher ultérieurement la responsabilité de ce dernier.

1040. – *Reporting.* Pour favoriser la transparence, le rapport sur le gouvernement d'entreprise doit comporter des informations sur les conventions réglementées (V. *supra*, n° 1021), qui sont alourdies dans les groupes de sociétés (V. *infra*, n° 1041).

2° Les règles spéciales

1041. – *Conventions intragroupe.* Afin de compléter l'information délivrée aux actionnaires sur les conventions intragroupe, le rapport sur le gouvernement d'entreprise (V. *supra*, n° 1021) doit mentionner les conventions intervenues, directement ou par personne interposée, entre, d'une part, un membre du directoire ou du conseil de surveillance, directeur général, directeur général délégué, administrateur ou actionnaire détenant plus de 10 % des droits de vote et, d'autre part, une société contrôlée au sens de l'article L. 233-3 du Code de commerce (V. *infra*, n° 2409) (C. com., art. L. 225-37-4, 2°, mod. Loi Pacte n° 2019-486, 22 mai 2019).

1042. – *Conventions à exécution successive.* Lorsque l'exécution d'une convention, conclue et autorisée au cours d'exercices antérieurs, a été poursuivie au cours du dernier exercice, plusieurs règles particulières trouvent à s'appliquer. D'abord, le commissaire aux comptes, s'il en existe un, doit en être avisé dans le délai d'un mois à compter de la date de clôture de l'exercice (C. com., art. L. 225-40-1 ; R. 225-30, al. 2). Ensuite, le rapport spécial rédigé par ce dernier (V. *supra*, n° 1039) doit mentionner l'importance des fournitures livrées ou des prestations de services fournies ainsi que le montant des sommes versées ou reçues au cours de l'exercice en exécution de la convention (C. com., art. R. 225-31). Enfin, pour améliorer le suivi des conventions à exécution successive, le conseil doit réexaminer chaque année les conventions conclues et autorisées au cours d'exercices antérieurs et les communiquer au commissaire aux comptes afin qu'il puisse les intégrer dans son rapport spécial.

1043. – *Sociétés cotées.* L'obligation de transparence en matière de conventions réglementées est renforcée dans les sociétés dont les titres sont admis aux négociations sur un marché réglementé. Doivent en effet être publiées sur le site Internet de la société, à peine de référé-injonction, certaines informations précisées par décret permettant d'apprécier l'intérêt de la convention pour la société et les actionnaires : nature de la relation, nom des parties, date, objet, montant, conditions financières… (C. com., art. L. 22-10-13, créé Ord. n° 2020-1142, 16 sept. 2020 ; art. R. 22-10-17, créé D. n° 2020-1742, 29 déc. 2020).

C. – Les sanctions

1044. – *Nullité en cas d'absence d'approbation du conseil.* La convention peut être annulée si la convention n'a pas été préalablement soumise à l'approbation du conseil d'administration (absence d'autorisation) ou si elle a été désapprouvée par le conseil (refus d'autorisation). En revanche, si l'autorisation préalable du conseil a été obtenue, les vices ultérieurs de procédure n'entraînent pas la nullité de la convention : défaut de rapport du commissaire aux comptes, défaut de consultation de l'assemblée ou encore refus d'approbation par celle-ci. La seule sanction est alors la responsabilité personnelle de l'intéressé qui doit réparer le préjudice causé à la société (C. com., art. L. 225-41)[(100)]. Mais la nullité de la convention peut également être obtenue sur le terrain du droit commun des contrats, par exemple en cas d'absence de cause (V. *infra*, n° 1050).

1045. – *Nullité facultative.* La nullité n'est encourue que si la convention a eu des conséquences dommageables pour la société (C. com., art. L. 225-42) ; voilà qui réduit l'incidence de la requalification d'une convention libre en convention réglementée : si la convention est conclue à des conditions équilibrées, autrement dit, si elle n'est pas dommageable pour la société, la nullité ne sera pas prononcée.

1046. – Exemples d'annulation de conventions non autorisées.

Voici quelques exemples de conventions non autorisées par le conseil d'administration ayant fait l'objet d'une annulation compte tenu de leurs conséquences préjudiciables pour la société (pour une SAS, V. *infra*, n° 1546) :

– rachat des participations du président dans d'autres sociétés obligeant la société à supporter l'intégralité du mali de liquidation (Cass. com., 15 juin 1993 : *BJS* 1993, p. 868 ; *Rev. sociétés* 1993, p. 806, note B. Saintourens) ;

– convention accordant à son bénéficiaire une commission hors de tous les usages sans contrepartie positive pour la société, en l'espèce une SARL (Cass. com., 10 déc. 1996 : *BRDA* 1/1997, p. 5) ;

– contrat de travail fictif (Cass. com., 10 mai 1999 : *JCP* E 1999, p. 1237 et s., n° 3, obs. A. Viandier et J.-J. Caussain) ;

– convention accordant des avantages substantiels au président en matière de rémunération et de retraite (CA Versailles, 16 févr. 2007 : *RJDA* 1/2008, n° 49) ;

– promesse d'embauche du directeur général comportant des stipulations exorbitantes du droit commun, à savoir une augmentation annuelle globale de 23 % par rapport à la rémunération précédente et une garantie contractuelle de préavis de douze mois (Cass. soc., 12 juin 2012, n° 11-10.135 : *BJS* 2012, § 481, p. 852, note B. Dondero ; *Dr. sociétés* 2012, n° 161, obs. M. Roussille) ;

– avenant à un contrat de travail stipulant une indemnité de licenciement et antidaté pour échapper à la procédure des conventions réglementées (Cass. com., 5 janv. 2016, n° 14-18.688 : *RJDA* 3/2016, n° 205 ; annulation prononcée pour fraude) ;

(100) CA Paris, 11 nov. 2012, n° 11/16107 : *Rev. sociétés* 2013, p. 214, note P. Le Cannu ; la société Havas n'apporte pas la preuve que la transaction conclue avec son ancien président prévoyant le versement d'une indemnité de révocation et la contrepartie financière d'un engagement de non-concurrence a entraîné des conséquences préjudiciables dans la mesure où des indemnités analogues d'un montant plus élevé ont été versées à un autre mandataire social et alors qu'il n'était pas contesté que ces indemnités étaient d'un niveau conforme aux usages de place.

– contrat de location consenti par une société civile immobilière à une SARL dont le gérant est l'associé unique de la bailleresse (CA Paris, 28 juill. 2016, n° 15/04260 : *RJDA* 12/2016, n° 874 ; le gérant est condamné à rembourser les loyers versés à la société civile immobilière) ;

– engagement de retraite dont le bénéficiaire demandait l'exécution douze ans après (Cass. com., 16 oct. 2019, n° 17-31.638 : *RJDA* 1/2020, n° 25).

À l'inverse, n'encourt pas l'annulation une mission de conseil confiée à un administrateur en vue de négocier un rapprochement avec une tierce société dans la mesure où ce rapprochement a permis la survie de la société (CA Versailles, 7 juin 2001 : *BRDA* 23/2001, p. 3). La solution est la même lorsque les conséquences de la convention étant garanties par un tiers, elle n'a pas entraîné de conséquences dommageables pour la société (Cass. soc., 16 déc. 2008, n° 07-43.601 : *BJS* 2009, § 29, p. 132, note B. Saintourens : avenant à un contrat de travail conclu alors que le salarié était devenu administrateur et stipulant une indemnité conventionnelle en cas de licenciement dont le paiement était garanti par un tiers).

1047. – *Nullité relative.* Cette nullité ne peut être invoquée que par la société et non par le cocontractant.

La nullité se prescrit par trois ans à compter de la date de la convention ou, en cas de dissimulation, du jour où son existence a été révélée (C. com., art. L. 225-42)(101) ; lorsqu'il y a eu volonté de dissimulation, la révélation s'apprécie à l'égard de la personne qui exerce l'action, le juge devant rechercher en tout état de cause si la convention litigieuse a été dissimulée(102). Cette prescription de trois ans est écartée lorsque l'annulation de la convention n'est pas fondée sur l'article L. 225-42 du Code de commerce mais sur le droit commun des contrats (V. *infra*, n° 1050). La nullité est perpétuelle lorsqu'elle est soulevée à titre d'exception(103) (V. *supra*, n° 308).

La nullité peut être couverte par un vote de l'assemblée pris sur un rapport spécial du commissaire aux comptes, ou du président du conseil d'administration en l'absence de commissaire aux comptes, expliquant les raisons pour lesquelles l'autorisation n'a pas été demandée(104) ; dans les SA non dotées d'un commissaire

(101) Lorsque l'action tend à l'annulation d'une convention réglementée pour autorisation irrégulière du conseil d'administration, elle est soumise aux règles spéciales de prescription de l'article L. 225-42 du Code de commerce, et non aux règles de prescription applicables à l'action en nullité des actes de la société de l'article L. 235-9 du même code ; il s'ensuit que la nullité court, non pas à compter du jour où la nullité est encourue, autrement dit du jour où la délibération a été prise, mais à compter de la date de la convention ou, en cas de dissimulation, du jour où son existence a été révélée, ce qui a pour conséquence de retarder le point de départ de la prescription : Cass. com., 21 janv. 2014, n° 12-29.452, PB : *BJS* 2014, p. 166, note B. Dondero ; *Dr. sociétés* 2014, n° 65, obs. M. Roussille.

(102) Cass. com., 8 févr. 2011, n° 10-11.896, PBRI : *Rev. sociétés* 2011, p. 288, note P. Le Cannu ; *Dr. sociétés* 2011, n° 70, obs. M. Roussille ; *JCP* E 2011, 1151, note B. Dondero ; *D.* 2011, p. 1341, note N. Molfessis et J. Klein et p. 1321, note F. Marmoz. – Le report de la prescription est subordonné à la preuve d'une volonté de dissimulation, ce qui n'est pas le cas lorsque l'avenant à un bail commercial dont la nullité est demandée a reçu exécution : Cass. com., 24 sept. 2013, n° 12-24.917 : *Dr. sociétés* 2013, n° 202, obs. M. Roussille ; *Rev. sociétés* 2014, p. 33, note E. Schlumberger.

(103) Par ex., Cass. soc., 29 nov. 2006 : *BRDA* 24/2006, n° 2 ; convention par laquelle la société s'engageait à verser un an de salaire en cas de licenciement d'un dirigeant salarié. – Mais l'exception de nullité suppose que la convention n'ait pas été totalement exécutée : Cass. com., 15 janv. 2013, n° 11-28.244, PB : *RJDA* 4/2013, n° 339 ; *Rev. sociétés* 2013, p. 494, note J.-J. Ansault (convention entre une clinique et un médecin administrateur de la clinique). – Cass. com., 16 oct. 2019, n° 17-31.638 : *BJS* févr. 2020, p. 24, note C. Coupet ; *JCP* E 2020, 1058, note J.-N. Stoffel (retraite chapeau non autorisée).

(104) En revanche, tout autre procédé de confirmation, ainsi la simple approbation des comptes annuels, est exclu : Cass. com., 6 oct. 1998 : *Rev. sociétés* 1999, p. 115, note J.-F. Barbièri. – Ne vaut pas davantage régularisation le fait que

aux comptes (V. *infra*, n° 1379), l'élaboration du rapport incombe au président du conseil d'administration. Outre l'annulation de la convention, l'intéressé engage sa responsabilité civile et peut être tenu à ce titre de réparer l'éventuel préjudice causé à la société.

1048. – *Autres sanctions.* Outre les sanctions juridiques, si la convention réalise un détournement de biens appartenant à la société, la responsabilité pénale du dirigeant concerné, voire d'autres dirigeants complices, est engagée au titre du délit d'abus de biens sociaux[105] (V. *infra*, n°s 1065 et s.), étant observé que le non-respect du formalisme légal constitue une dissimulation empêchant la prescription de courir (V. *infra*, n° 1084). Quant au fisc, il qualifiera la convention d'acte anormal de gestion (V. *supra*, n° 662).

Le coin des amateurs

1. Les conflits d'intérêts dans la société anonyme

1049. – Il y a situation de conflit d'intérêts lorsqu'une personne, intervenant à un acte juridique au titre de deux qualités distinctes, se trouve en charge de deux intérêts distincts qui peuvent être contradictoires (B. Dondero, *Le traitement juridique des conflits d'intérêts entre droit commun et dispositifs spéciaux : D.* 2012, p. 1686. – D. Schmidt, *Les conflits d'intérêts dans la société anonyme*, Joly éd., 2004 ; *Prolégomènes : BJS* 2004, p. 469 ; *Essai de systématisation des conflits d'intérêts : D.* 2013, p. 446). En droit des sociétés, les situations de conflits d'intérêts sont fréquentes, par exemple lorsque le dirigeant d'une société passe une convention avec la société qu'il dirige puisqu'il intervient à l'acte en qualité de représentant de la société et en qualité de contractant (V. *supra*, n° 1023). Pour résoudre de telles situations, il existe des techniques préventives (par ex., l'obligation de révéler la situation de conflit d'intérêts, la suppression légale du droit de vote ou la nomination d'un mandataire *ad hoc*) ou des techniques curatives (par ex., la nullité de la décision ou la mise en œuvre de la responsabilité civile). Les réponses sont différentes selon que l'intéressé a la qualité de dirigeant ou d'associé.

a) Conflits d'intérêts et qualité de dirigeant

S'agissant du dirigeant social, la prévention et la répression des conflits d'intérêts résultent notamment des mesures suivantes :

– interdiction ou contrôle des conventions passées entre le dirigeant et la société (V. *supra*, n°s 1023 et s.) ;

– désignation d'un mandataire *ad hoc* pour représenter la société dans le cadre d'une action *ut singuli* lorsqu'il existe un conflit d'intérêts entre celle-ci et ses représentants légaux (V. *infra*, n° 1058) ;

– responsabilité civile du dirigeant (V. *supra*, n° 924) ;

– responsabilité pénale en cas d'abus des biens, du crédit, du pouvoir ou des voix (V. *infra*, n°s 1065 et s.).

---

la convention à exécution successive ait été annuellement portée à la connaissance des associés en application de l'article 91 du décret de 1967 : Cass. com., 25 mars 2003 : *BJS* 2003, p. 803, note P. Storck.

(105) Cass. crim., 25 sept. 2019, n° 18-83.113, PBI : *BJS* janv. 2020, p. 25, note J.-F. Barbièri ; *JCP* E 2019, 1502, note B. Dondero : commet un abus de biens sociaux le dirigeant qui s'abstient délibérément de soumettre à la procédure des conventions réglementées l'organisation de son licenciement dans le cadre d'un plan de sauvegarde de l'emploi dont les conditions financières lui sont particulièrement favorables.

Certains montages financiers, initiés par les sociétés de capital-risque ou les fonds d'investissement, peuvent créer de nouveaux types de conflits d'intérêts, ainsi de la pratique d'intéressement des dirigeants au succès d'une opération de reprise de la société par le biais d'un LBO (V. *infra*, n° 2344).

b) Conflit d'intérêts et qualité d'associé

S'agissant de l'associé, la situation de conflit d'intérêts est traitée par le biais de différents moyens :

– privation du droit de vote en raison de l'intérêt personnel de l'actionnaire à la décision : en cas de vente d'un bien à la société dans les deux ans de son immatriculation (C. com., art. L. 225-101, al. 2), en cas d'augmentation de capital réservée (C. com., art. L. 225-138), en cas d'apport en nature ou d'avantage particulier (C. com., art. L. 225-10) ou en cas de convention passée avec la société (C. com., art. L. 225-40, al. 4) ;

– soumission à la procédure des conventions réglementées des conventions passées entre la société et un actionnaire possédant au moins 10 % du capital social (V. *supra*, n° 1033) ;

– dans les sociétés cotées, s'agissant de l'exercice du droit de vote, le mandataire doit avertir son mandant de l'existence d'un éventuel conflit d'intérêts (V. *infra*, n° 1176).

2. Une convention réglementée peut être annulée sur le terrain du droit commun des contrats

1050. – En matière de conventions réglementées, le jeu de la nullité est strictement encadré : l'action est soumise à une prescription de trois ans et la nullité n'est prononcée qu'en cas de défaut d'autorisation du conseil d'administration, à la condition que la convention ait eu des conséquences dommageables pour la société (V. *supra*, n°s 1044 et s.). À côté de cette cause de nullité tirée du droit des sociétés, la nullité de la convention peut être fondée sur l'une des causes de nullité des contrats en général. La conséquence en est que l'action en nullité relève alors non de la prescription abrégée de trois ans mais de la prescription de droit commun de cinq ans. C'est ce qui a été jugé pour l'action en nullité fondée sur la fraude et l'illicéité de la cause d'une convention conclue entre une SA et son directeur général délégué (Cass. com., 3 avr. 2013, n° 12-15.492, PB : *D.* 2013, p. 1384, note B. Dondero ; *Dr. sociétés* 2013, n° 138, obs. M. Roussille ; *JCP* E 2013, 1328, note H. Hovasse ; *Rev. sociétés* 2013, p. 560, note A. Reygrobellet).

Était en cause une convention dite de management par laquelle une société confie des missions de direction et de représentation incombant à l'un de ses dirigeants à une société constituée par ce même dirigeant ; un tel schéma permet entre autres avantages d'alléger les charges fiscales et sociales grevant la rémunération du dirigeant, spécialement lorsque la société est établie à l'étranger, par exemple au Luxembourg (pour un exemple en matière de SAS, V. *infra*, n° 1546). La convention entre bien évidemment dans le champ de la procédure des conventions réglementées puisqu'elle intéresse indirectement le dirigeant (V. *supra*, n° 1034). Quand bien même les prescriptions du droit des sociétés seraient scrupuleusement respectées, encore faut-il compter avec celles du droit des contrats. C'est ainsi qu'une telle convention a été annulée pour absence de cause au motif que la convention avait abouti à confier à une EURL une partie des fonctions qui incombait normalement au directeur général de la SA et qu'elle faisait donc double emploi avec lesdites fonctions sociales (V. *infra*, n° 2440).

SOUS-SECTION 4

LA RESPONSABILITÉ DES DIRIGEANTS

1051. – Les dirigeants sociaux exercent une fonction dangereuse, pour eux-mêmes, mais aussi pour la société et pour les tiers ; d'où un régime de responsabilité civile spécifique ; s'y ajoute, pour les fautes les plus graves affectant l'ordre social, une responsabilité pénale ; l'ensemble est complété par une responsabilité fiscale (V. *supra*, n° 484).

§ 1. – La responsabilité civile

1052. – La responsabilité civile des dirigeants varie selon les circonstances ; on peut distinguer les trois régimes suivants : une responsabilité exceptionnelle envers les tiers, une responsabilité ordinaire envers la société et les associés, une responsabilité aggravée en cas de procédure collective ouverte contre la société (V. *supra*, n°s 494 et s.).

A. – La responsabilité exceptionnelle envers les tiers

1053. – Une personne morale peut être recherchée en responsabilité dans les mêmes conditions qu'une personne physique à raison des dommages qu'elle cause aux tiers (V. *supra*, n° 404). Les tiers qui s'estiment lésés doivent se retourner contre la société et non contre le dirigeant personnellement. La société constitue un écran mettant les dirigeants à l'abri des attaques des tiers ; leur irresponsabilité ne cède qu'en cas de faute détachable de l'exercice de leurs fonctions, ce qui est très discutable (V. *supra*, n°s 463 et s.).

B. – La responsabilité ordinaire envers la société ou les associés

1054. – L'existence de la personnalité morale ne saurait entraîner l'immunité des dirigeants envers la société ; aussi bien sont-ils responsables à son égard des conséquences de leur comportement fautif.

1° Les causes de la responsabilité civile

1055. – L'article L. 225-251 du Code de commerce prévoit que la responsabilité des dirigeants (administrateurs, directeur général et directeurs généraux délégués) est engagée en cas d'infraction aux dispositions législatives ou réglementaires applicables aux SA, de violation des statuts ou de fautes commises dans leur gestion (V. *supra*, n° 452). Comme on peut s'en douter, la responsabilité du directeur général, maître de la gestion quotidienne, est plus fréquemment et plus aisément mise en œuvre que celle des administrateurs, dont l'action n'est qu'intermittente.

Aux administrateurs[106], on reproche le plus souvent leur absentéisme et leur indifférence à la marche des affaires ; une de leurs missions consiste en effet à surveil-

(106) D. Martin et M. Françon, *Responsabilité des administrateurs : Actes prat. ing. sociétaire* mai-juin 2014, p. 3.

ler l'action du directeur général ; s'ils ne tirent pas à temps la sonnette d'alarme, ils peuvent être rendus responsables des suites du déraillement(107) (V. *infra*, n° 1063). Leur responsabilité peut également être mise en cause en cas de manquement à leur devoir de confidentialité et de loyauté (V. *infra*, n° 924).

Si les administrateurs pèchent plutôt par abstention, le directeur général et les directeurs généraux délégués peuvent pécher à la fois par abstention (absence de comptabilité, surveillance insuffisante des employés...) et par action (lancement d'opérations aventureuses, actes de concurrence déloyale...) ; le plus souvent, leur responsabilité est recherchée lorsque la société fait l'objet d'une procédure collective (V. *supra*, nos 494 et s.).

1056. – *Responsabilité individuelle ou solidaire.* La responsabilité est individuelle (faute imputable à un seul dirigeant) ou solidaire (faute imputable à plusieurs dirigeants). En cas de solidarité, la société peut poursuivre l'un quelconque des dirigeants ayant coopéré au fait fautif ; la réparation effectuée, il appartient à celui qui a payé de se retourner contre ses coresponsables, la part contributive de chacun étant égale, sauf décision contraire du tribunal qui peut répartir les dommages et intérêts en fonction de la gravité de la faute commise (C. com., art. L. 225-251).

2° La mise en œuvre de la responsabilité civile

1057. – *Prescription.* L'action contre les dirigeants se prescrit par trois ans à compter du fait dommageable ou, s'il a été dissimulé, du jour de sa révélation (C. com., art. L. 225-254)(108) ; cette prescription triennale ne saurait bénéficier au dirigeant de fait (V. *infra*, n° 1063). Il faut entendre par fait dommageable la date de la décision(109) ou de l'opération litigieuse, même si le dommage s'est manifesté et n'a pu être précisément évalué qu'ultérieurement(110). En cas de fraude, le délai court à compter de la révélation de celle-ci(111). Ces règles valent pour le préjudice subi par la société comme pour le préjudice individuel subi par un associé. Pour le reste, la nature du préjudice influence le régime de l'action.

a) Le préjudice social

1058. – *Préjudice subi par la société.* Le préjudice est social lorsqu'il est subi par la société : baisse importante des résultats, redressement fiscal notable du fait des combinaisons des dirigeants, pertes majeures sur un marché... La défense du

(107) Les agissements d'un tiers dirigeant de fait n'ont aucune vertu exonératoire : Cass. com., 12 juill. 1993 : *RJDA* 1993, p. 866.

(108) La dissimulation n'emporte le report du point de départ de la prescription que si elle est intentionnelle : Cass. com., 13 juin 2018, n° 16-26.323 : *Dr. sociétés* 2018, n° 190, obs. J. Heinich ; *Rev. sociétés* 2018, p. 665, note L. Godon.

(109) Les fautes reprochées aux administrateurs d'avoir manqué à leurs obligations en matière de contrôle interne et de s'être abstenus de débattre sur les comptes annuels n'étant pas dissimulées, la prescription court à compter de la date du conseil d'administration ayant arrêté les comptes : Cass. com., 9 janv. 2019, n° 16-23.675 : *BJS* 2019, p. 20, note J.-F. Barbièri.

(110) Cass. com., 20 févr. 2007, n° 03-12.088, F-D : *RJDA* 11/2007, n° 1116 ; la responsabilité de deux administrateurs avait été recherchée à l'occasion de la cession en septembre 1994 d'une branche d'activité pour un prix manifestement dérisoire à une SARL qu'ils avaient créée pour l'occasion ; l'action avait été intentée en mai 1998, peu de temps après un rapport d'expertise révélant la sous-évaluation ; l'arrêt d'appel qui avait jugé recevable l'action est censuré au motif que la prescription avait commencé à courir en septembre 1994, date de la cession et donc du fait dommageable, cession qui n'avait pas été dissimulée à la société.

(111) CA Paris, 14 déc. 2001 : *D. affaires* 2002, p. 726, note A. Lienhard.

patrimoine social est assurée par l'action sociale, qui peut être exercée *ut universi* ou *ut singuli* (V. *supra*, n° 454) ; ce dernier terme désigne l'action sociale intentée par un actionnaire, au nom et pour le compte de la société, les dommages et intérêts dus par le dirigeant fautif étant versés à la société (C. com., art. L. 225-252).

1059. – *Exercice de l'action.* L'action est intentée soit par un actionnaire quel que soit le nombre de ses actions (et non par un tiers, fût-il ancien actionnaire), œuvrant isolément et supportant seul les frais de la procédure, soit par un groupe d'actionnaires qui se répartissent ces frais ; l'action d'un *groupe* d'actionnaires n'est toutefois recevable que s'il représente au moins un vingtième du capital social (C. com., art. L. 225-252). Dans les sociétés cotées, l'action peut également être engagée par une association d'actionnaires remplissant les conditions de l'article L. 22-10-44 (créé Ord. n° 2020-1142, 16 sept. 2020) (C. com., art. L. 22-10-73, créé Ord. n° 2020-1142, 16 sept. 2020) (V. *infra*, n° 1672). Des seuils dégressifs sont prévus pour les grosses sociétés (C. com., art. R. 225-169).

1060. – *Mandataire ad hoc.* La société est représentée à l'instance, le tribunal pouvant désigner un mandataire *ad hoc* à cette fin lorsqu'il existe un conflit d'intérêts entre celle-ci et ses représentants légaux (C. com., art. R. 225-170).

b) Le préjudice individuel

1061. – Le préjudice est individuel lorsqu'il est personnellement souffert par un actionnaire sans être la conséquence d'un préjudice subi par la société (V. *supra*, n°s 460 et s.).

1062. – *Exercice de l'action.* L'action individuelle est intentée par l'actionnaire victime du préjudice, lequel agit seul et pour son compte ; si dommages-intérêts il y a, il en est l'unique bénéficiaire. Cependant, les actionnaires réclamant réparation d'un préjudice personnel causé par les mêmes faits peuvent donner à l'un d'entre eux mandat d'agir en leur nom devant les juridictions civiles (C. com., art. R. 225-167) ; il s'agit donc d'organiser l'exercice collectif de l'action individuelle intentée contre un administrateur, le directeur général ou encore, par renvoi à l'article L. 225-256, contre un membre du directoire. Un mandat écrit peut également être conféré à une association de défense des investisseurs (V. *infra*, n° 1672).

1063. – Responsabilité civile des administrateurs : l'affaire du Crédit martiniquais.

En 1996, la Commission bancaire a procédé à l'inspection du Crédit martiniquais et de son actionnaire principal et a constaté que la situation financière de l'établissement bancaire était totalement obérée en raison d'une insuffisance des provisions nécessaires pour couvrir les risques de non-remboursement de certains crédits. Le fonds de garantie des dépôts, qui a dû verser plus de 210 millions d'euros pour couvrir l'insuffisance d'actifs, a engagé une procédure en remboursement des fonds, diminués du montant des dommages et intérets réclamés aux dirigeants de droit et de fait qui avaient, selon lui, contribué de façon fautive et délibérée à la situation financière fortement dégradée de la banque. Dans une décision du 30 mars 2010, la chambre commerciale de la Cour de cassation confirme la responsabilité civile des dirigeants, de droit comme de fait, en écartant le moyen tiré de la prescription de l'action (Cass. com., 30 mars 2010, n° 08-17.841, PBRI : *BJS* 2010, § 108, p. 533, note R. Raffray ; *JCP* E 2010, 1416, note A. Couret ; *Dr. sociétés* 2010, n° 117, note M. Roussille ; *RJDA* 7/2010, n° 760 ; *Rev. sociétés* 2010, p. 304, note P. Le Cannu).

D'une part, la cour retient que « la prescription prévue par l'article L. 225-254 du Code de commerce ne concerne que les agissements commis par les dirigeants de droit » ; ainsi, les dirigeants de fait ne peuvent se prévaloir de la prescription triennale et peuvent voir leur responsabilité civile engagée dans les délais de droit commun, cinq ans en principe (C. civ., art. 2224). Cette solution s'inscrit dans la lignée du sort réservé aux dirigeants de fait, qui subissent les sujétions et responsabilités des dirigeants de droit sans pouvoir se prévaloir des règles favorables inhérentes à cette qualité (V. *supra*, n°s 420 et s.).

D'autre part, s'agissant des dirigeants de droit, la cour retient que le fait dommageable ayant été dissimulé, le point de départ de la prescription triennale doit être fixé au jour de sa révélation (V. *supra*, n° 1057), à savoir au plus tôt au jour de la désignation d'un administrateur provisoire par la commission bancaire, cette dernière appréciation relevant du pouvoir souverain des juges du fond. Pour le reste, la cour relève que commet une faute individuelle chacun des membres du conseil d'administration ou d'un directoire d'une SA qui, par son action ou son abstention, participe à la prise de décision fautive de cet organe, sauf à démontrer qu'il s'est comporté en administrateur prudent et diligent, notamment en s'opposant à cette décision. En l'espèce, elle approuve les juges du fond d'avoir retenu que chacun des membres du conseil d'administration avait engagé sa responsabilité civile en participant, sans s'y être opposé, à la décision d'arrêté des comptes infidèles du fait de l'insuffisance de provisionnement, masquant ainsi en comptabilité l'apparition des difficultés de l'établissement. Se taire sans s'opposer à une décision fautive peut donc suffire à engager la responsabilité civile de l'administrateur.

Qu'il s'agisse du dirigeant de fait ou du dirigeant de droit, dans les deux cas, la Cour de cassation vient leur opposer leur propre dissimulation en leur refusant le bénéfice de la prescription abrégée du droit des sociétés : parce que le dirigeant de fait dirige la société sans inscrire son action dans le cadre sociétaire ; parce que le dirigeant de droit dissimule le fait dommageable, sa dissimulation, à l'instar de la solution retenue pour la prescription de l'abus de biens sociaux (V. *infra*, n°s 1082 et s.), suspend le point de départ du délai de prescription.

§ 2. – La responsabilité pénale[112]

1064. – La protection des actionnaires, spécialement de ceux qui ne participent pas à la gestion, mais aussi la sauvegarde de l'épargne et la défense de l'ordre public se conjuguent pour doter le droit des sociétés anonymes d'un appareil répressif impressionnant, le droit pénal commun (escroquerie, faux, abus de confiance) ne suffisant pas à la tâche. Aussi est-il complété par un véritable arsenal d'infractions spéciales qui visent les dirigeants sociaux, de droit ou de fait (V. *supra*, n°s 420 et s.). Détachons de ce lot les deux infractions les plus importantes : l'abus des biens,

(112) M. Haschke-Dournaux, *Réflexion critique sur la répression pénale en droit des sociétés*, LGDJ, 2005, t. 439.

du crédit, du pouvoir ou des voix, d'une part, la présentation ou publication de comptes annuels ne donnant pas une image fidèle, d'autre part. Ces infractions sont également prévues dans la société en commandite par actions (C. com., art. L. 2431), la SAS (C. com., art. L. 244-1) et la SARL (C. com., art. L. 241-3).

A. – L'abus des biens, du crédit, du pouvoir ou des voix

1065. – Seront poursuivis pénalement les dirigeants qui, de mauvaise foi, auront fait des biens ou du crédit de la société, des pouvoirs qu'ils possédaient ou des voix dont ils disposaient, un usage qu'ils savaient contraire aux intérêts de la société, à des fins personnelles ou pour favoriser une autre société ou entreprise dans laquelle ils étaient intéressés directement ou indirectement (C. com., art. L. 242-6, 3° et 4°). Il s'agit de l'infraction la plus fréquemment poursuivie en droit des sociétés (sur l'action civile, V. *infra*, n° 1098)(113) ; c'est aussi, du moins pour ce qui concerne l'abus de biens sociaux, la plus médiatisée. L'incrimination ne peut être étendue à des sociétés non visées par la loi (V. *supra*, n° 1064), telles les sociétés étrangères, pour lesquelles seule la qualification d'abus de confiance peut être retenue(114) (V. *infra*, nos 1830 et s.), sauf si leur siège réel est situé en France (V. *supra*, n° 391).

1066. – *Ne bis in idem*. La poursuite pour abus de biens sociaux doit également s'accorder avec le principe *ne bis in idem* invoqué en jurisprudence pour faire obstacle au cumul de qualifications. Ainsi, un dirigeant ne peut être poursuivi sous deux qualifications pour des faits qui procèdent de manière indissociable d'une action unique caractérisée par une seule intention coupable. Par exemple, méconnaît ce principe une cour d'appel qui, pour condamner le dirigeant pour abus de biens sociaux et falsification de chèques, retient que l'élément matériel des délits de falsification et d'usage de chèques falsifiés caractérisait également l'abus de biens sociaux par détournement des fonds de la société(115). Une même personne peut en revanche faire l'objet d'une double condamnation pour abus de biens sociaux et faux(116).

1067. – *Infractions connexes*. Outre la complicité d'abus de biens sociaux, peuvent être sanctionnés le recel d'abus de biens sociaux, par exemple lorsque le conjoint bénéficie en connaissance de cause d'un train de vie financé par des abus de biens sociaux(117) ou encore de salaires fictifs(118), ou encore le blanchiment d'abus de biens sociaux(119).

---

(113) E. Joly et C. Joly-Baumgartner, *L'abus de biens sociaux à l'épreuve de la pratique*, Economica, 2002.
(114) Cass. crim., 3 juin 2004 : *JCP* E 2004, 1600, note M. Raimon.
(115) Cass. crim., 9 sept. 2020, n° 19-81.118 : *BJS* janv. 2021, p. 54, note J.-B. Perrier.
(116) Cass. crim., 12 janv. 2021, n° 18-80.035 : *Dr. sociétés* mars 2021, comm. 41, R. Salomon ; dirigeant déclaré coupable, cumulativement, du délit d'abus de biens sociaux pour avoir fait verser, par la société qu'il dirige, un salaire en contrepartie d'une activité fictive, et du délit d'émission de faux bulletins de salaire ; absence de violation du principe *ne bis in idem*, dès lors que la remise de bulletins de paie, qui ouvre des droits aux salariés, se distingue à cet égard du délit d'abus de biens sociaux.
(117) Cass. crim., 30 janv. 2019, n° 17-85.304, PB : *Dr. sociétés* 2019, n° 57, obs. R. Salomon ; l'épouse était responsable administratif et financier de la société.
(118) Cass. crim., 10 nov. 2020, n° 109-80.557, PBI : *Dr. sociétés* févr. 2021, n° 28, obs. R. Salomon : le délai de prescription du recel d'abus de biens sociaux résultant de l'exécution d'un seul et même contrat de travail fictif commence à courir au plus tôt à compter de la date de la dernière perception des revenus.
(119) A. Létocard, *Le blanchiment d'abus de biens sociaux* : *JCP* G 2015, 899.

1° L'élément matériel de l'infraction

1068. – L'élément matériel de l'infraction se dédouble : il suppose un acte d'usage contraire à l'intérêt social.

a) Un acte d'usage

1069. – *Abus de biens sociaux.* L'acte d'usage peut d'abord concerner les biens sociaux[120]. Le terme « usage » est très large car il englobe les actes de disposition (détournement pur et simple de biens ou de fonds appartenant à la société)[121] et les actes d'administration (utiliser pour son seul agrément et sans contrepartie un bien appartenant à la société).

1070. – **Florilège d'abus tiré de la chronique judiciaire.**

• Opérer des prélèvements dans la caisse sociale ou encaisser sur son compte personnel des chèques émis par les clients de la société.

• Faire prendre en charge par la société sa domesticité personnelle, ses frais de mariage, ses factures de spiritueux et de « cures de vitalité », le coût d'un déménagement, d'installation de systèmes d'alarme à son domicile ou encore ses amendes pour contraventions au Code de la route.

• S'offrir aux frais de la société une extension touristique à la suite d'un déplacement professionnel.

• S'allouer une rémunération excessive voire non approuvée par les organes sociaux.

• Faire acheter par l'entreprise un tableau de maître ou un bateau de plaisance, une automobile en crédit-bail dont les échéances sont payées par la société ou des bouteilles de champagne pour un montant de 131 989 €.

• Licencier sa maîtresse (ou son amant) en lui octroyant une mirifique indemnité sans rapport avec les fonctions salariales exercées au sein de la société.

• Procurer des emplois fictifs à des membres de sa famille.

• Acheter une voiture à son fils et faire payer la société.

• Récupérer à son profit les chutes de métaux provenant de la fabrication.

• Détourner à son profit des clients.

• Verser des rémunérations occultes lors du transfert de joueurs de football sous le couvert de prestations fictives facturées par des sociétés-écrans détenues par les agents des mêmes joueurs.

• Faire assumer à la société la charge d'une pension alimentaire.

• User d'un hélicoptère ou d'un jet privé appartenant à la société pour éviter les embouteillages (*Financial Times* 15 nov. 2014 : condamnation à trois ans de prison de l'ancien directeur général d'un groupe de distribution allemand pour dépenses de transport excessives).

(120) Par ex., un fonds de commerce : Cass. crim., 29 janv. 2020, n° 18-82.703 : *Dr. sociétés* juill. 2020, n° 97, comm. R. Salomon ; abus de biens sociaux consistant dans le transfert sans contrepartie du fonds de commerce de plomberie d'une société au profit d'une autre.

(121) Néanmoins, le défaut de tenue de comptabilité, ne permettant pas de connaître la destination des bénéfices de la société, ne peut caractériser à lui seul le délit d'abus de biens sociaux (par détournement de dividendes) : Cass. crim., 20 janv. 2021, n° 19-87.955 : *Dr. sociétés* mars 2021, comm. 42, R. Salomon.

1071. – *Abus de crédit.* L'acte d'usage peut ensuite concerner le crédit de la société. Tel est le cas lorsque la société consent une hypothèque ou un gage, s'engage comme caution, avalise une traite, cela sans en retirer de contrepartie suffisante.

1072. – *Abus de pouvoir.* L'acte d'usage peut encore concerner les pouvoirs sociaux. Par pouvoirs, on entend les prérogatives de gestion, d'administration ou de direction reconnues aux dirigeants, dont il est possible d'user abusivement par action ou omission. Ainsi en est-il du président qui, par complaisance, ferme les yeux sur les dettes d'un client de la société ; de l'administrateur qui approuve une convention passée entre un dirigeant et la société à des conditions manifestement léonines ; du président qui use de son influence pour « truffer » le conseil d'administration de membres qu'il sait être acquis à une augmentation de sa rémunération ; ou encore du président qui s'assure le contrôle du comité des rémunérations (V. *supra*, n° 960) en ne mettant pas les membres du conseil d'administration en mesure de remplir leur mission[122].

1073. – *Abus de voix.* L'acte d'usage peut enfin concerner les procurations (notamment les pouvoirs en blanc) données aux dirigeants par certains actionnaires qui les chargent de les représenter aux assemblées générales ; en utilisant ces procurations, les dirigeants usent des voix qu'ils possèdent.

b) Un usage contraire à l'intérêt social

1074. – Le simple usage ne suffit pas, encore faut-il qu'il lèse l'intérêt de la société (V. *supra*, n°s 655 et s.). L'appauvrissement ou le simple risque d'appauvrissement de la société sont des atteintes avérées à l'intérêt social. Un manque à gagner, la perte d'une occasion d'enrichissement réalisent encore un outrage à l'intérêt de la société ; ainsi le fait pour un dirigeant de profiter à titre personnel d'une opportunité d'affaires offerte à la société[123]. Il en va de même lorsque l'usage des biens ou des fonds sociaux est fait dans un but illicite, par exemple en vue de commettre une infraction telle que la corruption ou le financement d'une activité terroriste (V. *infra*, n° 1075).

1075. – Un acte illicite est-il contraire à l'intérêt social ? De l'affaire *Mouillot* à l'affaire *Carignon*.

a) L'affirmation du principe

L'affaire *Mouillot* (Cass. crim., 6 févr. 1997 : *BJS* 1997, p. 291, note J.-F. Barbièri ; *LPA* 14 févr. 1997, note Cl. Ducouloux-Favard ; *Rev. sociétés* 1997, p. 147, note B. Bouloc) et l'affaire *Carignon* (Cass. crim., 27 oct. 1997 : *JCP* G 1998, II, 10017, note M. Pralus ; *LPA* 1997, n° 134, p. 6, note Cl. Ducouloux-Favard et n° 146, p. 30,

(122) Cass. crim., 16 mai 2012, n° 11-85.150, PB : *BJS* 2012, § 306, p. 579, note B. Dondero ; *Dr. sociétés* 2012, n° 130, obs. R. Salomon ; *JCP* E 2012, 1396, note Cl. Ducouloux-Favard : condamnation pour abus de pouvoirs de l'ancien président de Vinci pour avoir usé de son statut afin d'obtenir le renouvellement complet du conseil des rémunérations, dans son intérêt personnel, en vue de percevoir divers avantages financiers.

(123) P. Mousseron et L. Saucier, *Un dirigeant peut-il profiter d'une opportunité offerte à sa société ?* : *Les Échos* 13 mars 2003.

note Th. Dalmasso) ont permis à la Cour de cassation de clarifier la question de l'appréciation de la conformité d'un acte illicite à l'intérêt social. Le contexte des deux affaires est sensiblement le même : des prélèvements frauduleux sont opérés par des dirigeants dans les caisses sociales en vue de corrompre un élu, de façon à obtenir des dégrèvements fiscaux ou des marchés importants. Les dirigeants sont poursuivis pour abus de biens sociaux tandis que les hommes politiques le sont pour recel d'abus de biens sociaux. Les dirigeants soutinrent en défense que l'abus de biens sociaux n'était pas caractérisé faute d'atteinte à l'intérêt social : n'est-il pas de l'intérêt de la société d'obtenir un marché public ou une diminution de sa dette fiscale, et plus largement d'entretenir de bonnes relations avec les puissants du jour ?

Cette argumentation est réfutée par la chambre criminelle qui retient que les agissements litigieux sont contraires à l'intérêt social : « en effet, quel que soit l'avantage à court terme qu'elle peut procurer, l'utilisation des fonds sociaux ayant pour seul objet de commettre un délit tel que la corruption est contraire à l'intérêt social en ce qu'elle expose la personne morale au risque anormal de sanctions pénales ou fiscales contre elle-même et ses dirigeants et porte atteinte à son crédit ou à sa réputation ». Ainsi, engager une dépense en vue de commettre une infraction est contraire à l'intérêt social en ce qu'elle expose la personne morale ou ses dirigeants à un risque de sanction. Cette approche, qui n'est pas celle du Conseil d'État (par ex., CE, 24 mai 2006 : *Dr. fisc.* 2006, n° 43, comm. 688 : n'est pas contraire à l'intérêt social la commission illicite versée par un promoteur immobilier à la commune de Saint-Tropez en contrepartie de l'obtention d'un permis de construire, alors même que le maire a fait l'objet de poursuites pénales pour corruption) doit être approuvée : on ne peut pas se contenter d'une analyse purement financière à court terme et considérer que l'intérêt social puisse être flatté alors que l'intérêt public est gravement atteint. Et comme le rappelle opportunément la Cour de cassation, le trafic d'influence et la corruption ne sont pas des modes normaux de gestion des entreprises commerciales. En effet, l'intérêt social ne s'apprécie pas seulement à court terme : il faut également tenir compte de l'atteinte à l'image de marque de la société et du préjudice réputationnel, irréparable en termes de notoriété, provoqué par des actes contraires à la morale publique.

b) L'application du principe

Les exemples jurisprudentiels sont nombreux :

– Cass. com., 10 mars 2004 : *BJS* 2004, § 191, p. 952, note J.-F. Barbièri : paiement d'un billet d'avion et d'un séjour dans un club de vacances à l'agent d'une administration afin d'obtenir des commandes ;

– Cass. com., 21 sept. 2005 : *RJDA* 12/2005, n° 1358 : paiement des salaires des employés d'un parti politique en contrepartie de l'espérance d'obtenir des marchés publics ;

– CA Paris, 16 févr. 2006 : *JurisData* n° 2006-306160 : mise à la disposition d'un membre d'un mouvement nationaliste corse et de son entourage d'un véhicule, gratuitement, dans le but prétendu de « sécuriser » l'activité de la société ;

– Cass. crim., 19 sept. 2007 : *JurisData* n° 2007-041204 : société obtenant un marché d'un office public d'HLM et prenant en charge les frais relatifs à l'organisation de deux safaris en Tanzanie et au Zimbabwe au bénéfice du président de l'office et de son beau-frère ;

– Cass. crim., 14 nov. 2007 : *Rev. sociétés* 2008, p. 159, note B. Bouloc : dirigeant d'une société fournisseur du ministère de l'Intérieur ayant embauché inutilement un salarié sur l'insistance du directeur général de la police nationale relayant les desiderata d'un conseiller à la présidence de la République ;

– Cass. crim., 16 déc. 2015, n° 14-86.602 : *Dr. sociétés* 2016, n° 39, obs. R. Salomon ; *Rev. sociétés* 2016, p. 187, note B. Bouloc ; sociétés-écrans émettant de fausses factures pour obtenir le paiement de prestations par un Conseil général pour l'équipement informatique des collèges du département, alors que les prestations sont en réalité effectuées par une autre société en fraude aux règles d'attribution des marchés publics.

1076. – *Groupe de sociétés.* La condition de contrariété à l'intérêt social suscite un contentieux important lorsque l'acte reproché a pour cadre un groupe de sociétés, l'une des filiales par exemple étant « cannibalisée » au profit d'une autre filiale ou de la société mère ; la jurisprudence considère que l'existence d'un groupe de sociétés peut conduire à apprécier différemment l'intérêt de l'une des sociétés membres par rapport à ce que serait l'intérêt d'une société isolée (V. *infra*, n°s 2471 et s.).

2° L'élément moral de l'infraction

1077. – Le dol général (l'usage de mauvaise foi) se double d'un dol spécial (l'usage à des fins personnelles).

a) L'usage de mauvaise foi

1078. – *Conscience de commettre une infraction.* La condamnation suppose que le dirigeant ait eu conscience du caractère délictueux de son comportement. En cela, l'imprudence, l'inattention, la négligence, la désinvolture ne sont pas pénalement réprimées. La mauvaise foi s'évince bien souvent des circonstances de la cause(124). Également, les tribunaux n'hésitent pas à voir, dans la simple connaissance de l'avantage retiré ou dans les compétences particulières du dirigeant(125), la manifestation de la mauvaise foi du prévenu en raisonnant sur le mode : « il aurait dû savoir que… ».

b) L'usage à des fins personnelles

1079. – *Profit personnel.* Il ne suffit pas que le dirigeant ait eu conscience de commettre une infraction, la loi exige de surcroît qu'il ait poursuivi une fin spécifique, à savoir la recherche d'un intérêt personnel. Aux fins immédiatement personnelles (un détournement par exemple), le texte ajoute les pratiques voisines qui consistent à favoriser une autre société ou entreprise dans laquelle le dirigeant est directement ou indirectement intéressé.

(124) Dans une affaire où des dirigeants avaient octroyé, en vue de satisfaire leurs propres besoins de trésorerie, des prêts à des sociétés dans lesquelles ils étaient intéressés, la mauvaise foi a été caractérisée par la confusion des pouvoirs, l'interposition de personnes morales et la passation d'écritures destinées à dissimuler la destination des fonds, Cass. crim., 26 sept. 2001 : *BJS* 2002, p. 74.

(125) De par sa formation comptable, le gérant d'une SARL ne pouvait ignorer les risques encourus du fait de la signature de chèques sans indication du nom des bénéficiaires, chèques correspondant en réalité au versement de salaires fictifs au profit des cogérants de fait ou de membres de leur famille : Cass. crim., 14 déc. 2000 : *BJS* 2001, p. 488, note P. Le Cannu.

1080. – *Profit matériel ou moral.* Les fins dont il s'agit sont le plus souvent matérielles ; elles peuvent être également morales : sauvegarder une réputation, entretenir de bonnes relations avec un tiers proche des sphères politiques(126), préparer une élection, jouer aux mécènes, contribuer au lancement de la carrière artistique d'une jeune personne pour laquelle le dirigeant s'est pris d'affection, venir en aide à un ami proche en faisant prendre en charge le cautionnement judiciaire permettant sa mise en liberté (l'histoire ne dit pas si le dirigeant complaisant remplaça l'ami libéré dans la cellule qu'occupait ce dernier)...

1081. – *Présomption de profit personnel.* La preuve de l'usage à des fins personnelles est facilitée par le jeu d'une présomption simple, posée par la jurisprudence, lorsque le dirigeant a prélevé des fonds sociaux de manière occulte : la Cour de cassation considère que les fonds ont été utilisés dans l'intérêt personnel, direct ou indirect, des dirigeants, à moins que ceux-ci ne justifient de l'utilisation des sommes dans le seul intérêt de la société(127) ; rappelons que cette condition de conformité à l'intérêt social n'est pas remplie lorsque les fonds sont utilisés dans un but illicite (V. *supra*, n° 1075).

3° La prescription de l'action publique

1082. – *Point de départ.* En matière de délits, l'action publique se prescrit par six années à compter du jour où l'infraction a été commise (CPP, art. 8). Mais une règle spécifique est posée pour les infractions occultes (infractions qui, en raison de leurs éléments constitutifs, ne peuvent être connues ni de la victime ni de l'autorité judiciaire) ou dissimulées (infractions dont l'auteur accomplit délibérément toute manœuvre caractérisée tendant à en empêcher la découverte) (CPP, art. 9-1), ce qui est le cas en matière d'abus de biens sociaux. Le délai de prescription de l'action publique court à compter du jour où l'infraction est apparue et a pu être constatée dans des conditions permettant la mise en mouvement ou l'exercice de l'action publique ; un délai butoir a toutefois été institué : le délai de prescription ne peut excéder douze années révolues à compter du jour où l'infraction a été commise.

1083. – *Mise en œuvre.* Lorsque les charges résultant des contrats constitutifs de l'infraction ont fait l'objet d'une inscription dans les comptes sociaux soumis à l'approbation des associés, « la prescription de l'action publique du chef d'abus de biens sociaux court, sauf dissimulation, à compter de la présentation des comptes annuels par lesquels les dépenses litigieuses sont mises indûment à la charge de la société »(128). Ainsi, le délit commence en principe à se prescrire au jour de la

(126) Cass. crim., 14 nov. 2007, n° 06-87.378, F-PF : *BRDA* 24/2007, n° 4 ; condamnation de dirigeants d'une société exportant des matériels du ministère de l'Intérieur embauchant, alors que ce n'était pas utile, un salarié sur la demande pressante du directeur général de la police nationale, lequel relayait les instructions reçues d'un conseiller à la présidence de la République.

(127) Cass. crim., 27 mars 2002 : *BJS* 2002, p. 794. – Cass. crim., 29 juin 2016, n° 15-84.228 : *BJS* 2016, p. 648, note N. Bargue ; *Dr. sociétés* 2016, n° 155, obs. R. Salomon ; *RJDA* 10/2016, n° 697 ; s'il n'est pas justifié que les fonds sociaux, prélevés de façon occulte par le dirigeant, ont été utilisés dans le seul intérêt de la société, ils l'ont nécessairement été dans l'intérêt personnel de ce dernier.

(128) Cass. crim., 8 oct. 2003 : *BJS* 2004, p. 54, note J.-F. Barbièri ; *JCP* E 2004, 29, n° 4, obs. J.-J. Caussain, Fl. Deboissy et G. Wicker. – Cass. crim., 14 juin 2006 : *RJDA* 1/2007, n° 61. – Cass. crim., 30 janv. 2013, n° 12-80.107 : *Dr. sociétés* 2013, n° 91, obs. R. Salomon ; *Rev. sociétés* 2013, p. 371, note H. Matsopoulou.

présentation des comptes annuels à l'assemblée générale ; par exception, le point de départ est reporté en cas de dissimulation[(129)].

Encore faut-il déterminer la date à laquelle les dépenses litigieuses sont mises à la charge de la société. À cet égard, la Cour de cassation retient que « le délit d'abus de biens sociaux est une infraction instantanée consommée lors de chaque usage abusif des biens de la société ». Par conséquent, en cas de contrat à exécution successive aboutissant à mettre périodiquement à la charge de la société des dépenses indues – ainsi des primes annuelles d'un contrat d'assurance-vie[(130)] –, l'infraction est constituée chaque fois qu'un paiement est effectué. Aussi le point de départ de la prescription ne résulte-t-il pas de l'approbation initiale des conventions mais de l'approbation par les associés du rapport spécial des commissaires aux comptes établi chaque année sur ces conventions (V. *infra*, n° 1084).

1084. – *Notion de dissimulation.* La chambre criminelle a été conduite à préciser quels pouvaient être les faits constitutifs d'une dissimulation ayant pour effet de retarder le point de départ du délai de prescription.

D'abord, il y a, à l'évidence, dissimulation lorsque l'opération est effectivement… dissimulée[(131)].

Ensuite, la chambre criminelle estime que la présentation des comptes annuels ne fait pas courir le délai de prescription lorsque, ce qui est fréquent, ceux-ci ne sont pas fidèles et sincères, soit qu'il y ait dissimulation du véritable bénéficiaire d'un paiement (interposition de personnes), soit que le paiement constaté ne corresponde à aucune opération réelle (opération fictive étayée par de fausses factures)[(132)]. Il en va de même si aucun des actionnaires auxquels les comptes ont été présentés n'avait intérêt à révéler l'abus[(133)]. Il y a également dissimulation lorsqu'il n'est pas démontré que le ministère public a été informé des détournements éventuellement découverts par l'administration fiscale suite à un contrôle et que, compte tenu de la situation de contrôle de la société par les dirigeants poursuivis, il n'est pas établi que les associés ont été à même de déceler les infractions[(134)].

Enfin, lorsque les conventions litigieuses participent du domaine des conventions réglementées (V. *supra*, n°s 1034 et s.), le non-respect du formalisme institué par la loi en vue d'éclairer les associés constitue logiquement un cas de dissimulation. Aussi la chambre criminelle a-t-elle retenu que l'inobservation des règles légales – défaut d'autorisation préalable ou absence de rapport spécial exigé chaque année pour les conventions réglementées à exécution successive

(129) Cass. crim., 30 janv. 2013, n° 12-80.107 : *Dr. sociétés* 2013, n° 91, obs. R. Salomon ; *Rev. sociétés* 2013, p. 371, note H. Matsopoulou.

(130) Cass. crim., 16 juin 2004 : *RJDA* 11/2004, n° 1224.

(131) Cass. crim., 8 avr. 2010 : *RJDA* 10/2010, n° 966 ; dissimulation de rétrocommissions (présentées comme de simples frais commerciaux) aux organes sociaux et aux commissaires aux comptes.

(132) Par ex., Cass. crim., 23 mai 2002 : *BJS* 2002, p. 1048, note E. Dezeuze : commissions versées à des bureaux d'études en rémunération de prestations fictives. – Cass. crim., 14 mai 2003 : *BJS* 2003, p. 1043, note J.-F. Barbièri : factures adressées à un prête-nom. – Cass. crim., 28 mai 2003 : *BJS* 2003, p. 1147, note J.-F. Barbièri : contrat de travail fictif.

(133) Cass. crim., 8 mars 2006 : *RJDA* 6/2006, n° 655 ; dirigeant d'une société familiale versant à sa mère un salaire pour un contrat de travail fictif, au vu et au su des autres actionnaires membres de la même famille ; l'infraction fut découverte par un contrôleur des impôts.

(134) Cass. crim., 30 avr. 2014, n° 13-82.912 : *JCP* E 2014, 1411, note B. Receveur ; *Rev. sociétés* 2015, p. 56, note B. Bouloc.

(V. *supra*, n°s 1039 et 1042) – constituait une dissimulation empêchant le cours de la prescription, laquelle se trouve suspendue jusqu'à ce que le formalisme légal ait été respecté(135).

4° Les sanctions

1085. – Les sanctions ont été durcies par la loi du 6 décembre 2013 de lutte contre la fraude fiscale et la grande délinquance financière : cinq ans de prison et/ou 375 000 € d'amende, sans compter le prononcé de peines complémentaires, telles qu'interdiction d'exercice (d'une fonction dirigeante ou d'une fonction publique) ou interdiction des droits civiques, civils et de famille (droit de vote, éligibilité, exercice d'une fonction juridictionnelle, droit de témoigner en justice, droit d'être tuteur ou curateur).

1086. – *Circonstances aggravantes.* Les sanctions sont alourdies en cas de circonstances aggravantes (sept ans d'emprisonnement et 500 000 € d'amende) lorsque l'infraction a été réalisée ou facilitée, soit au moyen de comptes ouverts ou de contrats souscrits auprès d'organismes établis à l'étranger (par ex., un contrat d'assurance), soit par l'interposition de personnes physiques ou morales ou de tout organisme, fiducie ou institution comparable, établis à l'étranger. Des techniques spéciales d'enquête particulièrement intrusives sont en outre autorisées (surveillance, infiltration, écoute, interception de correspondances, captation de données informatiques...).

1087. – Et, bien sûr, le dirigeant reconnu coupable de complicité d'abus de biens sociaux qui est condamné, au titre de l'action civile, à réparer le préjudice subi par la société ne peut obtenir de cette dernière le remboursement des dommages et intérêts ainsi versés(136).

B. – La présentation ou publication de comptes annuels ne donnant pas une image fidèle

1088. – *Intérêts protégés.* L'article L. 123-14, alinéa 1er, du Code de commerce exige des comptes annuels qu'ils soient réguliers et sincères et qu'ils donnent une image fidèle du patrimoine, de la situation financière et du résultat de l'entreprise. La qualité de l'information financière est en effet essentielle : elle permet la prise de décisions éclairées par les dirigeants sociaux ; elle donne aux actionnaires les moyens d'évaluer l'action de ceux-ci ; elle fournit aux tiers des informations sur la solvabilité de la société ; elle permet enfin aux investisseurs de mesurer la capacité de la société à générer des profits. On comprend donc que les sociétés soient tentées d'embellir leurs comptes. Face à cette tentation, le Code de commerce oppose le délit de présentation ou publication de comptes annuels ne donnant pas une image fidèle (sur l'action civile, V. *infra*, n° 1098).

(135) Cass. crim., 10 avr. 2002 : *BJS* 2002, p. 935, note P. Scholer ; *Dr. pén.* 2002, comm. 96, obs. J.-H. Robert : conventions frauduleuses ayant pour parties la société victime, ses dirigeants et une société tierce et pour lesquelles le formalisme des conventions réglementées n'a pas été respecté. – Cass. crim., 23 mars 2005 : *JCP* E 2005, 1230, note J.-H. Robert.
(136) Cass. com., 18 sept. 2019, PB, n° 16-26.962 : *BJS* janv. 2020, p. 11, note D. Poracchia ; *Dr. sociétés* déc. 2019, n° 199, obs. R. Mortier ; *JCP* E 2019, 1531, n° 4, obs. Fl. Deboissy et G. Wicker, 1552, note J. Gallois et 1531, note J. Gallois.

1° Les conditions d'incrimination

1089. – L'article L. 242-6, 2° du Code de commerce réprime le fait pour les dirigeants sociaux de publier ou de présenter sciemment, « en vue de dissimuler la véritable situation de la société, des comptes annuels ne donnant pas, pour chaque exercice, une image fidèle du résultat des opérations de l'exercice, de la situation financière et du patrimoine, à l'expiration de cette période ». Les premières cibles sont les dirigeants de droit ainsi que les dirigeants de fait (C. com., art. L. 246-2). Les employés trop dociles, les commissaires aux comptes complaisants et les experts-comptables arrangeants sont des complices tout trouvés.

a) Publication ou présentation de comptes annuels

1090. – *Les comptes annuels*, tels que définis par l'article L. 123-12 du Code de commerce, comprennent le bilan(137), le compte de résultat et l'annexe, mais pas les comptes consolidés (V. *infra*, n° 2477).

1091. – *La publication* s'entend de tout procédé de communication collective ayant pour but ou pour effet de faire connaître les comptes aux tiers, ainsi du dépôt aux greffes (V. *supra*, n° 633) ou de la reproduction du bilan au verso d'un bon de caisse ou dans un prospectus(138).

1092. – *La présentation* est la soumission des comptes à l'assemblée générale des associés en vue de leur approbation.

b) Ne donnant pas une image fidèle

1093. – *Comptes irréguliers ou insincères.* L'image est infidèle si les comptes sont irréguliers ou insincères. Les exemples sont nombreux : non-respect de la règle de la spécialisation des exercices (anticipation d'un profit), violation de l'interdiction des compensations entre comptes, défaut de constitution de provisions(139) ou d'amortissements, surévaluation (ou sous-évaluation) des stocks(140), omission d'inscription d'une dette, établissement de fausses factures clients afin d'augmenter artificiellement le chiffre d'affaires, travestissement des prélèvements des actionnaires en créances contre des tiers…

c) Sciemment, en vue de dissimuler la véritable situation de la société

1094. – *Infraction intentionnelle.* L'infraction est doublement intentionnelle.

D'abord, elle suppose d'établir la mauvaise foi des dirigeants, lesquels doivent avoir eu conscience des irrégularités ou insincérités commises, conscience souvent induite de la gravité des incorrections accomplies.

Ensuite, il faut démontrer que les prévenus ont cherché à dissimuler la véritable situation de la société ; il importe peu que leur désir ait été d'embellir ou d'enlai-

(137) Serait-il qualifié de « bilan provisoire », Cass. crim., 25 avr. 1995 : *JCP* E 1995, II, 760.

(138) En revanche la communication d'un bilan à l'acquéreur de la majorité du capital sans diffusion à d'autres personnes n'est pas une publication, Cass. crim., 5 oct. 1990 : *BRDA* 12/1990, p. 9.

(139) Cass. crim., 17 nov. 2007 : *BRDA* 2/2008, n° 7 ; défaut de constitution d'une provision pour dépréciation des actions d'une filiale permettant d'afficher un résultat bénéficiaire de 240 millions à la place d'une perte de… 600 millions.

(140) Pour un exemple de minoration des stocks, Cass. crim., 8 avr. 1991 : *Rev. sociétés* 1991, p. 776, note B. Bouloc.

dir le bilan, de flatter ou de mutiler le résultat, de restaurer le prestige de la société ou de réaliser une économie fiscale. L'intention de dissimulation, elle-même parfois induite de la gravité de l'acte, suffit à punir.

2° Les sanctions

1095. – La peine applicable est un emprisonnement de cinq ans et une amende de 375 000 €, sans compter le prononcé de peines complémentaires (V. *supra*, n° 1085).

1096. – À la sanction pénale peut s'ajouter une sanction contractuelle telle que la rupture d'une ouverture de crédit par une banque découvrant l'irrégularité des comptes de son emprunteur[141].

3° La prescription

1097. – Le délit se prescrit par six ans à compter du jour de sa consommation, autrement dit le jour de la publication ou de la présentation des comptes annuels, et non à compter du moment où une victime normalement diligente aurait eu la possibilité de découvrir l'infraction[142], à la différence des règles applicables en matière d'abus de biens (V. *supra*, n° 1082).

Le coin des amateurs

1. Qui peut exercer l'action civile ?

1098. – L'actionnaire, le salarié ou un créancier peuvent-ils se constituer partie civile ? En application du principe posé par l'article 2 du Code de procédure pénale, la réponse dépend du préjudice invoqué : seul le préjudice personnel et direct, causé par l'infraction considérée, permet de demander au juge répressif la réparation du dommage (A. Dekeuwer, *Les intérêts protégés en cas d'abus de biens sociaux* : *JCP* E 1995, I, 500).

a) Présentation ou publication de comptes non fidèles

Nombreuses sont les personnes auxquelles le délit de présentation ou de publication de comptes non fidèles peut causer un préjudice personnel et direct (V. *supra*, n° 1088), mais qui peut agir ? Les juges ouvrent largement la voie :

– l'associé agissant à titre individuel peut agir (Cass. crim., 30 janv. 2002 : *JCP* E 2002, 1082, note J. Cellier ; *JCP* E 2002, 1639, n° 5, obs. J.-J. Caussain, Fl. Deboissy et G. Wicker. – CA Paris, 31 oct. 2008 : *BRDA* 21/2008, n° 4 ; à cause de la fausseté des comptes, les actionnaires n'ont pas été en mesure de gérer leurs investissements en procédant aux arbitrages nécessaires entre différentes valeurs) (V. *supra*, n° 461) ;

– *idem* pour le « repreneur » d'une société, devenu actionnaire majoritaire après la commission du délit de présentation de bilan inexact, qui peut se constituer partie civile dès lors que l'évaluation des actions achetées a été faite à partir dudit bilan (Cass. crim., 5 nov. 1991 : *Rev. sociétés* 1992, p. 91, note B. Bouloc. – *Adde* Cass. crim., 16 avr. 2008 : *Dr. sociétés* 2008, n° 135, note R. Salomon) ou que la publication des comptes inexacts a été déterminante de la décision d'acquisition des parts sociales (Cass. crim., 5 mai 2004 : *RJDA* 11/2004, n° 1225) ;

(141) Cass. com., 20 juin 2006 : *RJDA* 12/2006, n° 1231 ; une espérance de dommages-intérêts avait été traitée comme un profit d'ores et déjà acquis.

(142) Cass. crim., 20 févr. 1997 : *Rev. sociétés* 1997, p. 572, note B. Bouloc.

– *idem* pour une banque qui a accordé des concours financiers à une société dès lors qu'il est établi que la présentation des comptes a été déterminante dans sa décision d'octroi du crédit (Cass. crim., 29 janv. 2019, n° 17-86.974 : *Dr. sociétés* 2019, n° 58, obs. R. Salomon) ;

– *idem* pour un créancier qui fait valoir que la falsification des comptes de la société locataire l'a conduit à lui consentir des délais pour le règlement de loyers impayés (Cass. crim., 25 juin 2013, n° 12-86.659 : *Dr. sociétés* 2013, n° 214, note R. Salomon) ou qui démontre que les faux bilans ont motivé le maintien de relations contractuelles (Cass. crim., 8 mars 2006 : *Rev. sociétés* 2006, p. 880, note B. Bouloc) ; il en va différemment si le fournisseur était en relation d'affaires depuis très longtemps, la poursuite des relations contractuelles n'ayant pas été motivée par la présentation de faux bilans (Cass. crim., 16 juin 2011 : *RJDA* 11/2011, n° 928).

En revanche, une fédération de syndicats ne peut agir au motif que le préjudice qui serait porté à l'intérêt collectif de la profession ne se distingue pas du préjudice qu'auraient pu subir les salariés de la société (Cass. crim., 29 nov. 2000 : *BJS* 2001, p. 407, note J.-D. Belot et E. Deleuze).

b) Abus de biens sociaux

L'abus de biens, de crédit, de pouvoirs ou de voix visant à assurer la protection du patrimoine social et l'action civile supposant la démonstration d'un préjudice personnel et direct, il est logique qu'elle soit ouverte à la société elle-même (Cass. crim., 16 févr. 1999 : *JCP* E 1999, p. 1633, note J.-H. Robert. – Cass. crim., 12 juin 2012, n° 11-87.799 : *Dr. sociétés* 2012, n° 217, obs. R. Salomon : action exercée par le liquidateur judiciaire) ainsi qu'à l'associé agissant *ut singuli* en réparation du préjudice social (Cass. crim., 12 déc. 2000 : *Rev. sociétés* 2001, p. 323, note A. Constantin ; V. *supra*, n° 459).

Également, la Cour de cassation a autorisé la constitution de partie civile de l'actionnaire d'une société mère à l'encontre des dirigeants d'une filiale poursuivis pour abus de biens sociaux commis au préjudice de la filiale (Cass. crim., 6 févr. 1996 : *JCP* E 1996, II, 837, obs. J.-F. Renucci et O. Meyer) ; mais l'action en responsabilité doit alors emprunter la voie de l'action *ut singuli* et non celle de l'action individuelle (Cass. crim., 4 avr. 2001 : *D.* 2002, p. 1475, note E. Scholastique). L'action civile est pareillement ouverte à l'actionnaire d'une société absorbante demandant, par la voie de l'action *ut singuli*, la réparation du dommage résultant de délits commis au préjudice de la société absorbée et de ses filiales (Cass. crim., 2 avr. 2003, n° 02-82.674, F-P+F : *BJS* 2003, p. 929, note J.-F. Barbièri).

Elle a de même, dans l'affaire *Carignon*, admis la constitution de partie civile d'une association agréée de consommateurs (V. *supra*, n° 1075).

En revanche, l'action civile ne peut pas être exercée lorsque le préjudice invoqué, étant la conséquence de celui porté au patrimoine social, se trouve dépourvu de tout caractère direct. Ont ainsi été rejetées :

– l'action civile exercée par un actionnaire en vue de la réparation du préjudice individuel résultant de la dépréciation des titres découlant des agissements délictueux (Cass. crim., 13 déc. 2000 : *BJS* 2001, p. 497, note J.-F. Barbièri. – Cass. crim., 18 sept. 2002 : *BJS* 2003, p. 63, note J.-F. Barbièri. – Cass. crim., 25 févr. 2009 : *RJDA* 7/2009, n° 656. – Cass. crim., 5 juin 2013, n° 12-80.377 : *Dr. sociétés* 2013, n° 168, note R. Salomon) ;

– la constitution de partie civile d'un comité d'entreprise (Cass. crim., 4 nov. 1988 : *Bull. crim.* 1988, n° 373) ;

– la constitution de partie civile d'un syndicat de salariés (Cass. crim., 23 févr. 2005 : *RJDA* 8-9/2005, n° 992) ;

– la constitution de partie civile d'un salarié (Cass. crim., 28 janv. 2004 : *RJDA* 6/2004, n° 721. – Cass. crim., 3 juin 2015, n° 13-88.608 : *RJDA* 10/2015, n° 670) ;

– la constitution de partie civile de créanciers (Cass. crim., 20 mai 2009 : *RJDA* 3/2010, n° 257) ;

– la constitution de partie civile d'une société d'économie mixte en sa qualité d'associé ou de créancière de la société victime (Cass. crim., 3 déc. 2014, n° 13-87.224, PB : *BRDA* 3/2015, n° 4) ;

– la constitution de partie civile de l'État invoquant le préjudice causé par le détournement d'aides publiques (Cass. crim., 28 févr. 2006, n° 05-83.461, PB : *BJS* 2006, p. 1135, note C. Masquala ; *D.* 2006, p. 2145, note D. Jacopin ; *Rev. sociétés* 2006, p. 389, note B. Bouloc).

2. Abus de biens sociaux : les excuses inefficaces

1099. – Les auteurs d'abus de biens tentent parfois d'échapper à la punition en invoquant diverses excuses. En voici quelques-unes, qui ont été jugées inefficaces par les tribunaux :

– l'acte répréhensible a été autorisé par l'assemblée générale des actionnaires ; en effet, l'assentiment des associés est sans incidence dès lors que l'infraction a pour but de protéger également le patrimoine des associés et l'intérêt des tiers (Cass. crim., 22 sept. 2004 : *Dr. pén.* 2004, comm. 177, obs. J.-H. Robert) ;

– l'abus a donné lieu à une décision du conseil d'administration ; pareille approbation (en l'espèce il s'agissait d'une rémunération excessive) ne peut pas faire disparaître le caractère délictueux de l'acte (Cass. crim., 22 sept. 2004, n° 03-82.266 : *Rev. sociétés* 2005, p. 200, note B. Bouloc) ;

– l'opération critiquée a été soumise à la procédure des conventions réglementées ; à nouveau, cette circonstance est sans effet sur la qualification (CA Versailles, 30 juin 2005 : *RJDA* 11/2005, n° 1238 ; redevances de management payées à une société appartenant au dirigeant du groupe) ;

– le fait que le fonctionnement de la société se soit éloigné des règles légales en raison d'un contexte de droit coutumier qui autoriserait les dirigeants à s'en approprier les actifs : de fait, l'infraction d'abus de biens n'est pas soluble dans le droit coutumier (Cass. crim., 9 mars 2005 : *RJDA* 7/2005, n° 825 ; la société avait son siège dans le territoire de Wallis-et-Futuna).

SOUS-SECTION 5

LA STRUCTURE NOUVELLE : DIRECTOIRE ET CONSEIL DE SURVEILLANCE

1100. – La formule du directoire et conseil de surveillance est imitée du droit allemand des sociétés anonymes, qui distingue *Vorstand* (directoire) et *Aufsichtsrat* (conseil de surveillance). L'importation de ce schéma en 1966 a répondu au souci de séparer la direction, assumée par le directoire, et le contrôle, confié au conseil de surveillance. De plus, la souplesse des conditions d'accès au directoire devait permettre d'y faire entrer des *managers* même non actionnaires de la société.

1101. – Si elle ne convient pas au plus grand nombre, cette forme de SA, parce qu'elle permet une mise en œuvre des principes du gouvernement d'entreprise (V. *supra*, n° 921), a séduit environ 20 % des sociétés composant le CAC 40 (PSA-Peugeot, Vivendi, Compagnie Financière Edmond de Rothschild…). Par ailleurs, lorsque, dans une société familiale, vient l'heure de transmettre le pouvoir, ce type de société peut être une solution commode : le conseil de surveillance joue le rôle d'un conseil des anciens, tandis que les descendants font leur apprentissage au sein du directoire.

§ 1. – L'organisation

1102. – On dépeindra l'organisation du mode dualiste, telle que posée par les articles L. 225-57 et suivants du Code de commerce, en mettant l'accent sur les dissemblances et les ressemblances avec le mode classique : le statut des membres du directoire étant calqué sur celui du directeur général et le statut des membres du conseil de surveillance l'étant sur celui des administrateurs.

A. – Le directoire

1° La composition

a) La taille

1103. – Le nombre des membres du directoire est déterminé par les statuts, la loi exigeant seulement qu'il soit compris entre deux et cinq (sept pour les sociétés cotées : C. com., art. L. 22-10-8, créé Ord. n° 2020-1142, 16 sept. 2020). Aucun dépassement n'est prévu en cas de fusion. À l'inverse, lorsque le capital social est inférieur à 150 000 €, la société a la faculté de n'investir qu'un seul « directeur », qualifié alors de directeur général unique (C. com., art. L. 225-58).

b) Les conditions de nomination

1104. – Voici quelles sont les règles à retenir :

– la condition d'âge est celle prévue pour les présidents et directeurs généraux, à savoir soixante-cinq ans (C. com., art. L. 225-60) ;

– il ne doit pas faire l'objet d'une mesure de tutelle (V. *supra*, n° 994) ;

– seules les personnes physiques peuvent être membres d'un directoire et ce, sous peine de nullité de la nomination (C. com., art. L. 225-59, al. 3) (pour les règles de capacité applicables aux étrangers, V. *supra*, n° 192) ;

– la loi cherche à encourager la féminisation du directoire (V. *supra*, n° 988) ;

– la qualité d'actionnaire, sauf exigence statutaire, n'est pas requise (C. com., art. L. 225-59, al. 3) ; ceci permet de faire appel à des personnes extérieures sans qu'il soit nécessaire qu'elles acquièrent ou se fassent prêter des actions ;

– nul ne peut appartenir simultanément à plus d'un directoire d'une société anonyme ayant son siège sur le territoire français (C. com., art. L. 225-67) ; les exceptions relatives au directeur général (V. *supra*, n° 956) sont applicables aux membres du directoire comme au directeur général unique ;

– les membres du directoire ne peuvent pas être membres du conseil de surveillance.

c) La procédure de nomination

1105. – De la même manière que le directeur général est choisi par le conseil d'administration, les membres du directoire sont désignés par le conseil de surveillance[143] (C. com., art. L. 225-59). Cela vaut également pour le remplacement d'un membre. Aucune cooptation n'est possible.

(143) Est réputée non écrite la clause des statuts prévoyant la désignation des membres du directoire par le conseil de surveillance mais sur proposition du président du directoire : CA Versailles, 8 juill. 1993 : *BJS* 1993, p. 1024, note P. Le Cannu.

d) La durée des fonctions

1106. – *Terme.* Le directoire est nommé pour une durée fixée par les statuts, dans des limites comprises entre deux et six ans (C. com., art. L. 225-62)[144] ; en cas de silence statutaire, la durée est de quatre ans, ce qui est une durée plus courte que celle du mandat d'administrateur. Les membres du directoire, comme les administrateurs, sont indéfiniment rééligibles. Diverses circonstances abrègent la durée de ce mandat : décès, atteinte de la limite d'âge, démission (V. *supra*, n° 992)[145], adoption de la forme classique d'administration.

1107. – *Révocation.* S'agissant de la révocation des membres du directoire, deux particularités méritent d'être relevées (C. com., art. L. 225-61).

D'une part, la révocation est prononcée par l'assemblée générale ; il y a là une dissymétrie avec la procédure de nomination justifiée par le souci de sauvegarder l'indépendance du directoire à l'égard du conseil de surveillance. Si les statuts le prévoient, la révocation peut toutefois être décidée par le conseil de surveillance.

D'autre part, la révocation intervenue sans juste motif ouvre droit à des dommages-intérêts (V. *infra*, n° 1108). Hors l'argument tiré de l'absence de juste motif, les membres du directoire peuvent, comme tout mandataire social, agir en responsabilité contre la société si les circonstances qui ont entouré leur éviction sont injurieuses ou vexatoires[146]. Ils peuvent également invoquer un manquement au principe de loyauté s'ils n'ont pas été mis en mesure de présenter leurs observations ; la solution posée pour les mandataires sociaux révocables *ad nutum* (V. *supra*, n° 942) a en effet été étendue aux membres du directoire alors même qu'ils sont protégés par l'exigence de juste motif[147].

1108. – **Juste motif de révocation d'un membre du directoire.**

Le juste motif ne se réduit pas à la faute de gestion (V. *infra*, n° 1735). Constitue aussi un juste motif de révocation une divergence de vues de nature à gêner la marche de la société ou la réorganisation de l'entreprise ou du groupe. En voici quelques exemples :

– absence de concordance de vues entre le directoire et l'actionnaire détenant 94 % des actions (CA Paris, 17 janv. 2003 : *BRDA* 8/2003, n° 4 ; *JCP* E 2003, n° 1203, n° 5, obs. J.-J. Caussain, Fl. Deboissy et G. Wicker) ;

(144) La poursuite de l'exercice des fonctions en l'absence d'une décision du conseil de surveillance de renouveler le membre du directoire dans ses fonctions ne peut valoir tacite reconduction, ces fonctions cessant de plein droit à la survenance du terme prévu : CA Paris, 16 oct. 2018, n° 16/03087 : *Dr. sociétés* 2019, n° 47, obs. J. Heinich.

(145) Pour un cas de démission contrainte, requalifiée en révocation d'un membre du directoire : CA Paris, 18 juin 2015, n° 14/21779 : *BRDA* 14/2015, n° 4 ; après avoir critiqué certaines opérations de la société, le membre du directoire n'avait plus été convoqué aux réunions du directoire, avait reçu des courriels d'insulte et avait vu ses fonctions dévitalisées en raison de la création d'un comité exécutif.

(146) CA Paris, 31 janv. 2001 : *BJS* 2001, p. 791, note P. Le Cannu ; *JCP* G 2001, I, 372, n° 6, obs. A. Viandier et J.-J. Caussain ; condamnation d'une société à 500 000 F de dommages-intérêts pour légèreté blâmable susceptible de porter atteinte à l'image et à la réputation d'un membre du directoire révoqué quatre mois après sa prise de fonction ; les juges se sont fondés sur le battage médiatique opéré autour de son nom et sur le fait que la société lui avait laissé croire que sa nomination comme président du directoire était acquise.

(147) V. par ex., CA Paris, 28 mai 2004 : *RJDA* 4/2005, n° 386 ; l'envoi à l'intéressé six jours à l'avance d'une convocation à une réunion du conseil de surveillance destinée à envisager sa révocation a respecté l'exigence du contradictoire car il a eu le temps de préparer sa défense.

– divergence stratégique entre un membre du directoire et le président de cet organe (Cass. com., 25 avr. 2006 : *RJDA* 7/2006, n° 797) ;
– mésentente entre les deux membres du directoire, quand bien même elle ne serait pas imputable au dirigeant révoqué (Cass. com., 10 févr. 2015, n° 13-27.967, FD : *JCP* E 2015, 1463, note B. Dondero ; *Rev. sociétés* 2015, p. 371, note A. Viandier) ;
– président du directoire montrant des limites dans l'accompagnement de la croissance d'un groupe en voie d'internationalisation et qui n'apparaît plus comme « l'homme de la situation » (Cass. com., 3 mars 2015, n° 14-11.840 : *Dr. sociétés* 2015, n° 90, obs. D. Gallois-Cochet ; *Rev. sociétés* 2015, p. 518, note A. Reygrobellet – Groupe Norbert Dentressangle) ;
– dégradation de l'image du groupe auprès de sa banque imputable à un membre du directoire (Cass. com., 10 nov. 2015, n° 14-20.301 : *BJS* 2016, p. 84, note T. Favario ; *Dr. sociétés* 2016, n° 29, obs. D. Gallois-Cochet).

2° Le fonctionnement

1109. – *Liberté statutaire.* Comme tout organe collégial, le directoire œuvre en délibérant. La loi est muette quant aux délibérations du directoire et se contente d'opérer un renvoi aux statuts (C. com., art. L. 225-64, al. 4). Ceux-ci, éventuellement complétés par un règlement intérieur, devront donc prévoir la cadence des réunions, les modalités de convocation ainsi que celles de quorum et de majorité.

1110. – *Président du directoire.* Les débats sont présidés par le président du directoire ; il est choisi par le conseil de surveillance parmi les membres du directoire (C. com., art. L. 225-59) et est révoqué de son poste de président par le même conseil de surveillance ; il s'agit alors d'une révocabilité *ad nutum*(148).

1111. – *Spécialisation.* Les membres du directoire se spécialisent généralement dans un secteur d'activité de l'entreprise et sont responsables des grandes divisions correspondant à ce secteur.

3° Le statut des membres du directoire

1112. – *Rémunération.* C'est le conseil de surveillance qui fixe la rémunération des membres du directoire (C. com., art. L. 225-63) (V., pour l'exercice fautif de cette prérogative, *infra*, n° 1134). L'éventuelle modification de la rémunération ne saurait être rétroactive (V. *infra*, n° 1138).

Dans les sociétés cotées, l'assemblée doit se prononcer par un vote contraignant, tant *ex ante* sur les principes et critères d'attribution de la rémunération des membres du directoire (C. com., art. L. 22-10-26, créé Ord. n° 2020-1142, 16 sept. 2020) qu'*a posteriori* sur les éléments de rémunération attribués au cours de l'exercice à chacun d'eux (V. *supra*, n° 964). Également, lorsque la société est cotée ou

(148) CA Paris, 26 mai 2016, n° 14/20147 : *BJS* 2016, p. 654, note I. Parachkékova ; *Dr. sociétés* 2016, n° 186, note M. Roussille ; *RJDA* 11/2016, n° 798 ; le président du directoire pris en cette seule qualité peut être révoqué à tout moment sans juste motif par le conseil de surveillance ; le fait d'être convoqué le matin pour une réunion devant se tenir l'après-midi n'est pas abusif dès lors qu'il a pu s'expliquer ; s'agissant en revanche de la qualité de membre du directoire, la révocation ne peut être fondée que sur un juste motif.

contrôlée par une société cotée, la rémunération allouée à chacun d'entre eux doit être mentionnée dans le rapport sur le gouvernement d'entreprise (V. *supra*, n° 1021).

1113. – *Statut fiscal et social.* Comme le président et le directeur général, ils bénéficient du même statut fiscal et social que les salariés (V. *supra*, n° 934).

1114. – *Cumul avec un contrat de travail.* Un salarié peut devenir membre du directoire, de même qu'un membre du directoire peut devenir salarié. Cette possibilité offerte à un dirigeant en exercice d'accéder à une fonction salariée est un avantage apprécié de cette forme de direction. Lorsqu'un membre du directoire devient salarié, il s'agit d'une convention réglementée soumise à autorisation (V. *infra*, n° 1133). Dans tous les cas, l'emploi doit être effectif et distinct de la fonction directoriale(149). Lorsque l'intéressé a conclu un contrat de travail avec la société, la révocation de ses fonctions de dirigeant n'a pas pour effet de mettre fin au contrat de travail (C. com., art. L. 225-61, al. 2).

B. – Le conseil de surveillance

1° La composition

a) La taille

1115. – Les statuts déterminent la taille du conseil de surveillance (C. com., art. L. 225-69), la loi posant seulement un minimum (trois) et un maximum (dix-huit). S'y ajoutent le cas échéant les membres élus par les salariés (V. *infra*, n° 1377) ainsi que les représentants des salariés (V. *infra*, n° 1375). À l'image de ce qui s'applique au conseil d'administration, le plafond de dix-huit peut être porté à vingt-quatre en cas de fusion (V. *infra*, n° 2260).

b) Les conditions de nomination

1116. – Ayant à l'esprit les exigences requises pour les administrateurs, voici celles qui gouvernent l'accès au conseil de surveillance :

– les membres du conseil de surveillance doivent être actionnaires si les statuts le prévoient (V. *supra*, n° 870) (C. com., art. L. 225-72)(150) ; une dérogation est toutefois prévue pour les actionnaires salariés nommés au conseil de surveillance (V. *infra*, n° 1375) ;

– la limite d'âge est la même que pour les administrateurs, soit soixante-dix ans, sauf clause statutaire contraire (C. com., art. L. 225-70) ;

– la mise sous tutelle vaut démission d'office (V. *supra*, n° 994) ;

– le cumul de mandats est soumis aux mêmes limites que celles applicables aux administrateurs (C. com., art. L. 225-77) (V. *supra*, n° 876) ;

(149) Tel n'est pas le cas si l'intéressé est le principal actionnaire de la société et si le directoire, décidant à l'unanimité, n'est composé que de deux membres, ce qui lui confère la possibilité de bloquer toute décision le concernant : CA Versailles, 12 févr. 2004 : *RJDA* 12/2004, n° 1324.

(150) Le membre du conseil de surveillance ayant emprunté une action n'a pas la qualité d'actionnaire requise par les statuts, et est donc réputé démissionnaire, lorsque la transmission de l'action résultant du prêt de consommation n'a pas donné lieu à une inscription en compte dans le délai de régularisation : Cass. com., 15 nov. 2011, n° 10-19.620, PB : *BJS* 2012, § 173, p. 313, note F.-X. Lucas ; *Dr. sociétés* 2012, n° 26, obs. D. Gallois-Cochet.

– le cumul avec la qualité de membre du directoire est interdit ;

– une personne morale peut détenir un siège au conseil de surveillance (C. com., art. L. 225-76) ; elle désigne alors un représentant permanent, comme cela est de rigueur pour les administrateurs (V. *supra*, n° 875) ;

– la représentation équilibrée des hommes et des femmes obéit aux mêmes règles qu'au sein du conseil d'administration (C. com., art. L. 225-69, al. 2 et L. 225-69-1. – V. *supra*, n°s 866 et s.).

c) La procédure de nomination

1117. – Lors de la constitution de la société, les membres du conseil de surveillance sont désignés dans les statuts ; ultérieurement, ils sont élus par l'assemblée générale ordinaire (C. com., art. L. 225-75). Par exception, la cooptation est possible, dans les mêmes termes que pour le conseil d'administration (C. com., art. L. 225-78) (V. *supra*, n° 885).

d) La durée des fonctions

1118. – *Terme.* La durée des fonctions, identique à celle des membres du conseil d'administration (V. *supra*, n° 887), est de six exercices (C. com., art. L. 225-75), d'où une différence avec la durée du mandat du directoire (V. *supra*, n° 1106). Ce décalage ne cause pas de problème de cohabitation, l'assemblée générale ayant les moyens, par le jeu des révocations, de faire avancer d'un même pas les deux organes. Comme les administrateurs, les membres du conseil de surveillance sont indéfiniment rééligibles.

1119. – *Autres causes de cessation des fonctions.* À part le décès, diverses causes mettent fin aux fonctions : atteinte de la limite d'âge, démission (V. *supra*, n° 992), adoption de la forme de la SA de type classique, révocation à tout moment par l'assemblée générale ordinaire (C. com., art. L. 225-75, al. 2) ; il s'agit d'une révocation *ad nutum* (V. *supra*, n°s 937 et s.).

2° Le fonctionnement

1120. – Le conseil de surveillance, organisme collégial, fonctionne sur le modèle du conseil d'administration. Les statuts déterminent les règles relatives à la convocation et au rythme des réunions (C. com., art. R. 225-45). Le conseil ne délibère valablement que si la moitié au moins de ses membres sont valablement présents (C. com., art. L. 225-82, al. 1). Sauf disposition statutaire prévoyant une majorité plus forte, les décisions sont prises à la majorité des membres présents ou représentés (C. com., art. L. 225-82, al. 2). Les réunions peuvent se tenir par visioconférence ou tout moyen de télécommunication dans les mêmes conditions et limites que pour le conseil d'administration (C. com., art. L. 225-82, al. 3. – V. *supra*, n° 916). Également, comme pour le conseil d'administration (V. *supra*, n° 916), certaines décisions peuvent être prises par consultation écrite des administrateurs. Convocation et direction des débats sont le fait du président du conseil de surveillance, personnalité choisie par cet organe parmi ses membres ; il est assisté d'un vice-président (C. com., art. L. 225-81).

3° Le statut

a) Le statut des membres du conseil de surveillance

1121. – *Rémunération.* Les règles relatives à la rémunération des membres du conseil de surveillance sont les mêmes que celles applicables aux administrateurs (V. *supra*, n°s 892 et s.) (C. com., art. L. 225-83).

1122. – *Statut fiscal et social.* À l'instar des administrateurs (V. *supra*, n° 896), pour le fisc et pour la Sécurité sociale, leurs fonctions ne sont pas considérées comme relevant d'une activité professionnelle, d'où les conséquences suivantes :

– les rémunérations sont taxées comme des revenus de capitaux mobiliers, sans abattement d'aucune sorte ;

– ils ne sont soumis, en tant que tels, à aucun régime de protection sociale, ni celui des salariés, ni celui des travailleurs indépendants ;

– en matière d'impôt sur la fortune immobilière, la fonction de membre du conseil de surveillance ne permet pas de bénéficier de l'exonération des biens professionnels (CGI, art. 975 III).

1123. – *Cumul avec un contrat de travail.* Contrairement à la solution qui prévaut pour les administrateurs, il semble qu'un salarié puisse devenir membre du conseil de surveillance et inversement (C. com., art. L. 225-85) (sur le principe du non-cumul retenu par le code AFEP-MEDEF, V. *supra*, n° 921). Lorsqu'un membre du conseil de surveillance devient salarié, il s'agit d'une convention réglementée soumise à autorisation (V. *infra*, n° 1133). Dans tous les cas, l'emploi doit être effectif et le nombre des salariés ne doit pas dépasser le tiers du nombre total des membres du conseil de surveillance. Ni les membres du conseil de surveillance élus par le personnel, ni les représentants des salariés actionnaires ne sont pris en compte pour la détermination de ce plafond.

b) Le statut du président du conseil de surveillance

1124. – *Rémunération.* Selon l'article L. 225-81, il revient au conseil de surveillance de décider si les fonctions de président (et de vice-président) doivent faire ou non l'objet d'une rémunération particulière.

Dans les sociétés cotées, l'assemblée doit se prononcer par un vote contraignant, tant *ex ante* sur les principes et critères d'attribution de la rémunération du président du conseil de surveillance (C. com., art. L. 22-10-26, créé Ord. n° 2020-1142, 16 sept. 2020) qu'*a posteriori* sur les éléments de rémunération qui lui ont été attribués au cours de l'exercice précédent (C. com., art. L. 22-10-34, créé Ord. n° 2020-1142, 16 sept. 2020) (V. *supra*, n° 964) ; la rémunération doit être mentionnée dans le rapport sur le gouvernement d'entreprise (V. *supra*, n° 1021).

1125. – *Statut fiscal et social.* La rémunération du président n'est pas imposable au titre des traitements et salaires mais au titre des revenus de capitaux mobiliers, comme celle des membres du conseil de surveillance (V. *supra*, n° 1121). Puisque sa rémunération n'a pas en principe la nature d'un revenu professionnel, le président ne relève d'aucun régime de protection sociale obligatoire[151].

(151) Cass. soc., 25 janv. 2001 : *BJS* 2001, p. 1010, note P. Le Cannu.

§ 2. – Les pouvoirs

A. – Le directoire

1126. – *Pouvoir de direction.* L'article L. 225-64 du Code de commerce investit le directoire « des pouvoirs les plus étendus pour agir en toutes circonstances au nom de la société ; il les exerce dans la limite de l'objet social et sous réserve de ceux expressément attribués par la loi au conseil de surveillance et aux assemblées d'actionnaires ». On retrouve la formulation employée pour le directeur général dans la SA à conseil d'administration (V. *supra*, n° 1014). Le directoire exerce les fonctions de direction, il est donc chef d'entreprise ; il jouit en outre des prérogatives de gestion du conseil d'administration ; dès lors, il lui appartient d'arrêter les orientations stratégiques de la société. Les commissaires aux comptes sont convoqués à toutes les réunions du directoire qui examinent ou arrêtent des comptes annuels ou intermédiaires (C. com., art. L. 823-17).

1127. – *Représentation légale de la société.* Seul le président du directoire a qualité pour représenter la société à l'égard des tiers ; mais les statuts peuvent prévoir que le même pouvoir de représentation est attribué à un ou plusieurs autres membres du directoire, qui portent alors le titre de directeurs généraux (C. com., art. L. 225-66).

1128. – *Limites.* Les pouvoirs du directoire sont bornés par l'objet social ; cependant, comme il est de règle dans les sociétés de capitaux, le dépassement de l'objet est sans conséquence à l'égard des tiers de bonne foi. Les pouvoirs du directoire sont également limités par les prérogatives propres de certains organes, tel le conseil de surveillance (V. *infra*, n° 1131). Parfois, les statuts balisent l'activité du directoire et soumettent certains actes à l'autorisation préalable du conseil de surveillance ; ces limitations conventionnelles sont inopposables aux tiers, de bonne comme de mauvaise foi (V. *supra*, n° 440).

1129. – *Pouvoirs propres.* À ces pouvoirs de gestion s'ajoutent des pouvoirs propres :

– convocation de l'assemblée générale et fixation de son ordre du jour ;

– réalisation d'une modification du capital sur délégation de l'assemblée générale extraordinaire.

B. – Le conseil de surveillance

1130. – *Pouvoir de contrôle et de surveillance.* Si le statut des membres du conseil de surveillance se rapproche de celui des administrateurs, les fonctions du conseil de surveillance n'ont rien à voir avec celles du conseil d'administration : ce dernier est investi d'un pouvoir général d'administration tandis que le conseil de surveillance a seulement pour mission d'exercer le contrôle permanent de la gestion de la société[152] (C. com., art. L. 225-68). Il assure ce contrôle, d'opportunité comme de régularité, de différentes manières :

(152) Il a été jugé que la mission de contrôle du conseil de surveillance ne s'étendait pas à la gestion des filiales, ce qui ne lui permet pas, par exemple, d'exiger la liste des opérations effectuées par celles-ci (CA Paris, 30 août 2005 : *RJDA* 6/2006, n° 660).

– en opérant, à toute époque de l'année, les vérifications qu'il juge opportunes(153) ;

– en sollicitant la communication des documents qu'il estime nécessaires à l'accomplissement de sa mission ;

– en recevant du directoire un rapport trimestriel.

1131. – *Pouvoirs propres.* À ce pouvoir général de contrôle et de surveillance s'ajoutent des pouvoirs propres :

– nomination des membres du directoire et fixation de leur rémunération ;

– choix du président du directoire ;

– autorisation des conventions réglementées (V. *infra*, n° 1133) ;

– autorisation des cautions, avals et garanties (C. com., art. L. 225-68) (V. *supra*, n° 1003) ;

– détermination de la politique de rémunération des mandataires sociaux soumise au vote des associés dans les sociétés cotées (C. com., art. L. 22-10-20, créé Ord. n° 2020-1142, 16 sept. 2020) (V. *supra*, n° 967) ;

– présentation à l'assemblée générale d'approbation des comptes d'un rapport sur le gouvernement d'entreprise (V. *supra*, n° 1021) joint au rapport de gestion (V. *supra*, n° 1020) ; le rapport inclut les observations du conseil de surveillance sur le rapport du directoire et sur les comptes de l'exercice (C. com., art. L. 225-68) ;

– déplacer le siège social dans l'ensemble du territoire français et mettre les statuts en harmonie avec les dispositions impératives de la loi et des règlements (C. com., art. L. 225-65) (V. *supra*, n° 999).

1132. – *Pouvoirs du président du conseil de surveillance.* Le président du conseil de surveillance convoque le conseil et surveille les débats (C. com., art. L. 225-81).

§ 3. – Les conventions conclues avec la société anonyme

1133. – Selon les articles L. 225-86 et suivants du Code de commerce, le régime des conventions conclues entre la société et les membres du directoire ou du conseil de surveillance, voire d'un actionnaire, est identique à celui qui a cours dans la formule classique d'administration des sociétés anonymes (V. *supra*, nos 1023 et s.). On retrouve ainsi la trilogie des conventions libres, réglementées et interdites. C'est le conseil de surveillance qui exerce les prérogatives reconnues au conseil d'administration.

§ 4. – Les responsabilités

A. – La responsabilité des membres du conseil de surveillance

1134. – *Responsabilité civile.* Le régime de la responsabilité est dicté par la division des rôles entre le directoire et le conseil de surveillance. On ne saurait reprocher

(153) Le recours à un cabinet spécialisé pour procéder à un audit de la société s'inscrit dans le champ des compétences du conseil de surveillance : CA Paris, 14 juin 2002 : *JCP* E 2003, 627, n° 8, obs. J.-J. Caussain, Fl. Deboissy et G. Wicker.

aux membres de ce dernier des erreurs de gestion, puisqu'il ne leur appartient pas de gérer. Tel est le sens de la règle selon laquelle les membres du conseil de surveillance « n'encourent aucune responsabilité, en raison des actes de gestion et de leur résultat » (C. com., art. L. 225-257). Ils sont en revanche responsables des carences dans l'exécution de leur mandat de surveillance ou dans l'exercice de leurs pouvoirs propres, comme par exemple la détermination de la rémunération d'un membre du directoire[154] (V. *supra*, n° 1112). Ils peuvent être déclarés civilement responsables des délits commis par les membres du directoire si, ayant eu connaissance de ceux-ci, ils ne les ont pas révélés à l'assemblée générale ; la solution est identique en cas de direction de fait de la société.

1135. – *Responsabilité pénale.* Suivant la même logique, les membres du conseil de surveillance ne sauraient en principe se voir reprocher un abus de biens ou la présentation d'un bilan ne donnant pas une image fidèle de la situation financière ou du patrimoine de la société. En cas de procédure collective de la société, ils ne peuvent pas davantage faire l'objet d'une interdiction de gérer[155]. Leur responsabilité pénale peut toutefois être engagée en cas de complicité ou de direction de fait de la société (V. *infra*, n° 1137).

B. – La responsabilité des membres du directoire

1136. – Les membres du directoire, assumant une fonction de gestion, sont responsables des conséquences de cette gestion, dans les mêmes termes qu'un directeur général (V. *supra*, n°s 1051 et s.). L'analogie se prolonge en droit pénal, puisque les membres du directoire encourent les risques pénaux – abus de biens, présentation de comptes infidèles – occasionnés par cette gestion (V. *supra*, n°s 1064 et s.).

Le coin des amateurs

1. Confusion des genres : le président de conseil de surveillance jouant au membre du directoire

1137. – S'il est de l'essence de la SA de type nouveau que les fonctions de direction et de surveillance soient nettement distinguées, en pratique, la ligne de démarcation est loin d'être toujours respectée. Ainsi en mars-avril 2014, à lire la presse, lors du processus de vente par Vivendi de sa filiale SFR, l'opération était conduite par le président du conseil de surveillance et non par le président du directoire, totalement ignoré des médias. Cela est particulièrement vrai lorsque la formule est adoptée à l'occasion du départ à la retraite de l'ancien président. Se contenter d'un simple rôle de surveillant n'est pas chose facile pour celui qui a tenu les commandes de la société pendant de nombreuses années. Un arrêt de la cour d'appel de Paris du 17 mai 1999 (*RJDA* 6/2000, n° 672) permet de prendre la mesure du risque d'une telle confusion des genres. En l'espèce, le président du conseil de surveillance de la

(154) CA Paris, 26 mai 2016, n° 14/20147 : *BJS* 2016, p. 654, note I. Parachkékova ; *Dr. sociétés* 2016, n° 186, note M. Roussille ; *RJDA* 11/2016, n° 798 ; commet une faute engageant la responsabilité de la société le conseil de surveillance qui omet de fixer, avant la date prévue, les objectifs du président du directoire qui conditionnent la détermination de la part variable de sa rémunération.

(155) Cass. com., 8 janv. 2020, n° 18-23.991, F-PB : *BJS* mars 2020, n° 3, p. 33, J.-B. Perrier ; *Dr. sociétés* mars 2020, n° 37, obs. J.-F. Hamelin ; *JCP E* 2020, 1344, n° 8, obs. J. Valiergue ; *Rev. sociétés* 2020, p. 197, note L.-C. Henry.

société informatique *Seagull Data System* jouait un rôle important dans la direction de la société, spécialement dans le domaine comptable et financier, tandis que le président du directoire s'occupait plus particulièrement du volet commercial. L'instruction permit de révéler que le second ne prenait jamais aucune décision sans en référer au préalable au premier. Les juges en tirèrent la conséquence logique que les prévenus avaient la qualité de codirigeants et retinrent la responsabilité pénale de chacun d'eux du chef de présentation de comptes ne donnant pas une image fidèle de la société (V. *supra*, n° 1088). La même mésaventure est arrivée au président du conseil de surveillance d'une société holding se comportant en dirigeant d'une filiale, résiliant un bail, et déclarant à plusieurs reprises être le « manager » de la filiale (CA Paris, 22 mars 2016, n° 15/14846 : *RJDA* 7/2016, n° 536) ; la vanité se paie.

Pareillement, la responsabilité d'un membre du conseil de surveillance assurant la direction de la société pourrait être engagée sur le terrain civil (V. *supra*, n° 1134), sur celui des sanctions infligées par l'AMF (Cass. com., 7 oct. 2014, n° 13-18.871 : *JCP* E 2015, 1025, note Y. Paclot), sans compter le droit des procédures collectives (rappr. Cass. com., 12 juill. 2005 : *BRDA* 15-16/2005, n° 1 ; *JCP* E 2005, 1834, n° 8, obs. J.-J. Caussain, Fl. Deboissy et G. Wicker : une cour d'appel avait prononcé l'incessibilité des actions détenues au sein d'une société objet d'une procédure collective par trois personnes, au motif qu'elles disposaient de la majorité des voix au conseil de surveillance et de la majorité du capital ; l'arrêt est toutefois cassé au motif que ces circonstances étaient insuffisantes à les faire qualifier de dirigeants).

Enfin, les organismes de sécurité sociale pourraient alors qualifier l'activité de professionnelle et réclamer des cotisations sociales au dirigeant.

2. La musique adoucit-elle les mœurs ? Le départ mouvementé du président du directoire de NRJ

1138. – La musique adoucit les mœurs dit-on. C'est peut-être vrai des cantates de Bach, mais c'est moins vrai du hard metal, voire du pop-rock, comme en témoigne le départ mouvementé du président du directoire de NRJ.

Le 7 avril 2004, M. est nommé président du directoire de NRJ. Le 2 décembre 2005, la présidence lui est retirée par le conseil de surveillance, qui décide toutefois de lui attribuer ainsi qu'aux autres membres du directoire une prime de résultat pour le dernier trimestre 2005. Le 21 février 2006, l'assemblée générale révoque M. du directoire. Le 26 avril 2006, alors que la prime de résultat n'a pas encore été payée, le conseil de surveillance décide son annulation rétroactive. Bref, M. se retrouve sans mandat et sans prime, ce qui, même chez les plus paisibles, fait naître des envies de contentieux.

M. ouvre un premier front judiciaire au titre de l'absence de juste motif de révocation et le caractère brutal de celle-ci. Il échoue (CA Paris, 5 mars 2009 : *RJDA* 6/2009, n° 558). D'une part, les juges relèvent que M. a délibérément dissimulé les relations d'affaires existant (baux commerciaux) entre lui et NRJ, ce qui constituait un juste motif de révocation. D'autre part, les juges observent que s'il est vrai qu'il avait fait interdiction à M. de se présenter dans les locaux de l'entreprise, cela traduisait plus « le constat de l'impossibilité de poursuivre tout travail en commun qu'une volonté d'humiliation » ; ils ajoutent qu'en « raison de la nature de ses activités et de sa notoriété [NRJ] a nécessairement dû communiquer sur la révocation du président du directoire et sur sa plainte avec constitution de partie civile [à son encontre] et que ce faisant elle n'a pas agi de mauvaise foi ».

Sur le second front, M. est plus chanceux (Cass. com., 10 févr. 2009 : *JCP* E 2009, 1767, n° 5, obs. Fl. Deboissy et G. Wicker ; *RJDA* 10/2009, n° 848). De fait, si un conseil de surveillance peut faire varier à sa guise la rémunération d'un membre du directoire, il ne peut pas opérer de modification rétroactive et reprendre le lendemain ce qu'il a accordé la veille. Par la décision d'attribution de la prime du dernier trimestre 2005, M. est devenu créancier de la société pour son montant et son débiteur, la société, ne peut sans son accord s'exonérer de l'exécution de son obligation de paiement ; c'est ni plus ni moins l'application de l'article 1134 du Code civil, ce qui vient souligner le caractère contractuel de la rémunération des mandataires sociaux.

SECTION 3

LES ACTIONNAIRES

1139. – Dans l'imagerie d'Épinal, qui fait vivre les sociétés anonymes sous le régime de la démocratie universelle, les citoyens-actionnaires constituent le peuple souverain, élisant (et révoquant) leurs représentants au gouvernement de la société. La réalité est plus nuancée. S'il est des cas où l'actionnaire, parce qu'il détient une part essentielle du capital social (et donc des droits de vote), participe réellement au gouvernement de la société, il en est beaucoup d'autres où, simple épargnant n'ayant en vue qu'une valorisation de ses actions, il demeure de son plein gré à l'écart des affaires sociales en s'abstenant de participer aux assemblées. En ce cas, le pouvoir est exercé sans partage par les dirigeants, lesquels, en s'appuyant sur une part relativement faible du capital social, sont en mesure de conduire la société aussi aisément que le ferait un entrepreneur individuel dans son entreprise, d'où les débats autour du thème du gouvernement d'entreprise (V. *supra*, n° 921). Pareille hétérogénéité n'est que faiblement prise en compte par le législateur, qui ne connaît qu'un modèle d'actionnaire.

1140. – Quels sont les droits des actionnaires ? Ils sont politiques et exercés collectivement en assemblée. Ils sont financiers et exercés individuellement par la perception de dividendes et la cession des actions. Ils peuvent être complétés par les prévisions d'un pacte d'actionnaires.

SOUS-SECTION 1

LES DROITS POLITIQUES

1141. – On qualifie de politiques les prérogatives associant l'actionnaire à la vie de la société, qu'il s'agisse notamment de l'information sur l'évolution des affaires sociales, du choix des membres du conseil d'administration ou du conseil de surveillance, ou encore de l'approbation des comptes et de l'affectation du résultat. Ce sont des droits extra-pécuniaires, qui ne sont pas dans le commerce ; à ce propos, le trafic de droits de vote constitue un délit (V. *infra*, n° 1155). Ces prérogatives politiques trouvent leur source dans l'article 1844, alinéa 1er, du Code civil, texte d'ordre public qui prévoit le droit pour tout associé de participer aux affaires sociales (V. *supra*, n° 550), ce qui englobe droit à l'information[156] et droit de vote, droits intimement liés, car le droit de suffrage exige que celui qui l'exprime soit pleinement éclairé.

(156) S. Gobin, *À propos du droit à l'information en droit des sociétés* : *Dr. sociétés* févr. 2021, étude 2.

§ 1. – Le droit à l'information

A. – L'information permanente

1142. – *Règles générales.* L'actionnaire dispose en permanence d'une prérogative d'information (C. com., art. L. 225-117). Tout actionnaire peut à toute époque, mais dans le respect de l'intérêt social, consulter au siège de la société notamment les documents suivants :

– comptes annuels des trois derniers exercices et, le cas échéant, les comptes consolidés ;

– liste des administrateurs (ou des membres du directoire et du conseil de surveillance) ;

– rapports de gestion des organes sociaux et du commissaire aux comptes s'il en existe un ;

– procès-verbaux et feuilles de présence des assemblées tenues durant les trois derniers exercices ;

– montant global, certifié exact par les commissaires aux comptes s'il en existe un, des rémunérations versées aux cinq ou dix personnes les mieux rémunérées, selon que l'effectif du personnel est ou non d'au moins deux cent cinquante salariés ; il s'agit d'une information globale, la rémunération individuelle des cinq ou dix personnes n'étant pas identifiée ;

– liste nominative des actions de parrainage et de mécénat et montant global des versements ayant ouvert droit à la réduction d'impôt mécénat, certifié exact par les commissaires aux comptes s'il en existe un.

1143. – *Sanctions.* Ce droit à la curiosité est crucial pour les nouveaux actionnaires. Tout refus de la société expose celle-ci à des dommages-intérêts. Surtout, l'associé qui n'aurait pu exercer son droit à l'information peut solliciter en référé une mesure d'injonction judiciaire sous astreinte ou la nomination d'un mandataire chargé de procéder à la communication (C. com., art. L. 238-1) (V. *supra*, n° 651) ; la liste des documents pouvant donner lieu à la procédure du référé injonction est limitative[157].

1144. – *Dans les sociétés cotées*, l'obligation est plus large encore et concerne l'information nécessaire du public de tout fait susceptible d'avoir une influence sur le cours de bourse (V. *infra*, n° 1641). Également, il est exigé des sociétés cotées qu'elles disposent d'un site Internet afin de satisfaire à leurs obligations d'information occasionnelle ou permanente de leurs actionnaires (C. com., art. R. 22-10-1, créé D. n° 2020-1742, 29 déc. 2020).

(157) Cass. com., 23 juin 2009, n° 08-14.117 : *Rev. sociétés* 2009, p. 817, note J.-P. Mattout : l'actionnaire d'une SA ne peut utiliser la procédure du référé injonction pour obtenir la copie de procès-verbaux de réunions du conseil d'administration, du registre de présence et des convocations adressées aux administrateurs, documents ne figurant pas dans l'énumération de l'article L. 238-1.

B. – L'information occasionnelle

1145. – On désigne par « occasionnelle » l'information préalable à la tenue d'une assemblée.

1° La consultation au siège social

1146. – *Règles générales.* À compter du jour de la convocation, l'actionnaire, en se faisant assister au besoin par un expert, est autorisé à consulter divers documents (C. com., art. L. 225-115), dont ceux couverts par le droit d'information permanent (V. *supra*, n° 1142), ainsi que :

– les projets de résolution ;

– le cas échéant les notices relatives aux candidats aux fonctions d'administrateur ;

– la liste des actionnaires.

L'actionnaire peut prendre une photocopie de tous les documents consultés.

À défaut d'obtenir ces documents ou informations, l'associé peut solliciter en référé une mesure d'injonction judiciaire sous astreinte ou la nomination d'un mandataire chargé de procéder à la communication (C. com., art. L. 238-1). En outre, l'assemblée peut être annulée si l'actionnaire n'a pas été en mesure d'exercer ses prérogatives d'information (C. com., art. L. 225-121), sans préjudice d'autres mesures, telles que, en amont, l'ajournement judiciaire de l'assemblée (V. *infra*, n° 1199) ou, en aval, l'octroi de dommages-intérêts.

1147. – *Les sociétés cotées* sont astreintes à un régime plus exigeant. Ainsi, elles sont tenues de publier sur leur site Internet (V. *supra*, n° 1144) un certain nombre d'informations pendant les vingt et un jours précédant l'assemblée (C. com., art. R. 22-10-23, créé D. n° 2020-1742, 29 déc. 2020) : avis de réunion, nombre total des droits de vote existants, documents destinés à être présentés à l'assemblée, texte des projets de résolution, formulaires de vote par correspondance ou par procuration, etc.

2° La réception de documents

1148. – L'actionnaire reçoit à domicile divers documents, soit qu'il en ait fait la demande, soit que la société adresse des formules de procuration ou de vote par correspondance, auquel cas cet envoi s'accompagne d'une information adéquate (V. *infra*, n° 1195). Parmi les documents ainsi expédiés, figurent, dans le cas d'une assemblée annuelle, les documents consultables sur place (V. *supra*, n° 1146), à l'exception de la liste des actionnaires.

1149. – Les sociétés doivent proposer un envoi électronique de la documentation légale aux actionnaires nominatifs (C. com., art. R. 225-63).

C. – Les questions écrites

1150. – *Questions écrites préalables à la tenue d'une assemblée.* Dès qu'il est convoqué, tout actionnaire a la possibilité, jusqu'au quatrième jour ouvré précédant la date de l'assemblée (C. com., art. R. 225-84), de poser aux dirigeants des questions écrites en rapport avec l'ordre du jour, auxquelles ils devront répondre au cours des débats, éventuellement de manière globale si les questions présentent le même contenu ; la réponse est réputée donnée dès lors qu'elle figure sur le site Internet de la société, ce qui permet de raccourcir la durée des assemblées (C. com., art. L. 225-108) ; les réponses sont portées sur le procès-verbal de l'assemblée.

1151. – *Autres questions écrites.* Le droit de poser des questions écrites avant une assemblée ne se confond pas avec la faculté pour tout actionnaire représentant au moins 5 % du capital social, ou pour une association d'actionnaires remplissant les conditions de l'article L. 22-10-44 (créé Ord. n° 2020-1142, 16 sept. 2020) (V. *infra*, n° 1672), deux fois au plus par exercice, de poser par écrit des questions au président du conseil d'administration sur tout fait de nature à compromettre la continuité de l'exploitation (C. com., art. L. 225-232 et L. 22-10-69, créé Ord. n° 2020-1142, 16 sept. 2020). En outre, on rappellera que la désignation d'un expert de gestion à l'initiative des actionnaires minoritaires suppose qu'une question écrite ait préalablement été posée au président ou au directoire et qu'aucune réponse satisfaisante n'ait été fournie dans un délai d'un mois (V. *supra*, n° 700).

1152. – *Abus.* On a pu constater un dévoiement de cette prérogative, certains actionnaires (ou associations d'actionnaires, V. *infra*, n° 1672) n'hésitant pas à poser des dizaines de questions écrites, dont certaines sans rapport avec l'ordre du jour, alors pourtant que cette prérogative est destinée à compléter l'information de l'actionnaire en vue de l'assemblée générale, donc du vote des points portés à l'ordre du jour[(158)]. Dans toutes ces occurrences, l'actionnaire doit selon nous respecter l'intérêt social. Outre que la direction de la société harcelée de questions écrites peut ne pas répondre, l'abus dans l'exercice du droit de poser des questions écrites – c'est-à-dire son utilisation à des fins étrangères à leur finalité – engage la responsabilité de l'auteur de la question[(159)].

§ 2. – Le droit de vote

1153. – Avec l'institution des actions de préférence, on peut rencontrer des actionnaires privés de droit de vote, mais non de droits financiers. Le droit de vote est souvent présenté comme la prérogative la plus importante de l'actionnaire ; cette présentation serait acceptable si l'actionnaire l'exerçait effectivement, ce qui est loin d'être toujours le cas, spécialement dans les grandes sociétés[(160)]. Cependant, la loi privilégie une vision théorique et traite avec un respect religieux le droit de suffrage dans son principe comme dans ses modalités d'exercice.

(158) *Contra* : CA Paris, 19 déc. 2013, n° 12/22644 : *Rev. sociétés* 2014, p. 306, note A. Viandier ; la cour estime que les questions posées peuvent être extérieures à l'ordre du jour et que le fait qu'elles aient été déjà posées dans le passé ne dispense pas la société d'y répondre.

(159) T. com. Paris, 11 mai 2004 : *JCP* E 2004, 1154, note A. Viandier ; un actionnaire mécontent avait pris l'habitude de poser des questions en assemblée – vingt en 2002 et cinquante et une en 2003 – espérant par ce harcèlement obtenir une indemnisation à laquelle il estimait avoir droit ; il a été condamné à 1 € de dommages-intérêts.

(160) Sur la question plus large de la protection des minoritaires, V. J. Heinich et F. Patrizio, *La protection des actionnaires minoritaires* : *JCP* E 2018, n° 1185.

A. – L'existence du droit de vote

1154. – Tout actionnaire peut participer aux assemblées générales, ce qui se traduit notamment par le droit d'y voter[161]. Le principe, qui vaut pour toutes les sociétés puisqu'il est exprimé à l'article 1844 du Code civil, est d'ordre public ; cela interdit d'ajouter dans les statuts des cas d'interdiction de voter à ceux prévus par la loi (V. *supra*, n° 550). L'exercice concret de cette prérogative est parfois difficile dans les sociétés cotées ; ainsi, faute d'enregistrement au nom de l'actionnaire, soit dans les comptes nominatifs tenus par la société, soit dans les comptes de titres au porteur tenus par un intermédiaire habilité – une banque par exemple –, il est impossible de participer à l'assemblée d'une société cotée.

1° La liberté de vote

1155. – *Trafics de droits de vote.* Au dogme du droit de participer s'ajoute celui de la liberté du vote. Par suite, les conventions y portant atteinte – cessions de droit de vote, engagements de voter dans un certain sens ou de ne pas voter – sont nulles et les trafics ou achats de droit de vote sont sanctionnés pénalement d'une peine d'emprisonnement de deux ans et de 9 000 € d'amende (C. com., art. L. 242-9, 3°), ainsi d'ailleurs que le fait d'empêcher un actionnaire de participer à l'assemblée (C. com., art. L. 242-9, 1°)[162].

1156. – *Conventions de vote.* Cependant, les juges ont accepté de consacrer certains accords relatifs à l'exercice de leur droit de vote par les actionnaires. Tel est le cas si les trois conditions suivantes sont respectées : l'associé ne se trouve pas irrévocablement privé de son droit de vote, l'intérêt social est sauvegardé, l'accord n'est pas frauduleux[163]. Une limite toutefois : la cause de l'engagement ne doit pas être l'obtention d'un avantage financier, auquel cas il y a trafic de droit de vote, nullité et infraction (C. com., art. L. 242-9, 3°).

Reste la question de l'efficacité de telles conventions. Faute d'opposabilité de la convention de vote à la société, l'assemblée générale à l'occasion de laquelle le signataire a violé son engagement n'est pas nulle et la seule sanction est une condamnation à dommages-intérêts, si tant est qu'un préjudice puisse être démontré[164].

1157. – Exemples de conventions de vote licites.

Ont été validées les conventions suivantes :
- renonciation particulière et temporaire au droit de vote ;
- suspension du droit de vote pour un temps déterminé ;

(161) A. Couret, *Les destinées du droit de vote dans les réformes 2019 du droit des sociétés* : *JCP* E 2019, 1501.

(162) Cass. crim., 26 mai 1994 : *RJDA* 1994, n° 1038 ; les représentants de diverses entités actionnaires d'une société anonyme s'étaient vu interdire l'accès à l'assemblée des actionnaires.

(163) A. Viandier, *Observations sur les conventions de vote* : *JCP* E 1986, 15405. – M. Jeantin, *Les conventions de vote* : *RJ com.* 1990, p. 124. – M. Germain, *Le transfert du droit de vote* : *RJ com.* 1990, p. 135. – P. Didier, *Les conventions de vote* : *Mél. Foyer*, PUF, 1997, p. 341. – A. Viandier, *Après l'article de M. Jeantin sur les conventions de vote* : *Mél. M. Jeantin*, Dalloz, 1999, p. 311 et s. – A. Constantin, *Réflexions sur la validité des conventions de vote* : *Mél. J. Ghestin*, LGDJ, 2001, p. 255.

(164) E. Lamazerolles, *Faire exécuter les conventions de vote entre associés* : *JCP* E 2021, 1234.

– engagement de voter en faveur de la nomination d'une personne au conseil d'administration ;

– engagement de voter dans le sens défini par la majorité des signataires d'un pacte d'actionnaires (CA Paris, 4 déc. 2012 : *BRDA* 2/2013, n° 1 ; la cour relève que l'accord, en tant qu'il permet d'établir une politique stable et durable, est conforme à l'intérêt social ; de plus, il peut être rompu à tout moment, ce qui préserve la liberté des cocontractants).

2° Le principe de proportionnalité

1158. – L'idéal républicain (Liberté – Égalité – Fraternité) anime le droit des sociétés. À la liberté de vote s'ajoute donc l'égalité ; une action vaut une voix, toute clause contraire étant réputée non écrite (C. com., art. L. 225-122). Mais pas plus là qu'ailleurs, l'égalité n'est absolue ; on trouve des exceptions dans les deux sens, certaines limitant le nombre des voix d'un même actionnaire, d'autres doublant les voix attachées à une même action.

a) La limitation du nombre des voix

1159. – *Utilité.* Les statuts peuvent limiter le nombre des voix dont peut disposer un même actionnaire (C. com., art. L. 225-125). Cette mesure, dont l'effet est de prévenir l'écrasement des petits porteurs et les prises de contrôle rampantes, a été adoptée par d'importantes sociétés : Société Générale, Groupe Danone et Total. Dans les statuts de Danone[165], il est par exemple stipulé qu'aucun actionnaire ne peut exprimer, par lui-même ou par mandataire, plus de 6 % du nombre total des droits de vote (12 % en cas de droit de vote double).

1160. – *Dans les sociétés cotées,* la clause de limitation devient caduque dès lors qu'un actionnaire franchit le seuil des deux tiers du capital à l'issue d'une offre publique d'achat (C. com., art. L. 22-10-47, créé Ord. n° 2020-1142, 16 sept. 2020).

b) Les actions à droit de vote double

1161. – *Dans les sociétés non cotées,* les actionnaires fidèles peuvent être récompensés par un droit de vote double (C. com., art. L. 225-123). La récompense est subordonnée à plusieurs conditions :

– clause statutaire expresse ;

– nominativité des actions concernées ;

– libération des actions ;

– détention desdites actions depuis deux ans au moins par le même actionnaire.

Autre assouplissement de la règle une action-une voix, il est possible de créer dans les SA non cotées des actions de préférence à droits de vote multiples (V. *infra*, n° 1590).

1162. – *Dans les sociétés cotées*[166], depuis la loi n° 2014-384 du 29 mars 2014, dite loi Florange, et dans le souci de protéger davantage les sociétés cotées

(165) Statuts, art. 26, II.
(166) Cela a donné lieu dans plusieurs sociétés à des débats nourris : A. Tezenas du Montcel et B. Martin, *Application de la loi Florange, étude des AG 2015* : *JCP* E 2015, 1488.

contre d'éventuels prédateurs, le droit de vote double est devenu la règle, sauf clause statutaire contraire (C. com., art. L. 22-10-46, créé Ord. n° 2020-1142, 16 sept. 2020)[(167)] ; les conditions à respecter sont celles du droit commun (V. *supra*, n° 1161).

1163. – *Disparition du droit de vote double.* Prime de fidélité, le droit de vote double s'éteint du fait de la cession ou de l'apport des actions, ou encore de leur mise au porteur, puisque l'une des conditions posées par l'article L. 225-123 disparaît, à savoir la détention ininterrompue pendant deux ans au moins ou le caractère nominatif.

1164. – *Maintien du droit de vote double.* En revanche, le droit de vote double ne disparaît pas en cas de transfert par suite de succession, de liquidation de communauté de biens entre époux ou de donation entre vifs au profit d'un conjoint ou d'un parent au degré successible.

Le droit de vote est également maintenu, sauf stipulation contraire des statuts, en cas de transfert par suite d'une fusion ou d'une scission d'une société actionnaire (C. com., art. L. 225-124) ; ainsi, l'actionnaire d'une société absorbée, titulaire de droits de vote double, retrouvera ce privilège au sein de la société absorbante, dès lors que les statuts de celle-ci prévoient un tel avantage ; de plus, le droit de vote double dont bénéficie la société absorbée dans les assemblées d'une société tierce est maintenu au profit de la société absorbante (C. com., art. L. 225-124).

B. – L'exercice du droit de vote

1165. – *Affaiblissement du rôle de l'assemblée.* Le rôle de l'assemblée est affaibli. Certes, les textes en font toujours l'organe cardinal des sociétés anonymes, mais en pratique les assemblées sont souvent dans la main des dirigeants ; c'est vrai de nombreuses sociétés ouvertes du fait de la dilution du capital et de l'abstentionnisme des actionnaires ; c'est encore vrai des sociétés fermées lorsque l'essentiel du capital social appartient aux dirigeants sociaux, les coups de force étant rarissimes. De plus, pour nombre de sujets, le législateur a prévu la possibilité de délégations par lesquelles l'assemblée générale habilite la direction à prendre, sous certaines conditions, des décisions à sa place, par exemple en matière d'augmentation de capital (V. *infra*, n° 1422). Pour autant, même si le pouvoir des assemblées s'érode, le formalisme des réunions demeure, ainsi qu'en attestent leurs caractères rituel et collectif.

1° Le caractère rituel

1166. – Le ritualisme d'assemblée est destiné à protéger les actionnaires : il est indispensable que tous soient prévenus de la réunion, mis en mesure d'y participer et d'y faire entendre leur point de vue.

(167) D. Martin et K. Angel, *L'instauration d'un droit de vote double, une ambition à la Pyrrhus ?* : *JCP* E 2014, 1044. – F. Barrière et C. de Reals, *La loi Florange : une loi anti-OPA ?* : *Rev. sociétés* 2014, p. 279 et s. – A. Viandier, *OPA OPE*, Fr. Lefebvre, 5e éd., 2014, nos 500 et s.

a) Les rites de convocation

1167. – *Qui convoque l'assemblée ?* C'est au conseil d'administration (et non à son président), ou au directoire qu'il appartient de convoquer l'assemblée générale des actionnaires (C. com., art. L. 225-103). Néanmoins, il faut compter avec la réticence de ces instances, désireuses parfois de ne pas affronter la colère des associés ; d'où la faculté offerte à d'autres personnes de procéder à la convocation :

– conseil de surveillance ;

– commissaire aux comptes[(168)] ;

– mandataire désigné par le président du tribunal de commerce, en cas d'urgence, à la demande de tout intéressé ou du comité économique et social (C. trav., art. L. 2312-77) ; en l'absence d'urgence, il est désigné à la demande d'un ou plusieurs actionnaires réunissant au moins 5 % du capital social[(169)] (V. égal. l'affaire *Lagardère, infra,* n° 1518) ou à la demande d'une association d'actionnaires remplissant les conditions de l'article L. 22-10-44 (créé Ord. n° 2020-1142, 16 sept. 2020) (V. *infra,* n° 1672).

Une règle particulière est prévue pour la convocation de l'assemblée annuelle d'approbation des comptes : si elle n'a pas été convoquée dans les six mois de la clôture de l'exercice, sous réserve de prolongation de ce délai par décision de justice, le ministère public ou tout actionnaire peut saisir le président du tribunal compétent statuant en référé afin d'enjoindre, le cas échéant sous astreinte, aux dirigeants de convoquer cette assemblée ou de désigner un mandataire pour y procéder (C. com., art. L. 225-100, I).

1168. – *Qui fixe l'ordre du jour ?* L'instance de convocation arrête l'ordre du jour de l'assemblée, c'est-à-dire la liste des questions dont elle débattra (V. *infra,* n° 1196) ; en dehors de l'ordre du jour, aucune délibération n'est admise, sauf… sur la révocation des administrateurs ou des membres du conseil de surveillance, en vertu de la théorie dite des incidents de séance (C. com., art. L. 225-105, al. 3). Le juge qui nomme un mandataire de justice chargé de convoquer une assemblée peut inclure dans l'ordre du jour la question de la révocation d'un dirigeant[(170)].

Les actionnaires, dès lors qu'ils possèdent au moins 5 % du capital social, ou une association d'actionnaires remplissant les conditions de l'article L. 22-10-44 (créé Ord. n° 2020-1142, 16 sept. 2020) (V. *infra,* n° 1672), ont la possibilité de déposer des projets de résolution ou de simples « points » (sans projet de résolution en bonne et due forme) ; les dirigeants ne sont donc pas les seuls maîtres de l'ordre du jour (C. com., art. L. 225-105).

(168) Pour un cas d'annulation d'une convocation faire par un commissaire aux comptes, sur le papier à en-tête de la société, disant exécuter les ordres de l'actionnaire majoritaire, au mépris donc de son devoir d'indépendance : CA Versailles, 19 janv. 2006 : *D.* 2006, p. 918 ; *RJDA* 12/2006, n° 1235.

(169) T. com. Paris, réf., 3 déc. 2003 : *JCP* E 2004, 71, note A. Viandier ; convocation de l'assemblée générale de la société Eurotunnel par un groupe d'actionnaires minoritaires en vue de la révocation du conseil d'administration. – Cass. com., 13 janv. 2021, n°s 18-24.853 et 19-11.302, PB : *BJS* mars 2021, p. 17, note M. Storck ; *Dr. sociétés* avr. 2021, n° 45, obs. R. Mortier : la désignation d'un mandataire *ad hoc* n'est subordonnée ni au fonctionnement anormal de la société, ni à la menace d'un péril imminent ou d'un trouble manifestement illicite, mais seulement à la démonstration de sa conformité à l'intérêt social.

(170) Cass. com., 26 avr. 2017, n° 15-19.472 : *RJDA* 8-9/2017, n° 558.

1169. – *Comment l'assemblée est-elle convoquée dans les sociétés non cotées ?* Les formalités de convocation sont doubles :

– un avis de convocation est inséré dans un support habilité à recevoir des annonces légales au moins quinze jours avant l'assemblée ;

– une lettre de convocation est adressée aux actionnaires titulaires de titres nominatifs ; par souci d'économie, une simple lettre suffit ; la société peut proposer aux actionnaires inscrits au nominatif une convocation électronique (C. com., art. R. 225-63).

Toute assemblée irrégulièrement convoquée peut être annulée (C. com., art. L. 225-104). Il s'agit d'une nullité facultative dont le prononcé est laissé au pouvoir d'appréciation du juge(171) ; en cas de contestation, c'est à la société et non à l'actionnaire qu'il revient de prouver que la convocation a été régulière(172). En outre, l'assemblée ne saurait être annulée dès lors que tous les actionnaires étaient présents ou représentés.

1170. – AG en août : attention danger.

Au mois d'août, la France est en mode pause. Des hauts responsables de l'État aux citoyens de base, les Français, tout au moins ceux qui le peuvent, s'égaient aux quatre coins de l'hexagone, voire du monde. Les actionnaires aussi et certains dirigeants tentent d'en profiter pour convoquer une assemblée pendant que les minoritaires querelleurs ou simplement vétilleux sont aux champs. Certes, aucune disposition du Code de commerce n'interdit de réunir une assemblée pendant l'été ; à paraphraser Jean Carbonnier, « la règle juridique est un soleil qui ne se couche jamais » et ne prend jamais de vacances (J. Carbonnier, *Flexible droit*, LGDJ, 5e éd., 1983, p. 51 ; l'auteur cite les observations de Marcel Mauss sur le droit d'hiver et le droit d'été des sociétés eskimo). Mais s'il est démontré que le choix de la date est uniquement commandé par le désir d'évincer des participants indésirables, alors la nullité menace.

Voici un exemple : l'assemblée générale extraordinaire d'une société est convoquée en plein mois d'août pour procéder à un « coup d'accordéon » (V. *infra*, n° 1450) ; les minoritaires expulsés de la société par suite du double mouvement de réduction-augmentation du capital obtiennent l'annulation de l'assemblée estivale : la situation de la société n'imposait pas une telle urgence, pire, l'opération n'avait pas amélioré la trésorerie de la société puisque le majoritaire avait libéré l'augmentation de capital par compensation avec son compte courant, d'où il ressortait que l'objectif premier d'une telle réunion à cette époque était de permettre au majoritaire de s'assurer furtivement l'entier contrôle de la société (Cass. com., 11 janv. 2017, n° 14-27.052 : *RJDA* 3/2017, n° 181).

Dans une autre affaire, les dirigeants avaient profité du voyage en Polynésie d'un actionnaire, dont ils avaient été informés, pour procéder à une réduction-augmentation du capital, qui avait eu pour conséquence de faire fondre la part du voyageur de 23 % à 0,49 % ; l'assemblée est annulée (CA Aix-en-Provence, 13 déc. 2012 : *RJDA* 4/2013, n° 328).

(171) Cass. com., 9 juill. 2002 : *JCP* E 2003, 627, n° 9, obs. J.-J. Caussain, Fl. Deboissy et G. Wicker : refus d'annuler une assemblée générale convoquée par un conseil d'administration ayant siégé irrégulièrement. – Cass. com., 6 sept. 2016 : *BRDA* 19/2016 ; le prononcé de la nullité d'une assemblée pour convocation irrégulière suppose que cette irrégularité ait été constatée préalablement et judiciairement.

(172) Cass. com., 10 nov. 2009 : *Dr. sociétés* 2010, n° 40, obs. M.-L. Coquelet ; *RJDA* 2/2010, n° 150 : un actionnaire se plaignait de ne pas avoir été convoqué à plusieurs assemblées ; la cour d'appel l'avait débouté au motif qu'il n'apportait pas la preuve… de l'absence de convocation ; censure par la Cour de cassation.

1171. – *Dans les sociétés cotées*, la publication d'un avis de réunion trente-cinq jours au moins avant l'assemblée est requise ; cet avis de réunion précède donc l'avis de convocation proprement dit (C. com., art. R. 22-10-22 ; D. n° 2020-1742, 29 déc. 2020). À côté de l'ordre du jour, on y trouve notamment :

– la description claire et précise des procédures à suivre pour participer à l'assemblée et des modalités d'exercice de la faculté d'inscription de points ou de projets de résolution à l'ordre du jour ;

– la mention de la faculté de poser des questions écrites ;

– l'adresse Internet de la société,

– la date d'enregistrement des actions permettant de déterminer les titulaires du droit de vote (V. *infra*, n° 1175).

1172. – *Quand l'assemblée est-elle convoquée ?* Chaque type d'assemblée a son propre rythme : rythme régulier pour l'assemblée annuelle, rythme irrégulier pour l'assemblée extraordinaire, dont la tenue est commandée par la nature de la décision à prendre.

Le délai de convocation est destiné à permettre aux actionnaires de prendre leurs dispositions, de s'informer, voire de s'organiser en vue du scrutin. Le temps minimum est de quinze jours ; il est abaissé à six jours lorsque l'assemblée précédemment convoquée n'a pu se tenir faute de quorum (V. *infra*, n° 1183). Le délai est également réduit à six jours en période d'offre publique pour l'adoption de mesures de défense (C. com., art. R. 225-69). Dans les sociétés cotées, il faut en pratique près de trois mois pour convoquer une assemblée compte tenu du temps nécessaire à la collecte des pouvoirs par les banques.

L'ajournement de l'assemblée, une fois convoquée, peut être obtenu en justice (V. *infra*, n° 1199).

b) Les rites de participation

1173. – *Participation physique.* Participer suppose en principe d'assister à l'assemblée générale des actionnaires ; le terme « assemblée générale » est évocateur de la solennité et de l'importance de la réunion physique. On rappellera que, suite à la pandémie de Covid-19, de très nombreuses assemblées se sont tenues hors la présence physique des actionnaires, les sociétés ayant fait usage des facilités exceptionnelles accordées par la loi et notamment de la possibilité de se réunir à huis clos (V. *supra*, n° 20). La voie de la consultation écrite, en principe fermée dans la SA à la différence des SARL (V. *infra*, n° 1745), a été autorisée dans le contexte particulier de l'épidémie de Covid-19 mais uniquement dans les SA non cotées.

1174. – *Publique ou privée ?* L'assemblée générale des actionnaires est une réunion privée, elle n'est pas ouverte au public ; seuls les actionnaires ou leurs représentants y sont admis. Il existe néanmoins des exceptions puisqu'en dehors des actionnaires, sont présents le commissaire aux comptes et les représentants de la masse des obligataires et des porteurs de titres participatifs (V. *infra*, n°s 1613 et 1622). En cas de crise grave, un actionnaire peut demander en justice à se faire accompagner par un huissier. Enfin, dans les sociétés cotées, il est d'usage d'inviter les journalistes financiers.

1175. – *Qui vote ?* Par actionnaire, on entend le titulaire d'actions, le représentant de l'indivision, l'usufruitier en cas d'assemblée ordinaire et le nu-propriétaire en cas d'assemblée générale extraordinaire, sauf stipulation contraire des statuts pour ces deux derniers (V. *infra*, n° 1194). Reste à prouver sa qualité d'associé. Les règles ont été modifiées en vue de faciliter la participation des actionnaires.

Dans les *sociétés non cotées*, il suffit de justifier de l'inscription des titres au nom de l'actionnaire dans les comptes nominatifs de la société ou dans un dispositif d'enregistrement électronique partagé au jour de l'assemblée générale. Cependant, les statuts peuvent prévoir que l'actionnaire devra justifier d'une inscription en compte des titres au deuxième jour ouvré précédant l'assemblée (C. com., art. R. 225-86).

Dans les *sociétés cotées*, il doit être justifié de la qualité d'actionnaire au deuxième jour ouvré précédant l'assemblée, soit dans les comptes de titres nominatifs tenus par la société, soit dans les comptes de titres au porteur tenus par les établissements spécialisés ; la justification prend la forme d'une attestation, dite attestation de participation (C. com., art. R. 22-10-28, créé D. n° 2020-1742, 29 déc. 2020). Concrètement, cela veut dire que seuls les actionnaires ayant cette qualité à la date retenue, dite encore *record date*, peuvent participer à l'assemblée ; ceux qui le deviennent dans le délai de deux jours ouvrés précédant l'assemblée ne peuvent donc pas y participer.

1176. – *Représentation.* Il faut compter avec les impotents, les incapables, les voyageurs, les occupés et les agoraphobes ; d'où l'utilité de la représentation. Les mineurs, s'ils sont incapables, s'expriment par la voix de leur représentant légal et les majeurs sous tutelle par celle de leur tuteur. Les personnes morales associées participent par l'intermédiaire de leur représentant légal ou de toute autre personne dotée d'un pouvoir[(173)].

Dans les sociétés non cotées, les actionnaires qui veulent donner une procuration doivent choisir pour représentant leur conjoint, le partenaire avec lequel ils ont conclu un PACS ou un autre actionnaire (C. com., art. L. 225-106).

Dans les sociétés cotées, l'actionnaire a un choix plus large : il peut en effet donner procuration à toute personne physique ou morale de son choix, par exemple une association d'actionnaires (C. com., art. L. 22-10-39, créé Ord. n° 2020-1142, 16 sept. 2020). Le titulaire de la procuration doit informer son mandant de tout conflit d'intérêts éventuel (C. com., art. L. 22-10-40, créé Ord. n° 2020-1142, 16 sept. 2020).

Que la société soit cotée ou non, le mandat est « spécial », en tant qu'il est donné pour une seule assemblée se tenant à une date et selon un ordre du jour déterminés[(174)] ; il doit être écrit et communiqué à la société ; il est révoqué dans les mêmes conditions (C. com., art. R. 225-79 et R. 22-10-24, créé D. n° 2020-1742, 29 déc. 2020).

1177. – *Pouvoirs en blanc.* À côté de la procuration donnée à une personne déterminée, une autre possibilité existe, celle de la procuration sans indication

(173) Cass. com., 5 juill. 2017, n° 15-22.936 : *RJDA* 11/2017, n° 721 ; *JCP* E 2017, n° 1628, note J. Delvallée ; conditions de représentation dans une SAS.

(174) CA Paris, 12 déc. 2006 : *RJDA* 5/2007, n° 508 ; n'est pas valable le mandat donné par une mère à son fils et libellé ainsi : « je donne par la présente procuration irrévocable à mon fils afin de gérer au mieux et préserver la valeur des actifs des sociétés dont je suis l'associée, me représenter à cet effet à toute assemblée générale ordinaire et/ou extraordinaire desdites sociétés ».

de nom, dite « pouvoir en blanc ». Dans ce cas, les votes sont réputés être favorables aux résolutions proposées par le conseil d'administration ou le directoire (C. com., art. L. 225-106, *in fine*) ; c'est le président de l'assemblée qui, mécaniquement – il n'a aucune liberté d'appréciation –, exprime les votes correspondants ; le plafonnement des droits de vote ne s'applique pas au président, car il joue simplement le rôle d'un facteur.

1178. – *Vote à distance.* Il est encore possible de voter par correspondance, sans compter la visioconférence et le vote électronique (V. *infra*, n° 1195).

1179. – *Feuille de présence.* Les participants – actionnaires, représentants – se rendent le jour venu au lieu choisi pour la réunion (le siège social le plus souvent). Ils sont appelés à signer une feuille de présence sur laquelle ils portent leur nom et le nombre de voix qu'ils détiennent (C. com., art. R. 225-95). Cette formalité est commandée par la suite des opérations et spécialement l'obligation de constater le quorum et de décompter les votes. En cas de non-respect de cette obligation, les délibérations de l'assemblée peuvent être annulées (C. com., art. L. 225-114).

1180. – *Bureau.* Un bureau est désigné qui comprend un président (c'est généralement le président du conseil d'administration) et deux scrutateurs, choisis parmi les actionnaires disposant du plus grand nombre de voix. Le bureau assure la police et la discipline de l'assemblée, d'où la possibilité d'expulser un actionnaire troublant gravement le bon déroulement de l'assemblée, voire, dans des situations pittoresques, l'appel à la force publique(175). Le bureau veille également au respect de la régularité des débats et des scrutins. Le bureau doit donc faire respecter les règles relatives aux déclarations de franchissements de seuils au sein des sociétés cotées et, le cas échéant, priver de droit de vote les actionnaires ayant omis de procéder aux notifications requises, dès lors du moins que la violation de ces règles est indiscutable(176).

2° Le caractère collectif

1181. – *Organe collégial.* L'assemblée est un organe intermittent qui n'existe que pour le temps des réunions. Elle n'est pas convoquée pour émettre des vœux ou des souhaits, mais pour prendre des décisions à l'issue d'un débat. La nature des résolutions dépend de la forme de l'assemblée : l'assemblée générale extraordinaire est seule compétente pour modifier les statuts (C. com., art. L. 225-96, al. 1er), tandis que l'assemblée générale ordinaire est compétente dans les autres cas (C. com., art. L. 225-98, al. 1er) (V. *infra*, n° 1182). La distinction de ces deux types d'assemblées est importante pour le quorum et la majorité.

(175) V. D. Père, *Assemblées houleuses et expulsion d'actionnaires...* : *BJS* nov. 2004, § 291.

(176) CA Paris, 29 janv. 2013 : *RJDA* 6/2013, n° 532. – *Adde* CA Versailles, 28 oct. 2010 : *RJDA* 1/2011, n° 55 ; pourvoi rejeté par Cass. com., 15 mai 2012 : *RJDA* 10/2012, n° 868, aff. *Eiffage*. – Cass. com., 10 févr. 2015, n° 13-14.778 : *RJDA* 6/2015, n° 431 ; le bureau ne peut pas limiter le droit de vote des actionnaires agissant de concert si l'existence de l'action de concert est contestée. – CA Paris, 5 nov. 2015, n° 15/03651 : *RJDA* 3/2016, n° 216 ; le bureau peut limiter le droit de vote des actionnaires agissant de concert s'ils ont reconnu eux-mêmes l'existence de cette action de concert ; pourvoi rejeté par Cass. com., 27 juin 2018, n° 15-29.366 : *BRDA* 15-16/2018, n° 3.

1182. – Tableau des compétences.

L'ASSEMBLÉE ORDINAIRE...	L'ASSEMBLÉE EXTRAORDINAIRE...
– nomme et révoque les administrateurs ; – approuve les comptes et décide la distribution des bénéfices ; – nomme les commissaires aux comptes ; – ratifie les conventions intéressant les dirigeants (C. com., art. L. 225-38) ; – approuve l'acquisition par la société, dans les deux ans de son immatriculation, d'un bien d'un actionnaire dont la valeur est au moins égale à 10 % du capital social (C. com., art. L. 225-101) ;	– augmente, réduit, amortit le capital ; – modifie l'objet social, la durée et le nom de la société ; – approuve les fusions, scissions et apports partiels d'actifs ; – décide l'émission d'obligations convertibles, échangeables et de bons de souscription d'actions ; – arrête la dissolution anticipée de la société ou sa prorogation ;
– fixe le montant des rémunérations allouées au conseil ; – décide l'émission d'obligations ordinaires, sauf dévolution de cette prérogative au conseil d'administration ou de surveillance (C. com., art. L. 228-40) ; – si les statuts le prévoient, agrée les cessionnaires et/ou autorise les décisions de gestion importantes ; – et, plus généralement, est compétente pour toute décision ne modifiant pas les statuts.	– décide la transformation de la société ; – et, plus généralement, est compétente pour toute décision modifiant les statuts. *N.B.* : – Les clauses statutaires contrevenant à la compétence de l'assemblée générale extraordinaire sont réputées non écrites (C. com., art. L. 225-96 – V. *supra*, n° 306).

a) Le quorum

1183. – *Règles de quorum.* Le quorum sert à mesurer la représentativité de l'assemblée : seules les assemblées réunissant un nombre suffisant d'actions (et non d'actionnaires) sont autorisées à débattre et à prendre des résolutions (C. com., art. L. 225-96 et L. 225-98).

Pour l'assemblée ordinaire, le quorum est du cinquième des actions ayant droit de vote. S'il n'est pas atteint, l'assemblée est ajournée et une deuxième convocation a lieu ; aucun quorum n'est alors exigé ; ainsi, en théorie, une seule action représentant par exemple 0,1 % du capital social autorise la tenue de l'assemblée et la prise de résolutions… à l'unanimité de l'unique actionnaire présent.

Pour l'assemblée extraordinaire, le quorum est du quart des actions ayant droit de vote sur première convocation ; il est du cinquième sur seconde convocation. Si ce deuxième essai n'est pas concluant, il faut recommencer le cycle et procéder à une nouvelle convocation et ainsi de suite jusqu'à ce que le quorum du cinquième soit atteint.

1184. – *Deuxième convocation.* Que l'assemblée soit *ordinaire ou extraordinaire,* lorsqu'une deuxième délibération est exigée en raison du défaut de quorum, la convocation doit être lancée dix jours au moins avant la date prévue pour la tenue de la nouvelle assemblée (C. com., art. R. 225-69).

b) La majorité

1185. – *Règles de majorité.* La majorité exprime le seuil d'opinions favorables qu'une résolution doit recueillir pour être adoptée. Ce seuil varie selon la nature de l'assemblée (C. com., art. L. 225-96 et L. 225-98).

Pour l'assemblée ordinaire, il est de la majorité – la moitié plus une – des voix des actions présentes ou représentées.

Pour *l'assemblée extraordinaire*, il est des deux tiers des voix des actions présentes ou représentées ; il suffit donc de détenir un tiers des actions plus une pour être en mesure de bloquer les décisions des assemblées extraordinaires, d'où l'expression « minorité de blocage ».

1186. – *Abstentions.* Depuis la loi du 19 juillet 2019 (V. *supra*, n° 18), les majorités sont déterminées sur la base des voix exprimées, abstraction faite des abstentions, alors qu'antérieurement celles-ci étaient assimilées à des votes négatifs.

1187. – **Jeux de votes dans une société anonyme.**

La société Jacolino a un capital de 1 510 000 € représenté par 1 510 actions de 1 000 €, détenues par :

Jules	10 actions
Adolphe	102 actions
Gustave	48 actions
Jérémie	200 actions
David	250 actions
Lorwen	40 actions
Simone	2 actions
Cynthia	808 actions
Bernadette	42 actions
Laura	8 actions

1. Jeu de votes à l'assemblée ordinaire

L'assemblée ordinaire est convoquée le 21 juin pour approuver les comptes annuels. Seuls les hommes se présentent ou sont représentés, soit 610 actions. Le quorum de 302 actions (le cinquième de 1 510) est atteint. Jérémie et David (450 actions) votent pour, la majorité de 306 (la moitié de 610 + 1) est atteinte.

NB – Les 450 actions de Jérémie et David ne représentent pourtant que 30 % du capital de la société et Cynthia, ni présente, ni représentée, n'a pas formellement approuvé les comptes, bien qu'elle ait 54 % du capital...

2. Jeu de votes à l'assemblée extraordinaire

L'assemblée extraordinaire est convoquée le 13 juillet pour approuver une réduction de capital. Seuls les hommes se présentent ou sont représentés, soit 610 actions. Le quorum, sur première convocation, est de 378 (le quart de 1 510 arrondi à l'unité supérieure) ; il est donc atteint et l'assemblée peut délibérer. David vote contre avec ses 250 actions, les autres (360 actions) votent pour ; la réduction du capital n'est pas approuvée faute de réunir la majorité des deux tiers, soit 407 actions (les deux tiers de 610). Le cycle devra être à nouveau enclenché ; si l'on veut faire aboutir la réduction du capital, il serait salutaire de convaincre Cynthia, car ses 808 actions ajoutées à celles de Jules, Adolphe, Gustave et Jérémie, suffiront à emporter la décision, même si tous les actionnaires sont présents ou représentés ; ce lot (1 168 actions) dépasse en effet les deux tiers de 1 510, soit 1 007. On pourra également proposer à Cynthia le rachat de ses actions ; elle ne manquera pas d'en exiger un bon prix.

c) Les résolutions

1188. – *Résultat des votes.* L'obstacle du quorum franchi et le seuil de la majorité atteint, les résolutions présentées à l'assemblée sont approuvées ou refusées voire modifiées[177] ; par exemple, si ces questions figuraient à l'ordre du jour, les dividendes vont être ainsi distribués, le commissaire aux comptes ou l'administrateur nommé, le capital augmenté ou réduit… Les résultats des votes sont publiés sur le site Internet de la société lorsque celle-ci est cotée.

1189. – *Procès-verbal.* Une fois que l'ordre du jour est épuisé, la séance est levée. Une trace écrite est conservée : le procès-verbal de l'assemblée, qui doit contenir un résumé des débats et des votes (C. com., art. L. 225-114 ; R. 225-106) ; en cas de non-respect de cette obligation, les délibérations de l'assemblée peuvent être annulées. Rapproché de la feuille de présence (V. *supra*, n° 1179), le procès-verbal permet de vérifier que quorum et majorité ont été respectés. On rappellera que les actionnaires ont, à toute époque de l'année, le droit de venir consulter sur place les procès-verbaux des trois derniers exercices (V. *supra*, n° 1142).

1190. – **Les agences de conseil en vote.**

Dans les sociétés cotées, il n'est pas rare de voir intervenir des conseillers en vote ; leur rôle est de proposer à leurs clients, généralement les gestionnaires de fonds d'investissement ou de caisses de retraite, des recommandations sur le sens des votes à exprimer lors de l'assemblée, qu'il s'agisse d'une augmentation de capital, de la rémunération des dirigeants et plus généralement de toute question figurant à l'ordre du jour. Dans la ligne de la directive européenne (UE) 2017-828 du 17 mai 2017, la loi Pacte du 22 mai 2019 a posé des obligations de transparence, de prévention et de gestion des conflits d'intérêts à la charge de ces agences (C. monét. fin., art. L. 544-3 à L. 544-6).

d) Les sanctions

1191. – *Nullités.* Au-delà du respect des règles formelles, les délibérations sont annulables pour fraude, abus de droit, vice du consentement, violation d'une disposition expresse ou impérative du Code de commerce (V. *supra*, n°s 725 et s.).

(177) Cass. com., 6 oct. 2015, n° 14-11.680 : *BRDA* 20/2015, n° 1 ; modification des termes d'une fusion.

1192. – *Responsabilité civile.* La responsabilité civile de l'actionnaire ne peut être engagée à l'égard des tiers à raison de son vote que s'il a commis une faute intentionnelle d'une particulière gravité incompatible avec l'exercice normal des prérogatives d'associé (V. *supra*, n° 316).

1193. – *Responsabilité pénale.* Sur le plan pénal, une condamnation pour faux (C. pén., art. 441-1 ; trois ans d'emprisonnement et 45 000 € d'amende) menace le rédacteur du procès-verbal qui aura porté une mention inexacte, par exemple sur la présence ou l'absence d'un actionnaire(178).

Le coin des amateurs

1. L'accès aux assemblées en cas de « dédoublement » de la qualité d'actionnaire

1194. – La qualité d'actionnaire ne pose généralement pas de difficulté. La société connaît la liste des actionnaires nominatifs qui sont inscrits en compte dans ses registres (V. *infra*, n° 1237). Quant aux actionnaires au porteur, leurs droits font l'objet d'une inscription en compte chez un intermédiaire agréé ; pour participer aux assemblées, ils doivent seulement justifier de leur qualité en produisant une attestation établie par l'intermédiaire (V. *supra*, n° 1175). La situation se complique lorsque la qualité d'actionnaire se trouve « dédoublée », ce qui se rencontre dans les hypothèses suivantes : indivision, usufruit, communauté, nantissement, séquestre, saisie, prêt et location (Y. Paclot, *Remarques sur le démembrement des droits sociaux* : *JCP E* 1997, 674 ; *BRDA* 22/2009, n° 27, *Aménagements du droit de vote de l'usufruitier et du nu-propriétaire dans les SA et les SARL*. – L. Godon, *Un associé insolite, le nu-propriétaire de droits sociaux* : *Rev. sociétés* 2010, p. 143. – C. Coupet, *L'attribution du droit de vote dans les sociétés*, LGDJ, 2015, t. 561) :

a) *indivision* (V. *supra*, n° 527) : outre les hypothèses d'indivision post-communautaire et successorale, l'indivision des titres peut trouver sa source dans une acquisition conjointe (Y. Flour, *La qualité d'actionnaire et l'indivision* : *Rev. sociétés* 1999, p. 569) ; le PACS a par ailleurs multiplié les cas d'indivision (V. *supra*, n°s 540 et s.) ; chacun des indivisaires a la qualité d'associé mais ils ne peuvent pas voter individuellement aux assemblées et doivent s'y faire représenter par l'un d'entre eux ou par un mandataire unique (C. civ., art. 1844, al. 2 ; C. com., art. L. 225-110, al. 2) ; en cas de désaccord, ce représentant est désigné judiciairement à la demande du copropriétaire le plus diligent (Cass. 1re civ., 25 mai 1992 : *Rev. sociétés* 1993, p. 581, note P. Didier) ; ce dispositif est d'ordre public ; et, même en cas de désaccord, ce représentant peut être l'un des indivisaires ; les prérogatives d'information et les prérogatives à caractère conservatoire peuvent être exercées individuellement ; les indivisaires, en dépit de la désignation d'un représentant, conservent le droit de participer à l'assemblée, mais sans voix délibérative (V. *supra*, n° 529) ;

b) *usufruit* : par principe, l'usufruitier vote dans les assemblées ordinaires et le nu-propriétaire dans les assemblées extraordinaires, mais cette répartition des rôles n'est pas d'ordre public (C. com., art. L. 225-110, al. 1 et 4) ; cependant, les statuts ne peuvent ni supprimer le droit de vote de l'usufruitier pour les décisions concernant les bénéfices

(178) Cass. crim., 3 déc. 2014, n° 13-86.289 : *Rev. sociétés* 2015, p. 192, note B. Bouloc ; procès-verbal mentionnant faussement qu'une associée était décédée, alors qu'elle était seulement injoignable ; le fait que le document ait été rédigé par un professionnel du droit n'exonère pas le dirigeant social, signataire du procès-verbal, de sa responsabilité pénale.

ni supprimer son droit de participer aux décisions collectives (V. *supra*, n° 515 et s.) ; symétriquement, le droit de vote du nu-propriétaire peut être limité, à condition qu'il ne soit pas dérogé à son droit de participer aux décisions collectives (V. *supra*, n° 523) ; ainsi, il n'est pas possible de prévoir statutairement que le nu-propriétaire est représenté par l'usufruitier pour toutes les décisions sociales, quel que soit leur objet (Cass. 2e civ., 13 juill. 2005 : *RJDA* 11/2005, n° 1224 ; *BJS* 2006, § 43, p. 217, note P. Le Cannu. – Cass. com., 2 déc. 2008 : *RJDA* 3/2009, n° 231) ;

c) *communauté de biens entre époux* : la SA ne connaît que le conjoint qui a souscrit au capital ou qui a acheté les actions, fût-ce avec des fonds communs ; si les deux époux se présentent ensemble à l'assemblée, chacun est considéré comme titulaire de la moitié des actions (V. *supra*, n° 535) ; après la dissolution de la communauté, les règles de l'indivision s'appliquent, d'où la nécessaire désignation d'un mandataire unique par les époux concernés (CA Paris, 20 oct. 1999 : *RJDA* 2000, n° 543) ;

d) *nantissement* : malgré le nantissement des actions (V. *infra*, nos 1298 et s.), le débiteur conserve sa qualité d'actionnaire et par conséquent son droit d'assister et de voter aux assemblées ;

e) *séquestre* (V. *supra*, n° 711) : lorsque les actions font l'objet d'un séquestre, par exemple à la suite d'une contestation sur la propriété ou en cas d'incident grave, c'est au juge qu'il revient de statuer sur l'exercice du droit de vote et d'en investir ou non le séquestre (Cass. com., 15 févr. 1983, aff. *Lustucru* : *Rev. sociétés* 1983, p. 593, note M. Guilberteau ; sur les prolongements de cette affaire, V. *infra*, n° 1260. – CA Angers, 2 juill. 2013 : *RJDA* 12/2013, n° 1020 ; neutralité du séquestre pour la nomination d'administrateurs dans le souci d'éviter une situation irréversible).

f) *saisie* : la saisie-vente des actions entraîne l'indisponibilité des droits pécuniaires du débiteur saisi (V. *infra*, n° 1223) ; ce dernier continue en revanche d'exercer les droits non pécuniaires attachés aux titres, donc le droit d'assister et de voter aux assemblées ;

g) *prêt* : c'est le bénéficiaire du prêt qui a la qualité d'actionnaire dès lors qu'il s'agit d'un prêt de consommation, car celui-ci est réputé transférer la propriété de l'action ; tel est notamment le cas lorsque les actions sont prêtées à un administrateur (V. *supra*, nos 870 et 926. – *Adde* T. com. Paris, 19 juin 2015 : *JCP* E 2015, n° 529, note A. Couret et B. Dondero) ;

h) *location* : en cas de location des actions (C. com., art. L. 239-1 et s.) (V. *infra*, nos 1305 et s.), le droit de vote appartient au bailleur dans les assemblées statuant sur les modifications statutaires ou le changement de nationalité, et au locataire pour les autres décisions (C. com., art. L. 239-3).

2. La modernisation des assemblées générales : vote par correspondance, visioconférence et vote électronique

1195. – Il y a longtemps que l'on déplore l'absentéisme des actionnaires dans les grandes sociétés. À cet argument tiré de la démocratie actionnariale, il faut ajouter le contexte sanitaire lié à l'épidémie de Covid-19. On sait que, pour adapter les règles de réunion et de délibérations des assemblées au contexte sanitaire, l'ordonnance du 25 mars 2020 a autorisé les assemblées réunissant certaines conditions à se tenir à huis clos, donc sans la présence physique des membres (V. *supra*, nos 20 et 1173). Si cette mesure entraîne une suspension du droit de l'associé de participer aux décisions collectives (C. civ., art. 1844. – V. *supra*, nos 550 et s.), elle ne peut avoir pour effet de le priver de ses autres droits, en particulier le droit de vote et le droit de poser des questions écrites (Rapport au Président de la République relatif à l'ordonnance n° 2020-321 du 25 mars 2020). De là divers moyens offerts pour organiser le vote à distance.

a) Vote par correspondance

Depuis 1983, le vote par correspondance, aujourd'hui appelé vote à distance, est possible (C. com., art. L. 225-107, I), toute clause contraire des statuts étant réputée non écrite (V. *supra*, n° 306). L'article R. 225-76 du Code de commerce propose un formulaire type (il s'agit d'un modèle et non d'une forme impérative). L'usage du formulaire permet d'exprimer soit un pouvoir en blanc, soit un vote par correspondance (l'actionnaire désigne ses choix), soit une procuration (l'actionnaire désigne une personne qui votera à sa place) ; le formulaire doit offrir à l'actionnaire la possibilité de voter dans un sens favorable, dans un sens défavorable ou de s'abstenir ; il doit être accompagné du texte des résolutions. Le formulaire de vote par correspondance peut faire l'objet d'une signature électronique.

b) Visioconférence et vote électronique

Peuvent être réputés présents pour le calcul du quorum et de la majorité les actionnaires qui participent à l'assemblée par visioconférence ou par des moyens électroniques de télécommunication permettant leur identification (C. com., art. L. 225-107, II). La loi ouvre de la sorte la voie à la visioconférence et au vote électronique. Ces modalités peuvent jouer pour tout type d'assemblée. En cas de recours à la visioconférence et aux moyens de télécommunication, ces différents modes doivent transmettre au moins la voix des participants et satisfaire des caractéristiques techniques permettant la retransmission continue et simultanée des délibérations (C. com., art. R. 225-97. – *Adde*, G. Chiron, *Le droit des sociétés à l'ère des nouvelles technologies* : *JCP* E 2012, 1756. – J. Granotier, *Vers un véritable vote électronique en assemblée générale ?* : *Dr. sociétés* août 2020, repère 8).

Le recours au vote électronique suppose que la société ouvre un site Internet réservé à cet usage, accessible au moyen d'un code communiqué aux actionnaires et qu'elle mette en place un procédé fiable d'identification garantissant le lien entre la signature et le formulaire de droit de vote ; ce procédé n'a pas à être précisé dans les statuts (pour un cas de fraude, V. T. com. Paris, 2 mai 2002 : *JCP* E 2002, pan. p. 1220 : soupçons de piratage des boîtiers électroniques de vote lors de l'assemblée générale de la société Vivendi qui refusa d'approuver la résolution relative aux options de souscription).

Dans les SA non cotées, les statuts peuvent prévoir le recours exclusif aux moyens de visioconférence pour la tenue de toutes leurs assemblées (C. com., art. L. 225-103-1). Un ou plusieurs actionnaires représentant au moins 5 % du capital social ont la faculté de s'opposer, pour chaque assemblée, au recours à ce mode de décision collective (sur les modalités de l'opposition, V. C. com., art. R. 225-61-1 et s.). On notera par exemple qu'aux USA, où le recours aux assemblées virtuelles est plus largement répandu, les Sœurs de Saint François à Philadelphie, qui investissent dans de nombreuses sociétés cotées afin de financer leurs œuvres et qui sont très actives sur le front du gouvernement d'entreprise, ont protesté récemment contre la décision du groupe pétrolier Conoco et celle de Comcast d'éliminer les assemblées physiques ; les Sœurs font valoir que de telles pratiques réduisent l'accès des actionnaires aux délibérations et les empêchent de dialoguer – traduire par « demander des comptes » – avec les dirigeants (*Financial Times* 21 oct. 2017). La loi du 19 juillet 2019 (V. *supra*, n° 18) sur la simplification, la clarification et l'actualisation du droit des sociétés a supprimé la faculté pour les actionnaires des sociétés non cotées de s'opposer à la visioconférence, mais seulement pour les assemblées générales ordinaires.

c) En résumé…

Les actionnaires dûment convoqués à l'assemblée peuvent choisir entre l'une des six attitudes suivantes :
– se rendre effectivement à l'assemblée (présence physique) ;
– voter par correspondance (présence intellectuelle) ;
– voter par télétransmission ou visioconférence (présence virtuelle) ;
– se faire représenter (présence par procuration) ;
– adresser un pouvoir en blanc (quasi-absentéisme) ;
– rester chez eux (absentéisme).

3. L'ordre du jour de l'assemblée

1196. – L'ordre du jour est « la liste fixée à l'avance des questions qu'une assemblée délibérante aura à examiner au cours d'une séance, suivant le rang dans lequel elles ont été inscrites » (H. Capitant, *Vocabulaire juridique*, V° *Ordre*). Le fait qu'une assemblée quelle qu'elle soit ne puisse prendre de décisions que dans les matières se rapportant à l'ordre du jour explique l'importance attachée à son établissement ; c'est vrai pour les assemblées politiques comme l'atteste, pour le Parlement, l'article 48 de la Constitution (V. obs. G. Carcassonne, *La Constitution*, Le Seuil, 9e éd., 2009, p. 240 et s.) ; c'est également vrai pour les assemblées d'actionnaires (pour l'ordre du jour du conseil d'administration, V. *supra*, n° 927).

a) Établissement de l'ordre du jour

L'ordre du jour est en principe établi par l'auteur de la convocation (C. com., art. L. 225-105), tel qu'il est désigné par le Code de commerce : conseil d'administration (et non président), directoire (et non conseil de surveillance). Lorsque le pouvoir de convoquer l'assemblée est reconnu à un autre organe, ainsi par exemple du conseil de surveillance ou des commissaires aux comptes, c'est cet organe qui établit l'ordre du jour. Lorsque l'assemblée est convoquée par un mandataire de justice, c'est le juge désignant ce mandataire qui fixe l'ordre du jour (Cass. com., 26 avr. 2017, n° 15-19.472 : *RJDA* 8-9/2017, n° 558).

Afin d'infuser un peu de démocratie dans ce processus, le Code de commerce prévoit la possibilité pour les actionnaires de déposer des projets de résolution ou des « points » destinés à être ajoutés à l'ordre du jour. Ces « points » doivent être motivés (V. *supra*, n° 1168), lesquels viennent donc compléter le programme de l'assemblée, ainsi de la proposition de révocation de tel administrateur ou de la décision de mettre à l'étude telle opération. Il n'est toutefois pas nécessaire que les ajouts se rapportent à l'une des questions déjà portées à l'ordre du jour. Cependant, cette prérogative est conditionnée par la détention de 5 % au moins du capital social, ce seuil étant dégressif en fonction de l'importance du capital social (C. com., art. R. 225-71). Les propositions ou les « points » doivent être adressés à la société ou envoyés par télécommunication électronique vingt-cinq jours au moins avant la date de l'assemblée, lorsqu'il s'agit d'une société non cotée (C. com., art. R. 225-72 ; art. R. 22-10-21, créé D. n° 2020-1742, 29 déc. 2020). La demande est accompagnée d'une attestation justifiant du nombre d'actions détenues ; une nouvelle attestation justifiant de l'inscription des actions au deuxième jour ouvré précédant l'assemblée doit être fournie le moment venu, faute de quoi la proposition de résolution ou le « point » ne sera pas examiné (C. com., art. R. 225-71).

b) Précision de l'ordre du jour

L'ordre du jour doit être explicite et intelligible par les actionnaires, de manière à ce que ces derniers puissent apprécier la nature et la portée des résolutions soumises à leur suffrage et se prononcer en connaissance de cause, voire décider ou non de prendre part à l'assemblée (C. com., art. L. 225-108 et R. 225-66). Par exemple, la seule mention « respect des contrats de concession » ne saurait justifier que l'assemblée décide la rupture d'un contrat de concession (note Y. Guyon citée *infra*). De même, la portée de la question à l'ordre du jour doit apparaître clairement sans avoir à se reporter à d'autres documents, annexés par exemple à la convocation (CA Paris, 26 nov. 2008 : *RJDA* 3/2009, n° 224 ; irrégularité de projets de résolution prévoyant la modification des statuts et du règlement intérieur « conformément aux documents ci-annexés en pages 2, 3, 4, 5... »). La pratique consistant, pour une seconde convocation rendue nécessaire par un défaut de quorum lors de la première réunion, à se contenter de renvoyer à l'avis de convocation de la première assemblée est donc dangereuse (CA Paris, 12 nov. 2009, n° 08-22.448 : *RJDA* 5/2010, n° 517 ; l'assemblée n'est toutefois pas annulée car le demandeur, compte tenu de sa faible participation dans le capital – 7 % –, ne disposait pas du pouvoir de s'opposer à la question mise à l'ordre du jour, en l'espèce la dissolution de la société).

L'exigence de précision n'interdit pas de terminer l'ordre du jour par la référence usuelle aux « questions diverses », mais cette rubrique ne peut englober que des sujets de « minime importance » (C. com., art. R. 225-66, al. 2).

c) Intangibilité de l'ordre du jour ?

L'ordre du jour établi, peut-il être modifié ? La réponse est affirmative pour la proposition de révocation d'un membre du conseil d'administration ou de surveillance et son remplacement : l'assemblée « peut, en toutes circonstances, révoquer un ou plusieurs administrateurs ou membres du conseil de surveillance et procéder à leur remplacement » (C. com., art. L. 225-105, al. 3). Pour le reste, le principe est clair : l'assemblée ne peut pas délibérer sur une question qui n'est pas inscrite à l'ordre du jour, tel qu'établi par l'auteur de la convocation et complété le cas échéant par un ou plusieurs actionnaires dans les conditions précédemment indiquées (V. par ex. CA Paris, 28 févr. 2003 : *RJDA* 8/2003, n° 844 ; l'assemblée avait été convoquée pour la mise en harmonie des statuts avec la loi NRE ; elle avait ainsi approuvé de nouveaux statuts qui ne reprenaient pas l'ancienne stipulation dérogeant à la limite d'âge du président ; les juges ont considéré que la question de la limite d'âge n'étant pas à l'ordre du jour, la suppression de ladite dérogation n'avait pas pu être décidée ; V. égal., Cass. com., 14 févr. 2018, n° 15-16.525 : *RJDA* 6/2018, n° 513 ; l'assemblée d'une SARL appelée à délibérer sur le choix d'un commissaire aux comptes et d'un suppléant ne saurait délibérer sur d'autres noms que ceux figurant dans l'ordre du jour).

Cependant, il est admis que l'assemblée, sans ajouter une question supplémentaire à l'ordre du jour, puisse compléter le projet de résolution qui lui est soumis (Cass. com., 25 avr. 1989 : *BJS* 1989, p. 531, note M. Jeantin) ; ainsi, elle peut rectifier les comptes sociaux ou élire au conseil d'administration ou de surveillance une personne autre que celle mentionnée dans le projet de résolution (Cass. com., 7 mars 1984 : *Rev. sociétés* 1984, p. 793, note Y. Guyon).

Le juge des référés n'a pas davantage le pouvoir de modifier l'ordre du jour (T. com. Paris, ord., 26 avr. 1999 : *JCP* E 1999, p. 1237, n° 1, obs. A. Viandier et J.-J. Caussain).

Alors que la nullité est aujourd'hui de droit pour les décisions prises sur des points qui ne figurent pas à l'ordre du jour, la proposition de loi sénatoriale de simplification du droit des sociétés (V. *supra*, n° 18) prévoit d'en faire une nullité simplement facultative (art. 26).

4. Nouvelle économie, vieilles recettes

1197. – Les acteurs de la nouvelle économie – Google, Facebook, Uber, etc. – sont devenus en quelques années des béhémoths financiers notamment à coup d'augmentations de capital successives au point de détrôner parfois les titans du passé, compagnies pétrolières, laboratoires pharmaceutiques, aciéries ou producteurs d'automobiles. Or, malgré cette croissance exponentielle, leurs fondateurs ont réussi le plus souvent à en conserver le contrôle. Comment ? La pratique nord-américaine des sociétés leur offre deux moyens très utiles : les actions à droit de vote multiple, voire, dans des cas plus rares, le super-droit de vote reconnu à certains membres du conseil d'administration. Regardons de plus près.

1°– *Actions à droit de vote multiple.* Les actions à droit de vote différencié sont d'une simplicité rustique : les statuts distinguent trois types d'actions, les actions A, par exemple, jouissent d'un seul droit de vote par action : les actions B jouissent de dix voire vingt droits de vote par action et les actions C sont dépourvues de droit de vote. Tel est le cas de Facebook, mais aussi de Alphabet (société mère de Google), ou encore de Lyft, Pinterest, Snap, LinkedIn. En conséquence, les fondateurs sont en mesure de conserver le contrôle du destin de l'entreprise tout en devenant minoritaires en capital, dès lors qu'ils possèdent les actions B : les fondateurs de Lyft contrôlent 49 % des droits de vote en ayant un peu moins de 5 % du capital (*Start-ups aren't ready to give up control : New York Times* 30-31 mars 2019). Les rapports annuels n'omettent d'ailleurs pas de rappeler cette particularité. Ainsi, le rapport financier 2017 de Alphabet précise que MM. Larry Page, Sergey Brin et Éric Schmidt détiennent ensemble plus de 92 % des actions B (dix droits de vote par action), ce qui leur confère près de 57 % des droits de vote de la société : « This concentrated control limits or severely restricts our stockholders' ability to influence corporate matters (Cette concentration du contrôle limite ou restreint sévèrement la possibilité pour nos associés d'influencer les décisions sociales) » (Rapport annuel 2017, p. 14).

Pour un pays qui manifeste un attachement quasi-religieux au gouvernement d'entreprise et omet rarement de faire la leçon aux pays réputés moins développés à cet égard, il y a de quoi être surpris. Et le mauvais esprit de citer un banquier berlinois de la fin du XIXe siècle qui affirmait sans nuances : « Shareholders are stupid and impertinent – stupid because they give their money to somebody else without any effective control over what this person is doing with it, and impertinent because they ask for a dividend as a reward for their stupidity (Les actionnaires sont stupides et impertinents – stupides car ils confient leur argent à un tiers sans contrôle réel sur l'usage qu'en fait cette personne, et impertinents car ils demandent un dividende en récompense de leur stupidité) » (C. Fürstenberg, cité par J. Plender, *IPOS and shareholders : Financial Times* 23 févr. 2017).

La charge est un peu forte. En réalité, les investisseurs n'ont pas le choix ; s'ils veulent participer au développement de la nouvelle économie, ils doivent accepter d'abandonner le pouvoir aux animateurs ; et ces derniers considèrent qu'ils sont mieux placés que les actionnaires pour concevoir et exécuter une stratégie à long terme, libérée des préoccupations « court-termistes » des actionnaires. Jusqu'à maintenant, force est de reconnaître que leur succès leur donne raison.

2°– *Administrateurs à vote multiple.* Les administrateurs à droit de vote multiple se rencontrent plus rarement. Uber en fournissait encore récemment une illustration : plusieurs membres du conseil disposaient de *super-voting shares*, la majorité d'entre eux étant des alliés du fondateur, lui-même étant titulaire de la même prérogative.

3°– *Vieilles recettes.* Les animateurs de la nouvelle économie n'ont pas inventé ces deux dispositifs et se sont contentés de suivre l'exemple de leurs aînés ; ainsi, la famille Ford détient 40 % des droits de vote de la firme automobile bien qu'elle n'ait que 4 % du capital ; de même, le capital de la société éditrice du *New York Times* est divisé en actions A, aux pouvoirs limités et qui ne peuvent élire que 30 % du conseil d'administration, et en actions B, détenues à 90 %

par le trust représentant les intérêts de la famille fondatrice, qui confèrent le droit de désigner 70 % des administrateurs (*New York Times*, Rapport annuel 2016, p. 96).

4°– *Inconvénients.* L'un et l'autre des dispositifs ont sans doute des vertus par temps calme, mais que la tempête se lève et ces verrous deviennent encombrants. Uber offre encore un bon exemple : début 2017, le fondateur est accusé de harcèlement sexuel ; les nuages grossissent pendant le premier semestre, articles critiques dans la presse, multiplication des ennuis (soupçons de fraude évoqués par le ministre de la Justice, litige en matière de propriété industrielle, départs de dirigeants, etc.) ; une solution « simple » serait de révoquer le fondateur de ses fonctions de direction, mais cette voie est fermée en raison du pouvoir de ce dernier et de ses alliés au conseil ; finalement courant octobre, sous l'insistance d'un investisseur extérieur qui en fait une condition de son soutien financier, le conseil est obligé de changer le mode de gouvernement de l'entreprise et de supprimer la quasi-totalité des privilèges reconnus au fondateur, lequel décide d'abandonner la direction de la société (*Financial Times* 7 oct. 2017).

5°– *Et en France ?* Lisant les lignes qui précèdent, un lecteur un peu naïf pourrait se dire : « Voilà pourquoi le pays du Concorde, du TGV, du vin, du fromage, et de bien d'autres choses n'a pas pu prendre le virage de la nouvelle technologie : le droit français est inadapté » ; et le même de solliciter une réforme, une de plus, comme si le droit pouvait compenser le manque d'ingénieurs, de financiers, d'entrepreneurs, bref l'écosystème indispensable à la création de telles entreprises. En réalité, le droit des sociétés peut plaider non coupable ; outre que les réformes récentes ont desserré de nombreux blocages, l'entrepreneur saisi de l'angoisse de la perte de contrôle dispose de moyens efficaces. Il est possible de créer dans les sociétés non cotées des actions de préférence à droits de vote multiples (V. *infra*, n° 1590), ou à l'inverse, dans toutes les sociétés, des actions de préférence sans droit de vote, même si elles ne peuvent pas représenter plus de la moitié du capital social (C. com., art. L. 228-11. – V. *infra*, n° 1591), sans compter le plafonnement des droits de vote (C. com., art. L. 225-125. – V. *supra*, n° 1159) ; et un mélange de ces différents outils est de nature à sauvegarder l'influence des fondateurs, tout en évitant l'irruption d'un tiers. Mieux, le droit français connaît la société en commandite par actions, née avant les États-Unis d'Amérique, et qui permet de contrôler la gestion de la société sans disposer du contrôle capitalistique, voire sans même détenir des actions (V. *infra*, n°s 1493 et s.). Et si l'accès au marché financier n'est pas une nécessité, la SAS offre tout à la fois les actions à droit de vote multiple et la liberté de conférer des droits privilégiés à certains administrateurs, voire à des tiers. Conclusion : ne succombons pas à la facilité de modifier le droit des sociétés, et attaquons-nous à la création d'un écosystème plus favorable. Vaste entreprise.

5. Devinette

1198. – Que peut-on faire dans une SA avec...

– *une action* : assister aux assemblées, poser des questions écrites ou orales aux dirigeants, agir *ut singuli*, au civil ou au pénal, s'opposer aux décisions augmentant les engagements des actionnaires ou, plus généralement, à toute décision supposant un vote unanime ;

– *5 % du capital social* : demander l'inscription d'un « point » ou projet de résolution à l'ordre du jour de l'assemblée ; provoquer la désignation d'un expert en vue d'enquêter sur une ou plusieurs opérations de gestion ; demander la désignation d'un mandataire chargé de convoquer l'assemblée générale ; demander la récusation du commissaire aux comptes ;

– *20 % du capital social :* assurer le quorum d'une assemblée ordinaire sur première convocation ou d'une assemblée extraordinaire sur deuxième convocation ;

– *25 % du capital social :* s'opposer à la transformation de la SA en SARL, assurer le quorum d'une assemblée extraordinaire sur première convocation ;

– *33 % du capital social plus 1 action (minorité de blocage) :* bloquer les résolutions aux assemblées extraordinaires..., mais attention à l'abus de minorité ;

– *50 % du capital social :* bloquer les résolutions des assemblées ordinaires..., mais attention à l'abus d'égalité ou de minorité ;

– *50 % du capital social plus une action :* gouverner les assemblées ordinaires..., mais attention à l'abus de majorité ;

– *66,66 % du capital social :* gouverner les assemblées extraordinaires..., mais attention à l'abus de majorité ;

– *100 % du capital social :* chercher vite un autre actionnaire.

6. L'ajournement de l'assemblée

1199. – La date est retenue, la salle réservée, les petits fours commandés, le champagne au frais, les documents prêts et au dernier moment la machine se grippe et l'assemblée ne peut se tenir : elle est ajournée ; pareil phénomène peut avoir plusieurs causes.

a) Ajournement par l'auteur de la convocation

L'autorité de convocation, généralement le conseil d'administration ou le directoire, qui a convoqué l'assemblée peut en reporter la tenue et ce, au plus tard à l'ouverture de l'assemblée.

b) Ajournement par l'assemblée

L'assemblée générale, souveraine quant à l'organisation de ses travaux, a la faculté de s'ajourner en prenant une résolution adéquate ; tel sera le cas si les débats ont révélé que les résolutions envisagées ne peuvent pas être adoptées en l'état.

c) Ajournement par le juge des référés

Cette hypothèse est la plus riche. Le juge des référés tient compte de l'intérêt social, en pesant la gravité de la mesure et les intérêts à protéger (V. *supra*, n° 650). Généralement, l'ajournement est fondé :

– sur un risque d'annulation de l'assemblée (CA Paris, 14 juin 1988 : *D.* 1988, 505, note A. Viandier ; incertitude sur la valeur de la société absorbée lors d'une fusion, une sous-évaluation significative éventuelle étant de nature à constituer un détournement de pouvoir de nature à entraîner la nullité des délibérations. – T. com. Paris, 12 août 1993 : *BJS* 1994, p. 169, obs. Ruff et Barbièri ; irrégularité de convocation) ;

– sur l'information insuffisante des actionnaires (CA Paris, 2 août 2001 : *JCP* E 2001, p. 1604. – CA Versailles, 11 sept. 2014 : *RJDA* 1/2015, n° 27 ; ajournement motivé par la nomination d'un expert. – Cass. com., 8 juill. 2003 : *BRDA* 2003, n° 4 ; refus d'ajournement car les documents afférents à l'assemblée avaient été mis à la disposition des actionnaires dans les délais légaux) ;

– sur le risque de mise en péril de la mission de l'administrateur provisoire consistant à restructurer la dette de la société, suscité par la tenue d'une assemblée générale ayant pour ordre du jour le changement de direction dont l'urgence n'était pas avérée (Cass. com., 13 janv. 2021, n°s 18-25.713 et 18-25.730 : *BJS* mars 2021, p. 7, note J. Heinich ; *Dr. sociétés* avr. 2021, comm. 45, R. Mortier).

7. Divertissement : le sociologue à l'assemblée

1200. – Les sociologues fréquentent rarement les assemblées d'actionnaires ; ils ont tort car il y a là matière à savantes recherches ; voici quelques pistes inspirées par la participation à plusieurs assemblées annuelles de sociétés cotées.

a) L'assemblée polymorphe

Il y a l'assemblée générale des actionnaires, instance légale, qui délibère et décide. Mais cette circonstance juridique est l'occasion d'autres réunions aussi importantes et l'assemblée c'est aussi :

– la réunion des analystes financiers qui viennent poser des questions précises aux dirigeants sur leur stratégie ;

– le rassemblement annuel des descendants des fondateurs, dont le regroupement dans les premiers rangs de la salle a le charme désuet d'une réunion mondaine dans un gros bourg de province ;

– les retraités de l'entreprise, toujours prompts à entonner le refrain « de mon temps... » ;

– les salariés venant manifester leur mécontentement et brocarder les dirigeants ;

– l'occasion pour les concurrents d'en savoir un peu plus.

b) L'assemblée conviviale

Le lieu – théâtre, cinéma ou hôtel – est généralement agréable, les hôtesses souriantes, le buffet abondant (ce que les actionnaires allemands appellent le *wurst dividend*). Parfois un cadeau – lithographie, échantillon des produits maison, boîtes de sardines bio ou DVD selon les cas, photographie dédicacée des membres du conseil, médaille frappée au sigle de la société, petite somme d'argent (par ex. pour indemniser des frais de transport) – récompense les spectateurs.

c) L'assemblée spectacle

Les techniques modernes de communication ont envahi les assemblées : musique d'ascenseur, films, murs d'images... Ce n'est pas encore une *rave-party*, mais c'est mieux qu'une assemblée de copropriétaires. La dimension tragique existe aussi grâce au frisson de l'incident de séance ou à l'interrogatoire en règle du président tenu de répondre avec assurance, sinon pertinence, s'il ne veut pas perdre la face, aux questions les plus diverses qui peuvent aller des habitudes hygiéniques de la femme japonaise au volume des prochaines vendanges, à son salaire, ses options d'achat ou de souscription, en passant par ses opinions politiques ou religieuses, son âge, le nombre de chercheurs travaillant dans la société, le coût des emballages, le nombre d'heures de pornographie diffusées par la chaîne de télévision dont la société est l'actionnaire de référence (l'actionnaire se plaignait-il d'un excès ou d'une insuffisance ?), la fiscalité du capital ou le licenciement de l'un des milliers de salariés du groupe, ou encore les problèmes de logement d'un actionnaire (*N.B.* : ces questions ne procèdent pas de l'imagination des auteurs mais de l'expérience acquise lors de la fréquentation des assemblées)...

La dimension comique ne fait pas non plus défaut : sonorisation défaillante, coupure d'électricité, lapsus du président, erreurs de chiffres du commissaire aux comptes, chahut des actionnaires et des salariés retrouvant leurs habitudes d'étudiants...

d) L'assemblée exutoire

L'assemblée est l'occasion pour les petits actionnaires de vider leur cœur. N'est-ce pas, dans les très grandes sociétés, l'une des utilités de cette messe laïque ? Le président, personnage généralement inaccessible derrière les vitres fumées de sa limousine et l'écran de ses assistants, doit rendre compte. Les actionnaires peuvent exprimer leurs inquiétudes et leurs rancœurs, leur attachement touchant à la société ou leur regret – paradoxal – de n'avoir pas pu vendre au plus haut.

C'est au fond l'exercice du droit de critique de l'actionnaire, qui n'est pas en soi fautif, dès lors que les frontières, lointaines, de la diffamation ou de l'injure ne sont pas franchies ; il a été par exemple jugé que la dénonciation « en termes véhéments » d'un acte de gestion de la société et l'affirmation selon laquelle « les anomalies de gestion ont une odeur de collusion suffisamment répulsive » ne faisaient pas franchir ces frontières (Cass. 2e civ., 13 mai 2004 : *RJDA* 10/2004, n° 1122. – V. à l'inverse, CA Paris, 25 oct. 2002 : *RJDA* 4/2003, n° 385 ; dénigrement du dirigeant social par l'expression de critiques fausses et insultantes...).

8. Le repentir d'assemblée

1201. – Ce qu'une assemblée a décidé, une autre assemblée peut-elle le défaire ? En principe oui, sauf si la décision a reçu un commencement d'exécution ou si un associé ou un tiers a acquis un droit au titre de la première décision. Exemple : l'assemblée d'une société civile – mais la solution serait la même pour une société de capitaux – décide de vendre l'immeuble social et d'en répartir le prix entre les associés selon des règles différentes de celles prévues par les statuts ; l'immeuble est vendu mais une nouvelle assemblée annule la résolution de la première et décide d'appliquer purement et simplement les règles statutaires de partage ; un associé, qui avait avantage à ce que le calcul dérogatoire s'applique, recherche et obtient l'annulation judiciaire de l'annulation ; en effet, par la vente de l'immeuble, la résolution de la première assemblée avait reçu un commencement d'exécution et il est en outre fort probable que l'intéressé préférait que soit appliquée la règle dérogatoire de partage (Cass. com., 19 mars 2013, n° 11-23.155 : *BJS* 2013, p. 456, note A. Tardos ; *RJDA* 7/2013, n° 629 ; *Rev. sociétés* 2013, p. 476, note J.-F. Barbièri).

SOUS-SECTION 2

LES DROITS FINANCIERS

1202. – Si une société est créée, c'est « en vue de partager le bénéfice ou de profiter de l'économie qui pourra en résulter » (C. civ., art. 1832). Cette vocation financière se traduit pour l'actionnaire par un droit aux dividendes, c'est-à-dire à la quote-part des bénéfices distribués chaque année, un droit aux réserves, lesquelles représentent la masse des bénéfices non distribués, et enfin un droit au boni de liquidation, qui n'est autre que le dernier dividende calculé au moment de la liquidation de la société.

§ 1. – Le droit aux dividendes

1203. – La SA fonctionne en principe selon le mode égalitaire ; il n'est cependant pas interdit de créer des inégalités, qui peuvent fonder une catégorie particulière d'actions : les actions de préférence.

A. – Les actions ordinaires

1° La mise en distribution des dividendes

1204. – Les dividendes représentent la part de bénéfices que l'assemblée générale ordinaire, lors de sa réunion annuelle, décide de distribuer aux actionnaires. Deux conditions sont nécessaires : l'existence de bénéfices et la décision de distribution.

a) L'existence du bénéfice

1205. – *Bénéfices distribuables.* On ne peut distribuer sous forme de dividendes que des bénéfices réalisés et disponibles ; si ceux de l'exercice sont insuffisants, il est possible de « piocher » dans les réserves constituées au cours des exercices précédents(179). Sur le plan financier, les actions sont des placements à risques ; si la société ne réalise pas de bénéfice, les actionnaires ne perçoivent aucun revenu ; c'est une autre façon, « en se serrant la ceinture », de contribuer aux pertes.

1206. – *Sanctions.* À défaut de bénéfices distribuables, les dirigeants se rendent coupables du délit de répartition de dividendes fictifs (C. com., art. L. 242-6, 1° ; cinq ans d'emprisonnement et 375 000 € d'amende). Les actionnaires sont alors tenus de restituer à la société les dividendes irrégulièrement distribués, si toutefois il est démontré qu'ils ont pu avoir connaissance du caractère fictif du dividende qui leur a été distribué. Hors ce cas exceptionnel, on applique la maxime « dividende distribué ne peut être repris » (C. com., art. L. 232-17) ; la société ne saurait, par exemple, invoquer des difficultés financières pour exiger des actionnaires qu'ils restituent les sommes perçues... ou pour refuser de leur verser les sommes dont la distribution a déjà été décidée.

b) La décision de distribution

1207. – *Naissance de la créance de dividendes.* Si l'existence de bénéfices est une condition préalable, ce n'est pas une condition suffisante ; les actionnaires ne toucheront de dividendes qu'autant que l'assemblée, statuant à la majorité simple, en aura ainsi décidé. Dit autrement, les dividendes n'ont pas d'existence juridique avant la constatation de sommes distribuables par l'assemblée et la détermination de la part revenant à chaque associé ; par suite, la société n'est pas débitrice envers les associés tant que la décision de distribution n'a pas été prise (V. *supra*, n° 563). Toutes les actions existantes à la date de l'assemblée bénéficient, sauf clause contraire du contrat d'émission, de la totalité du dividende, quand bien même elles auraient été créées peu de jours avant ladite assemblée.

1208. – *Liberté d'affectation des bénéfices.* La société a la faculté, par prudence, de laisser les bénéfices en réserve de façon à assurer son autofinancement ; c'est alors une forme d'épargne forcée pour les actionnaires, de là le risque d'abus de majorité (V. *supra*, n° 682). La liberté d'affectation des bénéfices peut cependant être limitée par les statuts. Ils peuvent par exemple décider que tous les bénéfices disponibles, après dotation de la réserve légale, seront distribués chaque année sous forme de dividendes ; de telles clauses sont peu fréquentes, mais licites ; en revanche, serait nulle la clause qui interdirait, pendant toute la durée de la société, toute distribution de bénéfices, car elle contredirait la vocation même de la société, qui est le partage des profits.

1209. – *Premier dividende.* Les statuts peuvent prévoir la répartition d'un premier dividende ; on entend par là un intérêt calculé sur la valeur nominale des actions (5 %, 6 %, 7 %...), qui doit être versé aux actionnaires dès lors qu'un bénéfice

(179) En cas de prélèvement sur les réserves, l'enregistrement comptable intervient à la date de la décision et non à celle du règlement effectif des dividendes : Cass. com., 30 mai 2018, n° 16-23.482 : *RJDA* 10/2018, n° 726 ; *JCP* E 2018, n° 1545, obs. R. Mortier.

distribuable existe (C. com., art. L. 232-16) ; l'assemblée est alors tenue, dans cette limite, de voter la distribution de ce premier dividende. Il ne faut pas confondre le premier dividende et la clause d'intérêt fixe qui imposerait le versement d'un intérêt, même en l'absence de bénéfice ; une telle clause est réputée non écrite (C. com., art. L. 232-15. – V. *supra*, n° 306).

1210. – *Superdividende.* Au premier dividende s'ajoute le superdividende, dont l'assemblée décide souverainement l'importance. À défaut de stipulation statutaire relative au premier dividende, les actionnaires reçoivent seulement ce superdividende. Si toutes les actions ne sont pas entièrement libérées, seules celles qui sont libérées ont droit au premier dividende, tandis que toutes ont droit au superdividende ; de même, en cas d'amortissement du capital, les actions de jouissance sont privées du premier dividende (V. *infra*, n° 1455).

1211. – *Dividende majoré.* La société, en vue de s'assurer la fidélité de ses actionnaires (V. *supra*, n° 533), a la possibilité d'accorder un dividende majoré aux actions demeurées nominatives pendant au moins deux années. Il ne s'agit pas là d'un avantage particulier réservé à des actions privilégiées dans la mesure où tout actionnaire remplissant la condition de fidélité a vocation à en bénéficier ; le taux de la majoration ne peut pas excéder 10 % (C. com., art. L. 232-14).

1212. – Covid-19 : gel des dividendes et rachats de titres pour les grandes entreprises bénéficiant d'aides de l'État.

Pour soutenir la trésorerie des entreprises, l'État a consenti d'importants reports de charges fiscales et sociales ou offert sa garantie pour de nouveaux emprunts bancaires. Contrairement à ce qu'il avait fait suite à la crise de 2008, l'État a subordonné les aides consenties aux grandes entreprises à l'engagement de ne pas verser de dividendes à leurs actionnaires et de ne pas procéder à des rachats d'actions au cours de l'année 2020. On comprend aisément la philosophie de ce gel des dividendes et rachats de titres : si l'État soutient la trésorerie des grandes entreprises, c'est pour leur éviter la cessation de paiement et non pas pour leur permettre de distribuer des liquidités à leurs actionnaires. Ainsi, en cas de non-respect de cet engagement, les cotisations sociales ou échéances fiscales reportées ou le prêt garanti par l'État devront être remboursés avec application des pénalités de retard de droit commun. La Banque centrale européenne a adopté une même politique à l'égard des établissements de crédit soumis à son contrôle.

2° Les modalités de paiement des dividendes

1213. – Le paiement a lieu dans les neuf mois de la clôture de l'exercice (C. com., art. L. 232-13), l'assemblée elle-même se tenant dans les six mois de cette clôture. Ainsi, pour un exercice clos le 31 décembre 2020, les actionnaires approuvent les comptes au plus tard le 30 juin 2021 et reçoivent leurs dividendes au plus tard le 30 septembre 2021[(180)]. Trois modalités particulières de paiement appellent des commentaires.

(180) Les dividendes non réclamés dans un délai de cinq ans sont prescrits, mais la prescription joue au profit de l'État : la société est donc tenue de verser au Trésor public les dividendes qui n'ont pas été réclamés depuis cinq ans.

a) Le versement d'acomptes

1214. – *Conditions.* Le versement d'acomptes est autorisé, mais la loi pose des exigences strictes dans les sociétés commerciales (C. com., art. L. 232-12) :

– établissement d'un bilan en cours d'exercice, certifié par le commissaire aux comptes ;

– réalisation d'un bénéfice depuis la clôture de l'exercice précédent (ce qui comprend l'éventuel report à nouveau bénéficiaire) ;

– montant de l'acompte limité audit bénéfice.

Ces conditions satisfaites, la distribution d'un acompte peut être décidée par le conseil d'administration, avant même l'approbation des comptes de l'exercice.

b) Le paiement des dividendes en nature

1215. – Les dividendes sont normalement payés en espèces. Rien n'interdit cependant d'organiser un paiement en nature : la société peut, par exemple, distribuer des actions qu'elle détient en portefeuille[(181)] ou remettre des biens immobiliers en paiement du dividende[(182)]. De même, certaines sociétés propriétaires de vignobles distribuent des dividendes sous forme de bouteilles de vin. On rapprochera le cas de sociétés qui accompagnent le versement de dividendes de l'octroi de divers avantages : coupons de réduction pour la compagnie aérienne japonaise ANA, avantages tarifaires pour Eurotunnel[(183)].

c) Le paiement des dividendes en actions

1216. – Il est également possible de proposer aux actionnaires de leur verser le dividende sous forme d'actions de la société (C. com., art. L. 232-18 et s.). Cette faculté doit être inscrite dans les statuts. Le choix est alors laissé à chaque actionnaire ; ceux qui acceptent reçoivent des actions à hauteur du dividende décidé par l'assemblée ; en conséquence, le capital est augmenté en proportion des actions émises. C'est une technique ingénieuse qui concilie l'intérêt de l'actionnaire et celui de la société, puisque la politique de distribution s'accompagne d'un renforcement du capital, donc des fonds propres.

B. – Les actions de préférence

1217. – *Avantages financiers.* Les actions dites de préférence (C. com., art. L. 228-11 et s.) peuvent conférer un ou plusieurs avantages financiers (V. pour une présentation détaillée *infra*, n°s 1588 et s.) :

– une quote-part supérieure de bénéfices (dividende gonflé)[(184)] ;

(181) Ainsi en 2013, le groupe de luxe Kering a distribué sous forme de dividendes les actions de sa filiale, la société Groupe FNAC, récemment introduite en bourse (AMF, Rapport annuel 2013, p. 88).

(182) La décision de distribution de dividendes constituant un acte juridique unilatéral et non un contrat, la remise de biens immobiliers en paiement du dividende ne constitue pas une cession soumise aux droits de mutation à titre onéreux : Cass. com., 12 févr. 2008, n° 05-17.085 : *JCP* E 2008, 1478, note H. Hovasse ; *Dr. fisc.* 2008, n° 29, comm. 416, note Fl. Deboissy et G. Wicker et *JCP* E 2008, n° 2545, n° 2.

(183) Tout porteur de 750 actions depuis au moins trois mois a droit à 30 % de réduction sur six allers simples (Document de référence 2014, p. 254).

(184) Ainsi, fin 2012, lors du sauvetage du groupe franco-belge Dexia, les États français et belges ont reçu des actions de préférence en contrepartie de leur apport ; ces actions donnaient droit à un dividende prioritaire égal à 8 % du prix de souscription des actions.

– un versement prioritaire (dividende préciputaire) ; les actionnaires concernés sont les premiers servis, ce qui a son importance en période de vaches maigres ;

– le calcul du dividende en fonction du résultat d'une division de la société ;

– un report du droit aux dividendes à l'année suivante lorsqu'un exercice ne dégage pas un bénéfice distribuable (dividende cumulatif).

1218. – *Classe d'actions.* Les privilèges sont cumulables et une classe d'actions peut ainsi donner droit à une quote-part avantageuse, versée en préciput et reportable d'un exercice à l'autre. Lorsque la souscription n'est pas offerte à tous les actionnaires, de tels avantages constituent des avantages particuliers soumis à une procédure spécifique (V. *supra*, n° 848) ; ils ne peuvent être réduits sans l'accord unanime des porteurs d'actions de la catégorie concernée, réunis en assemblée spéciale.

§ 2. – Le droit aux réserves

1219. – *Variété des réserves.* Les réserves constituent la « graisse » de la société, la protégeant des à-coups de la conjoncture et assurant sa survie en cas de coups durs. L'utilité de ce bas de laine a été consacrée par le législateur qui oblige à soustraire chaque année 5 % au moins du bénéfice jusqu'à ce que la réserve ainsi constituée (appelée réserve légale) atteigne le seuil des 10 % du capital social (C. com., art. L. 232-10). De même, les statuts enjoignent parfois aux dirigeants d'alimenter une réserve statutaire d'un certain pourcentage du bénéfice distribuable. Enfin, les dirigeants, plutôt que de distribuer le solde, proposent spontanément aux assemblées de doter le poste des réserves dites libres (V. *supra*, n° 646).

1220. – *Vocation des associés aux réserves.* Toutes ces réserves ne sont ni plus ni moins que des bénéfices accumulés ; les actionnaires ont donc vocation à se les partager à la dissolution de la société sous forme de boni de liquidation ou en cours de vie sociale sous forme de distribution de dividendes. Ainsi, lorsque le bénéfice distribuable de l'exercice ne permet pas d'assurer un niveau suffisant de dividendes, les assemblées décident parfois de prélever dans les réserves – la réserve légale et les réserves statutaires mises à part – afin de compléter la distribution ; cela permet de « lisser » le dividende et d'éviter les à-coups dans la distribution. C'est enfin l'existence des réserves qui explique qu'une prime d'émission doive être versée lors d'une augmentation de capital (V. *infra*, n°s 1432 et s.).

§ 3. – Le droit au boni de liquidation

1221. – Cette prérogative de l'actionnaire joue au moment de la liquidation de la société ; les dettes sociales ont été honorées, les apports ont été remboursés et la caisse sociale n'est toujours pas vide ; ce solde représente le boni de liquidation. Il est réparti entre les actionnaires, en proportion de leur quote-part du capital social (V. *supra*, n° 818). Cependant, les statuts prévoient parfois un autre mode de répartition, reconnaissant par exemple une part plus importante et/ou une priorité aux titulaires d'actions de préférence.

Le coin des amateurs

« Remplir son devoir d'actionnaire »

1222. – L'article 1836 du Code civil est formel : « En aucun cas, les engagements d'un associé ne peuvent être augmentés sans le consentement de celui-ci » (V. *supra*, n° 585) ; de plus, dans les sociétés à risque limité, la responsabilité des associés est plafonnée à leur apport et dès que l'apport est réalisé, on ne saurait les obliger à remettre la main à la poche (V. *supra*, n° 262).

Malgré cela, certains associés sont régulièrement sommés de « remplir leur devoir d'actionnaire » en renflouant les caisses de la société. Il ne s'agit pas, il est vrai, de n'importe quels associés, mais de ceux que l'on appelle les actionnaires de référence. En réalité, ce devoir relève, sinon d'un vœu pieux, au mieux d'un slogan syndical ou de la rhétorique politique, mais non d'une obligation juridique.

L'exhortation s'adresse d'abord à l'État actionnaire. Quand il vient par exemple au secours de la Compagnie Air France, il ne fait qu'accomplir son devoir d'actionnaire ; on ne comprendrait pas qu'il se dérobe.

Dans les groupes privés, lorsqu'une filiale connaît des difficultés financières, la société mère vient souvent à sa rescousse, soit en confortant le crédit de la filiale (signature de lettres d'intention par exemple, V. *infra*, n° 2454), soit en recapitalisant la filiale exsangue, soit en lui consentant des subventions ou des abandons de créances, ces dernières formes d'aide étant généralement préférées pour des raisons d'ordre fiscal (V. *infra*, n° 2504). Mais cette pratique n'est pas le fruit d'une obligation juridique, car aucune obligation de soutien n'existe (rappr. Cass. com., 17 sept. 2013, n° 12-02.203 : *RJDA* 1/2014, n° 41 ; une filiale reprochait à son ancienne société mère de ne pas l'avoir dotée de fonds propres suffisants ; elle est déboutée au motif notamment que cette insuffisance n'est pas démontrée et qu'aucune obligation de soutien ne peut être mise à la charge de la société mère). De fait, il n'est pas rare qu'un groupe laisse une filiale déposer le bilan et invoque la limitation de sa responsabilité à l'encontre des créanciers impayés (sur les exceptions, V. *infra*, n°s 2492 et s.).

En cas de difficultés d'un établissement financier, l'article L. 511-42 du Code monétaire et financier prévoit que le gouverneur de la Banque de France peut, après avis de l'Autorité de contrôle prudentiel et de résolution, « inviter » ses actionnaires à lui fournir le soutien qui lui est nécessaire. Il ne s'agit là, en théorie du moins, que d'une « invitation », car ni coercition ni sanction ne sont prévues.

SOUS-SECTION 3

LES DROITS PATRIMONIAUX

1223. – *Droit de gage des créanciers de l'associé.* Les actions sont des droits incorporels de nature mobilière (alors même que la société ne comprendrait que des immeubles). Elles sont un élément du patrimoine de l'associé et entrent donc dans la sphère du droit de gage général de ses créanciers. Ceux-ci peuvent exercer l'action paulienne à l'encontre de l'acquéreur des droits sociaux lorsque le débiteur les a cédés en fraude de leurs droits(185). Ils peuvent également les appréhender en

(185) Dès lors que la cession s'accompagne d'une dissimulation frauduleuse d'informations de nature à entraver l'exercice de l'action paulienne, le point de départ du délai de prescription est reporté au jour où les créanciers ont

exerçant une saisie-vente entre les mains de la personne (société ou établissement dépositaire) ayant en compte les actions saisies ; les bénéfices distribuables attachés aux droits sociaux saisis sont des droits pécuniaires du débiteur et sont donc rendus indisponibles par la saisie conservatoire pratiquée[186] ; en revanche, le débiteur saisi continue d'exercer les droits non pécuniaires attachés aux titres. De leur côté, les actionnaires peuvent monnayer leurs actions en les cédant ou en tirer crédit en les nantissant ; il leur est également possible de les louer.

§ 1. – Le droit de céder les actions

1224. – C'est le droit pour tout actionnaire de liquider son investissement, de récupérer sa mise et d'encaisser le montant de la plus-value éventuelle, quand il le veut et s'il le veut (sur les cas de cession forcée, V. *infra*, n° 1308). Une telle prérogative fonde l'existence, pour les actions des sociétés cotées, de marchés réglementés où se confrontent acheteurs et vendeurs : les bourses de valeurs (V. *infra*, n° 1630).

Laissons de côté ces mécanismes particuliers et raisonnons sur la cession des actions de sociétés non cotées. Rien de plus facile *a priori* que de céder des actions puisqu'elles sont librement cessibles et négociables[187]. Encore faut-il respecter certaines modalités, déterminer le prix de cession et tenir compte des clauses destinées au « filtrage » des nouveaux arrivants, qui affectent la liberté de cession. À ces problèmes s'en ajoute un autre, qui tient au jeu des garanties, légales ou conventionnelles.

A. – Les modalités de cession

1225. – Même débarrassé du souci tenant à l'existence d'une clause de « filtrage » (V. *infra*, n°s 1253 et s.), l'actionnaire désireux de céder ses actions doit trouver un acheteur, conclure un contrat et accomplir les formalités de virement de compte.

1° Trouver un acheteur

1226. – *Absence de droit de retrait.* Pas de vente sans acheteur, pas de cession sans cessionnaire. C'est une règle d'or des sociétés à capital fixe. Le vendeur ne peut pas se contenter d'exprimer son envie d'évasion et demander à la société de lui rembourser son apport ; il doit trouver un remplaçant, un acheteur acceptant d'être actionnaire en ses lieu et place. Les SA ne reconnaissent, en principe, aucun droit de retrait aux actionnaires (V. *supra*, n° 579).

1227. – *Difficulté.* Dans les sociétés non cotées, l'entreprise est délicate, faute de marché, spécialement lorsque le lot d'actions à céder ne confère pas le contrôle de la société. Les banques et certaines institutions spécialisées s'efforcent d'aider

effectivement connaissance de l'acte, quand bien même la cession aurait été opposable aux tiers du fait de sa publication : Cass. 3e civ., 12 nov. 2020, n° 19-17.156, PBI : *BJS* févr. 2021, p. 35, note J. Crastre.

(186) Cass. 2e civ., 21 juin 2007, n° 06-13.386, P+B : *BJS* 2007, § 358, p. 1367, note J.-J. Daigre ; *Defrénois* 2008, p. 423, obs. Ph. Théry.

(187) Il importe de ne pas confondre la libre cessibilité des actions, autrement dit la liberté de céder celles-ci, et la négociabilité des actions, autrement dit la faculté de les céder selon les modes simplifiés du droit commercial.

le candidat à la cession mais, dans nombre de cas, celui-ci est contraint de brader ses titres. Cela tempère l'argument selon lequel les sociétés de capitaux offrent l'avantage d'un désinvestissement rapide par rapport aux sociétés de personnes ; en vérité, quel que soit le type de société, le plus difficile est souvent de trouver un acheteur.

1228. – *Pourparlers.* L'accord est souvent précédé de pourparlers, dont la rupture, si elle est intempestive, engage la responsabilité de son auteur (V. *supra*, n° 340)(188). Par bonheur, le vendeur n'a pas à sonder le cœur et les reins de son acheteur et spécialement, il n'a pas à vérifier que ce dernier, une fois qu'il a exprimé son accord, reste bien animé d'un *affectio societatis* (V. *supra*, n° 272).

1229. – *Promesses.* Il est fréquent qu'une promesse unilatérale de vente soit signée préalablement à la cession des titres(189). Lorsque le promettant se rétractait dans le délai d'option, la jurisprudence se refusait à ordonner la réalisation forcée des titres au bénéficiaire de la promesse au motif que la levée de l'option par le bénéficiaire après la rétractation du promettant excluait toute rencontre des volontés réciproques de vendre et d'acquérir(190). La sanction se limitait donc au prononcé de dommages et intérêts. Contestée par la majorité de la doctrine, cette solution rendait incertaines les politiques industrielles, commerciales ou financières de rapprochement interentreprises, dès lors que leur réalisation doit s'étaler dans le temps. L'ordonnance n° 2016-131 du 10 février 2016 a modifié la solution jurisprudentielle. L'article 1124 nouveau du Code civil dispose en effet (al. 2) que « La révocation de la promesse pendant le temps laissé au bénéficiaire pour opter n'empêche pas la formation du contrat promis ».

Lorsque les promesses sont à durée indéterminée, ce qui est rare, chaque promettant a la faculté de rompre unilatéralement, à condition de ne pas exercer cette prérogative de manière abusive, ce qui exige donc qu'il fasse connaître son intention suffisamment à l'avance(191).

2° Passer une convention

1230. – *Conditions de validité.* La cession d'actions est un contrat soumis aux conditions de fond applicables à toute convention : indication des parties, consentement,

(188) Pour un exemple de refus d'engager la responsabilité de l'auteur de la rupture, V. CA Paris, 29 nov. 2018, n° 15/14661 : *BRDA* 3/3019, n° 4 ; à l'issue des négociations, le vendeur s'était déclaré intéressé, un projet d'acte avait été rédigé sur lequel il avait donné par courriel son accord de principe (« En résumé nous sommes d'accord sur tout »), tout en demandant des documents permettant d'évaluer le complément de prix prévu ; trois semaines après, le vendeur rompt les négociations ; les juges décident que la rupture n'était ni tardive ni brutale, les documents réclamés et non reçus étant en l'espèce essentiels.

(189) Cons. E. Schlumberger, *Les contrats préparatoires à l'acquisition de droits sociaux, Dalloz, 2013. – N. Rontchevsky, Avant-contrats et cessions de droits sociaux : Rev. sociétés* 2018, p. 151. – V. égal, pour un exemple de promesse synallagmatique de cession d'actions avec clause résolutoire : CA Paris, 28 juill. 2020, n° 17/18452 : *BJS* déc. 2020, p. 14, note M. Storck.

(190) Cass. com., 13 sept. 2011, n° 10-19.526 : *BJS* 2012, § 1, p. 10, note F. Danos ; *JCP* E 2012, 1826, n° 3, obs. Fl. Deboissy et G. Wicker ; *Rev. sociétés* 2012, p. 22, note B. Fages ; en vue du rapprochement de deux sociétés, une promesse unilatérale d'achat et une promesse unilatérale de vente d'actions avaient été conclues avec stipulation d'une période d'option au terme de laquelle les promesses seraient caduques ; des litiges ayant opposé les parties, la société cédante avait rétracté sa promesse de vente avant la période d'exercice de l'option.

(191) Cass. com., 27 sept. 2017, n° 16-13.112 : *RJDA* 2/2018, n° 133 ; dans cette affaire, le préavis raisonnable a été fixé par les juges à six mois.

capacité[192], absence de condition potestative (C. civ., art. 1304-2)[193], contenu licite et certain[194]. S'agissant de l'exigence d'un contenu certain, les parties doivent se mettre d'accord sur le nombre d'actions cédées et sur le prix de cession (V. *infra*, n° 1240).

1231. – Le *consensualisme* joue à plein ; aucun acte écrit n'est requis : c'est un avantage considérable de la SA ; lorsque la société est cotée, l'absence d'écrit permet d'échapper au droit d'enregistrement de 1,10 % (V. *infra*, n° 1313).

1232. – *Caractère civil ou commercial.* Le contrat de cession d'actions est en principe un contrat civil, les actionnaires n'ayant pas la qualité de commerçants[195]. Un tempérament : les tribunaux considèrent que la convention est commerciale, lorsqu'elle « a pour objet ou pour effet d'assurer aux acquéreurs le contrôle » ou de garantir le contrôle d'une société commerciale[196] ; dans ce cas, la cession est qualifiée d'acte de commerce, d'où notamment la liberté de preuve, la solidarité en cas de pluralité d'acquéreurs[197] et la validité d'une clause d'arbitrage (V. *supra*, n° 401).

1233. – S'agissant de la *compétence judiciaire*, le tribunal de commerce, compétent pour les contestations « relatives aux sociétés commerciales », connaît des litiges se rapportant aux cessions d'actions (C. com., art. L. 721-3. – V. *supra*, n° 400)[198].

1234. – *Responsabilité des conseils.* Le recours fréquent et prudent à des rédacteurs professionnels – avocat, notaire, expert-comptable – pose inévitablement la question

(192) Pour un exemple d'annulation pour incapacité : CA Paris, 20 nov. 2014 : *RJDA* 3/2015, n° 192 ; le cédant, qui souffrait depuis vingt-deux ans d'une maladie mentale, avait vendu deux fois les mêmes titres à vingt-quatre heures d'intervalle.

(193) CA Versailles, 12 févr. 2013 : *JurisData* n° 2013-006241 ; le vendeur de la totalité des parts d'une société avait stipulé une condition suspensive tenant à la souscription par le cédant d'un engagement de non-concurrence, ce qui faisait dépendre la réalisation de la cession du seul bon vouloir du cédant, à qui il suffisait de ne pas signer la clause de non-concurrence pour que la cession soit paralysée ; il aurait été préférable de prévoir qu'il ne s'agissait pas d'une condition suspensive mais d'une modalité de la cession, l'absence de signature avant un terme fixé rendant caduque l'opération.

(194) Cette terminologie du nouvel article 1128, issu de l'ordonnance n° 2016-131 du 10 février 2016, reprend sous cet intitulé l'objet et la cause. – Cass. com., 15 janv. 2013, n° 11-12.495 : *RJDA* 5/2013, n° 420 ; annulation d'une cession pour une cause frauduleuse tenant au contournement d'une condition posée dans un plan de redressement. – CA Paris, 5 janv. 2016, n° 14/23846 : *RJDA* 3/2016, n° 197 ; cause illicite en tant qu'elle visait uniquement à obtenir une réduction d'ISF. – Cass. com., 26 mai 2009 : *JCP* E 2009, 1908, note C. Youego ; la cession est annulée pour défaut d'objet, les actions cédées étant celles d'une société disparue depuis près de vingt ans, pour cause d'absorption.

(195) Le cédant n'a pas la qualité de commerçant du fait d'avoir conclu des actes de commerce en qualité de mandataire social de la société cédée et d'avoir seulement accompli en son nom personnel la cession de ses titres, de sorte que la clause attributive de compétence territoriale ne peut recevoir application : Cass. com., 29 janv. 2020, n° 19-12.584, PB : *BJS* avr. 2020, p. 23, note A. Reygrobellet. – V. pour la validité d'une clause attributive de juridiction dans une cession d'actions en application du règlement n° 44/2001 du 20 décembre 2000 (Bruxelles I) : Cass. com., 23 sept. 2014, n° 12-26.585, PBR : *Rev. sociétés* 2015, p. 128, note M. Menjucq.

(196) Cass. 1re civ., 22 oct. 2014, n° 13-11.568 : *BRDA* 22/2014, n° 12 ; la question posée était celle de la validité d'une clause d'arbitrage.

(197) Pour un exemple, Cass. com., 11 mars 2003 : *RJDA* 6/2003, n° 599 ; condamnation de l'un des acquéreurs à payer la totalité du prix de cession. – *Adde* Cass. com., 28 nov. 2006 : *Dr. sociétés* févr. 2007, p. 22, obs. Monnet et Hovasse.

(198) Cass. com., 6 janv. 2021, n° 19-10.238 : *BJS* févr. 2021, p. 20 ; *BRDA* 4/2021, n° 5 ; compétence du tribunal de commerce pour une demande d'annulation d'une cession de parts de SARL opposant une personne physique et une société civile, peu importe que la cession, qui n'emporte pas modification du contrôle de la société, n'ait pas un caractère commercial. – CA Paris, 2 juill. 2020, n° 19/21120 : *BJS* janv. 2021, p. 16, note D. Cohen ; *Dr. sociétés* oct. 2020, comm. 115, R. Mortier ; *RJDA* 11/2020, n° 609 ; la mise en œuvre d'une clause statutaire d'arbitrage, applicable à toutes contestations relatives aux affaires sociales, est exclue pour les litiges relatifs aux cessions de droits sociaux entre associés ; dès lors, les contestations relatives à une cession de parts sociales (SARL) relèvent de la compétence du tribunal de commerce (C. com., art. L. 721-3).

de leur responsabilité en cas d'imperfections(199). À l'image du droit commun des professionnels libéraux, les rédacteurs sont tenus d'une obligation de moyens, la brièveté de leur intervention et le fait que leurs conseils n'aient pas été écoutés étant de nature à les exonérer(200). De même, leur mission étant de nature juridique, on ne saurait leur demander de vérifier la viabilité économique et financière de l'opération(201).

1235. – Quand le conseil engage sa responsabilité civile.

• Manquement au devoir de conseil fiscal, ainsi du notaire omettant d'alerter les cédants sur le niveau de taxation des plus-values alors qu'ils n'auraient pas procédé à la cession s'ils avaient été prévenus (Cass. 1re civ., 15 févr. 2005 : *RJDA* 6/2005, n° 714. – CA Paris, 3 mars 2020, n° 17/04661 : *Dr. sociétés* nov. 2020, comm. 128, R. Mortier) ; en revanche, si l'expert-comptable qui accepte la mission de rédiger un acte de cession pour le compte d'autrui est tenu à ce titre d'informer et d'éclairer les parties sur les effets et la portée de l'opération projetée, notamment sur ses incidences fiscales, tel n'est pas le cas lorsqu'il rédige la cession en sa qualité de cédant, agissant pour son propre compte (Cass. com., 2 déc. 2020, n° 17-23.188 : *BJS* févr. 2021, p. 15, note T. Massart).

• Absence d'information sur l'issue prévisible de litiges en cours affectant l'activité de la société cédée et défaut de conseil sur les risques qui peuvent en découler, alors même que le professionnel avait inséré dans l'acte de cession une clause « litiges en cours » aux fins d'informer les parties de l'existence de procédures pendantes (Cass. 1re civ., 7 oct. 2020, n° 19-17.617 : *BJS* févr. 2021, p. 43, note J.-F. Barbièri).

• Manquement à l'obligation d'informer le cédant sur les conséquences d'une absence de substitution des cessionnaires à l'engagement de caution qu'il avait souscrit en garantie du prêt octroyé à sa société, le préjudice tenant à la perte de chance d'échapper au risque de mise en œuvre du cautionnement consécutive à une gestion défaillante, par les acquéreurs, de la société cédée (Cass. com., 10 juin 2020, n° 18-21.822 : *BJS* nov. 2020, p. 16, note J.-F. Barbièri ; *JCP G* 2020, 1052, chron. P. Simler).

• Le fait de n'avoir pas suggéré la fixation d'un terme et la stipulation d'une garantie de paiement (CA Paris, 30 nov. 2017, n° 16/22687 : *BRDA* 3/2018, n° 4).

• La mise en œuvre d'une clause de garantie de passif (V. *infra*, nos 1288 et s.), qui peut conduire le cédant à exercer une action récursoire contre le professionnel qui l'a assisté dans la rédaction de l'acte en vue d'obtenir réparation du préjudice de perte de chance de ne pas voir mise en jeu la garantie (V. toutefois, Cass. com., 14 oct. 2020, n° 18-17.949 : *BJS* janv. 2021, p. 14, note P. Mousseron ; *RJDA* 1/2021, n° 25 ; la condamnation du cédant à restituer une partie du prix au cessionnaire en exécution d'une garantie d'actif et de passif souscrite à l'occasion d'une cession de parts dont le prix a été convenu par les parties en considération de la situation comptable de la société, telle qu'elle avait été retenue pour déterminer les conditions de la garantie, ne constitue pas, en elle-même, un préjudice réparable).

(199) Cela suppose évidemment que les professionnels aient effectivement participé à l'acte de cession : CA Paris, 11 janv. 2018, n° 16/10041 : *RJDA* 4/2018, n° 329 ; la responsabilité de l'expert-comptable chargé de tenir les comptes de la société et d'établir les déclarations fiscales était recherchée par les associés ayant vendu leurs titres, qui avaient fait l'objet d'un redressement fiscal en relation avec cette cession ; le professionnel n'ayant pas eu pour mission de rédiger l'acte de cession ne pouvait pas être tenu responsable des imperfections de celui-ci.

(200) Cf., pour un cabinet d'assistance et de conseil en matière de cession d'entreprise : Cass. com., 3 avr. 2012, n° 11-13.370 : *RJDA* 6/2012, n° 597.

(201) Cass. 1re civ., 22 nov. 2011, n° 10-19.003 : *RJDA* 12/2011, n° 991.

3° Signer l'ordre de virement de compte

1236. – *Signature d'un ordre de mouvement.* La cession d'actions n'est soumise à aucune formalité : elle n'a ni à être constatée par écrit, ni à être publiée au registre du commerce et des sociétés. Tout au plus la cession implique-t-elle un virement de compte à compte. L'obligation de délivrer les actions cédées s'exécute en effet par la signature par le cédant d'un ordre de mouvement (202) qui permet que les actions soient portées au nom du cessionnaire. La démarche est importante car les titres financiers sont présumés appartenir au titulaire du compte (C. monét. fin., art. L. 211-4). En l'absence d'inscription en compte, le prétendu actionnaire ne bénéficie pas de cette présomption, mais il conserve la possibilité de prouver sa qualité d'actionnaire par les moyens de droit commun (203). À la réception de l'ordre de mouvement, ou à une autre date selon l'accord des parties, la société doit mettre à jour les comptes ouverts au nom des actionnaires, et substituer au cédant le nom du cessionnaire. Le dirigeant qui mentionne sur le registre des mouvements de titres de faux actes de cession engage sa responsabilité (204).

1237. – *Contenu.* L'ordre de mouvement indique l'identité de l'ancien titulaire des actions et celle du nouveau titulaire, la nature des droits cédés et la nature du transfert. Il comporte la signature du cédant, mais non celle du cessionnaire. C'est un acte neutre, non causé ; on ne sait pas si le transfert de propriété résulte d'un acte onéreux (une vente par exemple) ou d'un acte à titre gratuit (un don manuel par exemple) ; si c'est un acte onéreux, il ne mentionne pas le prix convenu.

1238. – *Blockchain.* Depuis l'ordonnance n° 2017-1674 du 8 décembre 2017 (*adde* D. n° 2018-1226, 24 déc. 2018), ratifiée par la loi Pacte du 22 mai 2019, l'inscription et la transmission des titres financiers non cotés peuvent intervenir dans un dispositif d'enregistrement électronique partagé (205).

1239. – *Date du transfert.* Le transfert de propriété s'opère à la date de l'inscription en compte, laquelle est faite au jour stipulé par l'accord des parties et notifié à la société (206) (C. com., art. L. 228-1, *in fine* et R. 228-10, mod. D. n° 2018-1226, 24 déc. 2018) ; la société, qui n'est pas partie à la cession, ne peut s'en faire juge et retarder par exemple l'inscription au motif d'une éventuelle irrégularité. Cette

(202) Cass. com., 24 mai 2011, n° 10-12.163, PB : *BJS* 2011, § 386, p. 770, note D. Poracchia et C.-A. Maetz ; *Dr. sociétés* 2011, n° 166, obs. R. Mortier.

(203) Cass. com., 5 mai 2009 : *Rev. sociétés* 2009, p. 580, note M. Dubertret ; société familiale dans laquelle aucun registre des titres n'était tenu ; au décès de leur mère, un conflit avait surgi entre frères et sœur sur un paquet d'actions, les uns prétendant que ces actions faisaient partie de l'indivision successorale, l'autre répondant que ces actions lui appartenaient à la suite d'une vente par leur mère à son profit ; il gagne son procès malgré l'absence d'inscription en compte car il avait toujours exercé les droits attachés auxdites actions, percevant notamment les dividendes, ce qui attestait de sa qualité d'associé. – CA Paris, 11 janv. 2018, n° 16/10056 : *RJDA* 4/2018, n° 330 ; le prétendu cessionnaire s'était réveillé quinze ans après la cession et prétendait qu'une cession était intervenue, bien qu'aucune inscription n'ait été portée sur le registre des mouvements de titres ou sur le compte de l'intéressé ; la production d'un seul ordre de mouvement, qui vaut simple commencement de preuve par écrit, ne suffit pas pour attester sa qualité d'associé.

(204) CA Paris, 10 juin 2014 : *RJDA* 11/2014, n° 837 ; le dirigeant est condamné à indemniser l'actionnaire victime de la cession frauduleuse, ce qui comprend notamment les dividendes versés dans l'intervalle.

(205) Cons. *BRDA* 2/2019, n° 1.

(206) P. Berlioz, *Le transfert de propriété dans la cession de droits sociaux* : *Rev. sociétés* 2015, p. 14.

date est importante, notamment en cas de distribution de dividendes concomitante à la cession : si la cession est intervenue avant la décision de distribution, le dividende revient au cessionnaire, dans le cas contraire, c'est le cédant qui en est le bénéficiaire(207).

B. – Le prix de cession

1240. – Sans prix, pas de cession, et le défaut de prix entraîne la nullité de la convention. Au défaut de prix, on assimile le prix dérisoire, autrement dit totalement hors de proportion avec la valeur des actions(208). L'exigence génère des difficultés lors des ventes faites pour un euro symbolique (V. *infra*, n° 1311).

Comment arrêter le prix ? Deux voies existent, comme pour toute vente : tantôt les parties fixent elles-mêmes le prix, tantôt elles en confient le soin à un expert.

1° La fixation du prix par les parties

1241. – *Prix déterminé.* L'accord des parties peut d'abord porter sur le prix lui-même : N euro par action. Le prix est alors connu dès le jour de la convention et la question est réglée. Généralement, les bases de la négociation sont fournies par le dernier bilan, en prenant en compte les plus-values latentes et le résultat de l'exercice en cours. Le pouvoir conféré par les actions cédées influe également sur le prix : le cessionnaire paie plus cher un bloc majoritaire ou un lot qui, ajouté aux titres qu'il détient, lui permet de devenir majoritaire.

1242. – *Prix déterminable.* L'accord des parties peut ensuite porter sur le mode de détermination du prix, qui n'est donc plus déterminé, mais déterminable. Cela se conçoit notamment lorsque les résultats de l'exercice ne sont pas encore connus au moment de la cession et que les parties souhaitent « caler » le prix au plus près de la valeur réelle de l'entreprise, par exemple en fonction des bénéfices futurs (clause de *earn out*). Cependant, pour que l'exigence légale de fixation du prix soit respectée, il est impératif que les paramètres de détermination future de ce prix soient objectifs et arrêtés une fois pour toutes, sans que l'accord ultérieur des parties soit nécessaire. Pareille approche, qui se comprend davantage pour une cession de la majorité, voire de l'intégralité du capital que pour la vente d'une poignée d'actions, suscite fréquemment des difficultés, soit parce que la fiabilité des comptes dont on induira le prix est contestée(209), soit parce que la méthode prévue est impraticable, les parties ayant par exemple oublié de préciser certains paramètres(210), soit encore parce qu'un doute surgit sur l'interprétation d'un des termes employés par les parties(211). En outre, en dehors des cas simples, mais rares, où l'application de la

(207) CA Aix-en-Provence, 20 juill. 2017, n° 15/06423 : *RJDA* 12/2017, n° 805 ; SARL.

(208) Cass. 3e civ., 24 oct. 2012, n° 11-21.980 : *RJDA* 2/2013, n° 100 ; nullité (relative) pour absence de prix sérieux.

(209) Cass. com., 19 mai 1992 : *BJS* 1992, p. 747 ; détermination du prix rendue impossible en raison du défaut de fiabilité des comptes.

(210) Cass. com., 5 avr. 2005 : *BRDA* 12/2005, n° 2 ; indétermination du prix en raison de l'inclusion dans la somme payée des indemnités de licenciement du cédant et d'autres indemnités au titre d'un engagement de non-concurrence, sans que le montant de ces dernières soit précisé.

(211) Cass. com., 11 mai 2017, n° 15-20.368 : *RJDA* 12/2017, n° 811 ; interprétation du terme « chiffre d'affaires ». – Cass. com., 14 nov. 2018, n° 16-28.778 : *BRDA* 1/2019, n° 3 ; interprétation du terme « décision de justice définitive » pour déterminer la date d'exigibilité d'un complément de prix.

méthode se résume à des opérations arithmétiques, la détermination du prix exigera souvent l'intervention d'un expert, ce qui est une autre cause de complication du processus.

2° La fixation du prix par un expert

a) Domaine

1243. – *Ordonnance du 31 juillet 2014.* La question a été longtemps débattue avant d'être tranchée par l'ordonnance n° 2014-863 du 31 juillet 2014, laquelle a modifié l'article 1843-4 du Code civil(212) qui a vocation à régir toutes les cessions de droits sociaux et non pas seulement les cessions d'actions(213). En l'absence de dispositions transitoires, la jurisprudence a été amenée à préciser l'application dans le temps de l'article 1843-4, dans sa rédaction issue de l'ordonnance précitée du 31 juillet 2014(214).

1244. – *Recours obligatoire à l'expert.* Le recours à l'expertise n'est imposé que dans deux cas :

– lorsque, en cas de contestation sur le prix, la loi elle-même prévoit le renvoi à l'article 1843-4 pour fixer les conditions de prix d'une cession de droits sociaux, ainsi en matière de refus d'agrément (V. *infra*, n°s 1263, 1758 et 1963), de retrait (V. *supra*, n° 582) ou de décès d'un associé(215) (V. *infra*, n° 1968) ;

– lorsque les statuts prévoient la cession des droits sociaux d'un associé, mais sans que leur valeur soit déterminée ou déterminable, ainsi en matière de clause statutaire d'exclusion (V. *supra*, n° 576).

1245. – *Recours facultatif.* En dehors de ces deux occurrences, les parties sont libres, si elles le souhaitent, de prévoir que le prix sera fixé par un expert. Le recours à l'expert peut être prévu par un acte extrastatutaire (V. *infra*, n° 1270) ; ainsi d'un pacte d'actionnaires stipulant la cession des actions d'un associé s'il quitte l'entreprise, ou la cession des droits d'une société actionnaire dont le contrôle aurait changé de mains(216).

1246. – *Tiers estimateur.* Les parties peuvent également recourir à la nomination d'un tiers estimateur sur le fondement de l'article 1592 du Code civil. Si le tiers ne peut ou ne veut faire l'estimation, il n'y a pas vente, sauf estimation par un autre tiers.

(212) B. Dondero, *La réforme de l'article 1843-4 du Code civil* : *JCP* E 2014, 1531. – H. Le Nabasque, *Réforme de l'article 1843-4 du Code civil* : *Rev. sociétés* 2014, p. 647. – R. Mortier, *Le nouvel article 1843-4 du Code civil* : *Dr. sociétés* 2014, étude 19. – A. Couret, *L'inépuisable contentieux suscité par l'article 1843-4 du Code civil* : *RJDA* 3/2019, p. 203.

(213) Il faut toutefois noter que l'article 1843-4 du Code civil s'applique aux cessions d'actions des SAS uniquement dans le silence des statuts (C. com., art. L. 227-18).

(214) Cass. com., 18 nov. 2020, n° 19-13.402 : *BJS* févr. 2021, p. 10, note N. Borga ; *Dr. sociétés* févr. 2021, comm. 17, R. Mortier ; dès lors que les effets légaux d'un contrat sont régis par la loi en vigueur à la date où ils se produisent, l'article 1843-4 du Code civil, dans sa rédaction issue de l'ordonnance du 31 juillet 2014, est applicable aux expertises ordonnées à compter du 3 août 2014, date de son entrée en vigueur ; en l'espèce, l'expertise avait été ordonnée en 2010, de sorte que c'est l'article 1843-4, dans sa rédaction antérieure à l'ordonnance précitée, qui était applicable.

(215) Cass. 3e civ., 22 oct. 2020, n° 18-20.127 : *BJS* déc. 2020, p. 39 ; en cas de décès d'un associé d'une société civile d'exploitation agricole (SCEA), la valeur de ses parts sociales doit être fixée, à défaut d'accord amiable, selon la procédure impérative prévue à l'article 1843-4 du Code civil.

(216) Cass. com., 14 nov. 2018, n° 17-15.828 : *RJDA* 2/2019, n° 93 ; promesse unilatérale de vente.

b) Nomination

1247. – *Modalités de désignation.* L'expert est nommé par les parties ou, à défaut d'accord entre elles, par ordonnance du président du tribunal statuant en la forme des référés et non par le tribunal lui-même(217), ou la cour d'appel(218). La décision du juge est insusceptible de recours, sauf excès de pouvoir(219).

1248. – *Impartialité.* L'expert intervient comme mandataire commun des parties(220). En conséquence, il doit agir dans l'intérêt des deux mandants, vendeur et acheteur, et cela implique qu'il puisse être récusé si ses liens actuels ou passés avec l'une des parties font douter de son impartialité(221).

c) Mission

1249. – *Exclusion des modalités statutaires d'évaluation.* Il arrive que les statuts ou un pacte d'actionnaires déterminent les modalités de calcul du prix, en précisant par exemple que la cession se fera à la valeur nominale, ou à la valeur d'actif net, ou encore que certains éléments du bilan ne seront pas pris en compte pour fixer la valeur des actions. Dans une telle situation, l'expert doit-il ou non respecter la volonté des parties ? Par un arrêt du 4 décembre 2007, la Cour de cassation avait affirmé la totale liberté de l'expert, qui pouvait par conséquent s'affranchir des consignes des parties sans craindre l'anéantissement de son expertise pour erreur grossière(222). L'ordonnance précitée du 31 juillet 2014 a modifié cette jurisprudence en posant que « l'expert (...) est tenu d'appliquer, lorsqu'elles existent, les règles et modalités de détermination de la valeur prévues par toute convention liant les parties. » (C. civ., art. 1843-4).

1250. – *Date d'évaluation.* Sauf prévision contraire des parties, l'expert évalue les titres à la date la plus proche de la cession future(223).

d) Force de l'expertise

1251. – *Caractère obligatoire de l'évaluation.* Puisque l'expert est le mandataire commun des parties, son évaluation s'impose aux parties comme au juge, sauf erreur grossière de l'expert(224). Reste à définir l'erreur grossière. C'est l'er-

(217) Cass. 1re civ., 25 nov. 2015, n° 14-14.003 : *RJDA* 3/2016, n° 200.

(218) Cass. com., 10 oct. 2018, n° 16-25.076 : *RJDA* 12/2018, n° 914.

(219) Cass. 2e civ., 7 juin 2018, n° 17-18.722 : *RJDA* 8-9/2018, n° 645. – Cass. com., 7 juill. 2020, n° 18-18.190 : *BJS* oct. 2020, p. 15, note M. Storck ; l'inobservation, à la supposer établie, des conditions d'application de l'article 1843-4 du Code civil ne constitue pas un excès de pouvoir.

(220) Cass. com., 4 févr. 2004, n° 01-13.516, FS-P+B : *JCP* E 2004, 601, n° 1, obs. J.-J. Caussain, Fl. Deboissy et G. Wicker ; *Rev. sociétés* 2004, p. 93, note Y. Chartier.

(221) Cass. com., 5 oct. 2004 : *RJDA* 2004, n° 1335 ; *BJS* 2005, § 44, p. 262, note G.-C. Giorgini.

(222) Cass. com., 4 déc. 2007 : *JCP* E 2007, 1159, note H. Hovasse ; *JCP* E 2008, 2001, note C. Grimaldi et Netto. – *Adde* Cass. com., 5 mai 2009, n° 08-17.465 : *D.* 2009, p. 2195, note B. Dondero ; *JCP* E 2009, 1767, n° 1, obs. Fl. Deboissy et G. Wicker. – Cass. com., 16 févr. 2010, n° 09-11.668 : *RJDA* 5/2010, n° 523. – J. Moury, *Réflexions sur l'article 1843-4 du Code civil après l'arrêt rendu le 5 mai 2009 par la chambre commerciale de la Cour de cassation : Rev. sociétés* 2009, p. 503.

(223) Cass. com., 16 sept. 2014, n° 13-17.807 : *RJDA* 1/2015, n° 30 ; *Rev. sociétés* 2015, p. 19, note J. Moury ; évaluation à l'occasion de l'exclusion d'un associé. – L'exigence n'a pas été jugée contraire à la Constitution, bien que l'associé sortant, dans les sociétés libérales par exemple, perde son droit de vote dès la décision actant son départ et que la valeur de ses parts puisse ainsi être influencée par les décisions prises par ses anciens associés pendant la période précédant la cession effective (Cons. const., 16 sept. 2016, n° 2016-563 QPC : *BRDA* 18/2016, n° 3).

(224) Cass. com., 12 juin 2007 : *RJDA* 10/2007, n° 974.

reur qu'un technicien normalement soucieux de son art ne saurait commettre. C'est donc par rapport au comportement d'un appréciateur avisé et consciencieux qu'il y a lieu d'apprécier si la bourde est à ce point grave qu'elle doit conduire à remettre en cause l'expertise : estimation des immeubles à leur coût historique et non à leur valeur réelle, partialité manifeste, évaluation à partir d'un seul critère, non-respect de la méthode comptable antérieurement suivie par la société et tacitement acceptée par l'acheteur(225), absence d'explication ou de motivation(226)...

1252. – *Sanction de l'erreur grossière.* Si l'erreur grossière est retenue, l'expertise est annulée. Il faut alors désigner un autre expert, le juge n'ayant pas le pouvoir de fixer judiciairement le prix(227). L'annulation de l'expertise incitera également à engager la responsabilité civile de l'expert, responsable du retard pris dans l'accomplissement de la cession.

C. – La liberté de cession

1° Les clauses d'agrément

1253. – *Absence d'agrément légal.* La nature de la société de capitaux justifie que quiconque puisse devenir actionnaire d'une SA à la suite d'une cession, sans avoir à solliciter l'accord des actionnaires en place ; la SA est tout le contraire d'un club privé. Tel est le principe : la liberté de cession entre vifs, ou de transmission pour cause de mort.

1254. – *Clauses statutaires d'agrément.* Les sociétés non cotées peuvent insérer dans les statuts une clause d'agrément qui soumet à l'appréciation de la société les transferts des titres. L'agrément concerne « tous titres de capital ou de valeurs mobilières donnant droit à l'attribution de titres de capital » (C. com., art. L. 228-23). On mesure l'intérêt du dispositif : la faculté de filtrer l'entrée de nouveaux actionnaires. Cependant, le domaine des clauses d'agrément est strictement délimité et la procédure rigoureusement balisée (C. com., art. L. 228-23 à L. 228-26).

a) Le domaine des clauses d'agrément

1255. – *Sociétés non cotées.* L'existence d'une clause d'agrément altère le caractère de la SA qui devient une société fermée, empreinte d'*intuitu personae*, bref le contraire d'une société de capitaux ; c'est la raison pour laquelle les clauses d'agrément ne sont possibles que dans les sociétés non cotées. La loi exige encore que les titres soient nominatifs, en vertu de la loi ou des statuts (C. com., art. L. 228-23). Depuis une ordonnance du 24 juin 2004, corrigeant

(225) CA Paris, 25 mars 2014 : *RJDA* 10/2014, n° 771.

(226) Il faut noter que le non-respect du contradictoire n'est pas une erreur grossière : Cass. com., 19 avr. 2005, n° 03-11.790, FS-PBR : *RJDA* 2005, n° 986 ; *JCP* E 2005, 1390, note H. Lécuyer ; l'expert n'avait pas communiqué le nom et l'avis des personnes qu'il avait entendues ou consultées. – Cet affranchissement du principe du contradictoire n'est pas contraire à la Constitution : Cass. com., 8 mars 2011, n° 10-40.069, PBRI : *BJS* 2011, § 174, p. 366, note R. Mortier ; *RJDA* 5/2011, n° 431.

(227) Cass. 1re civ., 24 févr. 1998 : *RJDA* 1998, p. 417.

une jurisprudence antérieure, les clauses d'agrément sont admises dans les cessions entre actionnaires.

1256. – *Exclusion des cessions familiales.* L'article L. 228-23, alinéa 3, du Code de commerce énonce que « cette clause est écartée en cas de succession, de liquidation du régime matrimonial ou de cession, soit à un conjoint, soit à un ascendant ou à un descendant ». Une clause d'agrément ne saurait donc s'appliquer aux cessions entre membres de la famille du cédant (conjoint, descendants, ascendants), quelle qu'en soit la nature : vente, donation, liquidation de communauté ou de succession... De là des risques de fraude (V. *infra*, n° 1260).

1257. – *Exigence d'une clause statutaire.* Pour que l'agrément puisse jouer, il doit être prévu par les statuts eux-mêmes ; une simple décision du conseil d'administration serait inopérante.

1258. – *Interprétation stricte.* La clause d'agrément, qui fait exception au principe de la libre cessibilité des actions, s'interprète strictement ; ainsi, faute de stipulation explicite, la clause est inapplicable au cas de changement de contrôle à l'échelon d'une société actionnaire de celle dont les statuts prescrivent l'agrément(228). La règle est la même pour déterminer si une clause d'agrément peut jouer à l'occasion d'un transfert de titres réalisé lors de la transmission universelle du patrimoine de la société détentrice des actions. La chambre commerciale l'a admis à propos d'un transfert d'actions réalisé par voie de fusion(229) ; encore faut-il que la clause d'agrément, dont le sens et la portée relèvent de l'appréciation souveraine des juges du fond, vise expressément les cessions réalisées à l'occasion d'une transmission universelle du patrimoine(230).

b) La sanction des clauses d'agrément

1259. – *Nullité.* Selon l'article L. 228-23, « toute cession effectuée en violation d'une clause d'agrément figurant dans les statuts est nulle ». Il s'agit là d'une des rares nullités expresses prévues par le Code de commerce. Seuls la société et les actionnaires dont l'agrément est requis peuvent invoquer la nullité(231). La nullité prononcée, la mise sous séquestre des actions concernées peut être ordonnée par le juge des référés (V. *supra*, n° 714)(232). La nullité est également encourue en cas de fraude.

(228) Cass. com., 13 déc. 1994 : *JCP* E 1995, 447, n° 4, obs. A. Viandier et J.-J. Caussain (aff. du *Midi Libre*). – Cass. com., 15 sept. 2009 : *RJDA* 2/2010, n° 154 (aff. *Mongoual*).

(229) Cass. com., 6 mai 2003, n° 750, FS-P : *JCP* E 2003, 1327, note D. Cohen ; *JCP* E 2003, 1203, n° 8, obs. J.-J. Caussain, Fl. Deboissy et G. Wicker (aff. *Yves Rocher*). – *Adde* Cass. com., 8 avr. 2008 : *RJDA* 7/2008, n° 809 ; l'agrément ayant été refusé à la société absorbante, la question posée était celle de la détermination du prix des actions détenues.

(230) Cass. com., 12 févr. 2008, n° 06-20.966 : *Dr. sociétés* 2008, n° 74, obs. R. Mortier ; la clause d'agrément, ne visant que les cessions à une personne étrangère à la société, ne pouvait être appliquée à la transmission des parts par voie de fusion-absorption de sociétés dont le mécanisme est différent de la cession.

(231) Cass. com., 14 déc. 2004 : *RJDA* 2005, n° 387 ; l'acquéreur prétendait pouvoir agir en nullité pour absence d'agrément de la cession qui l'avait fait devenir actionnaire. – *Adde* CA Paris, 15 janv. 2013 : *RJDA* 7/2013, n° 637.

(232) Cass. com., 23 oct. 2007, n° 06-16.574 : *BJS* 2008, § 24, p. 103, note P. Le Cannu ; *Dr. sociétés* 2008, n° 11, note H. Hovasse ; désignation du séquestre justifiée par le souci de garantir le maintien de l'équilibre des pouvoirs au sein de la société.

1260. – **Exemples de fraude à une clause d'agrément.**

Une belle empoignade juridique a opposé les trois grands fabricants de pâtes alimentaires : Rivoire et Carret, Lustucru et Barilla ; ce pourrait être le titre d'un roman policier : « Du rififi dans les spaghettis ». Les deux fabricants français, Rivoire et Carret et Lustucru, se sont réunis au sein d'une holding, composée de la famille Cartier-Millon d'une part, représentant environ 41 % du capital, et du groupe Skali, possédant environ 48 % du capital. Les deux groupes se sont rapidement brouillés et ont engagé un contentieux. Les minoritaires (la famille Cartier-Millon contrôlant Lustucru) ont demandé l'annulation de la société holding pour atteinte à la liberté de vote ; ils furent déboutés, ce qui a permis à la Cour de cassation, dans un arrêt du 2 juillet 1985, de proclamer solennellement la validité des sociétés de portefeuille (sur ce point, V. *infra*, n° 2418).

L'affaire rebondit. En effet, à la suite de la décision de la Cour de cassation, le groupe minoritaire cherche à vendre sa participation au concurrent italien, Barilla. Mais les statuts de la holding comportent une clause d'agrément. Pour tourner la difficulté, la famille Cartier-Millon cède sa participation à une société qui est sous son contrôle, la société Embranchement de la Capuche, laquelle possède déjà quelques actions de la holding ; cette qualité d'actionnaire la fait échapper à la procédure d'agrément en raison de la jurisprudence en vigueur à l'époque (V. *supra*, n° 1256). Il suffit alors à la famille Cartier-Millon de céder au groupe *Barilla* sa participation dans la société Embranchement de la Capuche, qui par ce biais se trouve titulaire de 40 % du capital de la holding. Et c'est ainsi que le loup entre dans la bergerie... Les majoritaires ne l'entendent pas de la sorte ; ils sollicitent et obtiennent la mise sous séquestre des actions cédées et plaident la fraude à la clause d'agrément, la fraude consistant en l'espèce à agir par personne interposée. La cour d'appel de Grenoble leur donne gain de cause le 30 juin 1988 et annule la cession litigieuse. Le pourvoi est rejeté par la Cour de cassation (Cass. com., 27 juin 1989 : *RD bancaire et bourse* 1989, p. 176, obs. M. Jeantin et A. Viandier ; *D.* 1990, 314, note J. Bonnard).

D'autres tentatives de contournement :

– un frère souhaite céder ses actions à sa sœur en s'affranchissant de l'agrément requis par les statuts, lesquels exemptaient de l'agrément les cessions à ou par un ascendant ; pour cela, il commence par céder ses droits à sa mère, cession libre, laquelle les rétrocède aussitôt à sa fille, cession également libre ; le procédé a été jugé frauduleux (Cass. com., 21 janv. 1997 : *Rev. sociétés* 1997, p. 349, note D. Bureau ; *Dr. sociétés* 1997, n° 55, obs. Th. Bonneau) ;

– un associé détenant 50 % du capital, pour tourner l'exigence d'agrément, lequel venait de lui être refusé, avait fait apport de sa participation à une société, et cédé ensuite les parts de celle-ci à l'acheteur qu'il avait choisi et qui se trouvait être le principal concurrent de la société ; l'apport et la cession sont annulés pour fraude (CA Paris, 6 nov. 2008 : *RJDA* 2/2009, n° 109).

En revanche, la vente du fonds de commerce de la société à une autre société constituée par l'un des associés n'est pas une fraude à la clause d'agrément puisque la cession du fonds n'a pas pour conséquence de faire entrer l'acheteur dans la société venderesse ; économiquement, le résultat est certes voisin de celui qu'aurait permis d'obtenir une cession de parts, mais en droit l'analyse est radicalement différente (Cass. com., 6 mars 2007 : *RJDA* 6/2007, n° 628 ; SARL).

c) *La procédure d'agrément*

1261. – *La demande d'agrément* est présentée par lettre recommandée ou par acte extrajudiciaire à la société par le cédant ou par le cessionnaire ; elle précise les conditions de la cession projetée[(233)]. L'organe compétent est désigné dans les statuts ; c'est généralement le conseil d'administration (le conseil de surveillance le cas échéant), plus rarement l'assemblée. Le cédant n'est pas interdit de vote ; ainsi, sa voix est prise en compte s'il a la qualité d'administrateur lorsque la décision relève du conseil d'administration.

1262. – *Décision d'agrément.* L'agrément peut être accordé de façon explicite. Il peut être implicite si la société n'a pas répondu à la demande dans un délai de trois mois[(234)]. L'agrément doit être pur et simple ; l'organe compétent pour accorder l'agrément ne peut donc pas assortir sa décision de conditions, lesquelles sont réputées non écrites[(235)]. La décision d'agrément est souveraine ; les minoritaires ne sauraient en demander l'annulation quand bien même la cession serait faite au profit d'un concurrent, sauf fraude (V. *supra*, n° 1260).

1263. – *Le refus d'agrément* n'a pas à être motivé ; les tiers évincés ne peuvent en effet invoquer aucun droit acquis à entrer dans la société. Toutefois, les tribunaux condamnent à des dommages-intérêts au profit du cédant les auteurs des manœuvres destinées à faire échouer la procédure d'agrément[(236)], ou refusant abusivement l'agrément, l'abus supposant l'intention de nuire[(237)].

La situation du cédant est inconfortable en cas de refus d'agrément puisqu'on lui ferme la porte de sortie. Afin qu'il ne demeure pas prisonnier de son titre, la société est tenue soit de faire racheter les actions par un tiers ou un autre actionnaire, soit de les racheter elle-même en vue d'une réduction correspondante du capital ; dans ce dernier cas, le consentement du cédant est requis car le remboursement de ses droits consécutif à une réduction de capital est pour lui fiscalement onéreux (V. *infra*, n° 1473).

Reste à s'entendre sur le prix. Afin de déjouer une manœuvre trop facile (le cédant et le tiers pouvant annoncer un prix apparent prohibitif, alors que le prix réel est moins élevé), la société peut demander que le prix soit fixé à dire d'expert, selon les modalités prévues à l'article 1843-4 du Code civil (V. *supra*, n°s 1243 et s.).

(233) Le prix indiqué dans la demande d'agrément peut n'être que provisoire dès lors qu'il est réel et sincère et que son actualisation ultérieure ne dépend pas de la volonté des parties : Cass. com., 11 janv. 2017, n° 15-13.025 : *RJDA* 4/2017, n° 256.

(234) Dans le cas de demande d'agrément d'un héritier, celui-ci n'a pas à être convoqué à l'assemblée générale se tenant durant le délai d'agrément : Cass. com., 3 mai 2018, n° 15-20.851 : *RJDA* 8-9/2018, n° 647.

(235) Cass. com., 17 janv. 2012, n° 09-17.212, PB : *JCP* E 2012, 1777, n° 3, obs. Fl. Deboissy et G. Wicker ; *RJDA* 4/2012 ; *Rev. sociétés* 6/2012, p. 370, note P. Le Cannu : le conseil d'administration avait notamment conditionné l'agrément du cessionnaire à sa substitution au cédant dans un pacte d'actionnaires ; ces conditions étant réputées non écrites, le cessionnaire s'est trouvé agréé.

(236) Cass. com., 7 janv. 2004 : *BJS* 2004, p. 682, § 133, note T. Massart ; les majoritaires avaient pris une série de positions de principe entraînant une division de l'offre d'acquisition, présentée comme globale, et obligeant l'acquéreur à retirer celle-ci.

(237) CA Paris, 23 avr. 1998 : *BJS* 1998, p. 959, note J.-J. Daigre ; refus d'agrément arbitraire dans une société civile de masseurs-kinésithérapeutes, manifestant l'intention de capter frauduleusement la clientèle du vendeur.

Si le rachat au prix fixé par l'expert n'est pas opéré dans les trois mois du refus (délai prorogeable sur décision judiciaire), le cédant reprend sa liberté et peut réaliser la cession initialement projetée… à moins que le cessionnaire ne se soit découragé entre-temps.

1264. – *Droit de repentir ?* Dans la partie de bras de fer qui oppose la société et le cédant en cas de refus d'agrément, les parties bénéficient-elles d'un *droit de repentir* ? Leur position n'est pas égale. Le cédant peut retirer son offre si le cessionnaire qu'il a choisi n'est pas agréé ; la société ne saurait lui imposer le rachat de ses droits, ce qui équivaudrait à l'exclure (C. com., art. L. 228-24, al. 2). De même, le cédant peut se rétracter si le prix fixé par le tiers évaluateur à défaut d'accord des parties ne lui convient pas (C. com., art. L. 228-24, al. 2. – Comp. à propos de la SARL, *infra*, n° 1758). À l'inverse, si la société a refusé l'agrément, elle n'est pas autorisée à revenir sur sa décision ; elle est tenue, si tel est le souhait du cédant, de lui racheter ses actions.

2° Les clauses de préférence

1265. – *Intérêt.* La clause d'agrément a eu pendant longtemps un angle mort : en effet, jusqu'en 2004, elle ne pouvait s'appliquer dans les cessions entre actionnaires, insuffisance aujourd'hui réparée (V. *supra*, n° 1255). Les praticiens avaient donc imaginé de doubler celle-ci d'une clause de préférence, qui avait vocation à s'appliquer y compris dans de tels transferts. Les clauses de préférence ont en outre une fonction stabilisatrice, toujours d'actualité, en ce qu'elles permettent le maintien de l'équilibre relatif des participations des actionnaires et évitent que la cession entre associés puisse bouleverser cet équilibre. La clause est généralement contenue dans un pacte extrastatutaire (V. *supra*, n° 1317), mais elle peut être également introduite dans les statuts.

1266. – *Interprétation stricte.* À l'instar des clauses d'agrément et pour les mêmes raisons (V. *supra*, n° 1255), le champ de la clause de préférence s'interprète strictement. Ainsi, dès lors que l'apport en nature a pour objet le transfert par un associé des titres à une société en contrepartie duquel il reçoit non pas un prix mais des droits sociaux, il ne peut être regardé *stricto sensu* comme une cession couverte par le droit de préemption des autres associés, à moins que les statuts n'assimilent expressément cet apport à une cession(238).

1267. – *Mécanisme.* L'actionnaire qui désire céder ses actions doit d'abord proposer celles-ci à ses coactionnaires. Les autres associés peuvent alors racheter les actions à proportion de leur part dans le capital. La procédure varie selon les clauses ; il n'est pas rare qu'un « premier tour » ait lieu à l'issue duquel les actions qui n'auraient pas été préemptées (par ex. parce que

(238) CA Montpellier, 16 juill. 2020, n° 17/04773 : *BJS* déc. 2020, p. 29, note N. Pelletier ; les statuts stipulaient également une clause d'agrément applicable à toutes les cessions, y compris l'apport en nature des titres ; la question se posait donc de savoir si le champ de la clause d'agrément valait pour la clause de préférence ; la cour d'appel apporte une réponse négative au motif que ces deux clauses ont un objet différent, de sorte que le champ de la clause de préférence ne saurait s'interpréter par référence aux stipulations de la clause d'agrément ; il n'en demeure pas moins que l'article 1189 du Code civil, qui prescrit au juge d'interpréter les clauses d'un contrat les unes par rapport aux autres, aurait pu fonder une solution contraire.

l'un des actionnaires ne souhaiterait pas acquérir d'actions supplémentaires) sont offertes aux préempteurs du premier tour. Parfois, dans les sociétés familiales notamment, la préemption opère d'abord au sein de la branche familiale à laquelle appartient le cédant, avant d'être élargie ensuite à tous les actionnaires. Les clauses prévoient les conditions de fixation du prix en recourant à l'expertise d'un tiers (V. *supra*, n° 1243).

1268. – *Sanctions.* La violation d'un pacte de préférence, à la différence de ce que prévoit l'article L. 228-23 du Code de commerce pour les clauses d'agrément, n'est pas sanctionnée par la nullité de la cession(239), sauf par application du Code civil (C. civ., art. 1123, al. 2), lorsque le tiers acheteur connaissait l'existence du pacte et l'intention du bénéficiaire de s'en prévaloir ; le bénéficiaire peut alors demander au juge de le substituer au tiers(240). En dehors de ce cas limité, la violation de la clause de préférence emporte deux conséquences ; d'abord, si la clause est statutaire, la cession est inopposable à la société et l'acheteur n'est donc pas reconnu actionnaire ; ensuite, l'associé irrespectueux de la clause de préférence peut être condamné à des dommages-intérêts(241).

1269. – *Fraude.* Il faut ajouter comme cause de nullité la fraude. Ainsi, en cas de préemption stipulée pour le seul cas de changement de contrôle de l'actionnaire, si la cession d'une participation simplement minoritaire s'accompagne de conditions donnant le contrôle du cédant à l'acquéreur, le juge pourra considérer qu'il s'agit d'une tentative d'évitement frauduleuse de la clause de préemption(242).

3° Les clauses de rachat forcé

1270. – *Promesse de cession conditionnelle.* L'existence d'une clause de rachat forcé permet de contraindre un associé à céder ses actions lorsque certaines circonstances se réalisent. En réaction à l'encadrement jurisprudentiel croissant des clauses statutaires d'exclusion (V. *supra*, n°s 568 et s.), les praticiens délocalisent ces clauses hors des statuts : on fait signer à l'associé un acte extrastatutaire par lequel il s'engage à céder ses titres aux associés ou dirigeants, les bénéficiaires de la promesse étant en droit de lever l'option si la condition stipulée se réalise. Ainsi, un actionnaire peut consentir une promesse unilatérale de vente et accepter par exemple que les titres qu'il a acquis en devenant dirigeant ou salarié de la société lui seront rachetés le jour où il cessera ses fonctions(243) (sur les clauses dites de *bad leaver*, V. *infra*, n° 1312).

1271. – En cas de désaccord sur le prix, la garantie tirée du recours à l'expert ne s'applique que si les parties l'ont prévue (V. *supra*, n° 1243).

(239) La violation d'une clause statutaire de préemption n'emporte pas par elle-même nullité de la cession des titres (parts de SARL) conclue entre deux associés : Cass. com., 11 mars 2014, n° 13-10.366, PB.

(240) Pour un exemple : T. com. Paris, 25 juin 2007 : *RJDA* 11/2007, n° 1106 ; collusion entre le cédant et le cessionnaire, « professionnel averti des acquisitions et cessions de participations », ce dernier, bien que connaissant l'existence du pacte, avait néanmoins passé le contrat de cession globale des actions.

(241) Cass. com., 20 sept. 2016, n° 15-10.963 : *RJDA* 1/2017, n° 23 ; violation d'un pacte de préemption inclus dans un contrat de franchise.

(242) Cass. com., 15 mars 2017, n° 15-20.440 : *BJS* 2017, p. 452, note A. Gaudemet ; *RJDA* 6/2017, n° 412.

(243) Cass. com., 29 sept. 2015, n° 14-17.343 : *RJDA* 2/2016, n° 127 ; engagement pris dans un pacte d'actionnaires de céder les actions détenues si les actionnaires perdent leur qualité de salarié de la société.

D. – La protection du cessionnaire

1272. – Il peut advenir que l'acheteur – le cessionnaire – soit déçu par son investissement et qu'il estime avoir payé trop cher les actions acquises, compte tenu notamment de la mauvaise situation financière de la société qu'il découvre après coup. Le cessionnaire déçu peut tenter de mettre en œuvre les protections du Code civil. S'il a été prévoyant et a exigé une clause de garantie du passif, il la fera également jouer.

1° Les protections légales

1273. – Le cessionnaire peut invoquer l'existence d'un vice du consentement ou le manquement à l'obligation de bonne foi ou de loyauté ; il peut également faire jouer les garanties légales. En revanche, l'acquéreur qui estime avoir « surpayé » l'achat d'actions et contribué ainsi involontairement à l'enrichissement du cédant ne peut pas exiger le remboursement de ce qu'il considère être le trop-perçu sur le fondement de l'enrichissement injustifié (C. civ., art. 1303 et s.) ; en effet, cet enrichissement a une cause juridique, à savoir le contrat de cession d'actions passé avec le vendeur, ce qui ferme la voie de la restitution des sommes[244].

a) Les vices du consentement

1) Lésion ?

1274. – On éliminera le grief de lésion, car l'objection vient immédiatement : la lésion entraîne la révision d'une convention dans les seuls cas prévus par la loi (C. civ., art. 1168), ainsi en matière de vente immobilière (C. civ., art. 1674) ; or le caractère mobilier des droits sociaux (C. civ., art. 529) proscrit l'utilisation de l'article 1674 du Code civil.

2) Erreur

1275. – *Erreur sur la substance.* Le cessionnaire peut se prévaloir d'une erreur sur la substance ou sur les qualités essentielles des actions cédées, ce qui constitue une cause de nullité (C. civ. art. 1133 et s.). L'erreur sur la valeur ne constitue un vice du consentement que si elle est la conséquence d'une méprise sur les qualités essentielles (C. civ. art. 1136). Ainsi, la Cour de cassation considère qu'il y a erreur lorsque l'acquéreur des actions découvre, après la cession, que la société est en fait privée de la possibilité de réaliser son objet social, car empêchée de poursuivre son activité économique. Dans cette hypothèse, outre l'erreur, on peut se demander si la nullité ne pourrait pas être poursuivie sur le fondement de l'article 1169 du Code civil en raison du caractère illusoire de la contrepartie. En revanche, l'erreur est écartée si la société cédée est en mesure de poursuivre son activité[245].

(244) CA Paris, 22 janv. 2013 : *RJDA* 7/2013, n° 636.

(245) Cass. com., 30 sept. 2020, n° 18-18.239 : *BJS* déc. 2020, p. 25, note B. Brignon ; *LPA* 11 févr. 2021, p. 14, note J. Attard ; cession d'une société d'expertise comptable qui avait pour associé majoritaire et dirigeant de fait une personne qui n'avait pas la qualité d'expert-comptable ; exclusion de la nullité pour erreur dès lors que la cession avait permis de régulariser la situation, le cessionnaire étant lui-même une société d'expertise comptable.

1276. – Exemples d'erreur justifiant l'annulation d'une cession de titres.

• Société exploitant une carrière, laquelle a été vendue séparément avant la cession des parts sociales (Cass. com., 1er oct. 1991 : *JCP* E 1992, 277, note A. Viandier ; *D.* 1992, p. 190, note G. Virassamy).

• Société dont l'essentiel de l'actif est représenté par un matériel spécifique, lequel est juridiquement indisponible (Cass. com., 17 oct. 1995 : *BRDA* 21/1995, p. 3 ; *D.* 1996, p. 167, note J. Paillusseau).

• Société en cessation de paiement depuis trois mois au moment de la cession (Cass. com., 28 févr. 2006 : *RJDA* 10/2006, n° 1036).

• Société exploitant un hôtel-restaurant ayant fait l'objet d'une fermeture administrative (Cass. com., 4 déc. 2001 : *BJS* 2002, p. 62, obs. A. Couret).

• Société ne pouvant poursuivre son activité en raison d'une fraude antérieure dans la commercialisation de ses produits (Cass. com., 10 déc. 2003 : *RJDA* 7/2004, n° 829, 2e esp.).

3) Dol

1277. – *Principes.* À la vérité, c'est le dol par *réticence* qui se rencontre le plus couramment, à savoir la « dissimulation intentionnelle », le plus souvent par le vendeur, « d'une information dont il sait le caractère déterminant » pour l'acquéreur (C. civ. art. 1137), ainsi du mutisme gardé sur ses acrobaties comptables. Mais le dol peut également prendre la forme d'une manœuvre dolosive, ainsi du trucage de la comptabilité.

1278. – *Dol de l'acheteur.* Le dol peut aussi émaner de l'acheteur, par exemple un dirigeant social omettant de signaler qu'il a trouvé lui-même un acheteur auquel il va rétrocéder rapidement les actions à un prix supérieur(246). On signalera toutefois que « ne constitue pas un dol le fait pour une partie de ne pas révéler à son cocontractant son estimation de la valeur de la prestation » (C. civ., art. 1137).

1279. – *Date d'appréciation.* Le dol s'apprécie à la date de l'acte, à savoir en principe la date de l'accord des parties sur la chose et sur le prix(247). Les documents, même mensongers, communiqués après la cession ne sauraient donc constituer un dol(248).

(246) Cass. com., 11 juill. 2006 : *RJDA* 11/2006, n° 1146 ; président achetant chaque action 525 pour les revendre 786 six semaines plus tard. – CA Paris, 29 mai 2008 : *RJDA* 10/2009, n° 851 ; achat à 274 suivi d'une revente à 613 deux mois après. – Cass. com., 12 mars 2013, n° 12-11.970 : *Rev. sociétés* 2013, p. 689, note Th. Massart ; achat à 762 et revente à 1 700 un mois après. – CA Paris, 17 sept. 2013 : *RJDA* 2013, n° 1017 ; achat à 45 et revente à 147, huit mois après. – Cass. com., 15 mars 2017, n° 15-14.419 : *BRDA* 8/2017, n° 4 ; achat pour 760 000 et revente huit jours après pour 1 736 000. – V. au contraire, Cass. com., 30 sept. 2020, n° 18-17.353 : *BJS* nov. 2020, p. 25 ; les relations personnelles et de grande familiarité entre le cessionnaire d'actions et un client important de la société cédée, dépassant le cadre de simples relations professionnelles, ne suffisent pas à prouver l'existence entre ces personnes de conventions occultes susceptibles de caractériser une réticence dolosive ou un manquement à l'obligation de loyauté.

(247) Cass. com., 4 oct. 2011 : *Rev. sociétés* 2012, p. 151, note M. Menjucq ; une promesse est signée le 22 avril puis un acte définitif sur des bases différentes est conclu le 20 juin ; entre temps, plusieurs événements sont intervenus (cessation des paiements) ; la date pertinente pour apprécier l'existence d'un dol est le 20 juin.

(248) Cass. crim., 8 janv. 2014, n° 13-80.442 : *Rev. sociétés* 2014, p. 520, note B. Bouloc ; état du passif inexact remis à l'acquéreur après l'échange des consentements.

1280. – *Attitude de la victime.* Encore faut-il pour que le dol soit retenu que la victime ne soit pas elle-même coupable d'un défaut de diligence. On pourra notamment lui reprocher d'avoir agi à la légère(249), de n'avoir pas fait procéder à un « audit » de la société par un expert, de n'avoir pas pris la précaution de demander au cédant une clause de garantie de passif(250), d'avoir renoncé à demander des informations financières et fiscales en dépit de sa qualité de professionnel expérimenté(251)... On lui reprochera aussi parfois d'avoir été au courant de la situation fragile de la société(252).

1281. – *Sanctions.* Si le dol est démontré (V. *infra*, n° 1282), le cessionnaire peut demander la nullité de la convention ; l'action en annulation n'est pas soumise à la prescription abrégée de trois ans mais à la prescription de droit commun(253).

Mais l'acheteur préfère parfois demeurer associé : il conserve les actions et recherche une réduction du prix convenu. Il doit à cette fin agir en responsabilité contre le cédant, responsabilité délictuelle, puisqu'elle résulte de faits antérieurs au contrat, ce qui aboutira à la condamnation du cédant à lui verser des dommages-intérêts, sous réserve d'établir le lien de causalité entre la dissimulation alléguée et le préjudice(254) ; le préjudice consiste en la perte d'une chance, celle de n'avoir pas pu contracter à de meilleures conditions(255).

1282. – Exemples de cessions d'actions dolosives.

• Silence gardé sur l'inadaptation des travaux d'isolation phonique d'une discothèque (Cass. com., 13 janv. 1998 : *RJDA* 1998, n° 600).

• Défaut d'information du cessionnaire sur le fait que l'une des activités exercées n'était pas autorisée par le bail dont la société était titulaire (CA Paris, 3 févr. 1998 : *RJDA* 1998, n° 601).

• Dissimulation des plaintes des copropriétaires relatives aux nuisances liées au système d'évacuation des fumées d'une pizzeria (CA Paris, 18 nov. 1998 : *JCP* E 1999, p. 666, n° 2, obs. A. Viandier et J.-J. Caussain).

(249) Tel est le cas de l'acheteur téméraire qui acquiert les titres alors qu'un commissaire aux comptes avait tenté de le dissuader : Cass. 2e civ., 30 juin 2011 : *RJDA* 12/2011, n° 1040.

(250) CA Versailles, 23 juin 2005 : *RJDA* 7/2006, n° 784 ; le fait que le cessionnaire soit le frère du cédant ne le dispense pas de demander tout renseignement comptable utile et de prendre la précaution élémentaire de consulter les documents disponibles au greffe du tribunal de commerce.

(251) Cass. com., 11 mai 2017, n° 15-14.239 : *RJDA* 10/2017, n° 632.

(252) CA Paris, 21 mars 2006 : *RJDA* 7/2006, n° 785 ; l'acquéreur de la totalité du capital, en fait intéressé par la part de marché de la société, avait procédé à un audit et exigé une garantie de passif. – Cass. com., 1er mars 2011 : *RJDA* 7/2011, n° 630 ; l'acquéreur invoquait la rupture des relations commerciales avec un client important ; il lui est rétorqué qu'en opérateur expérimenté il avait eu nécessairement des contacts avec les différents clients, ce qui lui interdisait de plaider le dol. – Dans le même ordre d'idées, le vendeur qui disposait de tous les éléments pour déterminer la valeur des titres cédés, en raison de sa qualité de gestionnaire de la société concernée, ne peut pas reprocher à l'acquéreur, actionnaire majoritaire, de lui avoir dissimulé la valeur réelle des titres cédés : Cass. com., 13 déc. 2016, n° 15-18.002 : *BRDA* 2/2017, n° 5.

(253) L'action en annulation d'une cession de droits sociaux n'est soumise à la prescription triennale que dans l'hypothèse où elle est fondée sur une irrégularité affectant la décision agrément : Cass. com., 6 oct. 2004 : *BJS* 2005, p. 114, note P. Le Cannu.

(254) Cass. com., 4 nov. 2020, n° 18-17.614 : *BJS* janv. 2021, p. 9, note T. Massart ; *RJDA* 2/2021, n° 100 ; au jour de la cession, l'acquéreur, qui était déjà associé majoritaire et gérant, était en mesure d'apprécier la situation financière de la société cédée, de sorte que l'irrégularité comptable n'a pas pu influer sur sa décision d'acquérir les parts.

(255) Cass. com., 10 juill. 2012, n° 11-21.954, PB : *RJDA* 11/2012, n° 932 ; *Rev. sociétés* 2012, p. 686, note B. Fages. – Cass. com., 27 janv. 2021, n° 18-16.418 : *BJS* avr. 2021, p. 17, note P. Mousseron.

• Dissimulation de l'annulation des actions antérieurement à la cession (Cass. com., 10 mai 2006 : *RJDA* 8-9/2006, n° 909).

• Diffusion d'un rapport financier aussi flatteur que faux et insistance du vendeur pour que les acheteurs se décident rapidement (CA Paris, 15 mai 2008 : *RJDA* 11/2008, n° 1129).

• Mensonge relatif à la consistance du parc de véhicules d'une entreprise de transport (Cass. com., 27 oct. 2009 : *RJDA* 1/2010, n° 40).

• Affirmation inexacte sur l'appartenance de l'hôtel exploité par la société à la catégorie « deux étoiles » (Cass. com., 3 févr. 2015, n° 13-26.082 : *Rev. sociétés* 2015, p. 364, note T. Massart).

• Non-révélation d'un contentieux important né de la participation des salariés à une entente interdite (Cass. com., 12 avr. 2016, n° 14-29.483 : *RJDA* 7/2016, n° 540 ; *Rev. sociétés* 2016, p. 587, note J. Heinich).

• Silence gardé sur le fait que la clientèle de la société, qui produisait des « spots » publicitaires, dépendait de la compagne du cédant, principale apporteuse d'affaires en raison de ses fonctions au sein d'une agence de publicité et qui avait seule le contact direct avec les annonceurs (Cass. com., 9 janv. 2019, n° 17-28.725 : *BRDA* 4/2019, n° 5).

• Silence gardé sur l'absence de clientèle propre d'une société (Cass. com., 9 janv. 2019, n° 17-28725 : *BJS* mars 2019, p. 14, note Th. Massart ; *JCP* E 20201531, n° 2, obs. J.-Ch. Pagnucco ; *Rev. sociétés* 2019, p. 179, note T. Allain).

• Majoration artificielle de la trésorerie de la société, notamment par le biais de retards de paiement de factures (Cass. com., 5 juin 2019, n° 16-10.391 : *BRDA* 13/2019, n° 4).

4) Violence

1283. – *Pression morale.* Plus qu'à la violence physique – la paire de gifles pour provoquer l'acceptation du cédant –, c'est à la violence morale que l'on pense : chantage à l'emploi par exemple[256]. Dans le prolongement de l'article 1143 du Code civil qui assimile l'abus de l'état de dépendance à la violence, on peut également penser aux situations dans lesquelles l'une des parties à la cession d'actions profite de l'état de dépendance de l'autre partie pour obtenir son consentement à la cession et en tirer un « avantage manifestement excessif »[257].

b) La violation de l'obligation de bonne foi ou de loyauté

1284. – *L'article 1112* du Code civil énonce que « l'initiative, [et] le déroulement » des négociations précontractuelles « doivent impérativement satisfaire aux exigences de la bonne foi ». Par suite, ainsi qu'en dispose l'article 1112-1, « celle des parties qui connaît une information dont l'importance est déterminante pour le consentement de l'autre doit l'en informer dès lors que, légitimement, cette dernière ignore cette information ou fait confiance à son cocontractant » ; l'information ne

(256) CA Paris, 3 nov. 1999 : *BJS* 1999, p. 289 ; le souscripteur de parts d'une société civile se trouvait être le salarié du fondateur de la société ; il recherchait l'annulation de la souscription au motif que son employeur l'avait menacé de licenciement s'il ne souscrivait pas ; il est débouté au motif qu'étant une personne raisonnable il n'avait pas pu être conduit à souscrire sous la pression du fondateur et que le chantage prétendu au licenciement n'était pas démontré.

(257) Th. d'Alès et Ch. Merveilleux du Vignaux, *Le nouveau vice de violence économique : tout ça pour ça ?* : *JCP* E 2016, 1523.

porte toutefois pas sur l'estimation de la valeur de la prestation. L'obligation de bonne foi, dite encore de loyauté, s'apprécie par rapport aux qualités respectives des parties et du degré de vigilance normalement attendu de chacune d'elles eu égard à la nature et à l'économie de l'opération[(258)].

1285. – *Jurisprudence.* Sans attendre la réforme du droit des contrats, les tribunaux ont sanctionné les transgressions à l'obligation de loyauté dans le déroulement des négociations ayant abouti à la cession d'actions. Ainsi, la Cour de cassation a censuré un arrêt d'appel qui n'avait pas recherché si le cédant « n'avait pas manqué à son obligation de contracter de bonne foi en omettant d'informer [l'acquéreur] des conséquences probables d'un accident de travail intervenu avant la cession »[(259)]. L'obligation a été étendue au dirigeant de la société objet de la cession qui s'abstient d'attirer l'attention des cédants sur l'existence dans le patrimoine de la société de bénéfices distribuables supérieurs au prix offert[(260)] ou de l'existence de négociations en cours pour la revente ultérieure des actions[(261)] (V. *supra*, n° 431) ; le reproche n'est fondé que si le dirigeant détenait l'information[(262)].

c) Les garanties tirées du droit de la vente

1286. – *Garantie des vices cachés.* En matière de cession de créances – les droits sociaux sont pour l'essentiel des créances – le cédant garantit l'existence de la créance et non la solvabilité du débiteur, ici la société (C. civ., art. 1326 et 1693), ce qui est une façon d'affirmer qu'il ne garantit pas la valeur des titres cédés. Cependant, comme en matière d'erreur (V. *supra*, n° 1275), la Cour de cassation considère que peut être invoqué, au titre de la garantie des vices cachés, le vice rendant les titres impropres à leur destination ; en revanche, si le vice n'interdit pas à la société de poursuivre son activité économique, la garantie ne joue pas[(263)].

1287. – *Garantie d'éviction.* En vertu de l'article 1625 du Code civil, le vendeur garantit la jouissance paisible de la chose vendue. Cette obligation s'applique également en matière de cession d'actions et le cessionnaire peut agir contre le cédant s'il démontre l'existence d'actes de nature à empêcher la société de poursuivre son activité, et donc de réaliser son objet social. Ainsi, l'acquéreur doit démontrer que le comportement du cédant a vidé les actions de tout ou partie de leur substance, s'agirait-il d'actes antérieurs à la cession, mais dont les effets se sont réalisés après. Par exemple, la Cour de cassation a admis l'action de l'acheteur de parts d'une

(258) CA Paris, 6 mai 2014 : *RJDA* 11/2014, n° 842 ; la cour observe qu'une lecture même sommaire de la documentation comptable permettait d'appréhender la fragilité de la situation de trésorerie de la société.

(259) Cass. 1re civ., 15 mars 2005 : *Rev sociétés* 2005, p. 587, note N. Mathey. – Cass. com., 4 déc. 2007 : *BRDA* 1/2008, n° 8 ; censure d'un arrêt d'appel se contentant de relever que l'acte de cession ne contenait ni clause de garantie de passif, ni clause de révision de prix, sans rechercher, comme le demandait l'acquéreur, si le cédant n'avait pas engagé sa responsabilité en dissimulant la véritable situation de la société.

(260) Cass. com., 6 mai 2008 : *Dr. sociétés* 2008, n° 156, note H. Hovasse ; dans cette affaire, l'acquéreur des titres (parts de SARL) était une société civile constituée par le dirigeant et son épouse ; aussi le dirigeant était-il indirectement intéressé par la transaction.

(261) Cass. com., 10 juill. 2018, n° 16-27.868 : *RJDA* 11/2018, n° 841.

(262) Cass. com., 12 avr. 2016, n° 14-19.200 : *RJDA* 7/2016, n° 539.

(263) Cass. com., 16 nov. 2004 : *RJDA* 2005, n° 563 : l'apparition de pertes sociales importantes supérieures de dix fois aux prévisions, ne constitue pas un vice caché dès lors que la société n'était pas dans l'impossibilité de poursuivre l'activité économique constituant son objet.

société coopérative ouvrière de taxis ayant été l'objet d'un important redressement fiscal justifié par l'attitude du vendeur, lequel avait tenté de se soustraire au paiement de l'impôt(264). La mise en œuvre de cette garantie suppose donc de démontrer que le vendeur, par son comportement, a provoqué « l'éviction » de l'acheteur de la jouissance des actions, par exemple en détournant la clientèle de la société(265), ou en résiliant un contrat d'approvisionnement(266).

2° Les garanties contractuelles : la garantie de passif

a) La fonction de la clause de garantie de passif

1288. – *Intérêt de la clause.* Le rachat d'une entreprise peut prendre la forme soit d'un rachat d'actifs (on acquiert alors un fonds de commerce), soit d'un rachat de droits sociaux (on acquiert dans ce cas une société). On s'intéressera ici au sort du passif de l'entreprise rachetée. Le passif ne fait pas partie du fonds de commerce ; c'est donc le vendeur qui fait son affaire personnelle du règlement des dettes ; sauf clause contraire, l'acquéreur ne saurait être inquiété à cet égard. En revanche, lorsque la cession porte sur des droits sociaux, on rachète une société avec ses éléments actifs et passifs. Certes, lors de la détermination du prix, il est tenu compte du passif, mais seulement du passif connu ; or il peut arriver que plusieurs mois, voire plusieurs années après la date de cession, apparaisse un passif supplémentaire dont l'origine remonte à la période antérieure à la cession, par exemple suite à un contrôle fiscal. De même, les actions en responsabilité contractuelle ou délictuelle sont parfois exercées plusieurs années après les faits litigieux. Que se passe-t-il si la société se trouve ainsi redressée fiscalement ou condamnée judiciairement à raison de faits remontant à la gestion antérieure à la date de cession des droits sociaux ? Elle est tenue de ce passif ; cela est évident. Mais le cessionnaire est trompé dans ses espérances, puisqu'il constate après coup, du fait de l'apparition tardive de ce passif, qu'il a payé trop cher les actions. On a vu que le droit commun protège imparfaitement le cessionnaire déçu (V. *supra*, n°s 1274 et s.). D'où l'idée de suppléer par convention aux insuffisances de la loi : c'est la raison d'être de la clause de garantie de passif(267).

1289. – *Objet de la clause.* Par la clause de garantie de passif, encore appelée clause de garantie comptable, le cédant garantit l'exactitude du bilan à partir duquel le prix a été déterminé ; il prend en conséquence l'engagement d'assumer

(264) Cass. com., 25 janv. 1983 : *JCP* 1984, II, 20180, note A. Viandier.

(265) Cass. 1re civ., 24 janv. 2006 : *Rev. sociétés* 2006, p. 561, note B. Lecourt ; cédant de parts d'une société médicale se réinstallant avant la date prévue au contrat et déployant des manœuvres pour capter la clientèle de la société ; arrêt rendu en matière de société civile professionnelle mais qui vaut également pour les sociétés par actions. – Cass. com., 20 févr. 2007 : *Dr. sociétés* mai 2007, 88, note H. Lécuyer ; *RJDA* 7/2007, n° 73 ; fabricant danois de chaussures cédant sa filiale française puis rompant le contrat de distribution le liant à celle-ci pour confier la diffusion de ses produits à une nouvelle société créée pour l'occasion. – Cass. com., 12 mai 2015, n° 14-11.699 : *RJDA* 1/2016, n° 35 ; reprise partielle de clientèle.

(266) Cass. com., 20 sept. 2017, n° 16-10.776 : *RJDA* 1/2018, n° 30 ; la société cédée avait été l'objet d'une procédure collective plus de quatre ans après la cession ; l'acquéreur invoqua la garantie d'éviction au motif que le vendeur des actions avait résilié le contrat d'approvisionnement le liant à la société cédée ; la rupture dudit contrat n'étant pas la cause de la procédure collective, la garantie d'éviction est écartée.

(267) P. Mousseron, *Les conventions de garantie de passif dans les cessions de droits sociaux*, coll. « Nef Université », 2e éd., 1997.

les dettes ne figurant pas dans ce bilan, mais dont l'origine est antérieure à la cession. L'existence d'une clause de garantie de passif ne supprime pas *ipso facto* toutes les difficultés, et de nombreux litiges apparaissent quand il s'agit de l'interpréter ou de l'exécuter[(268)]. L'existence d'une garantie contractuelle n'interdit pas d'exercer en outre les actions de droit commun, par exemple au titre d'un dol[(269)]. *A fortiori*, l'absence de garantie de passif n'empêche pas le cessionnaire de rechercher la responsabilité du cédant sur les fondements du droit des contrats ; ainsi de la réticence dolosive, à l'exclusion de l'estimation de la valeur des droits, ou de la garantie des vices cachés, à condition de démontrer que le vice interdit à la société de poursuivre son activité (V. *supra*, n° 1286)[(270)].

b) La typologie des clauses de garantie

1290. – La typologie des clauses est difficile à dessiner, la pratique ne se souciant pas, à juste titre, de respecter les tentatives de classification des professeurs. Sous cette réserve, on distingue généralement :

– *la clause de garantie de passif* stricto sensu : le cédant supporte le passif survenant après la cession et dont l'origine est antérieure à celle-ci, ce qui suppose d'établir que le passif trouve son origine dans un acte ou un fait antérieur à la cession[(271)] ; le cédant peut ainsi débourser plus que ce qu'il a encaissé au titre du produit de la vente (on parle alors de prix négatif) ;

– *la clause de révision de prix (ou clause de garantie de valeur)* : le cédant indemnise le cessionnaire des moins-values affectant les actions cédées du fait de l'apparition de nouvelles dettes par rapport à celles existant au jour de l'achat ; l'indemnisation est plafonnée au montant du prix ;

– *la clause de rentabilité* par laquelle le cédant déclare que pour l'exercice en cours, mais non encore clos, le résultat net sera égal ou supérieur à un montant déterminé[(272)] ; pour mériter cette qualification, la clause doit faire expressément référence à l'impact de sa mise en œuvre sur le prix des actions cédées ; c'est le cas si l'application aboutit à une réduction automatique du prix payé ;

– *la clause de non-garantie du passif*, fréquente dans les cessions de parts de société en nom collectif, par laquelle les cédants tentent d'éviter les effets de la responsabilité solidaire qui continue de peser sur eux pour les dettes antérieures à la cession.

(268) V. par ex. : Cass. com., 7 juill. 2020, n° 18-19.230 : *BJS* nov. 2020, p. 13, note T. Massart.

(269) Cass. com., 3 févr. 2015, n° 13-12.483 : *Rev. sociétés* 2015, p. 570, note J.-J. Ansault.

(270) CA Aix-en-Provence, 27 févr. 2020, n° 17/09825 : *BJS* juin 2020, p. 26, note J.-M. Moulin ; cession des titres (parts de SARL) expressément acceptée sans garantie de passif de la part du cédant, le cessionnaire déclarant connaître la situation active et passive de la société ; l'acquéreur invoqua la réticence dolosive et la garantie des vices cachés à l'encontre du vendeur, fondements écartés par la cour d'appel ; rejet de l'action en responsabilité intentée à l'encontre du cédant en sa qualité d'ancien dirigeant et associé au titre de fautes de gestion et du solde négatif d'un compte courant.

(271) Cass. com., 2 déc. 2020, n° 18-11.336 : *BJS* févr. 2021, p. 21, note J.-M. Moulin ; *Dr. sociétés* mars 2021, comm. 33, R. Mortier ; licenciement illicite après cession d'un salarié pour inaptitude, lequel avait subi des faits de harcèlement moral antérieurs à la cession ; le passif trouve son origine dans le licenciement illicite intervenu postérieurement à la cession et non dans les faits de harcèlement antérieurs à la cession, de sorte que la garantie ne peut être appelée.

(272) Pour un exemple : Cass. com., 28 nov. 2006 : *RJDA* 4/2007, n° 366 ; cession de la quasi-totalité des actions d'une société exploitant une concession Renault ; le cédant garantissait que le compte d'exploitation Renault fera ressortir un bénéfice d'exploitation cumulé d'au moins 1 500 000 F, or le bénéfice réel ne fut que de 1 000 000 F.

1291. – Exemple de clause de garantie de passif.

> « … le vendeur s'oblige notamment à indemniser l'acquéreur et/ou la société de tout passif de la société non déclaré, non provisionné, ou insuffisamment provisionné au bilan clos le 31 décembre 2020, qui se révélerait ultérieurement et aurait une cause antérieure à la date de cession des actions, tous impôts, taxes, amendes, majorations, intérêts de retard, et pénalités exigibles à la suite de tous redressements fiscaux ou résultant de la législation sociale et ayant une cause antérieure à la date du transfert des actions. Le montant de l'indemnisation de l'acquéreur et/ou de la société sera payé par le vendeur dans les soixante jours suivant la notification par lettre recommandée avec accusé de réception du dommage et de son évaluation. »

c) La portée de la garantie

1292. – Les clauses de garantie de passif débordent souvent le passif et embrassent des *éléments extra-financiers* ayant fait l'objet d'une déclaration du vendeur : régularité de la constitution de la société, réalité de la propriété des actions cédées, respect de la réglementation, du fonctionnement des sociétés (documents sociaux à jour, publicités légales effectuées), nature des actes accomplis depuis la clôture du bilan de référence(273).

1293. – Mais le cœur de la garantie est bien sûr le *passif*. Elle couvre généralement toutes les dettes sociales, voire un passif d'origine répressive(274). Sauf indication d'un plafond, le garant est tenu sans limite, y compris au-delà du prix qu'il a perçu. Il en va différemment si la garantie a été conçue comme une « réduction de prix » (V. *supra*, n° 1290), puisque, au pire des cas, la mise en œuvre de la garantie ne peut aboutir qu'à la restitution intégrale du prix. Comme il s'agit des dettes non déclarées ou non provisionnées à la date de la cession, la convention désigne l'état financier de référence : dernier bilan ou situation intermédiaire. Il peut arriver que l'acheteur supporte une certaine franchise et ne puisse invoquer la garantie qu'au-delà d'un seuil déterminé, et seulement pendant une durée donnée.

1294. – *Exigence de bonne foi et de loyauté.* Lorsque le bénéficiaire de la garantie se trouve être l'auteur des pratiques fiscales ayant conduit, après la cession, à un redressement, sa mauvaise foi lui interdira en principe d'invoquer la garantie de ses propres faits(275). Pareillement, en application du principe de loyauté des contrats,

(273) CA Paris, 6 juin 2003 : *RJDA* 1/2004, n° 53 ; le cédant avait déclaré qu'il n'avait accompli aucun acte dépassant la gestion normale et courante de l'entreprise ; or il avait continué à honorer les commandes d'un client notoirement insolvable, acte anormal ayant justifié la mise en cause de la responsabilité du cédant au titre de cette déclaration.

(274) B. Ferrari, *Retour sur les garanties de passif : réflexions sur la couverture conventionnelle d'un passif d'origine répressive : BJS* 2019, p. 58.

(275) CA Paris, 14 mars 2006 : *RJDA* 10/2006, n° 1038 ; cession de 47 % d'une société exploitant une discothèque au président, détenteur de 41 % et responsable des dissimulations de recettes ayant conduit au redressement ; l'arrêt a cependant été cassé : Cass. com., 10 juill. 2007, n° 06-14.768 : *BJS* 2007, § 317, p. 1187, note A. Couret ; *ibid.* p. 2839, note Ph. Stoffel-Munck ; *JCP* E 2007, note D. Mainguy ; le juge n'est pas autorisé à porter atteinte à la substance même des droits et obligations légalement convenus entre les parties. – *Adde* Cass. com., 3 mai 2018, n° 16-23.817 : *RJDA* 8-9/2018, n° 646 ; le fait que l'acquéreur connaissait l'existence d'un litige de la société avec un client ne le prive pas de l'application de la garantie pour défaut de provisionnement du même litige dans les comptes sociaux.

le bénéficiaire d'une garantie au titre des créances irrécouvrables ne peut s'en prévaloir qu'à la condition de prouver avoir accompli les diligences minimales qui lui incombaient pour procéder au recouvrement de celles-ci[(276)].

1295. – *Obligation d'information.* Si la clause met à la charge du cessionnaire l'obligation de porter à l'information du cédant différents événements de nature à mettre en œuvre la garantie de passif, l'inexécution de cette obligation par le cessionnaire peut provoquer, selon l'appréciation souveraine du juge[(277)], la déchéance de la garantie et ce, même si le contrat n'a pas prévu expressément cette sanction[(278)].

d) Les bénéficiaires de la garantie

1296. – Selon la rédaction de la clause, le bénéficiaire peut être le cessionnaire ou la société cédée[(279)].

Si la *société* est désignée comme bénéficiaire de la garantie, le cédant est tenu soit de verser les fonds nécessaires dans les caisses sociales, soit de désintéresser directement les créanciers sociaux (le Trésor public en cas de redressement fiscal par exemple)[(280)]. En cas d'absorption de la société bénéficiaire, la clause de garantie de passif est transmise à la société absorbante (V. *infra*, n° 2264). La désignation de la société comme bénéficiaire doit être explicite[(281)].

Si le *cessionnaire* est désigné comme bénéficiaire, peut-il se prévaloir de la clause en cas de revente des titres ? Il faut ici opérer une distinction en fonction de l'objet de la clause (V. *supra*, n° 1290). S'il s'agit d'une garantie de passif *stricto sensu*, le cessionnaire ne peut demander son exécution après avoir cédé les titres acquis, la garantie étant attachée à ces derniers[(282)]. S'il s'agit d'une clause de révision de prix (ou clause de garantie de valeur), elle demeure acquise au cessionnaire, même s'il cède les actions[(283)] ; la clause de garantie de valeur peut pareillement être transmise au sous-acquéreur des titres[(284)], sauf si l'identité du premier acquéreur avait été la condition déterminante de l'engagement du cédant[(285)].

(276) CA Lyon, 1er juin 2006 : *Dr. sociétés* 2006, n° 125, obs. H. Hovasse ; *JCP* E 2007, 1049, n° 4, obs. J.-J. Caussain, Fl. Deboissy et G. Wicker ; le cessionnaire prétendait faire jouer la garantie due au titre des créances irrécouvrables alors qu'il n'avait même pas envoyé de mise en demeure de payer aux débiteurs.

(277) Cass. com., 25 janv. 2017, n° 15-17.137 : *RJDA* 4/2017, n° 255.

(278) Cass. com., 9 juin 2009, n° 08-17.843, P+B : *D.* 2009, p. 1693 ; *JCP* E 2009, n° 1767, n° 3, obs. Fl. Deboissy et G. Wicker ; *Rev. sociétés* 2010, p. 87, note J.-Ph. Dom : une clause de garantie de passif avait été insérée dans l'acte de cession des parts d'une société civile exploitant un domaine viticole situé au pied d'une falaise ; elle prévoyait que, dans le cas où la situation de la carrière et des carrières souterraines viendrait à s'aggraver entre le jour de l'acte et la fin des travaux de consolidation prévus par le contrat, les cédants en assumeraient les conséquences financières. – Pour une solution différente : CA Paris, 9 janv. 2020, n° 18/22848 : *BRDA* 7/2020, n° 4 ; *Dr. sociétés* août 2020, comm. 100, R. Mortier.

(279) J. Paillusseau, *Le bénéficiaire de la garantie de passif dans la cession de contrôle* : *JCP* E 2002, 367.

(280) Il a été jugé que la garantie de passif impliquant le versement de fonds dans la caisse sociale valait stipulation pour autrui au profit de la société : Cass. com., 7 oct. 1997 : *BJS* 1997, p. 1058, note P. Mousseron.

(281) Cass. com., 8 mars 2017, n° 15-19.174 : *RJDA* 6/2017, n° 413.

(282) Cass. com., 12 févr. 2008, n° 06-15.951. – CA Paris, 20 juin 2006 : *JCP* E 2007, 1877, n° 4, obs. J.-J. Caussain, Fl. Deboissy et G. Wicker.

(283) Cass. com., 11 mars 2008 : *RJDA* 10/2008, n° 1030. – Cass. com., 3 avr. 2007 : *RJDA* 7/2007, n° 736 ; les cédants avaient garanti que la société, qui exploitait des décharges de déchets industriels, disposait de toutes les autorisations requises, la mise en œuvre de la garantie entraînant une « réduction automatique du prix » ; le fait que le bénéficiaire ne soit plus actionnaire n'a pas d'effet sur la mise en œuvre de la garantie.

(284) Cass. com., 9 oct. 2012, n° 11-21.528, PB : *Dr. sociétés* 2013, n° 2, obs. R. Mortier ; *JCP* E 2012, 1777, n° 2, obs. Fl. Deboissy et G. Wicker ; même en l'absence de clause en ce sens dans l'acte de cession initial, le bénéficiaire d'une clause de garantie de valeur peut céder la créance en résultant au sous-acquéreur des titres sociaux.

(285) Cass. com., 20 oct. 2015, n° 14-17.896 : *RJDA* 1/2016, n° 34 ; société d'expertise comptable.

e) Les conditions de forme de la garantie

1297. - La garantie de passif n'est soumise à aucune condition de forme. Spécialement, ce n'est pas un acte unilatéral ; aussi bien elle n'est soumise ni aux formalités requises par l'article 1376 du Code civil (mention écrite du montant de l'engagement) ni aux prescriptions de l'article 1415 du Code civil exigeant l'accord du conjoint pour engager les biens communs(286).

§ 2. – Le droit de nantir les actions

1298. - C'est un aspect du droit patrimonial que de pouvoir tirer crédit des actions dont on est titulaire. On peut accorder une sûreté réelle sur les titres à son créancier (un banquier ou encore le cédant qui consent des délais de paiement) sous la forme d'un nantissement, c'est-à-dire d'une mise en gage. Cette garantie n'a pas connu le succès escompté en raison des difficultés de gestion du portefeuille de titres nantis et de la lourdeur des mécanismes de réalisation du gage (C. monét. fin., art. L. 211-20 et D. 211-10).

A. – La constitution du gage

1299. - *Déclaration du constituant.* La mise en gage d'instruments financiers est réalisée, tant entre les parties qu'à l'égard de la personne morale émettrice et des tiers, par une déclaration signée par le constituant du gage, l'actionnaire en l'espèce(287). Les titres sont virés sur un compte spécial ou sont l'objet d'une identification informatique. Le créancier peut obtenir à tout moment une attestation de nantissement de compte d'instruments financiers. En vérité, ce ne sont pas les valeurs mobilières qui sont gagées mais le compte lui-même. Il est d'ailleurs prévu que les titres qui sont substitués (cas de la fusion) ou qui complètent (cas d'attribution d'actions gratuites) les titres figurant dans le compte gagé entrent, par le jeu de la subrogation réelle, dans l'assiette du gage. Les dividendes sont en principe compris dans cette assiette.

1300. - *Qualité d'associé.* C'est le débiteur (le constituant) qui est titulaire du compte et qui conserve donc la qualité d'associé. Toutefois, le créancier gagiste et le titulaire du compte gagé peuvent définir les conditions dans lesquelles ce dernier dispose des éléments du compte, par exemple des dividendes reçus.

1301. - *Droit de rétention.* Le créancier gagiste se voit reconnaître expressément par la loi un droit de rétention sur les titres figurant dans le compte gagé ; par suite, il peut s'opposer à ce que les titres gagés soient transférés sur un autre compte.

B. – La réalisation du gage

1302. - *Modes de réalisation du gage.* À défaut de paiement à l'échéance, le créancier peut réaliser le gage. Le droit commun du gage prévoit deux modes de

(286) Cass. 1re civ., 20 sept. 2012, n° 11-13.144 : *RJDA* 1/2013, n° 41 ; *Rev. sociétés* 2013, p. 206, note R. Libchaber ; le garant prétendait qu'au même titre qu'une reconnaissance de dette, la garantie est soumise aux articles 1376 et 1415 du Code civil.
(287) La simple signification à une banque du jugement prévoyant le nantissement ne vaut pas déclaration de nantissement : Cass. com., 23 janv. 2019, n° 16-20.582 : *BRDA* 4/2019, n° 1.

réalisation : la vente forcée en justice et l'attribution judiciaire en paiement. Mais la mise en gage du compte d'instruments financiers reste une garantie fragile en raison de l'aléa qui affecte la valeur des actions ; s'il s'agit d'une société fermée, *a fortiori* si les affaires sociales périclitent, les actions ne trouveront guère d'acquéreur, sinon à vil prix, et la garantie du créancier aura fondu comme neige au soleil.

1303. – *S'agissant d'instruments financiers négociés sur un marché réglementé* (titres cotés en bourse), quelle que soit la nature du gage, civil ou commercial, le créancier peut réaliser sa sûreté huit jours après une mise en demeure adressée au débiteur par lettre recommandée ; les titres seront alors vendus en bourse.

1304. – *S'agissant des autres valeurs mobilières*, la réalisation du gage intervient conformément aux dispositions de l'article L. 521-3 du Code de commerce, c'est-à-dire par mise en vente publique huit jours après une signification au débiteur. Le créancier gagiste peut également demander en justice à ce que les titres lui soient directement attribués.

§ 3. – Le droit de mettre les actions en location

1305. – La loi du 2 août 2005 en faveur des petites et moyennes entreprises a prévu la possibilité pour un propriétaire d'actions – comme de parts sociales de SARL soumise à l'impôt sur les sociétés (V. *infra*, n° 1765) – de mettre ses titres en location (C. com., art. L. 239-1 et s.) ou en crédit-bail (C. monét. fin., art. L. 313-7, 4). L'objectif affiché est de permettre une meilleure reprise des petites entreprises, notamment lorsque l'instrument choisi est le crédit-bail. La loi n° 2014-1545 du 20 décembre 2014 a étendu, dans des limites assez étroites, aux sociétés d'exercice libéral la possibilité de procéder à une location de droits sociaux.

A. – Conditions de la location

1306. – La mise en location, qui n'est pas possible pour les actions cotées en bourse, suppose que les statuts autorisent cette faculté. Le contrat de location doit être écrit et le locataire ne peut être qu'une personne physique. Les titres doivent être évalués au début et au terme de la location sur la base des comptes sociaux, évaluation certifiée par le commissaire aux comptes. Le contrat prévoit la durée de la location et le loyer ; dans le cas du crédit-bail, le propriétaire consent une promesse de vente des actions à un prix convenu, qui prend totalement ou partiellement en compte les loyers versés. Le locataire est soumis à agrément lorsqu'une clause d'agrément est stipulée dans les statuts de la société. La location est opposable à la société au moyen d'une signification par acte d'huissier ou d'une acceptation par la société dans un acte authentique (C. civ., art. 1690).

B. – Effets de la location

1307. – Une fois la location ou le crédit-bail signifiés à la société, cette dernière porte une mention appropriée sur le registre des titres. Le bailleur demeure associé puisqu'aucun transfert de propriété n'est intervenu. Cependant, s'il vote dans les assemblées statuant sur les modifications statutaires et le changement de nationalité de la société, c'est le locataire qui exerce cette prérogative pour toutes les autres décisions. Les droits financiers sont répartis comme en matière d'usufruit, le bailleur étant assimilé à un nu-propriétaire et le locataire à un usufruitier. Ainsi, le dividende revient au locataire et lui permet alors de payer tout ou partie du loyer stipulé au contrat.

Le coin des amateurs

1. Cessions forcées

1308. – La cession est libre... sauf lorsqu'elle est forcée. Voici quelques cas, légaux ou contractuels.

Légaux : lorsqu'une procédure collective est ouverte, l'article L. 631-19-1 du Code de commerce permet au tribunal d'ordonner la cession par les dirigeants des actions et parts sociales qu'ils détiennent si le redressement de l'entreprise l'exige, obligation jugée conforme à la Constitution (V. *supra*, n° 491) ; l'article L. 631-19-2 étend la mesure à tous les associés ou actionnaires, même non dirigeants, ayant refusé la modification du capital prévue par le plan de redressement et disposant de la majorité ou à tout le moins d'une minorité de blocage (A. Cerati-Gauthier, *Loi Macron ; les mécanismes de dilution forcée et de cession forcée ne sont pas contraires à la Constitution* : *JCP* E 2015, 1461. – I. Parachkékova, *L'augmentation de capital forcée dans la loi Macron* : *BJS* 2015, p. 530).

Contractuels : les statuts peuvent stipuler que la perte d'une qualité spécifiée, par exemple celle de salarié, oblige l'intéressé à quitter la société en cédant ses actions ou parts sociales (V. *supra* n° 573) ; les pactes d'actionnaires instituant un plafond de participation prévoient l'obligation de céder les actions excédentaires en cas de dépassement du plafond.

2. Donation ou cession à titre onéreux ?

1309. – Dans la vie courante, et sans avoir hanté les couloirs d'une faculté de droit, on fait clairement la différence entre un cadeau et une vente. Mais il arrive que la frontière devienne indécise, en raison notamment des relations familiales. En voici des illustrations :

1. Le fondateur d'une société vend plusieurs parts de celle-ci à ses neveux et à leur cousin ; mais l'acte, pourtant passé devant notaire, contient la mention suivante : « la cession résultant de la présente donation sera signifiée à la société ». Donation ou vente ? Plus de vingt ans après et à la suite d'une série de décès et donc de successions, certains héritiers contestent la qualification de vente et prétendent – pour la cession au cousin – qu'il s'agissait d'une donation déguisée. Ils échouent, pour les motifs suivants : l'emploi du mot « donation » était un lapsus (ce qui, dirait le psychanalyste, lui donnait encore plus de valeur...), et surtout que le vendeur n'avait été animé d'aucune intention libérale ; en fait, il était soucieux d'assurer la poursuite de l'exploitation de l'entreprise en y installant des dirigeants, les donataires, pardon les acheteurs, ce qui pouvait justifier que le prix de cession soit inférieur à la valeur d'expertise des parts (Cass. com., 27 mars 2007 : *RJDA* 7/2007, n° 735). On ignore si la responsabilité du notaire fut recherchée.

2. Après les neveux et cousin, voici le frère et la sœur : un frère transfère à sa sœur, sans établir de convention, l'intégralité des parts qu'il détient dans une société familiale, juste avant la cession du contrôle de celle-ci à un repreneur ; la sœur revend à ce dernier les titres transférés et le frère vient lui en réclamer le prix ; réponse : c'était une donation. Les juges condamnent la sœur : plusieurs documents, dont le protocole signé avec le repreneur, mentionnaient clairement que la sœur ferait son affaire de la ventilation

du prix global entre tous les vendeurs (il est probable que l'acheteur, pour se simplifier la vie, avait demandé à traiter avec une seule personne, à charge pour celle-ci de ramasser d'abord l'ensemble des parts en circulation) ; de plus, aucune preuve n'était apportée d'une quelconque intention libérale du frère, qui avait d'ailleurs une « surface financière » inférieure à celle de sa sœur ; bref il n'y avait pas donation mais vente (Cass. com., 9 oct. 2007 : *BRDA* 20/2007, n° 4).

Moralité : il faut savoir ce que l'on veut, ce que l'on fait et le dire clairement, sauf à vouloir s'embarquer dans un contentieux propre à mettre en danger la paix des familles et la quiétude des réunions familiales.

3. Et puisque l'on évoque les donations, qu'en est-il de leur révocation pour ingratitude ? On sait que l'article 955 du Code civil prévoit la possibilité pour le donateur d'invoquer l'ingratitude du donataire à son égard pour demander en justice l'annulation du don. *Quid* en matière de droits sociaux si l'ingratitude s'est manifestée à l'encontre de la société dont les titres ont été donnés ? Le cas a été soumis à la Cour de cassation (Cass. 1re civ., 30 janv. 2019, n° 18-10.091, F-PB : *BRDA* 5/2019, n° 9). Un fils avait reçu de son père donation des actions d'une société fondée par lui ; le rejeton s'étant rendu ultérieurement coupable d'abus de biens sociaux et d'abus de confiance au détriment de la société, notamment en détournant la clientèle de l'entreprise, le père demanda la révocation de la donation au motif que le comportement du fils attestait son ingratitude. La cour d'appel accepta et son arrêt est censuré par la Cour de cassation ; en effet, c'est la seule ingratitude à l'encontre du donateur qui peut justifier la révocation de la donation, or ce n'est pas la société qui avait donné les titres mais le père, nouvelle illustration des effets de la personnalité morale.

3. La valeur des actions

1310. – Il n'y a pas une, mais plusieurs valeurs de l'action. S'il s'agit du pouvoir politique ou des droits financiers, on prend en compte la valeur nominale. S'il s'agit au contraire de la mise en œuvre de prérogatives patrimoniales, on se réfère à la valeur vénale qui n'est autre que le prix du marché correspondant au jeu normal de l'offre et de la demande.

a) La valeur nominale, mesure du pouvoir politique

La valeur nominale correspond à la valeur initialement fixée dans les statuts ; elle est l'équivalent de la valeur faciale inscrite sur un billet de banque ; d'où son immutabilité quelles que soient les vicissitudes de la société ; on ne modifie pas le libellé des billets de banque même si la monnaie se déprécie. Il n'y a pas de minimum à respecter et la mention de la valeur nominale dans les statuts est facultative (V. *supra*, n° 838). Cette valeur, qui correspond à une quote-part du capital social, donne la mesure des droits politiques et financiers de l'actionnaire.

b) La valeur vénale, expression de la dimension patrimoniale

Lorsque l'actionnaire cède ses actions, il constate qu'il y a souvent loin du nominal au vénal. Si la société est en déconfiture, la valeur des actions peut être nulle ; la société entière peut à la limite être rachetée pour un euro symbolique, sa valeur pouvant même être négative. En cas de prospérité ou de spéculation, les gains peuvent en revanche être mirifiques. Si les actions sont cotées, il existe une valeur boursière dont le cours varie quotidiennement selon la loi de l'offre et de la demande.

Faute de marché, si les titres ne sont pas cotés, les choses sont beaucoup plus délicates. Les spécialistes ne sont pas en manque de méthodes d'évaluation, à base de formules savantes, plus ou moins ésotériques. Pour faire simple, on distinguera entre la valeur mathématique ou intrinsèque (elle se calcule à partir de l'actif net social, ou, ce qui revient au même, à partir des capitaux propres), la valeur de rendement (elle est fonction des bénéfices réalisés, voire des bénéfices espérés), la valeur liquidative, c'est-à-dire « à la casse » (elle correspond au prix de revente des actifs, diminué du passif et des frais de liquidation). On trouve l'écho de ces différentes méthodes dans la réglementation du retrait obligatoire (V. *infra*, n° 1653), l'article L. 433-4, II, du Code monétaire et financier précisant que l'évaluation de l'indemnité de retrait est « effectuée selon les méthodes objectives pratiquées en cas de cession d'actifs (et tenant compte), selon une pondération appropriée à chaque cas, de la valeur des actifs, des bénéfices réalisés, de la valeur boursière, de l'existence de filiales et des perspectives d'activité ».

Au vrai, tout dépend de l'appétit de l'acheteur. Il est évident que les actions d'un minoritaire d'une petite société familiale n'intéressent pas grand monde et que le prix obtenu est souvent un prix de braderie (V. *supra*, n° 1226). Il en va différemment si le cédant possède un paquet d'actions assurant le contrôle de la société. Dans ce cas, c'est la valeur même de la société qui est en jeu. Pareillement, la circonstance qu'un bloc d'actions confère une minorité de blocage influe sur la valeur vénale des titres (CA Paris, 2 juill. 2002 : *BJS* 2003, p. 217, note A. Couret).

4. La cession d'actions pour un euro

1311. – Avec un euro, on ne peut pas acheter grand-chose, un croissant peut-être, un café au comptoir, mais sûrement pas les deux. Comment se fait-il alors que certaines personnes réussissent à acheter une entreprise en déboursant un euro ? La nullité de la vente dépend de l'analyse globale de l'opération et de l'existence de contreparties. Mais la vente peut également déguiser une donation.

a) Existence de contreparties

La clé du raisonnement est dans l'analyse globale de l'opération. Si le vendeur des actions abandonne son entreprise contre la remise d'un seul euro, sans autre avantage, la nullité de la vente sera prononcée pour contrepartie dérisoire. En revanche, si l'acquéreur s'engage, outre le versement de l'euro, à prendre en charge tout ou partie du passif de la société, à libérer le cédant des engagements de caution souscrits en faveur des créanciers sociaux, ou encore à lui rembourser son compte courant, alors il y a bien un prix payé par l'acquéreur, qui dépasse l'euro justement qualifié de symbolique (J. Moury, *Du prix symbolique au prix négatif ou la divagation des qualifications en matière de vente : D.* 2014, 1950).

Voici deux illustrations. La première concerne la cession pour un euro d'une participation majoritaire – 87 % – dans le capital d'une société anonyme ; la Cour de cassation approuve la cour d'appel d'avoir écarté la nullité de la vente, en considérant l'économie générale de la transaction et notamment les conventions annexes liant les parties : création d'une société en participation pour gérer leurs participations dans la société anonyme, options portant sur les titres de filiales, etc. (Cass. com., 17 nov. 2009, n° 09.11-824 : *RJDA* 2/2010, n° 152. – *Adde* Cass. com., 10 oct. 2018, n° 17-12.564 : *RJDA* 1/2019, n° 20 ; les contreparties étaient la prise en charge du remboursement du compte courant du vendeur, la participation à une augmentation de capital, le règlement de diverses procédures lancées contre la société et la reprise d'un cautionnement).

La seconde illustration a trait à la vente pour un euro de 51 % d'une société en procédure collective. La Cour de cassation censure la cour d'appel ayant annulé la cession : « en se déterminant ainsi, sans rechercher (...) si le prix stipulé ne devait pas être tenu pour sérieux compte tenu de l'engagement souscrit par les acheteurs d'apporter en compte courant, non rémunéré, pendant toute la durée du plan [de continuation], la somme de 500 000 € et de se porter cautions de la bonne exécution du plan, à concurrence de la même somme, la cour d'appel n'a pas donné de base légale à sa décision » (Cass. com., 15 janv. 2013, n° 11-12.495 : *RJDA* 5/2013, n° 420).

En résumé, on peut donc bien acquérir l'intégralité du capital ou une participation majoritaire d'une société pour un euro, dès lors que les contreparties obtenues par le vendeur ne se limitent pas à ce prix symbolique. Mais par le fait même que la validité du contrat est fondée sur son économie globale, elle demeure fragile et prête souvent à contentieux ; ici, l'acquéreur trouve que l'entreprise est encore plus malade qu'il ne le pensait ; là, le vendeur constatant au contraire le redressement rapide de l'entreprise et, pire, sa revente à un bon prix, regrette de s'être contenté des contreparties offertes ; les deux invoqueront la vileté du prix pour défaire l'arrangement.

b) Donation déguisée

Au-delà de ces situations, le caractère dérisoire du prix ou le déséquilibre marqué entre la valeur des actions et le prix affiché pourront orienter vers la qualification de donation déguisée (V. *supra* n° 1309). L'environnement est alors différent, car il s'agira le plus souvent d'une réclamation des héritiers réservataires du vendeur qui tenteront de faire revenir dans le patrimoine successoral les actions cédées. Voici un exemple : un entrepreneur cède des titres à sa fille préférée à un prix représentant environ 5 % de leur valeur réelle (1,5 € contre 34 €) ; sur réclamation des autres enfants, il a été jugé que les actions devaient être rapportées à la succession pour être partagées entre tous les héritiers (CA Paris, 9 juin 1986 : *BJS* 1986, p. 1031). Mais, comme à chaque fois qu'il y a déguisement, le fisc se tient en embuscade ; aux chicayas sur fond de jalousies entre enfants, il faudra ajouter les ennuis fiscaux : réclamation des droits de mutation à titre gratuit, application des pénalités de l'abus de droit qui peuvent aller jusqu'à 80 % (V. *supra*, n° 295) ; voilà un cadeau hors de prix d'un père à « sa petite princesse ».

5. Promesse de rachat souscrite par un salarié et clause de *bad leaver*

1312. – Lorsque le salarié s'engage à céder ses titres en cas de départ de l'entreprise par le jeu d'une promesse unilatérale de vente, est-il possible de moduler le prix de rachat des titres en fonction de la cause du départ de l'entreprise ? Si le salarié est licencié pour faute ou s'il démissionne (*bad leaver*), une décote est pratiquée sur le prix de vente ; la méthode de calcul sera au contraire plus avantageuse si le salarié quitte l'entreprise pour cause de décès, invalidité ou retraite (*good leaver*). Ces clauses fréquentes en pratique suscitent différentes interrogations (V. Fl. Deboissy et P. Lokiec, *Condition de présence du salarié dans la société et droits d'associé* : *JCP* S 2013, 1443).

Clause pénale ? Fondamentalement, les clauses de *bad leaver* fondées sur un licenciement pour faute ont la nature d'une clause pénale et devraient donc pouvoir faire l'objet d'une modération judiciaire (C. civ., art. 1231-5).

Pénalité financière contraire au droit du travail ? L'article L. 1331-2 du Code du travail interdit « les amendes ou autres sanctions pécuniaires » dans les relations de travail. La décote imposée au *bad leaver* n'est-elle pas une sanction pécuniaire prohibée par ce texte ? La Cour de cassation a répondu par la négative : un salarié actionnaire s'était engagé à céder ses actions en cas de licenciement à un prix alors minoré de 50 % par rapport à leur valeur ; licencié, il rechercha la nullité de la clause et échoua au motif que la décote n'était pas conditionnée par la commission d'une faute, tout licenciement, même sans faute, provoquant la réduction de prix (Cass. com., 7 juin 2016, n° 14-17.978 : *BJS* 2017, p. 23, note E. Schlumberger ; *JCP* E 2017, 1087, n° 3, obs. Fl. Deboissy et G. Wicker ; *RJDA* 10/2016, n° 696 ; *Rev. sociétés* 2017, p. 85, note Y. Marjault). En matière d'options de souscription d'actions, un raisonnement analogue est conduit (V. *infra*, n° 1351).

6. La fiscalité des cessions d'actions

1313. – La fluidité du marché financier implique que les entraves fiscales soient réduites au minimum. S'agissant du marché des actions, il faut compter avec trois types d'impositions :

– *l'impôt sur la plus-value réalisée par le cédant* : les plus-values réalisées par les personnes physiques sont soumises en principe à un prélèvement forfaitaire unique de 30 % (contributions sociales comprises), sauf option pour le barème progressif de l'impôt sur le revenu auquel s'ajoutent des contributions sociales au taux de 17,20 % ; si le cédant est une société soumise à l'impôt sur les sociétés, les plus-values sur cessions de titres de participation sont exonérées à hauteur de 88 % (V. *infra*, n° 2516) ;

– *le droit d'enregistrement dû par le cessionnaire* (V. *supra*, n°s 146 et s.) : les cessions d'actions de sociétés cotées échappent à tout droit si elles ne sont pas constatées dans un acte ; si un tel acte est rédigé, le droit d'enregistrement est de 0,1 % ; s'agissant des sociétés non cotées, le droit de 0,1 % est toujours dû ; enfin, si la société est à prépondérance immobilière, la cession d'actions est soumise au droit de 5 % ;

– *une taxe sur les transactions financières* : cette nouvelle taxe, d'un montant de 0,3 %, frappe certaines acquisitions d'actions (V. *supra*, n° 149) ; les acquisitions entrant dans le champ de cette taxe échappent aux droits d'enregistrement.

SOUS-SECTION 4

L'AMÉNAGEMENT EXTRASTATUTAIRE DES DROITS DES ASSOCIÉS : LES PACTES D'ACTIONNAIRES

1314. – *Convention extrastatutaire.* La transparence des statuts et le carcan législatif poussent parfois les actionnaires à rechercher à travers une convention un agencement de leurs relations, plus discret et plus fin, voire à souhaiter éviter certaines règles dont l'application est cantonnée à la présence d'une clause statutaire(288) ; on parle alors de pactes d'actionnaires(289). À la vérité, on pourrait dire contrat, car le pacte est d'abord une convention, soumise comme telle aux règles du droit des contrats. Mais l'emploi du terme pacte (de *pactum*, paix) souligne son importance, qui n'est pas un protocole banal en tant qu'il scelle fréquemment une alliance, au point que l'on rencontre parfois l'expression de « contrat d'honneur »(290).

§ 1. – Typologie

1315. – Les pactes peuvent être grossièrement rangés dans deux catégories, en sachant qu'ils sont très souvent mixtes, en tant qu'ils comportent des clauses se rapportant à l'une et à l'autre de ces catégories.

(288) Ainsi, le champ de l'expertise sur le prix de l'article 1843-4 du Code civil en cas de cessions prévues par les statuts ne s'étend pas aux cas dans lesquels les hypothèses de cession sont stipulées dans un acte extérieur (V. *supra*, n° 1243).

(289) V. J.-M. Moulin, *Pactes d'actionnaires : JCl. Commercial*, Fasc. 1486. – P. Mousseron, *Les conventions sociétaires*, LGDJ, 2e éd., 2014. – S. Schiller et D. Martin, *Guide des pactes d'actionnaires et d'associés*, LexisNexis, 2017. Dossier L'intérêt d'organiser les rapports entre associés dans un pacte plutôt que dans les statuts : *BRDA* 5/2019, p. 19. – E. Lamazerolles, *Quelques idées reçues sur les pactes d'associés* : *JCP* E 2019, n° 1349.

(290) Cass. com., 11 janv. 2017, n° 15-18.613 : *RJDA* 4/2017, n° 257.

A. – Pactes relatifs aux mouvements d'actions

1316. – Au moyen du pacte, les actionnaires cherchent à discipliner les mouvements d'actions en organisant les conditions de leur cession et de leur transmission[(291)]. La raison d'être du pacte est le plus souvent de maintenir l'équilibre initial entre les partenaires.

1317. – Voici quelques échantillons[(292)] :

– *droit de préemption ou de préférence :* les actionnaires stipulent qu'en cas de cession, le cédant offrira d'abord aux autres membres du pacte la possibilité de lui racheter ses actions ; on dit alors de celles-ci qu'elles sont « pactées » ; par ce moyen, aucun des actionnaires ne pourra profiter de la cession pour augmenter sa participation et marginaliser ses associés (V. *supra*, n°s 1265 et s.) ;

– *promesse de rachat :* un actionnaire s'engage par exemple à racheter les actions d'un minoritaire en cas de cessation de son mandat social[(293)] ;

– *clause « buy and sell » :* chaque partenaire a la faculté de proposer à l'autre actionnaire de racheter ses actions à un prix défini par lui ; l'actionnaire recevant la proposition peut soit l'accepter, soit renverser l'offre et forcer le premier à lui céder ses titres au même prix ; on l'a deviné, le procédé permet d'obtenir un prix vertueux : si A propose un prix insuffisant, il risque d'encourager B à bénéficier de la « bonne affaire » en lui rachetant ses propres actions au prix proposé[(294)] ;

– *clause de plafonnement des participations :* le pacte prévoit qu'aucun signataire ne devra détenir plus de N % du capital de la société ;

– *clause de non-dilution :* le pacte garantit au bénéficiaire le maintien de son niveau de participation en cas d'augmentation de capital ; cette clause ne peut pas être tenue en échec par un coup d'accordéon[(295)] (V. *infra*, n° 1481) ;

– *clause de concertation en cas d'offre publique :* le pacte organise la discussion entre les signataires en cas d'offre publique d'acquisition, concertation parfois complétée par l'obligation de respecter la position commune, déterminée par la majorité des membres du pacte, la « ligne du parti » dirait-on ailleurs ;

– *clause de sortie conjointe :* le pacte stipule qu'en cas de proposition d'acquisition émise au profit d'un des actionnaires ayant signé le pacte, celui-ci doit obtenir de l'acheteur potentiel qu'il étende sa proposition aux autres signataires (clause de *tag along*) ; à ne pas confondre avec la clause par laquelle, en cas de rachat à 100 % du capital de la société, les associés (souvent minoritaires) sont tenus de céder leurs actions (clause de *drag along*).

– *accord de non-agression ou non-acquisition (« standstill ») :* le pacte prévoit qu'aucun des contractants ne pourra lancer, seul ou avec d'autres, une offre publique à l'encontre de la société sans l'accord préalable de son partenaire[(296)] ;

---

(291) S. Prat, *Les pactes d'actionnaires relatifs au transfert de valeurs mobilières*, Litec, 1992.
(292) A. Charvériat, *Focus sur les clauses d'entrée ou de sortie d'associés : BRDA* 5/2019, p. 27.
(293) Par ex., Cass. com., 7 mai 2019, n° 17-16.066 : *RJDA* 7/2019, n° 509.
(294) Par ex., CA Paris, 10 mars 2015, n° 13/21.286 : *RJDA* 7/2015, n° 503.
(295) Cass. com., 7 mai 2019, n° 17-16.675 : *BJS* nov. 2019, p. 10, note M. Storck ; *BRDA* 13/2019, n° 2.
(296) C. Ferry, *La sanction de la violation d'un pacte de non-acquisition : Dr. sociétés* mai 2021, Études 7.

– *droit de retrait* : un actionnaire se voit reconnaître le droit de demander à son partenaire le rachat de ses actions si ce dernier franchit à la baisse un certain seuil du capital ou s'il cesse d'occuper des fonctions au sein de la société ; cet agencement est utile si l'associé a accepté de participer au projet d'entreprise en raison de la présence au capital et à la direction du débiteur de l'obligation ;

– *inaliénabilité* : le pacte oblige les actionnaires concernés à conserver leurs actions pendant une certaine durée.

B. – Pactes relatifs au fonctionnement de la société

1318. – Cette fois, c'est le fonctionnement des organes sociaux de la société, et notamment la direction de la société, qui est concerné[297]. Les clauses le plus souvent rencontrées ont pour objet :

– la composition des organes sociaux : répartition des sièges au sein du conseil d'administration[298] ;

– la nature des questions devant être nécessairement débattues en conseil d'administration ;

– la majorité exigée pour l'adoption de certaines décisions par le conseil d'administration ;

– l'institution de comités *ad hoc* appelés à connaître de décisions importantes[299] ;

– l'information sur les activités et les résultats de la société ;

– le sens des votes à exprimer en assemblée générale ou conventions de vote ;

– la politique de dividendes[300]...

§ 2. – Régime juridique

A. – Force obligatoire

1319. – Deux règles doivent être retenues :

– toute violation du pacte justifie une action en responsabilité contractuelle de la part des parties victimes de cette violation, qui réclameront la réparation de leur préjudice ; elle peut donner lieu à une exécution forcée[301] ;

(297) M.-Ch. Montsallier, *L'aménagement contractuel du fonctionnement de la société anonyme*, thèse, LGDJ, n° 303.

(298) Par ex., Cass. com., 26 avr. 2017, n° 15-12.888 : *RJDA* 7/2017, n° 468 ; clause de « parité absolue » dans l'administration de la société.

(299) Par ex., CA Paris, 16 juin 2015, n° 14/02590 : *BRDA* 17/2015, n° 5 ; associés d'une société d'édition de logiciels fiscaux concluant un pacte prévoyant l'obligation de soumettre à un « comité de pilotage » les décisions importantes : modification de l'activité de la société, accords de partenariat avec une société du même secteur, conclusion d'une convention avec un dirigeant ou associé. – Cass. com., 24 oct. 2018, n° 15-26.416 : *RJDA* 3/2019, n° 241 ; comité de surveillance chargé de contrôler la direction et de valider les décisions importantes.

(300) Par ex. : Cass. com., 11 janv. 2017, n° 15-18.613 : *RJDA* 4/2017, n° 257 : « contrat d'honneur » entre fondateurs d'une société de dépannage et prévoyant notamment les modalités de distribution des bénéfices, ainsi que les horaires de travail et les congés des associés ; la question se posait de l'application du contrat en cas d'invalidité d'un des associés ; les juges concluent que l'économie générale du contrat supposait un travail effectif au sein de la société et en écartent l'application dans le cas d'espèce. – Cass. com., 13 janv. 2021, n° 19-11.726 : *BJS* mars 2021, p. 21, note A. Tadros ; *Dr. sociétés* mai 2021, n° 58, obs. R. Mortier : injonction sous astreinte du cédant de signer l'ordre du mouvement des actions.

(301) CA Paris, 30 juin 1995 : *JCP* E 1996, n° 795 ; engagement de participer à une augmentation de capital. – CA Paris, 29 sept. 2009 : *RJDA* 2/2010, n° 157 ; engagement de céder des actions à un prix minimum. – Sur les possibilités d'exécution forcée, cons. *BRDA* 5/2019, n° 24.

– toute violation du pacte peut provoquer la nullité de l'opération caractérisant ladite violation – exemple d'une cession réalisée au mépris d'un droit de préférence – dès lors qu'est démontrée la collusion frauduleuse entre le cédant, irrespectueux de ses engagements, et le tiers[302] (pour les autres sanctions du pacte de préférence : V. *supra*, n° 1268).

B. – Durée

1320. – *Durée déterminée.* Le pacte stipule le plus souvent sa durée d'application. Elle peut être déterminée ou déterminable. Ainsi, le pacte conclu entre la famille Bettencourt, propriétaire de 33 % de L'Oréal, et Nestlé, titulaire de 23 %, pacte comportant notamment un engagement de plafonnement des participations, fixait son échéance à six mois après le décès de Mme Bettencourt.

1321. – *Durée indéterminée.* Il n'est pas rare que le pacte précise que ses dispositions « s'appliqueront aussi longtemps que [les parties] ou leurs substitués demeureront ensemble actionnaires ». Pareille stipulation a donné lieu à plusieurs contentieux. On s'est ainsi demandé si, du fait de son caractère indéterminé, la résiliation unilatérale était permise, tout au moins en dehors de dispositions contractuelles appropriées ; la Cour de cassation a répondu par l'affirmative[303].

De même, certains ont prétendu que la clause était nulle car perpétuelle (C. civ., art. 1210) ; en réalité, il n'y a pas perpétuité dès lors que chaque actionnaire, en cédant ses actions, peut sortir du pacte ; il en irait différemment si la sortie était conditionnée à l'accord du cocontractant[304].

C. – Transmission

1322. – Les obligations procédant du pacte ne sont pas automatiquement transmises avec les actions concernées. Par suite, l'acquéreur de parts sociales ou d'actions ne succède pas aux obligations souscrites par le cédant, sauf bien entendu engagement explicite de l'acquéreur[305]. Et la solution vaut même si l'acquéreur est la filiale de la société ayant conclu le pacte. On voit cependant les limites de bon sens de la solution : la société mère qui céderait les actions à une filiale dans le seul but – autrement dit sans aucune autre raison économique – d'échapper à ses obligations pourrait se voir opposer la fraude. On mesure aussi l'intérêt de prévoir qu'en cas de cession, le cédant fait par une promesse de porte-fort son affaire de l'adhésion du cessionnaire au pacte.

D. – Effet relatif et opposabilité

1323. – *Pacte signé par la société.* La société est-elle tenue par le pacte ? La réponse est positive si le pacte a été signé par la société, situation relativement rare.

(302) Cass. com., 27 juin 2018, n° 16-14.097 : *BRDA* 20/2018, n° 3 ; annulation d'une cession réalisée en violation d'un pacte d'actionnaires, la sanction étant également prévue par les statuts.
(303) Cass. com., 20 déc. 2017, n° 16-22.099 : *BJS* 2018, p. 154, note J.-M. Moulin ; *BRDA* 4/2018, n° 2 ; *JCP E* 2018, 1143, note A. Couret et B. Dondero.
(304) Cass. com., 27 sept. 2005 : *RJDA* 2005, n° 1359, 1re esp.
(305) CA Versailles, 22 mai 2012 : *BRDA* 17/2012, n° 7 ; *Dr. sociétés* 2012, n° 200, obs. R. Mortier : engagement de ne pas acheter des actions de la société.

En revanche, si la société n'est pas partie à la convention, on ne saurait exiger d'elle qu'elle l'applique ou qu'elle veille à son application. Il s'ensuit que les décisions de la société, conformes aux statuts, mais non conformes au pacte, ne sauraient être annulées de ce fait(306).

1324. – *Pacte notifié à la société.* Un cas intermédiaire peut se présenter, dans lequel le pacte est notifié à la société, qui se trouve ainsi informée de son existence ; cela change-t-il quelque chose ? Nous ne le pensons pas, car la société, disons plutôt ses organes sociaux, ne connaissent que les statuts. Par suite, on ne saurait admettre que les parties au pacte, en notifiant celui-ci, puissent autoriser les organes sociaux à appliquer un autre système de règles que celui prévu par les statuts. L'envoi d'un faire-part de naissance ne crée pas d'obligation, autre que mondaine ; c'est tout aussi vrai du faire-part de conclusion d'un pacte(307).

1325. – *Opposabilité par la société.* La société peut-elle se prévaloir de l'inexécution du pacte(308) ? À cet égard, la situation de la société est celle de n'importe quel tiers par rapport à une convention. Prenons l'exemple d'un pacte d'associés auquel est partie le directeur général, également directeur commercial salarié ; le pacte affirme le caractère essentiel, pour la réussite de l'entreprise, de l'activité de ce dernier et l'oblige à consacrer tout son temps à la société tout en lui interdisant de lui faire concurrence ; si celle-ci estime que l'obligation n'a pas été respectée, peut-elle rechercher la responsabilité du débiteur ? Oui, répond la Cour de cassation : « le tiers à un contrat peut invoquer, sur le fondement de la responsabilité délictuelle, un manquement contractuel dès lors que ce manquement lui a causé un dommage »(309).

Le coin des amateurs

Les accidents de pacte

1326. – On appelle accidents de pacte les imperfections affectant l'établissement de ces documents contractuels. Certes, ces accidents sont moins graves que des accidents de la circulation et un pacte défectueux a moins de chance d'envoyer le signataire au service des urgences qu'une anomalie du système de freinage, mais les pactes viciés pourrissent la vie des signataires.

Voici quelques exemples d'accidents :

– *le pacte imprécis* : une convention d'actionnaires stipulait que les signataires s'engageaient à demeurer en fonction au sein d'une société de conseil en communication pendant la durée du pacte ; au cas où l'un d'entre eux démissionnait ou était licencié, il devait céder ses actions pour un euro aux autres signataires. Rien n'était prévu au cas de rupture de la période d'essai. L'un des cocontractants étant confronté à cette situation peu de temps après la constitution de la société et la signature du pacte, ses partenaires prétendirent lui appliquer le prix prévu

(306) CA Paris, 2 juill. 2002 : *BJS* 2002, p. 1204, note P. Le Cannu ; « bien que les prêts de consommation d'actions litigieux, accordés par l'actionnaire majoritaire, soient des cessions d'actions consenties en violation du pacte d'actionnaires, il n'y a pas lieu d'annuler les transferts d'actions et les assemblées correspondantes dans la mesure où ce pacte n'est pas inscrit dans les statuts ».

(307) Rappr. Cass. com., 26 avr. 1994, n° 92-18.173 : *Rev. sociétés* 1994, p. 480, note P. Le Cannu. – *Adde* G. Marain, *op. cit.* n° 22.

(308) G. Marain, *L'opposabilité des pactes d'actionnaires* : *Rev. sociétés* 2017, p. 542.

(309) Cass. com., 18 déc. 2007 : *JCP E* 2008, 1516, note R. Mortier ; *RJDA* 3/2008, n° 232.

pour un licenciement ; ils échouèrent, la cour de Paris considérant que, dans le doute, il fallait considérer l'interprétation la plus favorable au débiteur de l'obligation de céder, autrement dit celle qui n'assimilait pas la rupture d'une période d'essai à un licenciement ; et le cédant obtint donc 4 000 € (valeur nominale des actions) au lieu d'un euro, montant stipulé en cas de licenciement (CA Paris, 14 déc. 2004 : *RJDA* 2005, n° 1359, deux esp.) ;

– *le pacte contradictoire* : le dirigeant d'une SAS avait conclu un pacte avec l'actionnaire majoritaire qui stipulait notamment la cession forcée de ses actions en cas de cessation des fonctions ; trois ans plus tard, suite à la révocation du dirigeant, l'actionnaire majoritaire demanda l'application du pacte ; l'ancien dirigeant tenta de s'y opposer au motif que la mise en œuvre de la clause de rachat était prématurée, car contraire à la prévision du préambule du pacte qui évoquait un partenariat en vue de la valorisation de l'investissement à moyen terme ; la cour de Paris écarte l'argument au motif que le préambule ne saurait aller à l'encontre des stipulations de clauses claires et précises (CA Paris, 29 sept. 2016, n° 15/07864 : *RJDA* 12/2016, n° 866) ;

– *le pacte non signé* ; tout est en place après une négociation laborieuse, mais le document n'est pas signé ; lorsqu'ils s'en rendent compte, plusieurs années après, il est trop tard pour corriger ce défaut (CA Paris, 24 janv. 2012 : *RJDA* 5/2012, n° 507 ; l'accord prévoyait la signature d'un avenant au contrat de travail d'un signataire ; celui-ci ne signe pas l'avenant ; résultat, il perd le droit à l'indemnité de non-concurrence prévue par l'accord) ; mais attention : si l'actionnaire majoritaire s'est formellement engagé à signer le pacte et qu'il s'est abstenu de le faire, sa responsabilité civile (et celle de l'avocat en charge de l'opération) est engagée (Cass. 1re civ., 23 sept. 2020, n° 19-14.074 : *Rev. sociétés* 2021, p. 28, note S. Schiller) ;

– *les successions de pacte* ; on signe un pacte, puis on en signe un autre, sans préciser le sort du premier et on se gratte la tête pour savoir quel est celui qui prévaut (CA Paris, 1er févr. 2012 : *BJS* 2012, § 479, p. 862, note B. Dondero ; *RJDA* 6/2012, n° 601 ; le second pacte étant incompatible avec le premier, une novation est censée avoir eu lieu au profit du deuxième pacte). On peut toutefois admettre la coexistence des deux pactes si leurs dispositions ne sont pas incompatibles (CA Paris, 20 sept. 2012 : *BRDA* 22/2012, n° 6) ;

– *la succession d'un pacte et d'une modification statutaire* : la stipulation d'un pacte d'actionnaires regroupant l'ensemble des associés peut être rendue caduque par une modification statutaire postérieure (Cass. com., 5 juin 2019, n° 17-18.967 : *BJS* oct. 2019, p. 15, note T. de Ravel d'Esclapon ; *JCP* E 2019, 1466, note A. Raynouard et F. Wlodkowski et 1531, n° 6, obs. Fl. Deboissy et G. Wicker ; *Rev. sociétés* 2019, p. 762, note B. Saintourens : révocation d'un membre du directoire).

À ces accidents juridiques, il faut ajouter les accidents de la vie : décès d'un actionnaire, fusion-absorption d'une société contractante ; faute de stipulation précise dans le pacte, l'événement risque fort de mettre fin à la convention d'actionnaires (sur cette question : J. Heinich, *Le sort du pacte extrastatutaire d'associés lors d'un événement affectant l'un des signataires* : *Rev. sociétés* 2014, p. 475).

Et il faut enfin tenir compte des accidents affectant l'entreprise elle-même, par exemple sa mise en redressement judiciaire (S. Schiller, *Pactes d'actionnaires et droit des entreprises en difficulté* : *Rev. sociétés* 2016, p. 75).

SECTION 4

LES SALARIÉS

1327. – *Associés et salariés.* Dans l'imagerie traditionnelle qui oppose capital et travail, les capitalistes sont rassemblés dans la société, laquelle exploite l'entreprise où œuvrent les travailleurs. Il y a donc deux groupements qui ne se confondent pas et l'appartenance à l'un ne commande pas l'appartenance à l'autre : l'associé n'est pas salarié de l'entreprise et le salarié n'est pas associé de la société ; l'un relève du droit des sociétés, l'autre du droit du travail. Au vrai, la juxtaposition des qualités est possible et rien n'interdit à un salarié d'acquérir des actions de la société qui l'emploie ; mais il s'agit bien de juxtaposition et non d'un alliage, c'est-à-dire d'une addition du statut d'associé à celui de salarié ou réciproquement ; les catégories se mélangent sans se fondre.

1328. – *Participation des salariés à la vie de la société.* Le législateur a déployé des efforts répétés pour faire participer les salariés à la vie de la société. Participation à l'information, participation aux résultats, participation au capital et participation à la gestion sont devenus de véritables mots d'ordre. Ces différents moyens de participation ont été rénovés par une série de textes successifs, dont la loi n° 2019-486 du 22 mai 2019, dite « loi Pacte » et l'ordonnance n° 2019-738 du 17 juillet 2019 (C. trav., art. L. 2311-1 et s.).

SOUS-SECTION 1

LES PRÉROGATIVES DU COMITÉ SOCIAL ET ÉCONOMIQUE EN DROIT DES SOCIÉTÉS[310]

§ 1. – Le droit à l'information et à la consultation

1329. – *Règles générales.* Le droit à l'information est régi soit par le droit du travail (dispositions valant pour toutes les entreprises, quelle qu'en soit la forme) soit par le droit des sociétés (dispositions valant pour les seules sociétés par actions). Dans tous les cas, le comité social et économique est informé et consulté sur les questions intéressant les orientations stratégiques, l'organisation, la gestion et la marche de l'entreprise ; il émet des avis et des vœux dans l'exercice de ses attributions consultatives (C. trav., art. L. 2312-15) dans le cadre de délais à l'expiration desquels le comité est réputé avoir été consulté et avoir rendu un avis négatif (C. trav., art. L. 2312-16)[311]. Afin d'exercer ses attributions, il reçoit régulièrement des informations et des rapports sur la situation de l'entreprise et ses résultats (C. trav., art. L. 2312-17 et s.).

1330. – *Dans les SA,* le comité social et économique dispose du même droit d'information et de communication que les actionnaires (C. trav., art. L. 2312-25).

(310) G. Auzero, *Le comité social et économique* : *BJS* 2018, p. 131.

(311) Les délais réglementaires ne s'appliquent qu'à défaut d'accord entre l'employeur et le comité économique et social (C. trav., art. L. 2312-16), lequel peut alors fixer d'autres délais, les prolonger ou modifier leur point de départ. L'existence d'un accord est appréciée souplement en jurisprudence, la Cour de cassation ayant admis que les délais de consultation et de l'expertise avaient été prolongés d'un commun accord sur la base d'un faisceau d'indices, indépendamment de l'exigence légale d'un accord adopté à la majorité des membres du comité : Cass. soc., 8 juill. 2020, n° 19-10.987 : *BJS* oct. 2020, p. 12, note G. Auzero (l'employeur a abondé la base de données économiques et sociales, provoqué une réunion avec le comité et fixé, conjointement avec le secrétaire du comité, la date de restitution des travaux d'expertise et de remise des avis du comité).

Spécialement, les comptes annuels et les projets de résolution lui sont transmis ; il peut convoquer le commissaire aux comptes (C. trav., art. L. 2312-25, II) et se faire assister d'un expert aux frais de la société (C. trav., art. L. 2315-88)(312). S'il formule des observations, elles seront portées à la connaissance de l'assemblée générale. De plus, une base de données économiques et sociales est mise à sa disposition (C. trav., art. L. 2312-18). Les informations portent notamment sur les investissements, la rémunération des salariés et des dirigeants, la rémunération des financeurs, les flux financiers à destination de l'entreprise (aides publiques, crédits d'impôts), la sous-traitance, les transferts commerciaux et financiers entre les entités du groupe.

1331. – Le comité social et économique est parfois même mieux traité que les actionnaires ; les dirigeants sont en effet tenus – alors que pareille obligation n'existe pas à l'égard des actionnaires – de l'informer et de le consulter sur différents projets :

– le comité doit être informé de tous les projets de modification de structure et notamment de cession de contrôle et en cas d'offre publique (C. trav., art. L. 2312-37 et s. – V. *infra*, n° 2369 ;

– le comité doit être réuni lorsqu'une entreprise est partie à une opération de concentration (C. trav., art. L. 2312-41).

1332. – *Sanctions.* En cas de non-respect de ses attributions économiques, le comité social et économique peut demander au juge que l'employeur se conforme à ses obligations. Si la décision a déjà été prise et entre en application, outre une condamnation civile ou pénale, le comité peut obtenir en justice la suspension des effets de la décision tant qu'il n'a pas été informé et consulté(313). Peu importe que l'employeur ne soit pas l'auteur du projet dès lors que celui-ci, suffisamment abouti pour être soumis à l'avis du comité, concerne directement la marche générale de l'entreprise ou son orientation stratégique ; tel est le cas de l'offre d'achat de 29,9 % des actions de Suez auprès d'Engie émise par Veolia(314).

§ 2. – Le droit de participer à la vie sociale

1333. – *Exercice de prérogatives sociales.* Le comité social et économique a compétence :

– pour déclencher la procédure d'alerte (V. *infra*, n° 1405) ;

– pour demander la désignation d'un expert de gestion (V. *supra*, n°s 700 et s.) ;

– pour demander la récusation ou la révocation d'un commissaire aux comptes (V. *infra*, n° 1392) ;

(312) L'expert-comptable désigné dispose du même droit d'investigation que le commissaire aux comptes au sein de l'entreprise ; il peut ainsi demander la communication de la comptabilité analytique : Cass. soc., 29 oct. 1987 : *JCP* 1988, II, 20990, note Girault. – B. Teyssié, *L'expert-comptable du comité d'entreprise* : *JCP* E 2003, 1745 et 1789.

(313) Cass. soc., 28 nov. 2000, n° 98-19.594 : *Dr. soc.* 2001, p. 212, obs. C. Radé.

(314) TJ Paris, ord. réf., 9 oct. 2020, n° 20/56077 : *BJS* déc. 2020, p. 7, note G. Auzero ; saisi par les comités de Suez à la suite de l'annonce médiatique par Veolia de son intention d'acquérir 29,9 % des actions de Suez auprès d'Engie, le tribunal judiciaire de Paris a ordonné la suspension des effets de la cession des actions de Suez détenues par Engie au bénéfice de Veolia tant que les comités n'auront pas été informés et consultés ; l'ordonnance a été confirmée en appel (CA Paris, 19 nov. 2020, n° 438/2020). – V. *supra*, n° 924.

– pour demander en justice la désignation d'un mandataire chargé de convoquer l'assemblée générale des actionnaires en cas d'urgence (V. *supra*, n° 1167) ;

– pour requérir l'inscription de projets de résolutions à l'ordre du jour des assemblées (V. *supra*, n° 1196).

1334. – *Participation aux instances sociales.* Le comité social et économique désigne deux de ses membres pour assister aux assemblées générales (V. *supra*, n° 1174) ; ces derniers doivent, à leur demande, être entendus lors de toute délibération requérant l'unanimité des associés... lesquelles sont rarissimes (C. trav., art. L. 2312-77). Par ailleurs, deux membres du comité social et économique siègent au conseil d'administration ou de surveillance avec voie consultative (C. trav., art. L. 2312-75. – V. *infra*, n° 1374).

SOUS-SECTION 2

LA PARTICIPATION AUX RÉSULTATS ET L'ENCOURAGEMENT DE L'ÉPARGNE SALARIALE

1335. – Lorsque les résultats sont bénéficiaires, le premier servi est le Trésor qui à lui seul se réserve une partie du bénéfice, à raison de l'impôt sur les sociétés (V. *supra*, n° 156). Les associés viennent ensuite, si du moins une distribution de dividendes est décidée. Les derniers servis sont les salariés, à condition qu'un accord de participation ou d'intéressement ait été signé(315). La participation et l'intéressement s'appliquent quelle que soit la forme de l'entreprise : individuelle, sociale, associative. Ces deux régimes sont complétés par les plans d'épargne salariale.

§ 1. – L'intéressement

1336. – *Régime facultatif.* L'intéressement vise à associer les salariés aux performances de l'entreprise, quelle que soit la forme juridique de l'entreprise ou sa taille. Le régime de l'intéressement est facultatif (C. trav., art. L. 3312-1 et s. ; mod. L. n° 2019-486, 22 mai 2019) ; il est subordonné à la conclusion d'un accord d'intéressement. L'intéressement est par nature collectif – il concerne tous les salariés – et aléatoire – la formule de calcul des primes dépend des résultats ou des performances de l'entreprise. Les primes ne doivent pas dépasser annuellement 20 % du total des salaires bruts.

1337. – *Avantages fiscaux et sociaux.* Lorsque ces différentes conditions sont remplies, les primes attribuées au bénéficiaire sont exonérées de charges fiscales et sociales tandis qu'elles constituent des charges fiscalement déductibles pour la société versante.

(315) En 2017, dans les entreprises de dix salariés ou plus, 7,5 millions de salariés ont bénéficié d'un complément de rémunération au titre de la participation aux résultats, le montant moyen étant de 2 512 € (Ministère du Travail, *Participation, intéressement et épargne salariale en 2017*, 1er août 2019).

1338. – *Partage des plus-values de cession.* Pour compléter ce dispositif d'intéressement, la loi Pacte du 22 mai 2019 a prévu la possibilité pour le cédant de titres sociaux de partager la plus-value de cession avec l'ensemble des salariés de la société (V. *infra*, n° 1344).

§ 2. – La participation

1339. – *Régime obligatoire.* Selon l'article L. 3322-1 du Code du travail, « La participation a pour objet de garantir collectivement aux salariés le droit de participer aux résultats de l'entreprise. Elle prend la forme d'une participation financière à effet différé, calculée en fonction du bénéfice net de l'entreprise, constituant la réserve spéciale de participation ».

Elle est obligatoire dans toutes les entreprises de cinquante salariés au moins, ou constituant une unité économique et sociale d'au moins cinquante salariés au moins, et facultative dans les autres.

Le calcul de la participation prend en compte le bénéfice fiscal de l'entreprise, le montant des capitaux propres, la masse salariale et la valeur ajoutée.

1340. – *Un accord de participation*, procédant notamment d'un accord collectif du travail ou conclu au sein du comité social et économique, détermine la nature et les modalités de gestion des droits reconnus aux salariés (C. trav., art. L. 3322-6 et L. 3323-2).

1341. – *Les avantages fiscaux et sociaux* sont significatifs : déductibilité fiscale des sommes par la société, exonération des taxes sur les salaires et des cotisations sociales pour l'entreprise, exonération de l'impôt sur le revenu pour les salariés… s'ils ont la patience d'attendre cinq ans, sauf mesure exceptionnelle de déblocage.

§ 3. – Les plans d'épargne salariale

1342. – *Le plan d'épargne d'entreprise* (PEE) est un système d'épargne collectif permettant aux salariés de participer, avec l'aide de la société, à la constitution d'un portefeuille de valeurs mobilières (C. trav., art. L. 3332-1 et s., mod. L. n° 2019-486, 22 mai 2019). Le plan est alimenté par des contributions des salariés (sommes versées au titre de l'intéressement ou de la participation, versements volontaires) et par celles de la société (l'abondement est plafonné par an et par salarié). Les fonds ainsi recueillis sont en principe bloqués pendant cinq ans.

Cette épargne peut être investie soit en titres de SICAV ou de FCP, soit en actions émises par la société elle-même, ce qui permet aux salariés de renforcer leur participation au capital social et à la société de renforcer ses fonds propres. Le plan d'épargne d'entreprise peut donc contribuer, outre sa vocation d'outil d'épargne salariale, à la promotion de l'actionnariat salarié (V. *infra*, n°s 1345 et s.). Les sommes peuvent encore être versées à un fonds dédié au rachat des titres de la société par les salariés.

Un régime fiscal et social attrayant explique le succès que connaît ce régime dans certaines sociétés.

1343. – *Autres plans d'épargne salariale.* S'y ajoutent :

– le plan d'épargne interentreprises qui, comme son nom l'indique, est commun à plusieurs entreprises (PEI) (C. trav., art. L. 3333-2 et s.) ;

– le plan d'épargne pour la retraite collectif (PERCO) ; les sommes ou valeurs inscrites au compte des participants doivent être détenues en principe jusqu'au départ à la retraite (C. trav., art. L. 3334-2 et s.).

Le coin des amateurs

Le contrat de partage des plus-values de cession avec les salariés

1344. – De manière à associer les salariés au résultat de l'entreprise, l'article 162 de la loi n° 2019-486 du 22 mai 2019, dite « loi Pacte », a créé le contrat de partage des plus-values de cession de titres sociaux avec les salariés dont les sommes sont destinées à faire l'objet d'un versement, par la société, sur le PEE des salariés sous la forme d'un abondement unilatéral.

a) Nature de l'engagement de partage

Tout détenteur de titres peut prendre, vis-à-vis de l'ensemble des salariés, l'engagement de partager avec eux une partie de la plus-value de cession ou de rachat de ses titres au jour où il en cédera ou rachètera tout ou partie (C. com., art. L. 23-11-1, al. 1er). Un tel engagement est facultatif et conditionné à la réalisation d'une cession.

La nature d'un tel engagement laisse perplexe : est-ce un engagement unilatéral de l'associé cédant à l'égard des salariés ? C'est, en réalité, une autre figure que laisse entrevoir le dispositif. En effet, l'engagement de partage est constaté dans un contrat bilatéral conclu entre, d'un côté, le détenteur de titres et, d'un autre côté, la société, étant observé qu'il a vocation à produire ses effets à l'égard des salariés de l'entreprise. Le contrat de partage des plus-values n'est donc pas sans rappeler la figure de la stipulation pour autrui (C. civ., art. 1205).

b) Conditions

La société dont les titres sont cédés, quelle qu'en soit la forme, doit exercer une activité commerciale, industrielle, artisanale, libérale, agricole ou financière, à l'exception de la gestion d'un patrimoine mobilier ou immobilier (C. com. art. L. 23-11-1, al. 4) ; un PEE doit exister dans la société concernée (C. com., art. L. 23-11-2, al. 2).

Pour le reste, le contrat de partage a vocation à produire effet au bénéfice de l'ensemble des salariés de la société (C. com., art. L. 23-11-3), ou, le cas échéant, de l'ensemble des salariés du groupe (C. com., art. L. 23-11-1, al. 5), de sorte qu'aucune discrimination n'est permise. En revanche, seuls sont concernés, dans cet ensemble, les salariés réunissant les conditions suivantes :

– *être présents* entre la date de la signature du contrat et la date de cession des titres ;

– *être adhérents au PEE* au jour de la cession (C. com., art. L. 23-11-3) ;

– remplir une *condition d'ancienneté* qui ne peut être ni inférieure à trois mois, ni supérieure à deux ans (C. com., art. L. 23-11-3, *in fine*).

c) Contenu

Le contrat de partage doit définir les conditions et les modalités de la répartition des sommes entre les salariés, notamment la période pour laquelle il est conclu, d'une durée minimale de cinq ans, son champ d'application et les modalités de calcul des sommes versées aux salariés. Les sommes doivent être réparties de manière uniforme et proportionnelle, soit à la durée de présence des salariés dans l'entreprise au cours de la période d'engagement, soit aux salaires (C. com., art. L. 23-11-3).

d) Exécution

Le cédant doit d'abord verser le montant à la société dans un délai d'un mois à compter de la date de la cession ou de la date de perception d'un complément de prix (C. com., art. L. 23-11-4). Puis la société doit procéder à la répartition des sommes et à leur versement sur le PEE des salariés bénéficiaires.

SOUS-SECTION 3

LA PARTICIPATION AU CAPITAL ET LA PROMOTION DE L'ACTIONNARIAT SALARIÉ

1345. – *Cumul des qualités d'actionnaire et de salarié.* Le législateur est intervenu à diverses reprises pour favoriser la naissance d'un capitalisme salarial, notamment par la loi Pacte du 22 mai 2019(316) et la loi de simplification du 19 juillet 2019. Ainsi, les différentes vagues de privatisation ont permis à de nombreux salariés de devenir actionnaires de leur société. Pour le reste, trois mesures témoignent de la volonté du législateur de promouvoir l'actionnariat salarié, les options de souscription ou d'achat d'actions, les augmentations de capital réservées aux salariés et les attributions d'actions gratuites aux salariés.

§ 1. – L'option de souscription ou d'achat d'actions

1346. – Ce régime a été institué en 1970 sur le modèle américain des *stock-option plans* (C. com., art. L. 225-177 et s. et L. 22-10-56 et s., créés Ord. n° 2020-1142, 16 sept. 2020). Son succès s'est longtemps expliqué par un régime fiscal et social attractif.

A. – Aspects juridiques

1° Mécanisme des stock-options

1347. – Il existe deux types d'options :

– *les options de souscription d'actions*, à savoir le droit pour le bénéficiaire de souscrire à des actions nouvelles émises par la société ;

– *les options d'achat d'actions*, à savoir le droit pour le bénéficiaire d'acheter des actions existantes ; cette formule est moins utilisée en pratique.

1348. – *Promesse.* Le bénéficiaire est titulaire d'une promesse unilatérale de souscription ou d'achat portant sur un certain nombre de titres (sur le sort des options en cas de divorce, V. *infra*, n° 1371). Les droits résultant des options consenties sont incessibles jusqu'à ce que l'option ait été exercée ; toutefois, en cas de décès du bénéficiaire, ses héritiers peuvent exercer l'option dans un délai de six mois à compter du décès (V. *infra*, n° 1371). Le bénéficiaire peut, s'il le souhaite, lever l'option

(316) B. Saintourens, *La stimulation de l'actionnariat salarié, in I. Urbain-Parleani et a., La loi Pacte, le nouveau visage du droit des sociétés : Rev. sociétés* 2019, p. 594.

dans le délai prévu et devenir propriétaire des actions. Il réalise alors éventuellement un profit tenant à la différence entre le prix d'achat ou de souscription, déterminé *ab initio*, et la valeur de l'action au jour de la levée de l'option (plus-value d'acquisition). En cas de revente ultérieure de l'action, il bénéficie de la plus-value éventuelle (plus-value de cession).

2° Domaine des *stock-options*

1349. – La formule est réservée aux seules *sociétés par actions* ; en pratique, elle concerne les sociétés cotées du fait de la liquidité du marché. Des règles spécifiques sont prévues dans les groupes de sociétés.

1350. – Les *bénéficiaires* sont définis par la loi tant négativement que positivement. Négativement, il ne peut être consenti d'options aux salariés ou mandataires sociaux possédant plus de 10 % du capital social. Positivement, la loi réserve le bénéfice des *stock-options* à certains dirigeants : président du conseil d'administration, directeur général, directeurs généraux délégués, membres du directoire ou gérant d'une société par actions ; sont par suite exclus les administrateurs et les membres du conseil de surveillance[317]. En fait, au lieu d'une formule destinée à étendre l'actionnariat des salariés, l'option n'est souvent qu'un moyen, fiscalement avantageux, d'améliorer la rémunération des cadres et des dirigeants.

1351. – *Stipulation de conditions.* L'exercice des options peut être conditionné à la réalisation de certaines performances financières ou au maintien du bénéficiaire dans l'entreprise (clause de présence)[318]. En cas de stipulation d'une *clause de présence*, le salarié qui se trouve dans l'impossibilité de lever ses options de souscription, du fait d'un licenciement sans cause réelle et sérieuse, a droit à réparation[319]. La solution est identique en cas de mise à la retraite du salarié découlant d'un comportement fautif de l'employeur[320]. Ces clauses de présence, car privatives de droits, sont d'interprétation stricte ; ainsi, lorsqu'une clause stipule la perte des options en cas de licenciement, cela ne couvre pas le cas de départ amiable[321]. La révocation[322] ou la démission[323] provoquent la perte de l'avantage si celui-ci est assorti d'une clause de présence.

(317) Toutefois, les mandataires sociaux cumulant leurs fonctions avec un contrat de travail peuvent bénéficier d'options au titre de leur qualité de salarié.

(318) Fl. Deboissy et P. Lokiec, *Condition de présence du salarié dans la société et droits d'associé* : *JCP* S 2013, 1443.

(319) Cass. soc., 11 juin 2014, n° 12-24.206 : *RJDA* 1/2015, n° 25 ; obligation de réparation de la perte de chance subie par le salarié irrégulièrement licencié. – G. Auzero, *Attribution individuelle des stock-options et licenciement injustifié du bénéficiaire : le recours salutaire au droit des obligations* : *BJS* 2005, § 34, p. 177. – À l'inverse, si le licenciement est fondé sur une cause réelle ou sérieuse, aucune indemnisation n'est due : Cass. soc., 30 sept. 2013, n° 12-12.836 : *Rev. sociétés* 2014, p. 25, note B. Saintourens.

(320) Cass. soc., 29 sept. 2010, n° 09-65.929 : *Rev. sociétés* 2011, p. 97, note B. Saintourens.

(321) CA Paris, 13 avr. 2010, n° 08-21.345 : *RJDA* 8-9/2010, n° 855.

(322) Cass. com., 23 mars 2010, n° 09-12.207 : *BJS* 2010, § 112, p. 549, note P. Mousseron ; dès lors que le plan d'options subordonne la levée des options à la condition que les bénéficiaires soient salariés ou administrateurs au moment de leur exercice, la révocation du directeur général avant le terme prévu au règlement rend caduc son droit d'option, quelles qu'aient pu être les assurances données par le président du conseil d'administration, celui-ci ne pouvant engager la société dans la mesure où le conseil d'administration était seul investi du pouvoir de décision en la matière.

(323) CA Versailles, 29 oct. 2009, n° 08-04.584 : *JCP* E 2010, 1145, n° 6, obs. Fl. Deboissy et G. Wicker ; le président de Vinci qui, suite à sa démission, a été révoqué de ses fonctions de mandataire dans les filiales, s'est vu opposer la clause de présence figurant dans le plan de stock-options. – Sur les suites pénales de cette affaire, V. *supra*, n° 1069.

1352. – *Nullités de la période suspecte.* Les octrois ou levées d'options qui interviennent entre le jour de la cessation des paiements de l'entreprise et celui de l'ouverture (postérieure) d'une procédure de redressement ou de liquidation judiciaires, donc pendant la période dite suspecte car précédant la révélation de la gravité des difficultés de l'entreprise, sont nuls de plein droit (C. com., art. L. 632-1, I, 8°).

1353. – *Conservation des options.* Pour couper court à la pratique consistant pour le dirigeant à revendre, en cours de mandat social, les options alors qu'elles sont censées être un instrument de fidélisation et d'association du bénéficiaire, le conseil d'administration ou de surveillance peut décider que les options ne pourront pas être revendues par les intéressés avant l'écoulement d'un certain délai.

3° Procédure d'attribution des *stock-options*

1354. – La procédure se déroule en deux temps : l'assemblée autorise l'octroi des options, qui sont ensuite attribuées par le conseil d'administration ou le directoire.

1355. – *Autorisation par l'assemblée.* L'assemblée générale extraordinaire autorise le conseil d'administration ou le directoire à consentir des droits d'options à la souscription ou à l'achat de titres (C. com., art. L. 225-177 et s.). Elle fixe le délai pendant lequel cette autorisation peut être utilisée par le conseil, ce délai ne pouvant être supérieur à trente-huit mois. Elle doit également arrêter les modalités de détermination du prix de souscription ou d'achat des actions, ainsi que le délai pendant lequel les options peuvent être exercées. S'agissant de la nature des options offertes – souscription d'actions existantes ou d'actions à émettre –, ainsi que des conditions et des modalités d'attribution des options, l'assemblée donne généralement délégation au conseil d'administration ou au directoire. La décision de l'assemblée doit être précédée d'un rapport du conseil d'administration ou du directoire, ainsi que d'un rapport spécial du commissaire aux comptes s'il en existe un.

1356. – *Attribution par le conseil d'administration.* À l'intérieur du cadre ainsi fixé, le conseil d'administration ou le directoire dispose d'une certaine latitude. Il est libre de proposer les options ou de renoncer à les octroyer. Il arrête le nombre et la qualité des bénéficiaires des options lorsque cela n'a pas été précisé par l'assemblée. Il fixe les conditions dans lesquelles seront consenties les options, à commencer par le prix de souscription ou d'achat, selon les modalités déterminées par l'assemblée ; il peut, par exemple, conditionner l'exercice des options à la satisfaction de certains objectifs de performance.

Si les *actions de la société sont cotées*, le prix de souscription ne peut pas être inférieur à 80 % de la moyenne des cours cotés aux vingt séances de bourse précédant ce jour : autrement dit, il n'est pas possible de consentir un rabais de plus de 20 %. Si la valeur des actions baisse, le droit français, à la différence du droit nord-américain (*repricing*), ne permet pas en principe de modifier le prix pendant la durée de l'option (C. com., art. L. 225-181). Par suite, il peut arriver que les bénéficiaires n'aient aucun intérêt à lever l'option en cas de baisse prolongée du titre.

Si les *actions de la société ne sont pas cotées*, le prix de souscription ne peut pas être déterminé arbitrairement par le conseil d'administration ou le directoire ; il doit être fixé « conformément aux méthodes objectives retenues en matière d'évaluation d'actions » (C. com., art. L. 225-177, al. 4). L'ensemble des conditions est regroupé dans un document appelé règlement du plan d'options, qui vaut contrat entre les bénéficiaires et l'entreprise.

Les pouvoirs du conseil d'administration en matière d'options lui sont propres ; est donc inefficace la lettre d'un président qui assure à un bénéficiaire d'options qu'il pourra lever celles-ci même s'il n'est plus en fonctions à la date de la levée, alors que le règlement du plan stipulait le contraire(324).

1357. – Un *rapport spécial* informe chaque année l'assemblée générale ordinaire sur les options attribuées durant l'exercice à chacun des mandataires et à chacun des dix salariés de la société non mandataires sociaux dont le nombre d'options est le plus élevé ; le rapport précise également les conditions dans lesquelles les options ont été effectivement levées durant l'exercice (C. com., art. L. 225-184).

B. – Aspects fiscaux et sociaux

1358. – Le régime d'imposition des stock-options a été durci en vue d'aligner les revenus tirés de l'actionnariat salarié sur les autres revenus salariaux (CGI, art. 80 bis).

Plus-value d'acquisition. Le gain d'acquisition (différence entre la valeur des titres lors de la levée de l'option et leur prix de souscription ou d'acquisition) est imposé au barème progressif de l'impôt sur le revenu, dans la catégorie des traitements et salaires. Pour tenir compte du fait que le gain constaté lors de la levée de l'option est simplement latent, la plus-value d'acquisition n'est imposable qu'au moment de la cession des titres, à titre onéreux ou à titre gratuit.

Plus-value de cession. Si le bénéficiaire cède ultérieurement les titres et constate un gain, la plus-value de cession est soumise au prélèvement forfaitaire unique de 30 % (contributions sociales comprises) ou, sur option, à la progressivité du barème de l'impôt sur le revenu sans aucun abattement pour durée de détention ; il faut y ajouter des contributions sociales au taux de 17,2 %.

Curieusement, on observera que l'indemnité octroyée par le juge à un salarié abusivement licencié et privé de ce fait du bénéfice des options est imposable selon le régime des traitements et salaires et non celui des plus-values de cession(325).

1359. – Tirant les conséquences de l'assimilation à un revenu salarial, le gain d'acquisition est soumis, au titre de l'année de cession, à la CSG et à la CRDS frappant les gains d'activité au taux de 9,2 %. Par ailleurs, le gain d'acquisition est soumis à une contribution salariale de 10 %. Côté employeur, la plus-value d'acquisition est soumise à une cotisation patronale de 30 %. Pour sa part, le gain d'acquisition est exonéré de cotisations sociales, sans avoir à respecter un délai d'indisponibilité.

§ 2. – Les augmentations de capital réservées aux salariés

1360. – Lors de toute décision d'augmentation du capital par apport en numéraire, l'assemblée générale extraordinaire doit se prononcer sur un projet de

(324) Cass. com., 23 mars 2010, n° 09-12.207 : *RJDA* 7/2010, n° 761.
(325) CE, 5 nov. 2014, n° 370845 : *JCP* E 2015, 1091, note J. Jeausserand et T. Audouard.

résolution tendant à réaliser une augmentation de capital effectuée dans les conditions prévues aux articles L. 3332-18 et suivants du Code du travail, autrement dit une augmentation de capital en faveur des salariés adhérents à un plan d'épargne d'entreprise. Cette obligation ne s'impose que si la société a des salariés (C. com., art. L. 225-129-6, al. 1er, mod. L. n° 2019-744, 19 juill. 2019. – V. *supra*, n° 1342). Si l'assemblée générale extraordinaire est tenue de se prononcer sur ce point, elle n'est évidemment pas obligée de donner suite au projet. L'obligation est lourde puisqu'elle vaut semble-t-il pour toutes les sociétés, et pas seulement pour celles titulaires d'un plan d'épargne d'entreprise[326]. La violation de la règle emporte nullité de l'augmentation de capital (C. com., art. L. 225-149-3).

1361. – Depuis la loi de simplification du droit des sociétés du 19 juillet 2019, l'obligation de convoquer tous les trois ans (C. com., art. L. 225-129-6, al. 2) une assemblée générale extraordinaire pour se prononcer – accepter ou refuser – sur un projet de résolution tendant à réaliser une augmentation de capital réservée aux salariés ne s'impose plus.

1362. – Dans tous les cas, l'obligation de convoquer une assemblée générale pour proposer une augmentation de capital réservée aux salariés ne s'applique pas aux sociétés contrôlées par une société qui a mis en place un dispositif d'épargne salariale au profit des salariés de la société contrôlée (C. com., art. L. 225-129-6, al. 3).

§ 3. – Les attributions gratuites d'actions aux salariés

1363. – Inspirée des pratiques anglo-saxonnes, l'attribution gratuite d'actions aux salariés (ou AGA) constitue une alternative de plus en plus attractive aux plans de *stock-options* (C. com., art. L. 225-197-1 et s., mod. Ord. n° 2019-1234, 27 nov. 2019, et L. 22-10-59 et s., créés Ord. n° 2020-1142, 16 sept. 2020). De fait, alors que les options ne présentent d'intérêt pour le bénéficiaire que si le cours de l'action dépasse le prix initialement prévu pour la levée d'option, les AGA permettent de réaliser un gain, même si l'action a baissé depuis l'attribution… et tant qu'elle vaut plus que zéro.

A. – Aspects juridiques

1° Principes

1364. – L'attribution gratuite d'actions peut bénéficier tant aux salariés qu'aux dirigeants – à l'exclusion des administrateurs et des membres du conseil de surveillance –, étant précisé que les bénéficiaires ne doivent pas détenir plus de 30 % du capital, avant comme après l'attribution (C. com., art. L. 225-197-1). Lorsque certaines conditions sont remplies, des actions gratuites peuvent être attribuées à des salariés ou dirigeants des sociétés du groupe (C. com., art. L. 225-197-2).

(326) Rép. min. n° 34056 : *JO* Sénat Q 22 nov. 2001, p. 3718. – T. com. Bordeaux, 15 nov. 2002 : *RJDA* 7/2003, n° 730. – L'article L. 225-129-6 du Code de commerce est applicable à la SAS : Rép. min. n° 59 : *JO* Sénat 3 janv. 2008, p. 38.

2° Procédure

1365. - La procédure, proche de celle applicable en matière de *stock-options* (V. *supra*, nos 1354 et s.), se déroule en deux temps.

Le temps de l'assemblée. Sur rapport du conseil d'administration, ou le cas échéant du directoire, ainsi que sur rapport spécial du commissaire aux comptes, l'assemblée générale extraordinaire autorise le conseil d'administration, ou le directoire, à procéder à une attribution gratuite d'actions, existantes ou à émettre. Lorsque l'attribution porte sur des actions à émettre, l'autorisation donnée par l'assemblée emporte de plein droit, au profit des bénéficiaires, renonciation des actionnaires au droit préférentiel de souscription (C. com., art. L. 225-197-1). L'assemblée fixe le pourcentage maximal du capital pouvant être ainsi attribué, qui ne peut excéder 10 % du capital social au moment de l'attribution (le plafond est de 15 % pour les sociétés non cotées)(327) ; ce pourcentage s'apprécie à la date de la décision d'attribution des actions gratuites par le conseil d'administration ou le directoire, et non à la date de l'autorisation donnée par l'assemblée. L'assemblée fixe encore la durée de cette autorisation – qui ne peut excéder trente-huit mois –, la durée de la période d'acquisition – au minimum d'une année – au terme de laquelle les bénéficiaires deviennent propriétaires des actions et, facultativement, le délai de conservation de celles-ci(328). Par exception, si la période d'acquisition fixée par l'assemblée est supérieure ou égale à quatre ans, la période de conservation peut être réduite à moins de deux ans ou supprimée.

Le temps du conseil. Le conseil d'administration, ou le directoire, détermine ensuite l'identité des bénéficiaires, les conditions et, le cas échéant, les critères d'attribution des actions. Lorsque des actions nouvelles sont attribuées, la distribution suppose de procéder à une augmentation de capital par capitalisation de réserves (V. *infra*, n° 1438) ; lorsqu'il s'agit d'actions existantes, la société doit lancer un programme de rachat d'actions (V. *infra*, n° 1454).

Un rapport spécial informe chaque année l'assemblée générale ordinaire des opérations réalisées dans le cadre de ce dispositif (C. com., art. L. 225-197-4).

3° Résultat : une attribution progressive de la qualité d'associé

1366. - Ainsi qu'on le mesure, l'attribution gratuite réalise une entrée en possession graduelle des actions. En effet, la propriété n'est définitivement acquise qu'à l'issue de la période dite d'acquisition, par le jeu d'une condition suspensive ; concrètement, si le bénéficiaire cesse, pour une raison ou une autre, d'appartenir à l'entreprise avant le terme de la période, son droit tombe. En outre, le bénéficiaire n'exerce la plénitude de ses droits d'actionnaire, spécialement la faculté de céder les actions, qu'à la fin de la période de conservation, si l'assemblée l'a imposée. Cet étalement dans le temps répond au souci d'éviter que les bénéficiaires ne vendent

(327) Le plafond passe à 30 % si tous les salariés bénéficient de l'attribution d'actions gratuites (C. com., art. L. 225-197-1, al. 3).

(328) La durée cumulée des périodes d'acquisition et de conservation ne peut pas être inférieure à deux ans (C. com., art. L. 225-197-1) ; par suite, si la période d'acquisition a été fixée à deux ans, l'assemblée peut se dispenser d'imposer une période de conservation.

immédiatement les actions qui leur sont gracieusement attribuées ; la gratuité a donc un prix : la fidélité du bénéficiaire.

1367. – **Des exemples d'AGA.**

• CGG Veritas : en novembre 2007, distribution gratuite de 91 850 actions, soit 0,33 % du capital, à 258 salariés ; acquisition définitive le 14 mars 2010, sous réserve de la satisfaction de conditions de performance ; incessibilité jusqu'au 14 mars 2012.

• Publicis : en mars 2009, distribution gratuite de 50 actions à chacun des 4 500 salariés ; période d'acquisition de deux ans et obligation de conservation pendant deux ans.

• GDF Suez : en juillet 2009, attribution gratuite de 20 actions par salarié, soit la distribution de près de 3,8 millions d'actions aux 200 000 salariés du groupe.

• Total : en mai 2010, attribution gratuite de 25 actions à plus de 100 000 salariés du groupe répartis dans 124 pays ; selon les pays, les formules diffèrent : formule 2+2 (deux ans d'acquisition avant de devenir actionnaire et deux ans de conservation) ou formule 4+0 (quatre ans d'acquisition, sans obligation de conservation) ; on observera qu'au début 2015, les salariés du groupe détenaient environ 4,72 % du capital, représentant 8,63 % des droits de vote (site officiel du groupe Total).

• Axa : en mars 2012, attribution de 25 actions gratuites à plus de 120 000 salariés dans le monde ; une deuxième tranche de 25 actions était soumise à l'accomplissement d'un objectif de performance, lié à des indicateurs liés au plan « Ambition Axa » ; l'objectif ayant été atteint, l'attribution de cette seconde tranche a pu avoir lieu (Axa, Communiqué du 21 février 2013).

• Sanofi : en mai 2018, attribution d'actions dites de performance aux salariés des sociétés du groupe ; période d'acquisition de trois ans ; le nombre d'actions remises étant appelé à varier en fonction de l'atteinte de divers critères de performance (Plan d'attribution d'actions de performance Sanofi, règlement du plan 10 F, 2 mai 2018).

B. – Aspects fiscaux et sociaux

1368. – L'attribution d'actions gratuites, outil de rémunération des bénéficiaires comme de fidélisation de ceux-ci, est soumise à un régime fiscal et social particulièrement favorable.

Le gain d'acquisition réalisé lors de l'attribution gratuite d'actions (qui correspond à la valeur des titres à la date de l'attribution) est imposé de la manière suivante : la fraction du gain d'acquisition inférieure à 300 000 € est soumise au barème progressif de l'impôt sur le revenu, avec application d'un abattement de 50 % et, le cas échéant, d'un abattement de 500 000 € en cas de départ à la retraite ; la fraction du gain d'acquisition supérieure à 300 000 € est imposée comme un salaire au barème progressif de l'impôt sur le revenu, auquel s'ajoutent des prélèvements sociaux de 9,2 %.

1369. – D'un point de vue social, le taux de la contribution patronale est abaissé à 20 %, tandis que les sociétés répondant à la définition européenne des PME en sont exonérées ; la contribution salariale de 10 % est quant à elle supprimée.

Le coin des amateurs

1. Options de souscription : quel tribunal ?

1370. – La plupart des bénéficiaires de stocks options étant salariés, on peut hésiter, en cas de différend, entre deux voies, celle du conseil des prud'hommes ou celle du tribunal de commerce, selon que l'on met l'accent sur la qualité de salarié ou sur celle d'associé en puissance. Pour la Cour de cassation, l'attribution d'options constituant un accessoire du contrat de travail, tout litige entre la société et le salarié relève de la juridiction prud'homale ; on pense à l'action en réparation consécutive à un licenciement abusif privant un salarié du bénéfice de ses options en raison d'une clause de présence (Cass. soc., 27 févr. 2013, n° 11-27.319 : *RJDA* 5/2013, n° 422). En revanche, les options une fois levées, toute contestation se rapportant aux actions émises est de la compétence de la juridiction commerciale (Cass. soc., 24 sept. 2013, n° 12-15.678 : *RJDA* 1/2014, n° 42). Tel est le cas si le salarié reproche à la société de l'avoir induit à vendre les actions du fait d'une information financière exagérément pessimiste (*ibid.*).

2. Options, divorce et décès

1371. – Les options de souscription mettent parfois à l'abri du besoin, mais elles ne font pas échapper au divorce et ne rendent pas immortel. De là des difficultés qui ont donné lieu récemment à plusieurs décisions judiciaires.

En cas de *divorce*, une question se pose lorsque l'un des époux, mariés sous le régime de la communauté, est titulaire d'options à la date de la dissolution du mariage, dont certaines ont pu être exercées, ce qui lui a permis de devenir actionnaire. Ces options et ces actions entrent-elles dans l'actif de la communauté ? Un arrêt de la Cour de cassation a donné une réponse négative (V. *supra*, n° 548).

En cas de *décès*, l'article L. 225-183 du Code de commerce prévoit la possibilité pour les héritiers d'exercer les options dans un délai de six mois, qui est un délai de forclusion. Mais il n'est pas rare que ces mêmes héritiers ignorent l'existence desdites options et perdent ainsi le bénéfice de leur exercice. Peuvent-ils reprocher alors à la société de ne pas les avoir alertés ? Non, selon la Cour de cassation, qui considère que la société émettrice n'est pas tenue d'une obligation d'information des héritiers (Cass. com., 10 déc. 2013, n° 12-17.724 : *Rev. sociétés* 2014, p. 230, note R. Foy. – *Adde* Fl. Deboissy et P. Lokiec, *Condition de présence du salarié dans la société et droits d'associé* : *JCP* S 2013, 1443). Peuvent-ils alors se retourner contre le notaire ? Pas davantage, puisque la Cour de cassation affirme qu'il n'entre pas dans les devoirs d'un notaire chargé de liquider une succession d'informer et de conseiller les héritiers sur l'opportunité de lever les options de souscription dont le défunt était titulaire (Cass. 1re civ., 30 avr. 2014, n° 13-13.850 : *RJDA* 3/2015, n° 193). Ces réponses ne sont pas satisfaisantes. Il serait plus équitable de mettre à la charge de la société une obligation d'information, sinon des héritiers, tout au moins du notaire, lequel ne manquera d'ailleurs pas de prendre son attache pour connaître l'état des créances éventuelles – ainsi d'un bonus ou d'un solde de salaires – du salarié défunt à l'encontre de son employeur. Bon nombre de sociétés informent d'ailleurs spontanément les héritiers de l'existence des options.

3. Les bons de souscription de parts de créateur d'entreprise (BSPCE)

1372. – Il s'agit d'instruments d'intéressement à usage des entreprises de croissance souhaitant recruter des collaborateurs de haut niveau quand elles n'ont pas les moyens de leur offrir une rémunération attractive (CGI, art. 163 bis G, mod. L. n° 2019-1479, 28 déc. 2019. – C. monét. fin., art. L. 212-17). Ces entreprises peuvent attribuer aux membres de leur personnel salarié, ainsi qu'aux dirigeants soumis au régime fiscal des salariés, des bons qui confèrent à leur bénéficiaire le droit de souscrire, pendant une période donnée, des titres représentatifs du capital, à un prix fixé au jour de l'attribution par l'assemblée générale extraordinaire ou, sur délégation de celle-ci, par le conseil d'administration ou le directoire. L'avantage peut être étendu aux salariés et dirigeants des filiales à 75 %. Depuis la loi Pacte n° 2019-486 du 22 mai 2019, les bons peuvent être attribués aux administrateurs et aux membres du conseil de surveillance (C. com., art. L. 225-44 et L. 225-85). Depuis 2020, les sociétés étrangères dont le siège est situé dans l'Union européenne ou dans un État lié à la France par une convention fiscale comportant une clause d'assistance contre l'évasion fiscale, peuvent attribuer des BSPCE à leurs salariés français.

En cas d'acceptation du bénéficiaire, la société émet les titres auxquels les bons donnent droit.

Le bénéfice des BSPCE suppose le respect des conditions suivantes :

– la société doit être immatriculée au RCS depuis moins de quinze ans ;

– si elle est cotée, sa capitalisation boursière doit être inférieure à 150 millions d'euros ;

– elle doit être assujettie à l'impôt sur les sociétés en France ;

– elle ne doit pas avoir été créée dans le cadre d'une concentration, d'une restructuration, d'une extension ou d'une reprise d'activités préexistantes ;

– son capital doit être détenu directement et de manière continue, pour 25 % au moins, par des personnes physiques ou par des personnes morales, elles-mêmes directement détenues pour 75 % au moins de leur capital par des personnes physiques.

Le régime fiscal est le suivant :

– *lorsque le bénéficiaire exerce son activité dans le groupe depuis plus de trois ans*, les gains sont imposés selon les règles des plus-values de cession de valeurs mobilières des particuliers, au taux forfaitaire de 12,8 % ; toutefois, le contribuable peut opter pour l'imposition au barème progressif ; quelles que soient les modalités d'imposition, les gains peuvent bénéficier de l'abattement fixe de 500 000 € prévu en cas de départ à la retraite (CGI, art. 150-0 D ter) ;

– *lorsque le bénéficiaire n'exerce pas son activité dans le groupe depuis plus de trois ans*, les gains sont imposés selon les règles applicables aux plus-values de cession de valeurs mobilières des particuliers, au taux forfaitaire de 30 % ; le gain est exclu du champ de l'abattement fixe.

SOUS-SECTION 4

LA PARTICIPATION À LA GESTION

1373. – Le système allemand de la cogestion, dit encore de la codétermination[329], n'inspire ni les milieux patronaux ni les milieux syndicaux français (V. *supra*, n° 1327) ; la présence de salariés au sein du conseil d'administration a des allures d'épouvantail. D'où la timidité du droit positif, si l'on excepte les sociétés anonymes du secteur public dans lesquelles l'accès des représentants salariés au conseil d'administration est prévu par la loi (Ord. n° 2014-948, 20 août 2014, relative à la gouvernance et aux opérations sur le capital des sociétés à participation publique,

(329) S. Paulmann et A. J. Heinrich, *La codétermination dans les sociétés allemandes et leurs filiales étrangères dans l'Union européenne* : JCP E 2016, p. 22.

art. 3)[330]. Il convient de distinguer deux types de régime, l'un obligatoire et l'autre facultatif. Rappelons qu'à ces deux types de régimes s'ajoutent d'autres prérogatives de droit commun, comme la possibilité de demander la désignation d'un expert de gestion (V. *supra*, nos 700 et s.).

§ 1. – Le régime obligatoire

1374. – *Deux délégués du comité social et économique* (l'un appartenant au collège des cadres, l'autre au collège des ouvriers et employés) siègent au conseil, mais n'ont pas le statut d'administrateurs. Ils participent aux discussions et soumettent au conseil les vœux du comité social et économique, mais ils ne votent pas. Ils sont obligatoirement convoqués ; le défaut de convocation n'entraîne pas la nullité des délibérations et expose « seulement » les dirigeants sociaux aux sanctions pénales du délit d'entrave au fonctionnement du comité social et économique (C. trav., art. L. 2312-72 et s.).

1375. – *Représentants des salariés actionnaires dans les sociétés cotées et les grandes entreprises*[331]. Dans les sociétés cotées, lorsque les salariés détiennent plus de 3 % du capital social, l'élection d'un ou plusieurs représentants des salariés actionnaires au conseil d'administration (C. com., art. L. 225-23 et L. 22-10-5, créé Ord. n° 2020-1142, 16 sept. 2020) ou au conseil de surveillance (C. com., art. L. 225-71 et L. 22-10-22, créé Ord. n° 2020-1142, 16 sept. 2020) est obligatoire. Lorsque la société n'est pas cotée, la société n'est assujettie à cette contrainte que si elle entre dans la catégorie dite des « grandes entreprises », ce qui suppose qu'elle compte au moins 1 000 salariés, filiales françaises prises en compte, ou au moins 5 000 salariés en considérant les filiales françaises ou étrangères.

Les représentants sont élus par l'assemblée générale des actionnaires, parmi les salariés actionnaires, sur proposition de ces derniers ; les salariés actionnaires se prononcent par un vote selon les conditions fixées dans les statuts[332].

Ces représentants ne sont pas pris en compte pour la détermination du nombre des administrateurs (V. *supra*, n° 864) ou des membres du conseil de surveillance (V. *supra*, n° 1115), ou pour l'application des règles du cumul avec un contrat de travail (V. *supra*, nos 906 et 1123).

La durée de leur mandat est calquée sur celui des administrateurs ou des membres du conseil de surveillance (V. *supra*, n° 887), étant précisé que le mandat prend fin par la rupture du contrat de travail, pour quelque cause que ce soit.

1376. – *Le cas des grandes entreprises* (V. *supra*, n° 1375). Qu'elles soient cotées ou non, le conseil d'administration des grandes entreprises comprend, outre les

(330) M. Zolomian, *La gouvernance modernisée des organes collégiaux des sociétés à participation publique : Rev. sociétés* 2016, p. 135.

(331) On désigne par là les sociétés employant en France, directement ou indirectement (à travers leurs filiales françaises), à la clôture de deux exercices consécutifs au moins mille salariés permanents, ou à l'étranger au moins cinq mille salariés (C. com., art. L. 225-27-1).

(332) Les contestations relatives à cette désignation relèvent de la compétence du tribunal de commerce : Cass. com., 18 mars 2020, n° 17-24.039, PB : *Dr. sociétés* juill. 2020, n° 93, ob. J.-F. Hamelin ; *JCP E* 2020, 1344, n° 7, obs. R. Raffray.

administrateurs nommés par l'assemblée générale, des administrateurs représentant les salariés (pour les SA à conseil d'administration : C. com., art. L. 225-27-1 et L. 22-10-7, créé Ord. n° 2020-1142, 16 sept. 2020 ; pour les SA à conseil de surveillance : C. com., art. L. 225-79-2 et L. 22-10-24, créé Ord. n° 2020-1142, 16 sept. 2020). Le nombre minimum des administrateurs représentant les salariés varie selon la taille du conseil : deux, si le conseil compte, depuis la loi Pacte du 22 mai 2019, plus de huit administrateurs, un dans le cas contraire.

Curiosité née du croisement du droit des sociétés et du droit social : la désignation des intéressés ne passe pas par l'assemblée générale des actionnaires ; elle procède, par exemple, selon la voie choisie par les statuts, de la nomination par le comité social et économique ou les organisations syndicales les plus représentatives.

§ 2. – Le régime facultatif

1377. – Un régime facultatif complète le régime obligatoire ; il implique une modification des statuts décidée par l'assemblée générale extraordinaire (C. com., art. L. 225-27, al. 1er et L. 22-10-6, créé Ord. n° 2020-1142, 16 sept. 2020).

Les règles de base sont les suivantes :

– le nombre des administrateurs salariés ne peut être supérieur à quatre (cinq dans les sociétés cotées), ni excéder le tiers du nombre des autres administrateurs ; ils ne sont pas pris en compte pour le calcul du nombre maximal d'administrateurs, ni pour le calcul du nombre des administrateurs pouvant être liés à la société par un contrat de travail (V. *supra*, n° 906) ;

– ce sont des administrateurs à part entière ; ils ont voix délibérative, supportent les mêmes responsabilités et perçoivent les mêmes rémunérations que les autres administrateurs.

Des dispositions similaires sont prévues dans les sociétés à conseil de surveillance (C. com., art. L. 225-79 et L. 225-80).

SECTION 5

LES COMMISSAIRES AUX COMPTES

1378. – La SA est saturée d'instances de contrôle :

– contrôle par les salariés par le biais du comité social et économique (V. *supra*, nos 1329 et s.) ;

– contrôle de l'AMF, lorsque la société offre ses titres au public (V. *infra*, n° 1636) ;

– contrôle du ministère public et du juge, pouvant aller jusqu'au remplacement des organes en place par la nomination d'un administrateur provisoire (V. *supra*, nos 687 et s.) ;

– contrôle de l'administration fiscale, qui n'est pas le moins redouté ;

– contrôle du commissaire aux comptes (C. com., art. L. 820-1 et s.), qui sera envisagé ici.

SOUS-SECTION 1

LE DOMAINE DU COMMISSARIAT AUX COMPTES

1379. – *Désignation obligatoire.* Depuis la loi Pacte du 22 mai 2019[(333)], quelle que soit la forme sociale, il y a obligation de désigner un commissaire aux comptes si deux des trois seuils suivants, fixés par décret (C. com., art. D. 221-5, D. 223-27 et D. 227-1), sont dépassés :

– 4 millions de total du bilan ;

– 8 millions de chiffre d'affaires hors taxes et ;

– 50 salariés.

Pour pallier la manœuvre consistant à morceler l'entreprise en plusieurs sociétés dont aucune ne franchirait les seuils, il est prévu que, lorsqu'une société en contrôle d'autres, l'appréciation des seuils se fait au niveau de l'ensemble du groupe (C. com., art. L. 823-2-2).

Lorsque la société est astreinte à la publication de comptes consolidés, elle doit nommer deux commissaires (et deux suppléants).

1380. – *Désignation judiciaire.* Même si les seuils ne sont pas atteints, la nomination d'un commissaire aux comptes peut être demandée en justice par un ou plusieurs actionnaires représentant au moins le dixième du capital (C. com., art. L. 225-18) ; sont également tenues de désigner un commissaire aux comptes, pour un mandat de trois exercices, les SA, SARL, SAS et SNC dont un ou plusieurs associés représentant le tiers du capital en font la demande motivée à la société.

1381. – *Désignation facultative.* Les entités se situant en deçà des seuils peuvent désigner volontairement un commissaire aux comptes ou opter pour l'audit légal dit « des petites entreprises » (V. *infra*, n° 1415).

SOUS-SECTION 2

LE STATUT DU COMMISSAIRE AUX COMPTES

1382. – *Organisation de la profession.* Le statut du commissaire aux comptes est identique quelle que soit la personne morale concernée (C. com., art. L. 822-1 et s.).

Le commissaire aux comptes exerce une profession libérale et dépend d'une organisation – la Compagnie nationale des commissaires aux comptes – qui jouit à son égard, par l'intermédiaire des compagnies régionales, de prérogatives disciplinaires. L'ensemble est coiffé par le Haut Conseil du Commissariat aux comptes ; cette autorité administrative indépendante veille notamment au respect de la déontologie et de l'indépendance, donne son avis sur les normes professionnelles et connaît des recours contre les décisions disciplinaires (C. com., art. L. 821-1 et s.).

(333) J.-F. Barbièri, *La réforme du commissariat aux comptes par la loi Pacte* : BJS juin 2019, p. 84. – M. de Szilbereky, *Le contrôle légal des comptes après l'entrée en vigueur de la loi Pacte, in* I. Urbain-Parleani et a., *La loi Pacte, le nouveau visage du droit des sociétés* : *Rev. sociétés* 2019, p. 598. – ANSA, *Le contrôle légal des comptes après l'entrée en vigueur de la loi Pacte*, oct. 2019, note n° 19-046.

Le dispositif est complété par un Code de déontologie, récemment mis à jour par le décret n° 2020-292 du 21 mars 2020(334).

1383. – *Indépendance.* La règle d'or est celle de l'indépendance du commissaire aux comptes par rapport la société dont il contrôle les comptes ; elle justifie les conditions de nomination, la durée des fonctions et la rémunération.

§ 1. – La nomination

A. – Les conditions de fond de la nomination

1384. – *Liste.* Les contrôleurs des comptes doivent être choisis parmi les personnes – physiques ou morales – inscrites sur la liste des commissaires aux comptes (C. com., art. L. 822-1). Pour le reste, des conditions de compétence et d'indépendance doivent être respectées tandis que des règles particulières sont édictées dans le cas des réseaux.

1° Exigence d'indépendance

1385. – *Principe.* La mission dévolue au commissaire aux comptes impose que ce dernier soit indépendant de la société et de ses dirigeants et le demeure pendant la durée de son mandat. Aussi lui est-il interdit de prendre, recevoir ou conserver, directement ou indirectement, un intérêt auprès de la société (C. com., art. L. 822-11-3 et s.), mais aussi d'accepter une mission de certification de nature à nuire à son indépendance dès lors que des mesures de sauvegarde appropriées ne peuvent être mises en œuvre (C. com., art. L. 822-11, III ; mod. L. n° 2019-486, 22 mai 2019).

Pour sa part, le Code de déontologie (art. 5 et s.), outre le rappel du postulat d'indépendance, impose au professionnel d'« éviter de se placer dans une situation qui pourrait être perçue comme de nature à compromettre l'exercice impartial de sa mission ou de la prestation, tant à l'occasion qu'en dehors de leur exercice ». Précision importante du même code : « L'indépendance du commissaire aux comptes s'apprécie en réalité et en apparence ».

1386. – *Interdiction de liens avec la société.* Ces principes prohibent les liens professionnels et financiers entre le commissaire aux comptes et la société contrôlée, ses dirigeants et les personnes chargées de l'élaboration des comptes, mais aussi tout lien personnel de nature à faire douter de l'indépendance du réviseur des comptes. Ainsi, un commissaire aux comptes ne saurait être l'amant de la présidente de la société ; il ne lui est pas interdit de tomber amoureux, mais il doit alors choisir entre sa passion et sa mission.

2° Le cas des réseaux

1387. – Les commissaires aux comptes étant très souvent membres d'un réseau, national ou international (KPMG, PwC, Deloitte, EY), des difficultés peuvent naître ;

(334) J.-F. Barbièri, *Le commissariat aux comptes après la loi PACTE : remaniement du Code de déontologie* : BJS juin 2020, p. 33. – *Le commissariat aux comptes après la loi PACTE : adaptation des mesures réglementaires* : BJS juill. 2020, p. 15.

on pense notamment au cas dans lequel un autre membre de réseau, dans un autre pays, fournit des conseils en gestion à la société contrôlée ou à une autre société du même groupe.

L'article L. 820-3 du Code de commerce commande au commissaire aux comptes d'informer l'entité dont il se propose de certifier les comptes de son affiliation éventuelle à un réseau. L'article L. 822-11-3 encadre les conditions d'intervention d'un commissaire membre d'un réseau, renvoyant pour partie au Code de déontologie (art. 29 et s.).

B. – La procédure de nomination

1388. – *Compétence de l'assemblée générale.* La nomination relève de l'assemblée générale ordinaire dans la SA (C. com., art. L. 225-228 et L. 22-10-66, créé Ord. n° 2020-1142, 16 sept. 2020) ; toute clause contractuelle limitant le choix de l'assemblée est réputée non écrite (C. com., art. L. 823-1, I, *in fine*). Un commissaire suppléant est nécessairement désigné.

1389. – *Sanction pénale.* Est sanctionné pénalement – emprisonnement de deux ans et 30 000 € d'amende – le fait pour tout dirigeant de personne morale tenue d'avoir un commissaire aux comptes de ne pas en provoquer la désignation (C. com., art. L. 820-4).

§ 2. – La durée des fonctions

A. – La durée normale du mandat

1390. – *Terme.* Le commissaire aux comptes est nommé pour six exercices (C. com., art. L. 823-3) ; son mandat est renouvelable ; il n'est donc pas lié au mandat des dirigeants sociaux, ce qui renforce son indépendance. Lorsque le commissaire aux comptes a été nommé pour conduire une mission d'audit légal des petites entreprises, la durée du mandat est de trois exercices (V. *infra*, n° 1415).

1391. – *Dans les entités dites d'intérêt public,* catégorie regroupant notamment les sociétés faisant publiquement appel à l'épargne et les établissements de crédit (C. com., art. L. 820-1), il est interdit à un commissaire aux comptes de certifier les comptes de la même société pendant plus de six exercices consécutifs, de sorte que son mandat n'est pas immédiatement renouvelable. De plus, la loi impose le respect d'un délai d'attente de trois ans entre deux mandats pour la même entité (C. com., art. L. 822-14).

B. – Les causes d'interruption du mandat

1392. – *Récusation.* Le commissaire aux comptes peut être l'objet d'une récusation (C. com., art. L. 823-6) ; l'action doit être intentée devant le tribunal de commerce dans les trente jours de la désignation par un ou plusieurs actionnaires représentant au moins 5 % du capital social, le comité social et économique, le ministère public, une association d'actionnaires remplissant les conditions de l'article L. 22-10-44 (Ord. n° 2020-1142, 16 sept. 2020) (V. *infra*, n° 1672), voire l'AMF dans les sociétés cotées. La demande doit être fondée sur un juste motif, propre à mettre en doute la compétence, l'honorabilité, l'impartialité ou l'indépendance de l'intéressé(335). Une divergence d'appréciation sur un traitement comptable ou sur une procédure de contrôle ne peut pas constituer un motif acceptable de récusation (C. com., art. L. 823-6).

1393. – *Révocation.* Le commissaire aux comptes est également révocable en justice à tout moment à la demande des mêmes personnes, ainsi que du conseil d'administration, du directoire et de l'assemblée générale (C. com., art. L. 823-7). La révocation – ou relèvement – est fondée sur la faute du commissaire ou son empêchement, par exemple du fait de sa maladie (V. *infra*, n° 1416)(336).

1394. – *Démission.* Le commissaire aux comptes peut démissionner pour motif légitime, par exemple en raison de son état de santé ou de difficultés rencontrées dans l'accomplissement de sa mission s'il n'est pas possible d'y remédier (C. déont., art. 19) ; tel est le cas si la société refuse de lui remettre les documents nécessaires à l'exécution de sa mission(337).

§ 3. – La rémunération

1395. – *Honoraires tarifiés.* Il ne servirait à rien de régler avec minutie les conditions de nomination et la durée des fonctions si l'indépendance ainsi édifiée était menacée par la libre discussion des honoraires entre le commissaire et la société (C. com., art. L. 823-18 et s.). D'où l'idée d'un barème minimum fixé par l'article R. 823-12 du Code de commerce. Ce barème exprime le nombre d'heures de travail exigées en fonction de la taille de la société(338) ; il reste alors à fixer le montant de la vacation horaire, ce qui implique le commun accord de la société et du commissaire, et l'établissement préalable par celui-ci d'un plan de mission et d'un programme de travail (C. com., art. R. 823-11). Ce régime de semi-liberté assure un équilibre jugé satisfaisant entre l'exigence d'indépendance et l'inopportunité d'une fixation autoritaire (par le juge ou l'État) du montant de la rémunération.

Au-delà du montant, la société ne peut pas refuser de payer les honoraires dus en invoquant une faute commise par l'intéressé(339), pas plus que le commissaire ne peut faire la grève de la certification en cas de conflit sur le montant de ses honoraires(340).

(335) L'absence de découverte des malversations d'un montant modeste commises par un employé ne constitue pas un juste motif, spécialement si les détournements ont été facilités par une défaillance du logiciel comptable de la société : Cass. com. 14 févr. 2006 : *RJDA* 5/2006, n° 546.

(336) Ces solutions valent pour toute entité dotée d'un commissaire aux comptes : Cass. com., 18 oct. 2016, n° 14-28.550 : *BRDA* 23-24/2016 ; union de syndicats professionnels.

(337) CA Paris, 20 mars 2008 : *RJDA* 8-9/2008, n° 922 ; il s'agissait de commissaires aux apports, mais la solution vaut pour des commissaires aux comptes.

(338) Pour une société dont le total du bilan, des produits d'exploitation et des produits financiers hors taxes est inférieur ou égal à 305 000 €, le nombre d'heures de travail annuel est entre 20 et 35, alors qu'à l'autre extrémité de l'échelle, pour un total du bilan compris entre 45 735 000 € et 122 000 000 €, le nombre d'heures est entre 300 et 700.

(339) CA Paris, 10 mars 2006 : *RJDA* 12/2006, n° 1232 ; la société avait justifié le refus de paiement par les fautes commises par le commissaire aux comptes et qui avaient été judiciairement constatées ; la société doit donc payer, quitte à se retourner ensuite contre l'intéressé et lui réclamer des dommages-intérêts.

(340) CA Paris, 23 sept. 2014 : *RJDA* 2/2015, n° 113.

SOUS-SECTION 3

LE RÔLE DU COMMISSAIRE AUX COMPTES

§ 1. – Le devoir de contrôle

1396. – C'est la mission première du commissaire, celle qui justifie son appellation de réviseur légal des comptes ; elle est affirmée dans l'article L. 823-10 du Code de commerce :

> « Les commissaires aux comptes ont pour mission permanente, à l'exclusion de toute immixtion dans la gestion, de vérifier les valeurs et les documents comptables de la personne ou de l'entité dont ils sont chargés de certifier les comptes et de contrôler la conformité de sa comptabilité aux règles en vigueur.
>
> Ils vérifient également la sincérité et la concordance avec les comptes annuels des informations données dans le rapport de gestion du conseil d'administration, du directoire ou de tout organe de direction, et dans les documents adressés aux actionnaires ou associés sur la situation financière et les comptes annuels. Ils attestent spécialement l'exactitude des informations relatives aux rémunérations et aux avantages de toute nature versés à chaque mandataire social.
>
> Ils vérifient, le cas échéant, la sincérité et la concordance avec les comptes consolidés des informations données dans le rapport sur la gestion du groupe ».

1397. – *Moyens.* Afin de mener à bien sa mission, le commissaire aux comptes opère toutes vérifications et tous contrôles qu'il juge opportuns et peut se faire communiquer sur place toutes les pièces qu'il estime utiles (C. com., art. L. 823-13) et notamment tous contrats, livres, documents comptables et registres de procès-verbaux. Les commissaires aux comptes sont aidés dans ces contrôles par leurs collaborateurs et il n'est pas rare qu'une mission de révision implique la présence de plusieurs dizaines de personnes. En aucun cas, ils ne sont autorisés à s'immiscer dans la gestion et leur mission doit demeurer celle d'un contrôleur : ils n'ont pas, par exemple, à vérifier si les dirigeants se préoccupent de rechercher de nouveaux clients.

Dans les entités dites d'intérêt public (V. *supra*, n° 1391), l'interlocuteur privilégié du commissaire aux comptes est le comité d'audit (C. com., art. L. 823-19 et s.).

1398. – *Opinion.* Les contrôles permettent au commissaire de se forger une opinion sur les comptes sociaux, en appliquant les normes d'audit internationales adoptées par la Commission européenne (C. com., art. L. 821-13), et de répondre aux trois questions suivantes : sont-ils réguliers, sont-ils sincères, expriment-ils fidèlement le résultat social et la situation financière de la société ? Cela implique de passer au peigne fin les postes d'actif et de passif ; le commissaire procède par sondages et échantillons, son rôle n'étant pas de refaire la comptabilité. L'obstruction aux fonctions de commissaire aux comptes est gravement sanctionnée d'un emprisonnement de cinq ans et d'une amende de 75 000 € (C. com., art. L. 820-4, 2°).

1399. – *Rapport.* Le commissaire exprime son opinion dans un rapport adressé aux actionnaires. Si la réponse aux questions précitées est affirmative, il certifie la régularité, la sincérité et la « fidélité » des comptes sociaux ; sinon, il exprime des réserves, voire refuse purement et simplement de certifier. Dans tous les cas, l'assemblée demeure libre d'approuver ou non les comptes.

§ 2. – Le devoir d'information

1400. – *Secret professionnel.* Le commissaire aux comptes a une obligation d'information à l'égard de plusieurs personnes et entités. La liste des destinataires est limitative et aucune autre personne – banquier, créancier, fisc – ne saurait être ajoutée à cette liste sans que le commissaire ne viole le secret professionnel (C. com., art. L. 822-15, mod. Ord. n° 2019-964, 18 sept. 2019. – *Adde,* C. déont., art. 9), violation sanctionnée pénalement (V. *infra,* n° 1412). Il est toutefois délié du secret professionnel à l'égard de la Commission nationale des comptes de campagne et des financements politiques et du juge de l'élection. Enfin, lorsque la société établit des comptes consolidés, les commissaires aux comptes de la société consolidante (la société holding dans la plupart des cas) et les commissaires aux comptes des sociétés consolidées (les filiales) sont, les uns à l'égard des autres, libérés du secret professionnel.

A. – L'information des actionnaires

1401. – Par son *rapport général,* le commissaire aux comptes renseigne les actionnaires ; convoqué à toutes les assemblées générales, il peut répondre aux éventuelles questions des participants. Mais ces derniers ne sont pas les destinataires exclusifs du résultat de ses investigations. De fait, la loi (C. com., art. L. 823-16) enjoint au commissaire de porter à la connaissance du conseil d'administration ou de surveillance, et le cas échéant du comité d'audit, les irrégularités et inexactitudes constatées.

B. – L'information du parquet et de TRACFIN

1402. – *Révélation des faits délictueux.* L'information concerne également le procureur de la République, puisque le réviseur légal doit lui révéler les faits délictueux dont il aura eu connaissance à l'occasion de ses investigations (C. com., art. L. 823-12, al. 2), ainsi d'un abus de biens sociaux aperçu à la lecture des relevés bancaires de la société ou des présentations ou publications de bilan inexact débusquées lors de l'examen des comptes. Le respect de cette révélation est assuré pénalement, le mutisme et/ou la complaisance plaçant le commissaire aux comptes en infraction (V. *infra,* n° 1412). La révélation concerne tout fait pénalement sanctionné, ce qui englobe les crimes, les délits et les contraventions, qu'ils soient définis par le droit des sociétés, le droit comptable, douanier, social ou fiscal. Une circulaire du ministère de la Justice du 18 avril 2014[(341)] fait obligation au commissaire aux comptes de porter à la connaissance du procureur de la République tous les faits susceptibles d'être sanctionnés pénalement, à l'exception des faits sans lien avec la mission légale – ainsi par exemple des infractions routières ou du harcèlement d'un salarié – et des irrégularités ne manifestant pas une intention frauduleuse. Le commissaire n'a pas à apprécier l'opportunité de déclencher des poursuites et il doit informer le procureur dès l'instant où une qualification pénale est incontestable, même si les

(341) *BRDA* 11/2014, n° 7.

auteurs de l'infraction ont régularisé et, par exemple, remboursé les sommes éventuellement perçues à tort.

1403. – *TRACFIN.* On rapprochera de cette obligation de révélation des faits délictueux l'obligation de déclaration exigée par le dispositif de lutte contre le blanchiment des capitaux et le financement du terrorisme, dit « TRACFIN » (C. monét. fin., art. L. 561-2, 12° bis). Les commissaires aux comptes, comme les experts-comptables, les avocats et les établissements de crédit, sont tenus de déclarer à la cellule TRACFIN « les opérations dont [ils] savent, soupçonnent ou ont de bonnes raisons de soupçonner qu'elles proviennent d'une infraction passible d'une peine privative de liberté supérieure à un an ou sont liées au financement du terrorisme » (C. monét. fin., art. L. 561-15).

C. – L'information du comité social et économique

1404. – L'information profite encore au comité social et économique, qui a la faculté de convoquer le commissaire pour recevoir ses explications sur les différents postes des documents comptables communiqués par le chef d'entreprise (V. *supra*, n° 1329).

§ 3. – Le devoir d'alerte

1405. – *Procédure d'alerte.* Le Code de commerce a mis à la charge du commissaire aux comptes un fardeau supplémentaire, celui d'alerter les dirigeants. L'alerte doit être déclenchée lorsque le commissaire relève des « faits de nature à compromettre la continuité de l'exploitation » (C. com., art. L. 234-1), autrement dit lorsqu'il prend conscience d'un risque sérieux de cessation des paiements. Il informe le président et, à défaut de réponse dans les quinze jours, le commissaire aux comptes invite ce dernier à faire délibérer le conseil d'administration ou de surveillance sur les faits relevés, invitation dont une copie est adressée au président du tribunal de commerce.

1406. – *Assouplissement.* Au regard des lourdeurs de la procédure d'alerte récemment dénoncées dans le rapport dit « de Cambourg »[342], la crise sanitaire a conduit le Gouvernement à adopter, sur habilitation législative (L. n° 2020-290, 23 mars 2020, art. 11, I, 1°, *d*), l'ordonnance n° 2020-596 du 20 mai 2020 (*JO* 21 mai 2020) dont l'article 1er adapte la procédure d'alerte mise à la charge des commissaires aux comptes dans le but d'accélérer l'information délivrée au président du tribunal de commerce (V. *supra*, n° 1405)[343]. Le commissaire aux comptes peut désormais, lorsqu'il lui apparaît que l'urgence commande l'adoption de mesures immédiates et que le dirigeant s'y refuse ou que les mesures qu'il propose sont jugées insuffisantes, en informer le président du tribunal de commerce et lui transmettre toutes informations utiles sur la situation de l'entreprise dès la première information faite au président ou au dirigeant. Cette alerte précoce ne fait toutefois pas obstacle à la

(342) Rapport sur l'avenir de la profession des commissaires aux comptes, Comité d'experts, ss dir. P. de Cambourg, juin 2018, spéc. p. 43 et s., qui souligne la mise en œuvre trop tardive et trop lente de la procédure d'alerte.
(343) J.-F. Barbièri, *L'alerte par le commissaire aux comptes selon l'ordonnance n° 2020-596 : un pas incertain vers les préconisations du rapport de Cambourg ?* : *BJS* sept. 2020, p. 35.

poursuite de la procédure d'alerte, ni à la transmission des informations sur la situation de l'entreprise aux étapes prévues par le droit commun(344).

Un regret néanmoins : l'absence de reconnaissance légale de la « phase zéro », préconisée par les praticiens, au cours de laquelle est privilégié un dialogue informel entre le commissaire aux comptes et le dirigeant préalablement à toute information du président du tribunal de commerce(345).

SOUS-SECTION 4

LA RESPONSABILITÉ DU COMMISSAIRE AUX COMPTES

1407. – Aux risques civil et pénal s'ajoute le risque disciplinaire.

§ 1. – La responsabilité civile

A. – Principe

1408. – *Responsabilité personnelle.* Le commissaire aux comptes est responsable à l'égard de la société(346), de ses dirigeants(347) comme des tiers, les repreneurs par exemple(348), des fautes commises dans l'exercice de ses fonctions. Ainsi, on peut lui reprocher un défaut de vérifications, des contrôles de pure forme, la violation des diligences professionnelles, une certification erronée facilitant la poursuite d'une activité déficitaire (V. *infra*, n° 1417). En l'absence de relation contractuelle avec la société comme avec les tiers, sa responsabilité ne peut être que délictuelle, ce qui devrait exclure toute référence à l'opposition entre obligation de moyens et obligation de résultat, mais la doctrine oublie volontiers ce détail et qualifie l'obligation du commissaire aux comptes d'obligation de moyens.

1409. – *Société de commissariat aux comptes.* Que doit-on décider lorsque la faute est commise par un commissaire aux comptes agissant en qualité d'associé, d'actionnaire ou de dirigeant d'une société titulaire d'un mandat de commissaire aux comptes ? Selon la jurisprudence, celui-ci répond personnellement des actes professionnels qu'il accomplit au nom de cette société, quelle qu'en soit la forme(349), la société étant tenue *in solidum* avec lui(350).

(344) Rapport au Président de la République relatif à l'ordonnance n° 2020-596 du 20 mai 2020, pt 1.

(345) Rapport dit « de Cambourg », préc., spéc. p. 45-46. – P. Merle, *Covid-19, les commissaires aux comptes et l'alerte : D.* 2020, 1117.

(346) Cass. com., 15 mars 2017, n° 14-26.970 : *BRDA* 7/2017, n° 1 ; responsabilité civile du commissaire aux comptes animé d'une intention malveillante à l'égard de la société et révélant au parquet des infractions inexistantes ; l'intéressé était en conflit au sujet de ses honoraires.

(347) Cass. com., 24 sept. 2003 : *RJDA* 2/2004, n° 175 ; *JCP* E 2004, 203, G. Lamoril ; action en responsabilité d'un administrateur, qui s'était porté caution des engagements de la société contre le commissaire aux comptes, dont les négligences avaient contribué à donner de la société une image erronée de sa solvabilité.

(348) CA Paris, 8 sept. 1999 : *RJDA* 2000, n° 287 ; la certification des comptes avait eu une incidence sur la décision du repreneur ; pourvoi rejeté par Cass. com., 11 févr. 2003 : *BJS* 2003, p. 549, note J.-F. Barbièri.

(349) Cass. com., 23 mars 2010, n° 09-10.791, PBRI : *Rev. sociétés* 2010, p. 174, note J.-J. Daigre. – Adde B. Saintourens, *Responsabilité personnelle du commissaire aux comptes associé pour les actes accomplis au nom de la société titulaire du mandat : Lexbase* 2010, n° 393.

(350) CA Paris, 14 mai 2003 : *BJS* 2003, § 263, p. 1250, note Ph. Merle ; *JCP* E 2004, 601, n° 8, obs. J.-J. Caussain, Fl. Deboissy et G. Wicker.

B. – Limites

1410. – *Irrégularités sans lien avec sa mission.* Dès lors que la mission du commissaire aux comptes n'est pas de refaire la comptabilité, il ne peut pas être tenu responsable de toute irrégularité ou de toute insincérité comptable. Également, la responsabilité civile des commissaires aux comptes s'apprécie globalement au regard de l'ensemble des contrôles ; ainsi, le fait pour un commissaire de ne pas vérifier le paiement de la taxe professionnelle n'est pas suffisant en soi pour constituer un manquement(351). Dans le même ordre d'idées, il n'appartient pas au commissaire aux comptes de rechercher activement les faits délictueux commis au sein de la société qui ne sont pas en lien direct avec sa mission de certification des comptes(352).

1411. – *Non-immixtion dans la gestion.* De même, il ne saurait être tenu responsable de la mise en redressement judiciaire de la société dès lors qu'il a respecté les obligations qui sont les siennes, notamment en matière d'alerte (V. *supra*, n° 1405) ; en effet, ne pouvant pas s'immiscer dans la gestion, on ne saurait attendre du commissaire aux comptes qu'il intervienne sur les choix stratégiques de la direction de l'entreprise(353).

§ 2. – La responsabilité pénale

1412. – *Auteur principal.* Le commissariat aux comptes est une profession à risque en raison des infractions qui le menacent :

– délit de non-révélation des faits délictueux (C. com., art. L. 820-7 ; emprisonnement de cinq ans et 75 000 € d'amende) ;

– délit de violation des règles d'incompatibilité et d'indépendance (C. com., art. L. 820-6 ; emprisonnement de six mois et 7 500 € d'amende) ;

– délit de confirmation d'informations mensongères (C. com., art. L. 820-7 ; emprisonnement de cinq ans et 75 000 € d'amende) ;

– délit d'exercice illégal de la profession de commissaire aux comptes (C. com., art. L. 820-5 ; emprisonnement d'un an et 15 000 € d'amende).

1413. – *Complice.* Le commissaire aux comptes trop complaisant doit encore mesurer le risque d'une condamnation pénale pour complicité, par exemple pour abus de biens sociaux(354) ou présentation de bilan « inexact » (V. *supra*, n°s 1065 et s.), voire pour escroquerie(355).

(351) Cass. com., 2 nov. 2011, n° 10-25.502 : *Rev. sociétés* 2012, p. 642, note T. Granier.

(352) CA Paris, 13 sept. 2018, n° 16/24867 : *RJDA* 1/2019, n° 26 ; il était reproché au commissaire aux comptes de ne pas s'être rendu compte de l'interdiction de gérer frappant le dirigeant, et de ne pas avoir décelé à temps la cessation des paiements intervenue trois mois après la certification des comptes.

(353) Cass. com., 8 nov. 2011, n° 10-20.626 : *RJDA* 2/2012, n° 185 ; ouverture d'une procédure collective à l'encontre d'une société civile d'exploitation agricole victime des mauvais choix de ses dirigeants, notamment en matière de stocks et de financement.

(354) Cass. crim., 9 févr. 2005 : *Rev. sociétés* 2005, p. 673, note B. Bouloc ; remboursement par un dirigeant de frais non justifiés.

(355) Cass. crim., 18 mai 2011 : *Rev. sociétés* 2011, p. 711, note T. Granier ; complicité de banqueroute et d'escroquerie d'un commissaire aux comptes pour avoir certifié les comptes d'une société sans vérifier la comptabilité, ce qui avait permis à celle-ci d'obtenir le maintien de concours bancaires.

§ 3. – La responsabilité disciplinaire

1414. – Le commissaire aux comptes peut être sanctionné par le Haut Conseil du commissariat aux comptes. Ce sera par exemple le cas pour un manquement aux conditions légales d'exercice de la profession, de négligence grave et de tout fait contraire à la probité et à l'honneur (C. com., art. L. 824-1). Le délai de prescription est de six ans à compter des faits reprochés (C. com., art. L. 824-4). Les sanctions vont de l'avertissement à la radiation de la liste des commissaires aux comptes (C. com., art. L. 824-2)[356].

SOUS-SECTION 5

L'AUDIT LÉGAL ALLÉGÉ

1415. – Apport de la loi Pacte du 22 mai 2019, les sociétés non soumises à l'obligation de désigner un commissaire aux comptes peuvent opter pour « l'audit légal petite entreprise »[357].

Les traits principaux de cet audit, conduit par un commissaire aux comptes inscrit (V. *supra*, n° 1384), sont les suivants :

– mandat de trois exercices (C. com., art. L. 823-3-2) ;

– intervention limitée à la certification des comptes et à l'établissement d'un rapport sur les risques financiers, comptables et de gestion de la société.

L'option pour l'audit allégé ne dispense pas le commissaire aux comptes de ses obligations relatives à la procédure d'alerte (V. *supra*, n° 1405), ou à la révélation des faits délictueux (V. *supra*, n° 1402)[358].

Le coin des amateurs

1. Cas de relèvement du commissaire aux comptes

1416. – Ont été considérés comme de justes motifs de relèvement :

– le manquement aux règles déontologiques (Cass. com., 10 juill. 2007 : *RJDA* 11/2007, n° 1119 ; le commissaire aux comptes avait demandé à la société le paiement d'une prestation effectuée pour le compte d'un contractant de la société contrôlée, donc un tiers) ;

– la contestation des dirigeants sociaux et le refus de déposer le rapport général (CA Paris, 28 sept. 1989 : *BJS* 1990, p. 969) ;

– la carence fautive dans l'exécution de la mission (Cass. com., 6 févr. 1990 : *BJS* 1990, p. 367) ;

– l'immixtion dans la gestion (CA Paris, 28 avr. 1993 : *JCP* E 1994, 331, n° 4, obs. A. Viandier et J.-J. Caussain) ;

– la mise en œuvre intempestive d'une procédure d'alerte, le harcèlement des dirigeants, le refus d'établir certains rapports (Cass. com., 14 mai 1995 : *BRDA* 1995-28, p. 8) ;

(356) Cass. com., 27 sept. 2017, n° 16-17.725 : *BJS* 2018, p. 46, note J.-F. Barbièri ; *BRDA* 23/2017, n° 3 ; *Dr. sociétés* 2018, n° 5, obs. C. Coupet ; en cas de faute s'étendant sur plusieurs exercices (absence de réserves du commissaire sur le défaut de provisions comptables), chaque certification constitue un fait dommageable distinct de nature à faire courir le délai de prescription.

(357) ANSA, Note préc., oct. 2019. – *Mémento Lefebvre sociétés commerciales* 2020, n°s 77930 et s.

(358) Mémento Lefebvre, op. cit., n° 77950, *in fine*.

– l'abus dans le déclenchement d'une procédure d'alerte (Cass. com., 14 nov. 1995 : *Rev. sociétés* 1996, p. 279, note Pasqualini) ;

– la dissimulation d'un lien avec le directeur administratif de la société (T. com. Paris, 17 févr. 1999 : *JCP* E 1999, p. 667, n° 4, obs. A. Viandier et J.-J. Caussain) ;

– faisceau de fautes : incapacité à détecter de graves détournements, déclenchement abusif d'une procédure d'alerte, perception d'honoraires pour des missions extérieures à sa mission, refus non motivé de certification des comptes (CA Paris, 13 juin 2013 : *JurisData* n° 2013-012903).

2. Cas de responsabilité civile du commissaire aux comptes

1417. – Le commissaire aux comptes, comme tout professionnel assujetti à une obligation d'assurance, est particulièrement exposé à une action en responsabilité civile. Voici quelques exemples de condamnation à dommages-intérêts :

– défaut de découverte de malversations qu'un examen sérieux des comptes aurait permis de mettre à jour (CA Paris, 5 juin 2007 : *RJDA* 2/2008, n° 159) ; cependant, l'absence de surveillance de la société sur son préposé peut « absorber » la faute du commissaire (Cass. com., 14 déc. 2004 : *RJDA* 5/2005, n° 578), comme le fait qu'elle n'ait pas suivi les recommandations réitérées de celui-ci en matière de procédures de contrôle (Cass. com., 3 mars 2009 : *RJDA* 5/2009, n° 448) ;

– certification hâtive des comptes n'ayant pas permis de révéler les détournements du gérant (Cass. com., 19 oct. 1999 : *RJDA* 2000, n° 36) ;

– absence de vérification des informations reçues des dirigeants (Cass. com., 11 juill. 2000 : *JCP* E 2000, p. 1806, n° 5, obs. A. Viandier et J.-J. Caussain ; *RJDA* 2000, n° 1120) ;

– non-révélation de faits délictueux et confirmation d'informations mensongères ayant causé un préjudice à une banque prêteuse (Cass. com., 6 sept. 2000 : *RJDA* 2001, n° 698) ;

– absence de révélation de l'existence d'un litige important dans un rapport établi à l'occasion d'une augmentation de capital (Cass. com., 11 juill. 2000 : *RJDA* 2000, n° 1120) ;

– défaut d'information de la société sur le renouvellement de l'option pour le régime de l'intégration fiscale (CA Versailles, 11 avr. 2002 : *BJS* 2002, p. 919) ;

– absence de vérification physique des immobilisations alors que certains des matériels considérés – audio et vidéo notamment – sans utilité pour l'entreprise, ne se trouvaient pas dans les locaux de celle-ci (CA Paris, 2 juin 2003 : *RJDA* 4/2004, n° 434) ;

– certifications en l'absence de vérifications sérieuses conduisant à la souscription en pure perte à une augmentation de capital (Cass. com., 18 mai 2010, n° 09-14.281 : *Rev. sociétés* 2010, p. 590, note Th. Granier) ;

– certification des comptes alors que le caractère alarmant de la situation de la société ne pouvait pas lui échapper (Cass. com., 3 juin 2014, n° 13-19.350 : *RJDA* 2/2015, n° 112) ;

– l'intention malveillante dans la révélation de faits délictueux inexistants, la dénonciation étant motivée par le litige opposant la société contrôlée et le commissaire sur les honoraires de ce dernier (Cass. com., 15 mars 2017, n° 14-26.970 : *RJDA* 7/2017, n° 469 ; *JCP* E 2017, 1565, note S. Nonorgue).

SECTION 6

LES MUTATIONS DE LA SOCIÉTÉ ANONYME

1418. – La SA est l'enveloppe juridique de l'entreprise qu'elle abrite ; l'entreprise a une vie intense, quotidienne, qui se traduit par un jeu permanent de contrats : embauche de salariés, emprunts bancaires, relations avec les fournisseurs et les clients… ; ces opérations sont de la compétence ordinaire des dirigeants et n'impliquent aucune modification de l'enveloppe juridique. Mais celle-ci n'est pas immuable ; le développement de l'entreprise peut exiger un ajustement des statuts, c'est-à-dire du pacte social. C'est pourquoi la compétence appartient non aux dirigeants, mais à l'assemblée générale extraordinaire. Les modifications statutaires doivent être portées à la connaissance de tous selon le mode de publicité usuel : enregistrement de l'acte modificatif, insertion d'un extrait dans un support habilité à recevoir des annonces légales, dépôt du dossier au centre de formalités des entreprises aux fins d'actualisation des inscriptions au registre du commerce et des sociétés. On insistera, en dehors des variations du capital, sur celles qui mettent en cause la forme même de la société, voire son existence, c'est-à-dire sa transformation et sa dissolution.

SOUS-SECTION 1

LES VARIATIONS DU CAPITAL

1419. – *Importance politique du capital.* Il peut paraître curieux d'accorder tant de solennité à une simple question de finance. Les emprunts, même si leur montant dépasse le capital social, ne sont-ils pas de la compétence normale des dirigeants et l'émission d'obligations ne peut-elle pas être décidée par le conseil d'administration (V. *infra*, n° 1606) ? Si la modification du capital est de la compétence exclusive de l'assemblée générale extraordinaire, encore que d'importantes délégations puissent être consenties aux dirigeants (V. *infra*, n° 1422), c'est en raison de son incidence politique, car le capital social, outre son aspect financier, donne la mesure des droits de vote. D'où la complexité des opérations portant sur le capital social, qu'il s'agisse d'augmentation, de réduction ou d'amortissement ; il faut y ajouter les réactions qu'appellent la perte de la moitié du capital social et le rachat d'actions(359).

§ 1. – L'augmentation de capital

1420. – L'augmentation de capital peut résulter soit d'apports nouveaux (en numéraire ou en nature), soit d'une incorporation de réserves, soit d'une incorporation des comptes courants. Sur le plan financier, la première forme entraîne une augmentation des capitaux propres, mais non les autres qui traduisent seulement un nouvel aménagement dans la masse des capitaux propres.

A. – L'augmentation de capital par apports nouveaux

1° L'augmentation de capital par apports en numéraire

1421. – Une société qui se développe a constamment besoin d'argent frais et il y a un juste équilibre à respecter entre les fonds d'emprunt et les fonds propres ; si l'on

(359) R. Mortier, *Opérations sur capital social*, LexisNexis, 2e éd., 2015.

ne peut se passer des premiers, les seconds assurent la puissance et l'indépendance nécessaires. Un endettement excessif génère des charges financières qui, en temps de crise, peuvent conduire à la crise de liquidités, donc à la cessation des paiements.

a) La procédure

1422. – *Principes.* Encore qu'elle ait été simplifiée, l'augmentation de capital est empreinte d'un formalisme destiné à protéger les actionnaires en place (C. com., art. L. 225-129 et s.). En plus de cette réglementation spéciale tirée du droit des sociétés, l'augmentation de capital obéit aux règles du droit commun des contrats : le contrat de souscription n'est valablement formé que par la rencontre d'une offre et d'une acceptation(360) et le consentement ne doit pas être vicié (V. *supra*, n° 180)(361).

1423. – *Libération préalable du capital social.* Une société ne peut émettre de nouvelles actions en numéraire qu'autant que son capital est entièrement libéré ; c'est une solution de bon sens ; si la société a besoin d'argent, qu'elle demande d'abord à ses actionnaires d'exécuter leur promesse et donc de libérer intégralement leurs apports (V. *supra*, n° 223).

1424. – *Compétences.* L'assemblée générale extraordinaire est en principe seule compétente pour décider, sur le rapport du conseil d'administration ou du directoire, une augmentation de capital immédiate ou à terme. Mais l'assemblée peut déléguer au conseil d'administration ou au directoire les pouvoirs nécessaires en vue de réaliser celle-ci mais également le pouvoir de décider du principe de l'augmentation de capital.

Lorsque l'assemblée se contente de déléguer au conseil d'administration ou au directoire le *pouvoir de fixer les modalités de l'émission des titres*, l'augmentation doit être réalisée dans les cinq ans.

Lorsque l'assemblée délègue au conseil d'administration ou au directoire *le pouvoir de décider de l'augmentation de capital*, différentes mesures visent à préserver les droits des actionnaires. D'abord, l'assemblée fixe la durée – qui ne peut excéder vingt-six mois – durant laquelle cette délégation peut être utilisée ainsi que le plafond global de cette augmentation. Ensuite, deux mesures spéciales d'information des actionnaires sont instituées, à savoir l'obligation faite au conseil d'administration ou au directoire, d'une part, d'établir, à peine d'injonction de faire (C. com., art. L. 225-149-3 et L. 22-10-55, créé Ord. n° 2020-1142, 16 sept. 2020), un rapport complémentaire à l'assemblée générale ordinaire suivante et, d'autre part, l'obligation de joindre au rapport de gestion un tableau récapitulatif des délégations en cours de validité indiquant l'utilisation faite de celles-ci au cours de l'exercice (C. com., art. L. 225-37-4 ; mod. L. n° 2019-486, 22 mai 2019. – V. *supra*, n° 1020).

(360) Le consentement du souscripteur aux modalités fixées pour la réalisation d'une augmentation de capital doit être pur et simple ; tel n'est pas le cas lorsque la convocation à l'assemblée générale précise que la libération d'un capital doit être immédiate, alors qu'un souscripteur prétend libérer son apport par compensation avec une créance de compte courant inexistante ; faute de rencontre d'une offre et d'une acceptation, le contrat de souscription n'a pu se former : Cass. com., 25 juin 2013, n° 12-17.583, PB : *BJS* 2013, p. 643, note J.-M. Moulin ; *Dr. sociétés* 2013, n° 152, obs. R. Mortier ; *Rev. sociétés* 2013, p. 545, note Th. Bonneau.

(361) Cass. com., 2 févr. 2016, n° 14-20.241 : *RJDA* 5/2016, n° 376 ; tentative d'annulation d'une souscription de capital pour dol ; le demandeur échoue faute d'avoir pu démontrer que s'il avait eu communication des comptes de l'exercice (qui furent établis ultérieurement), il n'aurait pas souscrit à l'augmentation de capital.

Pour le reste, dans la limite de la délégation accordée, les dirigeants disposent des pouvoirs nécessaires pour fixer les conditions de l'émission, constater la réalisation des augmentations de capital qui en résultent et procéder à la modification corrélative des statuts.

1425. – *Subdélégations.* Dans les sociétés cotées, le conseil d'administration ou le directoire peut subdéléguer le pouvoir de décider la réalisation de l'émission ainsi que celui d'y surseoir. S'agissant du conseil d'administration, la subdélégation peut être consentie au directeur général ou, avec l'accord de celui-ci, à un ou plusieurs directeurs généraux délégués ; s'agissant du directoire, elle peut être consentie à son président, ou avec l'accord de celui-ci, à l'un des membres du directoire. Les personnes désignées rendent compte au conseil d'administration ou au directoire de l'utilisation faite de ce pouvoir dans les conditions prévues par ces derniers.

1426. – *Attention danger.* Lors de toute décision d'augmentation du capital, l'assemblée générale extraordinaire doit se prononcer sur un projet de résolution tendant à réaliser une augmentation de capital en faveur des salariés adhérents à un plan d'épargne d'entreprise (C. com., art. L. 225-129-6. – V. *supra*, n° 1360). Là s'arrête l'obligation : si l'assemblée est obligée de se prononcer au préalable sur ce point, elle n'est pas tenue d'y donner suite. La transgression de cette formalité n'entraîne toutefois plus la nullité de l'assemblée d'augmentation de capital depuis la loi de simplification du droit des sociétés du 19 juillet 2019.

b) Le droit préférentiel de souscription

1427. – *Principe.* En cas d'augmentation du capital en numéraire, les actionnaires ont un droit de priorité pour souscrire aux actions nouvelles, proportionnellement au montant de leurs actions. Le droit préférentiel de souscription a une fonction égalitaire. Que se passerait-il en effet en l'absence d'un tel droit ? Raisonnons sur le cas d'une SA composée de dix actionnaires ayant chacun 10 % du capital social ; le capital de la société est de 1 million d'euros et les actionnaires décident de le doubler en le portant à 2 millions. Si, de par les statuts, un seul des actionnaires avait la possibilité de souscrire à l'augmentation de capital, l'équilibre initial serait bouleversé ; cet actionnaire souscrirait à l'augmentation et recevrait en contrepartie les actions émises ; il aurait alors 55 % du nouveau capital (1,1 sur 2 millions de capital). Les autres actionnaires, avec 45 % du capital, se retrouveraient minoritaires et donc à la merci du nouveau majoritaire.

Le Code de commerce pose le principe du droit préférentiel de souscription (C. com., art. L. 225-132) : les actionnaires ont, proportionnellement au montant de leurs actions, un droit de préférence à la souscription des actions de numéraire émises pour réaliser une augmentation de capital (pour des exemples, V. *infra*, n° 1483).

1428. – *Exceptions.* Le dogme du droit préférentiel de souscription comporte toutefois des exceptions. La loi prévoit la possibilité pour l'assemblée générale extraordinaire d'en décider la suppression ; à peine de nullité de l'opération, la mention de cette suppression doit figurer à l'ordre du jour de l'assemblée(362). La suppression

(362) Cass. com., 25 sept. 2012, n° 11-17.256, PB : *Rev. sociétés* 2013, p. 158, note H. Le Nabasque.

peut être faite au profit de bénéficiaires dénommés ou de catégories de personnes répondant à des caractéristiques déterminées – par exemple salariés, porteurs de bons de souscription – ou encore, lorsqu'il s'agit d'une société offrant ses titres au public, sans indication du nom des bénéficiaires. La suppression du droit préférentiel de souscription est opportune lorsque la société étant par exemple en difficulté, son sauvetage commande l'intervention d'un tiers, lequel apportera son concours en participant à l'augmentation de capital qui lui sera réservée ; il en va de même si la société décide d'attribuer les actions nouvelles à ses salariés (V. *supra*, n°s 1345 et s.). Autre exception : à moins que les statuts n'en décident autrement, les actions de préférence auxquelles est attaché un droit limité de participation aux dividendes, aux réserves ou au partage du patrimoine en cas de liquidation sont privées de droit préférentiel de souscription pour toute augmentation de capital en numéraire (C. com., art. L. 228-11 ; mod. L. n° 2019-486, 22 mai 2019) (V. *infra*, n° 1591).

Dans les sociétés cotées, lorsque le droit préférentiel est supprimé, l'AMF suggère (en fait impose) la reconnaissance d'un délai de priorité au profit des actionnaires leur permettant de souscrire en avant-première ; l'avantage engendré par ce délai peut être l'objet d'une cession. Cette pratique a été consacrée et encadrée par le législateur (C. com., art. L. 22-10-51, créé Ord. n° 2020-1142, 16 sept. 2020). Une autre manière de sauvegarder les intérêts des actionnaires consiste à émettre à leur intention des bons de souscription d'actions (V. *infra*, n° 1483).

1429. – *Cession ou renonciation au droit préférentiel de souscription.* Lorsque le droit préférentiel de souscription n'a pas été supprimé, les actionnaires ont un délai de cinq jours de bourse au moins[363] pour souscrire à l'augmentation de capital (C. com., art. L. 225-141). Ladite souscription n'est pas obligatoire. Ainsi, les actionnaires peuvent céder leur droit préférentiel de souscription (C. com., art. L. 225-132) ; c'est le cas lorsqu'un actionnaire ne dispose pas des fonds nécessaires pour participer à l'augmentation de capital ou ne souhaite pas s'engager davantage. Les actionnaires peuvent encore renoncer individuellement à leur droit préférentiel de souscription, soit au profit d'une personne dénommée, soit sans indication de bénéficiaire.

1430. – *Conséquence d'une renonciation.* Si tous les actionnaires exercent leur droit préférentiel de souscription, l'augmentation de capital est souscrite. Il faut compter cependant avec les renonciations. Afin que l'augmentation de capital soit totalement souscrite, les volontaires peuvent souscrire un nombre supérieur d'actions ; cette souscription est dite *à titre réductible*, par différence avec la souscription à titre irréductible qui procède de l'emploi du droit préférentiel de souscription.

Si les souscriptions à titre irréductible et, le cas échéant, à titre réductible n'ont pas absorbé la totalité de l'augmentation de capital, le conseil d'administration ou le directoire peut utiliser dans l'ordre qu'il détermine une ou plusieurs des options suivantes :

– le montant de l'augmentation de capital peut, sauf décision contraire de l'assemblée générale, être limité au montant des souscriptions, étant précisé que le

(363) Curieusement, le délai vaut pour toutes sociétés, cotées ou non.

montant de l'augmentation de capital ne peut en aucun cas être inférieur aux trois quarts de l'augmentation décidée ;

– les actions non souscrites peuvent être librement réparties, totalement ou partiellement, à moins que l'assemblée en ait décidé autrement ;

– les actions non souscrites peuvent être offertes au public, totalement ou partiellement, lorsque l'assemblée a expressément admis cette possibilité ; l'autorisation de l'assemblée n'est pas requise lorsque l'offre au public ressortit de l'article L. 411-2 du Code monétaire et financier(364).

En tout état de cause, l'augmentation de capital n'est pas réalisée lorsque, après l'exercice de ces facultés, le montant des souscriptions reçues n'atteint pas la totalité de l'augmentation de capital ou les trois quarts de cette augmentation. Toutefois, le conseil d'administration ou le directoire peut, d'office et dans tous les cas, limiter l'augmentation de capital au montant atteint lorsque les actions non souscrites représentent moins de 3 % de l'augmentation de capital, toute délibération contraire étant réputée non écrite (C. com., art. L. 225-134 ; mod. Ord. n° 2019-1067, 21 oct. 2019).

1431. – Illustration d'une augmentation de capital en numéraire.

Le capital de la Compagnie des Rockers du Temps Passé est de 300 000 € ; il est représenté par 3 000 actions au nominal de 100 €, ainsi réparties :

Anatole	1 000 titres
Bertrand	1 000 titres
Camille	200 titres
Daniel	200 titres
Ernest	200 titres
Fabien	200 titres
Gérard	200 titres

La société décide de doubler son capital par apports en numéraire. Il y a donc 3 000 titres nouveaux à souscrire. Le droit préférentiel de souscription n'ayant pas été supprimé, les actionnaires ont le droit de souscrire à titre irréductible un nombre d'actions égal à celui qu'ils possèdent déjà.

S'ils exercent tous leur droit préférentiel, le capital sera entièrement souscrit et sa répartition sera inchangée entre les actionnaires.

Supposons maintenant que tous n'exercent pas leur droit préférentiel de souscription :

Anatole et Bertrand se déclarent prêts à souscrire un nombre indéterminé d'actions nouvelles à titre réductible ;

Camille se contente de souscrire à titre irréductible ;

Daniel et Ernest renoncent individuellement à leur droit, Daniel en faveur d'Anatole et Ernest en faveur de Bertrand ;

Fabien et Gérard ne souscrivent ni ne vendent leur droit.

Dans ces conditions, Anatole et Bertrand pourront souscrire chacun à 200 titres de plus grâce aux renonciations en leur faveur de Daniel et Ernest ; puis ils se partageront – à égalité puisqu'ils ont le même nombre de titres – les droits de souscription de Fabien et Gérard.

(364) Cela vise notamment les offres de titres financiers s'adressant à un cercle restreint d'investisseurs.

Après l'augmentation de capital :

Anatole et Bertrand auront chacun 2 400 actions (1 000 anciennes, 1 000 nouvelles souscrites à titre irréductible, 400 nouvelles souscrites à titre réductible) ;

Camille aura 400 actions (200 anciennes et 200 nouvelles souscrites à titre irréductible) ;

Daniel, Ernest, Fabien et Gérard auront 200 actions (actions anciennes).

D'où les proportions suivantes :

	AVANT	APRÈS
Anatole	33,00 %	40,00 %
Bertrand	33,00 %	40,00 %
Camille	6,67 %	6,67 %
Daniel, Ernest, Fabien et Gérard	6,67 %	3,33 %

Avant, Anatole et Bertrand, même réunis, n'avaient pas la majorité dans les assemblées extraordinaires ; désormais, ils l'ont et peuvent changer à leur guise les statuts, par exemple passer de la promotion des vieux rockers à celle des amateurs de tango finnois (cela existe).

c) La prime d'émission

1432. – *Égalité financière.* À l'image du droit préférentiel de souscription, la prime d'émission remplit une fonction égalitaire. Il ne s'agit plus d'égalité politique mais d'égalité financière. En effet, la prime d'émission représente le droit d'entrée des nouveaux actionnaires ; son paiement est destiné à éviter que l'élargissement de la population des actionnaires soit de nature à diminuer le droit des anciens sur les réserves ; à mesure que la table s'agrandit, le gâteau doit s'élargir. La prime d'émission correspond donc à la différence entre la valeur nominale et la valeur réelle des titres, tenant à l'existence de réserves ou de plus-values latentes constatées sur les actifs. Lorsqu'une prime d'émission est prévue, elle doit être libérée intégralement, même si la libération du capital n'est pas immédiate.

1433. – **Exemple de calcul de prime d'émission.**

Soit une SA ayant un million d'euros de capital et un million d'euros de réserves ; la masse des capitaux propres, soit 2 millions d'euros, donne la mesure de la valeur mathématique des actions (V. *supra*, n° 1310) ; elle a dix actionnaires ayant chacun 10 % du capital social ; par suite, la valeur réelle de la participation de chaque actionnaire est de 200 000 €. Si la société augmente son capital pour le porter à 2 millions, en réservant l'augmentation de capital à un tiers ou à un seul des actionnaires, quelles seront les conséquences sur la valeur de la participation des actionnaires ?

Si aucune prime d'émission n'est exigée, la valeur de la participation passera de 200 000 à 150 000 €, soit une perte de 50 000 € pour chaque actionnaire ; en effet, la nouvelle valeur de la société est de 3 millions (2 millions plus 1 million d'augmentation de capital) ; or ces 3 millions sont répartis entre les actionnaires à proportion de leurs actions. Le nouvel actionnaire ayant 50 % du capital a droit à la moitié de cette valeur, soit 1 million et demi et les anciens actionnaires se partagent le solde, ce qui donne une participation de 150 000 € pour chacun.

Pour éviter cette perte, l'assemblée peut décider le versement d'une prime d'émission, égale au montant des réserves, en l'espèce un million d'euros. Le nouvel actionnaire devra donc débourser à la fois la valeur de l'augmentation de capital et la valeur de cette prime d'émission. À la suite de l'opération, la société vaudra 4 millions d'euros qui seront répartis entre les anciens et les nouveaux actionnaires, selon la même clé de répartition ; ainsi, la valeur de la participation de chaque ancien sera toujours de 200 000 €.

1434. – *Caractère facultatif.* La prime d'émission est facultative (C. com., art. L. 225-128). Cependant, dans l'hypothèse où l'assemblée ne voterait pas le principe d'une prime d'émission afin de réserver à un tiers une entrée avantageuse dans le capital de la société, on pourrait s'interroger sur l'existence d'un abus de majorité[(365)]. À l'inverse, une prime injustifiée, notamment en raison des pertes d'exploitation importantes de la société, peut être l'indice d'une augmentation de capital frauduleuse[(366)].

2° L'augmentation de capital par apports en nature

1435. – *Compétence.* Cette forme d'augmentation de capital est de la compétence de l'assemblée générale extraordinaire. Dans les sociétés cotées, l'assemblée peut toutefois déléguer au conseil d'administration ou au directoire les pouvoirs nécessaires à l'effet d'augmenter le capital pour rémunérer l'apport en nature de titres de capital ou de valeurs mobilières donnant accès au capital dans la limite de 10 % du capital (C. com., art. L. 22-10-53, créé Ord. n° 2020-1142, 16 sept. 2020).

1436. – Pour le reste, on applique les *règles de l'apport en nature* (V. *supra*, n° 842). Il est donc nécessaire de faire désigner judiciairement un commissaire aux apports (C. com., art. L. 225-147, mod. L. n° 2016-1691, 9 déc. 2016). De plus, l'apporteur, s'il est déjà actionnaire, ne pourra pas prendre part au vote sur l'augmentation de capital, car ce serait le faire voter sur l'évaluation de son apport.

1437. – *Prime d'apport.* Une prime d'émission, qui prend alors le nom de prime d'apport, peut être imposée au nouvel arrivant (V. pour les dangers d'une augmentation de capital réalisée au pair, *infra*, n° 1479). En revanche, aucun droit préférentiel de souscription n'est prévu pour une raison évidente : l'apport en nature concerne un bien particulier, nécessaire à l'activité sociale ; seul le propriétaire du bien est en mesure de l'apporter et on ne conçoit pas que tous les actionnaires aient un droit de préférence à la souscription des actions émises en contrepartie de cet apport.

(365) Pour un exemple de contestation : Cass. com., 22 mai 2001 : *JCP* E 2001, p. 1909, n° 7, obs. A. Viandier et J.-J. Caussain ; les juges rejettent l'action des minoritaires en constatant que le montant de la prime d'émission était justifié par diverses considérations comptables. – D. Cohen, *La prime d'émission entre liberté et contrôle* : *JCP* E 2002, 35. – V. *supra*, n° 683.

(366) CA Paris, 25 nov. 2008 : *RJDA* 3/2009, n° 236 ; la cour relève également le caractère précipité, en plein mois d'août, de l'augmentation de capital ; pourvoi rejeté par Cass. com., 16 avr. 2013, n° 09-10.583 : *RJDA* 7/2013, n° 641. – Rappr. Cass. com., 5 avr. 2018, n° 1-18.772 : *RJDA* 8-9/2018, n° 643 ; un minoritaire prétendait que l'augmentation de capital était frauduleuse, il est débouté, les juges constatant qu'il avait été convoqué à l'assemblée, que le prix des actions nouvelles n'était pas prohibitif et que l'opération n'avait provoqué qu'une baisse minime de sa participation, qui était passée de 11,77 % du capital à 9,40 % du capital.

B. – L'augmentation de capital par incorporation de réserves

1° L'intérêt de la capitalisation des réserves

1438. – Les réserves sont le fruit de la politique d'épargne suivie par la société qui n'a pas mis en distribution tous les bénéfices qu'elle a réalisés. Elles figurent en haut du bilan, juste en dessous du capital social, et font partie des capitaux propres. La société peut, afin de mieux consolider son assise financière, décider d'incorporer au capital tout ou partie de ses réserves, qui cessent dès lors d'être distribuables.

Sans doute la société ne s'est pas enrichie, car la masse de ses capitaux propres n'est pas affectée par ce virement comptable de poste à poste. La présentation nouvelle inspire cependant meilleure confiance ; parfois, ce sont les banquiers qui imposent une telle capitalisation comme condition de leur concours (comp. avec le blocage des comptes courants d'associés, *supra*, n° 618). Les actionnaires n'en sont généralement pas mécontents puisque l'opération s'accompagne d'une distribution gratuite d'actions.

2° La décision de capitalisation des réserves

1439. – *Compétence.* La décision appartient à l'assemblée extraordinaire, mais les conditions de quorum et de majorité sont celles des assemblées ordinaires (C. com., art. L. 225-130) ; cela s'explique par le fait que ce réaménagement des capitaux propres est sans incidence sur l'équilibre politique des actionnaires en place. La capitalisation peut porter sur toutes les réserves (ordinaires, statutaires ou légales), de même que sur les primes (d'émission, d'apport ou de fusion).

1440. – *Conséquences.* À la suite de l'incorporation des réserves, le capital se trouve augmenté au profit de l'ensemble des actionnaires. Il est possible d'élever la valeur nominale de chaque action, mais on préfère généralement émettre de nouvelles actions qui sont distribuées gratuitement aux actionnaires en proportion des actions qu'ils détiennent.

3° La fiscalité de la capitalisation de réserves

1441. – Côté actionnaires, la distribution d'actions gratuites ou l'augmentation du nominal des titres échappe à toute imposition car elle n'entraîne pour les associés aucun enrichissement réel. Si les réserves avaient été distribuées sous forme de dividendes, ceux-ci auraient en revanche été soumis à l'impôt sur le revenu (V. *supra*, n° 157).

1442. – **Exemple de capitalisation de réserves.**

Le « haut de bilan » de la société Silence et Méditation se présente de la façon suivante :

– capital (10 000 actions de 100 €)	1 000 000
– réserve légale	100 000
– réserves ordinaires	2 500 000
– capitaux propres	3 600 000

L'assemblée générale extraordinaire, avant d'émettre de nouvelles actions en numéraire, décide d'incorporer au capital 2 000 000 de réserves ordinaires ; les 20 000 actions nouvelles de 100 € seront distribuées gratuitement aux actionnaires à raison de deux actions nouvelles pour une action ancienne.

La nouvelle image du bilan sera la suivante :

– capital (30 000 actions de 100 €)	3 000 000
– réserve légale	100 000
– réserves ordinaires	500 000
– capitaux propres	3 600 000

Remarques :

– les actionnaires ne se sont pas enrichis ; avant l'opération, la valeur intrinsèque de chaque action était de 360 € (10 000 actions pour une valeur globale de 3 600 000 €) ; le titulaire d'une action ancienne en a désormais trois, dont la valeur globale est toujours de 360 € (du fait qu'il y a désormais 30 000 actions, chacune ne vaut que 120 €) ; ceci explique que la distribution d'actions gratuites ne soit pas considérée comme un gain taxable ;

– il conviendra à l'avenir de doter la réserve légale jusqu'à ce qu'elle atteigne le dixième du nouveau capital, soit 300 000 €.

C. – L'augmentation de capital par incorporation de comptes courants

1443. – *Principes.* Le compte courant représente une créance de l'associé contre la société (V. *supra*, n°s 613 et s.) ; rien n'interdit de l'incorporer au capital ; c'est même une opération bénéfique pour la société qui augmente d'autant ses fonds propres. En tout état de cause, on ne saurait contraindre les titulaires de comptes courants à en incorporer le solde au capital social, car cela reviendrait à leur imposer une augmentation de leurs engagements (V. *supra*, n° 624).

1444. – *Modalités.* L'augmentation du capital peut être réalisée selon l'une ou l'autre des deux techniques suivantes : celle de l'apport en nature d'une créance ou celle de l'apport en numéraire libéré par compensation.

Une créance constitue une valeur patrimoniale susceptible de faire l'objet d'un apport en nature. Il convient dans ce cas de respecter la procédure spéciale de vérification des apports en nature, à commencer par la désignation d'un commissaire aux apports (V. *supra*, n° 228).

Mais il est plus simple et plus avantageux de recourir à la technique de l'apport en numéraire libéré par compensation ; c'est celle qui est généralement retenue dans la pratique. Le Code de commerce (C. com., art. L. 225-128, al. 2) assimile d'ailleurs à l'apport en numéraire la compensation avec des créances liquides et exigibles sur la société. Point n'est besoin dans ce cas de recourir à la procédure de vérification des apports en nature ; il suffit que les autres actionnaires renoncent à leur droit préférentiel de souscription et que le conseil d'administration procède à un arrêté de comptes certifié exact par le commissaire aux comptes (C. com., art. R. 225-134).

1445. - *Difficultés financières.* Si la société connaît des difficultés financières, spécialement si les capitaux propres sont inférieurs au montant du capital, n'y a-t-il pas là un obstacle au jeu de la compensation légale du fait que la valeur réelle de la créance (sa valeur vénale si elle devait être cédée à un tiers) est inférieure à sa valeur nominale ? La doctrine et la jurisprudence dominantes estiment que la situation financière et comptable de la société ne paralyse pas la compensation légale, dès lors du moins qu'une procédure collective n'a pas été ouverte à l'encontre de la société. Aucune disposition légale ne fait en effet de la solvabilité de la société une condition de la compensation. La solution est heureuse, car la capitalisation des comptes courants permet d'assainir la situation financière de la société (réduction de l'endettement et gonflement corrélatif du capital), même si l'opération est neutre sur le plan de la trésorerie (il n'y a pas d'injection d'argent frais).

§ 2. – La réduction de capital

A. – La réduction de capital motivée par des pertes

1° La réduction isolée

1446. - *Affectation des pertes.* Les pertes comptables viennent en diminution des capitaux propres ; elles figurent dans un compte de réserve négatif dans le « haut de bilan ». On peut les faire disparaître en les imputant sur les réserves, qui se trouvent réduites d'autant ; puisqu'elle est sans incidence sur le montant du capital social, l'imputation des pertes sur les réserves est de la compétence de l'assemblée générale ordinaire. Lorsque les réserves sont épuisées, les pertes entament la substance du capital, les capitaux propres (c'est-à-dire l'actif net) devenant inférieurs à son montant. Si l'on veut faire concorder capitaux propres et capital social, il faut donc réduire ce dernier. La décision est de la compétence de l'assemblée générale extraordinaire, qui statue après avoir pris connaissance des rapports du conseil d'administration et du commissaire aux comptes s'il en existe un[367].

1447. - *Égalité des actionnaires.* À l'occasion de cette réduction, les actionnaires doivent être traités de façon égale (C. com., art. L. 225-204 ; mod. L. n° 2019-486, 22 mai 2019) ; ainsi, ce sont toutes les actions qui souffriront de la réduction du nominal ou tous les actionnaires qui auront à supporter la réduction du nombre des actions en circulation.

1448. - *Les créanciers* ne peuvent pas s'opposer à la réduction, ce qui se conçoit puisque leur droit de gage n'est en rien entamé, le montant des capitaux propres restant inchangé.

(367) Cass. com., 15 mars 2017, n° 15-50.021 : *BJS* 2017, p. 311, note J.-F. Barbièri ; *Dr. sociétés* 2017, n° 100, obs. C. Coupet ; *RJDA* 7/2017, n° 459 ; l'absence de rapport du commissaire aux comptes ne rend pas nulle la réduction du capital.

1449. – Un exemple de réduction de capital motivée par des pertes.

Un bilan comportant des pertes n'a rien de flatteur. Il existe heureusement des procédés comptables pour les éliminer en les imputant soit sur des réserves, soit, à défaut, sur le capital lui-même. Voici un exemple concernant une SA qui vient de subir de nouvelles pertes, les réserves antérieures ayant déjà fondu :

– capital (10 000 actions de 100 €)	1 000 000
– pertes (report à nouveau négatif)	400 000
– capitaux propres	600 000

L'assemblée extraordinaire décide de réduire le capital à concurrence du montant des pertes par suppression de 4 000 actions ; afin de respecter l'égalité, chaque actionnaire, pour 10 actions anciennes, n'en conserve que 6.

Après « nettoyage », le nouveau bilan se présente ainsi :

– capital (6 000 actions de 100 €)	600 000
– capitaux propres	600 000

Comme on le constate, ce *lifting* affecte seulement l'esthétique du bilan, grâce à l'élimination des taches disgracieuses que constituent les pertes ; la société ne s'en trouve ni appauvrie, ni enrichie ; l'opération n'est cependant pas sans incidences juridiques : elle consacre en effet la participation des associés aux pertes sociales ; à la dissolution, ils ne pourront réclamer, au titre de la reprise des apports, que 600 000 €, alors que leur mise aura été de 1 000 000 €.

2° La réduction par « coup d'accordéon »

1450. – *Utilité.* Il n'est pas rare d'associer une réduction et une augmentation du capital ; c'est ce que l'on appelle le « coup d'accordéon », s'accompagnant parfois au préalable de la… valse des dirigeants. C'est notamment le cas lorsqu'à la suite de difficultés financières, une société doit « ouvrir » son capital à un nouveau partenaire qui consent à lui apporter de l'argent frais. Dans un premier temps, les pertes comptables sont imputées sur le capital social, la réduction du capital à zéro entraînant une annulation des actions existantes ; dans un second temps, le capital social est augmenté par émission d'actions nouvelles en numéraire. L'opération, avantageuse sur le plan comptable comme sur le plan financier, permet, d'une part, de « nettoyer » le bilan en faisant disparaître les pertes comptables et, d'autre part, de recapitaliser la société grâce à un apport de liquidités. La réduction du capital à zéro élimine les actionnaires anciens, sauf s'ils font jouer leur droit préférentiel de souscription ; mais le plus souvent, l'entrée de nouveaux actionnaires s'accompagne d'une renonciation au droit préférentiel de souscription.

1451. – *Validité.* L'opération, qui n'est pas sans susciter quelques interrogations, a été validée par les tribunaux, sauf bien sûr fraude ou abus (V. *infra*, n° 1481).

B. – La réduction de capital non motivée par des pertes

1452. – *Mécanisme.* La société est prospère ; elle en profite pour restituer aux actionnaires une partie de leurs apports *via* une réduction de capital. La réduction de capital entraîne une modification des statuts et doit donc être décidée par l'assemblée générale extraordinaire ; elle ne doit pas porter atteinte à l'égalité des actionnaires (C. com., art. L. 225-204 ; mod. L. n° 2019-486, 22 mai 2019). Cette réduction de capital peut s'opérer soit par réduction de la valeur nominale des actions, soit par une diminution du nombre des actions qui sont alors rachetées par la société en vue de leur annulation (V. *infra*, n° 1468).

1453. – *Modalités.* La réduction de capital peut se faire selon deux modalités distinctes : soit elle est proposée à chacun des actionnaires et le principe d'égalité est alors respecté, soit elle est réservée à l'un ou à certains d'entre eux et la rupture d'égalité implique dans ce cas l'accord unanime de tous les associés.

Réduction de capital proposée à tous les actionnaires. Certaines sociétés, bénéficiant d'une trésorerie pléthorique, n'hésitent pas à proposer à leurs actionnaires un rachat de leurs actions. Les actionnaires restants voient leur position renforcée : moins il y aura d'actions, plus le rendement financier de chacune sera important ; ils bénéficient d'un effet de relution à opposer à l'effet de dilution lorsque de nouvelles actions sont créées.

Réduction de capital proposée à certains actionnaires. La réduction de capital, qui suppose ici un accord unanime, permet d'organiser la sortie d'un actionnaire. Tel est le cas de la société de capital-risque qui a accompagné le développement de la société pendant les années de démarrage et qui entend réaliser sa plus-value. Tel est encore le cas lorsque la société, refusant l'agrément d'un cessionnaire, propose le rachat des actions du candidat à la sortie (V. *supra*, n° 1263).

1454. – *Protection des créanciers.* Voilà qui fait peut-être le bonheur des actionnaires, mais pas nécessairement celui des créanciers sociaux dont le gage se trouve amputé d'autant. C'est pourquoi la loi leur confère un droit d'opposition devant le tribunal de commerce s'ils estiment que leurs garanties se trouvent sacrifiées (C. com., art. L. 225-205) ; en pratique, les oppositions sont rarissimes. La présence de créanciers ayant vocation au capital paraît d'ailleurs interdire toute opération de réduction de capital non motivée par des pertes, sauf stipulation du contrat d'émission : tel est, par exemple, le cas des titulaires d'obligations convertibles, échangeables ou avec bons de souscription[368].

§ 3. – L'amortissement du capital

1455. – *Mécanisme.* L'amortissement[369] consiste en un remboursement anticipé du montant des apports sans réduction du capital ; les actionnaires récupèrent leur mise initiale, mais gardent néanmoins leur qualité d'associé. L'amortissement doit être réalisé par prélèvement sur les bénéfices ou sur les réserves ; le capital social reste donc intact ; seul est entamé le montant des capitaux propres (C. com., art. L. 225-198 et s.). S'il existe des valeurs mobilières donnant accès au capital – par exemple des bons de souscription d'actions – l'amortissement n'est possible que s'il est prévu par le contrat d'émission ou autorisé par l'assemblée des porteurs, et sous

(368) La solution est différente en cas de réduction de capital motivée par des pertes, par application de l'article L. 228-98 du Code de commerce, les droits des titulaires des valeurs mobilières étant réduits en conséquence.

(369) À ne pas confondre avec les autres sens, notamment comptable, du mot amortissement.

réserve de la sauvegarde des droits de ces derniers, notamment par un ajustement des conditions de souscription (C. com., art. L. 228-98, al. 2).

1456. – *Conséquences.* Les actions deviennent des actions de jouissance, par opposition aux actions de capital. Du fait qu'ils ont récupéré le montant de leur apport, les actionnaires perdent le droit au premier dividende (V. *supra*, n° 1208) et, bien sûr, au remboursement du nominal à la dissolution. Ils conservent leurs droits politiques et même l'essentiel de leurs droits financiers : droit au superdividende, droit aux actions gratuites en cas d'incorporation des réserves, droit au boni de liquidation en cas de dissolution.

1457. – *Utilité.* L'amortissement du capital n'était pas rare au XIXe siècle ; il était par exemple utilisé par les sociétés concessionnaires de chemins de fer ou de gaz qui devaient remettre gratuitement leurs actifs à l'autorité concédante à l'expiration de la période de concession. Le régime fiscal ne manquait pas d'attraits, puisque la reprise des apports échappe à l'impôt sur le revenu. Cette technique n'est plus guère utilisée aujourd'hui ; en cas d'excès de fonds propres, les sociétés ont plutôt intérêt à réduire leur endettement extérieur, voire à distribuer un dividende exceptionnel ou réduire leur capital (V. *supra*, n°s 1454 et s). Les sociétés de capital-risque ont néanmoins redécouvert les charmes de l'amortissement du capital qui leur permet de récupérer leur mise en cours de route ; il s'agit d'un avantage pouvant être octroyé à des actions de préférence.

§ 4. – La perte de la moitié du capital

1458. – Si la société a perdu plus de la moitié de son capital, c'est-à-dire si les capitaux propres représentent moins de la moitié du capital social en raison de l'accumulation de pertes (V. *supra*, n° 609), la situation devient préoccupante : des mesures de redressement doivent être prises avant que la société ne soit contrainte de déposer le bilan. S'il l'estime nécessaire, le commissaire aux comptes déclenche la procédure d'alerte (V. *supra*, n° 1405). La loi impose des mesures spécifiques : les actionnaires doivent être consultés et, s'ils décident la poursuite de l'activité, ils sont tenus de procéder à une reconstitution des capitaux propres (C. com., art. L. 225-248).

A. – L'obligation de consulter les actionnaires

1459. – *Convocation d'une assemblée.* Lorsque les documents comptables présentés à l'assemblée générale annuelle font apparaître une perte de plus de la moitié du capital social, le conseil d'administration (ou le directoire) doit, dans les quatre mois qui suivent, convoquer une assemblée générale extraordinaire à l'effet de décider s'il y a lieu ou non de dissoudre la société.

1460. – *Décision de dissolution.* Si la situation est irrémédiable, il peut être prudent « d'arrêter les frais » et de dissoudre la société, en passant, le cas échéant, par l'ouverture d'une procédure collective.

1461. – *Poursuite de l'activité.* Si, plus optimistes, les actionnaires gardent l'espoir de redresser la situation, ils peuvent décider la poursuite de l'activité ; la loi leur impose dans ce cas de reconstituer le montant des capitaux propres, au plus tard à la clôture du deuxième exercice suivant celui au cours duquel la constatation des pertes est intervenue. Quelle que soit la décision prise, elle doit être portée à la connaissance des tiers par le jeu d'une triple publicité dans un support habilité à recevoir des annonces légales, au greffe du tribunal et au registre du commerce.

1462. – *Dissolution judiciaire.* Si les actionnaires ne sont pas consultés ou s'ils ne se prononcent pas en faveur de la continuation, tout actionnaire ou tout tiers justifiant d'un intérêt légitime(370) peut demander la dissolution de la société ; ce droit appartient à tout actionnaire, même s'il a voté contre l'augmentation de capital qui aurait permis d'éviter la dissolution(371).

B. – L'obligation de reconstituer les capitaux propres

1463. – *Obligation.* Il faut refaire le point à l'expiration du délai précité (V. *supra*, n° 1461) ; la loi exige que d'ici là les capitaux propres aient été reconstitués à hauteur d'au moins la moitié du capital (V. *infra*, n° 1482). Peu importent les moyens de cette reconstitution : réalisation de bénéfices, augmentation du capital, remise de dette, capitalisation ou abandon du compte courant… À défaut, la société doit réduire son capital d'un montant au moins égal à celui des pertes qui n'ont pu être imputées sur les réserves.

1464. – *Sanction.* Si la société est dans l'incapacité de redresser la situation dans le délai légal, tout intéressé peut en demander la dissolution par voie de justice ; le tribunal peut accorder à la société un ultime moratoire de six mois pour tenter de régulariser le montant des capitaux propres.

1465. – *Redressement judiciaire.* Lorsque la société fait l'objet d'un plan de redressement judiciaire prévoyant une modification du capital social ou des cessions de titres en faveur d'une ou plusieurs personnes, si les capitaux propres sont inférieurs à la moitié du capital social, l'assemblée doit commencer par reconstituer les capitaux propres (C. com., art. L. 626-3). La loi prévoit également une procédure permettant de passer outre à l'opposition des associés : à défaut de reconstitution des capitaux propres, l'administrateur peut demander la désignation d'un mandataire chargé de convoquer l'assemblée compétente et de voter à la place des associés récalcitrants (C. com., art. L. 631-9-1).

Le tribunal peut forcer les associés s'opposant à une modification du capital justifiée par le redressement de l'entreprise à céder leurs actions (V. *supra*, n° 1308).

§ 5. – Le rachat par une société de ses propres actions

1466. – *Principe d'interdiction.* Pendant longtemps, le principe a été l'interdiction absolue pour une société de racheter ses propres actions. L'interdiction était justifiée par plusieurs considérations : l'impossibilité pour une personne d'être créancière et débitrice d'elle-même, l'irréalité d'un capital social souscrit par la société

(370) Tel n'est pas le cas d'une société concurrente : CA Paris, 27 mars 2014 : *BRDA* 9/2014, n° 7.
(371) Cass. com., 31 oct. 2006 : *JCP* E 2007, 1049, n° 5, obs. J.-J. Caussain, Fl. Deboissy et G. Wicker ; *RJDA* 3/2007, n° 271.

elle-même. Cependant, diverses exceptions avaient été ménagées et une société par actions pouvait exceptionnellement acquérir ses propres actions, par exemple en cas de refus d'agrément d'un cessionnaire (V. *supra*, n° 1263) ou de réduction du capital non motivée par des pertes (V. *supra*, n° 1454).

1467. – *Libéralisation.* Le dispositif a été amélioré par la loi n° 98-546 du 2 juillet 1998 qui, tout en maintenant l'interdiction de la souscription par une société de ses propres actions, a libéré partiellement le rachat d'actions. La loi n° 2019-744 du 19 juillet 2019 a procédé à plusieurs ajustements n'affectant pas l'architecture de la réglementation. Le principe reste donc celui de l'interdiction du rachat par une société de ses propres actions(372) ; par suite, une promesse de rachat d'actions souscrite en dehors des cas prévus par la loi n'est pas susceptible d'exécution forcée(373).

Outre les exceptions antérieures (V. *supra*, n° 1466) et le rachat en vue d'une attribution aux salariés ou dirigeants (V. *supra*, n°s 1346 et s.), il convient de distinguer le rachat d'actions consécutif à une réduction de capital non motivée par des pertes et le rachat d'actions aux fins de gestion financière (pour les aspects fiscaux, V. *infra*, n° 1473).

A. – Le rachat d'actions consécutif à une réduction de capital non motivée par des pertes

1° Aspects juridiques

1468. – *Autorisation de l'assemblée générale.* L'article L. 225-207 du Code de commerce énonce que l'assemblée générale qui a décidé une réduction de capital non motivée par des pertes peut autoriser le conseil d'administration (ou le directoire) à acheter un nombre déterminé d'actions pour les annuler (V. *supra*, n° 1452). L'assemblée fixe le délai imparti au conseil d'administration ou au directoire pour réaliser l'opération (C. com., art. R. 225-155).

1469. – *Offre d'achat.* Le rachat passe par l'émission d'une offre d'achat à tous les actionnaires. À cette fin, l'avis d'achat fait l'objet d'une publication dans un support d'annonces légales (C. com., art. R. 225-153 et s. ; art. R. 22-10-38, créé D. n° 2020-1742, 29 déc. 2020). Lorsque la société est cotée – ce qui n'est pas une condition d'application du régime de l'offre publique de rachat à la différence du rachat aux fins de gestion financière (V. *infra*, n° 1474) –, l'offre de rachat est nécessairement une offre publique ; elle doit être déclarée conforme à la réglementation par l'AMF.

1470. – *Montant de la réduction de capital.* L'assemblée générale extraordinaire détermine librement le niveau maximum de la réduction de capital, donc le nombre maximum des titres pouvant être achetés. En tout état de cause, la société doit respecter les règles relatives au capital minimum. La rémunération est le plus souvent en numéraire.

(372) La violation de cette interdiction n'est pas sanctionnée par la nullité : Cass. 1re civ., 17 déc. 2009, n° 08-12.344 : *D.* 2009, p. 89, obs. A. Lienhard ; *BRDA* 2/2010, n° 1 ; *Rev. sociétés* 2010, p. 311, note R. Mortier. – *Adde* CA Paris, 11 avr. 2013 : *RJDA* 7/2013, n° 638.

(373) L'associé bénéficiaire d'une promesse de rachat de ses titres en cas de résiliation du contrat d'exercice professionnel le liant à une clinique ne peut donc pas imposer aux actionnaires de mettre en œuvre une procédure de rachat : Cass. com., 15 nov. 2010, n° 09-69.308 : *JCP E* 2011, 1129, note M. Roussille ; *Rev. sociétés* 2011, p. 168, note R. Mortier. – Cass. com., 3 mars 2021, n° 18-25.528 : *BJS* mai 2021, p. 20, note R. Mortier.

1471. – *Ajustement des demandes à l'offre.* En raison du plafond prévu pour la réduction de capital, les demandes doivent être réduites en cas de succès de l'offre. Il est fréquent que les actionnaires majoritaires, soit ne présentent pas leurs titres à l'offre, soit n'en présentent qu'une partie de manière à ce que toutes les demandes de rachat des autres actionnaires soient satisfaites sans réduction.

1472. – *L'annulation des actions* doit intervenir un mois au plus tard après l'expiration du délai imparti pour l'acceptation de l'offre d'achat. À compter de leur achat jusqu'à leur annulation, les actions sont privées de droit de vote et ne sont pas prises en compte pour le calcul du quorum (C. com., art. L. 225-110, al. 4).

2° Aspects fiscaux

1473. – Suite à la décision du Conseil constitutionnel du 20 juin 2014(374), le législateur a modifié la fiscalité des rachats de titres, qui relève désormais du régime des plus et moins-values(375) :

– quelle que soit la procédure de rachat des titres : rachat en vue d'une réduction de capital non motivée par des pertes, rachat en vue d'une attribution aux salariés ou rachat opéré dans le cadre d'un plan de rachat d'actions ;

– quelle que soit la situation de l'associé : associé soumis à l'impôt sur le revenu ou l'impôt sur les sociétés, domicilié en France ou hors de France.

B. – Le rachat d'actions aux fins de gestion financière

1° Le rachat d'actions par une société cotée

1474. – La loi du 2 juillet 1998 (C. com., art. L. 22-10-62, créé Ord. n° 2020-1142, 16 sept. 2020) a autorisé le rachat par une société cotée(376) de ses actions. Le rachat ne peut porter que sur 10 % au plus du capital et il ne peut pas être effectué par un prête-nom (C. com., art. L. 225-206, II). L'opération peut avoir plusieurs objets : débouclage de participations croisées, utilisation d'un excédent de trésorerie, achat en vue d'une remise en paiement dans le cadre d'une opération de fusion, de scission ou d'apport (pour les aspects fiscaux, V. *supra*, n° 1473).

1475. – L'AMF a précisé les conditions de réalisation de l'opération dans une décision n° 2018-01 du 2 juillet 2018 et une « Position-recommandation » n° 2017-04.

1476. – Le rachat doit être autorisé par l'assemblée ordinaire, laquelle définit les finalités et les modalités de l'opération : volumes, durée du programme (plafonné à dix-huit mois), fourchette de prix, sort des actions achetées. Grâce à cette autorisation, le conseil d'administration ou le directoire va pouvoir procéder au rachat aux dates et conditions qui lui paraissent opportunes ; il peut en déléguer l'exécution au directeur général ou au président du directoire.

---

(374) Cons. const., 20 juin 2014, n° 2014-404 QPC : *Dr. fisc.* 2014, n° 30, comm. 467, note A. de Bissy et M. Ferré.

(375) A. de Bissy, *Aménagement du régime d'imposition des sommes ou valeurs attribuées en cas de rachat par une société de ses propres titres : Dr. fisc.* 2015, n° 1-2, comm. 12.

(376) La règle vaut également, depuis l'ordonnance n° 2009-105 du 30 janvier 2009, pour les sociétés dont les actions sont admises aux négociations sur un système multilatéral de négociation (C. com., art. L. 22-10-62, créé Ord. n° 2020-1142, 16 sept. 2020).

L'assemblée générale est informée annuellement de la réalisation des opérations d'achat.

1477. – Les actions achetées peuvent être ultérieurement cédées : vente, apport, échange. Elles peuvent être également annulées à condition, puisque cela aboutit à une variation du capital, que l'assemblée, extraordinaire cette fois, ait autorisé cette annulation. L'annulation doit respecter un plafond de 10 % du capital par période de vingt-quatre mois.

2° Le rachat d'actions par une société non cotée

1478. – Le dispositif a été étendu en 2012 aux sociétés non cotées, sur des bases similaires (C. com., art. L. 225-209-2 ; mod. L. n° 2019-744, 19 juill. 2019 et R. 225-159 et s.)[377] (pour les aspects fiscaux, V. *supra*, n° 1473). Ainsi, l'assemblée ordinaire peut autoriser le conseil d'administration ou le directoire à procéder à l'achat des actions de la société dans trois cas ; si ces finalités ne sont pas respectées, les actions rachetées sont annulées de plein droit :

– pour les offrir ou les attribuer, dans l'année du rachat et dans la limite de 10 % du capital, aux salariés dans le cadre, par exemple, de la participation ou d'un plan d'épargne salariale ;

– pour les attribuer, dans les deux ans du rachat et dans la limite de 5 % du capital, en paiement ou en échange d'actifs dans le cadre d'une opération de croissance externe, de fusion, de scission ou d'apport ;

– pour les attribuer, dans les cinq ans de leur rachat et dans la limite de 10 % du capital, aux actionnaires qui souhaiteraient les acquérir à l'occasion d'une procédure de mise en vente organisée par la société dans les trois mois qui suivent chaque assemblée générale ordinaire annuelle.

L'assemblée peut également autoriser le conseil d'administration ou le directoire à utiliser les actions rachetées pour une autre finalité que celle initialement prévue.

L'assemblée statue sur la base d'un rapport d'évaluation d'un expert indépendant qui fixe une « fourchette », et d'un rapport des commissaires aux comptes ; le prix des actions doit se situer à l'intérieur de la fourchette définie par l'expert indépendant.

Le coin des amateurs

1. Augmentation de capital sans prime d'émission : enrichissement à risques

1479. – Participer à une augmentation de capital d'une société prospère, sans prime d'émission, est certes une occasion de s'enrichir à bon compte mais elle n'est pas sans dangers. De fait, il y a nécessairement des perdants dans l'affaire : la société qui renonce à percevoir une prime qui viendrait gonfler ses fonds propres, les associés exclus qui, par l'effet de dilution, se trouvent dépouillés d'une part de leur pouvoir politique. Quant au fisc, il ne reste pas insensible face à cet enrichissement « sans cause ». Quelques exemples illustrent les risques juridiques éventuels.

(377) H. Le Nabasque, *Les programmes de rachat d'actions des sociétés non cotées* : *Rev. sociétés* 2012, p. 271.

a) Gare à l'abus de majorité

Une augmentation de capital, sans prime d'émission, réservée à une catégorie d'actionnaires peut, selon les cas, relever de la générosité ou de la turpitude. Voici un exemple de générosité considérée comme légitime : l'assemblée générale extraordinaire d'une société anonyme réserve une augmentation de capital à dix cadres en les dispensant de toute prime d'émission ; des minoritaires, s'estimant injustement lésés, plaident l'abus de majorité ; les juges leur répondent que « la participation au capital, sans prime d'émission, d'une catégorie de salariés particulièrement dévoués ne peut être regardée comme un motif illégitime, ou non inspirée par l'intérêt social, de renonciation au droit préférentiel de souscription » (CA Paris, 15 oct. 1986 : *JCP* CI 1987, I, 1622, obs. A. Viandier et J.-J. Caussain).

b) Gare à l'acte anormal de gestion

Dans d'autres hypothèses, les motifs sont moins altruistes comme en témoigne un arrêt du Conseil d'État du 28 juillet 2000 rendu à propos d'une association (CE, 28 juill. 2000, *Chambre départementale de la propriété immobilière du Jura : Dr. fisc.* 2001, n° 6, comm. 93, concl. J. Courtial). L'association crée une SARL, vite transformée en SA, dont l'objet social est l'exercice de l'activité d'administrateur de biens au service, est-il dit, de ses adhérents. L'association possède 95 % du capital de la société, le surplus étant réparti entre cinq personnes physiques, animatrices de l'association. L'opération n'est pas critiquable en elle-même, une association pouvant souscrire au capital d'une société commerciale et en être le cas échéant l'actionnaire de référence.

La SA ayant prospéré et ayant accumulé des réserves, les cinq comparses espèrent réaliser une bonne affaire avec la complicité de l'association qu'ils animent : la SA décide deux augmentations successives de capital, les actions étant émises au pair, sans prime d'émission, alors qu'en réalité elles valent dix fois plus ; elles sont réservées au groupe des cinq, l'association ayant, comme par hasard, renoncé en leur faveur à son droit préférentiel de souscription. Lors d'un contrôle fiscal, le vérificateur constate que l'association a illégitimement renoncé à une possibilité d'enrichissement au profit de ses animateurs. La gestion cessant d'être considérée comme désintéressée, l'association perd les avantages fiscaux réservés aux organismes à but non lucratif (V. *supra*, n° 100) et devient passible de l'impôt sur les sociétés dans les conditions du droit commun. Le vérificateur peut dès lors invoquer la théorie de l'acte anormal de gestion avec une double conséquence : rehaussement des résultats imposables de l'association et taxation personnelle des bénéficiaires à raison de leur enrichissement indu (V. *supra*, n° 662).

2. Augmentation de capital par apport et fraude : le rhum n'adoucit pas les mœurs...

1480. – L'abus de majorité n'est pas la seule voie ouverte à l'actionnaire minoritaire qui subit, du fait d'une augmentation de capital, une dilution de ses droits (V. *supra*, n° 1479) ; il faut également compter sur le principe selon lequel la fraude corrompt tout, ainsi qu'en témoigne un important arrêt de la chambre commerciale de la Cour de cassation du 30 septembre 2020 (Cass. com., 30 sept. 2020, n° 18-22.076 : *BJS* déc. 2020, p. 22, note E. Guégan ; *Dr. sociétés* déc. 2020, comm. 141, R. Mortier ; *D.* 2021, 399, note D. Schmidt ; *JCP* E 2021, 1155, note S. Lenormand-Caillère). Suite au décès du fondateur d'une société de production et de commercialisation de rhum, ses héritiers se sont réparti le solde des droits indivis des actions du défunt et ont attribué la propriété du fonds de commerce à l'un d'entre eux. Réunis en assemblée générale extraordinaire, les actionnaires majoritaires votent l'augmentation de capital par apport en nature du fonds de commerce (création de 2 803 actions nouvelles attribuées en rémunération de l'apport). L'actionnaire minoritaire, absente lors de la délibération, assigne en responsabilité les majoritaires au motif que l'opération aurait été réalisée en fraude de ses droits : il est reproché aux majoritaires d'avoir sciemment sous-évalué la valeur de la société pour créer un nombre trop important d'actions, ce qui a conduit à diluer la participation du minoritaire au capital. La demande est rejetée en appel, l'actionnaire minoritaire n'ayant pas établi que la société ne pouvait tirer un avantage suffisant de l'opération, à même de justifier l'avantage consenti à l'apporteur. Au visa de l'article 1240 du Code civil, la Cour de cassation censure l'arrêt d'appel en reprochant aux magistrats de s'être déterminés « par des motifs impropres à exclure l'existence d'une collusion frauduleuse des consorts D. [*associés majoritaires*] au détriment de Monique D., associée minoritaire, de nature à engager leur responsabilité civile ». Ils auraient dû rechercher si l'augmentation de capital orchestrée par les majoritaires n'avait pas conduit, par la sous-évaluation du capital social et l'attribution de nombreuses actions nouvelles à l'apporteur, à priver illégitimement l'actionnaire minoritaire d'une partie de ses droits en diluant sa participation au capital.

La solution doit être approuvée en ce qu'elle corrige un angle mort : indépendamment de sa conformité ou non à l'intérêt social, une augmentation de capital par apport nouveau peut caractériser une collusion frauduleuse ourdie par les associés majoritaires susceptible d'engager leur responsabilité civile. Sans doute faut-il admettre que la délibération frauduleuse puisse également être sanctionnée par la nullité dès lors que le minoritaire en fait la demande et que l'action n'est pas prescrite. Cela étant, le régime de la fraude en assemblée se rapproche de l'abus de majorité, à tel point qu'il est permis de s'interroger sur l'autonomie de l'abus de majorité à l'égard de la fraude : le premier n'est-il pas un avatar de la seconde ?

3. Coup d'accordéon : les leçons de l'arrêt *L'Amy* du 18 juin 2002

1481. – La Cour de cassation avait déjà eu l'occasion de confirmer en 1994 la validité de la technique du « coup d'accordéon », même si elle a pour conséquence l'exclusion des actionnaires minoritaires opposés à l'opération (Cass. com., 17 mai 1994, aff. *Usinor : Rev. sociétés* 1994, p. 485, note S. Dana-Démaret). Dans l'arrêt *Association Adam c/ L'Amy SA*, elle confirme la légitimité des réductions de capital à zéro et des exclusions qui en découlent (Cass. com., 18 juin 2002 : *JCP* E 2002, 1556, note A. Viandier).

a) Le contexte de l'affaire

La société L'Amy SA, fabricant de montures de lunettes, est conduite, en raison de difficultés financières, à négocier sa reprise par la société anglaise KLG. Un protocole signé en 1994 entre les actionnaires majoritaires de L'Amy SA, les banques créancières et la société KLG formalise les conditions du renflouement de L'Amy SA. En application de ce protocole, l'assemblée générale extraordinaire de L'Amy SA décide les mesures suivantes :

– réduction à zéro du capital social et apurement à due concurrence du report à nouveau négatif ;

– annulation des actions existantes ;

– suppression du droit préférentiel de souscription des actionnaires au profit de la société KLG ;

– augmentation de capital de 80 000 000 F réservée à la société KLG.

Divers actionnaires minoritaires estiment qu'ils ont été exclus de façon irrégulière et demandent à L'Amy SA réparation du préjudice qu'ils ont subi. La cour d'appel de Besançon déboute les demandeurs et leur pourvoi en cassation est rejeté par la chambre commerciale. Voici les différents moyens de défense qui, sans succès, ont été invoqués.

b) Intérêt social et intérêt commun des associés

Les minoritaires reprochent d'abord à la cour d'appel d'avoir confondu l'intérêt social et l'intérêt commun des associés. La chambre commerciale de la Cour de cassation répond :

« Attendu que la cour d'appel qui a retenu que l'opération litigieuse, effectuée afin de préserver la pérennité de l'entreprise et en cela conforme à l'intérêt social, n'avait cependant pas nui à l'intérêt des actionnaires, fussent-ils minoritaires, qui d'une façon ou d'une autre – réalisation de l'opération ou dépôt de bilan – auraient eu une situation identique, les actionnaires majoritaires subissant par ailleurs le même sort, n'a pas déduit l'absence d'atteinte à l'intérêt commun des associés de considérations relatives au seul intérêt social. » (V. dans le même sens : Cass. com., 25 janv. 2005 : *RJDA* 5/2005, n° 556 ; pertes comptables importantes commandant un assainissement financier. – Cass. com., 15 juin 2010, n° 09-10.961 : *RJDA* 11/2010, n° 1084 ; capitaux propres négatifs). À l'inverse, si l'opération intervient alors que la société n'est pas en péril, et est seulement motivée par le désir du majoritaire de renforcer sa position, il y a un risque sérieux d'annulation pour fraude (Cass. com., 11 janv. 2017, n° 14-27.052 : *Dr. sociétés* 2017, n° 62, obs. C. Coupet ; *RJDA* 3/2017, n° 181 ; *Rev. sociétés* 2017, p. 294, note D. Schmidt. – V. égal. Cass. com., 7 mai 2019, n° 17-18.785 : *BRDA* 13/2019, n° 3 ; *Rev. sociétés* 2020, p. 157, note S. Sylvestre ; les pertes invoquées pour justifier l'opération ne représentaient pas la véritable situation de la société et le délai de souscription de l'augmentation de capital – une semaine – était anormalement court).

c) Atteinte au droit de propriété et contribution aux pertes

Les actionnaires minoritaires, exclus contre leur gré, soutiennent qu'il s'agit là d'une mesure d'expropriation pour cause d'utilité privée non assortie d'indemnisation. L'argument est rejeté par la Cour de cassation :

« Attendu que la réduction de capital à zéro ne constituait pas une atteinte au droit de propriété des actionnaires mais sanctionnait leur obligation de contribuer aux pertes sociales dans la mesure de leurs apports ; que la cour d'appel a pu en déduire, par une décision motivée, que cette opération ne constituait pas une expropriation illégale. »

d) Moralité

Le coup d'accordéon est licite à la double condition que la société soit insolvable et qu'elle ne soit plus viable. En effet, la propriété de l'associé ne se réduit pas seulement à ses droits pécuniaires mais a également pour objet la société elle-même en tant qu'outil de production de richesse. Or, une société peut être viable tout en étant insolvable et, tant qu'elle demeure viable, elle conserve une valeur positive. Si tel est le cas, la décision de l'assemblée est objectivement illicite puisqu'elle exproprie sans indemnisation l'associé de valeurs qui sont siennes – ce qui est une violation du droit de propriété – et valeurs qu'il ne peut se réapproprier qu'en souscrivant à l'augmentation de capital subséquente, donc en réalisant un effort supplémentaire. En revanche, si la valeur de la société est nulle, il est possible d'imposer aux associés cette forme particulière de contribution aux pertes résultant de la compensation de leur créance d'apport avec les pertes sociales que réalise la réduction de capital à zéro.

En tout état de cause, le coup d'accordéon ne saurait être le moyen de contourner les stipulations d'un pacte d'actionnaires (Cass. com., 7 mai 2019, n° 17-16.675 : *BRDA* 13/2019, n° 2 ; le pacte prévoyait que l'un des signataires conserve un pourcentage déterminé du capital tant qu'il n'avait pas cédé sa participation ; la réduction du capital à zéro constitue une violation du pacte).

4. Comment reconstituer les capitaux propres en cas de perte de la moitié du capital social ?

1482. – On raisonnera à partir du bilan suivant arrêté à la date du 31 décembre 2018.

ACTIF		PASSIF	
Immobilisations	1 800 000	Capital	1 000 000
Stocks et créances	550 000	Report à nouveau négatif	(800 000)
Trésorerie	50 000	Capitaux propres	200 000
		Comptes courants d'associés	700 000
		Emprunts et dettes	1 500 000
Total	2 400 000	Total	2 400 000

L'assemblée générale se réunit le 30 juin 2019 (c'est la date limite pour l'approbation des comptes, V. *supra*, n° 631). Elle constate que la société, du fait de l'ampleur des pertes, a perdu plus de la moitié de son capital (exactement 80 %). Conformément à la loi, une assemblée générale extraordinaire se réunit dans les quatre mois qui suivent, c'est-à-dire le 30 octobre. Elle se prononce pour la poursuite de l'exploitation et procède aux publicités nécessaires. Elle décide dans l'immédiat la reconstitution des fonds propres à hauteur de la moitié du capital.

Il existe une formule mathématique qui permet de calculer l'augmentation minimale (soit x) à réaliser pour que les capitaux propres atteignent la moitié du capital :

capitaux propres + x =

x = capital – (capitaux propres × 2).

Ce qui dans notre hypothèse donne :

$x = 1\,000\,000 - (200\,000 \times 2)$

$x = 600\,000$

Ce chiffre représente le double de l'insuffisance actuelle pour que les capitaux propres atteignent la moitié du capital (la moitié du capital est de 500 000 et l'insuffisance des capitaux propres de 300 000) ; le double de cette insuffisance correspond bien à 600 000.

On envisagera quatre modes de reconstitution des capitaux propres : augmentation de capital par apport d'argent frais, augmentation de capital par incorporation des comptes courants d'associés, réduction de capital, abandon de créance.

a) L'augmentation de capital par apport d'argent frais

Si on augmente le capital de 600 000, le bilan se présente de la façon suivante :

ACTIF		PASSIF	
Immobilisations	1 800 000	Capital	1 600 000
Stocks et créances	550 000	Report à nouveau négatif	(800 000)
Trésorerie	650 000	Capitaux propres	800 000
		Comptes courants d'associés	700 000
		Emprunts et dettes	1 500 000
Total	3 000 000	Total	3 000 000

Le résultat recherché est obtenu : les capitaux propres atteignent la moitié du capital social ; à l'actif, le poste de trésorerie a augmenté de 600 000 ; au passif, la structure de la dette n'est pas modifiée.

b) L'augmentation du capital par incorporation des comptes courants

Les comptes courants d'associés représentent les prêts que ces derniers ont consentis à la société. On les incorporera au capital à concurrence de 600 000, d'où la présentation suivante :

ACTIF		PASSIF	
Immobilisations	1 800 000	Capital	1 600 000
Stocks et créances	550 000	Report à nouveau négatif	(800 000)
Trésorerie	50 000	Capitaux propres	800 000
		Comptes courants d'associés	
		Emprunts et dettes	100 000
			1 500 000
Total	2 400 000	Total	2 400 000

L'actif n'est pas modifié, mais la masse des emprunts a été résorbée à concurrence de 600 000.

c) La réduction de capital

Il est possible de reconstituer les capitaux propres en réduisant le montant du capital social de 600 000 afin d'apurer les pertes à due concurrence.

ACTIF		PASSIF	
Immobilisations	1 800 000	Capital	400 000
Stocks et créances	550 000	Report à nouveau négatif	(200 000)
Trésorerie	50 000	Capitaux propres	200 000
		Comptes courants d'associés	700 000
		Emprunts et dettes	1 500 000
Total	2 400 000	Total	2 400 000

Les capitaux propres représentent toujours la moitié du capital social. Mais cette manipulation comptable n'enrichit, ni n'appauvrit la société ; les pertes ont néanmoins été éliminées du bilan à concurrence de 600 000 € (V. *supra*, n° 1446).

d) L'abandon de créance

L'abandon consenti par un créancier enrichit la société et diminue d'autant le montant du report à nouveau négatif. Il suffit que l'abandon corresponde à l'insuffisance initiale des capitaux propres pour que ceux-ci atteignent la moitié du capital. On supposera que les associés font abandon de leurs comptes courants à hauteur de 300 000 €. D'où le bilan suivant :

ACTIF		PASSIF	
Immobilisations	1 800 000	Capital	1 000 000
Stocks et créances	550 000	Report à nouveau négatif	(500 000)
Trésorerie	50 000	Capitaux propres	500 000
		Comptes courants d'associés	
		Emprunts et dettes	400 000
			1 500 000
Total	2 400 000	Total	2 400 000

Le capital reste inchangé, mais la résorption du report à nouveau négatif amène une élévation des capitaux propres ; les dettes de la société ont diminué de 300 000 (les comptes courants d'associés représentant en effet de véritables dettes pour la société).

e) Remarque finale

Peut-on dire que la situation de la société a été redressée du moment que les capitaux propres atteignent désormais la moitié du capital ? Rien n'est moins sûr. Supposons que la société souffre d'un manque d'argent frais et que la trésorerie soit trop tendue. La réduction du capital n'apporte alors aucun soulagement. L'incorporation au capital d'une partie du compte courant des associés a pour seul effet de rendre perpétuelle une dette jusque-là remboursable à vue. L'abandon de créance fait disparaître une partie de la dette, mais n'influe pas davantage sur la trésorerie. En fin de compte, seule l'augmentation de capital par injection d'argent frais améliore la situation de trésorerie.

5. Des recapitalisations de choc

a) Vallourec, avril 2016

1483. – Victime de la baisse des cours du pétrole et de la chute des investissements dans ce secteur, la société Vallourec, fabricant mondial de tubes pour l'énergie et l'industrie, a procédé à une augmentation de capital importante en avril 2016. L'opération était structurée de la manière suivante :

– augmentation de capital de 480 millions d'euros avec maintien du droit préférentiel de souscription des actionnaires ; chaque action s'est vue attribuer un DPS ; tout actionnaire détenant 5 DPS a pu souscrire à 8 actions nouvelles au prix unitaire de 2,21 €, dont 0,21 € au titre de la prime d'émission ; ce prix de souscription représentait une décote de 62,6 % par rapport au cours de bourse, de là un attrait pour l'actionnaire ; ce dernier, s'il était désespéré par les performances boursières du titre (moins 90 % en trois ans) a pu préférer céder ses droits préférentiels de souscription sur le marché, ce qui a permis aux actionnaires optimistes de les acquérir et de souscrire aux conditions indiquées ;

– émission réservée d'obligations remboursables en actions, calculées de telle manière que les bénéficiaires de la « réservation », soient Bpifrance et le groupe japonais Sumitomo, détiennent chacun 15 % du capital de Vallourec après réalisation de l'augmentation de capital et actions créées pour le remboursement des obligations, à horizon de deux ans.

b) EDF, mars 2017

Obligée de renforcer ses fonds propres, EDF a lancé une augmentation de capital de 4 milliards d'euros en mars 2017. Le droit préférentiel de souscription (DPS) a été maintenu, toute action détenue au 7 mars donnant droit à 1 DPS. La possession de 10 DPS permettait de souscrire à trois actions nouvelles au prix de 6,35 € par action. Les titulaires de DPS pouvaient soit les exercer, soit les céder sur le marché. L'État pour sa part a cédé une partie de ses droits, ce qui a fortement fait baisser le cours du DPS (*Dépêche AOF* 8 mars 2017).

c) Groupe Air France – KLM, avril 2020

La pandémie de Covid-19 a gravement affecté les acteurs du transport aérien. Le groupe Air France – KLM perdant environ 25 millions d'euros par jour malgré diverses mesures d'économie et le recours au chômage partiel, cela commandait une intervention rapide de ses actionnaires de référence, l'État français et l'État néerlandais, faute de quoi le groupe planait à terme vers le dépôt de bilan. Dans un premier temps, la France a, d'une part, garanti un prêt bancaire d'un montant d'un milliard d'euros accordé par six banques ; d'autre part, l'État a consenti une avance en compte courant d'un montant de trois milliards d'euros et d'une durée de quatre ans. Dans un second temps, dès que le groupe disposera d'une meilleure visibilité sur les paramètres futurs du transport aérien, une augmentation des fonds propres devra être envisagée, contribuant ainsi à une recapitalisation importante du groupe (Air France – KLM, Communiqué du 24 avril 2020).

SOUS-SECTION 2

LA TRANSFORMATION ET LA DISSOLUTION

§ 1. – La transformation

A. – Les règles communes à toutes les transformations

1484. – *Conditions.* Il est assez rare qu'une SA se transforme en une société d'une autre forme, sauf en SAS. Dans l'ensemble, on applique le droit commun de la transformation des sociétés ; on rappellera notamment que la transformation régulière n'entraîne pas création d'un être moral nouveau (V. *supra*, n°s 741 et s.).

Pour pouvoir se transformer, la SA doit avoir deux ans d'existence et avoir fait approuver les bilans de ses deux premiers exercices (C. com., art. L. 225-243). De plus, le commissaire aux comptes, s'il en existe un, doit établir un rapport attestant que le montant des capitaux propres est au moins égal au montant du capital social (C. com., art. L. 225-244 ; mod. L. n° 2019-486, 22 mai 2019) ; à défaut, il faut réduire le capital pour résorber les pertes. Ces conditions de délai et de capitaux propres ne sont pas exigées lorsque la SA se transforme en SNC (C. com., art. L. 225-245).

1485. – *La présence d'obligataires* peut être un frein à la transformation, puisque l'opération est soumise à leur approbation ; en cas de refus, la société est tenue de leur proposer le remboursement des obligations si elle veut réaliser son projet (C. com., art. L. 228-72).

B. – Les règles propres à chaque type de transformation

1486. – *La transformation en SARL* est fréquente en pratique, lorsque la forme anonyme se révèle trop lourde à manier. La décision est prise par l'assemblée générale extraordinaire statuant non à la majorité qualifiée des deux tiers, mais à celle qui a cours dans la SARL, selon les cas, les deux tiers ou les trois quarts (V. *infra*, n° 1749).

1487. – *La transformation d'une SA en SNC* est une opération exceptionnelle ; on la rencontre parfois dans les groupes dans un souci de gestion fiscale, lorsque l'on souhaite faire remonter les pertes jusqu'à la société mère (V. *infra*, n° 2513). Elle suppose l'accord unanime de tous les actionnaires puisqu'elle modifie l'étendue de leurs engagements ; ils perdent en effet le bénéfice d'une responsabilité limitée pour être désormais responsables indéfiniment et solidairement. Pour passer outre à l'obstruction des récalcitrants, on peut envisager la transformation de la SA en société en commandite simple ; si l'accord unanime des futurs commandités est exigé, en revanche la décision est prise à la majorité des deux tiers s'agissant des futurs commanditaires.

1488. – *La transformation d'une SA en société civile* se rencontre essentiellement lorsque, ayant cessé toute activité professionnelle, la société se contente de gérer le patrimoine immobilier dont elle est titulaire ; la décision suppose l'accord unanime des associés puisque leurs engagements s'en trouveront augmentés (régime de la responsabilité illimitée et conjointe).

1489. – *La transformation d'une SA en SAS* suppose une décision prise à l'unanimité des associés (C. com., art. L. 227-3) (V. *infra*, n° 1522). La société doit satisfaire aux conditions propres à la SAS ; en particulier, elle ne doit pas faire publiquement appel à l'épargne et toutes les actions doivent être nominatives (pour la transformation d'une SA en société européenne, V. *infra*, n° 2197).

§ 2. – La dissolution

1490. – *Les règles de la dissolution* sont celles applicable à toute société ; il suffit par conséquent de renvoyer au régime général (V. *supra*, n°s 757 et s.). La plupart des causes sont communes à toutes les formes de société : extinction de l'objet, échéance du terme, dissolution judiciaire pour justes motifs, dissolution anticipée sur décision des actionnaires, jugement de liquidation judiciaire.

1491. – Trois causes de dissolution sont propres aux SA :

– *nombre d'actionnaires inférieur à sept depuis plus d'un an dans les sociétés cotées* ; dans ce cas, le tribunal peut, à la demande de tout intéressé, prononcer la dissolution de la société ; cependant, afin d'éviter les conséquences douloureuses d'une liquidation, il peut accorder à la société un délai de régularisation qui ne saurait excéder six mois (C. com., art. L. 22-10-72, créé Ord. n° 2020-1142, 16 sept. 2020) ;

– *capital devenant inférieur au minimum légal* ; tout intéressé peut demander en justice la dissolution de la société ; cependant, il n'y a pas lieu à dissolution si, lorsque le tribunal statue, le capital a retrouvé le niveau légal (C. com., art. L. 224-2) ; cette règle n'empêche pas de réduire le capital à un montant inférieur au minimum légal, voire à zéro, sous la condition suspensive d'une augmentation de capital destinée à amener celui-ci à un montant au moins égal à 37 000 € ; c'est ce qui se passe couramment dans l'hypothèse du « coup d'accordéon » (V. *supra*, n° 1450) ;

– *perte de la moitié des capitaux propres* ; si la société n'a pas reconstitué ses capitaux propres à hauteur au moins de la moitié des capitaux propres dans un délai de deux ans, tout intéressé peut demander en justice sa dissolution (V. *supra*, n° 1458).

Le coin des amateurs

Transformation et résurrection de la forme sociale

1492. – La mort des personnes morales est connue, leur résurrection l'est moins. En voici un exemple : la décision de transformation d'une société anonyme en société en nom collectif avait été annulée ; les anciens membres du conseil d'administration décidèrent de convoquer une assemblée générale ; un associé leur opposa leur absence de qualité et demanda l'annulation de la convocation. Réponse de la cour de Versailles : l'annulation de la transformation avait restitué à la société sa forme et ses organes antérieurs, par suite le gérant

– éphémère – de la SNC n'avait aucun pouvoir pour procéder à la convocation, à la différence du conseil d'administration, restauré dans ses fonctions du fait de l'annulation du changement de forme sociale (CA Versailles, 9 oct. 2003 : *BRDA* 22/2003, n° 1). Le raisonnement a une limite, d'ailleurs évoquée par la cour d'appel : la résurrection suppose... qu'il y ait quelqu'un à ressusciter ; si depuis l'annulation les administrateurs sont morts, l'annulation de la transformation sera, en l'état actuel de la science, insuffisante à leur redonner vie. Le seul recours, pour procéder à la convocation d'une assemblée, sera de faire désigner judiciairement à la demande d'un ou de plusieurs associés un mandataire appelé à procéder à la convocation.

C H A P I T R E 2

LES AUTRES SOCIÉTÉS PAR ACTIONS

S E C T I O N 1

LA SOCIÉTÉ EN COMMANDITE PAR ACTIONS

1493. – *Évolution.* Cette forme sociale a été très en vogue entre 1807 et 1850 au point de parler de « fièvre » des commandites. Cela s'expliquait notamment par l'absence de réglementation contraignante : la commandite par actions figurait une oasis de liberté et d'équilibre, au point que les Américains s'en servirent de modèle pour concevoir leur *Limited Partnership*. Mais la fièvre retomba et des formes sociales concurrentes – société anonyme, société à responsabilité limitée – apparurent ; le déclin de la commandite par actions s'accéléra au milieu du xxe siècle au point que le législateur de 1966 faillit supprimer cette forme de société. Par bonheur, il n'alla pas au bout de ses intentions et la commandite par actions a toujours droit de cité.

1494. – La commandite par actions est régie par les articles L. 226-1 et suivants du Code de commerce (mod. L. n° 2019-486, 22 mai 2019 et Ord. n° 2019-1234, 27 nov. 2019 et L. 22-10-74 et s. pour celles qui sont cotées (créés Ord. n° 2020-1142, 16 sept. 2020). Les textes, enrichis des enseignements de la pratique, permettent d'étudier l'architecture puis les vertus de la commandite par actions.

S O U S - S E C T I O N 1

L'ARCHITECTURE DE LA COMMANDITE PAR ACTIONS

1495. – *Renvoi législatif.* La société en commandite par actions est réglementée par renvoi à la société en commandite simple et à la SA ; en effet, selon l'article L. 226-1 (al. 2) du Code de commerce, les règles concernant ces deux types de sociétés sont applicables aux sociétés en commandite par actions, « dans la mesure où elles sont compatibles avec les dispositions particulières » des articles L. 226-1 et suivants. De là une nécessaire combinaison de règles profondément différentes dans leur inspiration, qui donne à la commandite par actions une allure baroque, ainsi qu'on l'observe en examinant les commanditaires, le commandité et le gérant.

1496. – *Société par actions.* La société en commandite par actions, comme son nom l'indique, est une société par actions ; à la différence d'une commandite simple, elle peut émettre des instruments financiers ou valeurs mobilières, d'où la possibilité d'une cotation en bourse. Dans les sociétés cotées, la rémunération du gérant (V. *infra*, n° 1508) et des membres du conseil de surveillance (V. *infra*, n° 1500) est soumise à la même procédure de *say on pay* que dans la SA.

§ 1. – Les commanditaires

1497. – *Les droits des commanditaires* ne sont pas représentés par des parts sociales, mais par des actions : les commanditaires ont la qualité d'actionnaires.

1498. – *Financièrement*, le statut des commanditaires est simple : ils n'assument les pertes que dans la limite de leur apport ; ils ont vocation à recevoir des dividendes, vocation qui s'étend aux bénéfices accumulés – les réserves – et au boni de liquidation. Cependant, les commanditaires doivent compter avec les droits financiers particuliers du ou des commandités, qui le plus souvent se voient reconnaître un dividende prioritaire (V. *infra*, n° 1502), leur permettant d'être rémunérés avant les commanditaires.

1499. – *Politiquement*, les commanditaires sont exclus de la gestion externe de la société. En effet, ils sont assujettis à la même défense d'immixtion que les associés commanditaires d'une société en commandite simple (V. *infra*, n° 1915) ; cela n'interdit évidemment pas le contrôle interne et la participation aux décisions sociales, mais cela prohibe la gérance de la société par un commanditaire ; le commanditaire est le seul associé à qui il soit interdit d'être dirigeant de la société à laquelle il appartient. Pour le reste, les pouvoirs du commanditaire s'exercent dans le cadre des assemblées générales, lesquelles fonctionnent sur le mode des assemblées générales d'actionnaires. Les commanditaires participent ainsi à l'approbation des comptes, aux décisions de distribution de dividendes, d'augmentation de capital, de fusion. Toutefois, s'agissant des modifications statutaires, le ou les commandités jouissent d'un droit de veto (C. com., art. L. 226-11) ; ainsi, l'accord de l'assemblée des commanditaires et du ou des commandités est nécessaire pour de telles décisions de même que pour l'approbation des comptes et l'affectation du résultat.

1500. – Un *conseil de surveillance*, désigné par l'assemblée ordinaire, et uniquement composé de commanditaires (C. com., art. L. 226-4), assure le contrôle permanent de la gestion de la société (C. com., art. L. 226-9)[(1)]. Le fait que ce conseil doive être composé de trois commanditaires impose ainsi un nombre minimum de commanditaires dans les sociétés en commandite par actions (C. com., art. L. 226-1).

Dans les sociétés cotées et celles employant pour le troisième exercice consécutif un nombre moyen d'au moins deux cent cinquante salariés permanents et présen-

(1) En outre, depuis la loi n° 2018-771 du 5 septembre 2018, le conseil doit délibérer annuellement sur la politique de la société en matière d'égalité professionnelle et salariale (C. com., art. L. 226-9-1).

tant un montant moyen de chiffre d'affaires ou de total de bilan de 50 millions d'euros, la proportion des membres du conseil de surveillance de chaque sexe ne peut être inférieure à 40 % (C. com., art. L. 226-4-1 et L. 22-10-74, créé Ord. n° 2020-1142, 16 sept. 2020), à l'image de ce qui vaut dans les sociétés anonymes.

Enfin, en application des articles L. 22-10-76 et L. 22-10-77 (créés Ord. n° 2020-1142, 16 sept. 2020) du Code de commerce, lorsque la société est cotée, la rémunération des membres du conseil de surveillance est soumise à la même procédure de *say on pay* que dans la SA (V. *supra*, nos 963 et s.).

§ 2. – Le commandité

1501. – Sans commandité, il n'y a pas de société en commandite. Le ou les commandités sont désignés dans les statuts ; en cours de vie sociale, l'entrée d'un nouveau commandité exige donc une modification statutaire, d'où le nécessaire accord de l'assemblée des commanditaires et des commandités en place. Comme tout associé, le commandité est astreint à l'exigence de l'apport, fut-il en industrie ; son apport n'est pas porté au capital social mais dans un compte spécial (autres fonds propres).

A. – Le statut financier du commandité

1502. – *Assimilation à un associé de SNC.* Financièrement, le commandité est traité comme un associé en nom collectif ; la commandite par actions fait donc cohabiter au sein d'une même personne morale des associés en nom et des actionnaires, d'où l'idée parfois développée de juxtaposition de deux sociétés. Le commandité assume donc – avec solidarité s'il y a plusieurs commandités – la totalité des pertes sociales : il est responsable indéfiniment. En contrepartie, il perçoit un dividende prioritaire, exprimé dans les statuts, qui est généralement un pourcentage du résultat net.

1503. – *Commandité personne morale.* L'ampleur des risques a parfois justifié le recours à des commandités personne morale, suivant en cela une pratique d'origine germanique. C'est une société qui est choisie comme commanditée ; elle est composée des animateurs de la société et associe parfois des représentants de l'encadrement ; ces personnes physiques ne sont pas elles-mêmes commanditées, elles sont simplement associées d'une société commanditée. En cas de procédure collective, seule la société commanditée est touchée et, s'il s'agit d'une société à risque limité, les associés ne sont pas eux-mêmes affectés. Il en va différemment, conformément au droit commun, si la société commanditée est une société fictive ou si on relève une confusion entre le patrimoine de cette société et celui des associés. Dans certains cas, la société commanditée est elle-même actionnaire de la société en commandite par actions, ce qui lui confère davantage « d'épaisseur » ; on observera qu'il n'est pas interdit à un commandité, personne physique ou morale, de détenir des actions de la commandite, voire d'en détenir la majorité.

B. – Les prérogatives extra-financières du commandité

1504. – *Politiquement*, le commandité joue un rôle essentiel :

– sauf clause contraire des statuts, son accord est indispensable pour la désignation des gérants (C. com., art. L. 226-2) ; dans certaines sociétés, cette désignation est un pouvoir propre et exclusif du commandité ; et ce qui vaut pour la désignation vaut pour la révocation ;

– il peut s'opposer à l'octroi au gérant, par l'assemblée, d'une rémunération non prévue par les statuts (C. com., art. L. 226-8) ;

– il approuve les comptes et l'affectation du résultat concurremment avec l'assemblée générale des commanditaires ;

– il dispose d'un droit de veto à l'encontre de toute décision de modification des statuts (C. com., art. L. 226-11) ; la même prérogative est reconnue en cas de transformation ; cependant, la transformation en SA ou en SARL exige non pas l'accord de tous les commandités, mais l'accord de la majorité d'entre eux (C. com., art. L. 226-14), ce qui revient à l'unanimité s'ils ne sont que deux.

1505. – *Commandité personne morale.* L'importance de ces prérogatives se justifie par la responsabilité encourue par le commandité. Elle pose néanmoins un problème d'organisation, car il faut compter parfois avec les lubies et les folies de commandités personnes physiques, trop facilement tentés d'user de leur veto ; situation aggravée par le fait que l'on ne peut jamais se débarrasser d'un commandité, se révélerait-il un mauvais associé, la voie de l'exclusion, même judiciaire, étant fermée. C'est une raison de plus pour préférer la personne morale commanditée à la personne physique ; les décisions de l'associé commandité ne sont pas le fait d'une seule personne, mais expriment alors le consensus des associés de la société commanditée. Cela exige de rédiger avec beaucoup de soin les statuts de cette société, spécialement les clauses relatives aux pouvoirs des gérants et à la cession des droits sociaux. Il n'est pas rare de prévoir la variabilité du capital de cette société commanditée, ce qui impose alors de choisir la SARL (V. *supra*, n° 601) ; cette variabilité permet l'exclusion des associés et facilite les retraits d'associés.

Dernier avantage du recours à une personne morale pour la position de commandité : la mort naturelle ne la menace pas, ni l'accident de santé, et la société ne risque pas de se trouver subitement privée d'associé commandité.

§ 3. – Le gérant

A. – Le statut du gérant

1506. – *Nomination.* La société en commandite par actions est dirigée par un ou plusieurs gérants, personnes physiques ou morales. Ils sont désignés dans les statuts. En cours de vie sociale, leur nomination se fait selon les règles posées par les statuts : décision d'assemblée des commanditaires, avec ou sans vote des commandités, décision exclusive des commandités, automatisme d'une dévolution de type dynastique, les statuts prévoyant par exemple l'accès aux fonctions de gérant de tel ou tel descendant du gérant. La seule règle est celle de la liberté statutaire.

1507. – *Révocation.* La révocation a lieu dans les conditions prévues par les statuts, la règle étant toutefois assortie d'un tempérament heureux : nonobstant les stipulations statutaires, « le gérant est révocable par le tribunal de commerce pour cause légitime, à la demande de tout associé ou de la société » (C. com., art. L. 226-2, dernier al.). La cause légitime renvoie à l'intérêt social et conduit à s'interroger sur la nécessité, voire l'opportunité, de maintenir le gérant en fonctions compte tenu des exigences de cet intérêt. Nous ne connaissons aucun exemple récent de mise en œuvre de cette règle.

En cas de *révocation* par les associés, l'obligation de loyauté doit être respectée et l'intéressé mis en mesure de pouvoir s'expliquer (V. *supra*, n° 942)(2).

1508. – La *rémunération* du gérant est prévue par les statuts (C. com., art. L. 226-8) ; toute autre rémunération ne peut être allouée que par l'assemblée générale ordinaire, laquelle peut sans doute se contenter de fixer les bases de cette rémunération. Dans les sociétés en commandite par actions cotées, des règles similaires à celles applicables aux sociétés anonymes gouvernent la rémunération du gérant (C. com., art. L. 226-8-1 et s.), la seule singularité tenant à l'accord nécessaire du ou des commandités (V. *supra*, nos 963 et s.).

La rémunération est soumise sur le plan fiscal aux règles des traitements et salaires (CGI, art. 62) (V. *supra*, n° 141) et les actions peuvent bénéficier de l'exonération au titre des biens professionnels.

B. – Les pouvoirs du gérant

1509. – Le gérant n'est pas nécessairement commandité, mais il est fréquent que les deux qualités coexistent, d'où un pouvoir considérable ainsi attribué au gérant qui double ses prérogatives de gestion des privilèges accordés au commandité. Un tel gérant est en fait inexpugnable, sauf décision judiciaire ou clause statutaire contraire.

1510. – Le gérant dispose des mêmes pouvoirs et des mêmes obligations que le directeur général d'une SA : il « est investi des pouvoirs les plus étendus pour agir en toutes circonstances au nom de la société » (C. com., art. L. 226-7). L'ampleur de ces prérogatives impose en pratique de désigner plusieurs gérants ou de nommer une personne morale, dont l'objet social est d'assumer la gestion de la société en commandite par actions ; cette personne morale peut être la société commanditée. Il encourt les mêmes responsabilités que l'administrateur de SA (C. com., art. 226-12) (V. *supra*, nos 1052 et s.).

(2) À cet égard, il a été jugé que la lettre informant le gérant que sa révocation était envisagée n'avait pas à lui indiquer les raisons de ce projet, pareil silence ne violant pas l'obligation de loyauté, dès lors que l'intéressé avait été mis en mesure de s'exprimer (Cass. com., 23 oct. 2019, n° 17-27.659 : *JCP* E 2020, 1344, n° 3, obs. J.-C. Pagnucco ; *RJDA* 1/2020, n° 18 ; *Rev. sociétés* 2020, p. 164, note J.-F. Barbièri ; les statuts prévoyaient la possibilité de révoquer le gérant à tout moment et sans motif).

§ 4. – Les mécanismes de contrôle

1511. – Outre l'existence d'un conseil de surveillance chargé d'assurer le contrôle permanent de la gestion de la société (V. *supra*, n° 1500), il convient de citer les deux règles suivantes :

– un ou plusieurs commissaires aux comptes sont désignés par l'assemblée générale lorsque certains seuils sont franchis (C. com., art. L. 226-6) (V. *supra*, n° 1379) ;

– les dispositions des articles L. 225-38 à L. 225-43 (V. *supra*, nos 1023 et s.) sont applicables aux conventions intervenant directement ou par personne interposée entre la société et l'un de ses gérants, l'un des membres de son conseil de surveillance, l'un de ses actionnaires disposant d'une fraction des droits de vote supérieure à 10 % ou, s'il s'agit d'une société actionnaire, la société la contrôlant au sens de l'article L. 233-3 ; ces dispositions sont applicables aux conventions dans lesquelles l'une de ces personnes est indirectement intéressée (C. com., art. L. 226-10).

SOUS-SECTION 2

LES VERTUS DE LA COMMANDITE PAR ACTIONS

1512. – La commandite par actions a plusieurs mérites, parmi lesquels on peut distinguer la souplesse d'organisation, la possible association des entrepreneurs et des investisseurs et la défense anti-OPA.

§ 1. – La souplesse d'organisation

1513. – L'univers de la SA est hyper réglementé ; la loi laisse peu de marge de manœuvre aux rédacteurs des statuts. Toute différente est la société en commandite par actions ; les règles contraignantes sont peu nombreuses : trois commanditaires au minimum, au moins un commandité, accord de la majorité des commandités pour la transformation en SA ou en SARL, fixation de la rémunération du gérant par l'assemblée générale, défense d'immixtion des commanditaires dans la gestion externe, impossibilité pour un commandité d'être membre du conseil de surveillance… Pour le reste, l'organisation se plie aux besoins et aux contraintes des partenaires. Cela explique que l'on rencontre des agencements différents d'une commandite par actions à une autre : ici le gérant est nécessairement commandité, là il ne peut pas l'être, ailleurs il est désigné par le conseil de surveillance sur proposition des commandités, etc.

1514. – Mais il ne faut pas abuser de cette souplesse et de la liberté reconnue par le législateur. Toute construction juridique doit être équilibrée et la transformation en commandite par actions, par exemple, ne saurait donner lieu à l'appropriation de l'entreprise par quelques-uns, ceux-là mêmes qui joueront le rôle de commandités ; or le risque existe, spécialement dans les entreprises familiales. Le remède existe aussi, à savoir l'annulation de la transformation par abus de majorité

(V. *supra*, n° 668). Dans d'autres conflits, l'exacerbation des relations entre commandités et commanditaires peut conduire à la dissolution de la société pour mésentente (V. *supra*, n° 777).

§ 2. – L'association des entrepreneurs et des investisseurs

1515. – La commandite simple permet déjà d'appareiller les capitaux et les idées, les uns – les commanditaires – apportant les premiers et les autres – les commandités – apportant les secondes. Mais la commandite par actions, outre qu'elle permet cette fructueuse collaboration, offre un avantage important par rapport à la commandite simple, par son statut de société par actions, et donc d'émettrice de valeurs mobilières. Les commanditaires bénéficient des mêmes facilités de cession que les actionnaires, et ces facilités sont accrues si la commandite est cotée. La commandite par actions peut plus aisément emprunter grâce, par exemple, à l'émission d'obligations. À la souplesse d'organisation juridique correspond ainsi une souplesse d'organisation financière.

§ 3. – La défense anti-OPA[3]

1516. – La commandite par actions est une bonne défense anti-OPA. Cela tient principalement à la répartition des pouvoirs entre commanditaires et commandités et à la possibilité d'avoir des gérants soustraits à l'influence des commanditaires, obéissant seulement aux injonctions des commandités ; lorsque la même personne est à la fois gérante et commanditée, ce qui est possible (V. *supra*, n° 1509), on n'est pas loin du despotisme, du fait de l'absence de tout contre-pouvoir social. Ainsi le *raider* qui réussit à acheter la majorité du capital de la commandite par actions sera maître de l'assemblée générale des commanditaires, sans pouvoir gérer la société à sa guise faute de prise sur le gérant, et sans pouvoir restructurer la société du fait du veto possible du commandité sur toute modification statutaire. Cependant, cette situation n'est pas appelée à perdurer. D'un côté, le maître de l'assemblée des commanditaires, en refusant d'approuver les comptes, prive le commandité de toute rémunération. D'un autre côté, le gérant ne peut obtenir de l'assemblée les autorisations d'augmentation de capital nécessaires pour la croissance de la société. Aussi bien, faut-il craindre que cette paralysie ne conduise, au bout de deux ou trois exercices, à la nomination d'un administrateur provisoire (V. *supra*, nos 687 et s.), voire à la révocation du gérant pour cause légitime trouvée dans le fait, non motivé par l'intérêt social, de s'opposer abusivement à l'assemblée des commanditaires… Mais en toute occurrence, on ne saurait, même judiciairement, évincer le commandité et la perte de la gérance ne signifiera pas la fin du conflit. La commandite par

(3) La défense peut être instituée au niveau de la société mère ou au niveau des filiales, l'associé commandité étant par exemple, dans une combinaison sulfureuse, une société composée des seuls dirigeants du groupe (V. A. Viandier, *OPA, OPE et autres offres publiques*, éd. Lefebvre, 5e éd., 2014, n° 651).

actions offre ainsi une capacité de résistance assez forte aux tentatives de *raiders* financiers, exclusivement attirés par la perspective de pouvoir dépecer la société après en avoir pris le contrôle. Pour l'industriel intéressé par des parts de marché et qui a les moyens de sa patience, la forme commandite par actions est beaucoup moins dissuasive.

Le législateur en a d'ailleurs tenu compte en autorisant l'Autorité des marchés financiers à prévoir une procédure de retrait pour les actionnaires en cas de transformation d'une SA cotée en commandite par actions (C. monét. fin., art. L. 433-4, I, 2°)[4].

Le coin des amateurs

1. Lorsque LVMH s'invite chez Hermès

1517. – La constitution d'une commandite par actions n'interdit pas l'entrée au capital d'un tiers ; c'est le propre de toutes les sociétés par actions. C'est ainsi qu'à la grande surprise des familles actionnaires de Hermès qui contrôlaient plus de 70 % du capital, LVMH a annoncé le 27 octobre 2010 détenir 17,07 % du capital de Hermès, avant, le 21 décembre 2010, de déclarer avoir accru sa participation pour la porter à 20,21 % du capital (V. AMF, déc. n° 210C1109, 27 oct. 2010 et déc. n° 210C1299, 21 déc. 2010). Stupeur des héritiers Hermès qui se croyaient protégés par le choix effectué, lors de l'introduction en bourse en 1993, pour la commandite par actions. LVMH eut beau affirmer à plusieurs reprises ses intentions pacifiques, soulignant notamment qu'elle n'envisageait pas de prendre le contrôle de Hermès, ou de demander un siège au conseil de surveillance de Hermès, cela ne dissuada pas les héritiers de réfléchir à des moyens de défense, dont la création d'une société holding destinée à détenir plus de 50 % du capital de Hermès et à éviter tout effet centrifuge en forme de vente de certains d'entre eux à LVMH. La holding ayant ainsi vocation à franchir le seuil de l'offre publique obligatoire, les héritiers sollicitèrent une dérogation auprès de l'AMF, qui l'accorda par une décision du 7 janvier 2011 (AMF, déc. n° 211C0024). La décision a été frappée de recours par l'Association de défense des actionnaires minoritaires, recours rejeté par la cour de Paris (CA Paris, 15 sept. 2011 : *RJDA* 12/2011, n° 1045), et la Cour de cassation refusa de censurer l'arrêt d'appel (Cass. com., 28 mai 2013, n° 11-26.423 : *Rev. sociétés* 2013, p. 500, note H. Le Nabasque).

Finalement, les deux groupes firent la paix en septembre 2014, LVMH s'engageant à distribuer à ses actionnaires les actions Hermès acquises (LVMH, communiqué du 3 sept. 2014).

Le cas est intéressant car il montre qu'au moins dans l'esprit des commanditaires, la forme de commandite par actions n'est pas une protection absolue contre l'entrée de tiers dans le capital.

2. Une commandite convoitée : Lagardère, ou le « poids des euros et le choc des egos »

1518. – La société Lagardère est l'une des rares sociétés en commandite par actions cotée à Paris. Elle intervient dans plusieurs secteurs : l'édition (Hachette), la presse (*Paris Match, Europe 1, Journal du Dimanche*), le commerce en zones de concession (Relay), la gestion de salles de spectacle (Folies Bergères, Casino de Paris), etc. Les associés commandités sont une personne physique, M. A. Lagardère, et une personne morale, la société Arjil Commanditée – Arco, filiale d'une entité contrôlée par M. A. Lagardère ; les

(4) Sur ce retrait, V. *infra*, n° 1648.

associés commandités sont également gérants. La société est dotée d'un conseil de surveillance, au sein duquel siège un ancien président de la République. Au 31 décembre 2019, ses actionnaires principaux (en droits de vote) étaient M. A. Lagardère et les entités qu'il contrôle, avec 11,03 %, la société Quatar Holding avec 19,80 %, et le fonds d'investissement Amber Capital avec 6,28 % (Source : Document d'enregistrement universel, exercice 2019). Ce dernier a contesté à plusieurs reprises la gestion de la société et sa forme sociale. Flairant la bonne affaire sur fond de partage des actifs, plusieurs investisseurs aux poches profondes se sont manifestés courant 2020 ; l'un, M. B. Arnault, a acquis 25 % de la holding personnelle de M. A. Lagardère ; l'autre, M. V. Bolloré à travers la société Vivendi, a constitué grâce à des achats sur le marché une position significative le plaçant au seuil de l'offre publique obligatoire (soit en dessous de 30 %). Durant l'été, et par anticipation, le conseil de surveillance de Lagardère a renouvelé le mandat de gérant de M. A. Lagardère pour quatre ans (Communiqué du 17 août 2020). Forts de leur position d'actionnaires, tant Vivendi que le fonds Amber ont demandé la convocation d'une assemblée générale destinée à modifier la composition du conseil de surveillance ; la société s'y refusant, ils ont demandé la nomination d'un mandataire de justice chargé d'y procéder (C. com., art. L. 225-103). Le tribunal de commerce de Paris, par une ordonnance de référé du 14 octobre 2020, a rejeté la demande (T. com. Paris, 14 oct. 2020 : *BJB* nov. 2020, p. 52, note D. Schmidt ; *BJS* déc. 2020, p. 18, note E. Schlumberger ; *BRDA* 21/2020, n° 24, obs. B. Dondero). L'ordonnance observe opportunément que la convocation par mandataire judiciaire « doit répondre à l'intérêt social de la société concernée et non à celui des fins propres des demandeurs » ; elle précise en outre que les organes sociaux fonctionnent normalement, que les mauvais résultats récents doivent s'apprécier à la lumière de la crise sanitaire et que le renouvellement anticipé du mandat de la gérance n'est pas en soi contraire aux statuts. La cour de Paris, dans un arrêt du 17 décembre 2020 (CA Paris, 17 déc. 2020, n°s 20/14832 et 20/14841 : *BJB* janv. 2021, p. 48, note D. Schmidt), a confirmé l'ordonnance. Dans un communiqué du 26 avril 2021, Lagardère SCA a confirmé qu'elle étudiait un projet de transformation en société anonyme, au sujet duquel des discussions sont en cours entre elle et ses principaux actionnaires.

SECTION 2

LA SOCIÉTÉ PAR ACTIONS SIMPLIFIÉE (SAS)

1519. – Les utilisateurs de la SA se plaignent du manque de souplesse de cette forme sociale, rigidité très gênante notamment dans les opérations d'investissement en commun et de filiale commune (*joint venture*). Faute de pouvoir modeler à leur guise les statuts de la société en raison de verrous institués par le législateur, par exemple en matière de majorités, les parties sont condamnées à déroger aux statuts qu'elles avaient elles-mêmes rédigés par des protocoles ou pactes adjoints dont l'efficacité juridique est parfois incertaine (V. *supra*, n° 1314 et s.).

1520. – Pour remédier à ces inconvénients, le législateur a institué en 1994 une nouvelle forme sociale : la société par actions simplifiée ou SAS[5], dont le régime

(5) M. Germain et P.-L. Perrin, *La SAS*, Lextenso, 6e éd., 2016. – H. Azarian, *La société par actions simplifiée*, LexisNexis, 4e éd., 2017. – P.-H. Conac et I. Urbain-Parleani, *La société par actions simplifiée*, Dalloz, 2017.

est fixé par les articles L. 227-1 et suivants (mod. L. n° 2019-744, 19 juill. 2019 et Ord. n° 19-1067, 21 oct. 2019)[6]. L'idée maîtresse est d'offrir aux utilisateurs une forme d'organisation de l'entreprise dont l'essentiel des règles de fonctionnement procède de la convention des parties, la réglementation de la SA étant applicable pour le surplus[7]. Assimilée sur le plan fiscal à la société anonyme (CGI, art. 1655 quinquies), elle relève de l'impôt sur les sociétés, sauf option pour le régime fiscal des sociétés de personnes (V. *supra*, n°s 165 et s.).

La souplesse de cette forme sociale a été renforcée à de nombreuses reprises. Résultat : les SAS ont aujourd'hui dépassé en nombre les SA ; un signe qui ne trompe pas : les SAS ont représenté plus de la moitié des créations de sociétés en 2016[8] (V. *supra*, n° 39).

1521. – De quelques charmes de la SAS pour ses dirigeants.

Au-delà des dissertations convenues sur la flexibilité de la SAS, son utilité dans les rapprochements d'entreprises, etc., il faut bien voir que la popularité de cette forme sociale tient aussi à d'autres vertus moins édifiantes mais propres à séduire certains dirigeants sociaux. En voici plusieurs :

– les mandats exercés au sein d'une SAS ne sont pas décomptés parmi les mandats soumis aux règles de cumul applicables dans les SA ;

– le contrôle des conventions réglementées est plus léger (V. *infra*, n° 1546) tandis que la procédure de vérification des avantages particuliers est écartée (V. *supra*, n° 848) ;

– la rémunération des dirigeants des SAS n'est pas soumise à publicité (V. *infra*, n° 1536) ;

– la combinaison mandat social/contrat de travail n'est assujettie à aucune restriction au regard du droit des sociétés ;

– les règles relatives à la féminisation des conseils ne sont pas applicables (V. *supra*, n° 867) ;

– les règles de limite d'âge ou de parité prévues pour les SA sont inapplicables ;

– le statut social et fiscal des dirigeants sociaux est attractif (V. *infra*, n° 1538).

Mais tout n'est pas rose, et la position du dirigeant de SAS, peu protégé par la loi, est souvent périlleuse (V. *infra*, n° 1569).

SOUS-SECTION 1

LA CONSTITUTION DE LA SAS

1522. – Les règles de constitution sont allégées par rapport aux autres sociétés par actions.

(6) L. Godon, *SAS, les incidences de la loi du 19 juillet 2019 de simplification, de clarification et d'actualisation du droit des sociétés* : *Rev. sociétés* 2019, p. 723 et s.

(7) L. Godon, *La recherche d'un équilibre entre droit spécial et droit commun, la SAS : un château de sable ?* : *JCP* E 2018, 1329.

(8) Source : TEF, éd. 2018, Insee Références, p. 144. – *Adde* les statistiques établies par l'Agence France Entrepreneur (V. *supra*, n° 39).

§ 1. – Associés

1523. – Quiconque, personne physique, personne morale, société à but lucratif ou non, quel que soit le montant du capital, association ou groupement, peut être associé d'une SAS. La pluralité d'associés n'est pas requise ; on peut donc, grâce à la SAS, créer une société par actions unipersonnelle, dite SASU (V. *infra*, n° 1563).

§ 2. – Capital

1524. – *Absence de capital social minimum.* Le montant du capital social est fixé librement dans les statuts (C. com., art. L. 227-1, écartant l'application de l'article L. 224-2). La SAS peut être constituée avec un capital variable.

1525. – *Interdiction de l'appel public à l'épargne.* La SAS ne peut pas offrir ses titres au public (C. com., art. L. 227-2) ; en clair, elle ne peut pas être cotée en Bourse. L'intention du législateur est en effet d'assurer le caractère fermé de la société.

La SAS peut toutefois procéder à des offres réservées à des investisseurs qualifiés – c'est-à-dire disposant des compétences et des moyens pour appréhender les risques inhérents aux opérations sur instruments financiers – ou à un cercle restreint d'investisseurs (moins de 100). Elle peut également proposer ses titres par l'intermédiaire d'une plate-forme de financement participatif (C. com., art. L. 227-2, mod. Ord. n° 2019-1067, 21 oct. 2019) (V. *infra*, n° 1603) ; cette possibilité suppose que la société respecte un certain nombre de contraintes, notamment la compétence exclusive de l'assemblée générale extraordinaire pour toutes les modifications des statuts.

Les associés de la SAS peuvent faire eux-mêmes publiquement appel à l'épargne, de même que la filiale d'une SAS. Ainsi, l'appel public est possible au-dessus ou en dessous de la SAS.

§ 3. – Apports

1526. – *Apport en numéraire.* À l'image de la SA (V. *supra*, n° 839), la loi impose la libération immédiate d'au moins la moitié des apports en numéraire, le solde devant être libéré dans les cinq ans.

1527. – *Apport en nature.* L'apport en nature donne lieu à la vérification de la valeur de l'apport par un tiers indépendant, le commissaire aux apports (V. *supra*, n° 842). Deux exemptions sont prévues :

– lorsque la SAS est constituée par une seule personne qui apporte des éléments de son activité professionnelle exercée antérieurement à titre individuel ;

– lorsque le total des apports en nature n'excède pas la moitié du capital et que la valeur d'aucun apport en nature n'excède 30 000 € (C. com., art. D.227-3), à condition toutefois que les futurs associés décident à l'unanimité de faire l'économie de cette formalité (C. com., art. L. 227-1, al. 5 et 6).

1528. – *Apport en industrie.* Les apports en industrie sont autorisés dans la SAS (C. com., art. L. 227-1) ; en contrepartie de tels apports, la société émet des actions inaliénables dont les statuts déterminent les modalités de souscription et de répartition. La loi du 19 juillet 2019 (V. *supra*, n° 18) a supprimé l'obligation pour les statuts de fixer le délai au terme duquel, après leur émission, ces actions font l'objet d'une réévaluation selon la procédure de l'article L. 225-8 applicable aux avantages particuliers (V. *supra*, n° 848).

§ 4. – Objet

1529. – La SAS peut se voir assigner tout objet social, civil ou commercial, dès lors qu'il n'est pas contraire à l'ordre public ou aux bonnes mœurs. Quelle que soit la nature de l'objet social, la SAS, comme dans la SA, est une société commerciale par la forme.

§ 5. – Procédure et formalités

1530. – La SAS peut être créée *ab nihilo* ou par transformation d'une société d'une forme différente. La transformation en SAS suppose une décision prise à l'unanimité des associés (C. com., art. L. 227-3)[(9)]. Le texte, bien que visant la seule transformation en SAS, est, selon la Cour de cassation, applicable également en cas de fusion-absorption d'une SA par une SAS[(10)].

Si la société transformée n'a pas de commissaire aux comptes, un commissaire à la transformation doit être désigné afin d'apprécier la valeur des biens composant l'actif social et les avantages particuliers ; les associés statuent ensuite sur l'évaluation des biens et l'octroi des avantages particuliers, cette dernière règle étant prescrite à peine de nullité de la transformation (C. com., art. L. 224-3).

1531. – Au-delà de ces particularités, les règles qui doivent être suivies pour la constitution et l'immatriculation sont celles prévues pour la SA (C. com., art. L. 227-1, al. 3). Toutefois, la procédure de vérification des avantages particuliers (V. *supra*, n° 848) n'a plus à être respectée dans la SAS (C. com., art. L. 227-1, mod. L. n° 2019-744, 19 juill. 2019, écartant l'application aux SAS de l'article L. 225-14).

(9) L'unanimité exigée par l'article L. 227-3 en cas de transformation d'une SA en SAS s'entend nécessairement de la totalité des associés liés par le pacte social, et pas seulement des associés présents ou représentés à l'assemblée : CA Versailles, 24 févr. 2005 : *JCP* E 2005, 731, note J.-P. Legros ; *JCP* E 2005, 1046, n° 6, obs. J.-J. Caussain, Fl. Deboissy et G. Wicker.

(10) Cass. com., 19 déc. 2006 : *JCP* E 2006, 1192, note A. Viandier ; *ibid.* 1877, n° 7, obs. J.-J. Caussain, Fl. Deboissy et G. Wicker ; *Rev. sociétés* 2007, p. 93, note P. Le Cannu : « Attendu qu'aux termes de l'article L. 227-3 la décision de transformation d'une société en société par actions simplifiée est prise à l'unanimité des associés, qu'il en est de même en cas de fusion-absorption d'une société par une société par actions simplifiée ».

SOUS-SECTION 2

LE FONCTIONNEMENT DE LA SAS

§ 1. – La direction et l'administration

A. – Statut des organes de direction

1° Statut juridique

1532. – *Liberté statutaire.* Les statuts arrêtent librement les modalités de direction de la société (C. com., art. L. 227-5)(11) ; elles comprennent les conditions de nomination, de révocation des dirigeants, mais aussi leur nombre, la durée de leur mandat, leur mode de rémunération ainsi que leurs pouvoirs. En raison de l'absence de règles légales, impératives mais aussi supplétives, il est primordial que ces différents points soient envisagés clairement dans les statuts.

1533. – *Règle impérative.* Le seul dirigeant imposé par le législateur est le président (C. com., art. L. 227-6), représentant légal de la société (V. *infra*, n° 1540). Il est à noter que cette fonction, à la différence de la SA, peut être assurée par une personne morale (C. com., art. L. 227-7). Les statuts peuvent ainsi prévoir que le président sera choisi parmi les actionnaires appartenant à une catégorie déterminée, ou encore que la présidence sera assurée à tour de rôle par certains associés, ou qu'elle sera assumée par un tiers, etc. Ils peuvent également convenir que la société est dirigée et administrée par une seule personne, à l'image de l'administrateur unique de certains groupements d'intérêt économique.

1534. – Les statuts peuvent, à côté du président, créer des *organes collégiaux*, avec toute liberté de fixer leur dénomination (conseil d'administration ou de surveillance, comité directeur, comité exécutif, bureau, etc.)(12), ainsi que leurs fonctions respectives et le mode de décision (majorité simple, qualifiée, unanimité)(13). Il est même possible de confier à un tiers le soin d'assumer la direction générale dans le cadre d'une convention de prestation de services(14) (V. *infra*, n° 2440). Les modes de nomination concevables sont très variés : nomination classique des dirigeants à une majorité déterminée ou accord des deux

(11) Sur les limites de cette liberté, cons. D. Malka, *Droit commun des sociétés et liberté statutaire en SAS* : *JCP* E 2018, 1330.

(12) Quelle que soit la dénomination de l'organe, dès lors qu'il est investi de pouvoirs de décision, ses membres prennent la qualité de dirigeants de droit avec les responsabilités afférentes, notamment en cas de procédure collective : CA Nancy, 20 déc. 2017, n° 15/02727 : *RJDA* 10/2018, n° 744.

(13) À défaut de prévision statutaire, on ne saurait inférer l'existence d'un organe social du seul fait que la société transformée en SAS comportait antérieurement un conseil d'administration : Cass. com., 25 janv. 2017, n° 14-28.792 : *Dr. sociétés* 2017, n° 60, obs. J. Heinich ; *RJDA* 4/2017, n° 261 ; *Rev. sociétés* 2017, p. 631, note L. Godon ; société anonyme transformée en SAS ; l'un des membres du conseil de la SA prétendait être devenu administrateur de la SAS. – On observera que lorsqu'un contrat de cession d'actions fait dépendre l'application d'une stipulation de l'existence d'un conseil d'administration, la transformation de la société anonyme en une SAS dépourvue d'un tel organe rend inefficace la stipulation : Cass. com. 20 nov. 2019, n° 18-17.787 : *Rev. sociétés* 2020, p. 238, obs. J. Heinich.

(14) Cass. com., 24 nov. 2015, n° 14-19.685 : *BJS* 2016, p. 137, note P. Le Cannu ; *JCP* E 2016, 1018, note B. Dondero ; *RJDA* 2/2016, n° 128. – Cass. com., 12 déc. 2018, n° 16-15.217 : *BRDA* 2/2019, n° 4 ; missions de conseil auprès de l'associé unique par une entreprise animée par le président de la SASU.

associés les plus importants, nomination « automatique » de l'associé majoritaire en cas de direction unique, alternance, etc. Les modalités de contrôle interne de la société sont également laissées à la discrétion des rédacteurs des statuts (rappr. *infra*, n° 1544).

1535. – *Révocation.* Les modalités du statut des dirigeants sont librement fixées par les statuts. Ainsi en est-il du cumul avec un contrat de travail ou des conditions de cessation des fonctions : révocation, avec(15) ou sans exigence de motif, de préavis et d'indemnité(16), révocation par la décision d'un organe social, d'un seul des associés, même minoritaire(17), voire d'un tiers, révocation du fait de la survenance d'un événement prévu par les statuts (baisse du chiffre d'affaires, du résultat), pour faute grave(18), etc. Il reste que la révocation ne doit pas être abusive(19) et que le dirigeant doit avoir été mis en mesure de présenter ses observations(20) (V. *infra*, n° 1569). La survenance du terme entraîne, à défaut de renouvellement exprès, la cessation de plein droit du mandat de président de SAS ; s'il continue de gérer la société, il devient dirigeant de fait, ce qui le prive des garanties statutaires dont seul bénéficie le dirigeant de droit en cas de révocation(21).

1536. – *Rémunération.* La rémunération des dirigeants, ou les conditions de sa détermination, sont librement arrêtées par les statuts(22) : forfait ou somme variable en fonction de divers paramètres financiers, versement de numéraire ou options d'achat d'actions, voire options d'achat d'actifs sociaux.

Règle appréciée par les dirigeants de SAS : leur rémunération n'est pas soumise à publicité (V. *supra*, n° 1021). Également, la détermination de la rémunération du président n'est pas soumise à la procédure des conventions réglementées(23).

1537. – *Offre de titres.* Dans le but de promouvoir l'actionnariat des dirigeants comme d'ailleurs des salariés, la loi Pacte du 22 mai 2019 (art. 162) autorise les SAS

(15) Cass. com., 24 mai 2017, n° 15-21.633 : *Dr. sociétés* 2017, n° 186, obs. C. Coupet ; *Rev. sociétés* 2017, p. 707, note P.-L. Perrin ; constituent un juste motif de révocation des dissensions avec les cadres, une productivité insuffisante et la perte de concessionnaires. – Cass. com., 14 nov. 2018, n° 17-11.103 : *RJDA* 2/2019, n° 99 ; censure d'une cour d'appel ayant refusé d'indemniser le président révoqué, la perte de confiance apparaissant réelle, alors que les juges auraient dû rechercher si la perte de confiance était de nature à compromettre l'intérêt social.

(16) Cass. com., 15 nov. 2011, n° 09-10.893 : *BJS* 2012, § 82, p. 122, note A. Couret ; *Dr. sociétés* 2012, n° 43, obs. D. Gallois-Cochet ; *JCP* E 2012, 1001, note A. Viandier ; l'indemnité ne doit pas être telle qu'elle dissuade de révoquer le président ; c'est le cas si le versement risque « de porter une atteinte majeure à [l'] équilibre majeur » de la société.

(17) Par ex., Cass. com., 15 mars 2017, n° 15-20.440 : *Rev. sociétés* 2017, p. 497, note P.-L. Perrin.

(18) Par ex. Cass. com., 5 juill. 2017, n° 15-22.936 : *BRDA* 17/2017, n° 2 ; les statuts prévoyaient la révocation pour « motif grave » ; c'est le cas, selon les juges, si le directeur général a pris des décisions de gestion inadaptées, telles qu'une hausse des prix, suivie d'instructions contradictoires provoquant la désorganisation des équipes commerciales.

(19) L'abus doit s'apprécier en tenant compte du particularisme de la SAS, dont sa grande liberté d'organisation : CA Versailles, 5 juin 2003 : *BJS* 2003, p. 1131, note P. Le Cannu ; *JCP* E 2004, 29, n° 5, obs. J.-J. Caussain, Fl. Deboissy et G. Wicker ; *Rev. sociétés* 2004, p. 108, note L. Godon.

(20) Cette exigence est satisfaite lorsque le directeur général de la SAS a adressé un courriel au président en exprimant ses points de désaccord et les conditions posées à la continuation de ses fonctions : Cass. com., 10 juill. 2012, n° 11-19.563 : *BJS* 2012, § 400, p. 712, note M. Germain et P.-L. Périn. – Elle l'est également lorsque les reproches justifiant la révocation avaient déjà été exposés lors d'un conseil d'administration antérieur : CA Paris, 27 mai 2014 : *BRDA* 12/2014, n° 1.

(21) Cass. com., 17 mars 2021, n° 19-14.525, FSP : Cass. com., 3 mars 2021, n° 18-25.528 : *BJS* mai 2021, p. 26, note P. L. Perrin.

(22) Cass. com., 17 déc. 2013 : *Rev. sociétés* 2014, p. 507, note L. Godon ; *RJDA* 4/2014, n° 354.

(23) Cass. com., 4 nov. 2014, n° 13-24.889 : *Dr. sociétés* 2015, n° 7, obs. D. Gallois-Cochet ; *BJS* 2015, p. 16, note P.-L. Perrin ; *Rev. sociétés* 2015, p. 108, note L. Godon.

à leur adresser une offre de titres financiers ; les titres faisant l'objet d'une telle offre ne peuvent pas être soumis à une clause statutaire d'inaliénabilité, d'agrément ou de rachat forcé (C. com., art. L. 227-2 et L. 227-2-1).

2° Statut fiscal et social

1538. – *Le statut fiscal* des dirigeants est un critère important du choix de la forme sociétaire. La SAS étant assimilée fiscalement à la SA (CGI, art. 1655 quinquies), le président et les autres dirigeants exerçant des fonctions analogues à celles de dirigeants de SA sont assimilés à des salariés quant à l'imposition de leur rémunération (V. *supra*, n° 934). Qu'en est-il au regard de l'impôt sur la fortune immobilière ? Les fonctions de dirigeant de SAS ne sont pas citées parmi celles ouvrant droit à l'exonération au titre des biens professionnels. Pour autant, tirant les conséquences de l'assimilation fiscale de la SAS à la SA, l'administration a admis que l'exonération – toute autre condition étant par ailleurs respectée – était ouverte aux dirigeants de SAS sous réserve qu'ils soient titulaires de fonctions dont l'étendue est au moins équivalente à celles exercées par les dirigeants de SA mentionnés à l'article 975 III du Code général des impôts(24).

1539. – *Quant au régime de protection sociale*, les dirigeants de SAS sont affiliés au régime général de la Sécurité sociale, ce qui les place, comme le président et le directeur général dans la SA, dans la confortable situation des salariés, protection contre le chômage en moins.

B. – Pouvoirs des organes de direction

1° Principes

1540. – *Représentation légale.* Le président, en sa qualité de représentant légal de la société (V. *supra*, n° 436), est investi des pouvoirs les plus étendus pour représenter la société à l'égard des tiers dans la limite de l'objet social(25) (C. com., art. L. 227-6). Les statuts peuvent prévoir les conditions dans lesquelles une ou plusieurs personnes portant le titre de directeur général ou de directeur général délégué peuvent exercer les pouvoirs de représentation confiés au président (C. com., art. L. 227-6)(26). Il s'ensuit que les tiers peuvent se prévaloir à l'égard de la SAS des engagements pris par une personne portant le titre de directeur général ou de directeur général délégué sans que puisse leur être opposée une limitation interne de ses pouvoirs(27), ce qui revient à lui reconnaître la qualité de représentant légal de la société.

(24) Rép. min. n° 39.477, 27 déc. 1999 : *JOAN* 13 nov. 2000, p. 6466.

(25) Pour une tentative d'invocation par une SAS du dépassement de l'objet social par son président : Cass. com., 19 sept. 2018, n° 17-17.600 : *JCP* E 2019, 1145, n° 7, note J.-C. Pagnucco.

(26) Le directeur général ne dispose pas du pouvoir général de représenter la société lorsque les statuts ne déterminent pas les pouvoirs qui lui sont délégués mais prévoient seulement la possibilité d'une délégation par une décision de l'assemblée des associés : Cass. com., 14 déc. 2010, n° 09-71.712, PB : *BJS* 2011, § 110, p. 171, note D. Poracchia ; *Dr. sociétés* 2011, p. 28, note D. Gallois-Cochet. – En revanche, peut valablement déclarer les créances au nom d'une SAS le directeur général délégué qui, nommé par le conseil d'administration conformément aux statuts, a été chargé par cet organe du pouvoir de déclarer les créances, alors que les statuts ne précisaient pas les pouvoirs de représentation liés à ces fonctions : Cass. com., 21 juin 2011, n° 10-20.878 : *Dr. sociétés* 2011, n° 174, obs. D. Gallois-Cochet ; *JCP* E 2012, 1827, n° 6, obs. Fl. Deboissy et G. Wicker.

(27) L'article L. 227-6 du Code de commerce devant être lu à la lumière de l'article 10 de la directive du 16 septembre 2009 [inopposabilité aux tiers des limites statutaires des pouvoirs légalement confiés aux organes sociaux], le tiers peut

1541. – *Délégations de pouvoirs.* Le président, le directeur général ou le directeur général délégué peuvent confier à un tiers certains de leurs pouvoirs par la technique de la délégation de pouvoirs (V. *supra*, n° 446). La question a fait débat à propos du pouvoir de licencier un salarié ; certaines cours d'appel ont en effet annulé des licenciements prononcés par un chef du personnel ou le responsable du service auquel appartenait le salarié, au motif soit que la procuration n'était pas écrite, soit qu'elle n'avait pas été prévue par les statuts ou publiée au RCS ; cette jurisprudence a été censurée par deux arrêts d'une chambre mixte de la Cour de cassation en date du 19 novembre 2010[28]. La solution a été réaffirmée à propos de la renonciation à une marque dont est titulaire la SAS, laquelle peut être formulée par un salarié à condition que ce dernier joigne à la déclaration une délégation de pouvoir spécial consentie par le représentant légal de la société[29]. Ainsi, il est aujourd'hui acquis que tous les dirigeants investis de la qualité de représentant légal de la SAS peuvent consentir des délégations donnant pouvoir d'effectuer des actes déterminés, sans que l'efficacité de ces délégations de pouvoirs soit subordonnée à l'accomplissement d'une quelconque publicité.

2° Aménagements statutaires

1542. – *Liberté statutaire.* Pour le reste, les pouvoirs des dirigeants sont définis dans les statuts ou dans un règlement intérieur[30]. Dans les filiales communes (*joint ventures*), il est fréquent de concevoir des règles limitatives de pouvoir et de prévoir, par exemple, que certaines décisions doivent être prises à l'unanimité par l'organe collégial, au sein duquel sont représentés paritairement les différents partenaires. Ainsi, par exemple, seront décidés à l'unanimité : l'approbation des comptes, du budget et du plan stratégique, la désignation des commissaires aux comptes, les investissements dépassant un certain plafond, l'ouverture ou la fermeture d'un site, le choix d'une banque, la définition de la politique d'assurance, les cautions et garanties, les transactions comprenant des conditions inhabituelles, la politique en matière de propriété industrielle... Il peut également être convenu que la conclusion de certains actes doit être subordonnée à une autorisation préalable d'un organe collégial[31]. Il est encore possible d'octroyer un droit de veto au président sur les actes passés par un directeur général[32].

---

opposer à la société un contrat conclu par le directeur général alors même que les règles internes d'autorisation n'ont pas été respectées : Cass. com., 9 juill. 2013, n° 12-22.627, PB : *BJS* 2013, p. 641, note N. Ferrier ; *Dr. sociétés* 2013, n° 19, obs. D. Gallois-Cochet.

(28) Cass. ch. mixte, 19 nov. 2010, n°s 10-10.095 et 10-30.215 : *JCP* E 2010, 2049, note A. Couret et B. Dondero ; *Rev. sociétés* 2011, p. 34, note P. le Cannu ; *RJDA* 1/2011, n° 56. – G. Auzero et N. Ferrier, *La délégation du pouvoir de licencier dans la SAS (et autres groupements personnifiés)* : *RJS* 2-2011, p. 83. – *Adde* Cass. soc., 13 déc. 2011, n° 10-27.175 : *RJDA* 3/2012, n° 305, 3e esp. – Cass. soc., 6 mars 2012, n° 10-24.367 : *RJDA* 7/2012, n° 689 ; admission de la délégation tacite au directeur des ressources humaines.

(29) Cass. com., 4 nov. 2020, n° 18-50.057 : *BJS* févr. 2021, p. 24, note P.-L. Périn.

(30) Par ex., Cass. com., 26 avr. 2017, n° 14-13.554 : *Rev. sociétés* 2017, p. 422, note D. Schmidt.

(31) Pour un exemple : CA Paris, 12 juin 2007 : *BJS* 2007, § 352, p. 1341, note P. Le Cannu ; *Dr. sociétés* 2007, n° 220, note H. Hovasse ; les statuts d'une SAS stipulaient que toute convention relative au départ d'un membre du directoire devait faire l'objet d'une autorisation préalable du conseil de surveillance, même si la convention était « libre » au regard du régime des conventions réglementées ; faute d'observation de cette condition essentielle du consentement de la société, les conventions ont été annulées.

(32) L'exercice du droit de veto du président peut être implicite : Cass. com., 19 mai 2013, n° 12-26.702 : *BJS* 2014, p. 85, note P.-L. Perrin ; *Dr. sociétés* 2013, n° 27, obs. D. Gallois-Cochet. – Mais il ne peut résulter d'une simple abstention

C. – Responsabilité des dirigeants

1543. – Le régime de la responsabilité civile des membres du conseil d'administration et du directoire de la société anonyme gouverne la responsabilité du président et des dirigeants de la SAS (C. com., art. L. 227-8). La même solution vaut en matière de responsabilité pénale ; abus de biens sociaux(33) et présentation de comptes non fidèles, par exemple, s'appliquent aux dirigeants des SAS comme à ceux des sociétés anonymes.

D. – Surveillance des organes de direction

1544. – La loi a réduit le contrôle à sa plus simple expression mais rien n'interdit aux statuts de développer les mécanismes de surveillance de la gestion, par exemple en créant un conseil de surveillance(34), des censeurs, des contrôleurs statutaires. Un expert de gestion peut être désigné (V. *supra*, nos 700 et s.).

1° Commissariat aux comptes

1545. – *Désignation.* « Les associés peuvent nommer un ou plusieurs commissaires aux comptes dans les conditions prévues à l'article L. 227-9 » (C. com., art. L. 227-9-1 ; mod. L. n° 2019-744, 19 juill. 2019), autrement dit par une décision collective (V. *infra*, n° 1549). La nomination d'un ou plusieurs commissaires aux comptes n'est obligatoire que si certains seuils sont dépassés (V. *supra*, n° 1379) ; ou si la nomination est demandée en justice par un ou plusieurs associés représentant au moins le dixième du capital ; ou encore, mais le mandat est alors de trois exercices, si un associé représentant plus du tiers du capital en fait la demande motivée à la société.

2° Contrôle des conventions

1546. – *Conventions réglementées.* Le commissaire aux comptes ou, s'il n'en a pas été désigné, le président présente aux associés un rapport sur les conventions intervenues directement ou par personne interposée entre la société et son président, l'un de ses dirigeants et l'un de ses actionnaires disposant d'une fraction des droits de vote supérieure à 10 % ou, s'il s'agit d'une société actionnaire, la société la contrôlant au sens de l'article L. 233-3 (C. com., art. L. 227-10). Le contrôle est plus léger que dans la SA : d'une part, il n'y a pas d'autorisation préalable de la convention et donc pas de contrôle *a priori* de celle-ci ; d'autre part, les conventions auxquelles un dirigeant est indirectement intéressé ne sont pas soumises à contrôle.

---

du président : Cass. com., 16 févr. 2016, n° 14-23.093 : *BJS* 2016, p. 400, note P.-L. Perrin ; *Dr. sociétés* 2016, n° 79, obs. D. Gallois-Cochet.

(33) Pour un exemple : Cass. crim., 25 sept. 2019, n° 18-83.113 : *RJDA* 12/2019, n° 766 ; le dirigeant avait trouvé bon de se glisser dans un plan de sauvegarde de l'emploi avec licenciement et paiement d'une avance sur l'indemnité de départ, de là un avantage de 6 millions d'euros, le tout sans respecter la procédure des conventions réglementées.

(34) Pour un exemple : CA Paris, 23 févr. 2016, n° 14/24308 : *BJS* 2016, p. 481, note M. Germain et P.-L. Perrin ; *Dr. sociétés* 2016, n° 125, obs. D. Gallois-Cochet ; *RJDA* 6/2016, n° 453 : le comité de surveillance d'une SAS doté d'un pouvoir d'autorisation des engagements excédant 15 000 € agit comme un dirigeant de droit et assume les responsabilités correspondantes.

Les conventions non approuvées ne sont pas annulées (sur l'application des nullités tirées du droit commun des contrats, V. *supra*, n° 1050) ; elles produisent leurs effets, à charge pour la personne intéressée et éventuellement pour le président et les autres associés d'en supporter les conséquences dommageables pour la société[35].

1547. – *Conventions libres.* Cette procédure n'est pas applicable aux conventions courantes et conclues à des conditions normales (C. com., art. L. 227-11).

1548. – *Conventions interdites.* Les interdictions prévues dans la SA pour certaines conventions, par exemple le fait pour les dirigeants d'emprunter des fonds à la société (C. com., art. L. 225-43. – V. *supra*, n° 1025), s'appliquent de la même façon aux dirigeants de SAS (C. com., art. L. 227-12).

§ 2. – Les décisions collectives[36]

A. – Les modalités d'exercice du droit de vote

1549. – *Décisions collectives.* Les décisions de modification du capital, de fusion, de scission, de dissolution, de transformation, de nomination de commissaires aux comptes, s'il en existe, d'approbation des comptes annuels et d'affectation des bénéfices sont nécessairement prises collectivement (C. com., art. L. 227-9). Dans le silence de la loi, mais s'inspirant des travaux préparatoires, on estime que ces décisions doivent être prises à la majorité, ce qui exclut qu'une minorité puisse imposer sa volonté ; en revanche, les statuts peuvent prévoir une majorité relative, absolue ou qualifiée. Cette obligation de consultation des associés est assortie d'une sanction pénale de six mois d'emprisonnement et de 7 500 € d'amende (C. com., art. L. 244-2). Il faut également compter avec les règles d'ordre public du droit commun des sociétés et notamment le droit pour tout associé de participer aux décisions collectives (V. *supra*, n° 550), et notamment d'être informé (pour les actions démembrées, V. *supra*, n°s 515 et s.).

1550. – *Représentation.* Les règles de représentation sont définies par les statuts, par exemple pour préciser que seul un associé peut représenter un autre associé ; une telle clause ne fait toutefois pas obstacle à la représentation d'une personne morale associée par un tiers muni d'un pouvoir[37].

1551. – *Liberté statutaire.* Pour le reste, c'est le règne de la liberté. Ainsi, les statuts choisissent librement le mode de consultation des associés : tenue d'une assemblée générale[38], consultation écrite ou signature d'un acte par tous les associés.

(35) CA Versailles, 31 mai 2012, n° 10-04.722 : *Dr. sociétés* 2013, n° 29, obs. M. Roussille ; mise à la charge du président d'une SAS des conséquences préjudiciables d'une convention de management par laquelle la SAS s'était engagée à verser une rémunération à une société de droit luxembourgeois pour l'accomplissement de missions de management incluant la mise à disposition de sa propre personne comme dirigeant.

(36) J. Delvallée, *La collégialité dans les sociétés par actions simplifiées : Rev. sociétés* 2020, p. 75.

(37) Cass. com., 5 juill. 2017, n° 15-22.936 : *BRDA* 17/2017, n° 2 ; *JCP* E 2017, 1628, note J. Delvallée ; *JCP* E 2018, 1174, n° 2, obs. Fl. Deboissy et G. Wicker.

(38) Dans le silence de la loi et en l'absence de prévision statutaire prévoyant un délai de quinze jours pour convoquer l'assemblée, c'est au juge d'apprécier si le délai de convocation est raisonnable (délai de dix jours jugé en l'espère

Également, il n'y a pas nécessairement proportion entre droit de vote et quotité du capital ; les actions à droits de vote multiples – 5, 10, 100 voix pour certaines actions, etc. – sont donc autorisées. Par suite, un associé exerçant des fonctions de direction pourra, même en cas d'inégalité de répartition du capital, détenir autant de droits de vote que celui qui assume le financement. En cas de répartition dérogatoire des droits de vote, il faut prendre garde aux règles de calcul du quorum : faute de prévisions statutaires en ce sens, la répartition dérogatoire du droit de vote est sans effet sur l'appréciation du quorum[(39)].

B. – Les règles de calcul des majorités

1552. – *Liberté statutaire.* Sauf exceptions implicites ou explicites de la loi, rien n'empêche que les décisions collectives soient prises par une minorité ; il pourra s'agir par exemple de l'approbation des conventions réglementées (C. com., art. L. 225-38).

1553. – *Unanimité.* Certaines modifications statutaires doivent cependant être prises à l'unanimité (C. com., art. L. 227-19, mod. L. n° 2019-744, 19 juill. 2019) ; il s'agit des clauses concernant l'inaliénabilité des actions et des dispositions relatives au changement de contrôle d'une personne morale associée. En revanche, depuis la loi du 19 juillet 2019, l'adoption ou la modification d'une clause d'exclusion n'appelle pas l'unanimité, les statuts fixant librement les modalités de la décision collective pertinente[(40)].

§ 3. – La police de l'actionnariat

A. – Les clauses relatives à la cession d'actions

1° Typologie des clauses

1554. – *Inaliénabilité.* Une des grandes innovations de la SAS est de permettre aux associés d'insérer dans les statuts des clauses d'inaliénabilité. Toutefois, la durée de ces clauses ne peut excéder dix ans (C. com., art. L. 227-13). Cette condition remplie, elles peuvent revêtir de multiples formes : ne s'adresser par exemple qu'à certains actionnaires (ce sera souvent pour préserver un « noyau dur »), ne s'appliquer que pour une certaine proportion, ne concerner que les transferts à l'égard de certaines personnes désignées comme concurrentes de la SAS, jouer enfin pour les cessions entre les associés eux-mêmes, répondant alors au souci de ne pas rompre l'équilibre de la société.

suffisant) : CA Paris, 6 août 2019, n° 17/16974 : *BJS* déc. 2019, p. 16, note T. de Ravel d'Esclapon ; *RJDA* 11/2019, n° 696 ; *Rev. sociétés* 2020, p. 95, note P.-L. Perrin.

(39) Cass. com., 5 mai 2009, n° 08-17.831, PB : *Dr. sociétés* 2009, n° 138, obs. D. Gallois-Cochet ; *JCP* E 2009, 1767, n° 6, obs. Fl. Deboissy et G. Wicker ; dans une SELAS, les associés non professionnels détenaient 80 % des actions, mais seulement 49 % du droit de vote ; au cours d'une assemblée où ils s'étaient seuls déplacés, ils ont voté la révocation et l'exclusion des associés professionnels : les juges ont considéré que le quorum, qui supposait que les associés présents ou représentés détiennent trois quarts des actions ayant droit de vote, était atteint ; pour éviter cette situation, il aurait fallu viser les actions représentant les trois quarts des droits de vote.

(40) Cependant, pour certains auteurs, l'exigence d'unanimité doit être maintenue lorsque les modifications statutaires augmentent les engagements des associés (*Mémento Lefebvre sociétés commerciales* 2020, n° 60512).

1555. – *Agrément*[41]. Les statuts peuvent également soumettre toute cession d'actions à l'agrément préalable de la société (C. com., art. L. 227-14). Tout comme la clause d'inaliénabilité, il est possible d'aménager la clause d'agrément en ne l'appliquant par exemple qu'à certains associés. Les statuts doivent désigner l'organe qui aura compétence pour agréer le cessionnaire. L'agrément peut également jouer, selon ce que décident les statuts, en cas de changement de contrôle affectant une société associée de la SAS. Si les statuts ne prévoient pas les modalités du prix de cession des actions en cas de mise en œuvre de la clause, ce prix est fixé par accord des parties, ou, à défaut, déterminé selon les règles de l'article 1843-4 du Code civil (V. *supra*, n° 1243) ; lorsque les actions sont rachetées par la société, elle doit les céder dans un délai de six mois ou les annuler (C. com., art. L. 227-18)[42].

1556. – *Préférence.* Les statuts peuvent encore stipuler des clauses de préférence et prévoir, par exemple, que si l'un des associés souhaite céder ses actions, il doit prévenir ses coassociés et leur offrir la possibilité de racheter ses actions (V. *supra*, n° 1265). Dans les filiales communes (*joint venture*), il n'est pas rare que la clause de participation soit prolongée d'une clause au terme de laquelle en cas de cession, les coassociés du cédant peuvent obliger celui-ci à leur acheter leurs propres actions.

2° Régime des clauses

1557. – Les *clauses d'inaliénabilité* doivent être adoptées ou modifiées à l'unanimité des associés (C. com., art. L. 227-19). Il en allait de même pour les clauses d'agrément jusqu'à l'ordonnance n° 2017-747 du 4 mai 2017 ; depuis, il revient aux associés de préciser les conditions de majorité applicables à la décision collective de modification (C. com., art. L. 227-19, al. 2).

1558. – *Sanction.* Par ailleurs, la loi prévoit expressément que « toute cession effectuée en violation des clauses statutaires est nulle » : la sanction n'est donc pas seulement l'allocation de dommages et intérêts mais également la nullité de la cession, ce qui renforce l'efficacité des clauses (C. com., art. L. 227-15).

B. – Les clauses d'exclusion

1559. – *Conditions.* Un actionnaire « peut être tenu, dans les conditions prévues par les statuts, de céder ses actions » (C. com., art. L. 227-16). Ces conditions peuvent être variables : il peut s'agir de prévenir les cas de mésentente entre associés, d'activité déloyale ou encore de fautes de gestion, voire le désintérêt se manifestant par une absence répétée aux assemblées générales[43]. Ces causes d'exclusion doivent être exprimées clairement dans les statuts, comme doit être désigné l'organe compétent pour prononcer l'exclusion et être prévues les garanties des droits

(41) L. Godon, *L'autonomie du régime des clauses d'agrément figurant dans les statuts de SAS* : *Rev. sociétés* 2018, p. 511.
(42) Il a été jugé que le président de la SAS n'a pas, sauf stipulation contraire des statuts, à soumettre à l'assemblée les offres de rachat des actions autodétenues (Cass. com., 18 sept. 2019, n° 17-18.143 : *BRDA* 20/2019, n° 3 ; *Rev. sociétés* 2020, p. 172, note R. Laher).
(43) Cass. com., 14 oct. 2020, n° 18-19.181 : *Dr. sociétés* mars 2021, comm. 32, R. Mortier ; conformité aux statuts de la SAS de la décision d'exclusion de l'associé minoritaire pour absence répétée aux assemblées générales ; exclusion du grief d'abus de majorité allégué par le minoritaire, dès lors qu'il n'était pas démontré que la décision d'exclusion avait eu pour effet de le priver de la possibilité d'exercer son droit de préemption à des conditions plus favorables.

de l'exclu, spécialement le rachat de ses actions. La loi du 19 juillet 2019 de simplification du droit des sociétés (V. *supra*, n° 18) a supprimé l'exigence d'unanimité pour adopter ou modifier la clause d'exclusion (C. com., art. L. 227-19)(44) (V. *supra*, n° 1552).

1560. – *L'associé exclu* doit pouvoir exercer sa défense et recevoir des informations sur sa situation, sans quoi la décision d'exclusion pourrait être jugée abusive (V. *supra*, n° 577). L'associé menacé d'exclusion ne peut pas être privé du *droit de participer* au vote de l'assemblée appelée à prendre cette mesure(45), du moins lorsque la décision d'exclusion est de la compétence de cet organe social (V. *supra*, n° 575).

1561. – Selon l'article L. 227-18, alinéa 1er, le *prix* est fixé par accord des parties ou déterminé par un tiers évaluateur, « à défaut de prévision statutaire ». La règle légale étant supplétive, il s'ensuit que les statuts peuvent écarter le recours à l'expert ou encore fixer une méthode de détermination du prix de rachat des actions qui s'impose à lui(46). Si les actions sont rachetées par la société, elle doit, soit les annuler, soit les céder dans un délai de six mois (C. com., art. L. 227-18, al. 2).

1562. – *Utilité*. La mise à l'écart d'un associé peut être un moyen de sortir d'une situation de blocage, dans laquelle aucune décision ne peut être prise, par exemple parce que l'unanimité est requise et que l'un des associés fait de la résistance. Il sera alors prévu qu'à défaut d'accord dans un certain délai, l'un des partenaires peut demander à l'autre de lui racheter ses actions, à un prix déterminé. Cet autre associé peut alors accepter ou, au contraire, renverser l'offre et obliger le premier à lui acheter ses propres actions au prix proposé, ce qui aboutit donc à son exclusion. On le mesure, celui qui « dégaine » le premier risque fort de devoir sortir de la société (V. *supra*, n° 1317).

SOUS-SECTION 3

LA SASU

1563. – *Unipersonnalité*. La SAS peut n'avoir qu'un associé, lequel dirige ou non la société ; on parle alors de SASU. L'unipersonnalité peut être congénitale – un seul associé depuis la constitution – ou se révéler en cours de vie sociale. Cette caractéristique est réversible et la SASU, en fonction du nombre des associés, redeviendra pluripersonnelle, quitte à muter plus tard en société unipersonnelle, sans que cela emporte à chaque fois transformation juridique de la société. L'entrepreneur individuel qui veut exploiter seul son entreprise sous forme sociétaire dispose donc de

(44) D. Martin et M. Carosso, *L'exclusion d'un associé de SAS après la loi de simplification du droit des sociétés* : *JCP* E 2020, 1091. – H. le Nabasque, *À propos des clauses d'exclusion dans la SAS après la loi de simplification du droit des sociétés du 19 juillet 2019* : *BJS* janv. 2020, p. 60.

(45) Cass. com., 9 juill. 2013, deux arrêts, nos 12-21.235 et 12-21.238 : *Rev. sociétés* 2014, p. 40, note J.-J. Ansault ; *RJDA* 12/2013, p. 907, note D. Raynal. – Cass. com., 6 mai 2014, n° 13-14. 960 : *RJDA* 7/2014, n° 646 ; *Rev. sociétés* 2014, p. 550, note P. Le Cannu.

(46) Dans le silence des statuts, l'expert évalue les titres à la date la plus proche de la cession à intervenir et non à celle de la décision d'exclusion : Cass. com., 16 sept. 2014, n° 13-17.807 : *RJDA* 1/2015, n° 30.

deux outils, l'EURL et la SASU. Également, dans les groupes de sociétés, la SASU est une forme envisageable pour abriter une filiale à 100 % (V. *infra*, n° 2421).

1564. – *Règles spéciales.* Lorsque la SAS est unipersonnelle, son régime juridique connaît quelques particularités :

– exercice par l'associé unique des prérogatives reconnues aux associés dans la SAS (V. *supra*, n°s 1551 et s.), mais les décisions collectives sont transformées en décisions unilatérales (C. com., art. L. 227-1, al. 2) ; le rapport de gestion et les comptes sociaux sont arrêtés par le président et approuvés par l'associé unique, qui ne peut déléguer ses pouvoirs ; les décisions doivent être répertoriées sur un registre (C. com., art. L. 227-9) ;

– absence d'intervention d'un commissaire aux comptes en cas de conventions intervenues directement ou indirectement par personnes interposées entre la société et son dirigeant ; il est seulement fait mention de celles-ci au registre des décisions (C. com., art. L. 227-10, *in fine*)[47] ;

– transmission universelle du patrimoine social à l'associé unique personne morale, sans liquidation de la société, en cas de dissolution (C. civ., art. 1844-5. – V. *supra*, n° 788) ; si l'associé unique est une personne physique, la liquidation intervient dans les conditions du droit commun.

1565. – *Associé unique personne physique président.* Lorsque l'associé unique est une personne physique qui assume personnellement la présidence de la société, certaines formalités sont simplifiées :

– sa constitution est soumise à des formalités de publicité allégées (C. com., art. L. 227-1 et R. 123-155) ;

– le dépôt au registre du commerce et des sociétés, dans les six mois de la clôture de l'exercice, de l'inventaire et des comptes annuels dûment signés vaut approbation de ceux-ci, sans que l'associé unique ait à porter au registre des décisions le récépissé délivré par le greffe du tribunal de commerce (C. com., art. L. 227-9) ;

– la SASU qui ne dépasse pas certains seuils[48] est dispensée de l'obligation d'établir un rapport de gestion et de nommer un commissaire aux comptes (C. com., art. L. 232-1, IV) ; les sociétés qui restent tenues d'établir un rapport de gestion doivent mentionner leurs succursales.

1566. – *Mineur.* Autre élément de simplification, un mineur de plus de seize ans peut, sur autorisation de ses représentants légaux, diriger une SAS (C. civ., art. 401) : l'autorisation doit énumérer les actes d'administration nécessaires à la constitution et à la gestion de la société qu'il peut passer seul, les autres actes, et notamment les actes de disposition, relevant de la compétence de ses représentants légaux.

(47) Il est difficile à la lecture de l'article L. 227-10 de déterminer si l'associé doit ou non se prononcer sur la convention. La question est importante lorsque l'associé unique n'est pas le dirigeant. Dans le doute, il est conseillé à ce dernier d'introduire une clause dans les statuts visant à imposer son autorisation préalable.

(48) Pour les petites entreprises, la société ne doit pas, à la clôture de l'exercice dépasser deux des trois seuils suivants : bilan supérieur à 6 millions d'euros ; CA HT supérieur à 12 millions d'euros ; nombre de salariés supérieur à 200 (C. com., art. L. 123-16 et D. 123-200, mod. D. n° 2019-539, 29 mai 2019).

Le coin des amateurs

1. Quelques emplois pour la SAS

1567. – Voici quelques exemples d'utilisation de la SAS :

– alternative à l'EURL pour les entrepreneurs individuels, la SAS offrant une plus grande liberté d'organisation ;

– mode de gestion des filiales à 100 %, lesquelles sont transformées en SAS pour éviter les contraintes du statut de société anonyme (tel est par exemple le cas de UNISYS, filiale d'un constructeur informatique américain, ou encore de Yahoo France) ;

– association de créateurs et d'investisseurs (sociétés de capital-risque), les premiers ayant la maîtrise de la gestion quotidienne, sans avoir la maîtrise du capital ; l'architecture est alors proche de celle de la commandite par actions, sans la responsabilité illimitée attachée à la qualité de commandité ;

– transmission du patrimoine économique avec conservation temporaire du pouvoir de gestion (le fondateur et unique actionnaire de la société anonyme Z apporte 90 % du capital de Z à d'autres sociétés – A, B, C... – et le solde à la société Y ; A, B, C et Y décident la transformation de Z en SAS, la présidence étant dévolue à la société Y, laquelle ne peut être révoquée, selon les statuts, que par une majorité de 91 % du capital ; le fondateur transfère les actions des sociétés A, B, C à ses enfants et conserve le contrôle de la société Y ; il a ainsi transféré son patrimoine sans perdre le contrôle de son affaire) ;

– organisation du contrôle de groupes familiaux ; ainsi, les SAS Groupe Arnault et SCDM contrôlent respectivement les groupes Arnault (LVMH) et Bouygues ;

– coopération stratégique (V. le cas Renault-Nissan, *infra*, n° 2395) ;

– constitution d'une société holding ; ainsi, lors de l'introduction en bourse du Crédit Agricole, les Caisses régionales de Crédit agricole ont apporté leurs titres à une société holding de contrôle constituée sous la forme d'une SAS ;

– coopération ferroviaire : le TGV Lyria qui assure la desserte Genève Zurich au départ de Paris est géré par une SAS détenue à 74 % par la SNCF et à 26 % par la société des chemins de fer suisses (CFF).

2. Petit coup de sonde : quelle forme sociale pour les filiales françaises des groupes nord-américains ?

1568. – Voici le résultat, au 8 avril 2021, d'un sondage sans prétention scientifique, qui montre l'attrait des SAS :

– Microsoft : SAS ;
– Starbucks : SASU ;
– Twitter : SASU ;
– Coca-cola : SAS (pour les deux filiales, European Partners France et Services France) ;
– Uber : SASU ;
– Deliveroo : SASU ;
– Pepsico : SAS ;
– Netflix services : SASU ;
– Amazon (Data) : SASU ;
– IBM : SASU.

Petit bémol au succès des SAS, d'autres groupes ont opté pour la SARL ou l'EURL :

– Apple : EURL ;
– Google : EURL ;
– Facebook : EURL.

3. La position périlleuse du dirigeant de SAS ou la fosse aux piranhas

1569. – Dans une scène fameuse du film « On ne vit que deux fois », Helga Brandt, l'assistante de Blofeld, le terrible animateur du Spectre, est précipitée par son patron dans une fosse aux piranhas, avec le destin que l'on imagine, et ce pour avoir échoué à éliminer James.

Jusqu'à maintenant, à notre connaissance du moins, aucun dirigeant de SAS n'a connu le sort peu enviable d'Helga, mais la célérité et la malice avec laquelle certains d'entre eux sont révoqués font penser aux méthodes expéditives de Blofeld.

Voici deux exemples :

– le dirigeant, qui réside à 80 kilomètres du siège social, est convoqué à 7 heures 20 par courriel pour une assemblée à 9 heures, ce qui le prive de la possibilité d'arriver à temps pour s'expliquer (CA Paris, 29 mai 2016, n° 15/04241 : *RJDA* 10/2016, n° 693) ;

– le président est induit en erreur sur l'objet d'une prochaine réunion du comité de surveillance, convoqué en réalité pour le révoquer (CA Paris, 29 sept. 2016, n° 15/07864 : *BJS* 2017, p. 120, note A. Reygrobellet ; *RJDA* 12/2016, n° 866 ; *Rev. sociétés* 2017, p. 92, note J.-F. Barbièri).

CHAPITRE 3

LE FINANCEMENT DES SOCIÉTÉS PAR ACTIONS

1570. - *Modes de financement.* Les besoins de financement de la société sont couverts par les apports des associés et par leurs avances en compte courant (V. *supra*, nos 611 et s.), ainsi que par les emprunts auxquels la société procède elle-même, avec parfois la garantie des associés. La société couvre également ses besoins financiers en réinvestissant les bénéfices qu'elle réalise – c'est l'autofinancement – ce qui diminue d'autant la part de résultat distribuée aux associés. Ce schéma de base, qui vaut pour toutes les sociétés, est enrichi dans les sociétés par actions grâce à l'émission d'instruments de financement. Cela suppose d'étudier ces instruments de financement avant d'envisager les marchés de financement, c'est-à-dire les marchés où ces instruments sont échangés, puis le rôle de l'État comme acteur du financement des sociétés.

1571. - *Codification.* L'ordonnance n° 2020-1142 du 16 septembre 2020 et le décret n° 2020-1742 du 29 décembre 2020, ont procédé à une recodification à droit constant des dispositions législatives et réglementaires propres aux sociétés cotées désormais regroupées au sein d'un même chapitre dans le Code de commerce[1].

SECTION 1

LES INSTRUMENTS DE FINANCEMENT

1572. - Il faut d'abord éclairer le vocabulaire pour faire apparaître l'opposition majeure entre les titres de capital et les titres de créance.

§ 1. – Éléments de vocabulaire

1573. - Les valeurs mobilières s'insèrent dans un ensemble plus vaste, celui des titres financiers, comprenant, selon l'article L. 211-1, II du Code monétaire et

(1) F. Drummond et J. Klein, *Pour la création d'un chapitre du Code de commerce dédié aux sociétés cotées : Études en la mémoire de Philippe Neau-Leduc*, 2018, LGDJ, p. 427. – *La nouvelle articulation des règles a été pensée pour les praticiens*, entretien de F. Drummond et J. Klein : *BJB* sept. 2020, p. 8. – H. Le Nabasque et E. Schlumberger, *À propos du nouveau chapitre X (du titre II du livre II du Code de commerce) dédié aux sociétés cotées* : *BJS* mai 2021, p. 61.

financier, les titres de capital émis par les sociétés par actions et les titres de créance. Les titres financiers eux-mêmes, ajoutés aux contrats financiers, forment la catégorie plus large des instruments financiers au sens de l'article L. 211-1, I. Au fond, il faut voir cette classification comme une série de poupées russes dont la plus petite serait la valeur mobilière.

A. – Valeurs mobilières

1574. – Commençons par les valeurs mobilières. Leur définition est portée par l'article L. 228-1, alinéa 2 du Code de commerce (mod. L. n° 2019-486, 22 mai 2019) : « Les valeurs mobilières sont des titres financiers... qui confèrent des droits identiques par catégorie. » La notion de droits identiques invite à s'interroger sur leur fongibilité et leur consomptibilité.

1° La fongibilité

1575. – Les termes « droits identiques » sont essentiels, car ils signalent l'essence de la valeur mobilière, à savoir son caractère *fongible*. La fongibilité procède « d'un rapport d'équivalence entre deux choses »(2) ; elle « résulte d'une comparaison, d'un rapport entre deux choses qui présentent les mêmes qualités, peuvent être indifféremment prises l'une pour l'autre, et qui ont la même fonction libératoire » (*ibid.*). En ce sens, les valeurs mobilières sont indiscutablement fongibles et les définitions données ici et là se fondent sur cette fongibilité.

1576. – *Portefeuille de valeurs mobilières.* Parce que les titres sont fongibles, un portefeuille de valeurs mobilières constitue une universalité de fait. Par le jeu de la subrogation réelle, les valeurs mobilières acquises viennent en remplacement de celles cédées. Cela se traduit par le droit pour l'usufruitier d'un tel portefeuille, dans la gestion de cet ensemble, de céder des titres – dans la mesure où ils sont remplacés – à charge pour lui d'en conserver la substance et de le rendre à la fin de l'usufruit(3) ; l'usufruitier qui se rend coupable d'un abus de jouissance, sanctionné par la déchéance de l'usufruit, doit restituer la valeur qui aurait été celle du portefeuille en l'absence des prélèvements fautifs(4).

2° La consomptibilité

1577. – *Consomptibilité conventionnelle.* Si les valeurs mobilières sont fongibles, elles ne sont pas consomptibles par nature en ce qu'elles ne se consomment pas par le premier usage. Il est toutefois admis que la volonté de l'homme puisse remédier à cet état des choses. Par suite, le prêt de valeurs mobilières peut, de par la volonté des parties, prendre la forme d'un prêt de consommation et emporter transfert de

(2) A. Laude, *La fongibilité : RTD civ.* 1995, p. 307.

(3) Cass. 1re civ., 12 nov. 1998 : *D.* 1998, p. 167, note L. Aynès ; *JCP* G 1999, II, 10027, note S. Piédelièvre ; *JCP* N 1999, 351, note H. Hovasse.

(4) Cass. 1re civ., 16 juin 2011, n° 10-17.898 : *JCP* E 2011, 1826, n° 1, obs. Fl. Deboissy et G. Wicker ; lors des opérations de liquidation et de partage d'une succession ouverte quatorze ans plus tôt au décès de leur père, des enfants se sont opposés à leur mère au sujet d'un portefeuille de valeurs mobilières dont elle était usufruitière, lui reprochant d'avoir opéré des prélèvements ayant porté atteinte à leur droit de nu-propriétaire ; considérant que l'usufruitière avait commis un abus de jouissance, la cour d'appel a prononcé l'extinction de l'usufruit et l'a condamnée à rapporter à la succession une somme égale au montant des prélèvements non autorisés.

propriété au profit de l'emprunteur, lequel a seulement une obligation de restitution en équivalent (C. civ., art. 1892 et s.) ; c'est de cette façon que certains administrateurs peuvent justifier de la propriété d'actions qui leur ont simplement été prêtées (V. *supra*, n° 926). Il en va de même pour le dépositaire – on parle de dépôt irrégulier – et pour l'usufruitier – on parle de quasi-usufruit conventionnel (C. civ., art. 587). Dans tous les cas, la propriété est transférée, d'où le droit de disposition de l'emprunteur, du dépositaire, de l'usufruitier. Le propriétaire initial a troqué son droit réel pour un droit personnel, à savoir une créance en restitution d'une quantité équivalente de valeurs mobilières.

B. – Titres de capital et titres de créance

1578. – Les termes titres de capital et titres de créance sont fréquemment utilisés par le législateur (V. par ex., C. monét. fin., art. L. 211-1, II, L. 212-1-A et L 213-0-1). L'opposition recoupe celle des associés et des créanciers, et celle des actions et des obligations.

Le titulaire d'un titre de capital est un optimiste ; il accepte d'assumer la plénitude des aléas sociaux et de courir le risque d'une absence de rémunération, voire de la perte de son investissement en cas de procédure collective ouverte contre la société, ou de réduction de capital à zéro (V. *supra*, n° 1450), tout en escomptant une plus-value. Le modèle du titre de capital est l'action, qui connaît des variantes (V. *infra*, n° 1601).

Le titulaire d'un titre d'emprunt, ou titre de créance, est pour sa part un pessimiste ; il accepte de prêter de l'argent à l'entreprise, mais espère être remboursé et percevoir ponctuellement un intérêt. Le modèle du titre d'emprunt est l'obligation, qui connaît également des variantes (V. *infra*, n°s 1604 et s.), dont certaines tangentent l'action.

1579. – Au-delà de cette différence, actions et obligations sont des valeurs mobilières, donc des titres financiers, qui peuvent être au porteur ou nominatives.

C. – Titres au porteur et titres nominatifs

1580. – Ainsi que l'exprime l'article L. 228-1, alinéa 3, du Code de commerce, « les valeurs mobilières émises par les sociétés par actions revêtent la forme de titres au porteur ou de titres nominatifs (…) ».

1° La généralisation de l'inscription en compte

1581. – *À l'origine*, les titres dits « au porteur » circulaient de la main à la main à la manière de billets de banque, le droit d'associé étant incorporé dans le titre, lequel ne mentionnait pas le nom de son titulaire ; on pouvait donc transférer une action au porteur de la société X aussi facilement qu'un billet de banque. Les titres à forme nominative ou titres nominatifs procédaient de l'inscription du titulaire sur un registre tenu par la société émettrice des titres, qui connaissait donc l'identité des porteurs, chaque changement exigeant une modification de l'inscription portée sur le registre.

1582. – *Dématérialisation des valeurs mobilières.* La loi du 30 décembre 1981, dite de dématérialisation des valeurs mobilières, a modifié cet agencement. Depuis cette loi, les titres nominatifs comme les titres au porteur doivent faire l'objet d'une inscription en compte, compte tenu par la société elle-même ou, lorsque la société est cotée en bourse, par un intermédiaire agréé (banque, société de bourse)(5). Dès lors, la cession se traduit par un virement de compte à compte, le cédant signant un ordre de mouvement (V. *supra*, n° 1236).

2° Le maintien de la distinction des titres au porteur et des titres nominatifs

1583. – *Les titres au porteur* sont inscrits en compte chez un intermédiaire financier, banque ou société de bourse, et l'identité du titulaire est donc ignorée de la société et des autres actionnaires ; en cela, les titres au porteur sont des titres anonymes. Mais cet anonymat tend à se réduire puisque le législateur a permis aux statuts de stipuler la faculté pour la société de demander au dépositaire central assurant la tenue du compte émission des titres le nom et l'adresse des titulaires d'actions comme des obligations au porteur ; on parle alors de titres au porteur identifiable ou TPI ; on observera que dans les sociétés cotées, cette faculté est de droit (C. com., art. L. 228-2, I, mod. L. n° 2019-486, 22 mai 2019 et D. n° 2019-1235, 27 nov. 2019).

1584. – *Titres nominatifs*. La loi impose parfois la forme nominative : tel est le cas des titres émis par les sociétés non cotées. Pour les sociétés cotées, les statuts peuvent exiger la forme nominative, ce qui est rare (C. com., art. L. 228-1). Enfin, certains privilèges sont conditionnés par la mise au nominatif, ainsi du bénéfice du droit de vote double (V. *supra*, n° 1161).

§ 2. – Les titres de capital

1585. – L'ordonnance n° 2004-604 du 24 juin 2004 a profondément modifié le paysage des titres de capital, en créant les actions de préférence et en supprimant certaines variétés de titres antérieurs, comme les certificats d'investissement et les actions à dividende prioritaire sans droit de vote. On dénombre aujourd'hui trois classes de titres de capital : les actions ordinaires ou de préférence, les titres donnant accès à terme au capital et les titres en voie d'extinction.

A. – Les actions ordinaires et les actions de préférence

1° Les actions ordinaires

1586. – Ces titres sont uniquement mentionnés pour mémoire, leur étude ayant déjà été faite (V. *supra*, nos 1204 et s.). On rappellera que le détenteur de cette classe de titres de capital a la qualité d'actionnaire, ce qui lui confère des droits financiers, principalement le droit au dividende et des droits politiques, essentiellement le droit d'information et le droit de vote lors des assemblées générales. L'action est le titre de

(5) Avis aux collectionneurs : depuis la dématérialisation, les titres aux porteurs représentatifs d'actions de sociétés sont dépourvus de valeur juridique : Cass. com., 4 déc. 2012, n° 11-16.255 : *Rev. sociétés* 2013, p. 623, note M. Dubertret ; le porteur de plus de quarante documents libellés « Société nouvelle de l'hôtel Plaza ; titre au porteur d'une valeur de 100 F » voulait se voir reconnaître la qualité d'actionnaire de la société ; il échoue, comme d'ailleurs dans ses tentatives antérieures visant d'autres sociétés). Mieux vaut passer par le marché boursier que par le marché aux puces si l'on veut devenir actionnaire.

base, l'étalon de mesure en quelque sorte, de là le qualificatif « ordinaire », qui n'a de sens, à dire vrai, que s'il existe d'autres catégories d'actions. C'est par rapport à l'action ordinaire que se définiront l'action de préférence (V. *infra*, nos 1588 et s.) et les titres donnant accès à terme au capital (V. *infra*, nos 1595 et s.). La création des actions ordinaires obéit aux règles déjà présentées d'augmentation de capital (V. *supra*, nos 1420 et s.), et appelle donc l'intervention de l'assemblée générale extraordinaire.

1587. – **Sans oublier le regard d'un romancier russe écrivant en 1859...**

« Qu'est-ce que c'est que ces actions, je ne comprends pas bien ? demanda Ivan Matvéevitch.

C'est une invention allemande ! dit Tarantiev, agressif. Par exemple, un arnaqueur trouve un procédé pour construire des maisons qui résistent au feu. Il décide de bâtir toute une ville : il a besoin d'argent. Alors, il met en vente des bouts de papier, disons de cinq cents roubles chacun ; une foule d'imbéciles les achète et les revend les uns aux autres. Le bruit court que l'entreprise marche bien, le prix des papiers monte ; ou qu'elle marche mal, et tout s'effondre. Il te reste des bouts de papier, mais ils ne valent plus rien. Tu demandes : où est la ville ? On te dit qu'elle a brûlé, qu'elle n'a pas été achevée et que l'inventeur s'est sauvé avec ton argent. Voilà ce que c'est que les actions ! » (I. Gontcharov, *Oblomov*, éd. L'Âge d'homme, p. 382).

2° Les actions de préférence

1588. – L'article L. 228-11 du Code de commerce autorise la création d'actions de préférence « avec ou sans droit de vote, assorties de droits particuliers de toute nature »(6). La formule de l'article L. 228-11 est très large et autorise toutes sortes de préférences. Quant au régime des actions de préférence, il a été modifié par la loi n° 2019-486 du 22 mai 2019(7).

a) Les droits attachés aux actions de préférence

1589. – *Droits financiers.* Certaines préférences sont de nature financière : droit à un dividende majoré, préciputaire (payé avant celui revenant aux actions ordinaires), cumulatif (le droit à dividende préférentiel, non satisfait l'année N, est reporté sur l'année N+1). Des raffinements peuvent être imaginés : dividende progressif ou dégressif, pour tenir compte de la plus ou moins bonne santé de la société, dividende conditionnel, qui suppose par exemple que la société ait atteint un certain niveau de résultats, dividende à durée variable, à éclipse (une année sur deux), limité dans le temps, etc. Au-delà du dividende, les préférences peuvent concerner le droit au boni de liquidation, le droit à l'amortissement ou au rachat prioritaire des actions, le droit au produit de la vente d'un actif social...

1590. – *Droits extra-financiers.* D'autres préférences sont de nature extra-financière : droit d'information renforcé, droit de vote double, voire multiple depuis

(6) A. Viandier, *Les actions de préférence* : JCP E 2004, 1440. – B. Mercadal, *Que faire des actions de préférence ?* : RJDA 7/2006, p. 671. – S. Schiller, *L'évaluation de la préférence* : Rev. sociétés 2006, p. 703. – B. Dondero, *L'ordonnance n° 2008-1145 du 6 nov. 2008 relative aux actions de préférence* : Rev. sociétés 2008, p. 715. – Martin, Saba et Fallet, *Pistes de réflexion pour une réforme du régime des actions de préférence* : JCP E 2010, 1821.

(7) R. Mortier et S. de Vendeuil, *Loi Pacte : la réforme des actions de préférence* : JCP E 2019, 1320.

la loi Pacte précitée, dès lors du moins que la société n'est pas cotée, droit de veto sur certaines décisions ou opérations, droit de représentation dans les organes sociaux (pour une illustration, V. *infra*, n° 1602)...

1591. – *Droits restreints.* Mais l'action de préférence peut également être désavantagée et le mot préférence ne doit pas être pris dans le sens courant ; en fait, l'action de préférence est une action à droits particuliers.

Cela est spécialement visible au regard du droit de vote, puisque l'action de préférence peut être dépourvue, totalement ou partiellement, du droit de vote. Le législateur a cependant érigé un garde-fou : « Les actions de préférence sans droit de vote ne peuvent représenter plus de la moitié du capital social et dans les sociétés [cotées] plus du quart du capital social » (C. com., art. L. 228-11). Au-delà de cette limite, de nombreuses variations sont envisageables : droit de vote temporaire, périodique (en fonction de la survenance de certains événements financiers), limité à certaines décisions ou à certaines assemblées.

L'action de préférence peut également restreindre les prérogatives financières de l'actionnaire en prévoyant un droit limité de participation aux dividendes, aux réserves ou au partage du patrimoine en cas de liquidation. Lorsqu'une société procède à une augmentation de capital, les porteurs d'actions de préférence dont les droits financiers sont limités peuvent être privés de droit préférentiel de souscription (C. com., art. L. 228-11, al. 5).

1592. – *Groupe de sociétés.* Les droits particuliers considérés « peuvent être exercés dans la société qui possède directement ou indirectement plus de la moitié du capital de l'émettrice ou dans la société dont l'émettrice [des actions de préférence] possède directement ou indirectement plus de la moitié du capital » (C. com., art. L. 228-13). La solution est insolite car elle aboutit à accorder, par exemple, des droits d'associé au porteur d'actions de préférence alors que celui-ci n'est pas associé de la société considérée, mais actionnaire de la société située au-dessus ou au-dessous.

b) Le régime des actions de préférence

1593. – *Création.* Comme pour tout titre de capital, la création de l'action de préférence suppose l'intervention d'une assemblée générale extraordinaire, que la naissance de l'action procède d'une émission par augmentation de capital ou d'une conversion d'actions ordinaires en actions de préférence.

Lorsque les actions de préférence sont créées au profit d'une ou de plusieurs personnes nommément désignées, il convient d'observer la procédure des avantages particuliers (V. *supra*, n° 848) ; le commissaire aux comptes intervenant dans cette procédure ne doit pas avoir réalisé de mission dans la société depuis trois ans ; cette obligation s'impose qu'il s'agisse d'une émission au profit de souscripteurs déjà actionnaires ou de tiers ; lorsque l'émission a lieu au profit d'actionnaires, ils ne prennent pas part au vote (C. com., art. L. 228-15). La procédure n'est pas applicable si l'émission porte sur des actions de préférence d'une catégorie déjà existante.

Lorsque les actions de préférence sont instituées au sein d'un groupe de sociétés, l'assemblée générale extraordinaire de la société vis-à-vis de laquelle les droits particuliers sont exercés doit également autoriser la création des actions de préférence ; en outre, le commissaire aux comptes des sociétés intéressées établit un rapport spécial (C. com., art. L. 228-13).

1594. – *Rachat.* Le régime du rachat des actions de préférence est celui du droit commun. Avant la loi Pacte du 22 mai 2019, il était en outre possible de définir dans les statuts, avant la souscription des actions de préférence, le principe et les modalités de leur rachat, lequel ne pouvait intervenir qu'à l'initiative de la société. Afin de permettre aux investisseurs, par exemple les fonds d'investissement, de négocier avec la société les conditions de leur sortie, la loi Pacte a élargi la possibilité de rachat au cas d'accord entre la société et le détenteur des actions : dans les sociétés cotées, le rachat pourra avoir lieu à l'initiative conjointe de la société et du titulaire des actions de préférence ; dans les sociétés non cotées, les statuts devront déterminer, avant la souscription, si le rachat peut avoir lieu à l'initiative de la société ou à l'initiative conjointe de la société et du titulaire des titres (C. com., art. L. 228-12, III, 4°).

Pour le reste, l'opération suppose de respecter l'égalité entre les actionnaires se trouvant dans la même situation ; de plus, elle doit être réalisée au moyen de sommes distribuables ou du produit d'une nouvelle émission d'actions (C. com., art. L. 228-12).

B. – Les titres donnant accès à terme au capital

1595. – *Définition.* Aux termes de l'article L. 228-91 du Code de commerce, « les sociétés par actions peuvent émettre des valeurs mobilières donnant accès au capital... »[8]. Les titres donnant accès à terme au capital peuvent être composites ou autonomes.

Le titre composite est constitué d'un élément primaire qui peut être un titre de créance ou un titre de capital, auquel est amarré un titre secondaire qui permet d'accéder à terme au capital social : ainsi, d'une obligation à bon de souscription d'action dans le premier cas ou d'une action ordinaire à bon de souscription d'action de préférence dans le second cas.

Le titre autonome est celui qui donne accès par lui-même, mais à terme, au capital social ; il est en quelque sorte orphelin puisque non rattaché à une action ou à une obligation. L'exemple le plus caractéristique est celui du bon autonome de souscription, appelé encore bon « sec ».

1596. – *Création.* Dans les deux cas, titre composite ou titre autonome, c'est le porteur de l'instrument financier et lui seul qui décide, ou non, d'accéder au capital, aux conditions fixées initialement. S'agissant de titres de capital, l'intervention de l'assemblée générale extraordinaire est inévitable, fût-ce pour déléguer au conseil d'administration le pouvoir de décider l'émission ou d'en arrêter les modalités (V. *supra*, n° 1424). Cependant, il est possible pour l'émission de titres de créances donnant accès à des titres de capital existants d'échapper à la contrainte du passage par l'assemblée générale, leur émission relevant alors de l'organe de direction de la société (C. com., art. L. 228-92).

(8) M. Michineau, *La protection des porteurs de valeurs mobilières donnant accès au capital* : *Rev. sociétés* 2016, p. 347.

À peine de nullité (C. com., art. L. 228-95), les actionnaires en place ont, proportionnellement au montant de leurs actions, un droit préférentiel à la souscription de ces valeurs mobilières (C. com., art. L. 228-92, al. 2), sauf l'exception déjà signalée pour les porteurs de certaines actions de préférence (V. *supra*, n° 1591).

1597. – *Protections.* À dater de l'émission, la société appelée à attribuer ces titres ne peut plus modifier sa forme ou son objet, à moins d'y avoir été autorisée par le contrat d'émission ou de requérir le consentement de la masse des titulaires des titres concernés (C. com., art. L. 228-98, al. 1er ; mod. L. n° 2019-486, 22 mai 2019). Des garanties sont également prévues en cas de modification des règles de répartition des bénéfices, d'amortissement du capital ou de création d'actions de préférence entraînant une telle modification ou un tel amortissement (C. com., art. L. 228-98, al. 2), ainsi qu'en cas d'émission de nouveaux titres de capital avec droit préférentiel de souscription réservé aux actionnaires, de distribution de réserves en espèces ou en nature ou de modification de la répartition des bénéfices par la création d'actions de préférence (C. com., art. L. 228-99) ; ces opérations, si elles ne sont pas prévues dans le contrat d'émission, exigent une décision de la collectivité des porteurs des titres concernés.

1598. – *Masse.* À l'instar des obligataires (V. *infra*, n° 1613), les titulaires de valeurs mobilières donnant accès à terme au capital sont groupés de plein droit, pour la défense de leurs intérêts communs, en une masse qui jouit de la personnalité civile (C. com., art. L. 228-103). Ce regroupement permet, si nécessaire, de modifier le contrat d'émission avec l'accord de l'assemblée générale des porteurs statuant à la majorité des voix (*ibid.*).

C. – Les titres en voie d'extinction[9]

1599. – *Définition.* L'ordonnance du 24 juin 2004, alors qu'elle créait les actions de préférence (V. *supra*, nos 1588 et s.), supprimait plusieurs catégories de titres de capital devenus superfétatoires du fait de cette création et interdisait à l'avenir toute nouvelle émission de ces titres (C. com., art. L. 228-29-8). De là des titres en voie d'extinction qui continuent à vivre jusqu'à leur conversion en actions de préférence ou en actions ordinaires, ou jusqu'à la dissolution de la société.

1600. – Cette classe comprend trois types de titres financiers :

– *les actions à dividende prioritaire sans droit de vote* (ADP) (C. com., art. L. 228-35-2 et s.) ; en contrepartie d'un dividende minimum au moins égal à 7,5 % du nominal, le porteur est dépourvu du droit de vote ; en cas de non-paiement pendant trois exercices du dividende prioritaire, le droit de vote est recouvré et subsiste jusqu'au paiement des dividendes promis ;

– *les certificats d'investissement* (C. com., art. L. 228-30 et s.) ; ce titre procède du démembrement d'une action entre un certificat, qui incorpore les droits financiers de l'action – le certificat d'investissement – et un certificat de droit de vote, qui incorpore les droits politiques attachés à l'action ;

(9) T. Allain, *Propositions pour en finir avec les titres en voie d'extinction : Rev. sociétés* 2017, p. 7.

– *les actions de priorité* (C. com., art. L. 228-35-1) ; ce titre préfigurait l'action de préférence en ce qu'il permettait de créer des actions dotées d'avantages financiers par rapport aux actions ordinaires, mais l'action de priorité était nécessairement dotée du droit de vote à la différence des actions de préférence (V. *supra*, n° 1591).

Le coin des amateurs

1. Les variétés d'actions

1601. – Catalogue des types d'actions :

Actions de numéraire : l'associé qui réalise un apport en numéraire reçoit des actions de numéraire.

Actions d'apport : elles sont définies par opposition aux précédentes. Il s'agit donc d'actions qui représentent des apports autres que du numéraire (terrains, matériel, fonds de commerce, brevets…).

Actions de capital : elles font bénéficier leur titulaire de la plénitude des droits pécuniaires qu'elles comportent, à la différence des actions de jouissance.

Actions de jouissance : elles appartiennent à des actionnaires qui ont récupéré le montant de leur apport, sans que le capital social soit réduit ; on parle alors d'amortissement du capital (V. *supra*, nos 1455 et s.) ; les porteurs sont toujours associés, mais leurs actions sont devenues des actions en jouissance qui ont perdu leur droit au premier dividende, et au remboursement de leur valeur nominale, laquelle représente leur apport.

Actions de performance : nom parfois donné aux actions gratuites remises aux dirigeants sociaux voire aux salariés, lorsque leur octroi est conditionné par la satisfaction de performances économiques ou financières.

Actions de préférence : il s'agit d'actions, avec ou sans droit de vote, assorties de droits particuliers de toute nature, à titre temporaire ou permanent (V. *supra*, nos 1588 et s.).

Actions de priorité : autre manière de désigner les actions de préférence.

Actions à droit de vote double : bien que le droit de vote soit en principe proportionnel à la quotité représentée par les actions souscrites, et que chaque action donne droit à une voix au moins, la loi admet la faculté d'attribuer des actions avec un droit de vote double, sous certaines conditions (V. *supra*, n° 1161).

Actions à dividende prioritaire sans droit de vote (ou ADP) : le détenteur jouit d'un droit prioritaire pour la distribution du premier dividende et le remboursement des titres, mais est privé de son droit politique de vote ; cette catégorie de titres est en voie d'extinction (V. *supra*, n° 1600).

Actions de travail : elles existent dans les sociétés anonymes à participation ouvrière ; ce sont les actions appartenant à l'ensemble du personnel salarié, constitué en société commerciale coopérative de main-d'œuvre ; elles sont caractérisées par l'inaliénabilité et l'incessibilité pendant toute la durée de la SA à participation ouvrière.

Actions nouvelles : les actions nouvelles sont les actions émises lors d'une augmentation de capital par la société.

Actions gratuites : lors d'une augmentation par incorporation de réserve, les actionnaires peuvent recevoir des actions gratuites, à raison d'une certaine parité par actions anciennes (V. *supra*, nos 1438 et s.), sans oublier les attributions d'actions gratuites aux salariés (V. *supra*, nos 1363 et s.).

Actions d'autocontrôle : lorsqu'une société détient directement ou indirectement ses propres actions, qu'elle devient donc son propre actionnaire, les actions détenues sont appelées actions d'autocontrôle (V. *infra*, nos 2423 et s.).

Action spécifique (golden share) : action ordinaire portant des droits particuliers – ainsi du pouvoir d'agréer certains franchissements de seuils – et attribuée à l'État à l'occasion d'une privatisation (Ord. n° 2014-948, 20 août 2014, art. 31-1, mod. L. n° 2019-486, 22 mai 2019, art. 154 ; *adde* D. n° 2015-1482, 16 nov. 2015) ; on observera que la Cour de justice de l'Union européenne a jugé que l'État français, en instituant une action spécifique de l'État dans la société Elf-Aquitaine, avait manqué à ses obligations au regard de l'article 73 B (devenu 56) du Traité CE (CJCE, 4 juin 2002 : *Rev. sociétés* 2002, p. 519, note G. Parleani).

Actions reflet (trackings stocks) : actions émises par une société mère et dont le dividende reflète les résultats d'une filiale ou d'une activité particulière du groupe ; l'émission de telles actions est pratiquée aux USA afin de valoriser les groupes détenant des « pépites » du genre sociétés de la nouvelle économie ; la société Alcatel a ainsi émis des actions reflet en 2000 (A. Viandier, *Les actions reflet : RJDA* 2001, p. 3), avant de les supprimer en 2003.

2. Une action de préférence : l'action BNP Paribas de mars 2009

1602. – Dans le cadre du plan de renforcement du capital des banques, l'assemblée générale de BNP Paribas a décidé, le 27 mars 2009, l'émission d'actions de préférence réservées à la Société de prise de participation de l'État (SPPE), laquelle a souscrit pour 5 milliards d'euros ; grâce aux actions souscrites, la SPPE a franchi le seuil de 17 % du capital de BNP Paribas. Les caractéristiques de ces actions de préférence étaient les suivantes :

– absence de droit de vote ;

– faculté pour la société de racheter les actions à tout moment selon un prix déterminable et plafonné (par ex., le plafond était de 160 % si le rachat intervenait après le 1er juillet 2022) ;

– dividende croissant en fonction des années, ce qui était destiné à encourager le rachat anticipé des actions de préférence (105 % du dividende des actions ordinaires au titre de l'exercice 2009, 110 % pour l'exercice 2010… et 125 % à partir de l'exercice 2018), le tout avec un plancher évoluant lui aussi dans le temps (de 7,65 % en 2009 jusqu'à 8,90 % pour les exercices 2014 et suivants), ce qui supposait bien entendu qu'il y ait des bénéfices à distribuer (*Source* : Statuts de BNP Paribas).

Dès octobre 2009, les actions de préférence ont été remboursées par la société grâce à une augmentation de capital (Communiqué du 29 septembre 2009).

3. *Crowdfunding* : quand Édith Piaf fait de la finance

1603. – « Emportés par la foule, qui nous traîne, nous entraîne (…) Entraînés par la foule qui s'élance et qui danse une folle farandole… ». Les amateurs de karaoké auront reconnu les paroles de « La foule ». Mais si la foule agit sur les destins individuels en poussant les amants « enchaînés l'un vers l'autre », elle peut aussi agir sur les destins collectifs en contribuant au financement de projets ; on parle alors de *crowdfunding* ou de financement participatif (G. Leclair, L. Aygun et C. Agout, *Crowdfunding : peut-on raisonnablement être associé avec la foule ?* : *JCP* E 2013, 1709. – C. Berrebi et S. Vatine, *Le crowdfunding en pratique* : *JCP* E 2014, 1266).

a) Principe

L'idée est astucieuse et parfois généreuse : elle consiste à mobiliser le public, donc le très grand nombre, *via* une plate-forme Internet, autour de la réalisation d'un projet et à recueillir des fonds généralement modiques pour sa réalisation. La foule contribue de diverses manières : prêt, souscription de titres, ou don pur et simple. Comme le souligne une note de l'Autorité des marchés financiers, il s'agit « d'un investissement de conviction » (*Crowdfunding, une nouvelle façon d'investir ?*, AMF, 17 oct. 2018).

b) Illustrations

L'approche existe aux États-Unis depuis plusieurs années et a permis l'aboutissement de projets aussi divers que l'aide à un pays en détresse, le lancement d'un journal, la mise en place d'un réseau de micro-crédit, le soutien à un artiste, voire, et on entre alors dans l'univers capitaliste, le financement d'une entreprise par la souscription d'actions ou d'obligations.

Le cœur de la méthode tient dans la mobilisation d'un très grand nombre de personnes, dont chacune apporte, prête ou donne une somme minime. Ainsi, en 2014, le site *Kiss Kiss Bank Bank* mentionnait parmi les projets en attente de financement la recherche par une compagnie théâtrale de 20 000 € pour couvrir les frais de construction d'un décor pour son futur spectacle, les dons attendus – de 5 € à 800 € et plus – donnaient droit à diverses contreparties (billets gratuits, affiche dédicacée par les comédiens). En 2020, sur le même site, 5 000 € étaient recherchés pour un projet de transformation d'usage des produits solaires et d'encouragement au passage aux mini-doses ; ailleurs, la participation à la création d'une collection « éthique et poétique de laines paysannes » était proposée, un versement de 100 € permettant d'obtenir un duo bonnet-écharpe, l'objectif étant de « travailler main dans la main avec les moutons (*sic*), les éleveurs, les créateurs et les industriels ».

Le secteur immobilier s'est également approprié l'idée pour le financement des programmes de promotion immobilière, les particuliers plaçant par exemple leur argent, par la souscription d'actions ou d'obligations, dans une société holding, laquelle possède des parts d'une société civile de construction vente (V. *infra*, n° 1990), qui gère la construction et la vente de l'immeuble (AMF, *Investir via le crowdfunding immobilier*, 17 oct. 2018).

De l'autre côté de la Manche, la société Hot Chocolate a levé des fonds en 2010 sous forme de prêt, l'intérêt étant payable en chocolat (nous renvoyons les lecteurs dubitatifs à l'article suivant : *Mini-bonds, Hitting up the customer : The Economist* 16 août 2014, p. 55). Les auteurs, qui n'ont aucun lien avec un chocolatier, rappellent au passage les bienfaits d'une consommation modérée de chocolat en période d'examen. Ailleurs, on relève des campagnes de financement participatif pour rénover la cellule occupée par Saint François d'Assise à Rome (*International New York Times* 2 avr. 2014), pour produire le premier film de « sexploration » (*The Economist* 26 sept. 2015, p. 54 ; l'ambition des promoteurs était de tourner le premier film pornographique dans l'espace ; parmi les titres, suggérons « Emmanuelle et l'astéroïde »), ou pour acquérir une armure de samouraï (Campagne du musée Guimet de septembre 2015). À demeurer dans l'univers du pays du soleil levant, une Japonaise, désespérée de ne pas trouver un mari, a levé des fonds pour financer sa recherche (*Japan Times* 18 mai 2016), avec succès semble-t-il.

c) Encadrement

Il reste qu'au-delà des bons sentiments, le risque d'abus est réel, à l'image dans les années 1920 de la souscription en faveur de la veuve du Soldat inconnu. Une réflexion a donc été entamée qui a abouti à l'ordonnance n° 2014-559 du 30 mai 2014 (G. Notté, *Financement participatif* : *JCP* E 2014, 417. – T. Bonneau, *Le financement participatif* : *JCP* E 2014, 147), complétée par un décret n° 2016-1453 du 28 octobre 2016. Parallèlement, le règlement n° 2017/1129/UE du 14 juin 2017 a harmonisé les dispositions applicables aux offres au public de valeurs mobilières, ce qui affecte en partie les projets de financement participatif.

Deux types de plates-formes doivent être distingués : celles qui proposent des titres – *crowd equity* – et celles qui proposent seulement l'accès à des dons ou à des prêts ; les premières agissent comme des conseillers en investissement participatif et les secondes comme des intermédiaires en financement participatif.

Les conseillers en investissement participatif sont soumis aux règles du démarchage bancaire ainsi qu'à celles de la lutte contre le blanchiment ; ils sont regroupés et « régulés » par une association professionnelle agréée par l'Autorité des marchés financiers (V. not. AMF, DOC-2014-10).

Les intermédiaires en financement participatif, pour leur part, se voient accorder une dérogation au monopole bancaire sur les prêts d'argent, mais ils doivent être agréés par l'Autorité de contrôle prudentiel et de résolution, qui conserve à leur égard un pouvoir de surveillance, bien qu'ils ne soient pas des établissements financiers.

En outre, il est fait exception aux règles gouvernant l'offre de titres au public dès lors que le montant du financement recherché est inférieur à huit millions d'euros (AMF, Règl. gén., art. 211-2). Ainsi, l'exigence d'établissement d'un prospectus visé par l'AMF n'est pas requise, mais un « document d'information réglementaire synthétique » doit être établi conformément aux prescriptions de l'AMF (AMF, Règl. gén., art. 217-1), laquelle ne procède toutefois pas à son examen. Depuis la loi n° 2016-1691 du 9 décembre 2016, le pouvoir de sanction de l'AMF a été étendu aux offres de financement participatif et aux professionnels du secteur (Rappr. AMF, comm. sanctions, déc. n° 16, 20 déc. 2017 ; condamnation d'un conseiller en investissements financiers pour manquement à l'obligation de loyauté et utilisation trompeuse des termes « financement participatif »).

On observera qu'à compter du 10 novembre 2021, un statut unique européen de fournisseur de services de financement participatif s'appliquera en application du règlement européen n° 2020/1503 du 7 octobre 2020 et de la directive 2020/1504 (P. Storrer, *L'avènement d'un droit européen du financement participatif pour les entrepreneurs : JCP* E 2020, 758. – AMF, Communiqué, 9 nov. 2020). Ce nouveau statut est appelé à remplacer les régimes actuels de conseillers ou d'intermédiaires en investissements participatifs, avec un délai de mise en conformité s'achevant le 10 novembre 2023. Parmi les règles nouvelles : fixation d'un montant maximum de 5 millions d'euros par porteur de projet, fiche d'information normée sur l'investissement proposé, délai de réflexion précontractuel de quatre jours pour les investisseurs non avertis, leur permettant de renoncer à l'investissement.

d) Les risques

Au-delà des aspects réglementaires, une opération a révélé les ambiguïtés possibles de ce système de financement ; on sait que Facebook a racheté pour 2 milliards de dollars, courant mars 2014, la société Oculus, spécialisée dans la réalité virtuelle ; or, Oculus avait bénéficié quelques mois auparavant d'un financement de plus de 2 millions de dollars obtenu à travers une plate-forme de *crowdfunding*, les participants donnant de l'argent aux développeurs pour réaliser leur projet et certains recevant en contrepartie un T-shirt ; on imagine la surprise des donateurs à l'annonce du rachat par Facebook (*Early backers of Oculus denounce a sellout : International New York Times* 28 mars 2014). L'aventure rappellera aux plus âgés le système mis au point au siècle dernier par un entrepreneur américain ; il avait fait paraître une publicité par laquelle il promettait d'envoyer à toute personne payant 10 $ un guide pour devenir riche ; aux rêveurs et naïfs qui lui adressèrent des fonds, il répondit : « Faites comme moi ».

§ 3. – Les titres de créance

1604. – Les sociétés par actions peuvent émettre des valeurs mobilières représentatives d'un emprunt. La forme la plus commune est l'obligation ordinaire, qui connaît de nombreuses variantes.

A. – L'obligation ordinaire

1605. – *Titres négociables.* L'article L. 213-5 du Code monétaire et financier énonce : « Les obligations sont des titres négociables qui, dans une même émission, confèrent les mêmes droits de créance pour une même valeur nominale » (*adde* C. monét. fin., art. L. 213-0-1). Titres négociables : les obligations sont en effet des valeurs mobilières, donc des titres financiers (V. *supra*, n°s 1574 et s.) ; elles sont cédées sans formalité, sont fongibles (V. *supra*, n° 1575), et peuvent être cotées en bourse. Cette qualification emporte un avantage considérable pour le prêteur : il a prêté par exemple 10 000 € sur quinze ans, il peut si nécessaire céder à un tiers son obligation avant l'échéance, autrement dit mobiliser sa créance, sans avoir à se soumettre aux formalités de la cession de créances.

1° L'émission

1606. – *Compétence.* L'obligation n'est pas un titre représentatif d'une quote-part du capital ; dès lors, l'intervention de l'assemblée générale extraordinaire n'est pas requise. Le conseil d'administration (ou le directoire) a qualité pour décider ou autoriser l'émission d'obligations, sauf si les statuts réservent ce pouvoir à l'assemblée générale ou si celle-ci décide de l'exercer (C. com., art. L. 228-40). Le conseil d'administration comme le directoire peut déléguer à toute personne de son choix les pouvoirs nécessaires pour réaliser, dans un délai d'un an, l'émission d'obligations et en arrêter les modalités. Les personnes désignées rendent compte au conseil d'administration ou au directoire dans les conditions déterminées par ces organes.

1607. – *Conditions.* Pour qu'une société par actions puisse émettre des obligations, il faut que le capital soit intégralement libéré. De plus, si la société émettrice n'a pas établi deux bilans régulièrement approuvés par ses actionnaires, l'émission exige une vérification préalable du passif et de l'actif par un expert indépendant intervenant à la manière d'un commissaire aux apports (C. com., art. L. 228-39 ; mod. Ord. n° 2019-1067, 21 oct. 2019).

1608. – Compte tenu de la nature d'emprunt de l'émission d'obligations, les actionnaires ne jouissent d'aucun droit préférentiel de souscription. Cela est logique : les obligataires ne risquent pas de venir un jour en concurrence avec eux pour la répartition du boni de liquidation ou de disputer leur influence dans les assemblées générales. L'obligataire n'est pas un associé.

1609. – **Deux exemples d'émission d'obligations.**

1. Le groupe Bolloré a émis le 25 janvier 2017 des obligations au nominal de 100 000 € ; le coupon est de 2 % ; les obligations ont une durée de cinq ans.
2. Peugeot a émis le 23 mars 2017 des obligations au nominal de 1 000 € ; le coupon est de 2 % ; les obligations ont une durée de sept ans.

2° Les droits des obligataires

a) Absence de droits politiques

1610. – Différence fondamentale avec l'actionnaire, l'obligataire n'a pas de droit politique individuel ; il ne participe pas aux assemblées ; il ne peut donc ni voter ni discuter la qualité de la gestion de la société. C'est tout de même plus qu'un simple créancier et on lui reconnaît, à travers la masse – c'est-à-dire la collectivité des porteurs d'une même catégorie d'obligations – dont il fait obligatoirement partie, un embryon de droits politiques (V. *infra*, n° 1613).

b) Reconnaissance de droits financiers

1611. – *Intérêt.* L'obligataire perçoit un intérêt pendant la durée de l'emprunt et obtient, à l'échéance, le remboursement de la somme prêtée (le nominal). En cela, il se présente comme un créancier ordinaire. L'intérêt est généralement fixe ; mais il est possible de prévoir un intérêt variant en fonction de divers paramètres tenant à l'activité de la société, le résultat ou le chiffre d'affaires, voire le cours de bourse de la société émettrice[(10)] ; la rémunération présente dans ce cas un caractère aléatoire. L'intérêt est payé périodiquement (chaque année ou chaque semestre) ; il peut également n'être versé qu'à l'échéance de l'emprunt ; tel est le cas des obligations dites « à coupon zéro » ou « zéro-coupon » : dans ce cas, l'obligataire ne perçoit aucun intérêt pendant la durée de l'emprunt (d'où l'absence de coupons) ; il reçoit en bloc le nominal et les intérêts cumulés en fin de contrat ; cette formule a été mise sur pied essentiellement pour des raisons fiscales.

c) Les droits patrimoniaux

1612. – L'obligataire peut céder ses obligations de la même façon qu'un associé peut céder ses actions ; c'est un avantage appréciable. Les obligations sont nécessairement nominatives dans les sociétés non cotées ; elles peuvent être au porteur dans les sociétés cotées. Depuis la dématérialisation des valeurs mobilières (V. *supra*, n°s 1582 et s.), les obligations font l'objet d'une inscription en compte. Le régime des agréments tel qu'on le rencontre dans certaines cessions d'actions (V. *supra*, n°s 1253 et s.) n'a aucune raison d'être en matière d'obligations.

3° La masse des obligataires

1613. – La masse est le groupement réunissant les porteurs d'obligations ; elle est dotée de la personnalité morale. Elle présente un caractère désuet dans la mesure où le portrait de l'obligataire a changé depuis l'institution de la masse en 1935 ; le plus souvent, c'est un « investisseur institutionnel » (SICAV, fonds commun de placement, compagnie d'assurances...) suffisamment armé pour défendre directement et individuellement ses droits, sans avoir besoin de se coaliser avec les autres porteurs. De là une réforme intervenue en 2017 (Ord. n° 2017-970, 10 mai 2017. – D. n° 2017-1165, 12 juill. 2017)[(11)].

1614. – *L'architecture* issue de la réforme de 2017 distingue trois régimes distincts pour la représentation des obligataires : la masse légale, la masse contractuelle et la représentation contractuelle. Le critère d'application entre ces différentes modalités procède de la valeur nominale des obligations émises ; si cette valeur est d'au moins 100 000 €, la société émettrice a le choix entre les trois modalités ; si la valeur nominale est inférieure, c'est le régime de la masse légale qui s'applique, lequel fait figure

(10) L'AMF veille à la « lisibilité » de l'indexation ; ainsi s'est-elle opposée à l'émission de titres de créances dont le rendement était indexé sur le nombre d'entrées d'un film, en considérant que cela était de nature à faire courir des risques importants aux investisseurs : *Bull. COB* sept. 2002, n° 371, p. 13.

(11) F. Barrière, *La réforme du régime des émissions obligataires* : *Rev. sociétés* 2018, p. 14.

de régime de droit commun. L'idée sous-jacente est simple : si la valeur nominale est d'au moins 100 000 €, on parle alors d'émission *wholesale* (en gros, au sens de vente en gros), l'obligataire est selon toute probabilité un investisseur institutionnel, doté des moyens intellectuels et techniques lui permettant de défendre ses droits, ce qui justifie une protection moins intense.

1615. – *La masse légale.* À s'en tenir à l'essentiel (C. com., art. L. 228-46 et s.) :

– il y a autant de masses qu'il y a de catégories d'obligations ;

– chaque masse élit un ou plusieurs représentants s'ils n'ont pas été désignés dans le contrat d'émission ;

– sauf restriction décidée par l'assemblée des obligataires, le représentant de la masse a le pouvoir d'accomplir au nom de la masse tous les actes de gestion pour la défense des intérêts communs des obligataires (C. com., art. L. 228-53) ; à ce titre, il a seul qualité, à condition d'y avoir été autorisé par l'assemblée des obligataires, pour engager au nom de ces derniers toute action en justice pour cette défense, ainsi d'une action en nullité contre une décision sociale (C. com., art. L. 228-54) ;

– les obligataires sont consultés par la société sur divers projets affectant celle-ci, notamment sur la modification de l'objet ou de la forme de la société, sur sa fusion ou sa scission, sur la modification des conditions de l'emprunt, par exemple du taux d'intérêt (C. com., art. L. 228-65) ; les conséquences d'un vote négatif diffèrent selon la nature de la question posée, la société ne peut pas passer outre si le projet portait sur la modification des conditions de l'emprunt ; elle peut passer outre lorsqu'il s'agit de l'objet ou de la forme sociale, mais elle doit alors rembourser les obligataires (C. com., art. L. 228-72) ; elle peut également passer outre en cas de fusion ou de scission, l'assemblée des obligataires ayant toutefois la faculté de mandater le représentant de la masse pour faire opposition à la fusion ou à la scission (C. com., art. L. 228-73) (V. *infra*, n° 2274).

1616. – *Masse contractuelle.* Le contrat d'émission définit librement les conditions de la représentation collective des obligataires (C. monét. fin., art. L. 213-6-3 ; mod. Ord. n° 2019-1067, 21 oct. 2019), comme les conditions de nomination d'un représentant, mais aussi les cas de consultation des obligataires ; le contrat peut ainsi ne pas prévoir de consultation des obligataires en cas de modification des conditions de l'emprunt.

1617. – *Représentation contractuelle.* Le contrat d'émission fait purement et simplement l'économie d'une masse des obligataires (C. monét. fin., art. L. 213-6-3). Liberté maximale pour la société, protection minimale pour les obligataires. Mais, contrainte du sur-mesure, il convient de tout prévoir dans le contrat d'émission sous peine d'être gêné lorsqu'une situation qui n'a pas été envisagée se présente.

B. – Les variantes de l'obligation ordinaire

1° L'obligation convertible

1618. – C'est une obligation ; elle en a toutes les caractéristiques, à ceci près que le titulaire peut convertir son obligation en action selon une parité et des délais prévus dans le contrat d'émission. Par ce moyen, celui qui était créancier se mue en associé et l'obligation disparaît pour donner place à une action.

2° L'obligation échangeable

1619. – L'idée est voisine, mais la conversion fait place à un échange. Lors de l'émission des obligations, des actions ont été souscrites par un tiers échangiste (une banque par exemple) qui s'est engagé à échanger, selon une parité définie à l'origine, les actions contre les obligations dites échangeables. L'échange, comme la conversion, est facultatif ; il est au gré de l'obligataire ; il se fait aux conditions définies dans le contrat d'émission.

3° L'obligation à bon de souscription d'action

1620. – L'obligation à bon de souscription présente deux produits financiers en un : une obligation ordinaire et un bon de souscription d'action. Le bon est émis avec l'obligation ; mais il est détachable de celle-ci et peut donc être l'objet d'une cession séparée. Financièrement, l'obligation à bon de souscription d'actions (ou OBSA) est intéressante pour la société émettrice : le bon crée un espoir de plus-value, qui justifie un moindre taux d'intérêt pour l'obligation.

L'OBSA se décline parfois en OBSAR, ou obligation à bons de souscription d'actions remboursables (ce sont les bons qui sont remboursables, à l'initiative de la société émettrice).

4° L'obligation remboursable en actions

1621. – Au lieu d'être remboursée en numéraire, cette obligation (qualifiée d'ORA) est remboursée en actions. Là aussi le prêteur se mue en associé, mais il n'a pas le choix comme dans l'obligation convertible ou échangeable ; il ne recevra en tout état de cause que des actions, sauf à vendre son obligation avant l'échéance à une personne à qui ce mode de remboursement convient. Cependant, avant le remboursement, il est obligataire(12).

C. – Autres titres d'emprunts

1° Les titres participatifs

1622. – Les titres participatifs (à ne pas confondre avec les prêts participatifs qui sont des prêts à long terme rémunérés par un intérêt et par une participation aux bénéfices) sont des quasi-obligations (C. com., art. L. 228-36 et art. L. 228-37) ; ils en diffèrent par deux traits :

– les titres participatifs ne peuvent être émis que par les sociétés du secteur public, les sociétés anonymes d'habitation à loyer modéré, les sociétés anonymes coopératives et les coopératives agricoles ;

– les titres participatifs sont rémunérés par une partie fixe ; celle-ci porte au moins sur 60 % du nominal, et par une partie variable, qui dépend d'éléments tirés des comptes annuels, voire des comptes consolidés. Pour le reste, c'est le régime des obligations qui a été décalqué.

(12) En ce sens, CA Versailles, 17 nov. 1994 : *JCP* E 1995, I, 447, n° 7, obs. A. Viandier et J.-J. Caussain (aff. *Métrologie internationale*) et, sur pourvoi, Cass. com., 13 juin 1995 : *Rev. sociétés* 1995, p. 736, note P. Didier.

2° Les titres subordonnés à durée indéterminée

1623. – Les titres subordonnés à durée indéterminée (ou TSDI) sont encore appelés titres perpétuels. Ils sont définis par l'article L. 228-97 du Code de commerce : « Lors de l'émission de valeurs mobilières représentatives de créances sur la société émettrice (...), il peut être stipulé que ces valeurs mobilières ne seront remboursées qu'après désintéressement des autres créanciers, à l'exclusion ou y compris des titulaires de prêts participatifs ou de titres participatifs. »

Au fond, c'est une affaire de rang, les porteurs de tels titres étant des porteurs d'avant-dernier rang, d'où en cas de difficultés de moindres chances de remboursement. Pour le juriste, la différence est ténue avec l'associé, surtout si l'intérêt servi est variable et si son paiement est lui aussi affecté d'une clause de subordination. Pour le financier, la différence est encore plus mince, puisqu'il traite ces titres comme des quasi-fonds propres, et non comme des dettes, ce qui présente l'avantage, pour la société, de ne pas affecter ses ratios financiers.

3° Les titres innommés

1624. – Ces dernières années, la pratique a imaginé des nouveaux types de titres de créances, à la marge des dispositions du Code de commerce consacrées aux obligations, tels que les certificats de garantie (V. *infra*, n° 1626). De manière à consolider leur régime juridique, l'ordonnance n° 2014-863 du 31 juillet 2014 a inséré un nouvel article L. 228-36-A, qui dispose : « Les sociétés par actions peuvent émettre toutes valeurs mobilières représentatives d'un droit de créance [dans les conditions posées par le Code de commerce] (...) ainsi que toutes autres valeurs mobilières représentatives d'un droit de créance dans les conditions prévues par les statuts ou, le cas échéant, par le contrat d'émission ».

Le coin des amateurs

1. Les obligations à 100 ans d'IBM et à 1 000 ans de Safra Republic

1625. – En France, on ne peut créer de société pour plus de 99 ans, même si la prorogation est possible (V. *supra*, n°s 759 et s.). Ne serait-ce que pour cette raison, une société française ne pourrait en principe émettre des obligations à échéance de 100 ans ; on observera cependant que GDF Suez a émis en mars 2011 des obligations à 100 ans avec un coupon annuel de 5,95 % (Communiqué du 9 mars 2011). Pareille contrainte n'existe pas aux États-Unis. IBM a ainsi émis le 3 décembre 1996 des obligations à 100 ans au taux de 7,22 % pour un montant de 850 millions de dollars (*Le Monde* 5 déc. 1996). Voilà qui traduit une belle confiance et dans *Big Blue* et dans le marché. Avec un « prêt centenaire », le fabricant américain d'ordinateurs fait comme s'il avait l'éternité devant lui, mais la société luxembourgeoise Safra Republic Holdings a fait plus en émettant des obligations subordonnées sur 1 000 ans (*Le Figaro* 16 déc. 1997). Qui dit mieux ?

2. L'infini de l'imagination financière

1626. – Tout ce qui n'est pas interdit est permis ; tout ce qui n'a pas encore été fait mérite toujours de l'être. Tels sont les mots d'ordre du financier. Cela donne parfois des constructions insolites :

– la société Corney et Barrow, qui exploite une chaîne de bars à vins à Londres et qui tire une partie de ses profits des consommateurs venant flâner l'été aux terrasses de ses établissements, a mis au point un montage financier pour se protéger du mauvais temps, lequel n'est pas rare sur les bords de la Tamise ; elle a obtenu d'une société produisant de l'énergie, Enron (mise en faillite depuis, pour d'autres raisons), le droit d'obtenir d'elle une somme d'argent en cas de crachin (on parle de « put options ») ; Enron paie jusqu'à 15 000 € par jeudi et vendredi pour lesquels, entre juin et septembre, la température londonienne tombera en dessous de 24° Celsius, avec un maximum de 100 000 € pour la totalité de la période ; l'opération est équitable : si le temps est mauvais, la consommation de gaz augmente, donc Enron, au moins sur le papier, perd d'une main, ce qu'elle gagne de l'autre (*The Economist* 17 juin 2000, p. 99) ;

– dans le passé, des banquiers anglais ont émis des titres de créances dont la rémunération variait en fonction de la vente de disques de tel ou tel chanteur, par exemple David Bowie en 1997 (V. *The Economist* 29 nov. 2003) ;

– certaines écoles privées de Hong-Kong ont émis des obligations dont l'un des avantages pour le porteur est la possibilité d'inscrire le ou les enfants des souscripteurs dans l'école émettrice, à condition toutefois que la progéniture ait le niveau requis (*The Economist* 16 juin 2007) ; la prochaine étape sera peut-être de donner des points d'avance aux enfants des souscripteurs ;

– en Grande-Bretagne et aux USA, commencent à apparaître des *social impact bonds (SIB)* qui fonctionnent sur le schéma suivant : des organisations caritatives émettent des obligations ; si les objectifs fixés par la collectivité territoriale sont atteints, celle-ci verse une « prime » aux organisations, somme permettant de rémunérer les porteurs d'obligations ; par exemple, une association spécialisée dans l'aide aux sans-abri se verra assigner des objectifs chiffrés comme le nombre de nuits passées à la belle étoile ou le nombre des visites aux structures médicales par les populations concernées ; une autre association dont l'objet est de lutter contre la récidive des détenus d'une prison déterminée, aura naturellement comme objectif la réduction du taux de récidive (lire *Commerce and conscience : The Economist* 23 févr. 2013, p. 63. – *Impact investing ; a new bond taps private money for aid projects in war-zone : The Economist* 9 sept. 2017). Qui a dit que les outils du grand capital ne peuvent pas être utilisés à des fins autres que le seul enrichissement personnel ?

3. Des obligations au Covid-19

1627. – Depuis le milieu des années 1990, on assiste au développement des *cat bonds* ; ces obligations, qui n'ont rien à voir avec la défense des chats, sont des titres dont le capital est destiné à réparer les dommages causés par une catastrophe naturelle ; si, dans le délai fixé, aucune catastrophe du type de celle définie au contrat ne survient, l'obligataire retrouve le capital prêté augmenté d'un intérêt substantiel. Ainsi, à la suite de l'ouragan Sandy d'octobre 2012 et des graves inondations qu'il a causées, la compagnie exploitant le métro de New York a placé des *cat bonds* d'un montant de 200 millions de dollars d'une durée de trois ans et destinées à couvrir le risque d'un ouragan de même intensité. Ces obligations complètent les garanties offertes par les compagnies d'assurances spécialisées (V. *Catastrophe bonds, perilous paper : The Economist* 5 oct. 2013).

Ce type d'obligations couvre également le champ des pandémies. Ainsi, en 2017, la Banque mondiale a émis des *pandemic bonds* pour financer la lutte contre les épidémies dans et par les pays en voie de développement. Ces obligations, d'un montant total de 500 millions de dollars, ont une durée de cinq ans ; elles ont été souscrites par plusieurs pays développés, dont le Japon, l'Australie et l'Allemagne. Les donateurs reçoivent, comme tout obligataire, un intérêt pendant la durée de l'emprunt ; si, à l'issue du terme, aucun versement n'a eu lieu au profit d'un pays atteint par une pandémie, les pays donateurs retrouvent leurs fonds ; à l'inverse, si une pandémie remplissant les conditions prévues par le contrat d'émission est survenue, le capital récupéré sera inférieur à la mise, voire égal à zéro. Parmi ces conditions, on trouve la définition des virus concernés (les coronavirus font partie de la liste), le nombre de décès dus à la pandémie, la rapidité de la progression de celle-ci, l'appartenance du pays éventuellement bénéficiaire à l'Association internationale de développement, organisme dépendant de la Banque mondiale, l'écoulement d'un certain délai (84 jours) entre le début de la pandémie et le versement (Communiqué de la Banque mondiale du 28 juin 2017). L'épidémie de Covid-19 devrait être l'occasion de mettre en œuvre ce mode d'assistance (V. *A novel pandemic security is no match for a novel virus : The Economist* 7 mars 2020. – *Poor nations face long wait for ruling on World Bank pandemic bond payouts : Financial Times* 21 mars 2020).

4. Les obligations Greta Thunberg ou *Green bonds*

1628. – Accompagnant le mouvement de promotion des investissements socialement responsables et de lutte contre le réchauffement de la planète, plusieurs sociétés ont émis ces dernières années des obligations vertes, obligations Greta Thunberg en quelque sorte. Tel est le cas de Engie, acteur majeur de l'énergie, dont le tiers des émissions obligataires est constitué de *Green bonds* ; on citera le cas de l'emprunt obligataire de 850 millions d'euros portant un intérêt annuel de 1,5 % lancé en novembre 2020 et destiné à financer des projets énergétiques renouvelables ou liés à l'efficacité énergétique. D'autres acteurs internationaux sont également présents ; Apple a ainsi émis des obligations vertes pour développer un robot capable de récupérer les matériaux de valeur présents dans les *iPhones*. On rangera dans cette catégorie les *Transition bonds*, dont le produit est destiné à faciliter l'abandon par les sociétés émettrices des activités polluantes.

Dans la même ligne, le marché a vu apparaître récemment des *Sustainability bonds* ; ces obligations « durables » sont également destinées à financer des projets socialement responsables, mais leur particularité est de prévoir une pénalité, en forme d'intérêt supplémentaire, si les objectifs envisagés ne sont pas atteints. C'est le cas d'une émission obligataire lancée par le laboratoire Novartis en septembre 2020 ; l'obligation est assortie d'objectifs chiffrés à atteindre dans les cinq ans – accroître l'accès par les patients des pays à faible revenu ou revenu moyen à certains de ses traitements, développer certains programmes, dont la lutte contre la lèpre, la malaria – l'insuccès étant sanctionné par un intérêt supplémentaire de 0,25 %. D'autres acteurs ont suivi la même voie, dont la société Enel, producteur italien d'énergie, qui s'est engagée à augmenter sa production d'énergie renouvelable ou Suzano, producteur de papier et de pâte à papier brésilien, l'objectif étant la réduction de 15 % de l'empreinte carbone sur cinq ans (*Financial Times*, 5-6 sept. 2020).

5. Du contrat de société au contrat d'investissement

1629. – L'examen des modes de financement de la société par actions fait toucher du doigt l'absence de différence profonde entre l'actionnaire d'une grande société et l'obligataire. Ils n'ont ni l'un ni l'autre vocation à gérer la société ; s'ils votent, c'est avec leurs pieds, en vendant leurs titres lorsque leur placement ne répond plus à leurs espérances ou au contraire les a par trop comblés (plus-values). Si différence il y a, elle est d'état d'esprit ; les premiers sont optimistes, ils escomptent une plus-value, ils prennent le risque d'une rémunération évoluant en fonction des performances de la société ; les seconds sont pessimistes, ils préfèrent un revenu régulier. Et entre les deux extrêmes, il y a toute une gamme de situations dont rend compte la prolifération des produits financiers complexes. Aussi bien aurait-on peut-être intérêt à cesser de penser en termes de contrat de société et d'y substituer le contrat d'investissement. L'entreprise a besoin de fonds, elle s'adresse à des investisseurs, lesquels endossent l'uniforme d'obligataire ou d'actionnaire en fonction du titre acheté, partageant tous la qualité d'investisseurs. Les uns ont un droit de regard sur les affaires sociales que les autres n'ont pas, mais cela est parfaitement cohérent avec la nature de l'investissement et n'a pas besoin d'être justifié par un *affectio societatis*, plus symbolique que réel ; il est normal que celui qui court des risques soit informé de la gestion sociale. Cette ingérence est fondée sur le risque et non sur la qualité de l'emprunteur ; d'ailleurs, dans nombre de contrats comportant un intéressement aux bénéfices, « l'intéressé » a un droit de regard, ce qui ne veut pas dire qu'il soit associé.

La conclusion est claire : les uns et les autres ne sont que des créanciers. En dehors des actionnaires de contrôle dits « contrôlaires », il n'y a pas de véritables associés dans les grandes sociétés. Hérésie ? Pour les juristes d'autrefois peut-être, pour les financiers d'aujourd'hui, assurément non (sur la notion de contrat d'investissement, V. F.-X Lucas, *Les transferts temporaires de valeurs mobilières*, thèse, LGDJ, 1997, n°s 338 et s.).

SECTION 2

LE MARCHÉ DE FINANCEMENT : LA BOURSE

1630. – *Euronext-Paris.* La bourse est un marché organisé de valeurs mobilières, géré par des entreprises de marché qui sont de véritables sociétés commerciales privées (C. monét. fin., art. L. 421-2). En France, intervient uniquement la société Euronext-Paris, filiale de Euronext, société issue de la fusion des bourses de Paris, Amsterdam, Bruxelles et Lisbonne.

Euronext-Paris gère à la fois des marchés réglementés – la bourse de Paris pour simplifier à outrance – ainsi que des marchés non réglementés, comme le marché Euronext Growth (ex-Alternext), destiné aux petites et moyennes entreprises.

1631. – *AMF.* Les marchés réglementés se caractérisent par des règles strictes d'admission et d'information et par le contrôle d'une autorité, en l'espèce l'Autorité des marchés financiers ; exemple de règle : l'obligation pour l'actionnaire de contrôle de présenter une offre en cas de modifications économiques ou juridiques significatives ; ces règles s'imposent sur les seuls marchés réglementés ; elles ne sont pas applicables sur les marchés non réglementés(13), de là une moindre protection des investisseurs.

1632. – *Cotation.* Dire que la bourse est un marché, revient à mettre l'accent sur la modalité de fixation du prix – du cours – des valeurs qui y sont cotées, cours qui dépend directement de la loi de l'offre et de la demande. Le marché remplit une double fonction ; c'est d'abord un marché secondaire (de l'occasion) qui permet les transactions entre acquéreurs et vendeurs de valeurs mobilières ; c'est aussi un marché primaire, par les possibilités de placement de titres de capital comme de titres de créance auprès des investisseurs qu'il offre aux sociétés cotées. En ce sens, la bourse est un élément du financement des sociétés par actions, seules sociétés commerciales à pouvoir émettre des valeurs mobilières, c'est-à-dire des valeurs susceptibles d'être cotées en bourse. On raisonnera uniquement ici sur le cas des marchés réglementés.

(13) Pour tout simplifier, d'autres règles – ainsi de l'offre publique obligatoire en cas de changement de contrôle – s'appliquent sur les marchés non réglementés.

§ 1. – L'acquisition du statut de société cotée

1633. – *Distinction de la cotation et de l'offre au public.* Une observation préalable s'impose : il faut distinguer l'admission à la cote et l'offre au public de titres financiers, qualifiée autrefois d'appel public à l'épargne. En effet, si la cotation présume l'offre au public, l'offre au public ne présume pas la cotation. Cela s'explique par les critères respectifs des deux notions : la cotation procède d'un critère formel, l'admission sur un marché réglementé, alors que l'offre au public procède d'un faisceau de critères, déjà exposés (V. *supra*, n° 835).

1634. – *Admission sur un marché réglementé.* L'admission exige de vérifier que la société satisfait aux conditions posées par l'entreprise de marché. Par exemple, pour le marché Euronext-Paris et selon le règlement de cette institution, il faut s'assurer que la société dispose d'au moins trois bilans annuels ; de même, celle-ci doit être prête à mettre sur le marché un minimum de titres (en principe 25 %). L'admission prend la forme d'une décision formelle du conseil d'administration de Euronext-Paris, après visa de l'AMF.

1635. – *L'introduction en bourse* suit l'admission ; c'est la procédure par laquelle les investisseurs se voient offrir la possibilité d'acheter une partie des titres dont l'admission vient d'être décidée. Les procédures d'introduction en bourse sont définies dans les règlements établis par chacune des entreprises de marché. Elles combinent placement auprès des investisseurs institutionnels – banques, compagnies d'assurance – et offre aux particuliers.

§ 2. – Les contrôles : le rôle de l'Autorité des marchés financiers

1636. – *Gendarme de la bourse.* L'Autorité des marchés financiers ou AMF (C. monét. fin., art. L. 621-1 et s. ; mod. L. n° 2019-486, 22 mai 2019 et Ord. n° 2019-1067, 21 oct. 2019) est le véritable gendarme de la bourse, en tant qu'elle « veille à la protection de l'épargne investie dans les instruments financiers... » et « dans tous autres placements offerts au public ». Elle veille également à l'information des investisseurs et au bon fonctionnement des marchés d'instruments financiers... » (C. monét. fin., art. L. 621-1, al. 1er). Cette autorité est dotée de la personnalité morale ; elle comprend un collège de seize membres et une commission des sanctions indépendante du collège.

A. – Les prérogatives de l'AMF

1637. – Voici un aperçu de ses attributions :

– *elle appose son visa sur les notes d'information* que les sociétés doivent publier avant toute offre au public de titres financiers (C. monét. fin., art. L. 621-8), le défaut de visa empêchant l'offre au public[14] ; on observera que la loi Pacte du 22 mai 2019

(14) Ainsi, en 2004, l'AMF a refusé d'accorder son visa à une introduction en bourse de la société Poweo, faute pour les commissaires aux comptes d'avoir validé les projections économiques et financières de la société (AMF, communiqué 24 févr. 2004).

a étendu la procédure du visa aux émetteurs de « jetons » numériques qui le souhaitent[15] ;

– *elle surveille l'action des commissaires aux comptes*, dont elle peut provoquer la récusation, voire la révocation (V. *supra*, n° 1392) ;

– *elle procède à des enquêtes* (C. monét. fin., art. L. 621-9) et peut transmettre le dossier au parquet lorsqu'elle constate des infractions dans le domaine de l'épargne publique, en cas d'abus de marché par exemple (V. *infra*, n°s 1654 et s.) ;

– *elle peut demander aux tribunaux de prononcer des injonctions* à l'égard des sociétés coupables d'irrégularité (C. monét. fin., art. L. 621-14, II) ; par exemple, demander à ce qu'il soit ordonné à une entreprise la publication d'informations financières requises par la loi ;

– *elle peut sanctionner*, par une décision de la Commission des sanctions prise après une procédure contradictoire, directement les personnes transgressant ses règlements, très sévèrement d'ailleurs puisque la pénalité peut atteindre 100 millions d'euros[16], ou le décuple de l'avantage retiré (C. monét. fin., art. L. 621-15) (sur l'inconstitutionnalité d'une double sanction, judiciaire et administrative, V. *infra*, n° 1657) ; cette pénalité peut même être portée jusqu'à 15 % du chiffre d'affaires en cas de manquements à certains règlements européens concernant spécialement les prestataires de services d'investissement ;

– *elle alerte le public* lorsqu'elle a connaissance d'activités irrégulières[17], allant jusqu'à publier des listes noires[18] ;

– *elle dispose d'un pouvoir réglementaire* puisqu'elle édicte un règlement général, soumis à l'homologation du ministre de l'Économie (C. monét. fin, art. L. 621-6 et s.), ce qui la différencie de l'Autorité de la concurrence, qui dispose elle aussi d'un pouvoir d'enquête, d'injonction et de répression, mais pas d'un pouvoir réglementaire ; législatif, exécutif, judiciaire, voilà une concentration des pouvoirs bien insolite.

(15) Sur ces offres, cf. C. monét. fin., art. L. 552-1 et s. ; AMF, Règl. gén., art. 711-1 et s. – *Adde* V. Magnier et P. Barban, *Blockchain et droit des sociétés*, Dalloz, 2019.

(16) Ce montant a été jugé conforme à la Constitution en raison de l'importance des intérêts à sauvegarder : Cons. const., 2 juin 2017, n° 2017-634 QPC : *RJDA* 10/2017, n° 639.

(17) Exemples : communiqué de l'AMF du 15 février 2010 attirant l'attention du public sur les activités d'une société dont le siège serait au Japon et contactant par téléphone des investisseurs résidant en France pour leur proposer des actions de sociétés d'exploration minière, alors qu'elle n'est pas habilitée à faire de la prospection financière ; communiqué de l'AMF du 20 juin 2012 mettant en garde le public contre les activités d'une société basée à Hong-Kong et proposant par voie publicitaire d'acquérir des conteneurs et de les mettre ensuite en location avec un rendement d'au moins 12 % ; communiqué du 16 septembre 2013 relatif à une société franco-britannique recueillant des fonds en vue du financement de jeunes entreprises dans le cadre d'un projet intitulé « Crowdfunding high tech », le placement étant censé offrir un rendement de 8,5 % par mois ; communiqué du 13 février 2015 alertant le public sur les activités de deux sociétés basées à Dubaï et proposant en France, sans disposer des autorisations nécessaires, des crédits immobiliers ainsi que des placements en or, diamants et perles ; communiqué du 23 septembre 2015 mettant en garde contre les offres d'investissement en terres rares et métaux précieux, promettant une forte rentabilité sans mentionner les risques d'un tel placement ; communiqué du 15 mars 2018 avertissant le public sur les dangers des investissements dans les crypto-actifs proposés par des institutions ne disposant pas des autorisations requises ; communiqué du 11 juillet 2018 mettant en garde le public sur les investissements proposés par une société française dépourvue de toute autorisation et ayant pour objet le financement d'activités agricoles en Côte d'Ivoire avec un rendement affiché de plus de 200 % au bout de six mois.

(18) Exemple : « Liste noire des sites non autorisés à proposer du FOREX (marché des devises), des biens et des produits divers », 13 mars 2019.

B. – Les recours et les responsabilités

1° Les recours

1638. – *Décisions à caractère non réglementaire.* La compétence judiciaire est le principe en matière de recours contre les décisions de l'AMF. Ainsi l'article L. 621-30 du Code monétaire et financier vise les recours contre les décisions autres que celles qui ont un caractère réglementaire, autrement dit les injonctions, les sanctions administratives, les visas, les refus de visa, les décisions d'assistance et de coopération internationales.

1639. – *Décisions à caractère réglementaire.* De son côté, le juge administratif – Conseil d'État – est compétent pour les décisions à caractère réglementaire[19], autrement dit le règlement général ou tout texte d'application générale. Est néanmoins déclaré irrecevable le recours formé contre la décision de notification de griefs – qui ouvre la phase contradictoire de la procédure de sanction – car, « relevant de la catégorie des actes préparatoires, (...) la notification de griefs ne constitue pas un acte faisant grief indépendamment de la décision de la Commission et, par voie de conséquence, n'entre pas dans le champ de l'article L. 621-30 du Code monétaire et financier »[20].

2° La responsabilité

1640. – L'action en responsabilité à l'encontre de l'AMF exige la démonstration d'une faute lourde. C'est l'enseignement d'un arrêt du Conseil d'État du 22 juin 1984 : « la responsabilité de l'État à raison du fonctionnement de la COB *[AMF]* ne saurait être engagée qu'en cas de faute lourde de celle-ci »[21].

§ 3. – Les contraintes de la cotation

A. – Contraintes pour la société

1641. – *Publication au BALO.* Les sociétés cotées sur un marché réglementé sont assujetties à plusieurs règles particulières en matière d'information : publication au *Bulletin des annonces légales obligatoires* (BALO), quinze jours avant l'assemblée annuelle, des comptes et du projet d'affectation des résultats et, dans les quarante-cinq jours qui suivent la même assemblée, des mêmes documents tels qu'approuvés par l'assemblée des actionnaires (C. com., art. R. 232-11). À l'issue du premier

(19) Pour une application des règles de compétence, V. CE, 3 avr. 2020, n° 422178 : *BJB* juill. 2020, p. 10 ; compétence judiciaire du recours formé contre une décision individuelle prise par l'AMF par laquelle elle refuse de faire usage des pouvoirs d'injonction qu'elle tient de l'article L. 621-14 du Code monétaire et financier (dépôt d'une offre publique d'acquisition).

(20) CA Paris, 20 juin 2019, n° 19/00472 : *BJB* juill. 2019, p. 16, note B. Legris et P. Choquet ; solution confirmée en cassation : Cass. com., 16 déc. 2020, n° 19-21.091 : *Dr. sociétés* mars 2021, comm. 37, O. de Bailliencourt. – CA Paris, 9 juill. 2020, n° 19/19061 : *BJB* nov. 2020, p. 13, note M. Galland.

(21) *Rev. sociétés* 1985, p. 634, note J.-J. Daigre : il était reproché à l'autorité de marché une volte-face lors de l'instruction d'un dossier ; ce changement d'attitude n'a pas, en l'espèce, été jugé fautif. – *Adde*, Cass. com., 4 déc. 2001 : *RJDA* 3/2002, n° 262 ; la suspension de la procédure d'instruction d'un visa, motivée par la nécessité de procéder à des investigations supplémentaires sur la valeur des actifs essentiels de la société ayant sollicité le visa, ne constitue pas une faute.

semestre, les sociétés cotées doivent publier, également au *BALO*, un tableau d'activité et de résultats ainsi qu'un rapport d'activité semestriel (C. com., art. R. 232-13). À côté de ces exigences d'information périodique, s'ajoute le respect des règles d'information permanente, dont la violation peut donner lieu à une injonction, voire à une sanction de l'AMF (V. *supra*, n° 1637).

1642. – *Information du public.* La réglementation de l'AMF pose notamment le principe de la nature « *exacte, précise et sincère* » de l'information donnée au public (AMF, Règl. gén., art. 223-1) et l'obligation, pour tout émetteur, de porter à la connaissance du marché tout fait important susceptible, s'il était connu, d'avoir une incidence significative sur le cours du titre concerné (Règl. [UE] n° 596/2014, 16 avr. 2014)[22]. À défaut, l'AMF peut prononcer une sanction (V. *supra*, n° 1637).

B. – Contraintes pour les actionnaires

1° Les contraintes pesant sur tous les actionnaires

1643. – *Transmission à l'AMF de certaines clauses.* Aux termes de l'article L. 233-11 du Code de commerce, toute clause d'une convention prévoyant des conditions préférentielles de cession ou d'acquisition d'actions cotées – ainsi d'un pacte de préférence ou d'un accord de cession en commun – doit être transmise à l'AMF si elle porte sur au moins 0,5 % du capital ou des droits de vote de la société. Faute de transmission, les effets de la clause sont suspendus et les parties déliées de leurs engagements en période d'offre publique[23].

1644. – *Déclaration de franchissement de seuils.* En outre, les actionnaires des sociétés cotées doivent effectuer des déclarations en cas de franchissement de certains seuils, ainsi par exemple du seuil de 5 %, en capital ou en droits de vote (V. *infra*, n°s 2360 et s.).

2° Les contraintes pesant sur certains actionnaires

1645. – L'égalité entre actionnaires, ainsi que la protection des actionnaires minoritaires, sont renforcées dans les sociétés cotées, et ce au détriment des majoritaires ou des candidats majoritaires. Cela se manifeste par l'obligation de déposer une offre publique d'achat ou d'échange et les offres de retrait.

a) Le dépôt obligatoire d'un projet d'offre publique[24]

1646. – *Principe.* Il est des cas dans lesquels le dépôt d'une offre publique est requis par l'article L. 433-3 du Code monétaire et financier (V. *infra*, n° 2347) :

– franchissement du seuil de 30 % du capital ou des droits de vote ;

– accroissement de la participation d'un actionnaire ayant entre 30 % et la moitié du capital ou des droits de vote, de 1 % du montant total du capital ou des droits de vote, en moins d'un an.

(22) *Adde* AMF, Position-recommandation 2016-08.
(23) A. Viandier et A. Charvériat, *Sociétés et loi NRE*, éd. Fr. Lefebvre, 2002, n°s 11 et s. – A. Viandier, *OPA, OPE et autres offres publiques*, éd. Fr. Lefebvre, 5e éd., 2014, n°s 601 et s.
(24) A. Viandier, OPA-OPE, op. cit., n°s 1400 et s. – A. Pietrancosta, *Le retrait obligatoire et l'OPR révisés par la loi Pacte, in I. Urbain-Parleani, La loi Pacte, le nouveau visage du droit des sociétés : Rev. sociétés* 2019, p. 623 et s.

L'actionnaire ayant franchi l'un de ces seuils doit déposer une offre publique et proposer ainsi une faculté de sortie aux autres actionnaires. Moralité : dans les sociétés cotées, en cas de changement de contrôle ou d'arrivée d'un nouvel actionnaire de contrôle, une possibilité de sortir doit être offerte aux autres actionnaires par ce nouveau « contrôlaire ».

1647. – *Des dérogations* sont prévues, par exemple en cas de souscription à une augmentation de capital d'une société en situation avérée de difficulté financière (AMF, Règl. gén., art. 234-9, 2°).

b) Les offres de retrait[25]

1648. – Sauf s'il trouve un preneur qui lui rachète ses droits, le retrait d'un associé demeure exceptionnel (V. *supra*, n°s 579 et s.). Le législateur a toutefois introduit des cas de retrait au profit des actionnaires des sociétés cotées (C. monét. fin., art. L. 433-4 ; mod. L. n° 2019-486, 22 mai 2019. – AMF, Règl. gén., art. 236-1 et s.).

1649. – *Retrait à la demande des actionnaires.* Lorsque 90 % du capital ou des droits de vote d'une société cotée sont détenus par la même personne ou un groupe de personnes agissant de concert, tout actionnaire peut demander à l'AMF de requérir le dépôt par le dominateur d'un projet d'offre publique de retrait. La cour d'appel a précisé, en application des nouveaux textes, que le seuil de détention du capital ou des droits de vote du dominateur doit être satisfait au jour de la saisine de l'AMF par les actionnaires minoritaires, « peu important l'évolution ultérieure du niveau de sa participation et son abaissement au-dessous du seuil postérieurement à la saisine de l'AMF »[26]. À l'occasion de cette offre, les intéressés peuvent ainsi sortir en faisant racheter leurs titres.

1650. *Retrait proposé par le dominateur.* Dans la même situation, le dominateur peut spontanément lancer une offre publique de retrait ; mais les minoritaires sont libres d'accepter ou de refuser cette offre ; ainsi, en février 2017, Walt Disney, actionnaire de contrôle de la commandite par actions Euro Disney qui exploite le parc du même nom, a déposé un projet d'offre de retrait.

1651. – *Retrait pour changement substantiel.* Une procédure d'offre publique de retrait peut également être imposée à l'occasion de plusieurs événements :

– transformation en commandite par actions ;

– modification significative des dispositions statutaires, notamment celles relatives à la forme de la société ou aux conditions de cession et de transmission des titres ;

– apport de la totalité ou du principal des actifs à une autre société ;

– réorientation de l'activité sociale ;

– projet de suppression pendant plusieurs exercices de toute rémunération des titres de capital.

1652. – *Modalités du retrait.* Le retrait est offert aux actionnaires minoritaires, par l'actionnaire ayant au moins 90 % (premier et deuxième cas), par l'actionnaire ayant

(25) A. Viandier, *op. cit.*, n°s 2500 et s.

(26) CA Paris, 5-7, 26 nov. 2020, n° 20/05013 : *BJS* févr. 2021, p. 30, note D. Lamarche, S. Martin-Gousset et H. Veillon ; *BJB* janv. 2021, p. 39, note D. Bompoint et V. Ramonéda ; *Dr. sociétés* févr. 2021, comm. 23, O. de Bailliencourt.

la majorité des deux tiers (transformation en commandite par actions) ou par l'actionnaire contrôlant la société (autres changements substantiels). Les conditions de l'offre, et notamment le prix, sont arrêtées en concertation avec l'AMF.

c) Le retrait forcé[27]

1653. – Les minoritaires sont parfois encombrants ; même titulaires d'une seule action, ils peuvent mener des opérations de guérilla, voire exercer des chantages. Les sociétés aimeraient s'en débarrasser en rachetant leurs droits, mais elles se heurtent à l'interdiction de principe d'exclure un associé (V. *supra*, n°s 569 et s.). Il existe des exceptions ; l'une d'elles vise les actionnaires ultra minoritaires de sociétés cotées : s'ils ne représentent pas plus de 10 % du capital ou des droits de vote, ils peuvent être l'objet d'un retrait forcé à la demande du majoritaire (AMF, Règl. gén., art. 237-1 et s.)[28]. Les conditions d'indemnisation sont précisées dans le règlement général de l'AMF.

§ 4. – Les abus de marché

1654. – Ainsi que l'affirme le règlement du Parlement européen et du Conseil du 16 avril 2014, « pour qu'un marché financier puisse être intégré, efficace et transparent, l'intégrité du marché est nécessaire. Le bon fonctionnement des marchés des valeurs mobilières et la confiance du public en ces marchés sont des préalables indispensables à la croissance économique et à la prospérité » (Règl. UE n° 596/2014, Préambule, n° 2). Par suite, il convient de traquer et de punir les éventuels abus de marché, à savoir les opérations d'initiés, la divulgation illicite d'informations privilégiées et les manipulations de marché.

A. – Évolution de la répression des abus de marché

1655. – *Dualité des sanctions.* La répression des abus est prévue par le Code monétaire et financier dont les articles L. 465-1 et suivants définissent les comportements réprimés. S'ajoute à ce dispositif pénal un dispositif administratif à travers les sanctions susceptibles d'être prononcées par la Commission des sanctions de l'AMF (Règl. gén., art. 611-1 et s. anciens) ; pour distinguer ces deux volets, on parle d'infraction d'abus de marché lorsque l'on se réfère au dispositif pénal et de manquement d'abus de marché dans le second cas. Deux événements ont affecté cette architecture.

1656. – *Droit de l'UE.* D'abord, le Parlement européen et le Conseil de l'Union européenne ont adopté le règlement n° 596/2014 du 16 avril 2014 ; ce règlement, d'application directe, est entré en vigueur le 3 juillet 2016 et fait donc partie intégrante du droit français. Parallèlement, les mêmes instances ont promulgué une

(27) A. Viandier, *OPA OPE*, *op. cit.*, n°s 2430 et s.
(28) Le seuil était de 5 % avant la loi n° 2019-486 du 22 mai 2019 ; il a été modifié pour rendre plus difficile, car plus coûteuse, la pratique de certains fonds d'investissement réunissant 5 % ou plus du capital ou des droits de vote pour bloquer un éventuel retrait obligatoire et pousser l'actionnaire majoritaire à négocier avec eux de meilleures conditions financières.

directive n° 2014/57/UE relative aux sanctions pénales. En conséquence, le législateur est intervenu pour modifier les dispositions pertinentes du Code monétaire et financier ; tel est l'objet de la loi n° 2016-819 du 21 juin 2016 réformant le système de répression des abus de marché(29). S'agissant des règles antérieurement posées par le règlement général de l'AMF, elles sont devenues caduques, du fait de l'application directe du règlement précité, ce qu'a acté l'arrêté du 14 septembre 2016 portant homologation des modifications du règlement général de l'AMF. Cela ne signifie pas que les abus de marché ne soient plus punissables par la Commission des sanctions de l'AMF ; ils le sont autant qu'auparavant, mais désormais sur le fondement des dispositions issues du règlement européen.

1657. – *Non bis in idem.* Ensuite, le cumul de sanctions pénale, par le juge, et administrative, par la Commission des sanctions de l'AMF, longtemps jugé compatible avec la règle *Non bis in idem* qui interdit de punir deux fois pour les mêmes faits(30), a été condamné par le Conseil constitutionnel dans une décision du 18 mars 2015(31). Saisi de deux questions prioritaires de constitutionnalité par la chambre criminelle de la Cour de cassation portant sur l'application du principe *Non bis in idem* à la matière des infractions boursières(32), le Conseil a constaté que tant le délit d'initié, réprimé par l'article L. 465-1 du Code monétaire et financier que le manquement d'initié visé par l'article L. 621-15 de ce code définissant le pouvoir de sanction de l'AMF, tendaient à réprimer les mêmes faits, qu'ils protégeaient des intérêts sociaux identiques, que leur sanction n'était pas de nature différente et étaient prononcées par les mêmes juridictions(33). Et le Conseil de conclure que ces deux dispositions, parce qu'elles sont susceptibles d'être appliquées cumulativement, méconnaissent le principe de nécessité des délits et des peines. Il a toutefois reporté au 1er septembre 2016 l'effet de cette double abrogation de manière à permettre au pouvoir législatif de remettre les choses d'équerre. Conséquemment, la loi précitée du 21 juin 2016 a également refondu le système de sanction pour tenir compte de la position du Conseil constitutionnel.

B. – Définition des abus de marché

1° Les pratiques d'initié

1658. – *Définition.* Le marché boursier évolue en fonction des anticipations des opérateurs ; ces anticipations résultent de l'analyse financière des sociétés cotées ou, plus prosaïquement, de « tuyaux » sur la santé, bonne ou mauvaise, de ces mêmes sociétés. Mais ce qui est tolérable sur un champ de courses l'est moins sur

---

(29) T. Bonneau, *La réforme du système de répression des abus de marché* : *JCP* E 2016, n° 1412.

(30) Cass. crim., 22 janv. 2014, n° 12-83.579 : *BRDA* 3/2014, n° 8 ; personne poursuivie pour manipulation de cours et sanctionnée à la fois par la Commission des sanctions de l'AMF (250 000 €) et par le juge pénal (trois mois d'emprisonnement avec sursis).

(31) Cons. const., nos 2014-453/454 QPC et 2015-462 QPC, 18 mars 2015 : *D.* 2015, p. 894, note A.-V. Le Fur et D. Schmidt ; *JCP* E 2015, 267, note E. Steru ; *adde* R. Salomon, *Le principe* ne bis in idem *et le droit des affaires* : *JCP* E 2015, 1182. – *Adde* CJUE, 20 mars 2018, aff. 524/15, 537/16 et 597/16 : *RJDA* 10/2018, n° 787 (sur le même arrêt, cons. R. Vandermeeren, *Cumul des répressions pénale et administrative, de nouvelles précisions à la lumière de la Charte des droits fondamentaux de l'Union européenne* : *RJDA* 2018, p. 821).

(32) Cass. crim., 17 déc. 2014, nos 14-90.042 et 14-90.043 : *RJDA* 3/2015, n° 196.

(33) La cour d'appel de Paris juge en appel des décisions de la Commission des sanctions de l'AMF.

un marché ayant vocation à attirer l'épargne publique. D'où la répression des pratiques d'initié, que l'article L. 465-1 du Code monétaire et financier définit comme le fait, pour le dirigeant d'une société objet d'une information privilégiée, ou une personne disposant à l'occasion de sa profession ou de ses fonctions d'une telle information, ou encore pour toute autre personne disposant d'une information privilégiée en connaissance de cause, d'en faire usage ou de tenter d'en faire usage, pour lui-même ou pour autrui. Est également sanctionné le fait pour un initié de recommander à un tiers la réalisation d'une opération portant sur le titre objet de l'information privilégiée (C. monét. fin., art. L. 465-2). Ce système répressif est-il efficace ? Certains en doutent, comme l'attestent plusieurs études nord-américaines[34].

1659. – *Éléments constitutifs.* Trois éléments doivent être réunis pour qu'il y ait pratique d'initié, étant précisé que la Commission des sanctions de l'AMF se fonde sur un faisceau d'indices pour apprécier les éléments de l'incrimination[35] :

– *un initié*, catégorie qui n'est pas limitée au dirigeant ou au professionnel intervenant pour le compte de l'émetteur concerné par l'information privilégiée, mais englobe toute personne possédant en connaissance de cause des informations privilégiées ; cela va du moniteur de golf au psychanalyste en passant par le coiffeur d'un dirigeant ou d'un banquier trop bavard, qui s'empresse, une fois la leçon, la séance ou la coupe terminée, d'exploiter l'information imprudemment transmise[36] ;

– *une information privilégiée*, laquelle doit être précise, confidentielle, de nature à influer de façon sensible le cours du titre (Règl. n° 596/2014, préc., sur renvoi de l'art. L. 465-1) – sans que la nature de cette influence (hausse ou baisse) soit nécessairement déterminable[37] – et déterminante des opérations réalisées ; tel peut être le cas par exemple d'un projet d'offre publique ou de la révélation d'une perte comptable, même si le montant de celle-ci n'est encore que provisoire lors de l'exploitation de l'information privilégiée par l'initié[38] ;

– *une exploitation* ; ainsi pour aller au plus simple d'une cession, d'un achat, selon que l'information est mauvaise – pertes pharaoniques – ou bonne – projet d'offre publique sur les titres de la société –, on observera que l'exploitation en forme de communication à un tiers de l'information privilégiée est l'objet d'un abus de marché distinct, sanctionné dans les mêmes termes (C. monét. fin., art. L. 465-3).

---

(34) Études citées par The Economist 10 févr. 2018 : *In the know ; the well-connected really do fare better- even during a financial crisis.*

(35) Cons. le tableau des indices révélateurs de la détention d'une information privilégiée présenté dans le *BRDA* 4/2019, n° 6.

(36) Le *New York Times* du 22 décembre 1999 révèle ainsi qu'un banquier très proche d'une danseuse exotique (euphémisme par lequel l'Amérique puritaine désigne les strip-teaseuses) lui avait communiqué diverses informations grâce auxquelles l'artiste avait réalisé 88 000 $ de profits. Où l'amour de la danse peut-il conduire ? En 2006, un financier a avoué avoir pris connaissance de documents confidentiels relatifs à une offre et adressés à sa petite amie, avocate de la société visée par l'offre, et avoir pu bénéficier ainsi de la hausse de 98 % du cours provoqué par l'annonce de l'offre… Il a fait l'objet d'une poursuite (*International Herald Tribune* 8 mars 2006).

(37) CJUE, 11 mars 2015, n° 628/13 : *BRDA* 6/2015, n° 7. – Cass. com., 27 mai 2015, n° 12-21.361 : *RJDA* 10/2015, n° 667.

(38) CA Paris, 24 mars 2016, n° 15/11472 : *BRDA* 11/2016, n° 5. – Cela ne veut pas dire que tout résultat déficitaire constitue toujours une information privilégiée, encore faut-il démontrer que cet indicateur financier était susceptible d'avoir une influence sur le cours de bourse (AMF, Comm. sanctions, 29 sept. 2017, aff. 16/06 : *RJDA* 1/2018, n° 31 ; société de biotechnologie dont un dirigeant avait cédé un bloc d'actions avant l'annonce d'un résultat déficitaire).

1660. – Exemples de condamnations au titre du délit d'initié.

1. Condamnations judiciaires

• Administrateur d'une SA apprenant lors d'une réunion du conseil d'administration une hausse de 33 % du dividende ; il achète des actions et en fait acheter par sa sœur et son fils avant que l'information ne soit rendue publique (T. corr. Paris, 28 janv. 1985 : *Gaz. Pal.* 28 et 30 avr. 1985, p. 13).

• Journaliste financier spécialiste des prédictions boursières opérant selon ses propres prévisions... avant que celles-ci ne soient publiées dans la presse spécialisée (T. corr. Paris, 12 mai 1976 : *JCP* G 1976, II, 18496. – *Adde Bull. COB* 2003, n° 383, p. 67).

• Directeur général d'une société d'exploration pétrolière vendant un paquet d'actions à la suite de la publication d'un communiqué de la société comportant des inexactitudes sur le montant des réserves pétrolières, inexactitudes qu'il n'ignorait pas et qui constituaient pour lui une information privilégiée, ce qui aurait dû le conduire à s'abstenir de vendre les actions (Cass. com., 27 avr. 2011 : *RJDA* 7/2011, n° 632).

• Administrateur vendant des actions peu de temps avant l'annonce de la cession par la société d'un bloc d'actions d'autocontrôle, ayant pour conséquence d'entraîner une baisse des cours ; les actions vendues par l'administrateur résultaient de la levée d'options de souscription exercée la veille de la vente, ce qui avait permis à l'intéressé d'acquérir les actions à un prix inférieur à 40 % et de réaliser à ce titre une plus-value importante avant la chute du cours (Cass. crim., 20 avr. 2017, n° 14-84.562 : *RJDA* 10/2017, n° 637).

2. Condamnations administratives

• Directeur financier et trésorier d'une société procédant à des achats d'actions d'une autre société à l'égard de laquelle le groupe pour le compte duquel ils travaillaient envisageait de lancer une offre publique (CA Paris, 1er avr. 2003 : *BJS* 2003, n° 223. – CA Paris, 20 nov. 2014, n° 2013/14873 : *RJDA* 4/2015, n° 282).

• Bénéficiaire d'une augmentation de capital à prix sacrifié (plus de deux fois et demie inférieur au cours de bourse) vendant une partie de ses actions avant que le marché ne soit informé et que le cours ne plonge (AMF, Comm. sanctions, déc. 6 déc. 2007).

• Collaborateur d'un cabinet d'avocats en charge de la préparation d'une offre publique achetant pour 40 000 € d'actions de la société cible pour les revendre quinze jours après, réalisant ainsi une plus-value de 14 000 € (CA Paris, 8 nov. 2012 : *RJDA* 2/2013, n° 132 ; condamnation à une sanction pécuniaire de 50 000 €).

• Investisseur apprenant la résiliation d'un contrat de licence présentant un caractère stratégique et cédant ses actions avant que le marché ne soit informé (CE, 10 juill. 2015, n° 369454 : *RJDA* 2/2016, n° 119).

• Administrateur informé d'un projet d'offre publique d'achat sur les actions de la société lors d'un conseil d'administration tenu par téléphone et achetant des actions (Cass. com., 3 mai 2016, n° 15-10.044 : *RJDA* 8-9/2016, n° 625).

• Administrateur cédant des titres après avoir pris connaissance de l'aggravation des difficultés financières de la société (CA Paris, 7 févr. 2019, n° 18/04069 : *RJDA* 11/2019, n° 694).

• Membre du comité d'investissement d'une société se préparant à lancer une offre publique informant des tiers de l'événement ; bien que n'ayant pas effectué lui-même d'opérations, l'intéressé est sanctionné pour avoir transgressé l'obligation absolue d'abstention qui pesait sur lui (Cass. com., 1er mars 2017, n° 14-26.225 : *RJDA* 6/2017, n° 414).

• Journaliste financier communiquant à des investisseurs une information relative à la publication prochaine sur le site Internet d'un quotidien anglais d'un rapport de marché relayant une rumeur d'offre publique d'un groupe de luxe sur un concurrent (AMF, Comm. sanctions, 24 oct. 2018, déc. n° 16-17 : *RJDA* 4/2019, n° 268).

• Investisseurs chinois proches du groupe Fosun, co-initiateur de l'offre publique sur les actions Club Méditerranée, procédant à des acquisitions peu de temps avant l'annonce publique de l'offre (AMF, Comm. sanctions, 28 févr. 2020, déc. n° 2018-09).

2° Les manipulations de cours

1661. – *Définition.* L'article L. 465-3-1 du Code monétaire et financier sanctionne le fait, pour toute personne, de réaliser une opération ou d'adopter un comportement qui donne ou est susceptible de donner des indications trompeuses sur l'offre, la demande ou le cours d'un instrument financier ou qui fixe ou est susceptible de fixer à un niveau anormal ou artificiel le cours d'un instrument financier. La tentative est punissable.

La manipulation se distingue de la fausse information : il s'agit ici d'influencer mécaniquement le marché, par exemple par des achats pour des volumes considérables juste avant la clôture de la bourse pour faire monter le cours, ou par l'intervention de plusieurs opérateurs situés aux quatre coins du monde créant un volume de transactions fictives(39).

1662. – Une condamnation est très délicate à obtenir, en raison des difficultés de preuve et de la difficulté de distinguer la manipulation, qui est pénalement sanctionnée, de la spéculation, qui demeure licite.

3° Les fausses informations

1663. – L'article L. 465-3-2 nouveau du Code monétaire et financier sanctionne le fait pour toute personne de diffuser, par tout moyen, des informations qui donnent des indications fausses ou trompeuses sur la situation ou les perspectives d'un émetteur (V. *infra*, n° 1668). La tentative est punissable.

1664. – Rappelons que le règlement général de l'AMF exige que les informations dispensées par les sociétés offrant leurs titres au public soient exactes, précises et sincères (V. *supra*, n° 1641), toute violation de ce triple impératif étant de nature à être sanctionnée (V. *infra*, n° 1668).

(39) Exemple : AMF, Comm. sanctions, 20 déc. 2007 : investisseur réalisant avec lui-même grâce à plusieurs comptes titres des opérations ayant pour résultat de donner au marché des indications trompeuses sur le cours de l'action X, incitant les tiers à considérer que la société X faisait l'objet d'un intérêt renforcé et d'acheter ses actions. – CE, 19 mai 2017, nos 396698 et 396826 : *RJDA* 10/2017, n° 644 ; utilisation du *trading* à haute fréquence pour fausser la perception du marché en multipliant les ordres suivis de l'annulation des mêmes ordres. – CA Paris, 19 déc. 2019, n° 19/00495 : *RJDA* 3/2020, n° 153 ; passation d'ordres massifs d'achat puis de vente dans un marché peu liquide, fixant ainsi le cours à un niveau artificiel.

C. – Sanction des abus de marché

1° Les tarifs

1665. – *La sanction pénale* est un emprisonnement de cinq ans et une peine d'amende de 100 millions d'euros, montant pouvant être porté au décuple de l'avantage retiré du délit, sans que l'amende puisse être inférieure à ce montant (C. monét. fin., art. L. 465-1). Les personnes morales sont plus sévèrement traitées, sur le plan financier du moins : 500 millions d'euros (C. monét. fin., art. L. 465-3-5 renvoyant à l'article 131-38 du Code pénal), voire 15 % du chiffre d'affaires.

1666. – *La sanction administrative* est de 100 millions d'euros(40), montant pouvant être porté au décuple de l'avantage retiré (C. monét. fin., art. L. 621-15). La loi n° 2016-1691 du 9 décembre 2016 a prévu un plafond supplémentaire de 15 % du chiffre d'affaires pour les manquements à divers règlements européens, dont celui du 16 avril 2016 précité.

2° La détermination de l'autorité de sanction

1667. – *Aiguillage.* Ainsi qu'on l'a vu (V. *supra*, n° 1657), le Conseil constitutionnel a invalidé le cumul des sanctions, ce qui a obligé à refondre le système de répression des abus de marché, refonte opérée par la loi n° 2016-819 du 21 juin 2016 et l'arrêté du 14 septembre 2016 homologuant les modifications apportées au règlement général de l'AMF. L'interdiction du cumul des poursuites pénales et administratives est clairement posée par l'article L. 465-3-6 du Code monétaire et financier. Par suite, le procureur de la République ne peut pas engager de poursuites pénales si l'AMF s'est déjà saisie de l'affaire, et réciproquement si le parquet a été plus rapide que l'AMF. Cependant, tant le parquet que l'autorité de marché doivent mutuellement s'informer de leur intention de poursuivre ; au cas où les deux instances sont désireuses de lancer une procédure, il revient au procureur général de la Cour de Paris, par une décision non susceptible de recours, d'autoriser ou non le parquet à lancer l'action publique ; si tel est le cas, l'AMF ne peut pas déclencher sa propre procédure de sanction.

Le coin des amateurs

1. Diffusion d'informations mensongères : le mensonge ne paie pas

1668. – Voici plusieurs condamnations prononcées par l'autorité de marché au titre de l'exigence d'exactitude, de précision et de sincérité en matière d'information financière (V. *supra*, n° 1663) :

– informations incomplètes d'une compagnie aérienne sur le changement du mode de comptabilisation des Benus (billets émis mais non utilisés) et sur le poste « autres charges courantes » (AMF, Commission des sanctions, 3 mars 2015 ; condamnation de la société à 1 000 000 €) ;

(40) Ce montant a été jugé conforme à la Constitution en raison de l'importance des intérêts à sauvegarder : Cons. const., 2 juin 2017, n° 2017-634 QPC : *RJDA* 10/2017, n° 639.

– informations trompeuses sur la marge opérationnelle (CA Paris, 30 juin 2016, n° 2015/04219 : *BRDA* 20/2016, n° 6) ;

– société réalisant une augmentation de capital présentée comme destinée à financer la nouvelle saison d'achats, alors que les fonds avaient été consacrés au paiement des dettes existantes (Cass. com., 20 sept. 2017, n°s 15-29.098 et 15-29.144 : *BRDA* 20/2017, n° 7) ;

– publication tardive (six mois après) de la dégradation du résultat opérationnel courant (AMF, Comm. sanctions, 20 juin 2017, aff. n° 8 : *JCP* E 2017, 1622, note B. Keita) ;

– annonce d'un résultat positif en omettant de préciser que ce résultat concernait seulement les activités conservées par la société, sans mentionner la perte occasionnée par l'activité cédée (AMF, Comm. sanctions, 2 nov. 2017, n° 16/7 : *RJDA* 3/2018, n° 237) ;

– communiqué de presse erroné d'EDF annonçant, à l'issue du contrôle des aides d'État par la Commission européenne, que les principaux éléments du projet d'accord conclu avec le Gouvernement britannique portant sur la construction d'une centrale nucléaire « EPR » au Royaume-Uni demeuraient inchangés, alors que des modifications substantielles avaient été apportées au financement par dette garantie du Trésor britannique (AMF, Comm. sanctions, 28 juill. 2020, aff. n° 7 : *BRDA* 18/2020, n° 8 ; *BJB* sept. 2020, p. 10, note D. Bompoint et V. Ramonéda ; *Dr. sociétés* oct. 2020, comm. 119, obs. J. Granotier ; condamnation de la société à 5 000 000 € et du directeur général en fonction à l'époque des faits à 50 000 €).

La fausse information émane généralement de la société émettrice des instruments financiers, mais elle peut avoir une autre source, par exemple un concurrent désireux de dénigrer la société. Ainsi, a été sanctionné le chef d'entreprise ayant organisé une campagne de communication sur l'action d'un concurrent par le biais d'articles de presse et de création d'un site Internet, sur les thèmes (faux) suivants : la société x (le concurrent) est une société à risque, en raison de la multiplicité des procès en cours et de son exposition démesurée à certains risques géopolitiques (TGI Paris, 9 janv. 2004 : *Bull. Joly Bourse* 2004, p. 255, n° 59, note Cl. Ducouloux-Favard). Pareillement, un ancien professeur d'université, spécialiste de l'analyse financière, qui diffuse sur son *blog* une information inexacte sur le niveau d'endettement d'une banque a écopé d'une sanction de 10 000 € (AMF, Commission des sanctions, 7 nov. 2013).

2. Un manquement d'initié ou « comment avoir la tête dans les nuages et tendre l'oreille aux tuyaux boursiers »

1669. – La société La Tête dans les nuages exploite des jeux d'arcade situés dans des complexes de loisirs. Le 18 janvier 2006, elle signe un protocole d'accord pour l'achat d'une société exploitant des casinos. Le public fut informé le 2 février 2006 et le marché salua le projet de diversification par une hausse de... 70 %. Une enquête de l'AMF révéla plusieurs opérations singulières...

– M. X, qui avait participé aux négociations, acheta 5 500 actions les 9 et 10 janvier 2006, peu de temps avant la signature du protocole et revendit les actions après l'annonce au marché ; profit : 12 155 € ;

– Mme W, qui indiqua entretenir des relations très personnelles avec M. X, fut informée par ce dernier « qu'il se passerait quelque chose sur le titre La Tête dans les nuages et que ce n'était pas risqué d'en acheter » ; exploitante d'un magasin de sacs à main de luxe et gérante de deux sociétés immobilières, Mme W, qui ne passait presque jamais d'ordres de bourse, acheta le 9 janvier 2006, pour elle, sa fille et son mari, 2 000 actions ; elle révéla aux enquêteurs avoir « bien aimé » le nom de la société ; plus-value : 4 420 € ;

– M. Z, qui avait également participé aux négociations, n'acheta pas d'actions mais en parla « à plusieurs copains lyonnais dont un ami d'enfance M. Y » ; M. Y acheta 1 230 actions les 9 et 10 janvier 2006 ; plus-value : 7 941 €.

Ces quatre personnes furent sanctionnées par l'AMF (Commission des sanctions de l'AMF, déc. 4 déc. 2008) : M. X à 35 000 €, Mme W à 9 000 €, M. Z à 10 000 € et M. Y à 10 000 €. M. X est sanctionné plus sévèrement car non seulement il a exploité l'information privilégiée, mais en plus il a violé l'obligation de ne pas transmettre ladite information (à Mme W) ; quant à M. Z, bien que n'ayant pas acheté d'actions, il est sanctionné lui aussi pour avoir transmis illégalement l'information privilégiée (à M. Y).

3. Du tuyau boursier à la tentative de meurtre : l'affaire du Borussia Dortmund

1670. – Le thème a été développé par des auteurs de romans policiers : un investisseur provoque une catastrophe afin de profiter de la baisse des cours consécutive à l'événement. Un allemand d'origine russe, Sergej W., n'a pas hésité à passer aux exercices pratiques en s'en prenant au Borussia Dortmund, club de football coté en bourse. Courant mars 2017, il a loué une chambre dans l'hôtel fréquenté par l'équipe pour la période du 9 au 13 avril et ayant une vue imprenable sur le parking ; le 11 avril, il a acquis en bourse, grâce à un crédit à la consommation de 79 000 €, des options de vente portant sur 15 000 actions Borussia Dortmund ; en pratique, ces options lui permettaient, en cas de baisse des cours, de réaliser un profit plus ou moins important selon l'amplitude de la baisse ; l'opération réalisée, il restait à provoquer la baisse ; il posa alors trois explosifs espacés de 12 mètres dans des haies le long de la route que devait prendre le bus des joueurs, ainsi que des lettres de revendication de nature à laisser penser que les auteurs appartenaient à l'islamisme radical ; les explosifs étaient actionnables à distance et, à 19 heures 15 le même jour, Sergej W provoqua de sa chambre d'hôtel l'explosion au moment où le bus passait devant les bombes pour aller au stade où l'équipe devait rencontrer l'AS Monaco ; par bonheur et en raison d'une erreur dans le positionnement d'une des bombes, le pire fut évité, un seul joueur fut légèrement blessé ainsi qu'un motard de la police qui accompagnait le bus ; le lendemain, le cours de Borussia Dortmund perdit 3 %, beaucoup moins que ce qu'espérait Sergej W. La police allemande écarta rapidement la piste terroriste en raison d'un doute sérieux sur l'authenticité de la revendication ; parallèlement, la banque par laquelle l'auteur avait acquis ses options, ayant trouvé cette opération suspecte, avait informé la police financière de ce qui lui paraissait constituer une entreprise de blanchiment, sans doute en raison du fait que l'intéressé n'avait jusqu'alors jamais réalisé d'opération de ce type, et qu'il avait emprunté 100 % des sommes nécessaires ; Sergej W fut arrêté (*Greed not terror said to be motive behing football team us blasts : Financial Times* 22-23 avr. 2017, p. 3). Il fut ultérieurement condamné par le Landgericht de Nord-Westphalie à quatorze ans d'emprisonnement.

On est là en face d'un cas d'initié de soi-même : l'initié créé l'événement et tente d'en profiter, à la manière, moins radicale, du journaliste financier qui achète les titres de la société X peu de temps avant de publier, dans sa chronique hebdomadaire de conseils boursiers, un article favorable à la société X, faisant ainsi monter le cours, avant de revendre les actions (V. *supra*, n° 1660). Dans de tels scénarios, l'opérateur boursier est l'auteur de l'information privilégiée, mais aussi son exploitant.

4. Où l'on retrouve le Covid-19

1671. – Des journalistes d'investigation, épluchant les déclarations que doivent faire les parlementaires américains lors d'achat ou de vente de valeurs mobilières, ont découvert que plusieurs sénateurs occupant des positions importantes avaient vendu des actions avant la chute des cours due à l'expansion de l'épidémie de Covid-19 (V. *The senator who dumped his stocks before the coronavirus crash has asked ethics officials for a complete review : ProPublica* 20 mars 2020. – *Republican senator urged to quit after report he sold stocks before Covid-19 market plunge : The Guardian* 20 mars 2020). Les sénateurs concernés ont fait valoir qu'ils ont pris la décision de vente en se fondant simplement sur les informations publiques et qu'ils n'ont à aucun moment bénéficié d'informations privilégiées. Il semble toutefois que l'une des parlementaires a commencé à vendre des titres le jour où un groupe de sénateurs auquel elle appartient recevait un *briefing* du directeur de l'Institut national des maladies infectieuses. Coïncidence malheureuse.

D'autres personnalités ont eu également beaucoup de flair ; ainsi, le fondateur d'Amazon a vendu une petite partie de ses actions juste avant la chute brutale des marchés en mars 2020 (*The Guardian* 27 mars 2020).

5. Les associations de défense des investisseurs et des actionnaires

1672. – Alors que la pratique est bien ancrée aux États-Unis, les associations d'actionnaires commencent à se développer en France et offrent un instrument de protection indirecte des minoritaires. Il faut ici distinguer les associations de défense des investisseurs – réglementées par le Code monétaire et financier – et les associations d'actionnaires – régies par le Code de commerce. À leur interventionnisme s'ajoute celui des fonds d'investissement activistes (V. *supra*, n° 1673).

a) Associations de défense des investisseurs

Selon l'article L. 452-1 du Code monétaire et financier (Mod. Ord. n° 2020-1142, 16 sept. 2020), complété par les articles D. 452-1 à D. 452-8, les associations de défense des investisseurs sont des associations régulièrement déclarées ayant pour objet statutaire explicite la défense des investisseurs qui ont placé leurs fonds en valeurs mobilières ou en produits financiers. Elles peuvent agir en justice devant toutes les juridictions, même par voie de constitution civile, relativement aux faits portant un préjudice direct ou indirect à l'intérêt collectif des investisseurs ou de certaines catégories d'entre eux.

Le texte distingue deux types d'associations :

– les associations agréées, dans des conditions fixées par décret après avis du ministère public et de l'autorité des marchés financiers, lorsqu'elles justifient de six mois d'existence et, pendant cette même période, d'au moins 200 membres cotisant individuellement ; leurs dirigeants doivent par ailleurs remplir des conditions d'honorabilité et de compétence fixées par décret ;

– les associations regroupant les actionnaires d'une société donnée (V. *infra*, b).

Qu'elles soient ou non agréées, les associations de défense des investisseurs peuvent demander en justice la cessation de certaines pratiques contraires aux dispositions législatives et réglementaires de nature à porter atteinte aux droits des épargnants (C. monét. fin., art. L. 452-1, al. 3 et 4). Également, lorsque plusieurs personnes physiques, identifiées en leur qualité d'investisseur, ont subi des préjudices individuels causés par une même personne et ayant une origine commune, les associations peuvent, si elles sont mandatées par écrit par au moins deux investisseurs, agir en réparation devant toute juridiction au nom de ces investisseurs (C. monét. fin., art. L. 452-2, al. 1 et 2 ; mod. Ord. n° 2019-964, 18 sept. 2019).

L'agrément permet à l'association d'obtenir en justice le droit de solliciter des actionnaires un mandat pour agir en leur nom en ayant recours à différents moyens de publicité : appel public télévisé ou radiophonique, affichage, tract ou lettre personnalisée (C. monét. fin., art. L. 452-2, al. 3). En contrepartie, les associations agréées doivent établir chaque année un bilan, un compte de résultat et une annexe approuvés par l'assemblée des adhérents, sans préjudice du respect des obligations prescrites par les articles L. 612-1 à L. 612-5 du Code de commerce à l'encontre des personnes morales de droit privé non commerçantes ayant une activité économique (C. monét. fin., art. L. 451-2, al. 4).

b) Associations de défense d'actionnaires

Dans les sociétés dont les actions sont admises sur un marché réglementé, les actionnaires peuvent se regrouper en associations destinées à représenter leurs intérêts au sein de la société. Ils doivent justifier d'une inscription nominative depuis au moins deux ans et détenir ensemble une fraction minimum des droits de vote qui va de 5 % pour les sociétés dont le capital est inférieur à 750 000 € à 1 % lorsque le capital dépasse 15 millions d'euros (C. com., art. L. 22-10-44, créé Ord. n° 2020-1142, 16 sept. 2020). Si l'association a communiqué ses statuts, d'une part, à la société et, d'autre part, à l'Autorité des marchés financiers, elle peut exercer certains droits reconnus aux actionnaires minoritaires : provoquer la réunion d'une assemblée générale en demandant la nomination d'un mandataire *ad hoc* (V. *supra*, n° 1167), demander l'inscription d'un projet de résolution à l'ordre du jour (V. *supra*, n° 1168), demander la nomination d'un expert de gestion (V. *supra*, n° 703), poser des questions écrites sur tous faits de nature à compromettre la continuité de l'exploitation (V. *supra*, n° 1150), demander en justice la révocation ou le relèvement du commissaire aux comptes (V. *supra*, n° 1392) ; l'association peut aussi agir en responsabilité contre les administrateurs pour demander la réparation d'un préjudice social (V. *supra*, n° 1059), mais non la réparation du préjudice individuel d'un actionnaire (V. *supra*, n° 1061).

6. L'activisme actionnarial

1673. – À la différence des associations d'investisseurs ou d'actionnaires (V. *supra*, n° 1672), les fonds d'investissement dits activistes n'agissent pas comme des « soldats du droit », mais sont animés du désir de réaliser une opération aussi lucrative que possible. À cette fin, ils mobilisent tous les moyens financiers et juridiques disponibles. Ici, on déclare haut et fort que la société est mal gérée et qu'il y a lieu de modifier la direction ; ailleurs, on remet en cause la stratégie et on suggère des désinvestissements, la cession d'activités peu rentables, etc. Toutes les armes offertes aux actionnaires sont utilisées (J.-E. Cros et M. Saunier, *Anticiper l'hyperactivisme de l'actionnariat en connaissant les droits des actionnaires de SA : BRDA 7/2019*, n° 25. – S. Schiller, *L'environnement réglementaire des fonds activistes* : JCP E 2018, 1437). Le phénomène est suffisamment répandu pour que l'Autorité des marchés financiers ait proposé diverses mesures, dont notamment l'abaissement de 5 % à 3 % du seuil de déclaration de franchissement de seuil (AMF, *Communication sur l'activisme actionnarial*, 28 avr. 2020).

Parallèlement, la même autorité n'hésite pas à sanctionner les fonds « franchissant la ligne jaune », comme l'atteste une décision de la Commission des sanctions du 22 avril 2020 prise à l'encontre de deux sociétés de gestion du groupe Elliott. Dans cette affaire, une offre publique simplifiée, qui devait être suivie d'un retrait obligatoire, avait été lancée sur les titres d'une société française ; à l'issue de l'offre, l'initiateur n'obtint que 86,25 % du capital, pourcentage insuffisant pour pouvoir procéder à un retrait obligatoire, et ce en raison spécialement de la détention par les fonds Elliott de 9,18 % du capital ; de fait, les sociétés de gestion de ces fonds avaient préféré conserver les titres en espérant négocier de meilleures conditions financières de la part de l'initiateur de l'offre. Lors de l'enquête menée par les services de l'AMF, il est apparu que l'information donnée au marché par les sociétés de gestion sur le volume des actions détenues avait été tardive et incomplète. Des sanctions de 15 et 5 millions d'euros ont été prononcées par la Commission des sanctions de l'AMF (déc. n° 2020-04, 22 avr. 2020 ; un recours a été déposé) ; le fait que l'une d'entre elles ait déjà fait l'objet d'une sanction de 8 millions en 2014 prédisposait sans doute peu à l'indulgence.

On terminera par cette interrogation sur la limite de l'activisme actionnarial qu'est l'abus du droit de critique. Dans une affaire soumise à la Cour EDH, l'actionnaire activiste, qui avait répandu ses critiques dans la presse, a été condamné par des juges roumains au paiement au dirigeant critiqué d'une somme symbolique au titre de dommages et intérêts ; censure de la Cour qui considère que la condamnation pécuniaire est une ingérence injustifiée dans l'exercice de sa liberté d'expression garantie par les articles 8 et 10 de la Convention (CEDH, 30 juin 2020, n° 1768/12, *Petro Carbo Chem S.E. c/ Roumanie* : *BJS* nov. 2020, note A. Couret).

7. De la Tulip mania à la SPAC mania

1674. – La Tulip mania désigne la spéculation sur les bulbes de tulipe qui sévit aux Pays-Bas (alors « Nord des Provinces Unies ») au XVIIe siècle, les cours atteignant des sommets avant de retomber lourdement. La SPAC mania qualifie l'engouement naissant pour les investissements dans des *Special Purpose Acquisition Companies* ou sociétés d'acquisition (rappr. *supra*, n° 38). Pour faire simple, des promoteurs proposent à des investisseurs d'entrer au capital de la société d'acquisition à l'occasion d'une introduction en bourse, la valeur nominale de l'action étant généralement de 10 $; les promoteurs – financiers, personnalités politiques ou sportives, voire artistes (le rapper Jay-Z par exemple) – ont deux ans pour rechercher des entreprises de taille moyenne, non cotées, qui seront absorbées par la SPAC (ou l'inverse). Pour ces entreprises, la cotation en bourse se trouve ainsi facilitée, le processus étant plus rapide et moins coûteux qu'une introduction en bourse classique. Pour les investisseurs, il y a l'espérance d'un gain rapide, espérance fondée sur la valorisation boursière de la cible. Toutefois, ce résultat n'est évidemment pas garanti et si la découverte de pépites peut produire des plus-values importantes, une mauvaise sélection ruine tout espoir d'enrichissement. De plus, les investisseurs ne savent pas à l'avance quelle firme sera achetée, même si le secteur d'activité est précisé ; ils donnent donc un chèque en blanc aux promoteurs du véhicule, faisant confiance à ces derniers et à leur expérience ainsi qu'à leurs succès antérieurs.

Les promoteurs sont dans une position plus confortable. D'abord, les statuts leur accordent généralement un droit sur 20 % des actifs, pour une mise minime, de l'ordre par exemple de 25 000 $. Ensuite, ils disposent souvent d'une option leur permettant d'acquérir à prix préférentiel de nouvelles actions si le cours dépasse un niveau déterminé. Enfin, les conseils et expertises complémentaires donnent lieu à facturation. En contrepartie, ils doivent trouver l'entreprise à acheter, réaliser la fusion, remodeler si nécessaire la direction et rechercher le cas échéant d'autres partenaires. On comprend qu'un observateur ait qualifié l'engouement pour les SPAC de « great 2020 money grab », que l'on peut traduire maladroitement par gain rapide sans effort… et sans scrupule (*Financial Times*, 13-14 nov. 2020, *Spac sponsors prosper in « 2020 money grab »*).

Toujours est-il que le nombre de SPAC croît rapidement : 129 aux États-Unis en décembre 2020 (*Financial Times*, 26 déc. 2020). La mode commence à gagner l'Hexagone. Ainsi, M. Niel, fondateur de Free, a créé deux sociétés d'acquisition, l'une destinée à l'achat de sociétés de production télévisuelle et l'autre centrée sur les aliments organiques ; de son côté, M. Arnault, associé à d'autres partenaires, est en voie de lancer une société Pegasus Europe, destinée à être cotée à la bourse d'Amsterdam et qui recherchera des sociétés financières européennes (*Financial Times*, 16 févr. 2021) ; la place d'Amsterdam est préférée par les créateurs européens de SPAC en raison de la souplesse de sa réglementation (*Financial Times*, 18 févr. 2021).

Et le droit dans tout cela ? Deux pistes sont à explorer. La première est historique. Avant la loi du 24 juillet 1966, les sociétés émettaient parfois des parts de fondateurs, dites encore parts bénéficiaires, le premier exemple ayant été celui de la Compagnie du Canal de Suez, le procédé étant validé beaucoup plus tard par la loi du 23 janvier 1929 (C. Houpin et H. Bosvieux, *Traité des sociétés*, t. 1, n°s 512 et s.). Comme l'intitulé l'indique, les parts donnaient droit à un pourcentage prédéfini des bénéfices de la société, qui pouvait aller jusqu'à... 50 %. Les parts ne représentaient pas une part de capital, aucun apport n'ayant été réalisé, mais matérialisaient une créance de bénéfices sur la société ; les porteurs étaient donc créanciers et non pas associés ; le contrat d'émission stipulait toutefois des mesures de protection de leurs droits, certaines décisions étant soumises à l'accord de la collectivité – la masse – des porteurs. Ces droits étaient censés représenter la contribution des fondateurs à la création de la société, les travaux divers, démarches et dépenses réalisés. Mais encore fallait-il que cette cause existe réellement et les abus étaient fréquents ; aussi, la loi du 24 juillet 1966 interdit à l'avenir l'émission de nouvelles parts de fondateurs, prohibition aujourd'hui portée par l'article L. 228-4 du Code de commerce.

La deuxième piste est évidemment celle de la protection des investisseurs. À ce titre, les règles gouvernant l'offre de titres financiers au public doivent être respectées (Règl. [UE] n° 2017/1129, 14 juin 2017), et spécialement une information adéquate doit être fournie aux apporteurs tentés par cette nouvelle ruée vers l'or.

SECTION 3

L'ÉTAT ACTEUR DU FINANCEMENT DES SOCIÉTÉS

1675. – La crise économique et financière a obligé les États, quasiment partout dans le monde, à venir au secours des banques puis de certaines entreprises industrielles. La France a d'autant mieux suivi le mouvement que la tradition d'interventionnisme économique y est forte (sur l'État actionnaire, V. *supra*, n° 685, *infra*, n° 1680). On évoquera les structures mises en place, les instruments utilisés et les conséquences de l'intervention financière de l'État.

§ 1. – Les structures

A. – L'Agence des participations de l'État (APE)

1676. – *L'État est actionnaire* d'entreprises publiques (SNCF, Port autonome de Paris, Aéroports de Paris), mais aussi, à des niveaux variables, d'entreprises privées : Air France (14,30 %), Renault (15 %), Areva SA (99,88 %), Airbus (10,95 %), Orange (13,4 %), etc.(41) En 2004, un service du ministère de l'Économie a été créé afin d'exercer la fonction d'actionnaire de l'État dans plus de quatre-vingts entreprises : l'Agence des participations de l'État. Par sa participation éventuelle aux augmentations de capital des entreprises considérées, l'APE contribue au financement de celles-ci.

1677. – *Intérêt social* vs *intérêt général*. Les représentants participent aux organes sociaux des sociétés concernées – conseil, assemblée – et font valoir la position de

(41) Source : APE, *Rapport d'activité 2019-2020*, p. 31 ; il s'agit des participations au 30 juin 2020.

l'État. Comme un actionnaire ordinaire ? Oui, à ceci près que l'APE est un actionnaire dont l'intérêt ne se limite pas aux seuls horizons financiers, l'État même actionnaire ayant nécessairement en vue le bien commun et la poursuite d'objectifs conformes à la politique économique définie par le Gouvernement (V. *supra*, n° 685). De plus, à la différence d'un actionnaire privé, l'APE dispose d'un moyen de contrôle efficace, l'Inspection générale des finances.

B. – La Banque publique d'investissement (BPI)

1678. – *Mission.* La Banque publique d'investissement est un organisme public ayant vocation à participer au financement des petites et moyennes entreprises. La BPI a été créée par la loi n° 2012-1559 du 31 décembre 2012. Elle est détenue à parts égales par l'État et la Caisse des dépôts. L'objectif de la loi est d'offrir, au niveau des régions, un guichet unique pour les animateurs de petites ou moyennes entreprises éprouvant des besoins de financement, l'accent étant mis, non sur le sauvetage d'entreprises à bout de souffle et sans espoir de survie, mais sur le développement d'activités innovantes.

1679. – *Crise sanitaire.* La BPI a joué un rôle majeur lors de la pandémie de coronavirus en 2020, par exemple en garantissant les prêts de trésorerie consentis par les banques aux entreprises affectées par la survenance du Covid-19, en suspendant pour six mois l'appel des échéances en capital et en intérêts de la majorité des financements consentis à compter du 24 mars 2020, et en lançant des prêts de soutien.

§ 2. – Les instruments

1680. – *Contrat de prêt.* D'abord, l'État agit comme un prêteur et passe donc de simples contrats de prêt avec les entreprises aidées. Ainsi, le Plan automobile du 9 février 2009 comprenait un prêt de 6,5 milliards d'euros aux deux constructeurs nationaux pour une durée de cinq ans ; le prêt est dit participatif dans la mesure où le taux d'intérêt comprend à côté d'une partie fixe une partie variable qui dépend des bénéfices des constructeurs. L'État peut également prêter à travers la souscription de titres d'emprunt émis par des entreprises en difficulté. La Société Générale et BNP Paribas ont profité de cette mesure fin 2008, ainsi que le groupe Caisses d'épargne – Banques populaires.

1681. – *Participation au capital.* Par l'intermédiaire de l'APE, l'État peut également entrer au capital des entreprises. C'est ainsi que pendant la crise bancaire, il souscrivit aux actions de préférence émises par BNP Paribas en mars 2009 (V. *supra*, n° 1602). Plus récemment, l'APE a participé activement à la refonte de la filière nucléaire en accompagnant la restructuration du groupe Areva, qui a notamment impliqué une augmentation de capital importante[42].

1682. – *Garantie.* L'État peut encore jouer « simplement » le rôle de garant des emprunts souscrits par des entreprises privées. On en a vu une illustration en

(42) Cons. APE, Rapport d'activité 2017-2018, p. 40.

octobre 2012 lorsque l'État a décidé de garantir partiellement et avec l'accord (en février 2013) de la Commission européenne les émissions obligataires de la banque PSA-Finance qui fournit des crédits aux acheteurs d'automobiles.

§ 3. – Les conséquences

1683. – Qu'il soit simple prêteur ou porteur de titres de créance ou de capital, l'État est toujours un acteur encombrant(43). L'influence de l'État se fait sentir de diverses manières.

1684. – *Gouvernance.* La gouvernance des sociétés dont l'État détient plus de la moitié du capital fait l'objet de règles particulières, posées par l'ordonnance n° 2014-948 du 20 août 2014. Ainsi, un représentant de l'État et des représentants des salariés font nécessairement partie du conseil d'administration ou de surveillance (Ord., art. 4). Dans les entreprises dont l'État détient entre 10 % et 50 % du capital, sa présence au conseil est proportionnelle à sa part en capital (Ord., art. 6 ; mod. L. n° 2016-483, 20 avr. 2016). En outre, depuis 2004, des règles de gouvernance spécifiques définissent les relations entre l'APE et les entreprises, prévoyant notamment le rôle du conseil d'administration et des comités spécialisés et imposant un *reporting* mensuel.

1685. – *Rémunération des dirigeants.* S'agissant du statut des dirigeants, leur rémunération est encadrée pour éviter des débordements (V. *supra*, n° 989). Ainsi, le décret n° 53-707 du 9 août 1953, modifié, soumet à l'approbation du ministre chargé de l'économie le montant des rémunérations des administrateurs ou indemnités allouées aux membres des conseils, les éléments de rémunération des présidents, directeurs généraux et assimilés, comme les avantages de toute nature liés à leur activité ou susceptibles de leur être attribués en cas de cessation des fonctions (art. 3, I). De plus, ces rémunérations sont plafonnées à un montant brut annuel de 450 000 €, ce qui limite la liberté du ministre chargé de l'économie (art. 3, III).

1686. – *Golden share.* Si la protection des intérêts essentiels du pays en matière d'ordre public, de santé et de sécurité publiques ou de défense nationale le justifie, une action ordinaire de l'État peut être transformée, par décret, en action spécifique, parfois qualifiée de *golden share* (Ord. n° 2014-948, 20 août 2014 préc., art. 31-1 ; mod. L. n° 2019-486, 22 mai 2019). Parmi les prérogatives de l'action spécifique, on relève notamment l'autorisation préalable du ministre de l'Économie de certains franchissements de seuils, ainsi que le pouvoir de s'opposer aux décisions de cessions d'actifs de la société ou de ses filiales.

1687. – *Contrats d'entreprise pluriannuels.* L'État peut – et il ne s'en prive pas – conclure avec les entreprises dont il est actionnaire et qui sont chargées d'une mission de service public des contrats d'entreprise pluriannuels ; ces conventions déterminent notamment les objectifs liés à la mission de service public assignée à l'entreprise. C'est ainsi une part essentielle de la stratégie de la société qui est

(43) V. A. Cartier-Bresson, *L'État actionnaire*, thèse, LGDJ, t. 264.

mise sous tutelle. Ainsi, à l'occasion de la privatisation de la société Aéroports de Paris (ADP) par la loi Pacte du 22 mai 2019, il a été prévu que le cahier des charges comportera notamment la nécessité de l'agrément de l'État pour les opérations conduisant à un changement de contrôle de la société, et pour la nomination des dirigeants en charge des principales fonctions opérationnelles. La même loi, à propos cette fois de la privatisation de la société Française des Jeux, a habilité le Gouvernement à modifier par ordonnance les modalités d'organisation et d'exploitation des jeux de loterie et de pronostics sportifs afin de renforcer le contrôle de l'État sur la société.

1688. – L'EDF : un cas d'école.

EDF est une société commerciale cotée en bourse dont l'État détient 83,6 % du capital. Une partie importante des revenus du groupe dépend de tarifs réglementés fixés par les pouvoirs publics, donc le Gouvernement, lequel est rarement insensible à l'opinion publique. Cela constitue un élément de risque majeur pour tout investisseur, comme le précise le document de référence 2017 (p. 108) : « Une partie importante des revenus du Groupe provient d'activités soumises à des tarifs réglementés dont la variation et les conditions d'application pourraient avoir un impact sur les résultats du groupe ». En affirmant ces différentes sujétions, l'État est principalement sinon uniquement sensible à son intérêt – les sceptiques parleront d'ailleurs plutôt de l'intérêt politique de la majorité du moment – même si l'intérêt social doit en souffrir (V. *supra*, n° 685) ; dans ces conditions, il n'est pas étonnant que les règles de gouvernance rappelées plus haut (V. *supra*, n°s 1683 et s.) ignorent cette notion, pourtant au cœur du droit des sociétés. La politique généreuse de dividendes du groupe – dans le passé du moins – qui obligea celui-ci à emprunter pour les verser, illustre également cet asservissement de l'intérêt social à l'intérêt de l'État. Une autre manifestation a été offerte par la controverse née, en mars 2016, de la démission surprise du directeur financier estimant que l'entreprise se mettait en péril en poursuivant le projet de construction d'une centrale nucléaire à Hinckley, dans le sud-ouest de l'Angleterre, d'un coût de 23 milliards d'euros, projet que des considérations politiques et diplomatiques interdiraient d'abandonner. Il est étonnant dans ces conditions qu'il y ait encore des investisseurs prêts à engager des fonds dans une telle entreprise, à moins qu'ils ne soient exagérément confiants dans leur capacité, en cas de sinistre financier, à récupérer leur mise *via* une action en abus de majorité ou la mise en cause des dirigeants pour faute de gestion.

La situation financière fragile du groupe a imposé en mars 2017 une augmentation du capital de plus de 4 milliards d'euros dont l'État a souscrit 75 % (V. *supra*, n° 1483), sans compter en 2020 une condamnation de la société et de son directeur général pour fausse information financière (V. *supra*, n° 1681).

CHAPITRE 4

LA SOCIÉTÉ À RESPONSABILITÉ LIMITÉE

1689. – La SARL connaît deux variantes : la SARL pluripersonnelle (comprenant au moins deux associés) et l'EURL (comprenant un seul associé).

SECTION 1

LA SARL PLURIPERSONNELLE

1690. – *Traits caractéristiques.* La SARL est née avec le charleston en 1925. Elle est aujourd'hui réglementée par les articles L. 223-1 et suivants du Code de commerce (mod. L. n° 2019-486, 22 mai 2019 et L. n° 2019-744, 19 juill. 2019)(1). La SARL, comme la SA, est une société commerciale par la forme soumise à l'impôt sur les sociétés, sauf option pour le régime fiscal des sociétés de personnes (V. *supra*, n° 165 et *infra*, n° 1702). Elle a une nature hybride : elle participe à la fois de la nature des sociétés de personnes et de celle des sociétés de capitaux. Son essence est celle d'une société de personnes : associés peu nombreux, *intuitus personae*, parts sociales non négociables, mécanisme légal d'agrément ; à l'évidence, la personne de l'associé est importante. Mais son organisation la rapproche de la SA, du moins de celle qui n'offre pas au public des titres financiers. Outre que la SARL peut émettre des obligations (V. *infra*, nos 1782 et s.), elle fonctionne en effet selon un mode emprunté aux sociétés de capitaux : formalisme tatillon, contrôles superposés, sanctions pénales multipliées. Dans la SARL, comme dans la SA, l'ordre public l'emporte sur la liberté contractuelle.

1691. – *Avantages.* La SARL a dès le départ connu un succès qui ne s'est pas démenti depuis. C'est encore la forme sociale la plus utilisée même si elle subit la rude concurrence de la SAS (V. *supra*, n° 39). Elle est de fait l'outil idéal pour l'exploitation des petites et moyennes entreprises à caractère familial, encore que certains groupes internationaux, dont les GAFA, ne répugnent pas à recourir à la SARL (V. *supra*, n° 1568).

(1) Ph. Emy et B. Saintourens, *Les dispositions de la loi du 19 juillet 2019 relatives à toutes les sociétés, aux sociétés civiles et aux SARL : Rev. sociétés* 2019, p. 655.

Par rapport à la SA, les avantages de simplicité (et les économies de coût qui en résultent) sont évidents :

– le formalisme est moins pesant que dans la SA ;

– il n'existe aucun capital légal minimal ;

– la présence d'un commissaire aux comptes n'est pas systématique (V. *infra*, n° 1771).

Par rapport à la SNC, la SARL offre aux associés et aux dirigeants une position moins périlleuse :

– les associés n'y ont pas la qualité de commerçant ; on peut donc y faire entrer des mineurs ou des interdits de commerce, tels des fonctionnaires ou des avocats ;

– leur responsabilité est limitée au montant des apports, ce qui est souvent théorique pour les principaux associés car les banquiers leur imposent de s'engager comme caution et, lorsqu'ils sont dirigeants, leur responsabilité personnelle est souvent recherchée en cas d'ouverture d'une procédure collective (V. *supra*, n° 494).

1692. – *Inconvénients.* Cette forme sociale présente toutefois quelques inconvénients.

Sur le plan financier, la SARL a été conçue pour les petites et moyennes entreprises, par exemple celles qui présentent un caractère familial. Ce n'est pas une machine à rassembler des capitaux ; elle ne peut pas émettre d'actions, ni s'adresser à l'épargne publique ; elle ne convient donc pas aux entreprises qui, pour se développer, doivent faire appel au marché financier.

Sur le plan juridique, on reproche essentiellement à la SARL les pesanteurs de son fonctionnement. La mise en musique de cette machinerie exige le recours à un conseil extérieur ; ce n'est évidemment pas un facteur de simplicité, ni une source d'économie. Les lourdeurs inhérentes aux cessions de parts sociales constituent également un frein au choix de cette forme sociale. La SARL souffre à cet égard de la concurrence de la SAS.

Sur le plan fiscal, la faiblesse de la SARL apparaît de manière crue au moment de la cession des parts sociales, puisque le cessionnaire doit acquitter un droit de 3 % sur le prix convenu (CGI, art. 726-2°). Dans les SA, le droit n'est que de 0,1 % (V. *supra*, n°s 145 et s.). Il existe une parade : transformer la SARL en SA juste avant la cession des droits ; selon la Cour de cassation, il s'agit là d'une habileté fiscale licite et non d'un abus de droit coupable (V. *supra*, n° 755).

SOUS-SECTION 1

LA CONSTITUTION DE LA SARL

1693. – Le régime de constitution des SARL ne présente pas d'originalité majeure ; il emprunte pour l'essentiel à la fois aux dispositions générales du droit des sociétés et à celles qui gouvernent la constitution des SA.

§ 1. – Les conditions de fond

A. – L'objet social

1694. – Le principe est celui de la liberté ; toute activité économique peut être exercée sous forme d'une SARL. Certains secteurs lui sont cependant fermés, tel celui de l'assurance, de la capitalisation et de l'épargne (C. com., art. L. 223-1, al. 5), ou encore celui des bureaux de tabac(2). Quant aux professions libérales réglementées (avocats, médecins…), elles peuvent opter pour la SELARL (société d'exercice libéral à responsabilité limitée), qui est un décalque de la SARL classique (V. *infra*, nos 2089 et s.).

B. – Les associés

1695. – La SARL peut comporter un seul associé et ce, dès le jour de sa constitution (V. *infra*, nos 1785 et s.). C'est la seule forme sociale pour laquelle le nombre des associés soit limité et ne puisse dépasser un maximum fixé à cent ; en cas de dépassement de ce plafond, la société est dissoute au terme d'un délai d'un an, à moins que, pendant ce délai, la situation ait été régularisée, soit que le nombre des associés soit devenu inférieur ou égal à cent, soit que la société ait été transformée (C. com., art. L. 223-3) (V. *infra*, n° 1781).

Les associés n'ont pas la qualité de commerçant.

Lorsque la souscription ou l'acquisition de droits sociaux est financée grâce à des biens ou à des fonds communs, le conjoint peut revendiquer la qualité d'associé (V. *supra*, n° 537)(3).

C. – Le capital social

1696. – Le montant du capital social est librement fixé par les statuts (C. com., art. L. 223-2). Le capital peut être constitué sous forme d'apports en numéraire, en nature ou en industrie (C. com., art. L. 223-7, al. 2). Il est divisé en parts sociales égales dont le montant est librement déterminé. Il est possible d'insérer dans les statuts de la SARL une clause de variabilité du capital.

1° Les apports en numéraire

1697. – *Libération.* Les parts représentant les apports en numéraire doivent être libérées d'au moins un cinquième de leur montant, le solde devant être libéré, sur décision du gérant, dans les cinq ans de l'immatriculation. Toutefois, le capital social doit être intégralement libéré avant toute souscription de nouvelles parts en numéraire, à peine de nullité de l'opération (C. com., art. L. 223-7, al. 1er). Par ailleurs, le bénéfice de l'imposition allégée à l'impôt sur les sociétés suppose une libération intégrale du capital (V. *supra*, n° 223).

Les statuts doivent indiquer le nom du dépositaire chez qui les fonds ont été déposés (C. com., art. R. 223-3, al. 2). Comme dans la SA (V. *supra*, n° 841), le retrait

(2) Les débitants de tabac doivent exercer leur activité dans le cadre d'une entreprise individuelle ou d'une SNC (CGI, art. 568, mod. L. n° 2019-1479, 28 déc. 2019).

(3) L'époux qui revendique la qualité d'associé n'est soumis à l'agrément des associés que si les statuts stipulent une telle exigence : CA Paris, 18 févr. 2020, n° 17/08258 : *BRDA* 9/2020, n° 1.

des fonds n'est autorisé qu'après l'immatriculation (C. com., art. L. 223-8, al. 1er), sur présentation du certificat du greffier attestant l'immatriculation, encore appelé extrait K bis (C. com., art. R. 223-4).

1698. – *Retrait des fonds.* Cependant, et cette fois la règle est propre à la SARL, si la société n'est pas constituée dans un délai de six mois à compter du premier dépôt des fonds, ou si elle n'est pas immatriculée au registre du commerce et des sociétés dans le même délai, deux procédures de retrait des fonds, l'une individuelle, l'autre collective, sont prévues (C. com., art. L. 223-8, al. 2 et R. 223-5). Les apporteurs peuvent individuellement demander au président du tribunal de commerce l'autorisation de retirer le montant de leur apport. Le recours au juge peut être évité lorsqu'un mandataire représente tous les apporteurs : celui-ci peut demander directement au dépositaire le retrait des fonds en justifiant d'une autorisation écrite de tous les apporteurs. Si les apporteurs veulent ultérieurement constituer la société, il ne leur reste qu'à procéder à nouveau au dépôt des fonds (C. com., art. L. 223-8, al. 3).

2° Les apports en nature

1699. – Le législateur s'est inquiété du risque de *surévaluation des apports en nature* ; aussi bien l'article L. 223-9 du Code de commerce prévoit-il les règles protectrices suivantes :

– les statuts doivent contenir l'évaluation de chaque apport en nature ;

– un commissaire aux apports est désigné à l'unanimité des futurs associés ou, à défaut, par le président du tribunal de commerce ; il doit établir un rapport sur l'évaluation, qui est annexé aux statuts ; l'obligation de désigner un commissaire aux apports peut recevoir exception, à l'unanimité des associés, à la double condition que la valeur d'aucun apport en nature n'excède 30 000 € (C. com., art. D. 223-6-1) et que la valeur totale de l'ensemble des apports en nature, échappant à l'intervention d'un commissaire aux apports, n'excède pas la moitié du capital ;

– les associés sont solidairement responsables à l'égard des tiers, pendant cinq ans, de la valeur attribuée aux apports en nature dans deux hypothèses : lorsqu'un commissaire aux apports n'a pas été désigné ou lorsque la valeur retenue par les associés est différente de celle proposée par cet expert ; c'est le seul cas dans lequel les associés d'une SARL sont responsables solidairement ;

– des sanctions pénales sont prévues en cas de majoration frauduleuse des apports en nature (C. com., art. L. 241-3, 1° : cinq ans d'emprisonnement ; 375 000 € d'amende).

3° Les apports en industrie

1700. – Les apports en industrie sont effectués selon les modalités déterminées dans les statuts (C. com., art. L. 223-7, al. 2).

§ 2. – Les conditions de forme

1701. – La procédure de constitution de la SARL est proche de celle des SA (V. *supra*, nos 837 et s.) :

– *des statuts doivent être rédigés*, qui indiquent notamment la forme de la société, sa durée, sa dénomination, son siège, son objet, l'évaluation des apports en nature et la répartition des parts sociales entre les associés ; ils sont signés par tous les associés (V. *supra*, n° 327) ; un exemplaire établi sur papier libre est remis à chacun (C. com., art. R. 223-1) ;

– *les règles de publicité sont identiques à celles des sociétés par actions :* extrait dans un support habilité à recevoir des annonces légales, enregistrement, dépôt du dossier complet au centre de formalités des entreprises aux fins d'immatriculation au registre du commerce et des sociétés (V. *supra*, n°s 329 et s.) ; la SARL ne jouit de la personnalité juridique qu'à compter de son immatriculation ;

– *le sort des actes passés pendant la période de conception* relève du droit commun des sociétés (V. *supra*, n°s 343 et s.) ;

– *les fondateurs sont responsables civilement et pénalement des irrégularités commises* lors de la constitution de la SARL (C. com., art. L. 223-10) (V. *supra*, n°s 855 et s.).

Le coin des amateurs

Dans quels cas une SARL relève-t-elle de l'impôt sur le revenu ?

1702. – La SARL est en principe soumise à l'impôt sur les sociétés (CGI, art. 206, 1). Ce principe comporte trois exceptions.

En premier lieu, comme la SA et la SAS, l'option pour l'impôt sur le revenu est possible lorsque certaines conditions sont remplies (V. *supra*, n°s 165 et s.).

En deuxième lieu, les EURL créées par des personnes physiques relèvent en principe de l'impôt sur le revenu ; c'est sur option qu'elles passent sous le régime de l'impôt sur les sociétés (V. *infra*, n° 1791).

En troisième lieu, les SARL créées entre les membres d'une même famille (ascendants, descendants, frères et sœurs, et conjoints, partenaires pacsés, V. *supra*, n° 165) peuvent opter, sur décision unanime des associés, pour le régime de l'impôt sur le revenu (CGI, art. 239 bis AA). Personne ne sait pourquoi, mais cette option est réservée aux sociétés exerçant une activité commerciale ou agricole, mais est refusée à celles qui exercent une activité libérale. Un notaire et un expert-comptable qui n'avaient pas relevé cette subtilité ont été condamnés à payer de leur poche le redressement fiscal qui en est résulté (CA Paris, 16 avr. 1996 : *BJS* 1996, p. 826, note A. Couret). Pareille option peut présenter un intérêt dans les petites SARL aux résultats modestes pour lesquelles l'impôt sur le revenu est plus adapté que l'impôt sur les sociétés (M. Cozian, *Et pourquoi ne pas penser à la SARL de famille ? : JCP* E 2006, 2423).

SOUS-SECTION 2

LA GÉRANCE DE LA SARL

1703. – La structure de la SARL est plus légère que celle de la SA du fait qu'il n'existe qu'un seul type d'organe de direction, le ou les gérants, dont on examinera successivement le statut et les pouvoirs.

§ 1. – Le statut du gérant

1704. – Le statut du gérant est largement modelé sur celui du directeur général dans la SA. En conséquence, seront seules relevées les différences les plus marquantes.

A. – La nomination

1705. – *Conditions.* La loi exige que le gérant soit une personne physique (C. com., art. L. 223-18, al. 1er). Bien qu'il n'ait pas la qualité de commerçant, il ne doit pas être frappé d'une interdiction d'exercer une activité commerciale. Pour le reste, il appartient aux statuts de préciser éventuellement les conditions requises des gérants : âge, appartenance à une branche familiale donnée, diplôme, plein temps... La loi n'étend pas au gérant les conditions restrictives qu'elle impose aux administrateurs (V. *supra*, nos 870 et s.) ; d'où les conséquences suivantes :

– il peut être choisi parmi les associés ou les tiers ;
– aucune limite d'âge n'est prévue ;
– le cumul des gérances n'est pas plafonné.

Le gérant ne peut pas, en cette qualité, faire l'objet d'une procédure collective[4] (V. aussi, *supra*, n° 2135) ; en effet, s'il bénéficie d'une autonomie d'action dans la conduite des affaires sociales, pour autant, il agit sous le contrôle des associés et, surtout, il n'exerce pas l'activité de dirigeant pour son propre compte mais pour celui des associés (sur l'obligation de loyauté et de non-concurrence du gérant, V. *supra*, n° 430).

1706. – *Procédure.* Les premiers gérants sont désignés par les statuts ou par un acte séparé ; il n'est pas fait de différence selon que le gérant est statutaire ou non statutaire. Ultérieurement (C. com., art. L. 223-18, al. 2), ils sont nommés en assemblée ou à l'occasion d'une consultation écrite dans les conditions prévues pour l'adoption des décisions ordinaires (V. *infra*, n° 1748). L'associé majoritaire (possédant la moitié des parts sociales plus une) est ainsi assuré de sa désignation comme gérant si tel est son souhait.

1707. – *Publicité.* La désignation d'un gérant fait l'objet de mesures de publicité, spécialement au registre du commerce et des sociétés. Conformément au droit commun, il y a alors purge des vices qui pouvaient entacher la désignation (V. *supra*, n° 418).

B. – La durée des fonctions

1708. – *Causes de cessation des fonctions.* Sauf clause statutaire contraire, les gérants sont nommés pour la durée de la société (C. com., art. L. 223-18, al. 3). Si un terme est prévu, l'arrivée du terme met fin au mandat, le gérant ne bénéficiant pas d'un droit au renouvellement[5]. Plusieurs événements sont de nature à abréger le mandat du gérant, dissolution anticipée de la société[6], décès et démission notamment (V. *supra*, n° 992).

(4) Le gérant, parce qu'il agit au nom de la société qu'il représente et non en son nom personnel, n'exerce pas une activité professionnelle indépendante au sens de l'article L. 631-2 du Code de commerce (mod. L. n° 2019-486, 22 mai 2019), et ne peut donc pas être mis en redressement judiciaire : Cass. com., 12 nov. 2008, n° 07-16.998, PBRI : *Dr. sociétés* 2009, n° 15, obs. J.-P. Legros ; *JCP* E 2009, 1023, concl. R. Bonhomme, note C. Lebel ; *Rev. sociétés* 2009, p. 607, note Ph. Roussel Galle. – Cass. com., 15 nov. 2016, n° 14-29.043 : *JCP* E 2017, 1032, note A. Cerati-Gauthier.

(5) Cass. com., 17 déc. 2002 : *BJS* 2003, p. 307, note P. Le Cannu ; le gérant nommé pour une durée déterminée n'a pas, au terme de ses fonctions, un droit au renouvellement de celles-ci, mais leur non-renouvellement peut donner lieu à l'allocation de dommages-intérêts, si les circonstances qui l'entourent révèlent des conditions humiliantes ou vexatoires. – Cass. com., 8 mars 2005 : *Dr. sociétés* mai 2005, n° 92, obs. J. Monnet.

(6) Cass. com., 29 janv. 2020, n° 18-17.131 : *BRDA* 5/2020, n° 1 ; le gérant d'une EURL prétendait que la dissolution anticipée constituait une révocation abusive ; il échoue.

1709. - *Continuité de la gérance.* Deux règles ont été prévues pour faciliter la continuité de la gérance. D'une part, en cas de cessation des fonctions du gérant, quelle qu'en soit la cause, le nom de celui-ci peut être radié des statuts par simple décision des associés prise à la majorité ordinaire (C. com., art. L. 223-18, al. 2). D'autre part, si, pour quelle cause que ce soit, la société se trouve dépourvue de gérant ou si le gérant unique est placé sous tutelle, le commissaire aux comptes ou tout associé convoque l'assemblée à seule fin de procéder, le cas échéant, à la révocation du gérant unique et, dans tous les cas, à la désignation d'un ou plusieurs gérants (C. com., art. L. 223-27, al. 8 ; mod. L. n° 2109-744, 19 juill. 2019) ; le délai de convocation étant alors réduit à huit jours (C. com., art. R. 223-20, mod. D. n° 2018-146, 28 févr. 2018).

Pour le reste, c'est la révocation qui pose le plus de problèmes ; elle peut intervenir sur décision des associés ou sur décision de justice.

1° La révocation par les associés

a) Procédure

1710. - Comme en matière de nomination, le gérant est révocable par décision des associés dans les conditions prévues pour l'adoption des décisions ordinaires (V. *infra*, n° 1748) : majorité absolue sur première convocation ; majorité simple sur seconde convocation, sauf stipulation statutaire contraire(7). Les statuts peuvent toutefois retenir une majorité plus forte (C. com., art. L. 223-25, al. 1er). Encore que la loi soit muette sur ce point, les juges estiment qu'à l'image de l'administrateur (V. *supra*, n° 888), le gérant peut faire l'objet d'une révocation en assemblée alors même que la question ne figurerait pas à l'ordre du jour, par application de la théorie des incidents de séance(8).

b) Indemnisation

1711. - *Juste motif.* Le gérant n'est pas révocable *ad nutum* ; il peut obtenir des dommages-intérêts si la révocation est décidée sans juste motif (V. *infra*, n° 1735) (C. com., art. L. 223-25, al. 1er). Il appartient au gérant, demandeur à l'action, d'établir l'absence de juste motif. Le droit à indemnisation en cas d'absence de juste motif est-il ou non d'ordre public ? Si l'on transpose à la SARL la solution rendue à propos de la société civile, il faut admettre que les statuts peuvent valablement décider que la révocation du gérant, même intervenue sans juste motif, ne donne pas lieu à dommages et intérêts (V. *infra*, n° 1735).

1712. - *Abus.* Outre une indemnisation fondée sur les motifs de la révocation (absence de juste motif), le gérant peut invoquer les circonstances dans lesquelles celle-ci est intervenue pour obtenir réparation : révocation brutale, révocation injurieuse ou encore non-respect du principe de loyauté puisque cette solution a été

---

(7) Il a été jugé que lorsque l'associé majoritaire d'une SARL demande la désignation d'un mandataire pour qu'il convoque une assemblée en vue de révoquer le gérant, le juge doit accéder à la demande sans avoir à en apprécier l'opportunité : Cass. com., 6 févr. 2019, n° 16-27.560 : *BRDA* 6/2019, n° 4 ; *Dr. sociétés* 2019, n° 66, obs. J. Heinich.

(8) Cass. com., 4 mai 1993 : *Rev. sociétés* 1993, p. 800, note P. Didier.

étendue aux mandataires sociaux protégés par le juste motif (V. *supra*, n°s 1107 et 1108 ; pour autant, les garanties prévues par l'article 6, § 1 de la Convention européenne de sauvegarde des droits de l'homme ne sont pas applicables (V. *supra*, n° 589). Comme pour les dirigeants révocables *ad nutum*, la jurisprudence applique au gérant de SARL la théorie des incidents de séance : dès lors que les questions à l'ordre du jour de l'assemblée générale, au cours de laquelle la révocation du gérant est décidée, peuvent déboucher sur celle-ci et que le gérant peut présenter ses observations, la révocation n'est pas brutale même si elle n'est pas inscrite à l'ordre du jour[(9)]. On rappellera que le contentieux est de la compétence du tribunal de commerce (V. *supra*, n° 400).

1713. – Une *indemnisation conventionnelle* peut être stipulée. L'arrangement est licite dès lors que le montant de l'indemnité n'est pas de nature à dissuader les associés de révoquer le gérant. Ainsi, une indemnité égale à la dernière rémunération annuelle a été jugée dissuasive car son montant était exorbitant au regard des résultats sociaux, constamment déficitaires[(10)].

2° La révocation par décision de justice

1714. – *Cause légitime*. Tout associé, même s'il ne possède qu'une part, peut présenter devant le tribunal de commerce une demande en révocation du gérant pour « cause légitime » (C. com., art. L. 223-25, al. 2) ; il ne semble pas qu'il faille faire de différence entre « cause légitime » et « juste motif » (V. *infra*, n° 1735). La cause légitime procède notamment de l'intérêt social[(11)] ; elle n'exige pas la démonstration d'une faute intentionnelle[(12)]. Il s'agit là d'une soupape de sécurité qui permet de contrecarrer l'inamovibilité de fait du gérant majoritaire ou du gérant égalitaire. C'est une disposition originale et rarement mise en œuvre que l'on rencontre uniquement dans les SARL, les commandites par actions et les sociétés civiles (V. *infra*, n° 1937).

1715. – *Conséquences*. En cas de révocation judiciaire, l'intéressé conserve ses pouvoirs jusqu'à la notification de la décision[(13)]. Lorsque la révocation judiciaire emporte vacance de la gérance, un mandataire *ad hoc* peut être désigné pour convoquer et fixer l'ordre du jour de l'assemblée chargée de le remplacer[(14)].

---

(9) Par ex., Cass. com., 14 oct. 2020, n° 18-12.183 : *BJS* janv. 2021, p. 32, note B. Saintourens ; *Dr. sociétés* mai 2021, n° 62, obs. J.-F. Hamelin.

(10) Cass. com., 6 nov. 2012, n° 11-20.582, PB : *BJS* 2013, § 59, p. 125, note B. Dondero ; *RJDA* 2/2013, n° 135.

(11) CA Paris, 6 mars 2003 : *RJDA* 12/2003, n° 1191 ; révocation judiciaire du gérant d'une SARL exploitant une parapharmacie aux motifs qu'il avait déménagé à 500 km du lieu d'exploitation, qu'il avait perdu tout contact avec la clientèle et qu'il en était réduit à se faire remplacer, pour la gérance de la société, par les vendeuses de l'établissement. – CA Paris, 17 mars 2015, n° 14/07179 : *RJDA* 7/2015, n° 504 ; *Rev. sociétés* 2015, p. 588, note A. Lecourt ; perte de confiance des associés, le gérant s'étant unilatéralement versé une rémunération sans autorisation de ces derniers. – CA Paris, 29 nov. 2016, n° 16-06010 : *RJDA* 3/2017, n° 190 ; fautes graves de gestion dans un environnement toxique de lutte entre deux gérants, l'un demandant la révocation de l'autre et ce dernier lui rendant la politesse. – Cass. com., 16 mai 2018, n° 15-16.284 : *RJDA* 7/2018, n° 586 ; *Rev. sociétés* 2018, p. 508, note J.-F. Barbièri ; manquements à l'obligation de loyauté, perception d'une commission d'apporteur d'affaires pour une transaction réalisée par l'intermédiaire de la société.

(12) Cass. 3e civ., 12 mars 2014, n° 13-14.374 : *BRDA* 7/2014, n° 4 ; décision rendue à propos du gérant d'une société civile, mais applicable aux SARL.

(13) CA Saint-Denis, 13 mai 2013 : *JurisData* n° 2013-029476 ; révocation notifiée le 19 novembre, alors qu'il avait cédé des actifs sociaux (véhicule et licence de taxi) en octobre ; refus d'annuler ladite cession.

(14) Cass. com., 26 avr. 2016, n° 15-19.472 : *BJS* 2017, p. 607, note T. Favario ; *Dr. sociétés* 2017, n° 123, obs. J. Heinich.

C. – La rémunération

1716. – *Principes.* Les textes sont muets sur la rémunération du gérant ; si les fonctions sont normalement rémunérées, rien n'interdit qu'elles soient gratuites, ce qui suscite souvent des difficultés (V. *supra*, n° 989). Le montant de la rémunération peut être fixé par les statuts ; c'est une solution à déconseiller, car toute actualisation impliquera leur modification et donc l'accord des associés. Généralement, la décision est confiée à l'assemblée des associés. En tout état de cause, une décision formelle – statuts ou résolution d'assemblée – est requise(15), fût-ce *a posteriori*(16) ; à défaut, la rémunération peut être annulée(17). De même, la rémunération reste due tant qu'aucune décision sociale contraire n'a été prise, même si le gérant a été absent pour cause de maladie(18).

1717. – *Vote du gérant.* Le gérant associé peut-il participer au vote ? La question est controversée. Tout dépend de savoir si la détermination de la rémunération constitue ou non une convention réglementée au sens de l'article L. 223-19 (V. *infra*, n°s 1766 et s.) ; si oui, le gérant ne peut pas participer au vote ; si l'on considère à l'inverse que la fixation de la rémunération n'est pas une convention, le gérant associé peut voter. C'est cette dernière solution, comme en matière de SA (V. *supra*, n° 963), qui a les faveurs de la jurisprudence. Ainsi en a jugé la chambre commerciale de la Cour de cassation : « la détermination de la rémunération du gérant d'une SARL par l'assemblée des associés ne procédant pas d'une convention, le gérant peut, s'il est associé, prendre part au vote »(19). Lorsque le gérant est associé majoritaire, sa participation au vote est révélatrice d'un conflit d'intérêts (V. *supra*, n° 1049), lequel peut alors être réglé par la technique curative du contrôle de l'abus de majorité(20) (V. *supra*, nos 668 et s. et n° 989).

1718. – *Rôle du juge.* Dans quelle mesure est-il possible de faire appel au juge pour critiquer les conditions de la rémunération du gérant ? Si les statuts prévoient que la rémunération du gérant résulte d'une décision des associés, les juges ne s'estiment pas compétents pour substituer leur appréciation à celle des associés, soit que ces

(15) La signature par les associés d'un rapport sur les conventions réglementées suffit à respecter cette exigence : Cass. com., 15 mars 2017, n° 14-17.873 : *BJS* 2017, p. 609, note V. Malassigné ; *Dr. sociétés* 2017, n° 102, obs. J. Heinich ; *RJDA* 7/2017, n° 470 ; *Rev. sociétés* 2017, p. 491, note A. Lecourt.

(16) Cass. com., 18 déc. 2019, n° 18-13.850 : *BJS* mars 2020, p. 28, note J.-F. Barbièri ; *BRDA* 3/2020, n° 3 ; *JCP* E 2020, 1344, n° 6, obs. J.-C. Pagnucco ; les statuts stipulaient que la rémunération du gérant était fixée par une décision des associés ; le gérant commet-il une faute en percevant une rémunération avant sa fixation par les associés ? Non, dès lors qu'une décision collective intervient, même après la perception des sommes.

(17) Cass. com., 25 sept. 2012, n° 11-22.754, PB : *JCP* E 2012, 1758, note D. Cochet-Gallois ; *RJDA* 12/2012, n° 1087 ; dans une SARL composée de deux époux associés, dont le gérant, aucune décision formelle n'avait acté la rémunération que se versait le gérant ; après la cession des parts de la société, l'acquéreur avait demandé le remboursement des sommes versées ; les anciens associés prétendaient que compte tenu des circonstances (époux seuls associés) aucune délibération formelle n'était requise ; il leur est donné tort.

(18) Cass. com., 21 juin 2017, n° 15-19.593 : *BJS* 2017, p. 541, note D. Gallois-Cochet ; *Dr. sociétés* 2017, n° 144, obs. C. Coupet ; *RJDA* 10/2017, n° 628 ; *JCP* E 2017, 1435, note B. Dondero ; gérant absent pour cause de maladie et réclamant le paiement de sa rémunération (SELARL).

(19) Cass. com., 4 mai 2010, n° 09-13.205 : *JCP* E 2010, 1993, n° 3, obs. Fl. Deboissy et G. Wicker ; *RJDA* 8-9/2010, n° 859. – Cass. com., 4 oct. 2011, n° 10-23.398, PB : *Rev. sociétés* 2012, p. 38, note D. Schmidt ; une assemblée avait décidé d'indexer la rémunération du gérant sur l'excédent brut d'exploitation ; la décision avait été prise à la majorité (que détenait indirectement le gérant) ; la tentative d'annulation de la décision échoue au motif notamment que le gérant pouvait prendre part au vote.

(20) Cass. com., 15 janv. 2020, n° 18-11.580 : *RJDA* 4/2020, n° 217 ; augmentation supérieure au triple de la rémunération antérieure.

derniers aient décidé de ne pas attribuer de rémunération au gérant[21], soit qu'ils aient fixé une rémunération que le gérant juge insuffisante[22] ; toutefois, dans ce dernier cas, il faut réserver l'hypothèse d'un éventuel abus de majorité[23] (V. *supra*, n° 989). À l'inverse, les minoritaires peuvent invoquer cette même notion s'ils estiment que la rémunération allouée au gérant est manifestement excessive (V. *supra*, n° 989).

Quant au gérant confronté au refus de ses coassociés, il peut tenter de faire juger que leur décision est constitutive d'un abus de minorité ou d'égalité, mais la preuve n'est pas facile à rapporter[24]. Enfin, le fait pour le gérant d'avoir perçu une rémunération excessive est une faute de gestion susceptible d'engager sa responsabilité civile[25] et pénale.

D. – Le cumul avec un contrat de travail

1° Problématique

1719. – La jurisprudence déduit du silence des textes que rien n'interdit à un salarié de la société d'en devenir le gérant, ni même au gérant de conclure un contrat de travail avec la société qu'il dirige ; dans ce dernier cas, il devra respecter les formalités relatives aux conventions réglementées (V. *infra*, n°s 1766 et s.).

Il existe en la matière une jurisprudence foisonnante, alimentée par les organismes sociaux (AGS, Pôle Emploi) auxquels s'adressent les « gérants-salariés » qui ont perdu leur emploi à la suite d'une révocation ou d'un dépôt de bilan de la société. La conclusion du contrat de travail, surtout lorsque le gérant exerce ses fonctions à plein-temps dans la société, offre des garanties appréciées, indépendamment même du surplus de rémunération qu'elle peut conférer :

– certes, le gérant a droit à des dommages-intérêts s'il est révoqué sans juste motif (V. *infra*, n° 1735), mais le gérant a plus d'espoir en termes d'indemnisation s'il plaide le licenciement abusif devant le conseil des prud'hommes ;

– si la société fait l'objet d'une procédure de redressement ou de liquidation judiciaires, le gérant, en tant que salarié, bénéficie des garanties de l'AGS ; il est ainsi assuré d'obtenir le paiement des salaires arriérés et des indemnités de licenciement ;

– en cas de chômage, il bénéficie des indemnités versées par Pôle Emploi.

S'il cumule ses fonctions avec un contrat de travail, le gérant est apparemment en position confortable puisque lui seul a compétence pour licencier le personnel… dont il fait partie ; les associés devront agir de la façon suivante : révoquer le gérant

(21) Cass. com., 14 nov. 2006 : *BJS* 2007, § 84, p. 369, note A. Lecourt ; cassation, sur le fondement de l'ancien article 1134 du Code civil (auj. art. 1104), d'un arrêt contredisant une décision des associés en attribuant une rémunération au gérant, alors qu'il appartenait à ce dernier, conformément aux prévisions statutaires, de solliciter une décision collective des associés sur sa rémunération.

(22) Cass. com., 11 janv. 1972 : *D.* 1972, p. 559, note Ch. Orango.

(23) CA Versailles, 20 sept. 1990 : *Rev. sociétés* 1991, p. 80, note Cl. Roca.

(24) Cass. com., 31 mars 2009, n° 08-11.860 : *BJS* 2009, § 131, p. 660, note P. Le Cannu ; *Rev. sociétés* 2009, p. 601, note B. Dondero ; deux associés, dont le gérant, se partageaient à égalité le capital de la SARL ; trois fois de suite l'associé non gérant refusa d'augmenter la rémunération du gérant ; la Cour de cassation censure l'arrêt d'appel ayant jugé que l'opposition de son coassocié constituait un abus d'égalité, faute d'avoir établi en quoi son attitude avait été contraire à l'intérêt de la société en ce qu'elle aurait interdit la réalisation d'une opération essentielle pour celle-ci.

(25) CA Bordeaux, 23 avr. 2007 : *Dr. sociétés* 2007, n° 182, obs. J. Monnet ; constitue une faute de gestion le fait pour le gérant d'avoir perçu une rémunération excessive au regard de l'activité déployée au profit de la société.

en place et désigner un nouveau gérant, lequel procédera au licenciement de l'ancien gérant.

2° Conditions

1720. – Encore faut-il, pour que le cumul soit acceptable, que le contrat de travail corresponde à une réalité et ne soit pas un procédé factice uniquement destiné à permettre de réclamer les avantages énumérés ci-dessus. Voici une précaution utile : demander à l'avance à Pôle Emploi un avis qui les engage sur la réalité du contrat de travail venant d'être signé.

1721. – Quant aux tribunaux, ils ont la délicate mission de faire le tri entre les contrats réels et les contrats fictifs ; ils se fondent sur les critères suivants :

– *le travail doit être effectif*, sinon le contrat serait de fictif et de pure complaisance ;

– *les fonctions techniques exercées en qualité de salarié* doivent être distinctes des fonctions de direction générale qu'assume tout gérant[26] ; dans les petites sociétés, où le gérant joue les « Maître Jacques », la distinction n'est pas toujours aisée ; la fixation de rémunérations séparées peut constituer un indice, mais ne saurait être déterminante à elle seule ;

– *en sa qualité de salarié, le gérant doit être dans un état de subordination à l'égard de la société* ; un tel lien est impossible à caractériser lorsque le gérant est majoritaire ou s'il est le véritable dirigeant de fait de l'entreprise[27] ; hors de là, tout est question d'espèce (V. *infra*, n° 1734).

1722. – *Suspension du contrat de travail.* Lorsque les conditions du cumul ne sont pas remplies, le salarié devenant gérant de la SARL peut-il, à l'expiration de ses fonctions (en cas de révocation notamment), prétendre retrouver son emploi de salarié en invoquant que son contrat de travail s'est simplement trouvé suspendu ? La jurisprudence l'admet, dans la SARL[28] comme dans la SA (V. *supra*, n° 907).

E. – La responsabilité

1723. – Le gérant de SARL encourt les mêmes responsabilités que les dirigeants de SA (C. com., art. L. 223-22)[29]. Lui sont donc transposables les règles concernant tant la responsabilité civile, et spécialement les règles de prescription (C. com., art. 223-23), que la responsabilité pénale ou fiscale (V. *supra*, n°s 1051 et s.). On retrouve ainsi la marque d'une législation largement commune aux sociétés à risque limité (sur la responsabilité du gérant de fait, V. *supra*, n° 420). Le quitus donné par les associés est inopérant (C. com., art. L. 223-22)[30].

(26) Cass. soc., 15 avr. 2016, n° 15-11.041 : *Rev. sociétés* 2016, p. 506, note G. Auzero ; missions techniques distinctes des fonctions du mandataire social, ce dernier étant spécialement chargé du développement des filiales.

(27) Cass. soc., 16 sept. 2015, n° 14-19.800 : *RJDA* 12/2015, n° 828 ; l'intéressé, associé majoritaire, était l'époux de la gérante ; il démarchait les clients, établissait les devis, réalisait les chantiers et par suite exerçait ses fonctions en dehors de toute subordination.

(28) Cass. soc., 9 juin 1999 : *RJDA* 1999, n° 1080.

(29) Illustration : Cass. com., 24 mai 2018, n° 17-10.119 : *BRDA* 13/2018, n° 9 ; condamnation à combler le passif en raison d'une faute de gestion constituée par le remboursement du propre compte courant du gérant alors que la cessation des paiements était inéluctable.

(30) L'inefficacité du quitus ne concerne que les dirigeants de droit ; par suite, le gérant qui continue de gérer après sa démission, en accord avec les associés, lesquels lui donnent quitus, peut s'opposer à l'action en responsabilité relative

F. – Le statut fiscal et social du gérant

1724. – *Sur le plan fiscal*, gérants majoritaires et gérants minoritaires sont tous logés à la même enseigne ; ils bénéficient les uns et les autres des avantages du régime des salariés (V. *supra*, n° 141).

1725. – *Au regard de la Sécurité sociale*, les gérants minoritaires bénéficient du régime des salariés tandis que les gérants majoritaires sont soumis au régime des travailleurs indépendants ; mais ce régime, à condition d'accepter de payer les cotisations suffisantes, n'a plus rien à envier au régime général (V. *supra*, n° 142).

§ 2. – Les pouvoirs du gérant

A. – Les pouvoirs du gérant unique

1° Les rapports avec les tiers

1726. – *Représentant légal.* Dans les rapports avec les tiers, le gérant, en sa qualité de représentant légal (V. *supra*, n° 436), est investi des pouvoirs les plus étendus pour agir en toute circonstance au nom de la société (C. com., art. L. 223-18, al. 5) ; la règle, traditionnelle, garantit la protection des tiers (V. *supra*, n° 445). Comme dans toute société à risque limité, que l'acte participe ou non de l'objet social, la société est engagée et elle doit s'exécuter. Il en va autrement si elle prouve que le tiers savait que l'acte dépassait l'objet social ou qu'il ne pouvait l'ignorer compte tenu des circonstances ; le cas est rare, car la seule publication des statuts ne suffit pas à constituer la preuve exigée (V. *supra*, n° 437). Le gérant doit encore exercer son action dans les limites de l'intérêt social (V. *supra*, n° 442).

1727. – *Clause limitative de pouvoirs.* Les statuts peuvent limiter les pouvoirs du gérant, mais ces clauses limitatives sont inopposables aux tiers(31), quand bien même ceux-ci seraient de mauvaise foi et connaîtraient leur existence (V. *supra*, n° 440) ; leur violation ouvre seulement droit à une condamnation du gérant à des dommages-intérêts et peut constituer un juste motif de révocation (V. *supra*, n° 1710). Mais si les clauses limitatives de pouvoir sont inopposables au tiers, ce dernier peut dans certains cas les invoquer à l'encontre de la société (V. *supra*, n° 441).

1728. – *Comparaison avec le directeur général de SA.* Le gérant a quasiment les mêmes prérogatives que le directeur général d'une SA (V. *supra*, n° 1014) : il passe les contrats, initie les procès, embauche et licencie les salariés, négocie les accords d'entreprise. Notons cependant une différence en matière de caution, d'aval ou de garantie ; alors que leur octroi par le directeur général d'une SA est soumis à

aux actes entrepris après sa démission ; de fait, pour la période considérée, il doit être traité comme un dirigeant de fait, situation non couverte par l'article L. 223-22 du Code de commerce : Cass. com., 14 févr. 2018, n° 15-24.126 : *RJDA* 6/2018, n° 512.

(31) Cass. com., 9 janv. 2019, n° 16-26.697 : *BRDA* 3/2019, n° 6 ; l'inopposabilité aux tiers joue également à l'égard des cocontractants d'une société dont la SARL est associée ; bail de longue durée conclu par une société civile d'exploitation agricole, représentée par le gérant de la SARL, associée unique de la société civile ; celle-ci prétendait que le gérant ne disposait pas du pouvoir de conclure le bail, en raison des limitations de pouvoirs propres à la SARL ; elle est déboutée.

l'autorisation préalable du conseil d'administration (V. *supra*, n° 1003), pareille formalité n'est pas imposée en matière de SARL ; le gérant engage donc la société quand il octroie seul une garantie ; les créanciers prudents imposent néanmoins souvent que la garantie soit confirmée par l'assemblée des associés.

1729. - *Délégation de pouvoirs.* Les pouvoirs de gestion reconnus au gérant par la loi ne font pas obstacle à ce que les associés donnent mandat à l'un d'entre eux pour passer un contrat au nom de la société[32], par la technique de la délégation de pouvoirs (V. *supra*, n° 446).

2° Les rapports avec les associés

1730. - Dans les rapports entre associés, les pouvoirs du gérant sont déterminés par les statuts ; dans le silence de ceux-ci, le gérant peut faire tout acte de gestion dans l'intérêt de la société (C. com., art. L. 223-18, al. 4, renvoyant à l'article L. 221-4). Il doit encore respecter les prérogatives des autres organes, spécialement celles de l'assemblée des associés (pour la cession des actifs sociaux, V. *supra*, n° 447) ; il ne lui appartient pas par exemple d'approuver les comptes sociaux ou de modifier les statuts.

1731. - La loi autorise toutefois le gérant à prendre certaines décisions relevant normalement de la *compétence des associés* (C. com., art. L. 223-18, al. 8, 9 et 10) :

– le gérant peut déplacer lui-même le siège social sur le territoire français, sous réserve d'une ratification par les associés (V. *infra*, n° 1749) ;

– il peut, dans les mêmes conditions, mettre les statuts en harmonie avec les dispositions impératives de la loi et des règlements ;

– lorsque les parts sociales ont fait l'objet d'un contrat de bail (V. *supra*, n° 1765), il peut inscrire dans les statuts la mention du bail et le nom du locataire à côté de l'associé concerné, sous réserve d'une ratification par les associés dans les conditions prévues pour l'adoption des décisions ordinaires (V. *supra*, n° 1748) ; il peut, dans les mêmes conditions, supprimer cette mention en cas de non-renouvellement ou de résiliation du bail.

B. – La répartition des pouvoirs en cas de pluralité des gérants

1732. - *Pluralité de représentants légaux.* En cas de pluralité de gérants, chacun a séparément le même pouvoir d'engager la société ; chaque gérant, en qualité de représentant légal, est dépositaire de la signature sociale (C. com., art. L. 223-18, al. 7). On mesure les difficultés posées par cette pluralité de décideurs. Certes, les statuts aménagent souvent les pouvoirs réciproques des gérants, attribuant à chacun un secteur particulier de la gestion ou exigeant qu'ils agissent toujours ensemble mais ces agencements sont inopposables aux tiers (V. *supra*, n° 1727) ; toutefois, le cogérant qui passe outre à une telle clause engage sa responsabilité civile à l'égard de la société (C. com., art. L. 223-22)[33].

(32) CA Paris, 1er oct. 2008 : *BRDA* 9/2009, n° 3 ; cautionnement.
(33) Cass. com., 3 déc. 2002 : *BRDA* 3/2003, p. 5 ; le contrat de crédit-bail souscrit par un cogérant en violation d'une clause des statuts exigeant l'accord des deux gérants est valable ; toutefois, le cogérant signataire engage sa responsabilité civile à l'égard de la société.

1733. – *Opposition.* Un gérant peut s'opposer aux actes d'un autre gérant, mais son opposition est sans effet à l'égard des tiers « à moins qu'il ne soit établi qu'ils en ont eu connaissance » (C. com., art. L. 223-18, al. 7) (V. *infra*, n° 1943). Par exemple, le cogérant qui apprend fortuitement qu'un de ses collègues projette de passer un contrat qu'il estime contraire à l'intérêt social peut informer le tiers cocontractant de son opposition ; si le tiers passe outre et conclut néanmoins ledit contrat, il ne pourra pas exiger de la société son exécution. Il existe d'ailleurs un devoir de surveillance à l'égard des cogérants et le défaut de surveillance peut être une cause de responsabilité invoquée à l'encontre du cogérant insouciant.

Le coin des amateurs

1. Cumul d'un contrat de travail avec la qualité d'associé ou de gérant d'une SARL

1734. – Il n'est pas rare que le gérant ou l'associé d'une SARL se prétende salarié de la société. L'admission d'un tel cumul suppose entre autres que la preuve d'un lien de subordination à l'égard de la société soit apportée (V. *supra*, n° 1720). La réussite d'une telle démonstration dépend de la situation d'espèce et la jurisprudence opère les distinctions suivantes :

– *le gérant non associé :* la possibilité d'un cumul est admise par la Cour de cassation à condition que la preuve du lien de subordination et de la réalité des fonctions exercées soit rapportée (par ex., Cass. soc., 14 mai 1998 : *JCP* E 1999, p. 284, note C. Puigelier) ;

– *l'associé non gérant :* là aussi, tout est question d'espèce ; il existe en la matière une jurisprudence foisonnante dont la synthèse est délicate ; on trouve des décisions admettant la preuve de la réalité du lien de subordination, que l'associé soit minoritaire, majoritaire (pour une décision admettant la réalité du lien de subordination de l'associé détenant 92 % du capital, Cass. soc., 5 avr. 1973 : *Bull. civ.* 1973, I, n° 232. – V. égal., Cass. soc., 4 déc. 1990 : *Rev. sociétés* 1991, p. 79) (V. pour l'EURL, *infra*, n° 1805) ; d'autres décisions sont en revanche plus sévères (pour le refus de la qualité de salarié d'un associé égalitaire : CA Versailles, 13 sept. 2001 : *BJS* 2002, p. 66, note B. Petit ; pour le refus opposé à un associé à 49 % : Cass. soc., 13 févr. 2013, n° 11-19.870 : *RJDA* 6/2013, n° 515 ; absence de subordination au gérant) ;

– *le gérant associé :* tout dépend ici du point de savoir si le gérant est minoritaire ou majoritaire ; la qualité de gérant minoritaire n'est pas par elle-même exclusive de celle de salarié (Cass. soc., 10 févr. 2010, n° 09-40.383 : *RJDA* 5/2010, n° 515 ; le gérant était minoritaire et exerçait les fonctions salariées de directeur commercial assurant la représentation des produits de l'entreprise, sous la direction de la société mère, associée majoritaire, et jouissant d'une autonomie limitée dans l'exercice de ses fonctions sociales) ; à l'inverse, il a été jugé dans une affaire *Cavrois* (jurisprudence plusieurs fois confirmée) qu'un gérant majoritaire ne saurait avoir la position de salarié, faute de « patron » auquel il serait subordonné (Cass. soc., 7 févr. 1979 : *Rev. sociétés* 1980, p. 473, note J. H.).

2. La révocation sans juste motif

1735. – « Si la révocation est décidée sans juste motif, elle peut donner lieu à dommages-intérêts » (C. com., art. L. 223-25). Telle est la règle qui prévaut à l'égard des dirigeants que voici :

– gérants de sociétés civiles (C. civ., art. 1851) ;

– gérants de sociétés en nom collectif (C. com., art. L. 221-12) ;

– gérants de société en commandite simple (V. *infra*, n° 1859) ;

– gérants de SARL (C. com., art. L. 223-25) ;

– directeurs généraux délégués d'une SA et directeur général lorsqu'il n'est pas président du conseil d'administration (C. com., art. L. 225-55) ;

– membres du directoire d'une SA (C. com., art. L. 225-61).

a) Notion

La notion de juste motif, qui n'est pas définie par la loi, donne lieu à un contentieux fourni (R. Baillod, *Le juste motif de révocation des dirigeants sociaux : RTD com.* 1983, p. 395. – D. Gibirila, *Le juste motif de révocation des dirigeants de sociétés : Journ. sociétés* avr. 2012, p. 56). Il ne faut pas la confondre avec la dissolution pour juste motif visée à l'article 1844-7 du Code civil qui recouvre essentiellement la mésintelligence (V. *supra*, n°s 777 et s.), ni avec le retrait pour justes motifs dans les sociétés civiles (V. *infra*, n° 1978).

Mais quand y a-t-il juste motif excluant tout dédommagement ? Selon la jurisprudence, cela peut tenir soit au comportement fautif du dirigeant, soit à une divergence de vues sur la politique sociale.

b) Faute et juste motif

Si le dirigeant a commis des fautes de gestion, il est naturel qu'il puisse être « remercié » sans contrepartie ; tel est le risque du métier de dirigeant ; encore faut-il que la faute soit suffisamment grave.

Voici quelques exemples :

– présenter de manière alarmiste la situation de la société et ce contre l'avis des associés (CA Paris, 20 févr. 2007 : *BRDA* 18/2007, n° 6) ;

– incapacité à justifier le respect des conditions légales exigées pour gérer la société (CA Paris, 30 oct. 2007 : *RJDA* 3/2008, n° 296 ; société exerçant une activité d'agent immobilier) ;

– distribution d'un acompte sur dividende avant tout examen des comptes sociaux et relations financières irrégulières avec une autre société dirigée par le frère du gérant (CA Versailles, 6 nov. 2008 : *RJDA* 7/2009, n° 658) ;

– perte de confiance consécutive à la dissimulation par le gérant de sa qualité d'associé à hauteur de 40 % de la société bailleresse avec laquelle la société dirigée avait passé un contrat de bail commercial (CA Paris, 5 mars 2009, n° 08-8682 : *RJDA* 6/2009, n° 558 ; membre du directoire d'une SA) ;

– gérant s'octroyant une rémunération hors l'approbation des associés et absence de convocation de l'assemblée annuelle dans les délais prescrits, ce qui avait obligé les associés à solliciter la nomination d'un mandataire de justice (CA Paris, 27 oct. 2015, n° 14/14.699 : *RJDA* 4/2016, n° 296) ;

– entreprise de dénigrement du directeur général par un directeur général délégué risquant de discréditer le premier et de le mettre en porte à faux vis-à-vis des actionnaires, le tout pour protéger l'intérêt personnel du directeur général délégué (CA Paris, 22 janv. 2019, n° 17/04102 : *BRDA* 6/2019, n° 3). En revanche, il a été jugé que la violence des prises de position du gérant confronté au refus des associés de suivre ses mises en garde ne constituait pas un juste motif de révocation, son ardeur étant justifiée par le souci de préserver l'intérêt social (CA Paris, 15 sept. 2009 : *RJDA* 2/2010, n° 160 ; pourvoi rejeté par Cass. com., 9 nov. 2010, n° 09-71.284 : *RJDA* 2/2011, n° 160) ;

– méconnaissance par le gérant d'une SELARL des règles légales relatives à la protection d'une salariée enceinte (Cass. com., 15 janv. 2020, n° 18-19.009 : *BRDA* 4/2020, n° 6).

c) Absence de faute et juste motif

En l'absence de faute, le juste motif est plus délicat à appréhender d'autant qu'il relève de l'appréciation souveraine des juges du fond.

Voici des illustrations :

– divergence de vues avec les associés majoritaires sur la nécessité d'une réorganisation de l'entreprise (CA Versailles, 11 févr. 1988 : *JCP* 1988, II, 15292, note A. Viandier et J.-J. Caussain) ;

– mésentente entre deux gérants de nature à compromettre l'intérêt social (Cass. com., 7 janv. 2014, n° 13-11.866 : *RJDA* 6/2014, n° 538) ;

– perte de confiance des associés, notamment due au fait que le gérant s'était autorémunéré (CA Paris, 27 oct. 2015, n° 14/14699 : *RJDA* 4/2016, n° 296) ;

– fait pour un dirigeant (en l'espèce un membre du directoire d'une SA) de ne pas atteindre les objectifs prévus et qu'il n'ait pu éviter la naissance d'un grave litige avec l'administration des douanes, ce qui avait affecté la réputation et les finances de la société (CA Paris, 5 avr. 1999 : *JCP* E 1999, p. 1237, n° 8, obs. A. Viandier et J.-J. Caussain ; *BJS* 1999, p. 686, note P. Le Cannu ; dans cette affaire le dirigeant obtint néanmoins des dommages-intérêts parce qu'il n'avait pas été mis en mesure de présenter préalablement ses observations ; sur l'application du principe du contradictoire, V. *supra*, n°s 589 et n°s 942 et s.).

En revanche, la tension extrême régnant entre les cogérants en raison de leur divorce n'est pas en soi un juste motif de révocation (CA Versailles, 13 nov. 2007 : *RJDA* 4/2008, n° 430 ; la cour d'appel relève en outre que depuis plusieurs mois le gérant révoqué était privé de toute information).

d) Limites statutaires

On observera que selon la Cour de cassation, les statuts d'une société civile peuvent valablement contenir une clause prévoyant que la révocation du gérant, même décidée sans juste motif, ne donnera pas lieu à dommages-intérêts (Cass. 3e civ., 6 janv. 1999 : *BJS* 1999, p. 498, note A. Couret ; *JCP* E 1999, p. 669, n° 10, obs. A. Viandier et J.-J. Caussain). Cette solution semble transposable à d'autres formes de sociétés (SNC, SAS, SARL…), les textes visant la révocation des gérants de ces sociétés étant rédigés en des termes identiques à ceux de l'article 1851 du Code civil concernant la société civile.

SOUS-SECTION 3

LES ASSOCIÉS DE LA SARL

1736. – Dans l'ensemble, les droits des associés sont comparables à ceux des actionnaires d'une SA, qu'il s'agisse des droits politiques des droits financiers ou, sous d'importantes réserves, des droits patrimoniaux (sur l'obligation de non-concurrence de l'associé, V. *supra*, n° 565) ; on procédera donc par larges renvois, sauf à relever les particularités propres à la SARL.

§ 1. – Les droits politiques

1737. – On envisagera successivement le droit à l'information et le droit de vote.

A. – Le droit à l'information

1738. – *Le droit à l'information* est identique à celui qui est reconnu aux actionnaires (V. *supra*, n°s 1142 et s.) :

– *information permanente* : tout associé peut, à toute époque de l'année, prendre connaissance au siège social des comptes annuels, des rapports soumis aux assemblées, des procès-verbaux d'assemblées, le tout pour les trois derniers exercices ; il peut se faire assister d'un expert (C. com., art. L. 223-26, al. 4 et R. 223-15) ; le droit à l'information permanente ne vaut pas permis d'accéder librement aux locaux et la société a la faculté d'organiser la consultation en proposant un rendez-vous à l'associé[(34)] ;

– *information préalable à la tenue de l'assemblée annuelle d'approbation des comptes* : le gérant est tenu d'adresser à chaque associé, quinze jours au moins avant la tenue de l'assemblée, les documents suivants (C. com., art. L. 223-26, al. 2 et R. 223-18) : comptes annuels, inventaire, rapport de gestion, texte des résolutions proposées, rapport du commissaire aux comptes s'il en existe un (V. *infra*, n° 1771), sans oublier les comptes consolidés et le rapport sur la gestion du groupe ; l'assemblée annuelle peut être annulée si le droit d'information de l'associé n'a pas été respecté ; il s'agit d'une nullité facultative soumise à l'appréciation des juges[(35)] ;

– *information préalable à la tenue des autres assemblées* : le gérant doit adresser aux associés, quinze jours au moins avant la tenue de la réunion, le rapport des gérants, le texte des résolutions et, le cas échéant, le rapport du commissaire aux comptes (C. com., art. R. 223-19).

Dans tous les cas, information permanente ou information occasionnelle, à défaut d'obtenir ces documents, l'associé peut solliciter en référé une mesure d'injonction judiciaire sous astreinte ou la nomination d'un mandataire chargé de procéder à la communication (C. com., art. L. 238-1).

1739. – *Autres prérogatives.* La loi prévoit en outre les trois prérogatives suivantes :

– droit pour tout associé de poser des questions écrites au gérant préalablement à la tenue d'une assemblée annuelle d'approbation des comptes (C. com., art. L. 223-26, al. 3) ;

– droit, deux fois par exercice, pour tout associé non gérant de poser des questions écrites au gérant sur tout fait de nature à compromettre la continuité de l'exploitation (C. com., art. L. 223-36) ;

– droit pour un ou plusieurs associés représentant au moins un dixième du capital social de demander la désignation d'un expert de gestion (C. com., art. L. 223-37. – V. *supra*, n°s 700 et s.)[(36)].

B. – Le droit de vote

1740. – *Une part/une voix.* On signalera de façon liminaire que chaque associé dispose d'un nombre de voix égal à celui des parts sociales qu'il possède ; ce principe

(34) CA Paris, 15 déc. 2016, n° 15/24772 : *RJDA* 3/2017, n° 191.

(35) CA Paris, 17 déc. 1999 : *RJDA* 2000, n° 292 ; annulation d'une assemblée annuelle, faute pour les associés d'avoir reçu dans le rapport de gestion une information complète sur les conditions juridiques et financières d'une opération ayant une incidence sur les comptes.

(36) CA Dijon, 7 sept. 2004 : *Dr. sociétés* 2004, n° 216 ; l'absence d'information des associés sur différentes opérations – licence de brevet, frais de recherche et de développement, études pour le compte d'une filiale… – justifie la désignation d'un expert de gestion.

d'égalité est d'ordre public (C. com., art. L. 223-28) ; il n'est donc pas possible de créer des parts sociales à droits de vote multiples ou des parts sociales sans droit de vote.

1° Les modalités d'exercice du droit de vote

1741. – *Pluralité des modes de consultation.* Comme dans les SA, le droit de vote s'exerce par principe dans les assemblées où sont convoqués les associés. Mais ce n'est pas le seul mode possible ; les statuts peuvent en effet prévoir que les décisions, ou certaines d'entre elles, pourront être prises par consultation écrite des associés ou pourront résulter du consentement de tous les associés exprimé dans un acte (C. com., art. L. 223-27).

1742. – *Exceptions.* Par exception, la tenue d'une assemblée est obligatoire dans les deux hypothèses suivantes :

– *lorsqu'il s'agit d'approuver les comptes annuels*, les associés doivent être réunis en assemblée, dans les six mois de la clôture de l'exercice ; à défaut, le ministère public ou toute personne intéressée peut saisir le président du tribunal compétent statuant en référé afin d'enjoindre, le cas échéant sous astreinte, aux gérants de convoquer cette assemblée ou de désigner un mandataire pour y procéder (C. com., art. L. 223-26, al. 1er) ; le gérant peut demander au juge de proroger le délai requis (C. com., art. R. 223-18-1) ;

– *lorsque la réunion de l'assemblée est demandée par des associés* détenant soit la moitié des parts sociales, soit 10 % du capital social, à condition qu'ils représentent 10 % du nombre des associés (C. com., art. L. 223-27, al. 4 ; mod. L. n° 2019-744, 19 juill. 2019) ; s'ils « pèsent » suffisamment lourd, les associés qui croient aux vertus d'une franche discussion ou qui se méfient des surprises des consultations écrites peuvent donc imposer la tenue d'une assemblée générale.

a) Le vote en assemblée

1743. – *Principes.* Comme dans les SA, les assemblées sont des grand-messes minutieusement réglementées (V. *supra*, nos 1166 et s.). Il faut respecter scrupuleusement le rituel légal, car toute mauvaise manœuvre fournirait une arme inespérée à un associé retors cherchant à faire annuler une décision qu'il n'apprécie pas. Une assemblée irrégulièrement convoquée peut être annulée ; toutefois, l'action en nullité n'est pas recevable lorsque tous les associés étaient présents ou représentés (C. com., art. L. 223-27, *in fine*) et le prononcé de la nullité est laissé à l'appréciation des juges, son prononcé supposant que le demandeur démontre l'existence d'un grief[37]. La matière ne souffre donc pas l'improvisation et, en général, ce sont des professionnels avertis (avocats, notaires…) qui sont chargés du secrétariat juridique de la société.

1744. – *Rituel.* Les rites à respecter sont les suivants :

– *convocation :* c'est en principe au gérant qu'il revient de convoquer l'assemblée ou, en cas de carence, au commissaire aux comptes s'il en existe un ; la preuve

(37) Cass. com., 10 nov. 2016, n° 14-16.022 : *BJS* 2016, p. 149, note M. Buchberger.

de l'existence et de la régularité de la convocation incombe au gérant[38] ; en cas de défaillance des organes légaux et si l'intérêt social le justifie, tout associé, quel que soit le nombre de parts qu'il possède, peut demander au président du tribunal de commerce statuant en référé la désignation d'un mandataire de justice chargé de convoquer l'assemblée (C. com., art. L. 223-27, al. 7 et R. 223-20, *in fine*) ; en cas de décès du gérant unique, l'assemblée réunie aux fins de le remplacer peut être convoquée par le commissaire aux comptes ou tout associé (V. *supra*, n° 1708) ; les mesures ne manquent donc pas pour passer outre à la mauvaise volonté, à l'insouciance, voire à l'absence du gérant ;

– *lieu de convocation* dans le silence des statuts, le lieu de réunion des assemblées générales est fixé par l'auteur de la convocation, cette décision ne pouvant être remise en cause qu'en cas d'abus[39] ;

– *ordre du jour* : il est fixé par celui qui procède à la convocation ; l'article L. 223-27 autorise toutefois un ou plusieurs associés détenant au moins 5 % du capital social à faire inscrire à l'ordre du jour « des points ou projets de résolution » (C. com., art. R. 223-20 et s.) ; par exception, le gérant peut être révoqué même si le point n'est pas inscrit à l'ordre du jour (V. *supra*, n° 1712) ;

– *modalités de convocation* : les associés doivent être convoqués par lettre recommandée ou par voie électronique sous réserve de l'accord de chaque associé (C. com., art. R. 223-20) ;

– *information des associés* : le gérant doit communiquer différents documents aux associés préalablement à la tenue d'une assemblée (V. *supra*, n° 1738) ;

– *délai de convocation* : l'assemblée ne peut se tenir avant l'expiration du délai de communication des documents (C. com., art. L. 223-27, al. 2), autrement dit au moins quinze jours (V. *supra*, n° 1738) ; le délai est réduit à huit jours pour la convocation de l'assemblée ayant pour objet de remplacer le gérant unique décédé (V. *supra*, n° 1708) ;

– *représentation* (C. com., art. L. 223-28) : un associé peut se faire représenter par son conjoint[40], à moins que la société ne comprenne que les deux époux, ou par un autre associé, sauf si la société ne comporte que deux associés[41] ; si les statuts le permettent, un associé peut se faire représenter par un tiers non associé ;

– *visioconférence et vote électronique* : si les statuts le prévoient, pour les assemblées autres que l'assemblée d'approbation des comptes, les associés peuvent participer à l'assemblée par visioconférence ou par des moyens de télécommunication permettant leur identification ; les statuts peuvent prévoir un droit d'opposition à l'utilisation de ces moyens au profit d'un nombre déterminé d'associés et pour une délibération donnée (C. com., art. L. 223-27, al. 3 et R. 223-20-1) ;

(38) Cass. com., 10 févr. 2021, n° 18-23.398 ; *BJS* mai 2021, p. 29, note R. Dalmau.

(39) Cass. com., 31 mars 2021, n° 19-12.057, FP : abus non démontré ; SARL détenue par deux frères cogérants à hauteur respectivement de 50,04 % et 49,96 % ; convocation pour la première fois d'une assemblée générale à Paris, alors que le siège est situé en Guadeloupe, à l'occasion le cogérant majoritaire a révoqué l'autre de ses fonctions sans que ce dernier ne soit présent.

(40) L'époux doit justifier d'un mandat régulier, lequel ne peut résulter de la gestion conjointe des parts sociales communes : CA Lyon, 19 févr. 2004 : *Dr. sociétés* juill. 2004, n° 130, obs. J. Monnet.

(41) Toute clause contraire est réputée non écrite (C. com., art. L. 223-28) et la décision prise par un associé représentant son coassocié est nulle : Cass. com., 19 févr. 1991 : *BJS* 1992, p. 413, note P. Le Cannu.

– *le procès-verbal* : il doit mentionner les décisions prises ; il est signé par le gérant et, le cas échéant, par le président de séance (C. com., art. R. 223-24) ; depuis le décret n° 2019-1118 du 31 octobre 2019, les procès-verbaux peuvent être établis et conservés sous forme électronique ; quel que soit le support, la rédaction d'un procès-verbal fictif constitue un faux ; tel est le cas par exemple si l'assemblée prétendument tenue ne s'est pas réunie(42).

b) Le vote par consultation écrite

1745. – Les statuts peuvent prévoir que les décisions, ou certaines d'entre elles, seront prises sur consultation écrite des associés (C. com., art. L. 223-27, al. 1). Rappelons que la tenue d'une assemblée pour l'approbation des comptes est obligatoire et qu'elle ne peut donc pas donner lieu à une consultation écrite (V. *supra*, n° 1741). Ce recours à la consultation écrite est un point de divergence avec les SA (V. *supra*, n° 1173), et de convergence avec les sociétés de personnes (V. *infra*, nos 1891 et 1982). Le texte des résolutions ainsi que les documents nécessaires à l'information des associés doivent être adressés aux associés par lettre recommandée ; ceux-ci disposent alors d'un délai minimal de quinze jours pour voter par écrit (C. com., art. R. 223-22). Prenons par exemple le cas du remplacement d'un cogérant : les associés reçoivent à leur domicile, par lettre recommandée, tout document propre à leur permettre d'exprimer un choix éclairé comme le *curriculum vitae* de la personne pressentie ; ils ont quinze jours minimum pour faire connaître leur opinion ; le dépouillement est assuré par le gérant.

c) Le vote par signature d'un acte unanime

1746. – À condition que cette faculté soit prévue par les statuts, les décisions pourront résulter du consentement de tous les associés exprimés dans un acte (C. com., art. L. 223-27). Il s'agit d'une simplification bienvenue qui facilite la gestion des petites SARL, dès lors que les associés sont tous d'accord sur la décision à prendre. Un minimum de formalisme reste toutefois requis : le consentement ne saurait être tacite ; il doit être exprimé dans un acte (V. *infra*, n° 2085).

2° Les modalités de calcul des majorités

1747. – Les calculs se font à partir des parts sociales, chacune donnant droit à une voix, ce principe étant d'ordre public (V. *supra*, n° 1740). Les règles de majorité sont différentes selon que la décision emporte ou non modification des statuts. Toutefois, dans les deux cas, la loi n° 2019-744 du 19 juillet 2019 de simplification du droit des sociétés (V. *supra*, n° 18) a prévu que les décisions prises en violation des règles de majorité peuvent être annulées à la demande de tout intéressé (C. com., art. L. 223-30, al. 7).

1748. – *Pour les décisions ordinaires* (approbation des comptes, désignation ou révocation des gérants, approbation des conventions réglementées…), la majorité absolue est exigée, c'est-à-dire plus de la moitié de l'ensemble des parts sociales, cela

(42) Cass. crim., 6 sept. 2000 : *BJS* 2001, p. 41.

sur première convocation. Sur deuxième convocation, sauf stipulation contraire des statuts, la décision est prise à la simple majorité des voix exprimées, quel que soit le nombre des associés présents (C. com., art. L. 223-29) ; à la limite, si un seul associé se déplace, il prend la décision à l'unanimité… des voix exprimées. On observera que les statuts peuvent prévoir que les décisions sont prises à des majorités plus élevées, par exemple l'unanimité[43].

1749. – *Pour les décisions extraordinaires*, autrement dit pour les décisions emportant modification des statuts, il faut distinguer selon que la SARL a été constituée avant ou après la publication de la loi du 2 août 2005 (C. com., art. L. 223-30).

Lorsque la société a été constituée avant le 3 août 2005, la majorité exigée est, aujourd'hui comme hier, celle des trois quarts des parts sociales ; tant que ce seuil n'est pas atteint, la décision n'est pas prise ; un associé ou un groupe d'associés possédant 25 % des parts plus une peut ainsi bloquer le projet, sauf aux autres associés à invoquer l'abus de minorité (V. *supra*, n°s 675 et s.) ; toute clause statutaire qui imposerait une majorité plus élevée serait réputée non écrite (V. *supra*, n° 306). Toutefois, les associés peuvent décider à l'unanimité que les décisions extraordinaires seront désormais prises conformément aux nouvelles règles de majorité, moins exigeantes (C. com., art. L. 223-30, al. 4).

Lorsque la société est constituée à partir du 3 août 2005, des règles de quorum doivent être respectées, ce qui est nouveau : l'assemblée ne délibère valablement que si les associés présents ou représentés possèdent au moins, sur première convocation, le quart des parts et, sur seconde convocation, le cinquième de celles-ci ; faute de quorum, la deuxième assemblée peut être prorogée à une date postérieure, de deux mois au plus à celle à laquelle elle avait été convoquée ; dans les deux cas, comme dans la SA (V. *supra*, n° 1185), les modifications statutaires sont adoptées à la majorité des 2/3 des parts des associés présents ou représentés. Les statuts peuvent prévoir des quorums ou une majorité plus élevés, sans pouvoir, dans ce dernier cas, exiger l'unanimité.

1750. – *Règles spéciales de majorité.* Par exception, certaines décisions obéissent à des règles spéciales.

L'unanimité est requise, par exemple lorsque la SARL décide le transfert du siège social à l'étranger (V. *supra*, n°s 372 et s.), change de nationalité (C. com., art. L. 223-30, al. 1er) ou se transforme en SAS, en SNC ou en société civile (V. *infra*, n°s 1779 et s.).

Également, la majorité ne peut en aucun cas obliger un associé à augmenter son engagement social (V. *supra*, n° 585) (C. com., art. L. 223-30, al. 5), toute décision violant ce principe étant susceptible d'être annulée[44].

La décision d'augmenter le capital par incorporation des bénéfices ou des réserves, qui ne modifie pas le montant des capitaux propres, est prise, non à la majorité exigée pour les décisions extraordinaires, mais à la majorité des parts sociales (C. com., art. L. 223-30, al. 6) (V. *infra*, n° 1773).

(43) Cass. com., 20 févr. 2019, n° 17-12.050 : *Rev. sociétés* 2019, p. 455, note D. Schmidt.
(44) Curieusement, la nullité n'est pas facultative mais de droit dans les autres formes sociales (sur cette incongruité : *BRDA* 20/2019, n° 6).

La décision de transformation en SA d'une SARL dont le montant des capitaux propres excède 750 000 € peut être prise par les associés représentant la majorité des parts sociales (C. com., art. L. 223-43, al. 2) (V. *supra*, n° 1777) ; cette mesure est destinée à faciliter la migration des « grosses » SARL vers les SA.

Enfin, en matière d'agrément, les parts sociales ne peuvent être cédées à des tiers qu'avec le consentement de la majorité des associés représentant au moins la moitié des parts sociales, sauf si les statuts ont prévu une majorité plus forte (V. *infra*, n° 1757).

1751. – **Jeu de calcul de majorités dans une SARL.**

Une SARL au capital de 7 500 € divisé en 500 parts sociales, constituée avant le 3 août 2005, comprend cinq associés ; la répartition des parts sociales est la suivante :

Aristide (gérant)	250 parts (soit 50 % du capital)
Louis	100 parts (soit 20 % du capital)
Ernest	75 parts (soit 15 % du capital)
Jacques	50 parts (soit 10 % du capital)
Jérôme	25 parts (soit 5 % du capital)

Trois assemblées doivent se réunir successivement, l'une pour approuver les comptes de l'exercice, l'autre pour décider une réduction du capital, la dernière pour agréer la cession de ses parts sociales par Jérôme au profit de l'un de ses amis, Gustave.

1. Décision ordinaire d'approbation des comptes

Tous les associés sont présents à l'assemblée ; Aristide se heurte à une fronde de ses coassociés mécontents des résultats obtenus. Ils votent contre l'approbation des comptes ; Aristide, avec 50 % des voix, n'a pas la majorité absolue et n'emporte pas la décision. Une deuxième assemblée est convoquée ; s'ils sont tous présents, les coassociés peuvent encore bloquer la décision ; si l'un manque à l'appel ou se rallie au gérant, l'approbation sera acquise.

2. Décision extraordinaire de réduction du capital

Aristide explique à ses associés que les pertes accumulées imposent une réduction de capital avant toute mesure de reconstitution des capitaux propres (V. *supra*, n°s 1446 et s.). Aristide vote pour, mais ne représente que la moitié des voix ; la société ayant été constituée avant le 3 août 2005, pour que la décision soit acquise, il faut réunir au moins 75 % des parts sociales, soit 375 voix (V. *supra*, n° 1749). Ernest se rallie rapidement à la proposition du gérant, ce qui permet de rassembler 325 voix ; il en manque encore 50 ; Jacques se résigne à contrecœur, ce qui donne le total requis de 375 voix.

3. Décision d'agrément de Gustave

L'agrément suppose le consentement de la majorité des associés représentant au moins la moitié des parts sociales. Ceux-ci étant au nombre de cinq, la majorité requise est de trois associés, représentant au moins 250 parts sociales. Jérôme, le cédant, participe au vote. L'agrément ne sera accordé que si deux autres associés au moins sont d'accord, par exemple Aristide et Louis.

§ 2. – Les droits financiers

1752. – Comme les actionnaires d'une SA et dans les mêmes conditions, les associés de la SARL ont droit aux dividendes, aux réserves et au boni de liquidation (V. *supra*, n°s 1202 et s.). Les droits financiers des associés sont en principe égaux ; la loi n'interdit cependant pas la création de parts sociales privilégiées. La vie financière de la SARL est comparable à celle de la SA : soumission à l'impôt sur les sociétés, dotation de la réserve légale, mise en réserve ou distribution du bénéfice disponible (V. *supra*, n°s 1204 et s.). Les comptes annuels, et le rapport du commissaire aux comptes s'il existe (V. *supra*, n° 1771), doivent être déposés au greffe du tribunal de commerce dans le mois qui suit la tenue de l'assemblée annuelle ; le rapport de gestion n'est plus soumis à cette obligation de publicité ; il est simplement consultable au siège social par tout intéressé (V. *supra*, n° 633).

§ 3. – Les droits patrimoniaux

1753. – C'est sur ce point que la situation de l'associé d'une SARL se sépare le plus nettement de la situation de l'actionnaire, qu'il s'agisse du mode de cession des droits sociaux, de l'exigence d'un agrément ou du nantissement des parts sociales. Le régime de la location de parts sociales est en revanche aligné sur celui de la location d'actions.

A. – Le mode de cession des droits sociaux

1754. – *Titres non négociables.* N'étant pas des valeurs mobilières, les parts sociales ne sont pas négociables selon les modes simplifiés du virement de compte à compte comme les actions (C. com., art. L. 223-12 ; mod. Ord. n° 2019-1067, 21 oct. 2019). Elles ne sont pas matérialisées par un titre, mais résultent de la répartition prévue dans les statuts. Elles se transmettent comme des créances, d'où les règles suivantes :

– *la cession doit être constatée par écrit* (C. com., art. L. 221-14, sur renvoi de L. 223-17) ; pour autant, la cession n'est pas un acte solennel ; dans les rapports entre parties, la cession est parfaite dès l'accord des volontés (V. *infra*, n° 1769) ; l'écrit n'est exigé qu'à titre probatoire ; s'agissant d'une opération de caractère civil, la preuve est apportée en principe par écrit et les litiges relèvent de la compétence des tribunaux civils (V. *supra*, n° 400) ; il en irait autrement, car l'opération présenterait alors un caractère commercial, si la cession de la majorité des parts entraînait un transfert du contrôle de la société (V. *infra*, n° 2334) ;

– *la cession doit être portée officiellement à la connaissance de la SARL* ; on a le choix entre un mode peu formaliste et peu coûteux, à savoir le dépôt d'un original de l'acte de cession au siège de la société, et les modes solennels, mais coûteux, de l'article 1690 du Code civil : signification à la société par acte d'huissier ou acceptation par la société dans un acte authentique[(45)] ; le défaut de notification est une cause d'annulation de la cession[(46)] ;

(45) Même si la cession n'a pas été signifiée à la société, elle est lui opposable lorsque le cessionnaire a procédé à la signification du nantissement des titres : Cass. com., 18 oct. 2011, n° 10-21.800, PB : *BJS* 2012, § 60, p. 96, note A. Reygrobellet ; *Dr. sociétés* 2012, n° 9, obs. M. Roussille ; *JCP E* 2012, 2019, note J.-J. Barbièri.

(46) Cass. com., 21 janv. 2014, n° 12-29.221 : *Rev. sociétés* 2014, p. 437, note A. Reygrobellet.

– *l'opposabilité aux tiers* résulte du dépôt au greffe du tribunal de commerce des statuts modifiés, dépôt qui peut être effectué par voie électronique (C. com., art. L. 221-14, sur renvoi de L. 223-17) ; cette opposabilité exige également que les formalités permettant de rendre la cession opposable à la société aient été accomplies (V. *infra*, n° 1900) ; à défaut de publication des statuts modifiés, le cédant ou le cessionnaire peut déposer lui-même l'acte de cession au registre du commerce et des sociétés, à condition d'avoir préalablement mis en demeure le gérant et de justifier la saisine du juge visant à ce que soit ordonnée la modification des statuts de manière à faire apparaître la nouvelle répartition du capital (C. com., art. R. 221-9, sur renvoi de R. 223-13) ;

– *la cession doit être enregistrée*, cette formalité fiscale entraînant l'exigibilité d'un droit de 3 % à la charge du cessionnaire (V. *supra*, n° 145) ; la SARL est parfois transformée préalablement en SA ou en SAS pour échapper à ce droit (V. *supra*, n° 755) ;

– *il faut tenir compte du régime matrimonial applicable* (V. *supra*, n° 538) : si un conjoint peut céder librement des actions propres, la cession de parts sociales communes implique, à peine de nullité, le consentement du conjoint (C. civ., art. 1424)[(47)].

1755. – *Si le cessionnaire est déçu* par la qualité des droits qu'il a acquis, il peut invoquer un vice du consentement ou mettre en œuvre les garanties légales, voire, s'il a été prévoyant, les garanties conventionnelles de garantie de passif (V. *supra*, n°s 1272 et s.).

B. – La nécessité d'un agrément

1756. – La nécessité d'un agrément témoigne du caractère hybride de la SARL qui, sur ce plan, cousine avec les sociétés de personnes. L'*intuitus personae* qui préside à sa constitution et à son fonctionnement interdit qu'un étranger puisse entrer dans la société sans l'accord d'une majorité qualifiée (V. *supra*, n° 1750). L'agrément est obligatoire lorsque le cessionnaire est un tiers ; il est facultatif si le cessionnaire est un coassocié ou un membre de la famille du cédant. Signalons que le cédant n'est pas interdit de vote, ce qui souvent simplifie les choses.

1° L'agrément obligatoire

1757. – *Cession à un tiers.* Lorsque le cessionnaire pressenti est un tiers, tant le principe de l'agrément que ses modalités sont d'ordre public[(48)].

L'associé qui désire céder ses parts à un tiers doit notifier son projet, par acte extrajudiciaire ou par lettre recommandée, à la société et à chacun des associés afin d'obtenir leur agrément (C. com., art. L. 223-14, al. 2 et R. 223-11 ; mod. D. n° 2019-1419,

(47) C'est ainsi qu'un pharmacien, saisi d'un repentir, a pu demander l'annulation de la cession de ses parts dans la société (il s'agissait en l'espèce d'une SNC, mais la solution serait la même pour une SARL), parce qu'il n'avait pas sollicité le consentement de son conjoint commun en biens : CA Paris, 28 juin 1994 : *Dr. sociétés* 1994, n° 175, obs. H. Le Nabasque.

(48) La Cour de cassation a refusé, faute de caractère sérieux, de transmettre au Conseil constitutionnel une question prioritaire de constitutionnalité querellant l'atteinte au principe d'égalité (Cass. com., 27 sept. 2013, n° 13-40.045, [QPC] : *RJDA* 3/2014, n° 229).

20 déc. 2019)[49], à peine de nullité de la cession[50]. Dans les huit jours de cette notification, le gérant doit convoquer l'assemblée pour statuer sur le projet de cession ou, si les statuts le permettent, consulter les associés par écrit ; la décision de la société est ensuite notifiée au cédant (C. com., art. R. 223-12).

Sauf si les statuts ont prévu une majorité plus forte, l'agrément du cessionnaire suppose le respect d'une double majorité, à savoir la majorité des associés, représentant au moins la moitié des parts sociales (C. com., art. L. 223-14, al. 1er). Le consentement est réputé acquis si la société n'a pas fait connaître sa décision dans les trois mois de la notification.

1758. – *En cas de refus d'agrément*, l'associé peut obtenir le rachat de ses titres, soit auprès des associés ou d'un tiers, soit auprès de la société. La loi pose toutefois une limite importante : le rachat n'est dû que si le cédant détient ses parts depuis au moins deux ans, sauf si les titres ont été recueillis par succession, liquidation de communauté ou donation au profit d'un conjoint, ascendant ou descendant (C. com., art. L. 223-14, al. 6).

Les associés sont tenus d'acquérir ou de faire acquérir les parts du cédant dans les trois mois du refus (C. com., art. L. 223-14, al. 3). En cas de désaccord sur le prix, celui-ci est fixé par un tiers dans les conditions de l'article 1843-4 du Code civil (V. *supra*, n° 1243)[51], les frais étant à la charge de la société. À la demande du gérant, le délai de trois mois peut être prolongé par décision de justice, sans toutefois pouvoir excéder six mois.

Dans le même délai et dans les mêmes conditions de fixation du prix, la société peut encore, avec le consentement du cédant, racheter elle-même les droits sociaux et réduire le capital social à due concurrence ; un délai de paiement qui ne saurait excéder deux ans peut, sur justification, être accordé par décision de justice à la société (C. com., art. L. 223-14, al. 4).

Le refus d'agrément permet au cédant de renoncer à la cession (C. com., art. L. 223-14, al. 3). Si, à l'expiration du délai imparti, aucun rachat des parts n'est intervenu, l'associé peut réaliser la cession initialement prévue (C. com., art. L. 223-14, al. 5)[52].

2° L'agrément facultatif

1759. – *Transmission entre associés*. Les parts sont en principe librement cessibles entre associés puisqu'il n'en résulte aucune violation du caractère fermé de la société ; l'équilibre du pouvoir peut en revanche s'en trouver altéré du fait du

(49) Faute pour le cédant de rapporter la preuve d'une notification à chacun des associés, la procédure d'agrément est irrégulière : Cass. com., 7 juill. 2004 : *Dr. sociétés* oct. 2004, n° 173, obs. J. Monnet. – Mais seuls les associés et la société peuvent se prévaloir du défaut de notification, à l'exclusion du cessionnaire : Cass. com., 11 févr. 1992 : *BJS* 1992, § 141, p. 442, note P. Le Cannu.

(50) Cass. com., 21 janv. 2014, n° 12-29.221, PB : *BJS* 2014, p. 250, note B. Saintourens ; *Dr. sociétés* 2014, n° 64, obs. D. Gallois-Cochet ; le gérant peut demander la nullité de la cession pour défaut de notification du projet de cession sans que puisse lui être opposée sa confirmation de l'acte.

(51) L'expert est nommé sur simple requête et non par assignation en la forme des référés : Cass. com., 6 févr. 2019, n° 16-13.636 : *BRDA* 6/2019, n° 1.

(52) Cass. com., 2 nov. 2011, n° 10-15.887, PB : *Dr. sociétés* 2012, n° 8, obs. D. Gallois-Cochet ; *Rev. sociétés* 2012, p. 161, note A. Lecourt ; en cas de refus d'agrément, lorsque les associés, après avoir demandé la désignation d'un expert afin d'évaluer les parts, se sont abstenus de manifester leur intention d'acheter celles-ci dans le délai légal, il doit être fait droit à la demande du cédant de céder ses parts au cessionnaire pressenti. – Rappr. Cass. 3e civ., 12 nov. 2015, n° 14-24.076 : *Rev. sociétés* 2016, p. 374, note B. Saintourens ; une simple lettre du gérant ne vaut pas offre de rachat de la société.

bouleversement des majorités ; aussi bien les statuts peuvent-ils imposer dans ce cas l'agrément du projet avec, le cas échéant, une majorité plus réduite ou des délais plus courts (C. com., art. L. 223-16, al. 2).

1760. – *Transmissions familiales.* Les parts sont en principe librement cessibles ou transmissibles au sein de la famille du cédant, que ce soit entre vifs (liquidation d'une communauté de biens entre époux, cession au conjoint, cession entre ascendants et descendants) ou pour cause de mort (transmission aux héritiers, transmission testamentaire) (C. com., art. L. 223-13, al. 1er). Cependant, afin de préserver l'intimité sociale et d'éviter l'accès à la qualité d'associé d'un indésirable, car incompétent, prodigue ou oisif, les statuts peuvent stipuler que le conjoint, l'héritier, l'ascendant ou le descendant ne deviendra associé qu'après avoir été agréé (C. com., art. L. 223-13, al. 2). L'agrément est donné dans les conditions prévues à l'article L. 223-14 (V. *supra*, n° 1757) ; à peine de nullité de la clause, délai et majorité ne peuvent pas être plus sévères qu'en cas de cession à des tiers. Le refus d'agrément oblige au rachat des parts dans les conditions prévues à l'article L. 223-14 (V. *supra*, n° 1758). À défaut de rachat des parts par les associés ou par la société dans le délai imparti, l'agrément est réputé acquis.

1761. – *Décès d'un associé.* À l'image des SNC (V. *infra*, n° 1904) et des sociétés civiles (V. *infra*, n° 1967), les statuts peuvent prévoir en cas de décès d'un associé la continuation de la société avec les héritiers de l'associé défunt ou avec les seuls associés survivants (C. com., art. L. 223-13, al. 3).

Lorsque la société continue avec les seuls associés survivants, ou lorsqu'aucun des héritiers n'est agréé ou encore lorsque le bénéficiaire de la clause de continuation n'est pas un héritier, les attributaires sont redevables à la succession de la valeur des parts sociales qui leur sont attribuées. Il faut toutefois réserver le cas où l'attribution intervenue au bénéfice d'un tiers a la nature d'une libéralité ; la valeur des parts sociales doit alors s'imputer sur la quotité disponible et, en cas d'excès, la libéralité est soumise à une réduction en valeur.

Lorsque la société continue avec un ou plusieurs des héritiers ou lorsqu'est agréé un héritier ou certains d'entre eux, l'ouverture de la succession emporte attribution immédiate à leur profit des parts sociales. Autrement dit, les attributaires sont exclus de l'indivision successorale à hauteur des droits qu'ils recueillent sans attendre le partage définitif. Si la valeur des parts sociales au jour du décès excède leurs droits successoraux, la différence doit être rapportée à la succession. Les attributaires sont alors redevables d'une soulte, cette dette monétaire produisant intérêt jusqu'à son paiement.

Dans tous les cas, la valeur des parts sociales est déterminée au jour du décès par un tiers évaluateur dans les conditions prévues à l'article 1843-4 du Code civil (V. *supra*, n° 1243).

C. – Le nantissement des parts sociales

1762. – Selon l'article 2355 du Code civil, le nantissement est l'affectation, en garantie d'une obligation, d'un bien meuble incorporel ou d'un ensemble de biens meubles incorporels, présents ou futurs. Lorsque le nantissement porte sur un bien incorporel autre qu'une créance, ce qui est le cas des parts sociales, il est soumis, à défaut de dispositions spéciales, aux règles prévues pour le gage de meubles corporels.

1763. – *Constitution du gage.* Le gage est parfait par l'établissement d'un écrit contenant la désignation de la dette garantie, la quantité des biens donnés en gage ainsi que leur espèce ou leur nature (C. civ., art. 2336). Il est opposable aux tiers, et spécialement à la société, par la publicité qui en est faite ou par la dépossession entre les mains du créancier (C. civ., art. 2337). La loi prévoit que le gage est publié par une inscription sur un registre spécial(53) dont les modalités sont réglées par le décret n° 2006-1804 du 23 décembre 2006. Lorsque les parts sociales sont des biens communs, leur nantissement suppose l'accord du conjoint (C. civ., art. 1424).

1764. – *Réalisation du gage.* En cas de non-paiement à échéance, le créancier gagiste dispose d'une option : vente en justice des titres gagés ou attribution en paiement.

Si le créancier fait ordonner en justice la vente des titres gagés, il lui faut respecter les modalités prévues par les procédures civiles d'exécution ; cette dernière règle est d'ordre public, ce qui condamne la clause de voie parée qui permet au créancier de vendre le bien sans intervention judiciaire (C. civ., art. 2346).

Le créancier peut aussi faire ordonner en justice que les titres lui demeureront en paiement (C. civ., art. 2347, al. 1er). Cette attribution peut avoir été convenue à l'avance, on parle alors de pacte commissoire (C. civ., art. 2348, al. 1 et 2) ; la valeur du bien est déterminée, au jour du transfert, par un expert désigné à l'amiable ou, en cas de désaccord, judiciairement, toute clause contraire étant réputée non écrite.

Que l'attribution en paiement soit ordonnée en justice ou prévue conventionnellement, si la valeur des titres excède le montant de la créance garantie, la différence est versée au débiteur, sauf s'il existe d'autres créanciers gagistes, auquel cas elle est consignée (C. civ., art. 2347, al. 2, et 2348, al. 3).

Dans les deux cas, vente en justice ou attribution en paiement, l'adjudicataire ou l'attributaire doit être agréé par la société. Si la société donne son consentement au projet de nantissement dans les conditions de majorité prévues pour l'agrément des tiers (V. *supra*, n° 1757), cela emporte agrément du cessionnaire.

D. – La location de parts sociales

1765. – Les statuts peuvent prévoir que les parts sociales des SARL soumises à l'impôt sur les sociétés (V. *supra*, n° 1690) peuvent être louées à une personne physique sauf dans les sociétés intervenant dans le domaine de la santé ou exerçant les fonctions d'officier public ou ministériel (C. com., art. L. 239-1 et s.). Les règles applicables à la location de parts sociales sont les mêmes que celles prévues pour la location d'actions (V. *supra*, nos 1305 et s.).

§ 4. – Les conventions conclues entre la société, un gérant ou un associé

1766. – Dans la SARL, gérants et associés sont traités de la même façon lorsqu'ils passent une convention avec la société. La loi utilise la distinction

(53) Le registre peut être tenu sous forme électronique.

déjà pratiquée dans les sociétés par actions entre les conventions interdites, réglementées et libres :

– les *conventions interdites* à peine de nullité sont les emprunts, découverts, cautions, avals[54], sauf s'ils sont accordés à un gérant ou à un associé ayant la qualité de personne morale (C. com., art. L. 223-21) ; cette exception facilite notamment la mise en place de conventions de trésorerie dans les groupes (V. *infra*, n°s 2428 et s.) ;

– *sont libres* en revanche les conventions portant sur des opérations courantes et conclues à des conditions normales (C. com., art. L. 223-20) ; à la différence des règles existant en matière de SA, aucune procédure d'information n'est prévue (V. *supra*, n° 1029) ;

– *toutes les autres conventions sont réglementées*, c'est-à-dire soumises à l'approbation de l'assemblée générale (C. com., art. L. 223-19) (V. *supra*, n° 1033) ; la procédure s'applique également aux conventions passées avec une société dont un associé indéfiniment responsable ou un dirigeant est simultanément gérant ou associé de la SARL (C. com., art. L. 223-19, *in fine*).

1767. – *La procédure de contrôle des conventions réglementées* est plus simple que celle qui a cours dans les SA puisqu'elle ne comporte pas en principe d'autorisation préalable. Ce principe comporte une exception lorsqu'il n'existe pas de commissaire aux comptes et que la convention est passée par un gérant non associé ; dans ce cas, la convention doit être préalablement approuvée par les associés (C. com., art. L. 223-19, al. 2).

Pour le reste, la procédure est la suivante :

– le gérant avise le commissaire aux comptes, s'il en existe un, de la convention dans le délai d'un mois à compter de sa conclusion (C. com., art. R. 223-16) afin que ce dernier rédige un rapport spécial (C. com., art. R. 223-17) ; à défaut de commissaire aux comptes, le rapport spécial est établi par le gérant… même si c'est lui qui est concerné par la convention ;

– le rapport spécial est soumis à l'approbation de l'assemblée statuant aux conditions ordinaires de majorité, l'intéressé ne prenant pas part au vote ; il s'agit donc d'un contrôle *a posteriori* ; si la convention n'a pas été soumise à l'approbation des associés ou si elle n'a pas été approuvée, elle produit néanmoins effet, l'associé ou le gérant contractant devant le cas échéant réparer le préjudice subi par la société[55].

Le coin des amateurs

1. Le blanc n'est pas toujours innocent

1768. – Il y a matière à recherche sur le blanc en droit, qui mettrait par exemple à contribution le droit des personnes (mariage blanc), le droit des contrats (mentions en blanc), le droit des effets de commerce (chèque en blanc), le droit pénal (abus de blanc-seing,

(54) Il s'agit d'une nullité absolue qui peut être soulevée par voie d'exception par un associé en réponse à une demande de remboursement d'un prêt consenti sous la condition d'une garantie prohibée : Cass. com., 25 avr. 2006 : *BJS* 2006, § 209, p. 1024, note J.-Cl. Hallouin.

(55) Cass. com., 28 juill. 1988 : *Rev. sociétés* 1988, p. 545. – CA Agen, 3 avr. 2007 : *Dr. sociétés* 2007, n° 198, obs. J. Monnet ; mise à la charge du gérant des conséquences préjudiciables de la conclusion d'un bail commercial non autorisé.

blanchiment), le droit comptable (livres tenus sans blanc), le droit boursier (le chevalier blanc), le droit électoral (vote blanc), le droit des sociétés (pouvoir en blanc).

On lèvera ici le voile sur la cession en blanc et la démission en blanc. Pas plus que la simulation, ces opérations ne sont nulles par principe (V. *supra*, n°s 181 et s.) ; elles ne sont pas nécessairement innocentes pour autant ; une étude statistique (mais le blanc appelle le secret) montrerait sans doute que souvent « qui dit blanc dit fraude ».

a) La cession de parts en blanc

1. *Le phénomène.* Si les manuels sont discrets sur les cessions en blanc, les praticiens savent qu'il s'agit là d'une pratique courante. En cas d'utilisation frauduleuse de la société (V. *supra*, n° 291), le maître de l'affaire tient en général à rester dans l'ombre (truands, voyous, proxénètes, trafiquants et escrocs de tout calibre se gardent bien d'apposer leur nom dans les actes de société) ; il manipule des prête-noms – joliment appelés « gants blancs » au Japon – qu'il tient à sa merci grâce aux cessions de parts en blanc (ou aux cessions d'actions en blanc, car ce qui vaut pour la SARL vaut de même pour la SA). Ce peut encore être le moyen de se faire accorder une garantie efficace sur les parts sociales, le porteur pouvant l'exécuter en cas de non-paiement en court-circuitant le formalisme de la réalisation du gage (V. *supra*, n° 1764). L'acte de cession est régulièrement signé, c'est-à-dire accepté à l'avance ; sont laissés en blanc la date, le nom du cessionnaire et, très souvent, le prix ; celui qui a entre les mains les actes signés à l'avance peut leur donner effet quand il le souhaite : il lui suffit de remplir les blancs.

2. *Nullité ?* Dans des hypothèses extrêmes, lorsque la supercherie concerne la globalité des associés, la société est déclarée fictive, car les signatures des associés en blanc démontrent à l'évidence que les prête-noms n'étaient nullement habités par l'*affectio societatis* (Cass. com., 2 janv. 1967 : *RTD com.* 1967, p. 862, obs. R. Houin. – Cass. 1re civ., 20 nov. 2001 : *JCP* 2002, 225, note A. Viandier ; V. *supra*, n° 299). C'est un raisonnement voisin qui a été conduit dans une affaire où les mêmes parties avaient conclu deux actes, un acte ostensible constatant une cession de parts de SCI et un acte secret de rétrocession des parts au cédant au même prix ; ce montage était motivé par le désir des cédants de faire échapper les parts à la poursuite de leurs créanciers ; l'acquéreur avait ultérieurement refusé de rétrocéder les parts, estimant que l'acte secret valait simplement promesse de vente de sa part et qu'il y avait renoncé ; ses contractants plaidèrent que l'acte secret démontrait clairement que l'intention réelle des parties avait été de ne pas céder les parts, d'autant que le prix de la cession initiale n'avait pas encore été payé ; la cour d'appel leur donne raison (CA Paris, 26 mai 2016, n° 15/11712 : *BRDA* 13/2016, n° 4).

Mais les contentieux sont plutôt rares, ce qui tient sans doute à l'honnêteté des prête-noms, et peut-être aussi au fait que celui qui a « obtenu » l'acte de cession en blanc dispose parfois de moyens de pression qui ne sont pas nécessairement d'ordre juridique.

3. *Validité ?* En revanche, les tribunaux ont « sauvé » les cessions en blanc ponctuelles en les analysant soit comme des mandats de vente (Cass. com., 25 janv. 1956 : *JCP* 1956, II, 9157), soit comme des promesses de cession (CA Paris, 23 sept. 1982 : *Dr. sociétés* 1982, p. 266). La cour d'appel de Paris a confirmé la validité d'une cession de parts en blanc dans une espèce où un associé prête-nom avait signé une promesse de cession de ses parts ainsi qu'un acte de cession en laissant en blanc le nom du bénéficiaire. Quelques années plus tard, à la suite d'une brouille, le maître de l'affaire a rempli le « blanc » en apposant son propre nom dans les deux actes. L'action en nullité de la cession intentée par le prête-nom a été rejetée au motif que, en signant la promesse de cession et l'acte de cession, il avait accepté par avance la cession de ses parts (CA Paris, 7 févr. 2003 : *RJDA* 7/2003, n° 728). La même juridiction, peu de mois après, a confirmé sa jurisprudence ; elle a en effet validé la cession de parts en blanc prévue

lors de la constitution d'une société, promesse consentie par le minoritaire au majoritaire, ce dernier ayant avancé des fonds au premier pour lui permettre de participer à la création de la société ; deux ans et demi plus tard, le majoritaire fit jouer la promesse, à l'exécution de laquelle le minoritaire s'opposa en soutenant que la cession était nulle pour défaut de cause, puisque le prix de cession était établi sur la base de la valeur nominale des parts et non sur leur valeur réelle ; de son côté, le majoritaire invoquait le caractère fictif de l'apport de son partenaire pour consolider sa prétention ; la cour décide que « si, ayant (...) établi avoir fait l'avance des fonds qui ont permis à A de souscrire son apport, S ne saurait pour autant utilement faire valoir que cet apport était fictif, il est, en revanche, fondé à soutenir qu'il n'a commis aucun abus en usant de l'acte de cession de parts signé en blanc par A, manifestement pour servir de garantie au remboursement de son avance » ; A est donc débouté de son action en nullité (CA Paris, 23 mai 2003 : *RJDA* 1/2004, n° 54). La cession de parts en blanc peut en effet être analysée comme une promesse unilatérale de vente sans indication du bénéficiaire, la vente étant formée le jour où le porteur de la promesse, ou un tiers qu'il désigne, lève l'option. Il ne s'agit pas d'une promesse à personne indéterminée mais d'une promesse dont le bénéficiaire est déterminable par celui qui la reçoit.

Encore faut-il pour que la cession en blanc ponctuelle soit validée que l'acte précise le nombre et la nature des titres cédés, sans oublier d'indiquer un prix déterminé ou du moins déterminable (V. *supra*, n° 1240). Une décision de la cour d'appel de Versailles du 26 février 1988 (*BJS* 1988, p. 355, note P. Le Cannu ; *JCP* E 1988, 15292, n° 8, obs. A. Viandier et J.-J. Caussain) a ainsi annulé, faute d'indication de prix, une cession en blanc qualifiée de promesse de vente : « Considérant que si une cession en blanc peut s'analyser comme une promesse de cession et être pourvue comme telle d'efficacité juridique, encore faut-il qu'au moment où le cédant a signé l'acte, y ait figuré le prix de cession ou, à tout le moins, une méthode de calcul permettant de le déterminer ».

4. *La cerise pénale.* Il existe un risque plus grave encore, parce que relevant de la correctionnelle, lorsque le porteur des actes de cession en blanc en profite pour dépouiller des cédants trop crédules ; la manipulation est alors constitutive du délit d'abus de blanc-seing (Cass. crim., 11 juill. 1988 : *Rev. sociétés* 1989, p. 70, note B. Bouloc). Cette infraction n'a pas été reprise par le nouveau Code pénal ; elle est remplacée, selon les circonstances, soit par l'abus de confiance (C. pén., art. 314-1), soit par le faux (C. pén., art. 441-1). Voilà de quoi rassurer ceux qui estiment avoir été grugés à la suite de cessions signées en blanc.

5. *La tentative de prophylaxie de la loi Sapin 2.* En vue de limiter les possibilités d'évasion fiscale, la loi fait obligation, depuis le 1er avril 2017, à toute société immatriculée au RCS de déclarer ses « bénéficiaires effectifs » au même registre, ce qui inclut les prête-noms (V. *supra*, n° 341).

b) La démission en blanc

Le dirigeant en titre n'est parfois qu'un jouet entre les mains d'un maître qui lui a fait signer au départ une démission en blanc ; le blanc dans ce cas ne porte que sur la date ; c'est ainsi que le principal associé d'une SARL, souhaitant bénéficier du statut de simple salarié de la société, fera désigner comme gérant de droit une « potiche » laquelle signera à l'avance sa lettre de démission. Le même phénomène se retrouve parfois dans les groupes de sociétés, le président en titre étant « invité » à signer une lettre de démission en blanc lors de son entrée en fonctions. Mais si la « potiche » se rebiffe et apporte la preuve de la supercherie (ce qui n'est pas toujours facile), les tribunaux lui accorderont le cas échéant les indemnités dues au dirigeant révoqué (Cass. com., 5 janv. 1973 : *JCP* 1973, II, 17404, note J. Rousseau. – V. *supra*, n° 992).

2. Quelle est la valeur d'une cession de parts sociales non constatée par écrit ?

1769. – « La cession de parts sociales doit être constatée par écrit », énonce l'article L. 221-14 du Code de commerce auquel renvoie, pour la SARL, l'article L. 223-17. Mais cette exigence d'un écrit constitue-t-elle une condition de forme (*ad solemnitatem*), une condition de preuve (*ad probationem*) ou une condition de publicité ? La loi ne le dit pas. La Cour de cassation (Cass. com., 10 mars 1992 : *Rev. sociétés* 1992, p. 732, note R. Libchaber) a jugé qu'il ne s'agissait pas d'une condition de forme imposée à peine de nullité, mais d'une simple condition de preuve ; en conséquence, dans les rapports entre les parties, la cession des parts d'une SARL est parfaite dès l'accord sur la chose et sur le prix. Voilà qui renvoie au principe du consensualisme régissant le droit commun de la vente. La même solution vaut pour les cessions de parts sociales dans les sociétés de personnes : SNC, société civile, société en commandite simple...

En revanche, l'article L. 221-14 doit être interprété comme exigeant la présentation d'un écrit pour prouver la réalité de la cession. Mais on connaît les tempéraments traditionnels à cette exigence (C. civ., art. 1359 et s.) : prix ne dépassant pas 1 500 € (D. n° 80-533, 15 juill. 1980), commencement de preuve par écrit (dans l'arrêt précité du 10 mars 1992, la preuve a pu être trouvée dans l'échange de correspondance entre les parties), impossibilité morale ou matérielle de se procurer un écrit, caractère commercial de la transaction tenant notamment au fait que l'on est en présence d'une cession de contrôle...

Enfin, l'existence d'un écrit est nécessaire pour rendre la cession opposable à la société et aux tiers : sans écrit, pas d'agrément ni de publicité. Ainsi, en l'absence de tout écrit signé par les parties et constatant la cession des parts sociales (d'une SNC), le cessionnaire, parce qu'il ne peut procéder à aucune des formalités nécessaires pour rendre la cession effective, peut demander la résolution de la cession sur le fondement du manquement du cédant à son obligation de délivrance (Cass. com., 7 avr. 2009, n° 08-15.593, PB).

3. Le cautionnement par une SARL d'une dette personnelle d'un associé

1770. – L'abondance du contentieux relatif au cautionnement par une société des dettes personnelles de l'un de ses associés est révélatrice de l'importance pratique du phénomène (pour les sociétés à risque illimité, V. *infra*, n° 1842).

a) Le précédent de 2003

Un arrêt rendu par la chambre commerciale de la Cour de cassation le 17 décembre 2003 témoigne de cette actualité (Cass. com., 17 déc. 2003 : *JCP* E 2004, 601, n° 10, obs. J.-J. Caussain, Fl. Deboissy et G. Wicker ; *Rev. sociétés* 2004, p. 104, note D. Randoux). En l'espèce, l'objet social d'une SARL a été étendu par une délibération sociale « au cautionnement de tous emprunts effectués par l'un de ses associés en vue du financement de l'acquisition de parts constituant son capital social ». Par acte du même jour, la société s'est portée caution solidaire de l'emprunt contracté par l'un de ses associés personne morale pour financer l'acquisition de ses parts sociales, l'opération permettant à la société cessionnaire de devenir associée unique de la SARL. Les deux sociétés ayant été mises en liquidation judiciaire, la banque a assigné leurs mandataires judiciaires pour faire fixer sa créance, le liquidateur de la SARL opposant la nullité du cautionnement. Les juges du fond ont déclaré nul le cautionnement au motif que « s'il est vrai que par une délibération prise le jour même de la signature de l'acte litigieux les associés ont étendu l'objet social au cautionnement en cause, cette extension pour le moins artificielle ne saurait suffire à le rendre licite dès lors que l'opération à laquelle la société a apporté sa garantie ne présentait pour elle aucun intérêt même indirect ». La décision d'appel a été cassée au motif qu'« en se déterminant par des motifs impropres à caractériser en quoi cette garantie, qui n'était pas interdite, était contraire à l'intérêt social, la cour d'appel n'a pas donné de base légale à sa décision ». Autrement dit, la chambre commerciale a reproché aux juges d'appel de ne pas avoir indiqué les éléments permettant de caractériser, en l'espèce, la contrariété du cautionnement à l'intérêt social.

S'il est exact que le cautionnement accordé par une SARL à un associé personne morale n'est pas une convention interdite (V. *supra*, n° 1766), il n'en reste pas moins qu'un tel acte apparaissait en l'espèce extrêmement douteux. En effet, le cautionnement par une société d'une dette personnelle de l'un de ses associés peut être contesté sur le fondement des règles gouvernant tant l'objet social que l'intérêt social. Le cautionnement de la dette personnelle de l'associé apparaissait en l'espèce d'autant plus illicite qu'il était destiné à garantir l'achat par l'associé des titres de la société, cautionnement que, dans les sociétés anonymes, l'article L. 225-216 prohibe à peine de sanction pénale (C. com., art. L. 242-24, al. 2).

b) Les angles d'attaque

Un tel cautionnement peut tout d'abord être tenu pour illicite au regard de *l'objet social* pour violation des articles 1832 et 1833 du Code civil. Certes l'article 1835 du Code civil comme l'article L. 210-2 du Code de commerce laissent aux associés le soin de déterminer, dans les statuts, l'objet de leur société ; pour autant il ne résulte en aucune façon de ces textes que leur liberté soit absolue. Conformément à l'article 1832 du Code civil, auquel renvoie nécessairement l'article 1833, il convient que l'objet statutaire corresponde à l'activité réelle de la société, c'est-à-dire à l'entreprise commune qui a constitué l'objet de leur contrat. Autrement dit, la liberté des associés est limitée par cette contrainte naturelle et objective que constitue la réalité de l'activité de l'entreprise sociétaire. Aussi le cautionnement de la dette personnelle de l'un des associés ne peut-il, quelle que soit leur volonté, entrer dans l'objet social, sauf à établir qu'un tel cautionnement était nécessaire pour assurer le maintien ou le développement de l'activité sociale.

Le cautionnement de la dette personnelle d'un associé peut ensuite être tenu pour illicite au regard de *l'intérêt social* pour violation de l'article 1833. En effet, si les contours de la notion d'intérêt social demeurent indécis, il est au moins certain qu'elle comprend l'intérêt commun des associés (V. *supra*, n° 666). Or, un acte social ne peut être conforme à cet intérêt commun qu'à la condition que, participant de l'activité qui constitue l'objet de leur engagement, il ait vocation à profiter à tous. Dès lors il est bien certain que le cautionnement de la dette personnelle d'un associé, lorsqu'il ne présente aucune utilité pour l'activité sociale, satisfait le seul intérêt personnel de cet associé et non l'intérêt commun, ce qui est une cause de nullité (V. *supra*, n° 448).

De façon plus générale, il doit être souligné que le cautionnement accordé par une société à l'un de ses associés est le moyen pour ce dernier de tirer crédit de l'actif social en violation du *principe d'autonomie* gouvernant le patrimoine des personnes morales. Or, si cette autonomie est écartée dans les sociétés à risque illimité s'agissant du passif, elle joue en revanche pleinement du point de vue de l'actif non seulement dans l'intérêt des associés mais également pour assurer la protection des créanciers sociaux. Au demeurant, il faut bien voir que c'est l'usage du crédit de la société dans un intérêt personnel qui est sanctionné au titre de l'abus du crédit social lorsque l'acte litigieux est le fait d'un dirigeant d'une société par actions ou d'une SARL (V. *supra*, n° 1069).

Outre la sanction pénale, l'abus du crédit social peut encore être sanctionné sur le terrain fiscal au titre de l'acte anormal de gestion (V. *supra*, n° 662) et, en matière de procédures collectives, par l'extension de procédure fondée sur la confusion des patrimoines (V. *infra*, n°s 2492 et s.).

SOUS-SECTION 4

LE COMMISSAIRE AUX COMPTES

1771. – La nomination d'un commissaire aux comptes est imposée dans trois cas : lorsque certains seuils sont franchis (C. com., art. R. 221-5 et R. 223-27) (V. *supra*, n° 1379), lorsque des associés représentant 10 % du capital en sollicitent la désignation auprès du tribunal de commerce ; lorsque les associés représentant au moins le tiers du capital en font la demande au gérant, pour un mandat de trois exercices, cela sur demande motivée auprès de la société (C. com., art. L. 221-9 et L. 223-35, mod. L. n° 2019-486, 22 mai 2019 et L n° 2019-744, 19 juill. 2019). Hors ces hypothèses, un commissaire aux comptes peut être nommé par les associés dans les conditions prévues pour l'adoption des décisions ordinaires (V. *supra*, n° 1748).

SOUS-SECTION 5

LES MUTATIONS DE LA SARL

1772. – Ici encore, on renverra pour l'essentiel à ce qui a été dit à propos de la SA, en distinguant les variations du capital, la transformation, la dissolution et la fusion de la société (V. *supra*, nos 1418 et s.).

§ 1. – Les variations du capital

A. – L'augmentation de capital

1773. – *Procédure.* La décision d'augmenter le capital emporte modification des statuts et relève pour cette raison de la compétence de l'assemblée générale extraordinaire ; la décision est prise selon les règles applicables aux décisions extraordinaires (V. *supra*, n° 1749). Cependant, comme dans la SA (V. *supra*, n° 1439), l'incorporation des réserves ou des bénéfices au capital peut être décidée à la majorité simple (C. com., art. L. 223-30, al. 6). Bien que le texte ne le prévoie pas, il est dans l'esprit de la SARL que l'entrée de nouveaux associés soit soumise à agrément.

1774. – *L'augmentation de capital par apport en numéraire* n'est possible que si le capital a été intégralement libéré (C. com., art. L. 223-7 et L. 223-32). La libération intégrale des nouvelles parts souscrites n'est plus nécessaire depuis la loi n° 2012-387 du 22 mars 2012, qui exige simplement une libération du quart à l'image de ce qui est prévu lors de la constitution de la société (V. *supra*, n° 1697). Le retrait des fonds obéit aux règles prévues pour la constitution de la société (V. *supra*, n° 1697). La loi ne fait référence ni au droit préférentiel de souscription ni à la prime d'émission, ce qui ne signifie pas qu'ils soient interdits. Le droit préférentiel de souscription peut être créé par les statuts ou par la décision collective des associés qui décide de l'augmentation de capital[56]. Par ailleurs il est vraisemblable que, si des réserves existent, une prime d'émission sera imposée aux nouveaux arrivants.

(56) Cass. com., 18 avr. 2000 : *BJS* 2000, p. 920, note J.-J. Daigre.

1775. – *Si l'augmentation de capital a lieu en nature* (C. com., art. L. 223-33), il faut respecter, à quelques nuances près, les prescriptions imposées en cas de constitution (V. *supra*, n° 1699) :

– *désignation d'un commissaire aux apports* à l'unanimité des associés ou, à défaut, par une décision de justice à la demande d'un associé ou du gérant ; le rapport du commissaire est toujours requis, quelle que soit la valeur des biens apportés ; les mêmes dispenses que celles applicables lors de la constitution de la société valent en cas d'augmentation de capital (V. *supra*, n° 1699) ;

– *responsabilité éventuelle des gérants et des personnes ayant souscrit à l'augmentation de capital* pendant cinq ans si un commissaire aux apports n'a pas été désigné ou si l'évaluation qu'il a proposée n'a pas été retenue.

B. – La réduction de capital et la perte de la moitié du capital

1776. – On applique les mêmes règles qu'en matière de SA (V. *supra*, n°s 1446 et s.) :

– la réduction peut servir à éponger des pertes ou un excès de liquidités (C. com., art. L. 223-34) ;

– si les capitaux propres représentent moins de la moitié du capital social, le gérant doit convoquer les associés afin de décider s'il convient de dissoudre la société ou de continuer l'exploitation en reconstituant les capitaux propres (C. com., art. L. 223-42).

§ 2. – La transformation

A. – La transformation en société anonyme

1777. – *Conditions.* La transformation d'une SARL en SA est une opération fréquente. Les statuts de la SARL doivent être mis en harmonie avec la législation propre aux SA ; ainsi le capital social doit être d'au moins 37 000 €. La décision de transformation est prise par les associés à la majorité requise pour la modification des statuts (V. *supra*, n° 1749). Toutefois, pour les grandes SARL, c'est-à-dire celles dont le montant des capitaux propres excède 750 000 €, la décision peut être prise par les associés représentant la majorité des parts sociales (C. com., art. L. 223-43, al. 2). Cette différence entre les petites et les grandes SARL est fondée sur le souci de faciliter la transformation de ces dernières.

1778. – *Procédure.* Semblable mue exige le respect d'une procédure assez lourde. La décision de transformation doit être précédée, à peine de nullité, d'un rapport sur la situation de la société rédigé par un commissaire aux comptes (C. com., art. L. 223-43, al. 3).

Lorsque la SARL n'a pas de commissaire aux comptes, un ou plusieurs commissaires à la transformation doivent être désignés afin d'apprécier la valeur des biens composant l'actif social et les avantages particuliers (C. com., art. L. 224-3). Le commissaire à la transformation est désigné, sauf accord unanime des associés, par décision de justice à la demande des dirigeants sociaux ou de l'un d'eux. Par souci de simplification, il peut être chargé de l'établissement du rapport sur la situation de la société exigé par l'article L. 223-43 ; dans ce cas, il n'est rédigé qu'un seul rapport.

B. – La transformation en SAS

1779. – L'assouplissement du régime de la SAS (V. *supra*, n° 1520) s'est traduit par une floraison de transformations de SARL en SAS(57).

La décision doit être prise à l'unanimité des associés (C. com., art. L. 227-3). Puisque l'article L. 223-43, alinéa 3, vaut pour toutes les hypothèses de transformation de SARL, la décision doit être précédée, à peine de nullité, du rapport d'un commissaire aux comptes sur la situation de la société (V. *supra*, n° 1778).

Si la SARL n'a pas de commissaire aux comptes, un commissaire à la transformation doit être désigné afin d'apprécier la valeur des biens composant l'actif social et les avantages particuliers (V. *supra*, n° 1778) ; il peut être chargé de rédiger le rapport sur la situation de la société (C. com., art. L. 224-3).

C. – La transformation en un autre type de société

1780. – La transformation de la SARL en SNC, en commandite simple ou en commandite par actions suppose l'accord unanime des associés (C. com., art. L. 223-43), puisqu'elle entraîne une augmentation de leurs engagements (V. *supra*, n°s 1487 et 1488). Là encore, la décision doit être précédée, à peine de nullité, du rapport d'un commissaire aux comptes inscrit, sur la situation de la société (C. com., art. L. 223-43, al. 3). La transformation en commandite par actions suppose, si la SARL n'a pas de commissaire aux comptes, la nomination d'un commissaire à la transformation (C. com., art. L. 223-4. – V. *supra*, n° 1778).

§ 3. – La dissolution et la fusion

1781. – La dissolution de la SARL présente peu d'originalité par rapport à celle de la SA (V. *supra*, n° 1490). Toutefois, si le plafond de cent associés est dépassé, la société est dissoute au terme d'un délai d'un an sauf si, pendant ce délai, le nombre des associés est ramené à cent ou si la société est transformée (C. com., art. L. 223-3) (V. *supra*, n° 1695).

Malgré l'*intuitus personae* de la société, le décès, l'incapacité ou la faillite personnelle d'un associé ne provoquent pas la dissolution de la SARL, sauf si les statuts en disposent autrement (C. com., art. L. 223-41). La loi prévoit désormais la possibilité, en cas de décès d'un associé, de prévoir la continuation de la société avec une personne désignée (V. *supra*, n° 1761).

Enfin, en cas de réunion de toutes les parts en une seule main, les dispositions de l'article 1844-5 du Code civil ne trouvent pas à s'appliquer (C. com., art. L. 223-4) puisque la SARL devient alors une EURL.

Quant à la fusion, elle est soumise au même régime que celui des SA (V. *infra*, n°s 2207 et s.).

(57) P.-Y. Lagarde, *Faut-il transformer les SARL en SAS ?* : *RFP* 2013, 35.

SOUS-SECTION 6

L'ÉMISSION D'OBLIGATIONS

1782. – *Conditions.* En vue de favoriser le financement des SARL, celles-ci peuvent émettre des obligations. Cette possibilité est réservée aux SARL d'une certaine envergure, à savoir celles remplissant les deux conditions suivantes (C. com., art. L. 223-11) :

– la société doit avoir désigné un commissaire aux comptes, quelle que soit la cause de cette nomination (V. *supra*, n°s 1771) ;

– les comptes des trois derniers exercices de douze mois doivent avoir été régulièrement approuvés par les associés (V. *supra*, n°s 1741 et s.).

1783. – Les obligations sont nécessairement nominatives et la société ne peut pas procéder à une offre au public. Les textes étant muets sur ce point, la possibilité pour des SARL d'émettre des obligations donnant accès au capital reste controversée(58). Lors de chaque émission, selon des modalités fixées par décret (C. com., art. L. 223-11, al. 3), la société doit mettre à la disposition des souscripteurs une notice relative aux conditions de l'émission (C. com., art. R. 223-9) et un document d'information (C. com., art. R. 223-7) auquel sont annexés une copie du dernier bilan et des renseignements sur la marche des affaires sociales (C. com., art. R. 223-8).

1784. – Pour le reste, dans un souci de protection des obligataires, les règles sont largement modelées sur celles prévues dans la SA (C. com., art. L. 223-11, al. 2 et R. 223-10) (V. *supra*, n°s 1605 et s.) :

– l'émission est décidée par l'assemblée générale des associés conformément aux dispositions applicables aux assemblées d'actionnaires ;

– les titres sont soumis aux dispositions applicables aux obligations émises par les sociétés par actions, à l'exclusion de celles gouvernant l'offre au public de titres financiers.

SECTION 2

L'EURL

SOUS-SECTION 1

L'INTRODUCTION EN DROIT FRANÇAIS DE L'EURL

1785. – C'est en 1985 qu'a été créée en France la société unipersonnelle, dénommée EURL (entreprise unipersonnelle à responsabilité limitée), à l'image des *Einman GmbH* allemandes.

(58) A. Thobie, *Pour la consécration légale des obligations donnant accès à des parts sociales de SARL* : BJS mars 2021, p. 57.

§ 1. – Présentation de l'EURL

A. – L'EURL est une société unipersonnelle

1786. – L'EURL est une SARL unipersonnelle : un seul associé, personne physique ou morale et ce, dès la création de la société. De ce point de vue, l'EURL bouscule la tradition qui présente la société comme un contrat conclu entre plusieurs partenaires œuvrant à une entreprise commune. Alors que la société est selon l'article 1832 du Code civil un contrat, l'EURL naît d'un simple acte unilatéral. La société suppose la participation aux bénéfices et la contribution aux pertes, mais comment « participer » ou « contribuer » seul ? La société se nourrit d'*affectio societatis*, mais comment concilier ce sentiment et l'unité d'associé, à moins de tomber dans le narcissisme ?

La réponse est double. D'un point de vue pratique, l'EURL est la consécration législative de la société en tant que technique d'organisation de l'entreprise. D'un point de vue théorique, la multiplication des sociétés unipersonnelles en droit français impose de reconsidérer la conception classique qui analyse la société comme un contrat et conforte l'analyse selon laquelle la société est un acte unilatéral, collectif ou individuel, selon que la société est pluripersonnelle ou unipersonnelle (V. *supra*, n° 12).

B. – L'EURL est une variété de SARL

1787. – Le régime de base de l'EURL est celui de la SARL, sous réserve des adaptations rendues nécessaires par la présence d'un seul associé. Avoir fait de l'EURL une variante de la SARL offre de nombreux avantages ; cela a permis au législateur de ne pas dessiner entièrement une nouvelle forme sociale destinée à prendre place à côté des formes autonomes connues, telles la SNC ou la société civile. De plus, ce rattachement simplifie le passage de l'unipersonnalité à la pluripersonnalité et *vice versa* : il suffit que l'associé unique cède une part ou procède à une augmentation de capital souscrite par un tiers pour que la société devienne ou redevienne pluripersonnelle sans que l'augmentation ou la réduction du nombre des associés emporte transformation de la société.

§ 2. – Appréciation critique de l'EURL

A. – EURL créée par une personne physique

1° Appréciation juridique

1788. – *Séparation des patrimoines.* Les entrepreneurs recherchent une structure juridique qui préserve leur patrimoine personnel tout en assurant la pérennité de leur entreprise, d'où la création de l'EIRL en 2010 (V. *supra*, n°s 47 et s.). De fait, en cours de vie sociale, l'associé unique n'est pas tenu aux dettes de la société.

Pour autant, la limitation de responsabilité liée au choix de l'EURL ne doit pas être surestimée et ce, pour deux raisons au moins :

– les créanciers principaux, et au premier chef les banquiers, ne manquent pas d'exiger de l'associé unique qu'il s'engage comme caution ;

– en cas de liquidation judiciaire, les tribunaux n'hésitent pas à mettre à la charge de l'associé gérant tout ou partie du passif s'il a commis des fautes de gestion ou s'il n'a pas scrupuleusement respecté la cloison étanche qui doit exister entre l'EURL et son patrimoine personnel (V. *supra*, n°s 494 et s.).

1789. – *Développement et transmission de l'entreprise.* À l'inverse, en cas de succès, l'EURL assure dans de meilleures conditions l'expansion et la pérennité de l'entreprise. Si elle se développe, il est aisé d'ouvrir le capital à d'autres partenaires puisqu'il n'y aura pas à modifier la forme de la société. En cas de décès de l'associé unique, il n'y a ni dissolution de la société ni indivision portant sur les éléments affectés à l'exploitation de l'entreprise. Si l'entreprise doit être cédée, la cession des parts sociales est autrement plus simple qu'une vente des éléments de l'actif, tels le fonds de commerce ou l'immeuble.

1790. – *Fraude ?* On peut certes se demander si l'EURL n'offre pas à certains un moyen de fraude ; ainsi, celui qui, participant à une entreprise, souhaite limiter sa responsabilité ou contourner une interdiction commerciale, pourra être tenté de se dissimuler derrière la façade d'une EURL ; on trouve ainsi des SNC dont tous les associés sont des EURL. Mais au-delà des aberrations de comportement, l'utilisation d'une EURL pour limiter la responsabilité de l'associé est légitime, de même qu'est légitime le choix fiscal d'une société transparente laissant remonter les déficits jusqu'aux associés[59].

2° Appréciation fiscale

1791. – En principe, l'EURL créée par une personne physique relève de *l'impôt sur le revenu*. Les bénéfices réalisés sont donc imposables entre les mains de l'associé unique, qu'ils aient ou non été distribués, de même que les déficits sont imputables par l'associé (V. *supra*, n°s 151 et s.).

1792. – L'EURL peut toutefois opter pour *l'impôt sur les sociétés* (V. *supra*, n° 164) ; ce sera, dans certains cas, une formule attrayante permettant de limiter le poids de l'impôt lorsque les bénéfices ne sont pas distribués et même d'échapper aux cotisations sociales lorsque le gérant ne s'octroie pas de rémunération (V. *infra*, n° 2133). Quant aux dividendes distribués, ils sont imposés chez l'associé unique personne physique dans la catégorie des revenus de capitaux mobiliers (V. *supra*, n° 157).

B. – EURL créée par une personne morale

1793. – Avec les groupes, on pénètre dans un autre monde que celui des entreprises individuelles. Il est clair que l'EURL, par sa simplicité de fonctionnement, offre une structure intéressante pour les filiales à 100 %, d'autant que le régime d'intégration fiscale permet de compenser les résultats avec ceux du groupe dans une parfaite neutralité fiscale (V. *infra*, n° 2514). L'EURL créée par une personne morale est soumise à l'impôt sur les sociétés.

(59) CA Paris, 9 févr. 1999 : *BJS* 1999, p. 548, note J.-Ph. Dom ; *RTD com.* 1999, p. 789, obs. Fl. Deboissy ; il est jugé, à propos d'une EURL de défiscalisation, qu'une banque ne peut pas poursuivre en paiement l'associé, faute d'avoir apporté la preuve d'une confusion de patrimoine, « la transparence fiscale n'impliquant nullement la transparence juridique ».

1794. – *Supériorité de la SASU.* Cependant, il n'est pas sûr que les groupes soient tous séduits par ces charmes. La complexité des SA ne les rebute nullement, leurs services juridiques se chargeant de cette gestion qui leur est familière. Par ailleurs, une filiale à 100 % peut aujourd'hui adopter la forme accueillante de la SAS unipersonnelle (V. *supra*, n° 1563) qui offre l'avantage d'une liberté contractuelle accrue ; en outre, la cession d'actions reste plus simple qu'une cession de parts et surtout moins coûteuse fiscalement (V. *supra*, n° 1313).

SOUS-SECTION 2

LA CONSTITUTION DE L'EURL

1795. – *Procédure.* La création de l'EURL peut résulter de la réunion de toutes les parts d'une SARL en une seule main. Mais l'EURL peut aussi être créée par décision unilatérale soit d'une personne physique (ce sera l'enveloppe juridique de son entreprise), soit d'une personne morale (c'est alors une technique permettant de filialiser une activité au sein d'un groupe)[60]. Une même personne, qu'il s'agisse d'une personne physique ou d'une personne morale, peut créer plusieurs EURL. De plus, une EURL peut donner naissance à d'autres EURL.

Lorsque l'associé unique, personne physique, assume personnellement la gestion, la constitution de l'EURL est facilitée sur deux points ; d'une part, les règles de publicité sont simplifiées ; d'autre part, la loi propose un modèle de statuts types, applicables sauf prévision contraire de l'associé (C. com., art. L. 223-1 et D. 223-2).

L'EURL étant une société par intérêts (comme la SNC et la société civile), la procédure d'information du conjoint prévue par l'article 1832-2 du Code civil doit être respectée chaque fois que l'apport, ou l'acquisition des titres, est financé grâce à des biens communs (V. *supra*, n° 536) : si le conjoint revendique la qualité d'associé, l'EURL devient une SARL.

1796. – *Apport.* L'associé unique réalise un apport, en nature ou en numéraire, de manière à doter la société d'un capital social (V. *supra*, n°s 1696 et s.)… qui peut être d'un euro. L'apport en nature appelle l'intervention d'un commissaire aux apports désigné par l'associé unique (C. com., art. L. 223-9, al. 3), avec les mêmes exceptions que celles rencontrées à propos de la SARL (V. *supra*, n° 1699).

1797. – *Objet social.* On peut exercer en EURL les mêmes *activités* qu'en SARL (V. *supra*, n° 1694). Les professions libérales peuvent exercer leur art dans le cadre de SELARL unipersonnelles (V. *infra*, n° 2091). Pour le secteur agricole, le législateur a créé une société civile, l'EARL, qui peut être unipersonnelle (V. *infra*, n° 1989).

1798. – Comme dans les autres sociétés, la *reprise des engagements* souscrits au nom de l'EURL en formation suppose une décision prise par les associés, autrement dit par l'associé unique. La décision de reprise doit être consignée dans le registre

(60) Par « personne morale », on entend non seulement une société, mais encore une association, un ordre professionnel. Ainsi, l'Ordre des experts-comptables et la Compagnie nationale des commissaires aux comptes ont créé chacun une EURL pour gérer leurs activités de publication.

des délibérations, cette exigence formelle pouvant se révéler redoutable pour le créancier (V. *supra*, n° 358).

1799. – *Capacité.* L'associé unique, personne physique, du fait qu'il n'a pas la qualité de commerçant, peut être une personne incapable, un mineur par exemple ; dans ce cas, la gestion sera confiée à un tiers ; ce peut être une solution d'attente lorsqu'un mineur hérite d'une entreprise exploitée sous forme d'EURL ou d'une entreprise individuelle qu'il suffit de transformer en EURL pour les besoins de la cause.

SOUS-SECTION 3

LE FONCTIONNEMENT DE L'EURL

1800. – Puisqu'il y a société, il faut en respecter l'organisation et les rites, d'où la nomination d'un gérant et la tenue d'assemblées ; un commissaire aux comptes doit de même être désigné si les seuils fixés par la loi sont atteints (V. *supra*, n° 1379).

§ 1. – La gérance

1801. – Le gérant d'EURL est soumis aux mêmes règles que le gérant de SARL (V. *supra*, n°s 1703 et s.), spécialement en ce qui concerne sa responsabilité (V. *supra*, n° 1723). À l'égard des tiers, sa responsabilité civile ne peut être engagée qu'en cas de faute détachable des fonctions, ce qui peut aboutir à des résultats discutables (V. *supra*, n° 465).

A. – La gérance est confiée à l'associé unique

1802. – *Statut.* L'associé unique peut se confier à lui-même les fonctions de gérant. Le statut fiscal (V. *supra*, n° 1791) et social (V. *infra*, n° 1814) de l'associé-gérant dépend du point de savoir si l'EURL relève de l'impôt sur le revenu ou de l'impôt sur les sociétés. Le conjoint du gérant associé unique, comme son partenaire, peut bénéficier, comme le conjoint du chef d'entreprise, du statut de conjoint collaborateur (C. com., art. L. 121-4, II et R. 121-1 et s.).

1803. – *Un mineur* de plus de seize ans peut, sur autorisation de ses représentants légaux, être gérant d'une EURL (C. civ., art. 388-1-2 et 401) : l'autorisation doit énumérer les actes d'administration nécessaires à la constitution et à la gestion de la société qu'il peut passer seul, les autres actes, et notamment les actes de disposition, relevant de la compétence de ses représentants légaux.

1804. – *Respect de l'autonomie du patrimoine social.* Bien qu'il soit seul maître à bord, l'associé gérant ne peut faire n'importe quoi et il doit respecter la séparation qui doit exister entre les affaires de la société et ses affaires personnelles : l'EURL ne permet pas de jeter par-dessus bord le principe de l'autonomie du patrimoine social (V. *supra*, n° 433).

Si, en dehors de ses appointements mensuels régulièrement « votés », il puise dans la caisse sociale, ne serait-ce que temporairement, cela constitue un découvert formellement interdit par la loi (C. com., art. L. 223-21), voire un abus de biens (V. *infra*, n° 1815). En pratique, c'est surtout en cas de procédure collective ouverte contre la société que le risque est le plus élevé ; l'associé unique peut en effet avoir à assumer tout ou partie des dettes sociales pour avoir disposé des biens de l'EURL comme des siens propres (C. com., art. L. 651-2)[61] (V. *supra*, n° 1065) ; il est ainsi privé de la limitation de responsabilité à un moment où elle serait bienvenue ; de plus, il encourt la faillite personnelle en cas de naufrage de la société (V. *supra*, n° 508). Bref, lorsque les affaires tournent mal, l'associé unique a tout à craindre s'il n'a pas scrupuleusement respecté le principe de l'autonomie du patrimoine de l'EURL.

B. – La gérance est confiée à un tiers

1805. – *Statut.* Lorsque la gérance est confiée à un tiers, sur le plan juridique, le gérant a la qualité de mandataire, tandis que sur le plan fiscal, il relève du régime des salariés (sur le statut social de l'associé non gérant et du gérant non associé, V. *infra*, n° 1814). Lorsqu'un commerçant confie à un tiers la gestion de l'entreprise exploitée en EURL, il obtient le même résultat, en plus simple et en plus sûr, qu'une location-gérance de fonds de commerce. Si l'EURL est créée par une personne morale, le gérant sera nécessairement une personne physique non associée puisque, dans les SARL, la gérance ne peut pas être confiée à une personne morale (C. com., art. L. 223-18, al. 1er).

1806. – *Cumul de la qualité d'associé unique et de salarié.* Rompant avec une jurisprudence de 2012 qui admettait que l'associé unique puisse prendre la qualité de salarié s'il confiait la gérance à un tiers[62], un arrêt de 2019 a fermé cette voie, au motif qu'ayant le pouvoir de révoquer le gérant, l'associé unique ne pouvait pas prétendre être sous la subordination de celui-ci[63].

§ 2. – L'assemblée

1807. – *Compétence.* Les pouvoirs de l'assemblée sont exercés par l'associé unique (C. com., art. L. 223-1, al. 2), qui ne peut déléguer ses pouvoirs (C. com., art. L. 223-31, al. 3). C'est à l'associé unique qu'il appartient de prendre les décisions ordinaires comme extraordinaires.

(61) L'hypothèse n'est pas théorique. Voici un exemple d'extension de procédure prononcée sur le fondement de l'ancien article 624-5 du Code de commerce (CA Rennes, 8 janv. 1992 : *Dr. sociétés* nov. 1992, p. 11, obs. Y. Chaput) : le gérant avait fait supporter à l'EURL des travaux d'aménagement dans un local qu'il envisageait d'acquérir pour lui-même ; les juges ont décidé qu'il avait disposé des biens de la personne morale comme des siens propres ; la procédure de redressement judiciaire lui a été étendue ; voilà la preuve qu'il existe un intérêt social propre à l'EURL.

(62) Cass. soc., 11 juill. 2012, n° 11-12.161 : *BJS* 2012, § 425, p. 774, note G. Dedessus-Le-Moustier ; *RJDA* 11/2012, n° 959 ; l'associé unique d'une EURL ayant une activité de transport avait choisi comme gérant… son frère, par ailleurs étudiant ; cette circonstance n'a pas suffi à lui dénier la qualité de salarié (chauffeur routier) de sa propre société.

(63) Cass. com., 16 janv. 2019, n° 17-12.479 : *BRDA* 5/2019, n° 1 ; *BJS* mai 2019, p. 22, note J.-J. Ansault ; *Dr. sociétés* 2019, n° 85, obs. J. Heinich ; *JCP* E 2019, 1531, n° 5, obs. J. Valiergue.

1808. – *Formalisme.* Il faut signaler deux règles particulières :

– les règles de convocation et de tenue des assemblées ne sont pas applicables (C. com., art. L. 223-31) : l'associé unique est exempté de l'obligation de… se convoquer ;

– les décisions sont, à peine de nullité, consignées sur le registre des décisions (C. com., art. L. 223-31, al. 3 et 4 et R. 223-26) ; ce formalisme doit être respecté de la façon la plus scrupuleuse à peine de déconvenues amères pour l'associé[(64)], mais aussi pour les créanciers (pour la reprise d'un acte passé lors de la période de formation, V. *supra*, n° 358).

A. – Approbation des comptes sociaux

1809. – *Le rapport de gestion, l'inventaire et les comptes annuels* sont établis par le gérant. Par exception, l'EURL est dispensée de l'obligation d'établir un rapport de gestion lorsque le gérant associé unique est une personne physique et que la société ne dépasse pas certains seuils (C. com., art. L. 232-1 et art. D. 123-200)[(65)].

1810. – *La procédure d'approbation des comptes* diffère selon que l'associé unique exerce ou non la fonction de gérant (C. com., art. L. 223-31, al. 2).

Lorsque le gérant et l'associé unique sont deux personnes distinctes, l'associé unique approuve les comptes, le cas échéant après rapport du commissaire aux comptes, dans le délai de six mois à compter de la clôture de l'exercice. À cette fin, les comptes sociaux sont adressés par le gérant à l'associé unique un mois avant l'expiration de ce délai (C. com., art. R. 223-25).

Lorsque l'associé unique est gérant de la société, le dépôt au registre du commerce et des sociétés, dans ce même délai de six mois, de l'inventaire et des comptes annuels, dûment signés, vaut approbation des comptes. Pour autant, si le dépôt de ces différentes pièces dispense l'associé unique d'approuver formellement les comptes, il n'est pas semble-t-il dispensé de décider de l'affectation du résultat, qui constitue une décision distincte (C. com., art. L. 232-12). De plus, le gérant associé unique n'a pas à déposer le rapport de gestion au registre du commerce et des sociétés (V. *supra*, n° 633) ; le rapport doit simplement être tenu à la disposition de toute personne qui en fait la demande (C. com., art. L. 232-22).

B. – Approbation des conventions réglementées

1811. – C'est encore à l'associé unique qu'il revient d'approuver les conventions réglementées qu'il passe avec sa société ; il doit de même respecter les interdits légaux. Voilà donc un associé qui possède 100 % du capital mais qui ne peut contracter à sa guise avec la société ; par exemple, l'emprunt auprès de la société

(64) Cass. com., 25 sept. 2012, n° 11-22.337, PB : *Rev. sociétés* 2013, p. 104, note A. Couret ; la décision fixant la rémunération du gérant associé d'une EURL doit, à peine de nullité, être mentionnée dans le registre des décisions. Mais il s'agit d'une nullité relative : Cass. com., 9 janv. 2019, n° 17-18.864 : *BJS* 2019, p. 33, note J.-J. Ansault ; *Dr. sociétés* 2019, n° 67, note J. Heinich ; *RJDA* 3/2019, n° 201 ; la nullité est refusée au motif que la rémunération du gérant avait été régulièrement approuvée lors de l'examen des comptes et qu'elle ne revêtait aucun caractère abusif.

(65) La société ne doit pas, à la clôture de l'exercice, dépasser deux des trois seuils suivants : bilan supérieur à 6 millions d'euros ; CA HT supérieur à 12 millions d'euros ; nombre de salariés supérieur à 250 (C. com., art. D. 123-200 ; mod. D. n° 2020-101, 7 févr. 2020).

est formellement interdit, sauf si l'associé unique est une personne morale (V. *supra*, n° 1766). Le gérant est cependant dispensé de se présenter à lui-même le rapport spécial prévu pour les conventions réglementées lorsqu'il se confond avec l'associé unique et qu'il n'existe pas de commissaire aux comptes ; il suffit dans ce cas que la convention soit mentionnée sur le registre des délibérations (C. com., art. L. 223-19, al. 3).

SOUS-SECTION 4

LA DISSOLUTION DE L'EURL

1812. – Il convient de se reporter aux *causes de dissolution* valant pour la SARL (V. *supra*, n° 1781).

1813. – *Quant aux conséquences de la dissolution*, il faut distinguer selon que l'associé unique est une personne morale ou une personne physique (C. civ., art. 1844-5, al. 3 et 4).

Lorsque l'associé unique est une personne morale, la dissolution emporte transmission universelle du patrimoine social à l'associé unique sans qu'il y ait lieu à dissolution (V. *supra*, n° 788). Sous réserve d'une éventuelle fraude (V. *supra*, n° 824), l'associé recueille en conséquence l'intégralité de l'actif et du passif social. Cette transmission universelle du patrimoine est toutefois exclue en cas de liquidation judiciaire (V. *supra*, n° 791).

Lorsque l'associé unique est une personne physique, la règle de la transmission universelle du patrimoine est écartée et l'EURL est liquidée dans les conditions du droit commun (V. *supra*, n° 788). L'EURL étant une société à responsabilité limitée, l'associé n'est en principe tenu du passif social qu'à concurrence de ses apports.

Le coin des amateurs

1. Le statut social de l'associé et du gérant d'une EURL

1814. – La matière n'est pas simple et impose de distinguer le sort du gérant associé unique, celui de l'associé non gérant et enfin celui du gérant non associé.

a) Le gérant associé unique

Le gérant associé unique relève du régime des travailleurs indépendants (CSS, art. L. 311-3, 11° ; mod. L. n° 2019-1446, 24 déc. 2019), régime dont on a vu qu'il a cessé d'être un repoussoir.

b) L'associé non gérant

La simple qualité d'associé d'une EURL entraîne-t-elle l'affiliation obligatoire à un régime de sécurité sociale ? Les organismes de sécurité sociale l'ont longtemps soutenu avant qu'un arrêt de la Cour de cassation n'estime que la seule qualité d'associé d'une EURL ne suffisait pas à déclencher l'affiliation obligatoire au régime des travailleurs non salariés : l'associé non gérant et l'associé qui n'exerce aucune fonction effective dans l'EURL ne sont pas soumis au régime des travailleurs indépendants ; l'affiliation obligatoire étant donc réservée aux seuls associés gérants ou exerçant une fonction dans l'EURL (Cass. soc., 3 avr. 1997 : *BJS* 1997, p. 890, obs. J.-J. Daigre). C'est consacrer une nouvelle fois, et à juste titre, la distinction des associés selon qu'ils exercent ou non une activité professionnelle dans le groupement (V. *infra*, n°s 1833 et s.).

c) Le gérant non associé

Le gérant non associé ne bénéficie pas du régime social des indépendants (Cass. 2e civ., 28 nov. 2013, n° 12-27.438, PB : *D.* 2014, p. 571, n° 12, chron. R. Salomon : gérant d'une EURL dont l'associé unique était une société dirigée et contrôlée par ce gérant), mais du régime de protection sociale des salariés. Pour déterminer si le gérant est ou non associé, il faut tenir compte de l'article L. 311-3, 11° du Code de la sécurité sociale selon lequel les parts appartenant en toute propriété ou en usufruit au conjoint, au partenaire lié par un PACS et aux enfants mineurs non émancipés d'un gérant sont considérées comme possédées par ce dernier. Ainsi, dans une espèce où le mari était gérant non associé tandis que son épouse était associée unique, les juges ont pris en compte les parts détenues par l'épouse pour appliquer au mari le régime social des gérants associés majoritaires, autrement dit le régime des non-salariés, non agricoles (Cass. soc., 22 nov. 2001 : *RJS* 2002, n° 358 ; *JCP* E 2002, 1841, n° 11, obs. G. Vachet).

2. EURL et abus de biens sociaux

1815. – La chambre criminelle a jugé que les délits pénaux prévus en matière de SARL valaient pour l'EURL ; le gérant d'une EURL peut donc être condamné pour abus de biens sociaux (Cass. crim., 14 juin 1993 : *BJS* 1993, p. 1139, note B. Saintourens). L'associé agissant *ut singuli* et la société peuvent exercer l'action civile (V. *supra*, n° 1098). Le gérant, s'il est l'associé unique, s'en gardera bien ; comme l'action est refusée aux créanciers, aux salariés et aux syndicats, seul le ministère public peut engager les poursuites pénales.

Voici un exemple, qui montre au passage les effets indésirables de la jalousie :

M. X exploite dans le Sud-Ouest un hôtel qu'il a logé juridiquement dans une EURL dont il est le gérant et l'unique associé. Il ne supporte pas que son épouse l'ait quitté. Il la harcèle de coups de téléphone. Tiraillé par la curiosité, il la fait suivre par un détective privé qu'il rémunère avec le chéquier de l'EURL. L'épouse, excédée, le traduit devant le juge correctionnel. La cour d'appel de Pau le condamne en août 2001 à dix-huit mois d'emprisonnement avec sursis et mise à l'épreuve, ainsi qu'à 15 000 F d'amende, sans compter les dommages-intérêts au titre du préjudice moral. M. X se pourvoit en cassation, mais la chambre criminelle rejette son pourvoi par une décision du 20 février 2002 (*Rev. sociétés* 2002, p. 546, note B. Bouloc). Voici en quels termes elle confirme la décision d'appel s'agissant du grief d'abus de biens sociaux :

« Attendu que, pour condamner du chef d'abus de biens sociaux, l'arrêt attaqué énonce que le prévenu a engagé un détective privé pour surveiller son épouse, dont il ne supportait pas d'être séparé, et qu'il a réglé la prestation au moyen d'un compte bancaire ouvert au nom de l'hôtel M., entreprise unipersonnelle à responsabilité limitée ; – Attendu qu'en l'état de ces énonciations, la cour d'appel a justifié sa décision. »

Quand on crée une société, fût-ce une EURL, on met au monde un être juridiquement autonome dont on doit respecter la personnalité et c'est un délit pénal que de dépouiller sa société. Ce risque n'existe pas dans l'entreprise individuelle : confondre la caisse de l'entreprise individuelle et celle de l'entrepreneur n'est sans doute pas un signe de bonne gestion, mais au moins ce n'est pas un délit pénal passible de peines d'amende et d'emprisonnement. Avis aux entrepreneurs jaloux : éviter de mettre votre entreprise en société.

3. L'impossible legs par l'associé unique… de l'immeuble appartenant à la société

1816. – Devenu associé unique d'une société civile immobilière à la suite de la liquidation d'une communauté de biens, elle-même consécutive à son divorce, un particulier décide de faire un legs en faveur de sa nouvelle compagne ; jusque-là rien d'anormal ; malheureusement, le legs portait sur des immeubles appartenant à la société dont il était l'associé unique ; par suite, le legs était nul comme portant sur la chose d'autrui, ce que ne manqua pas d'invoquer la précédente épouse lors du décès du légataire (C. civ., art. 1021). C'est ce que décide la cour de Paris (CA Paris, 20 mai 2009 : *RJDA* 1/2010, n° 38). Qu'aurait pu faire l'associé unique ? En vérité, il pouvait dissoudre la société – après avoir mesuré le coût fiscal d'une telle opération – et se faire attribuer le patrimoine social pour que le legs devienne possible ; il pouvait peut-être également faire porter le legs sur les parts de la SARL, solution à déconseiller si la première épouse détenait des parts, sauf à vouloir créer les conditions d'un contentieux de longue durée. Faute d'avoir exploré ces voies subsidiaires, voire d'autres, il priva sa compagne du bénéfice du legs.

On rapprochera de cette affaire une autre décision concernant une SNC ; Paul T avait rédigé un testament authentique léguant à sa compagne, Mme Y, un appartement situé à Saint-Tropez et appartenant à une société en nom collectif T, dont il détenait 499 des 500 parts ; ses enfants obtinrent la nullité du legs (Cass. 1re civ., 15 mai 2018, n° 14-11.123 : *Rev. sociétés* 2019, p. 201, note E. Naudin).

TITRE 2

LES SOCIÉTÉS À RISQUE ILLIMITÉ

1817. - Les sociétés à risque illimité ont un air de ressemblance qui tient entre autres à la responsabilité indéfinie qu'encourent leurs membres. Les sociétés à risque illimité sont en effet des sociétés à haut risque[(1)], dans la mesure où l'on ne peut à l'avance, comme le ferait un joueur prudent et méfiant, fixer un maximum de mise à ne pas dépasser ; si les affaires tournent mal, on peut y laisser jusqu'à sa dernière chemise.

1818. - Mais par-delà cet air de famille... et ce parfum d'aventure, chaque société a son caractère propre, ce qui est un signe de richesse juridique, chacun pouvant choisir entre deux modèles :

- le premier regroupe les sociétés immatriculées, lesquelles sont donc dotées de la personnalité morale ;
- le second rassemble les sociétés non immatriculées, dépourvues par conséquent de personnalité juridique.

On envisagera d'abord le droit commun avant de s'intéresser successivement à ces deux branches.

(1) Rappr. sur la question de la prise de risque, H. Barbier, *La liberté de prendre des risques*, PUAM, 2011.

C H A P I T R E 1

LE DROIT COMMUN DES SOCIÉTÉS À RISQUE ILLIMITÉ

1819. – Le patrimoine génétique partagé par les sociétés à risque illimité comprend des éléments de droit des sociétés, de droit pénal, de droit fiscal et de droit social.

S E C T I O N 1

UNE SUBTILITÉ DU DROIT DES SOCIÉTÉS : OBLIGATION AUX DETTES ET CONTRIBUTION AUX PERTES

1820. – La distinction entre obligation aux dettes et contribution aux pertes est la principale arête de démarcation des sociétés à risque limité et des sociétés à risque illimité. Dans ces dernières, le risque pris par l'associé est infini ; il peut donc aller au-delà du montant de ses apports, tant au regard de sa contribution aux pertes sociales (dans les rapports des associés entre eux), que de son obligation aux dettes sociales (dans les rapports avec les créanciers sociaux).

S O U S - S E C T I O N 1

LA CONTRIBUTION AUX PERTES

1821. – La contribution aux pertes pèse sur tous les associés dans tous les types de société et joue dans les rapports des associés entre eux (V. *supra*, n°s 258 et s.). Mais, dans les sociétés à risque illimité, cette contribution n'est pas plafonnée au montant de l'apport consenti de l'associé.

SOUS-SECTION 2

L'OBLIGATION AUX DETTES SOCIALES

1822. – *Principes.* L'obligation aux dettes sociales n'existe que dans les sociétés à risque illimité. Elle joue dans les relations entre créanciers sociaux et associés lorsque la société ne veut ou ne peut payer l'un de ses créanciers. La société n'est pas nécessairement en état de cessation de paiement ; elle ne subit peut-être qu'une gêne financière passagère, le créancier social peut néanmoins demander aux associés de régler la dette à la place de la société.

Le mécanisme de l'obligation aux dettes suppose que la société soit dotée de la personnalité morale ; dans les sociétés sans personnalité, l'obligation des associés repose sur d'autres mécanismes tirés du droit des obligations : le comportement de l'associé dans les sociétés en participation (V. *infra*, n° 2020) ; la preuve ou l'apparence dans les sociétés créées de fait (V. *infra*, n° 2038).

1823. – *Qualification.* La nature juridique de l'obligation aux dettes sociales de l'associé soulève une difficulté : l'associé est-il tenu en qualité de codébiteur ou de garant ? Les solutions jurisprudentielles ne permettent pas de trancher avec netteté la question, qui est assortie de nombreux enjeux pratiques (V. *infra*, n°s 1874 et 1952).

1824. – *Caractéristiques.* L'obligation aux dettes sociales présente deux caractères. Quelle que soit la forme de la société, l'obligation aux dettes sociales est indéfinie, ce qui signifie que l'associé peut être tenu au passif social au-delà du montant de son apport. Pour le reste, les contours de l'obligation à la dette varient selon la forme sociale.

§ 1. – L'obligation aux dettes sociales dans les sociétés civiles

1825. – *Caractère subsidiaire de l'obligation aux dettes sociales : vaine poursuite.* Avant de réclamer paiement à l'associé, le créancier social doit d'abord s'adresser à la société. Cela étant, la subsidiarité constitue un rempart plus efficace dans les sociétés civiles que dans les autres sociétés à risque illimité. L'article 1858 du Code civil énonce en effet à propos des sociétés civiles que « les créanciers ne peuvent poursuivre le paiement des dettes sociales contre un associé qu'après avoir préalablement et vainement poursuivi la personne morale ». La mise en cause de l'associé suppose donc qu'il y ait eu poursuite infructueuse de la société (V. *infra*, n°s 1947 et s.).

1826. – *Caractère conjoint de l'obligation aux dettes sociales.* Dans les sociétés civiles, l'obligation à la dette est conjointe : le créancier doit réclamer à chaque associé sa part dans la dette ; à défaut de prévision des statuts, c'est la participation au capital social qui fournit la clé de répartition (C. civ., art. 1857, al. 1).

§ 2. – L'obligation aux dettes sociales dans les sociétés à responsabilité solidaire

1827. – *Caractère subsidiaire de l'obligation aux dettes sociales : vaine mise en demeure.* L'allure est accélérée dans les SNC et les groupements affectés de solidarité, à savoir les commandites simples en ce qui concerne les commandités, les GIE et GEIE. L'article L. 221-1 du Code de commerce dispose en effet que « les créanciers ne peuvent poursuivre le paiement des dettes sociales contre un associé qu'après avoir vainement mis en demeure la société par acte extrajudiciaire ». On se contente ici d'une vaine mise en demeure, ce qui est moins contraignant qu'une vaine poursuite : le créancier peut s'adresser à l'associé de son choix s'il n'a pas été désintéressé dans les huit jours d'une mise en demeure par acte d'huissier (V. *infra*, n°s 1871 et s.).

1828. – *Caractère solidaire de l'obligation aux dettes sociales.* Les associés en nom ayant la qualité de commerçant (V. *infra*, n° 1846), l'obligation à la dette est solidaire : le créancier peut donc réclamer paiement pour le tout à l'un quelconque des associés, à charge pour le *solvens* de se retourner contre la société (encore faut-il qu'elle soit solvable pour que le recours soit utile) ou contre ses coassociés (en divisant ses recours).

1829. – **Le risque couru par l'associé ou la morsure du manba noir.**

> Soit un avocat, amateur de reptiles ; il décide, avec d'autres amateurs, de créer une ferme d'élevage de manbas noirs (Dendroaspis Polylepis), connus notamment pour la létalité de leur morsure ; la ferme est exploitée par une société en nom collectif, dans lesquelles sont associés, le maître du barreau, qui apporte 50 000 €, une artiste-peintre (apport : 1 000 €), un facteur (*idem*) et une pharmacienne (apport : 100 €). Un entrepreneur local visitant la ferme est mordu ; il meurt. Sa famille agit en responsabilité contre la société (laquelle n'est pas assurée) et prouve la faute au moins partielle des employés, qui avaient permis au visiteur de faire un « selfie » avec l'un des pensionnaires ; malheureusement, la société condamnée à payer 300 000 € est impécunieuse et croule sous les dettes ; la famille du défunt se retourne alors vers l'associé lui paraissant avoir les poches les plus profondes, en l'espèce la pharmacienne et obtient sa condamnation au paiement de l'intégralité des dommages. Ainsi, ayant apporté 100 €, la pharmacienne paiera 3 000 fois plus que sa mise ; elle se retournera ensuite contre l'avocat, le facteur et l'artiste-peintre, mais outre qu'elle devra supporter le coût et les délais de tels recours, s'il s'avère que ses coassociés n'ont pas le moindre sou, elle risque de devoir finalement supporter seule le montant de la condamnation. Son obligation était donc bien subsidiaire et infinie.
>
> Moralité : si vous voulez élever des manbas noirs, il est préférable d'éviter les sociétés à risque illimité.

SECTION 2

UNE SUBTILITÉ DU DROIT PÉNAL : PAS D'ABUS DE BIENS SOCIAUX, MAIS ATTENTION À L'ABUS DE CONFIANCE

1830. – *Infractions de droit commun.* On sait que les dirigeants de sociétés par actions et ceux des SARL font un métier dangereux ; la moindre malhonnêteté ou indélicatesse risque par exemple de les mener en correctionnelle pour abus de biens sociaux (V. *supra*, n°s 1065 et s.). Les dirigeants des sociétés à risque illimité échappent à ce danger mais ils ne peuvent pas pour autant se livrer impunément à des friponneries. Ils pourront en effet être poursuivis pénalement selon le droit commun, pour abus de confiance notamment[1]. Par ailleurs, si le gérant, pour appâter des tiers, truque la comptabilité, il pourra être poursuivi pour escroquerie, l'établissement de bilans falsifiés valant manœuvres frauduleuses au sens de l'article 313-1 du Code pénal.

1831. – *Abus de confiance.* L'incrimination, prévue à l'article 314-1 du Code pénal, est très large : « L'abus de confiance est le fait pour une personne de détourner, au préjudice d'autrui, des fonds, des valeurs ou un bien quelconque qui lui ont été remis et qu'elle a acceptés à charge de les rendre, de les représenter ou d'en faire un usage déterminé ». Le dirigeant d'une société de personnes a la confiance de ses coassociés et il doit gérer les actifs sociaux au mieux de leurs intérêts. Ne le qualifie-t-on pas de mandataire social (V. *supra*, n° 432) ? Il se rendra coupable d'abus de confiance notamment s'il détourne des actifs sociaux à son profit (V. pour la réparation du préjudice subi par les associés, *infra*, n° 1857). L'abus de confiance est puni de trois ans d'emprisonnement et de 375 000 € d'amende. Les tentations sont-elles moins grandes ? Les dénonciations sont-elles moins naturelles ? Il semble que dans les sociétés de personnes on préfère laver son linge sale en famille plutôt que l'étaler devant le juge pénal.

1832. – **Abus de confiance et société civile immobilière.**

> Selon un schéma classique, deux personnes créent une SCI et une SARL, la première coiffant la propriété d'un hôtel-restaurant, la seconde en assurant l'exploitation (sur ce montage, V. *supra*, n° 307). C'est le même associé qui a la qualité de gérant de chacune des deux sociétés. Il a la main leste et puise d'importantes sommes tant dans la caisse de la SCI que dans celle de la SARL. Sur plainte de son coassocié, il est condamné à la fois pour abus de confiance (pillage de la SCI) et pour abus de biens sociaux (pillage de la SARL). Il tente de se défendre en invoquant la jurisprudence *Rozenblum* sur les groupes (V. *infra*, n° 2474), mais sans succès (Cass. crim., 4 sept. 1996 : *BJS* 1997, p. 107, note N. Rontchevsky. – *Adde* Cass. crim., 25 nov. 2015, n° 14-83.611 : *RJDA* 3/2016, n° 203 ; le gérant d'une SNC faisait payer ses propres impôts par la société).

(1) Ph. Conte, *L'abus de confiance commis au sein d'une personne morale : Mél. M. Germain*, LexisNexis-LGDJ, 2015, p. 231.

SECTION 3

UNE SUBTILITÉ DU DROIT FISCAL : ASSOCIÉS ACTIFS ET ASSOCIÉS PASSIFS

1833. – *Aspects juridiques.* Les sociétés de personnes exploitant une entreprise, par opposition aux pures sociétés patrimoniales se contentant de gérer leur patrimoine (V. *supra*, n° 35), sont fréquemment des sociétés de partenariat où les associés exercent en commun leur profession ; ce sont tous des associés actifs (V. *supra*, n° 26). C'est parfois un impératif juridique. Ainsi une société civile professionnelle, par exemple de notaires, ne peut réunir que des notaires exerçant leur ministère dans ce cadre (L. n° 66-879, 29 nov. 1966, art. 3 et D. n° 67-868, 2 oct. 1967). De même un GAEC ne peut regrouper que des agriculteurs en activité (C. rur. pêche marit., art. L. 323-2).

En dehors de ces cas réglementés par la loi, la société peut réunir à la fois des associés qui y exercent leur profession et des associés qui se contentent d'exercer les prérogatives attachées à la détention de titres sociaux et que l'on peut qualifier d'associés passifs (V. *supra*, n° 249). Tel serait le cas d'une SNC où un professionnel s'associerait à un financier. Le droit des sociétés est toutefois insensible à cette différence : l'un et l'autre ont la qualité de commerçant (C. com., art. L. 221-1).

1834. – *Aspects fiscaux.* Le droit fiscal est plus nuancé. Certes, dans tous les cas, les bénéfices des sociétés de personnes, qu'ils soient ou non mis en distribution, sont imposés entre les mains des associés (V. *supra*, n°s 151 et s.). Mais, pour le reste, s'agissant des sociétés exerçant une activité économique, le clivage existant entre les associés actifs et les associés passifs est profond puisque les premiers bénéficient d'avantages refusés aux seconds. Ainsi, lorsque l'associé exerce sa profession dans la société, les parts sociales constituent un actif professionnel (CGI, art. 151 nonies), ce qui emporte des conséquences importantes[2] :

– les parts sociales sont exonérées en tant qu'outil de travail en matière d'impôt sur la fortune (CGI, art. 975 II) ;

– l'associé peut déduire les charges, spécialement les intérêts d'emprunt, qu'il a supportées pour financer l'acquisition de ses parts sociales ;

– la cession des parts sociales relève du régime des plus-values des entreprises (CGI, art. 39 duodecies et s.) ;

– si les résultats sont négatifs, l'associé peut imputer sa quote-part de déficit sur son revenu global ; faute d'exercer une activité professionnelle dans la société, l'associé passif peut seulement imputer le déficit catégoriel sur les revenus de même nature perçus au titre des six années suivantes (V. *supra*, n° 153).

1835. – *Critères.* Reste à faire le tri entre actifs et passifs et à déterminer si un associé est réputé exercer une activité professionnelle dans la société. La condition

(2) M. Cozian, *Les grands principes de la fiscalité des entreprises*, doc. 19 : Un « sac d'embrouilles » : les sociétés de personnes relevant de l'impôt sur le revenu. – Fl. Deboissy : *RTD com.* 2000, p. 205.

est remplie dans le cas du gérant(3). Qu'en est-il de l'associé non gérant ? À propos d'une société en participation, il a été jugé que l'associé non gérant ne peut être regardé comme exerçant personnellement l'activité mise en société que si sa participation effective à cette activité est établie(4). Ainsi, le seul exercice des prérogatives d'associé, à la différence de la qualité de gérant, ne suffit pas à caractériser l'exercice d'une activité professionnelle, ce qui est fondé : il faut démontrer que l'associé participe de façon directe, régulière et personnelle à l'exercice de l'activité de la société.

SECTION 4

UNE SUBTILITÉ DU DROIT SOCIAL : ASSOCIÉS COTISANTS ET ASSOCIÉS NON COTISANTS

1836. – Celui qui entre en société s'inquiète légitimement de savoir s'il sera redevable d'impositions et de cotisations sociales. À cet égard, le droit social épouse la division fiscale des associés actifs et des associés passifs, en y apportant des corrections (V. *supra*, n°s 1833 et s.).

§ 1. – L'associé actif est un associé cotisant

1837. – Lorsque l'associé d'une société de personnes exerce sa profession au sein de la société moyennant rémunération, il est redevable de cotisations sociales. Il relève alors du régime des travailleurs indépendants. La solution est la même pour le gérant.

§ 2. – L'associé passif est en principe un associé non-cotisant

1838. – Si l'associé n'exerce aucune profession dans la société, une distinction doit être opérée selon que l'associé passif est membre d'une société « patrimoniale » ou d'une société « opérationnelle ».

1839. – *Société patrimoniale.* Lorsque la société se contente de gérer, comme un simple particulier, son patrimoine immobilier ou mobilier telle la société civile immobilière de gestion ou encore la pure société de portefeuille (V. *supra*, n° 36), la solution est clairement fixée : l'associé qui n'exerce pas d'activité professionnelle au

(3) CE, 25 oct. 2004 : *RJF* 2005, n° 46 ; l'unique gérant statutaire de deux SNC doit être regardé comme exerçant son activité professionnelle dans ces sociétés, alors même que des prestations de gestion ont été confiées par mandat à une autre société. – Lorsque la gestion de la société en participation a été confiée à une personne morale [SARL], le gérant personne physique de cette société ne bénéficie pas de cette présomption d'exercice d'une activité professionnelle : CE, 10e et 9e ss-sect., 11 avr. 2008 : *Dr. fisc.*2008, comm. 350, note E. Desmorieux, concl. C. Landais.

(4) CE, 9 juill. 2003 : *RJF* 2003, n° 1255, chron. L. Olléon ; *Dr. fisc.*2004, comm. 188, concl. Séners ; *BJS* 2004, p. 107, note Parot.

sein de la société et se contente d'exercer ses prérogatives d'associé moyennant la perception de dividendes n'a pas la qualité de cotisant.

1840. - *Sociétés opérationnelles.* Dans les sociétés exerçant une activité économique, depuis un arrêt de principe de la chambre sociale de la Cour de cassation, les associés qui n'exercent aucune activité professionnelle dans la société n'ont pas à être assujettis à un régime de sécurité sociale(5). De la même façon, l'associé non gérant d'une EURL qui n'exerce aucune fonction professionnelle dans la société, n'a pas à cotiser, du seul fait de sa qualité d'associé, au régime de sécurité sociale des travailleurs non salariés (V. *supra*, n° 1814).

1841. - *Le cas particulier des SNC.* La solution est différente en matière de SNC, sans doute en raison de la qualité de commerçant attribuée à chaque associé. En effet, la chambre sociale(6) comme la deuxième chambre civile(7) estiment à leur propos que « le fonctionnement d'une SNC implique nécessairement de la part des associés une activité professionnelle consistant dans le contrôle et la surveillance de la société ». Il s'ensuit que l'associé d'une SNC relève obligatoirement, en cette seule qualité, du régime d'assurance-maladie des travailleurs non-salariés, alors même qu'aucune implication dans le fonctionnement de l'entreprise ne serait caractérisée. Ainsi la distinction entre associés actifs et associés passifs n'est pas opératoire dans les SNC en matière de sécurité sociale, à la différence de ce qui vaut en matière fiscale (V. *supra*, n°s 1833 et s.).

Le coin des amateurs

1. Une société à risque illimité peut-elle garantir les engagements de ses dirigeants ou de ses associés ?

1842. - Il est interdit à une SA de cautionner les engagements de ses dirigeants (V. *supra*, n° 1025) ; elle peut en revanche accorder sa garantie à un actionnaire, sous réserve d'une autorisation préalable du conseil d'administration (V. *supra*, n° 1003). Dans la SAS, il est interdit à la société d'accorder sa caution à l'un de ses dirigeants (V. *supra*, n° 1544). Dans la SARL les règles sont plus sévères puisque l'interdiction vise à la fois les dirigeants et les associés personnes physiques (V. *supra*, n°s 1766 et s. – Pour le cautionnement de la dette personnelle d'un associé personne morale, V. *supra*, n° 1770). Il n'existe en revanche aucun texte spécial qui interdise ou limite l'octroi de telles garanties dans les sociétés de personnes. Faut-il en déduire que ces dernières peuvent utiliser librement leur crédit pour garantir les engagements personnels souscrits par leurs associés ou dirigeants (D. Gibirila, *La société caution : Rev. sociétés* 2012, p. 663. – H. Hovasse, *Les cautionnements donnés par les sociétés et l'objet social : Dr. et patrimoine* 2001, p. 76. – P. Schultz, *L'associé cautionné par sa société et l'intérêt social : Mél. Simler*, Litec-Dalloz, 2006, p. 430. – R. Dalmau, *La nullité des sûretés*

(5) Cass. soc., 8 juin 1995 : *JCP* E 1996, II, 816, note G. Vachet ; « attendu que le tribunal des affaires de Sécurité sociale a retenu à juste titre qu'à défaut d'une participation effective à la gestion et au contrôle d'une société civile immobilière de construction et de vente, ses associés ne peuvent être considérés comme ayant, en cette seule qualité, une activité professionnelle non salariée, au sens du Code de la sécurité sociale ».

(6) Cass. soc., 17 juin 1999, n° 97-21.896, PB : *BJS* 2000, p. 224, note crit. P. Le Cannu ; associés d'une SNC dont le fonds est donné en location-gérance. – *Adde* Cass. soc., 31 oct. 2000 : *RJS* 2001, n° 125.

(7) Cass. 2e civ., 11 oct. 2005, n° 04-30.437, FS-P+B : *D.* 2005, inf. rap. p. 2631 ; SNC ayant pour objet de permettre à ses associés de profiter de mesures de défiscalisation. – Cass. 2e civ., 16 déc. 2010 : *RJDA* 4/2011, n° 322 ; affiliation obligatoire d'un associé de SNC au régime des indépendants.

consenties par les sociétés civiles en garantie des dettes d'autrui, un ouvrage encore sur le métier : Rev. sociétés 2018, p. 487) ? Tout dépend de la réponse aux trois questions suivantes.

a) Conformité à l'objet social ?

L'octroi d'une sûreté pour autrui est un acte grave, sans contrepartie immédiate, qui est susceptible d'obérer le crédit de la société, voire de la conduire à réaliser son patrimoine pour honorer son engagement ; il s'agit donc d'une décision excédant les pouvoirs du gérant qui doit, pour cette raison, être prise selon les dispositions statutaires ou, à défaut, à l'unanimité des associés (C. civ., art. 1852. – C. com., art. L. 221-6). La question est alors de savoir si la garantie d'une dette personnelle peut entrer dans l'objet d'une société lorsqu'elle est accordée à l'unanimité des associés. C'est ce qui a été jugé dans un premier temps par la chambre commerciale de la Cour de cassation à propos d'une SCI (Cass. com., 28 mars 2000 : *JCP* E 2001, p. 1393, note S. Ferries), puis d'une SNC (Cass. com., 18 mars 2003 : *BJS* 2003, p. 643, note J.-F. Barbièri ; *JCP* E 2004, 29, n° 6, obs. J.-J. Caussain, Fl. Deboissy et G. Wicker). Cette solution était critiquable et elle a été abandonnée depuis (Cass. com., 8 nov. 2011, n° 07-11.785 : *Dr. sociétés* 2012, n° 26, obs. H. Hovasse ; *Rev. sociétés* 2012, p. 238, note A. Viandier. – Cass. 3e civ., 12 sept. 2012, n° 11-17.948, PB : *BJS* 2012, p. 831, § 474, note D. Poracchia ; *Dr. sociétés* 2012, n° 178, obs. R. Mortier ; *JCP* E 2012, 1777, n° 4, obs. Fl. Deboissy et G. Wicker ; *Rev. sociétés* 2013, p. 16, note A. Viandier. – Cass. com., 23 sept. 2014, n° 13-17.374, PB : *Dr. sociétés* 2014, n° 185, obs. H. Hovasse ; *JCP* E 2014, 1651, n° 5, obs. Fl. Deboissy et G. Wicker ; *Rev. sociétés* 2014, p. 714, note A. Viandier). En effet, les associés ne sont pas libres de modifier arbitrairement les contours de l'objet social, et donc la capacité de jouissance de la société, pour y inclure la garantie d'un engagement personnel d'un associé ou d'un dirigeant, lequel ne présente aucun lien, direct ou indirect, avec l'objet social. Seuls les créanciers dont la créance est née à l'occasion de cette activité disposent d'un droit de gage sur les biens sociaux, à l'exclusion des créanciers personnels des associés ou des dirigeants, lesquels ne peuvent, par le jeu d'une garantie, fût-elle accordée à l'unanimité, venir en concours sur ces mêmes biens : il s'ensuit qu'une société ne peut valablement accorder sa garantie que si cette garantie entretient un lien, direct ou indirect, autrement dit à titre principal ou accessoire, avec son activité effective.

b) Conformité à l'intérêt social ?

On voit mal comment un acte sans aucun rapport avec l'activité que les associés ont choisi d'exercer au moyen de la société pourrait présenter un intérêt pour cette dernière. Il s'ensuit qu'une société ne peut garantir l'engagement de ses associés ou dirigeants qu'à la condition que cet engagement soit conforme à l'intérêt social ; autrement dit, il faut que la société ait un *intérêt personnel* à consentir la sûreté pour autrui, ce qui implique qu'elle en retire une contrepartie, directe ou indirecte. Cet intérêt propre de la société a été reconnu dans une espèce récente : une banque avait prêté au gérant d'une SCI pour lui permettre de réaliser un apport en numéraire et la SCI avait souscrit un cautionnement hypothécaire en faveur de la banque prêteuse ; poursuivie par cette dernière, la SCI avait plaidé la nullité du cautionnement ; elle échoue au motif que grâce à l'apport en numéraire de son gérant elle avait pu acquérir des biens immobiliers qui avaient produit des revenus à son profit, ce qui démontrait l'intérêt de la SCI (Cass. com., 2 nov. 2016, n° 16-10.363 : *JCP* E 2017, 1111, note N. Jullian ; *RJDA* 2/2017, n° 92) ; de manière critiquable selon nous, la Cour de cassation estime qu'il importait peu que le cautionnement ait menacé l'existence même de la société dans la mesure où il portait sur l'intégralité de son patrimoine ; en effet, on peut douter qu'une telle prise de risque pour une société civile immobilière de nature à mettre en péril sa continuité d'exploitation puisse être jugée conforme à son intérêt.

Dans d'autres espèces, la Cour de cassation a considéré que le fait que la sûreté consentie par la société – une société civile en l'occurrence – porte sur l'unique actif social ne caractérise pas nécessairement la violation de l'intérêt social, dès lors qu'en dépit de la mise en œuvre de la garantie par le créancier, la société était en mesure de récupérer des fonds qui pouvaient être réinvestis ; en effet, la valeur de l'immeuble sur lequel portait la sûreté excédait le montant du prêt bancaire garanti (Cass. 3e civ., 21 déc. 2017, n° 16-26.500 : *BJS* 2018, p. 286, note E. Schlumberger ; *RJDA* 3/2018, n° 250. – Cass. 2e civ., 7 juin 2018, n° 17-11.875 : *RJDA* 10/2018, n° 746. – Cass. 3e civ., 21 juin 2018, n° 17-18.678 : *RJDA* 1/2019, n° 31).

Ces décisions appellent la même critique.

c) Existence d'une communauté d'intérêts ?

Les tribunaux acceptent de valider la garantie consentie par une société à risque illimité, SNC ou SCI, lorsqu'il existe une communauté d'intérêts entre la société garante et la personne garantie. L'appréciation du lien d'accessoire à principal soulève des difficultés lorsque la garantie accordée par une société l'est au bénéfice d'une autre ayant les mêmes associés, ce qui est le cas en présence du couple société d'exploitation-société civile immobilière (V. *supra*, n° 307). Dans cette hypothèse, la jurisprudence se contente parfois d'un lien indirect avec l'objet social. C'est ce qui a été jugé en cas de cautionnement accordé par une SCI, propriétaire d'un immeuble, à la société d'exploitation locataire. La Cour de cassation a estimé que « le cautionnement se rattache indirectement à l'objet social de la SCI en raison de la communauté d'intérêts unissant cette société à la société débitrice principale » (Cass. 1re civ., 15 mars 1988 : *Rev. sociétés* 1988, p. 415, note Y. Guyon. – Cass. 3e civ., 1er déc. 1993 : *Dr. sociétés* 1994, n° 138, obs. H. Le Nabasque. – Cass. 1re civ., 1er févr. 2000 : *Rev. sociétés* 2000, p. 301, note Y. Guyon. – Cass. 3e civ., 30 nov. 2017, n° 16-20.210 : *RJDA* 2/2018, n° 136). Cette solution apparaît très contestable dans la mesure où, en l'absence de démonstration d'un profit susceptible d'être effectivement retiré par la société caution, la seule communauté d'intérêt unissant les deux sociétés tenait à l'identité de leurs associés. Pour le reste, elle méconnaît gravement l'autonomie de chacune des sociétés, laquelle, quelle que soit l'identité de leurs associés, est fondée sur le caractère distinct de leur intérêt respectif. Or, ce sont de telles méconnaissances que l'on sanctionne ordinairement soit par des actions en extension fondées sur la confusion de patrimoines (V. *supra*, n° 487), soit par des redressements fiscaux au titre de l'acte anormal de gestion (V. *supra*, n° 662) (par ex., CAA Marseille, 24 janv. 2002 : *Dr. fisc.*2003, n° 12, comm. 232).

En définitive, il ne devrait être question de communauté d'intérêts justifiant un cautionnement que dans l'hypothèse où, en raison des relations d'affaires ou structurelles (société mère-filiale) existant entre elles, il est de l'intérêt de la société caution d'assurer par son engagement la pérennité de la société cautionnée (Cass. com., 3 déc. 2003 : *BJS* 2004, p. 358, note J.-F. Barbièri : bail à construction conclu entre les deux sociétés. – *Adde* Cass. com., 10 févr. 2015, préc.), le fait que les deux sociétés aient des associés communs étant en revanche indifférent.

2. Les conventions passées entre une société à risque illimité et l'un de ses dirigeants

1843. – Traditionnellement, les conventions passées entre une société à risque illimité et l'un de ses dirigeants ne faisaient pas l'objet d'une réglementation spécifique, contrairement aux règles prévalant dans les sociétés à risque limité (pour la SA, V. *supra*, nos 1023 et s. ; pour la SCA, V. *supra*, n° 1511 ; pour la SAS, V. *supra*, n° 1544 ; pour la SARL, V. *supra*, nos 1766 et s.). La loi NRE du 15 mai 2001 a créé, au nom de la transparence, une procédure de contrôle des conventions passées entre « une personne morale de droit privé non commerçante ayant une activité économique » et « l'un de ses administrateurs ou l'une des personnes exerçant un rôle de mandataire social » (C. com., art. L. 612-5, R. 612-6 et R. 612-7). Échappent ainsi à tout contrôle *a priori*, d'une part, la SNC et, d'autre part, la société civile exerçant une activité de gestion patrimoniale. Ne sont pas concernées par cette procédure les conventions courantes conclues à des conditions normales qui, en raison de leur objet ou de leurs implications financières, ne sont significatives pour aucune des parties.

a) Domaine

Sont visées par ce dispositif les personnes morales de droit privé non commerçantes qui exercent une activité économique. Cela exclut les SNC, les sociétés en commandite simple, les sociétés sans personnalité morale ou les GIE.

Au final, deux groupements se trouvent principalement visés :

– les associations ayant une activité économique (V. *supra*, n°s 97 et s.), le texte leur ajoutant celles visées à l'article L. 612-4, à savoir les associations ayant reçu annuellement de l'État, d'un établissement public ou d'une collectivité publique une ou plusieurs subventions d'un montant fixé par décret ;

– les sociétés civiles exerçant une activité économique.

La poursuite d'une activité économique constitue, selon la Cour de cassation, le critère de l'entreprise (Cass. 1re civ., 12 mars 2002 : *D.* 2002, p. 1199 ; *BJS* 2002, p. 1033, note B. Saintourens : information annuelle de la caution lorsque le concours financier est accordé à une entreprise). L'entreprise peut être définie comme un ensemble cohérent de moyens humains et matériels regroupés en vue de l'exercice d'une activité régulière participant à la production ou à la circulation des richesses. Constitue ainsi une activité économique toute activité de production, transformation, distribution de biens meubles ou immeubles ainsi que toutes prestations de services en matière industrielle, commerciale, artisanale, agricole (Rép. min. Sergheraert : *JOAN* 17 mars 1986, p. 1105).

La condition relative à l'exercice d'une activité économique est à l'évidence remplie lorsque la société civile exerce une activité professionnelle, par exemple GAEC (V. *supra*, n° 1989), société civile professionnelle (V. *supra*, n° 2060) ou société civile de construction-vente (V. *supra*, n° 1989). On peut en revanche douter de la qualification d'entreprise dans le cas d'une société immobilière de gestion qui se contente de gérer son patrimoine immobilier (V. *Bull. CNCC* juin 2002, p. 282) ou d'une société civile de portefeuille qui gère son portefeuille de titres. La Cour de cassation a toutefois jugé que le fait, pour une banque, de consentir un crédit à une SCI en vue de l'acquisition de biens immobiliers destinés à la location caractérise l'octroi d'un concours financier à une entreprise (Cass. 1re civ., 15 mars 2005 : *D.* 2005, p. 1080, obs. E. Chevrier).

Outre les conventions conclues directement ou par personne interposée entre la personne morale et le mandataire social, sont soumises à la procédure de contrôle celles passées entre la personne morale et une société dans laquelle le dirigeant est associé indéfiniment responsable, est actionnaire détenant plus de 10 % des droits de vote ou exerce une fonction de direction.

b) Procédure

Le représentant légal ou, s'il en existe un, le commissaire aux comptes, présente à l'organe délibérant un rapport sur la convention. L'organe délibérant statue sur ce rapport. La loi n'a pas interdit à l'intéressé de prendre part au vote (comp. en matière de SA ou de SARL, *supra*, n°s 1039 et 1767). Si le groupement ne possède pas d'organe délibérant, le rapport est joint aux documents communiqués aux adhérents. À défaut d'être approuvée, la convention produit ses effets mais les conséquences préjudiciables peuvent être mises à la charge de l'intéressé.

CHAPITRE 2

LES SOCIÉTÉS IMMATRICULÉES

1844. – Si l'on s'en tient au droit commun, en négligeant les sociétés à statut particulier, la branche des sociétés immatriculées à risque illimité comprend trois spécimens : la société en nom collectif, la société en commandite simple, la société civile. Ces sociétés présentent différents traits communs qui tiennent, outre à leur régime fiscal (V. *supra*, n°s 151 et s.), à leur caractère fermé, à la place laissée à la liberté contractuelle, à la responsabilité illimitée des associés, sans oublier qu'il s'agit de sociétés par intérêts pour lesquelles la loi ne prévoit ni capital minimum ni délai de libération.

SECTION 1

LA SOCIÉTÉ EN NOM COLLECTIF

1845. – *Éléments historiques.* La SNC, qualifiée autrefois de société générale[(1)], a pour elle le bénéfice de l'ancienneté : les historiens enseignent que les premières sociétés que l'on rencontre de par le monde (du Moyen-Orient à l'Europe) s'apparentent à notre SNC et pour certaines à notre société en commandite simple. C'est sans doute cette ancienneté, liée à la simplicité de son fonctionnement, qui explique que pendant longtemps elle fut présentée comme l'archétype de la société. Aujourd'hui, elle représente moins de 2 % du total des sociétés (V. *supra*, n° 39).

1846. – *Caractéristiques.* La SNC présente quatre caractéristiques principales.

La SNC est la plus commerciale de nos sociétés ; elle est commerciale par la forme, comme la SA ou la SARL, mais surtout les associés y ont nécessairement la qualité de commerçant (C. com., art. L. 221-1) ; celui qui ne présente pas les qualités requises pour être commerçant est donc interdit de séjour au royaume des SNC (V. *infra*, n° 1851).

La SNC est la plus dangereuse des sociétés. L'engagement des associés, à la fois illimité et solidaire, est le plus lourd que l'on puisse imaginer.

(1) H. Lévy-Bruhl, *Histoire juridique des sociétés de commerce en France, aux XVIIe et XVIIIe siècles*, éd. Domat-Montchrestien, 1938, p. 30.

La SNC est la plus fermée des sociétés, celle dans laquelle l'*intuitus personae* est poussé à son paroxysme. Lorsque l'on entre dans ce type de société, il n'est pas question d'en sortir à sa guise ; on ne peut le faire que si l'ensemble des autres associés y consent ou alors en provoquant la dissolution de la société, d'où l'image suggestive de l'associé prisonnier de son titre ; Monte-Cristo lui-même n'aurait pas pu s'en échapper. Dans une SNC, on s'associe « à la vie, à la mort ». La loi précise même que le décès, l'incapacité ou toute infirmité fatale (faillite, interdiction d'exercer une activité commerciale...) entraîne la dissolution automatique de la société, sauf clause contraire des statuts (C. com., art. L. 221-16). Elle décide encore que la sortie d'un ancien associé ou l'entrée d'un nouveau sont subordonnées au consentement unanime des associés (C. com., art. L. 221-13). Tout ceci explique que la mésentente des associés conduit généralement à la dissolution de la société(2).

La SNC est une société peu réglementée qui fait la part belle à la liberté contractuelle.

SOUS-SECTION 1

L'UTILISATION DE LA SOCIÉTÉ EN NOM COLLECTIF

§ 1. – L'utilisation par des personnes physiques

1847. – La SNC, on l'a vu, est une structure dangereuse, surtout si on la compare à la SARL ou la SAS qui sont autrement confortables : on est loin du modèle (ou du mythe ?) de l'entrepreneuriat sans risque qui a abouti à la création de l'EIRL (V. *supra*, nos 47 et s.). De fait, on ne choisit plus guère la SNC pour exercer en commun une activité professionnelle, sauf quand on ne peut faire autrement comme pour les débitants de tabac (V. *supra*, n° 1857).

1848. – La SNC présente cependant des vertus de souplesse en tant qu'elle ménage une grande liberté d'organisation aux rédacteurs de statuts. C'est ensuite une société qui ravit les amateurs de discrétion, car elle n'est pas tenue de déposer ses comptes sociaux au greffe du tribunal de commerce et des sociétés, sauf si tous ses associés sont des sociétés à risque limité (V. *supra*, n° 633). Les entrepreneurs qui ne tiennent pas à faire étalage de leur fortune ou à révéler la fragilité de leur entreprise y seront sensibles.

§ 2. – L'utilisation au sein des groupes

1849. – Si dans l'organigramme des groupes on trouve autant de SNC, c'est en raison de leur souplesse, sans compter que les conflits d'intérêts n'y font l'objet d'aucune procédure particulière (V. *supra*, n° 1843). Il faut également compter avec

(2) Cass. com., 13 janv. 1996 : *BJS* 1996, p. 498, note J.-J. Daigre ; mésentente entre deux pharmaciens exerçant leur activité au sein d'une SNC ; V. *supra*, n° 777.

leurs vertus fiscales : lorsque la filiale est structurellement déficitaire, la transparence de la SNC permet de faire remonter ses déficits jusqu'à la société mère (V. *infra*, n°s 2510 et s.).

SOUS-SECTION 2

LA CONSTITUTION DE LA SOCIÉTÉ EN NOM COLLECTIF

1850. – On renverra pour l'ensemble au droit commun des constitutions de sociétés. Il faut cependant signaler une particularité propre aux SNC ; l'article L. 235-2 du Code de commerce prévoit que l'accomplissement des formalités de publicité est requis à peine de nullité de la société, sans que les associés et la société puissent se prévaloir à l'égard des tiers de cette cause de nullité (V. *supra*, n° 280). Pour le reste, il suffit de rappeler quelques règles générales en insistant sur la prééminence des statuts.

§ 1. – Les règles générales

A. – Les associés

1851. – Voici l'essentiel des règles à retenir :

– les associés sont au moins deux ;

– ils peuvent être des personnes physiques ou des personnes morales ;

– époux et personnes « pacsées » peuvent faire partie d'une même SNC (V. *supra*, n° 534) ;

– les associés peuvent être français ou étrangers (V. *supra*, n° 192) ;

– les associés ont tous la qualité de commerçant (C. com., art. L. 221-1) ; par suite ils doivent impérativement avoir la capacité d'exercer une activité commerciale[(3)], ce qui exclut les mineurs non émancipés (V. *supra*, n° 188), les majeurs sous tutelle, ainsi que les majeurs sous curatelle, sans oublier les fonctionnaires ou les membres des professions libérales réglementées ; il s'agit d'une commercialité par simple détermination de la loi puisque l'associé de SNC n'exerce pas à titre personnel une activité commerciale ou artisanale.

B. – L'objet social

1852. – En principe, la SNC peut exercer n'importe quelle activité, qu'elle soit commerciale ou civile. Il existe tout de même quelques interdits légaux : les assurances et les professions libérales réglementées : les médecins et les avocats par exemple ne sauraient exercer leur art au sein d'une SNC puisqu'il leur est interdit d'acquérir, directement ou indirectement, la qualité de commerçant.

(3) Une SELARL, commerciale par la forme mais civile par son objet, ne peut pas être associée d'une SNC : CA Versailles, 28 oct. 2004 : *JCP* E 2005, 131, n° 7, obs. J.-J. Caussain, Fl. Deboissy et G. Wicker. – Au XVIIe siècle, les nobles et les hommes d'Église qui ne pouvaient déroger en faisant le commerce, recouraient à l'interposition de personnes ; cela permettait aux Jésuites notamment de se livrer « à de nombreuses et fructueuses opérations commerciales » (H. Lévy-Bruhl, *op. cit.*, p. 57).

1853. – En pratique, il est essentiel de délimiter avec précision l'objet social de façon à réduire les risques encourus par les associés ; les gérants engagent en effet la société (et par conséquent les associés personnellement) par tous les actes entrant dans l'objet social (C. com., art. L. 221-5).

C. – Le capital social

1854. – La loi ne fixe aucune règle contraignante : pas de capital minimum, pas de délai pour la libération du capital souscrit, pas d'interdiction pour les apports en industrie. À la limite, une SNC pourrait être créée avec un capital d'un euro, si le financement de son projet économique est assuré autrement, par exemple par des prêts consentis par les associés ou par des tiers. Dans ce type de société, le capital a moins pour fonction d'assurer le gage des créanciers (la responsabilité personnelle des associés est à cet égard la meilleure des garanties) que de mesurer le pouvoir des associés.

§ 2. – La prééminence des statuts

1855. – Les SNC ne sont pas des machineries lourdes comme les sociétés de capitaux. Ce qu'impose la loi est réduit au minimum ; ces sociétés sont largement « dérégulées ». Elles relèvent plus de la liberté contractuelle que d'une législation frappée du sceau de l'ordre public.

Aux associés de faire appel aux ressources de leur imagination et de faire œuvre de créativité ; à eux de se forger un cadre à l'exacte mesure de leurs besoins, alliant souplesse et efficacité. C'est cette malléabilité qui explique que les SNC soient parfois choisies par les groupes pour coiffer leurs filiales communes (V. *supra*, n° 1849).

Encore faut-il avoir de l'imagination et oser se servir de sa liberté. L'expérience démontre que trop souvent, au lieu de modèle imposé par la loi, on recopie le modèle proposé par le formulaire, lequel a tôt fait de réinventer le formalisme légal.

Le coin des amateurs

1. Est-il possible dans une SNC de cumuler les qualités d'associé et de salarié ?

1856. – Est-il permis à l'associé d'une SNC d'être le salarié de celle-ci ?

a) La réponse de la chambre commerciale de la Cour de cassation.

La chambre commerciale a affirmé nettement la validité du cumul ; une banque poursuivait un associé de SNC au titre de l'obligation aux dettes sociales ; l'intéressé se défendait en soutenant qu'étant par ailleurs salarié de la société il ne pouvait pas en être associé ; l'argument est balayé par la chambre commerciale qui constate que puisque le salarié avait signé les statuts et fait un apport, il devait être qualifié d'associé et répondre à ce titre des dettes sociales (Cass. com., 29 sept. 2009, n° 08-19.777 : *Rev. sociétés* 2010, p. 314, note A. Lecourt).

b) La réponse de la chambre sociale de la Cour de cassation.

Un arrêt récent de la chambre sociale a rejeté en termes formels la possibilité d'un tel cumul : « Attendu que la cour d'appel, qui a retenu que M. S. était associé de la SNC H., et à ce titre, en vertu de l'article L. 221-1, alinéa 1 du Code de commerce, commerçant répondant indéfiniment et solidairement des dettes sociales, en a exactement déduit que cette situation excluait qu'il puisse être lié à cette société par un contrat de travail. » (Cass. soc., 14 oct. 2015, n° 14-10.960 : *BJS* 2015, p. 646, note A. Couret ; *Dr. soc.* 2016, n° 9, obs. D. Gallois-Cochet ; *RJDA* 1/2016, n° 40 ; *Rev. sociétés* 2016, p. 166, note B. Saintourens ; la question posée concernait la détermination du tribunal compétent).

c) La synthèse ?

Les deux solutions apparaissent incompatibles, à ceci près que, dans l'arrêt de la chambre commerciale, l'associé tentait d'échapper à son obligation aux dettes sociales, alors que dans l'arrêt de la chambre sociale l'associé recherchait la compétence du conseil des prud'hommes. Il y a peut-être là une possibilité de conjuguer les deux jurisprudences : l'associé ne peut pas opposer la nullité du cumul (rappr. C. com., art. L. 235-12 : « Ni la société ni les associés ne peuvent se prévaloir d'une nullité à l'égard des tiers de bonne foi… »), mais les tiers peuvent tirer parti de cette nullité.

Un autre argument peut être invoqué au soutien de la conciliation de ces deux jurisprudences : dans la première espèce, l'activité de salarié ne se confondait pas avec celle d'associé tandis que, dans la seconde, les deux positions se confondaient à raison de la nature de l'activité (café-bar-restaurant-brasserie). En effet, à bien y réfléchir, il n'y a aucune raison de refuser à l'associé la qualité de salarié si l'activité développée au titre de chacune de ces deux qualités est tout à fait distincte. En effet, le problème n'est pas tant celui du cumul des qualités d'associé et de salarié que celui du cumul de ces deux qualités pour une même activité. Ainsi, la possibilité de cumul peut être admise lorsque l'activité salariée, tout en étant exercée dans la société, est absolument distincte de l'activité développée en qualité d'associé. Elle doit en revanche être refusée si les deux activités se confondent.

2. Préjudice personnel : le buraliste, la pharmacienne et la SNC

1857. – Un bar-tabac est exploité sous forme de société en nom collectif, seule forme autorisée par le Code général des impôts (art. 568). Un employé commet un vol ; l'un des associés en nom peut-il lui réclamer des dommages intérêts ? Non, répond la Cour de cassation, sauf à ce qu'il démontre avoir encouru un préjudice propre, distinct de celui de la société (Cass. crim., 3 mars 2020, n° 18-86.939 : *JCP E* 2020, n° 1354, note J. Gallois ; *BRDA* 14/2020, n° 2). De fait, la victime du vol est la société exploitante et non chacun de ses associés, seraient-ils, comme en l'espèce, indéfiniment et solidairement responsables. Pour obtenir gain de cause, l'associé en nom aurait dû prouver qu'il avait par exemple été dans l'obligation de combler les pertes sociales en conséquence du vol de l'employé suite à l'action d'un créancier. On ignore si cette espèce a suscité une « brève de comptoir ».

Il faut rapprocher cette décision d'un arrêt rendu antérieurement à propos d'une officine pharmaceutique également exploitée en société en nom collectif, qui a retenu une solution inverse. Le gérant associé avait fait supporter par la pharmacie des dépenses personnelles – frais de restaurant, frais d'avocat et d'huissier, frais d'essence et de téléphone, etc. – et, à ce titre, il avait été condamné pour abus de confiance (Cass. crim., 10 avr. 2002, n° 01-81.282 : *RJDA* 2003, n° 148. – V. *supra*, n° 1831). Sa co-associée ayant réclamé des dommages et intérêts, la cour d'appel avait recueilli la demande en constatant que les dépenses considérées n'avaient pas été remboursées ; le pourvoi est rejeté par la chambre criminelle : « les détournements commis par une société en nom collectif occasionnent aux autres associés, qui répondent indéfiniment et solidairement des dettes sociales, un préjudice personnel et direct ».

Sauf à entrer dans des considérations fantaisistes et de poser qu'aux yeux des magistrats, la pharmacie mérite davantage protection que le commerce des tabacs et spiritueux, force est de constater que les deux décisions sont contradictoires. À choisir, nous préférons la solution de 2020 qui nous paraît plus respectueuse de la personnalité juridique de la société en nom collectif.

SOUS-SECTION 3

LE GÉRANT DE LA SOCIÉTÉ EN NOM COLLECTIF

1858. – La loi contient un ensemble de règles sur le statut du gérant de la SNC, qui sont pour la plupart simplement supplétives. C'est surtout vrai pour la désignation et la révocation du gérant, un peu moins pour ses pouvoirs et encore moins pour sa responsabilité ; c'est la garantie des tiers qui justifie cette dose d'ordre public.

§ 1. – Le statut du gérant

A. – La désignation

1859. – *Conditions.* Ce sont les associés qui désignent le ou les gérants soit à l'unanimité, soit à la majorité prévue dans les statuts. Il n'existe guère de règles impératives en la matière et les statuts organisent la gestion selon le bon vouloir des associés ; toutes les variantes sont possibles :

– on peut désigner un ou plusieurs gérants ; si les statuts n'ont rien prévu, tous les associés ont la qualité de gérant (C. com., art. L. 221-3, al. 1er) ;

– le gérant peut être un associé ou un tiers ; quand dans un groupe on crée une SNC, c'est en général un cadre (non associé) soit de la mère, soit de la filiale, qui est désigné comme gérant ;

– le gérant peut être statutaire (son nom figure dans les statuts) ou non statutaire (son nom n'y figure pas) ;

– le gérant peut être une personne physique ou une personne morale ; dans ce dernier cas, les dirigeants de la personne morale gérante sont soumis aux mêmes obligations et encourent les mêmes responsabilités civiles et pénales que s'ils étaient gérants en leur nom propre, sans préjudice de la responsabilité solidaire de la personne morale qu'ils dirigent (C. com., art. L. 221-3, al. 2) ;

– le gérant peut être français ou étranger ;

– dans le silence des textes, rien n'interdit à un gérant non associé d'être titulaire d'un contrat de travail sous réserve que les fonctions salariées soient effectives et qu'il soit dans un état de subordination à l'égard de la société (V. *supra*, nos 1719 et s. et n° 1856).

1860. – *Publicité.* Comme pour toute société, la désignation et ultérieurement la cessation de fonction du gérant doivent faire l'objet d'une publication au registre du commerce et des sociétés *via* le centre des formalités des entreprises (V. *supra*, nos 329 et s.).

B. – La révocation

1861. – *Les modalités de révocation* du ou des gérants sont normalement prévues par les statuts. S'ils sont muets, voici les règles posées par l'article L. 221-12 du Code de commerce :

– *si tous les associés sont gérants ou si la gérance est confiée à un ou plusieurs associés désignés dans les statuts*, la révocation de l'un d'eux doit être décidée à l'unanimité des autres associés ; elle entraîne la dissolution de la société, sauf si les statuts ou les associés (à l'unanimité des autres associés) décident le contraire ; selon la Cour de cassation, la décision de révocation et la décision de continuation de la société doivent être prises au cours de la même assemblée ; le gérant révoqué peut décider de se retirer de la société en demandant le remboursement de ses droits sociaux ; la valeur des parts est déterminée en cas de désaccord par un tiers évaluateur dans les conditions de l'article 1843-4 du Code civil, toute clause contraire étant réputée non écrite (V. *supra*, n° 1243) ;

– *si le gérant est associé mais n'est pas désigné dans les statuts*, il est révocable dans les conditions fixées par ces derniers, sans que sa révocation emporte dissolution de la société ; en cas de silence des statuts, la décision est prise à l'unanimité des autres associés(4) ;

– *si le gérant n'est pas associé*, il est révocable dans les conditions fixées par les statuts, à la majorité s'ils sont muets.

1862. – *Précisions*. Complétons ce panorama par les deux précisions suivantes :

– le gérant révoqué sans juste motif a droit à des dommages-intérêts (C. com., art. L. 221-12, al. 4) (V. *supra*, n° 1735)(5) ; si l'on transpose à la SNC la solution retenue en matière de société civile, il faut considérer que la règle n'est pas d'ordre public, les statuts pouvant valablement stipuler que la révocation du gérant, même intervenue sans juste motif, ne donne pas lieu à dommages et intérêts ; le gérant peut par ailleurs fonder une demande d'indemnisation au titre des circonstances dans lesquelles la révocation est intervenue, révocation brutale ou injurieuse, non-respect du principe de loyauté (V. *supra*, n° 1107) ;

– bien que la loi soit silencieuse sur ce point, il est admis que les associés puissent demander la révocation judiciaire du gérant pour motif légitime (V. *supra*, n° 1714)(6).

C. – Le statut fiscal et social

1863. – *Lorsque le gérant est associé*, ses rémunérations suivent le même traitement fiscal que la part de bénéfices lui revenant : sauf option de la société pour

(4) Que décider lorsque la société ne comporte que deux associés dont l'un est gérant ? Il a été jugé que l'unanimité impliquait la pluralité de coassociés non gérants et qu'en conséquence l'unique coassocié ne pouvait pas révoquer le gérant en place : CA Paris, 12 sept. 1995 : *BJS* 1995, p. 1076, note P. Le Cannu. Dans une telle situation, seule la révocation judiciaire peut être demandée.

(5) CA Paris, 21 févr. 2019, n° 18/07021 : *RJDA* 5/2019, n° 345 ; l'absence de dépôt des comptes et de tenue des assemblées constitue un juste motif de révocation.

(6) CA Paris, 6 août 2019, n° 18/22544 : *RJDA* 12/2019, n° 765 ; le défaut d'établissement des comptes et de soumission des documents requis aux associés, le tout ayant provoqué la radiation de la société du registre du commerce et des sociétés, constituent une cause légitime permettant la révocation judiciaire du gérant.

l'impôt sur les sociétés (V. *supra*, n° 151), les sommes sont soumises à l'impôt sur le revenu selon les règles des bénéfices industriels et commerciaux lorsque la société exerce une activité commerciale (V. *infra*, n° 1897). En matière de sécurité sociale, il relève du régime des travailleurs indépendants (V. *supra*, n° 1837).

1864. - *Lorsque le gérant n'est pas associé*, il relève du régime fiscal et social des salariés.

§ 2. – Les pouvoirs du gérant

A. – Dans les rapports entre associés

1865. - Dans les rapports entre associés, et en l'absence de détermination de ses pouvoirs dans les statuts, le gérant peut faire tous actes de gestion dans l'intérêt de la société (C. com., art. L. 221-4), sous réserve des actes relevant de la seule compétence des associés (pour la cession des actifs sociaux, V. *supra*, n° 447). En matière de garantie, la Cour de cassation est vigilante sur la question de savoir si l'octroi d'une sûreté au nom de la société entre dans l'objet social et ne constitue pas une violation de l'intérêt social (V. *supra*, n° 1842).

B. – Dans les rapports avec les tiers

1866. - Dans les rapports avec les tiers, le gérant est le représentant légal de la société (V. *supra*, n° 436). En vue de protéger les associés, tenus indéfiniment et solidairement des dettes sociales, le gérant n'engage pas la société lorsque les actes ne participent pas de l'objet social. En revanche, les clauses statutaires limitant ses pouvoirs sont inopposables aux tiers, de bonne comme de mauvaise foi (V. *supra*, n° 440. – C. com., art. L. 221-5). S'il y a plusieurs gérants, chacun engage la société de la même façon (V. *supra*, n° 1732). Extension de la doctrine des pouvoirs propres des organes sociaux, les associés, même agissant collectivement par le biais d'une assemblée, ne sauraient empiéter sur les pouvoirs du gérant de représenter la société à l'égard des tiers[7].

1867. - *Tiers contractant.* Pour être à l'abri d'une mauvaise surprise, les tiers, avant de contracter, doivent vérifier deux points :

– *la qualité du gérant :* la désignation initiale du gérant et tout changement ultérieur de titulaire font l'objet de mesures de publicité (V. *supra*, n° 418) ;

– *l'étendue de l'objet social :* cela implique la consultation des statuts ; on sait que les tiers traitant avec une société à risque limité sont dispensés de ce genre de précaution (V. *supra*, n° 437) ; il est donc prudent dans les sociétés de personnes de limiter strictement l'objet social si l'on tient à se garantir contre les initiatives intempestives du gérant.

(7) Cass. com., 22 oct. 2013, n° 12-24.658 : *BRDA* 22/2013, n° 7 ; *BJS* 2014, p. 32, note F.-X. Lucas ; *Dr. sociétés* 2014, n° 7, obs. D. Gallois-Cochet ; statuant à l'unanimité, les associés d'une SNC avaient consenti une délégation de pouvoirs d'agir en justice à une personne n'ayant pas la qualité de gérant ; l'assignation lancée par la société est jugée irrecevable.

§ 3. – La responsabilité du gérant

1868. – *Responsabilité civile.* En cas de faute (violation de la loi ou des statuts, faute de gestion), le gérant engage sa responsabilité civile vis-à-vis des associés comme des tiers. Le Code de commerce n'envisage pas formellement la responsabilité civile des dirigeants de SNC, mais on applique les règles de la responsabilité délictuelle sur le fondement des articles 1240 et 1241 du Code civil ainsi que le régime de responsabilité de droit commun prévu pour toutes les sociétés (V. *supra*, nos 449 et s.) (pour les délais de prescription, V. *supra*, nos 453 et 464). Il en va de même d'ailleurs pour leur responsabilité fiscale (V. *supra*, n° 484).

1869. – *Responsabilité pénale.* Les solutions sont différentes en matière pénale puisque les délits spécifiques d'abus de biens sociaux et de présentation de comptes infidèles ne peuvent être invoqués que dans les sociétés par actions et les SARL (V. *supra*, nos 1064 et s.). Ceci ne signifie pas que les gérants des sociétés de personnes ne puissent jamais être inquiétés sur le plan pénal, mais lorsqu'ils le sont c'est au titre d'une infraction de droit commun, vol, abus de confiance ou escroquerie (V. *supra*, nos 1830 et s.).

SOUS-SECTION 4

L'ASSOCIÉ DE LA SOCIÉTÉ EN NOM COLLECTIF

1870. – On commencera par insister sur ce qui fait l'originalité du statut de l'associé en nom, à savoir le principe de sa responsabilité indéfinie et solidaire d'une part, le régime des cessions de parts sociales d'autre part ; puis on exposera ses droits politiques et ses droits financiers.

§ 1. – La responsabilité indéfinie et solidaire de l'associé

1871. – L'épargnant qui achète des actions n'engage qu'une partie de son patrimoine, égale à sa mise. Entrer dans une SNC est tout autre chose car l'on peut être poursuivi sur la totalité de son patrimoine si la société n'est pas en état de faire face à ses engagements. Pour prendre une image nautique, la société à risque limité, c'est la croisière sur un paquebot ; la SNC, c'est toujours le plaisir de la mer, l'iode, le vent, les goélands, etc., mais sur un voilier, en participant aux manœuvres et en risquant chavirage, dessalage et échouage. Esprits timorés, évitez de monter à bord.

A. – L'obligation indéfinie et solidaire aux dettes sociales

1° Énoncé du principe

1872. – *Principe.* L'associé en nom est tenu aux dettes sociales, ce qui est autrement plus lourd qu'une simple contribution aux pertes limitée aux apports (sur cette distinction, V. *supra*, n°s 1820 et s.). Il est tenu, de manière indéfinie et solidaire, aux dettes sociales (C. com., art. L. 221-1), dès lors du moins que leur caractère social est démontré(8).

1873. – *Durée de l'obligation.* L'associé continue à assumer les dettes de la société même après la cession de ses parts, dès lors que la dette dont le paiement est recherché auprès des associés est née alors que le cédant avait la qualité d'associé de la société débitrice. Quant à celui qui monte sur le bateau en cours de traversée, en achetant par exemple des parts sociales, il assume la responsabilité de toutes les dettes sociales et non pas seulement de celles qui sont nées après son arrivée (V. *infra*, n° 1887). Ainsi, la responsabilité survit à la perte de la qualité d'associé (pour les dettes nées antérieurement) et, s'agissant du nouvel associé, remonte à la date de leur naissance, celle-ci serait-elle antérieure à l'acquisition de la qualité d'associé.

2° Nature de l'obligation

1874. – *Exclusion de la qualité de garant.* Comme pour l'associé d'une société civile (V. *infra*, n° 1952), la difficulté est de déterminer si l'associé en nom est tenu des dettes sociales en qualité de *garant* de la société ou en vertu d'une obligation subsidiaire. La Cour de cassation a jugé que l'associé en nom condamné à acquitter une dette sociale ne l'était pas en qualité de caution, mais en qualité d'associé responsable des dettes sociales d'une société de personnes(9) ; par suite, différents textes applicables au cautionnement se trouvent écartés, tels l'article 1415 du Code civil(10), l'article 2314 du même code(11), ou encore l'article L. 313-22 du Code monétaire et financier(12).

1875. – *Coobligé subsidiaire.* Si l'associé n'est pas tenu en qualité de garant, il faut en déduire qu'il est tenu en vertu d'une obligation *subsidiaire* : la dette sociale et l'obligation à la dette de l'associé ne constituent pas deux dettes distinctes, l'une principale, l'autre accessoire, mais une dette unique assortie de deux droits de poursuite, l'un contre la société, l'autre contre l'associé ; simplement, ce second droit de poursuite présente un caractère subsidiaire par rapport au premier (V. *infra*, n° 1876). Cela explique que la remise de dette consentie à la société profite à chacun des associés(13), alors que la remise de dette consentie à un associé n'a pas d'effet libératoire à l'égard des autres(14).

---

(8) Cass. com., 20 mars 2012, n° 10-27.340 : *RJDA* 7/2012, n° 684 ; poursuite des associés par le porteur d'un chèque sans provision émis par la société ; le porteur doit rapporter la preuve du caractère social de la dette dont il réclame le paiement.

(9) Cass. 1re civ., 17 janv. 2006, n° 03-11.461, PB : *D.* 2006, p. 716, note V. Avena-Robardet ; *JCP* E 2006, 2035, n° 8, obs. J.-J. Caussain, Fl. Deboissy et G. Wicker. *Adde* Cass. com., 20 mars 2019, n° 15-26.171 : *JCP* E 2019, 1407, note C. Lebel.

(10) Cass. 1re civ., 17 janv. 2006, préc. ; selon l'article 1415 du Code civil, chacun des époux ne peut engager que ses biens propres et ses revenus par un cautionnement, à moins que celui-ci n'ait été contracté avec le consentement exprès de l'autre conjoint qui, dans ce cas, n'engage pas ses biens propres.

(11) L'associé en nom ne peut pas se prévaloir du bénéfice de subrogation, réservé à la caution : CA Paris, 2 juill. 1998 : *BJS* 1998, p. 1282, note Ph. Delebecque.

(12) Sauf disposition contractuelle expresse, les dispositions de l'article L. 313-22 du Code monétaire et financier prévoyant la déchéance du droit aux intérêts à défaut d'information de la caution ne sont pas applicables aux associés : Cass. com., 9 déc. 2008, n° 07-14.694 : *Dr. sociétés* 2009, n° 27, obs. R. Mortier ; société civile.

(13) Par ex., Cass. com., 14 janv. 2004 : *BJS* 2004, § 141, p. 717, note F.-X. Lucas ; *Dr. sociétés* 2004, n° 64, obs. J. Monnet ; l'associé poursuivi par le créancier social se trouve, par l'effet de la remise de dette consentie à la société, libéré de son obligation à la dette sociale.

(14) CA Paris, 13 sept. 2002 : *Dr. sociétés* 2002, n° 93, obs. J. Monnet.

B. – L'obligation subsidiaire et solidaire aux dettes sociales

1° Principes

1876. – *Subsidiarité.* L'engagement de l'associé aux dettes sociales est subsidiaire par rapport à l'engagement de la société, ce qui signifie que le créancier social doit s'adresser d'abord à la société. Par suite, l'associé ne pourra être poursuivi que si la société ne s'exécute pas dans un certain délai (C. com., art. L. 221-1).

1877. – *Mise en œuvre.* La procédure est bien plus expéditive que dans la société civile (V. *infra*, n° 1954) ; il suffit au créancier de mettre d'abord la société en demeure de payer par acte extrajudiciaire(15). La forme requise pour la mise en demeure est un exploit d'huissier et non un courrier, simple ou recommandé.

À défaut de règlement dans les huit jours (C. com., art. R. 221-10), le créancier peut ensuite demander personnellement paiement de la totalité de la dette sociale à l'un des associés. Le créancier doit apporter la preuve de l'existence de la dette sociale dont il réclame le paiement à l'associé, une telle preuve ne pouvant résulter du seul titre exécutoire obtenu contre la société(16) ; en revanche, une décision de justice irrévocable de condamnation de la société vaut preuve de la dette sociale(17). L'associé actionné en paiement peut, sous certaines conditions, former tierce opposition au jugement ayant condamné la société en paiement (V. *supra*, n° 319).

L'associé qui achète la créance détenue par le créancier contre la société peut agir en paiement contre ses coassociés comme pouvait le faire le créancier lui-même(18).

1878. – *Solidarité.* Les associés en nom, qui ont la qualité de commerçant, sont tenus solidairement au passif social. La solidarité permet au créancier social de demander le remboursement total de ce qui lui est dû à l'un quelconque des associés ; il choisira de préférence celui qui lui paraît le plus solvable. L'associé choisi, autrement dit le *solvens*, n'a qu'à s'exécuter : il ne peut exiger que le créancier épuise au préalable ses poursuites contre la société ni qu'il divise son recours entre tous les associés.

2° Recours de l'associé poursuivi

1879. – *Recours contre la société.* Celui qui a payé peut se retourner pour le tout contre la société, ce qui est logique puisqu'il n'est tenu de la dette sociale que subsidiairement(19) ; mais ce recours est théorique si la société est insolvable.

(15) Sans mise en demeure préalable, la demande en paiement dirigée contre l'associé ne saurait prospérer : Cass. com., 17 janv. 2006 : *Dr. sociétés* 2006, n° 62, obs. J. Monnet. – Lorsque la société a été mise en liquidation ou redressement judiciaires avant l'engagement des poursuites contre les associés en nom, la déclaration de créance, qui vaut mise en demeure, rend inutile la délivrance d'une mise en demeure par acte extrajudiciaire : Cass. com., 19 déc. 2006, n° 02-21.333 : *BJS* 2007, § 123, p. 472, note C. Regnaut-Moutier ; *Rev. sociétés* 2007, p. 410, note J.-F. Barbièri.

(16) Cass. com., 20 mars 2012, n° 10-27.340, PB : *RJDA* 7/2012, n° 684 ; procédure de recouvrement menée contre la société sur la base d'un certificat de non-paiement d'un chèque rendu exécutoire, alors que les associés poursuivis contestaient l'existence de la créance.

(17) Cass. com., 6 déc. 2017, n° 15-16.993 : *RJDA* 3/2018, n° 247 ; prêt consenti par une banque à une SNC.

(18) CA Paris, 19 nov. 2013 : *BRDA* 24/2013, n° 2 ; une banque avait cédé sa créance contre la société à l'un des associés, qui avait ensuite agi contre son coassocié sur le fondement de l'article L. 221-1 du Code de commerce.

(19) Cass. com., 29 oct. 2003 : *RJDA* 2004, n° 327 ; l'associé ayant acquitté une dette sociale dispose d'un recours pour le tout contre la société dans la mesure où son obligation a un caractère subsidiaire.

1880. – *Recours contre les coassociés.* L'associé peut aussi s'adresser à ses coassociés ; il doit en ce cas diviser ses recours et réclamer à chacun sa part dans la dette selon la clé de répartition prévue dans les statuts[20]. Dans le silence des statuts, la contribution à la dette se détermine en proportion de la part de chacun dans le capital social (C. civ., art. 1844-1, al. 1er)[21]. La créance de remboursement de l'associé à l'encontre de ces coassociés a pour origine l'engagement solidaire contracté au moment de l'adhésion à la société ; elle ne naît donc pas au moment où l'associé s'acquitte d'une dette sociale envers le créancier social[22].

3° Cas du passif fiscal

1881. – S'agissant du passif fiscal propre à la société (TVA, contribution économique territoriale, taxes sur les salaires...), les associés en nom sont tenus subsidiairement et solidairement. La solidarité ne joue pas en revanche pour les impôts dus par chaque associé à raison de sa quote-part dans les bénéfices sociaux puisqu'une telle imposition constitue une dette personnelle et non une dette sociale. Les coassociés ne pourront donc pas être inquiétés si l'un des leurs ne paie pas l'impôt sur le revenu dû à raison de sa quote-part de bénéfices dans la SNC.

§ 2. – Le régime de cession des parts sociales

1882. – *Titres non négociables.* Les parts sociales ne peuvent pas être représentées par des titres négociables qui circuleraient à la manière des actions ou des obligations (C. com., art. L. 221-13) ; les droits de chacun résultent simplement des stipulations contenues dans les statuts comme pour les SARL (V. *supra*, n° 1754). La cession des parts sociales doit être constatée par écrit (C. com., art. L. 221-14) ; il s'agit d'une exigence de preuve et non d'une exigence de forme imposée à peine de nullité (V. *supra*, n° 1769). Si les parts sociales sont des biens communs, la cession des parts sociales suppose, à peine de nullité, le consentement des deux époux (C. civ., art. 1424).

A. – La nécessité d'un agrément

1883. – *Par principe*, les cessions à quelque personne que ce soit, même entre associés, même au profit du conjoint, ne sont autorisées que du consentement unanime des associés ; cette règle est d'ordre public, toute clause contraire étant réputée non écrite (C. com., art. L. 221-13). Il n'est pas d'autre exemple d'une société aussi verrouillée. Lorsque la cession est autorisée, à l'unanimité, le nouvel associé prend la place de l'ancien.

(20) L'associé dispose d'un recours contre son coassocié même si ce dernier a acquis ses parts postérieurement à la naissance de la dette : CA Paris, 19 févr. 2003 : *Dr. sociétés* déc. 2003, n° 214, obs. J. Monnet. – Mais l'associé poursuivi ne peut pas exercer un recours en paiement contre ses associés avant d'avoir lui-même payé : CA Paris, 9 sept. 2003 : *BJS* 2004, § 71, p. 395, note F.-X. Lucas.

(21) Cass. com., 7 mai 2019, n° 17-15.077 : *RJDA* 7/2019, n° 500.

(22) Cass. com., 20 mars 2019, n° 15-26.171 : *JCP* E 2019, n° 1407, note C. Lebel : la créance, qui est née au moment de la constitution de la société et qui est donc antérieure au jugement d'ouverture, est éteinte faute d'avoir été déclarée.

1884. – *Revendication de la qualité d'associé par le conjoint.* Même en l'absence de clause exigeant spécifiquement l'agrément du conjoint commun en biens revendiquant la qualité d'associé (V. *supra*, n° 740), et alors même que cette revendication ne constitue pas une cession, elle est soumise à l'agrément unanime des associés(23), ce qui atteste du caractère particulièrement fermé de la SNC.

1885. – *Faute d'agrément*, la cession est inopposable à la société(24) et c'est l'impasse, l'associé cédant demeurant prisonnier de la société, sauf prévision statutaire contraire(25) ; de là, l'utilité d'une éventuelle convention de croupier (V. *infra*, n° 2030). Parce que l'agrément est destiné à protéger les associés en place, le défaut d'agrément ne peut pas être invoqué par les parties à l'acte de cession(26).

B. – Les formalités postérieures

1886. – *Pour que la cession soit opposable*, diverses formalités doivent être accomplies (C. com., art. L. 221-14) :

– *l'opposabilité à la société* implique que la cession lui soit officiellement notifiée soit par le dépôt d'un original de l'acte au siège de la société ou par l'une des formes visées à l'article 1690 du Code civil : signification par huissier ou acceptation par acte authentique ;

– *l'opposabilité aux tiers* résulte de l'accomplissement des formalités permettant de rendre la cession opposable à la société et de la publication des statuts modifiés au RCS, dont le dépôt peut être effectué par voie électronique ;

– *l'opposabilité à l'administration fiscale* passe par l'enregistrement de l'acte avec paiement d'un droit de 3 % à la charge du cessionnaire (V. *supra*, n° 145).

C. – Le sort du passif

1887. – *Le cédant* reste tenu du passif existant au jour de son départ(27), mais non de celui qui apparaîtrait ultérieurement (V. *supra*, n° 1872) ; c'est en effet à la date de l'accomplissement des diverses formalités de publicité que le passif est cristallisé à son égard(28) (V. *infra*, n° 1900).

1888. – *Le cessionnaire*, à l'inverse, est tenu de l'ensemble du passif social, même de celui existant antérieurement. La règle peut sembler rigoureuse et injuste mais on compte sur la diligence du cessionnaire pour discuter le prix d'acquisition des parts sociales à leur valeur réelle, compte tenu du passif social ; il sera prudent pour

(23) Cass. com., 18 nov. 2020, n° 18-21.797, PBI : *Dr. sociétés* janv. 2021, n° 6, obs. J.-F. Hamelin ; *BJS* janv. 2021, p. 34, note S. Tisseyre ; *JCP* E 2021, 1070, n° 6, obs. J. Valiergue.

(24) Cass. com., 16 mai 2018, n° 16-16.498 : *BRDA* 12/2018, n° 1 ; *JCP* E 2018, 1374, note B. Dondero.

(25) Pour un cas de mise en cause de la responsabilité d'un associé paralysant par un silence de six ans toute solution permettant de sortir du blocage né d'un refus d'agrément : Cass. com., 6 févr. 2019, n° 17-20.112 : *RJDA* 6/2019, n° 430 ; *Rev. sociétés* 2019, p. 326, note I. Beyneix ; société d'exploitation d'une pharmacie.

(26) Cass. com., 24 nov. 2009, n° 08-17.708 : *BJS* 2010, § 61, p. 274, note S. Harel ; *Dr. sociétés* 2009, n° 49, obs. M. Roussille.

(27) Ainsi le cédant reste tenu solidairement du prêt souscrit par la SNC avant la cession, même si à cette date le remboursement du prêt n'était pas encore exigible : Cass. com., 4 janv. 1994 : *BJS* 1994, p. 314, note P. Le Cannu.

(28) Les loyers impayés d'un contrat de crédit-bail comme l'indemnité de résiliation résultant de son inexécution constituant des dettes nées de la conclusion du contrat, en sont tenus celui qui avait la qualité d'associé à la date de conclusion du contrat, de même que celui qui a acquis cette qualité en cours de contrat, peu important qu'ils aient perdu cette qualité au moment où la dette est constatée ou son paiement exigé : Cass. com., 21 oct. 2008, n°s 07-16.301 et 07-16.654 : *Dr. sociétés* 2009, n° 9, obs. D. Gallois-Cochet.

lui de se faire consentir une clause de garantie de passif qui obligera le cédant à le couvrir de toute apparition imprévue de passif, notamment celui qui pourrait découler d'une vérification fiscale (V. *supra*, n°s 1288 et s.).

§ 3. – Les droits politiques de l'associé

A. – Le droit à l'information

1889. – C'est la moindre des choses pour des associés qui engagent leur fortune que d'être tenus au courant des affaires de la société. Dans les petites sociétés familiales, il n'y a pas en théorie moins de problèmes de communication, encore qu'il faille compter avec les querelles de famille et de personnes, souvent judiciairement fécondes.

1890. – La loi prévoit plusieurs *prérogatives d'information*, que les statuts peuvent enrichir :

– les associés non gérants ont le droit de consulter sur place, deux fois par an, tous les documents sociaux ; ils peuvent poser au gérant des questions écrites, deux fois par an également (C. com., art. L. 221-8 et R. 221-8) ;

– les associés peuvent obtenir, dans les quinze jours qui précèdent l'assemblée annuelle, les comptes sociaux, le rapport de gestion (V. *supra*, n° 639), le rapport du commissaire aux comptes s'il existe (V. *infra*, n° 1901) et le texte des résolutions ; pendant ce même délai, l'inventaire est tenu à la disposition des associés au siège social ; si ce droit de communication n'est pas scrupuleusement respecté, l'assemblée peut être annulée (C. com., art. L. 221-7) ; à défaut d'obtenir ces documents, l'associé peut solliciter en référé une mesure d'injonction judiciaire sous astreinte ou la nomination d'un mandataire chargé de procéder à la communication (C. com., art. L. 238-1).

B. – Le droit de vote

1° Règles de tenue des assemblées

1891. – *Modalités du vote.* Les décisions sont prises à l'issue d'un vote au sein d'une assemblée ou de la consultation écrite des associés, à condition que cette dernière modalité soit prévue par les statuts et que la tenue d'une assemblée ne soit pas demandée par l'un des associés (C. com., art. L. 221-6). En tout état de cause, les associés doivent se réunir au moins une fois l'an pour approuver les comptes sociaux (C. com., art. L. 221-7). Ils peuvent évidemment se réunir plus souvent, notamment s'il faut prendre une décision de politique générale : révoquer le gérant, modifier les statuts, statuer sur le départ d'un associé…

1892. – *Formalisme.* La loi est muette sur le cérémonial à respecter. Il est opportun néanmoins, pour éviter les chicanes, que les statuts règlent certains détails pratiques concernant notamment la représentation. La forme de convocation doit être prévue dans les statuts ; il est prudent d'user de la lettre recommandée avec demande d'avis de réception afin de se ménager une preuve de la convocation. À la fin de chaque réunion, il doit être dressé un procès-verbal des décisions prises, avec signature de tous les associés présents (C. com., art. R. 221-2). Les procès-verbaux doivent être couchés sur un registre spécial, coté et paraphé ou sur un registre numérique (C. com., art. R. 221-3).

2° Règles de majorité

1893. - *Un associé = une voix.* Chaque associé dispose d'une seule voix, à moins que les statuts ne prévoient le contraire (une voix par part sociale par exemple) ;

1894. - *Unanimité.* Sauf stipulation contraire des statuts, les décisions sont prises à l'unanimité ; c'est une règle contraignante, parfois paralysante, mais les statuts peuvent moduler les majorités requises. Cependant, l'unanimité est d'ordre public en ce qui concerne la révocation du gérant associé statutaire (V. *supra*, n° 1861) et l'agrément requis en cas de cession des parts sociales (V. *supra*, n° 1883).

§ 4. – Les droits financiers de l'associé

A. – Les aspects juridiques

1895. - *Bénéfices.* Les associés ont droit aux bénéfices dans les proportions et conditions prévues par les statuts. Ils ont toute faculté de voter la distribution de dividendes ou au contraire la mise en réserve des bénéfices réalisés. C'est le règne de la liberté ; il n'y a notamment pas d'obligation de doter une réserve légale. Il est toutefois interdit de prévoir des clauses d'intérêt fixe (V. *supra*, n° 1208), sans oublier la prohibition des clauses léonines (V. *supra*, nos 256 et s.).

1896. - *Pertes.* En régime de croisière, les pertes subissent simplement un traitement comptable ; on les inscrit en report à nouveau négatif et on attend des jours meilleurs (V. *supra*, nos 258 et s.).

B. – Les aspects fiscaux

1° Bénéfices

1897. - Sauf option de la société pour l'impôt sur les sociétés (V. *supra*, n° 164), la SNC relève du régime fiscal des sociétés de personnes (V. *supra*, nos 151 et s.). Les bénéfices sont donc imposables au nom des associés dès qu'ils sont constatés, quand bien même ils ne seraient pas mis en distribution mais mis en réserve (V. *supra*, n° 152). Pour autant, comme dans n'importe quelle autre société (V. *supra*, n° 563), les bénéfices réalisés par la SNC ne participent de la nature des fruits que lors de leur attribution sous forme de dividendes, ce qui suppose une décision de l'assemblée générale[29] ; de là une dissymétrie et une source de mécontentements puisque l'associé – on pense spécialement à celui qui ne perçoit aucune autre rémunération parce qu'il ne participe pas à la gestion – doit assumer l'impôt pour des sommes dont il n'a pas la jouissance.

(29) Ainsi, faute d'une telle décision de distribution, il ne saurait être fait droit à la demande en paiement de l'associé de sa part dans les bénéfices sociaux quand bien même ceux-ci auraient été imposés entre ses mains : Cass. com., 14 déc. 2010, n° 09-72.267 : *Rev. sociétés* 2011, p. 232, note B. Saintourens ; *RJDA* 2/2011, n° 147.

1898. – Chaque associé est imposable sur cette quote-part de résultat dans la catégorie des bénéfices industriels et commerciaux lorsque l'activité de la société est commerciale. Il relève sur le plan social du régime fiscal des indépendants même s'il n'exerce aucune activité professionnelle dans la société (V. *supra*, nos 1836 et s.).

2° Pertes

1899. – La situation de l'associé est plus intéressante en cas de pertes. En effet, il peut imputer sur son revenu global la quote-part de déficit qui lui revient quand bien même il n'aurait pas renfloué la société avec ses propres deniers ; l'associé a ainsi la consolation de payer moins d'impôt, alors qu'il n'a pas (encore) financièrement participé aux pertes sociales. C'est le principe de cette remontée fiscale des déficits qui explique, en partie, l'utilisation des SNC au sein des groupes (V. *supra*, n° 1849). Bémol d'importance pour l'associé personne physique : l'aubaine fiscale suppose qu'il exerce une activité professionnelle dans la société (V. *supra*, n° 1840).

Le coin des amateurs

Céder sans publier n'est pas céder

1900. – Tant que les formalités conditionnant l'opposabilité de la cession n'ont pas été accomplies, le cédant garde à l'égard des tiers la qualité d'associé : il reste tenu solidairement et indéfiniment du passif social, même né postérieurement à son départ (V. *supra*, n° 1887). Le cédant a en conséquence intérêt à procéder aussi rapidement que possible à la publicité de la cession sans se tromper sur le formalisme à respecter. En effet, interprétant l'article L. 221-14 du Code de commerce à la lettre, les tribunaux jugent que la cession des parts ne peut pas être opposée aux créanciers tant que les formalités destinées à assurer l'opposabilité de la cession à la société et aux tiers n'ont pas été cumulativement accomplies (V. *supra*, n° 1886).

a) Registre du commerce et des sociétés

Le cédant reste tenu du passif social né après la cession tant que la publication des statuts modifiés au registre du commerce et des sociétés n'a pas été effectuée, alors même que les prescriptions de l'article 1690 du Code civil auraient été respectées (CA Versailles, 16 déc. 1999 : *RJDA* 2000, n° 280). Et le cédant ne peut pas se dégager en soutenant que le créancier avait connaissance de la cession (Cass. com., 27 janv. 1998 : *Rev. sociétés* 1998, p. 556, note Ph. Didier).

b) Formalités de l'article 1690 du Code civil

Le cédant aurait toutefois tort de penser qu'il est quitte une fois que la cession a été publiée au registre du commerce et des sociétés. En effet, même si cette formalité a été effectuée, la cession de parts demeure inopposable aux créanciers tant que l'une des formalités visées à l'article 1690 n'a pas été accomplie : signification à la société par voie d'huissier, acceptation dans un acte authentique ou encore dépôt d'un original au siège social. Ainsi un cédant a découvert, trois ans après la cession des parts et la publicité de celle-ci au registre du commerce et des sociétés, que la cession n'était pas opposable aux créanciers sociaux faute d'avoir été portée à la connaissance de la société dans les conditions prévues par l'article 1690 (Cass. com., 9 juin 1998 : *BJS* 1998, p. 1088, note P. Le Cannu). La solution, bien que conforme au texte de l'article L. 221-14, est assurément sévère. En cas de cession de parts de société civile, une lecture moins rigoriste des textes est retenue (V. *infra*, n° 1966).

c) Recours contre le conseil

Reste au malheureux cédant un ultime recours : se retourner contre son conseil juridique en invoquant la négligence de ce dernier. Dans une affaire où un conseil avait omis d'effectuer les publicités relatives à la cession de parts sociales, le cédant, mis en redressement judiciaire, a engagé une action en responsabilité contre son conseil, lequel a été condamné à réparer l'entier préjudice subi par son client (Cass. civ., 25 mars 1991 : *Liaisons juridiques et fiscales*, 19 avr. 1992). Dans une autre espèce, un expert-comptable avait refusé de procéder aux formalités de publicité de la cession pour faire pression sur le cédant qui ne lui réglait pas le montant de ses honoraires. Mal lui en a pris car il fut condamné à supporter le passif mis à la charge de son client à la suite du redressement judiciaire de la SNC (Cass. 1re civ., 25 juin 1996 : *BJS* 1996, p. 1030, note P. Le Cannu).

SOUS-SECTION 5

LE COMMISSAIRE AUX COMPTES

1901. – La désignation d'un commissaire aux comptes est imposée dans trois cas : lorsque certains seuils sont dépassés (V. *supra*, n° 1379) ; lorsqu'un associé en fait la demande en justice ; lorsqu'un ou plusieurs associés représentant au moins le tiers du capital en font la demande au gérant, pour un mandat de trois exercices, cela sur demande motivée auprès de la société (C. com., art. L. 221-9, mod. L. n° 2019-486, 22 mai 2019 et L n° 2019-744, 19 juill. 2019). Hors ces hypothèses, les associés peuvent décider de nommer un ou plusieurs commissaires aux comptes.

SOUS-SECTION 6

LA DISSOLUTION DE LA SOCIÉTÉ EN NOM COLLECTIF

1902. – Outre les causes de dissolution communes à toutes les sociétés (V. *supra*, nos 757 et s.), la SNC est dissoute de plein droit dans plusieurs hypothèses.

§ 1. – La révocation du gérant

1903. – La révocation du gérant peut dans certains cas entraîner la dissolution de la SNC (V. *supra*, n° 1861).

§ 2. – Le décès d'un associé

1904. – *Clause de continuation.* Le décès d'un associé emporte dissolution immédiate de la société, mais les statuts peuvent (heureusement) prévoir une clause de continuation de la société (C. com., art. L. 221-15). À partir de quoi, toutes les combinaisons sont possibles et les statuts sur ce point, en raison des enjeux, ne sont jamais trop précis. En voici quelques-unes :

– continuation de la société avec les seuls survivants ;

– continuation de la société avec le conjoint survivant ;

– continuation de la société avec un ou certains des héritiers ;

– continuation de la société avec tous les héritiers ;

– continuation de la société avec toute autre personne désignée dans les statuts ou, si ceux-ci l'autorisent, par testament du défunt.

Lorsque les statuts prévoient que la société continue avec les seuls associés survivants, les héritiers ne deviennent pas associés et sont simplement créanciers de la valeur des parts.

Lorsque les statuts prévoient que la société continue avec un ou plusieurs des héritiers le décès emporte attribution immédiate à leur profit des parts sociales, sauf le cas échéant à passer l'épreuve de l'agrément. Autrement dit, les attributaires sont exclus de l'indivision successorale à hauteur des droits qu'ils recueillent sans attendre le partage définitif. Si la valeur des parts sociales au jour du décès excède leurs droits successoraux, la différence doit être rapportée à la succession. Les attributaires sont alors redevables d'une soulte, cette dette monétaire produisant intérêt jusqu'à son paiement.

Dans tous les cas, la valeur des parts sociales est déterminée au jour du décès ; en cas de désaccord, elle est fixée par un tiers évaluateur dans les conditions prévues à l'article 1843-4 du Code civil (V. *supra*, n° 1243).

1905. – *Héritiers mineurs.* Signalons que si l'associé décédé laisse des héritiers mineurs non émancipés, ils ne sauraient avoir la qualité d'associé en nom, faute de capacité commerciale ; la SNC doit alors être transformée, dans un délai d'un an à compter du décès, en société en commandite dont le mineur est commanditaire (V. *infra*, n° 1908) ; à défaut, la société est dissoute (C. com., art. L. 221-15).

§ 3. – Les autres causes de dissolution

1906. – *Causes légales.* Attestant une nouvelle fois du caractère fermé de la SNC, la société est dissoute lorsqu'un jugement de liquidation judiciaire ou arrêtant un plan de cession totale, une mesure d'interdiction d'exercer une profession commerciale(30) ou une mesure d'incapacité est devenu définitif à l'égard de l'un des associés (C. com., art. L. 221-16). La dissolution peut être évitée si les statuts ont prévu une clause de continuation ou si les autres associés décident la continuation à l'unanimité. La continuation de la société suppose l'élimination de l'intéressé qui se voit alors rembourser la valeur de ses droits sociaux. À défaut d'accord, la valeur des droits sociaux à rembourser est fixée par un tiers conformément aux dispositions de l'article 1843-4 du Code civil, toute clause contraire étant réputée non écrite.

1907. – *Causes statutaires.* Il est possible d'ajouter au texte en prévoyant statutairement que le redressement judiciaire – et non pas seulement la liquidation

(30) L'associé d'une SNC qui est frappé d'une interdiction de gérer perd sa qualité d'associé en application de l'article L. 221-16 et donc sa qualité de commerçant.

judiciaire – frappant un associé lui fera perdre de plein droit sa qualité d'associé dans la mesure où le motif qui fonde ici l'exclusion est conforme à l'intérêt de la société et à l'ordre public(31) (V. aussi *supra*, n° 571).

SECTION 2

LA SOCIÉTÉ EN COMMANDITE SIMPLE

1908. – Même si la société en commandite simple ressemble par certains aspects à la société en commandite par actions (V. *supra*, nos 1493 et s.), elle s'en distingue nettement en ce qu'elle est une société par intérêts dont les parts ne peuvent être représentées par des titres négociables. La commandite simple a connu son apogée sous l'Ancien Régime ; elle permettait à un négociant, tenté par l'aventure, mais désargenté, de bénéficier des apports de commanditaires disposant de fonds, mais ne pouvant se livrer à des opérations commerciales à raison de leur statut : nobles, clercs, magistrats... La société en commandite simple permettait ainsi une fructueuse collaboration des classes sans offense au statut de chacun. Avec la vogue des SA et des SARL, la société en commandite simple est tombée en quasi-désuétude ; le plus souvent, il s'agit d'anciennes SNC qui ont dû être transformées au décès d'un associé afin de doter les mineurs du statut de commanditaire, puisque, ne pouvant être commerçants, ils ne peuvent avoir la qualité d'associés en nom (V. *supra*, n° 1905)(32).

SOUS-SECTION 1

LE PORTRAIT GÉNÉRAL DE LA COMMANDITE SIMPLE

§ 1. – Les traits caractéristiques de la commandite simple

1909. – *Distinction des commandités et des commanditaires.* La société en commandite simple, comme la société en commandite par actions, est une société dualiste (C. com., art. L. 222-1). Elle permet d'associer des entrepreneurs (les commandités) et des investisseurs (les commanditaires). Au fond, la commandite simple institue une cohabitation entre deux types d'associés et de sociétés : d'un côté, le ou les commandités qui vivent en SNC et, d'un autre côté, le ou les commanditaires qui vivent en SARL.

(31) Cass. com., 8 mars 2005, n° 02-17.962 : *RJDA* 7/2005, n° 827 ; *JCP* E 2005, 1046, n° 9, obs. J.-J. Caussain, Fl. Deboissy et G. Wicker ; les statuts d'une SNC de pharmacie stipulaient que le redressement judiciaire d'un associé provoquait la perte de sa qualité, sans que le remboursement de la valeur de ses parts soit un préalable à cette « déchéance » ; la Cour de cassation valide la clause qui institue en fait une cause d'exclusion de l'associé.

(32) La loi n° 2015-990 du 6 août 2015, créant un nouveau type de fonds d'investissement qualifié de société de libre partenariat, l'a placé sous le régime de la commandite simple (C. monét. fin., art. L. 214-162-1 et s.), ce qui démontre que malgré son caractère désuet, la commandite présente toujours des attraits.

Les commandités (il peut n'y avoir qu'un seul commandité) sont dans la même situation que les associés de la SNC (V. *supra*, nos 1870 et s.). Ils ont une position prééminente parfaitement justifiée par les risques qu'ils courent : ils ont en effet la qualité de commerçants et sont responsables indéfiniment et solidairement du passif social. Les commandités qui cèdent leurs parts sont tenus, comme l'associé en nom (V. *supra*, n° 1887), du passif existant au jour de la cession[33]. Il est possible de limiter les effets de cette responsabilité en réservant la position de commandité à une SARL ou à une EURL (V. *supra*, n° 1502).

Les commanditaires ont une position seconde car ils prennent moins de risques. Ils n'ont pas la qualité de commerçant et leur responsabilité est limitée au montant de leurs apports ; pour cette raison, l'apport en industrie leur est interdit. Les commanditaires ne sont pas des actionnaires, ce qui différencie la commandite simple de la commandite par actions.

1910. – *Le régime de la société en commandite est calqué sur celui de la SNC* (C. com., art. L. 222-2). Ainsi la commandite simple est une société fermée. Elle comprend en général un nombre limité d'associés. Le principe est que les parts sociales ne peuvent être cédées entre vifs qu'avec le consentement unanime des associés, mais les statuts peuvent déroger à l'exigence d'un agrément (C. com., art. L. 222-8). Comme dans la SNC, le gérant commandité est révocable sur juste motif[34]. Également, le décès du commandité met fin à la société sauf décision contraire des statuts (C. com., art. L. 222-10). Le décès du commanditaire n'empêche pas la société de continuer, les statuts pouvant prévoir l'agrément des héritiers du défunt dans les mêmes conditions qu'en cas de décès d'un associé en nom (V. *supra*, n° 1904).

§ 2. – Les défauts et mérites de la commandite simple

1911. – *Les reproches* que l'on peut adresser à la commandite simple sont faciles à deviner :

– la dualité d'associés est un facteur de complications ;

– la position de commandité n'est pas plus enviable que celle d'associé en nom : responsabilité illimitée et solidaire, statut fiscal et social peu enviable ;

– la coexistence d'une double fiscalité (l'impôt sur le revenu pour les commandités et l'impôt sur les sociétés pour les commanditaires) peut être source de difficultés.

1912. – Une réflexion approfondie conduit pourtant à regretter le discrédit dont souffre la société en commandite[35]. Tout le monde reconnaît la dualité d'âme des associés ; certains ont une âme d'entrepreneur (hommes et femmes d'action et de

(33) Le commandité qui cède ses parts sociales reste tenu du solde du compte courant bancaire dont la société était débitrice au jour de la cession : Cass. com., 4 févr. 1997 : *BJS* 1997, p. 476, obs. P. Le Cannu ; *RTD com.* 1997, p. 281, obs. C. Champaud et D. Danet.

(34) Pour un exemple de révocation judiciaire : Cass. com., 8 févr. 2005 : *JCP* E 2005, 973 ; le gérant commandité a refusé d'exécuter des décisions de justice rendues contre la société, ce qui constituait une cause légitime de révocation.

(35) CREDA, *La société en commandite entre son passé et son avenir*, ss dir. A. Viandier, Litec, 1983. – *Adde*, *Financement, capital et pouvoir dans l'entreprise : une nouvelle chance pour la commandite* : *JCP* E 1994, II, 14371.

risque) ; les autres ont une âme de « commanditaire » (ils ne souhaitent engager qu'une partie de leur fortune). Seule la société en commandite, qu'elle soit simple ou par actions, traduit exactement cette dualité d'aspiration.

SOUS-SECTION 2

LE PORTRAIT PARTICULIER DES ASSOCIÉS DE LA COMMANDITE SIMPLE

§ 1. – Le portrait du commandité

1913. – *Le statut du commandité* est largement calqué sur celui de l'associé en nom : qualité de commerçant, responsabilité indéfinie et solidaire, même statut fiscal et social : la part de bénéfice qui est attribuée au commandité est soumise à l'impôt sur le revenu et il n'est pas affilié au régime général de la sécurité sociale.

1914. – *Le rôle du commandité.* Le commandité est un rouage essentiel de la société en commandite : si les statuts fixent librement les conditions de majorité exigées pour les décisions ordinaires, les décisions modificatives de statut supposent le consentement unanime des commandités tandis que seule une majorité en nombre et en capital des commanditaires est requise. Mieux, la survie de la société est souvent liée à la personne des commandités. On a vu que le décès d'un commandité entraîne en principe la dissolution de la société (V. *supra*, n° 1910). La société est de même dissoute en cas de redressement judiciaire, de liquidation judiciaire, d'interdiction d'exercer une profession commerciale ou d'incapacité frappant un commandité (C. com., art. L. 222-11). La société pourra échapper à la dissolution s'il existe plusieurs commandités et si la continuation de la société a été prévue dans les statuts ou décidée à l'unanimité des associés.

§ 2. – Le portrait du commanditaire

1915. – Les différences les plus marquantes existant entre la commandite simple et la SNC tiennent au statut et au rôle du commanditaire :

– *le commanditaire n'a pas la qualité de commerçant* ; comme les nobles et le clergé autrefois, les mineurs, les membres de professions libérales réglementées, les fonctionnaires… peuvent être commanditaires ;

– *l'associé commanditaire ne peut faire aucun acte de gestion externe*, même en vertu d'une procuration (C. com., art. L. 222-6) ; cette défense d'immixtion du commanditaire dans la gestion externe s'explique par le souci de ne pas induire les tiers en erreur ; il ne faut pas que, par son comportement, le commanditaire se donne des airs de commandité, laissant croire que sa responsabilité est illimitée ; pour les mêmes raisons, son nom ne peut figurer dans la dénomination sociale ; s'il se trompe de rôle, il perd l'avantage de la limitation de responsabilité ; le commanditaire n'en demeure pas moins associé et, en cette qualité, il peut accomplir des actes de gestion interne ; notamment, il délibère et vote dans les assemblées ; il peut même accepter, à condition qu'elles ne soient pas équivoques, des fonctions salariées (il pourrait être chef du service comptable sans la signature, mais non directeur général avec délégation de signature) ;

– *le décès du commanditaire* n'entraîne pas automatiquement la dissolution de la société, à la différence du décès du commandité ;

– du fait que la responsabilité des commanditaires est limitée, la part des bénéfices qui leur revient est soumise à *l'impôt sur les sociétés* ; quand ils sont mis en distribution, les dividendes sont imposés une seconde fois ; le commanditaire est donc dans la même position fiscale que l'actionnaire (V. *supra*, n°s 155 et s.).

SECTION 3

LA SOCIÉTÉ CIVILE

1916. – Les sociétés civiles présentent un caractère résiduel : sont civiles les sociétés qui ne sont commerciales ni en raison de leur forme ni en raison de leur objet (V. *supra*, n°s 392 et s.). Une société civile ne saurait exercer une activité commerciale (V. *supra*, n° 398) ; elle ne saurait davantage être associée d'une SNC puisqu'elle acquerrait aussitôt la qualité de commerçant. De même, elle ne saurait avoir la qualité de commandité dans une société en commandite.

1917. – Le régime des sociétés civiles est défini aux articles 1845 à 1870 du Code civil. À côté de la société civile de droit commun réglementée dans le Code civil, il existe une multitude de sociétés civiles spéciales régies par des lois particulières, notamment dans le secteur libéral (V. *infra*, n°s 2058 et s.), le secteur agricole (V. *infra*, n° 1989) et le secteur immobilier (V. *infra*, n° 1990).

1918. – Ses traits saillants sont ceux de toute société de personnes : *intuitus personae*, responsabilité illimitée des associés, légèreté de structure et souplesse de fonctionnement.

SOUS-SECTION 1

L'UTILISATION PRATIQUE DES SOCIÉTÉS CIVILES

§ 1. – L'exercice en commun d'une profession

1919. – On peut exercer dans le cadre d'une société civile une profession de nature agricole ou de nature libérale. On signalera que les membres des professions libérales et les agriculteurs ont à leur disposition des sociétés civiles, taillées sur mesure, qui sont moins légères et moins souples que la société civile de droit commun (V. *infra*, n°s 1989 et 2058 et s.).

Les commerçants ont également recours à la société civile. Ainsi le groupe Les mousquetaires (Intermarché, Bricorama) est structuré autour d'une société civile dont les « mousquetaires » ont vocation à être associés.

§ 2. – La gestion d'un patrimoine privé

1920. – On a vu que la société peut être une technique d'organisation du patrimoine (V. *supra*, n° 35). La pratique consacre la distinction traditionnelle des immeubles et des meubles, d'où la distinction des sociétés civiles immobilières et des sociétés civiles de portefeuille.

A. – L'art de rassembler les immeubles au sein de sociétés civiles immobilières

1921. – *Engouement.* On compte aujourd'hui plus d'un million de sociétés civiles immobilières. Et le rythme des créations ne faiblit pas. Il est vrai qu'elles ne manquent pas de charme, encore que l'engouement actuel soit sans doute excessif : les sociétés civiles immobilières sont à la mode, trop peut-être[36]. Entre autres risques, il convient de prendre garde à celui de fraude paulienne (V. *infra*, n° 1927).

1922. – *SCI familiales.* On les utilise fréquemment dans le cadre familial comme support juridique des propriétés immobilières (sur la question de savoir si une telle société poursuit une activité économique, V. *supra*, n° 1843). Il n'est pas rare, pour des raisons fiscales, que seule la nue-propriété de l'immeuble soit apportée à la société. Au besoin, on crée autant de sociétés que de types d'immeubles ; on ne loge pas dans la même société, des immeubles aussi hétérogènes qu'une gentilhommière, un domaine agricole, un immeuble de rapport. Au fond, la mise en société vaut dématérialisation de l'immeuble désormais représenté par des parts sociales ; et l'on va jouer avec ces parts, en les battant et en les redistribuant, comme d'autres jouent aux cartes.

1923. – *Le monde des affaires* en fait autant. Quand on construit une usine, un hôtel, une clinique, un supermarché, c'est généralement à une société civile immobilière qu'est confiée la propriété des murs. Cela facilite les financements (ce ne sont pas nécessairement les mêmes investisseurs qui financent la pierre et l'exploitation) ; les prix de revient sont clarifiés ; les transactions ultérieures sont simplifiées (on n'est pas tenu de céder en même temps et aux mêmes personnes les immeubles et l'entreprise). Quand c'est une même personne (ou un même groupe) qui finance le tout, la dissociation des immeubles et des actifs d'exploitation dans deux sociétés distinctes permet de limiter les risques qu'elle encourt lorsque la société d'exploitation dépose le bilan (V. *supra*, n° 307).

1924. – *Nature mobilière des parts.* Même si l'actif social est composé d'immeubles, les parts de SCI ont une nature mobilière. Il s'ensuit que le formalisme de la vente immobilière est en principe écarté : la cession des parts d'une SCI n'est pas soumise à la formalité de la publicité foncière et ne suppose pas l'intervention d'un notaire.

(36) M. Cozian, *Le charme discret des sociétés civiles immobilières*, *Les grands principes de la fiscalité des entreprises*, doc. 23 ; *Le charme des sociétés civiles immobilières : charme intact ou charme fané* : *RJ com.* 2004, p. 64. – Fl. Deboissy et S. Quilici, *Optimisation fiscale et SCI* : *Actes prat. ing. sociétaire* 2009, n° 103, p. 47. – M. Storck, S. Fagot et T. de Ravel d'Esclapon, *Les sociétés civiles immobilières*, LGDJ, 2016.

B. – L'art de rassembler les droits sociaux au sein de sociétés civiles

1925. – Les sociétés civiles de portefeuille sont moins courantes et moins voyantes que les sociétés civiles immobilières. Dans les grandes familles ou dans les groupes, elles permettent de rassembler les participations et les autres droits sociaux. Elles font office dans ce cas de société holding (V. *infra*, n° 2417) et assurent la pérennité du contrôle familial. Le cas échéant, la société holding, dite alors holding de reprise, peut être une technique de transmission de l'entreprise (V. *infra*, n° 2335).

Le coin des amateurs

1. Comptabilité des sociétés civiles immobilières : attention danger

1926. – L'engouement pour les sociétés civiles immobilières s'explique, entre autres raisons, par leur souplesse d'utilisation. Les règles impératives y sont en effet peu nombreuses, spécialement s'agissant des obligations comptables pesant sur la société. Cette situation n'est toutefois pas sans danger pour les associés. Sur ce point comme sur beaucoup d'autres, ceux-ci ont donc tout intérêt à prévoir dans les statuts les règles de fonctionnement de la société civile.

a) L'obligatoire

Sauf existence de règles particulières – par exemple l'article L. 612-1 du Code de commerce applicable aux sociétés civiles d'une certaine taille ayant une activité économique – et sauf exigence d'ordre fiscal – par exemple en cas d'option pour l'impôt sur les sociétés –, les sociétés civiles immobilières, faute d'avoir la qualité de commerçant, ne sont pas soumises aux impératifs de la comptabilité commerciale (C. com., art. L. 123-12 et s.). Outre la possibilité pour tout associé d'obtenir, au moins une fois par an, communication des livres et des documents sociaux (C. civ., art. 1855), la seule obligation est édictée par l'article 1856 du Code civil selon lequel le gérant doit annuellement rendre compte de sa gestion aux associés dans un rapport écrit indiquant les bénéfices réalisés ou prévisibles ainsi que les pertes encourues ou prévues (V. *infra*, n° 1981). Également, l'article 41 du décret n° 78-704 du 3 juillet 1978 prévoit que, lorsque l'ordre du jour porte sur la reddition des comptes du gérant, le rapport du gérant doit être adressé aux associés (J.-P. Garçon, *La comptabilité des sociétés civiles immobilières de gestion : JCP* N 1996, p. 1707).

Quand bien même les statuts seraient muets, les associés ne sont pas dépourvus de tout moyen pour avoir accès, voire reconstituer si besoin est, les comptes de la société. En témoigne un arrêt de la cour d'appel de Paris du 12 février 2003 (CA Paris, 12 févr. 2003 : *JCP* N 2003, 1525, note J.-P. Garçon). Mandaté par un associé afin d'examiner les documents de gestion d'une société civile immobilière, un expert financier avait constaté que les renseignements fournis « ne permettaient pas de connaître, suivre et apprécier l'évolution de ses deux participations dans les SCI ». L'associé a alors sollicité en référé la désignation d'un mandataire *ad hoc* chargé de vérifier l'existence des comptes tout en réclamant, en tant que de besoin, que ceux-ci soient établis par expert. La cour d'appel de Paris a fait droit à la demande en prononçant une mesure d'instruction *in futurum* (CPC, art. 145) (V. *supra*, n° 714).

b) Le facultatif

Les associés seraient bien imprudents s'ils se contentaient de ces vagues prescriptions légales (Fl. Deboissy et S. Quilici, *Optimisation fiscale et SCI : Actes prat. ing. sociétaire* 2009, n° 103, spéc. p. 21 et s.). L'enjeu attaché à la tenue des comptes est en effet important. La comptabilité est d'abord un indispensable outil d'information à l'intention des associés mais également des tiers, à commencer par l'administration fiscale. Il est donc essentiel que puissent être retracés avec précision le montant des avances en comptes courants, le montant des emprunts, les mouvements de fonds entre la société et les associés, les acquisitions réalisées, les revenus encaissés... Ensuite, le choix de telle ou telle règle comptable, par exemple la décision d'amortir ou non les immeubles, est déterminante quant au calcul du résultat comptable, et partant du résultat distribuable. Ajoutons encore que l'absence de tenue des comptes sociaux est un indice fréquemment retenu par les juges pour conclure à la fictivité de la société. C'est dire s'il est important que les associés fixent dans les statuts la façon dont les comptes doivent être établis par le gérant et qu'ils vérifient régulièrement la bonne tenue de ceux-ci.

c) Sanctions

Le non-respect par le gérant des clauses statutaires renforçant les obligations comptables de la SCI est d'abord une cause légitime de révocation (Cass. 3e civ., 24 sept. 2003 : *JCP* E 2004, 29, n° 8, obs. J.-J. Caussain, Fl. Deboissy et G. Wicker) ; ainsi, les statuts de deux sociétés civiles immobilières stipulaient qu'il serait établi chaque année un inventaire contenant l'indication de l'actif et du passif de la société, un compte de profits et de pertes ainsi qu'un bilan. Or, le gérant n'ayant tenu aucune comptabilité depuis l'origine et s'étant limité à établir les déclarations fiscales, l'un des associés a pu demander avec succès sa révocation judiciaire pour cause légitime en se fondant sur l'article 1851, alinéa 2, du Code civil (*adde* Cass. com., 4 nov. 2014, n° 13-22.487 : *Dr. sociétés* 2015, n° 45, obs. H. Hovasse. – Cass. com., 23 oct. 2019, n° 17-31.653 : *BRDA* 23/2019, n° 2 ; révocation judiciaire d'un gérant ne rendant pas compte de sa gestion). Il en va de même du fait pour un gérant de ne jamais convoquer l'assemblée des associés et de ne pas diffuser les documents comptables (CA Paris, 9 juin 2016, n° 14/19545 : *RJDA* 10/2016, n° 701).

Ensuite, la violation des statuts est une faute qui autorise, en cas de préjudice, la mise en œuvre de la responsabilité civile du gérant (V. *infra*, n° 1946).

2. Le jeu du chat et de la souris : SCI, organisation de l'insolvabilité et fraude paulienne

1927. – La société civile immobilière est un merveilleux instrument de gestion patrimoniale (V. *infra*, n° 1921). Certains débiteurs aux abois pensent qu'elle peut aussi être un merveilleux instrument de fraude. On peut facilement cacher de l'argent, des bijoux ou des tableaux. Mais comment cacher un immeuble pour le soustraire à ses créanciers ? Tout simplement en l'apportant ou en le vendant à une société civile immobilière qui en sera le nouveau propriétaire. Le créancier n'est pas démuni : outre l'action en déclaration de simulation (V. *supra*, n° 182), il peut exercer l'action paulienne (C. civ., art. 1341-2) (L. Sautonie-Laguionie, *La fraude paulienne*, LGDJ, 2008, t. 500, préf. G. Wicker, nos 460 et s.).

a) Apport d'un immeuble à une SCI et fraude paulienne

Des époux, en délicatesse avec le fisc, avaient tenté d'organiser leur insolvabilité en apportant la nue-propriété des deux immeubles qu'ils possédaient à deux sociétés civiles immobilières dont ils étaient les seuls associés. Le comptable public avait exercé l'action paulienne. Les époux se défendaient en proposant un nantissement sur les parts sociales dont ils étaient titulaires. Le Trésor public n'était nullement lésé, prétendaient-ils, du fait qu'il pouvait exercer avec succès son droit de saisie sur les parts sociales grevées du privilège du créancier gagiste. La cour d'appel s'était laissée séduire par l'argument. Sa décision fut cassée au motif qu'elle n'avait pas recherché, comme il le lui était demandé, si la difficulté de négocier les parts sociales et le risque d'inscription d'hypothèques sur les immeubles du chef des créanciers ne constituaient pas des facteurs de diminution de la valeur du gage du créancier et d'appauvrissement des débiteurs (Cass. 3e civ., 20 déc. 2000 : *BJS* 2001, p. 305, note

H. Le Nabasque). La fraude paulienne ne se réduit donc pas à la seule organisation d'une véritable insolvabilité (se dépouiller de tous ses biens par des donations notamment) ; elle peut prendre la forme plus insidieuse d'entrave à l'exercice du droit de gage des créanciers. Si le Trésor public met aux enchères des parts sociales d'une SCI riche de la seule nue-propriété d'un immeuble (sans revenus immédiats par conséquent), les amateurs ne se bousculeront pas. Autre exemple : deux époux faisant l'objet d'un contrôle fiscal apportent à une SCI l'ensemble de leurs biens immobiliers : l'apport a été qualifié de frauduleux (Cass. com., 12 oct. 2010, n° 09-16.754 : *RJDA* 1/2011, n° 40 ; *RJF* 2011, n° 241).

Il n'y a évidemment pas que l'administration fiscale qui puisse exercer l'action paulienne. Ainsi, une banque avait, en garantie d'un prêt accordé à deux époux, fait inscrire une hypothèque conventionnelle sur l'immeuble leur appartenant. Les époux ayant fait apport de ce bien à une SCI constituée entre eux, avec réserve d'un droit d'usage et d'habitation viager à leur profit, la banque avait demandé que l'opération lui soit déclarée inopposable pour fraude paulienne, ce qui a été admis (Cass. 3e civ., 12 oct. 2005 : *BRDA* 1/2006, n° 2).

b) Vente d'un immeuble à une SCI dont les cédants sont les associés et fraude paulienne

Rien n'interdit à une personne de vendre un bien à une société dont elle est associée : c'est ce qu'on appelle couramment la « vente à soi-même ». Mais encore faut-il que la cession ne soit pas l'instrument d'une fraude destinée à faire échapper le bien aux poursuites des créanciers. Ainsi, peu de temps avant d'être condamnés à régler une somme de 450 000 € à un créancier, et alors que le principe de la créance était certain, deux époux ont cédé pour 3 millions d'euros un immeuble à une SCI dont ils étaient seuls associés ; la SCI a financé le paiement du prix pour moitié en contractant un emprunt et pour moitié sur ses deniers personnels. Bilan de l'opération : la SCI a été vidée de ses liquidités ; la valeur des parts a été dépréciée du fait de l'emprunt contracté par la société ; le prix de vente a disparu du patrimoine des époux sans qu'ils justifient de l'emploi des fonds. Voilà qui ne faisait pas l'affaire du créancier qui a obtenu, sur le terrain de la fraude paulienne, que la vente lui soit déclarée inopposable (Cass. 3e civ., 9 févr. 2010, n° 09-10.639 : *Dr. sociétés* 2010, n° 68, obs. H. Hovasse). Tous les ingrédients de la fraude paulienne étaient en effet réunis : antériorité du droit de créance ; entrave à l'exercice du droit de créance et intention frauduleuse. S'agissant d'un acte à titre onéreux, il fallait en outre établir la complicité du cessionnaire, ce qui en l'espèce ne posait pas difficulté puisque, dans l'hypothèse d'une « vente à soi-même », ce sont les mêmes personnes qui sont parties à l'opération.

SOUS-SECTION 2

LA CONSTITUTION DE LA SOCIÉTÉ CIVILE

1928. – Comme pour les SNC, on insistera sur l'importance des statuts (V. *supra*, n° 1855). Les règles impératives du Code civil sont en effet peu nombreuses, ce qui laisse une large place à l'initiative des associés. Une limite toutefois : il est strictement interdit à la société civile d'offrir ses parts au public (C. monét. fin., art. L. 411-1 ; mod. Ord. n° 2019-1067, 21 oct. 2019), notamment en ayant recours à la publicité ou au démarchage, à peine de nullité des titres émis[37].

(37) Cass. com., 15 mars 2017, n° 14-18.452 : *Dr. sociétés* 2017, n° 84, obs. H. Hovasse ; *Rev. sociétés* 2017, p. 576, note B. François ; programme immobilier de construction d'une résidence de tourisme.

§ 1. – Les conditions de fond

1929. – Les conditions sont les suivantes :

– *conditions tenant aux associés* ; ils doivent être au moins deux ; aucune condition de capacité n'est exigée : un mineur (V. *infra*, n° 1932), un majeur sous tutelle, un interdit, un fonctionnaire peuvent entrer dans une société civile ; pareillement, deux époux peuvent être associés d'une même société civile (V. *supra*, n° 534) ;

– *objet social* ; il faut bien veiller à ce qu'il présente un caractère civil et qu'il ne comporte pas, même à titre accessoire, des éléments de commercialité ; la sanction serait redoutable sur le plan fiscal puisque la société relèverait d'office de l'impôt sur les sociétés (V. *infra*, n° 1931) ; sur le plan juridique, la société serait requalifiée en société créée de fait (V. *supra*, n° 398) ;

– *capital social* ; aucun minimum n'est exigé ; aucun délai n'est fixé pour la libération du capital souscrit ; les apports en industrie sont autorisés.

§ 2. – Les conditions de forme

1930. – *Immatriculation.* Depuis 1978, les sociétés civiles doivent, comme toutes les sociétés, être immatriculées au registre du commerce et des sociétés pour avoir la personnalité morale. Par exception, les sociétés civiles constituées avant 1978, bien que non immatriculées, ont pu conserver un temps leur personnalité morale (L. 4 janv. 1978, art. 4). Cette disposition a été abrogée par la loi NRE du 15 mai 2001 : les sociétés civiles qui n'ont pas procédé à leur immatriculation au 1er novembre 2002 ont perdu à cette date leur personnalité morale(38) et se sont transformées en sociétés en participation.

Le coin des amateurs

1. Le traquenard fiscal des sociétés civiles à objet commercial

1931. – Le fisc n'aime pas les sociétés civiles ; ceux qui choisissent cette forme sociale feront bien d'y prendre garde.

a) Le piège de l'article 206 du CGI

Il existe dans le Code général des impôts un article 206, particulièrement pervers, dont personne ne connaît la raison d'être, défi au bon sens et injure à l'équité. Il soumet à l'impôt sur les sociétés les sociétés civiles qui exercent une activité relevant du domaine des bénéfices industriels et commerciaux (CGI, art. 34 et 35). On ne rencontre pas dans la pratique des sociétés civiles constituées pour exploiter un fonds de commerce. On rencontre en revanche des sociétés civiles, irréprochables au regard du droit privé, mais dont l'activité est qualifiée de commerciale selon les critères parfois chaotiques du droit fiscal. Ce n'est

(38) Par ex., Cass. 3e civ., 4 mai 2016, n° 14-28.243 : *BJS* 2016, p. 404, note J.-F. Barbièri ; *BRDA* 9/2016, n° 3 ; *JCP* E 2016, 1400, note B. Dondero ; la disparition de la personnalité morale a pour conséquence la transformation de la société civile en société en participation à durée indéterminée, avec faculté pour tout associé de provoquer sa dissolution par application de l'article 1872-2 du Code civil ; en l'espèce, l'action en dissolution était intentée par le créancier d'un associé agissant par la voie de l'action oblique.

qu'au terme d'une vérification fiscale, laquelle peut intervenir bien des années après la création de la société, que les associés apprennent à leurs dépens que leur société avait une activité de nature commerciale et se voient infliger de sévères rappels d'impositions (V. M. Cozian, *Les grands principes de la fiscalité des entreprises*, doc. 21 : *Un « traquenard » : les sociétés civiles à objet commercial*).

La société peut être qualifiée de commerciale à raison de la nature, soit de l'activité exercée à titre principal, soit des opérations passées à titre accessoire (dans ce dernier cas, l'administration accepte une tolérance de 10 %).

b) Illustrations

Voici quelques exemples à ne pas imiter :

– société civile agricole conditionnant et commercialisant des pruneaux (CE, 31 oct. 1984 : *RJF* 1984, n° 1, p. 30) ;

– société civile constituée entre artisans, puisque pour le fisc l'artisan exerce une activité commerciale (*JOAN* 10 mai 1982, p. 1941) ;

– société civile exploitant un laboratoire d'analyses médicales en recourant à des méthodes publicitaires (CE, 15 nov. 1985 : *Dr. fisc.*1986, n° 10, comm. 446) ;

– société civile se livrant à des locations meublées (CE, 10 juill. 1985 : *Dr. fisc.*1986, n° 8, comm. 291) ; pour le fisc, une location d'immeuble est civile si elle porte sur des locaux nus et commerciale si elle porte sur des locaux meublés ;

– société civile bailleur qui participe indirectement à la gestion ou aux résultats de l'entreprise commerciale exploitée par le locataire, cette participation résultant de l'indexation du loyer sur le chiffre d'affaires et de l'existence d'un lien entre le bailleur et le locataire qui ont le même associé majoritaire (CE, 11 déc. 2009, n° 301504 : *RJF* 2010, n° 211) ;

– société civile immobilière se livrant à des opérations de revente (CE, 1er juin 1988 : *RJF* 1988, nos 8-9, p. 528) ;

– société civile exerçant une activité de gestion centralisée de trésorerie dans un groupe (CE, 5 mars 1999 : *RJF* 1999, n° 4, p. 266).

2. Le mineur et la société civile

1932. – La société civile est fréquemment utilisée comme outil de gestion du patrimoine immobilier des mineurs ou des majeurs protégés (S. Lacroix-De Sousa et M. Robineau, *La société civile immobilière et ses associés vulnérables : Rev. sociétés* 2017, p. 395). Si elle présente à l'évidence des vertus, le recours à la technique sociétaire n'est pas sans danger du fait de l'engagement illimité au passif social de l'associé (V. *infra*, nos 1947 et s.). En voici une illustration : une SCI dont 96 % du capital est détenu par un mineur contracte un emprunt de 8 millions de francs en vue de financer l'acquisition et la rénovation d'un immeuble. Au soutien de l'opposition au commandement de payer délivré par le créancier, la SCI invoque la nullité du prêt fondée sur le non-respect de l'article 389-5 ancien du Code civil (auj. art. 387-1, 3°) exigeant l'accord du juge des tutelles pour contracter un emprunt au nom du mineur. L'argument est rejeté par les juges de Versailles au motif que l'emprunt a été souscrit par le gérant, au nom de la SCI – personnalité morale oblige –, et non au nom du mineur (CA Versailles, 29 janv. 1998 : *JCP* G 1999, II, 10014, note B. Petit et S. Rouxel ; sur pourvoi, Cass. 1re civ., 14 juin 2000 : *BJS* 2000, p. 1090, note D. Randoux).

La solution est peu protectrice des intérêts du mineur compte tenu de la responsabilité indéfinie qui pèse sur lui en tant qu'associé de la SCI. En cas de vaine poursuite de cette dernière, le créancier peut en effet se retourner contre le mineur et lui réclamer, dans le cas d'espèce, 96 % de la somme sans qu'à aucun moment le juge des tutelles ne soit intervenu pour contrôler les agissements des représentants légaux du mineur.

À défaut d'intervenir en cours de vie sociale, ce contrôle s'exerce-t-il au moins lors de la constitution de la société ? Un mineur émancipé, ayant la pleine capacité juridique, peut devenir associé d'une société civile. Pour le mineur non émancipé, la situation est plus compliquée. C'est l'administrateur légal – autant dire l'un des parents – qui doit intervenir au contrat de société. Cependant l'autorisation du juge des tutelles est requise pour l'apport d'un immeuble (C. civ., art. 387-1, 2°). De plus, pour tout acte dans lequel les intérêts du mineur sont opposés à ceux du ou des administrateurs légaux, la nomination d'un administrateur *ad hoc* par le juge des tutelles est nécessaire ; ce peut être le cas si l'un des parents, voire les deux, sont appelés à s'associer avec le mineur (C. civ., art. 383). Enfin, en cas de désaccord entre les administrateurs légaux – maman est favorable à la création de la société, papa, connu pour son esprit de contradiction, est défavorable –, le recours au juge des tutelles est nécessaire pour autoriser l'acte (C. civ., art. 387).

SOUS-SECTION 3

LE GÉRANT DE LA SOCIÉTÉ CIVILE

1933. – Les associés disposent d'une grande liberté pour organiser la gérance. Les conventions passées entre le gérant et la société civile sont soumises à une procédure de contrôle lorsque la société exerce une activité économique (V. *supra*, n° 1843).

§ 1. – Le statut du gérant

A. – La désignation

1934. – *Conditions de nomination.* Les statuts fixent les règles de désignation du ou des gérants ; les règles sont assez libérales (C. civ., art. 1846) :

– le gérant peut être un associé ou un tiers ; à la limite, tous les associés peuvent être désignés comme gérants ;

– ce peut être une personne physique ou une personne morale ; dans cette dernière hypothèse, les dirigeants de la personne morale gérante encourent la même responsabilité civile et pénale que s'ils étaient gérants à titre personnel (C. civ., art. 1847) ;

– ce peut être un Français ou un étranger ;

– le gérant non associé peut être titulaire d'un contrat de travail (V. *supra*, n° 1859).

La liberté, aussi grande soit-elle, n'est pas totale ; ainsi la jurisprudence a annulé une résolution organisant la dévolution héréditaire de la gérance sur le fondement de l'abus de majorité[39].

1935. – *Modalités de nomination.* Le gérant peut être désigné dans les statuts ou par une décision ultérieure des associés ; la désignation par acte ultérieur a lieu à la majorité des parts sociales, sauf si les statuts prévoient une autre règle (l'unanimité par exemple).

(39) CA Paris, 27 févr. 1997 : *JCP* E 1997, II, 982, note A. Viandier ; les modifications statutaires annulées prévoyaient que deux des trois gérants statutaires d'une société civile immobilière choisiraient discrétionnairement leur successeur, ainsi que la date de leur remplacement.

1936. – *Absence de gérant.* Si, pour quelle cause que ce soit, la société se trouve dépourvue de gérant(40), tout associé peut réunir les associés ou, à défaut, demander au président du tribunal statuant sur requête la désignation d'un mandataire chargé de réunir les associés en vue de procéder à son remplacement (C. civ., art. 1846, mod. L. n° 2019-744, 19 juill. 2019) ; le mandataire *ad hoc* peut avoir pour mission de passer certains actes au nom de la société en attendant la nomination du nouveau gérant(41).

B. – La durée des fonctions

1937. – *Terme.* Sauf clause contraire dans les statuts ou dans la décision de nomination, les gérants sont réputés nommés pour la durée de la société (C. civ., art. 1846, al. 4).

1938. – *Révocation.* Pour le reste, les règles entourant la révocation du gérant sont posées par l'article 1851 du Code civil :

– le gérant est révocable à la majorité des associés, sauf clause contraire ;

– il a droit à des dommages-intérêts s'il est révoqué sans juste motif, mais cette règle est supplétive de volonté en sorte qu'une clause statutaire peut valablement écarter toute indemnisation alors même que la révocation ne serait pas fondée sur un motif légitime(42) ; le gérant peut aussi obtenir des dommages et intérêts en invoquant les circonstances abusives ou injurieuses de la révocation ou en invoquant le manquement au principe de loyauté(43) (V. *supra*, n°s 942 et s.) ;

– la révocation du gérant n'entraîne pas la dissolution de la société, sauf clause contraire des statuts ;

– le gérant est révocable en justice pour cause légitime, à la demande de tout associé, par exemple pour faute de gestion(44), pour avoir géré la société dans son intérêt personnel(45), ou pour manquement aux obligations comptables (V. *supra*, n° 1926).

C. – La rémunération

1939. – Les fonctions de gérant peuvent être gratuites ; elles le sont fréquemment dans les petites sociétés familiales dont l'activité économique est limitée. Lorsque

(40) La liberté peut même aller semble-t-il jusqu'à… ne pas nommer de gérant ; ainsi, a-t-il été jugé que l'absence de gérant dans une société civile immobilière ne justifiait pas en soi la désignation d'un administrateur provisoire, dès lors que la société était en mesure de fonctionner sans organe social (Cass. 1re civ., 16 nov. 2017 : *BRDA* 1/2018, n° 4) ; cependant, faire l'impasse sur la gérance n'est pas à conseiller, même si les associés mettent la main à la pâte ou si un gérant de fait assure la gestion de la société, car les relations avec les tiers seront singulièrement compliquées et les risques de contentieux multipliés.

(41) La nomination d'un mandataire *ad hoc* n'a pas pour effet de dessaisir les organes sociaux, de sorte que le gérant ultérieurement nommé par les associés est seul compétent pour passer les actes qui relevaient de la mission du mandataire : Cass. com., 15 mars 2017, n° 15-12.742 : *BJS* 2017, p. 322, note E. Putman ; *Dr. sociétés* 2017, n° 119, obs. H. Hovasse ; *JCP* E 2017, 1516, note R. Mortier.

(42) Cass. 3e civ., 6 janv. 1999 : *BJS* 1999, p. 498, note A. Couret ; *JCP* E 1999, p. 669, n° 10, obs. A. Viandier et J.-J. Caussain.

(43) Cass. com., 31 janv. 2012, n° 10-26.329 : *Dr. sociétés* 2012, n° 61, obs. H. Hovasse ; il suffit que le gérant révoqué ait été mis en mesure de s'expliquer de façon contradictoire sur les griefs invoqués à son encontre (manquement à ses obligations fiscales, ce qui s'est traduit par le redressement fiscal des associés).

(44) Une faute de gestion constitue une cause légitime de révocation, même s'il ne s'agit pas d'une faute intentionnelle d'une particulière gravité incompatible avec l'exercice normal des fonctions sociales : Cass. 3e civ., 12 mars 2014, n° 13-14.374, PB : *RJDA* 6/2014, n° 539 ; *Rev. sociétés* 2014, p. 391, note J.-F. Barbièri. – *Adde* Cass. 3e civ., 27 juin 2019, n° 18-16.861 : *BJS* déc. 2019, p. 22, note J. Heinich ; *RJDA* 10/2019, n° 640 (conclusion d'un bail à des conditions désavantageuses).

(45) Cass. 3e civ., 14 déc. 2017, n° 16-25.697 : *RJDA* 2/2018, n° 138 ; gérant d'une société civile immobilière transformant frauduleusement des garages en locaux d'habitation, loués à une autre société, dont il est également le dirigeant, pour un loyer insuffisant et projetant d'autres opérations qui montraient qu'il faisait prévaloir son intérêt personnel sur son intérêt social.

les fonctions sont rétribuées, il revient aux statuts de déterminer les modalités de fixation de la rémunération : décision d'assemblée ou prévision statutaire (pourcentage du bénéfice distribuable par exemple).

Dans le silence des statuts ou la réticence des associés, que peut faire le gérant qui ne souhaite pas travailler *gratis pro deo* ? Pas grand-chose en vérité ; le juge ne peut pas en effet s'immiscer dans le fonctionnement de la société et se substituer aux associés en fixant lui-même la rémunération(46). Moralité : avant d'accepter d'être désigné comme gérant, il est judicieux de vérifier si les statuts prévoient une rémunération.

À l'avarice des associés répond parfois la désinvolture du gérant qui « oublie » de réclamer la rémunération qui lui est statutairement accordée ; pareille insouciance peut coûter cher car le juge y verra parfois une renonciation implicite à la rémunération(47).

§ 2. – Les pouvoirs du gérant

1940. – Les pouvoirs du gérant de la société civile sont comparables à ceux du gérant de la SNC (V. *supra*, n° 1865), ce qui suppose de distinguer l'ordre interne et l'ordre externe.

A. – Dans l'ordre interne

1941. – À l'égard des associés, le gérant a le pouvoir d'accomplir tous les actes de gestion que commande l'intérêt de la société (C. civ., art. 1848) et qui entrent dans l'objet social (V. *supra*, n° 433), sous réserve des clauses limitatives de pouvoirs qui peuvent être stipulées dans les statuts. Il peut ainsi agir contre son cogérant pour obtenir le paiement de sa dette à l'égard de la société(48).

1942. – Les actes qui excèdent les pouvoirs du gérant doivent être pris selon les dispositions statutaires ou, à défaut, à l'unanimité des associés (C. civ., art. 1852). La question se pose notamment pour la cession d'un immeuble social : s'agit-il d'un acte de gestion relevant du pouvoir du gérant ou l'acte suppose-t-il le consentement des associés ? Tout dépend de la rédaction des statuts (V. *supra*, n° 447).

B. – Dans l'ordre externe

1943. – *Objet social.* À l'égard des tiers, le gérant n'engage la société que par les actes entrant dans l'objet social (pour la garantie des engagements d'un associé, V. *supra*, n° 1842), d'où l'importance de bien délimiter ce dernier ; ainsi lorsque

(46) Cass. com., 31 mars 2009, n° 08-12.564 : *RJDA* 10/2009, n° 548 ; le refus de voter une rémunération est jugé abusif, néanmoins le juge estima qu'il n'avait pas compétence pour fixer la rémunération du gérant.

(47) Cass. com., 31 janv. 2012, n° 10-26.329 : *BRDA* 5/2012, n° 1 ; les statuts accordaient aux gérants une part des bénéfices à titre de rémunération ; pendant trente ans les gérants oublient de percevoir ladite rémunération ; étant révoqués, ils demandent le paiement ; ils échouent au motif notamment qu'ils avaient pendant toute cette période présenté aux associés des comptes sociaux qui ne mentionnaient pas ce droit ; il a été considéré qu'une telle attitude valait renonciation implicite et non équivoque à la rémunération.

(48) Cass. 3e civ., 16 janv. 2020, n° 18-21.394 : *BJS* mars 2020, p. 30, note T. de Ravel d'Esclapon ; *BRDA* 6/2020, n° 4 ; *JCP E* 2020, 1344, n° 5, obs. J.-C. Pagnucco ; *RJDA* 6/2020, n° 315 ; recouvrement d'une indemnité d'occupation due à une société civile immobilière.

l'objet social est l'acquisition, la gestion et l'administration de tous biens, cela ne vise pas la cession des mêmes biens(49) (V. *supra*, n° 447).

1944. – *Les clauses limitatives de pouvoirs* sont inopposables aux tiers, quand bien même ceux-ci seraient de mauvaise foi (C. civ., art. 1849) ; en revanche, les tiers peuvent parfois se prévaloir des clauses statutaires pour invoquer le dépassement de pouvoir et obtenir l'annulation d'un acte (V. *supra*, n° 441).

1945. – *S'il existe plusieurs gérants*, chacun engage la société de la même façon ; l'opposition formée par un gérant est sans effet à l'égard des tiers, sauf s'il est établi qu'ils en ont eu connaissance. On le mesure, la cogérance exige, dans un environnement hostile – on pense aux époux cogérants en instance de divorce – d'être sur le qui-vive et de témoigner d'une réelle réactivité pour faire opposition avant que l'acte ne soit consommé(50). Les clauses statutaires répartissant les pouvoirs des cogérants sont inopposables aux tiers (V. *supra*, n° 1732).

§ 3. – La responsabilité du gérant

1946. – Il suffit de renvoyer au *droit commun* de la responsabilité des dirigeants de société (V. *supra*, n°s 449 et s.), qu'il s'agisse de la responsabilité civile (C. civ., art. 1850)(51) (pour les délais de prescription, V. *supra*, n°s 453 et 464), de la responsabilité pénale ou de la responsabilité fiscale (V. *supra*, n°s 449 et s.). On rappellera seulement que si les délits d'abus de biens sociaux ou de présentation de comptes infidèles concernent seulement les sociétés par actions et les SARL, le gérant peut néanmoins être poursuivi sur le fondement des infractions de droit commun, vol, escroquerie ou abus de confiance (V. *supra*, n°s 1830 et s.).

SOUS-SECTION 4

L'ASSOCIÉ DE LA SOCIÉTÉ CIVILE

§ 1. – L'obligation aux dettes sociales

1947. – *Règle générale.* S'agissant de l'obligation aux dettes caractéristiques des sociétés à risque illimité (à ne pas confondre avec la contribution aux pertes, V. *supra*, n°s 1820 et s.), les associés d'une société civile ne sont que des obligés de deuxième ligne (C. civ., art. 1857 et 1858) : l'obligation aux dettes sociales est indéfinie (l'associé est tenu des dettes sociales au-delà de son apport), conjointe (le

(49) Cass. 3e civ., 23 oct. 2013 : *BJS* 2014, p. 34, note J.-P. Garçon ; *BRDA* 23/2013, n° 1.

(50) Cass. soc., 3 mai 2011 : *RJDA* 8-9/2011, n° 701 ; cogérants d'une société civile ; échec d'une opposition à une action judiciaire (demande d'annulation de la désignation d'un délégué syndical) pour tardiveté, l'action ayant été lancée avant l'opposition.

(51) Pour un exemple de mise en cause de la responsabilité du gérant pour faute détachable : Cass. com., 31 mars 2015, n° 13-19.432 : *RJDA* 8-9/2015, n° 585 ; vente de biens immobiliers appartenant à une SCI à une société dirigée par l'un des gérants de la SCI, puis revente par l'acquéreur aux gérants de la SCI ; la banque de cette dernière a pu rechercher la responsabilité personnelle des gérants pour faute détachable.

créancier doit diviser ses recours) mais elle est subsidiaire (le créancier doit d'abord s'adresser à la société).

1948. – *Des règles spécifiques* sont posées dans certaines sociétés spéciales :

– la responsabilité est limitée au double des montants des apports dans le GAEC (V. *infra*, n° 1989) et dans la SCPI (V. *infra*, n° 1990) ;

– la responsabilité est limitée au montant des apports dans l'EARL (V. *infra*, n° 1989) et dans la société de pluripropriété (V. *infra*, n° 1990).

A. – L'obligation aux dettes sociales est indéfinie et conjointe

1949. – *Obligation indéfinie.* À l'égard des tiers – et seulement à l'égard des tiers(52) – les associés répondent indéfiniment des dettes sociales à proportion de leur part dans le capital social à la date de l'exigibilité ou au jour de la cessation des paiements(53) (C. civ., art. 1857). L'obligation au passif des associés de sociétés civiles obéit à des règles différentes de celles applicables aux associés en nom (V. *supra*, n° 1872).

1950. – *Obligation conjointe.* L'obligation aux dettes sociales est conjointe, ce qui signifie que le créancier doit agir contre chacun des associés et ne réclamer à chacun que sa part dans la dette ; cette part est proportionnelle à la participation de chacun au capital social (celui qui n'a que 10 % du capital ne pourra être poursuivi que pour le dixième du montant de la créance impayée). L'associé qui a acquitté une dette sociale dispose – au moins en théorie – d'un recours contre la société.

1951. – *Durée de l'obligation.* Les associés sont tenus des dettes à la date de leur exigibilité, autrement dit à la date à laquelle le créancier est en droit d'en réclamer le paiement, ou au jour de la cessation des paiements. Deux conséquences peuvent être tirées de cette règle.

D'une part, tous les associés présents à la date d'exigibilité de la dette ou de la cessation des paiements sont tenus au passif, même s'ils n'étaient pas associés au moment de la date de naissance de la dette(54) ; cela doit inciter les acquéreurs de parts de sociétés civiles à bien vérifier l'état du passif et, le cas échéant, à négocier des clauses de garanties (V. *supra*, n°s 1288 et s.).

D'autre part, les associés restent tenus du passif antérieur à leur départ, même après la cession de leurs titres (V. *infra*, n° 1965).

(52) Un associé, serait-il lui-même créancier de la société, ne saurait donc agir contre ses coassociés : Cass. com., 3 mai 2012, n° 11-14.844 : *JCP* E 2012, 1777, n° 5, obs. Fl. Deboissy et G. Wicker ; *RJDA* 8-9/2012, n° 780. – CA Paris, 11 sept. 2014, n° 12/13017 : *RJDA* 2/2015, n° 115 ; un associé agissait contre ses coassociés en remboursement de son compte courant au titre de l'obligation aux dettes sociales ; il échoue. Cela n'interdit pas à un associé d'agir contre un autre associé lui ayant causé un préjudice direct, mais il doit se placer sur le terrain de la responsabilité civile (Cass. crim., 22 mars 2017, n° 16-82.415 : *Rev. sociétés* 2018, p. 193, note B. Bouloc ; abus de confiance commis par un associé à l'encontre d'un de ses coassociés).

(53) L'associé d'une société civile qui désintéresse un créancier social en application de l'article 1857 du Code civil paye la dette de la société et non une dette personnelle, de sorte que la société peut obtenir de son assureur le remboursement non seulement des sommes qu'elle a payées directement, mais également le remboursement de celles acquittées par l'associé : Cass. 3e civ., 6 mai 2015, n° 14-15.222, PBRI : *JCP* E 2015, 1305, note C. Lebel ; *Rev. sociétés* 2016, p. 181, note A. Maymont.

(54) Cass. com., 13 avr. 2010, n° 07-17.912, PB : *BJS* 2010, § 176, p. 826, note J.-P. Garçon ; *Rev. sociétés* 2011, p. 104, note J.-J. Barbièri ; un prêteur a pu agir en paiement contre l'associé d'une SCI bien que le jugement d'ouverture de la procédure collective ouverte contre une SA et étendue à la SCI ait fixé la date de la cessation des paiements à une date antérieure à celle de l'acquisition des parts.

1952. – *Nature de l'obligation.* Se pose, comme pour l'associé en nom (V. *supra*, n° 1874), la question de savoir si l'associé est tenu des dettes sociales en vertu d'une obligation subsidiaire ou en qualité de garant.

La Cour de cassation considère que le contrat de société civile, qui fait naître à la charge de l'associé une obligation subsidiaire de répondre indéfiniment des dettes sociales à proportion de sa part dans le capital, ne saurait être assimilé à un cautionnement[55].

Si l'associé n'est pas tenu en qualité de garant, il faut en déduire que la dette sociale et l'obligation à la dette de l'associé ne constituent pas deux dettes distinctes, l'une principale, l'autre accessoire, mais une dette unique assortie de deux droits de poursuite : l'un contre la société, l'autre contre l'associé, ce second droit de poursuite présentant un caractère subsidiaire par rapport au premier (V. *infra*, n° 1954). Ainsi s'explique que l'associé qui s'est acquitté auprès d'un créancier social de sa part dans le montant d'une dette sociale, en principal et intérêts, ne puisse plus être poursuivi en paiement des intérêts ayant couru par la suite[56] : le créancier ayant obtenu de l'associé l'intégralité du paiement correspondant à sa part dans la dette, la dette sociale se trouve éteinte dans les rapports entre l'associé et le créancier ; autrement dit, ce dernier a épuisé son droit de poursuite à l'égard de l'associé.

1953. – *Perte de la qualité d'associé.* L'engagement aux dettes sociales étant inhérent à la qualité d'associé, il s'ensuit que celui qui se trouve dans l'incapacité de répondre de cet engagement ne peut demeurer associé. En effet, l'article 1860 du Code civil prévoit que la déconfiture, la faillite personnelle, le redressement ou la liquidation judiciaire frappant l'associé ont pour conséquence la perte de sa qualité d'associé[57] (V. *infra*, n° 1986). Tous ces événements déterminent, pour celui qui en est l'objet, une incapacité de jouissance quant à la qualité d'associé ; par suite, la société doit lui adresser une offre de rachat de ses parts[58]. Si cette incapacité interdit de conserver la qualité d'associé, elle doit également interdire, à peine de nullité, à celui qui en est frappé de l'acquérir.

B. – L'obligation aux dettes sociales est subsidiaire

1° Principe

1954. – *Vaines et préalables poursuites.* Selon l'article 1858 du Code civil, les créanciers de la société civile doivent « poursuivre préalablement et vainement »

(55) Cass. 1re civ., 17 janv. 2006, n° 02-16.595, FS-P+B : *D.* 2006, p. 716, obs. V. Avena-Robardet ; *JCP* E 2006, 2035, n° 8, obs. J.-J. Caussain, Fl. Deboissy et G. Wicker ; l'application de l'article 1415 du Code civil se trouve par suite écartée (ce texte dispose que chacun des époux ne peut engager que ses biens propres).

(56) Cass. com., 21 oct. 2008, n° 07-21.173 : *JCP* E 2009, 1767, n° 7, obs. Fl. Deboissy et G. Wicker ; le paiement effectué par un associé d'une société civile d'une dette sociale, en principal et intérêts, à proportion de sa part dans le capital social, le libère de son obligation à la dette.

(57) Appliquant l'article 1860 du Code civil à la lettre, la Cour de cassation a jugé que, si la défaillance de l'associé détermine le principe de la perte de sa qualité d'associé, cette perte n'est néanmoins effective qu'à la date du remboursement de ses droits sociaux : Cass. 3e civ., 9 déc. 1998 : *BJS* 1999, p. 436, note F.-X. Lucas ; *D.* 2000, somm. p. 237, obs. J.-Cl. Hallouin ; *Defrénois* 1999, p. 623, obs. H. Hovasse ; *Dr. sociétés* 1999, n° 32, obs. Th. Bonneau ; *JCP* E 1999, p. 1395, note J.-P. Garçon. – Même solution, nonobstant l'existence d'une clause statutaire contraire : Cass. com., 5 mai 2015, n° 14-10.913, PB : *BJS* 2015, p. 355, note J.-F. Barbièri ; *Rev. sociétés* 2015, p. 185, note N. Morelli.

(58) À défaut d'offre, l'intéressé reste associé : Cass. com., 27 juin 2018, n° 16-18.687 : *Dr. sociétés* 2018, n° 187, obs. H. Hovasse ; *JCP* E 2018, 1574, note C. Lebel ; *RJDA* 10/2018, n° 745 ; la société avait réagi quinze ans après la procédure collective ; l'intéressé avait droit au remboursement de ses parts à la valeur correspondant à la date du versement.

la personne morale avant de demander paiement aux associés[59]. Ce texte oblige le créancier à s'adresser d'abord à la société ; il doit la mettre en demeure de payer, agir en justice afin d'obtenir un titre exécutoire, entamer les procédures de saisie, à moins qu'il ne préfère enclencher la procédure de redressement ou de liquidation judiciaires. C'est seulement s'il n'obtient pas satisfaction qu'il pourra réclamer paiement à chaque associé pris séparément[60].

1955. – *Aspects procéduraux.* Comme dans la SNC (V. *supra*, n° 1876), pour pouvoir recourir au recouvrement forcé de sa créance, le créancier doit justifier d'un titre exécutoire à l'encontre de l'associé poursuivi[61]. L'associé actionné en paiement peut, sous certaines conditions, former tierce opposition au jugement ayant condamné la société en paiement (V. *supra*, n° 319). Il ne saurait agir reconventionnellement contre le créancier en lui reprochant une négligence, car son préjudice ne résulte pas d'une faute du créancier, mais de la conjugaison de la défaillance de la société et de l'obligation légale de supporter les dettes sociales[62].

2° Prescription

1956. – L'action en paiement contre l'associé pris en sa qualité d'obligé au passif social se prescrit par cinq ans à compter de la publication de la dissolution de la société (C. civ., art. 1859) (V. *infra*, n° 1986)[63]. En cas de liquidation judiciaire de la société, la prescription court à compter de la publication au *BODACC* du jugement de liquidation judiciaire, lequel emporte dissolution de la société[64] ; le créancier peut dès cette date poursuivre le paiement des dettes sociales contre les associés, peu important qu'il soit ou non muni d'un titre contre la société[65].

3° Application

1957. – La jurisprudence est relativement exigeante à l'égard du créancier social, qu'il s'agisse de l'appréciation du caractère vain de la poursuite ou de celle de son caractère préalable (V. *infra*, n° 1958) :

– *vaine poursuite* : le créancier doit établir que les poursuites diligentées contre la société sont, du fait de l'insuffisance du patrimoine social, privées de toute efficacité ; autrement dit, le créancier doit rapporter une double preuve : il doit justifier

(59) Cette exigence demeure lorsque la société est en liquidation : Cass. com., 30 sept. 2020, n° 18-26.044 : *BJS* déc. 2020, p. 36, note T. de Ravel d'Esclapon ; *Dr. sociétés* janv. 2021, n° 5, obs. N. Jullian.

(60) Illustration : Cass. com., 14 févr. 2018, n° 16-10.646 : *RJDA* 5/2018, n° 438 ; action d'une banque contre les associés notamment après l'échec de sa tentative de saisie des biens sociaux, lesquels appartenaient en fait à une autre société.

(61) CA Paris, 19 févr. 2004 : *JCP* 2004, act. p. 1038 ; rejetant le pourvoi : Cass. com., 12 déc. 2006, n° 04-14.241 : *Dr. fisc.* 2007, 524.

(62) Cass. com., 13 oct. 2015, n° 11-20.746 : *BJS* 2015, p. 664, note N. Borga ; *RJDA* 3/2016, n° 207 ; une banque avait prêté des fonds à une société civile ; faute de remboursement par celle-ci, elle agit contre l'un des associés ; ce dernier ne peut opposer à la banque son imprudence, par exemple le fait d'avoir mis les fonds à disposition alors que les conditions stipulées par le contrat de prêt n'étaient pas satisfaites.

(63) Cass. com., 22 févr. 2005 : *BJS* 2005, § 200, p. 890, note J.-P. Garçon ; le délai est de cinq ans même si l'associé poursuivi en paiement du passif social a par ailleurs la qualité de liquidateur.

(64) Cass. com., 8 mars 2005 : *JCP* E 2005, 686 ; *Rev. sociétés* 2005, p. 892, note J.-F. Barbièri. – Cass. com., 12 déc. 2006, n° 04-17.187 : *BJS* 2007, § 132, p. 511, note E. Dereu ; *D.* 2007, p. 93 ; *Dr. sociétés* 2007, n° 45, obs. F.-X. Lucas ; *Rev. sociétés* 2007, p. 406, note J.-F. Barbièri.

(65) Cass. 3e civ., 26 sept. 2007, n° 05-18.842 : *Dr. sociétés* 2007, n° 48, obs. R. Mortier ; *JCP* E 2007, 2314 et 2554, note A. Cerati-Gauthier.

d'un acte de poursuite, c'est-à-dire une mesure d'exécution ; il doit en outre démontrer sa vanité, ce qui suppose d'établir tant l'échec de la poursuite que l'insuffisance du patrimoine social ;

– *préalable poursuite* : l'inefficacité des poursuites contre la société doit, à peine d'irrecevabilité de l'action en paiement, être constatée préalablement à l'engagement des poursuites contre les associés[(66)].

1958. – **Qu'est-ce qu'une vaine et préalable poursuite ?**

L'article 1858 du Code civil exige des créanciers sociaux qu'ils poursuivent préalablement et vainement la société civile avant de se retourner contre les associés. Le contentieux est abondant et tout est d'affaire d'espèce. Il convient de distinguer selon que la société civile fait ou non l'objet d'une procédure collective, puisqu'en effet la circonstance que la société ne soit pas en redressement ou liquidation judiciaires n'exclut pas que la poursuite du créancier soit qualifiée de vaine (Cass. com., 26 juin 2012, n° 11-24.608 : *RJDA* 11/2012, n° 981).

a) La société civile ne fait pas l'objet d'une procédure collective

N'ont pas été analysés comme une vaine poursuite :

– l'envoi de simples commandements de payer, car il ne s'agit pas de mesures d'exécution ; leur défaut de suite n'autorise donc pas le créancier à s'adresser aux associés (Cass. 3e civ., 23 avr. 1992 : *Rev. sociétés* 1992, p. 763, note B. Saintourens) ;

– *idem* pour un commandement aux fins de saisie immobilière (Cass. com., 2 nov. 2011, n° 10-24.114 : *RJDA* 3/2012, n° 327) ;

– une mise en demeure restée infructueuse (Cass. 3e civ., 3 juill. 1996 : *BJS* 1996, p. 1043, note E. Dereu) ;

– le simple fait pour le créancier d'avoir vainement tenté de retrouver la société (Cass. 3e civ., 8 oct. 1997 : *BJS* 1997, p. 1076, note C. Priéto), de même que l'obtention par le créancier d'un procès-verbal de recherches infructueuses qui établit que la société n'a pas d'adresse connue mais ne démontre pas son insolvabilité (Cass. 3e civ., 4 juin 2009, n° 08-12.805 : *Dr. sociétés* 2009, n° 156, obs. R. Mortier ; *Rev. sociétés* 2009, p. 846, note J.-F. Barbièri) ;

– l'inscription sur les biens de la société d'une hypothèque de second rang et la production d'une correspondance faisant apparaître l'inscription d'une hypothèque de premier rang sur les mêmes biens, ces seuls motifs étant impropres à établir que les poursuites diligentées préalablement contre la société étaient, du fait de l'insuffisance du patrimoine social, privées de toute efficacité (Cass. com., 20 nov. 2001 : *D. affaires* 2001, p. 3624. – *Adde* Cass. 3e civ., 11 juill. 2019, n° 18-16.512 : *RJDA* 11/2019, n° 697) ;

– le procès-verbal de recherches infructueuses dressé par l'huissier chargé de signifier à une SCI une décision de condamnation en paiement (Cass. 3e civ., 26 oct. 2017, n° 16-24.134 : *RJDA* 2/2018, n° 135) ;

– la saisie-attribution sur compte bancaire infructueuse, la société ne disposant ni de compte bancaire ni d'actif (Cass. 3e civ., 18 avr. 2019, n° 17-26.599 : *RJDA* 7/2019, n° 513).

(66) L'irrecevabilité de l'action ne saurait être couverte lors même qu'en cours d'instance la liquidation judiciaire de la société a été clôturée pour insuffisance d'actif, ce qui paraît être une solution bien sévère : Cass. com., 27 sept. 2005 : *BJS* 2006, § 47, p. 235, note A. Reygrobellet.

Les choses sont plus faciles pour le créancier social en cas de dissolution de la société civile. Établit ainsi l'existence d'une vaine poursuite le créancier qui a fait délivrer à la société civile, dissoute et radiée, une assignation en référé transformée en procès-verbal de recherches infructueuses (Cass. com., 25 sept. 2007, n° 06-11.088 : *D.* 2007, p. 2543, obs. A. Lienhard ; *JCP* E 2007, 2313 et 2554, note A. Cerati-Gauthier). Il a été jugé dans le même sens que la clôture de la liquidation dispense le créancier d'établir que le patrimoine social est insuffisant pour le désintéresser (Cass. 3e civ., 10 févr. 2010, n° 09-10.982 : *Dr. sociétés* 2010, n° 67, obs. H. Hovasse ; *Rev. sociétés* 2011, p. 462, note J.-F. Barbièri).

b) La société civile fait l'objet d'une procédure collective

Depuis un arrêt de 2007, lorsque la société est mise en liquidation judiciaire, la déclaration de la créance au passif de la procédure collective suffit à établir la vaine poursuite (Cass. ch. mixte, 18 mai 2007 : *JCP* E 2007, 1877, n° 10, obs. J.-J. Caussain, Fl. Deboissy et G. Wicker ; *Rev. sociétés* 2007, p. 620, note J.-F. Barbièri), cela même si la preuve de la vaine et préalable poursuite n'est pas rapportée à la date de l'assignation en paiement de l'associé (Cass. com., 2 oct. 2019, n° 18-11.854 : *BJS* déc. 2019, p. 39, note B. Saintourens ; *RJDA* 1/2020, n° 26). La même solution est retenue lorsque le redressement est converti en liquidation judiciaire (Cass. com., 7 juill. 2009, n° 08-13.849 : *BJS* 2010, § 10, p. 48, note F.-X. Lucas. – CA Paris, 27 mai 2014 : *RJDA* 8-9/2014, n° 707. – CA Paris, 11 févr. 2016, n° 15/07139 : *BRDA* 7/2016, n° 5). Ainsi le créancier peut agir contre les associés dès la publication du jugement de liquidation judiciaire, qui constitue le point de départ de la prescription de cinq ans (V. *supra*, n° 1956).

§ 2. – Les droits patrimoniaux des associés

A. – La cession des parts sociales

1° La cession entre vifs des parts sociales

1959. – La cession doit être agréée par les coassociés et faire l'objet de mesures de publicité. Lorsque les parts sociales sont des biens communs, leur cession suppose, à peine de nullité, l'accord des deux époux (C. civ., art. 1424)(67).

a) La nécessité d'un agrément

1960. – *Règles légales.* La société civile est une société de personnes, largement dominée par l'*intuitus personae.* D'où le principe énoncé par la loi que les parts sociales ne peuvent être cédées qu'avec l'agrément de tous les associés (C. civ., art. 1861, al. 1er)(68). Les parts sociales sont cependant librement cessibles entre ascendants et descendants (C. civ., art. 1861, al. 2). On en conclut que l'agrément est en principe exigé lorsque la cession a lieu au profit d'un coassocié ou au profit du conjoint.

(67) Cass. 1re civ., 9 nov. 2011, n° 10-12.123, PBI : *BJS* 2012, § 73, p. 139, J.-F. Barbièri ; *Rev. sociétés* 2012, p. 223, note E. Naudin ; *Dr. sociétés* 2012, n° 5, obs. H. Hovasse ; nullité d'une cession de parts sociales communes accomplie par un seul des époux.

(68) On observera que le défaut d'agrément éventuel ne peut pas être invoqué par l'acquéreur des parts : Cass. com., 16 oct. 2019, n° 17-18.494 : *BJS* janv. 2020, p. 34, note C. Barillon ; *Dr. sociétés* janv. 2020, n° 2, obs. R. Mortier ; *RJDA* 1/2020, n° 21 ; *Rev. sociétés* 2020, p. 175, note N. Jullian.

1961. - *Prévisions statutaires.* Les dispositions légales que l'on vient d'exposer sont supplétives et les statuts peuvent prévoir d'autres règles :

– substituer la règle de la majorité à celle de l'unanimité ;

– prévoir des majorités différentes selon la qualité des cessionnaires ;

– dispenser d'agrément les cessions aux coassociés ou au conjoint ; le principe de l'agrément est cependant d'ordre public quand les parts sociales sont cédées à des tiers.

1962. - *Procédure d'agrément.* Le projet de cession doit être notifié à la société et à tous les associés par acte d'huissier ou par lettre recommandée (C. civ., art. 1861, al. 3 ; D. n° 78-704, 3 juill. 1978, art. 49). C'est en principe l'assemblée des associés qui est compétente pour accorder ou refuser l'agrément, mais les statuts peuvent transférer cette compétence aux gérants. Si l'agrément est régulièrement accordé, la cession peut intervenir au profit du candidat présenté(69). À défaut de réponse dans les six mois, l'agrément est réputé acquis, à moins que les autres associés ne décident, dans le même délai, la dissolution de la société ; dans ce dernier cas, le cédant peut renoncer à la cession, ce qui rend caduque la dissolution (C. civ., art. 1863). Le délai de six mois peut être modifié dans les statuts, la seule exigence étant qu'il soit compris entre un mois et un an (C. civ., art. 1864).

1963. - *Refus d'agrément.* Les choses se compliquent en cas de refus d'agrément (C. civ., art. 1862). En tout état de cause, l'associé ne saurait rester prisonnier de son titre (V. la solution contraire dans la SNC, *supra*, n° 1883).

Les parts sociales sont d'abord proposées à chacun des autres associés. Si plusieurs associés souhaitent acquérir les titres, ils sont réputés se porter acquéreurs à proportion de leur participation au capital social. Si aucun associé ne se porte acquéreur, la société peut, soit faire acquérir les parts par un tiers désigné à l'unanimité des autres associés ou selon les modalités prévues dans les statuts, soit procéder elle-même au rachat des parts en vue de leur annulation.

Le nom du candidat proposé (associés, tiers ou société), ainsi que le prix offert, sont notifiés au cédant. En cas de désaccord sur le prix, il est fixé par un tiers évaluateur (C. civ., art. 1843-4. – V. *supra*, n° 1243), le tout sans préjudice du droit du cédant de conserver ses parts (V. *infra*, n° 1964).

1964. - Pas de droit de préemption au profit des associés en cas de cession des parts, sauf clause statutaire.

Après avoir obtenu l'agrément des associés à la majorité des deux tiers stipulée dans les statuts, l'associé d'un GFA, forme particulière de société civile agricole (V. *infra*, n° 1989), a cédé ses parts à un tiers. Un associé minoritaire a alors prétendu qu'il tirait de l'article 1862 du Code civil un droit de préemption pour demander l'annulation de la cession et sa substitution au tiers acquéreur. L'arrêt de la cour d'appel de Bordeaux ayant fait droit à sa demande est cassé pour violation des articles 1861 et 1862 du Code civil (Cass. com., 7 déc. 2010, n° 09-17.351,

(69) La délibération de l'assemblée extraordinaire modifiant les statuts par la mention des parts détenues par un nouvel associé et la certification par le gérant des statuts ainsi modifiés ne constituent pas la régularisation d'une absence d'agrément : Cass. com., 7 avr. 2009, n° 07-14.626 : *RJDA* 11/2009, n° 966.

PB : *Dr. sociétés* 2011, n° 27, obs. H. Hovasse ; *Rev. sociétés* 2011, p. 296, note B. Saintourens). En effet, les dispositions de l'article 1862 n'instituent pas un droit de préemption, mais organisent le rachat des titres du cédant en cas de défaut d'agrément en permettant aux associés de se porter acquéreurs des parts, ce qui n'était pas le cas en l'espèce.

Au demeurant, selon la Cour de cassation, l'article 1862 se borne, en cas de refus d'agrément, à conférer à l'associé cédant le droit d'obtenir le rachat de ses parts et confère seulement aux autres associés le droit de présenter une offre de rachat, ce qui laisse au cédant le droit, en ne donnant pas suite à cette offre, de conserver ses parts. En effet, comme en matière de SA (V. *supra*, n° 1263) ou de SARL (V. *supra*, n° 1758), en cas de refus d'agrément, le cédant peut renoncer à la cession (V. *supra*, n° 1963).

Reste qu'il est possible dans les statuts de stipuler une clause de préemption au bénéfice des associés.

b) Les formalités postérieures

1965. – La cession des parts sociales doit être constatée par écrit ; il s'agit d'une condition de preuve et non d'une condition de forme imposée à peine de nullité (V. *supra*, n° 1769). Pour qu'elle produise ses pleins effets, encore faut-il qu'elle soit opposable à tous, ce qui implique le respect des formalités suivantes (C. civ., art. 1865), formalités qui peuvent être mises à la charge de l'acquéreur par la convention des parties[70] :

– *l'opposabilité à la société* implique que la cession soit officiellement notifiée à la société soit par transfert sur les registres de la société, si les statuts le stipulent, soit par l'une des formes visées à l'article 1690 du Code civil : signification par huissier ou acceptation par acte authentique[71] ; toutefois, le débiteur cédé, autrement dit la société, qui a su et accepté la cession de créance de manière certaine et non équivoque, ne peut pas se prévaloir du défaut d'accomplissement des formalités de l'article 1690 du Code civil[72] ;

– *l'opposabilité aux tiers* résulte à la fois de l'accomplissement des formalités destinées à rendre la cession opposable à la société et de la publicité faite au registre du commerce et des sociétés (V. *infra*, n° 1966) ; cette publicité est accomplie par le dépôt en annexe de l'original de l'acte de cession s'il est sous seing privé ou d'une copie authentique s'il est notarié (D. n° 78-704, 3 juill. 1978, art. 52) ; toutefois, même si l'acte de cession n'a pas été déposé au greffe du tribunal de commerce, la cession est opposable aux tiers dès lors que les statuts mis à jour et constatant cette cession ont été publiés ; il en va de même si, dans un acte distinct, le tiers poursuivant a été informé de la cession[73] ; la loi n° 2019-744 du 19 juillet 2019 de simpli-

(70) CA Paris, 17 janv. 2017, n° 14/17140 : *BRDA* 6/2017, n° 3 ; responsabilité de l'acquéreur à l'égard du cédant pour avoir publié la cession six ans après la vente.

(71) Faute que l'une de ces formalités aient été accomplie, la participation du gérant à l'acte de cession ne suffit pas à rendre la cession opposable à la société : Cass. 3e civ., 11 oct. 2000 : *BJS* 2001, p. 66, note D. Pardoel (comp. en matière de SARL, *supra*, n° 1754).

(72) Il s'ensuit qu'une cession de parts sociales est opposable à la société, dès lors que cette cession a été autorisée par l'assemblée générale, que le cessionnaire a été agréé et que l'acte de cession a été remis à ce dernier pour signature : Cass. 1re civ., 19 sept. 2007, n° 06-11.814 : *BJS* 2008, § 10, p. 35, note P. Le Cannu ; *Dr. sociétés* 2007, n° 214, obs. R. Mortier.

(73) Cass. com., 24 sept. 2013, n° 12-24.083 : *BJS* 2013, p. 806, note A. Constantin ; *RJDA* 12/2013, n° 1019 ; *Rev. sociétés* 2014, p. 175, note D. Poracchia et B. Brignon ; deux époux détenant la totalité du capital d'une société civile cèdent

fication du droit des sociétés (V. *supra*, n° 18) a prévu la possibilité de procéder au dépôt par voie électronique (C. civ., art. 1865, al. 2) ;

– *l'opposabilité au fisc* passe par l'enregistrement de l'acte, ce qui s'accompagne du paiement du droit de 3 % à la charge du cessionnaire (V. *supra*, n° 145).

Le cédant reste tenu du passif social exigible au jour de son départ (V. *supra*, n° 1949), mais non de celui qui le deviendrait ultérieurement (C. civ., art. 1857).

1966. – Où l'on voit la Cour de cassation refuser au cessionnaire tout effet d'aubaine.

L'opposabilité d'une cession de parts aux tiers suppose qu'aient été accomplies, d'une part, les formalités destinées à rendre la cession opposable à la société et, d'autre part, les formalités de publicité au registre du commerce et des sociétés (V. *supra*, n° 1965). À défaut, le cédant, parce qu'il ne peut pas opposer la cession de parts aux créanciers sociaux, reste obligé aux dettes sociales (en matière de SNC, V. *supra*, n° 1900). Faut-il en déduire symétriquement que le cessionnaire peut se mettre à l'abri de toute poursuite des créanciers sociaux en arguant du défaut d'accomplissement des formalités légales de publicité ? La Cour de cassation a répondu par la négative dans l'espèce suivante (Cass. 3e civ., 25 avr. 2007 : *BJS* 2007, § 297, p. 1085, avis Guérin et note J.-P. Garçon ; *Dr. sociétés* juin 2007, n° 111, obs. F.-X. Lucas) : l'associé d'une SCI prétendait échapper à une action en paiement intentée par un créancier social au motif que l'acquisition de ses parts, intervenue plusieurs années auparavant, n'avait pas été signifiée à la société et que l'acte de cession n'avait pas été déposé au RCS. La Cour de cassation a refusé de faire droit à cette argumentation en relevant que les statuts avaient été mis à jour pour indiquer la qualité d'associé du cessionnaire, qu'ils avaient fait l'objet d'un dépôt au greffe du tribunal de grande instance et que l'extrait K bis (extrait du RCS) mentionnait le nom du nouvel associé, lequel avait ensuite été nommé gérant de la société.

2° La transmission des parts sociales pour cause de mort

1967. – Selon l'article 1870 du Code civil, le décès d'un associé emporte en principe transmission aux héritiers ou légataires des parts de la société qui est ainsi continuée (V. *infra*, n° 1986)(74) (sur le sort des dividendes, V. *infra*, n° 1992). Le texte réserve toutefois la possibilité d'une clause statutaire stipulant, soit que la société continuera avec les associés restants, le conjoint survivant, un ou plusieurs héritiers ou toute autre personne désignée par les statuts ou par disposition testamentaire, soit que la transmission des parts aux héritiers ou légataires sera subordonnée à l'agrément des associés(75).

leurs droits, mais la cession n'est pas publiée ; or, quelques jours après, la société achète un immeuble grâce à un emprunt bancaire ; il est jugé que la banque ne peut agir contre les cédants car elle avait eu connaissance de la cession par l'insertion d'une mention dans l'acte notarié d'acquisition des biens, auquel elle était partie.

(74) Si les statuts prévoient la continuation de la société avec les héritiers ou ayants droit, cela dispense les légataires de l'exigence d'agrément : Cass. com., 5 avr. 2018, n° 16-18.097 : *BRDA* 10/2018, n° 1.

(75) Les ayants droit de l'associé décédé qui n'ont pas été agréés ont droit à la valeur des parts de leur auteur, sans être tenus de présenter à la société (GAEC) un projet de cession portant sur des parts qui, en l'absence d'agrément, ne leur ont pas été transmises : Cass. com., 29 sept. 2009, n° 08-16.368 : *BJS* 2010, § 13, p. 56, note J.-F. Barbièri.

1968. – Lorsque seuls certains héritiers sont visés par une clause de continuation ou bénéficient d'un agrément, il en résulte une curieuse figure successorale. La propriété des parts qui figuraient dans l'actif successoral est attribuée aux heureux élus sans attendre le partage définitif. Les parts sociales sortent ainsi de l'indivision successorale pour que soit substituée leur contrevaleur, déterminée au jour du décès dans les conditions prévues à l'article 1843-4 du Code civil (V. *supra*, n° 1243). Elle sera payée aux héritiers ou légataires écartés par les nouveaux titulaires des parts ou par la société elle-même, si celle-ci les a rachetées en vue de leur annulation (C. civ., art. 1870-1)(76).

3° L'exclusion d'un associé

1969. – La cession peut également résulter de l'exclusion de l'associé, laquelle conduit au rachat de ses parts sociales. L'exclusion obéit aux règles générales gouvernant le départ forcé d'un associé(77). Elle peut procéder d'une simple décision du gérant, dès lors bien sûr que les statuts lui confèrent un tel pouvoir (V. *supra*, n° 575)(78).

1970. – L'associé exclu conserve la qualité d'associé jusqu'au remboursement de ses droits sociaux(79).

B. – Le droit de retrait de l'associé

1971. – Le droit de retrait des associés donne de la souplesse au fonctionnement des sociétés civiles (C. civ., art. 1869). En cas de mésentente grave, il permet d'éviter la dissolution. C'est par ailleurs une garantie efficace au profit des minoritaires qui s'estiment lésés par la politique sociale suivie ; ils sont de la sorte soustraits aux aléas de la recherche d'un successeur qui ait l'agrément des coassociés.

1° Modalités du retrait

1972. – *Formes du retrait.* L'autorisation de se retirer est accordée dans les conditions prévues par les statuts ou, à défaut, par décision unanime des autres associés ; les statuts peuvent prévoir un vote simplement majoritaire. L'autorisation de retrait peut encore être accordée sur décision de justice, mais uniquement pour justes motifs (V. *infra*, n° 1978). Les associés disposent d'une certaine liberté statutaire pour aménager le droit de retrait, même s'ils ne peuvent aller jusqu'à supprimer ce droit d'ordre public. Par exemple, les statuts peuvent stipuler que la demande de retrait par décision de justice est subordonnée à une offre préalable faite par l'associé qui se retire aux autres associés de leur céder ses parts(80), ce qui permet de

(76) Le rachat par la société à l'un des légataires de la créance née du décès de l'un des associés ne constitue pas une cession de parts sociales soumise aux droits de mutation à titre onéreux prévus par l'article 726, I du Code général des impôts : Cass. com., 22 oct. 2013, n° 12-23.737, P : *Dr. sociétés* 2014, n° 5, obs. H. Hovasse.

(77) Cass. com., 24 oct. 2018, n° 15-27.911 : *BRDA* 23/2018, n° 1 ; *BJS* 2019, p. 23, note B. Brignon ; *Dr. sociétés* 2019, n° 4, obs. H. Hovasse et n° 21, obs. R. Mortier. La question posée était celle de la validité d'une clause statutaire d'une société civile de moyens comportant trois associés stipulant que l'exclusion d'un associé était décidée à l'unanimité des voix moins celle de l'intéressé.

(78) J.-P. Garçon, *L'exclusion d'un associé de société civile* : *JCP* E 2012, 1569.

(79) Cass. 1re civ., 28 sept. 2016, n° 15-18.482 : *BRDA* 20/2016, n° 1. – *Adde*, Cons. const., 16 sept. 2016, n° 2016-563 QPC : *RJDA* 12/2016, n° 876.

(80) Cass. com., 20 mars 2007 : *JCP* E 2007, 1877, n° 11, obs. J.-J. Caussain, Fl. Deboissy et G. Wicker ; *Rev. sociétés* 2007, p. 836, note D. Randoux.

hiérarchiser les modes légaux de retrait en subordonnant l'exercice de la voie juridictionnelle à l'exercice préalable des voies amiables.

1973. – *Délai d'exercice du retrait.* Le droit de retrait peut être exercé tant que les opérations de liquidation de la société n'ont pas commencé, et donc que la dissolution de la société n'a pas été prononcée[81].

1974. – *Droit propre.* Le droit de retrait est propre à l'associé et l'un de ses créanciers ne saurait l'exercer à sa place aux fins par exemple de pouvoir saisir dans son patrimoine la valeur des parts remboursées[82].

2° Conséquences du retrait

1975. – *Remboursement des droits sociaux.* Par le retrait, l'associé perd la qualité d'associé et a donc vocation à obtenir le remboursement de ses droits sociaux ; en cas de désaccord, cette valeur est déterminée à dire d'expert (C. civ., art. 1843-4) (sur la date d'évaluation des droits, V. *supra*, n° 582 et, pour certaines SCP, *infra*, n° 2077). L'associé retrayant peut obtenir l'attribution en nature des biens qu'il a apportés, ce qui peut être redoutable pour la société (V. *supra*, n° 584). En cas de rachat des titres par la société, le capital social doit être réduit en conséquence et les parts de l'associé sont annulées.

1976. – *Date de la perte de la qualité d'associé.* Le retrayant ne perd sa qualité d'associé qu'après remboursement de la valeur de ses droits sociaux, et conserve jusqu'à cette date l'usage de ses prérogatives d'associé (V. *supra*, n° 583). En cas de rachat des titres par la société, le capital social doit être réduit en conséquence.

1977. – *Obligations subsistant à la charge de l'associé.* En tout état de cause, l'associé retrayant reste tenu de ses obligations d'associé et doit notamment libérer ses apports, même si la société a accepté son retrait et procédé à l'annulation des parts correspondantes[83]. Il reste également tenu du passif antérieur dans les mêmes conditions que l'associé qui cède ses droits (V. *supra*, n° 1965) : les créanciers sociaux ne sont donc pas lésés.

1978. – Juste motif et retrait d'une société civile.

Le droit des sociétés fait volontiers référence à la notion de juste motif. Ainsi, lorsque le renvoi des dirigeants qui ne sont pas révocables *ad nutum* est décidé sans juste motif, il peut donner lieu à des dommages-intérêts (V. *supra*, n° 1735). Les associés peuvent de même provoquer la dissolution judiciaire de la société pour juste motif (V. *supra*, n° 777). Enfin, le retrait de l'associé d'une société civile

(81) Cass. com., 12 févr. 2013, n° 12-13.837 : *BRDA* 4/2013, n° 2 ; *Dr. sociétés* 2013, n° 62, obs. H. Hovasse ; l'associé d'une société civile dissoute par décision de justice demandait au liquidateur à pouvoir exercer son droit de retrait et obtenir le remboursement de la valeur de ses parts ; ce droit lui est refusé au motif que la personnalité morale de la société n'est maintenue que pour les besoins de la liquidation, besoins auxquels l'exercice d'un droit de retrait est étranger.

(82) Cass. com., 4 déc. 2012, n° 11-14.592 : *RJDA* 2/2013, n° 137 ; *D.* 2013, p. 751, note J. Moury ; l'administration des douanes, créancière d'époux associés d'une société civile prétendait pouvoir exercer en leur nom et pour leur compte le droit de retrait de la société civile ; les douaniers échouent au motif que le droit de retrait est « strictement personnel ».

(83) Cass. 3e civ., 17 janv. 2019, n° 17-22.070 : *RJDA* 4/2019, n° 273 ; *Dr. sociétés* 2019, n° 64, obs. H. Hovasse ; *JCP* E 2019, 1172, note P. Schultz.

peut être autorisé pour juste motif par une décision de justice. Dans toutes ces occurrences, le juste motif peut s'évincer de facteurs objectifs (prise en compte de l'intérêt social comme en matière de révocation) ou d'une analyse subjective (prise en compte de la situation personnelle de l'intéressé).

a) Intérêt social

L'impossibilité de participer utilement à la vie sociale en raison des relations dégradées entre les associées d'une société civile d'infirmières (l'histoire ne dit pas si les associées se battaient à coup de seringues) est un motif légitime de retrait (Cass. com., 15 mai 2012, n° 11-18.276 : *Rev. sociétés* 2012, p. 506, note B. Saintourens). Il en va de même lorsque la mésentente entre les associés d'une société civile immobilière est telle qu'elle empêche l'accomplissement d'actes de gestion (l'unique actif immobilier n'était plus entretenu depuis de nombreuses années), comme la tenue d'assemblées (Cass. 3e civ., 28 mars 2012, n° 10-26.531 : *RJDA* 7/2012, n° 691. – *Adde* Cass. 3e civ., 4 avr. 2019, n° 17-31.052 : *RJDA* 7/2019, n° 514 ; disparition de l'*affectio societatis* au sein d'une société familiale, avec dépôts de plaintes pénales et désaccord persistant sur les modalités de gestion du patrimoine immobilier de la société) ; ou encore lorsque l'un des associés est confronté à l'hostilité de son ancienne maîtresse, également associée (Cass. 3e civ., 20 mars 2013, n° 11-26.124 : *JCP* E 2013, 1243, note A. Viandier. – *Adde* Cass. com., 10 févr. 2015, n° 14-10.110 : *Rev. sociétés* 2015, p. 524, note S. Lacroix De Sousa ; mésentente entre deux associés concubins) ; voire, lorsqu'un litige existant entre la société civile et la société commerciale qui lui loue ses locaux a eu une incidence sur les relations entre associés (Cass. 3e civ., 23 mars 2017, n° 16-13.649 : *Rev. sociétés* 2018, p. 39, note B. Saintourens).

b) Situation personnelle de l'associé

Un motif simplement subjectif, tenant à la situation personnelle de l'associé, est-il suffisant pour ouvrir la voie du retrait judiciaire ? La Cour de cassation, par un arrêt de 1985, a répondu par l'affirmative (Cass. civ., 27 févr. 1985 : *Rev. sociétés* 1985, p. 620, note M. Jeantin). Dans cette affaire, une société civile exploitant un domaine agricole comprenait trois associés, un frère et ses deux sœurs ; l'une d'elles était indigente ; la société ne lui rapportait que 1 000 F de dividendes, alors que ses parts sociales avaient été évaluées par un expert à plus d'un million de francs ; elle ne survivait que grâce aux subsides que lui versaient son frère et sa sœur. Cherchant à récupérer la valeur en capital de ses droits, elle demandait la dissolution de la société pour mésintelligence. Sa requête fut rejetée parce que la mésentente entre les associés ne mettait pas en péril l'existence de la société (V. *supra*, nos 777 et s.). La demande de retrait fut en revanche acceptée en raison de son état d'indigence. Selon la Cour de cassation, « l'article 1869 du Code civil n'interdit pas au juge de retenir comme justes motifs permettant d'autoriser le retrait d'un associé des éléments touchant à la situation personnelle de celui-ci ».

D'autres motifs personnels ont été acceptés :

– l'état de santé de l'adhérent d'un GAEC (V. *infra*, n° 1989) (CA Limoges, 12 sept. 1994 : *Dr. sociétés* 1995, n° 56, obs. D. Vidal), à condition que le mauvais état de santé soit avéré (Cass. 3e civ., 8 juill. 2014, n° 13-21.035 : *Rev. sociétés* 2015, p. 40, note B. Saintourens) ;

– l'âge de l'associé d'une société civile gérant des aménagements sportifs (CA Paris, 10 mai 1995 : *JCP* E 1995, I, 505, n° 1, obs. A. Viandier et J.-J. Caussain) ;

– la situation financière de l'associé consécutive à son licenciement de la société (CA Paris, 17 mai 2011 : *RJDA* 11/2011, n° 932 ; société d'exploitation d'un domaine vinicole ; le climat entre les associés était également dégradé car les autres associés avaient reproché au retrayant, au temps où il était encore salarié, « de percevoir un salaire pour ne rien faire »).

Un fil court à travers toutes ces décisions : l'associé qui ne peut plus poursuivre les objectifs qui l'animaient lorsqu'il est entré en société doit être autorisé à partir ; ainsi de l'associé d'une société civile immobilière en but au comportement très agressif d'une coassociée avec laquelle il a eu des relations intimes, qui ne peut occuper l'immeuble ou en tirer aucun revenu (Cass. 3e civ., 20 mars 2013, préc.) ; la disparition du but justifie le retrait.

Une limite cependant : la simple convenance personnelle ne saurait constituer un juste motif de retrait (Cass. com., 8 mars 2005 : *Dr. sociétés* août-sept. 2005, n° 154, obs. F.-X. Lucas ; chirurgien associé d'une société civile constituée entre plusieurs médecins et portant des participations dans plusieurs cliniques ; l'associé, révoqué du conseil d'administration, décide de ne plus opérer dans l'une des cliniques – mais de continuer à exercer dans une autre – et de demander son retrait ; refus au motif qu'aucun des motifs n'était établi, « soit dans leur réalité, soit dans la portée » que l'associé leur donnait). La mauvaise humeur comme le caprice ne sont pas des justes motifs de retrait).

C. – Le nantissement des parts sociales

1979. – *Constitution du nantissement.* Les banquiers voient en général d'un mauvais œil les immeubles quitter le patrimoine de leurs emprunteurs pour être apportés à une société civile immobilière ; en cas de fraude, ils peuvent exercer l'action paulienne (V. *supra*, n° 1298). Certes, l'associé peut consentir un nantissement sur ses parts sociales, mais une telle garantie est loin d'offrir la même sécurité qu'une hypothèque. Le nantissement des parts sociales doit faire l'objet d'une publicité pour être opposable aux tiers ; il doit être constaté par écrit, être enregistré et être signifié à la société (C. civ., art. 1866).

1980. – *Réalisation du nantissement.* Le créancier nanti, s'il n'est pas payé à l'échéance, a la possibilité de faire vendre les parts sociales aux enchères. Encore faut-il que le cessionnaire soit agréé par les associés ; pour faire face à cet obstacle, l'associé emprunteur peut demander à ses coassociés de consentir au projet de nantissement dans les mêmes conditions qu'en cas de cession ; leur accord vaut dans ce cas agrément anticipé du cessionnaire, à condition toutefois que cette réalisation soit notifiée un mois avant la vente aux associés et à la société. De la sorte, si l'acquéreur est jugé indésirable, chaque associé peut lui être substitué dans un délai de cinq jours à compter de la vente. Si aucun associé n'exerce cette faculté, la société peut encore racheter elle-même les parts en vue de les annuler (C. civ., art. 1867).

Si l'accord des autres associés n'a pas été sollicité au moment du nantissement, les solutions sont un peu différentes (C. civ., art. 1868). La réalisation forcée doit être notifiée aux associés et à la société, un mois avant la vente. Dans ce délai, ils peuvent décider soit la dissolution de la société, soit l'acquisition des parts dans les conditions prévues aux articles 1862 et 1863 du Code civil (V. *supra*, nos 1962 et s.). Si la vente a eu lieu, ils peuvent encore se substituer à l'acquéreur dans un délai de cinq jours. Au terme de ce délai, si la faculté de substitution n'a pas été exercée, l'acquéreur est réputé agréé.

§ 3. – Les droits politiques de l'associé

A. – Le droit à l'information

1981. – L'information des associés est assurée de la façon suivante :

– au moins une fois l'an, droit d'obtenir communication des livres et des documents sociaux et droit de poser des questions écrites au gérant ; les statuts peuvent prévoir que ces droits peuvent être exercés selon un rythme plus fréquent (C. civ., art. 1855) ;

– droit de prendre connaissance du rapport de gestion que le gérant doit établir par écrit à la clôture de chaque exercice (C. civ., art. 1856)[84] ; ce rapport doit rendre compte de l'activité de la société au cours de l'année ou de l'exercice écoulé et indiquer les bénéfices réalisés ou prévisibles ainsi que les pertes encourues ou prévues (sur les obligations comptables du gérant de SCI, V. *supra*, n° 1926).

B. – Le droit de vote

1982. – *Les règles applicables* sont, à quelques réserves près, comparables à celles qui ont été exposées à propos des SNC (V. *supra*, n° 1891) :

– par principe, chaque associé ne dispose que d'une seule voix, mais les statuts peuvent attribuer une voix à chaque part sociale ;

– les décisions sont adoptées à l'unanimité, sauf si les statuts prévoient d'autres règles de majorité (C. civ., art. 1852) ; les statuts peuvent également prévoir des règles de quorum[85] ; les règles relatives à l'abus de majorité ou de minorité sont bien entendu applicables aux décisions des sociétés civiles[86] ;

– les décisions se prennent soit dans le cadre d'une assemblée générale, soit selon la procédure de la consultation écrite si les statuts le prévoient (C. civ., art. 1853 ; D. n° 78-707, 3 juill. 1978, art. 42), soit encore dans un acte signé par tous les associés (C. civ., art. 1854 ; D. n° 78-707, 3 juill. 1978, art. 46)[87] ; l'adoption d'une telle décision suppose que le consentement des associés soit exprimé dans un acte (V. *infra*, n° 2085).

(84) Cette obligation est sanctionnée par la nullité de l'assemblée, à condition que l'irrégularité ait été la cause d'un préjudice.

(85) Lorsqu'un associé manifeste sa volonté de ne pas participer à un vote par consultation écrite, ses parts sociales ne doivent pas être prises en compte pour le calcul du quorum : Cass. 3e civ., 14 févr. 2007 : *Dr. sociétés* avr. 2007, n° 68, obs. F.-X. Lucas.

(86) Cass. com., 24 mai 2016, n° 14-28.121 : *BRDA* 11/2016, n° 2 ; diagnostic d'abus de majorité à l'occasion de la vente des biens immobiliers par les associés majoritaires à un prix très inférieur à leur valeur vénale au profit d'une tierce société créée par les mêmes majoritaires, le tout dans le but d'évincer l'associé minoritaire.

(87) Une déclaration fiscale signée ne constitue pas un acte au sens de l'article 1854 : Cass. com., 12 juin 2012, n° 11-17.042 : *Rev. sociétés* 11/2012, p. 634, note B. Saintourens ; conflit relatif à la répartition des dépenses au sein d'une société civile de moyens constituée entre avocats ; la déclaration fiscale mentionnait une répartition égalitaire différente des conventions antérieures ; elle est inopposable aux autres associés.

1983. – *Convocation de l'assemblée.* L'assemblée est en principe convoquée par le gérant. En application de l'article 1844-10 du Code civil, le défaut de convocation d'un associé peut être une cause d'annulation de l'assemblée en ce qu'il constitue une violation de l'article 1844, alinéa 1er du Code civil selon lequel tout associé a le droit de participer aux décisions collectives(88). Quant aux modalités de la convocation, les associés doivent être convoqués quinze jours au moins avant la réunion par lettre recommandée (D. n° 78-707, 3 juill. 1978, art. 40)(89). Cette dernière prescription doit être respectée à peine de nullité, la nullité n'étant toutefois encourue qu'en cas de grief (V. *supra*, n° 732). Le délai court à compter de la date de l'expédition de la convocation, et non à compter de celle de sa réception(90).

Par ailleurs, un associé non gérant peut à tout moment, par lettre recommandée, demander au gérant de provoquer une délibération des associés sur un point déterminé. En cas de refus ou de silence du gérant, l'associé peut, à l'expiration d'un délai d'un mois à compter de sa demande, solliciter du président du tribunal judiciaire, statuant selon la procédure accélérée au fond, la désignation d'un mandataire chargé de procéder à la convocation (D. n° 78-707, 3 juill. 1978, art. 39 ; mod. D. n° 2019-1419, 20 déc. 2019).

§ 4. – Les droits financiers de l'associé

1984. – Il suffit de renvoyer à ce qui a été dit à propos des SNC, tant pour les aspects juridiques(91) (V. *supra*, n° 1895), que pour les aspects fiscaux à cette réserve près que les bénéfices sont, en fonction de l'activité de la société, imposés entre les mains des associés dans la catégorie des revenus fonciers, des revenus de capitaux mobiliers, des bénéfices agricoles ou des bénéfices non commerciaux (V. *supra*, n° 1897).

SOUS-SECTION 5

LA FUSION DE SOCIÉTÉS CIVILES

1985. – La loi n° 2019-744 du 19 juillet 2019 a créé un article 1854-1 visant à étendre aux fusions de sociétés civiles la règle de simplification prévue en cas de fusions de sociétés commerciales (V. *infra*, n° 2241). Si les statuts prévoient la

(88) Se fondant sur les articles 1844 (droit pour tout associé de participer aux délibérations sociales) et 1844-10 du Code civil (causes de nullité), la Cour de cassation a jugé qu'un associé pouvait invoquer la nullité des délibérations d'une assemblée générale, motif pris de l'absence de convocation de certains associés, alors même que le demandeur aurait lui-même été régulièrement convoqué : Cass. 3e civ., 21 oct. 1998 : *JCP* 1999, p. 85, note Y. Guyon.

(89) Dans le silence des statuts, la convocation d'un associé est régulière lorsqu'elle a été envoyée à son dernier domicile connu, peu important qu'elle soit revenue à l'expéditeur avec la mention « destinataire inconnu à cette adresse » : Cass. 3e civ., 25 juin 2020, n° 18-26.718 : *BJS* oct. 2020, p. 33, note J. Heinich ; *Dr. sociétés* oct. 2020, n° 116, obs. R. Mortier.

(90) Cass. ch. mixte, 16 déc. 2005 : *D.* 2006, p. 146, obs. A. Lienhard ; *JCP* E 2006, 1346, avis M. Domingo ; *JCP* E 2006, 2035, n° 9, obs. J.-J. Caussain, Fl. Deboissy et G. Wicker.

(91) Conformément au droit commun, les dividendes ne sont pas dus aux associés tant qu'une décision sociale n'a pas été prise en ce sens : Cass. com., 13 sept. 2017, n° 16-13.674, *BRDA* 19/2017, n° 1 ; *BJS* 2017, p. 651, note A. Reygrobellet ; *Dr. sociétés* 2017, n° 185, obs. H. Hovasse ; *JCP* E 2017, 1676, note Fl. Deboissy et G. Wicker ; en conséquence, la saisie attribution par un créancier est inefficace faute de décision.

consultation des associés de la société absorbante, cette consultation n'est pas requise lorsque, depuis le dépôt du projet de fusion et jusqu'à la réalisation de l'opération, la société absorbante détient au moins 90 % des parts de la société absorbée. Toutefois, un ou plusieurs associés de la société absorbante réunissant au moins 5 % du capital social peuvent demander en justice la désignation d'un mandataire aux fins de provoquer la consultation des associés de la société absorbante pour qu'ils se prononcent sur l'approbation de la fusion.

SOUS-SECTION 6

LA DISSOLUTION DE LA SOCIÉTÉ CIVILE

1986. – Outre les causes de dissolution communes à toutes les sociétés (V. *supra*, n°s 757 et s.), et spécialement la dissolution pour mésentente, la société civile est dissoute en cas d'absence de gérant depuis plus d'un an (C. civ., art. 1846-1).

1987. – On s'aperçoit aux deux règles suivantes que l'*intuitus personae* est moins marqué dans la société civile que dans la SNC :

– à la différence de la SNC, la société civile n'est pas dissoute de plein droit par le décès d'un associé (V. *supra*, n° 1967) ;

– si l'un des associés est frappé de déconfiture, faillite personnelle, redressement ou liquidation judiciaires, il est procédé au remboursement de ses droits sociaux ; l'intéressé perd alors la qualité d'associé (V. *supra*, n° 1953). La société n'est donc pas dissoute de plein droit (comp. avec la SNC, *supra*, n° 1906), mais la dissolution peut être prévue par les statuts ou décidée à l'unanimité des autres associés (C. civ., art. 1860)[92].

1988. – Toutes les actions contre les associés non liquidateurs ou leurs héritiers se prescrivent par cinq ans à compter de la publication de la dissolution de la société (C. civ., art. 1859) (V. *supra*, n° 1956). Notons que, à la différence des sociétés commerciales, la durée du mandat du liquidateur, faute de texte spécial, n'est pas limitée à trois ans[93].

Le coin des amateurs

1. Les sociétés civiles particulières du secteur agricole

1989. – Le recours à la société est assez fréquent en matière agricole. Comme pour les membres des professions libérales, la société civile de droit commun offre un cadre naturel aux agriculteurs désirant exercer leur profession en commun. Certains domaines importants cependant sont exploités dans le cadre de SA, de SAS ou de SARL, lesquelles sont soumises à l'impôt sur les sociétés. Il faut également prendre en compte les coopératives

(92) Le contrat de société ne constituant pas un contrat en cours au sens du droit des entreprises en difficulté [C. com., art. L. 621-28 anc.], doit recevoir application l'article 1860 du Code civil qui prévoit l'exclusion de l'associé en cas de redressement judiciaire : Cass. com., 10 juill. 2007, n° 06-11.680 : *JCP* E 2007, 2474, note J.-P. Legros.

(93) Cass. com., 5 déc. 2019, n° 18-26.102, PBI : *BJS* mars 2020, p. 15, note J.-J. Ansault ; *Dr. sociétés* févr. 2020, n° 22, obs. H. Hovasse ; aucune disposition légale ne limite la durée du mandat du liquidateur d'une société civile.

agricoles (V. *supra*, n° 75). En pratique, on fait souvent référence à la société civile d'exploitation d'agricole (SCEA), qui n'est pas une forme particulière de société, mais l'utilisation de la société civile pour l'exercice d'une activité agricole ou la gestion de terres ou forêts ; la SCEA est donc soumise au régime de droit commun de la société civile. En définitive, trois sociétés civiles à statut particulier interviennent dans le secteur agricole ; fiscalement, elles relèvent toutes du régime de l'impôt sur le revenu.

a) Les groupements agricoles d'exploitation en commun (GAEC)

Les GAEC ne peuvent réunir qu'un petit nombre d'agriculteurs (dix au maximum) s'engageant à travailler personnellement, sur un pied d'égalité, dans les exploitations de dimension familiale (C. rur. pêche marit., art. L. 323-1 et s.). Le GAEC est dit total lorsqu'il a pour objet la mise en commun de l'ensemble des activités agricoles des associés et partiel dans le cas contraire. Le plus souvent le GAEC ne rassemble que les parents et les enfants. Leur responsabilité est limitée à deux fois le montant de leurs apports, ce qui contraste notamment avec la solidarité qui existe dans les sociétés civiles professionnelles du secteur libéral (V. *supra*, n° 2074). Les membres du GAEC sont imposés selon le régime des bénéfices agricoles comme les agriculteurs individuels.

b) Les groupements fonciers agricoles (GFA)

Si le GAEC est une communauté d'exploitants, le GFA est un groupement de propriétaires fonciers appartenant le plus souvent à une même famille (C. rur. pêche marit., art. L. 322-1 et s.). Il joue à cet égard la même fonction qu'une société civile immobilière de gestion (V. *supra*, n° 1921). Il n'est pas rare de rencontrer la combinaison familiale suivante : un GFA composé de tous les membres de la famille, donnant les terres à bail à un GAEC, lequel ne regroupe que les exploitants. Le succès des GFA tient pour une large part aux avantages fiscaux dont ils bénéficient dès lors que les terres font l'objet d'un bail à long terme : exonération d'impôt sur la fortune immobilière et exonération partielle des droits de mutation à titre gratuit (Fl. Deboissy, *Le couple GFA – société civile agricole à l'épreuve de l'abus de droit : RTD com.* 2003, p. 182). Alors même que les textes n'autorisent le retrait d'un associé que par une décision unanime des associés ou dans les conditions fixées par les statuts, la Cour de cassation a admis de façon très discutable la possibilité d'un retrait judiciaire en se fondant sur le droit à l'accès à un tribunal garanti par l'article 6, § 1 de la Convention EDH, à charge pour le juge saisi d'opérer un contrôle de proportionnalité entre l'objectif poursuivi par la limitation légale du droit de retrait et le respect du droit de propriété de l'associé retrayant (Cass. 1re civ., 1er mars 2017, n° 15-20.817 : *BRDA* 6/2017, n° 1). Des entreprises d'assurances et des coopératives agricoles notamment peuvent être membres d'un GFA, sans toutefois pouvoir y exercer des fonctions de gestion.

c) Les exploitations agricoles à responsabilité limitée (EARL)

L'EARL est au secteur agricole ce que l'EURL est au secteur commercial ; elles ont d'ailleurs la même origine (C. rur. pêche marit., art. L. 324-1 et s.). L'EARL est une société civile soit unipersonnelle, soit pluripersonnelle (dans ce cas, le nombre d'associés ne peut dépasser dix). Son objet est l'exercice d'une activité agricole dans des conditions comparables à celles existant dans les exploitations de caractère familial. À la différence des membres du GAEC, les associés ne sont pas tenus d'être exploitants. Leur responsabilité est limitée au montant des apports. Le capital minimum est de 7 500 €.

2. Les sociétés civiles particulières du secteur immobilier

1990. – Si l'on faisait une enquête, on s'apercevrait qu'une part importante du patrimoine immobilier est aux mains de personnes morales de toute nature (variante nouvelle des biens de mainmorte, tant honnis par la Révolution française). À la société civile immobilière, qui constitue une société civile de droit commun (V. *supra*, n° 1921), s'ajoutent cinq sociétés civiles à statut particulier qui présentent la caractéristique fiscale d'échapper à l'impôt sur les sociétés, et de nouvelles venues, les sociétés d'habitat participatif.

a) Les sociétés civiles de construction-vente

Les sociétés civiles de construction-vente sont l'instrument favori des promoteurs qui lancent un nouveau programme immobilier ; ils créent généralement une société par programme. Elles sont civiles par la vertu de l'article L. 110-1 du Code de commerce qui prévoit de façon expresse que ne constitue pas un acte de commerce l'achat d'un immeuble lorsque l'acquéreur (sous-entendu le promoteur) a agi « en vue d'édifier un ou plusieurs bâtiments et de les vendre en bloc ou par locaux » (CCH, art. L. 211-1 à L. 211-4 ; CGI, art. 239 ter). Lorsque tous les appartements sont vendus, il ne reste plus qu'à dissoudre la société, puisqu'elle a entièrement réalisé l'objet pour lequel elle avait été constituée (V. *supra*, n° 767). Sur le plan fiscal, elles sont qualifiées de semi-transparentes (V. *supra*, n° 168).

b) Les sociétés civiles d'attribution

Il s'agit de sociétés de copropriété dans lesquelles l'acquisition de droits sociaux donne droit à la jouissance d'un appartement ou d'un lot quelconque. L'associé est donc copropriétaire par société interposée (CCH, art. L. 212-1, mod. L. n° 2019-486, 22 mai 2019 ; CGI, art. 1655 ter). Sur le plan fiscal, les associés sont traités comme de simples copropriétaires, exemple de pleine transparence fiscale (V. *supra*, n° 168).

c) Les sociétés d'attribution d'immeubles en jouissance à temps partagé

On les appelle parfois, en usant d'une marque déposée, les sociétés de multipropriété ou encore de pluripropriété (L. n° 86-18, 6 janv. 1986, mod. Ord. n° 2019-964, 18 sept. 2019) ; en pratique, on utilise le terme de « *time sharing* ». Elles confèrent à leurs associés, moyennant des charges parfois élevées, la jouissance d'un lot donné (studio, appartement), pendant une période déterminée. Les multipropriétaires sont propriétaires de parts sociales et non d'une fraction d'immeuble ; ainsi ils ne peuvent pas recourir à l'hypothèque et ils cèdent – parfois avec difficulté – une part sociale et non un immeuble. Pour éviter ce dernier inconvénient, certains groupes spécialisés organisent des échanges. Par ailleurs, les associés disposent d'un droit de retrait, notamment en raison de leur situation financière (L. n° 86-18, art. 19-1 ; l'un des cas de retrait est la perception d'un salaire inférieur au SMIC). Comme les sociétés civiles d'attribution, elles bénéficient sur le plan fiscal de la pleine transparence fiscale (CGI, art. 239 octies) (V. *supra*, n° 168).

d) Les sociétés civiles de placement immobilier (SCPI)

Ce sont des entités dont l'objet est identique à celui des sociétés immobilières de gestion (V. *supra*, n° 1921) et dont les revenus sont constitués par des loyers, mais qui opèrent à la manière des sociétés par actions faisant appel à l'épargne publique (C. monét. fin., art. L. 214-114 et s. – CGI, art. 239 septies). Leurs parts sont émises dans le public ; on parle de pierre-papier. Ces SCPI sont de fausses sociétés civiles et de fausses sociétés de personnes ; elles fonctionnent comme de vraies SA et sont notamment soumises à une surveillance étroite de la part de l'AMF du fait de l'offre au public de titres financiers ; la présence d'un commissaire aux comptes est également obligatoire (V. *supra*, n° 1379).

e) Les organismes de placement collectif immobilier (OPCI)

Les OPCI « prennent la forme soit de sociétés de placement à prépondérance immobilière à capital variable, soit de fonds de placement immobilier » (C. monét. fin., art. L. 214-33 et s.).

f) Les sociétés d'habitat participatif

Ces sociétés, qui peuvent être constituées sous n'importe quelle forme, ont pour objet de permettre à des personnes physiques de s'associer pour définir et concevoir leur logement (CCH, art. L. 200-1). Elles ont été créées par la loi n° 2014-366 du 24 mars 2014 pour l'accès au logement et un urbanisme rénové (V. *BRDA* 7/2014, n° 25).

3. Une rareté : l'annulation d'une assemblée de société civile pour démence

1991. – Un arrêt de la cour de Paris nous offre une véritable pépite : une dame de 98 ans, vivant en maison de retraite médicalisée et dont l'ouïe et la vue étaient altérées, était l'associée unique et co-gérante d'une société civile, laquelle détenait 346 des 400 parts d'une SARL exploitant un hôtel ; son fils était l'autre cogérant. Lors d'une assemblée, il fut décidé de révoquer ce co-gérant et de le remplacer par une autre personne. Le fils, qui d'ailleurs n'avait pas été convoqué à l'assemblée, agit en annulation pour cause de trouble mental de sa mère (C. civ., art. 414-1), associée unique ; la cour d'appel de Paris accède à la demande, au motif notamment que peu de jours avant l'assemblée, la vieille dame avait été examinée par deux psychiatres qui avaient conclu à l'opportunité de la placer sous tutelle, en raison de sa grande vulnérabilité, d'une perturbation du sens des valeurs et d'une tendance excessive à faire confiance à son entourage (CA Paris, 26 juin 2018, n° 17/03617 : *BRDA* 19/2018, n° 5 ; *Dr. sociétés* 2019, n° 1, obs. R. Mortier). Le fait que l'assemblée ait été convoquée peu de temps après l'examen psychiatrique suffisait à faire douter l'esprit le plus angélique de l'innocence des opérateurs.

4. Sort des dividendes au décès de l'associé

1992. – L'associé d'une société civile immobilière avait légué par testament ses parts sociales à ses frères, les préférant à son héritier pour des raisons inconnues. Après le décès, une distribution de dividendes avait été décidée avant que l'héritier ne délivre les legs particuliers ; à qui, des légataires ou de l'héritier, devaient-ils revenir ? Réponse : personne. En effet, d'un côté, selon l'article 1014, alinéa 2, du Code civil, les légataires ne peuvent prétendre aux fruits – qualification applicable aux dividendes (V. *supra*, n° 563) – tant que la formalité de délivrance du legs n'est pas intervenue. Et, d'un autre côté, le droit aux dividendes suppose la qualité d'associé ; or l'héritier ne pouvait revendiquer cette qualité faute d'agrément, et cela même pour la période antérieure à la délivrance du legs des parts (V. *supra*, n° 1967). Telle est la solution posée par la Cour de cassation (Cass. 1re civ., 2 sept. 2020, n° 19-14.604, PB : *BRDA* 20/2020, n° 1 ; *Dr. sociétés* janv. 2021, n° 1, obs. R. Mortier). Pareille solution doit encourager le légataire particulier à demander rapidement la délivrance du legs.

Alors que sont devenus les dividendes ? N'ayant pas été distribués, ils sont restés dans la caisse sociale.

CHAPITRE 3

LES SOCIÉTÉS NON IMMATRICULÉES

1993. – *Sociétés en participation et sociétés créées de fait.* Ce sont de drôles de sociétés, fuyantes, informes, éphémères parfois..., des sociétés à qui il manque un attribut essentiel : la personnalité morale.

Il existe deux catégories de sociétés non immatriculées, la société en participation et la société créée de fait. La société en participation est une société créée en connaissance de cause ; elle résulte d'un choix délibéré de partenaires qui, après avoir pesé le pour et le contre, décident de se réunir au sein d'une société non immatriculée. Rien de tel dans la société créée de fait ; quelques personnes (le plus souvent elles ne sont que deux) œuvrent ensemble sans formaliser leur intention et sans se soucier autrement de la qualification juridique de leur collaboration. Elles n'ont pas toujours conscience d'avoir créé une société *ad hoc* ; ce n'est qu'ultérieurement, généralement parce qu'il y a crise ou litige, que l'on recherchera si les partenaires ne se sont pas comportés comme des associés. Le plus souvent, « la société créée de fait correspond au degré zéro de la conscience sociétaire »(1).

On le voit, la société créée de fait est le plus souvent tournée vers le passé (elle n'est invoquée que pour liquider le passé), alors que la société en participation est tournée vers l'avenir. La société en participation se meut en général dans un cadre défini à l'avance, fréquemment consigné par écrit ; la société créée de fait baigne dans l'informel(2).

SECTION 1

LA SOCIÉTÉ EN PARTICIPATION

1994. – *Évolution.* Jusqu'en 1978, la société en participation, telle qu'on la connaît aujourd'hui, était destinée à rester secrète, non révélée au public, et d'ailleurs au XVIIIe siècle on la qualifiait d'anonyme pour souligner son caractère occulte(3) ; si

(1) Cl. Champaud et D. Danet, obs. : *RTD com.* 1992, p. 812, ss Paris, 12 nov. 1991.

(2) B. Dondero, *Les groupements dépourvus de la personnalité juridique en droit privé*, PUAM, 2006. – J. Vallansan et E. Desmorieux, *Société en participation et société créée de fait. Aspects juridiques et fiscaux*, éd. Joly, 1996, préf. M. Cozian.

(3) H. Lévy-Bruhl, *Histoire juridique des sociétés de commerce en France aux XVIIe et XVIIIe siècles*, Domat, 1938, p. 40.

elle se dévoilait aux yeux des tiers, elle perdait sur le champ sa qualité de société en participation et était traitée comme une simple société de fait[4]. La loi du 4 janvier 1978 a changé tout cela. D'abord, la matière a été intégrée dans le Code civil (art. 1871 à 1872-2) ; ce n'est pas illogique dans la mesure où la société en participation, selon son objet, est tantôt civile (lorsqu'elle est constituée entre agriculteurs ou entre professionnels libéraux par exemple), tantôt commerciale (c'est l'hypothèse la plus courante). Ensuite, la clandestinité n'est plus de l'essence de la société en participation ; cette dernière ne subit plus aucune transformation en cas de révélation.

SOUS-SECTION 1

LE PROFIL DE LA SOCIÉTÉ EN PARTICIPATION

§ 1. – Les traits dominants

A. – La société en participation n'a pas la personnalité morale

1995. – *Principes.* La société en participation est à la société immatriculée ce que le concubinage est au mariage ; avec ses deux variantes : à la liaison clandestine correspond la société occulte et au concubinage notoire la société ostensible. La comparaison se poursuit avec la durée ; la société en participation est tantôt une collaboration durable (un état quasi marital ?), tantôt une association passagère (un flirt de vacances ?).

Un point commun dans tout cela : on s'aime et on fait un bout de chemin ensemble ; c'est sans doute là que l'on trouve l'*affectio societatis* à l'état le plus pur. Par ailleurs, on fait fi des convenances : pas de maire, pas de curé, pas de notaire d'un côté, pas de registre du commerce, pas de support habilité à recevoir des annonces légales, pas de *BODACC* de l'autre.

1996. – *Conséquences pratiques.* Sans immatriculation, pas de personnalité morale ; la société en participation n'a donc pas de patrimoine opposable aux tiers, pas de siège social, pas de salarié[5], pas de compte en banque[6] : c'est une société parfaitement transparente pour les tiers. Elle ne saurait donc ni ester en justice[7], ni être mise en redressement ou en liquidation judiciaires[8], ni céder des actifs[9]. Elle ne peut

(4) En dehors des associés, seul le fisc avait officiellement connaissance de l'existence de la société en participation ; celle-ci devait en effet se déclarer à l'administration, laquelle lui appliquait un traitement fiscal approprié, favorable dans l'ensemble. C'était un exemple inattendu où le fisc était le confident obligé d'une société secrète ; il en est encore ainsi aujourd'hui lorsque les associés de la société en participation décident de se révéler au fisc (V. *infra*, n° 2026).

(5) Cass. com., 10 sept. 2013, n° 12-21.792 : *RJDA* 11/2013, n° 914.

(6) CA Versailles, 28 oct. 1999 : *RJDA* 1/2000, n° 42.

(7) Cass. com., 7 janv. 1994 : *Rev. sociétés* 1995, p. 38. – Un bémol en matière fiscale : si la société a opté pour l'IS (V. *infra*, n° 2026), elle a pris de ce fait la qualité de redevable, ce qui l'autorise à saisir le juge de l'impôt : CE, 28 mars 2014, n° 339119 : *RJDA* 7/2014, n° 650.

(8) Cass. com., 11 févr. 2004 : *JCP E* 2005, 623, note D. Gibirila ; société créée de fait. – Cass. com., 23 nov. 2004 : *Dr. sociétés* févr. 2005, n° 29, obs. J.-P. Legros.

(9) Cass. com., 8 févr. 2017, n° 14-29.747 : *RJDA* 5/2017, n° 342 ; *Dr. sociétés* 2017, n° 59, obs. H. Hovasse ; une société en participation avait été constituée pour l'acquisition de titres d'une société de transport ; faute de personnalité morale, les titres acquis étaient donc détenus en indivision par les associés ; l'un d'entre eux avait acheté « auprès de la société

pas davantage être bénéficiaire d'un cautionnement ; en effet, le cautionnement doit être donné pour un débiteur principal identifiable, condition non remplie dans le cas d'une société en participation dépourvue de personnalité morale. Enfin, n'ayant pas la personnalité morale, elle échappe à toute responsabilité pénale (V. *supra*, n° 408), de même qu'à l'obligation d'identifier ses bénéficiaires effectifs (V. *supra*, n° 341).

B. – La distinction des rapports entre associés et des rapports avec les tiers

1997. – *Existence dans l'ordre interne et inopposabilité dans l'ordre externe.* Il est possible de partir de l'idée très simple selon laquelle la société en participation est une véritable société, mais qu'étant dépourvue de personnalité morale, cette réalité est dépourvue de toute consistance pour les tiers puisqu'elle ne leur est pas opposable. Aussi l'exacte compréhension de la société en participation impose-t-elle de distinguer l'ordre externe – la société, faute de personnalité juridique, est inopposable aux tiers pour lesquels elle est donc dépourvue de toute existence – et l'ordre interne – la société a une pleine existence, et donc une pleine efficacité, dans les rapports entre associés. Cela explique par exemple que la société est, dans les rapports entre associés, titulaire d'un « patrimoine » même si ce patrimoine social n'est pas opposable aux tiers (V. *infra*, n°s 2010 et s.).

§ 2. – L'utilisation pratique

1998. – Les avantages de la société en participation sont évidents : simplicité, discrétion, souplesse ; ces vertus sont appréciées si l'on en juge par la vitalité de l'institution. Il manque en la matière une étude typologique ; elle serait d'ailleurs délicate à dresser, les formes les plus efficaces étant sans doute les plus discrètes. Faute de mieux – et puisqu'il faut classer – on suggérera les quatre catégories suivantes : coopération interentreprises, stabilisation d'une indivision, financement d'une opération à risque et... autres utilisations.

A. – La coopération interentreprises

1999. – C'est vraisemblablement là que se rencontrent les exemples les plus fréquents d'utilisation de la société en participation. La société en participation est largement utilisée dans les domaines suivants : réalisation de gros travaux de construction[(10)], fournitures d'usines « clés en main », coproduction cinématographique ou autre[(11)], coédition d'un roman[(12)], répartition des charges entre sociétés d'un même

en participation » les titres en question ; la demande en nullité est toutefois rejetée, au motif que les associés avaient ratifié l'opération en encaissant le prix de cession des titres détenus en indivision, manifestant ainsi leur accord implicite en qualité d'indivisaires.

(10) Cass. com., 8 juill. 2014, n° 13-19.010 : *RJDA* 10/2014, n° 780.

(11) CA Paris, 11 févr. 2000 : *RJDA* 2000, n° 549 ; plusieurs sociétés de production avaient créé une société en participation en vue de coproduire le spectacle « Zizi chante Gainsbourg » au théâtre Marigny.

(12) Cass. com., 13 janv. 1998 : *Rev. sociétés* 1998, p. 103, note P. Le Cannu ; conclusion entre deux éditeurs d'un contrat de société en participation en vue de l'édition et de l'exploitation d'un ouvrage de Régine Deforges. – V. aussi, *infra*, n° 2021.

groupe, pacte d'actionnaires... C'est également l'une des formes possibles de collaboration entre professionnels libéraux (V. *infra*, n° 2091). Le recours à la société en participation est enfin fréquent en cas de coopération internationale (V. *infra*, n° 2393 ; Eurotunnel).

B. – La stabilisation d'une indivision

2000. – Certaines entreprises sont copropriétaires d'équipements lourds qu'elles utilisent en commun : un avion pour des compagnies aériennes, un centre de raffinage pour des compagnies pétrolières, un centre de stockage pour des sociétés d'import-export ; de même, il n'est pas rare que des SCPI (V. *supra*, n° 1990) acquièrent en indivision des immeubles à usage commercial ou industriel. Ces entreprises n'ont pas éprouvé le besoin de créer une société immatriculée pour servir de support juridique à la propriété de ces biens, mais elles doivent préciser les modalités d'utilisation de ces équipements, de là le recours à la société en participation.

C. – Le financement d'une opération à risque

1° L'association de plusieurs banquiers ou assureurs

2001. – Lorsque les opérations à financer sont particulièrement importantes et dépassent les risques qu'un banquier ne souhaite pas assumer seul, plusieurs établissements financiers peuvent s'associer au sein d'un pool bancaire, dont la nature juridique varie au gré des stipulations contractuelles. Il peut fonctionner comme une véritable société en participation dans laquelle le banquier chef de file joue le rôle de gérant(13). Quand il s'agit de placer dans le public les valeurs mobilières émises par les sociétés cotées, plusieurs établissements financiers peuvent de la même façon agir conjointement dans ce qu'ils appellent traditionnellement un syndicat : syndicat d'émission, syndicat de placement, syndicat de prise ferme... ; il s'agit là encore d'une variété de société en participation. Les assureurs de leur côté peuvent se mettre à plusieurs au sein d'une société en participation lorsque les risques ne peuvent être assumés par un seul.

2° L'association d'un entrepreneur et d'un financier

2002. – Dans les opérations hautement spéculatives, il n'est pas rare que l'on rencontre l'association d'un entrepreneur qui apporte son industrie, c'est-à-dire son talent, et un financier qui apporte sa finance, les deux constituant une société ostensible. On retrouve ainsi la distinction entre les associés « actifs », qui apportent leur travail, et les associés « passifs », qui apportent leur argent (V. *supra*, n° 249). La société en participation est alors un gage de discrétion. On apprend ainsi que dans le monde du « show-business » (ou du « sport business ») le lancement d'une vedette est souvent financé par des personnes qui préfèrent garder l'anonymat ;

(13) Cass. com., 24 oct. 2000 : *BJS* 2001, p. 79, note J. Vallansan ; société en participation créée entre deux banques pour financer un projet immobilier. – Cass. com., 27 mars 2001 : *JCP* E 2001, p. 1677, note J.-P. Storck ; financement d'un programme immobilier. – CA Paris, 30 nov. 2001 : *Rev. sociétés* 2002, p. 91 ; pool bancaire.

elles versent des capitaux à l'impresario ou à l'agent, lequel est gérant de la participation. Les profits (si profits il y a) sont ensuite partagés selon une clé de répartition convenue à l'avance(14).

2003. – *Prêt ou société en participation ?* Mais ce mode de financement d'une opération à risque ne serait-il pas simplement un prêt rémunéré par une participation aux bénéfices ? Les deux situations ont des points communs :

– dans les deux cas, chacun apporte quelque chose, sa finance pour l'un, son « industrie » pour l'autre ;

– dans les deux cas, il y a partage des gains, mais aussi des pertes ; si l'affaire tourne au désastre, l'investisseur non seulement n'aura perçu aucun revenu, mais en outre aura perdu son capital.

C'est finalement l'*affectio societatis* qui permet de départager les deux qualifications de société et de prêt. S'il y a collaboration réelle et si le financier intervient dans la marche de l'affaire, cette participation à la gestion révèle une société en participation(15). Si, à l'inverse, le financier n'a aucun droit de regard sur la marche de l'entreprise, s'il reste en dehors en qualité de spectateur (même attentif), s'il ne s'immisce pas dans la gestion mais se contente d'attendre la reddition des comptes, il a une âme de prêteur, mais non d'associé(16).

D. – Autres utilisations

2004. – La société en participation peut remplir d'autres fonctions, le point commun étant la recherche par les parties du partage d'un profit. Par exemple, les joueurs du Loto ou du PMU en faisant mise commune avec les membres de leur famille ou leurs collègues de travail créent, parfois sans le savoir, une société en participation(17). De même, certains montages financiers dans le secteur des biens divers recourent à la société en participation ; ainsi une entreprise spécialisée dans l'énergie durable proposera à des épargnants réunis au sein d'une société en participation,

(14) Aux États-Unis, on va parfois jusqu'à la constitution de sociétés dotées de la personnalité juridique, qui proposent leurs parts aux investisseurs ; ainsi les revenus futurs du joueur de football américain Vernon Davis, qui jouait alors avec les Broncos de Denver (il a rejoint ensuite les Washington Redskins avant de prendre sa retraite en 2019), ont donné lieu à la création d'une société ; les actionnaires ont apporté un peu plus de 4 millions de dollars, dont l'essentiel est allé dans les poches du joueur ; en contrepartie, les investisseurs se partageaient 10 % des revenus futurs du sportif : salaire, recettes des contrats de parrainage sportif et tout autre revenu ; il fallait donc que le footballeur encaisse plus de 40 millions de dollars pour que les investisseurs commencent à gagner de l'argent (*Investors buy stakes in athlete's earnings : International Herald Tribune* 29 avr. 2014).

(15) Cass. com., 24 sept. 2003 : *Dr. sociétés* 2004, n° 2, obs. F. G. Trébulle ; requalification d'un contrat de prêt en société en participation au motif que le prêteur a effectué des apports de fonds à une société, réglé des factures, fait l'avance de frais, traité directement l'achat de marchandises, disposé d'une carte bancaire à son nom délivrée à la société et utilisé des cartes avec l'en-tête de la société sous la dénomination de *sales manager*.

(16) Comp. CA Paris, 11 oct. 2016, n° 15/16421 : *RJDA* 2/2017, n° 93 ; opération immobilière entre un promoteur et un investisseur ; qualification de société en participation écartée en raison de l'architecture de l'accord dont le noyau était un mandat de commercialisation, ce qui montrait que les parties n'avaient pas eu en vue la constitution d'une société en participation. – *Adde* pour l'exploitation d'un bureau de tabac : Cass. com., 25 mai 2017, n° 15-15.547 : *RJDA* 8-9/2017, n° 560 ; le gérant du tabac avait déclaré dans un écrit avoir reçu de X une somme d'argent « dans le cadre d'une participation égalitaire », d'où la prétention de X à partager les profits ; la demande est rejetée car il ne s'était pas impliqué dans la gestion de l'entreprise, ce qui révélait son absence d'*affectio societatis*.

(17) Cass. 1re civ., 14 janv. 2003 : *JCP E* 2003, 763, note F.-X. Lucas. – Se rend en conséquence coupable d'un abus de confiance celui qui trompe les autres en conservant pour lui le gros lot : Cass. crim., 20 mai 1985 : *RTD com.* 1986, p. 292, obs. J. Hémard et B. Bouloc.

qu'elle gère, l'acquisition de panneaux solaires installés sur des toitures industrielles, l'électricité étant revendue à EDF[18].

2005. – La société en participation pourrait également être le moyen de développer les finances éthiques, et plus spécialement confessionnelles (finance juive, chrétienne, islamique), qui sont à des degrés divers hostiles à la rémunération du prêt au motif que l'écoulement du temps ne doit pas être source de profits[19] et préconisent le partage des pertes et gains entre les deux partenaires[20].

2006. – On ajoutera que la convention de croupier est généralement analysée comme une société en participation (V. *infra*, n° 2030).

SOUS-SECTION 2

LA CONSTITUTION DE LA SOCIÉTÉ EN PARTICIPATION

§ 1. – Conditions de forme

2007. – *Écrit.* Les conditions de forme sont réduites au minimum puisque la société en participation n'est pas immatriculée. La rédaction d'un écrit n'est pas indispensable, la société en participation pouvant être prouvée par tout moyen (C. civ., art. 1871, al. 1er). Cependant, dans les aventures collectives, il vaut mieux dissiper l'ambiguïté et préférer la lumière au clair-obscur : la rédaction d'un écrit signé par chacune des parties est une mesure élémentaire de précaution, par exemple pour affirmer que les parties n'ont pas l'intention de créer une société ni de mettre en commun des biens en vue de réaliser des bénéfices[21].

2008. – *Le comportement des parties* permet souvent d'induire, en l'absence de tout document constitutif, la réunion des éléments essentiels du contrat de société. Mais la situation peut être délicate lorsque, par imprudence ou habileté, l'une des parties, à la manière du Petit Poucet, a semé sur le parcours de la relation des cailloux blancs destinés à faciliter le cas échéant – c'est-à-dire en cas de pertes – la preuve de l'existence de la société en participation : ici, un acte notarié mentionne l'exploitation future « en association en participation » du fonds de commerce qui vient d'être acquis[22] ; là, le tiers est qualifié de partenaire[23] ; ailleurs, le cocontractant est bombardé de projets successifs de statuts de sociétés en participation[24]. Dans chacune de ces espèces, la qualification de société en participation a été

(18) AMF, Comm. sanctions, déc. 23 juill. 2013 ; l'entreprise est condamnée pour n'avoir pas respecté les règles relatives au démarchage financier.

(19) Le droit islamique s'oppose à toute rémunération du prêt, quand le droit hébraïque prohibe l'intérêt, mais seulement entre juifs, là où le droit canon se contente de condamner les taux excessifs.

(20) M. Bali, *Le réveil de la société en participation par les finances éthiques* : *RD bancaire et fin.* janv.-févr. 2011, p. 25.

(21) Cass. 3e civ., 27 juin 2019, n° 18-16.531 : *RJDA* 8-9/2019, n° 568 ; collaboration de deux entreprises à la restructuration de bâtiments ; un sous-traitant impayé tenta, sans succès, de les poursuivre comme associés de fait, alors que les entreprises avaient pris soin d'écarter toute référence à une société dans leur contrat de collaboration.

(22) Cass. com., 3 juin 1986 : *Bull. civ.* 1986, IV, n° 116.

(23) CA Versailles, 13 sept. 2007 : *RJDA* 2/2008, n° 132.

(24) Cass. com., 9 avr. 1996 : *Rev. sociétés* 1997, p. 81, note F. Bénac-Schmidt.

écartée, ce qui témoigne du degré d'exigence des juges. Ainsi la Cour de cassation a-t-elle censuré, au visa des articles 1832 et 1871 du Code civil, un arrêt ayant retenu l'existence d'une société en participation entre deux sociétés, et donc le partage pour moitié des pertes résultant de la production d'un spectacle, alors même que l'une des parties n'avait pas signé le projet de contrat de société en participation qui lui avait été transmis par l'autre, et que ni l'existence d'apports ni l'engagement à participer aux bénéfices et aux pertes n'étaient démontrés[25].

§ 2. – Conditions de fond

A. – Règles générales

2009. – Quant au fond, la liberté est la règle et les associés aménagent les statuts comme ils l'entendent sous réserve de ne pas déroger aux dispositions impératives du droit des sociétés (C. civ., art. 1871, al. 2).

La société en participation doit comporter au moins deux associés ; il peut s'agir de personnes physiques ou de personnes morales.

La société en participation peut avoir un objet civil ou commercial.

B. – Apports

2010. – Comme dans toute société, les associés doivent faire un apport. La pratique révèle que les apports en industrie sont fréquents dans les sociétés en participation. Pour le reste – apports en numéraire et apports en nature – il faut distinguer la situation des biens à l'égard des tiers et entre les associés (C. civ., art. 1872).

2011. – *Organisation de la propriété à l'égard des tiers.* Si la société en participation est dépourvue de tout patrimoine susceptible d'être opposé aux tiers en raison de son absence de personnalité morale, Il n'en est pas moins nécessaire d'organiser le statut patrimonial des biens qui lui sont apportés ou qui proviennent de son activité (V. *supra*, n° 1997). Le patrimoine de la société n'ayant d'existence que dans les rapports entre associés, la propriété des biens à l'égard des tiers peut être organisée selon trois modalités :

– chaque associé reste propriétaire des biens qu'il met à la disposition de la société ;

– la propriété des biens peut être rattachée à la personne d'un associé, le plus souvent le gérant ;

– les associés peuvent convenir de mettre en indivision certains biens ; par ailleurs, la loi répute indivis deux types de biens, ceux qui se trouvaient indivis avant d'être mis à la disposition de la société et ceux acquis par emploi ou remploi de fonds indivis pendant la durée de la société ; dans les rapports avec les tiers, ces biens sont soumis aux règles de gestion de l'indivision, légale ou conventionnelle (C. civ., art. 1872-1, al. 4) ; ainsi la technique de l'indivision permet de constituer un substitut de patrimoine opposable aux tiers (V. *infra*, n° 2013).

(25) Cass. com., 29 janv. 2008, n° 06-15.698 : *JCP* E 2008, 1550, note A. Viandier.

2012. – *Dans les rapports entre associés*, la propriété des biens sociaux comme les pouvoirs sur ceux-ci doivent être réglés à partir de l'idée qu'ils composent le patrimoine de la société, quoique ce patrimoine n'ait pas d'existence pour les tiers. Aussi l'apport à la société en participation est-il, dans les rapports entre associés, translatif de propriété, ce qui peut être douloureux fiscalement[26].

2013. – **La combinaison d'une société en participation et d'une indivision.**

La combinaison d'une société en participation et d'une indivision peut répondre à deux types de préoccupations (Fl. Deboissy et G. Wicker, *Société et indivision : JCl. Civil Code*, Art. 815 à 815-8, Fasc. 60). Soit la société vient se greffer sur une indivision préexistante et elle permet alors à celle-ci, au moins dans les rapports entre associés, d'échapper à la précarité de toute indivision, qu'elle soit légale ou conventionnelle. Soit les associés décident de doubler leur société d'une indivision composée de tout ou partie des biens sociaux de façon à la doter, dans les rapports avec les tiers, d'un substitut de patrimoine opposable aux tiers (V. *supra*, n° 2010). Dans les deux cas, cette combinaison conduit à distinguer le statut des biens selon que sont envisagés les rapports entre associés ou les rapports avec les tiers.

a) Les associés

Dans les rapports entre associés, même s'il a été convenu que les biens sociaux sont réputés indivis à l'égard des tiers, les biens n'en demeurent pas moins des biens sociaux et, comme tels, affectés à la société. Il s'ensuit que, pendant la durée de la société, un associé ne peut pas demander le partage des biens réputés indivis. Ainsi, selon l'article 1872-2, alinéa 2 du Code civil, aucun associé ne peut, sauf stipulation contraire, demander le partage des biens indivis tant que la société n'est pas dissoute. On s'est posé la question de savoir si ce texte valait seulement pour les sociétés en participation à durée indéterminée – seules visées à l'alinéa précédent – ou s'il valait pour toutes les sociétés en participation, quelle que soit leur durée. La Cour de cassation a estimé que la règle exprimée par l'article 1872-2, alinéa 2 était générale : le partage des biens indivis ne peut intervenir avant la dissolution de la société en participation et ceci, que la société soit à durée indéterminée ou déterminée (Cass. com., 1er oct. 1996 : *BJS* 1997, p. 40, obs. D. Randoux). Dans l'attente du partage, l'associé qui prend en charge la conservation des biens indivis a droit à une indemnisation de la part de son coïndivisaire (par ex. : CA Reims, 14 janv. 2014, n° 12/02290 : *JurisData* n° 2014-008800 ; archives d'une société en participation constituée par des architectes).

b) Les tiers

En revanche, la société en participation, comme la qualité d'associé, étant inopposable aux tiers, pour lesquels seuls existent une indivision et des indivisaires, le partage peut toujours être provoqué par les créanciers personnels des associés indivisaires conformément aux règles applicables aux indivisions légales ou conventionnelles (C. civ., art. 815-17, al. 3 et 1873-3).

(26) Cette existence du patrimoine social dans les rapports entre associés explique que l'apport en pleine propriété d'un immeuble, par un particulier, à une société en participation soit une cession à titre onéreux entraînant l'application du régime des plus-values immobilières des particuliers : CAA Paris, 6 févr. 2003 : *RJF* 8-9/2003, n° 994 ; *RTD com.* 2003, p. 836, obs. Fl. Deboissy.

C. – Vocation aux bénéfices et aux pertes

2014. – Les participants doivent avoir vocation aux bénéfices et aux pertes. La répartition qui n'est pas nécessairement égalitaire, sous réserve de la prohibition des clauses léonines (V. *supra*, n° 256), est effectuée conformément aux clauses des statuts. À défaut, conformément au droit commun, elle est proportionnelle au montant des apports de chacun.

SOUS-SECTION 3

LE FONCTIONNEMENT DE LA SOCIÉTÉ EN PARTICIPATION

§ 1. – Dans l'ordre interne

A. – Organisation

2015. – *Renvoi législatif.* Le fonctionnement de la société en participation est largement déterminé par les statuts (V. *supra*, n° 2007). Dans le silence des statuts, les rapports entre associés sont régis par les dispositions applicables aux sociétés civiles lorsque la société a un objet civil, ou par celles applicables à la SNC lorsque la société a un objet commercial (C. civ., art. 1871-1).

2016. – *Gérant.* La règle est la même s'agissant de l'organisation de la gérance (désignation, rémunération[27], révocation, pouvoirs...). Il est prudent de clairement définir dans les statuts les pouvoirs du gérant. En l'absence de détermination de ceux-ci, dans les rapports entre associés, le gérant peut faire tous actes de gestion dans l'intérêt de la société (C. civ., art. 1848 et C. com., art. L. 221-4)[28]. Le gérant est, en sa qualité de mandataire des associés, responsable des fautes commises dans sa gestion[29].

2017. – *Associés.* Comme tous les associés, les participants peuvent participer aux affaires sociales (C. civ., art. 1844, al. 1er) et bénéficient donc d'un droit à information.

B. – Cession des parts

2018. – La circonstance que la société n'a pas la personnalité juridique n'est pas un obstacle à la cession par un associé des droits qu'il tient du contrat[30]. La société en

(27) Il a été jugé qu'en approuvant les comptes d'une société en participation, les associés ont également approuvé les rémunérations du gérant, qui étaient détaillées dans les procès-verbaux d'assemblées : Cass. com., 9 janv. 2019, n° 17-16.504 : *RJDA* 4/2019, n° 274 ; *Rev. sociétés* 2019, p. 685, note J.-F. Barbièri.

(28) Le chef de file d'un pool bancaire, gérant de la société en participation, sauf disposition conventionnelle contraire, excède ses pouvoirs s'il consent sans l'accord des associés un abandon de créance engageant les membres du pool (Cass. com., 27 mars 2001 : *JCP* E 2001, p. 1677, note J.-P. Storck).

(29) Cass. com., 6 mai 2008, n° 07-12.251 : *BJS* 2008, § 163, p. 762, note P. Le Cannu. – *Adde* D. Gibirila, *La responsabilité du gérant de société en participation* : *RJDA* 2008, p. 1063.

(30) Cass. com., 15 mai 2012, n° 11-30.192 : *BJS* 2012, § 484, p. 842, note L. Godon ; *RJDA* 8-9/2012, n° 782 ; après avoir acquis 50 % d'une société en participation, l'acquéreur avait souhaité annuler la cession et obtenir le remboursement du prix au motif que la société n'ayant pas d'existence juridique le contrat était nul ; il échoue car la cession de contrat est indiscutablement valide.

participation étant une société fermée, et par renvoi aux règles de la SNC (V. *supra*, n°s 1883 et s.) et de la société civile (V. *supra*, n°s 1960 et s.), l'accord unanime des autres associés est nécessaire avant toute cession de parts sociales même si certains aménagements statutaires sont possibles.

§ 2. – Dans l'ordre externe

A. – Principes

2019. – Faute de personnalité morale, la société en participation n'est pas opposable aux tiers, ce qui bien sûr influe sur les rapports des participants avec ces derniers. Le principe est que chaque associé contracte en son nom personnel et est seul engagé à l'égard des tiers (C. civ., art. 1872-1, al. 1er). Ce qui vaut pour chacun des associés vaut aussi pour le gérant, lequel engage sa responsabilité sans qu'il soit nécessaire pour le tiers, à la différence d'une société anonyme par exemple, de prouver l'existence d'une faute séparable[(31)] (V. *supra*, n° 479). La société en participation fonctionne ainsi à l'envers des autres sociétés. Alors que dans celles-ci les dirigeants agissent au nom de la société et ne s'engagent pas personnellement, le gérant d'une société en participation agit en son nom propre et n'engage que lui-même. En clair, lorsqu'un acte a été passé par le gérant, les créanciers ne peuvent pas réclamer paiement aux autres associés. Il en va ainsi même si le gérant a révélé, sans leur accord, l'identité des autres associés aux créanciers sociaux[(32)].

B. – Exceptions

2020. – Si les associés ne sont jamais obligés aux dettes sociales en raison de leur qualité, lors même qu'elle a été révélée aux tiers sans leur consentement, ils peuvent néanmoins être engagés à l'égard des créanciers en raison de leur comportement. L'article 1872-1 prévoit ainsi deux hypothèses dans lesquelles le comportement d'un participant provoque son engagement, alors même qu'il n'a pas personnellement passé l'acte :

– *lorsque les participants agissent en qualité d'associés au vu et au su des tiers* : cela suppose un acte positif et personnel des associés (V. *infra*, n° 2021) ; si cette preuve est rapportée, chacun des participants est tenu, à l'égard des créanciers, des actes accomplis par l'un des autres, avec solidarité si la société est commerciale, sans solidarité si la société est civile ;

– *lorsque l'un des participants, par son immixtion dans l'opération*, a laissé croire au cocontractant qu'il entendait s'engager à son égard.

L'article 1872-1 prévoit par ailleurs *qu'un associé peut être tenu lorsque l'engagement a tourné à son profit* : cette hypothèse ne semble pas avoir encore donné lieu à contentieux.

(31) Cass. com., 4 févr. 2014, n° 13-13.386 : *RJDA* 5/2014, n° 453 ; faute de personnalité morale, les tiers ne connaissent que le gérant, d'où la responsabilité directe de ce dernier.

(32) Cass. com., 15 juill. 1987 : *Rev. sociétés* 1988, p. 70, note P. Didier ; le gérant avait communiqué les statuts de la société en participation à la banque qui avait consenti un prêt et qui entendait agir contre les associés dont le nom lui avait été ainsi communiqué.

En dehors de ces différents cas, les associés n'assument aucune responsabilité à l'égard des tiers[33].

2021. – L'engagement personnel d'un participant suppose un acte accompli en qualité d'associé au vu et au su des tiers.

Interprétant strictement l'article 1872-1 du Code civil, la jurisprudence est très exigeante quant à la preuve devant être rapportée pour qu'un associé n'ayant pas participé à un acte soit tenu des conséquences de celui-ci à l'égard du créancier. L'arrêt suivant, dont on peut même se demander s'il ne va pas trop loin, en témoigne. La société Éditions Régine Deforges a cédé à la société d'édition Ramsay les droits de reproduction et de représentation du roman à paraître intitulé *Noir tango*. La société d'édition titulaire des droits a conclu avec une autre société d'édition un contrat de société en participation pour l'édition et l'exploitation de l'ouvrage. La société Ramsay ayant été mise en liquidation judiciaire, la romancière assigna le coparticipant en paiement du solde de ses droits d'auteur sur le fondement de l'article 1872-1 du Code civil. Ayant révélé sa qualité d'associé de la société en participation par l'indication de sa qualité de coéditeur dans chacun des exemplaires de l'ouvrage, il était, selon elle, tenu personnellement et solidairement de l'engagement contracté par la société Ramsay. La Cour de cassation rejeta cette argumentation au motif que « si les membres d'une société en participation, qui agissent en qualité d'associé au vu et au su de tiers, sont tenus à l'égard de ceux-ci des obligations nées des actes accomplis par l'un des autres, c'est à la condition que celui-ci les ait accomplis en cette qualité ». Tel n'était pas le cas en l'espèce : selon les juges, les indications données au public ne pouvaient être considérées comme des actes positifs générateurs d'obligations au sens de l'article 1872-1 (Cass. com., 13 janv. 1998 : *Rev. sociétés* 1998, p. 103, note P. Le Cannu).

SOUS-SECTION 4

LA DISSOLUTION DE LA SOCIÉTÉ EN PARTICIPATION

2022. – *Les causes de dissolution* sont celles de la SNC si la société en participation est commerciale et celles de la société civile si elle est civile (C. civ., art. 1871-1)[34]. Lorsque la société est à durée déterminée, elle prend fin par l'arrivée du terme convenu[35].

(33) Cass. com., 13 nov. 2013, n° 12-17.728 : *RJDA* 2/2014, n° 134 ; censure d'un arrêt d'appel faisant droit à une action en responsabilité contre l'associé d'une société en participation dans le secteur de la production de spectacles pour un acte passé par son coassocié avant la création de celle-ci, sans expliquer par quel mécanisme l'associé aurait pu être personnellement tenu.

(34) V., pour la dissolution d'une société en participation pour extinction de son objet social en raison de la vente des parcelles qui lui avaient été apportées en jouissance : Cass. com., 8 nov. 2016, n° 14-23.461 : *BJS* 2017, p. 130, note J.-F. Barbièri.

(35) En l'absence de toute prorogation expresse ou tacite de sa durée, une société en participation est dissoute par l'arrivée de son terme : Cass. com., 23 oct. 2007, n° 05-19.092 : *BJS* 2008, § 27, p. 110, note B. Saintourens. – La prorogation exige l'unanimité des participants, car cela retarde la date à laquelle ils pourront récupérer leur apport et constitue par suite une augmentation de leurs engagements : Cass. com., 20 déc. 2017, n° 16-19.283 : *RJDA* 4/2018, n° 321 ; *Rev. sociétés* 2018, p. 515, note M. Zolomian ; mise en commun de la jouissance de lots de copropriété portant sur un hôtel.

2023. – *Société à durée indéterminée.* La société en participation peut être conclue sans limitation de durée, ce qui est remarquable puisqu'en principe les sociétés sont nécessairement conclues pour un terme (V. *supra*, n° 759). En l'absence de terme, afin que les associés ne restent pas indéfiniment prisonniers du contrat de société, la dissolution peut résulter à tout moment de la volonté unilatérale de chacun des associés, pourvu que cette demande ne soit pas faite de mauvaise foi ou à contretemps (C. civ., art. 1872-2)[36].

2024. – *Les opérations de liquidation et de partage* relèvent du droit commun (V. *supra*, n° 818) ; après paiement des dettes, chacun reprend ses apports et le boni de liquidation est partagé entre tous selon les modalités convenues.

SOUS-SECTION 5

LE RÉGIME FISCAL DE LA SOCIÉTÉ EN PARTICIPATION

2025. – *Flexibilité.* La fiscalité de la société en participation se caractérise par sa remarquable flexibilité puisque les participants disposent d'une grande latitude pour modeler le régime d'imposition des bénéfices réalisés par le groupement. Ces derniers peuvent, en fonction des choix opérés par les associés, être imposés à l'impôt sur le revenu au nom de chacun des associés, être imposés à l'impôt sur les sociétés ou encore faire l'objet d'une imposition mixte.

2026. – *Régime fiscal des sociétés de personnes.* Selon l'article 8 du Code général des impôts, les membres des sociétés en participation sont personnellement soumis à l'impôt sur le revenu pour la part des bénéfices sociaux correspondant à leurs droits dans le groupement lorsque deux conditions cumulatives sont réunies : les associés doivent être indéfiniment responsables et leur nom et adresse doivent avoir été indiqués à l'administration[37] (V. *infra*, n° 2029). Lorsque ces deux conditions sont satisfaites, la société en participation relève du régime fiscal des sociétés de personnes selon lequel le résultat, calculé au niveau de la société, est imposé directement entre les mains des associés (V. *supra*, n°s 151 et s.).

2027. – *Impôt sur les sociétés.* Comme toute société de personnes, la société en participation peut, sur option, choisir de relever de l'impôt sur les sociétés (CGI, art. 206). La société doit, après avoir exercé l'option dans les conditions prévues par l'article 239 du Code général des impôts, satisfaire aux obligations déclaratives prévues en matière d'impôt sur les sociétés.

2028. – *Imposition mixte.* Même à défaut d'option, l'impôt sur les sociétés s'applique obligatoirement à la part des bénéfices correspondant aux droits

(36) Cass. com., 14 avr. 2021, n° 19-12.808 : entre autres indélicatesses, deux des trois associés d'une société en participation exploitant un cabinet de soins infirmiers ont constitué une SCP qui a débuté son activité avec la patientèle de la société dans les locaux de celle-ci ; rejet de la dissolution de la société en participation prononcée par les deux associés car intervenue de mauvaise foi et à contretemps.

(37) E. Desmorieux, *L'indication à l'administration fiscale de l'identité des associés d'une société en participation : BF Lefebvre* 3/2018, p. 181.

des associés autres que ceux indéfiniment responsables ou dont les noms et adresses n'ont pas été indiqués à l'administration (CGI, art. 206). Or, la société en participation étant dépourvue de toute personnalité juridique, il est exclu que la qualité de contribuable lui soit reconnue et qu'elle acquitte l'impôt sur les sociétés. La difficulté est réglée par l'article 218, alinéa 2, qui prévoit que l'impôt est établi au nom du gérant connu des tiers. Conformément au droit commun, le gérant peut ensuite réclamer à chacun la part qui lui incombe dans la dette.

2029. – Annie Girardot dans « Revue et corrigée » ou comment opposer au fisc une société en participation.

Les sociétés en participation sont discrètes par nature. C'est souvent à l'occasion d'un contentieux, qu'il soit juridique ou fiscal, que leur existence apparaît au grand jour. C'est ainsi qu'en parcourant les gazettes spécialisées on apprend les déboires fiscaux survenus à Annie Girardot, chère au cœur de certains cinéphiles pour son rôle dans *Rocco et ses frères* de L. Visconti.

Annie Girardot constitue donc en 1982 avec la Société nouvelle du Casino de Paris et deux autres personnes physiques une société en participation dénommée « Revue et corrigée », qui a pour objet la production d'un spectacle de même nom. Hélas ! Le spectacle est un fiasco et les pertes ne sont pas symboliques. La comédienne impute sa quote-part du déficit sur ses autres revenus imposables comme cela se pratique dans les sociétés de personnes relevant de l'impôt sur le revenu (V. *supra*, n° 153). L'administration, à la suite d'un contrôle, rejette cette imputation et lui notifie un sévère supplément d'impôt sur le revenu. Au contentieux, les juges d'appel confirment la validité du redressement opéré (CAA Paris, 17 avr. 2001 : *Dr. fisc.*2002, n° 8, comm. 141, note E. Desmorieux ; *RJF* 10/2001, n° 1258).

S'agissant des sociétés en participation, l'article 206, 4 du Code général des impôts précise en effet que l'impôt sur les sociétés s'applique aux associés « dont les noms et adresses n'ont pas été indiqués à l'administration ». Or, en l'espèce, l'existence de la société en participation n'a pas été portée à la connaissance de l'administration. La société relève donc d'office de l'IS, ce qui interdit la remontée des pertes sur les revenus personnels des associés (V. *supra*, n° 162).

Il n'y a pas que les artistes à se tromper dans le mode d'emploi et de grands groupes se font également épingler. Ainsi, la société Gervais Danone avait créé avec certains de ses distributeurs une société en participation dont les résultats se révélèrent déficitaires. L'imputation des pertes sur les bénéfices des associés fut rejetée pour cause de clandestinité de la société (CE, 21 avr. 2000 : *BJS* 2000, p. 745, note E. Desmorieux ; *RTD com.* 2000, p. 1036, obs. Fl. Deboissy. – V. aussi, CE, 29 janv. 2003 : *BJS* 2003, p. 697, note E. Desmorieux).

Un gérant avisé se doit donc d'indiquer à l'administration l'existence de la société en participation de même que les noms et adresses de chacun des associés. Il a le choix entre les deux procédés suivants :

– soit soumettre l'acte de société à la formalité de l'enregistrement ; on rappellera qu'elle est effectuée gratuitement ;

– soit notifier à l'administration les noms et adresses des associés avant l'expiration du délai de déclaration des résultats du premier exercice.

Le coin des amateurs

1. La convention de croupier

2030. – Il s'agit d'une clause curieuse, entourée de mystère, par laquelle un associé s'entend avec un tiers afin de partager avec lui les bénéfices et les pertes résultant de sa qualité d'associé ; étymologiquement, le cavalier fait bloc avec un tiers qu'il hisse sur la croupe de son cheval ; l'institution plonge ses racines dans le droit romain (H. Lévy-Bruhl, *Histoire juridique des sociétés de commerce en France aux* XVIIe *et* XVIIIe *siècles*, Domat-Montchrestien, 1938, p. 136) et sa validité était reconnue par l'ancien article 1861 du Code civil.

a) Juridiquement

Une convention qui organiserait un partage des droits politiques (droits de vote) serait entachée de nullité (T. com. Paris, 12 mars 1979 : *Rev. sociétés* 1980, p. 283, note D. Randoux). La licéité de la clause opérant transfert de tout ou partie des droits pécuniaires est en revanche admise en vertu du principe de la liberté contractuelle. Mais la licéité de principe de la clause est susceptible de céder en cas de simulation ou de fraude : si l'associé en titre est en réalité un homme de paille à la solde du croupier, la convention de croupier se verra appliquer les sanctions attachées à l'interposition de personne, à savoir l'inopposabilité ou la nullité de la convention. Également, la convention de croupier ne doit pas revêtir un caractère frauduleux. Par exemple, une convention de croupier ne pourrait pas être un substitut destiné à contourner le refus d'agrément d'un cessionnaire. Même si sa nature juridique reste controversée, la convention de croupier peut être analysée comme une société en participation (V., retenant cette qualification, Cass. com., 15 déc. 1998, n° 97-15.897 : *BJS* 1999, p. 497 ; *D.* 1999, p. 516, note F.-X. Testu ; *Rev. sociétés* 1999, p. 350, note D. Randoux).

La clause, parfois appelée la croupe, est en principe secrète : elle ne produit aucun effet, ni vis-à-vis de la société, ni vis-à-vis des tiers. Pour les tiers, l'associé officiel continue de parader. Dans les rapports entre les parties, la convention produit tous ses effets, qu'il s'agisse de la répartition des profits (pour un cas dans lequel le croupier se réservait 95 % des profits : CA Paris, 7 févr. 2003 : *RJDA* 7/2003, n° 728), ou des pertes (la croupe prévoyait une participation de 50 % des parties dans les résultats nets, déterminés par la différence entre les produits et les charges, lesquelles englobaient les moins-values constatées sur les parts, ce qui a conduit le cavalier à réclamer à son croupier sa part dans les pertes constatées suite à la liquidation judiciaire de la société : Cass. com., 23 juin 2015, n° 14-18.291 : *BJS* 2015, p. 564, note E. Schlumberger).

b) Fiscalement

Quelles sont les incidences de cette convention sur le terrain fiscal ? Tout dépend du point de savoir si elle a été ou non portée à la connaissance des services fiscaux. Si la convention est restée occulte, elle ne saurait être utilement opposée au fisc, par exemple pour combattre une accusation d'acte anormal de gestion (CE, 20 mai 1985 : *RJF* 1985, n° 7, p. 522 et 548) (V. *supra*, n° 1879). En revanche, l'administration fiscale accepte de tenir compte de la convention de croupier lorsque la société en participation ainsi créée lui a été révélée (Rép. min. : *JOAN* 24 nov. 1986, p. 4367). Outre l'enregistrement de la convention de croupier, il est possible de porter la société en participation à la connaissance de l'administration en indiquant à celle-ci les noms et adresses des participants (CGI, art. 8 et 206, 4).

Il faut ici tenir compte de l'obligation mise à la charge de la société de communiquer des informations sur ses bénéficiaires effectifs, à savoir les personnes physiques détenant en dernier ressort le contrôle de la société (V. *supra*, n° 184) ; la société qui connaît l'existence d'une convention de croupier entre son associé majoritaire et un tiers devrait donc déclarer le nom de ce tiers au RCS.

2. Le « syndicat d'étalon » : convention d'indivision ou société en participation ?

2031. – Après une brillante carrière sur les champs de courses, le cheval n'est pas réduit du jour au lendemain à une retraite oisive et encore moins infructueuse ou à remplacer le bœuf dans certains plats cuisinés. Sa renommée le destine à une seconde carrière de « reproducteur ». Le prix des saillies atteint de tels sommets – par exemple près de 100 000 € (75 000 livres irlandaises) pour une saillie, peu de temps avant son décès, du célèbre Darshaan, propriété de l'Aga Kahn – que les éleveurs se réunissent au sein d'un « syndicat » pour faire l'acquisition dudit étalon ; ils sont généralement une quarantaine, ce qui correspond à la quarantaine de saillies qu'un étalon au mieux de sa forme est capable de fournir en une année. Chaque membre du syndicat a droit à une saillie qu'il utilise pour couvrir ses propres pouliches ou qu'il rétrocède s'il n'en a pas l'usage personnel.

Le syndicat est dirigé par un gérant qui est généralement une personnalité reconnue du monde des courses ; il lui est accordé *honoris causa*, une ou deux saillies gratuites. Si l'étalon s'avère incapable de remplir son « contrat » des quarante saillies annuelles, on tire au sort ceux des membres qui seront sacrifiés. S'il est au contraire particulièrement valeureux, les saillies supplémentaires sont mises en vente et le prix en est réparti entre les membres.

Le syndicat d'étalon pose un épineux problème de qualification. L'hésitation est en effet possible entre la convention d'indivision et la société en participation. Selon la jurisprudence, il convient, pour déterminer la nature juridique de la convention, de rechercher quelle a été la commune intention des parties au vu de l'ensemble des clauses de l'accord. Dans un arrêt du 18 novembre 1997 (*BJS* 1998, p. 145 ; *RTD com.* 1998, p. 710, obs. Fl. Deboissy), la Cour de cassation a retenu la qualification de société en participation ; rejetant la qualification d'indivision, les juges ont estimé que la cession des parts du syndicat s'apparentait en l'espèce à une cession de titres sociaux soumise au droit de 4,80 % [aujourd'hui 3 %] là où la cession de droits indivis aurait supporté un simple droit fixe de 500 francs [aujourd'hui 125 €]. – *Adde*, J.-J. Daigre, *L'étalon au prétoire ou des saillies comme critère de la société en participation* : *BJS* 1998, p. 99. – H. Aberkane, *L'étalon, la société en participation et la convention d'indivision* : *Mél. A. Breton et F. Derrida*, Dalloz, 1991, p. 11 et s.

3. Chauffeur routier : salarié ou associé ?

2032. – Voilà qui évoque la fable de La Fontaine, *La génisse, la chèvre et la brebis en société avec le lion* (V. *supra*, n° 256). Pour échapper aux lourdes contraintes juridiques, pénales, sociales et fiscales pesant sur l'activité de transporteur routier, une société de transport crée avec chacun de ses chauffeurs une société en participation. La société apporte sa licence et ses camions ; le chauffeur apporte son industrie, c'est-à-dire son travail (V. *supra*, n° 249). Il se présente juridiquement comme un entrepreneur indépendant, affilié au régime social des travailleurs non salariés et imposé selon le régime des bénéfices industriels et commerciaux. Cette société est occulte ; seule est connue des tiers la société fédératrice qui joue le rôle de gérant-répartiteur. C'est elle qui reçoit les ordres de transport et les répartit entre les différents chauffeurs-associés ; elle se fait rémunérer à ce titre par de substantielles commissions. Les camions roulent sous sa seule enseigne.

Les occasions de contentieux ne manquent pas : rébellion de chauffeurs-associés revendiquant la protection du droit du travail, volonté des caisses de sécurité sociale d'affilier tout ce beau monde au régime général des salariés, contrôles fiscaux de toute sorte. Les enjeux ne sont donc pas minces, auxquels il faut désormais ajouter l'éventuelle responsabilité pénale de la société de transport (V. *supra*, n°s 407 et s.).

Pour le juge, il s'agit de qualifier les relations existant entre la société de transport et chaque chauffeur. Sont-elles réellement des relations d'associés ou ne déguisent-elles pas, par-delà les apparences, celles de simples salariés demeurés en état de subordination juridique ? S'ils sont convaincus de cette dernière solution, les juges écarteront la société en participation en se fondant soit sur la fictivité (la société n'a pas d'existence faute d'*affectio societatis*), soit sur la fraude à la loi (volonté d'écarter le régime de protection des salariés). Le fisc sera tenu pour sa part de mettre en œuvre la lourde procédure de répression des abus de droit (V. *supra*, n°s 295 et s.).

La Cour de cassation ne manque pas d'exercer sa censure lorsqu'il apparaît que les chauffeurs sont de faux associés et de vrais salariés. Par sa prééminence, la société de transport rappelle trop le lion de la fable. Voici un exemple de cassation : « Qu'en statuant comme elle l'a fait (...) alors qu'il résultait de ses constatations que ces chauffeurs se trouvaient intégrés dans un service organisé, sous le couvert d'une société en participation, par le ou les dirigeants de cette société qui exerçaient à leur égard les prérogatives d'un employeur, la cour d'appel n'a pas donné de base légale à sa décision » (Cass. soc., 14 mai 1992 : *Bull. civ.* 1992, V, n° 313). On citera un second exemple de requalification d'une société en participation en contrat de travail, au motif que la société de transport disposait seule de tous les pouvoirs pour assurer le fonctionnement de la société, ce qui était de nature à établir qu'elle avait la maîtrise de l'organisation et de l'exécution du travail que le chauffeur devait effectuer (Cass. soc., 25 oct. 2005 : *BJS* 2006, § 79, p. 395, note B. Saintourens. – *Adde*, S. Carré, *Les conditions d'exercice du métier de chauffeur routier et l'alternative du contrat de transport* : *JCP* E 2002, 995).

SECTION 2

LA SOCIÉTÉ CRÉÉE DE FAIT

2033. – *Société créée de fait et société de fait.* Réglons d'emblée un problème de vocabulaire : il est impératif de bien distinguer la société créée de fait et la société de fait(38). La société de fait est une société immatriculée, mais qui a été annulée (V. *supra*, n°s 279 et s.)(39). La société créée de fait est au contraire une société non immatriculée : on est en présence de partenaires économiques qui n'ont pas constitué de société mais qui se comportent comme de véritables associés, sans en avoir toujours conscience.

2034. – *Renvoi législatif.* La loi du 4 janvier 1978 a aligné le régime de la société créée de fait sur celui de la société en participation auquel il est fait renvoi (C. civ., art. 1873) ; le Code général des impôts en fait autant dans son article 238 bis L (V. *supra*, n° 2020). Pour les sociétés créées de fait, il s'agit d'abord d'une certaine difficulté d'être (existent-elles ou n'existent-elles pas ?) ; cette question résolue, le régime pose essentiellement un problème de liquidation.

(38) G. Kessler, *Société créée de fait : les leçons du droit comparé* : D. 2005, p. 86. – F.-X. Lucas, *La société dite créée de fait* : *Mél. Y. Guyon*, Dalloz, 2003, p. 737.

(39) Dans la pratique, la confusion de terminologie est fréquente. Ainsi les pharmaciens qui s'associent sans créer une société immatriculée (SNC ou SARL) prétendent agir en indivision ou en société de fait ; en réalité, leur association est une société en participation ostensible ; il en est de même des artisans ou des commerçants qui s'immatriculent sous la mention « société de fait ». La même confusion se retrouve sous la plume des juges qui fréquemment évoquent une société de fait là où il s'agit d'une société *créée* de fait (par ex., Cass. com., 9 nov. 1987 : *BJS* 1987, p. 857). Quant au Conseil d'État statuant en matière fiscale, il utilise le terme de société de fait, là où le CGI retient la bonne appellation (V. art. 238 bis L).

SOUS-SECTION 1

L'IDENTIFICATION DES SOCIÉTÉS CRÉÉES DE FAIT

2035. – La preuve de l'existence d'une société créée de fait peut être apportée par tous moyens (C. civ., art. 1871 et 1873). Pour le reste, il faut distinguer selon que l'action en reconnaissance de société créée de fait est intentée par un associé, tel un concubin délaissé, ou par un tiers, tel un créancier frustré.

§ 1. – L'identification par un associé

2036. – *Preuve à la charge de l'associé.* Celui qui se prétend membre d'une société créée de fait (le plus souvent pour profiter de sa liquidation) doit rapporter la preuve de l'existence de la société. Il lui faut établir que les différents éléments constitutifs de la société sont réunis.

S'agissant des apports, on notera la fréquence des apports en industrie de la part des associés qui ne peuvent offrir que leur temps et leur force de travail (l'apport des conjoints et des concubins notamment) ; ce n'est certes pas du capital au sens juridique, mais c'est une valeur créatrice de richesse.

L'*affectio societatis* s'induit d'une participation effective à la direction et à la marche de l'affaire, et comme il n'y a pas eu de déclaration d'existence de la société, c'est le partage quotidien, sur le tas, des soucis de l'œuvre commune qui révélera l'*affectio societatis*[40].

Participation aux résultats. La participation aux bénéfices est éclatante lorsque la société créée de fait procure aux partenaires l'essentiel de leurs ressources. La participation aux pertes est moins voyante, mais tout de même présente ; en période de vaches maigres, il faut « se serrer la ceinture ». Cela se constate plus que cela ne se compte. La comptabilité de la société est très souvent à l'image de la comptabilité du ménage ; elle se réduit à une caisse commune ; et quand on tient des comptes plus élaborés, c'est généralement pour satisfaire aux exigences du fisc et non à celles du droit des sociétés.

2037. – *Caractère subsidiaire.* Si les parties ont défini dans un contrat le cadre de leurs relations, elles ne sauraient s'en évader en appelant à la rescousse la théorie de la société créée de fait. Celle-ci n'est qu'un instrument subsidiaire, qui n'a d'utilité et d'efficacité que si les relations entre les parties ne ressortissent pas à un ensemble contractuel parfaitement défini et réel, voire d'une véritable société de droit ; ce caractère de subsidiarité est un gage de sécurité juridique[41].

(40) Exemple : CA Paris, 23 mars 2017, n° 15/17091 : *RJDA* 7/2017, n° 456 ; deux entrepreneurs exerçaient ensemble leur activité ; l'un d'entre eux cherche à démontrer qu'il était simple salarié de l'autre ; échec, car les ingrédients de la société étaient réunis ; au surplus, la cour d'appel note que le prétendu salarié avait un comportement incompatible avec la qualité de salarié, puisqu'il participait sur un pied d'égalité à l'entreprise commune.

(41) Pour une illustration, CA Paris, 26 juin 1992 : *JCP* E 1992, I, 172, n° 1, obs. A. Viandier et J.-J. Caussain.

§ 2. – L'identification par un tiers

2038. – *Apparence de société créée de fait.* Il n'est pas rare qu'un tiers, par exemple un créancier, cherche à prouver l'existence d'une société créée de fait. Au lieu de bénéficier d'une action contre le seul débiteur initial, le créancier pourra, grâce à la qualification de société créée de fait, poursuivre, du moins lorsque certaines conditions sont remplies, chacun des associés (V. *infra*, n° 2049). Encore faut-il prouver l'existence de la société créée de fait. Pareille exigence risquait d'être insurmontable à l'égard des tiers faute de connaître les arrangements financiers entre les partenaires ; aussi bien la Cour de cassation les autorise-t-elle à invoquer la simple apparence d'une société créée de fait. L'assouplissement est significatif puisque « l'apparence d'une société créée de fait s'apprécie globalement, indépendamment de l'existence apparente de chacun de ses éléments »(42).

2039. – *S'agissant de l'administration fiscale*, la Cour de cassation a jugé qu'elle ne pouvait se contenter d'invoquer l'apparence de société créée de fait(43) ; elle doit donc rapporter la preuve de l'ensemble des éléments constitutifs de la société ; il existe en la matière un contentieux foisonnant. Le Conseil d'État est moins sévère : il autorise parfois le fisc à invoquer la simple apparence d'une société créée de fait(44).

SOUS-SECTION 2

LA TYPOLOGIE DES SOCIÉTÉS CRÉÉES DE FAIT

2040. – Si l'on consulte la jurisprudence, il semble que le domaine d'élection des sociétés créées de fait soit celui des relations familiales (sociétés entre concubins et entre époux, sociétés post-successorales), ce qui n'exclut pas l'existence de sociétés créées indépendamment de liens familiaux.

§ 1. – Les sociétés entre concubins

A. – Exploitation en commun d'un fonds de commerce

2041. – Deux concubins exploitent ensemble le fonds de commerce acheté au nom de l'un d'eux ; ils travaillent ensemble, vivent l'un et l'autre des revenus du fonds, en assument les pertes ; un jour c'est la rupture et aussi – dans tous les sens du terme – le règlement de comptes. On plaidera alors pour ou contre l'existence d'une société créée de fait : l'avocat du propriétaire du fonds avancera qu'il n'y avait pas société et qu'en conséquence l'autre partenaire n'a droit à rien ; l'avocat adverse

(42) Par ex., Cass. com., 8 juill. 2003 : *RJDA* 2003, n° 11, n° 1068.

(43) Cass. com., 30 mai 1989 : *RJF* 1989, n°s 8-9, p. 539.

(44) CE, 5 sept. 2001 : *RJF* 11/2001, n° 1406 : dès lors que deux personnes se sont inscrites au greffe du tribunal de commerce comme ayant créé une société de fait et ont depuis régulièrement déposé les déclarations de résultats au nom de cette société, l'administration est en droit, quelles que soient les conditions réelles d'exploitation, d'imposer chaque associé sur la quote-part des bénéfices lui revenant. – Sur cette question, V. Fl. Deboissy, *La simulation en droit fiscal*, LGDJ, 1997, n°s 1107 et s.

répliquera que son client a participé à l'affaire en qualité d'associé de fait, que l'on trouve tous les éléments constitutifs de la société (apport en industrie, participation aux bénéfices et aux pertes, *affectio societatis*), et qu'en conséquence il a droit à la moitié du boni de l'affaire, autrement dit le boni de liquidation de la société ; le droit des sociétés offre ainsi à l'amant délaissé l'équivalent d'un régime matrimonial de fait. Parfois, c'est le créancier de l'un des concubins qui invoque l'existence d'une société créée de fait pour mettre à la charge de l'autre une dette relative à l'exploitation du fonds (V. *infra*, n° 2049).

2042. – *Cohabiter n'est pas s'associer* : comme on le devine, la difficulté est de preuve ; les concubins partagent vie et lit, bonheurs et malheurs, mais cela est-il la manifestation d'une âme d'associé ? La règle de base, fréquemment rappelée par les tribunaux, est que la simple cohabitation, même prolongée, s'accompagnerait-elle de l'aide et l'assistance, y compris financière, induites par la vie en commun, ne suffit pas à identifier une société créée de fait entre les concubins(45). Au-delà de ce principe, on trouve des décisions dans les deux sens ; dans une société créée de fait, sans déclaration ni rituel, la qualification juridique tient donc le plus souvent à de simples indices dont l'interprétation comporte toujours une dose d'incertitude(46). Telle est la faiblesse des sociétés créées de fait.

B. – Acquisition en commun d'un immeuble

2043. – Il arrive que soit admise l'existence d'une société créée de fait dans le cas de l'acquisition en commun d'un logement par deux concubins lorsque la preuve de l'état d'indivision ne peut pas être rapportée(47). Le recours à la technique sociétaire pour liquider l'achat en commun d'un immeuble par des concubins a pu surprendre. N'est-il pas artificiel de soutenir que le fait d'habiter un même logement constitue une entreprise commune au sens de l'article 1832 du Code civil ? Non, car une société créée de fait, de la même façon qu'une société dotée de la personnalité morale, peut avoir une vocation purement patrimoniale (V. *supra*, n° 35) ? En effet, l'entreprise commune au sens de l'article 1832 du Code civil s'apparente à un projet commun, qui ne se réduit pas à la poursuite d'une activité économique.

2044. – Il reste que dans cette situation aussi, il faut impérativement démontrer chez les intéressés une véritable intention de s'associer, autrement dit une volonté de mettre en commun les biens acquis au cours de la vie de couple, ce qui sera souvent difficile, car cette volonté ne se réduit pas à la simple mise en commun d'intérêts inhérente à la vie maritale(48).

(45) Cass. com., 9 oct. 2001 : *BJS* 2002, p. 275, obs. P. Scholer. – CA Paris, 12 sept. 2002 : *D.* 2003, somm. p. 1940, obs. J.-J. Lemouland.

(46) La Cour de cassation a par exemple jugé que la participation aux pertes ne peut être présumée à partir de la seule participation aux dépenses de la vie commune : Cass. 1re civ., 23 juin 1987 : *JCP* E 1987, I, 16.954, n° 2, obs. A. Viandier et J.-J. Caussain. – *Adde* Cass. 1re civ., 20 janv. 2010, nos 08-13.200 et 08-16.105 : *Dr. sociétés* 2010, n° 83, obs. M.-L. Coquelet.

(47) La Cour de cassation a notamment admis l'existence d'une société créée de fait dans une espèce où deux concubins avaient participé au financement de la maison leur servant de résidence principale : Cass. com., 11 févr. 1997 : *JCP* G s1997, II, 22820, note Th. Garé.

(48) Cass. 1re civ., 12 mai 2004 : *D.* 2004, p. 1672 ; *JCP* E 2004, 1510, n° 8, obs. J.-J. Caussain, Fl. Deboissy et G. Wicker ; s'agissant d'une société entre concubins, doit être démontrée l'intention de s'associer, distincte de la mise en commun d'intérêts inhérente à la vie maritale. – Cass. com., 3 avr. 2012, n° 11-15.671 : *BRDA* 10/2012, n° 8 ; concubins faisant construire une maison

§ 2. – Les sociétés entre époux

2045. – Le scénario est classique : l'un des époux, séparé de biens, est propriétaire d'un fonds de commerce qu'il exploite en commun avec son conjoint. Plusieurs années plus tard, le divorce est prononcé. Par application des règles matrimoniales, l'époux propriétaire reprend son fonds, même si sa valeur a fortement augmenté ; son conjoint n'a droit à rien, alors qu'il a participé quotidiennement à la marche de l'affaire. Le recours à la société créée de fait permet, grâce au partage du boni de liquidation, de tempérer l'iniquité de la situation faite à ce dernier. De leur côté, en cas de mauvaises affaires, les créanciers y trouvent un moyen d'élargir leur garantie en poursuivant le conjoint qui s'est immiscé dans la gestion. La démonstration de l'existence d'une société créée de fait, du moins lorsque la preuve en est rapportée, peut aussi être le moyen d'étendre la procédure collective ouverte contre l'un des époux à son conjoint.

§ 3. – Les sociétés post-successorales ou post-communautaires

2046. – Suite au décès de l'exploitant individuel, il n'est pas rare, spécialement dans le secteur agricole, que le fonds se retrouve en indivision entre les héritiers. La situation est identique après la dissolution d'une communauté de biens comprenant une entreprise individuelle. Dans les deux cas, toute la question, largement déterminée par des considérations fiscales, est de déterminer si le fonds est exploité sous forme indivise ou sous forme de société créée de fait.

§ 4. – Les sociétés extrafamiliales

2047. – À défaut de volonté affichée d'agir au sein d'une société, la difficulté, comme dans toute société créée de fait, est de preuve. La frontière avec les institutions voisines est souvent délicate à tracer :

– *simple entraide*, telle qu'on la rencontre traditionnellement dans le milieu agricole(49) ;

– *exercice professionnel à frais communs et mutualisation des moyens*, comme le font certaines professions libérales(50) ;

à crédit sur le terrain appartenant à l'un d'eux ; il est jugé que la participation financière à la réalisation du projet immobilier participe de la mise en commun d'intérêts inhérente au concubinage. – Cass. com., 12 mai 2015, n° 14-13.229 : *RJDA* 8-9/2015, n° 562 ; la femme avait acquis un immeuble en vue de créer des chambres d'hôtes et entamé des démarches en vue de créer une société avec son concubin ; les deux intéressés se séparent avant que la société voie le jour ; l'homme, un brun rancunier, réclame des dommages-intérêts en raison de la dissolution anticipée de la société créée de fait ayant selon lui existé depuis l'origine ; il est débouté faute de démontrer la présence des éléments constitutifs d'une société.

(49) Pour un exemple de société créée de fait entre un père et son fils exploitant un domaine agricole : Cass. com., 16 juin 1998 : *BJS* 1998, p. 1279, note S. Noémie.

(50) Pour un exemple de société professionnelle créée de fait entre avocats : CA Paris, 20 déc. 1991 : *BJS* 1992, p. 450, obs. B. Saintourens. – *Adde* CA Colmar, 9 oct. 2013 : *BRDA* 24/2013, n° 3 ; refus de reconnaître une société créée de fait entre infirmières au motif qu'elles exerçaient en leur nom personnel, avaient leur propre numéro de téléphone et que la simple mise en commun de moyens matériels ne caractérisait ni l'intention de partager les bénéfices ni l'*affectio societatis*.

– *contrat de travail*[51] ; pour qu'un apport en industrie puisse être caractérisé, encore faut-il que la prestation de travail n'ait pas été accomplie en qualité de salarié, autrement dit dans un état de subordination juridique et sans pouvoir de direction autonome[52] ;

– *contrat de prêt* rémunéré par une participation aux bénéfices (V. *supra*, n° 2001) ;

– *indivision*.

SOUS-SECTION 3

LE RÉGIME DES SOCIÉTÉS CRÉÉES DE FAIT

2048. – Il n'est pas question de règles de fonctionnement dans la mesure où les associés ignorent le plus souvent qu'ils sont en société[53]. Seules méritent en conséquence d'être abordées la question du passif social et celle de la disparition de la société créée de fait.

2049. – Par application de l'article 1873 du Code civil, les associés sont engagés *à l'égard des tiers* dans les mêmes conditions que les associés d'une société en participation. Pour pouvoir agir contre une autre personne que son débiteur, le créancier doit donc prouver, outre l'existence de la société créée de fait, que l'associé a agi en qualité d'associé au vu et au su des tiers ou qu'il s'est immiscé dans l'opération à propos de laquelle la dette est née (V. *supra*, n° 2020). Lorsque la preuve de l'existence d'une société créée de fait est rapportée, cette dernière preuve, en pratique, ne pose guère de difficulté. Finalement les associés sont tenus solidairement si la société a un objet commercial et conjointement si son objet est civil.

2050. – Les *causes de dissolution* sont celles de la SNC si la société créée de fait est commerciale et celles de la société civile si elle est civile (C. civ., art. 1871-1 et 1873). L'article 1872-2 du Code civil est également applicable à la société créée de fait et celle-ci peut être dissoute par acte unilatéral[54], par exemple en cas de perte de confiance à l'égard d'un coassocié[55].

2051. – Pour la *liquidation*, chacun des associés commence par reprendre la valeur initiale de ses apports, sauf les apports en industrie qui ne sont ni repris ni

(51) Les propriétaires d'un navire invoquaient l'existence d'une société créée de fait avec le capitaine pour l'obliger à contribuer à un redressement fiscal ; les juges ont estimé que la preuve n'était pas rapportée et que le capitaine avait la qualité de salarié : Cass. com., 30 mai 2000 : *BJS* 2000, p. 1094, obs. P. Scholer.

(52) C'est ce qui fut répondu à un fils ayant travaillé dès l'âge de seize ans dans l'entreprise familiale en qualité de salarié, et qui soutenait avoir effectué un apport en industrie pour prétendre au partage de l'entreprise : Cass. com., 5 avr. 2005 : *BJS* 2005, § 25, p. 1137, note R. Baillod.

(53) Lorsque les intéressés ont conscience d'être associés, la prudence impose qu'ils précisent les règles gouvernant leur collaboration et mesurent pleinement l'incidence de leur choix (Cass. com., 15 mars 2017, n° 14-29.448 : *RJDA* 7/2017, n° 457 ; la charte d'une société créée de fait entre infirmiers prévoyait que les bénéfices étaient répartis proportionnellement à leurs « droits sociaux » ; l'un d'entre eux ayant suspendu son activité réclama néanmoins, avec succès, sa part de bénéfices, la charte ne liant pas les droits financiers à l'exercice effectif de l'activité).

(54) La dissolution d'une société créée de fait pour l'exploitation d'une pharmacie peut résulter à tout moment d'une notification adressée par l'un d'eux à tous les associés, pourvu que cette notification soit de bonne foi, et non faite à contretemps : Cass. 1re civ., 10 avr. 2019, n° 17-28.834 : *RJDA* 7/2019, n° 505 ; *Rev. sociétés* 2019, p. 751, note J.-F. Barbièri.

(55) Cass. com., 18 juin 1991 : *BJS* 1991, p. 935 ; émission de chèques sans provision par un coassocié.

remboursés[56], puis la plus-value dont a bénéficié le bien apporté (par ex., le fonds de commerce) doit être partagée. En pratique, le partage se fait souvent par parts égales en raison de la difficulté qu'il y a à prouver le montant respectif des participations. Les dépenses faites par chacune des parties entrent dans le compte de liquidation.

Le coin des amateurs

Confusion des genres : golf et charité

2052. – Il ne faut pas enfermer la société créée de fait dans le seul univers des concubins délaissés et des créanciers désespérés, il est d'autres circonstances dans lesquelles l'action en reconnaissance d'une société créée de fait est lancée. Voici un exemple au carrefour de l'enfance abandonnée et des compétitions sportives. Soit une personne gérante d'une SARL spécialisée dans l'organisation d'événements sportifs à vocation caritative ; début 2006, elle entre en relation avec un golfeur professionnel et une troisième personne en vue de la création d'une compétition de golf ; les statuts d'une société sont préparés mais ne sont pas signés ; en septembre 2006, un tournoi est organisé par la seule SARL, avec la participation du joueur et du troisième homme, qui disent avoir fait profiter la SARL de leurs contacts dans le milieu du golf, notamment pour recruter des sponsors ; ils réclament un partage des profits réalisés à l'occasion de l'événement en se fondant sur l'existence d'une société créée de fait entre la SARL et eux, faisant notamment observer que la plaquette publicitaire diffusée à l'occasion du tournoi les présentait comme associés à l'événement. Réponse de la SARL : l'événement n'était pas à visée commerciale, mais exclusivement caritative – la participation aux frais d'éducation et de logement d'enfants abandonnés – et, au surplus, si des discussions en vue de la création d'une société avaient effectivement eu lieu, elles n'avaient pas abouti ; la cour de Versailles rejette l'action en reconnaissance de société créée de fait et elle souligne notamment « que la circonstance d'une participation [des demandeurs], dans des conditions et des proportions dont la démonstration ne peut résulter des seuls projets de répartition des rôles et fonctions [tels que définis dans l'ébauche de statuts], ne suffit pas à constituer un apport en industrie et à caractériser l'*affectio societatis*, dans un contexte de bénévolat lié à un but caritatif » (CA Versailles, 10 juin 2010 : *RJDA* 2/2011, n° 145). Moralité : une fois de plus, au golf comme ailleurs, il faut savoir ce que l'on veut ; veut-on être associé et alors il est préférable d'aller jusqu'au bout du projet social, signer les statuts et faire un apport ; veut-on participer à une action généreuse et alors on est mal venu de réclamer ensuite de l'argent.

(56) Ainsi, l'apport en industrie résultant du travail effectué par un concubin sur un immeuble appartenant à sa compagne ne fait pas naître de créance du chef des travaux réalisés, mais donne vocation à une partie de la plus-value : Cass. 1re civ., 19 avr. 2005 : *D.* 2005, p. 1230, obs. A. Lienhard.

TITRE 3

AUTRES SOCIÉTÉS ET GROUPEMENTS

2053. – Il existe de nombreux types de sociétés et groupements soumis à un statut particulier, qui ne sont réglementés ni dans le Code civil ni dans le Code de commerce (V. *supra*, n° 21). L'on se contentera d'en présenter certains, à commencer par les sociétés propres au secteur libéral, les GIE et les GEIE sans oublier la société européenne.

CHAPITRE 1

LES SOCIÉTÉS PROPRES AU SECTEUR LIBÉRAL

2054. – *Définition du secteur libéral.* Lorsqu'il s'agit de mettre en commun des moyens ou d'organiser un partenariat, nombreux sont les professionnels libéraux séduits par le charme de la technique sociétaire. Les professions libérales regroupent les personnes exerçant à titre habituel, de manière indépendante et sous leur responsabilité, une activité de nature généralement civile ayant pour objet d'assurer, dans l'intérêt du client ou du public, des prestations principalement intellectuelles, techniques ou de soins mises en œuvre au moyen de qualifications professionnelles appropriées et dans le respect de principes éthiques ou d'une déontologie professionnelle, sans préjudice des dispositions législatives applicables aux autres formes de travail indépendant (L. n° 2012-387, 22 mars 2012, art. 29). On peut distinguer au sein du secteur libéral les professions de la santé, les professions juridiques et judiciaires et les professions techniques (architectes, géomètres experts...).

2055. – *Sociétés propres au secteur libéral.* À côté des sociétés de droit commun, le droit met à la disposition des professionnels libéraux des sociétés particulières (pour les associations d'avocats, V. *supra*, n° 103). Les unes sont des sociétés civiles, sociétés civiles professionnelles (SCP) et sociétés civiles de moyens (SCM). L'autre est une société à forme commerciale, la société d'exercice libéral (SEL). Il faut encore évoquer, avec les sociétés de participations financières de professions libérales (SPFPL), la possibilité pour certains professionnels libéraux de constituer des holdings.

2056. – *Évolution législative.* Le régime de ces différentes sociétés a été réformé par une loi du 28 mars 2011, complétée par un décret du 23 mars 2012[1], sans oublier la loi du 6 août 2015, dite loi Macron, complétée elle aussi par des décrets. Il faut enfin citer l'ordonnance n° 2016-394 du 31 mars 2016 relative aux sociétés constituées pour l'exercice en commun de plusieurs professions libérales (V. *infra*, n° 2097). Le but de ces réformes est de favoriser la création de sociétés fortes et

(1) G. Notté, *Loi n° 2011-331 du 28 mars 2011 de modernisation des professions judiciaires ou juridiques et certaines professions réglementées : JCP* E 2011, 180. – E. de Lamaze, *Un premier pas vers l'interprofessionnalité capitalistique des professions libérales : JCP* E 2011, act. 235.

adaptées au marché, ce qui passe notamment par le renforcement de l'interprofessionnalité. Cela s'est traduit par une large déréglementation de la matière, spécialement pour les professions juridiques et judiciaires.

2057. – Sociétés de professions réglementées et Brexit.

> *Brexit* oblige, l'ordonnance n° 2020-1696 du 16 décembre 2020 prévoit diverses mesures d'adaptation des conditions légales de détention du capital social ou des droits de vote des sociétés de professions règlementées établies en France par des ressortissants britanniques.
>
> Les ressortissants britanniques et les personnes morales établies au Royaume-Uni peuvent continuer à détenir des parts de capital et droits de vote dans les sociétés concernées aux conditions légales prévues pour les ressortissants européens et pour les personnes physiques ou morales établies dans d'autres États membres de l'Union européenne ou de l'Espace économique européen.
>
> L'ordonnance assure également la continuité de l'activité des succursales de cabinets d'avocats et d'experts-comptables britanniques qui participent à la vie économique de la France. Toutefois, il ne sera plus possible d'accroître une participation ni d'ouvrir une nouvelle succursale en France après le 31 décembre 2020.
>
> L'ordonnance sécurise enfin la situation de cabinets de professions libérales telles que les avocats, les experts-comptables ou les architectes qui emploient des associés ou collaborateurs français.

SECTION 1

LES SOCIÉTÉS CIVILES PARTICULIÈRES

2058. – *Professions libérales réglementées.* L'activité libérale étant par nature civile, elle a classiquement vocation à être exercée dans le cadre d'une société civile. Outre la possibilité de constituer une société en participation (V. *supra*, n° 1999), les professionnels libéraux qui souhaitent s'associer au sein d'une société immatriculée peuvent retenir la société civile de droit commun (V. *supra*, n°s 1916 et s.). S'ils exercent une profession réglementée, la loi met à leur disposition deux types de sociétés civiles particulières : la société civile professionnelle et la société civile de moyens. Signalons que la société civile relève de l'impôt sur le revenu là où la société d'exercice libéral est soumise à l'impôt sur les sociétés ; en pratique, le critère fiscal et social est souvent déterminant quant au choix de la forme sociale (V. *infra*, n°s 2133 et 2134).

SOUS-SECTION 1

LA SOCIÉTÉ CIVILE PROFESSIONNELLE

2059. – Les sociétés civiles professionnelles sont des sociétés taillées sur mesure pour l'exercice en commun de professions libérales réglementées. Peuvent notamment s'associer entre eux dans ce cadre des médecins, des avocats, des notaires, des experts-comptables, des commissaires aux comptes, des géomètres...

Elles sont régies par une loi du 29 novembre 1966, complétée par des décrets en Conseil d'État, adoptés profession par profession, auxquels il convient de se référer. Pour le reste, elles sont soumises aux règles de droit commun de la société civile (C. civ., art. 1845 et s.), dès lors qu'elles ne sont pas contraires à celles de la présente loi (L. 29 nov. 1966, art. 30).

§ 1. – La constitution de la société civile professionnelle

2060. – L'immatriculation de la société ne peut intervenir qu'après obtention d'un agrément par l'autorité compétente (L. 29 nov. 1966, art. 1er). Pour le reste, les particularités tiennent à l'objet de la société, aux apports et à l'évaluation des parts, ou encore à la dénomination sociale.

A. – L'objet professionnel de la société

2061. – *Objet.* La société a nécessairement pour objet l'exercice en commun de la profession par ses membres (L. 29 nov. 1966, art. 1er).

2062. – *Détention du capital.* Le caractère professionnel de la société emporte deux conséquences quant à la répartition du capital :

– seuls des professionnels diplômés exerçant effectivement leur profession ensemble peuvent entrer au capital de la société (L. 29 nov. 1966, art. 3 ;

– le capital social doit être souscrit en totalité par les associés (L. 29 nov. 1966, art. 10).

2063. – *Exclusivité.* L'associé est soumis à une obligation d'exclusivité puisqu'il ne peut en principe être membre que d'une seule SCP et ne peut exercer parallèlement la même profession à titre individuel (L. 29 nov. 1966, art. 4).

2064. – *Interprofessionnalité.* Un décret peut autoriser la constitution de sociétés regroupant des professionnels appartenant à des professions libérales différentes, par exemple des « cliniques » juridiques réunissant des avocats, des notaires, des experts-comptables... (L. 29 nov. 1966, art. 3) ; mais cette possibilité est pour l'instant restée lettre morte (V. *infra*, n° 2087, pour les SEL).

B. – Les apports et la répartition des parts

2065. – *Les apports* peuvent être en numéraire, en nature ou en industrie. La SCP s'apparentant à une communauté de travail, les parts d'industrie y sont fréquentes (V. *supra*, nos 240 et s. et *infra*, n° 2071)(2).

2066. – *Parts sociales.* La répartition des parts sociales est mentionnée dans les statuts, qui peuvent, à l'unanimité des associés, fixer les principes et les modalités

(2) H. Hovasse, *Les parts d'industrie dans les sociétés civiles professionnelles : Mél. Foyer*, Economica, 2008, p. 551.

applicables à la détermination de la valeur des parts sociales. Sauf dispositions contraires du décret particulier à chaque profession, la valeur des parts sociales prend en principe en considération une valeur représentative de la clientèle civile ; toutefois, à l'unanimité des associés, les statuts peuvent exclure cette valeur représentative de la clientèle civile de la valorisation des parts sociales (L. 29 nov. 1966, art. 10). Cette dernière disposition vise à diminuer, notamment dans certains grands cabinets d'avocats, le coût du retrait d'un associé ; le but est d'éviter que l'associé retrayant, alors même qu'il a obtenu le remboursement de la valeur actuelle de ses parts, ne parte avec une partie de la clientèle.

C. – La dénomination sociale

2067. – La SCP est désignée par une dénomination sociale, qui peut être de fantaisie ou inclure le nom d'un ou de plusieurs associés ; cette dénomination doit être immédiatement précédée ou suivie de la mention « société civile professionnelle » ou des initiales « SCP », elles-mêmes suivies de l'indication de la profession exercée (L. 29 nov. 1966, art. 8).

§ 2. – Le fonctionnement de la société civile professionnelle

A. – Le gérant

2068. – Sauf stipulation contraire des statuts, tous les associés sont gérants ; les conditions de nomination, de révocation, leurs pouvoirs et la durée du mandat sont fixés par les statuts (L. 29 nov. 1966, art. 11). Afin d'assurer l'indépendance professionnelle des associés, la loi prévoit que les pouvoirs du gérant ne peuvent en aucun cas avoir pour effet de créer une subordination des associés à la société pour l'accomplissement de leurs actes professionnels ; ainsi, les associés non gérants ne peuvent pas avoir le statut de salarié.

2069. – Les gérants sont responsables de leurs actes dans les conditions du droit commun (L. 29 nov. 1966, art. 12) (V. *supra*, n°s 449 et s.).

B. – Les associés

1° Les droits politiques

2070. – En l'absence de disposition réglementaire ou, à défaut, de clause statutaire, le principe est celui de l'égalité quant à la répartition des droits de vote : quel que soit le montant de sa participation, chaque associé dispose d'une voix (L. 29 nov. 1966, art. 13).

2° Les droits financiers

2071. – Les rémunérations de toute nature versées en contrepartie de l'activité professionnelle des associés sont perçues par la société (L. 29 nov. 1966, art. 14), ceux-ci étant rémunérés par le biais de distributions de dividendes, ce qui suppose une décision régulière des associés(3). En l'absence de disposition réglementaire ou de clause statutaire, chaque associé a droit à la même part dans les bénéfices (L. 29 nov. 1966, art. 14). Il n'est pas rare en pratique que des clauses statutaires modulent la part de chacun en fonction de la participation au capital social ou de l'activité déployée au sein de la société (V. *infra*, n° 2085).

2072. – Si la constitution de réserves au moyen de bénéfices non distribués ou la constatation de plus-values d'actifs dues à l'industrie des associés le permet, il est procédé périodiquement à l'augmentation du capital social ; les parts sociales ainsi créées doivent être attribuées à tous les associés, y compris les apporteurs en industrie(4) ; l'associé en industrie se voit alors attribuer de véritables parts sociales(5), ce qui lui permet de s'inviter au capital social.

2073. – *Sur le plan fiscal*, la société relève de l'impôt sur le revenu (CGI, art. 8 ter) (V. *supra*, n°s 151 et s.) et les associés sont imposés selon le régime des bénéfices non commerciaux. Puisque l'associé exerce sa profession dans la société, ses parts sociales constituent un actif professionnel, ce qui emporte différents avantages fiscaux (V. *supra*, n° 1834). En particulier, les intérêts d'emprunt souscrit pour l'acquisition des parts constituent des charges déductibles (V. *infra*, n° 2134).

3° Les obligations et responsabilités

2074. – *Obligation au passif social.* Chaque associé répond indéfiniment des dettes sociales à l'égard des tiers (L. 29 nov. 1966, art. 15). La poursuite de l'associé suppose, comme dans la société civile de droit commun, que le créancier ait vainement poursuivi la société (V. *supra*, n° 1958). Le *solvens*, autrement dit celui qui a payé, dispose d'un recours tant contre la société que contre ses coassociés (V. *supra*, n° 1827).

2075. – *Inéligibilité aux procédures collectives.* Le professionnel libéral qui exerce son activité sous forme sociétaire ne peut pas faire l'objet d'une procédure collective (V. *infra*, n° 2135).

2076. – *Responsabilité civile.* Comme tout professionnel libéral (V. pour les commissaires aux comptes, *supra*, n° 1408)(6), chaque associé répond sur l'ensemble de son patrimoine des actes professionnels qu'il accomplit(7), la société étant solidai-

(3) Les associés d'une SCP n'ont pas de droits sur les bénéfices sociaux au titre des exercices pour lesquels aucune distribution de dividendes n'a été régulièrement décidée par les associés : Cass. 1re civ., 10 sept. 2015, n° 14-15.572 : *Dr. sociétés* 2015, n° 194, obs. H. Hovasse.

(4) Si le principe de l'augmentation de capital ne peut pas être écarté par une clause des statuts, il est toutefois possible de la soumettre à une condition, par exemple en prévoyant que la plus-value afférente à la clientèle n'est incorporée au capital social que si elle est d'au moins 20 % : Cass. com., 16 mai 2013, n° 12-17.814, PBI : *BJS* 2013, p. 571, note R. Mortier ; *Dr. sociétés* 2013, n° 137, obs. H. Hovasse.

(5) Cass. 1re civ., 16 juill. 1998 : BJS 1998, p. 1078. – *Adde* J.-J. Daigre, *Société civile professionnelle : l'associé en industrie est un associé en capital en puissance* : *BJS* 1998, p. 1131.

(6) La règle vaut également pour l'avocat, membre d'une *partnership* constituée aux États-Unis, qui exerce l'activité libérale en qualité de *partner* : Cass. 1re civ., 17 mars 2011, n° 10-30.283, PBI : *BJS* 2011, § 175, p. 407, note J.-F. Barbièri ; *D.* 2011, p. 1463, note B. Dondero.

(7) La responsabilité personnelle de l'associé demeure malgré la cession de ses parts consécutive à son décès : Cass. 1re civ., 11 juill. 2018, n° 17-17.441, PB : *BJS* 2018, p. 575, note J.-F. Barbièri ; *Dr. sociétés* 2018, n° 164, H. Hovasse.

rement responsable avec lui (L. 29 nov. 1966, art. 16)(8). Aucune hiérarchie n'est instituée entre les défendeurs : l'action en responsabilité civile peut indifféremment être dirigée contre la société, contre l'associé, ou encore contre les deux(9) ; cette solution, qui peine à s'imposer, est régulièrement réaffirmée par la Cour de cassation(10).

4° Les droits patrimoniaux

2077. – *Droit de retrait.* Afin de garantir l'*intuitus personae* qui règne nécessairement dans la SCP compte tenu de son objet professionnel, la loi réglemente le droit de retrait de l'associé (L. 29 nov. 1966, art. 18).

Des règles particulières sont prévues lorsque la SCP est constituée pour l'exploitation d'un office ministériel (notaire, huissier...). Le retrayant perd sa qualité d'associé à compter de la publication de l'arrêté prononçant le retrait(11) (comp., dans la société civile, *supra*, n° 1976). Il a donc droit jusqu'à cette date à la rémunération de ses parts d'industrie(12) ou de capital(13) ; en l'absence de contrepartie, la clause de l'acte de cession qui prive le cédant de tout droit dans les bénéfices est nulle pour absence de cause(14). À compter de la publication de l'arrêté, il perd les droits attachés à la qualité d'associé, et spécialement le droit de participer aux délibérations de l'assemblée générale(15) ; c'est également à cette date que doit s'opérer l'estimation de ses parts(16).

(8) La société reste solidairement tenue même si, depuis les faits, sa composition a été modifiée, Cass. 3e civ., 24 avr. 2003 : *D.* 2003, p. 1295, obs. A. Lienhard ; *JCP* E 2004, 29, n° 10, obs. J.-J. Caussain, Fl. Deboissy et G. Wicker. – La société est tenue solidairement des conséquences dommageables des actes commis par l'un de ses associés dans l'exercice de ses fonctions quand bien même ces actes seraient pénalement sanctionnés : Cass. 1re civ., 9 juin 2011, n° 10-15.933 : *BJS* 2011, § 404, p. 794, note B. Dondero.

(9) Cass. 1re civ., 1er mars 2005 : *BJS* 2005, § 235, p. 989, note J.-J. Daigre. – En conséquence, encourt la cassation l'arrêt qui rejette l'action contre l'associé au motif que seule la responsabilité de l'associée peut être recherchée : Cass. 1re civ., 28 mars 2008, n° 07-12.196 : *BJS* 2008, § 591, note B. Saintourens. – Cass. 1re civ., 30 sept. 2010, n° 09-67.298, PBI : *JCP* E 2010, 2027, note H. Hovasse.

(10) Cass. 1re civ., 15 déc. 2011, n° 10-24.550, PBI : *Dr. sociétés* 2012, n° 23, obs. H. Hovasse ; *BJS* 2012, § 79, p. 226, note J.-F. Barbièri : rejet d'un pourvoi soutenant que l'action en responsabilité ne pouvait être exercée que contre la SCP d'avocats. – Cass. 1re civ., 8 mars 2012, n° 11-14.811, PBI : cassation d'un arrêt d'appel ayant retenu que l'action en responsabilité ne pouvait être exercée que contre la SCP d'avocats. – V. aussi, Cass. com., 21 juin 2011, n° 10-22.790 : *Rev. sociétés* 2012, p. 93, note A. Reygrobellet ; le client d'une société d'expertise comptable peut poursuivre soit la responsabilité civile de la société, soit celle de l'associé en charge des prestations critiquées.

(11) Cass. 1re civ., 15 oct. 2014, n° 13-18.983, PB : *Dr. sociétés* 2015, n° 46, obs. H. Hovasse.

(12) Cass. 1re civ., 28 oct. 2010, n° 09-68.135 : *BJS* 2011, § 8, p. 21, note D. Gallois-Cochet ; *JCP* E 2011, 1000, n° 5, obs. Fl. Deboissy et G. Wicker : en matière de SCP d'huissiers de justice, le retrait d'un associé étant subordonné à l'arrêté prononçant le retrait, la cession des parts sociales même réalisée antérieurement n'est efficace qu'à compter de la publication de l'arrêté, de sorte que jusqu'à cette date l'associé a droit à la rémunération de ses parts en industrie.

(13) Cass. 1re civ., 9 juin 2011, n° 10-18.655 : *BJS* 2012, § 4, p. 40, note F.-X. Lucas : l'associé retrayant d'une SCP d'avoués a droit, tant que ses droits sociaux ne lui sont pas remboursés, à la rétribution de ses apports en capital et donc à sa quote-part des bénéfices distribués.

(14) Cass. 1re civ., 12 mai 2016, n° 15-12.360, PB : *BJS* 2016, p. 488, note M. Storck ; *Rev. sociétés* 2016, p. 676, note B. Saintourens ; la solution est rendue sur le fondement de l'ancien article 1131 du Code civil ; elle peut être fondée sur le nouvel article 1169 du même code.

(15) Cass. 1re civ., 16 sept. 2010, n° 09-68.720 : *BJS* 2011, § 153, p. 307, note J.-P. Garçon ; *JCP* E 2010, 2028, note H. Hovasse : notaire retrayant. – Si le notaire retrayant ne peut plus, à compter de la publication de l'arrêté constatant son retrait, poursuivre la nullité des décisions collectives sur le fondement de la qualité l'associé, il a en revanche un intérêt à agir, pour la sauvegarde de ses droits patrimoniaux, en nullité de ces décisions collectives en sa qualité de propriétaire des parts sociales annulées et de créancier de la SCP au titre du capital apporté, de la valeur de ses parts et du droit à la rémunération de son apport qu'il conserve jusqu'au remboursement de ses droits : Cass. 1re civ., 1er déc. 2009, n° 08-19.895, PB : *D.* 2010, p. 745, note M. Laroche ; *Dr. sociétés* 2010, n° 45, obs. H. Hovasse et *JCP* E 2010, 1121.

(16) L'estimation des parts sociales du notaire quittant la société s'opère au jour de la publication de l'arrêté ministériel prononçant son retrait (D. 2 oct. 1967, art. 31), l'intéressé n'étant réputé démissionnaire qu'à cette date : Cass. 1re civ., 16 mars 2004 : *D.* 2004, p. 1024.

2078. – Où l'on voit un notaire entrer en résistance...

En dehors des cas de menaces législatives sur leur « fonds de commerce », il est rare que les notaires se révoltent, ce qui fait tout le prix d'un arrêt de la Cour de cassation (Cass. 1re civ., 2 juill. 2014, n° 13-14.134 : *RJDA* 11/2014, n° 850). Trois notaires bretons s'étaient associés au sein d'une SCP en 1988 ; l'un des trois cessa toute activité professionnelle en 1997, et fit valoir ses droits à la retraite en septembre 2003, concomitamment à un arrêté du garde des Sceaux le déclarant démissionnaire d'office ; conformément à la réglementation, l'intéressé perdit en conséquence sa qualité d'associé tout en conservant son droit à la rémunération de ses apports tant que ses parts n'étaient pas rachetées ; logiquement, le retraité aurait dû céder ses parts et sortir ainsi de la société, mais il en décida autrement ; une longue bataille judiciaire commença alors avec assignations et recours dans tous les sens, qui aboutirent notamment à l'annulation de l'arrêté ministériel par le Conseil d'État en 2008, ce qui conduisit le garde des Sceaux à prendre un nouvel arrêté, qui devint définitif en 2012, après une nouvelle saisine du Conseil d'État. Le 18 décembre 2012, la cour de Rennes décida que nonobstant le caractère abusif du refus du notaire de céder ses parts, il avait droit à la rétribution de ses apports en capital tant qu'il demeurait propriétaire des parts et qu'il pouvait donc prétendre à sa part de bénéfices dans la SCP ; mais la cour d'appel va plus loin, en constatant que l'intéressé « se maintenait dans la SCP depuis de nombreuses années sans y exercer d'activité professionnelle, au mépris des règles déontologiques et de la loyauté due à ses autres associés » et qu'il y avait donc lieu de le condamner à dommages-intérêts. La Cour de cassation a rejeté les pourvois contre l'arrêt de la cour de Rennes, en considérant notamment que le comportement du notaire rebelle constituait un abus de droit.

Un enseignement : il ne suffit pas de prévoir des cas de cession forcée pour avoir la certitude de pouvoir se débarrasser de l'associé poussé vers la sortie ; tant que ses parts ne sont pas effectivement rachetées, il conserve les droits financiers attachés auxdites parts et les conservera longtemps s'il fait flèche de tout bois (comp. pour un avocat : Cass. 1re civ., 10 sept. 2014, n° 13-13.957 : *Rev. sociétés* 2015, p. 115, note J.-F. Barbièri).

Une question : qu'est-il advenu ensuite ? Scénario rose : le notaire a enfin cédé ses parts. Scénario noir : le notaire a continué de batailler, par exemple sur le prix de rachat, l'erreur grossière de l'expert, etc. Pendant le combat, il est demeuré titulaire des parts et a continué à percevoir une partie des bénéfices, ses associés n'ayant pas d'autre issue que de rechercher à nouveau sa condamnation pour dommages-intérêts. Bref, ce qui vaut pour les résidences secondaires vaut parfois pour les associations entre professionnels : il y a deux moments d'intense bonheur, le premier quand on achète ou quand on devient associé, et le second quand on vend ou quand on cesse d'être associé.

2079. – *Cession des parts sociales.* Comme on s'en doute, la cession de parts à un tiers est soumise à une procédure d'agrément (L. 29 nov. 1966, art. 19)[17]. Au contraire, les parts sont librement cessibles entre associés (L. 29 nov. 1966, art. 20).

(17) Lorsque, en cas de refus d'agrément, le prix de rachat proposé par la société est dérisoire, aucun abus ne peut être invoqué, la partie la plus diligente pouvant seulement demander la désignation d'un expert sur le fondement de l'article 1843-4 du Code civil : Cass. 1re civ., 10 avr. 2019, n° 17-28.264, PB : *BJS* juin 2019, p. 28, note A. Reygrobellet.

2080. – *Transmission des parts par décès.* Au décès de l'associé, les parts sont transmises à ses héritiers : si la finance est transmise, il n'en va pas de même du « titre ». En effet, la qualité d'associé de SCP – le titre – étant subordonnée à une condition particulière, à savoir l'exercice d'une profession, elle n'est pas transmise à l'héritier, qui est donc privé de tout droit de vote. L'héritier, bien que dépourvu de la qualité d'associé, bénéficie cependant de tous les droits financiers attachés aux parts jusqu'à la cession ou le rachat de ceux-ci(18), autrement dit aussi longtemps que la valeur ne lui en a pas été remboursée(19).

2081. – Il a été jugé, dans le cas d'une société civile professionnelle de notaires, que l'interdiction de donner en nantissement les parts et de les vendre aux enchères publiques n'emporte pas leur insaisissabilité, laquelle ne pourrait résulter que d'une disposition législative(20).

SOUS-SECTION 2

LA SOCIÉTÉ CIVILE DE MOYENS

2082. – *Objet.* Par opposition à la société civile professionnelle, qui est une société d'exercice, la société civile de moyens permet à ses membres de mettre des moyens en commun, mais elle n'exerce pas elle-même la profession (L. 29 nov. 1966, art. 36) ; ce n'est qu'une société auxiliaire, à la manière du GIE(21) (V. *infra*, n° 2162).

Elle permet des économies de moyens pour des professionnels qui exercent leur activité soit de façon indépendante, soit dans un cabinet de groupe. La société peut fournir divers services : locaux, matériels, secrétariat, services comptables ou informatiques...

2083. – *Pactes adjoints.* Le règlement intérieur de la société ne peut pas contenir de dispositions incompatibles avec le but et l'objet de la société (pour une clause de non-réinstallation, V. *supra*, n° 342). Il est fréquent que les associés de la société civile de moyens concluent une convention d'exercice en commun de leur activité ; en l'absence d'indivisibilité entre les deux actes, qui ont des objets différents, la cession des parts sociales n'emporte pas caducité de la convention, dont les clauses, telle une clause de non-réinstallation, continuent à lier les signataires(22).

2084. – *Dissolution.* La société peut être dissoute en cas de mésentente entre ses membres (V. *supra*, n°s 777 et s.)(23) ou d'extinction de son objet social (V. *supra*,

(18) Cass. 1re civ., 1er juin 2016, n° 13-28.221 : *BJS* 2016, p. 605, note T. Favario ; *Dr. sociétés* 2016, n° 163, note H. Hovasse ; décès de l'associé d'une SCP d'avocats.

(19) Cass. 1re civ., 27 janv. 2017, n° 15-28.980, PB : *BJS* 2017, p. 231, note A. Rabreau ; *Dr. sociétés* 2017, n° 3, obs. H. Hovasse ; en cas de décès de l'associé d'une SCP de notaires, ses héritiers ou légataires ont droit aux bénéfices.

(20) Cass. 1re civ., 4 nov. 2003 : *D.* 2004, p. 521, note G. Taormina ; l'interdiction est posée par l'article 14 du décret du 2 octobre 1967.

(21) Ainsi, une société civile de moyens constituée par des radiologues ne constitue pas l'une des structures d'exercice auxquelles s'applique une responsabilité de plein droit en matière d'infections nosocomiales : Cass. 1re civ., 12 oct. 2016, n° 15-16.894, PB ; *BJS* 2017, p. 132, note B. Brignon.

(22) Cass. 1re civ., 4 févr. 2015, n° 13-26.452, PB : *Dr. sociétés* 2015, n° 66, obs. H. Hovasse ; *BJS* 2015, p. 195, note J.-F. Barbièri.

(23) Mésentente exacerbée à la suite de la désorganisation de l'activité commune résultant de la maladie d'un coassocié : CA Montpellier, 1er avr. 203 : *Dr. sociétés* 2003, n° 209, obs. F.-X. Lucas.

n° 767). Au moment de la liquidation de la société, l'associé peut voir jouer sa contribution aux pertes.

Le coin des amateurs

Adoption d'une clause de répartition inégalitaire des bénéfices d'une SCP : mode d'emploi

2085. – Alors que les statuts d'une société civile professionnelle prévoyaient une répartition égalitaire des bénéfices entre les deux associés détenant chacun la moitié du capital, l'un d'eux avait reçu une part beaucoup plus importante que celle qui aurait dû normalement lui revenir. À la dissolution de la société, l'autre associé réclama le paiement de ce qu'il estimait lui être dû en se prévalant des modalités de répartition inscrites dans les statuts. Le défendeur soutint que les associés s'étaient mis d'accord pour répartir les résultats en fonction de l'activité déployée réellement par chacun (V. *supra*, n° 254). Cette argumentation n'a pas convaincu la Cour de cassation qui cassa l'arrêt d'appel ayant admis que la volonté contraire et unanime des associés pouvait être établie par tous moyens et se déduire du mode de fonctionnement de la société. Elle a au contraire retenu que, en l'absence d'une réunion d'assemblée ou d'une consultation écrite des associés, les décisions des associés résultent de leur consentement unanime qui doit être exprimé dans un acte (Cass. 1re civ., 21 mars 2000 : *D.* 2000, p. 475, note Y. Chartier). La leçon est claire : la décision résultant du consentement unanime des associés suppose qu'il soit exprimé dans un acte (V. *supra*, n° 1982) ; aussi, une modification des statuts, de même que l'adoption de n'importe quelle décision sociale, ne peut résulter du consentement tacite des associés. À propos de la même affaire, la Cour de cassation a précisé que le formalisme légal était en revanche respecté lorsque la pratique de répartition inégalitaire des bénéfices a été ratifiée par les deux actes de dissolution et de liquidation établis entre les deux associés (Cass. 1re civ., 2 mars 2004 : *BJS* 2004, p. 714, note B. Saintourens ; *JCP* E 2004, 1510, n° 6, obs. J.-J. Caussain, Fl. Deboissy et G. Wicker).

Une autre modulation possible tient à l'âge des associés, comme le montre une décision récente ; les statuts d'une société de notaires stipulaient un abattement de 10 % sur la part des bénéfices revenant aux associés de plus de soixante-cinq ans ; l'un de ces derniers rechercha la nullité de la clause considérant qu'elle était contraire aux dispositions de la loi n° 2008-496 du 27 mai 2008 interdisant les discriminations fondées sur l'âge dans une relation de travail ; le demandeur échoue au motif que la loi précitée, issue de la directive européenne du 27 novembre 2000, autorise les ruptures d'égalité répondant à une exigence professionnelle, essentielle et déterminante ; or, la nécessité de rajeunir l'étude notariale et de favoriser son développement relevait de cette exigence (Cass. 1re civ., 12 janv. 2017, n° 15-12.546 : *BRDA* 6/2017, n° 6) ; comme quoi le jeunisme peut affecter une profession jusqu'alors plutôt imperméable aux évolutions sociales.

SECTION 2

LA SOCIÉTÉ D'EXERCICE LIBÉRAL

2086. – *Professions réglementées.* La société d'exercice libéral est ouverte à l'ensemble des professions libérales reconnues, c'est-à-dire soumises à un statut législatif ou réglementaire, ou dont le titre est protégé (L. 31 déc. 1990, art. 1er). Cela concerne l'ensemble des professions médicales, y compris les pharmaciens d'officine[24], les professions juridiques et judiciaires, ainsi que des professions techniques telles que géomètre expert, expert agricole et foncier, architecte, conseil en propriété industrielle...

2087. – *Interprofessionnalité.* Pour renforcer le poids des SEL sur le marché européen et mondial, les règles ont été libéralisées, d'abord par la loi du 28 mars 2011, puis par la loi Macron du 6 août 2015[25]. L'objectif affiché est d'améliorer les capacités de financement des structures françaises face à la concurrence des grands cabinets anglo-saxons. Le but est également de favoriser l'interprofessionnalité, mais celle-ci reste limitée à l'ouverture du capital à d'autres professions libérales (« interprofessionnalité capitalistique »). En revanche, l'interprofessionnalité d'exercice, autrement dit l'exercice de plusieurs professions au sein d'une même structure, est pour l'heure interdite, sauf pour les professionnels du droit et du chiffre qui peuvent, depuis l'ordonnance n° 2016-394 du 31 mars 2016, s'associer au sein d'une société interprofessionnelle dénommée « société pluriprofessionnelle d'exercice » (V. *infra*, n° 2097).

2088. – On commencera par envisager l'ouverture des sociétés commerciales aux professions libérales, dont la SEL, société commerciale par la forme, est le meilleur exemple même s'il n'est pas le seul. En tout état de cause, la nécessité de préserver les règles déontologiques propres à ces professions (secret professionnel, indépendance du professionnel, interdiction des actes de commerce...) a conduit le législateur à poser des règles dérogatoires au droit commun, même si la tendance est nettement à la libéralisation. On le vérifiera à propos des règles gouvernant la constitution de la SEL et son organisation.

SOUS-SECTION 1

L'ACCÈS DES PROFESSIONS LIBÉRALES AUX SOCIÉTÉS COMMERCIALES

2089. – C'est la société civile qui constitue le cadre traditionnel de l'exercice en commun d'une profession libérale (V. *supra*, n° 2058). Ainsi, les sociétés à forme commerciale, type SA ou SARL, ont longtemps été réservées à certaines professions libérales (V. *infra*, n° 2092). L'ouverture s'est faite avec l'introduction de la société d'exercice libéral par la loi du 31 décembre 1990, ensuite, pour les professions juridiques et judiciaires, avec la faculté de recourir aux sociétés de droit commun, enfin, avec l'accès aux sociétés interprofessionnelles.

(24) Solution pour le moins surprenante puisque les pharmaciens sont des commerçants et que la SEL est en principe réservée aux seules professions libérales, F. Vialla, *Recul de la commercialité ou avènement de la professionnalité ? À propos du décret du 28 août 1992 relatif à l'exercice de la pharmacie d'officine sous la forme de SEL* : *JCP* N 1993, I, p. 221.

(25) H. Hovasse, *La réforme des sociétés d'exercice des professions juridiques et judiciaires* : *BJS* 2015, p. 536. – G. Parleani, *L'exercice en société des professions libérales – essentiellement juridiques – dans la loi Macron* : *Rev. sociétés* 2015, p. 638.

§ 1. – L'accès à la société d'exercice libéral

2090. – La loi du 31 décembre 1990 a permis aux membres des professions libérales d'exercer leur activité dans des sociétés commerciales spécifiques, les sociétés d'exercice libéral[26]. Le but était de donner aux professions libérales les moyens de lutter contre la concurrence internationale en facilitant le regroupement de capitaux, la constitution de réseaux et la mobilité des professionnels. L'assujettissement des sociétés d'exercice libéral à l'impôt sur les sociétés permet par ailleurs une amélioration de leur capacité d'autofinancement (V. *infra*, n° 2134).

2091. – Les professions libérales peuvent ainsi exercer leur activité dans le cadre de société d'exercice libéral prenant la forme de SA, SARL, SCA ou SAS[27] qui sont des formes sociales puisées dans le Code de commerce, auquel il est fait renvoi, sauf dispositions expresses de la loi du 31 décembre 1990. On utilise alors les dénominations peu élégantes de SELAFA, SELARL, SELCA ou SELAS. La SEL est dans ces quatre hypothèses une société à forme commerciale et à objet civil. Elle peut, dans le cas de la SELARL et de la SELAS, être unipersonnelle. Il est également possible d'utiliser la forme de la société en participation, la loi du 31 décembre 1990 renvoyant aux articles 1871 à 1872-1 du Code civil, à l'exclusion de l'article 1872-2[28]. En revanche, le législateur n'a retenu ni la SNC ni la société en commandite simple, car elles confèrent à leurs membres la qualité de commerçant.

§ 2. – L'accès aux sociétés de droit commun

A. – Les professionnels du chiffre et certaines professions techniques

2092. – Certains professionnels libéraux, notamment les experts-comptables, les commissaires aux comptes, les géomètres ou les architectes, se sont toujours vu reconnaître le droit d'exercer leur profession dans le cadre des sociétés commerciales de droit commun que sont la SA et la SARL.

B. – Les professionnels du droit

2093. – Pour les professions juridiques et judiciaires, le pas a été franchi par la loi n° 2015-990 du 6 août 2015 (art. 63), complétée par des décrets d'application. Les professionnels du droit (huissiers, notaires, commissaires-priseurs, avocats, avocats au Conseil d'État et à la Cour de cassation, administrateurs et mandataires judiciaires) peuvent recourir aux sociétés de droit commun, à l'exclusion de celles qui confèrent à leurs membres la qualité de commerçant (sociétés en commandite et SNC) ; ce qui, outre la société civile de droit commun et la société civile professionnelle (V. *supra*, n°s 2058 et s.), leur ouvre la porte des SA, SAS et SARL. Cette

(26) D. Velardocchio, *Les sociétés d'exercice libéral : Dr. et patrimoine* 1/2003, p. 53.

(27) D. Poracchia, *La société d'exercice libéral par actions simplifiée : Dr. et patrimoine* 2001, p. 84.

(28) Il s'ensuit que la dissolution d'une société d'exercice libéral prenant la forme d'une société en participation ne peut résulter d'une simple notification adressée par l'un des associés aux autres associés : Cass. 1re civ., 27 nov. 2019, n° 18-21.207, PB : *BJS* févr. 2020, p. 30, note A. Reygrobellet ; *Dr. sociétés* janv. 2020, n° 4, obs. H. Hovasse.

ouverture s'accompagne d'aménagements dont la portée est limitée, concernant la composition du capital et la direction de la société.

2094. – *Détention du capital.* Parmi les associés doit figurer au moins un professionnel remplissant les conditions requises pour exercer la profession correspondant à l'objet de la société : ainsi, une SAS exerçant la profession d'avocat devra comprendre au moins un avocat parmi ses membres ; la règle n'est guère contraignante puisqu'aucun montant minimum de détention du capital ou des droits de vote n'est prévu au profit des professionnels en exercice.

Pour le reste, il suffit que le capital et les droits de vote soient détenus par des personnes exerçant n'importe quelle profession juridique ou judiciaire établies dans un État de l'Union européenne, dans un État partie à l'Espace économique européen ou encore en Suisse ; si l'associé est une personne morale, il doit satisfaire aux exigences de détention du capital et des droits de vote posées pour les sociétés d'exercice libéral, lesquelles ont été fortement assouplies (V. *infra*, n°s 2104 et s.). Ainsi est ouverte la voie d'une vraie interprofessionnalité capitalistique permettant la constitution de véritables groupes de sociétés dans le secteur juridique.

2095. – *Dirigeants.* S'agissant de la gestion de la société, le législateur se borne à exiger qu'au moins un membre de la profession correspondant à l'objet de la société et exerçant au sein de la société soit membre du conseil d'administration ou du conseil de surveillance (V. égal. pour les SEL, *infra*, n° 2120). Outre que l'exigence est particulièrement limitée, la règle est lacunaire : que décider si la société, par exemple une SARL ou une SAS, ne comporte pas de conseil ? Quoi qu'il en soit, la société peut être dirigée par des managers ne relevant ni de la profession de la société, ni même d'une profession juridique ou judiciaire.

2096. – *Moralité*, les sociétés d'exercice de droit commun sont encore plus souples que la SEL, ce qui est de nature à rendre les SEL moins attractives ; mais cette liberté peut s'avérer particulièrement dangereuse pour les associés.

§ 3. – L'accès aux sociétés interprofessionnelles

2097. – *Société pluriprofessionnelle d'exercice.* Par-delà l'interprofessionnalité capitalistique (V. *supra*, n°s 2087 et 2094) a été consacrée une véritable interprofessionnalité d'exercice, permettant d'associer des professionnels du droit exerçant des professions distinctes ou encore des professionnels du droit et du chiffre. L'ordonnance n° 2016-394 du 31 mars 2016[29], complétée par des décrets d'application des 29 juin et 1er juillet 2016, a autorisé certaines professions à se regrouper dans des sociétés pour exercer en commun leur profession respective[30] : avocats

(29) Cette ordonnance a été jugée pour l'essentiel conforme à la loi d'habilitation : CE, 17 juin 2019, n° 400192 : *BJS* nov. 2019, p. 20, note J.-F. Barbièri.

(30) D. Gallois-Cochet, *Adoption de l'ordonnance relative à l'interprofessionnalité d'exercice : Dr. sociétés* 2016, n° 104. – H. Hovasse, *Les sociétés pluriprofessionnelles d'exercice des professions libérales soumises à un statut législatif ou réglementaire ou dont le titre est protégé : BJS* 2016, p. 364. – S. Nonorgue, *La nouvelle société pluriprofessionnelle d'exercice : JCP E* 2016, 1441. – B. Brignon, *Publication des décrets d'application des articles 63 et 67 de la loi Macron du 6 août 2015 : JCP E* 2016, 639.

(D. n° 2017-801, 5 mai 2017), avocats au Conseil d'État et à la Cour de cassation, commissaires-priseurs judiciaires, huissiers de justice, notaires, administrateurs judiciaires, mandataires judiciaires, conseils en propriété industrielle, experts-comptables (D. n° 2017-799, 5 mai 2017). Cette société, dénommée société pluriprofessionnelle d'exercice, peut revêtir toute forme sociale (SCP, SEL, SA, SARL, SAS), à l'exception de celles qui confèrent à leurs associés la qualité de commerçant (SNC et commandite).

SOUS-SECTION 2

LA CONSTITUTION DE LA SOCIÉTÉ D'EXERCICE LIBÉRAL

§ 1. – Les conditions de fond

A. – L'objet de la société d'exercice libéral

2098. – Les SEL ont pour objet l'exercice en commun de la profession. Elles ne peuvent accomplir les actes d'une profession déterminée que par l'intermédiaire de leurs membres ayant qualité pour exercer cette profession(31). En principe, la SEL est constituée autour d'une seule activité et son objet est uniprofessionnel (L. 31 déc. 1990, art. 1). La loi réserve la possibilité (non utilisée à ce jour) d'autoriser par décrets en Conseil d'État la création de sociétés d'exercice pluriprofessionnelles. Cependant, les professionnels du droit et du chiffre peuvent créer des sociétés pluriprofessionnelles d'exercice (V. *supra*, n° 2097).

B. – La forme commerciale de la société d'exercice libéral

2099. – Étant *commerciale par la forme*, la société d'exercice libéral est tenue de présenter une comptabilité conforme aux normes du plan comptable général (C. com., art. L. 123-12 et s.).

2100. – Mais la SEL, bien que commerciale par la forme, exerce une *activité de nature civile*. Plusieurs conséquences en découlent :

– la loi attribue compétence aux seuls tribunaux civils pour les actions dans lesquelles l'une des parties est une SEL et ce, même si elle adopte une forme commerciale (C. com., art. L. 721-5, al. 1er)(32) ;

– une SELAFA ne peut pas être inscrite sur les listes électorales d'une chambre de commerce et d'industrie en raison de la nature civile de son activité(33) ;

– une SEL ne peut pas bénéficier du statut des baux commerciaux en raison de la nature civile de son activité (C. com., art. L. 145-1) (V. *supra*, n° 397) ;

(31) L'avocat associé exerçant au sein d'une SELARL n'agit pas en son nom propre mais exerce les fonctions d'avocat au nom de la société ; faute d'exploiter pour son propre compte une entreprise libérale, l'associé ne peut faire l'objet d'une liquidation judiciaire : CA Paris, 20 nov. 2007, n° 07/03359 : *JCP* E 2008, 1045, note Ch. Lebel ; *BJS* 2008, § 47, p. 210, note N. Tagliarino-Vignal.

(32) CA Paris, 8 oct. 1996 et Cass. com., 6 mai 1997 : *BJS* 1997, p. 989, note J.-J. Daigre.

(33) Cass. 2e civ., 10 nov. 1998 : *BJS* 1999, p. 450, obs. J.-J. Daigre.

– une SEL ne peut pas être associée d'une SNC[34].

Les associés peuvent convenir dans les statuts de soumettre à arbitrage les litiges survenant entre eux pour raison de la société[35] (C. com., art. L. 721-5, al. 2).

C. – Les associés

1° Le nombre d'associés

2101. – Le nombre d'associés minimum varie selon la forme de la SEL. La SELARL et la SELAS peuvent comprendre un seul associé. La SELCA pour sa part doit comporter au moins un associé commandité qui ne peut être qu'une personne physique exerçant sa profession au sein de la société ; la loi écarte la qualité de commerçant attribuée en principe aux associés commandités, laquelle serait incompatible avec le statut des professions libérales ; quant aux commanditaires, ils ne peuvent être moins de trois.

2° Les différentes catégories d'associés

2102. – *Professionnel en exercice.* La première catégorie d'associés est constituée par ceux qui exercent personnellement leur profession libérale au sein de la société ; le professionnel libéral en exercice est responsable personnellement des actes professionnels accomplis (V. *infra*, n° 2123), mais il ne peut faire l'objet d'une procédure collective (V. *infra*, n° 2135). La loi leur assurait une position majoritaire mais, sauf pour le secteur de la santé, ce verrou a sauté (V. *infra*, n° 2109).

2103. – *Autres associés.* La seconde catégorie d'associés regroupe ceux qui se contentent de participer au capital sans exercer d'activité professionnelle dans la société ; il peut s'agir de professionnels relevant de la même profession, de professionnels relevant d'une autre profession ou même dans certains cas de non professionnels.

D. – Le capital

1° Le montant du capital social

2104. – Dans le silence de la loi, c'est le droit commun des sociétés commerciales qui s'applique : 37 000 € pour la SELAFA et la SELCA ; absence de minimum légal pour la SELAS (V. *supra*, n° 1524) et la SELARL (V. *supra*, n° 1696).

2° La répartition du capital entre les associés

2105. – *Libéralisation.* Afin de garantir l'indépendance des professionnels et le respect des règles déontologiques applicables à la profession, la loi édictait jusqu'en 2015 des règles strictes de détention du capital qui, relevant de l'ordre public économique, étaient sanctionnées par la nullité absolue[36]. Ces conditions ont été

(34) CA Versailles, 28 oct. 2004 : *JCP* E 2004, 131, n° 7, obs. J.-J. Caussain, Fl. Deboissy et G. Wicker : la nature civile de l'activité de la SEL est incompatible avec la qualité commerciale requise pour constituer une SNC.

(35) Cass. com., 5 oct. 1999 : *BJS* 2000, p. 215, note J.-J. Daigre.

(36) Annulation pour cause illicite d'un contrat de coopération et d'une convention d'entrée au capital permettant à une société de commissaires aux comptes de participer au capital d'une SEL d'avocats ; en effet, seule une personne exerçant une profession juridique ou judiciaire peut détenir une participation dans une SEL d'avocats : Cass. 1re civ.,

fortement libéralisées par la loi Macron du 6 août 2015, par un jeu complexe de dérogations en chaînes venant vider de toute portée les principes posés, ce qui rend la loi difficile à lire.

2106. – *Régularisation.* Si l'une des conditions relatives à la répartition du capital vient à défaillir, la société dispose d'un délai d'un an pour se mettre en conformité ; à défaut, tout intéressé peut demander en justice la dissolution de la société, mais le tribunal peut accorder à la société un délai maximal de six mois pour régulariser la situation (L. 31 déc. 1990, art. 5, II).

2107. – *Information.* Une fois par an, la société adresse à l'ordre professionnel dont elle relève un état de la composition de son capital social (L. 31 déc. 1990, art. 3), mais pas de la répartition des droits de vote.

a) La détention majoritaire du capital et des droits de vote

2108. – *Principe.* Les professionnels en exercice au sein de la société doivent en principe détenir ensemble, directement ou par l'intermédiaire d'une société de participations financières de professions libérales, tout à la fois plus de la moitié du capital et plus de la moitié des droits de vote (L. 31 déc. 1990, art. 5, I, A).

2109. – *Dérogations.* La règle, qui était impérative, est devenue supplétive. Pour garantir l'ouverture du capital, les règles protectrices relatives aux droits de vote double (V. *infra*, n° 2114), à l'exercice des fonctions de direction (V. *infra*, n° 2120) ou à l'agrément (V. *infra*, n° 2127) sont écartées.

D'une part, sauf pour le secteur de la santé, plus de la moitié du capital et des droits de vote peut désormais être détenue, soit par des personnes établies dans un État de l'Union européenne, un État partie à l'accord sur l'Espace économique européen ou en Suisse à condition d'exercer une activité correspondant à l'objet de la société, soit par des sociétés de participations financières de professions libérales (L. 31 déc. 1990, art. 6, I, 1°).

D'autre part, la réglementation est encore plus libérale pour les sociétés exerçant une profession juridique ou judiciaire, dans lesquelles plus de la moitié du capital et des droits de vote peut être détenue par des personnes établies dans un État de l'Union européenne, un État partie à l'accord sur l'Espace économique européen ou en Suisse, exerçant n'importe quelle profession juridique ou judiciaire. Le seul verrou posé par la loi, peu contraignant, est que cette société doit au moins comprendre parmi ses associés un professionnel en exercice, mais sans poser de condition de détention minimale (L. 31 déc. 1990, art. 6, I, 3°) (V. égal., pour les sociétés d'exercice de droit commun, *supra*, n° 2094). Par exemple, à s'en tenir à la loi, une SEL de notaires peut être valablement constituée en France par des avocats établis en Suisse qui détiendraient 99,99 % du capital, seul 0,1 % étant détenu par un notaire français en exercice. Cela signifie encore par exemple qu'une SEL française de mandataires-liquidateurs peut être détenue majoritairement par des avocats luxembourgeois.

15 janv. 2015, n° 13-13.565, PB : *BJS* 2015, p. 78, note J.-F. Barbièri ; *Dr. sociétés* 2015, n° 69, obs. M. Roussille ; *JCP* E 2012, 1084, note B. Brignon.

2110. – *Bailleurs de fonds.* Des décrets peuvent autoriser l'ouverture du capital à de purs bailleurs de fonds n'exerçant aucune profession libérale, à hauteur d'un quart dans le secteur de la santé et à hauteur de la moitié dans les autres secteurs. Ils peuvent également prévoir des règles restrictives pour tenir compte des nécessités propres à chaque profession, du respect de l'indépendance de ses membres ou de ses règles déontologiques propres (L. 31 déc. 1990, art. 6, III et IV). Toutefois, ces possibilités d'adaptation réglementaire sont expressément écartées pour les professions juridiques et judiciaires (L. 31 déc. 1990, art. 6, V).

b) Le reste du capital

2111. – Le reste du capital peut être détenu par les personnes suivantes (L. 31 déc. 1990, art. 5, I, B) : professionnels exerçant en dehors de la société une activité professionnelle correspondant à l'objet de la société, autre professionnel du même secteur d'activité, par exemple le secteur de la santé ou le secteur des professions juridiques ou judiciaires, anciens professionnels ayant quitté la société, ayants droit d'associés décédés, sociétés constituées en vue du rachat de la société par des salariés ou sociétés de participations financières de professions libérales.

2112. – La loi Macron du 6 août 2015 a ajouté à cette liste une nouvelle catégorie d'associés, à savoir toute personne physique ou morale établie dans un État de l'Union européenne, dans un État partie à l'accord sur l'Espace économique européen ou en Suisse qui exerce une activité correspondant à l'objet de la société ; s'il s'agit d'une personne morale, elle doit respecter, directement ou indirectement par l'intermédiaire d'une autre personne morale, les exigences de détention du capital et des droits de vote prévues dans les SEL.

E. – Les titres sociaux

1° Les règles spéciales applicables aux actions

2113. – Dans la SELAFA, la SELCA et la SELAS, l'offre au public d'instruments financiers est exclue et les actions doivent revêtir la forme nominative (L. 31 déc. 1990, art. 8, al. 1er).

2114. – La dissociation de la participation au capital et des droits de vote par la création d'*actions à droit de vote double* est possible, mais doublement encadrée[37] : d'une part, seuls les associés exerçant au sein de la société peuvent en détenir ; d'autre part, tous les associés exerçant au sein de la société les actions doivent en bénéficier, sauf à poser une condition de durée de détention des titres qui ne peut excéder deux ans (L. 31 déc. 1990, art. 8, al. 2 et 3). Si les actions à droit de vote double sont transférées à un bénéficiaire qui n'est pas en exercice au sein de la société, le droit de vote double est perdu (L. 31 déc. 1990, art. 8, al. 4).

Ces règles sont écartées pour les SEL dans lesquelles plus de la moitié du capital et des droits de vote est détenue par des professionnels n'exerçant pas leur profession dans la société (V. *supra*, n° 2109) (L. 31 déc. 1990, art. 8, al. 6) ; ces derniers

(37) Une telle dissociation n'est en revanche pas possible dans la SELARL, où s'applique le principe de l'article L. 223-28 « une part – une voix » : Rép. min. n° 11-0574 : *JOAN* Q 6 déc. 2011.

peuvent donc se voir reconnaître des droits de vote double dans les conditions de droit commun, c'est-à-dire librement dans une SELAS.

2115. – Il est enfin possible de créer des *actions à dividende prioritaire sans droit de vote*, mais les associés exerçant au sein de la société ne peuvent pas en détenir. Cette catégorie de titres étant en voie d'extinction (V. *supra*, n°s 1599 et s.), ces actions doivent se couler dans le moule des actions de préférence (V. *supra*, n°s 1588 et s.). Pour éviter que les règles spécifiques aux SEL ne soient détournées, les droits particuliers attachés aux actions de préférence émises dans ces sociétés ne peuvent faire obstacle ni à l'application des règles de répartition du capital ou des droits de vote (V. *supra*, n° 1860), ni à celles posées par l'article 12 de la loi quant à l'exercice de fonctions dirigeantes (V. *infra*, n° 2119) (L. 31 déc. 1990, art. 9).

2° La location des titres sociaux

2116. – Les parts ou actions peuvent faire l'objet d'un contrat de location (V. *supra*, n°s 1305 et s.), dont les conditions ont été assouplies par la loi du 20 décembre 2014 : le locataire peut être un professionnel salarié ou un collaborateur libéral exerçant au sein de la société, mais également tout professionnel exerçant la profession constituant l'objet social de la société (L. 31 déc. 1990, art. 8, al. 5) ; par exception, pour les sociétés du domaine de la santé ou celles exerçant les fonctions d'officier public ou ministériel, le preneur doit obligatoirement avoir la qualité de salarié ou de collaborateur libéral exerçant au sein de la société.

F. – La dénomination sociale

2117. – La société a le choix de sa dénomination ; elle peut être de pure fantaisie, mais doit toujours être précédée ou suivie de la mention du type de société (à responsabilité limitée, anonyme en commandite par actions ou par actions simplifiée) ou de ses initiales (SELARL, SELAFA, SELCA, SELAS), ainsi que du montant du capital social (L. 31 déc. 1990, art. 2). Elle peut aussi joindre le nom d'un ou plusieurs associés exerçant ou ayant exercé au sein de la société. Dans ce dernier cas, elle doit préciser « anciennement » et ne peut maintenir le nom lorsque tous les associés collaborateurs ayant exercé avec l'ancien associé ont quitté la société. Enfin, la SEL peut mentionner, avant ou après sa dénomination sociale, son appartenance à un réseau professionnel.

§ 2. – Les conditions de forme

2118. – La seule particularité concerne l'acquisition de la personnalité morale. La SEL bénéficie de la personnalité morale à compter de son immatriculation au registre du commerce et des sociétés, mais cette formalité ne peut intervenir qu'après que la société aura été agréée par les autorités compétentes, autrement dit, pour l'essentiel, les ordres professionnels, ou bien qu'elle aura obtenu son inscription au tableau de l'ordre professionnel correspondant à son objet (L. 31 déc. 1990, art. 3, al. 3) ; le refus d'inscription peut faire l'objet d'un recours pour excès de pouvoir.

SOUS-SECTION 3

LE FONCTIONNEMENT DE LA SOCIÉTÉ D'EXERCICE LIBÉRAL

§ 1. – Les organes de direction

2119. – *Principe.* Tous les dirigeants de SEL doivent être des professionnels exerçant au sein de la société. Cette règle vaut pour les gérants de SELARL, pour les présidents du conseil d'administration ou du conseil de surveillance, membres du directoire et directeurs généraux et directeurs généraux délégués de SELAFA, pour tous les associés commandités des SELCA et pour les présidents et dirigeants de SELAS. En outre, dans les sociétés anonymes, cette obligation concerne les deux tiers au moins des membres du conseil d'administration ou du conseil de surveillance (L. 31 déc. 1990, art. 12, al. 1er).

2120. – *Dérogation.* La règle a été écartée par la loi Macron du 6 août 2015 lorsque plus de la moitié du capital et des droits de vote est détenue par des professionnels n'exerçant pas leur profession dans la société (V. *supra*, n° 2109) (L. 31 déc. 1990, art. 12, al. 4). Dans les sociétés du secteur juridique et judiciaire, le conseil d'administration ou le conseil de surveillance de la société doit simplement comprendre au moins un membre exerçant au sein de la société une profession correspondant à l'objet social, ce qui n'est guère contraignant (L. 31 déc. 1990, art. 12, al. 5) (V. égal., pour les sociétés d'exercice de droit commun, *supra*, n° 2095) ; la société peut donc être dirigée par des managers ne relevant ni de la profession de la société, ni même d'une profession juridique ou judiciaire.

2121. – *Cumul avec un contrat de travail.* La loi écarte l'application des articles L. 225-22 et L. 225-85 du Code de commerce ; les administrateurs ou membres du conseil de surveillance peuvent donc cumuler leur mandat avec un contrat de travail (L. 31 déc. 1990, art. 12, al. 2).

2122. – *Conventions réglementées.* Pour l'approbation des conventions entre la société et les dirigeants portant sur les conditions d'exercice de leur profession, seuls se prononcent les dirigeants professionnels exerçant au sein de la société (L. 31 déc. 1990, art. 12, al. 3).

§ 2. – Les associés

A. – La responsabilité

2123. – *Associés.* La loi du 31 décembre 1990 instaure un régime original de responsabilité combinant un engagement limité aux dettes sociales et une responsabilité civile professionnelle étendue. La responsabilité des associés est limitée au montant de leurs apports (c'est une différence avec la SCP, V. *supra*, n° 2074) mais ils sont indéfiniment responsables sur leurs biens propres des actes professionnels qu'ils accomplissent personnellement (L. 31 déc. 1990, art. 16). Dans la SELCA, les associés commandités sont indéfiniment et solidairement responsables des dettes sociales.

2124. – *Quant à la société*, elle est à la fois responsable civilement de ses propres actes, mais aussi et solidairement avec eux des actes professionnels de ses associés (L. 31 déc. 1990, art. 16).

B. – Les comptes courants d'associés

2125. – Le souci d'assurer l'indépendance du professionnel justifie la réglementation de l'usage des comptes courants d'associés (L. 31 déc. 1990, art. 14). L'associé exerçant la profession au sein d'une SEL (ou ses ayants droit) ne peut mettre à la disposition de la société au titre de compte d'associé plus de trois fois le montant de sa participation au capital (D. 23 juill. 1992)(38). Tout autre associé pourra avancer, au mieux, un montant égal à sa participation au capital. Les statuts peuvent encore abaisser ces plafonds. Un associé ne pourra pas non plus demander le remboursement de son compte courant sans avoir au préalable notifié ses intentions à la société, puis respecté un préavis, variable selon les statuts, qui va de six mois pour l'associé en exercice à un an pour tout autre associé.

C. – L'exclusion de l'associé

2126. – Afin de respecter les exigences liées au caractère professionnel de la SEL, la loi a accordé une large place à l'*intuitus personae*. Elle autorise ainsi l'insertion d'une clause d'exclusion dans les statuts sous réserve qu'un décret d'application précisant les garanties morales, procédurales et patrimoniales accordées à l'associé le permette (L. 31 déc. 1990, art. 21)(39). Conformément au droit commun, l'associé exclu a droit au remboursement de ses droits sociaux (V. *supra*, n° 571)(40). En revanche, à défaut de dispositions spéciales de la loi l'autorisant, l'associé d'une SEL ne bénéficie pas d'un droit de retrait(41).

D. – L'agrément

2127. – L'agrément des nouveaux associés obéit à des règles de majorité rigoureuses afin d'assurer le respect de l'*intuitus personae*. Cependant, ces règles sont écartées par la loi Macron du 6 août 2015 lorsque plus de la moitié du capital et

(38) La méconnaissance de ce plafond n'est pas sanctionnée par la nullité de la convention de compte courant : Cass. 1re civ., 27 nov. 2013, n° 12-29.282 : *Dr. sociétés* 2014, n° 24, obs. H. Hovasse.

(39) Par ex., dans les SEL de biologie médicale, l'article R. 6223-66 du Code de la santé publique autorise l'exclusion de l'associé « qui contrevient aux règles de fonctionnement de la société », ce qui englobe tout manquement aux règles légales, professionnelles, déontologiques ou contractuelles (statuts, règlement intérieur, protocole, accords contractuels spécifiques) : Cass. com., 30 sept. 2020, n° 18-24.947 : *BJS* janv. 2021, p. 37, note B. Brignon ; *Dr. sociétés* mars 2021, n° 35, obs. N. Jullian.

(40) Cass. com., 19 juin 2001 : *BJS* 2001, p. 1297, note J.-J. Daigre : l'associé dirigeant d'une SELARL de directeur de laboratoire d'analyse de biologie médicale a fait l'objet d'une mesure de révocation et d'une mesure d'exclusion ; il a eu droit à une indemnisation sur ce double fondement. – Dans une telle société, l'associé exclu perd sa qualité d'associé dès l'adoption de la décision d'exclusion, mais conserve jusqu'à la date du remboursement de ses titres sociaux le droit à la rétribution de ses apports en capital : Cass. 1re civ., 26 mai 2011, n° 10-16.894, PBI : *BJS* 2011, § 385, p. 797, note M.-H. Monsèrié-Bon ; *JCP* E 2011, 1499, note H. Hovasse.

(41) Cass. 1re civ., 12 déc. 2018, n° 17-12.467, PB : *BJS* 2019, p. 26, note A. Reygrobellet : SELARL d'avocats.

des droits de vote est détenue par des professionnels n'exerçant pas leur profession dans la société (V. *supra*, n° 2109) (L. 31 déc. 1990, art. 10, dern. al.).

2128. – *Dans une SELARL* la majorité requise est obligatoirement des trois quarts des porteurs de parts exerçant la profession au sein de la société et non pas, comme en droit commun, de la majorité des associés représentant la moitié des parts sociales.

2129. – *Dans une SELAFA*, les statuts doivent adopter l'une des deux règles suivantes :

– soit la majorité des deux tiers des actionnaires exerçant leur profession dans la société ;

– soit la majorité des deux tiers des membres du conseil d'administration ou du conseil de surveillance exerçant dans la société.

2130. – *Dans les sociétés en commandite*, l'agrément des commanditaires est obtenu à la majorité des deux tiers des seuls commandités. Mais l'acquisition de la qualité de commandité nécessite l'unanimité des commandités si elle intervient lors de la signature des statuts, plus la majorité des deux tiers des commanditaires si elle intervient en cours de vie sociale.

2131. – *Dans la SELAS*, l'agrément est donné par les associés exerçant leur profession dans la société à la majorité des deux tiers ; la même règle s'applique pour la mise en œuvre d'une clause d'exclusion.

2132. – *Évaluation des titres*. Quelle que soit la forme sociale, s'agissant de fixer la valeur des titres rachetés en cas de refus d'agrément, les statuts peuvent, à l'unanimité des associés, fixer les principes et les modalités applicables à la détermination de la valeur des parts sociales ou actions (L. 31 déc. 1990, art. 10, al. 1er). Comme dans la SCP (V. *supra*, n° 2066), sous réserve des dispositions contraires du décret particulier à chaque profession, la valorisation des titres sociaux prend en considération une valeur représentative de la clientèle civile, sauf clause contraire statutaire adoptée à l'unanimité des associés (L. 31 déc. 1990, art. 10, al. 2).

Le coin des amateurs

1. Associé d'une SEL et droit de la sécurité sociale

2133. – Au moment du choix d'une structure sociétaire, les questions de droit de la sécurité sociale sont souvent déterminantes en pratique. À cet égard, le choix de la SEL peut s'avérer judicieux. Deux questions doivent être résolues. À quel régime de sécurité sociale est affilié l'associé d'une SEL exerçant sa profession au sein de celle-ci ? Quelle est l'assiette des cotisations ?

La SEL étant soumise à l'impôt sur les sociétés, il est fait application de l'article L. 622-5 du Code de la sécurité sociale qui assujettit au régime des travailleurs non salariés les personnes exerçant une profession libérale. Ainsi, un notaire associé d'une SEL prétendait être salarié de la SEL et relever par suite de la caisse de retraite et de prévoyance des clercs de notaires ; il lui fut opposé qu'il ne pouvait, étant associé de la SEL, avoir la qualité de salarié au sein de la même société (D. 13 janv. 1993, art. 38) ; il a été par suite affilié au régime des travailleurs non salariés (Cass. soc., 11 oct. 2001 : *Bull. civ.* 2001, V, n° 318). La même solution a été retenue pour le président d'une SELAS de chirurgien dentiste qui prétendait relever du régime général de la sécurité sociale (Cass. 2e civ., 27 nov. 2014, n° 13-26.022, PB : *BJS* 2015, p. 80, note V. Allegaert ; *JCP* E 2015, 1118, note L. Flament). Il a de même été jugé que l'avocat associé d'une SEL ne peut pas être titulaire d'un contrat de travail au sein de la société (Cass. 1re civ., 14 févr. 2018, n° 17-13.159, PB : *Rev. sociétés* 2018, p. 449, note J.-J. Daigre).

En principe, lorsqu'une société relève de l'impôt sur les sociétés, les cotisations dues sont calculées sur la base des seules rémunérations perçues, à l'exclusion des dividendes, ce qui est avantageux. Ainsi, les cotisations sociales sont calculées sur la seule rémunération perçue en qualité de dirigeant, le SMIC par exemple. Pour assurer son train de vie, l'associé doit se faire distribuer des dividendes qui seront soumis au droit commun de l'impôt sur le revenu, mais échapperont aux cotisations sociales. Mieux encore, si l'associé n'exerce pas de fonctions de dirigeant et perçoit uniquement des dividendes, il échappe à toutes cotisations sociales alors même qu'il exerce une activité professionnelle. Il s'agit d'un avantage incontestable du recours à une société relevant de l'IS par rapport à l'exercice individuel de la profession puisque, en ce cas, les cotisations sont calculées sur le résultat fiscal. L'avantage est tout aussi net par rapport à une société relevant de l'impôt sur le revenu puisque, dans celle-ci, les cotisations sont calculées sur la part revenant à l'associé dans le résultat fiscal.

Mais le législateur est venu limiter cet avantage (L. fin. sécurité sociale n° 2008-1330, 17 déc. 2008). Désormais, les associés de SEL sont assujettis aux cotisations et contributions sociales applicables aux revenus d'activité des travailleurs indépendants à raison des dividendes et intérêts de comptes courants qui leur sont alloués, de même qu'à leur conjoint, partenaire ou enfant mineur non émancipé, pour la fraction qui excède 10 % du capital social, des primes d'émission et des sommes versées en compte courant. Le Conseil constitutionnel a jugé que cette disposition ne créait pas de rupture d'égalité devant les charges publiques et n'était contraire à aucun autre droit ou liberté garanti par la Constitution (Cons. const., 6 août 2010, n° 2010-24 QPC : *BJS* 2010, § 178, p. 828, note B. Saintourens).

2. Associé d'une SEL et droit fiscal

2134. – C'est bien souvent la fiscalité qui influence le choix de la structure sociale et conditionne en définitive le succès ou l'échec de telle ou telle forme de société. La SEL ne fait pas exception à la règle.

a) Les avantages de l'impôt sur les sociétés

Lorsqu'elle emprunte la forme d'une société commerciale visée par l'article 206, 1 du Code général des impôts (SA, SARL, SCA, SAS), la SEL relève de l'impôt sur les sociétés alors que, dans une société civile professionnelle, les bénéfices sont imposés entre les mains des associés à l'impôt sur le revenu dans la catégorie des BNC. Lorsque la société atteint une certaine taille, l'assujettissement à l'impôt sur les sociétés présente des avantages indéniables. Le taux de l'impôt sur les sociétés est limité à 27,5 % (V. *supra*, n° 156), voire 15 ou 26,5 % (V. *supra*, n° 169), tandis que, dans le cadre de l'impôt sur le revenu, le taux marginal d'imposition peut dépasser 60 %.

Outre l'avantage résultant de cette différence de taux, l'assujettissement à l'impôt sur les sociétés permet de ne pas surtaxer l'autofinancement. En effet les bénéfices dégagés par une société relevant de l'impôt sur le revenu sont imposables chez les associés proportionnellement à leur participation dans le capital social, quand bien même ils n'auraient pas fait l'objet d'une distribution. En revanche, lorsque la société relève de l'impôt sur les sociétés, les bénéfices mis en réserve ne sont pas soumis à l'impôt, ce qui améliore la capacité d'autofinancement de la société. Les sommes non distribuées, c'est-à-dire mises en réserve, serviront pour une part à financer le développement du cabinet et le surplus sera investi en placements fructueux ; la société, sorte de tirelire, se mue en machine à thésauriser.

b) La déduction fiscale des frais d'acquisition des titres

Un professionnel qui souhaite devenir associé d'une SEL est souvent obligé d'emprunter des sommes importantes pour financer l'acquisition des titres. Or, toute déductibilité des intérêts d'emprunt lui a longtemps été refusée alors que les charges financières pouvaient être déduites lorsque l'acquisition portait sur les parts d'une société relevant de l'impôt sur le revenu, telle la société civile professionnelle. La situation a heureusement évolué. Ainsi, il existe depuis 2003 une réduction d'impôt égale à 25 % des intérêts dus chaque année, soumise à de nombreuses conditions et plafonnée (CGI, art. 199 terdecies OB).

Surtout, consacrant la solution retenue par le Conseil d'État (CE, 24 oct. 2004 : *Dr. fisc.* 2005, comm. 224, concl. E. Glaser. – M. Cozian, *Les experts-comptables salariés peuvent enfin déduire le coût du financement de l'acquisition de titres de leur société : JCP* E 2005, 444 ; *Financement du rachat d'entreprise : pour en finir avec un apartheid fiscal : Dr. fisc.* 2006, 57), la loi autorise les salariés et les dirigeants fiscalement assimilés à des salariés à déduire, au titre des frais réels, les frais et intérêts d'emprunt exposés pour acquérir les parts ou actions d'une société ayant une activité industrielle, commerciale, artisanale, agricole ou libérale dans laquelle ils exercent leur activité professionnelle (CGI, art. 83, 3°). La déductibilité suppose le respect de deux conditions, la seconde venant préciser la première :

– *condition d'utilité* : les dépenses doivent être utiles à l'acquisition ou à la conservation des revenus ;

– *condition de proportionnalité* : les intérêts ne sont déductibles que pour la part de l'emprunt proportionnée à la rémunération annuelle, perçue ou escomptée au moment où l'emprunt est contracté, ce qui correspond à l'exigence posée par le Conseil d'État, l'administration s'en tenant à un rapport de un à trois.

Cette déduction ne peut pas se cumuler avec la réduction d'impôt précitée.

3. Associé d'une SEL ou d'une SCP et droit des entreprises en difficulté

2135. – La loi du 26 juillet 2005 a étendu le domaine des procédures collectives à « toute personne physique exerçant une activité indépendante, y compris une profession libérale soumise à statut législatif ou réglementaire ou dont le titre est protégé » (C. com., art. L. 620-2, L. 631-2 et L. 640-2). Cette modification du champ d'application des procédures collectives a suscité deux difficultés, l'une concernant le gérant de SARL, l'autre concernant le professionnel libéral exerçant son activité dans le cadre d'une SCP ou d'une SEL. Après avoir jugé que le gérant de SARL ne pouvait, en cette qualité, faire l'objet d'une procédure collective (V. *supra*, n° 1705), la chambre commerciale de la Cour de cassation a retenu en 2010 dans trois arrêts du même jour une solution identique pour le professionnel libéral (Cass. com., 9 févr. 2010, n°s 08-17.670, 08-17.144, 08-15.191, PBRI : *D.* 2010, p. 434, obs. A. Lienhard ; *JCP* E 2010, 1267, note A. Cerati-Gauthier), confirmée en 2014 (Cass. com., 16 sept. 2014, n° 13-17.147, PB : *JCP* E 2014, 1550, note A. Cerati-Gauthier) ; il est en revanche éligible à la procédure de traitement du surendettement des particuliers (Cass. 2e civ., 1er juin 2017, n° 16-17.077, PB : *BJS* 2017, p. 618, note J.-J. Ansault).

La question s'est posée dans le contexte suivant : un professionnel libéral (en l'occurrence un avocat), cesse d'exercer sa profession à titre individuel et s'associe au sein d'une SCP ou d'une SEL. Un créancier (en l'occurrence l'administration fiscale) décide de faire ouvrir à son encontre une procédure collective à raison du passif provenant de l'activité professionnelle antérieure. La question est la suivante : doit-on considérer que le débiteur a cessé son activité professionnelle lorsqu'il est devenu associé, ce qui oblige alors le créancier à agir dans le délai d'un an à compter de cette cessation d'activité (C. com., art. L. 620-5, L. 631-5 et L. 640-5) ? Doit-on au contraire considérer que le professionnel libéral a continué son activité sous une nouvelle forme, ce qui, faute de cessation d'activité, rend inapplicable ce délai d'un an ? Retenant la première solution, la Cour de cassation a commencé par énoncer que le professionnel libéral qui a cessé d'exercer son activité à titre individuel pour devenir associé d'une SCP ou d'une SEL n'agit plus en son nom propre, mais exerce ses fonctions au nom de la société ; il cesse dès lors d'exercer une activité professionnelle indépendante au sens des procédures collectives. Cela étant, après cette cessation d'activité, le tribunal peut ouvrir à son égard une procédure collective lorsque tout ou partie du passif provient de l'activité antérieure. Toutefois, si la procédure est ouverte sur l'assignation d'un créancier, cette dernière doit intervenir dans le délai d'un an à compter de la cessation de l'activité individuelle. Ces solutions se comprennent fort bien dans la mesure où, si le professionnel libéral exerce la même activité avant comme après, le mode d'exploitation subit en revanche une profonde transformation, laquelle se traduit notamment par une transformation des modalités de son engagement au passif. Autrement dit, s'il s'agit de la même activité, il ne s'agit plus de la même exploitation.

SOUS-SECTION 4

LES SOCIÉTÉS DE PARTICIPATIONS FINANCIÈRES DE PROFESSIONS LIBÉRALES

2136. – *Holdings*. La constitution de groupes de sociétés a été longtemps refusée aux professions libérales réglementées. Seuls les experts-comptables échappaient à cette prohibition. Ces derniers pouvaient en effet créer des sociétés de participations d'expertise comptable qui ont servi de modèle aux sociétés de participations financières de professions libérales (SPFPL). Les nouvelles dispositions ont été introduites aux articles 31-1 et 31-2 de la loi du 31 décembre 1990 relative à la société d'exercice libéral et complétées par des décrets adoptés profession par profession. Il s'agit de permettre aux professions libérales de créer des holdings, l'objectif étant de faciliter la concentration des cabinets en vue notamment de résister à la concurrence des structures étrangères. D'un point de vue juridique comme fiscal, la société de participations financières de professions libérales, comme toute société holding, présente un intérêt certain, soit pour structurer ou animer un groupe de sociétés, soit pour procéder à une acquisition de titres (V. *infra*, n° 2154).

2137. – *Interprofessionnalité*. Un pas supplémentaire a été franchi avec la loi n° 2011-331 du 28 mars 2011 qui a autorisé les sociétés à détenir des participations dans des sociétés ayant pour objet l'exercice de deux ou plusieurs professions[42]. Allant plus loin, la loi Macron du 6 août 2015 a ouvert l'accès à cette forme de société holding à tous les professionnels libéraux. Ce mouvement ne va pas sans réticence. En effet, on peut craindre que les SPFPL ne soient le moyen pour des groupes financiers ou industriels d'investir le champ du secteur libéral

(42) H. Hovasse, *Les SPFPL monoprofessionnelles après le décret du 23 mars 2012 : BJS* 2012, § 482, p. 894. – G. Parleani, *Les SPFPL de 2011 : fausses holdings et vraies têtes de réseau pour les professions libérales : Rev. sociétés* 2012, p. 407. – V., pour les sociétés d'expertise comptable, Ord. n° 2014-443, 30 avr. 2014 : JO 2 mai 2014.

réglementé[43], qu'il s'agisse du secteur de la santé (on pense ici aux laboratoires pharmaceutiques) ou au secteur des professions juridiques et judiciaires (où l'on peut redouter l'emprise des banques et des assurances). Les sociétés de participations financières doivent être inscrites sur la liste ou au tableau de l'ordre ou des ordres professionnels concernés ; le refus peut faire l'objet d'un recours pour excès de pouvoir (V. par ex. *infra*, n° 2145).

2138. – *L'évolution de la réglementation* conduit à distinguer les dispositions générales applicables à toutes les sociétés de participations financières et les dispositions spéciales applicables selon que la société est mono ou pluri professionnelle.

§ 1. – Les dispositions générales applicables à toutes les sociétés de participations financières de professions libérales

A. – La forme sociale

2139. – Il peut s'agir d'une SARL, d'une SA, d'une SCA ou d'une SAS. Selon la forme retenue, la société est soumise aux dispositions correspondantes du Code de commerce auxquelles il est fait renvoi, sous réserve des dispositions contraires de la loi du 31 décembre 1990 (L. 31 déc. 1990, art. 31-1, I).

B. – L'objet social

2140. – *Détention de titres sociaux.* La société de participations financières de professions libérales est une société holding ayant pour objet la détention des parts ou actions de sociétés exerçant une profession libérale, qu'il s'agisse d'une société d'exercice libéral ou d'une société d'exercice relevant du droit commun des sociétés commerciales (V. *supra*, n° 2092 et s.). Elle peut également avoir pour objet la participation à tout groupement de droit étranger ayant pour objet l'exercice d'une profession libérale.

2141. – *Activités accessoires.* La société de participations financières n'est pas une société d'exercice professionnel, mais une société ayant pour objet la détention de participations. Jusqu'à la loi Macron du 6 août 2015, la société pouvait exercer des activités accessoires en relation directe avec son objet et destinées exclusivement aux sociétés et aux groupements dont elle détient des participations, par exemple en rendant aux filiales des prestations de services de nature comptable ou administrative. Cet objet a été élargi puisque toute référence au caractère accessoire et direct de l'activité a disparu : la société peut donc exercer toute autre activité, la seule limite étant que celle-ci soit destinée exclusivement aux sociétés ou aux groupements dans lesquelles elle détient une participation (L. 31 déc. 1990, art. 31-1, I). Outre l'activité d'animation du groupe, la société holding peut donc développer, mais au bénéfice de ses seuls membres, une activité financière ou encore immobilière, par la détention directe d'immeubles ou de parts de sociétés immobilières.

(43) V. Siranyan et O. Rollux, *Les SPFPL et leurs filiales face aux instances ordinales* : *Dr. sociétés* 2015, étude 4.

C. – La dénomination sociale

2142. – La dénomination sociale doit, outre les mentions obligatoires liées à la forme de la société, être précédée ou suivie de la mention « Société de participations financières de profession libérale », suivie de l'indication de la ou des professions exercées par les filiales (L. 31 déc. 1990, art. 31-1, IV et 31-2, IV).

D. – Le capital social

2143. – Comme dans la société d'exercice libéral, le montant du capital social dépend de la forme retenue (V. *supra*, n° 2104) ; les actions des sociétés à forme anonyme, en commandite par actions ou par actions simplifiées, revêtent obligatoirement la forme nominative (V. *supra*, n° 2113).

Une fois par an, la société de participations financières adresse à l'ordre professionnel dont elle relève un état de la composition de son capital social (L. 31 déc. 1990, art. 31-1, IV).

La répartition du capital social dépend du caractère mono ou pluriprofessionnel de la société.

§ 2. – La distinction des sociétés monoprofessionnelles et pluriprofessionnelles

A. – Les règles applicables aux sociétés monoprofessionnelles

2144. – *Définition.* La société holding est dite monoprofessionnelle lorsqu'elle détient des participations dans des filiales exerçant toutes la même activité professionnelle (L. 31 déc. 1990, art. 31-1, I). Là s'arrête la monoprofessionnalité puisqu'il n'est pas exigé que tous les associés de la société holding exercent cette même activité. Qu'il s'agisse de la détention du capital ou de la direction de la société, la loi pose des règles visant à assurer la prédominance des professionnels exerçant cette profession (L. 31 déc. 1990, art. 31-1, II). Ces verrous sont cependant écartés dans le secteur juridique et judiciaire (L. 31 déc. 1990, art. 31-1, III), ce qui peut poser question au regard de l'indépendance des professionnels ou du respect des règles de déontologie propres à leur profession.

1° Les sociétés monoprofessionnelles hors secteur juridique et judiciaire

2145. – *Détention du capital.* Plus de la moitié du capital et des droits de vote doit être détenue par des personnes exerçant la même profession que celle des filiales, ce qui vise à réserver le contrôle de la société holding aux professionnels en exercice, qu'il s'agisse de personnes physiques ou de personnes morales[44].

(44) CE, 4e et 1e ch., 29 mai 2020, n° 416413 : recours pour excès de pouvoir contre le refus d'inscrire une SPFPL au tableau de l'ordre professionnel des vétérinaires au motif que la majorité de son capital était détenue par une SAS d'exercice de la profession, alors que la seule exigence est que la majorité du capital soit détenue par un associé exerçant la profession, qu'il s'agisse d'une personne morale ou d'une personne physique.

Le complément peut être détenu par des anciens professionnels en exercice dans les filiales (pendant dix ans), par les ayants droit d'associés professionnels (pendant cinq ans) ou par des personnes exerçant une autre activité professionnelle dans le même secteur d'activité.

Des décrets en Conseil d'État, propres à chaque profession, pourront interdire la détention des titres de la holding par des catégories de personnes physiques ou morales déterminées si cette détention est de nature à mettre en péril le respect de l'indépendance des professionnels concernés ainsi que le respect des règles déontologiques qui leur sont propres.

2146. – *Direction.* La loi s'est pareillement assurée que la société soit dirigée par des professionnels en exercice ; en effet, les gérants, le président, les dirigeants, le président du conseil d'administration, les membres du directoire, le président du conseil de surveillance et les directeurs généraux, ainsi que les deux tiers au moins des membres du conseil d'administration ou du conseil de surveillance de la société par actions simplifiée, doivent être choisis parmi des professionnels en exercice.

2° Les sociétés monoprofessionnelles du secteur juridique et judiciaire

2147. – *Détention du capital.* Par dérogation aux règles qui précèdent, le capital social et les droits de vote des sociétés monoprofessionnelles du secteur juridique et judiciaire peuvent être détenus par toute personne exerçant une profession juridique ou judiciaire, y compris une personne physique ou morale établie dans un État de l'Union européenne, un État partie à l'accord sur l'Espace économique européen ou en Suisse. Une part du capital et des droits de vote, mais demeurant minoritaire, peut également être détenue par d'anciens professionnels en exercice dans les filiales (pendant dix ans) ou par les ayants droit d'associés professionnels (pendant cinq ans). À la différence de ce qui est prévu pour les filiales (V. *supra*, n° 2109), il est même possible qu'aucun professionnel en exercice ne participe au capital de la holding. Il s'ensuit qu'une société holding de notaires établie en France pourrait être intégralement contrôlée par des avocats, établis en dehors de France, par exemple en Suisse ou au Luxembourg.

Pour faire bonne mesure, alors même que le capital et les droits de vote peuvent être intégralement détenus par d'autres professionnels du secteur d'activité, y compris des ressortissants européens ou suisses, à la différence des règles édictées pour les autres secteurs d'activité (V. *supra*, n° 2145), aucun renvoi à un décret n'est prévu pour venir interdire certaines participations, ne serait-ce que pour s'assurer du respect de l'indépendance des professionnels concernés et des règles déontologiques qui leur sont propres.

2148. – *Direction.* Les organes de contrôle de la société doivent pour leur part comprendre au moins une personne exerçant la même profession que celle des filiales ; la règle, peu exigeante, ne peut s'appliquer que si la société dispose d'un organe de contrôle, ce qui n'est pas le cas dans la SARL et le cas échéant dans la SAS. On peut donc parfaitement imaginer que notre société holding de notaires établie en France, qui prendrait la forme d'une SAS, intégralement contrôlée par des avocats établis en Suisse, soit dirigée par exemple par un banquier.

B. – Les règles applicables aux sociétés pluriprofessionnelles

2149. – *Définition.* La société holding est dite pluriprofessionnelle lorsqu'elle détient des participations dans des filiales exerçant des professions différentes (L. 31 déc. 1990, art. 31-2, I). Cette possibilité est réservée à certaines professions du chiffre, du droit ou du conseil : avocat, avocat au Conseil d'État et à la Cour de cassation, notaire, huissier de justice, commissaire-priseur judiciaire, expert-comptable, administrateur judiciaire, mandataire judiciaire, commissaire aux comptes, conseil en propriété industrielle. Là encore (V. *supra*, n° 2145), un sort particulier est réservé aux sociétés holdings du secteur juridique et judiciaire (L. 31 déc. 1990, art. 31-2, III) par rapport aux sociétés relevant des autres secteurs libéraux (L. 31 déc. 1990, art. 31-2, II).

1° Les sociétés pluriprofessionnelles hors secteur juridique et judiciaire

2150. – *Détention du capital.* Plus de la moitié du capital et des droits de vote de la société holding doit être détenue par des personnes exerçant la ou les mêmes professions que celles exercées par les filiales. Il n'est plus exigé depuis la loi Macron du 6 août 2015 que le capital et les droits de vote soient détenus majoritairement par des professionnels en exercice dans les filiales.

La règle est assouplie lorsque l'une des filiales exerce une profession juridique ou judiciaire puisqu'il est alors possible de tenir compte des professionnels exerçant n'importe quelle profession juridique ou judiciaire pour remplir la condition de détention majoritaire du capital et des droits de vote.

Le complément peut être détenu par d'anciens professionnels en exercice au sein des filiales (pendant dix ans), par les ayants droit d'anciens associés professionnels (pendant cinq ans), par des professionnels libéraux exerçant une autre profession ou par des ressortissants des États membres de l'Union européenne, des autres États parties à l'accord sur l'Espace économique européen ou de la Confédération helvétique, qui exercent, en qualité de professionnel libéral, une activité dont l'exercice constitue l'objet social de l'une des filiales.

2151. – *Direction.* Les gérants, le président et les dirigeants de la SAS, le président du conseil d'administration, les membres du directoire, le président du conseil de surveillance et les directeurs généraux ainsi que les deux tiers au moins des membres du conseil d'administration ou du conseil de surveillance doivent être choisis parmi les personnes exerçant les mêmes professions que celles exercées par les filiales (L. 31 déc. 1990, art. 31-2, IV).

La règle est là aussi assouplie lorsque l'une des filiales exerce une profession juridique ou judiciaire puisqu'il est alors possible de tenir compte des professionnels exerçant n'importe quelle profession juridique ou judiciaire pour satisfaire à ces conditions.

2° Les sociétés pluriprofessionnelles du secteur juridique et judiciaire

2152. – *Détention du capital.* Lorsque la société a pour objet la détention de parts ou d'actions de sociétés ayant pour objet l'exercice de deux ou plusieurs professions juridiques ou judiciaires, le capital social et les droits de vote peuvent être détenus par toute personne, établie dans un État de l'Union européenne, un État partie à l'accord sur l'Espace économique européen ou en Suisse, exerçant une ou plusieurs professions juridiques ou judiciaires, même si ces professions ne correspondent pas à celles exercées par les filiales. Par exemple, une société holding détenant à la fois des participations dans une SAS de notaires et une SEL de mandataires-liquidateurs pourrait être intégralement contrôlée par des avocats établis au Luxembourg.

Une part du capital et des droits de vote, mais demeurant minoritaire, peut également être détenue par d'anciens professionnels en exercice dans les filiales (pendant dix ans) ou par les ayants droit d'associés professionnels (pendant cinq ans).

2153. – *Direction.* S'agissant de la direction de la société holding, la loi n'a pas prévu de règles dérogatoires, ce qui semble laisser admettre que les fonctions de direction puissent être confiées à des professionnels exerçant n'importe quelle profession juridique ou judiciaire (V. *supra*, n° 2151).

Le coin des amateurs

Un bel exemple d'optimisation juridique et fiscale : créer une SPFPL pour animer un groupe de SEL ou pour racheter les titres d'une SEL

2154. – Comme toute société holding, la société de participations financières de professions libérales peut être utilisée pour organiser un groupe de sociétés ; elle peut également être utilisée comme holding de reprise.

a) Holding animatrice

La SPFPL peut avoir pour vocation d'organiser et d'animer un ensemble de SEL gérant, par exemple, des cabinets d'avocats d'affaires. La constitution d'un groupe permet de mutualiser un certain nombre de services (services comptables, financiers…) qui sont rendus par la société holding aux sociétés du groupe, sans compter les services de nature immobilière ou financière (V. *supra*, n° 2141). Pour financer ses activités ou développer des opérations de croissance externe par l'acquisition de nouvelles participations, la société holding contracte des emprunts qui sont remboursés grâce aux dividendes distribués par les filiales et aux redevances versées en rémunération des services rendus. La société peut opter pour l'application du régime mère-fille, applicable en l'espèce puisque les sociétés relèvent de l'IS (V. *infra*, n° 2511) : à condition que la participation soit d'au moins 5 % du capital, les dividendes distribués à la société holding sont exonérés, seule une quote-part de frais et charges de 5 % étant imposable. Ainsi, le résultat fiscal de la société holding peut être maintenu proche de zéro puisque les intérêts d'emprunt (charges déductibles) viennent en diminution des redevances perçues (produits imposables). Quant aux SEL du groupe, elles peuvent déduire de leurs propres résultats les redevances versées à la holding, à condition toutefois que les sommes viennent rémunérer des prestations de services s'inscrivant dans le cadre d'une gestion normale (V. *supra*, n° 662).

b) Holding de rachat

La SPFPL peut également être utilisée pour acheter les titres d'une SEL. Le professionnel libéral, au lieu d'acheter directement les titres de la SEL dans laquelle il souhaite exercer, crée une société holding qui procède elle-même à l'acquisition projetée. Le professionnel libéral bénéficie ainsi de l'effet de levier juridique, financier et fiscal propre à cette technique de rachat de titres (V. *infra*, n° 2342). L'emprunt contracté par la société holding est remboursé grâce aux distributions de dividendes.

CHAPITRE 2

LE GROUPEMENT D'INTÉRÊT ÉCONOMIQUE ET LE GROUPEMENT EUROPÉEN D'INTÉRÊT ÉCONOMIQUE

2155. – *Groupements de personnes à but économique.* À côté des sociétés à risque limité et des sociétés à risque illimité, il existe des groupements de personnes qui opèrent également dans la sphère économique en tant qu'ils participent à la production ou à la circulation des richesses mais dont les caractéristiques propres sont si nettement affirmées qu'elles interdisent de les rattacher à ces deux catégories fondamentales. De plus, l'ensemble des groupements de personnes à but économique déborde la catégorie des sociétés, entendues au sens strict puisqu'on y trouve, outre les associations (V. *supra*, n°s 90 et s.) et les coopératives (V. *supra*, n°s 75 et s.), les groupements d'intérêt économique dont la nature de société est très discutée.

2156. – *Le GIE* est une invention française due à une ordonnance du 23 septembre 1967. Il s'agissait à l'époque d'offrir aux entreprises françaises un nouvel instrument de coopération qui leur permette d'affronter leurs concurrents européens au moment où les frontières du Marché commun allaient s'ouvrir. Cette institution nouvelle connut un franc succès. Le modèle français a inspiré, à l'échelon communautaire, l'institution du groupement européen d'intérêt économique (GEIE), créé par le règlement du 25 juillet 1985 du Conseil des Communautés européennes et entré dans le droit français par la loi n° 89-377 du 13 juin 1989. L'ensemble est codifié aux articles L. 251-1 et suivants du Code de commerce.

SECTION 1

LE GROUPEMENT D'INTÉRÊT ÉCONOMIQUE

SOUS-SECTION 1

LE PORTRAIT GÉNÉRAL DU GIE

§ 1. – La nature du GIE

2157. – *Originalité.* Le GIE est né sous le signe de l'originalité ; il est doté de la personnalité juridique, mais ce n'est ni une société ni une association. C'est un instrument de collaboration entre des entreprises préexistantes, plus simple que la société et plus efficace que l'association. Trois originalités ont été mises en valeur à sa naissance, qui se sont estompées par la suite :

– la vocation du GIE n'est pas de faire des bénéfices ; mais la loi du 4 janvier 1978 a gommé cette originalité, puisque la société peut elle aussi désormais se limiter à la recherche d'économies (V. *supra*, n° 3) ;

– il peut être constitué avec ou sans capital ; mais rien n'interdit de créer une société de personnes, voire une SARL, au capital symbolique d'un euro ;

– sa structure est légère et malléable ; mais celle des sociétés de personnes, sans parler de la SAS, ne l'est guère moins.

2158. – *Nature.* Il n'empêche que le GIE est d'une autre nature que la société, si bien que la législation applicable aux sociétés n'est pas transposable aux GIE, sauf renvoi exprès de la loi(1). Mais cette présentation reste largement académique et pour l'essentiel le GIE est soumis aux mêmes règles que la société ; la loi du 13 juin 1989, au moment de l'introduction du GEIE, a encore accentué le rapprochement en étendant au GIE les règles gouvernant la formation des sociétés qu'il s'agisse du sort des actes passés avant l'immatriculation (V. *infra*, n° 2163) ou du régime des nullités encourues (V. *supra*, n°s 280 et s.).

2159. – *Objet.* Le GIE présente un caractère auxiliaire. Son objet est ainsi défini à l'article L. 251-1, alinéa 2, du Code de commerce : « Le but du groupement est de faciliter ou de développer l'activité économique de ses membres, d'améliorer ou d'accroître les résultats de cette activité ; il n'est pas de réaliser des bénéfices pour lui-même. Son activité doit se rattacher à l'activité économique de ses membres et ne peut avoir qu'un caractère auxiliaire par rapport à celle-ci ». L'objet du GIE est moins de réaliser des bénéfices pour lui-même que d'en faire faire à ses membres. Certains en concluent que si le groupement réalise des bénéfices, il est tenu de les répartir entre ses membres, ce qui exclurait la possibilité de les mettre en réserve. La Cour de cassation a jugé au contraire que, si le but du GIE n'est pas de réaliser

(1) On notera les pudeurs de vocabulaire, frisant parfois la naïveté ; il est question de groupement, de contrat constitutif, de membres, de droits… et non de société, de statuts, d'associés, de parts sociales.

des bénéfices pour lui-même, cette règle ne fait pas obstacle à ce qu'une partie des résultats provenant de son activité soit mise en réserve pour les besoins de la réalisation de son objet[2].

§ 2. – La vocation du GIE

A. – Le GIE exerce une activité économique, civile ou commerciale

2160. – *Toute activité économique.* Le domaine du GIE est vaste, puisqu'il peut exercer toute activité de nature économique : mais il n'est pas illimité ; il ne peut servir à la défense d'intérêts privés, rassembler des locataires ou des actionnaires désirant défendre leurs intérêts (ses membres sont nécessairement des entreprises, fussent-elles individuelles) ; il ne peut davantage servir à la défense d'intérêts moraux, religieux, culturels ou politiques ; c'est le domaine réservé de l'association.

2161. – *Caractère civil ou commercial.* Le GIE peut regrouper des entreprises sans considération de leur qualité : commerçants, agriculteurs[3], membres de professions libérales, entreprises publiques. Il est civil ou commercial en fonction de son objet (C. com., art. L. 251-4)[4], indépendamment de la qualité de ses membres. Il a par exemple été jugé qu'un GIE composé de commerçants et ayant pour objet l'assistance dans le domaine informatique présentait un caractère civil en raison du caractère intellectuel des prestations fournies[5]. C'est une différence avec la SNC qui est commerciale à raison de sa forme et dont tous les membres ont automatiquement la qualité de commerçants. Lorsque son objet est commercial, il peut réaliser des actes de commerce et être titulaire d'un bail commercial.

B. – Le GIE présente un caractère auxiliaire

2162. – *Prolongement de l'activité économique de ses membres.* Le GIE est une structure auxiliaire permettant à ses membres de réaliser certaines actions communes : actions promotionnelles, études de marché, services de recherche ou d'assistance, bureaux de représentation à l'étranger, commercialisation… Le caractère auxiliaire du GIE suppose que l'activité qu'il exerce soit compatible avec celle de ses membres[6].

(2) Cass. com., 6 mai 2014, n° 13-11.427, PB : *Rev. sociétés* 2014, p. 574, note A.-C. Muller ; *RJDA* 8-9/2014, n° 706 ; il avait été décidé en assemblée générale de prélever 2 % des recettes pour constituer une réserve destinée à faire face aux frais de fonctionnement du groupement. – *Adde* Cass. com., 19 janv. 2016, n° 14-19.796 : *RJDA* 3/2016, n° 206.

(3) La loi d'avenir pour l'agriculture n° 2014-1170 du 13 octobre 2014 a d'ailleurs créé le groupement d'intérêt économique environnemental, qui permet à des agriculteurs de s'engager à réaliser certaines performances environnementales et de bénéficier en contrepartie d'aides publiques majorées (*BRDA* 21/2014, n° 30 et *BRDA* 23/2014, n° 6). Il y avait 411 GIEE au début 2017, selon le site du ministère de l'Agriculture, qui recense les groupements existant région par région.

(4) Présente ainsi un caractère commercial le GIE dont les statuts l'autorisent à effectuer toutes opérations commerciales se rattachant à la réalisation de son objet : Cass. com., 15 juin 2010, n° 09-15.130 : *JCP* E 2010, 1966, note H. Hovasse.

(5) CA Paris, 9 déc. 1987 : *Rev. sociétés* 1988, p. 104, obs. Y. Guyon. – *Adde* CA Paris, 29 nov. 2016, n° 16/04247 : *RJDA* 4/2017, n° 262 ; caractère commercial d'un GIE composé d'agriculteurs en raison de son objet, en l'espèce la revente de fruits et légumes.

(6) Cass. com., 13 nov. 2003 : *BJS* 2004, p. 407, note B. Lecourt ; cassation d'un arrêt ayant refusé d'annuler un GIE réalisant des expertises en matière automobile pour le compte de compagnies d'assurance ; puisque ces deux activités ne sont pas compatibles, le GIE ne présentait pas un caractère auxiliaire.

Le GIE ne saurait se substituer aux entreprises qui se sont rapprochées ; on ne peut lui faire apport d'un fonds de commerce, ni lui confier la gérance d'un fonds préexistant. Cantonné dans son rôle d'auxiliaire, faute de clientèle autonome, il est douteux qu'il puisse être titulaire d'un fonds de commerce(7).

SOUS-SECTION 2

LA CONSTITUTION DU GIE

2163. – *Les règles de constitution* sont celles des sociétés : rédaction d'un écrit et immatriculation(8). Le sort des actes passés pendant la période de formation obéit aux règles en vigueur dans les sociétés (C. com., art. L. 251-4) (V. *supra*, nos 343 et s.). La rédaction de l'acte constitutif exige le même doigté que la rédaction des statuts d'une SNC par exemple. L'important n'est pas de se conformer au formalisme imposé par la loi (les règles impératives sont peu nombreuses), mais de rédiger avec le plus grand soin tout ce qui touche à l'objet du GIE et à son mode d'utilisation.

2164. – *L'acte constitutif* doit contenir des indications minimales qui sont communes aux autres formes de sociétés : dénomination, identification, durée, objet, siège. Le mode de fonctionnement (tenue des assemblées, calcul des majorités, obligations et prérogatives des membres...) doit faire l'objet de clauses adéquates.

2165. – *Règlement intérieur.* À l'inverse, il peut être souhaitable de ne pas tout mettre sur la place publique ; mieux vaut que certains arrangements ne soient pas divulgués qui pourraient être exploités par un concurrent (politique de prix, répartition du marché, modalités de financement, mesures disciplinaires...) ; tout cela, qui relève du secret des affaires (et peut sentir le soufre : atteintes à la libre concurrence), sera consigné dans un règlement intérieur, lequel n'est pas publié(9).

SOUS-SECTION 3

L'ORGANISATION DU GIE

§ 1. – Les membres du GIE

A. – La qualité de membre

2166. – *Pluripersonnalité.* Le GIE doit comprendre au moins deux membres ; aucun maximum n'est fixé (C. com., art. L. 251-1, al. 1er). Il peut s'agir de personnes

(7) Cass. com., 22 janv. 1980 : *RTD com.* 1982, p. 252, obs. M. Pédamon.

(8) Les fondateurs sont seulement dispensés de l'insertion de l'avis de constitution dans un support habilité à recevoir des annonces légales (V. *supra*, n° 331).

(9) Ce n'est pas parce qu'il est secret que le règlement intérieur peut prévoir n'importe quoi ; par exemple, le GIE ne doit pas être un instrument de contournement de la réglementation sur les ententes. C'est ainsi que le GIE Carte bancaire, lequel regroupe tous les établissements émetteurs de cartes de paiement, a été accusé d'entente illicite par le Conseil de la concurrence sur plainte du Conseil national du commerce ; il a été sommé de mettre fin à certaines pratiques, notamment en matière de tarification (Déc. 11 oct. 1988 : *JCP* E 1998, I, 17834. – Déc. 3 mai 1989 : *JCP* E 1989, I, 18547). – A de même été condamné pour entente illicite le GIE « Géosavoie », regroupant les géomètres-experts de Savoie, dont l'objet était de répartir les appels d'offres au moment de la préparation des Jeux Olympiques d'hiver : CA Paris, 1re ch. conc., 17 sept. 1992 : *BJS* 1992, p. 1219, note D. Allix.

physiques ou de personnes morales (société, association, autre GIE...), étant rappelé que chacun des membres doit exercer une activité économique se situant dans le prolongement de celle du GIE (V. *supra*, n° 2159). La qualité de membre ne peut être acquise sans que soit démontrée la volonté d'adhérer au GIE[(10)], illustration du principe de la liberté contractuelle.

2167. – *Droits et obligations des membres.* Tout dépend de l'objectif poursuivi par le GIE : c'est à travers cet objectif, selon les modalités convenues dans l'acte constitutif, que l'on détermine les prérogatives et les obligations de chacun des membres (accès aux services communs, participation aux frais...).

B. – La tenue des assemblées

2168. – *Règles légales.* Il n'y a pas de vie collective sans assemblée. L'article L. 251-10 du Code de commerce pose à cet égard trois règles, dont les deux premières sont supplétives et la dernière impérative :

– dans le silence de l'acte constitutif, les décisions sont prises à l'unanimité ;

– toujours en cas de silence, chaque membre ne dispose que d'une voix ;

– l'assemblée est obligatoirement convoquée à la demande d'un quart au moins des membres du groupement.

2169. – *Prévisions statutaires.* C'est dire la liberté laissée aux membres d'organiser les assemblées. Les formulaires proposent des variantes, inspirées le plus souvent du mode de fonctionnement des sociétés de personnes ; il y a là un mimétisme tout naturel ; on remplit les vides à partir de réflexes conditionnés.

C. – L'obligation aux dettes sociales

2170. – *Règles de la SNC.* La responsabilité des membres est une responsabilité illimitée et solidaire (C. com., art. L. 251-6), même si l'objet du GIE est de nature civile. Elle est mise en jeu exactement dans les mêmes conditions que dans une SNC (V. *supra*, n°s 1871 et s.) : huit jours après avoir adressé au GIE une sommation de payer par acte d'huissier, un créancier peut se retourner contre l'un quelconque des membres ; pour saisir les biens du membre, le créancier doit disposer à son encontre d'un titre exécutoire[(11)]. Il n'y a donc pas de bénéfice de division comme dans une société civile (V. *supra*, n°s 1947 et s.).

2171. – *Dérogation.* À la différence des règles applicables à la SNC, un nouveau membre peut, si le contrat le permet, être exonéré des dettes nées antérieurement à son entrée dans le groupement ; cette décision d'exonération doit être publiée (C. com., art. L. 251-6).

(10) Cass. com., 28 juin 2005 : *BJS* 2006, § 17, p. 108, note J.-J. Daigre ; lors même que les statuts d'un GIE gérant un centre commercial prévoyaient l'adhésion obligatoire pour toute activité commerciale nouvelle ou existante exercée dans le centre, la qualité de membre ne peut être acquise du seul fait de l'exercice d'une activité commerciale dans le centre, mais suppose que soit constatée l'existence d'un élément manifestant la volonté d'adhérer au GIE.

(11) Cass. 2e civ., 15 janv. 2004 : *BJS* 2004, § 138, p. 711, note F.-X. Lucas ; le titre délivré à l'encontre du GIE n'emporte pas le droit de saisir entre les mains d'un tiers les créances dont le membre est titulaire à défaut de titre exécutoire pris contre lui.

D. – La cession des droits, le retrait et l'exclusion des membres

2172. – *Cession.* Les membres peuvent céder leurs droits dans les conditions prévues par l'acte constitutif ; en cas de silence des statuts, le consentement unanime des autres partenaires est requis ; l'*intuitus personae* qui préside au GIE n'est pas un vain mot.

2173. – *Retrait.* L'article L. 251-9, alinéa 2, du Code de commerce prévoit que tout membre a le droit de se retirer dans les conditions prévues par le contrat constitutif sous réserve d'avoir exécuté ses obligations(12). C'est un mécanisme emprunté aux sociétés à capital variable et notamment aux coopératives. De ce point de vue, la voie de sortie est plus aisée que dans les SNC ou même dans les sociétés civiles (V. *supra*, n°s 1883 et 1971). L'équilibre du GIE peut s'en trouver compromis ; mais il serait irréaliste d'imposer une collaboration à quelqu'un qui n'en veut plus ; ce serait le meilleur moyen de bloquer le fonctionnement du GIE.

Les modalités de retrait ne donnent pas lieu à l'application des règles du droit de la concurrence relatives au déséquilibre significatif entre partenaires commerciaux de l'article L. 442-1 du Code de commerce (mod. Ord. n° 2019-359, 24 avr. 2019)(13).

2174. – *Exclusion.* Bien que les textes soient muets sur ce point, il est admis que les statuts d'un GIE puissent contenir une clause d'exclusion d'un membre pour des motifs déterminés (V. *supra*, n° 571) ; il est souhaitable d'organiser à l'avance la procédure à suivre de façon à écarter tout risque d'arbitraire.

Quant au respect du principe du contradictoire, il faut distinguer selon que l'exclusion présente ou non un caractère disciplinaire. Lorsque l'exclusion est fondée sur une faute, l'exclu doit être mis en mesure de présenter ses observations. La Cour de cassation a par exemple validé la suspension des effets d'une exclusion qui avait été décidée sans que l'exclu ait été informé des griefs et sans qu'il ait pu y répondre(14). En revanche, la pratique de l'exclusion automatique est licite dès lors que la cause est objective ; ainsi, les statuts du GIE peuvent prévoir qu'en cas de prise de participation de plus de la moitié dans le capital de l'un des membres, celui-ci pourra être exclu(15).

Le membre exclu a-t-il droit à une part des réserves ? Le liquidateur d'une société ayant participé avant son exclusion à un GIE regroupant plusieurs entreprises régionales spécialisées dans l'aménagement des boulangeries, le soutenait. La cour d'appel lui avait donné raison. La Cour de cassation censure cet arrêt en posant « qu'à défaut de clause statutaire ou de décision d'assemblée (...) le membre qui se retire (...) ou en est exclu ne peut obtenir le remboursement de sa part dans les réserves régulièrement constituées »(16).

(12) En l'absence, dans les statuts ou le règlement intérieur, de toute stipulation prévoyant un éventuel préavis en cas d'exercice du droit de retrait, le groupement est fondé à considérer que le retrait est d'effet immédiat, le membre n'étant pas autorisé à différer les effets de sa décision : Cass. com., 3 avr. 2007, n° 06-10.526 : *BJS* 2007, § 334, p. 1281, note D. Poracchia. – Il a été en outre jugé que le GIE ne peut pas de bonne foi retarder le retrait d'un des membres redevable d'une somme minime : CA Versailles, 3 juill. 2018, n° 17/04936 : *RJDA* 11/2018, n° 846.

(13) Cass. com., 11 mai 2017, n° 14-29.717 : *BJS* 2017, p. 455, note C. Grimaldi ; *RJDA* 7/2017, n° 472 ; *Rev. sociétés* 2018, p. 250, note L. Godon.

(14) Cass. com., 7 avr. 1992 : *BJS* 1992, p. 1100, note A. Couret ; *JCP* E 1993, I, 218, n° 16, obs. A. Viandier et J.-J. Caussain.

(15) CA Paris, 22 sept. 1995 : *BJS* 1995, p. 1069.

(16) Cass. com., 19 janv. 2016, n° 14-19.796 : *BJS* 2016, p. 725, note P. Dupichot ; *Dr. sociétés* 2016, n° 55, obs. H. Hovasse ; *JCP* E 2016, 1314, note C. Lebel ; *RJDA* 3/2016, n° 206 ; *Rev. sociétés* 2016, p. 307, note P. Le Cannu.

§ 2. – L'administrateur

2175. – *Représentant légal.* L'article L. 251-11 impose la désignation d'un ou plusieurs administrateurs qui peuvent être des personnes physiques ou des personnes morales. L'administrateur, représentant légal du GIE, engage le groupement par tout acte entrant dans l'objet de celui-ci ; toute limitation statutaire de ses pouvoirs est inopposable aux tiers (V. *supra*, n° 440).

2176. – *Liberté statutaire.* L'acte constitutif, ou à défaut une assemblée ultérieure, organise librement l'administration du groupement et nomme les administrateurs dont il détermine les attributions, les pouvoirs et les conditions de révocation (C. com., art. L. 251-11).

L'administrateur est révocable *ad nutum*. En cas de révocation intervenue dans des conditions vexatoires ou décidée sans que le dirigeant ait pu présenter des observations, des dommages et intérêts peuvent être alloués à l'intéressé[(17)].

À condition de justifier de la réalité du lien de subordination, l'administrateur peut être titulaire d'un contrat de travail[(18)].

§ 3. – Les organes de surveillance

2177. – L'article L. 251-12 du Code de commerce impose, ce qui est un facteur de complexité, la superposition de deux organes de surveillance : les contrôleurs de gestion et les contrôleurs des comptes, voire dans certains cas les commissaires aux comptes.

A. – Les contrôleurs de gestion

2178. – Le ou les contrôleurs de gestion remplissent un rôle comparable à celui des censeurs dans certaines sociétés anonymes (V. *supra*, n° 925). Ce sont nécessairement des personnes physiques, membres ou non du groupement. Leur mission précise n'est pas définie dans la loi ; ils peuvent être des acteurs puissants ou de simples figurants selon les pouvoirs qui leur sont accordés et selon la personnalité des contrôleurs.

B. – Les contrôleurs des comptes

2179. – L'article L. 251-12 du Code de commerce impose la désignation d'un ou plusieurs contrôleurs des comptes, choisis ou non parmi les membres du groupement, chargés de contrôler la régularité et la sincérité des comptes. Ils ne sont pas soumis au statut et aux obligations des commissaires aux comptes. L'importance de leur mission varie d'un groupement à l'autre, comme celle des contrôleurs de gestion.

(17) CA Paris, 29 janv. 2002 : *JCP* E 2002, 851, n° 6, obs. A. Viandier et J.-J. Caussain. – Cass. com., 14 juin 2005 : *BJS* 2005, § 307, p. 1412, note P. Le Cannu ; le principe du contradictoire est respecté lorsque l'administrateur a été invité à se présenter à l'assemblée statuant sur le non-renouvellement de son mandat, lorsqu'il a été informé que cette question serait abordée et lorsqu'il a disposé d'un temps suffisant pour présenter ses observations.

(18) Il faut donc vérifier si la situation de l'intéressé est compatible avec un lien de subordination à l'égard du GIE, ce qui n'est pas le cas lorsqu'il détient l'ensemble des pouvoirs au sein du GIE, qu'il procède seul aux licenciements et qu'il contracte seul avec les fournisseurs : Cass. soc., 17 sept. 2008, n° 07-41.344 : *JCP* E 2008, 2237, note I. Beyneix et J. Rovinski.

C. – Les commissaires aux comptes

2180. – Lorsque le GIE émet des obligations, la nomination d'un commissaire aux comptes est requise (C. com., art. L. 251-12).

SOUS-SECTION 4

LA TRANSFORMATION

§ 1. – La transformation en GIE

2181. – La transformation d'une société en une autre forme de groupement entraîne en principe la dissolution et la liquidation de la société, suivies de la création d'un être moral nouveau, ce qui donne lieu aux lourdes impositions entourant la cessation d'entreprise (V. *supra*, n° 752). L'article L. 251-18 du Code de commerce apporte toutefois un assouplissement bienvenu à cette règle : toute société ou association dont l'objet correspond à la définition du GIE peut être transformé en un tel groupement sans donner lieu à dissolution et à création d'une personne morale nouvelle[19].

§ 2. – La transformation du GIE

2182. – La transformation du GIE en société relève sur le plan fiscal du suicide : l'opération entraîne la liquidation du GIE et l'apparition d'un être moral nouveau, avec les cascades d'impositions que l'on sait (V. *supra*, n° 2181). Outre la modification en GEIE (C. com., art. L. 252-8), la seule exception est, selon l'article L. 251-18 du Code de commerce, la transformation du GIE en SNC. Selon l'administration fiscale, la transformation du GIE en une société d'une autre forme, spécialement en SARL ou en SA, emporte donc fiscalement cessation d'entreprise. Cette situation est pénalisante car il est parfois indispensable que le GIE cède la place à une véritable société.

On peut être tenté d'opérer en deux étapes : transformation du GIE en SNC, puis transformation de la SNC en une autre forme de société ; mais agir de la sorte ne constitue-t-il pas un abus de droit ? L'observation d'un délai de « pudeur » de deux ans suffit-elle à lever tout risque de redressement ? On regrettera une fois de plus que le GIE ne soit pas formellement rattaché à la famille des sociétés.

Le coin des amateurs

Dix exemples de GIE

2183. – Les GIE se rencontrent dans tous les secteurs de la vie économique, rassemblant de petites entreprises ou des multinationales, des entreprises privées ou publiques, des entreprises françaises ou étrangères… Voici un échantillon :

(19) Une société qui a pour objet le développement économique de ses membres peut se transformer en GIE : Cass. com., 4 oct. 1994 : *Rev. sociétés* 1994, p. 762.

1. *Les indépendants* : GIE créé en 1992 par des radios locales en vue d'agréger leurs audiences respectives afin de proposer aux annonceurs nationaux une offre d'espaces publicitaires groupés ;

2. *Carte bancaire* : GIE créé en 1984 rassemblant près de 200 institutions financières et établissements de crédit implantés en France et gérant un système interbancaire unique de paiement et de retrait par carte ;

3. *Conseil national des barreaux, Conférence des bâtonniers, Barreau de Paris* : GIE créé pour parler d'une seule voix auprès des pouvoirs publics, notamment grâce à un service de communication commun ;

4. *PMU* : GIE créé en 1983, composé des sociétés de course, lesquelles sont en réalité des associations (V. *supra*, n° 103) ; il présente un caractère civil (Paris, 21 févr. 1990 : *JCP* E 1990, II, 15 784, n° 15, note A. Viandier et J.-J. Caussain) ;

5. *Qualité-Marennes-Oléron* : GIE créé en juin 1986 afin d'assurer un service consommateur et garantir une qualité constante des huîtres de Marennes-Oléron ;

6. *GIE Prévention Télécommunications (Preventel)* ; créé par plusieurs intervenants dans le secteur de la téléphonie, il exploite une base de données informatisée dite « base de prévention des impayés », autorisée par la CNIL et qui permet d'identifier les mauvais payeurs ;

7. *Zone verte* : GIE mis en place par plusieurs vétérinaires ; il a une activité d'analyses de laboratoire, notamment pour la digestibilité des fourrages (à quand un GIE sur la digestibilité des ouvrages juridiques ?) ;

8. *France Recyclage Pneumatiques* : GIE regroupant plusieurs acteurs du recyclage des pneus, par exemple la société Veolia Propreté ;

9. *Haropa* : GIE fédérant les ports du Havre, de Rouen et de Paris.

10. *VDN* : GIE créé en 2002 regroupant des PME de quelques dizaines à quelques milliers de salariés et couvrant tous les domaines des NTIC (développement, édition, intégration, délégation, formation...).

SECTION 2

LE GROUPEMENT EUROPÉEN D'INTÉRÊT ÉCONOMIQUE

2184. – Le GEIE n'a pas soulevé les mêmes dissensions que celles ayant entouré la création de la société européenne (V. *infra*, n°s 2188 et s.) et son adoption a été acceptée sans difficulté particulière. Les entreprises de l'Union européenne qui veulent coopérer ensemble à une œuvre commune ont donc à leur disposition un instrument de rapprochement. Ce groupement est régi par les articles L. 252-1 et suivants et R. 252-1 du Code de commerce, ainsi que par le règlement européen n° 2137/85 du 25 juillet 1985. Le GEIE fonctionne pratiquement sur le même modèle que le GIE français (V. *supra*, n° 2155) ; les développements consacrés au GIE valent donc pour l'essentiel à l'égard du GEIE.

2185. – Rappelons rapidement les *caractéristiques communes* aux deux institutions[20] :

– le GEIE doit comporter deux membres au moins ; il est largement ouvert aux personnes physiques, sociétés et autres entités juridiques (y compris les établissements d'enseignement supérieur) ;

(20) D. Lepeltier, E. Buttet et G. Lesguillier, *Les groupements d'intérêt économique* : GIE, GEIE, éd. Joly, 1990. – Ch. Gavalda, *L'acculturation dans la législation française de la formule du GEIE* : *Mél. J. Derruppé*, Litec, 1991, p. 37.

– son objet social présente un caractère auxiliaire par rapport à celui de ses membres ; il n'est pas de réaliser des bénéfices pour lui-même ;

– il peut être constitué avec ou sans capital ;

– il comporte un ou plusieurs gérants, qui sont des personnes physiques ou des personnes morales ;

– les décisions communes sont prises en assemblée ; en principe, chaque membre dispose d'une voix et l'unanimité est de règle ; les statuts peuvent cependant comporter certaines adaptations sur ce point ;

– le régime fiscal est comparable à celui des sociétés de personnes en général, ce qui signifie que les bénéfices sont directement imposés au nombre de ses membres ; si les résultats sont déficitaires, ce qui est fréquent s'agissant d'une structure d'accueil, chaque membre imputera sur les bénéfices sa quote-part de déficit (V. *supra*, n°s 151 et s.).

2186. – *Signalons quelques particularités propres au GEIE* :

– le GEIE doit comporter des membres relevant d'au moins deux États de l'Union européenne ;

– son siège social est obligatoirement situé dans l'un des États de l'Union européenne et il peut être transféré librement d'un État à l'autre ;

– le GEIE ne peut faire publiquement appel à l'épargne, il ne peut donc émettre des obligations dans le public à la différence du GIE (V. *supra*, n° 2180) ;

– il ne peut employer plus de cinq cents salariés.

Le coin des amateurs

Quelques exemples de GEIE

2187. – La formule du GEIE a rencontré un certain succès : signalons notamment les applications suivantes :

– plusieurs GEIE ont été constitués entre membres d'une même profession libérale : avocats, experts-comptables… (V. *Les Échos* 27 mars 1990 et 31 oct. 1990) ;

– un GEIE, baptisé Vision 1250, a été créé pour promouvoir la norme européenne de production en télévision haute définition (*TVHD*) (*Les Échos* 19 mars 1990) ;

– EDF Rhône-Alpes a suscité la création d'un GEIE dans le domaine de l'ingénierie nucléaire (*Les Échos* 5 mars 1991) ;

– les Chantiers de l'Atlantique et la Société allemande de construction navale Bremer Vulkan ont créé un GEIE « Eurocorvette » en vue de l'exportation d'une gamme de navires de surveillance maritime des zones économiques (*Le Monde* 10 avr. 1992) ;

– IVECO (groupe Fiat) et Renault ont créé deux GEIE pour développer en commun des composants de cabines de véhicules utilitaires légers ; l'un est immatriculé en France, l'autre en Italie ;

– la chaîne de télévision ARTE est exploitée dans le cadre d'un GEIE, qui a déjà suscité du contentieux (CA Paris, 29 sept. 1992 : *Dr. sociétés* déc. 1992, p. 5, obs. Th. Bonneau) ; ce GIE est constitué de deux acteurs de l'édition et de la fourniture de programmes de télévision, Arte France et Arte Deutschland ;

– l'école de gestion EUROPEAN BUSINESS SCHOOL est exploitée en GEIE ; elle comprend plusieurs écoles situées à Paris, Londres, Munich, etc.

CHAPITRE 3

LA SOCIÉTÉ EUROPÉENNE

2188. – *Échec de la SAE.* On rêvait depuis longtemps d'une vraie société européenne soumise à une législation spécifique à la mesure du marché unique. Il s'agissait de mettre à la disposition des entreprises un modèle de société transnationale détaché des réglementations nationales et adapté aux besoins d'un marché intérieur intégré. Mais les projets successifs initiés par Bruxelles d'une société anonyme européenne (SAE) ont achoppé pendant plus de trente ans sur la délicate question de la participation des salariés à la gestion de l'entreprise.

2189. – *Naissance de la SE.* Lors du sommet de Nice du 8 décembre 2000, les quinze chefs d'État et de gouvernement sont parvenus à un accord politique sur le statut de la société européenne. Un règlement relatif au statut de la société européenne – *societas europaea*, SE en abrégé – a été adopté le 8 octobre 2001, complété par une directive du même jour concernant l'implication des travailleurs. Ces textes ont été transposés en droit interne par la loi du 26 juillet 2005, complétée par un décret d'application du 14 avril 2006 (C. com., art. L. 229-1 et s. et R. 229-1 et s.) [(1)]. Pour le reste, la société européenne est soumise aux dispositions non contraires, tant législatives que réglementaires, applicables aux sociétés anonymes (C. com., art. L. 229-1, al. 3). En particulier, les infractions incriminées dans la SA lui sont applicables (C. com., art. L. 244-5). Il existe donc aujourd'hui trois formes de groupements européens, la société coopérative européenne (V. *supra*, n° 80), le groupement européen d'intérêt économique (V. *supra*, n°s 2184 et s.) et la société européenne[(2)].

2190. – *Aspects de droit du travail.* La nouveauté réside essentiellement dans le volet social puisque la création d'une société européenne implique une négociation entre les dirigeants et les salariés sur les modalités de la participation de ces derniers à la gestion de l'entreprise. Les modalités de l'implication des travailleurs au sein de la société européenne sont régies par les articles L. 2351-1 et s. du Code du travail.

(1) A. Cathiard, *La société européenne en droit français : Dr. sociétés* déc. 2005, p. 7 et janv. 2006, p. 5 ; *Les nouveaux atouts de la société européenne : BJS* 2007, § 143, p. 539. – M. Menjucq et F. Fages, *L'introduction de la société européenne en droit français : JCP E* 2005, p. 1571 ; *La société européenne : un nouvel instrument au service des groupes de sociétés : D.* 2007, p. 30. – M. Menjucq, *Premiers pas et premier bilan de la société européenne en France : Rev. sociétés* 2007, p. 253.

(2) C. Cathiard et A. Lecourt, *Les structures européennes : principales caractéristiques et intérêts pour les entreprises : Dr. sociétés* août-sept. 2011, p. 11.

2191. – *Aspects fiscaux*. En revanche, le règlement du 8 octobre 2001 est muet sur les aspects fiscaux. S'agissant d'un sujet qui fâche, soumis de surcroît à la règle de l'unanimité, les négociateurs, pressés d'arriver à leurs fins, ont préféré pratiquer la politique de l'autruche(3). Si rien n'est fait, il est à craindre que les localisations de sociétés européennes ne soient dictées autant par des opportunités fiscales que par des impératifs stratégiques.

2192. – *Succès mitigé*. Les raisons du relatif échec de la société européenne sont multiples qui tiennent au coût de constitution d'une telle structure, en raison notamment des frais de conseils, de traduction et d'immatriculation, à la complexité de son régime du fait des nombreux renvois opérés aux législations nationales et à sa rigidité de fonctionnement. Cette structure relativement lourde sera peut-être concurrencée demain par une structure beaucoup plus légère (V. *infra*, n° 2203). Reste à voir quelle sera l'attractivité de la SE suite à l'adoption de la directive européenne relative à la mobilité des sociétés du 27 novembre 2019 (V. *supra*, n° 376)(4).

SECTION 1

LA CONSTITUTION DE LA SOCIÉTÉ EUROPÉENNE

2193. – Il existe *quatre modes de constitution* d'une société européenne : la fusion(5), la constitution d'une société européenne holding, la constitution d'une société européenne filiale et la transformation d'une SA en société européenne.

2194. – *Fusion*. Les sociétés anonymes ayant leur siège statutaire dans la communauté européenne, et dont deux au moins relèvent d'États membres différents, peuvent fusionner en vue de créer une SE. Deux techniques sont envisageables (V. *infra*, n° 2209) : la fusion par absorption (la société absorbante prend alors la forme de SE) et la fusion par constitution d'une société nouvelle (qui adopte la forme de SE). Le contrôle de la légalité de la fusion est effectué soit par un notaire(6), soit par le greffier du tribunal dans le ressort duquel la société européenne est immatriculée (C. com., art. L. 229-3). Le notaire ou le greffier contrôle, dans un délai de quinze jours à compter de la réception de l'ensemble des documents, la légalité de l'opération (C. com., art. D. 229-13-1 et s.).

2195. – *Holding*. La constitution d'une société holding par des sociétés anonymes ou certaines SARL est possible lorsque deux au moins d'entre elles relèvent d'États membres différents ou ont, depuis deux ans, une filiale ou une succursale implantée dans un autre État membre (Règl. 8 oct. 2001, art. 2, § 2 et 32). Les associés apportent leurs titres à une société qui prend la forme de société européenne. Les

(3) Th. Schmitt, *Les aspects fiscaux de la société européenne* : *LPA* 16 avr. 2002, p. 29.
(4) J. Bouffard, *L'attractivité du statut de de la société européenne après l'adoption de la directive relative à la mobilité des sociétés du 27 novembre 2019* : *Dr. sociétés* mars 2011, étude 4.
(5) C'est ainsi que la société allemande Allianz a fusionné avec sa filiale italienne RAS et s'est, à cette occasion, transformée en SE, un statut qu'elle est la première grande entreprise allemande à adopter (*Le Monde* 10 févr. 2006).
(6) B. Saintourens, *Société européenne : l'intervention obligatoire du notaire* : *JCP* E 2005, 1413.

sociétés doivent établir un projet commun de constitution de la société européenne et faire désigner un ou plusieurs commissaires à la constitution d'une société européenne (C. com., art. L. 229-5).

2196. – *Filiale.* La constitution d'une filiale – y compris à 100 % – sous forme de SE est ouverte à toutes les sociétés au sens de l'article 48 du traité CE, à savoir toutes les sociétés civiles ou commerciales, y compris coopératives, et toutes autres entités juridiques de droit public ou privé, lorsque deux au moins d'entre elles relèvent d'États membres différents ou ont, depuis deux ans, une filiale ou une succursale implantée dans un autre État membre (Règl. 8 oct. 2001, art. 2, § 3 et 35).

2197. – *Transformation.* Toute SA peut se transformer en SE à condition qu'elle ait, depuis au moins deux ans, une société filiale relevant d'un autre État membre (Règl. 8 oct. 2001, art. 2 § 7 et 37). Cette transformation ne donne lieu ni à dissolution ni à création d'une personne morale nouvelle. Le conseil d'administration ou le directoire doit établir un projet de transformation ; un ou plusieurs commissaires à la transformation doivent être désignés en justice (C. com., art. L. 225-245-1, al. 2 et 3). La transformation est décidée dans les conditions requises pour modifier les statuts (V. *supra*, n°s 1183 et 1185), et soumise le cas échéant à la ratification des assemblées spéciales d'actionnaires (C. com., art. L. 225-245-1, al. 4).

SECTION 2

LES PRINCIPALES CARACTÉRISTIQUES DE LA SOCIÉTÉ EUROPÉENNE

2198. – *Acte constitutif.* Une attention particulière doit être portée à la rédaction des statuts, qui doivent préciser les principales caractéristiques de la société :

– *la forme* est celle de société anonyme européenne ; elle peut faire offre au public de titres financiers ;

– *la dénomination sociale* doit être précédée ou suivie du sigle « SE » ;

– *le capital social*, divisé en actions, doit être exprimé en euros et d'un montant au moins égal à 120 000 € (Règl. 8 oct. 2001, art. 4, 2).

– *le siège social* de la SE immatriculée en France, autrement dit le siège statutaire, doit être situé au même endroit que l'administration centrale (C. com., art. L. 229-1, *in fine*), ce qui signifie qu'il n'est pas possible de dissocier le siège réel et le siège statutaire ; toute société régulièrement immatriculée au RCS peut transférer son siège dans un autre État membre (C. com., art. L. 229-2 et L. 229-4) ; avantage appréciable, contrairement aux solutions de droit commun (V. *supra*, n° 375), ce transfert du siège social hors de France n'entraîne pas dissolution et disparition de la personnalité juridique de la société[7] ;

– *le choix entre un système moniste d'administration ou un système dualiste* avec directoire et conseil de surveillance (C. com., art. L. 229-7).

(7) C. Cathiard, *Le transfert transfrontalier du siège social des sociétés européennes* : JCP E 2012, 212.

2199. – *Liberté statutaire.* Pour le reste, les associés peuvent dans les statuts, sous réserve des règles d'ordre public applicables à la SE, organiser comme ils l'entendent le fonctionnement de la société et la transmission des titres.

Spécialement, lorsque la SE ne fait pas appel public à l'épargne, la loi prévoit la possibilité d'inclure dans les statuts les clauses suivantes :

– *clause d'inaliénabilité des titres*, pour une durée qui ne peut excéder dix ans (C. com., art. L. 229-11) ;

– *clause d'exclusion d'un actionnaire* (C. com., art. L. 229-12) ;

– *clause prévoyant l'information de la société en cas de modification du contrôle d'une société actionnaire*, la société pouvant décider, dans les conditions fixées par les statuts, de suspendre les droits non pécuniaires de cet actionnaire et de l'exclure (C. com., art. L. 229-13).

Ces différentes clauses ne peuvent être adoptées ou modifiées qu'à l'unanimité des actionnaires (C. com., art. L. 229-15). Si les statuts ne prévoient pas les modalités d'évaluation du prix de cession des titres en cas de mise en œuvre de l'une de ces clauses, ce prix est fixé par accord des parties ou par un tiers évaluateur visé à l'article 1843-4 du Code civil (V. *supra*, n° 1243) (C. com., art. L. 229-14).

2200. – *Immatriculation.* La SE est dotée de la personnalité juridique à compter de son immatriculation en France au registre du commerce et des sociétés (C. com., art. L. 229-1).

2201. – *SE unipersonnelle.* Il faut enfin signaler que la société européenne peut constituer une société européenne dont elle est seule actionnaire (C. com., art. L. 229-6) ; la SE peut donc être unipersonnelle ; elle est alors soumise, outre les dispositions applicables à la société européenne, aux règles de l'EURL.

Le coin des amateurs

1. Des exemples de société européenne

2202. – La société française de réassurance *SCOR* s'est transformée en 2007 en société européenne, la première en France, sa dénomination sociale devenant à cette occasion SCOR SE. Cette transformation n'a eu aucun effet sur ses actionnaires, ses créanciers et ses salariés. Dans la foulée, ses deux filiales principales sont également devenues des sociétés européennes, par fusion absorption de diverses entités ayant leur siège en Allemagne et en Italie notamment. Lors de la transformation, un accord sur l'implication des salariés dans les différentes entreprises a été négocié. La société SCOR SE a justifié ainsi sa transformation : « Le statut de *Societas Europaea* permet à SCOR de renforcer son identité européenne et transnationale, de faciliter ses acquisitions en Europe, d'améliorer sa flexibilité en matière financière et d'allocation du capital, de simplifier ses conditions de contrôle en utilisant les possibilités offertes par la directive européenne sur le contrôle des sociétés de réassurance et d'alléger ses structures locales en privilégiant l'utilisation de succursales plutôt que de filiales locales » (*Source* : SCOR SE, document de référence 2009, p. 69).

AIRBUS est née de la fusion en 2000 de trois entités, la société française Aérospatiale Matra, la société allemande DASA et la société espagnole CASA. D'abord, société néerlandaise (EADS), Airbus est devenue ultérieurement une société européenne avec un siège social aux Pays-Bas et un centre opérationnel en France.

VALEO a rejoint ces deux pionnières par une décision de son assemblée générale du 25 juin 2020 et a ouvert des négociations relatives à l'implication des salariés.

2. De la difficulté à s'entendre sur une structure européenne réservée aux PME : de la SPE à la SUP

2203. – Le contexte du *Small Business Act*, qui vise à favoriser l'activité des PME européennes au sein du marché unique *(Think small first)*, a relancé en 2008 l'idée de la création d'un instrument unique européen dédié aux petites et moyennes entreprises et aux sociétés fermées. La Commission est partie du constat que les PME représentent 99 % des entreprises dans l'Union européenne mais que seules 8 % d'entre elles exercent des activités transfrontières. La création d'une forme de société, simple à faire fonctionner, souple, et soumise à un droit uniforme, devrait permettre de réduire les coûts de constitution et de fonctionnement des sociétés du fait de la disparité des législations nationales et, ainsi, favoriser l'accès des PME au marché européen. Une telle structure pourrait également apporter la souplesse souhaitée par les groupes de sociétés désireux de s'implanter dans plusieurs États membres par la création de holdings, de filiales ou de filiales communes. Mais l'accord se révèle difficile à trouver compte tenu de la forte disparité des droits nationaux en la matière.

Première divergence, dans beaucoup d'États membres, y compris des États dont l'économie est développée, la réglementation des formes sociales dédiées aux PME ou petites sociétés fermées reste relativement rigide, comme par exemple dans la GmbH allemande. À l'opposé, certains pays offrent des structures très souples, telles la SAS française ou la *private company limited* anglaise.

Deuxième divergence, la plupart des États restent très attachés à un capital social minimum, dans la perspective du financement des PME et de protection des créanciers, ce qui n'est plus le cas de la France, qui a abandonné l'exigence d'un capital minimum dans la SARL et dans la SAS.

Troisième divergence, s'agissant du rattachement des sociétés au droit national, certains États se contentent d'un rattachement purement formel concrétisé par un simple enregistrement, ce qui suffit à soumettre la société au droit national même si son siège réel est fixé dans un autre État membre. D'autres pays comme la France imposent pour leur part un rattachement matériel plus important en retenant le critère du siège social, étant précisé qu'en France, en cas de discordance entre le siège statutaire et le siège réel, c'est le siège réel qui prévaut (V. *supra*, n° 387).

Mais la quatrième et sans doute principale divergence tient à la participation des travailleurs. Certains pays comme l'Allemagne y sont particulièrement attachés et craignent que le droit européen ne soit le moyen de contourner leur législation nationale. C'est sur cette question qu'a achoppé pendant plus de trente ans l'adoption de la SE (V. *supra*, n° 2188). C'est l'un des points qui cristallise le plus d'opposition pour l'adoption de la société privée européenne ; le projet, lancé en 2008, a fini par être retiré en octobre 2013. D'autres pistes sont à l'étude comme l'octroi d'un label européen aux sociétés satisfaisant à certains critères, la simplification du régime de la société européenne ou la modification de la directive du 16 septembre 2009 sur les sociétés unipersonnelles, codifiée le 14 juin 2017 (B. Lecourt, *La société privée européenne a-t-elle encore un avenir ? : Rev. sociétés* 2013, p. 133 et 139). En 2014, la Commission européenne a proposé la création d'une nouvelle société à responsabilité limitée unipersonnelle, la *Societas Unius Personae*, dite SUP (B. Lecourt, *La Societas Unius Personae : Rev. sociétés* 2014, p. 699). Le Conseil a donné son accord le 28 mai 2015 sur un texte de compromis, qui doit servir de base aux négociations à venir avec le

Parlement européen (Commission européenne, communiqué de presse n° 377/15, 28 mai 2015 : *Dr. sociétés* 2015, p. 692, obs. B. Lecourt). L'accord porte notamment sur la possibilité d'une immatriculation en ligne dans tous les États membres ou encore la fixation d'un montant de capital minimum à un 1 euro, mais avec l'obligation de doter une réserve légale et l'établissement de test de bilan et/ou d'un certificat de solvabilité. En revanche, l'idée d'une dissociation du siège réel et du siège statutaire, un temps envisagée, n'a finalement pas été retenue.

TROISIÈME PARTIE

RESTRUCTURATION ET GROUPES DE SOCIÉTÉS

2204. – Le spectateur de la vie financière a parfois l'impression d'assister à une partie de Monopoly : fusions, apports partiels d'actifs, prises de contrôle, créations de filiales communes, accords de coopération... se succèdent à un rythme soutenu. Ces opérations, qui déplacent les frontières des sociétés ou des ensembles de sociétés, manifestent de la manière la plus ostensible le caractère instrumental du droit des sociétés, outil au service des décisions stratégiques ou tactiques des chefs d'entreprise. C'est à chaque fois un impératif économique ou de gestion – conquête de parts de marché, acquisition d'une marque, d'un savoir-faire, simplification de la gestion, abandon d'un secteur en difficulté, souci d'économie fiscale – qui justifie l'opération de restructuration.

2205. – Le lieu privilégié des restructurations est le groupe de sociétés ; le groupe naît de restructurations et se développe par elles. En cela, le groupe est bien le résultat des restructurations. D'où la double démarche qui opposera les procédés de restructuration à leur résultat : les groupes de sociétés.

TITRE 1

LES PROCÉDÉS DE RESTRUCTURATION

2206. – *Diversité des procédés de restructuration.* Plusieurs voies conduisent au groupe de sociétés. Les unes, classiques, mettent en œuvre les techniques sociétaires – fusion et prise de participation – d'autres font appel aux techniques contractuelles, principalement l'accord d'entreprise.

L'emploi de ces instruments de restructuration dépend de l'objectif poursuivi par les dirigeants sociaux, qui choisissent en fonction des circonstances le procédé leur paraissant le plus apte – en termes de coût, de rapidité, de faisabilité juridique et fiscale... – à satisfaire cet objectif.

Le choix est aussi dicté par le résultat que l'on souhaite atteindre. En effet, si l'on opte pour la fusion, l'une des sociétés – la société absorbée – disparaîtra de la scène juridique ; s'il y a prise de participation, on assistera seulement à un changement d'actionnaires de la société contrôlée ; enfin, en cas de location-gérance ou d'accord de gestion, les deux sociétés subsisteront, mais l'une assurera désormais la gestion de l'autre.

CHAPITRE 1

LA FUSION, L'APPORT PARTIEL D'ACTIF ET LA SCISSION

SECTION 1

LA FUSION

2207. – *Définition.* La fusion est l'opération par laquelle une société en annexe une autre, l'annexante et l'annexée ne faisant plus qu'une seule et même société. Juridiquement, la fusion emporte transmission universelle de patrimoine d'une société à une autre, avec augmentation de capital – chez l'annexante – et dissolution – chez l'annexée – ; les associés de cette dernière deviennent donc associés de la première. Telle est la trame posée par l'article L. 236-1 du Code de commerce, qui autorise de nombreux dessins[1] (V. les aspects fiscaux, *infra*, nos 2283 et s.). L'opération évoque tout à la fois le mariage et la conquête guerrière, images qui ne sont pas toujours contradictoires. La matière a donné lieu à l'adoption de plusieurs directives européennes (V. *supra*, n° 19).

SOUS-SECTION 1

TYPOLOGIE DES FUSIONS

§ 1. – Du côté des stratèges

2208. – Il y a autant de formes de fusion qu'il y a de stratégies industrielles ou financières. À s'en tenir aux principales, on retiendra :

– la *fusion-expansion* : c'est ici la recherche d'une grande dimension qui justifie l'opération ; par la fusion, la société change de calibre, elle devient moins fragile, moins vulnérable à une offre publique d'achat (OPA) car plus chère à conquérir[2] ; elle gagne en indépendance et permet une libre circulation des flux financiers entre

(1) M. Chadefaux, *Les fusions de sociétés, Régime juridique et fiscal*, éd. La Revue fiduciaire, 2016. – J.-M. Moulin, *Le droit de l'ingénierie financière*, Lextenso éd., 5e éd., 2016, nos 700 et s.

(2) Ainsi des fusions Total-Elf, Alcatel-Lucent, Sanofi-Aventis, Suez-Gaz de France, etc.

les entités ; elle diminue la part des frais non productifs et améliore sa rentabilité. Le choix est souvent raisonné ; mais il ne l'est pas toujours, l'annexion satisfaisant alors simplement la boulimie de certains brasseurs d'affaires, fusionnant ou défusionnant à tout va, et constituant ainsi des conglomérats sans unité ;

– la *fusion-concentration :* c'est le moyen de s'assurer la fidélité des clients ou des fournisseurs, la docilité des concurrents ;

– la *fusion-compression :* c'est le souci, au sein d'un groupe déjà constitué, de modifier l'agencement des filiales et des sous-filiales, de passer par exemple d'une architecture pyramidale à une architecture en peigne.

§ 2. – Du côté des juristes

A. – Les catégories

2209. – La typologie des juristes est fondée sur la forme de la fusion. À cet égard, on distingue :

– la *fusion-absorption :* l'absorbée disparaît et l'absorbante s'enrichit de sa valeur ; il y a transmission universelle du patrimoine de la première à la seconde (V. *infra*, n° 2263) ;

– la *fusion par création d'une société nouvelle :* deux sociétés s'unissent pour en faire naître une troisième ; les initiatrices disparaissent et de leur décès naît une troisième société.

De ces deux espèces, la fusion-absorption est de loin la plus courante parce que la plus facile à réaliser ; elle évite les lourdeurs liées à la constitution d'une société nouvelle ; aussi sera-t-elle seule étudiée ci-dessous.

B. – Les opérations voisines

2210. – C'est la transmission universelle du patrimoine d'une société vers l'autre à laquelle elle donne lieu qui aide à distinguer la fusion, et spécialement la fusion-absorption, des techniques voisines du droit des sociétés.

1° Fusion et cession des actifs

2211. – La société qui vend à une autre son fonds de commerce et ses immeubles n'est pas réputée fusionner avec celle-ci ; en effet, elle ne disparaît pas du seul fait de la cession. L'entité juridique demeure, même si l'activité change par la force des choses, la cédante se muant par exemple en société de portefeuille (sur l'offre de retrait lorsque la société est cotée, V. *supra*, n° 1648). Le régime fiscal n'est pas attractif : imposition de la société venderesse à raison des plus-values qu'elle réalise, exigibilité des droits d'enregistrement au nom de la société cessionnaire ; la fiscalité des fusions et des opérations assimilées (scission et apport partiel d'actifs) est plus favorable (V. *infra*, n°s 2283 et s.).

2° Fusion et scission

2212. – La scission est le démembrement d'une société qui disparaît, chacune des pièces issues de la division prenant sa liberté, qu'elles soient destinées à constituer des sociétés indépendantes ou à agréger une société existante (on parle alors de fusion-scission). La différence est sensible avec la fusion, laquelle est réunion et non division. Toutefois, il ne faut pas exagérer son particularisme car le régime juridique et fiscal des scissions est calqué sur celui des fusions (V. *infra*, n° 2319).

3° Fusion et apport partiel d'actif

2213. – L'apport en nature d'une partie de l'actif à une autre société s'apparente à une vente, à ceci près que la rémunération change : ici des actions, là des espèces ; ici la société bénéficiaire de l'apport augmente son capital, là elle se contente d'acheter un bien, opération sans conséquence sur son capital ; quant au régime fiscal, il est tout aussi pénalisant dans les deux cas.

Aussi bien existe-t-il un régime particulier, plus avantageux, lorsque l'apport porte sur une branche complète d'activité dans ses éléments tant actifs que passifs ; on parle alors d'apport partiel d'actif, opération que les parties peuvent soumettre au régime des scissions (C. com., art. L. 236-22) ; le coût fiscal est faible, ce qui explique sa fréquence dans la pratique et justifie qu'on lui consacre des développements spécifiques (V. *infra*, n°s 2304 et s.).

SOUS-SECTION 2

LE RÉGIME JURIDIQUE DE LA FUSION

2214. – La fusion est un mariage, d'où des fiançailles qui précèdent l'union et des incidences sur le sort de chacun, voire des tiers.

§ 1. – Les préalables

A. – Avant le projet de fusion

1° La séduction

2215. – Il n'est pas d'union sans séduction et la période antérieure au projet de fusion est placée sous ce signe ; qu'il s'agisse de la reprise d'une entreprise en difficulté ou de l'acquisition d'une entreprise prospère, la fusion ne se conçoit pas sans cette étape, quelle qu'en soit la durée. Le futur absorbant doit être convaincu de l'utilité stratégique d'une telle annexion, d'où des études commerciales, de production, financières, juridiques, pour mieux connaître la promise (« *due diligence* »). Et du côté de l'absorbée, on n'est pas moins attentif à la santé de l'autre et aux rémunérations attendues. Des marieurs existent – conseils en rapprochement, départements spécialisés des banques, pouvoirs publics – qui feront se rencontrer les intéressés et les encourageront à convoler.

2° Les pourparlers

2216. – *Protocole d'accord.* Si les partis se révèlent bons, un échelon supérieur est gravi ; les négociations commencent et on évoque la possibilité d'une fusion, la parité d'échange, les incidences sociales, le sort des dirigeants, la date de l'opération. Lorsque les pourparlers sont suffisamment avancés, des lettres d'intention sont parfois échangées, un protocole d'accord peut être rédigé. Ce protocole constate seulement l'accord des sociétés concernées sur le principe et le sens de la fusion (qui sera l'absorbée, qui sera l'absorbante ; sur les fusions à l'envers, V. *infra*, n° 2300) et sur certaines des modalités de celles-ci, ainsi que leur détermination d'aller plus avant et de passer à l'étape suivante, savoir celle du projet de fusion.

2217. – *Rupture des pourparlers.* Le protocole ne vaut pas projet de fusion et un retour en arrière est encore possible : cependant, le partenaire qui changerait brutalement et légèrement (sans motifs sérieux) d'avis, verrait sa responsabilité civile (délictuelle) engagée au profit de la société éconduite[(3)]. La solution évoque celle qui a cours en matière de rupture de pourparlers ou de rupture de fiançailles ; les fiancés ne sont pas tenus de se marier, mais celui qui, léger ou intempestif, met fin à la marche nuptiale doit réparer le préjudice causé[(4)] (V. *supra*, n° 323).

2218. – *Clauses particulières.* Dans certains cas, le protocole prévoit le versement d'une indemnité par celui des futurs époux qui reprendrait sa liberté (*break up fee*), sauf événement exceptionnel, telle la pandémie de Covid-19. Il peut également contenir une clause dite de *Material Adverse Change*, permettant de renoncer au projet en cas de changement significatif intervenant dans l'une des sociétés concernées[(5)].

3° Le mariage à l'essai

2219. – Cette double étape de la séduction et du protocole est tantôt abrégée, tantôt allongée. Elle est abrégée lorsque la fusion concerne les sociétés d'un même groupe ; c'est alors littéralement le coup de force et on arrive très vite au projet de fusion. Elle est allongée lorsque l'absorbante souhaite en savoir encore plus sur l'absorbée et soumettre au feu de l'expérience l'alliance projetée. Dans ce cas, d'autres préliminaires apparaissent, tels que des accords de coopération en matière de production, de recherche ou de commercialisation (V. *infra*, n°s 2379 et s.).

2220. – *Recours à la location-gérance.* Éventuellement, une location-gérance du fonds de commerce de la future absorbée au profit de l'absorbante désignée est mise en place (V. *infra*, n° 2380)[(6)]. Cela permet à celle-ci, qui gère alors l'entreprise de la première, de mieux en percevoir les défauts et les qualités ; ce n'est ni plus ni moins qu'un mariage à l'essai pendant lequel le locataire-gérant – l'absorbante de demain – a la pleine responsabilité de la conduite du fonds de commerce du bailleur – l'absorbée de demain – à laquelle elle verse une redevance, représentant un loyer ; le

(3) Cass. com., 20 déc. 2012, n° 11-27.340 : *BRDA* 2/2013, n° 7 ; rupture soudaine de pourparlers de fusion n'ayant abouti qu'à une ébauche de pacte d'actionnaires ; la rupture n'est pas jugée fautive, la société éconduite ayant engagé prématurément des investissements en vue de la fusion alors que le principe de celle-ci n'était pas encore acquis.

(4) Lorsque les sociétés concernées vivent en figure de fusion sans avoir officialisé celle-ci, elles prennent le risque d'être traitées comme des associés de fait : V. CA Paris, 13 janv. 1987 : *JCP E* 1987, 16959, n° 28, obs. A. Viandier et J.-J. Caussain.

(5) C. Dureau-Hazera, *Validité d'une MAC clause dans les opérations de fusions-acquisitions en cas de pandémie* : *JCP E* 020, n° 1370.

(6) J.-L. Trousset, *La location-gérance : une solution pour anticiper les effets d'une fusion en cours de réalisation* : *JCP E* 1999, p. 1760.

locataire-gérant gère librement, il exploite le fonds « à ses risques et périls » (C. com., art. L. 144-1). À l'issue du contrat, les parties renoncent à leur désir de rapprochement ou décident au contraire d'aller plus avant ; on passe alors au projet de fusion. Le stade de la location-gérance permet de préparer et de préfigurer l'harmonisation des conditions salariales des employés des deux sociétés. De même, il permet de régler les multiples difficultés que soulève la mise en œuvre d'une clause de rétroactivité (V. *infra*, n° 2302). En général, c'est la future absorbante qui prend les rênes avec la position de locataire-gérant ; c'est ainsi que Air France a commencé par prendre Air Inter Europe en location-gérance avant de l'absorber en 1997. Exceptionnellement, le rôle de locataire-gérant échoit à l'absorbée ; par exemple, Air France a géré UTA avant de se faire absorber par elle dans le cadre d'une fusion (V. *infra*, n° 2300).

B. – Le projet de fusion

2221. – C'est sur ce projet que les actionnaires des sociétés concernées se prononcent ; sans lui, aucune décision ne peut être prise. L'obligation de dresser un projet de fusion est expressément posée par l'article L. 236-6 du Code de commerce. Le projet de fusion est établi par le conseil d'administration, le directoire ou les gérants des sociétés concernées.

1° Le contenu du projet de fusion

2222. – L'article R. 236-1 du Code de commerce décrit le contenu du projet, qui doit comprendre les indications suivantes :

– les motifs, buts et conditions de la fusion ;

– les dates auxquelles ont été arrêtés les comptes des sociétés intéressées pour établir les conditions de l'opération (V. *infra*, n° 2224) ;

– la désignation et l'évaluation de l'actif et du passif dont la transmission à la société absorbante est prévue ;

– le rapport – ou parité – d'échange des droits sociaux, avec l'indication des méthodes d'évaluation retenues et les raisons du choix de la parité retenue ;

– le montant de l'éventuelle prime de fusion.

De tous ces éléments, deux méritent des explications complémentaires, la parité et la prime.

2° La parité d'échange

2223. – *Objet.* Rappelons avant tout l'économie de la fusion-absorption ; une société – l'absorbée – se dilue dans une autre – l'absorbante ; la société absorbée disparaissant, ses actions disparaissent ; à leur place, on doit remettre aux actionnaires de l'absorbée des actions de l'absorbante ; combien ? C'est l'objet de la parité d'échange.

2224. – *Évaluation des sociétés.* Pour la parité d'échange, il convient d'abord de connaître la valeur des deux sociétés. Le point de départ est la comparaison des comptes à la date de clôture du dernier exercice(7). Cependant, la valeur bilantielle

(7) Lorsque les sociétés clôturent leurs comptes à des dates très éloignées, il y a lieu, pour l'une d'entre elles, d'arrêter un bilan en cours d'exercice ou de dresser une situation intermédiaire afin de permettre une comparaison équitable.

ainsi obtenue correspond rarement à la réalité économique, ne serait-ce qu'en raison des incidences perverses de certaines règles comptables ; la méthode des coûts historiques oblige par exemple à conserver au bilan la valeur initiale du bien, meuble ou immeuble, celle-ci aurait-elle augmenté depuis l'acquisition ; le principe de prudence prohibe de prendre en considération des profits futurs, statistiquement et économiquement certains, mais non encore juridiquement acquis. Dès lors, la valeur bilantielle des deux sociétés n'est qu'un point de départ et des corrections en plus et/ou en moins interviennent afin d'approcher la véritable valeur de chacune des deux sociétés ; l'approche choisie est nécessairement une approche « multicritères ».

2225. – *Comparaison de la valeur de chaque société.* L'évaluation de chaque entité réalisée, il y a lieu ensuite de *comparer* les valeurs des sociétés en cause ; cette comparaison se fait à l'échelle de la part sociale ou de l'action, le prix de celle-ci étant obtenu par division de la valeur globale de la société par le nombre de titres. Il est alors possible d'établir la parité, par simple comparaison de la valeur d'une action de l'absorbante et d'une action de l'absorbée ; si la première vaut 300 € et la seconde 100 €, le rapport est de 1 pour 3, trois actions de l'absorbée valant une action de l'absorbante ; on accordera donc à tout titulaire de trois actions de la société absorbée une action de la société absorbante.

2226. – *Nombre d'actions à créer.* Reste à déterminer le nombre des actions à créer ; ce chiffre s'obtient facilement ; on connaît le rapport d'échange – un pour trois dans notre exemple – il suffit d'appliquer ce rapport d'échange au nombre d'actions de la société absorbée pour arrêter le nombre d'actions de la société absorbante à émettre. Si le capital de l'absorbée est représenté par 6 000 actions, il faudra créer chez l'absorbante 2 000 actions supplémentaires ; pour trois actions de l'absorbée, on recevra une action de l'absorbante ; celui qui a un nombre impair d'actions en vendra ou en achètera une afin d'avoir un lot entier, ce que les techniciens appellent la négociation des rompus. Il peut arriver, le cas est rare, que l'actionnaire de la société absorbée, faute de rompus suffisants pour pouvoir recevoir au moins une action de la société absorbante, reste purement et simplement à la porte, la fusion aboutissant à son éviction (V. *infra*, n° 2303).

2227. – *Soulte.* Bien que la fusion ne soit pas une cession et qu'elle n'implique donc pas le versement d'une somme d'argent, il peut arriver que les actionnaires de la société absorbée reçoivent une somme d'argent en plus des actions correspondant à la parité d'échange ; on parle alors de *soulte* en espèces ; cette soulte est limitée à 10 % de la valeur nominale des actions attribuées (C. com., art. L. 236-1, al. 4) ; il est fait exception à ce plafond en cas de fusion transfrontalière (V. *infra*, n° 2292).

2228. – L'histoire serait terminée si la valeur réelle des actions correspondait toujours à leur valeur nominale ; or ce n'est pas le cas et on voit surgir un élément de complication supplémentaire, la prime de fusion.

3° La prime de fusion

2229. – *Objet.* Rapportée à une action, la prime de fusion est la différence entre sa valeur nominale et sa valeur réelle. La valeur nominale d'une action représente l'apport initial réalisé par l'actionnaire et, par addition, on obtient le capital social. Cette valeur nominale est quasiment intangible, et si une augmentation de capital intervient, on émet de nouvelles actions de même valeur nominale. Cependant, au fur et à mesure des opérations sociales, la valeur nominale n'exprime plus la valeur réelle du titre ; des profits ont été réalisés et des réserves accumulées auxquels chaque action donne droit (le schéma vaut à l'inverse en cas de pertes, la valeur réelle du titre pouvant devenir inférieure à sa valeur nominale) ; si demain la société est dissoute, le porteur d'une action aura droit au remboursement du capital apporté – valeur nominale – et à une part des profits générés, le boni de liquidation (sur la différence entre valeur nominale et valeur vénale, V. *supra*, n° 1310).

2230. – *Montant.* De cette constatation dérive la prime de fusion, comme la prime d'émission en cas d'augmentation de capital (V. *supra*, n°s 1432 et s.). On connaît le nombre d'actions à créer, 2 000 dans notre hypothèse (V. *supra*, n° 2226) ; on connaît la valeur nominale des actions de l'absorbante, disons 100 €, on en déduit que l'augmentation de capital sera de 200 000 €. On sait aussi que l'action de l'absorbante a une valeur réelle de 200 ; on crée donc 2 000 actions de valeur nominale 100 et de valeur réelle 200 ; la différence – 100 € – constitue la prime de fusion attachée à chaque action créée. Dans le bilan de l'absorbante, un compte « prime de fusion » apparaît au passif, juste en dessous du capital, pour un montant total de 200 000 (100 × 2 000).

2231. – **Exemple de calcul d'une parité d'échange et d'une prime de fusion.**

1. Énoncé du problème

La société anonyme *Héliopolis* exploite un centre de naturisme à Biarritz ; son capital est de 2 500 000 €, représenté par 2 500 actions d'une valeur nominale de 1 000 €, réparties ainsi entre ses sept actionnaires :

Clotilde	1 256 actions
Clotaire	900 actions
Clémence	340 actions
Charlotte	1 action
Charles	1 action
Claude	1 action
Caroline	1 action

La valeur réelle de *Héliopolis* est de 5 000 000 €.

La société anonyme *Célestis* exploite un centre de loisirs à Menton ; son capital est de 1 500 000 €, représenté par 1 500 actions d'une valeur nominale de 1 000 €, réparties ainsi entre ses sept actionnaires :

Gaston	300 actions
Gustave	300 actions
Guillaume	300 actions
Gildas	200 actions
Geneviève	135 actions
Guénolé	135 actions
Gontran	130 actions

Après des débuts prospères, la société *Célestis*, qui vaut environ 4 500 000 €, connaît des difficultés depuis deux ans ; elle tarde à trouver un deuxième souffle. En revanche, la société *Héliopolis* – la nudité se vend bien – est en pleine progression ; elle cherche à créer un nouveau centre de naturisme, de préférence sur la Côte d'Azur. À cette fin, elle se rapproche de *Célestis* et, après neuf mois de pourparlers, la fusion est décidée, *Héliopolis* absorbant *Célestis*.

Calculer parité d'échange, augmentation de capital et prime de fusion.

2. Solution du problème

a) La parité d'échange

– la valeur réelle des actions *Héliopolis* est de 2 000 €
– la valeur réelle des actions *Célestis* est de 3 000 €
– les deux actions sont dans un rapport de 1,5
soit 2 actions *Célestis* pour 3 actions *Héliopolis*.

D'où les attributions suivantes :

– Gaston, Gustave et Guillaume recevront chacun 450 actions *Héliopolis* (300 × 1,5) ;
– Gildas recevra 300 actions *Héliopolis* (200 × 1,5) ;
– Gontran recevra 195 actions *Héliopolis* (130 × 1,5).

Pour Geneviève et Guénolé, une difficulté apparaît en raison du nombre impair des actions détenues ; si on applique la parité, on obtient pour chacune 202,5 actions ; or il n'est pas envisageable d'attribuer des demi-actions ; aussi devront-elles s'entendre, l'une pour acheter, l'autre pour vendre une action afin d'obtenir un nombre pair ; on suppose que Guénolé, la plus têtue, achète une action à Geneviève, d'où les attributions suivantes :

– Guénolé recevra 204 actions *Héliopolis* (136 × 1,5) ;
– Geneviève recevra 201 actions *Heliopolis* (134 × 1,5).

b) L'augmentation de capital

Au total, ce sont 2 250 actions *Héliopolis* qui seront créées (450 + 450 + 450 + 300 + 195 + 204 + 201). Or, on sait que la valeur nominale des actions *Héliopolis* est de 1 000 €, ce qui donne une augmentation de capital de 2 250 000 € (2 250 × 1 000 €). Ainsi, le capital de *Héliopolis* sera désormais de 4 750 000 € (2 500 000 + 2 250 000).

c) La prime de fusion

Chaque action *Héliopolis* vaut réellement 2 000 €, or les actions émises le sont à la valeur nominale 1 000 €. Si on s'en tenait là, *Héliopolis* s'enrichirait de 4 500 000 €, mais ses écritures constateraient seulement un enrichissement de 2 250 000 €, montant de l'augmentation de capital. D'où la prime de fusion, qui peut être obtenue par deux voies :

– soit en multipliant la différence entre valeur nominale et valeur réelle de l'action *Héliopolis* (1 000 €) par le nombre d'actions créées (2 250), la prime de fusion est donc de 2 250 000 € ;

– soit par différence entre la valeur réelle de la société absorbée (*Célestis*) et le montant de l'augmentation de capital de *Héliopolis*, et la prime de fusion est encore de 2 250 000 €.

3. Conclusions

La traduction comptable de la fusion sera la suivante chez Héliopolis (aucune traduction comptable chez Célestis puisqu'elle disparaît) :

AVANT		APRÈS	
PASSIF		PASSIF	
Capital	2 500 000	Capital	4 750 000
		Prime de fusion	2 250 000
	2 500 000		7 000 000

Les comptes traduiront un enrichissement de 4 500 000 €, soit la valeur de la société absorbée. Quant à l'actionnariat de *Héliopolis*, il sera désormais le suivant, en allant *decrescendo :*

Clotilde .... 1 256 actions
Clotaire .... 900 actions
Gaston .... 450 actions
Gustave .... 450 actions
Guillaume .... 450 actions
Clémence .... 340 actions
Gildas .... 300 actions
Guénolé .... 204 actions
Geneviève .... 201 actions
Gontran .... 195 actions
Charlotte .... 1 action
Charles .... 1 action
Claude .... 1 action
Caroline .... 1 action

Il y a désormais 14 actionnaires de *Héliopolis*, qui se partagent 4 750 actions d'une valeur nominale de 1 000 €. Alors que Clotilde avait la majorité dans les assemblées ordinaires (1 256 actions sur 2 500), sa part n'est plus que 26,44 % : on mesure l'incidence politique de la fusion ; Clotilde doit désormais s'allier à d'autres pour être dans le clan majoritaire, par exemple en faisant bloc avec Clotaire et Clémence ; à eux trois, ils représentent 52,24 % du capital social.

4° Les suites du projet de fusion

a) La désignation d'un commissaire à la fusion et éventuellement d'un commissaire aux apports

2232. – *Désignation d'un commissaire à la fusion.* Il convient de veiller à ce que la parité d'échange ne lèse aucune des parties en présence. D'où, en principe, l'intervention, dans les sociétés par actions et les SARL, d'un commissaire à la fusion, distinct des commissaires aux comptes des sociétés concernées, désigné par le tribunal de commerce (C. com., art. L. 236-10, I). Il établit un rapport sur les modalités de la fusion et vérifie « que les valeurs relatives attribuées aux actions de sociétés participant à l'opération sont pertinentes et que le rapport d'échange est équitable »[(8)].

2233. – *Dispense de désignation.* Hors les hypothèses de fusions simplifiées (V. *infra*, n° 2235), les actionnaires de chacune des sociétés participant à l'opération peuvent décider, à l'unanimité, de ne pas faire désigner de commissaire à la fusion (C. com., art. L. 236-10, II).

2234. – *Apports en nature ou avantages particuliers.* Lorsque l'opération de fusion comporte des apports en nature ou des avantages particuliers (C. com., art. L. 236-10, III), le commissaire à la fusion ou, s'il n'en a pas été désigné, un commissaire aux apports, établit le rapport prévu à l'article L. 225-147 du Code de commerce (V. *supra*, n° 848)[(9)].

2235. – Les fusions simplifiées.

On peut aller plus vite en besogne lorsque l'absorbante possède la totalité du capital de l'absorbée puisqu'il n'y a pas à se préoccuper de la protection des minoritaires (C. com., art. L. 236-11). Opposer dans ce cas la volonté et les intérêts de l'absorbée et ceux de l'absorbante n'a en effet guère de sens. Le régime de la fusion est donc doublement allégé.

D'une part, l'opération ne donne pas lieu à l'émission de titres nouveaux et donc à un échange de titres (C. com., art. L. 236-3, II) (V. *infra*, n° 2258).

D'autre part, la procédure de fusion est simplifiée (C. com., art. L. 236-11) :

– dispense d'établissement du rapport du commissaire à la fusion et du rapport des dirigeants (V. *supra*, n° 2233) ;

– dispense d'approbation de la fusion par les assemblées générales des sociétés absorbante et absorbée, sauf si un ou plusieurs associés réunissant au moins 5 % du capital de la société absorbante demandent en justice la désignation d'un mandataire aux fins de convoquer une assemblée en vue d'approuver la fusion sans qu'il soit nécessaire de désigner un commissaire à la fusion (V. *infra*, n° 2241).

Le régime des fusions simplifiées, initialement réservé à l'hypothèse de l'absorption d'une filiale à 100 %, a été étendu à l'absorption d'une filiale dont 90 % des droits de vote sont détenus par la société absorbante (C. com., art. L. 236-3, II, 3° et. L. 236-11-1) (V. *infra*, n° 2241). Il a ensuite été élargi par la loi n° 2019-744 du 19 juillet 2019 aux fusions-absorptions entre sociétés sœurs détenues à 100 % (C. com., art. L. 236-3, II, 3° et 236-11) ; la directive du 27 novembre 2019 a prévu un nouveau cas de fusion simplifiée (V. *infra*, n° 2293). On rappellera enfin que la société mère peut utiliser une technique encore plus expéditive, à savoir la dissolution sans liquidation prévue à l'article 1844-5 du Code civil.

L'ensemble de ces opérations bénéficient du régime fiscal de faveur des fusions.

(8) Pour une tentative de mise en œuvre de la responsabilité d'un commissaire à la fusion : CA Paris, 19 févr. 1999 : *BJS* 1999, p. 674, note L. Grosclaude ; un actionnaire critiquait la parité d'échange retenue pour une fusion entre une filiale et sa société mère ; il est débouté au motif que le rapport d'échange n'était pas défavorable aux actionnaires.

(9) Pour un exemple de responsabilité d'un commissaire aux apports à l'occasion d'une fusion : Cass. com., 7 janv. 2014, n° 12-23.640 : *BJS* 2014, p. 258, note B. Dondero ; *BRDA* 4/2014, n° 5 ; le commissaire avait validé une surévaluation de la société absorbée et avait ainsi contribué à donner de la société absorbante une apparence trompeuse de solvabilité.

b) L'information interne

2236. – Plusieurs informations sont rendues nécessaires par le projet de fusion ; voici les principales :

– *information des commissaires aux comptes* ;

– *information des actionnaires* ; sauf décision prise à l'unanimité des actionnaires des sociétés concernées, les dirigeants des sociétés parties à la fusion doivent établir un rapport écrit mis à la disposition des actionnaires ; ils doivent également les informer de toute modification importante de l'actif et du passif intervenue entre la date d'établissement du projet de fusion et celle de la réunion des assemblées générales se prononçant sur la fusion (C. com., art. L. 236-9) ;

– *information du comité social et économique* (C. trav., art. L. 2312-8) ; en effet, il y a là une modification de l'organisation économique et juridique des entreprises en cause[10].

c) L'information externe

2237. – *Publicités.* Le projet de fusion donne lieu à plusieurs formalités de publicité, notamment le dépôt au greffe et la publication d'un avis au *Bulletin officiel des annonces civiles et commerciales* (*BODACC*) ; à cette publication peut être substituée une mise en ligne sur le site Internet de la société (C. com., art. R. 236-2-1).

2238. – *Information de l'administration.* Les formalités sont prolongées le cas échéant par une demande d'autorisation au ministre de l'Économie au titre de la réglementation des investissements étrangers (C. monét. fin., art. L. 151-3) ou par une notification au ministre chargé de l'économie si la concentration réalisée par la fusion atteint les seuils posés par la réglementation des concentrations (V. *infra*, n° 2374).

§ 2. – La décision

2239. – La décision prend la forme de l'adoption de résolutions au sein des sociétés participant à l'opération, résolutions qui font l'objet d'une publicité.

A. – Les résolutions

1° Les assemblées

2240. – *Principes.* La fusion est décidée « par chacune des sociétés intéressées, dans les conditions requises pour la modification des statuts » (C. com., art. L. 236-2, al. 2). La règle est logique ; pour l'une, l'absorbée, la fusion emporte dissolution, pour l'autre, l'absorbante, elle induit une augmentation de capital ; or dissolution et augmentation de capital sont des décisions de nature extraordinaire. Aussi bien la

(10) Pour deux exemples d'ajournement du processus de fusion pour cause de non-respect de la procédure de consultation du comité européen d'entreprise : CA Paris, 21 nov. 2006 : *JCP* E 2006, 2840, note T. Bonneau (projet de fusion Suez-Gaz de France) et CA Paris, 31 juill. 2009 : *RJDA* 11/2009, n° 969 (projet de regroupement des banques populaires et des caisses d'épargne).

résolution, pour être adoptée, exige-t-elle la réunion d'une majorité qualifiée : deux tiers dans les SA, trois quarts en principe dans les SARL (V. *supra*, n° 1749). L'unanimité est nécessaire lorsque la société absorbante est une SAS car l'acquisition de la qualité d'associé d'une SAS suppose le consentement individuel de chacun des associés (V. *supra*, n° 1522).

Les assemblées de fusion peuvent en modifier les termes, même si le point ne figure pas expressément à l'ordre du jour[11].

2241. – *Fusion simplifiée.* L'absorption d'une société dont au moins 90 % des droits de vote est détenu par une autre société permet de faire l'impasse sur la décision de l'assemblée des actionnaires de la société absorbante, sauf demande judiciaire expresse, dans les vingt jours (C. com., art. R. 236-5-2), d'un ou plusieurs associés représentant au moins 5 % du capital de celle-ci (C. com., art. L. 236-11-1). Cette facilité a été étendue aux fusions-absorptions entre sociétés sœurs (V. *supra*, n° 2235) et aux fusions de sociétés civiles (V. *supra*, n° 1985).

2242. – *Délégation de compétence.* Depuis la loi n° 2019-486 du 22 mai 2019, l'assemblée générale extraordinaire de la société absorbante peut déléguer sa compétence au conseil d'administration ou au directoire pour décider d'une fusion par absorption pendant une durée qui ne peut pas excéder vingt-six mois, ou pour déterminer les modalités définitives d'un projet de fusion pour une durée maximale de cinq ans (C. com., art. L. 236-9, II). Cependant, un ou plusieurs actionnaires réunissant au moins 5 % du capital peuvent, dans les vingt jours (C. com., art. R. 236-5-2), demander en justice la désignation d'un mandataire aux fins de convoquer l'assemblée générale pour qu'elle se prononce sur la fusion (*ibid.*).

2° Le calendrier

2243. – *Rétroplanning.* La fusion n'est pas une opération aisée ; la multiplicité des organes à consulter, les délais requis pour cette consultation commandent l'adoption d'un calendrier précis. Voici l'extrait d'un calendrier de fusion de deux SA ne faisant pas publiquement appel à l'épargne, dans lequel J représente la date de tenue des assemblées extraordinaires appelées à approuver la fusion :

– J-50 : réunion des conseils d'administration aux fins d'autoriser les présidents à signer le projet de fusion et de convoquer l'assemblée générale extraordinaire ;

– J-49 : signature du projet de fusion ;

– J-48 : communication du projet au commissaire à la fusion ;

– J-47 : dépôt du projet au greffe du tribunal de commerce ; demande de publication du projet au *BODACC* ;

– J-40 à 35 : envoi d'un préavis d'assemblée aux actionnaires l'ayant demandé ;

– J-30 : mise à disposition des actionnaires (le cas échéant sur le site Internet de la société) et des membres du comité d'entreprise des documents relatifs à la fusion ;

– J-20 : demande de publication de l'avis de convocation des assemblées générales dans un support habilité à recevoir des annonces légales ; l'avis doit être publié quinze jours au moins avant les assemblées ;

(11) Cass. com., 6 oct. 2015, n° 14-11.680 : *BRDA* 20/2015, n° 1 ; *Rev. sociétés* 2016, p. 159, note A. Reygrobellet.

– J-18 : envoi des lettres de convocation aux actionnaires nominatifs et convocation des commissaires aux comptes ;

– J : tenue des assemblées (celle de la société absorbée puis celle de la société absorbante) ; ces assemblées sont parfois tenues à quelques jours d'intervalle (la première approuvant la fusion sous la condition de l'approbation par l'autre) ;

– J + 1 à J + 30 : formalités de publicité.

3° Les sanctions

a) La nullité

2244. – *Conditions.* L'article L. 235-8 du Code de commerce prévoit deux cas de nullité :

– la nullité de la délibération d'une des assemblées ; cela renvoie au droit commun des nullités d'assemblée (V. *supra*, n°s 724 et s.), ainsi d'un abus de majorité(12), d'un vice du consentement (V. *infra*, n° 2292) ou d'une fraude(13), laquelle peut également être une cause d'inopposabilité (V. *infra*, n° 2247) ;

– le défaut de dépôt de la déclaration de conformité ; c'est l'absence de déclaration qui est sanctionnée par la nullité et non son irrégularité.

2245. – *Prescription.* Compte tenu des intérêts en jeu, le délai de prescription est abrégé : six mois à compter de la dernière inscription au registre du commerce et des sociétés (C. com., art. L. 235-9, al. 2).

2246. – *Effets.* Si la nullité est prononcée, celle-ci est sans effet sur les obligations nées à la charge ou au profit des sociétés impliquées dans l'opération de fusion entre sa date d'effet et celle de la publication de la décision prononçant la nullité (C. com., art. L. 235-11, al. 2). Ainsi la société absorbante ne saurait tirer argument de l'anéantissement de la fusion pour refuser d'exécuter les engagements nés après la fusion du fait du patrimoine à elle transmis.

b) L'inopposabilité

2247. – La fraude aux droits d'un créancier peut rendre inopposable à ce dernier l'opération de fusion(14).

(12) CA Versailles, 1er oct. 1986 : *JCP* E 1987, 16342, n° 21, obs. A. Viandier et J.-J. Caussain ; le minoritaire se plaignait qu'une parité de 4 pour 1 ait été retenue alors que les experts préconisaient une parité de 5 pour 1 ; la cour répond que l'écart était trop faible pour caractériser l'abus et ajoute que toute évaluation se colore de subjectivisme. – Cass. com., 26 mars 2009 : *RJDA* 10/2009, n° 968 ; échec de la tentative d'annulation d'une fusion pour abus de majorité ; la Cour de cassation souligne que le simple fait que la société absorbée disparaisse du fait de la fusion ne suffit pas à démontrer que cette opération est contraire à son intérêt social.

(13) Cass. com., 11 oct. 1967 : *Bull. civ.* 1967, III, n° 319 ; fusion clandestine pour mettre à l'écart un minoritaire. – CA Paris, 7 janv. 2020, n° 17/09864 : *Dr. sociétés* juill. 2020, n° 90, obs. R. Mortier ; *RJDA* 6/2020, n° 309 ; fraude aux droits d'un salarié ; apport partiel d'actif.

(14) Cass. com., 22 févr. 2005 : *RJDA* 6/2005, n° 708 ; l'arrêt concerne un apport partiel d'actif mais la solution paraît valoir pour une fusion ; dans cette affaire, l'Agence nationale de valorisation de la recherche (ANVAR) avait accordé un prêt sans intérêt à une société A ; celle-ci transféra l'activité concernée et les brevets correspondant à une autre société (B) par voie d'apport partiel d'actif ; l'ANVAR, qui n'avait pas été prévenue, adressa une demande de remboursement à la société A ; celle-ci argua du fait que la nullité de l'apport partiel d'actif n'ayant pas été prononcée (ni d'ailleurs demandée), l'ANVAR n'avait aucun droit au remboursement ; la Cour de cassation censure la cour d'appel qui avait adopté ce raisonnement et pose clairement que « la fraude rendait inopposable à l'ANVAR l'acte de cession (*sic*) partiel d'actif » ; sur renvoi, les juges d'appel ont toutefois estimé que la fraude n'était pas caractérisée : CA Versailles, 23 mai 2006, n° 05/02450 : *BJS* 2006, § 289, p. 1395, note P. Le Cannu. – *Adde* CJUE, 30 janv. 2020, n° 394/18 : *JCP* E 2020, 1344, n° 10,

B. – Les publicités

1° Inscriptions modificatives

2248. – L'absorbée et l'absorbante étant immatriculées au registre du commerce et des sociétés, elles doivent donc procéder à des inscriptions modificatives afin d'informer les tiers, pour l'une de sa dissolution et pour l'autre de l'augmentation de son capital (C. com., art. R. 123-70). Faute d'inscription modificative, la fusion est inopposable aux tiers ; autrement exprimé, elle ne produit aucun effet à leur égard et les créanciers de la société absorbée peuvent prétendre que celle-ci n'a pas été dissoute ; ils ne supportent donc pas la concurrence des créanciers de l'absorbante sur les biens de l'absorbée.

2° Déclaration de conformité

2249. – L'exigence d'une déclaration de conformité a été abrogée pour la constitution de la société, mais le législateur a oublié de supprimer cette formalité pour les opérations de fusion ; en conséquence, la fusion oblige à déposer au greffe du tribunal de commerce une déclaration par laquelle chacune des sociétés relate les actes effectués en vue de la fusion et affirme que celle-ci a été réalisée « en conformité de la loi et des règlements » (C. com., art. L. 236-6, al. 3). La déclaration peut être commune aux deux sociétés. La sanction de l'absence de déclaration de conformité n'est pas mince, c'est la nullité de la fusion (V. *supra*, n° 2244). Cela atteste l'importance de la déclaration de conformité, qui est vue comme une prévention des risques d'irrégularité, donc de nullité.

§ 3. – Les effets de la fusion

A. – La date d'effets de la fusion

2250. – Déterminer la date de la fusion équivaut à rechercher le point de fusion, autrement dit le moment où s'accomplit l'union entre les sociétés concernées, où se confondent leurs actifs et leurs passifs, leurs salariés, leurs associés et leurs dirigeants. À cette recherche correspond un principe, que la pratique a doté d'un tempérament : la clause de rétroactivité.

1° Le principe

2251. – Le principe s'exprime différemment selon que sont en cause les associés ou les tiers.

2252. – *Pour les associés*, ceux de l'absorbante comme ceux de l'absorbée, la date de la fusion est celle de la dernière des assemblées ayant approuvé la fusion ; si l'assemblée de l'absorbée a statué sous la condition d'usage le 16 juin et l'absorbante le 18 juin, la fusion sera datée du 18 juin. Dès cette date, les actionnaires de l'absorbée,

obs. R. Raffray ; *RJDA* 7/2020, n° 372 ; le créancier d'une société ayant transféré son patrimoine à une autre dans le cadre d'une scission peut demander à ce que ce transfert lui soit inopposable du fait du caractère frauduleux de la scission, même s'il n'a pas exercé son droit d'opposition.

par exemple, seront devenus actionnaires de l'absorbante ; ils pourront donc réclamer que lesdites actions soient inscrites à leur compte. Il est toutefois possible de prévoir que la fusion prendra effet à terme, quelques jours ou quelques semaines plus tard, voire de la faire dépendre de la survenance d'une condition, dès lors du moins que celle-ci n'est pas potestative (C. civ., art. 1304-2).

2253. – *Pour les tiers*, notamment les créanciers ou salariés de la société absorbée, la date d'efficacité de la fusion passe par la distinction de l'opposabilité *aux* tiers et de l'opposabilité *par* les tiers.

S'agissant de l'opposabilité aux tiers, la société absorbée, qui en principe a disparu depuis le jour de l'assemblée ayant approuvé la fusion, ne peut pas se prévaloir contre les tiers de la perte de sa personnalité morale tant que la fusion n'a pas fait l'objet d'une publication au registre du commerce et des sociétés. Tant que cette inscription n'est pas intervenue, les tiers peuvent ignorer la disparition de la société et demander, le cas échéant, sa mise en redressement ou en liquidation judiciaires[15].

S'agissant de l'opposabilité par les tiers, ceux-ci peuvent invoquer la perte de la personnalité morale de la société absorbée dès la décision d'approbation de la fusion et avant même que cette décision ait été publiée. Mais cette solution particulière ne vaut que pour les actes de procédure. Les concernant, les tiers peuvent se prévaloir du fait que la société absorbée, désormais dépourvue de tout patrimoine, est privée de tout droit d'agir pour faire constater la nullité des actes de procédure effectués par la société absorbée après l'assemblée de fusion[16].

2° La clause de rétroactivité

2254. – *Objet.* On entend par clause de rétroactivité la stipulation par laquelle les parties à la fusion entendent reporter les effets de celle-ci à une date antérieure à celle de son approbation, par exemple à la date d'arrêté des comptes sur le fondement desquels les évaluations ont eu lieu (V. *supra*, n° 2224)[17]. Ainsi, pour des sociétés clôturant leur exercice le 31 décembre 2021 et ayant fusionné le 18 juin 2022, une clause de rétroactivité aura été insérée dans le projet de fusion reportant au 1er janvier 2022 la date de celle-ci. En conséquence, les opérations tant passives (dettes) qu'actives (créances), effectuées par l'absorbée entre le 1er janvier et le 18 juin 2022 seront réputées avoir été accomplies par l'absorbante.

2255. – *L'intérêt* de la clause est évident : grâce à ce point fixe, les partenaires peuvent entrer en négociations et établir sur des bases stables les conditions

(15) En revanche, dès que la fusion a été publiée, la demande de mise en redressement judiciaire de la société absorbée est irrecevable : CA Paris, 7 déc. 1993 : *Rev. sociétés* 1994, p. 106, note Y. Chaput.

(16) Cass. 3e civ., 17 mai 2006 : *JCP* E 2007, 1749, n° 6, obs. J.-J. Caussain, Fl. Deboissy et G. Wicker ; nullité d'un pourvoi en cassation déposé par une société absorbée entre la date de l'assemblée de fusion et celle de la publicité au RCS. – Cass. 2e civ., 27 sept. 2012, n° 11-22.278 : *RJDA* 1/2013, n° 33 ; nullité d'une action en justice postérieure à l'absorption. – Cass. com., 26 avr. 2017, n° 14-12.040 : *RJDA* 10/2017, n° 625 ; nullité d'un acte de saisie-attribution. – Cass. 2e civ., 27 juin 2019, n° 18-18.449 : *JCP* E 2020, à paraître, obs. Fl. Deboissy et G. Wicker ; *RDC* 2020/1, p. 47, note L. Sautonie-Laguionie ; *Rev. sociétés* 2019, p. 736, note A. Reygrobellet ; inefficacité de la signification par la société absorbée, après l'assemblée de fusion, d'un jugement rendu en sa faveur. – *Adde* M.-L. Coquelet, *Le sort des actions en justice en cas de transmission universelle du patrimoine* : *BJS* 2007, 783.

(17) S. Schiller, *La rétroactivité des fusions* : *JCP* E 2013, n° 1513.

financières de la fusion ; à défaut d'une telle stipulation, les parties seraient condamnées à revoir constamment les bases de la fusion pour prendre en considération les événements, heureux ou malheureux, survenus chez l'une comme chez l'autre société depuis la date du dernier bilan (ici le 31 décembre 2020).

2256. – *Licéité.* La licéité de la clause est consacrée par l'article L. 236-4 du Code de commerce. Le contrat, ou traité de fusion, peut, selon ce texte, prévoir une autre date que celle de la dernière des assemblées, mais cette date « ne doit être ni postérieure à la date de clôture de l'exercice en cours de la ou des sociétés bénéficiaires ni antérieure à la date de clôture du dernier exercice clos de la ou des sociétés qui transmettent leur patrimoine » (sur la portée juridique et fiscale de la clause de rétroactivité, V. *infra*, n° 2302).

B. – Les effets à l'égard des associés

2257. – *Associés de la société absorbée.* Ainsi que l'affirme l'article L. 236-3, I du Code de commerce, la fusion entraîne « l'acquisition par les associés des sociétés qui disparaissent de la qualité d'associé des sociétés bénéficiaires dans les conditions déterminées par le contrat de fusion » ; les actionnaires de la société absorbée troquent leurs titres contre ceux de la société absorbante selon la parité d'échange (V. *supra*, n°s 2223 et s.). Cette entrée de nouvelles têtes dans le club des associés ne devrait pas donner lieu à agrément[18], la solution étant commandée par la nature de transmission universelle de la fusion.

2258. – *Fusion-renonciation.* D'où une difficulté lorsque la société absorbante est actionnaire de la société absorbée ; les fiançailles entre les deux partenaires ont été scellées par une prise de participation, de 10 % par exemple, par la future absorbante dans la future absorbée ; aussi la première a-t-elle vocation à devenir actionnaire d'elle-même au titre de sa qualité d'associée dans l'absorbée. Dans un tel cas, la pratique procède à une « fusion-renonciation », l'absorbante renonçant à émettre les actions lui revenant ; cette pratique a été consacrée par le législateur (C. com., art. L. 236-3, II). Ainsi, il n'est pas procédé à un échange de titres en cas de détention de titres par la société bénéficiaire, par la société qui disparaît, ou par une société qui détient la totalité du capital de la société bénéficiaire et de la société qui disparaît (V. *supra*, n° 2235).

2259. – *Associés de la société absorbante.* Quant aux actionnaires préexistants de la société absorbante, ils voient leur nombre croître, d'où un effet de dilution et des incidences éventuelles sur l'équilibre des forces (V. *supra*, n° 2230).

C. – Les effets à l'égard des dirigeants

2260. – *Perte des fonctions.* La société absorbée disparaissant, ses dirigeants perdent *ipso facto* cette qualité[19] ; telle est la règle ; et cette cessation des fonctions

(18) En ce sens : Cass. com., 19 avr. 1972 : *Rev. sociétés* 1972, p. 105. – *Adde* CA Rouen, 9 juin 2011 : *RJDA* 8-9/2011, n° 708.
(19) Par suite, les délégations de pouvoirs consenties tombent : Cass. crim., 20 juill. 2011, n° 10-87.348 ; *RJDA* 12/2011, n° 1035 ; annulation d'une condamnation pour prêt illicite de main-d'œuvre d'un salarié titulaire d'une délégation de pouvoirs, laquelle avait disparu avec la fusion.

n'est pas assimilée à une révocation[20]. Cependant, et c'est souvent une condition du mariage, tout est fait pour permettre à ces personnes de devenir administrateur de la société absorbante. Une assemblée ordinaire de la société issue de la fusion décidera alors d'ajouter des sièges autour de la table du conseil d'administration et d'y nommer les anciens administrateurs de l'absorbée ou certains d'entre eux (C. com., art. L. 225-95) ; la loi permet en cas de fusion le dépassement, pendant trois ans à compter de celle-ci, du nombre maximum des administrateurs comme des membres du conseil de surveillance, le plafond étant porté de dix-huit à vingt-quatre (V. *supra*, n° 864).

2261. – *Maintien de la responsabilité pour les faits antérieurs.* La perte de la qualité d'administrateur de l'absorbée n'est pas synonyme d'effacement de la responsabilité, qui, tant civile que pénale, demeure engagée pour les faits antérieurs à la fusion, par exemple à l'initiative de la société absorbante[21].

D. – Les effets à l'égard des tiers

2262. – La fusion est une fécondation ; la société fécondée – l'absorbante – voit sa situation financière changer ; certes, ses actifs augmentent, mais son passif aussi, d'où l'inquiétude éventuelle de ses créanciers. Cette anxiété est partagée par les créanciers de l'absorbée qui, de leur côté, assistent à la disparition de leur débiteur. Le droit assure donc la sauvegarde des uns et des autres ; il le fait en posant un principe et en réglant son application.

1° Le principe : la transmission universelle

2263. – *Principe de la dévolution du patrimoine.* La fusion fait perdre son existence juridique à la société absorbée ; son patrimoine, dans ses éléments tant actifs que passifs, est en conséquence transmis de façon universelle à la société absorbante[22], que les créances et dettes soient ou non liquides et exigibles[23].

La transmission universelle opère comme une véritable dévolution de patrimoine ; elle est automatique, n'altère pas la substance du bien transmis[24] et n'implique pas l'information individuelle des créanciers et des débiteurs. Elle ne se réduit pas à une addition de cessions de créances et de dettes et les formalités applicables auxdites cessions, lorsqu'elles sont effectuées à titre particulier, ne sont pas applicables (V. *infra*, n° 2267). Cependant, les mesures de publicité imposées par la nature de certains biens – immeubles, marques – doivent être respectées.

(20) CA Paris, 18 juin 2009 : *RJDA* 1/2010, n° 33 ; le président d'une SAS objet d'une fusion-absorption réclamait des dommages-intérêts au titre de la perte consécutive de son mandat social ; il échoue, faute d'avoir démontré le caractère frauduleux de la fusion.

(21) Cass. crim., 7 avr. 2004 : *RJDA* 10/2004, n° 1118 ; la société absorbante est recevable à se constituer partie civile pour demander réparation aux anciens dirigeants de la société absorbée des dommages en relation avec les actes délictueux – abus de biens sociaux – commis au préjudice de cette société.

(22) R. Raffray, *La transmission universelle du patrimoine des personnes morales*, Dalloz, coll. « Nouvelle Bibl. de thèses », préf. Fl. Deboissy, 2011.

(23) Cass. com., 11 mars 2020, n° 18-20.064 : *BRDA* 11/2020, n° 1 ; transmission universelle du patrimoine consécutive à une dissolution par réunion de toutes les parts en une seule main ; contrat de location d'équipement.

(24) Cass. com., 28 juin 2017, n° 15-27.605 : *RJDA* 12/2017, n° 807 ; absence d'effet de la fusion sur la date d'une créance.

2264. – *Mise en œuvre.* Dès l'instant de la fusion, les créanciers de l'absorbée – clients, fournisseurs, sous-traitants, Trésor public, caisses de Sécurité sociale, organismes de retraite, etc. – ont un autre débiteur : la société absorbante(25). C'est l'automatisme prévu par l'article L. 236-14 du Code de commerce. Il joue également à l'égard des débiteurs de la société absorbée, qui ont désormais affaire à un nouveau créancier. Ainsi la clause de garantie de passif dont bénéficiait la société absorbée profitera désormais à la société absorbante(26). De même, la société absorbante pourra rechercher la responsabilité des personnes ayant causé un préjudice à la société absorbée avant la fusion, quand bien même celle-ci n'aurait pas initié d'action judiciaire(27). Sur le terrain processuel, la société absorbante acquiert la qualité de partie aux instances engagées par la société absorbée(28). Y a-t-il également transmission des garanties (cautionnement par exemple) ? En principe, les garanties suivent le sort de la dette et ne disparaissent pas du fait de la fusion, laquelle ne réalise pas une novation ; toutefois, des difficultés sont apparues en matière de cautionnement (V. *infra*, n° 2269).

2265. – *Responsabilité pénale de la société absorbante*(29). Reste la sphère pénale, où la chambre criminelle de la Cour de cassation a longtemps fait cavalier seul, considérant que la responsabilité pénale de la société absorbante ne pouvait être recherchée du fait des délits commis par la société absorbée, tout à la fois parce que nul ne peut être pénalement responsable du fait d'autrui et que l'action publique s'éteint du fait de la dissolution, comme elle disparaît pour cause de décès de l'auteur(30). En revanche, l'action civile n'étant pas affectée par la dissolution ou le décès de l'auteur, la société absorbante devait assumer les conséquences de l'infraction commise par la société absorbée(31).

(25) En conséquence, si le dirigeant de la société absorbante a garanti toutes les dettes de celle-ci à l'égard d'un créancier déterminé, cette garantie s'étendra aux dettes de la société absorbée à l'égard de ce même créancier : Cass. com., 28 févr. 2018, n° 16-18.692 : *RJDA* 5/2018, n° 428 ; *Rev. sociétés* 2018, p. 365, note Martial-Braz. – Mais si la société absorbante assume les dettes de responsabilité de la société absorbée pour des faits antérieurs à la fusion, ces dettes ne sont pas en principe couvertes par l'assurance de responsabilité de la société absorbante : Cass. 3e civ., 26 nov. 2020, n° 19-17.824, PBI : *BRDA* 24/2020, n° 1 ; *Dr. sociétés* janv. 2021, n° 7, obs. J.-F. Hamelin ; *JCP* E 2021, 1108, note A. Touzain.

(26) Cass. com., 10 juill. 2007 : *JCP* E 2007, 1280, n° 4, obs. J.-J. Caussain, Fl. Deboissy et G. Wicker ; *RJDA* 1/2008, n° 44.

(27) CE, 28 nov. 2008 : *RJDA* 3/2009, n° 227 ; société immobilière agissant contre l'État au titre de la réparation d'un dommage résultant du refus du concours de la force publique pour l'expulsion de squatteurs d'un immeuble ayant appartenu à la société absorbée.

(28) La société absorbante, ayant cause universel de la société absorbée, acquiert de plein droit, à la date de la fusion, la qualité de partie aux instances antérieurement engagées par la société absorbée et peut se prévaloir des condamnations prononcées au profit de celle-ci, alors même que le jugement est intervenu au nom de la société absorbée à une date postérieure à celle de la fusion : Cass. com., 21 oct. 2008, n° 07-19.102, PB : *D.* 2008, p. 2792, obs. A. Lienhard ; *JCP* E 2545, n° 3, obs. Fl. Deboissy et G. Wicker. – Pour la même raison, elle subit les conséquences des irrégularités procédurales commises antérieurement par la société absorbée : Cass. 2e civ., 7 janv. 2010, n° 08-18.619 : *BRDA* 2/2010, n° 4 ; *JCP* E 2010, 1145, n° 4, obs. Fl. Deboissy et G. Wicker.

(29) I. Barsan, *La personnalité des peines appliquée aux personnes morales en cas de fusion* : *Rev. sociétés* 2018, p. 157.

(30) Cass. crim., 14 oct. 2003 : *Rev. sociétés* 2004, p. 161, note B. Bouloc ; poursuites pour homicide involontaire. – Cass. crim., 23 avr. 2013, n° 12-83.244 : *Dr. sociétés* 2013, n° 147, obs. R. Salomon ; *RJDA* 7/2013, n° 630 ; publicité illicite. – Cass. crim, 25 oct. 2016, n° 16-80.366 : *BRDA* 4/2017, n° 1 ; *BJS* 2017, p. 137, note D. Rebut ; *D.* 2016, p. 2606, note R. Dalmau ; *JCP* E 2017, 1087, n° 1, obs. Fl. Deboissy et G. Wicker ; violation des dispositions du Code de la santé publique relatives au versement de commissions aux auxiliaires médicaux par des laboratoires pharmaceutiques. – A. Gallois, *La responsabilité pénale de la société absorbante en cas de fusion absorption frauduleuse* : *JCP* E 2010, 1144.

(31) Cass. crim., 28 févr. 2017, n° 15-81.469 : *Dr. sociétés* 2017, n° 80, obs. J. Heinich ; la société absorbante peut être condamnée à réparer le préjudice causé par les agissements délictueux de la société absorbée, dès lors que la fusion est intervenue après la condamnation de cette dernière.

Par un arrêt important du 25 novembre 2020[32], la chambre criminelle a changé de cap ; estimant, à la suite de la Cour de Justice de l'Union européenne (V. *infra*, n° 2266), que la fusion qui s'inscrit dans le cadre de la directive fusion du 9 octobre 1978 – soit la totalité des sociétés par actions – n'affectant pas la continuité économique et fonctionnelle de la société absorbée, on ne saurait se fonder sur la disparition de la personnalité juridique de celle-ci pour écarter la responsabilité pénale de la société absorbante. On observera que seules les peines patrimoniales sont concernées, ainsi d'une amende, ce qui exclut par exemple les autres sanctions énoncées par l'article L. 131-39 du Code pénal comme la dissolution ou encore l'interdiction d'exercer une activité ou de participer à des marchés publics. Le même arrêt a précisé utilement que toute opération de fusion ayant pour objet de faire échapper la société absorbée à sa responsabilité pénale engage la responsabilité pénale de la société absorbante.

2266. – *Sanctions administratives.* La chambre commerciale retient la transmission de la responsabilité imputable au titre du droit de la concurrence[33], ou en matière d'astreinte administrative[34]. La solution a été jugée conforme à la Constitution par le Conseil constitutionnel[35].

Pour sa part, le Conseil d'État estime que le principe de la personnalité des peines ne fait pas obstacle à ce que des sanctions administratives, par exemple des pénalités fiscales, soient, compte tenu du principe de la transmission universelle du patrimoine, mises à la charge de la société bénéficiaire à raison des manquements commis, avant cette opération, par la société absorbée, fusionnée ou scindée[36].

Enfin, la Cour de justice de l'Union européenne a jugé qu'en cas de fusion-absorption, l'amende infligée au titre du droit pénal du travail, après la fusion, pour des infractions commises avant celle-ci par la société absorbée, doit être assumée par la société absorbante[37]. Une solution identique a été adoptée par la Cour européenne des droits de l'homme à propos d'une amende pour pratiques restrictives de concurrence[38].

(32) Cass. crim., 25 nov. 2020, n° 18-86.955 : *BRDA* 24/2020, inf. n° 24, B. Dondero ; *JCP* E 2021, 1006, note F. Stasiak ; *JCP* E 2021, 1070, n° 9, note R. Raffray. – B. Bouloc, *Un revirement jurisprudentiel inattendu à propos d'une fusion-absorption : Rev. sociétés* 2021, p. 79.

(33) Cass. com., 21 janv. 2014, n° 12-29.166 : *BJS* 2014, p. 180, note A. Couret ; *BRDA* 3/2014, n° 2 ; transmission à la société Carrefour France, venant au droit d'une société absorbée, d'une amende civile infligée à la seconde pour pratiques abusives (C. com., art. L. 442-6).

(34) Cass. 2e civ., 1er sept. 2016, n° 15-19.524 : *Dr. sociétés* 2016, n° 182, note R. Mortier ; *RJDA* 1/2017, n° 19 ; *Rev. sociétés* 2017, p. 145, note B. Lecourt ; violation d'un arrêté relatif aux jours de fermeture des magasins.

(35) Cons. const., 18 mai 2016, n° 2016-542 QPC : *BJS* 2016, p. 611, note B. Dondero ; *BRDA* 10/2016, n° 14 ; *Dr. sociétés* 2016, n° 124, obs. R. Mortier.

(36) CE, avis, 4 déc. 2009, n° 329173 : *JCP* E 2010, 1145, n° 3, obs. Fl. Deboissy et G. Wicker ; *Dr. fisc.* 2010, n° 6, comm. 181, concl. E. Glaser, note J.-L. Pierre. – *Adde* Fl. Deboissy et G. Wicker, *L'absence d'application du principe de personnalité des peines aux personnes morales en cas de transmission universelle du patrimoine : Dr. fisc.* 2010, n° 3, 18. – V. déjà, CE, 20 nov. 2000 : *Bull. Joly Bourse* 2001, p. 137, note N. Rontchevsky ; une société de bourse en avait absorbé une autre ; celle-ci avait fait l'objet d'une procédure disciplinaire qui s'était soldée, après la fusion, par la condamnation à un blâme et à une amende de 80 millions de francs ; le Conseil d'État annule le blâme mais maintient la sanction patrimoniale, retenant une conception restrictive du principe de personnalité des peines.

(37) CJUE, 5e ch., 5 mars 2015, aff. 343/13 : *BJS* 2015, p. 200, note A. Couret ; *BRDA* 5/2015, n° 1 ; *BJS* 2015, p. 393, note H. Le Nabasque ; *JCP* E 2015, 1234, note F. Barrière ; *Rev. sociétés* 2015, p. 677, note B. Lecourt.

(38) CEDH, 1er oct. 2019, n° 37858/14, *Carrefour France* : *BJS* déc. 2019, p. 29, note A. Reygrobellet ; *BRDA* 1/2020, n° 1 ; *Dr. sociétés* févr. 2020, n° 20, obs. R. Mortier ; la société absorbante peut être condamnée pour des pratiques restrictives de concurrence commises par la société absorbée avant la décision de dissolution ; le principe de la personnalité des peines n'est pas méconnu en raison de la poursuite, dans le cadre de la société absorbante, de l'activité économique

2267. – Illustrations du particularisme de la transmission universelle du patrimoine.

• La propriété d'un navire appartenant à une société absorbée est transmise à la société absorbante sans que les formalités requises par le Code des douanes en cas de cession séparée du navire aient à être respectées (Cass. com., 11 déc. 2007, n° 06-17.260 : *RJDA* 4/2008, n° 429).

• Le droit de préemption urbain permettant à une commune d'acquérir un immeuble en cas de transfert de celui-ci ne s'applique pas à la transmission d'un immeuble par voie de fusion ou opération assimilée (TA Cergy-Pontoise, 10 avr. 2008, n° 07-8561 : *RJDA* 11/2008, n° 1126).

• Une autorisation administrative donnée à une entreprise de transport et relative à la computation de la durée du travail est transférée avec le reste des actifs à la société qui l'absorbe, bien que l'autorisation ait été accordée à la société absorbée, nommément désignée (Cass. soc., 6 oct. 2010, n° 08-42.728 : *Rev. sociétés* 2011, p. 24, note A. Couret ; *RJDA* 1/2011, n° 44).

• Le pacte de préférence contenu dans un bail commercial au cas de vente, d'échange ou d'apport en société de l'immeuble loué, permettant au locataire d'acquérir l'immeuble, ne s'applique pas en cas de fusion de la société bailleresse (Cass. com., 9 nov. 2010, n° 09-70.726 : *BRDA* 22/2010, n° 2).

• L'hypothèque dont bénéficie un établissement de crédit se transmet en cas de fusion à la société absorbante, même si cette dernière n'a pas mentionné l'opération en marge de l'inscription à la conservation des hypothèques (Cass. 3e civ., 17 nov. 2010, n° 09-70.452 : *BRDA* 23/2010, n° 1 ; *JCP* E 2011, 1104, note M.-L. Coquelet ; apport partiel d'actif).

• Les droits de vote double dont bénéficie la société absorbée dans une autre société sont maintenus au profit de la société absorbante, bien qu'il y ait changement de titulaire, situation propre à faire tomber cet avantage (C. com., art. L. 225-124, al. 3).

2° L'application aux créanciers non obligataires

2268. – *Droit d'opposition.* Du fait de la fusion, c'est la société absorbante qui est désormais leur débitrice des créanciers non obligataires. Pour remédier aux incidences perverses de ce changement de débiteur, ceux-ci jouissent d'un droit d'opposition (C. com., art. L. 236-14). Ils peuvent donc saisir le juge dans les trente jours de la publicité du projet de fusion(39) ; le tribunal peut soit rejeter l'opposition, soit ordonner le remboursement immédiat de la créance ou la constitution de garanties supplémentaires si elles sont proposées par l'absorbante et jugées suffisantes. À défaut de remboursement des créances ou de constitution des garanties ordonnées, la fusion est inopposable au créancier(40). Cette opposition, rarement mise en

exercée par la société absorbée ; en outre, la solution inverse que préconise une application formelle du principe de personnalité des peines irait à l'encontre de l'impératif d'efficacité de la sanction pécuniaire.

(39) Si la publicité est incorrecte (adresse erronée du siège social), le délai ne court pas : Cass. com., 4 juin 1995 : *BJS* 1996, p. 923, note P. Le Cannu ; *Rev. sociétés* 1997, p. 110.

(40) Cass. com., 7 oct. 2020, n° 19-14.755, FPB : *BJS* déc. 2020, p. 48, note D. Poracchia ; *Dr. sociétés* déc. 2020, n° 144, obs. J.-F. Hamelin : le créancier conserve le droit de recouvrer sa créance, sans que puisse lui être opposé, en cas de procédure collective de la société absorbante, l'arrêt ou l'interdiction des procédures d'exécution.

œuvre en pratique, n'interdit donc pas de mener à bien les opérations de fusion. Attention tout de même car l'absence d'opposition du créancier peut constituer une faute emportant décharge de la caution sur le fondement de l'article 2314 du Code civil[41].

3° L'application aux cautions

a) Absorption de la société débitrice

2269. – *Date de naissance de la créance.* Lorsque la société débitrice est absorbée et que sa dette est garantie par une caution, sa disparition retentit sur l'engagement de caution. Tout dépend de la date de naissance de la créance, avant ou après la publicité légale de la fusion (V. *infra*, n° 2271).

Le paiement des dettes du débiteur d'ores et déjà nées (même si elles ne sont pas encore exigibles) peut être réclamé à la caution si le débiteur, autrement dit la société absorbante, ne s'exécute pas.

La caution n'est en revanche pas tenue des dettes qui ne sont pas encore nées, sauf manifestation de volonté contraire ; pour les dettes postérieures, l'engagement de caution s'éteint donc avec la fusion[42].

2270. – *Fraude.* On réservera le cas de fraude, ainsi d'une fusion orchestrée pour rendre caduc l'engagement de caution[43].

b) Absorption de la société créancière

2271. – *Date de naissance de la créance.* Un engagement de caution a été donné au profit d'une société créancière, laquelle est absorbée par une société tierce. Là encore, tout dépend de la date de naissance de la créance garantie (V. *supra*, n° 2269), la date à prendre en considération étant celle de la publicité légale de la fusion[44]. Ainsi, que la société soit créancière ou débitrice, la solution est identique. L'obligation de la caution demeure pour les créances nées avant la fusion[45]. Elle s'éteint pour les dettes nées postérieurement à la fusion[46], sauf manifestation de

(41) Cass. com., 23 sept. 2020, n° 19-13.378, PB : *BJS* déc. 2020, p. 40, note A. Reygrobellet ; *Dr. sociétés* janv. 2021, n° 2, obs. R. Mortier ; *JCP* E 2021, 1070, n° 9, note R. Raffray.

(42) Cass. com., 8 nov. 2005, n° 02-18.449, PBRI : *BRDA* 22/2005, n° 1, 2ᵉ esp. ; *BJS* 2006, § 72, p. 345, note P. Le Cannu ; *JCP* E 2005, 1000, note D. Legeais ; *Rev. sociétés* 2006, p. 57, note M.-L. Coquelet ; l'engagement d'une caution à l'égard d'un bailleur subsiste malgré l'absorption de la société locataire, dès lors que le contrat de bail a été signé avant la fusion ; ainsi la caution devra garantir non seulement les loyers échus, mais aussi les loyers à échoir puisqu'ils trouvent leur source dans le contrat de bail.

(43) Cass. com., 10 oct. 1995 : *BJS* 1995, p. 1058, note M.-L. Coquelet : « les transformations successives ont été réalisées pour des raisons de pure convenance personnelle par C. en vue de s'exonérer de son obligation, sans pour autant vouloir dénoncer son cautionnement ».

(44) Cass. com., 14 juin 2013, n° 12-16.611 : *BJS* 2013, p. 812, note B. Dondero.

(45) Cass. com., 17 juill. 2001 : *RJDA* 2002, n° 47 ; la société absorbée bénéficiait d'une caution pour le prêt qu'elle avait accordé à un tiers ; la caution demeure tenue dès lors que la créance était contractuellement née avant la fusion, la circonstance que le prêt n'était pas exigible à la date de la fusion étant indifférente. – Cass. com., 16 sept. 2014, n° 13-17.779, PB : *RJDA* 1/2015, n° 19 ; *Rev. sociétés* 2015, p. 231, note F. Teffo ; nantissement d'un compte en banque. – Cass. com., 13 sept. 2016, n° 15-10.269 : *RJDA* 2/2017, n° 86 ; apport partiel d'actif.

(46) Cass. com., 30 juin 2009, n° 08-10.719 : *BJS* 2008, p. 1049, note D. Houtcieff ; *RJDA* 11/2009, n° 967 ; « … en cas de fusion de sociétés, par voie d'absorption d'une société par une autre, l'obligation de la caution, qui s'était engagée envers la société absorbée, n'est maintenue pour la garantie des dettes nées postérieurement à la fusion que dans le cas d'une manifestation expresse de volonté de la caution de s'engager envers la société absorbante ». – Cass. com., 13 sept. 2011, n° 10-21.370 : *Dr. sociétés* 2011, n° 214, obs. D. Gallois-Cochet ; *RJDA* 12/2011, n° 1037 ; *Rev. sociétés* 2012, p. 500, note J.-F. Barbièri.

volonté contraire ; ainsi, si la caution procède spontanément au paiement de dettes nées après la fusion, son attitude peut être considérée comme manifestant expressément sa volonté d'être engagée auprès de la société absorbante[47].

c) Absorption de la société caution

2272. – *Transmission de l'engagement de caution.* En cas d'absorption d'une société s'étant portée caution, la société absorbante à laquelle l'engagement de caution a été transmis par l'effet de la transmission universelle du patrimoine est tenue d'exécuter cet engagement dans les termes de celui-ci[48]. Il s'ensuit que la société absorbante est tenue de cautionner les dettes nées postérieurement à la fusion, ce qui est une conséquence logique de la transmission universelle du patrimoine de la société absorbée à la société absorbante.

d) Le cas particulier des garanties autonomes

2273. – *Absence de transmission.* Les solutions dégagées pour le cautionnement ne valent pas pour les garanties autonomes. En effet, ainsi que l'a posé la Cour de cassation à propos d'un apport partiel d'actif, la nature autonome de l'engagement (C. civ., art. 2321) et par suite son indépendance par rapport à l'obligation garantie, conduit à dissocier le sort de l'obligation de celui de la garantie[49].

4° L'application aux créanciers obligataires

2274. – Ici, le mécanisme de protection est plus compliqué, car les solutions varient en fonction de la nature des obligations et du rôle – absorbée ou absorbante – de la société ayant émis les obligations.

2275. – *Les obligataires de la société absorbée* sont consultés sur le projet de fusion, à moins que la société émettrice ne leur offre le remboursement des titres sur simple demande de leur part (V. *supra*, n° 1615) (C. com., art. L. 236-13). Si la voie de la consultation est préférée à celle du remboursement, le risque existe d'un refus du projet de fusion par l'assemblée des obligataires ; si tel est le cas, la société peut néanmoins passer outre, mais le représentant des obligataires, mandaté par l'assemblée des obligataires, a alors la possibilité de faire opposition au projet ; le conflit est tranché par le tribunal de commerce qui, appréciant le danger que représente la fusion pour les obligataires, rejette l'opposition ou exige la constitution de garanties ou encore impose le remboursement des obligations (C. com., art. L. 228-72).

2276. – *Les obligataires de la société absorbante* ne sont pas consultés, mais leur assemblée générale peut donner mandat aux représentants de la masse de

(47) Cass. com., 25 sept. 2019, n° 18-13.686 : *BRDA* 21/2019, n° 2.

(48) Cass. com., 7 janv. 2014, n° 12-20.204, PBRI : *BJS* 2014, p. 98, note A. Couret et B. Dondero ; *Dr. sociétés* 2014, n° 45, obs. D. Gallois-Cochet ; *JCP* E 2014, 1033, note D. Legeais ; *Rev. sociétés* 2014, p. 291, note J.-J. Ansault ; transmission à la société absorbante d'un engagement de sous-caution.

(49) Cass. com., 31 janv. 2017, n° 15-19.158, PBRI : *RJDA* 4/2017, n° 250 ; *JCP* E 2017, 1424, note J.-M. Moulin ; le locataire-gérant d'un hôtel avait souscrit une garantie autonome au profit d'une société hôtelière ; après la scission de celle-ci, la société ayant reçu la branche hôtellerie à laquelle appartenait l'hôtel mis en gérance a mis en œuvre la garantie ; faute d'accord explicite pour le transfert de cette garantie, celle-ci n'a pas été transmise.

former opposition à la fusion, opposition qui obéit au régime qui vient d'être décrit (C. com., art. L. 236-15).

5° L'application aux bailleurs

2277. – Pour le bailleur de la société absorbante, rien ne change ; l'absorbante ne disparaît pas, c'est le même locataire qui occupe les locaux. Quant au bailleur de la société absorbée, il ne peut que constater la transmission du bail au bénéfice de l'absorbante, sans pouvoir s'y opposer ; il a seulement la faculté de demander au tribunal des garanties supplémentaires (C. com., art. L. 145-16). La fusion n'a même pas à lui être signifiée, sauf clause contraire du bail[(50)].

6° L'application aux contrats conclus *intuitus personae*

2278. – *Caducité.* Qu'advient-il des contrats conclus en considération de la personne ? La loi est muette, mais les tribunaux et la doctrine considèrent que, pour certaines conventions pour lesquelles la qualité du cocontractant est un élément essentiel, l'absorption est une cause de caducité (C. civ. art. 1186), même en l'absence de stipulation en ce sens[(51)]. Cela a été jugé par exemple pour des baux ruraux[(52)], un contrat de distribution sélective[(53)], un contrat d'agent commercial[(54)], les fonctions de syndic de copropriété[(55)], un contrat de concession automobile[(56)], une convention de crédit[(57)], ou encore un contrat de franchise[(58)]. La caducité ne peut être invoquée que par le contractant de la société absorbée[(59)].

7° L'application aux salariés

a) Droits individuels

2279. – *Transfert des contrats de travail.* Comme en cas de transformation (V. *supra*, n° 749), les salariés ne sont pas affectés par la fusion ; l'article L. 1224-1 du Code du travail prévoit le maintien des contrats de travail et donc le maintien de l'ancienneté acquise au service de l'absorbée. Cela n'interdit toutefois pas à la société absorbante de procéder ultérieurement aux compressions d'effectif jugées nécessaires du fait de la fusion. Elle supporte alors la charge des indemnités à allouer

(50) Cass. com., 1er juin 1993 : *BJS* 1993, p. 892, note J.-J. Daigre ; cette solution ne concerne toutefois que les fusions entre SA (CA Paris, 14 sept. 2001 : *RJDA* 2002, n° 46).

(51) Jaspar et Metais, *Les limites à la transmission universelle du patrimoine, les contrats intuitu personae : BJS* 1998, p. 447. – A. Viandier, *Les contrats conclus intuitu personae face à la fusion des sociétés : Mél. C. Mouly*, Litec, 1998, t. II, p. 193. – M. Dubertret, *L'intuitus personae dans les fusions : Rev. sociétés* 2006, p. 721 (l'auteur critique l'absence de transmission des contrats conclus en considération de la personne).

(52) Cass. 3e civ., 23 avr. 1976 : *Rev. sociétés* 1977, p. 69, note Y. Guyon.

(53) Cass. com., 7 janv. 2014, n° 10-18.319 : *RJDA* 3/2014, n° 223. – *Contra* : Cass. com., 29 janv. 2013, n° 11-23.676 : *RJDA* 5/2013, n° 410 ; *JCP* E 2013, 1225, note Buy.

(54) Cass. com., 29 oct. 2002 : *BRDA* 22/2002, p. 4.

(55) Cass. com., 30 mai 2000 : *JCP* G 2000, II, 10 401, note A. Viandier. – Cass. 3e civ., 29 févr. 2012, n° 10-27.259 : *RJDA* 5/2012, n° 502 ; les juges relèvent qu'il appartient à la seule assemblée des copropriétaires de désigner le syndic.

(56) Cass. com., 13 déc. 2005 : *BJS* 2006, § 124, p. 591, note X. Vamparys ; *Dr. sociétés* févr. 2006, n° 23, obs. J. Monnet.

(57) CA Pau, 31 déc. 2012 : *Rev. sociétés* 2013, p. 482, note B. Lecourt.

(58) Cass. com., 3 juin 2008, n° 06-18.007, PB : *BJS* 2008, § 194, p. 904, note B. Saintourens ; *D.* 2008, p. 1623, obs. A. Lienhard ; *RJDA* 12/2008, n° 1262. – Cass. com., 24 nov. 2009, n° 08-16.428 : *RJDA* 4/2010, n° 371.

(59) Cass. com., 8 nov. 2017, n° 16-17.296 : *RJDA* 2/2018, n° 129 ; *Rev. sociétés* 2018, p. 171, note J.-M. Moulin ; *JCP* E 2018, 1045, note C. Coupet.

aux salariés. Mais le transfert des contrats de travail n'implique pas le transfert du règlement intérieur[60].

b) Droits collectifs

2280. – *Conventions collectives.* Quant aux droits collectifs des salariés, l'absorption affecte d'abord la convention collective de la société absorbée (C. trav., art. L. 2261-14) :

– l'accord applicable au sein de la société absorbée continue à produire ses effets jusqu'à l'entrée en vigueur d'un nouvel accord qui lui est substitué ;

– si aucun accord n'a été négocié, les salariés de la société absorbée conservent une rémunération qui ne peut être inférieure à celle versée durant les douze derniers mois.

La même disposition règle le cas des conventions collectives à durée déterminée.

2281. – *Comité social et économique.* Le mandat des membres du comité social et économique de la société absorbée cesse au jour de la fusion, sauf disposition contraire de la convention collective. De plus, les effectifs de l'absorbante augmentant du fait de la fusion, il y aura lieu de désigner des représentants supplémentaires et d'élargir le comité social et économique ; d'où de nouvelles élections et la faculté pour certains des représentants du personnel de l'absorbée, à l'image des dirigeants, de se perpétuer dans leurs fonctions.

Le comité social et économique de la société absorbée peut transférer son patrimoine au comité de la société absorbante, ce qui permet à celui-ci d'agir contre cette dernière en paiement de sommes qui étaient dues par la société absorbée à son comité social et économique[61].

2282. – *Intéressement.* Signalons enfin que la loi n° 2019-486 du 22 mai 2019 a prévu la poursuite de l'accord d'intéressement ou son renouvellement en cas de fusion (C. trav., art. L. 3313-4).

SOUS-SECTION 3

LE RÉGIME FISCAL DE LA FUSION

2283. – Il existe en matière fiscale un régime de droit commun, qui est prohibitif, et un régime de faveur, qui est plus attrayant.

§ 1. – Le régime de droit commun

2284. – Dans le régime de droit commun, chaque étape – dissolution de la société absorbée, apport de son patrimoine à la société absorbante, échange des

(60) Cass. soc., 17 oct. 2018, n° 17-16.465 : *RJDA* 3/2019, n° 193 ; par suite, une sanction disciplinaire fondée sur le règlement intérieur de la société absorbée ne saurait être prononcée à l'encontre d'un salarié de celle-ci dont le contrat a été transféré par l'effet de la fusion.

(61) Cass. soc., 16 janv. 2019, n° 17-26.993 : *RJDA* 6/2019, n° 427 ; *Rev. sociétés* 2019, p. 702, note J.-M. Moulin.

titres des associés de la société absorbée – donne lieu à une imposition distincte, ce qui est dissuasif.

La dissolution de la société absorbée entraîne l'imposition du résultat de liquidation, notamment celle des plus-values latentes (V. *supra*, nos 820 et s.).

La société absorbante doit le cas échéant payer les droits d'apport à raison de l'augmentation de son capital.

Quant aux associés de la société absorbée, ils sont imposables à raison de la plus-value constatée lors de l'échange de titres.

§ 2. – Le caractère attrayant du régime de faveur

2285. – *Conditions.* Les conditions du régime de faveur ne sont guère contraignantes.

L'opération doit d'abord avoir la nature d'une fusion sur le plan juridique ; si une soulte est versée aux associés, elle ne doit pas excéder 10 % de la valeur nominale des titres (V. *supra*, n° 2227).

Ensuite, les sociétés en cause doivent toutes relever de l'impôt sur les sociétés ; la parade est toutefois facile ; si l'une des sociétés relève de l'impôt sur le revenu, il suffit qu'elle opte pour le régime de l'impôt sur les sociétés préalablement à la fusion (V. *supra*, n° 151), sans risque semble-t-il de tomber sous le coup d'un abus de droit (comp. avec la transformation d'une SARL en SA avant une cession de contrôle, *supra*, n° 755).

Enfin, en cas d'absorption d'une société française par une société étrangère, le bénéfice du régime de faveur est subordonné à la souscription d'une déclaration devant permettre à l'administration d'apprécier les motifs et les conséquences de l'opération (V. *infra*, n° 2289).

2286. – *Clause anti-abus.* Pour bénéficier du régime fiscal de faveur, l'opération de restructuration doit être effectuée pour des motifs économiques valables et non pour des raisons seulement fiscales. À cette fin, la loi prévoit une clause anti-abus privant du bénéfice du régime de faveur les opérations qui ont comme objectif principal la fraude ou l'évasion fiscales (CGI, art. 210-0 A). Afin de sécuriser les opérations de restructuration, les entreprises qui participent à des opérations de fusion, scission ou apport partiel d'actifs peuvent interroger l'administration fiscale pour s'assurer que l'opération projetée n'est pas exposée à la mise en œuvre de la clause anti-abus (LPF, art. L. 80 B, 9).

2287. – *Contenu du régime de faveur.* Les fusions étant une nécessité économique et ne dégageant aucun flux financier, le postulat est qu'elles ne doivent pas donner lieu à prélèvement fiscal. La société absorbée comme les associés de l'absorbante échappent en conséquence à toute imposition immédiate (CGI, art. 210 A). Cette neutralité fiscale est justifiée par le caractère intercalaire de la fusion, laquelle n'emporte pas cessation d'activité mais permet la continuation de l'exploitation par la société absorbante.

Ce caractère intercalaire explique que la faveur accordée ne vaille pas exonération définitive. Ainsi, si les plus-values latentes ne sont pas immédiatement imposables, elles le deviendront ultérieurement en cas de cession par la société absorbante des actifs apportés ou en cas de revente par les associés des titres remis au moment de l'échange. Pour permettre un suivi fiscal, l'application du régime de faveur s'accompagne de divers engagements de la part de l'absorbante et suppose la tenue d'imprimés destinés à faciliter le contrôle de l'administration.

SOUS-SECTION 4

LES FUSIONS TRANSFRONTALIÈRES

2288. – *Évolution.* La fusion de deux sociétés de nationalité différente – fusion transfrontalière – a longtemps relevé du mythe en raison de la quasi-impossibilité de conjuguer les réglementations applicables, celle de l'absorbante et celle de l'absorbée, quand celles-ci n'interdisaient d'ailleurs pas, purement et simplement, une telle opération. Prenant acte de l'utilité de telles opérations dans une économie de plus en plus mondialisée, l'Union européenne a procédé en deux temps, d'abord en se préoccupant des aspects de droit fiscal, puis en s'intéressant aux aspects de droit des sociétés et de droit social.

§ 1. – Aspects de droit fiscal

2289. – *Règles fiscales uniformes.* Une directive du 23 juillet 1990 a soumis les fusions intracommunautaires à des règles fiscales uniformes, que la France a choisi de transposer aux fusions internes et extracommunautaires.

2290. – *Mesures de sauvegarde.* La fusion intracommunautaire ne doit pas léser les intérêts financiers et fiscaux des États, encore moins couvrir une quelconque fraude ou évasion fiscales. La France s'assurait que ces conditions étaient réunies par la technique de l'agrément préalable, mais la Cour de justice de l'Union européenne a jugé que cette procédure était contraire à la liberté d'établissement dès lors que, pour une fusion interne, un tel report est accordé sans que le contribuable soit soumis à une telle procédure[62]. La procédure d'agrément préalable a donc été supprimée lorsque les éléments apportés sont rattachés à un établissement stable en France de la personne morale étrangère. La société apporteuse a toutefois l'obligation de souscrire une déclaration spéciale devant permettre à l'administration d'apprécier les motifs et conséquences de l'opération.

§ 2. – Aspects de droit des sociétés

2291. – Un pas supplémentaire a été franchi avec la directive du 26 octobre 2005 (codifiée par la directive n° 2017/1132 du 14 juin 2017) sur les fusions transfrontalières, transposée en droit français par la loi du 3 juillet 2008 (C. com.,

(62) CJUE, 8 mars 2017, aff. C-14/16, *Euro Park Service : Dr. fisc.* 2017, n° 20, comm. 306, note N. de Boynes.

art. L. 236-25 et s.)[63]. La directive a conçu des règles communes à tous les pays de l'Union, qui se superposent aux règles nationales. Avec l'ambition de créer un droit harmonisé de la mobilité transfrontalière des sociétés de capitaux, la directive du 27 novembre 2019 (V. *supra*, n°s 376 et s.) a pour objet de compléter le droit applicable aux fusions transfrontalières[64].

A. – Champ d'application

2292. – *Fusions intracommunautaires.* Les articles L. 236-25 à L. 236-32 concernent uniquement les sociétés par actions, les SARL et les sociétés européennes immatriculées en France, qui participent, comme absorbée ou absorbante, à une opération de fusion avec une ou plusieurs sociétés immatriculées dans un ou plusieurs autres États membres de la Communauté européenne (C. com., art. L. 236-25).

Par fusion, on entend la fusion par absorption, la fusion par création d'une société nouvelle et la fusion dite simplifiée – figure propre au droit européen – dans laquelle une société transfère, à l'occasion de sa dissolution, l'ensemble de son patrimoine à son unique actionnaire personne morale ; cette dernière opération permet à l'entreprise exploitée par la société absorbée de déplacer son siège dans un autre pays.

2293. – *Fusion simplifiée.* La directive du 27 novembre 2019, modifiant la directive précitée du 14 juin 2017, a étendu le champ des dispositions à une nouvelle hypothèse de fusion simplifiée. Il s'agit de l'opération de fusion par laquelle une ou plusieurs sociétés transfèrent l'ensemble de leur patrimoine à une autre société préexistante (société absorbante) sans émission de nouvelles parts par la société absorbante, à condition qu'une personne détienne directement ou indirectement toutes les parts des sociétés qui fusionnent ou que les associés des sociétés qui fusionnent détiennent leurs parts dans la même proportion dans toutes ces dernières.

B. – Contenu

2294. – *Décision des associés.* La décision de fusion transfrontalière n'exige pas l'unanimité, bien qu'elle puisse aboutir en fait à un changement de nationalité (V. *supra*, n° 2292, *in fine*) ; les mêmes règles de majorité que celles prévues pour les fusions internes s'appliquent donc. Les actionnaires peuvent subordonner leur accord à l'approbation – lors d'une seconde assemblée – des modalités décidées pour la participation des salariés dans la société issue de la fusion (C. com., art. L. 236-28).

2295. – *Rapport des dirigeants.* La décision des associés est précédée d'un rapport écrit des dirigeants justifiant notamment le projet (C. com., art. L. 236-27).

(63) A. Guenguant, *Fusions transfrontalières : JCP E* 2008, 2000. – H. Le Nabasque, *Les fusions transfrontalières après la loi n° 2008-649 du 3 juillet 2008 : Rev. sociétés* 2008, p. 493. – C. Cathiard, D. Andres et J. Mestoudjian, *La pratique des fusions transfrontalières : BJS* 2010, § 166, p. 794. – B. Lecourt, *Fusions transfrontalières : retour sur l'application de la directive : Rev. sociétés* 2014, p. 135.

(64) C. Cathiard, *Directive Mobilité transfrontalière des entreprises : le texte est adopté : Dr. sociétés* juill. 2019, étude 9, n° 6. – Sur la proposition de directive, V. C. Cathiard, *Proposition de directive de la Commission européenne en matière de mobilité transfrontalière des entreprises : Dr. sociétés* oct. 2018, étude 12, n°s 12-13. – E. Schlumberger, *Proposition modificative de la directive (UE) n° 2017/1132 : le droit des sociétés européen à l'heure de la mobilité transfrontalière et du numérique – Les fusions transfrontalières : BJS* 2019, p. 463, n° 12.

Le rapport est également mis à la disposition des représentants du personnel ou à défaut des salariés eux-mêmes. L'avis des représentants du personnel peut être porté à la connaissance des actionnaires à leur demande.

2296. – *Soulte.* Une singularité mérite d'être relevée : alors que l'article L. 236-1 du Code de commerce limite à 10 % le montant de la soulte en espèces qui peut être prévue en cas de fusion (V. *supra*, n° 2227), ce plafond ne s'applique pas en cas de fusion transfrontalière (C. com., art. L. 236-26).

2297. – *Attestation de conformité et contrôle de légalité.* La décision prise, et la déclaration de conformité déposée (V. *supra*, n° 2249), le greffier du tribunal de commerce délivre dans les huit jours de ce dépôt une attestation de conformité (C. com., art. L. 236-29). En outre, un notaire ou le greffier du tribunal de commerce dans le ressort duquel la société issue de la fusion a son siège doit procéder au contrôle de la légalité de celle-ci ; il a quinze jours à compter du dépôt des documents requis pour effectuer ce contrôle (C. com., art. R. 236-19). La fusion ne peut pas prendre effet avant l'issue de ce contrôle de légalité (C. com., art. L. 236-31).

2298. – *Procédure et protection des parties prenantes.* La directive du 27 novembre 2019 complète le régime applicable aux fusions transfrontalières en apportant des précisions relatives à la procédure et à la protection des parties prenantes[65].

Concernant les rapports, elle introduit la possibilité de renoncer au rapport des associés moyennant l'accord de tous les associés des sociétés qui fusionnent. Par ailleurs, l'organe dirigeant de chacune des sociétés doit établir un second rapport expliquant les implications de la fusion pour les travailleurs, qui est mis à disposition des représentants du personnel ou des salariés.

Le régime des fusions simplifiées se trouve opportunément étendu à la nouvelle hypothèse de fusion envisagée par la directive (V. *supra*, n°s 210 et 2293).

Un dispositif anti-abus et anti-fraude est institué afin de rassurer les États membres les plus récalcitrants[66]. L'autorité compétente pour contrôler la légalité de l'opération doit ainsi refuser de délivrer le certificat préalable à la fusion s'il apparaît que la fusion transfrontalière est réalisée à des fins abusives ou frauduleuses menant ou visant à se soustraire au droit de l'Union ou au droit national ou à le contourner, ou à des fins criminelles telles que le blanchiment d'argent. L'appréciation du caractère abusif, frauduleux ou criminel de l'opération reste à l'appréciation du droit national, sous le contrôle de la Cour de justice.

Des garanties harmonisées sont prévues en vue d'assurer la protection des associés (droit de sortie pour les associés de la société qui fusionne, droit de contester le rapport d'échange), des créanciers (droit de demander des garanties adéquates à l'autorité compétente) et des travailleurs (droit de présenter des observations sur le projet de fusion).

(65) C. Cathiard, *Directive Mobilité transfrontalière des entreprises : le texte est adopté : Dr. sociétés* juill. 2019, étude 9, n°s 32 et s. – Sur la proposition de directive, V. C. Cathiard, *Proposition de directive de la Commission européenne en matière de mobilité transfrontalière des entreprises : Dr. sociétés* oct. 2018, étude 12, n°s 12-13.

(66) C. Cathiard, *Analyse pratique du nouveau contrôle anti-abus, anti-fraude dans les opérations de transformations, fusions et scissions transfrontalières : Dr. sociétés* oct. 2019, étude 12. – B. Lecourt, *Événement historique en droit européen des sociétés : adoption de la directive sur la mobilité transfrontalière des sociétés : Rev. sociétés* 2019, p. 360. – E. Schlumberger, *Chronique de droit européen des sociétés (juin 2019-décembre 2019) : Dr. sociétés* avr. 2020, chron. 3, n° 3.

§ 3. – Aspects de droit social

2299. – *Participation des salariés à la gestion.* Des règles particulières, qui évoquent celles en vigueur en matière de société européenne, ont été posées pour la participation des salariés à la gestion des sociétés (C. trav., art. L. 2371-1 et s.). Ces dispositions ne s'appliquent que si l'une des sociétés concernées a mis en œuvre une participation des salariés à la gestion sous quelque forme que ce soit : droit de présenter ou d'élire des représentants du personnel aux organes de gestion par exemple. Si tel est le cas, les dirigeants des sociétés concernées négocient un accord avec les représentants des salariés au sujet du degré et de la forme de la participation à la gestion dans la société issue de la fusion ; la négociation se fait dans le cadre d'un « groupe spécial de négociation » (C. trav., art. L. 2372-1 et s.) ; à défaut d'accord, il est institué un comité au sein de la société qui résulte de la fusion, lequel a vocation à renégocier, comme dans le cas d'une société européenne, les modalités de participation à la gestion (C. trav., art. L. 2373-3) ; comme dit l'humoriste « pourquoi faire simple quand on peut faire compliqué ? ».

Le coin des amateurs

1. Les fusions à l'envers : une sardine peut-elle avaler une baleine ?

2300. – Les fusions, à la différence de la culotte du bon roi Dagobert, n'ont pas de sens prescrit : n'importe quelle société peut en absorber une autre, serait-elle dix fois ou cent fois plus grosse qu'elle : pour les juristes, il n'y a rien d'incongru à faire avaler une baleine par une sardine. Cependant, les praticiens, sensibles à l'aspect économique des choses, parlent parfois de fusion à l'envers lorsque la société absorbée est moins importante que la société absorbante ou lorsqu'une filiale absorbe sa société mère.

Le sens de la fusion est souvent commandé par l'impossibilité de transmettre un bien, même par fusion, d'une société à une autre. Soit par exemple une société titulaire d'un agrément administratif ou partie à un contrat stipulé intransmissible, son absorption par une tierce société fera tomber l'agrément ou le contrat, d'où la nécessité d'inverser le sens de la fusion et de faire de la société survivante la société qui devait être initialement absorbée. Au bout du compte, le résultat est le même, à savoir la constitution d'une entreprise unique, laquelle reprendra le nom de la société absorbée.

Illustration : Spie Batignolles, riche de ses pertes immobilières, a absorbé en 1995 son opulente mère, Schneider, et pris son nom. Le sens de la fusion répondait à de pressantes considérations juridiques, car Spie Batignolles était titulaire de contrats intransmissibles. À propos de cette affaire, la grande presse a révélé qu'outre les considérations juridiques, le sens de la fusion permettrait à Spie Batignolles de valoriser ses déficits fiscaux, lui permettant ainsi de réaliser une économie fiscale de 600 millions de francs (*Le Monde* 16 mars 1995). En effet, la loi (CGI, art. 209, II) interdit, sauf agrément, d'imputer sur les bénéfices de l'absorbante les déficits accumulés par l'absorbée, sauf si le montant des déficits transférés ne dépasse pas 200 000 € ; elle est en revanche muette sur l'opération inverse d'imputation des déficits de l'absorbante sur les bénéfices de l'absorbée. D'où l'intérêt d'une fusion à l'envers, le canard boiteux absorbant la société prospère. L'opération ne risque-t-elle pas toutefois d'être remise en cause sur le fondement de l'abus de droit pour fraude à la loi fiscale (V. *supra*, n° 295) ? Le Conseil d'État a répondu par la négative dans un arrêt *Auriège* du 21 mars 1986, du moins lorsque la fusion répond à une logique économique (*RJF* 1986, p. 267, concl. O. Fouquet).

2. Fusion et abus de pouvoirs

2301. – La fusion peut traduire un abus de majorité (V. *supra*, n° 668) ; elle peut aussi constituer pour les dirigeants des sociétés concernées des abus de pouvoirs et entraîner en conséquence leur condamnation pénale sur le fondement de l'article L. 242-6 du Code de commerce (V. *supra*, n°s 1065 et s.). L'affaire *Delattre-Levivier* en a fourni une illustration (Cass. crim., 10 juill. 1995 : *JCP* G 1996, II, 22572, note J. Paillusseau). En 1986 une société SIFB, contrôlée par P. (président et actionnaire majoritaire), bien que financièrement fragile et lourdement endettée auprès de la banque SDBO, acquiert la majorité du capital de la société Delattre-Levivier. Celle-ci avança ultérieurement des fonds à son nouvel actionnaire majoritaire sans doute pour lui permettre d'assumer les charges de remboursement des dettes contractées auprès de la société SDBO. Au 30 septembre 1989, la créance de la cible sur la société mère, SIFB, et correspondant auxdites avances s'élevait à 20 400 000 F, montant qui, le 30 mars 1990, était de 68 700 000 F. Or, le 13 février 1990, P., devenu président de Delattre-Levivier, décida d'organiser la fusion-absorption de la mère (SIFB) par la fille (la cible), opération qui fut approuvée par les actionnaires le 30 mars 1990. La fusion fut réalisée avec effet rétroactif au 30 septembre 1989, date à laquelle les évaluations nécessaires avaient été faites. En raison de la fusion, la créance de Delattre-Levivier sur la SIFB disparut par réunion des qualités de créancier et de débiteur.

P. fut condamné pour abus de pouvoirs et la décision fut approuvée par l'arrêt précité de la Cour de cassation : « cette opération, extrêmement déséquilibrée, lésionnaire et dépourvue de toute justification économique pour la société Delattre-Levivier, a offert à la banque SDBO, second actionnaire et premier prêteur de la société SIFB, une meilleure garantie et a permis à P. d'entrer directement et personnellement en possession du capital de Delattre-Levivier, acquis essentiellement avec les fonds de cette dernière ».

3. La véritable nature de l'effet rétroactif de la fusion

2302. – Quelle est la portée juridique et fiscale de la clause de rétroactivité ?

a) Portée juridique de la clause de rétroactivité

Une fiction, surtout lorsqu'elle est communément reçue, est parfois prise à tort pour la réalité. Cela se vérifie à propos de l'effet rétroactif de la fusion. La Cour de cassation retient en effet que la caution ne peut, pour échapper à la mise en œuvre de son engagement, se prévaloir de la date d'effet convenue entre les parties à la fusion par le jeu d'une clause de rétroactivité (Cass. com., 23 mars 1999, n° 96-20.555, P : *BJS* 1999, p. 679, note R. Routier ; *RJDA* 1999, p. 699, obs. A. Viandier ; *Rev. sociétés* 1999, p. 339, note P. Le Cannu). On sait (V. *supra*, n° 2219) que la clause de « rétroactivité » permet, alors que le projet de fusion a été élaboré sur la base des comptes du dernier exercice clos, « d'éviter une remise en cause sans fin de la fusion » à raison des opérations intervenues depuis la clôture dudit exercice (J.-P. Storck, *La rétroactivité des décisions sociales : Rev. sociétés* 1985, p. 55, n° 13. – S. Schiller, *La rétroactivité des fusions : JCP* E 2013, 1513). Mais le bénéfice de cette rétroactivité ne peut être revendiqué par un tiers, en l'espèce la caution.

Il n'y a pas en effet report en arrière de la réalisation définitive de la fusion, qui reste en principe fixée à la date de la dernière des assemblées générales. Il ne saurait d'ailleurs y avoir un tel report en arrière, sauf à mettre en péril les actes accomplis et les décisions prises pendant la période dite intercalaire. Ainsi, le report de la date d'effet de la fusion autorisé par l'article L. 236-4 précité ne touche pas à la substance des droits et n'a d'effet qu'entre les parties : la clause dite de rétroactivité n'est pas opposable aux tiers, de même qu'elle n'est pas opposable par les tiers.

b) Portée fiscale de la clause de rétroactivité

S'il est entendu que la clause de rétroactivité est une commodité comptable qui n'emporte pas d'effet juridique à l'égard des tiers, il faut faire une place à part au fisc puisque la rétroactivité produit des effets fiscaux non négligeables. Selon un arrêt de principe du Conseil d'État du 12 juillet 1974 (*Dr. fisc.* 1974, comm. 1525, concl. D. Mandelkern), en matière d'imposition des bénéfices, la portée fiscale de la rétroactivité est limitée dans le temps en ce qu'elle ne saurait remettre en cause les résultats du dernier exercice clos. Sous cette réserve, la société absorbante est en droit de rattacher à ses propres résultats ceux réalisés par la société absorbée pendant la période intercalaire, qu'ils soient bénéficiaires ou déficitaires.

La rétroactivité n'a cependant pas une portée absolue. Si elle a sa place dans le cadre de l'impôt sur les sociétés dont le calcul repose sur des données comptables, elle n'a pas d'incidence sur le fait générateur des autres impositions. Ainsi, c'est la société absorbée qui reste redevable de la contribution économique territoriale due à raison de la situation au 1er janvier même si la fusion remonte à cette date par le jeu de la clause de rétroactivité.

4. La fusion-éviction : exclu faute de rompus

2303. – La fusion fait entrer les actionnaires de la société absorbée dans la société absorbante, le nombre d'actions de cette dernière étant déterminé par la parité d'échange (V. *supra*, nos 2223 et s.). Que se passe-t-il lorsque la parité est telle qu'un associé ne dispose pas du nombre d'actions de la société absorbée pour accéder à la société absorbante ? Il reste à la porte s'il ne réussit pas à compléter sa participation initiale pour réunir le nombre d'actions requises pour recevoir une action de l'absorbante. Tel est l'enseignement d'un arrêt de la Cour de cassation (Cass. com., 2 déc. 2020, n° 18-20.116, F-D : *Rev. sociétés* 2021, p. 178, note A. Viandier).

Rappelons brièvement les faits : X était actionnaire d'une société A, dont il détenait 32 actions ; A est absorbée par B, société appartenant au même groupe, la parité retenue étant de 288 actions A pour une action B. X, qui était loin du compte, pouvait soit essayer de trouver un acheteur pour ses 32 rompus et « sortir du jeu », soit rechercher 256 rompus de manière à atteindre le seuil de 288. Mais pour que l'une des deux options aboutisse, encore fallait-il trouver un acheteur ou un vendeur de rompus, entreprise quasi impossible dans un groupe étroitement contrôlé. Et X ne put embarquer dans la société B. Il rechercha donc une solution judiciaire.

D'un côté, il tenta de faire annuler la fusion ; par exemple, il invoqua le fait que peu de temps avant la fusion, la société B, jusqu'alors société par actions simplifiée, avait été transformée en société anonyme, changement qui n'était pas anodin puisque si l'absorption par une SAS exige une décision unanime des actionnaires de la société absorbée (V. *supra*, n° 1530), la majorité des deux tiers suffit s'agissant de l'absorption par une SA ; or cette transformation avait été publiée tardivement au registre du commerce, ce qui la rendait inopposable (C. com., art. L. 123-9) ; et comme X avait voté contre la fusion, l'unanimité requise n'était donc pas satisfaite et la fusion était nulle. Il échoue au motif qu'il avait eu personnellement connaissance, grâce à plusieurs notifications, du changement de forme sociale de B, ce qui désamorçait l'inopposabilité (C. com., art. L. 123-9, al. 3).

D'un autre côté, il prétendait que l'opération était abusive et réclamait l'indemnisation de la perte de sa qualité d'associé. Sur ce point également, il n'obtient pas gain de cause, la Cour de cassation posant, d'une part, que l'actionnaire de la société absorbée « devait faire son affaire personnelle de ses rompus », et d'autre part que dans le passé X avait refusé les propositions de rachat de ses 32 actions, refus qualifié d'injustifié par les juges du fond ; bref, il ne pouvait pas obtenir réparation d'un dommage procédant de son propre fait.

À examiner l'affaire sous un autre angle, la question qui s'impose à l'esprit est celle de l'éventualité d'une fraude ; X avait développé cette prétention *in extremis* et son moyen est logiquement écarté car nouveau et mélangé de fait et de droit. Cela n'interdit pas de réfléchir, d'autant qu'il y avait plusieurs éléments insolites : réduction de capital de B, transformation de B, augmentation de capital de B pour le rétablir au niveau initial, publications tardives de ces opérations, le tout intervenant après plusieurs refus des propositions de rachat quelques mois avant. Et l'observateur le plus naïf de s'interroger, sans pouvoir conclure, car une donnée essentielle fait défaut, à savoir l'existence ou l'absence d'une rationalité économique propre à justifier le montage. Ce n'est que si le seul objectif était d'évincer X, que le diagnostic de fraude peut être posé, à l'image de ce qui vaut en matière de « coup d'accordéon » (comp. Cass. com., 7 mai 2019, n° 17-18.785 : *Rev. sociétés* 2020, p. 157, note S. Sylvestre ; *RJDA* 8-9/2019, n° 559).

SECTION 2

L'APPORT PARTIEL D'ACTIF

SOUS-SECTION 1

DÉFINITION ET FONCTIONS DE L'APPORT PARTIEL D'ACTIF

§ 1. – La définition

2304. – *Apport d'une branche autonome d'activité.* L'apport partiel d'actif est un apport en nature réalisé par une société dite apporteuse à une société dite bénéficiaire et qui porte sur une branche autonome d'activité. Apport en nature, l'apport partiel d'actif provoque une augmentation de capital de la société bénéficiaire. Mais apport en nature particulier car il ne porte pas sur un bien isolé, mais sur une branche autonome d'activité, c'est-à-dire une division, un département, un ensemble homogène constitutif d'une « sous-entreprise ». Le concept de branche autonome n'est d'ailleurs pas propre au droit des sociétés ; ainsi le retrouve-t-on en droit des procédures collectives, la cession partielle de l'entreprise en redressement judiciaire n'étant possible que pour « un ensemble d'éléments d'exploitation qui forment une ou plusieurs branches complètes et autonomes d'activité » (C. com., art. L. 642-1, al. 2). Le même concept se retrouve en droit fiscal (V. *infra*, n° 2316). Tel est le cas, par exemple, pour l'apport de la branche assurance-vie par une société générale d'assurances, pour l'apport du département entretien par une société fabriquant des appareils ménagers, pour l'apport de la branche négoce par une société produisant et distribuant des matériaux…

2305. – *Singularité.* À la différence de la scission, l'apport partiel d'actif n'emporte pas dissolution de la société apporteuse : celle-ci subsiste, seul son patrimoine est affecté, la branche apportée étant remplacée par les actions de la société bénéficiaire. Ce n'est pas davantage une fusion, du fait de la survie de la société apporteuse ; de plus, à la différence de la fusion, l'opération est neutre pour les actionnaires de la société apporteuse : ils ne deviennent pas actionnaires de la société bénéficiaire car ce n'est pas eux, mais la société dont ils sont actionnaires, qui réalise l'apport de la branche autonome d'activité. Enfin, l'apport partiel d'actif se distingue de la cession d'actifs en ce que la société apporteuse ne procède pas à une vente, qui impliquerait le versement d'un prix, mais à un apport, qui suppose l'attribution d'actions.

§ 2. – Les fonctions

2306. – *Filialisation.* L'apport partiel d'actif permet principalement les opérations de filialisation, à savoir les opérations par lesquelles une société décide d'abandonner toute activité opérationnelle et de se cantonner dans le rôle de pure holding. Soit par exemple une société éditrice d'ouvrages médicaux et d'ouvrages juridiques ; jusqu'alors elle exerçait elle-même cette double activité ; elle peut décider d'en confier la poursuite à deux filiales créées pour l'occasion : une filiale médicale à laquelle sera apportée la branche d'activité correspondante et une seconde filiale qui recevra en dotation la branche d'édition juridique. La société apporteuse contrôlera à 100 % les deux filiales et n'aura plus dans son patrimoine que les actions desdites filiales. Cette filialisation peut être le préalable à la cession de l'une des deux activités.

2307. – *Joint venture.* L'apport partiel d'actif peut également déboucher sur la création d'une filiale commune lorsque deux groupes, plutôt que de continuer à se concurrencer dans un segment précis, décident d'unir leurs efforts ; chacun fera apport à la filiale commune de l'activité mise en commun.

2308. – *Cession de dettes.* Une autre utilité, induite, de l'apport partiel d'actif tient à la possibilité de réaliser une transmission universelle du patrimoine, donc une véritable cession de dettes (V. *infra*, n° 2312).

SOUS-SECTION 2

LE RÉGIME JURIDIQUE DE L'APPORT PARTIEL D'ACTIF

§ 1. – Le principe de l'option

2309. – *Option pour l'application du régime des scissions.* Aux termes de l'article L. 236-22, alinéa 1er, du Code de commerce, « La société qui apporte une partie de son actif à une autre société et la société qui bénéficie de cet apport peuvent décider d'un commun accord de soumettre l'opération aux dispositions des articles L. 236-16 à L. 236-21. » Cela revient à dire que les sociétés considérées peuvent opter pour le régime des scissions – donc, indirectement, pour celui des fusions – avec la nécessité d'observer la totalité de ce régime : assemblées générales extraordinaires, commissaire à « l'apport partiel d'actif », etc.

Il faut bien mesurer les conséquences de ce choix pour les actionnaires : si l'opération d'apport n'est pas placée sous le régime des scissions, les actionnaires de la société apporteuse ne seront pas consultés, et l'apport sera décidé par les dirigeants de la société apporteuse ; si l'option est exercée, ils devront voter l'apport partiel d'actif au même titre que si la société apporteuse était l'objet d'une scission.

2310. – *Option facultative ou obligatoire ?* Les sociétés concernées sont libres de décider ou non de placer l'apport partiel d'actif sous le régime des scissions, l'article L. 236-22 n'exprimant qu'une faculté. Si elles ne le font pas, une seule assemblée est réunie, celle de la bénéficiaire de l'apport (qui augmente son capital). On observera que l'Autorité des marchés financiers recommande toutefois aux sociétés cotées de consulter leurs actionnaires en cas de cession d'actifs significatifs de manière à leur donner toute information utile (AMF, Position-recommandation 2015-05. – Code de gouvernement des entreprises cotées Afep-Medef, version du 30 janv. 2020, art. 5-3)[67] ; une telle cession, qui opère transfert d'activité, est en effet une décision stratégique majeure comme en atteste la cession de la société SFR au groupe Altice-Numericable ou la cession de la branche énergie d'Alstom, commandant une information appropriée ; or, l'option pour le régime des scissions a cette vertu.

§ 2. – Les effets de l'application du régime des scissions

2311. – *Procédure.* Il y a, d'abord, des effets au regard de la procédure puisque les règles de la scission (donc, pour l'essentiel, de la fusion) doivent être suivies : projet de traité d'apport partiel d'actif, désignation d'un commissaire à l'apport partiel d'actif, résolutions des assemblées générales extraordinaires de la société apporteuse et de la société bénéficiaire, droit d'opposition des créanciers (sauf lorsque la société apporteuse demeure solidairement engagée) (V. *infra*, n° 2314), etc.[68] La loi n° 2019-744 du 19 juillet 2019 a étendu à l'apport partiel d'actif les assouplissements prévus en cas d'absorption d'une filiale à 90 % (C. com., art. L. 236-22) (V. *supra*, n° 2241).

2312. – *Dévolution du patrimoine.* Sauf dérogation expresse prévue par les parties, communauté ou confusion d'intérêts ou fraude, l'apport partiel d'actif emporte, lorsqu'il est placé sous le régime des scissions, transmission universelle de la société apporteuse à la société bénéficiaire de tous les droits, biens et obligations dépendant de la branche autonome d'activité qui fait l'objet de l'apport[69] (V. *supra*, n°s 2262 et s.).

(67) A. Gaudemet, *La cession du principal actif d'une société cotée : Mél. M. Germain*, LexisNexis-LGDJ, 2015, p. 343.

(68) L'action en nullité de la décision d'apport partiel d'actif se prescrit par six mois si l'apport a été placé sous le régime des scissions : Cass. com., 3 juin 2003 : *D.* 2003, p. 1695, obs. A. Lienhard ; *Rev. sociétés* 2003, p. 489, note P. Le Cannu. – Cass. com., 30 nov. 2004 : *BJS* 2005, p. 241, note P. Le Cannu ; *JCP* E 2005, 131, n° 2, obs. J.-J. Caussain, Fl. Deboissy et G. Wicker.

(69) Cass. com., 23 juin 2004 : *JCP* E 2004, 1774, note A. Viandier.

2313. – *Domaine de la transmission universelle du patrimoine.* La transmission universelle, comme en matière de fusion, s'opère de plein droit dès lors que les biens, droits et obligations se rattachent à la branche d'activité apportée, même s'ils ne figurent pas dans le traité à la suite d'une erreur, d'un oubli ou pour une autre cause(70). Hors hypothèse de fraude, un bien, droit ou obligation ne peut être écarté de la transmission que s'il est étranger à la branche d'activité apportée(71) ou s'il a été exclu par volonté expresse des parties(72).

2314. – *Les créanciers de la société apporteuse* dont la créance est comprise dans la transmission universelle du patrimoine peuvent bien sûr en demander paiement à la société bénéficiaire(73). Mais ils peuvent également s'adresser à la société apporteuse, qui reste, sauf clause contraire, solidairement tenue du passif transmis à la société bénéficiaire(74). Comme en cas de scission, par dérogation, le traité d'apport peut écarter cette solidarité, mais les créanciers non obligataires disposent alors d'un droit d'opposition (C. com., art. L. 236-21).

2315. – *Fraude.* La voie de l'action paulienne est ouverte si les créanciers démontrent que l'apport partiel d'actif a eu pour but d'appauvrir la société apporteuse à leur détriment(75).

SOUS-SECTION 3

LE RÉGIME FISCAL DE L'APPORT PARTIEL D'ACTIF

2316. – *Régime de faveur applicable de plein droit.* Tout autant qu'aux aspects juridiques, les groupes sont sensibles au coût fiscal des restructurations auxquelles ils se livrent. À cet égard, le régime de faveur applicable de plein droit aux apports partiels d'actif est calqué sur celui des fusions (V. *supra*, n°s 2283 et s.), à condition que la société bénéficiaire comme la société apporteuse soient soumises à l'im pôt sur les sociétés. L'apport partiel d'actif doit porter sur une branche complète d'activité que la directive fiscale du 23 juillet 1990 définit comme « l'ensemble des

(70) Cass. com., 12 févr. 2013, n° 11-23.895 : *BJS* 2013, p. 575, note B. Dondero ; *RJDA* 5/2013, n° 418 ; *Rev. sociétés* 2014, p. 27, note V. Thomas.

(71) Il a été jugé par exemple que l'apport de la branche « négoce de fourniture pour le vin », de nature commerciale, ne comprenait pas l'activité d'agent commercial, de nature civile, et que par suite la société bénéficiaire de l'apport ne pouvait réclamer une indemnité au titre de la révocation du contrat d'agent commercial : Cass. com., 20 janv. 2015, n° 14-10.010 : *RJDA* 4/2015, n° 275.

(72) Cass. com., 23 juin 2004, préc.

(73) Ainsi les salariés ayant travaillé sur les Chantiers navals de la Ciotat ont pu demander à la société bénéficiaire de l'apport partiel réparation de leur préjudice lié à l'exposition à l'amiante alors même que leur contrat de travail avait été rompu avant le traité d'apport : Cass. soc., 18 juin 2014, n° 12-29.961, PB : *BJS* 2014, p. 441, note B. Dondero ; *Rev. sociétés* 2015, p. 26, note J.-M. Moulin. – Cass. soc., 19 nov. 2014, n° 13-19.263, PB : *BJS* 2015, p. 137, note B. Dondero.

(74) Cass. com., 12 déc. 2006 : *JCP* E 2007, 1877, n° 8, obs. J.-J. Caussain, Fl. Deboissy et G. Wicker ; *Rev. sociétés* 2007, p. 76, note D. Poracchia ; un fournisseur dont la créance est née à l'occasion d'une activité transmise par voie d'apport partiel d'actif placé sous le régime des scissions, et ultérieurement mise en liquidation judiciaire, peut en réclamer paiement à l'apporteur. – *Adde* Cass. com., 8 févr. 2011, n° 10-12.273 : *BJS* 2011, § 172, p. 418, note P. Le Cannu ; *RJDA* 5/2011, n° 425. – Ainsi, la société apporteuse restant solidairement obligée avec la société bénéficiaire du paiement du passif objet de l'apport, les deux sociétés parties au traité d'apport sont tenues solidairement de la dette de responsabilité née antérieurement à ce traité : Cass. 2e civ., 19 févr. 2009, n° 05-22.044 : *RJDA* 7/2009, n° 647.

(75) CA Paris, 7 janv. 2020, n° 17/09864 : *BRDA* 7/2020, n° 2 ; *RJDA* 6/2020, n° 309 ; action intentée par deux salariés ayant obtenu un jugement favorable à l'encontre de leur employeur, le jour même pour l'un et un mois après pour l'autre, de l'apport ayant eu pour résultat d'appauvrir la société débitrice.

éléments d'actif et de passif d'une division d'une société qui constituent, du point de vue de l'organisation, une exploitation autonome, c'est-à-dire un ensemble capable de fonctionner par ses moyens propres » (CGI, art. 210-0, A). Quoique formulée en des termes différents, la définition des fiscalistes concorde avec celle des juristes (V. *supra*, n° 2304) mais, en matière fiscale, les apports de participations peuvent être assimilés à une branche complète et autonome d'activité lorsque certaines conditions sont réunies. Les plus-values réalisées par la société apporteuse bénéficient d'un sursis d'imposition, à condition toutefois que l'opération ne soit pas abusive (V. *supra*, n° 2286). Il existe également une dispense de droit d'apport.

2317. – *Régime de faveur applicable sur agrément.* Les opérations d'apport partiel d'actif qui ne portent pas sur une branche complète et autonome d'activité bénéficient sur agrément du régime de faveur à la condition que la société apporteuse s'engage à conserver pendant trois ans les titres reçus en contrepartie de l'apport (CGI, art. 210 B). Là aussi, l'opération est enregistrée gratuitement.

2318. – *Indépendance des régimes de faveur.* Tous ces régimes sont indépendants les uns des autres ; la société peut, sur le plan fiscal, se placer sous le régime de faveur des fusions sans être tenue d'exercer le même choix sur le plan juridique, et réciproquement. Cette indépendance des diverses options donne toute sa souplesse à la technique des apports partiels d'actif.

SECTION 3

LA SCISSION

2319. – *Présentation.* La scission est l'opération par laquelle une société disparaît en transmettant son patrimoine à deux autres sociétés, qualifiées de sociétés bénéficiaires, créées pour l'occasion ou existantes. Longtemps simple curiosité, la scission est devenue à la mode à la suite notamment d'importantes opérations menées au sein de groupes anglais ou américains ; cette vague de scissions – *demergers* ou *spin-off* – a touché les conglomérats industriels, avec l'idée que l'addition future de la valeur des différentes branches prises isolément était supérieure à la valeur actuelle de l'ensemble.

2320. – Illustration.

> En janvier 2021, TechnipFMC a lancé la scission de ses activités en deux entités, l'une en charge des services parapétroliers, et l'autre centrée sur l'ingénierie dans le même secteur (Communiqué TechnipFMC, 7 janv. 2021).

2321. – *Renvoi aux règles de la fusion.* La scission est traitée par référence à la fusion : l'article L. 236-16 du Code de commerce renvoie aux articles L. 236-9 et L. 236-10 complétés par des dispositions spécifiques (C. com., art. L. 236-17 à L. 236-21). On étudiera les aspects spécifiques de la scission, au regard des sociétés concernées et des tiers avant de s'intéresser aux scissions transfrontalières.

SOUS-SECTION 1

LES SOCIÉTÉS CONCERNÉES PAR LA SCISSION

2322. – *Société scindée.* La société scindée est appelée à disparaître du fait de la scission. De là l'intervention nécessaire de ses actionnaires qui doivent voter la scission en assemblée générale extraordinaire, sur la base d'un projet de scission et d'un rapport d'un commissaire à la scission. Les actionnaires de la société scindée recevront des actions de chacune des sociétés bénéficiaires de la scission selon une parité d'échange définie au projet de scission. Avec leur accord, certains peuvent toutefois être affectés dans l'une des deux sociétés, leurs coassociés étant cantonnés dans l'autre. Il y a là un moyen élégant de séparer la société entre les différentes branches qui la contrôlent.

2323. – *Sociétés bénéficiaires.* Si les sociétés bénéficiaires existent déjà, ce qui est rare, leurs actionnaires doivent naturellement approuver l'apport de la fraction de patrimoine qui leur est dévolue ; l'approbation se fait sur la base du projet de scission, éclairé par le rapport d'un commissaire à la scission. Si les sociétés bénéficiaires sont créées pour l'occasion, c'est l'assemblée de la société scindée qui adopte leurs statuts, ce qui n'a rien d'insolite puisque, en principe, les actionnaires de la société scindée ont tous vocation à devenir associés de chacune des sociétés bénéficiaires (C. com., art. L. 236-17). Lorsque la scission se réalise au profit de sociétés nouvelles, sans autre apport que celui de la société scindée, il y a dispense d'établissement d'un rapport par les dirigeants et par le commissaire à la scission lorsque les actions des sociétés nouvelles sont attribuées aux actionnaires de la société scindée proportionnellement à leurs droits (C. com., art. L. 236-17, al. 2).

SOUS-SECTION 2

LES TIERS

2324. – *Transmission universelle du patrimoine.* Chaque société bénéficiaire se trouve, pour la fraction du patrimoine qui lui échoit, dans la situation d'une société absorbante. À cette fraction, qui correspond à une ou plusieurs branches d'activité, sont donc attachées les créances et les dettes afférentes aux branches d'activité considérées. Certains actifs et passifs de caractère général (siège social, emprunt obligataire...), qui ne sont pas rattachables à une branche d'activité déterminée sont, selon ce que prévoit le projet de scission, soit attribués à une seule des sociétés bénéficiaires, soit sont répartis en valeur, chacune des sociétés bénéficiaires recevant une quote-part des actifs et passifs généraux.

2325. – *Protection des créanciers de la société scindée.* Afin de protéger les créanciers et d'éviter que la scission se solde par une attribution de l'essentiel des actifs à une société et l'affectation du principal des passifs à une autre, la loi dispose que les sociétés bénéficiaires des apports résultant de la scission sont débitrices solidaires des créanciers de la société scindée aux lieu et place de celle-ci, sans novation

(C. com., art. L. 236-20). Cependant, le projet de scission peut écarter cette solidarité (C. com., art. L. 236-21) ; dans ce cas, les créanciers non obligataires peuvent former opposition à la scission, cette opposition suivant les règles applicables à l'opposition au projet de fusion (V. *supra*, n° 2268).

SOUS-SECTION 3

LES SCISSIONS TRANSFRONTALIÈRES

2326. – *Directive du 27 novembre 2019.* L'absence de réglementation des scissions transfrontalières tranchait avec les avancées notables en matière de fusions transfrontalières. En vue de combler ces lacunes, la directive du 27 novembre 2019 institue un corps de règles qui, pour l'essentiel, s'inspire du régime applicable aux fusions transfrontalières (V. *supra*, n°s 2293 et 2298)[76].

2327. – *Champ d'application.* Le dispositif s'applique aux scissions transfrontalières, ce qui suppose qu'au moins deux des sociétés de capitaux impliquées soient régies par les législations d'États membres différents. La réglementation vise plus précisément trois types de scissions :

– *scissions complètes* : une société scindée qui a fait l'objet d'une dissolution sans liquidation transfère l'ensemble de son patrimoine à deux ou plusieurs sociétés nouvellement créées (sociétés bénéficiaires) moyennant l'attribution aux associés de titres ou actions dans les sociétés bénéficiaires ;

– *scissions partielles* : une société scindée transfère une partie de son patrimoine à une ou plusieurs sociétés nouvellement créées (sociétés bénéficiaires) moyennant l'attribution aux associés de titres ou actions dans les sociétés bénéficiaires, ou dans la société scindée, ou à la fois dans la société scindée et les sociétés bénéficiaires ;

– *scissions par séparation* : une société scindée transfère une partie de son patrimoine à une ou plusieurs sociétés nouvellement créées (sociétés bénéficiaires) moyennant l'attribution à la société scindée de titres ou actions dans les sociétés bénéficiaires.

2328. – *Contenu.* L'organe de direction ou d'administration de la société scindée doit adopter un projet de scission, puis établir un rapport aux associés et aux travailleurs, tous deux mis à disposition des intéressés. Un rapport d'expert indépendant, établi après examen du projet de scission, complète l'information des associés.

Après avoir pris connaissance de l'ensemble des rapports précités, l'assemblée générale de la société scindée se prononce sur l'adoption du projet.

L'autorité de l'État membre de la société scindée procède ensuite à un premier contrôle de la légalité de la scission devant conduire à la délivrance d'un certificat préalable, sauf s'il est déterminé que la scission transfrontalière est réalisée à des fins abusives ou frauduleuses ou à des fins criminelles (V. *supra*, n° 2298). Une fois émis, le certificat est transmis aux autorités des États membres des sociétés béné-

(76) T. Mastrullo, *Proposition modificative de la directive (UE) n° 2017/1132 : le droit des sociétés européen à l'heure de la mobilité transfrontalière et du numérique – Les scissions transfrontalières* : BJS 2019, p. 456.

ficiaires qui, après examen de la légalité du projet au regard de leur droit national, approuveront la scission. Une fois les formalités de publicité accomplies, la scission prend effet.

Comme en matière de fusions transfrontalières, des garanties sont instituées en vue de protéger les associés, les créanciers et les salariés (V. *supra*, n° 2298).

Le coin des amateurs

Les quasi-scissions : Accor et Vivendi

1° Accor

2329. – La société Accor a longtemps exercé deux métiers différents : l'hôtellerie et les services prépayés (tickets restaurant notamment). Les dirigeants du groupe ont estimé qu'une séparation serait favorable aux deux activités, en leur permettant, avec des équipes spécialisées, de poursuivre des projets autonomes ; de plus, les marchés financiers préférant les *pure players* (sociétés à activité homogène), l'évolution boursière des entités concernées serait meilleure que celle à attendre d'un groupe dans lequel elles resteraient confondues. Une voie aurait pu être envisagée, celle de la filialisation par apport partiel d'actif de l'activité services à une nouvelle société qui aurait été distinctement cotée, permettant au groupe, apporteur de l'activité, de réduire petit à petit sa participation. Une solution plus drastique et plus rapide aurait pu être préférée, celle du divorce pur et simple, c'est-à-dire celle de la scission, la société Accor disparaissant pour donner naissance à deux nouvelles sociétés. En fait, c'est une troisième solution qui a été élue, que l'on pourrait qualifier de « quasi-scission » : la société Accor a fait apport de l'ensemble des actions de ses filiales intervenant dans le secteur des services prépayés à une nouvelle société, dénommée Edenred ; la société Accor devenant Accor Hospitality. Les actions Edenred, qui ont été cotées, furent remises aux actionnaires de Accor Hospitality par l'effet d'une réduction de capital, chacun recevant autant d'actions Edenred qu'il détenait d'actions Accor avant l'opération. Ainsi, à la fin de la partie, chaque actionnaire de Accor est devenu actionnaire de deux sociétés, Accor Hospitality et Edenred, pour le même nombre d'actions que celui qu'il détenait initialement. La dette du groupe a été répartie entre les deux sociétés de manière à « donner [à chaque entité] les ressources nécessaires pour un développement pérenne et autonome » (Accor, communiqué de presse, 24 févr. 2010). L'opération a donné lieu à une décision de l'assemblée générale extraordinaire le 29 juin 2010.

2° Vivendi (ou Lady Gaga entre en bourse)

Après plusieurs années de réflexion, le conglomérat Vivendi a lancé en février 2021 le processus de séparation de son pôle musique (Lady Gaga entre autres), représenté par Universal Music Group (UMG), et de ses autres activités, soit par scission, soit par distribution des actions UMG à ses actionnaires. C'est finalement cette dernière voie qui a été choisie. Concrètement, le directoire envisage la distribution de 60 % du capital de UMG aux actionnaires de Vivendi ; les actifs concernés seraient préalablement regroupés dans une holding destinée à être cotée à Amsterdam ; la distribution prendrait la forme d'un dividende exceptionnel en nature (Source : Communiqué Vivendi, 13 févr. 2021). Le projet pourrait aboutir avant la fin 2021. Signalons au passage qu'un consortium mené par le groupe chinois Tencent détient d'ores et déjà 20 % de l'ensemble.

CHAPITRE 2

LES PRISES DE PARTICIPATION

2330. – *Prise de contrôle.* Un autre mode de restructuration est la prise de participation, laquelle prend la forme d'un rachat d'actions de la société convoitée. Toutes les prises de participation ne sont pas des procédés de restructuration. Cette qualification doit être réservée aux prises de contrôle, lesquelles impliquent un changement d'actionnaire dominant (V. *infra*, n° 2333). En effet, l'acquisition d'une faible part du capital (11 % par exemple) est en principe insuffisante pour espérer peser sur les structures et le destin de la société concernée. Il faut franchir le seuil de 50 %, ce qui permettra de maîtriser les décisions relevant du conseil d'administration ou de l'assemblée générale ordinaire. Toutefois, cette approche doit être nuancée s'agissant des sociétés cotées en bourse dont le capital est souvent réparti entre un très grand nombre d'investisseurs, le principal actionnaire ayant couramment moins de 10 % du capital social[1]. Dans de telles occurrences, la détention de la majorité n'est pas nécessaire pour posséder le contrôle, ne serait-ce qu'en raison de la dynamique des pouvoirs en blanc (V. *supra*, n° 1176) et de l'abstentionnisme des actionnaires.

2331. – Les prises de participation sont concertées ou hostiles (offres publiques d'achat ou OPA). Quelle qu'en soit la nature, tous les procédés ne sont pas permis et les antagonistes doivent respecter la réglementation existant en la matière.

SECTION 1

LA PRISE DE PARTICIPATION CONCERTÉE

2332. – La prise de participation concertée peut prendre deux voies : soit celle de l'achat des actions des actionnaires dominants (c'est la cession de contrôle proprement dite), soit celle de l'augmentation à capital, celle-ci étant réservée aux nouveaux arrivants.

(1) On peut aussi citer le cas de la société Vivendi, au sein de laquelle le Groupe Bolloré exerce une influence déterminante avec 29,64 % des droits de vote au 31 décembre 2019 (Source : document d'enregistrement universel de Vivendi pour 2019, p. 299).

SOUS-SECTION 1

LA PRISE DE PARTICIPATION PAR ACHAT D'ACTIONS : LA CESSION DE CONTRÔLE

§ 1. – L'achat direct des actions

2333. – *Cession de droits sociaux.* Le fondateur d'une société décide de se retirer, une entreprise préfère abandonner un secteur d'activité, les actionnaires majoritaires sont en conflit..., toutes situations qui peuvent être résolues par le recours à un tiers. Celui-ci rachètera les actions du fondateur, reprendra les activités abandonnées par l'entreprise et se rendra acquéreur des parts des majoritaires. Le régime applicable est celui des cessions de droits sociaux. Ainsi, pour raisonner sur une SA, appliquera-t-on les règles relatives aux négociations d'actions : libre cessibilité, jeu éventuel des clauses d'agrément ou de préemption ; de même, l'opération n'est assujettie à aucune condition de forme (pour la fiscalité, V. *supra*, n° 1313). Cependant, l'importance de l'opération et les garanties recherchées, spécialement la garantie de passif, incitent souvent les parties à rédiger une convention (V. *supra*, n° 1288).

2334. – *Cession de contrôle.* Cession de droits sociaux certes, mais d'une nature particulière en tant qu'elle porte sur le contrôle d'une société. En cela, la cession de contrôle doit être rangée parmi les formes de cession d'entreprise. Et c'est la raison pour laquelle les tribunaux reconnaissent aux cessions de contrôle un caractère commercial, alors que les cessions de droits sociaux n'ont en principe qu'un caractère civil ; par suite, les acheteurs comme les vendeurs sont solidairement responsables et la clause compromissoire est licite (V. *supra*, n° 401).

§ 2. – L'achat par le biais d'une holding

A. – La stratégie juridique : créer une société pour racheter une autre société

2335. – *Holding de rachat.* La holding est avant tout conçue comme un instrument de gestion des titres de participation (V. *infra*, n° 2417). Mais elle est également un instrument de rachat d'entreprises (sur l'effet de levier, V. *infra*, n° 2342)(2). Ainsi, pour racheter une société, on crée une autre société (dans le cas d'une société de participations financières de professions libérales, V. *supra*, n° 2154).

2336. – Voici le langage qui a cours en la matière :

– *société cible* : c'est la société objet du rachat ; la société cible idéale est une société riche en actifs (la présence d'actifs non stratégiques tels que des immeubles est appréciée), une société opérant dans un secteur en expansion, donc avec espoir

(2) J.-M. Moulin, *Droit de l'ingénierie financière*, Lextenso éd., 4e éd., 2013, nos 808 et s. – B. Bédaride et S. Pla Busiris, *Comment organiser un groupe de sociétés à travers une holding ? : JCP E 2014, 1407.*

de dividendes confortables dans l'avenir, enfin une société menée par des dirigeants assoupis ; l'exemple type est celui d'une PME prospère mais dont les potentialités sont mal exploitées ;

– *holding de reprise :* il s'agit de la société créée par les repreneurs pour les besoins de la cause ; peu importe son statut juridique (société civile, société de capitaux, par exemple une SAS) ; l'essentiel est qu'elle relève de l'impôt sur les sociétés ; c'est en effet un élément important de la stratégie fiscale qui sera mise en place ; dans la typologie des sociétés, la holding de reprise a la nature d'une société de portefeuille conçue comme technique de gestion du patrimoine (V. *supra*, n° 35) ;

– *repreneurs :* il peut s'agir de sociétés cherchant à se développer par voie externe grâce à une politique de rachat des concurrents ou de personnes physiques désirant se constituer un patrimoine professionnel grâce à des emprunts massifs ; les repreneurs souhaitent parfois réaliser un investissement à long terme (c'est un maillon de leur stratégie de développement), parfois un placement à court terme (ils escomptent une solide et rapide plus-value au moment de la rétrocession de l'entreprise) ; l'acquisition est alors plutôt le fait de fonds d'investissement qui acquièrent, restructurent et revendent trois à cinq ans après, délai nécessaire pour obtenir un taux de retour sur investissement (TRI), autrement dit une plus-value satisfaisante(3) (V. *infra*, n° 2343) ;

– *managers :* les dirigeants de la société cible sont souvent intéressés à l'opération de reprise, spécialement lorsque les repreneurs sont des investisseurs financiers qui ne connaissent pas l'activité exercé par la société rachetée (V. sur les *management packages*, *infra*, n° 2344).

B. – Le montage financier : assumer le coût du rachat grâce aux ressources de la société rachetée

1° Les ressources de la holding de reprise

2337. – *Recours à l'endettement.* La holding de reprise est dotée de deux sources de financement : les apports des repreneurs représentant le montant du capital social (il est le plus souvent réduit au minimum) ; les emprunts contractés auprès d'établissements financiers ; les sociétés de capital-risque et les fonds d'investissement participent fréquemment à ce genre d'opération. La structure du bilan de la holding de reprise est dès lors très particulière : l'actif est constitué des seuls titres de la société cible ; le passif se caractérise par un capital minimal et un endettement massif.

2° Le remboursement des emprunts de la holding de reprise

2338. – *Paiement sur la bête.* Le remboursement des emprunts s'effectue grâce aux ressources dégagées par la société-cible qui remontent jusqu'à la holding de reprise par une généreuse distribution de dividendes. La vente des actifs non stratégiques (des immeubles sans utilité mais bien valorisés) dégage une précieuse

(3) D'où un impact social souvent important : M. Bertrel, *L'impact social du LBO sur la société cible ou la nécessité de réformer l'abus de majorité : Rev. sociétés* 2013, p. 75.

trésorerie qui permet de solder les avances à court terme consenties à la holding de reprise. En fin de compte, c'est cette dernière qui aura indirectement financé son propre rachat. En soi, ce résultat n'est pas choquant, dès lors du moins que l'intérêt social de la société cible n'est pas violé ; il le sera si les distributions de dividendes sont telles qu'elles handicapent gravement son développement, voire la précipitent dans une procédure collective[4] ou si l'acte passé est contraire à l'intérêt social[5]. Il en ira évidemment de même si les acquéreurs de la société paient leurs acquisitions d'actions grâce à des chèques tirés sur le compte… de la société achetée[6].

SOUS-SECTION 2

LA PRISE DE PARTICIPATION PAR AUGMENTATION DE CAPITAL

2339. – *Renforcement des fonds propres.* L'augmentation de capital répond généralement au souci d'augmenter les fonds propres de la société ; lorsqu'elle est le fait des anciens actionnaires, surtout si chacun fait valoir son droit préférentiel de souscription, il n'y a pas de modification de l'équilibre politique ; il en est de même si les nouveaux actionnaires qui ont participé à l'augmentation de capital restent minoritaires. Dans d'autres hypothèses, notamment en cas de difficultés financières, l'augmentation de capital peut être réservée à un partenaire qui accepte de renflouer la société en y injectant de l'argent frais ; une réduction de capital aura généralement précédé son augmentation selon le jeu classique du « coup d'accordéon » (V. *supra*, n° 1450).

2340. – *Prise de contrôle.* L'augmentation de capital peut encore être conçue comme une technique de cession du contrôle de la société. Dans ce cas, les anciens actionnaires renoncent à leur droit préférentiel de souscription au profit des nouveaux arrivants qui, à l'issue de l'opération, détiendront la majorité du capital. Par exemple, une société au capital de 250 000 € l'élève à 501 000 €, les 251 000 € supplémentaires étant apportés par le nouveau maître de l'affaire, qui se trouve ainsi détenir plus de 50 % du capital. En tant que technique de prise de contrôle d'une société, l'augmentation de capital est beaucoup plus rarement utilisée que le rachat des droits sociaux, ne serait-ce que pour les deux raisons suivantes :

– les anciens maîtres souhaitent généralement tirer argent comptant de leur effacement, ce qui n'est possible que s'ils vendent leurs droits ;

(4) V. F. Cohen et L. Tari, *Les problématiques juridiques des opérations de « leveraged recapitalization »* : *RTD fin.* 2/2006, p. 75. – Cass. com., 9 sept. 2020, n° 18-12.444 : *BRDA* 19/2020, n° 6 ; *BJS* déc. 2020, p. 52, note J.-L. Vallens ; *JCP* E 2021, 1070, n° 4, obs. Fl. Deboissy et G. Wicker ; *Rev. sociétés* 2021, p. 33, note B. Brignon.

(5) Cass. com., 13 nov. 2007 : *RJDA* 2/2008, n° 136, 2e esp. ; *Dr. sociétés* 2008, n° 32, obs. H. Hovasse ; *JCP* E 2008, 1280, n° 3, obs. J.-J. Caussain, Fl. Deboissy et G. Wicker ; nullité du cautionnement hypothécaire consenti par une filiale au profit du banquier prêteur de la société mère ayant emprunté pour financer l'acquisition des titres de la filiale ; la garantie ainsi donnée avait eu pour effet de priver la filiale de ressources éventuelles sans contrepartie et avait grevé lourdement son patrimoine immobilier, ce qui était contraire à son intérêt social.

(6) Cass. crim., 8 nov. 2006 : *Rev. sociétés* 2007, p. 374, note B. Bouloc ; les acquéreurs sont condamnés pour abus de biens sociaux.

– quant aux entrants, ils ne tiennent pas nécessairement à une cohabitation avec les anciens « contrôlaires ».

2341. – *Double objectif.* L'augmentation de capital peut enfin poursuivre plusieurs objectifs, par exemple renforcer les fonds propres et sceller une alliance stratégique, comme l'atteste le cas Peugeot (V. *infra*, n° 2345).

Le coin des amateurs

1. Les délices de l'effet de levier

2342. – L'effet de levier, c'est la glorification de l'endettement, aux antipodes du dicton populaire qui veut que « qui paie ses dettes s'enrichit ». Dans le monde de la finance, le mot d'ordre est inverse : « qui s'endette s'enrichit » (A. Reygrobellet, *Essai sur le concept juridique de l'endettement des entreprises : RTD com.* 2001, p. 315). Les emprunteurs d'aujourd'hui ne sont cependant pas tous les magnats de demain. Il ne s'agit pas d'emprunter à l'aveuglette n'importe comment pour faire n'importe quoi. La démarche doit reposer sur l'effet de levier qui est triple : juridique, financier et fiscal.

a) Effet de levier juridique

Pour contrôler une société, il n'est pas nécessaire d'en racheter la totalité du capital ; avec 50 % plus une action, on est seul maître à bord, ayant le pouvoir de désigner les dirigeants, de dicter la politique à suivre, de décider du montant des dividendes à mettre en distribution… On peut ainsi s'emparer du pouvoir en ne décaissant que la moitié de la valeur de la société.

b) Effet de levier financier

On raisonnera à partir de l'exemple des placements immobiliers. Si pour un immeuble donné, les loyers encaissés dégagent une rentabilité de 10 % et que le taux des emprunts est de 4 %, il est facile de calculer que la rentabilité nette (le bénéfice) est de 6 % (on raisonnera pour l'instant hors fiscalité). Les repreneurs s'enrichissent à coup sûr dès que le TRI (taux de retour sur investissement) est supérieur au taux du loyer de l'argent.

c) Effet de levier fiscal

Les calculs sont faux s'ils n'intègrent pas la variable fiscale. Si notre investisseur immobilier ne tient pas compte de son taux global d'imposition, il s'apercevra en fin d'année que les loyers ne suffisent pas toujours à rembourser ses charges financières. Il faut donc que l'effet de levier financier soit en phase avec l'effet de levier fiscal. C'est chose faite dans le cas des holdings de reprise dès lors qu'elles relèvent de l'impôt sur les sociétés. La holding de reprise est ainsi un véritable paradis fiscal chez soi qui vaut, le soleil en moins, celui de maints pays exotiques. Deux situations sont à distinguer :

– *le rachat porte sur moins de 95 % du capital de la société cible* : dans ce cas, le régime fiscal des sociétés mères et filiales permet d'exonérer au niveau de la société holding les dividendes que lui verse la société cible (V. *infra*, n° 2511) ;

– *le rachat porte sur 95 % au moins du capital de la société cible :* dès que ce niveau de participation est atteint, holding et cible opteront pour le régime de l'intégration fiscale ; aux yeux du fisc, elles seront traitées comme un contribuable unique, ce qui permettra d'imputer les charges financières de la holding sur les bénéfices de la cible ; il en résultera une diminution de l'impôt sur les sociétés à payer, ce qui augmente la capacité de remboursement des emprunts contractés (V. *infra*, n° 2514).

2. Fonds d'investissement, LBO, LMBO, FBO et OBO

2343. – Il existe sur les marchés financiers une abondance de liquidités à la recherche de placements fructueux. Des fonds d'investissement spécialisés proposent donc des rentabilités mirifiques à partir de montages LBO (*Leverage Buy Out*), qui connaissent plusieurs variantes.

a) La matrice

La mission du fonds d'investissement est de détecter des sociétés à racheter ayant un fort potentiel de développement, puis de mettre sur pied une holding de reprise (V. *supra*, n° 2335). Le financement est assuré par les capitaux propres apportés par les investisseurs et par des emprunts souscrits auprès des établissements financiers. Le plus souvent, le rachat porte sur au moins 95 % du capital de la cible de façon à bénéficier du régime de l'intégration fiscale (V. *infra*, n° 2514). Les dirigeants de la cible sont étroitement associés à l'opération : ils souscrivent au capital de la holding et on leur propose des options de souscription ou autres avantages financiers (V. *infra*, n° 2344). D'où la variante terminologique de LMBO (*Leverage Management Buy Out*). Étant directement intéressés au succès de l'opération, les dirigeants ont pour impératif d'améliorer la rentabilité de la cible, et ce à court terme. Les actifs non stratégiques sont cédés, des méthodes de gestion draconiennes sont mises en place, les frais de personnel, voire de recherche et de développement, sont réduits à l'extrême... En clair, il faut dégager le maximum de liquidités pour rembourser les emprunts le plus rapidement possible et revendre le tout avec profit. De là un sérieux risque juridique pour les dirigeants qui peuvent être condamnés à supporter l'insuffisance d'actif de la cible mise en liquidation judiciaire, notamment en raison du versement de dividendes à la holding de reprise, alors que sa situation financière ne le permettait pas (V. *supra*, n° 2338).

En effet, le destin de la cible, une fois les emprunts remboursés, est d'être revendue, au bout de quatre ou cinq ans par exemple, avec une forte plus-value. La revente est faite parfois au profit d'un autre fonds d'investissement : on parle alors de LBO secondaire. La plus-value réalisée est partagée entre les investisseurs qui ont confié leurs liquidités au fonds d'investissement, les dirigeants qui ont œuvré au succès de l'opération (V. *infra*, n° 2344), sans compter la commission du fonds lui-même.

Présentons à titre d'illustration la saga de la société Picard, numéro un français de la distribution de produits surgelés (*Le Monde* 28 nov. 2006). L'entreprise a été créée il y a une trentaine d'années par la famille D. En 1994, celle-ci cède 80 % du capital de sa société à Carrefour pour un prix de 160 millions d'euros. En mars 2001, l'entreprise est revendue, dans le cadre d'un LBO, à un fonds d'investissement pour un prix de 920 millions d'euros, financé par des emprunts d'un montant de 600 millions. En décembre 2004, elle fait l'objet d'un LBO secondaire valorisé à 1,3 milliard d'euros et financé par 850 millions d'emprunts. C'est incontestablement une belle réussite commerciale et financière : les points de vente se multiplient, les actionnaires s'enrichissent, les fonds d'investissement encaissent de royales commissions, les managers associés aux LBO construisent de belles fortunes. Quant à la famille fondatrice, avec 20 % du capital, elle continue de s'enrichir au rythme des LBO.

Dans ce concert féerique, il y a tout de même des voix dissidentes : celles des salariés qui voient leurs salaires stagner et leurs primes fondre tandis que les actionnaires et le *top management* encaissent des plus-values mirobolantes.

b) Les variantes

D'autres sigles sont apparus récemment dans la ligne des LBO et LMBO ; on écartera BOBO et HOBO qui n'ont franchement rien à voir avec le sujet, pour en retenir deux :

– FBO ou *Family Buy Out* ; c'est l'application des modalités des LBO à la transmission d'entreprise au sein d'une même famille ; l'opération se structure autour d'une donation de titres par le chef d'entreprise à des membres de sa famille, ses enfants par exemple ; les titres sont apportés par ces derniers à une holding de reprise ; parallèlement, le chef d'entreprise vend des titres de la même entreprise à cette holding (H. Pichard et B. Pichard, *Le Family Buy Out : une technique innovante* : *JCP* E 2008, 1534) ;

– OBO ou *Owner Buy Out* ; c'est à nouveau le recours à l'effet de levier juridique et fiscal, comme dans un LBO, à ceci près que celui qui vend l'entreprise est également celui qui achète, indirectement ; l'entrepreneur encaisse donc le prix versé par la holding de reprise qu'il a constitué et qui a emprunté les fonds nécessaires ; la holding rembourse son emprunt au fur et à mesure des remontées de dividendes ; au final, et après que quelques obstacles aient été franchis – ainsi celui de l'abus de droit fiscal – l'entrepreneur a diversifié son patrimoine : initialement tout était investi dans l'entreprise, après l'opération, il a pu réinvestir le cash dans d'autres actifs (R. Bernard, *L'OBO ou vente à soi-même* : *JCP* E 2008, 2298).

3. Comment s'enrichir en changeant d'actionnaires : les *management packages*

2344. – Il y avait le Monopoly, jeu familial des dimanches pluvieux ou des confinements prolongés. Mais il y a beaucoup mieux depuis quelques années : l'enrichissement des dirigeants dont les entreprises changent d'actionnaires à l'occasion d'une prise de contrôle par des sociétés de capital-risque ou des fonds d'investissement. On parle pudiquement de « management package » mais le gain peut être phénoménal, dans le rapport de 10 pour 1 (1 € engagé pour 10 € de profit). La nature juridique de ce gain, qui détermine son traitement fiscal, suscite un important contentieux fiscal, la question étant de savoir s'il a la nature d'une rémunération attachée à l'exercice des fonctions dirigeantes ou la nature d'une plus-value de cession des titres (J.-L. Medus, *Le salarié ou dirigeant-actionnaire : réflexions sur la fiscalité des management packages* : *BJS* 2012, § 215, p. 453).

L'intéressement des dirigeants est utile spécialement pour des investisseurs financiers qui ne connaissent pas le métier exercé par la société rachetée. Il est donc normal que l'on cherche à s'attacher leur aide et à obtenir d'eux l'engagement de demeurer en place pendant une certaine durée, celle de l'investissement (trois ans en moyenne).

Cet intéressement prend plusieurs formes. D'un côté, les dirigeants sont invités à participer à la holding de reprise et donc en mesure de profiter des plus-values que les investisseurs espèrent réaliser ; ainsi, les dirigeants investissent leur propre argent, généralement en s'endettant. D'un autre côté, ils se voient offrir la possibilité d'augmenter leur participation dans la holding de reprise, à des conditions financières très favorables, en fonction des performances réalisées ; l'augmentation se fait généralement par l'intermédiaire de bons de souscription d'action.

L'intéressement varie selon la position du dirigeant ; le dirigeant indispensable ne sera pas traité de la même manière que le cadre supérieur appartenant à un comité de direction générale de cinquante personnes.

L'opération peut être renouvelée à chaque cession : les dirigeants remettant en jeu leur mise et obtenant de nouveaux avantages lors de la cession par des investisseurs initiaux à d'autres investisseurs financiers, l'entreprise dirigée – salariés compris – devenant alors un simple objet d'échange et d'enrichissement.

De tels arrangements ne sont pas critiquables dès lors que les dirigeants n'abusent pas de la situation au détriment des actionnaires anciens ou au préjudice de l'entreprise. On ne saurait par exemple accepter que les dirigeants favorisent une vente à bas prix – en cachant les réelles espérances de profit ou en enlaidissant la situation de la société – de manière à augmenter leurs chances de plus-values. Leur situation de conflit d'intérêts exige donc l'intervention d'experts indépendants qui donneront aux actionnaires un avis sur la véritable valeur de la société... ce qui suppose que les dirigeants jouent le jeu et leur livrent toutes les informations utiles. On ne saurait davantage permettre que les dirigeants mettent à sac l'entreprise, bradent les actifs, n'entretiennent pas l'équipement, etc. de manière à augmenter le résultat à court terme, le temps de toucher le jackpot et de filer aux Bermudes. Dans les deux cas, la responsabilité civile pour faute de gestion et la responsabilité pénale pour abus de pouvoirs permettent de sanctionner les aberrations de comportement.

Un motif d'espérer, pour les croyants du moins : la presse a annoncé l'entrée – modeste – sur le marché du capital-risque des moines bénédictins de Saint-Wandrille (*Figaro Entreprises* 13 avr. 2004), peut-être diffuseront-ils avec eux le sens du don et de la responsabilité sociale, le goût pour les perspectives à long terme, tellement ignorés dans ce type d'opérations financières.

4. Peugeot à la recherche d'un partenaire fortuné

2345. – Les difficultés financières du groupe Peugeot Citroën l'ont conduit ces dernières années à rechercher un partenaire aux poches plus profondes que les siennes. Il s'est tourné d'abord vers l'Amérique puis vers la Chine puis à nouveau vers l'Amérique.

a) Le premier épisode américain

En février 2012, la société Peugeot a annoncé l'entrée dans son capital au niveau de 7 % de son concurrent General Motors dans le cadre d'une alliance présentée comme stratégique. Cette entrée s'est faite par une augmentation de capital de l'ordre d'un milliard d'euros. Les actionnaires anciens ont pu participer en utilisant leurs droits préférentiels de souscription qui leur donnaient le droit de souscrire 16 actions nouvelles pour 31 actions anciennes ; ils ont pu préférer céder leurs droits sur le marché, en encaisser le prix et éviter de s'engager plus avant dans le capital de Peugeot. La famille fondatrice a fait les deux : d'un côté, elle a souscrit en utilisant un peu moins de la moitié de ses droits et de l'autre côté, elle a cédé le solde à General Motors qui a ainsi pu participer à l'augmentation de capital. À l'issue de l'opération, la famille est demeurée, et de loin, le principal actionnaire de la société.

Courant 2013, Peugeot commençant à flirter avec la Chine, General Motors est sorti du capital.

b) L'épisode chinois

En 2014, le groupe Peugeot Citroën a renforcé sa collaboration avec son partenaire chinois, la société Dong Feng Motor. Ce renforcement a notamment pris la forme d'une double augmentation de capital réservée, l'une au profit de cette dernière et l'autre, au profit de l'État français ; parallèlement, une augmentation de capital avec maintien du droit préférentiel de souscription a été ouverte à l'ensemble des actionnaires, garantie par un syndicat bancaire ; enfin, les actionnaires se sont vus attribuer gratuitement des bons de souscription d'une maturité de trois ans, dans la proportion d'un bon par action, dix bons permettant de souscrire trois actions nouvelles à compter de la deuxième année, pour un prix de souscription identique à celui de l'augmentation de capital, soit 7,5 € par action (Communiqués PSA, 20 janv. 2014 et 19 févr. 2014). Au 31 décembre 2016, le groupe de l'Empire du Milieu détenait 18,70 % des droits de vote, à égalité avec l'État français, la famille Peugeot détenant pour sa part 16,54 % des droits de vote (Source : document de référence 2016).

c) Le deuxième épisode américain

Le 18 décembre 2019, PSA et le groupe Fiat Chrysler (FCA) ont annoncé la signature d'un *Memorandum of understanding* présentant les bases de leur rapprochement, improprement qualifié de fusion. Retardée par la crise sanitaire qui a contraint les partenaires à retourner à la table à dessin, l'opération a été finalisée en janvier 2021. Les deux entreprises sont désormais « coiffées » par Stellantis, holding cotée à Paris, Milan et New York et immatriculée aux Pays-Bas. Stellantis est animée par un conseil d'administration paritaire. La réalisation de l'opération a nécessité de longs mois en raison des diverses autorisations à obtenir, notamment en matière de concurrence. Elle a donné lieu, pour permettre un équilibre 50/50 entre les actionnaires des deux entités, à la distribution d'un dividende exceptionnel par FCA à ses propres actionnaires. La participation de PSA dans l'équipementier automobile Faurécia (46 %) a vocation à être attribuée à égalité aux actionnaires de FMC et PSA.

Pour la petite histoire, on rappellera que quelques mois plus tôt, FCA avait envisagé de convoler avec Renault, projet ayant échoué, selon FCA, en raison de l'attitude du gouvernement français.

SECTION 2

LA PRISE DE PARTICIPATION AGRESSIVE : OPA OU OPE

2346. – *Présentation.* L'offre publique d'achat (OPA) ou d'échange (OPE) permet de prendre le contrôle d'une société, généralement contre l'avis de ses dirigeants(7). Il concerne les seules sociétés cotées en bourse ; il suppose que les dirigeants de celles-ci n'ont pas le contrôle du capital, ce qui est fréquent pour ce genre de sociétés.

Le procédé est simple : un investisseur propose publiquement, par voie de presse ou par tout autre moyen de publicité, aux actionnaires d'une société donnée de leur acheter leurs titres à un prix déterminé. Le prix est calculé de manière à être suffisamment attractif pour les actionnaires de la société, afin qu'ils soient incités à céder leurs actions à l'initiateur de l'offre.

Le régime des offres publiques d'achat ou d'échange est défini pour l'essentiel par le règlement général de l'Autorité des Marchés Financiers (art. 231-1 et s.).

SOUS-SECTION 1

LE DÉCLENCHEMENT DE L'OFFRE

2347. – *Domaine de l'offre publique obligatoire.* L'offre publique, comme toute offre de contracter, est un acte volontaire. Mais il est des cas dans lesquels le lancement d'une offre publique est obligatoire. Imitant en cela la pratique anglaise, l'article L. 433-3, I du Code monétaire et financier prévoit ainsi que toute personne qui acquiert, directement ou indirectement, plus de 30 % du capital ou des droits de vote d'une société cotée doit lancer une offre publique. Une même obligation est posée en cas d'acquisition de plus de 1 % en moins d'un an, si l'acquéreur a entre 30 % et la moitié (C. monét. fin., art. L. 433-3, I). Le non-respect de l'obligation

(7) A. Viandier, *OPA OPE*, Fr. Lefebvre, 5e éd., 2014.

de déposer une offre peut donner lieu à une sanction financière prononcée par la commission des sanctions de l'AMF[8].

2348. – *Fondement de l'offre publique obligatoire.* La règle est fondée sur l'idée selon laquelle le seuil de déclenchement est celui du contrôle économique de la société ; aussi faut-il, puisqu'il y a prise de contrôle et donc changement substantiel dans la vie de la société, que les actionnaires minoritaires puissent céder leurs actions s'ils le souhaitent. Il y a une autre idée derrière cette réglementation, à savoir le désir de lutter contre le ramassage en bourse – la strangulation douce – qui permet grâce à une série d'achats et sans jamais acheter un bloc majoritaire de devenir maître d'une société sans coup férir et sans bataille boursière à livrer.

SOUS-SECTION 2

LE DÉROULEMENT DE L'OFFRE

2349. – L'offre publique d'achat ou d'échange comporte essentiellement deux phases dont l'une est secrète et l'autre publique.

§ 1. – La phase secrète

2350. – L'initiateur de l'offre, avec le concours d'un établissement bancaire, par exemple une banque d'affaires, prépare les conditions de l'offre ainsi que le prix à offrir aux actionnaires. Les termes de l'offre arrêtés, le projet est déposé à l'AMF, laquelle a dix jours de bourse pour en apprécier la conformité. Le marché est alors informé des intentions de l'initiateur de l'offre et des modalités de celle-ci par un communiqué.

2351. – *Déclaration d'intention.* En cas d'agitation sur le cours, l'AMF peut demander à la « personne dont il y a des motifs raisonnables de penser qu'elle prépare une offre publique » de déclarer ses intentions (C. monét. fin., art. L. 433-1, V).

2352. – **Du combat virtuel au combat réel : l'OPA de Vivendi sur Gameloft puis la tentative de prise de contrôle d'Ubisoft.**

La société Gameloft qui produit des jeux vidéo a fait l'objet d'une offre publique d'achat lancée par la société Vivendi, par laquelle celle-ci a proposé aux actionnaires d'acheter leurs actions au prix unitaire de 6 €, prix ensuite porté à 7,20 €. L'offre a été déposée le 18 février 2016 (AMF, déc. n° 216C0527, 18 févr. 2016). À cette date, Vivendi détenait déjà 29,86 % du capital. Cette participation avait été constituée grâce à des achats sur le marché, ayant donné lieu à des déclarations de franchissement de seuil, conformément à la réglementation (V. *infra*,

(8) Cass. com., 9 janv. 2019, n° 16-14.727 : *BRDA* 3/2019, n° 8 ; deux membres du conseil de surveillance et un membre du directoire d'une société s'étaient concertés pour présenter et faire élire les candidats de leur choix au conseil de surveillance, contre l'avis du directoire ; les trois « conspirateurs » ayant ensemble plus de 30 % du capital et des droits de vote, ils auraient dû déposer une offre ; faute de l'avoir fait, ils ont été sanctionnés financièrement par la commission des sanctions de l'AMF.

n°s 2360 et s.). Ainsi, dans une déclaration d'intention du 26 octobre 2015 (AMF, déc. n° 215C1506), complétant une déclaration de franchissement du seuil de 10 % du capital de Gameloft, Vivendi déclara qu'elle avait l'intention « de poursuivre ses achats en fonction des conditions de marché ;

– ces achats n'ont pas été spécifiquement conçus comme une étape préparatoire à un projet de prise de contrôle de GAMELOFT SE ; néanmoins sur les six prochains mois Vivendi ne peut pas écarter la possibilité d'envisager un tel projet ;

– Vivendi envisage de demander, le moment venu, d'être représenté au conseil d'administration de la société ;

– l'investissement de Vivendi dans le secteur d'activité de GAMELOFT SE participe d'une vision stratégique de convergence opérationnelle entre les contenus et les plates-formes de Vivendi et les productions de GAMELOFT SE dans le domaine des jeux vidéo... ».

D'autres déclarations avaient suivi, à l'occasion du renforcement de la participation.

Le projet d'offre a été déclaré conforme par l'AMF le 18 mars 2016 (AMF, déc. n° 216C0527). Gameloft a immédiatement déclaré son intention de déposer un recours devant la cour d'appel de Paris à l'encontre de la décision de conformité. Parallèlement, le conseil d'administration a manifesté son hostilité au projet, indiquant notamment : « que la croissance exceptionnelle de Gameloft au cours des 15 dernières années dans le domaine des jeux vidéo sur mobile s'est construite sur la vision entrepreneuriale de son équipe de management et sur l'indépendance de la Société vis-à-vis des opérateurs télécoms, tout en associant largement un grand nombre de salariés à la création de valeur. Le Conseil d'administration a également noté que la manière avec laquelle Vivendi est entrée au capital de Gameloft, ainsi que le lancement d'une offre publique hostile, sont de nature à déstabiliser la Société et ses équipes, portent directement atteinte à la mise en œuvre de sa stratégie » (Extrait de la note en réponse de Gameloft).

Fin mai 2016, à l'issue de l'offre, Vivendi détenait la majorité du capital de la société.

Ultérieurement, Vivendi a tenté de mettre la main sur Ubisoft, un autre acteur du secteur des jeux, mais elle s'est à nouveau heurtée aux actionnaires de contrôle ; finalement, Vivendi a jeté l'éponge en mars 2018 et revendu sa participation de 27 % du capital de Ubisoft, s'engageant à cette occasion à ne pas acquérir d'actions pendant cinq ans (Communiqués Ubisoft et Vivendi du 20 mars 2018).

§ 2. – La phase publique

2353. – *Information.* Avant que l'offre ne puisse effectivement commencer, l'initiateur de l'offre doit obtenir une décision de conformité de son offre, laquelle est de la compétence de l'AMF, qui délivre également un visa sur la note d'information préparée à l'intention des actionnaires de la société cible.

L'offre peut être d'achat ou d'échange. Dans l'hypothèse de l'offre publique d'achat, les actionnaires de la société cible se voient proposer du numéraire. Dans l'hypothèse de l'offre publique d'échange, ce sont des titres qui sont remis aux actionnaires de la société cible ; ces derniers recevront par exemple des actions de l'initiateur de l'offre, des obligations convertibles ou d'autres valeurs mobilières émises par lui ou par une société filiale ; d'où des problèmes délicats d'évaluation.

La société cible diffuse également une note d'information visée par l'AMF dans laquelle ses dirigeants donnent notamment leur opinion sur l'offre.

2354. – *Durée de l'offre.* L'offre reste ouverte pendant vingt-cinq jours de bourse au moins (AMF, Règl. gén., art. 232-2). L'offre peut toutefois être prorogée par l'AMF. L'offrant ne peut pas revenir sur son offre, sauf dans le cas d'une contre offre par un tiers ou dans l'hypothèse d'une décision prise par la société cible et modifiant sa consistance ou renchérissant le coût de l'offre (AMF, Règl. gén., art. 232-11 ; V. *infra*, n° 2356), ou encore en cas de saisine de l'Autorité de la concurrence (V. *infra*, n° 2374). Pendant cette période, les actions de la société cible sont toujours cotées ; cela veut dire que si le cours de l'action augmente et vient à dépasser le prix offert par l'initiateur, l'offre risque alors d'échouer. C'est la raison pour laquelle la réglementation permet à l'initiateur de l'offre, pendant l'opération, d'augmenter le prix offert, mais il doit le faire d'au moins 2 % (AMF, Règl. gén., art. 232-7). À la fin de l'opération, les résultats sont dépouillés et publiés.

SOUS-SECTION 3

LES DÉFENSES ANTI OPA

2355. – *Mesures de prévention.* Les dirigeants des sociétés dont le capital n'est pas contrôlé par un actionnaire puissant cherchent à se prémunir contre d'éventuels « raiders »[9]. La panoplie des moyens de défense préventive comprend notamment :

– le recours, dans les limites permises, à l'autocontrôle (V. *infra*, n°s 2422 et s.) ;

– la recherche d'une alliance avec des actionnaires ou/et des amis fidèles (banquiers, autres sociétés), de façon à constituer un « noyau dur » ;

– le plafonnement des droits de vote (V. *supra*, n° 1159) ;

– l'émission d'actions de préférence, avec ou sans droit de vote (V. *supra*, n°s 1588 et s.) ;

– la transformation en commandite par actions (V. *supra*, n°s 1516 et s.).

2356. – *Défenses en cours d'offre.* La loi n° 2014-384 du 29 mars 2014, dite de reconquête de l'économie réelle, a autorisé les dirigeants sociaux – conseil d'administration et directoire après autorisation du conseil de surveillance – à prendre toute décision « dont la mise en œuvre est susceptible de faire échouer l'offre, sous réserve des pouvoirs expressément attribués aux assemblées générales dans la limite de l'intérêt social de la société » (C. com., art. L. 233-32)[10]. Concrètement, les dirigeants peuvent désormais, par exemple, céder une pépite spécialement convoitée par l'attaquant, sans avoir à passer par l'assemblée, à condition toutefois de ne pas violenter au passage l'intérêt social. Cependant, les statuts peuvent prévoir une solution contraire et affirmer le principe de passivité et de neutralité des dirigeants. Les sociétés cotées ont donc désormais le choix entre l'activisme des dirigeants, c'est la règle légale, et la passivité, c'est la règle statutaire.

(9) M. Nussembaum, *Les dispositions anti-OPA à l'épreuve de l'intérêt des actionnaires* : JCP E 2021, 1121.

(10) M.-A. Noury, *Offre publique et abandon du principe de neutralité des dirigeants en période d'offre publique* : JCP E 2014, 1019. – F. Barrière et Ch. de Reals, *La loi Florange : une loi anti-OPA ?* : Rev. sociétés 2014, p. 279.

SECTION 3

LA RÉGLEMENTATION

2357. – Le droit français ne comporte aucune réglementation spécifique des prises de participation en dehors de celle des offres publiques. En revanche, il contient de nombreuses règles éparses poursuivant chacune une finalité différente. La synthèse de ces différentes règles est délicate ; on peut toutefois identifier quatre catégories relatives aux informations obligatoires, à certaines interdictions, au contrôle des opérations et à la protection des minoritaires.

SOUS-SECTION 1

LES INFORMATIONS

2358. – Le législateur a souhaité la transparence du capital des sociétés. Il a souhaité également que les partenaires essentiels de l'entreprise que sont les salariés soient informés des opérations relatives au changement de contrôle de celle-ci. D'où deux ensembles de règles édictées par le droit des sociétés et par le droit du travail.

§ 1. – Les obligations du droit des sociétés

2359. – Ces obligations ne concernent que les sociétés cotées.

A. – Les obligations légales

1° La notification des franchissements de seuils

2360. – *Obligation.* Le Code de commerce a posé un certain nombre de contraintes (C. com., art. L. 233-7 et s.)[11]. Ainsi lorsqu'une personne, agissant seule ou de concert, a pris une participation représentant plus de 5 %, 10 %, 15 %, 20 %, 25 %, 30 %, 33,33 %, 50 %, 66,66 %, 90 % et 95 % du capital ou des droits de vote d'une société ayant son siège sur le territoire français, elle doit en informer l'AMF et la société concernée (celle dans laquelle la participation est prise) (C. com., art. L. 233-7, I).

L'information oblige à préciser également le nombre de titres détenus et donnant accès à terme au capital (bons de souscription, obligations convertibles…). Les mêmes informations sont dues lorsque le franchissement est fait à l'envers – on parle alors de franchissement à la baisse –, c'est-à-dire lorsqu'un investisseur, cédant ses titres, voit sa participation passer en dessous du seuil précédemment déclaré (C. com., art. L. 233-7, I).

2361. – *Sanctions.* La sanction est d'abord pénale (C. com., art. L. 247-2, I ; 18 000 € d'amende). Elle est également administrative, l'AMF pouvant appliquer une sanction financière, sous réserve de ce qui a été dit à propos de la dualité de sanctions (V. *supra*, n° 1657). La sanction est encore civile, en forme de privation du droit de

(11) A. Viandier, *OPA OPE*, *op. cit.*, n°s 354 et s.

vote pendant les deux ans suivant la régularisation, pour les actions excédant le seuil dont le franchissement n'a pas été déclaré (C. com., art. L. 233-14)(12), sanction dont la constitutionnalité a été reconnue(13). Pire : sur demande du président de la société, d'un actionnaire ou de l'AMF, le tribunal de commerce peut prononcer la suspension totale ou partielle pour une durée de cinq ans maximum des droits de vote de l'actionnaire qui n'aura pas satisfait aux obligations de déclaration (C. com., art. L. 233-14, dern. al.).

2° La déclaration d'intentions

2362. – *Obligation.* En cas de franchissement des seuils de 10 %, 15 %, 20 % et 25 %, l'acquéreur est obligé de déclarer les objectifs qu'il a l'intention de poursuivre : continuer les achats d'actions, demander un siège d'administrateur, lancer une offre publique ; il doit aussi exposer la stratégie qu'il entend mettre en œuvre à l'égard de la société (C com., art. L. 233-7, VII). En cas de changement d'intention dans les six mois, une nouvelle déclaration, motivée, doit être faite.

2363. – *Sanctions.* Les mêmes sanctions civiles et pénales que celles valant pour le défaut de déclaration de franchissement de seuils s'appliquent (C. com., art. L. 233-14 et L. 247-2, I) (V. *supra*, n° 2361).

2364. – **Illustration : la montée de Veolia au capital de Suez.**

« 1. Par courrier reçu le 7 octobre 2020, la société anonyme Veolia Environnement (ci-après Veolia) (21 rue La Boétie, 75008 Paris) a déclaré avoir franchi en hausse, le 5 octobre 2020, les seuils de 5 %, 10 %, 15 %, 20 % et 25 % du capital de la société SUEZ et détenir 187 810 000 actions SUEZ, représentant autant de droits de vote, soit 29,89 % du capital et des droits de vote de cette société.

Ce franchissement de seuils résulte de l'acquisition hors marché d'un bloc de 187 800 000 actions SUEZ auprès de la société Engie.

2. Par courriers reçus les 7 et 8 octobre 2020, la déclaration d'intention suivante a été effectuée :

Conformément aux dispositions de l'article L. 233-7, VII du Code de commerce et de l'article 223-17, I du règlement général de l'AMF, à la suite du franchissement à la hausse par Veolia des seuils du capital et des droits de vote de SUEZ susvisés, Veolia procède à la déclaration suivante :

– l'acquisition du bloc a été financée sur les ressources propres du groupe ;

– Veolia agit seule et non de concert avec un tiers ;

– Veolia n'envisage pas d'acquérir des actions supplémentaires de SUEZ dans la mesure où elle ne souhaite pas franchir le seuil de l'offre publique obligatoire. Veolia a l'intention de prendre le contrôle de SUEZ. À cet effet, Veolia a l'intention de déposer une offre publique d'acquisition volontaire portant sur le solde des actions de SUEZ dans les conditions décrites dans son communiqué de presse du 5 octobre 2020 ;

– Veolia envisage la possibilité d'étudier une éventuelle fusion de SUEZ (ou d'autres entités du groupe SUEZ) avec elle-même ou d'autres entités du groupe

(12) Cass. com., 27 juin 2018, n° 15-29.366 : *RJDA* 10/2018, n° 737. – AMF, comm. sanctions, 5 juill. 2018, n° 17-05 : *RJDA* 1/2019, n° 22.

(13) Cons. const., 28 févr. 2014, n° 2013-369 QPC : *BJS* 2014, p. 162, note D. Schmidt ; *BRDA* 5/2014, n° 1 ; *JCP* E 2014, 1118, note A. Couret.

Veolia, ou tout transfert d'actifs ou d'activités, y compris par voie d'apport ou de cession, entre SUEZ (ou d'autres entités du groupe SUEZ) et Veolia ou d'autres entités du groupe Veolia. Veolia envisage également la possibilité de procéder à des cessions d'actifs de SUEZ (ou d'autres entités du groupe SUEZ) ou réorganisations de SUEZ (ou d'autres entités du groupe SUEZ) dans le cadre de l'intégration des deux groupes (dans le respect des engagements sociaux pris par Veolia). À ce jour, aucune décision n'a été prise et aucune étude de faisabilité n'a été engagée, à l'exception de la cession de certains actifs à Meridiam (tel que décrit notamment dans le communiqué du 5 octobre 2020). En outre, sous réserve du dépôt et du succès de l'offre publique d'acquisition précitée, Veolia envisage la possibilité de mettre en œuvre une procédure de retrait obligatoire des actions SUEZ de la cote sur Euronext à Paris et à Bruxelles. Il n'est envisagé aucune autre des opérations listées à l'article 223-17 I 6° du règlement général de l'AMF ;

– Veolia n'est partie à aucun contrat ou instrument visés au 4° ou 4° bis du I de l'article L. 233-9 du Code de commerce ;

– Aucun accord de cession temporaire concernant les titres et/ou les droits de vote de SUEZ n'a été conclu ;

– Veolia n'envisage pas de demander sa nomination ou celle d'une ou plusieurs personnes comme administrateur. Sous réserve du dépôt et du succès de l'offre publique d'acquisition précitée, Veolia entend demander la nomination de ses représentants au conseil d'administration de SUEZ, afin de refléter la nouvelle composition de l'actionnariat, ainsi que la nomination d'administrateurs non liés au groupe Veolia et s'agissant de ces derniers pour une période couvrant au moins la période pendant laquelle les actions de SUEZ demeureront admises aux négociations sur Euronext Paris ».

Source : AMF, décision n° 220C4173, 8 oct. 2020.

N.B. : Ultérieurement, le 8 février 2021, Veolia déposa une offre publique portant sur l'intégralité du capital de Suez (V. *infra*, n° 2378).

B. – Les obligations statutaires

2365. – *Obligation.* Les statuts des sociétés cotées peuvent enjoindre à tout détenteur d'une fraction supérieure ou égale à 0,5 % du capital et inférieure à 5 % à en informer la société (C. com., art. 233-7, III)[14].

2366. – *Sanction.* Toute violation de cette obligation d'information peut emporter privation des droits de vote correspondants pour toute assemblée qui se tiendrait jusqu'à l'expiration d'un délai de deux ans suivant la date de la régularisation de la notification (C. com., art. L. 233-14).

§ 2. – Les obligations du droit du travail

A. – Les règles générales

2367. – *Information ponctuelle.* Tout projet de vente d'une participation supérieure à 50 % des parts sociales d'une SARL ou des actions d'une société par actions

(14) Voici quelques exemples : Carrefour : 1 % ; France Télécom : 0,5 % ; L'Oréal : 1 % ; Peugeot : 2 % et franchissements ultérieurs par tranche de 1 %.

doit être porté à la connaissance des salariés, au moins deux mois avant la vente[15], « afin de permettre à un ou plusieurs salariés de présenter une offre d'achat de cette participation » (C. com., art. L. 23-10-1 et D. 23-10-1). Le défaut d'information peut être sanctionné par une amende civile plafonnée à 2 % du montant de la vente (C. com., art. L. 23-10-1, *in fine*).

Le dispositif ne concerne pas toutes les SARL et toutes les sociétés par actions ; il ne s'applique en effet :

– qu'aux sociétés n'étant pas tenues d'avoir un comité social et économique ;

– qu'aux sociétés qui, bien que tenues d'avoir un comité social et économique, emploient moins de 250 salariés, ont un chiffre d'affaires ne dépassant pas 50 millions d'euros et un total de bilan n'excédant pas 43 millions d'euros.

La vente à un conjoint, un ascendant ou un descendant est exclue du dispositif (C. com., art. L. 23-10-6). En outre, l'information n'est pas requise si, dans les douze mois qui précédent, l'information périodique prévue par l'article 18 de la loi n° 2014-856 du 31 juillet 2014 a été dispensée (V. *infra*, n° 2368).

Enfin, précision de bon sens : il ne s'agit que d'une information, et si un ou plusieurs salariés se proposent d'acquérir la participation, le titulaire de celle-ci n'est pas tenu d'accepter leur offre. Bref, beaucoup de complications pour pas grand-chose.

2368. – *Information périodique.* En outre, l'article 18 de la loi précitée du 31 juillet 2014 a instauré une obligation d'information périodique des salariés des sociétés ayant moins de 250 salariés ; elle doit être organisée au moins une fois tous les trois ans et porte notamment « sur les conditions juridiques de la reprise d'une entreprise par les salariés, ses avantages et ses difficultés ainsi que sur les mécanismes d'aide disponibles » ; elle couvre également « les orientations générales de l'entreprise relatives à la détention de son capital », formulation sibylline qui paraît recouvrir l'indication des évolutions probables du capital, pour autant qu'elles puissent être connues.

B. – Le cas des offres publiques

2369. – *Rôle du comité social et économique.* En matière d'offres publiques, le législateur a renforcé les pouvoirs du comité social et économique ; cette instance a la faculté de convoquer l'initiateur de l'offre, qui doit alors présenter sa politique industrielle et financière, ses plans stratégiques pour l'entreprise et leur répercussion sur l'emploi, les sites d'activité et la localisation des centres de décision (C. trav., art. L. 2312-42 et s.). Le comité social et économique a également la faculté de désigner un expert-comptable qui l'éclairera sur les conditions de l'offre. Dans le mois du dépôt du projet d'offre, le comité émet un avis sur le projet, sans lequel le conseil d'administration ou de surveillance ne peut pas émettre son propre avis ; s'il estime ne pas disposer d'informations suffisantes, le comité peut saisir le président du tribunal judiciaire pour

(15) Le délai court à partir de la conclusion de l'accord de cession et non pas de la date du transfert de propriété qui peut intervenir ultérieurement (CE, 8 juill. 2016, n° 386792 : *RJDA* 2016, n° 792).

lui demander d'ordonner la communication des éléments manquants. Si l'offre réussit, l'offrant doit ultérieurement rendre compte au comité social et économique de la manière dont il a mis en œuvre ses déclarations d'intention et engagements (C. trav., art. L. 2312-51).

SOUS-SECTION 2

L'INTERDICTION DES PARTICIPATIONS CROISÉES

2370. – *Principe.* Aux termes de l'article L. 233-29 du Code de commerce, une société par actions ne peut posséder d'actions d'une autre société si celle-ci détient déjà une fraction de son capital supérieure à 10 %. Faute d'accord entre les parties pour régulariser la situation, c'est la société qui détient la fraction la plus faible du capital de l'autre qui doit liquider son investissement. La même règle vaut lorsque l'une des deux sociétés en cause n'est pas une société par actions (C. com., art. L. 233-30). On le constate, il suffit que l'une des deux sociétés impliquées dans la participation réciproque ait une participation inférieure ou égale à 10 % pour que l'autre puisse également avoir une participation inférieure ou égale à 10 % dans son capital.

Cette disposition est destinée à assurer la réalité du capital social ; en effet, si une société possède une partie du capital d'une autre qui elle-même possède une partie de son capital, la garantie offerte par le capital de la première à ses créanciers se trouve amoindrie. C'est comme si les deux sociétés détenaient elles-mêmes une partie de leur propre capital ; la partie autodétenue n'a alors aucune réalité, c'est du capital en papier.

2371. – *Limites.* Cependant, les prescriptions de l'article L. 233-29 ne sont pas sanctionnées par la nullité de la cession intervenue en contradiction avec les dispositions de ce texte[16]. De plus, le texte ne s'applique pas si l'une des sociétés est étrangère. Enfin, le législateur a seulement visé les participations face à face. Il a laissé de côté les participations circulaires ou triangulaires. Il suffit donc d'interposer une troisième société entre les deux autres pour que les participations réciproques entre ces différentes sociétés ne tombent plus sous le coup de l'article L. 233-29 ou de l'article L. 233-30. Ainsi, une société A peut théoriquement posséder 50 % du capital d'une société B qui possède elle-même 50 % du capital de la société A.

(16) Cass. com., 3 janv. 1996 : *RJDA* 1996, n° 512 ; « Attendu que pour déclarer nulle la cession (...) à la société Imogène d'un certain nombre d'actions de la société P (qui détenait 24,17 % du capital de Imogène) l'arrêt (d'appel) énonce que la participation réciproque entre ces deux sociétés est prohibée par une loi d'ordre public ; qu'en statuant ainsi alors que les présomptions [des articles L. 233-29 et s.] ne sont pas sanctionnées par la nullité de la cession, la cour d'appel a violé les textes susvisés » ; dans cette affaire, la société Imogène refusait de payer le prix, au motif de la nullité de la cession.

SOUS-SECTION 3

LES CONTRÔLES

§ 1. – Le contrôle des investissements étrangers en France[17]

2372. – *Principes.* Dans la vue de protéger les entreprises françaises contre les prises de contrôle d'entreprises étrangères – objectif présenté comme relevant du patriotisme économique – l'article L. 151-3, I du Code monétaire et financier soumet à autorisation préalable du ministre chargé de l'économie certains investissements étrangers dans des entreprises ou activités participant, même à titre occasionnel, à l'exercice de l'autorité publique ou relevant de l'ordre public, de la sécurité publique, de la défense nationale. Ces activités ont été définies par le décret n° 2019-1590 du 31 décembre 2019.

Les opérations concernées sont au premier chef les prises de contrôle, mais aussi le franchissement du seuil de 25 %. S'est ajouté, jusqu'au 31 décembre 2021, le dépassement du seuil de 10 % dans une société cotée, cette dernière mesure participant de la défense des entreprises françaises fragilisées par la pandémie (D. n° 2020-1729, 28 déc. 2020).

La loi n° 2019-486 du 22 mai 2019 a renforcé ce dispositif en autorisant le ministre de l'Économie, lorsque la protection des intérêts nationaux est compromise ou susceptible de l'être, à prendre en cas de non-respect de la réglementation des mesures conservatoires telles que la suspension des droits de vote, la limitation de la distribution de dividendes, voire l'interdiction de disposer des actifs entrant dans le périmètre de l'autorisation (C. monét. fin., art. L. 151-3-1). En outre, le ministre peut adresser des injonctions à l'investisseur, éventuellement assorties d'une astreinte, de déposer une demande d'autorisation, de rétablir à ses frais la situation antérieure, et de modifier l'investissement. Il peut encore désigner un mandataire chargé de veiller, au sein de l'entreprise, à la protection des intérêts nationaux.

On observera que le règlement européen n° 2019/452 du 19 mars 2019, en vigueur depuis le 11 octobre 2020, a normalisé les règles applicables aux investissements étrangers, sans porter atteinte à la liberté pour les États membres de concevoir leurs propres règles de contrôle.

2373. – *Activités concernées.* La liste des activités concernées couvre par exemple les secteurs suivants : jeux d'argent, sécurité privée, recherche, développement ou production de moyens destinés à faire face à l'utilisation d'agents pathogènes ou toxiques (bioterrorisme), matériels d'interception des correspondances et de détection des conversations à distance, sécurité des systèmes informatiques, cryptologie, la recherche, production ou commerce d'armes, de munitions, de poudres,

(17) R. Delmas, A. Nicolaï, B. Egan et J. Wang, *Le contrôle des investissements étrangers ; vers une mondialisation du protectionnisme ? : JCP E* 2020, 1024. – F. Dietrich, *Contrôles des investissements étrangers et des concentrations : de nouveaux impératifs pour les opérations de M&A : JCP E* 2021, 1211.

de substances explosives... La sécurité alimentaire fait également partie des activités protégées, ce qui a permis au ministre de l'Économie, en janvier 2021, d'annoncer *urbi et orbi* qu'il s'opposerait à la prise de contrôle du distributeur Carrefour par son concurrent canadien Couche-Tard ; les Gaulois peuvent être rassurés, le Canada ne menacera donc pas leur approvisionnement en camembert, saucisson et vin rouge(18) ; ce coup de menton rappelle la mobilisation des plus hautes autorités de l'État lorsque des rumeurs de marché prêtèrent à Pepsi Cola l'intention de prendre le contrôle de Danone(19).

§ 2. – La réglementation de la concurrence

2374. – *Projet de prise de contrôle.* Toute opération de concentration impose l'intervention de l'Autorité de la concurrence dès lors qu'elle atteint une certaine taille. Le projet de prise de contrôle doit être, le cas échéant, notifié à cette instance, laquelle examine et détermine si l'opération envisagée porte atteinte ou non à la libre concurrence (C. com., art. L. 430-1 et s.). Cette réglementation s'applique quelles que soient les modalités de la prise de contrôle ; elle s'impose même dans l'hypothèse d'une offre publique d'achat. Fréquemment, les sociétés cibles cherchent d'ailleurs à éviter le succès de l'offre en invoquant les règles de la libre concurrence. Les seuils cumulatifs sont les suivants (C. com., art. L. 430-2, I) :

« – le chiffre d'affaires total mondial hors taxes de l'ensemble des entreprises ou groupes des personnes physiques ou morales parties à la concentration est supérieur à 150 millions d'euros ;

– le chiffre d'affaires total hors taxes réalisé en France par deux au moins des entreprises ou groupes des personnes physiques ou morales concernés est supérieur à 50 millions d'euros ».

La réglementation boursière permet de conditionner l'offre publique à l'absence de saisine de l'Autorité de la concurrence (AMF, Règl. gén., art. 231-11).

Selon la nature de la prise de participation, la Commission européenne peut être conduite à intervenir(20).

SOUS-SECTION 4

LA PROTECTION DES ACTIONNAIRES MINORITAIRES

2375. – *Sociétés non cotées.* Le fait que la cession emporte changement de majorité ne laisse pas indifférents les actionnaires minoritaires, mais ces derniers n'ont pas l'occasion de faire entendre leur voix. Bien plus, minoritaires ils étaient, minoritaires ils demeurent, sans que le nouveau maître soit obligé de les faire profiter des mêmes conditions que celles consenties au cédant.

(18) *Financial Times*, 16 janv. 2021 ; *Le Figaro*, 18 janv. 2021.
(19) Sur cet épisode à la limite du comique : A. Viandier, *Offres publiques*, Lefebvre, 5e éd., n° 121.
(20) La Commission a interdit en 2019 le projet d'acquisition d'Alstom par Siemens, au grand dam des autorités française et allemande (Comm. UE, communiqué 6 févr. 2019).

2376. – *Sociétés cotées.* Une exception vise les sociétés cotées en bourse ; pour celles-ci, l'acquéreur de plus de 30 % du capital ou des droits de vote est tenu de déposer une offre (AMF, Règl. gén., art. 234-2)[21], ce qui permet au minoritaire de sortir de la société au même prix que le majoritaire. Pour l'acheteur, l'opération peut donc s'avérer plus coûteuse que prévu, puisqu'il devra acheter tous les titres qui seront présentés à la vente et non seulement ceux du vendeur initial (V. *supra*, n° 1648).

Le coin des amateurs

1. Le portage d'actions

2377. – Le droit des sociétés a ses « mères porteuses », portant temporairement un paquet d'actions ou de parts sociales pour le compte d'une autre société ou d'un particulier. Le portage d'actions (ou de parts sociales) est en effet la convention par laquelle une société (une banque par exemple) prend une participation dans une société pour le compte de clients, lesquels demeurent dans les coulisses, la société concernée pouvant ignorer l'existence du portage et la qualité de son bénéficiaire. Formellement, l'accord prend la forme d'une promesse d'achat consentie par les clients au bénéfice de la banque et d'une promesse de vente consentie par celle-ci ; le sort des dividendes perçus pendant la durée du portage et le sens dans lequel la banque doit voter aux assemblées sont réglés dans la convention. Les raisons du montage sont diverses : souci de discrétion, nécessité de trouver une solution transitoire en attendant le reclassement des actions dans des mains amies, fourniture d'une garantie à la banque qui finance la prise de participation et demeure titulaire des titres jusqu'au remboursement. Juridiquement le portage est un contrat *sui generis* – ni vente, ni prêt, ni société, ni dépôt – dans lequel l'élément caractéristique est la prestation de services fournie par la banque aux clients ; il y a là une convention complexe irréductible à une simple vente (CA Paris, 9 juin 1983 : *D.* 1984, inf. rap., 81. – TGI Lille, 28 oct. 1986 : *RD bancaire et bourse* 1987, II, p. 55, obs. M. Jeantin et A. Viandier ; *Rev. sociétés* 1987, p. 600, note Cl. Witz. – Cass. com., 20 sept. 2016, n° 15-15.369 : *BJS* 2016, p. 717, note P.-L. Perrin ; *Rev. sociétés* 2016, p. 726, note F.-X. Lucas ; obligation de restitution des actions portées. – D. Schmidt, *Les opérations de portage de titres de sociétés : Les opérations fiduciaires*, LGDJ, 1985, p. 29 et s. – F.-X. Lucas, *Les transferts temporaires de valeurs mobilières*, thèse, LGDJ, 1997, spéc. n°s 491 et s. – P. Soumari, *Le portage d'actions*, LGDJ, 1996. – L.-F. Naftalski, F.-D. Poitrinal et J.-Cl. Parot, *Les conventions de portage : Dr. sociétés* 1997, actes prat. 33. – B. Treille, *Les conventions de portage : Rev. sociétés* 1997, p. 721).

a) Portage et prêt

Il est parfois difficile de dessiner la frontière entre le prêt et le portage. Ainsi, des particuliers avaient acheté des parts d'une société étrangère à l'initiative d'un conseil financier, parts immédiatement rachetées par ladite société, pour un prix supérieur, payable à terme : s'agissait-il d'un portage éphémère ou d'un prêt par les acquéreurs à la société étrangère ? Dans le premier cas, l'opération échappait aux règles de l'usure, dans le second, elle y était soumise. La Cour de Riom opta pour le portage, la Cour de cassation censura en considérant qu'il y avait prêt puisque les acquéreurs des parts les revendaient immédiatement, et ne devenaient donc pas propriétaires (Cass. com., 23 janv. 2007, n° 05-15.652 : *Dr. sociétés* mai 2007, n° 99, obs. Th. Bonneau ; *Rev. sociétés* 2007, p. 315, note A. Viandier).

(21) A. Viandier, *OPA OPE*, *op. cit.*, n°s 1400 et s.

b) Portage et clause léonine

Le rachat se fait à un prix convenu, qui est indépendant des aléas sociaux, de là le grief de clause léonine qui a été parfois articulé à l'encontre des conventions de portage (V. *supra*, n° 269) ; en effet, le porteur étant assuré de revendre les actions au prix convenu, il est affranchi des risques de pertes ; la Cour de cassation écarte le grief au motif que la rétrocession des actions d'un prix librement débattu est sans incidence sur la participation aux bénéfices et la contribution aux pertes dans les rapports entre associés et qu'elle n'est donc pas contraire à la prohibition de l'article 1844-1 du Code civil (CA Paris, 7 févr. 2013, n° 11/05209 : *RJDA* 6/2013, n° 512. – V. *supra*, n° 269).

c) Portage et donation indirecte

Le prix payé par le porteur ne correspond pas toujours à la valeur réelle des droits portés ; ainsi, au décès d'un associé, son frère et coassocié avait racheté aux héritiers les actions du défunt sur la base de 33 € par action ; puis il avait revendu les mêmes actions dans le cadre d'un portage à l'expert-comptable de l'entreprise au prix de 7,62 € ; l'administration fiscale estima que la différence de prix équivalait à une donation indirecte au profit de l'expert-comptable et lui notifia un redressement ; la cour de Dijon donne tort à l'administration en considérant que l'intention libérale du cédant n'était pas démontrée, or sans intention libérale il n'y a pas de donation, et qu'au surplus la cession s'inscrivait dans le cadre d'une opération de portage pour le compte du cédant, l'expert-comptable s'étant engagé à ne céder les actions qu'au cédant et pour le même prix ; quant à la valeur retenue, elle représentait la valeur de rendement, ce qui était légitime puisque le porteur ne pouvait prétendre qu'au versement de dividendes pendant la durée du portage (CA Dijon, 21 févr. 2012 : *BRDA* 13/2012, n° 5).

d) Portage et comptabilité

Le portage, dès lors qu'il implique un engagement d'achat de la part du bénéficiaire du portage à l'égard du porteur, exigera le cas échéant une mention dans les documents comptables (pour un exemple de sanction pour non-respect de cette exigence, CA Paris, COB, 5 avr. 1994 : *BRDA* 9/1994, p. 4 ; *BCF* 1994, p. 33. – *Adde*, J.-L. Medus, *Conventions de portage et informations comptable et financière : Rev. sociétés* 1993, p. 509).

Le portage peut être parfois le signe d'une action de concert entre le bénéficiaire du portage et le porteur (V. A. Viandier, *Sécurité et transparence du marché financier : JCP* E 1989, 15612, n° 101).

2. Histoire d'eau : l'offre de Veolia sur Suez

2378. – Cette histoire n'a rien à voir, malgré l'homophonie, avec le roman sulfureux des années cinquante et n'est traversée, à notre connaissance du moins, par aucun fantasme érotique. À un autre extrême, elle a peu de rapport avec un conte pour enfants sages, en raison de la densité des procédures judiciaires et de la violence des échanges entre les parties, mais aussi à l'encontre de commentateurs auxquelles les prises de position valurent la visite d'huissiers mandatés par Veolia et armés de sommations d'avoir à s'expliquer sur leurs liens éventuels avec Suez (*L'Obs*, 8 déc. 2020).

Laissons ces mauvaises pratiques de côté et entrons plus avant dans l'histoire. Tout commence à la fin de l'été 2020 quand Veolia annonce qu'elle a proposé à Engie d'acquérir sa participation de 29,9 % dans son concurrent Suez au prix de 15,50 € l'action, soit une prime de 50 % sur le dernier cours, et qu'elle envisage de lancer ensuite une offre publique d'achat sur le solde (Communiqué Veolia, 30 août 2020). Le même communiqué annonce que sa proposition comporte l'engagement pour Engie d'apporter à l'offre le reste de sa participation, soit 1,8 %. De fait, Veolia ne souhaitant sans doute pas se trouver en situation d'offre obligatoire par franchissement du seuil de 30 %, elle annonce qu'avec l'accord du vendeur elle procédera en deux temps, 29,90 % tout de suite et 1,8 % lors de l'offre.

Bien que le communiqué conclue par une formule racoleuse évoquant un « projet commun enthousiasmant [qui] s'inscrirait pleinement dans la raison d'être de Veolia et positionnerait idéalement le nouvel ensemble pour répondre au principal défi de ce siècle : la transformation écologique », l'accueil réservé à la proposition ne fut pas exubérant.

D'abord, le conseil d'administration de Suez affirma que la société était parfaitement en mesure de « co-construire avec Engie une solution qui sera satisfaisante pour Engie et dans l'intérêt social de Suez ». Et surtout, il a décidé de « sanctuariser » l'activité Eau France en confiant à une fondation de droit néerlandais la mission de préserver l'intégrité de sa filiale Suez Eau France, que Veolia avait indiqué vouloir céder à un fonds d'investissement ; à ce titre, pour les quatre années à venir, cette société et ses actifs seraient pour l'essentiel inaliénables, sauf accord de la fondation, le conseil d'administration de Suez pouvant toutefois, avant tout changement de contrôle, lever l'inaliénabilité (Communiqué Suez, 23 sept. 2020). Le procédé de sanctuarisation n'est pas inédit, ayant déjà été utilisé par Arcelor en 2006 (A. Viandier, *OPA, OPE*, Lefebvre, 5e éd., 2014, nos 2154 et 2155). Il est à noter que cette décision intervint alors qu'aucune offre n'avait encore été formellement déposée, et qu'elle ne relevait donc pas des mesures ressortant de l'article L. 233-32 du Code de commerce qui autorise les dirigeants d'une société à « prendre toute décision dont la mise en œuvre est susceptible de faire échouer l'offre, sous réserve des pouvoirs expressément attribués aux assemblées générales dans la limite de l'intérêt de la société » (V. *supra*, n° 2356). Autrement exprimé, le conseil s'est fondé en l'espèce sur ses pouvoirs généraux, également bornés par le respect de la compétence des autres organes et de l'intérêt social.

Ensuite, le politique ne pouvait pas se désintéresser d'une telle proposition, et ce d'autant que l'État, *via* l'Agence des participations de l'État, détient 23,64 % du capital de Engie, le vendeur potentiel (Source : Agence des participations de l'État, Tableau des participations dans les sociétés cotées au 8 décembre 2020) ; le ministre de l'Économie intervint à plusieurs reprises pour inviter les différentes parties prenantes à prendre le temps nécessaire pour réfléchir à une solution acceptable (sur ces tentatives et la mobilisation des différents réseaux politico-économiques, V. *Le Figaro*, 12 oct. 2020, p. 16).

De son côté, l'AMF décidait que l'annonce d'une intention d'offre n'avait pas ouvert une période de préoffre au sens de l'article 223-34 de son règlement général, point essentiel car l'ouverture d'une préoffre interdit à l'offrant potentiel d'acquérir des titres de la cible, autant dire... les 29,90 % de Engie (Communiqué AMF, 24 sept. 2020).

Le 5 octobre, suite à l'accord de Engie, Veolia procédait à l'acquisition de cette participation pour un prix de 18 € et réaffirmait son intention de déposer une offre publique « lorsque le projet... aura été accueilli favorablement par le conseil d'administration de Suez, le cas échéant après l'assemblée générale de ses actionnaires » (Communiqué Veolia, 5 oct. 2020). Cette déclaration marqua le début de la période dite de préoffre (AMF, déc. n° 220C4093). La dernière précision du communiqué soulignait un peu lourdement qu'il suffisait que la prochaine assemblée de Suez modifie la composition du conseil d'administration et fasse entrer des personnes plus réceptives au « projet enthousiasmant » pour que tous les actionnaires – et non pas simplement Engie – puissent céder leurs actions au prix de 18 €. Conformément à l'article L. 233-7 du Code de commerce (V. *supra*, nos 2360 et s.), Veolia déclarait les franchissements de seuils et son intention ; celle-ci, déjà reproduite (V. *supra*, n° 2364), mentionnait notamment qu'elle n'envisageait pas d'acquérir des actions supplémentaires, mais qu'elle projetait de déposer une offre dans les conditions décrites par le communiqué précité du 5 octobre 2020 (AMF, déc. n° 220C4173, 8 oct. 2020).

Le conseil de Suez confirma sa position, rappelant que « l'approche de Veolia est hostile » et qu'il « mettra en œuvre les moyens à sa disposition pour éviter une prise de contrôle rampante ou un contrôle de fait » (Communiqué Suez, 5 oct. 2020).

De fait, la société fit flèche de tout bois judiciaire : ici, pour faire juger que l'acquisition des 29,90 % devait être suspendue tant que les comités sociaux et économiques concernés n'auront pas été informés et consultés sur les décisions prises par Veolia et Engie (C. trav., art. L. 2312-8 et L. 2312-17) ; là, pour obtenir une expertise de l'article 145 du Code de procédure civile visant Veolia, et Engie, afin de recueillir tout élément propre à éclairer les conditions et modalités des opérations intervenues en amont de l'annonce publique du rachat de la participation (*Le Monde*, 26 nov. 2020) ; ailleurs, pour obtenir de la Commission européenne qu'elle constate la violation par Veolia de l'article 7, § 1 du règlement du Conseil n° 139/2004, relatif au contrôle de concentrations et interdisant de réaliser une concentration communautaire avant qu'elle ait été notifiée à la Commission ; ailleurs encore, pour annuler la décision de l'AMF ayant considéré que le communiqué du 30 août n'avait pas ouvert une période de préoffre.

Sur tous ces fronts, sauf la demande d'expertise de l'article 145, Suez ne fut guère heureuse. Le 17 décembre 2020, la Commission européenne rejeta la demande de Suez considérant que les deux étapes – acquisition de 29,9 % puis lancement d'une offre – étaient interdépendantes et qu'il serait par conséquent artificiel de tenir la seule première étape comme économiquement autonome, appelant une notification. Le 3 février 2021, le tribunal judiciaire de Nanterre adopta une position similaire à propos de l'information-consultation des salariés. Le 11 février 2021, la cour de Paris rejeta la demande d'annulation de la décision de l'AMF ayant refusé de considérer que le communiqué du 30 août avait ouvert une période de préoffre (Paris, 11 févr. 2021, 20/13807 : *Rev. sociétés* 2021, p. 318, note A. Viandier)

Après plusieurs mois de discussions infructueuses, Veolia franchissait le Rubicon et le dimanche 7 février 2021 annonçait le dépôt d'une offre publique au prix de 18€, estimant que c'était « la seule décision de nature à (...) apporter aux salariés, aux clients et aux actionnaires des deux groupes une clarification univoque, transparente et définitive » (Communiqué Veolia, 7 févr. 2021). Le même jour, Suez ripostait en qualifiant cette décision de « violation manifeste (par Veolia) de ses engagements d'amicalité (*sic*) » (Communiqué Suez, 7 févr. 2021), et obtenait dans la nuit du tribunal de commerce de Nanterre l'interdiction faite à Veolia de déposer effectivement son offre, décision signifiée tardivement à Veolia, après qu'elle eut procédé au dépôt le 8 février à 7 heures, selon l'information donnée par l'AMF (AMF, déc. n° 221C0312, 8 févr. 2021).

Le 21 mars, Suez proposait une solution négociée fondée sur la création d'un « New Suez » avec le rachat par un consortium d'un ensemble d'activités, rachat valorisant l'entreprise à 20 € par action ; parallèlement, le conseil d'administration modifiait le dispositif de défense fondé sur la fondation néerlandaise : irrévocabilité jusqu'en septembre 2024, sauf accord de Veolia sur la solution avant le 20 avril ou offre publique au moins égale à 22,5 € par action, possibilité d'une offre du consortium en cas de retrait par Veolia de son offre (Communiqué Suez, 21 mars 2021).

Le 2 avril, l'AMF jugeait cet arrangement contraire aux principes gouvernant les offres publiques (Communiqué AMF, 2 avr. 2021), ce qui pouvait augurer de difficultés sérieuses si le consortium passait à l'acte et lançait une offre.

Alors que les spectateurs de cette série financière attendaient d'autres épisodes comme, par exemple, un recours contre la décision de l'AMF du 2 avril 2021 et des difficultés lors de l'assemblée annuelle de Suez, les deux acteurs principaux déçurent leur attente en parvenant à un accord le 12 avril 2021, avec spécialement un relèvement du prix d'offre porté à 20,50 € (Communiqués Veolia et Suez, 12 avr. 2021).

Deux remarques en conclusion. La première : il est très difficile d'empêcher un offrant déterminé d'aller jusqu'au terme de son projet, spécialement si celui-ci a pu s'assurer près du tiers du capital. La seconde : l'objet principal d'une défense dans un tel cas de figure consiste à rechercher une augmentation du prix d'offre ; on le voit ici : le 30 août 2020, Veolia proposait le rachat de la participation de Engie dans Suez sur la base de 15 € par action, le 8 février 2021, l'offre déposée par Veolia proposait 18 €, et le 12 avril 2021, l'accord se faisait sur la base de 20,50 €, soit une somme supérieure de plus de 36 % au montant initial. Finalement, un accord a été trouvé entre les protagonistes sur la base d'une transformation de la société en commandite en société anonyme, avec représentation des principaux actionnaires au conseil d'administration et indemnisation des associés commandités pour l'abandon de leurs prérogatives sous forme d'actions de la société. Le projet, conditionné par une décision de l'AMF sur l'absence de nécessité d'une offre publique, devrait être soumis à l'assemblée générale du 30 juin 2021 (Source : Communiqué Lagardère, 28 avr. 2021).

CHAPITRE 3

LES ACCORDS D'ENTREPRISE

2379. – La domination peut résulter d'un accord contractuel entre le dominé et le dominant. Tel est le cas lorsqu'une entreprise accepte de passer sous le contrôle d'une autre sans que celle-ci prenne, au moins dans l'immédiat, une participation majoritaire dans la première. Divers procédés sont utilisés, les uns intéressant la pratique interne des affaires, les autres la pratique internationale.

SECTION 1

LA PRATIQUE INTERNE

SOUS-SECTION 1

LA DESCRIPTION

§ 1. – Le contrat de location-gérance

2380. – *Définition.* Le contrat de location-gérance est le contrat par lequel une société confie à une autre le soin de gérer son fonds de commerce à ses risques et périls. La société gérée se contente de percevoir des loyers pendant la durée du contrat, toutes les décisions de gestion de l'entreprise relevant de la société gérante. La société gérée s'interdit de s'immiscer dans la gestion du fonds de commerce, la société gérante est libre d'opérer à sa guise, d'où l'appellation de « gérance libre ».

2381. – *Utilité.* Pareil contrat peut servir d'instrument de domination. C'est notamment le cas lorsque la location-gérance est le prélude d'une prise de participation, voire d'une fusion entre les deux sociétés. Ce sont alors les fiançailles qui précèdent le mariage des entreprises (V. *supra*, n° 2219). La figure de la location-gérance se rencontre encore à l'occasion de la reprise d'entreprises en difficulté.

2382. – *Le régime juridique* est le même que celui qui s'applique à la location-gérance des fonds de commerce des entrepreneurs individuels (C. com., art. L. 144-1 et s.).

§ 2. – Le contrat de gestion d'entreprise

A. – Présentation

2383. – *Définition.* Le contrat de gestion d'entreprise est celui par lequel une société propriétaire d'un ensemble économique en confie la gestion à une société spécialisée tout en continuant à assumer les risques attachés à l'exploitation, ce qui affirme la différence avec le contrat de location-gérance. De nombreuses illustrations se rencontrent dans le domaine hôtelier ; un exemple : une société achète ou construit un hôtel et demande à une société de gestion, appartenant généralement à une grande chaîne hôtelière, d'en assurer l'exploitation.

2384. – *Juridiquement,* la société propriétaire assume les risques, elle demeure titulaire du fonds de commerce et conserve la qualité d'employeur des salariés. Mais toutes les décisions sont prises par la société gestionnaire, qui reçoit une rémunération assise sur le chiffre d'affaires et/ou le résultat. L'aléa n'est donc pas supporté par la société gestionnaire, ce qui permet de faire échapper le contrat à la législation sur la location-gérance. La figure juridique se rapprochant le plus du contrat de gestion d'entreprise est tantôt le mandat, tantôt le contrat d'entreprise.

B. – Gestion d'entreprise et franchise

2385. – En matière hôtelière ou de grande distribution, le contrat de gestion d'entreprise accompagne fréquemment le contrat de franchise. Cela veut dire que la société de gestion apporte en outre sa marque (Hilton, Sheraton...), qu'elle forme le personnel, qu'elle prête de l'argent lors de la constitution de l'hôtel et qu'elle assure le fonds de roulement... Il peut également arriver que le franchiseur participe au capital du franchisé dont l'une de ses filiales assure la gestion(1).

2386. – *Dépendance.* Ces constructions aboutissent parfois à placer la société propriétaire sous le contrôle de la société gérante, qui exerce sur elle une influence dominante. D'où la tentation pour les juges du fond de considérer pour les besoins des procédures collectives que la société gérante agit comme un dirigeant de fait(2). Mais la dépendance économique de la société franchisée ne suffit pas à établir que le franchiseur a exercé une activité positive de direction au sein de celle-ci, condition nécessaire pour lui reconnaître la qualité de dirigeant de fait(3).

(1) Sur ce type de franchise, V. B. Dondero, *L'instrumentalisation du droit des sociétés, la franchise participative* : *JCP* E 2012, 1671.

(2) Pour un fournisseur exclusif, CA Rouen, 23 mai 1978 : *JCP* 1979, 2, 19235. – *Contra*, pour un concédant automobile, CA Toulouse, 30 juin 1997 : *RJDA* 1997, p. 925 ; « la direction de fait suppose l'exercice en toute liberté, d'une façon continue et régulière, d'une activité positive de direction et de gestion, cette qualité devant être examinée en fonction de la spécificité de la relation contractuelle entre les intéressés » (pourvoi rejeté par Cass. com., 26 oct. 1999 : *RJDA* 1999, n° 1213).

(3) Pour un franchiseur (distribution de vêtements) qui échappe à la qualification de dirigeant de fait, bien qu'ayant imposé à son franchisé, en retard dans le règlement de ses factures, de lui abandonner pendant quatre mois 70 % de sa recette journalière : Cass. com., 27 mai 2003, n° 00-13.605 : *RJDA* 10/2003, n° 960, 3e esp. – V. aussi, à propos d'un contrat de location-gérance, rejetant la qualité de dirigeant de fait du fabricant à la tête d'un réseau de distributeurs : Cass. com., 23 sept. 2014, n° 12-35.120 : *BRDA* 21/2014, n° (Yves Rocher).

SOUS-SECTION 2

LA RÉGLEMENTATION

2387. – *Droit des sociétés.* Il n'existe pas de réglementation du droit des sociétés propre au contrat de location-gérance ou au contrat de gestion d'entreprise. Ainsi, aucune mesure d'information et aucune notification ne sont exigées au titre de l'article L. 233-6 du Code de commerce, puisqu'en principe il n'existe aucune participation du gérant dans le capital de la société propriétaire de l'entreprise. Pour la même raison, les dispositions relatives aux participations croisées ne trouvent pas à s'appliquer.

2388. – *Droit du travail.* Cependant, l'information du comité social et économique de la société gérée s'impose en vertu de l'article L. 2312-8 du Code du travail, car la location-gérance, comme le contrat de gestion d'entreprise, modifient l'organisation économique ou juridique de la société.

2389. – *Droit de la concurrence.* De plus, éventuellement, il y aura lieu d'appliquer les règles relatives à la libre concurrence (V. *supra*, n° 2374). En effet, le contrat de gestion d'entreprise, spécialement, réalise un transfert de jouissance de l'ensemble économique, conférant au gérant une influence sur la gestion de celui-ci.

SECTION 2

LA PRATIQUE INTERNATIONALE

2390. – Outre la fusion transfrontalière (V. *supra*, n°s 2288 et s.), les praticiens ont conçu diverses techniques de rapprochement international. Le premier est la prise de participation majoritaire, mais celle-ci n'accorde pas les mêmes satisfactions qu'une fusion : de plus, dans certains pays, les prises de participation émanant d'étrangers sont soumises à un contrôle de l'administration. Le second procédé a les couleurs d'une fusion, il en a le goût mais il n'en est pas une ; c'est la technique du jumelage.

SOUS-SECTION 1

LE CAS UNILEVER

2391. – *Jumelage initial.* Le groupe Unilever a longtemps été composé de deux ensembles, Unilever NV et Unilever Plc, sans liens structurels, tels que participations croisées, entre eux. Les sociétés mères des deux branches – l'anglaise et la néerlandaise – étaient indépendantes l'une de l'autre, de même que leurs entités opérationnelles. Il y avait au fond deux groupes : un groupe anglais et un groupe néerlandais. L'homogénéisation procédait des différents contrats entre les deux ensembles régulièrement mis à jour.

Le plus connu était l'accord d'égalisation de 1948 dont l'objet était de faire en sorte que le choix entre des actions d'Unilever Plc, cotées à Londres, ou des actions Unilever NV, cotées à Amsterdam, soit neutre pour un investisseur ; à cette fin, les actionnaires de l'une et de l'autre société avaient les mêmes droits en termes de dividendes et les mêmes droits en cas de liquidation, sans préjudice toutefois du régime fiscal applicable aux dividendes perçus ; concrètement, en cas d'insuffisance de résultat d'une des entités, l'autre s'engageait à lui verser des fonds nécessaires au versement d'un dividende identique au sien ; cet aspect de la péréquation des dividendes n'a toutefois jamais été appliqué.

Une autre convention assurait la répartition et l'échange des droits de propriété intellectuelle ainsi que la délimitation de zones d'influence réciproques. Les statuts des deux sociétés prévoyaient que la composition des conseils d'administration est identique ; cependant, les présidents étaient différents, le président de Unilever NV étant vice-président de Unilever Plc et *vice versa*. Du fait de la gémellité des deux sociétés, l'offre publique éventuelle devait nécessairement viser l'ensemble ; c'est d'ailleurs ce que fit en février 2017 la société américaine Kraft-Heinz lors de sa tentative avortée de prise de contrôle.

2392. – *Simplification des structures.* À la suite de cet épisode, la direction de la société Unilever a fait part de son intention de simplifier ses structures[4]. En effet, une telle construction – véritable usine à gaz – gênait le fonctionnement du groupe et son développement. Une réflexion fut donc engagée aux fins de passer du multicoques à celui du monocoque. La transition a été effectuée en novembre 2020. Désormais, seule la société britannique, Unilever Plc, subsiste ; les actionnaires de la société néerlandaise Unilever NV ont reçu un nombre identique d'actions de Unilever Plc.

SOUS-SECTION 2

LE CAS EUROTUNNEL

2393. – La construction et l'exploitation du tunnel sous la Manche ont été concédées conjointement à une société française France-Manche SA et à une société britannique The Channel tunnel group Limited, les deux sociétés concessionnaires étant réunies à l'échelon de deux filiales dans une société en participation, Eurotunnel[5]. Les deux sociétés ont un conseil d'administration et une direction uniques ; les actionnaires de l'une des sociétés sont nécessairement actionnaires de l'autre et réciproquement ; leurs actions sont jumelées de façon à constituer des « unités » indissociables qui sont cotées sur les bourses de Paris et de Londres.

2394. – Le montage, qui ne paraît heurter aucun principe visible du droit des sociétés, est fécond et pareil jumelage peut s'avérer utile en certaines circonstances. Il exige sans doute que les titres siamois soient de même nature : action

(4) *Financial Times* 8 avr. 2017. – *Financial Times* 13 juin 2020.
(5) M. Feld, *Le jumelage en droit des sociétés : le cas Eurotunnel*, Mémoire DESS, Paris V, 1994.

et action, ou certificat d'investissement et certificat d'investissement. Autre curiosité : les actions émises comportent des avantages en nature (réduction du prix de passage).

Une architecture similaire a été adoptée en 2018 par les groupes Unibail-Rodamco et Westfield[6].

SOUS-SECTION 3

LE CAS RENAULT-NISSAN

2395. – Les sociétés Renault et Nissan ont conclu une alliance industrielle en 1999, prévoyant notamment l'entrée de la première au capital de la seconde à hauteur de 36,8 % du capital et la mise sur pied d'un organisme de concertation, le *Global Alliance Committee* (GAC). Le 30 octobre 2001, les deux fabricants ont annoncé le renforcement de cette alliance, sur les bases suivantes :

– augmentation à 44,4 % de la participation de Renault dans Nissan et prise de participation d'une filiale de Nissan dans Renault ;

– reconnaissance de pouvoirs de coordination stratégique à une société détenue à 50 % par chacun des deux partenaires et située dans un pays neutre, les Pays-Bas (Renault Nissan B.V.).

2396. C'est le deuxième aspect du projet qui est juridiquement le plus novateur. Renault Nissan B.V. exerce ses pouvoirs de coordination stratégique à l'égard de Nissan par le moyen d'un contrat de management, le Code de commerce japonais autorisant les délégations, partielles ou totales, de pouvoirs d'un organe social à un tiers. À l'égard de Renault, l'instrument de pouvoir de Renault Nissan B.V. est de nature différente ; Renault a apporté son activité industrielle à une SAS détenue à 100 % et les statuts de celle-ci prévoient que certaines décisions – celles relevant de la coordination stratégique – sont de la seule compétence de Renault Nissan B.V. On observera que celle-ci n'est pas associée de la SAS, mais cette circonstance est indifférente car le régime juridique des SAS autorise l'octroi de pouvoirs de décision à un tiers.

2397. – Périodiquement, la question est posée d'une simplification des structures, ce qui pourrait passer par une opération de fusion ou équivalente[7]. La promotion de cette idée contribua sans doute au limogeage du président de l'alliance sur fond de poursuites pénales au Japon, avec emprisonnement de l'intéressé pendant plusieurs mois[8] et remise en détention un mois après sa libération[9], avant une « exfiltration » rocambolesque en décembre 2019. Parallèlement, les deux partenaires décidèrent de « refonder » l'organisation de l'ensemble, en modifiant sa gouvernance et en remplaçant la RNBV par un *Alliance board*, composé des directeurs généraux des constructeurs automobiles, dont Mitsubishi, également partie

(6) AMF, Rapport annuel 2018, p. 47. – *Adde BRDA* 11/2019, n° 11.
(7) *The Economist* 17 mars 2018, p. 57.
(8) V. not. *The Economist* 16 févr. 2019, p. 52, *Entente non cordiale*.
(9) V. not. *Les Échos* 3 avr. 2019.

à l'alliance, et présidé par le président de Renault ; les décisions seront le fruit du consensus des membres de ce *board*[10]. En mai 2020, l'Alliance a adopté un nouveau « business model », témoignant ainsi de la volonté des partenaires d'approfondir leur collaboration industrielle[11].

(10) *Renault-Nissan-Mitsubishi Memorandum of Understanding*, 12 mars 2019 ; disponible sur le site group.renault.com.
(11) Communiqué Renault/Nissan/Mitsubishi, 27 mai 2020.

TITRE 2

LES GROUPES DE SOCIÉTÉS

2398. – Jusqu'alors, nous avons étudié la société comme une institution isolée, affrontant seule les aléas de l'univers économique, navigatrice solitaire en quelque sorte. Mais ce schéma ne rend pas totalement compte de la réalité. En effet, de même que certains musiciens se produisent seuls, d'autres exercent au sein d'un orchestre ; le trompettiste ou le violoniste n'en perd pas alors sa qualité de musicien, bien qu'il joue la même partition sous la baguette d'un chef. Comme le groupe de musiciens constitue un orchestre, l'orchestre de sociétés constitue un groupe.

2399. – L'analogie peut être poussée plus loin encore : de l'orchestre de chambre à la formation wagnérienne, l'envergure est variable ; ici, deux sociétés opèrent ensemble à l'image d'un duo ; là, des dizaines de sociétés forment un orchestre symphonique. Le groupe Total, le groupe Air Liquide sont composés de centaines d'entités ; à l'autre extrémité, la célébrité qui crée une société pour exploiter son image, puis une autre pour vendre des produits de sa conception, puis une autre pour produire des émissions de télévision ou des clips vidéo, puis encore une autre pour acheter un immeuble où sont logées les trois premières, donne elle aussi naissance à un groupe de sociétés. En effet, la dimension n'est pas un critère de reconnaissance du groupe. Mieux, la taille n'affecte pas en principe le traitement des questions juridiques posées par le groupe.

2400. – On examinera la topographie des groupes, avant d'énoncer les règles de base applicables au groupe et, ensuite, de les appliquer.

CHAPITRE 1

TOPOGRAPHIE DES GROUPES

2401. – *Diversité des groupes.* Il y a plusieurs manières d'appréhender le groupe de sociétés. L'anthropologue notera que l'univers du groupe est matrilinéaire, composé de sociétés mères et de sociétés filles, qualifiées de filiales, avec des extensions possibles aux grands-mères, aux sœurs, aux petites-filles. Sous d'autres horizons, on parle de sociétés *holdings* pour qualifier les mères et de *subsidiaries* pour désigner les filiales ; cette approche a le mérite de coller au plus près de l'économie du groupe : la holding a vocation à détenir les actions et parts sociales des filles, et celles-ci sont vues comme des sociétés accessoires, réalisant le projet défini au niveau de la holding.

Le géomètre méditera les architectures diverses des familles de sociétés[1] : groupes à participation radiale (la toile d'araignée), groupes pyramidaux (à la manière des pyramides humaines ou *castells* catalans), groupes à participations circulaires (chacun des membres de la famille détient une participation dans les autres sociétés, le groupe évoquant alors l'ouroboros, dragon se mordant la queue).

L'amateur de chiffres s'intéressera au nombre des membres de la tribu : de deux à plusieurs milliers dans le cas des groupes multinationaux.

Enfin, l'économiste observera l'opposition entre les groupes financiers qui rassemblent des participations dans diverses sociétés ayant une activité distincte (par ex. : Eurazeo, Wendel) et les groupes industriels, plus homogènes, puisqu'ils rassemblent le plus souvent des entreprises œuvrant dans le même secteur (par ex. : Air Liquide, Total, Danone).

2402. – *Diversité des réglementations.* Et le juriste dans tout cela ? Il est frustré dans la mesure où le législateur, à la différence d'autres pays comme l'Allemagne (V. *infra*, n° 2403), n'offre aucune vision synthétique. En effet, le Code de commerce ne traite pas du groupe de sociétés en tant que tel. Il contient seulement des dispositions éparses, les unes comptables, les autres relatives aux participations croisées, d'autres encore sur l'autocontrôle, mais de synthèse aucune. Cela fait dire à certains, à tort, que le droit français des sociétés méconnaît le groupe de sociétés. En vérité, il ne l'ignore pas puisqu'il lui consacre plusieurs règles ; nous dirions plutôt qu'il ne

(1) Cl. Champaud, *Le pouvoir de concentration de la société par actions*, Sirey, 1962, nos 276 et s.

contient aucune construction cohérente du groupe. Pire, d'autres disciplines, telles que le droit fiscal, ou le droit du travail, s'intéressent aussi au groupe, développant une approche spécifique, sans souci d'harmonisation avec celle du droit commercial. De son côté, la jurisprudence a développé sa propre conception du groupe, spécialement en matière pénale, ce qui contribue encore à fragmenter la matière.

2403. – **Le modèle allemand de groupe de sociétés.**

En droit allemand, il y a groupe de sociétés dès l'instant où une entreprise est subordonnée à une autre (ANSA, *Régime allemand de protection des actionnaires minoritaires*, doc. 13-028, août 2013). Deux situations sont alors concevables.

Dans la première (celle de l'*Organschaft*), un contrat d'affiliation est établi entre la société dominée et la société dominante ; par ce contrat, l'entreprise dominante est autorisée à donner des directives à la société dominée et à faire prévaloir, le cas échéant, l'intérêt du groupe sur celui de la société dominée. Elle peut par exemple ordonner à cette dernière de lui céder des marchandises à un prix inférieur à celui du marché ou encore peser sur sa politique du personnel ou sur la gestion de sa trésorerie. Mais en tout état de cause, l'entreprise dominante doit compenser le déficit de l'entreprise dominée ; le contrat comporte également des mesures propres à garantir le dividende à verser aux actionnaires minoritaires de la filiale.

Dans le second cas, aucun contrat d'affiliation n'est établi ; alors la société mère ne peut pas imposer à la société filiale un acte contraire à ses intérêts. De plus, tous les ans, les dirigeants de la société mère doivent établir un rapport sur les opérations réalisées entre les deux sociétés placées dans un lien de domination.

2404. – Bref, l'approche française du groupe de sociétés est du genre chaotique, d'où la difficulté d'ordonner cette grenaille de règles et de décisions. On peut tenter de remettre un peu d'ordre en s'intéressant au critère du groupe, à son organisation et aux flux qui le traversent.

SECTION 1

LE CRITÈRE DU GROUPE : LA DOMINATION

2405. – Là où il y a domination, c'est-à-dire contrôle d'une société par une autre, il y a groupe. Par extension, lorsque la domination est exercée par une personne physique ou une famille, on parlera également de groupe de sociétés, en précisant qu'il s'agit d'un groupe personnel. Cette différence n'est d'ailleurs que sociologique et ne comporte aucune incidence juridique.

2406. – « Domination » est donc le mot-clé en matière de groupe. Une société (ou une personne) dominante d'un côté, une société dominée de l'autre, telle est la figure de base du groupe de sociétés. Pareille domination est réelle ; la holding est en mesure d'imposer ses vues aux sociétés qui sont sous sa coupe : définition des budgets, choix des dirigeants, stratégie, etc. Ainsi s'éclairent les questions nourrissant la problématique du groupe : protection des éventuels actionnaires minoritaires des sociétés dominées, incidence de la ruine des sociétés dominées sur la situation de la dominante, position du personnel des filiales par rapport à la société mère, droits des contractants des sociétés subordonnées à l'égard de la holding, etc.

2407. – Reste à définir cette domination. Le juriste, par désir de s'éloigner de la dialectique hégélienne du maître et de l'esclave, ou par goût pour l'euphémisme, use rarement du terme « domination », lui préférant celui de « contrôle » ; le mot est trompeur car il pourrait faire penser qu'il s'agit d'une simple surveillance, à la manière d'un commissaire aux comptes ; en fait, ce contrôle-là évoque plutôt « Control », le chef des services secrets dans certains romans de John Le Carré, l'équivalent de « M » pour les « jamesbondophiles ».

2408. – Mais laissons les espions à leurs jeux violents et observons les définitions légales du contrôle offertes par le droit des sociétés, le droit comptable et le droit du travail, avant d'envisager la portée de ces définitions légales.

§ 1. – Les différentes définitions du contrôle

A. – Le contrôle en droit des sociétés

2409. – *L'article L. 233-3 du Code de commerce* définit ainsi le contrôle :

« I. – Toute personne physique ou morale est considérée (...) comme en contrôlant une autre :

« 1° Lorsqu'elle détient directement ou indirectement une fraction du capital lui conférant la majorité des droits de vote dans les assemblées générales de cette société ;

« 2° Lorsqu'elle dispose seule de la majorité des droits de vote dans cette société en vertu d'un accord conclu avec d'autres associés ou actionnaires et qui n'est pas contraire à l'intérêt de la société ;

« 3° Lorsqu'elle détermine en fait, par les droits de vote dont elle dispose, les décisions dans les assemblées générales de cette société ;

« 4° Lorsqu'elle est associée ou actionnaire de cette société et dispose du pouvoir de nommer ou de révoquer la majorité des membres des organes d'administration, de direction ou de surveillance de cette société.

« II. – Elle est présumée exercer ce contrôle lorsqu'elle dispose directement ou indirectement, d'une fraction des droits de vote supérieure à 40 % et qu'aucun autre associé ou actionnaire ne détient directement ou indirectement une fraction supérieure à la sienne.

« III. – Pour l'application des mêmes sections du présent chapitre, deux ou plusieurs personnes agissant de concert sont considérées comme en contrôlant conjointement une autre lorsqu'elles déterminent en fait les décisions prises en assemblée générale ».

2410. – *Approche limitée.* Cette définition est d'abord limitée par son objet puisqu'elle ne concerne que les règles de déclaration de franchissements de seuils (V. *supra*, n° 1646), même si, un peu par paresse, on y voit souvent une référence utile en dehors de cette seule matière. En outre, l'approche de l'article L. 233-3 du Code de commerce est limitée car elle appréhende le contrôle à partir des droits de vote, donc du pouvoir exercé en assemblée générale, négligeant ainsi l'influence pouvant s'exercer en dehors de cette enceinte. Or le pouvoir d'une société ou d'une personne sur une personne morale ne passe pas toujours par le canal de l'assemblée : l'actionnaire minoritaire qui, par l'effet d'un pacte d'actionnaires, est en mesure de dicter sa loi aux autres actionnaires est bien en position de contrôle ; le principal fournisseur de crédit de l'entreprise, qui ne se contente pas de surveiller les affaires de son débiteur, et intervient dans les décisions courantes, déléguant l'un de ses collaborateurs aux réunions stratégiques et imposant des cessions d'actifs, se rapproche dangereusement du contrôle même s'il ne détient aucune action. D'où le mérite de l'approche comptable.

B. – Le contrôle en droit comptable

2411. – *La définition de l'article L. 233-16 du Code de commerce* pour les besoins de la consolidation comptable (V. *infra*, n° 2475) est plus proche de la réalité du contrôle exercé par une personne – physique ou morale – sur une société. Ce texte considère qu'il y a contrôle, et donc en principe obligation de consolidation, dans les trois situations suivantes :

– détention directe ou indirecte de la majorité des droits de vote ;

– désignation de la majorité des membres des organes d'administration, pendant deux exercices successifs ;

– faculté d'exercer une influence dominante sur le destin de la société dominée.

2412. – *Pouvoir.* Avec ce dernier critère, on sort de l'approche purement capitalistique qui privilégie la part de capital détenue et par suite l'influence en assemblée, pour atteindre au cœur du groupe : le pouvoir exercé au sein d'une société, par quelque canal que ce soit. Cependant, cette définition n'a de force obligatoire qu'en matière de consolidation comptable ; en dehors de cette sphère, elle a simple valeur d'inspiration (V. *infra*, n° 2414).

C. – Le contrôle en droit du travail

2413. – *Comité de groupe.* L'existence d'un groupe de sociétés oblige à constituer un comité de groupe ; cela suppose donc d'identifier le groupe. Pour ce faire, le droit du travail délaisse l'approche du droit des sociétés et recherche purement et simplement s'il y a domination.

Pareille situation existe, lorsqu'une entreprise « exerce une influence dominante sur une autre entreprise dont elle détient au moins 10 % du capital, lorsque la permanence et l'importance des relations de ces entreprises établissent l'appartenance de l'une et de l'autre à un même ensemble économique » (C. trav., art. L. 2331-1, II) ; tel est le cas par exemple si une entreprise peut nommer plus de la moitié des membres des organes d'administration, de direction ou de surveillance d'une autre entreprise, ou détient la majorité du capital souscrit d'une autre entreprise.

§ 2. – La portée des définitions légales du contrôle

2414. – *Géométrie variable du groupe.* Chaque définition légale du contrôle n'a de valeur qu'au regard des dispositions pour lesquelles elle a été conçue. On peut donc rencontrer des situations dans lesquelles il y a groupe au regard du droit du travail alors que pour le droit des sociétés il n'en sera pas de même.

En dehors de leur propre sphère de compétence, chaque définition n'en a pas moins une valeur doctrinale, susceptible d'orienter le juge ou le praticien confrontés par exemple à l'interprétation d'une stipulation contractuelle ou statutaire contenant les mots « groupe de sociétés » sans les définir.

2415. – *Synthèse.* Et l'amateur, s'intéressant au groupe par pur plaisir – oui, il y en a –, sera naturellement tenté de forger une synthèse, dont la clé est la domination d'une société par une autre personne, quelles que soient la forme et l'expression de cette domination, autrement dit de ce contrôle. Mais, comme le révèlent les différentes approches légales, cette maîtrise du destin d'une entreprise par une autre ne procède pas simplement de la différence de taille entre deux partenaires : Apple domine le marché des téléphones intelligents, mais ne contrôle pas ses concurrents. La domination pertinente est celle qui affecte le gouvernement d'une entreprise par une autre, le plus souvent à travers les organes de celle-ci et plus rarement, sans détention de capital, par le fait d'un arrangement contractuel qui enlève à l'entreprise contrôlée toute autonomie juridique.

SECTION 2

L'ORGANISATION

2416. – Chaque groupe a son organisation propre, conçue au fur et à mesure de son développement. Des constantes existent toutefois qui concernent la structure du haut, celles du bas et leurs relations capitalistiques.

§ 1. – La structure du haut

2417. – *La société mère,* dite encore société tête de groupe ou holding(2), est un chef d'orchestre, mais un chef qui aurait droit de vie de et de mort sur chacune des entités composant l'ensemble. À raisonner selon un schéma pyramidal, c'est à cet étage que siègent les organes dirigeants du groupe. Le nombre de ses salariés propres est souvent réduit, s'il y en a. Dans son patrimoine sont concentrées les participations détenues dans les sociétés subordonnées. Elle n'a pas nécessairement une activité commerciale ou industrielle. La société mère peut ainsi être une société dont l'unique rôle est de regrouper en une seule main les participations dans les entités composant le groupe et d'exercer le pouvoir conséquent ; dans de tels cas de figure, on parle parfois de sociétés de portefeuille ou de holding passive.

2418. – *Validité des sociétés de portefeuille.* Longtemps, la Cour de cassation a été hostile à ces sociétés de portefeuille considérant notamment qu'elles n'étaient que des sociétés de façade, destinées à obliger un ou plusieurs partenaires à se concerter pour toutes les décisions à prendre au sein d'une tierce société. La Cour de cassation

(2) B. Bédaride et S. Pla Busiris, *Comment organiser un groupe de sociétés à travers une holding ?* : *JCP* E 2014, 1407.

estimait qu'il y avait là une convention de vote prohibée (V. *supra*, n° 1155) et en déduisait la nullité des sociétés de portefeuille. Elle a toutefois abandonné cette position restrictive en 1985 dans l'importante affaire *Lustucru* (V. *infra*, n° 2419). On considère désormais comme acquise la validité de principe des sociétés de portefeuille. La nature et la densité de l'activité sont sans conséquence sur la personne morale ; la société rentière est tout aussi légitime que la société industrielle.

2419. – L'affaire *Lustucru c/ Rivoire et Carret*.

Deux sociétés fabricantes de pâtes alimentaires, Lustucru et Rivoire et Carret, avaient décidé de se rapprocher en constituant une société de portefeuille à laquelle elles apportèrent 70 % de leurs titres. Compte tenu de la valeur différente des deux apports, l'un des partenaires (Lustucru) se retrouva minoritaire dans la société de portefeuille. Un protocole d'accord fut signé afin de compenser les effets de cette minorité en capital et d'établir une parité dans les décisions. Ce document prévoyait notamment que la société serait administrée par un directoire composé de représentants des deux groupes en nombre égal et que toutes les décisions du directoire seraient prises à l'unanimité. Puis les partenaires se fâchèrent et Lustucru tenta d'obtenir l'annulation de la société de portefeuille en plaidant le caractère de convention de vote de celle-ci ; elle obtint gain de cause en première instance et devant la cour d'appel ; mais la Cour de cassation considéra que l'arrangement ne constituait pas une atteinte au droit de vote et que le simple fait que la société soit uniquement une société de portefeuille ne suffisait pas à la qualifier de fictive (Cass. com., 2 juill. 1985 : *BJS* 1986, p. 229 et 374, obs. W. Le Bras. – V. égal. dans la même affaire, Cass. com., 24 févr. 1987 : *BJS* 1987, p. 213, note P. Le Cannu).

On sait que les hostilités prirent ensuite un autre tour – il est toujours difficile de se contenter d'un seul plat de pâtes – quand Lustucru, passant au large de la clause d'agrément, céda sa participation au concurrent italien Barilla (sur ce contentieux, V. *supra*, n° 1260).

§ 2. – Les structures du bas

2420. – *Filiales.* Les groupes recherchent avant tout l'efficacité, et celle-ci commande d'utiliser des formes combinant souplesse et simplicité ; la souplesse pour permettre les adaptations dictées par l'évolution de l'activité de la filiale ; la simplicité pour limiter le plus possible les entraves aux flux financiers entre les différentes entités du groupe. Bref, il faut éviter que les règles impératives gouvernant le fonctionnement des filiales, les rapports entre les organes sociaux, le statut des dirigeants, etc., viennent gêner la conduite du groupe et l'observation de la pensée du groupe, disons de « la ligne du Parti ». Ici, la société est manifestement une technique d'organisation de l'entreprise (V. *supra*, n°s 28 et s.).

2421. – *Forme sociale.* Les contraintes justifient fréquemment le recours à la société par actions simplifiée ou SAS : liberté d'organisation, possibilité d'avoir un actionnaire unique (sur la SASU, V. *supra*, n° 1563), faculté de nommer comme dirigeant une personne morale, qui sera par exemple la société mère ou une autre filiale – peut-être un groupement d'intérêt économique dont ce sera souvent le métier principal –, faculté d'évolution au cas où il serait nécessaire d'accueillir un partenaire...

§ 3. – Les liens en capitaux

2422. – *Participations croisées.* En continuant à raisonner sur l'exemple du groupe pyramidal, on comprend que la société mère contrôle une ou plusieurs filiales, lesquelles peuvent elles-mêmes avoir plusieurs filiales, et ainsi de suite ; au final, la mère devient grand-mère, voire arrière-grand-mère. Dans un schéma pur, en laboratoire, les liens en capitaux descendent mais ne remontent pas, autrement dit une filiale ou une sous-filiale ne détient pas de parts ou d'actions d'une société située en amont. Mais les hasards de l'activité économique et l'imagination des financiers font que ces schémas sont parfois gauchis : telle filiale détient des actions de la société mère, telle autre a systématiquement une participation dans ses sœurs ou nièces. De croisements en croisements, ce n'est plus une pyramide mais un écheveau de relations que seuls les spécialistes peuvent démêler. Et si l'on ajoute la dimension internationale avec ici et là des *special purpose vehicles* (V. *supra*, n° 38) logés par exemple sous les cocotiers, on entre vite dans un espace à *n* dimensions ou un tableau de Jackson Pollock.

2423. – *Autocontrôle.* Il reste qu'au-delà de l'esthétique, ces constructions interpellent le juriste. Prenons l'exemple suivant : une société A contrôle une société B, qui contrôle une société C, laquelle contrôle la société A. De telles configurations sont qualifiées de situation d'autocontrôle : il y a autocontrôle lorsqu'une société détient directement ou indirectement ses propres actions.

Les liens d'autocontrôle sont critiquables à deux égards. D'une part, cela aboutit à majorer fictivement la valeur des sociétés considérées : la pratique anglo-saxonne utilise parfois le terme de *watering* (mouillage) des actifs ; en effet, la valeur de A est déterminée sans que l'on tienne compte de la part possédée par A dans elle-même à travers B et C. D'autre part, l'autocontrôle conduit à un verrouillage de la direction des sociétés concernées et interdit toute prise de participation extérieure. Or une direction inexpugnable est rarement un gage de performance.

2424. – *Suppression du droit de vote.* Le législateur s'est contenté de limiter l'influence de l'autocontrôle en supprimant purement et simplement le droit de vote attaché aux actions d'autocontrôle (C. com., art. L. 233-31) : « Lorsque des actions ou des droits de vote d'une société sont possédés par une ou plusieurs sociétés dont elle détient directement ou indirectement le contrôle, les droits de vote attachés à ces actions ou ces droits de vote ne peuvent être exercés à l'assemblée générale de la société. Il n'en est pas tenu compte pour le calcul du quorum ».

Ainsi, dans l'exemple présenté, C ne pourra pas voter aux assemblées de A. La règle étant impérative, sa violation est de nature à justifier la nullité des assemblées générales ordinaires pour lesquelles les actions d'autocontrôle ont pris part au vote. De plus, une sanction pénale est prévue à l'encontre des dirigeants qui auraient contrevenu à l'interdiction (C. com., art. L. 247-3 ; amende de 18 000 €).

SECTION 3

LES FLUX

2425. – Il y a deux sortes de flux à considérer, les flux en capitaux et les flux en personnel. On se contentera ici de les identifier pour y revenir plus en détail dans l'analyse des règles applicables au groupe. On y ajoutera une précision concernant la procédure applicable au faisceau de conventions provoquées par ces flux.

§ 1. – Les flux en capitaux

A. – Le flux d'origine

2426. – *Apports. Ab initio*, la filiale est créée comme n'importe quelle autre société : un capital, complété le cas échéant par une avance en compte courant (V. *supra*, n° 611). Pour trouver au groupe une singularité, il faut aller chercher du côté des apports partiels d'actifs ; on le sait, cette opération de transfert d'une activité économique d'une société vers une autre est un mode fréquent de filialisation (V. *supra*, n° 2306).

2427. – *Sous-capitalisation.* Existe-t-il un plancher pour la dot initiale ? On retrouve le débat sur la sous-capitalisation et l'éventuelle faute de gestion des dirigeants ; la problématique est la même, que la société soit insérée ou non dans une cohorte de personnes morales (V. *supra*, n° 606). L'insuffisance des apports ne constitue pas une faute de gestion des dirigeants au regard de l'action pour insuffisance d'actif. En outre, il a été jugé qu'une société mère n'était tenue d'aucun devoir d'assistance durant la vie de la filiale (V. *infra*, n° 2439) et cela vaut, semble-t-il, même si la mise de départ est insuffisante pour assurer la continuité d'exploitation de la filiale.

B. – Les flux ultérieurs

2428. – *Trésorerie.* Pour le financier, le groupe est compris le plus souvent comme une entreprise unique. Cela s'observe notamment au regard de la gestion de la trésorerie des sociétés de groupe ; il est fréquent en effet que soit mise en place une convention de trésorerie(3) – on parle également de centrale ou de pool de trésorerie – afin d'assurer une gestion centralisée, par la société holding, des ressources et des besoins financiers de chacune des entités. Ces dernières mettent périodiquement, voire quotidiennement, leur excédent de trésorerie à disposition de la société holding sous forme de prêt et contractent des emprunts auprès de celle-ci en cas de besoin. La pratique suscite des questions de droit bancaire (V. *infra*, n°s 2467 et s.).

2429. – *Mutualisation des ressources.* Dans le groupe coexistent des sociétés prospères et d'autres qui sont impécunieuses. Il paraît donc naturel qu'au nom de la

(3) A. Bienvenu, *Les conventions de trésorerie dans les groupes de sociétés*, LexisNexis, coll. « Bibl. dr. entr. », 2012, préf. Fl. Deboissy.

solidarité économique des membres du groupe les premières aident les secondes, à charge de revanche. Les outils sont multiples : prêts, subventions, remises de dettes, cessions d'actifs à prix préférentiels. La pratique suscite des interrogations du côté du droit fiscal – ces aides constituent-elles des actes anormaux de gestion (V. *infra*, n° 2440) ? – et du côté du droit pénal – le fait de saigner le riche pour transfuser le pauvre ne réalise-t-il pas un abus de pouvoir (V. *infra*, n° 2471) ?

2430. – *Gestion centralisée.* La société mère passe fréquemment avec ses filiales une convention de gestion, par laquelle elle prend en charge les aspects administratifs de leur activité, contre rémunération bien entendu. Cela peut s'étendre le cas échéant à leur politique commerciale. À l'extrême, ce sont tous les aspects de la gestion des filiales qui se trouvent ainsi délégués à la société mère ; on parle alors de convention de management universelle. Ces arrangements entre membres de la famille appellent un certain nombre de précautions : rémunération proportionnée au service rendu, réalité de celui-ci (V. *infra*, n° 2440).

2431. – Liberté de vote des administrateurs cumulant des mandats au sein d'un groupe.

Soit une société par actions simplifiée S, dont deux frères, Laurent et Alain, sont actionnaires majoritaires ; S et une autre société contrôlent trois filiales. Le 27 juin 2014, le conseil d'administration de S décide à la majorité de ses membres que Laurent et Alain se porteront respectivement candidats à la présidence ou à la direction générale des filiales ; lors du conseil de ces dernières, deux des administrateurs de la société mère, également administrateurs des filiales, s'opposent à la nomination des deux frères… et sont élus à leur place. Saisi de ce coup d'État et d'une demande induite de dommages-intérêts, la cour de Bordeaux décide, le 13 février 2017, que le non-respect par les deux administrateurs rebelles de la résolution adoptée au niveau de la mère constitue un manquement à leur devoir de loyauté à l'égard de cette dernière, les administrateurs étant tenus au respect des décisions collectives prises régulièrement et non entachées d'abus de droit. Saisie d'un pourvoi, la Cour de cassation commence par poser un principe important : « attendu que si l'administrateur d'une société exerce en principe librement son droit de vote, dans l'intérêt de la société, le devoir de loyauté auquel l'administrateur d'une société mère est tenu à l'égard de celle-ci l'oblige, lorsqu'une décision est votée par le conseil d'administration de cette société, à voter dans le même sens au sein du conseil d'administration de la filiale, sauf lorsque cette décision est contraire à l'intérêt social de la filiale » ; en application de ce tempérament au principe, elle annule l'arrêt d'appel, pour n'avoir pas recherché, comme cela lui était demandé, si la décision prise par le conseil d'administration de la société mère n'était pas contraire à l'intérêt social de ses filiales (Cass. com., 22 mai 2019, n° 17-13.565 : *BJS* oct. 2019, p. 8, note A. Gaudemet ; *BRDA* 12/2019, n° 1 ; *JCP* E 2019, 1296, note R. Mortier et 1531, n° 7, obs. J. Valiergue ; *Rev. sociétés* 2019, p. 681, note J. Delvallée ; *RJDA* 8-9/2019, n° 562).

Que penser de cette solution ? Que le vote soit libre, que l'administrateur doive respecter l'intérêt social ou encore qu'il soit tenu d'une obligation de loyauté, rien de tout cela ne prête à controverse. En revanche, la combinaison de ces principes, telle qu'opérée par la Cour de cassation, peut poser problème. De fait, que reste-t-il de la liberté de vote, dont certaines atteintes sont pourtant réprimées pénalement (C. com., art. L. 242-9), si la « ligne du parti », telle que posée par la société mère, doit être respectée aux étages inférieurs, et ce, que les intéressés aient voté pour ou contre lors de la délibération au niveau de la société mère ? De même, comment prétendre que chaque société, membre d'un groupe, est juridiquement autonome si leurs organes sociaux sont assujettis à ce qu'ailleurs on qualifierait de « centralisme démocratique » ? Allant plus loin, on peut se demander si les organes sociaux des filiales, simples chambres d'enregistrement, sont encore utiles. L'arrêt du 22 mai 2019 drape l'atteinte à la liberté de vote dans le devoir de loyauté (V. *supra*, n° 430), mais sauf erreur, ce devoir, simple construction jurisprudentielle qui interdit par exemple à l'administrateur de concurrencer la société ou encore d'abuser l'actionnaire sur le prix réel des actions qu'il lui rachète, a une valeur bien inférieure à la règle fondamentale qu'est la liberté du vote. L'arrêt croit limiter la portée du principe affirmé en rappelant le jeu possible de l'intérêt social ; ce faisant, il renverse l'ordre des facteurs, car l'administrateur doit en toute occurrence respecter l'intérêt social. Mais, à suivre l'arrêt, dans les groupes, au niveau des filiales, l'intérêt social n'aurait qu'un rôle correcteur, secondaire, permettant de déroger à la décision arrêtée à l'échelon supérieur. À suivre.

§ 2. – Les flux en personnel

2432. – *Personnel d'exécution.* Dans un groupe bien géré, les collaborateurs peuvent être conduits à opérer successivement dans plusieurs entités composant l'ensemble. De là une hésitation parfois sur l'identité de l'employeur lors d'un licenciement : société mère ou filiale dans laquelle le salarié travaillait au moment de la rupture du contrat de travail ? À cette interrogation, les tribunaux apportent une réponse pragmatique, recherchant à chaque fois, comme on le verra (V. *infra*, n°s 2479 et s.), l'origine du lien de subordination.

2433. – *Personnel de direction.* Pour les dirigeants, le problème se complique de la dualité des qualités, salarié un jour, dirigeant d'une filiale le lendemain, avec ou sans maintien du salariat.

2434. – **Quand le salarié de la société mère devient dirigeant de la filiale.**

Watanabe est salarié de la société mère ; il y vit des jours tranquilles jusqu'au jour où il accepte d'être promu directeur général d'une filiale ; il ajoute alors à sa qualité de salarié, en haut, celle de mandataire social, en bas. L'esprit peut-être pollué par la lecture de cet ouvrage – autonomie des personnes morales, hiérarchie des organes sociaux, etc. – ; il se prend au jeu et, oubliant qui l'a fait roi, prend seul comme un grand une décision cruciale en plaçant la filiale sous sauvegarde de justice ; colère de la société mère, révocation du mandat social et licenciement de l'intéressé pour faute grave ; Watanabe prétend alors que son contrat de travail n'avait pas pour objet d'exercer la direction générale de la filiale et qu'en tant que salarié, il n'avait commis aucune faute de nature à le priver d'indemnité ; il échoue dans sa tentative au motif au contraire que sa mission de salarié de la société mère consistait justement à gérer la filiale ; dès lors, ayant commis une faute dans le cadre de cette gestion, il devait en supporter les conséquences au niveau de son contrat de travail ; et la mise sous sauvegarde, dont il n'est pas prouvé qu'elle ait été justifiée, constituait une faute grave (Cass. soc., 2 juin 2016, n° 14-29.727 : *BRDA* 17/2016, n° 4). À l'inverse, si son contrat de travail avait été suspendu pendant le mandat social, une défaillance dans l'accomplissement de celui-ci n'aurait pas eu de conséquence sur le contrat de travail (Cass. soc., 28 juin 2000, n° 98-43.100 : *RJS* 11/2000, n° 1066).

2435. – *Appréciation.* Au fond, les solutions sont de bon sens : ou bien les deux qualités fusionnent, ou bien le salariat est mis entre parenthèses le temps du mandat. Dans le premier cas, si la mission du salarié est de gérer une filiale, les égarements du mandataire rejaillissent sur le contrat de travail ; si la mission du salarié, qu'il continue d'exercer concurremment au mandat est différente, la faute dans le mandat ne devient pas automatiquement une faute dans le salariat(4). Dans le second cas, le contrat de travail étant suspendu pendant le mandat, il ne peut pas être affecté par les erreurs commises par le mandataire social.

2436. – Dans les situations qui viennent d'être exposées, le mandat social est susceptible d'infecter le contrat de travail. Mais l'inverse est envisageable, ainsi du comptable de la société mère détournant des fonds ; s'il se trouve être aussi président d'une ou plusieurs filiales, sa faute grave constituera un motif de révocation du mandat social(5). Cependant, l'enjeu n'est pas ici de même nature, en raison des différences entre le statut de salarié et celui de mandataire social ; la procédure n'est pas identique et la révocation du dirigeant n'exige pas la démonstration d'une cause réelle et sérieuse. Il n'en reste pas moins que les règles propres à la révocation d'un mandataire social doivent être scrupuleusement observées : décision de l'organe social compétent, respect du principe de loyauté(6).

2437. – Une autre interrogation a longtemps préoccupé les praticiens : la dualité de qualité n'est-elle pas un contournement du principe de libre révocabilité des mandataires sociaux ? Elle est aujourd'hui levée (V. *infra*, n° 2441).

§ 3. – Le régime des flux : l'allègement de la procédure des conventions réglementées

2438. – La gestion centralisée des sociétés constituant le groupe, la recherche de synergies entre les divers pôles d'activité et la présence de dirigeants communs multiplient les cas d'application de la procédure des conventions réglementées (V. *supra*, n°s 1033 et s.). Répondant à une demande de la pratique, le législateur a allégé cette réglementation dans les groupes de sociétés. L'ordonnance n° 2014-863

(4) Cass. soc., 15 févr. 2012, n° 10-18.843 : *RJDA* 7/2012, n° 686 ; administrateur d'une filiale, par ailleurs salarié de la société mère, prenant l'initiative de réunir le conseil et de provoquer un rendez-vous avec le président du tribunal de commerce ; le licenciement ne peut pas être fondé sur ces décisions, dès lors qu'elles sont étrangères au contrat de travail.

(5) Cass. com., 12 juin 2007 : *RJDA* 12/2007, n° 1242 ; les juges ont estimé que le mandat social se situait « dans la même logique de management » que le contrat de travail.

(6) CA Paris, 24 oct. 2013 : *BRDA* 22/2013, n° 3. – CA Paris, 6 déc. 2016, n° 15/23119 : *RJDA* 3/2017, n° 182 ; l'unité des fonctions de salarié et de mandataire social ne dispense pas d'informer le mandataire des motifs de sa révocation.

du 31 juillet 2014 (C. com., art. L. 225-39 et L. 225-87) a en effet écarté l'obligation de respecter la procédure d'autorisation des conventions réglementées lorsque la convention est conclue entre deux sociétés dont l'une détient directement ou indirectement la totalité du capital de l'autre (V. *supra*, n° 1036). Mais une contrainte supplémentaire a été ajoutée, le rapport de gestion devant comporter une information relative aux conventions conclues par les dirigeants ou actionnaires importants de la société mère avec les filiales détenues à plus de 50 % (V. *supra*, n° 1041).

Le coin des amateurs

1. Quand la fille reproche à sa mère de l'avoir mal dotée

2439. – En 1997, Rhône-Poulenc, désireuse de se recentrer sur la pharmacie, a filialisé, par voie d'apport partiel d'actif, son activité chimie au sein d'une société existante baptisée Rhodia. L'année suivante, cette dernière a été introduite en bourse, Rhône-Poulenc procédant à une augmentation de capital importante et conservant un temps le contrôle. En 2005, Rhodia a recherché la responsabilité de son ancienne société mère, devenue Sanofi, au titre des passifs mis à sa charge lors de la filialisation – divers engagements de retraite et passifs environnementaux liés à différents sites chimiques apportés en 1997 – le tout caractérisant selon Rhodia l'insuffisance de dotation au profit de la filiale lors de l'opération de 1997. Elle échoue aux motifs notamment que la mère avait procédé à plusieurs augmentations de capital ainsi qu'à un abandon de créance et que la structure financière de la filiale avait été expertisée par de nombreux intervenants. Les juges ajoutent un considérant important dont la portée dépasse le débat entre pharmaciens et chimistes : « Rhodia prétend en vain au bénéfice d'un soutien intragroupe pour compenser la faiblesse des garanties accordées. En effet, non seulement la faiblesse alléguée n'est pas démontrée, mais il n'est pas de devoir général de prudence qui obligerait une société mère à soutenir sa filiale tout au long de sa vie sociale au-delà des engagements souscrits… » (CA Paris, 17 sept. 2013 : *RJDA* 1/2014, n° 41 ; pourvoi rejeté par Cass. com., 12 mai 2015, n° 13-27.716 : *RJDA* 8-9/2015, n° 568). Bref, en droit des sociétés, il ne saurait y avoir de devoir d'assistance du type de l'obligation alimentaire entre parents et enfants (C. civ., art. 203 et s.). Cela ne veut pas dire qu'une société mère puisse abandonner dans la nature ses filiales, mais dès lors que la dotation initiale est suffisante pour permettre la continuité d'exploitation de la filiale, on ne peut rechercher la responsabilité de la mère si la fille, devenue majeure, tombe dans la misère.

Dans le même ordre d'idées, la société mère ayant cédé sa filiale dans le cadre d'un plan de cession à un repreneur, placé lui-même peu de temps après en redressement judiciaire, n'est pas responsable à l'égard des salariés de son ancienne filiale de la perte de leur emploi, en l'absence de lien de causalité et en l'absence de démonstration d'une faute (CA Paris, 14 avr. 2015, n° 14/02820 : *RJDA* 8-9/2015, n° 569).

2. Les dangers des conventions de management universelles

2440. – Les conventions de management, ou conventions de *management fees*, sont très fréquentes dans les groupes de sociétés (A. Reygrobellet, *Les conventions de management fees : où en est-on ? : BJS* 2018, p. 120). L'idée est simple, elle consiste à centraliser certaines, sinon l'essentiel des fonctions de gestion des filiales – comptabilité, finances, relations humaines, département juridique, etc. – au niveau de la société mère ou d'un véhicule *ad hoc*, par exemple un groupement d'intérêt économique. En contrepartie de l'assomption de ces diverses tâches, la société mère ou le véhicule perçoivent une rémunération (*management fee*), ce qui permet d'augmenter les charges déductibles de la filiale concernée.

De telles conventions ne sont pas illégales. Cependant, les occasions de dévoiement sont réelles ; et « la tentation faisant le larron », le larron risque de connaître l'inconfort de sanctions fiscales, pénales ou civiles.

a) Fiscalement, le redressement menace sur le fondement de l'acte anormal de gestion si la rémunération payée est disproportionnée par rapport au coût réel des prestations rendues, l'objectif étant en réalité de transférer des bénéfices de la filiale vers l'entité censée fournir les services.

b) Pénalement, la même disproportion oriente vers l'abus de biens ou de pouvoirs, spécialement si aucun service n'est rendu et si les honoraires faramineux versés à la société de gestion mettent à genoux la filiale.

c) Civilement, l'annulation guette, si la convention blesse l'intérêt social de la filiale, ou si elle est dépourvue de cause (V. *supra*, n° 1050). Ce dernier point a été mis en valeur par deux arrêts de la Cour de cassation. Une première décision du 14 septembre 2010 (Cass. com., 14 sept. 2010, n° 09-16.084 : *JCP* E 2010, 1995, note A. Viandier) a eu à connaître d'un arrangement dans lequel le directeur général d'une société avait créé une autre société avec laquelle la première avait passé un contrat de prestations de services, dont l'objet était la fourniture d'un ensemble de prestations en contrepartie d'une rémunération partiellement assise sur le chiffre d'affaires ; la débitrice, après la cessation des fonctions du directeur général, avait arrêté de payer les honoraires contractuels en prétendant que la convention était nulle et qu'elle avait droit au remboursement des sommes versées ; argument : la convention faisait double emploi avec l'exercice par le directeur général de ses fonctions, ce qui revenait à lui verser une rémunération indirecte, alors que le versement d'une telle rémunération exige une décision du conseil d'administration ; succès devant la cour d'appel et rejet du pourvoi. Même conclusion dans un arrêt du 23 octobre 2012 (Cass. com., 23 oct. 2012, n° 11-23.376 : *BJS* 2013, § 53, p. 108, note N. Ferrier ; *D.* 2013, p. 686, note D. Mazeaud ; *Rev. sociétés* 2013, p. 160, note A. Reygrobellet). Ici, un PDG est désigné en 1995 ; dix ans après, alors que l'intéressé occupe toujours les mêmes fonctions, la société passe un contrat de prestations de services avec une EURL dont l'unique associé est le mandataire social. Ultérieurement, l'intéressé est démis de ses fonctions et le contrat est résilié. Deux fois mécontents, l'ex-PDG et l'EURL demandent judiciairement le versement d'une indemnité contractuelle à la société, mise entre-temps en redressement judiciaire. La cour d'appel rejette la demande au motif que la convention litigieuse était dépourvue de cause ; en effet, le contrat aboutissait par l'ampleur des prestations attendues de l'EURL à déléguer à celle-ci « une partie des fonctions de décision, de stratégie et de représentation incombant normalement » au mandataire social et qu'à ce titre il fait double emploi avec lesdites fonctions. La Cour de cassation rejette le pourvoi. Cette solution, parfaitement fondée au regard du droit des contrats, est tout aussi satisfaisante du point de vue du droit des sociétés : outre que la convention visait en l'espèce à obtenir une indemnité de révocation déguisée, cette convention à laquelle le directeur général était intéressé, réalisait un doublon avec la fonction sociale qui lui était confiée.

En revanche, dans une décision plus récente, la Cour de cassation refuse de censurer une cour d'appel ayant écarté le grief d'absence de cause en se fondant notamment sur les rapports des commissaires aux comptes des sociétés concernées (Cass. com., 5 juin 2019, n° 17-26.167 : *BJS* oct. 2019, p. 11, note A. Reygrobellet ; *Rev. sociétés* 2019, p. 675, note A. Viandier ; l'action en nullité était intentée par le repreneur du groupe).

La morale de l'histoire, comme bien souvent en droit des sociétés, relève du bon sens le plus rustique : la convention de management n'est pas nocive, c'est l'usage que l'on en fait qui peut le devenir. La convention n'est pas destinée en effet à éviscérer la société contractante, ni à faire exécuter par un tiers – la société prestataire – des fonctions relevant des organes sociaux. C'est une manière d'ailleurs de retrouver la règle dite d'autonomie des organes selon laquelle chaque organe a des pouvoirs propres, qui ne sauraient être délégués à un autre organe et à plus forte raison à un tiers.

3. Dualité de qualités et libre révocabilité des mandataires sociaux

2441. – Un contrat de travail peut-il avoir pour unique objet l'exercice d'un mandat social ? N'est-ce pas le moyen de porter atteinte à la règle de la révocabilité *ad nutum* et, plus généralement, de contourner les contraintes inhérentes au statut légal des dirigeants sociaux ?

Ces interrogations ont été levées par une série de décisions de la chambre sociale de la Cour de cassation qui a fermement reconnu la validité d'un tel contrat de travail, quand bien même une rémunération unique serait allouée par la société mère, à condition bien sûr que la réalité du lien de subordination du salarié à l'égard de la société holding soit démontrée (Cass. soc., 4 mars 1997 : *BJS* 1997, p. 661, note J.-Ph. Dom ; *RTD com.* 1997, p. 651, obs. B. Petit et Y. Reinhard. – *Adde* Cass. soc., 11 mars 2003 : *RJDA* 6/2003, n° 596). La solution, pleinement justifiée sur le terrain pratique, est tout aussi fondée sur le terrain juridique. Le problème ne doit pas être posé en termes classiques de cumul entre un contrat de travail et l'exercice d'un mandat social puisque les fonctions ne sont pas exercées au sein de la même société ; peu importe en conséquence la condition relative à l'exercice d'une fonction salariée distincte du mandat social. De même, on ne saurait tirer argument d'une atteinte à la libre révocabilité des mandataires sociaux puisque l'éventuelle révocation du dirigeant laisse en principe subsister le contrat de travail avec la société mère : il n'en résulte aucune entrave à la révocation du dirigeant même si la société holding qui entend se séparer de son salarié, recruté comme tel, doit évidemment respecter les contraintes du droit du travail et lui verser le cas échéant une indemnité de licenciement. Est donc licite l'arrangement au terme duquel une société mère prend l'engagement de réintégrer dans une position salariée le cadre qu'elle détache dans une filiale pour y exercer des fonctions de dirigeant (Cass. soc., 20 mars 1996 : *RJDA* 1996, p. 669). La seule condition concerne finalement la démonstration de l'existence d'un lien de subordination, laquelle ne posera généralement guère de difficulté, le dirigeant étant le plus souvent dans une réelle situation de dépendance juridique à l'égard de la société mère.

CHAPITRE 2

ÉNONCÉ DES RÈGLES DE BASE GOUVERNANT LE GROUPE

2442. – Le groupe, c'est l'indépendance juridique dans la dépendance économique. De cet axiome, on peut déduire deux principes : l'absence de personnalité du groupe (Section 1) et l'absence de responsabilité commune des sociétés du groupe (Section 2).

SECTION 1

L'ABSENCE DE PERSONNALITÉ JURIDIQUE DU GROUPE

2443. – *Absence d'immatriculation.* Le juriste aime l'ordre : il ne peut pas concevoir qu'un ensemble de personnes morales puisse avoir, pris dans sa totalité, une personnalité juridique. Personne morale sur personne morale ne vaut. Et comme il n'est pas question qu'une société constituée et immatriculée n'ait pas la personnalité morale conformément à l'article L. 210-6 du Code de commerce, cela veut dire que le groupe lui-même ne peut pas avoir lui-même la personnalité juridique.

2444. – *Absence d'intérêt propre.* Le groupe en tant que tel n'est pas immatriculé, ce qui suffit à lui dénier la personnalité juridique. Cette dernière raison est toutefois un peu faible dans la mesure où la théorie dite de la réalité technique (V. *supra*, n°s 310 et s.) admet qu'un groupement puisse accéder à l'existence juridique dès lors « qu'il est pourvu d'une possibilité d'expression collective pour la défense d'intérêts licites, dignes, par suite, d'être juridiquement reconnus et protégés »[1]. Toutefois, au motif que le groupe est dépourvu d'un intérêt juridique propre, la jurisprudence refuse d'appliquer cette théorie au groupe (V. *supra*, n° 314).

2445. – *Absence de capacité juridique.* Résultat de cette absence de personnalité juridique, le groupe est dépourvu de toute capacité juridique, tant substantielle que

(1) Cass. 2e civ., 28 janv. 1954 : *D.* 1954, 2, 217, note Levasseur.

processuelle : on ne peut pas contracter avec un groupe en tant que tel, la convention devant identifier la société qui s'engage (V. *infra*, n° 2453) ; de même, un groupe ne peut pas ouvrir un compte en banque[(2)] ou être défendeur à une action en justice[(3)].

SECTION 2

L'ABSENCE DE RESPONSABILITÉ COMMUNE DES SOCIÉTÉS DU GROUPE

§ 1. – Le principe

2446. – *Autonomie juridique des sociétés du groupe.* Contrôle, pensée de groupe, flux financiers et de personnel, le groupe projette l'image d'une unité économique. Les tiers, influencés par une telle image, sont tentés d'en induire une conséquence juridique : la responsabilité des sociétés du groupe à l'égard des contractants d'une des entités le composant. Soit le bailleur de la filiale X, les loyers sont impayés ; peut-il en demander le paiement à la société mère ou à une autre société du même groupe ? La réponse est négative (V. *infra*, n° 2456). Chaque étoile de la galaxie assume seule ses engagements et le créancier ne saurait invoquer son appartenance à l'ensemble, voire l'identité d'adresse ou de dirigeants, ou encore le fait que la totalité du capital soit détenue par une seule société, pour poursuivre l'exécution auprès d'une autre entité que son contractant. L'appartenance à un groupe ne vaut pas garantie, sauf engagement exprès, par exemple en forme de lettre d'intention (V. *infra*, n° 2454).

2447. – *Intérêt propre.* L'autonomie juridique des sociétés composant le groupe s'explique par le fait que chacune est porteuse d'un intérêt qui lui est propre. Ainsi, il est fait abstraction de la domination économique exercée par la société mère et des liens entre les sœurs, nièces, cousines. Le principe connaît toutefois des exceptions.

§ 2. – Les exceptions

2448. – *Fondement.* La protection tirée de l'autonomie juridique des filiales crée des devoirs : le respect de l'indépendance juridique des sociétés du groupe, toute transgression ouvrant une exception au principe de l'absence de responsabilité commune. On évoquera ici les deux transgressions les plus fréquentes.

2449. – *Confusion de patrimoine.* La confusion de patrimoine aboutit à abattre les cloisons juridiques conçues comme des cloisons étanches et à nier la personnalité juridique autonome des sociétés membres du groupe. En conséquence, la

(2) Cass. com., 2 avr. 1996 : *BJS* 1996, p. 510, note P. Le Cannu ; *RJDA* 1996, p. 756 ; *JCP* 1997, II, 22803, note J.-P. Chazal ; un groupe de sociétés étant dépourvu de la personnalité morale et de la capacité de contracter, la validité d'une convention d'ouverture de compte courant au nom du groupe ne peut pas être admise.

(3) Cass. com., 15 nov. 2011, n° 10-21.701 : *BJS* 2012, p. 395, note C. Priéto ; le groupe ne peut être défendeur à une action en justice et faire l'objet d'une condamnation sur le terrain du droit de la concurrence.

procédure collective d'une société pourra être étendue à d'autres entités (V. *infra*, n°s 2490 et s.).

La reconnaissance de la confusion de patrimoine demeure toutefois une mesure exceptionnelle : il y a confusion de patrimoine en présence de relations financières *anormales* entre les entités du groupe, comme en cas d'imbrication de leurs affaires à un point tel qu'il est devenu impossible d'identifier ce qui procède de l'une et ce qui appartient à l'autre. Dit à la manière des psychologues, dans la confusion de patrimoine, la mère et la fille, ou les filles, entretiennent une « relation fusionnelle » (V. *infra*, n° 2492).

2450. – *Immixtion dans les affaires de la filiale.* L'autonomie juridique joue son rôle de bouclier tout et autant que chacun demeure sur son quant-à-soi ; si une filiale se mêle des opérations conduites par une sœur, elle risque en cas de litige d'être poursuivie à côté de cette dernière.

2451. – Illustration.

Un contrat est signé par une filiale ; lors de la négociation, une autre société du groupe est intervenue à plusieurs reprises, ses collaborateurs jouant un rôle actif lors des réunions, puis, durant l'exécution du contrat, la même société a pris contact avec le tiers, lui reprochant par exemple le non-respect de ses obligations, voire lui consentant une remise de dette ; si le contrat donne lieu ultérieurement à contentieux, on peut parier que le tiers mettra en cause la société qui s'est immiscée dans la relation contractuelle et qu'il obtiendra vraisemblablement gain de cause si l'ingérence est à ce point caractérisée qu'il a pu penser qu'il avait contracté avec deux sociétés et non exclusivement avec celle dont les représentants avaient signé le contrat litigieux. Ainsi, les interventions de la société mère auprès du bailleur, à la suite du retard de paiement des loyers par la filiale, ainsi que les courriels échangés à ce propos entre le bailleur et le directeur juridique ou le directeur général de la société mère valent immixtion de celle-ci et, par suite, engagement à l'égard du bailleur (Cass. 3e civ., 12 déc. 2019, n° 18-23.223 : *BJS* janv. 2020, p. 22, note A. Couret ; *RJDA* 3/2020, n° 150). C'est là une manifestation de la théorie de l'apparence.

2452. – *Coemploi.* De même, en droit du travail, l'immixtion d'une société mère dans la relation de travail liant un salarié à une filiale peut conduire à lui reconnaître la qualité de coemployeur (V. *infra*, n° 2481).

Le coin des amateurs

1. Le tête-à-queue de la carrière littéraire d'Alain Prost

2453. – Le célèbre coureur automobile ayant envisagé de passer du volant à la plume (avec direction assistée ?) signa un contrat d'édition avec le groupe *Les Presses de la Cité* en vue de la publication d'un livre qui devait être modestement intitulé « Moi, pilote ». L'entreprise finit en tête-à-queue et le coureur plaida la nullité du contrat d'édition, en invoquant notamment le fait que le contrat avait été conclu avec le « groupe » *Les Presses de la Cité* ; or, n'ayant pas la personnalité morale, un groupe ne saurait s'engager par contrat ; l'argument emporta la conviction des juges qui annulèrent le contrat d'édition au motif de l'incapacité d'un groupe à contracter valablement (TGI Paris, 7 mars 1986 : *D.* 1988, inf. rap. p. 206).

2. Les lettres d'intention à l'épreuve du groupe de sociétés

2454. – Les liens de filiation financière qui les unissent justifient qu'une société mère soutienne ses filiales et, le cas échéant, les renfloue en cas de difficultés. Ne serait-ce pas la traduction d'une sorte d'obligation alimentaire à l'image de celle qu'impose le droit de la famille ? De là les facilités accordées par la loi quant aux prêts consentis entre membres du groupe et quant à la constitution des pools de trésorerie (V. *infra*, n° 2467). La filiale a également besoin que son crédit, c'est-à-dire la confiance qu'elle inspire, soit renforcé par le soutien de la société mère. D'où la fréquence des cautionnements que ne manquent pas d'exiger les créanciers les plus précautionneux, les établissements financiers notamment. Les lettres d'intention sont une autre forme de garantie conçue par la pratique, spécialement dans les relations internationales ; la terminologie est variable et l'on parle indifféremment de lettres d'intention, de lettres de patronage ou de lettres de confort (les *comfort letters* des Anglais. – *Adde*, B. Saint-Alary, *La lettre d'intention : Dr. et patrimoine* 1995, p. 30. – S. Jambart, *Les lettres d'intention sont-elles mortes : BJS* 2007, § 184, p. 669).

En gros, en signant la lettre d'intention, la société mère promet au créancier de veiller à ce que la filiale soit en état de faire face à ses engagements.

À partir de là, le regard du juriste peut se tourner dans deux directions : celle de la qualification et celle de la formalité de l'article L. 225-35 du Code de commerce.

a) La qualification

Les rédacteurs de lettres d'intention donnent parfois l'impression de poursuivre des objectifs contradictoires ; d'un côté, ils souhaitent rassurer le destinataire sur la réalité et la fermeté des intentions de la société mère ; d'un autre côté, ils souhaitent limiter la portée des engagements de celle-ci. En feuilletant le catalogue des lettres par ordre croissant de force juridique, on trouve les espèces suivantes :

– *la lettre d'intention – simple engagement d'honneur* : tel est le cas d'une lettre qui confirme seulement « l'intérêt » d'une société mère pour les engagements de sa filiale (CA Paris, 4 mai 1993 : *BJS* 1993, p. 729, note Ph. Delebecque) ; ce modèle est de plus en plus rare ;

– *la lettre d'intention porteuse d'une obligation de moyens* : avec de telles lettres, on passe du non-droit au droit ; cependant le destinataire de la lettre – banquier ou fournisseur de la filiale – devra prouver la faute de la société mère et il ne saurait se contenter de faire constater la défaillance de la filiale (Cass. com., 18 mai 2005 : *BRDA* 12/2005, n° 5 ; lettre marquant uniquement la volonté de la société mère de « soutenir » sa filiale) ;

– *la lettre d'intention porteuse d'une obligation de résultat* : un pas de plus est franchi, car ici la société mère promet un résultat précis et ne se contente pas de s'engager à faire tout son possible ; dès lors, la simple constatation de l'absence de survenance de résultat présumera la faute de la société mère et permettra donc d'engager sa responsabilité ; tel est le cas d'une lettre comportant « l'intention ferme et définitive du signataire de faire le nécessaire pour que sa filiale puisse honorer ses engagements envers une banque » (Cass. com., 8 nov. 1994 : *RJDA* 1995, n° 162) ; en effet, s'engager à faire le nécessaire revient à promettre un résultat (Cass. com., 26 févr. 2002 : *JCP* E 2002, p. 1003, note D. Legeais ; engagement souscrit par un actionnaire majoritaire de faire le nécessaire pour qu'une société dispose d'une trésorerie suffisante lui permettant de faire face à ses engagements. – Cass. com., 19 avr. 2005 : *BRDA* 10/2005, n° 6 ; société s'obligeant à faire le nécessaire pour que sa filiale respecte ses engagements à l'égard d'une banque. – Cass. com., 3 juill. 2019, n° 17-27.820 : *BRDA* 15-16/2019, n° 1 ; *JCP* E 2019, 1429, note M.-B. Salgado ; *Rev. sociétés* 2020, p. 25, note D. Houtcieff ; lettre d'intention jugée équivalente à la promesse d'un résultat. – Cass. com., 18 déc. 2019, n° 18-12.287 : *BJS* mars 2020, p. 13, note T. de Ravel d'Esclapon ; *RJDA* 3/20, n° 176) ;

– *la lettre d'intention constitutive d'un cautionnement* : elle se situe un degré plus haut dans l'échelle des garanties ; cette fois, la société mère s'engage à se substituer à sa filiale défaillante, autrement dit à exécuter à sa place l'obligation souscrite ; tel est le cas pour une lettre de ce type :

« Compte tenu de notre politique constante de faire en sorte qu'aucune banque ou établissement de crédit n'encoure aucune perte du fait de ses engagements avec nos filiales, nous vous confirmons par la présente que nous ferons tous nos efforts pour que notre filiale dispose d'une trésorerie suffisante pour faire face à ses engagements. Dans l'hypothèse où une impossibilité viendrait à se manifester, la SGF reprendrait à son compte les engagements de sa filiale » (CA Paris, 3 oct. 1991 : *D.* 1991, inf. rap. p. 259).

Cependant, le fait d'employer dans un courrier adjacent le mot « caution » ne suffit pas, à lui seul, à faire de l'engagement un cautionnement (CA Paris, 22 janv. 2009 : *BRDA* 7/2009, n° 3).

On le mesure, les deux frontières capitales sont, d'un côté, celle séparant les engagements moraux des engagements juridiques et, d'un autre côté, celle séparant les engagements juridiques ordinaires du cautionnement et tout est parfois affaire de nuances, de vocabulaire, voire du temps utilisé dans la conjugaison des verbes employés : il y a engagement si l'on écrit : « le groupe prendra toutes les dispositions pour que les règlements soient assurés », mais il n'y a pas engagement si l'on écrit : « le groupe a pris toutes les dispositions pour que les règlements soient assurés » (CA Versailles, 27 avr. 2006 : *RJDA* 10/2006, n° 1034).

b) Formalité de l'article L. 225-35 du Code de commerce

Dès lors que la lettre d'intention constitue un engagement juridique, la question du respect de la formalité de l'article L. 225-35 du Code de commerce, c'est-à-dire la nécessité d'une autorisation préalable du conseil d'administration – ou du directoire – en cas de caution, aval ou garantie donnée par une société anonyme, est posée (V. *supra*, n° 1003).

Pour les cautionnements, la réponse n'a jamais fait de doute. Il en va de même pour les lettres d'intention depuis que l'ordonnance du 23 mars 2006 a défini la lettre d'intention comme une technique de sûreté personnelle sans distinguer selon qu'elle est porteuse d'une obligation de moyens ou de résultat (C. civ., art. 2322) : toutes les lettres d'intention accordées par une SA doivent désormais faire l'objet d'une autorisation préalable (comp. CA Paris, 18 oct. 2011 : *RJDA* 5/2012, n° 509 ; engagement pris par une société mère de reconstituer les fonds propres de sa filiale si le besoin s'en faisait sentir).

On observera que la loi n° 2019-744 du 19 juillet 2019 a assoupli l'octroi de garanties par les sociétés mères : dès lors qu'elles détiennent un contrôle exclusif, le conseil d'administration ou de surveillance peut notamment accorder une autorisation globale et annuelle sans limitation de montant pour garantir les engagements pris par les filiales (V. *supra*, n° 1003).

CHAPITRE 3

MISE EN ŒUVRE DES RÈGLES GOUVERNANT LE GROUPE

2455. - Comment les règles qui viennent d'être exposées sont-elles appliquées ? On répondra en examinant différents aspects : les tiers, la finance, le personnel, la procédure collective et le fisc.

SECTION 1

LES TIERS

§ 1. – Principe[1]

2456. - *Autonomie juridique.* Comme on l'a vu (V. *supra*, n° 2446), la société mère ne souffre en principe aucune responsabilité ou obligation du fait de ses filiales et *vice versa* ; les différentes composantes d'un groupe ont une personnalité juridique distincte, qui interdit de tenir l'une pour responsable en raison du comportement des autres. Et ce qui vaut pour la mère vaut pour les autres filiales.

2457. - En conséquence :

– chaque société membre d'un groupe est censée avoir ses propres clients, lesquels n'ont aucun lien avec les autres sociétés du groupe, même si celles-ci interviennent dans la réalisation du contrat à la demande de la société titulaire de la commande ;

– les suites de la rupture prétendument abusive d'un contrat par la filiale d'un groupe ne peuvent pas être mises à la charge de la société mère ;

– le crédit bailleur ne peut pas agir en restitution des matériels loués contre une autre société du groupe que celle ayant conclu le contrat de crédit-bail[2] ;

(1) V. B. Grimonprez, *Pour une responsabilité des sociétés mères du fait de leurs filiales : Rev. sociétés* 2009, p. 715. – T. d'Alès et L. Terdjman, *L'écran sociétaire, rempart face à la mise en cause d'une société mère du fait de sa filiale : JCP* E 2014, 1584.

(2) Cass. com., 8 mars 2017, n° 15-18.614 : *BRDA* 8/2017, n° 9.

– il n'y a pas de compensation possible entre les dettes à l'égard de la société mère et les créances à l'encontre de la filiale ;

– la notification à la société mère d'un jugement concernant une filiale est irrégulière[3] ;

– la garantie accordée à une société ne s'étend pas *ipso facto* à ses filiales ;

– une société mère ne peut pas engager sa filiale[4] ;

– une société mère n'est pas tenue de financer une filiale pour lui permettre de remplir ses obligations et de continuer son activité[5] ;

– une société mère, faute d'avoir la qualité d'employeur des salariés d'une filiale, ne peut être tenue d'une obligation de reclassement à l'égard des salariés licenciés par sa filiale[6] ; la solution est différente si la qualité de coemployeur de la société mère est établie (V. *infra*, n° 2481) ;

– la clause de non-concurrence, contenue dans le contrat de travail liant un salarié à une société d'un groupe, ne concerne que la société à laquelle il appartient, et non toutes les sociétés du groupe[7] ;

– les actionnaires de la société mère ne peuvent pas intenter l'action sociale à l'encontre des dirigeants de la filiale s'ils ne sont pas actionnaires de cette dernière (V. *supra*, n° 455) ;

– la société mère d'un groupe n'a pas qualité pour agir en responsabilité au nom de ses filiales[8], etc.

§ 2. – Exceptions

2458. – Qui dit domination dit souvent responsabilité et la loi comme les juges ont multiplié les cas dans lesquels la société mère peut se voir imputer les conséquences d'un acte passé par sa filiale[9].

A. – En matière de responsabilité contractuelle

2459. – *Immixtion.* La société mère peut être tenue d'acquitter une dette de sa filiale si le tiers, qui contractait effectivement avec la filiale, a cru contracter

(3) Cass. 2e civ., 21 janv. 2016, n° 15-10.108 : *RJDA* 6/2016, n° 444 ; l'URSSAF avait signifié un jugement rendu lors d'un conflit portant sur un redressement de cotisations ; elle soutenait que l'appel déposé par la filiale était hors délai ; rejet de la prétention au motif que la signification propre à faire courir le délai d'appel n'avait pas été faite à la filiale, mais à sa société mère.

(4) CA Montpellier, 14 déc. 2010 : *BRDA* 2/2011, n° 7 ; lors d'une négociation, une société mère avait indiqué que le contrat serait exécuté par sa filiale, pareille affirmation ne vaut pas engagement de ladite filiale.

(5) Cass. com., 26 févr. 2008 : *RJDA* 7/2008, n° 803 ; une société devait assurer la réhabilitation d'un site de décharge ; elle procéda aux deux premières phases des travaux, mais dut les interrompre faute de ressources ; elle fut liquidée ; l'organisme chargé par l'État de terminer les travaux rechercha la responsabilité de la société mère, sans succès. – Cass. soc., 28 sept. 2011 : *RJDA* 1/2012, n° 57 ; le refus d'une société mère de maintenir l'aide financière qu'elle apportait à une filiale en difficulté ne peut pas être jugé fautif compte tenu du risque de cessation des paiements que ce concours faisait courir à la société mère.

(6) Cass. soc., 13 janv. 2010, n° 08-15.776 : *JCP E* 2010, 46, note Ph. Mélin ; affaire *Flodor* ; suite à la liquidation judiciaire de la filiale, les salariés se sont retournés, sans succès, contre la société mère.

(7) Comp. Cass. soc., 12 sept. 2018, n° 17-10.853 : *RJDA* 12/2018, n° 912.

(8) CA Versailles, 11 sept. 2008 : *RJDA* 3/2009, n° 226 ; la société Alstom Holdings avait agi au nom d'une soixantaine de filiales ; l'action est jugée irrecevable au nom de la personnalité juridique distincte des filiales.

(9) A. Couret, *Les obligations des sociétés mères à l'épreuve de vents contraires* : *BJS* 2017, p. 702. – V. égal., les actes du colloque « Les groupes de sociétés : quels pouvoirs, quelle responsabilité ? » : *Dr. sociétés* juin 2017, 7.

également avec sa société mère (ou réciproquement). La société mère qui, par son immixtion, laisse croire qu'elle est partie au contrat, par exemple en participant étroitement à la conclusion, à l'exécution, voire à la rupture de celui-ci engage sa responsabilité à l'égard du cocontractant, alors même que le contrat aurait été signé par la filiale[10] ; il en va de même si la société mère a créé par son ingérence dans les affaires de sa filiale l'illusion trompeuse qu'elle allait assumer les dettes de cette dernière[11], ou si les sociétés du groupe se présentent à leur clientèle comme une entité unique, agissant sous le même logo, partageant le même numéro de téléphone, etc.[12]

2460. - *Croyance légitime.* Cependant, le recours à l'apparence n'est efficace que si le tiers démontre qu'il a pu légitimement croire que la société mère était également son cocontractant[13]. L'absence d'ambiguïté sur la portée de l'ingérence de la société mère exclut donc sa mise en cause[14].

B. – En matière de responsabilité délictuelle

2461. - *Faute de la société mère.* La solution vaut également en matière de responsabilité délictuelle ; ainsi, une société mère peut être déclarée responsable des conséquences d'une publicité trompeuse concernant l'activité de certaines filiales, présentées comme des départements, si les termes de la publicité accréditent le sentiment que la publicité émane de la société mère[15]. Également, une société mère engage sa responsabilité délictuelle envers les salariés licenciés de sa filiale mise en liquidation judiciaire détenue à 100 % lorsque, par sa faute, elle a concouru à la déconfiture de la filiale employeur et à la disparition des emplois qui en a résulté[16].

C. – En matière de concurrence

2462. - *Présomption.* Plus radicalement, en matière de droit de la concurrence, la Cour de justice de l'Union européenne considère que lorsqu'une société mère détient 100 % du capital d'une filiale ayant commis une infraction aux règles communautaires de la concurrence, il existe une présomption réfragable selon laquelle

(10) Cass. com., 5 févr. 1991 : *BJS* 1991, p. 391, note Ph. Delebecque ; société mère qui après un apport partiel d'actif « laisse croire » qu'elle participe toujours à l'activité apportée.

(11) CA Paris, 12 janv. 2010, n° 08-19.298 : *RJDA* 8-9/2010, n° 851 ; dans un courrier adressé à un créancier, la société mère avait indiqué qu'elle avait accepté de financer le montant de la dette. – Cass. com., 3 févr. 2015, n° 13-24.895 : *BJS* 2015, p. 128, note A. Couret ; *RJDA* 5/2015, n° 347 ; *JCP* E 2015, 1159, note B. Dondero ; société mère laissant croire à un créancier de la filiale, notamment lors de sa participation active aux négociations précontentieuses, qu'elle assumerait les obligations de la filiale. – Cass. 3e civ., 12 déc. 2019, n° 18-23.223 : *BJS* janv. 2020, p. 22, note A. Couret ; *BRDA* 2/2020, n° 4 ; société mère intervenant à plusieurs reprises auprès du bailleur à l'occasion des retards de paiement des loyers par la filiale.

(12) Cass. com., 4 mars 1997 : *Rev. sociétés* 1997, p. 554, note P. Didier ; condamnation *in solidum* des diverses sociétés d'un groupe spécialisé dans l'informatique, au motif que les sociétés se présentaient à leur clientèle comme une entité unique, ayant les mêmes locaux, le même téléphone, le même logo.

(13) Cass. com., 12 juin 2012, n° 11-16.109 : *RJDA* 11/2012, n° 968 ; rupture d'un contrat d'agent commercial ; il est jugé que l'immixtion de la société mère avait été de nature à faire croire à l'agent commercial qu'elle s'engageait aux côtés de sa filiale.

(14) CA Paris, 6 juin 2017, n° 16/02731 : *RJDA* 11/2017, n° 722.

(15) Cass. com., 1er mars 1994 : *RJDA* 1994, p. 533 (aff. *Ribourel*).

(16) Cass. com., 8 juill. 2014, n° 13-15.573, PB : *BJS* 2014, p. 398, note E. Mouial-Bassilana ; *Rev. sociétés* 2014, p. 709, note A. Couret et M.-P. Schramm ; la société mère a pris des décisions dommageables pour la filiale qui ont aggravé sa situation économique difficile, ne répondaient à aucune utilité pour elle et n'étaient profitables qu'à son actionnaire unique. – *Adde* Cass. soc., 24 mai 2018, n° 16-22.881 : *RJDA* 11/2018, n° 839.

la société mère exerce effectivement une influence déterminante sur le comportement de sa filiale, ce qui l'oblige solidairement au paiement de l'amende à la charge de la filiale[17] ; cette présomption joue également lorsque la société mère détient indirectement 100 % d'une sous-filiale[18].

2463. – *Montant des sanctions pécuniaires.* Lorsque les entités du groupe ont agi de façon autonome, les sanctions pécuniaires prononcées en cas de pratiques anticoncurrentielles doivent être déterminées individuellement pour chaque entreprise sanctionnée, ce qui exclut le relèvement automatique des sanctions du seul fait de l'appartenance au groupe[19].

D. – En matière environnementale et sociétale

2464. – *Grenelle de l'environnement.* Le réchauffement climatique échauffe facilement les esprits au point de faire oublier aux parlementaires, souvent disposés à perdre la tête pour un bon slogan, le sens de la mesure. Une preuve supplémentaire de cette attitude est fournie par l'article 53 de la loi n° 2009-967 du 3 août 2009 (mod. L. n° 2019-486, 22 mai 2019), relative à la mise en œuvre du Grenelle de l'environnement. Le texte énonce : « la France proposera l'introduction au niveau communautaire du principe de la reconnaissance de la responsabilité des sociétés mères à l'égard de leurs filiales en cas d'atteinte grave à l'environnement ». Ainsi, pour les matières relevant de l'environnement, il sera fait exception au principe d'autonomie de la personnalité juridique des filiales. Curieusement, ce n'est pas la situation d'insolvabilité ou d'impécuniosité de la filiale qui permettra d'agir contre la société mère, mais la gravité de l'atteinte, la responsabilité de la société mère ayant donc une valeur punitive et non pas une valeur de garantie des victimes. Le pire est que cette percée conceptuelle n'a qu'un intérêt limité, car les armes de la confusion de patrimoine et de la responsabilité délictuelle pour participation à la réalisation d'un dommage (V. *supra*, n° 2448) permettent d'aboutir au même résultat sans considération de la gravité de l'atteinte à l'environnement. En tout état de cause, la loi prévoit seulement l'obligation de proposer un changement de règle aux États membres de l'Union européenne ; or, avant que la proposition recueille l'assentiment unanime de ces derniers, les brontosaures seront revenus sur terre.

2465. – *Devoir de vigilance.* De son côté, la loi n° 2017-399 du 27 mars 2017 a institué un devoir de vigilance des sociétés mères (C. com., art. L. 225-102-4)[20]. Toute société employant au moins 5 000 salariés doit établir et mettre en œuvre un

(17) CJUE, 10 sept. 2009, n° C-97/08 : *BJS* 2010, § 16, p. 69, note C. Priéto. – CJUE, 26 nov. 2013, aff. C-58/12 : *BJS* 2014, p. 172, note V. Pironon ; possibilité de tenir compte du chiffre d'affaires global du groupe pour la fixation du plafond de l'amende. – Cass. com., 6 janv. 2015, n° 13-21.305, PB ; condamnation de la société France Télécom à acquitter l'amende infligée pour abus de position dominante à sa filiale Orange Caraïbes détenue à 100 %.

(18) CJUE, 20 janv. 2011, aff. C-90/09 : *BJS* 2011, § 137, p. 318, note G. Decocq ; la société mère qui détient 100 % du capital d'une filiale, laquelle détient 100 % du capital d'une autre filiale est tenue solidairement de l'amende infligée à la cette dernière.

(19) Cass. com., 21 oct. 2014, n°s 13-16.602 et 13-16.905, PB : *BJS* 2015, p. 16, note J.-F. Barbièri. – Cass. com., 18 oct. 2017, n° 16-19.120 : *BRDA* 23/2017, n° 21 ; *JCP* E 2018, 1051, note Akram el Mejri.

(20) J. Camy, *Loi sur le devoir de vigilance et loi Sapin II : quelles obligations des entreprises* : *JCP* E 2021, 1135. – C. Malecki, *Devoir de vigilance des sociétés mères et des entreprises donneuses d'ordre, la France peut-elle faire cavalier seul ?* : *BJS* 2015, p. 171. – A. Pietrancosta et E. Boursican, *Vigilance, un devoir à surveiller* : *JCP* G 2015, 553. – D. de Saint-Afrique, *De l'opportunité de légiférer sur le devoir de vigilance : choix compassionnel pertinent ou inadapté ?* : *JCP* E 2017,

plan de vigilance relatif à l'activité de la société et de l'ensemble des filiales qu'elle contrôle. Le plan « comporte les mesures de vigilance propres à identifier les risques et à prévenir les atteintes graves envers les droits humains et les libertés fondamentales, la santé et la sécurité des personnes ainsi que l'environnement résultant des activités de la société » et des sociétés qu'elle contrôle. En cas de manquement à l'obligation d'établir un plan de vigilance, la société peut faire l'objet d'une mise en demeure et d'une injonction(21), sans compter la mise en œuvre de sa responsabilité. Ce dispositif a été validé par le Conseil constitutionnel, à l'exception de l'amende civile mise à la charge de la société mère, qui a été censurée sur le fondement du principe de la légalité des délits et des peines(22).

2466. – *Projet de directive.* À l'échelon européen, le Parlement européen a invité le 10 mars 2021 la Commission européenne à proposer un projet de directive relative au devoir de vigilance des entreprises en matière de protection des droits de l'homme et de l'environnement.

SECTION 2

LA FINANCE

§ 1. – Le droit bancaire

2467. – *Unité financière.* Même si juridiquement, le groupe n'ayant pas la personnalité morale ne saurait, en tant que tel, conclure un contrat bancaire (V. *supra*, n° 2445), l'unité financière des groupes de sociétés est patente. Cela s'observe au regard de la gestion centralisée de la trésorerie des sociétés de groupe et des prêts consentis à l'intérieur de l'ensemble (V. *supra*, n° 2428).

2468. – *Exception au monopole bancaire.* Comme il est interdit à toute personne autre qu'un établissement de crédit d'effectuer des opérations de banque à titre habituel (C. monét. fin., art. L. 511-5), le législateur a dû prévoir une dérogation au monopole bancaire en permettant à une entreprise n'ayant pas la qualité d'établissement de crédit de pouvoir « procéder à des opérations de trésorerie avec des sociétés ayant avec elle, directement ou indirectement, des liens de capital conférant à l'une des entreprises liées un pouvoir de contrôle effectif sur les autres » (C. monét. fin., art. L. 511-7)(23).

2469. – *Exception aux conventions interdites.* Au regard du droit des sociétés, l'interdiction faite aux dirigeants de contracter, sous quelque forme que ce soit,

1064. – S. Schiller, *Exégèse de la loi relative au devoir de vigilance des sociétés mères et entreprises donneuses d'ordre* : *JCP* E 2017, 1193 ; *BRDA* 8/2017, p. 19.

(21) CA Versailles, 10 déc. 2020, n° 20/01692, *SA Total* : *BJS* avr. 2021, p. 25, note A. Reygrobellet : la demande d'injonction formée par plusieurs associations à l'encontre de la société Total est une contestation relative à une société commerciale qui relève de la compétence du tribunal de commerce (C. com., art. L. 721-3, 2°).

(22) Cons. const., 23 mars 2017, n° 2017-750 DC : *JCP* E 2017, act. 154.

(23) Cette condition de contrôle effectif est satisfaite lorsque le dirigeant commun des deux sociétés sœurs signataires d'une convention de trésorerie détient une participation majoritaire dans le capital de l'une et une participation égalitaire dans l'autre : Cass. com., 10 déc. 2003 : *BJS* 2004, p. 503, note J.-M. Moulin.

un emprunt auprès de la société est levée lorsque le dirigeant est une personne morale. Par suite, même si la société holding exerce une fonction dirigeante dans une société de son groupe, cette dernière peut lui consentir un prêt.

2470. – *Prêt entre entreprise liées par des intérêts économiques.* On observera que la loi n° 2018-1021 du 23 novembre 2018 est allée un peu plus loin de manière à répondre aux besoins financiers des petites entreprises pour autoriser les SA et les SARL dont les comptes sont certifiés par un commissaire aux comptes de consentir à titre accessoire des prêts de moins de deux ans à des petites et moyennes entreprises entretenant des liens économiques avec elles (C. monét. fin., art. L. 511-6 ; mod. Ord. n° 2019-698, 3 juillet 2019). Ici, aucun lien de contrôle n'est exigé ; la dérogation ne procède pas de l'existence d'un groupe, mais plutôt de l'appartenance des entreprises concernées à la même sphère d'influence.

§ 2. – Le droit pénal

2471. – *Abus de biens sociaux au sein des groupes.* Dans les groupes de sociétés, il faut craindre le vampirisme, c'est-à-dire les transfusions de substance d'une société à une autre : bradages d'actifs pour sauver la société mère ou une société sœur, frais de loyer ou de siège abusifs… Ces pratiques sont connues, elles ont fait la réputation judiciaire de certains hommes d'affaires.

L'angle d'attaque habituel est celui de l'abus de biens sociaux visé par les articles L. 241-3 (SARL) et L. 242-6 (sociétés par actions) du Code de commerce (V. *supra*, n°s 1065 et s.). En effet, ces opérations portent atteinte au patrimoine de la société qui en est victime ; elles violent son intérêt social au profit de sociétés dans lesquelles ses dirigeants ont des intérêts directs ou indirects.

2472. – *Prise en compte du groupe.* Cependant, les juges considèrent que l'atteinte à l'intérêt social d'une société membre d'un groupe peut constituer un fait justificatif à condition que l'intérêt propre de cette société n'ait pas été sacrifié. On observera que la chambre criminelle a jugé que l'intérêt du groupe ne pouvait pas être invoqué pour d'autres infractions, par exemple en cas de poursuites pour banqueroute[(24)]. Les conditions, particulièrement strictes, de cette tolérance ont été posées en 1985 dans une affaire *Rozenblum* (V. *infra*, n° 2474) : démonstration d'un réel intérêt commun apprécié au regard d'une politique élaborée pour l'ensemble du groupe, existence de contreparties, et absence de mise en péril des entités concernées. Cela explique que les arrêts écartant l'abus de biens ou de pouvoirs pour cause d'intérêt de groupe soient rares[(25)].

2473. – *Complémentarité des objets.* En tout état de cause, pour que l'intérêt du groupe soit pris en compte comme fait justificatif, il est nécessaire qu'une complémentarité existe entre les activités des sociétés concernées, cette complémentarité

(24) Cass. crim., 27 avr. 2000 : *BJS* 2000, p. 1062.

(25) Pour un exemple : Cass. crim., 6 avr. 2016, n° 15-80.150 : *RJDA* 8-9/2016, n° 626 ; dans une affaire où était critiqué le transfert de contrats d'assurances entre deux sociétés, les juges ont relevé que les opérations relevaient de l'intérêt de l'ensemble des parties et avaient un caractère de réciprocité.

conditionnant l'émergence d'un intérêt commun, ce qui n'est pas le cas si chacune des sociétés a un objet distinct[26]. Il est également nécessaire que les opérations soient dûment comptabilisées[27].

2474. - **L'affaire *Rozenblum*.**

La référence à l'intérêt de groupe a été acceptée pour la première fois par la Cour de cassation dans un arrêt *Rozenblum* du 4 février 1985 (*JCP* E 1985, II, 14614, note W. Jeandidier. – *Adde*, Cass. crim., 9 déc. 1991 : *BRDA* 15 mars 1992, p. 12. – Cass. crim., 20 mars 2007 : *Rev. sociétés* 2007, p. 590, note B. Bouloc ; *RJDA* 10/2007, n° 970. – Cass. crim., 10 févr. 2010 : *JCP* E 2010, n° 1392, note R. Salomon). Ayant à statuer sur des concours financiers entre plusieurs sociétés appartenant à une même personne, la chambre criminelle de la Cour de cassation a posé le principe suivant :

« Pour échapper aux prévisions des articles [L. 241-3 et L. 242-6 du Code de commerce], le concours financier apporté par les dirigeants de fait ou de droit d'une société à une autre entreprise d'un même groupe dans laquelle ils sont intéressés directement ou indirectement, doit être dicté par l'intérêt économique, social ou financier commun, apprécié au regard d'une politique élaborée pour l'ensemble de ce groupe, il ne doit ni être démuni de contreparties ou rompre l'équilibre entre les engagements respectifs des diverses sociétés concernées, ni excéder les possibilités financières de celles qui en supportent la charge ».

Pour la petite histoire, M. Rozenblum, qui animait plusieurs sociétés sans rapport entre elles (immobilier, coiffure, chaussures, agence de voyages...) fut néanmoins condamné en raison de l'absence d'intérêt commun à toutes ces entités.

§ 3. – Le droit comptable

2475. - *Obligation d'établir des comptes consolidés.* Le principe de la consolidation des comptes est entré en droit français en 1985. La règle est simple : outre l'établissement de comptes sociaux à l'échelon de chacune des sociétés du groupe, celui-ci doit établir des comptes traduisant la réalité économique et financière de l'ensemble. Cela équivaut à reconnaître l'existence comptable du groupe de sociétés.

L'obligation dépend de l'existence d'un contrôle exclusif exercé par une société sur une autre. L'article L. 233-16 du Code de commerce considère que le contrôle exclusif résulte :

– soit de la détention directe ou indirecte de la majorité des droits de vote dans une autre entreprise ;

– soit de la désignation pendant deux exercices successifs de la majorité des membres des organes d'administration, de direction ou de surveillance d'une autre entreprise ;

– soit du droit d'exercer une influence dominante sur une entreprise en vertu d'un contrat ou de clauses statutaires.

(26) Cass. crim., 14 avr. 1993 : *BJS* 1993, p. 771 ; sociétés civiles de construction. – Cass. crim., 27 nov. 2013, n° 12-84.804 : *Rev. sociétés* 2014, p. 186, note B. Bouloc ; reconnaissance de l'intérêt commun du groupe.
(27) Cass. crim., 4 sept. 1996 : *RJDA* 1997, p. 35.

Une dispense d'établissement de comptes consolidés est prévue en faveur des groupes dits « d'importance négligeable » au regard de l'objectif de fidélité fondant l'obligation d'établir des comptes consolidés (C. com., art. L. 233-17-1).

2476. – *Contenu.* Les comptes consolidés, qui comprennent un bilan, un compte de résultat et une annexe, appréhendent les comptes de toutes les sociétés placées sous le contrôle direct ou indirect de la société dominante ; on dit que ces sociétés entrent dans le périmètre de consolidation.

Les comptes consolidés doivent être réguliers et sincères et donner une image fidèle du patrimoine, de la situation financière ainsi que du résultat de l'ensemble constitué par les sociétés entrant dans ce périmètre. Les comptes sont accompagnés d'un rapport des organes de direction sur la gestion du groupe. Ils donnent lieu à une certification par les commissaires aux comptes. L'assemblée des actionnaires délibère et statue sur toutes les questions relatives aux comptes consolidés (C. com., art. L 225-100).

2477. – *Sanctions pénales.* Diverses sanctions pénales assurent l'effectivité du dispositif. Ainsi, l'absence d'établissement de comptes consolidés peut entraîner la condamnation des dirigeants du groupe (C. com., art. L. 247-1, II ; amende de 9 000 €). L'infraction de publication ou de présentation de comptes infidèles (V. *supra*, n°s 1088 et s.) ne s'applique pas en revanche aux comptes consolidés[28] ; mais la présentation de comptes consolidés mensongers peut déboucher sur une condamnation pour faux dans la mesure où les comptes sociaux consolidés sont des écrits valant titre de preuve (C. pén., art. 441-1). De plus, lorsqu'il s'agit de sociétés cotées, le délit de fausse information peut s'appliquer à de tels mensonges comptables (C. monét. fin., art. L. 465-3-2 ; cinq ans d'emprisonnement, 100 millions d'amende – V. *supra*, n° 1637).

SECTION 3

LE DROIT DU TRAVAIL

2478. – Si le droit du travail reconnaît en principe la personnalité juridique séparée de chacune des entités du groupe, il arrive que la jurisprudence ou la loi reconstitue l'unité du groupe par-delà les entités que le composent.

§ 1. – La jurisprudence

A. – L'identification de l'employeur

2479. – *Identification de l'employeur.* Dans les groupes de sociétés, il est parfois difficile d'identifier le véritable employeur. Le bulletin de paye désigne une société

(28) Cass. crim., 17 févr. 2021, n° 20-82.068, PBI : *BJS* avr. 2021, p. 48, note J.-F. Barbièri ; *Dr. sociétés* avr. 2021, n° 55, obs. R. Salomon.

donnée, par exemple une filiale, mais en fait les ordres viennent directement de la société mère et le licenciement peut émaner d'un représentant de celle-ci[29]. Dans une telle hypothèse, qui doit être qualifié d'employeur ? La question est loin d'être académique ; en effet, de sa réponse dépend la désignation de la société qui devra verser, le cas échéant, les indemnités de licenciement. Une chose est sûre, l'employeur ne peut pas être le groupe lui-même, faute de personnalité juridique[30]. Les tribunaux s'attachent donc à déterminer qui exerce en fait le pouvoir de direction et de contrôle des salariés.

2480. - *Société mère employeur ou coemployeur.* La société mère a assurément la qualité d'employeur lorsqu'elle embauche des salariés en vue d'être détachés auprès d'une filiale pour y occuper des fonctions de direction (V. *supra*, n° 2441). Mais, s'il est démontré que la société mère exerce un pouvoir de décision et de contrôle à l'encontre de tout ou partie des salariés de la filiale, elle se voit attribuer la qualité de coemployeur de ceux-ci[31].

2481. - *Conséquences du coemploi.* La qualification permet de mettre à la charge de la société mère les conséquences du licenciement des salariés de la filiale, ce qui présente un intérêt certain lorsque la filiale connaît des difficultés financières, et qu'une fermeture est envisagée.

De même, lorsque cette qualité est établie, il a été jugé que la cessation d'activité de la filiale ne pouvait constituer une cause économique du licenciement qu'à la condition d'être justifiée par des difficultés économiques, par une mutation technologique ou par la nécessité de sauvegarder la compétitivité du secteur d'activité du groupe dont elle relève, ce qui en l'espèce n'était pas établi, la cessation d'activité de la filiale ne résultant que de choix stratégiques décidés au niveau du groupe[32].

2482. - *Critère du coemploi.* La qualité de coemployeur de la société mère des salariés de la filiale (ou d'une autre filiale à l'égard d'une société sœur), qui est rarement admise par la chambre sociale de la Cour de cassation, suppose de dépasser la simple autorité de la société mère sur la filiale dont relèvent les salariés invoquant la qualité de coemployeur de la société tête de groupe[33] ; il est nécessaire de démontrer une confusion d'intérêts, d'activités et de direction se manifestant

(29) Cass. soc., 16 janv. 2013, n° 11-26.398 : *BJS* 2013, p. 275, note P. Le Cannu ; *JCP* E 2013, 421, note D. Jacotot et V. Thomas ; *RJDA* 4/2013, n° 324 ; validité du mandat donné au directeur des ressources humaines de la société mère de procéder au licenciement d'un salarié d'une filiale. – Cass. soc., 30 juin 2015, n° 13-28.146 : *RJDA* 12/2015, n° 834 ; licenciement du salarié d'une filiale par le directeur financier de la société mère. – Cass. soc., 13 juin 2018, n° 16-23.701 : *RJDA* 10/2018, n° 734 ; licenciement effectué par le directeur général de la société mère, lequel supervisait les affaires de la filiale.

(30) Ainsi, en cas d'annulation d'un licenciement pour motif économique, l'obligation consécutive de réintégration ne saurait s'étendre au groupe tout entier auquel la société employeur appartient : Cass. soc., 15 févr. 2006, PBRI : *RJDA* 1/2007, n° 51.

(31) B. Reynès, *Groupes de sociétés, la théorie du co-emploi* : *CDE* mai-juin 2012, 15. – S. Béal et C. Terrenoire, *Co-emploi et groupes de sociétés : des liaisons apaisées ?* : *JCP* E 2015, 1105. – F. Dumont, *La nébuleuse du coemploi* : *JCP* E 2015, 1222.

(32) Cass. soc., 18 janv. 2011, n° 09-69.199, PBR : *BJS* 2011, § 117, p. 215, note P. Morvan ; *Rev. sociétés* 2011, p. 154, note A. Couret ; a la qualité de coemployeur la société mère qui absorbe 80 % de la production d'une filiale dont elle détient la quasi-totalité du capital, fixe les prix, lui dicte ses choix stratégiques, alors qu'il existe une gestion commune des personnels et qu'elle est intervenue de manière constante dans la décision de fermeture de sa filiale.

(33) La qualité de coemployeur de la société mère ne peut résulter du seul fait que les dirigeants de la filiale soient issus du groupe et que la société mère ait pris, dans le cadre de la politique du groupe, des décisions affectant l'avenir de la filiale : Cass. soc., 2 juill. 2014, n° 13-15.208, PB : *BJS* 2014, p. 394, note N. Pelletier (aff. *Molex*).

par une immixtion permanente dans la gestion économique et sociale de la filiale conduisant à la perte totale d'autonomie d'action de celle-ci[34]. Ainsi, ne suffit pas à caractériser une situation de coemploi le fait que la société mère ait soutenu financièrement sa filiale, que les dirigeants des deux sociétés travaillent en étroite collaboration, de même que l'existence de conventions de trésorerie et d'assistance[35].

B. – La détermination des effectifs

2483. – *Unité économique et sociale.* Le calcul des effectifs d'une entreprise est indispensable pour déterminer si celle-ci dépasse ou non les seuils prévus pour l'institution de délégués du personnel, d'un comité social et économique ou d'une section syndicale. Certains chefs d'entreprise, désireux d'échapper aux institutions représentatives du personnel, ont tenté de morceler leur entreprise en plusieurs sociétés distinctes dont aucune ne dépasse les seuils considérés. Ainsi, pour échapper à l'institution d'un comité social et économique, tel employeur s'efforce de ne pas dépasser le seuil de dix salariés en créant autant de sociétés qu'il est nécessaire, dans lesquelles l'effectif ne dépasse pas la barre fatidique. Depuis longtemps, les tribunaux s'efforcent de déjouer ces combinaisons naïves en faisant masse de la totalité des effectifs de l'entreprise. Ils en décident ainsi lorsqu'ils relèvent une unité économique et sociale.

2484. – *Critères.* Il y a unité économique et sociale lorsque le personnel des sociétés est soumis à des conditions de travail analogues, lorsque les objets économiques des sociétés sont identiques et, plus généralement, lorsque l'imbrication économique, sociale, financière et juridique des sociétés est telle que le découpage juridique disparaît devant l'unité économique et sociale qu'elles forment.

§ 2. – La loi

2485. – Le droit du travail n'hésite pas à tirer toutes les conséquences de la réalité économique du groupe ; le comité de groupe et le détachement à l'étranger en offrent deux illustrations[36].

A. – Le comité de groupe

2486. – *Constitution.* Un comité de groupe doit être constitué au sein du groupe formé par une entreprise dominante dont le siège social est situé sur le territoire français, même si cette société est contrôlée par une société étrangère, et les entreprises

(34) Cass. soc., 6 juill. 2016, nos 14-27.266, 14-26.541, 15-15.481 : *BJS* 2016, p. 597, note J.-P. Laborde ; *RJDA* 11/2016, n° 789 ; *Rev. sociétés* 2017, p. 149, note E. Schlumberger. – Cass. soc., 25 nov. 2020, n° 18-13.769 : *BRDA* 1/21, n° 1.

(35) Cass. soc., 7 mars 2017, n° 15-16.865, PB : *BJS* 2017, p. 288, note P. Morvan ; *Rev. sociétés* 2018, p. 58, note E. Schlumberger. – V. égal., confirmant cette approche restrictive, Cass. soc., 9 oct. 2019, n° 17-28.150 : *BJS* janv. 2020, p. 40, note D. Baugard ; *RJDA* 4/2020, n° 218.

(36) D'autres manifestations existent, ainsi en cas de mise en œuvre d'un plan de sauvegarde de l'emploi, la pertinence de celui-ci s'apprécie en fonction des moyens dont disposent l'entreprise et le groupe auquel elle appartient : Cass. soc., 21 sept. 2017, n° 16-23.223 : *Rev. sociétés* 2018, p. 195, note F. Petit.

qu'elle contrôle (C. trav., art. L. 2331-1)[37]. Le comité de groupe est composé de représentants du personnel ; il est présidé par le chef de l'entreprise dominante.

2487. – *Fonctionnement.* Il se réunit au moins une fois par an sur convocation de son président (C. trav., art. L. 2334-2).

2488. – Les *pouvoirs du comité de groupe* sont des pouvoirs d'information. En effet, aux termes de l'article L. 2332-1 du Code du travail, le comité de groupe reçoit des informations sur l'activité, la situation financière, l'évolution et les prévisions d'emploi dans le groupe et dans chacune des entreprises qui le composent, ainsi que les actions éventuelles de prévention envisagées compte tenu de ces prévisions. Il reçoit communication, lorsqu'ils existent, des comptes et du bilan consolidés ainsi que du rapport du commissaire aux comptes correspondant et peut obtenir l'assistance d'un expert-comptable. Il est informé en cas d'annonce d'une offre publique d'acquisition (OPA) portant sur l'entreprise dominante.

B. – Le détachement à l'étranger[38]

2489. – L'article L. 1231-5 du Code du travail comporte une règle originale en matière de détachement à l'étranger d'un salarié : « lorsqu'un salarié engagé par une société mère a été mis à la disposition d'une filiale étrangère et qu'un contrat de travail a été conclu avec cette dernière, la société mère assure son rapatriement en cas de licenciement par la filiale et lui procure un nouvel emploi compatible avec l'importance de ses précédentes fonctions en son sein »[39]. La mesure est intéressante puisqu'elle aboutit à faire supporter par la société mère les conséquences du licenciement éventuel au titre des fonctions exercées pour son compte ; c'est d'une certaine manière reconnaître le pouvoir exercé par celle-ci au sein des sociétés filiales. Cela rejoint la jurisprudence sur l'identification de l'employeur (V. *supra*, n° 2479). Pour bénéficier de cette règle, il faut toutefois que le salarié ait exercé des fonctions au sein de la société mère avant son détachement.

SECTION 4

LA PROCÉDURE COLLECTIVE[40]

2490. – *Approche globale ou isolée.* Depuis la loi n° 2015-990 du 6 août 2015, le tribunal de commerce est compétent pour connaître de toute procédure collective concernant une société qui contrôle une société pour laquelle une telle procédure est déjà en cours devant lui (C. com., art. L. 662-8) ; l'unité de contrôle commande l'unité de juridiction de manière à simplifier la conduite des opérations.

(37) Les sociétés de participations financières échappent à cette obligation (C. trav., art. 2331-4), sauf si elles s'immiscent dans la gestion des filiales, ce qui leur confère la qualité de société dominante : Cass. soc., 14 nov. 2019, n° 18-21.723, *Sté Chubb France* : *BJS* janv. 2020, p. 28, note P. Morvan.

(38) Sur cette question : Ph. Coursier, *Quel statut pour les impatriés ? JCP* E 2020, 1533.

(39) Pour une application : Cass. soc., 14 oct. 2020, n° 19-12.275 : *Rev. sociétés* 2021, p. 130, note R. Vatinet.

(40) N. Pelletier, *La responsabilité au sein de groupes de sociétés en cas de procédure collective*, LGDJ, coll. « Bibl. dr. entr. en difficulté », 2013, t. 1.

Cependant, malgré cette unité, la date de cessation des paiements des sociétés concernées doit être appréciée société par société et non pas globalement[41].

En revanche, ce qui montre combien l'hésitation entre approche globale et approche granulaire du groupe est constante, il a été jugé que rien n'interdisait au tribunal, appréciant le plan de redressement de la société mère et décidant la liquidation de plusieurs filiales, de procéder à une appréciation globale de la situation du groupe pour statuer sur la cohérence des solutions proposées[42].

2491. – *Autonomie juridique.* Une société mère ne saurait être tenue systématiquement pour responsable lors de l'ouverture d'une procédure collective contre sa filiale[43] ; ainsi, la société mère qui interrompt l'aide financière qu'elle apportait à une filiale en difficulté n'est pas en principe fautive[44]. Il en va toutefois autrement si la société mère a imposé des décisions dommageables à sa filiale dans son intérêt exclusif[45]. Plus généralement, deux techniques sont traditionnellement utilisées pour sanctionner l'atteinte à l'autonomie juridique d'une société du groupe, la déclaration de confusion de patrimoine et l'action en insuffisance d'actif.

§ 1. – La confusion de patrimoine

2492. – *Critères.* La reconnaissance de la confusion de patrimoine demeure une mesure exceptionnelle. De fait, en principe, le seul rapport de société mère à filiale ou de sœur à sœur est insuffisant ; il en va de même en cas d'identité de siège social[46] ou de dirigeants[47], ou encore de l'existence d'une convention de trésorerie[48] (V. *supra*, n° 2428). En revanche, il y a confusion de patrimoine en présence de relations financières anormales entre les entités du groupe et d'imbrication des patrimoines.

2493. – **Exemples de confusion de patrimoine.**

• Identité de personnel, de siège social, de dirigeants, et imbrication de la comptabilité et des comptes bancaires (Cass. com., 28 mars 1995 : *BRDA* 7/1995, p. 5 ; mouvements de fonds anormaux entre une SCI et une SARL, la première ayant été constituée pour faire échapper le patrimoine immobilier de la seconde à la poursuite de ses créanciers. – Cass. com., 24 oct. 1995 : *BRDA* 21/1995, p. 5 ; désordre généralisé des comptes et état d'imbrication inextricable).

(41) CA Paris, 28 févr. 2017, n° 16/04921 : *BRDA* 9/2017, n° 9.

(42) Cass. com., 19 déc. 2018, n° 17-27.947 : *JCP* E 2019, 1131, note A. Cerati-Gauthier ; *BRDA* 3/2019, n° 9.

(43) Cass. com., 16 déc. 2014, n° 13-24.161 : *JCP* E 2015, 1122, note D. Demeyre.

(44) Cass. soc., 28 sept. 2011, n° 10-12.885 : *RJDA* 1/2012, n° 57 ; aff. *Metaleurop* ; des salariés recherchaient la mise en cause d'une société mère pour perte de la chance de conserver leur emploi à la suite de leur licenciement consécutif à la liquidation judiciaire de sa filiale, leur employeur ; l'interruption de l'aide n'est pas jugée fautive compte tenu du risque de cessation des paiements de la société mère en cas de poursuite de l'aide.

(45) Cass. soc., 8 juill. 2014, n° 13-15.573 : *BRDA* 17/2015, n° 1 ; la société mère est condamnée à verser à chaque salarié de la filiale 3 000 €. – Cass. soc., 24 mai 2018, n° 16-22.881 : *RJDA* 11/2018, n° 839 ; société mère jugée responsable à l'égard des salariés de la filiale pour avoir concouru à la « déconfiture » de celle-ci.

(46) Cass. com., 20 janv. 1998 : *BJS* 1998, p. 474, note J.-Ph. Dom ; la seule appartenance à un groupe ainsi qu'une domiciliation commune ne suffisent pas à caractériser une confusion de patrimoine.

(47) Cass. com., 2 mai 2007 : *RJDA* 10/2007, n° 985 ; absence de confusion malgré l'identité de dirigeants de deux SA, et le fait que l'une détienne 980 des 1 000 actions de l'autre, et en dépit des versements sans contrepartie de l'une à l'autre, s'il n'est pas démontré qu'ils ont procédé d'une volonté systématique.

(48) Cass. com., 16 déc. 2014, n° 13-24.161 : *BRDA* 2/2015, n° 9 ; *JCP* E 2015, 1122.

• Convergence d'écritures comptables ne correspondant pas à la réalité (inscription dans le bilan de la filiale d'une créance inexistante sur la société mère et *vice versa*) (CA Paris, 25 nov. 2014, n° 14/10443 : *RJDA* 4/2015, n° 288).

• Encaissement d'un loyer exorbitant par une SCI mettant en péril la société locataire, passivité de la société propriétaire malgré le non-paiement de loyers (Cass. com., 13 janv. 2015, n° 13-27.868 : *Rev. sociétés* 2015, p. 313, note B. Saintourens).

• Relations financières hétérodoxes entre une SCI bailleresse et une SARL locataire : réduction de la surface louée sans réduction de loyer et vente de la SARL à la SCI de divers matériels pour 287 000 € en paiement de loyers impayés, alors que l'arriéré de loyers était très inférieur à ce montant (Cass. com., 16 janv. 2019, n° 17-20.725 : *BRDA* 6/2019, n° 13).

2494. – *Conséquences.* La confusion de patrimoine est particulièrement toxique (V. *supra*, n° 487) : elle permet d'étendre la procédure collective d'une société à d'autres personnes. De plus, dès lors que la confusion de patrimoine est déclarée, des mesures conservatoires peuvent être décidées à l'encontre des personnes prises dans le filet de la confusion de patrimoine, ainsi de la société mère si son patrimoine s'est confondu avec celui de sa filiale (C. com., art. L. 621-2 ; mod. Ord. n° 2019-964, 18 sept. 2019).

§ 2. – L'action en insuffisance d'actif

2495. – On sait que l'article L. 651-2 du Code de commerce permet, en cas d'insuffisance d'actif, de mettre à la charge d'un ou plusieurs des dirigeants de celle-ci, une partie de cette insuffisance ; c'est l'action en insuffisance d'actif, ou en comblement du passif (V. *supra*, n°s 496 et s.).

2496. – *Qualité de dirigeante de la société mère.* L'action peut être intentée à l'encontre des dirigeants de droit ou des dirigeants de fait d'une société. Une société mère a la qualité de dirigeant de droit de ses filiales dès lors qu'elle est administratrice de celles-ci. Elle peut également se voir qualifiée de dirigeant de fait (V. *supra*, n° 420). C'est le cas s'il est démontré qu'elle s'est immiscée dans la direction générale de la société filiale, situation courante, ou si la dépendance financière, commerciale, administrative de la filiale est avérée[49]. En revanche, le simple fait de détenir 100 % du capital, voire d'assumer le secrétariat juridique de la filiale, ou même de négocier en son nom avec son banquier ne fait pas acquérir à la société mère la qualité de dirigeant de fait, dès lors que son intervention n'a pas dépassé le contrôle inhérent à la structure d'un groupe de sociétés[50].

(49) Cass. com., 6 juin 2000 : *RJDA* 2000, n° 868 ; société filiale dépourvue d'autonomie, contrainte par la société mère de modifier ses comptes, de verser ses excédents de trésorerie à d'autres sociétés du groupe, de fermer son établissement. – Cass. com., 2 nov. 2005 : *BRDA* 23/2005, n° 7 ; filiales dépourvues de toute autonomie, le véritable pouvoir de décision appartenant à la société mère, qui imposa notamment un changement de politique commerciale et la mise en place, sans étude préalable sérieuse, d'un nouveau système informatique particulièrement onéreux. – Cass. com., 15 juin 2011 : *RJDA* 11-2011, n° 917 ; une société est qualifiée de dirigeante de fait d'une autre au motif qu'elle la dirigeait par l'intermédiaire de ses salariés qu'elle avait mis à la tête de la filiale et qui obéissaient à ses injonctions.

(50) Cass. com., 19 nov. 2013, n° 12-28.367 : *BJS* 2014, p. 103, note N. Pelletier ; *BRDA* 23/2013, n° 4 ; aff. *Métaleurop* ; rejet de la qualification de dirigeant de fait à raison de la simple supervision par les dirigeants et cadres de la société mère

2497. – *Conditions.* Si la qualité de dirigeant de la société mère est retenue, il y a alors lieu de rechercher si cette société mère a commis une faute de gestion ayant contribué à l'insuffisance d'actif (V. *supra*, n° 498). C'est l'application ordinaire des règles de l'action en insuffisance d'actif. Le risque n'est pas limité à la société mère, il concerne également le dirigeant de celle-ci si sa qualité propre de dirigeant de fait et sa faute de gestion sont démontrées[51].

2498. – *Conséquences.* On rappellera que cette action aboutit seulement à mettre à la charge du dirigeant fautif tout ou partie de l'insuffisance d'actif ; s'il est donc en mesure de payer le montant de l'indemnité réclamée, il échappe au redressement et à la liquidation judiciaires ; dans l'hypothèse inverse, il est mis lui-même en redressement ou en liquidation judiciaires ; l'effet est alors identique à celui que permet d'atteindre la théorie de la confusion des patrimoines.

SECTION 5

LE FISC

2499. – La fiscalité cherche à favoriser la constitution des groupes de sociétés. Le maître mot est celui de neutralité, qu'il s'agisse des restructurations, des opérations intragroupes, de la circulation des résultats ou de la circulation des titres.

§ 1. – Le coût des restructurations

2500. – *Neutralité fiscale ou faible coût fiscal.* Les grands groupes sont en restructuration permanente ; ils pratiquent régulièrement des acquisitions ou des cessions de blocs de contrôle, des fusions ou des apports partiels d'actif ; un jour ils filialisent un département, le lendemain ils absorbent une filiale qui se trouve ravalée au rang de département ; parallèlement, des actions sont menées avec d'autres partenaires sous forme de filiales communes, de sociétés en participation, d'accords contractuels ; dans les grands jours, on « remet à plat » tout l'organigramme du groupe.

Toutes ces opérations, sans être gratuites, sont d'un coût fiscal raisonnable : en cas de cession de contrôle, le cédant est exonéré à raison de la plus-value éventuelle qu'il réalise (V. *infra*, n° 2516) ; le cessionnaire n'a quasiment rien à payer si du moins l'acquisition porte sur des actions (V. *supra*, n° 1313). Les fusions et apports partiels d'actif sont quasiment exonérés (V. *supra*, n° 2283).

du directeur technique du site industriel, de l'approbation des investissements supérieurs à 100 000 € et de la mise en place d'entités de coordination sans vocation de direction. – CA Paris, 18 sept. 2014, n° 14/03872 : *RJDA* 2/2015, n° 98 ; n'est pas dirigeante de fait la société mère qui lance une restructuration sans s'immiscer dans la conduite de la fermeture de la filiale. – Cass. com., 11 oct. 2016, n° 14-26.901 : *BJS* 2017, p. 40, note E. Mouial-Bassilana ; *RJDA* 1/2017, n° 18 ; bien qu'elle ait pris la décision de restructurer l'ensemble du groupe, la société mère n'est pas considérée comme la dirigeante de fait d'une sous-filiale au motif que les dirigeants de celle-ci étaient demeurés maîtres de sa gestion (aff. *Molex*). – V. égal., déniant à la société mère la qualité de dirigeant de fait au motif qu'elle s'est contentée d'exercer ses prérogatives d'associé : Cass. com., 20 avr. 2017, n° 15-19.750 : *BJS* 2017, p. 463, note J. Heinich.

(51) CA Paris, 29 sept. 2017, n° 16/05150 : *BRDA* 24/2017, n° 8 ; responsabilité personnelle du dirigeant d'une société holding, ayant par les décisions qu'il avait imposé à une filiale, contribué à créer un passif important.

§ 2. – Le régime des opérations intragroupe

2501. – *Prix de transfert.* Par vocation, les sociétés d'un même groupe commercent entre elles : gestion centralisée de la trésorerie, approvisionnement des filiales de commercialisation auprès des unités de production, facturation des services communs assumés par la société mère... Le fisc redoute les manipulations de ce que l'on appelle les « prix de transfert » pratiqués au sein des groupes[52]. Il est tentant en effet, dans un souci d'optimisation fiscale, de localiser le maximum de bénéfices là où l'on paie le moins d'impôt ; la tentation est d'autant plus grande que certaines filiales sont hébergées par des États à fiscalité bienveillante. Les techniques sont connues : ventes à prix minoré, achats à prix majoré, avances sans intérêts ou à taux réduit, facturation de redevances excessives pour services de toutes sortes tels que frais de siège. Par principe, les transactions doivent se faire au prix normal, celui du marché, autrement dit celui qui aurait été pratiqué vis-à-vis d'un contractant hors groupe. Des accommodements sont tout de même admis, qui diffèrent selon qu'il s'agit d'opérations financières, d'aides ou de transactions.

A. – Les opérations financières

2502. – *Taux du marché.* Les sociétés d'un même groupe se font régulièrement des avances, quand elles ne mettent pas en place une convention de trésorerie (V. *supra*, n° 2428). Le fisc exige que le placement des fonds disponibles soit normalement rémunéré, encore qu'il admette que le groupe pratique en son sein une politique de taux privilégiés, légèrement inférieurs à ceux du marché. Les avances sans intérêts ou à taux insuffisants sont qualifiées d'actes anormaux de gestion (V. *supra*, n° 662) ; le manque à payer est en conséquence réintégré dans le résultat imposable de la société gratifiante.

2503. – *Déductibilité des charges financières.* En vue de lutter contre les pratiques d'optimisation fiscale au sein des groupes, les différents dispositifs de déductibilité des charges financières ont été refondus (CGI, art. 212 bis). Le montant des charges financières nettes admis en déduction ne peut pas dépasser le plus élevé des deux plafonds suivants : 3 M€ par exercice ou 30 % par an de l'EBITDA fiscal[53]. Le plafond peut être augmenté lorsque les sociétés appartiennent à un groupe consolidé. En revanche, pour les sociétés qui sont en situation de sous-capitalisation[54], le plafond général de déductibilité des charges financières est abaissé.

B. – Les aides

2504. – *Fréquence des aides intra-groupe.* En cas de nécessité, pour renflouer une filiale en difficulté, la mère peut lui consentir des avances sans intérêts ou

(52) Fl. Deboissy, *Acte anormal de gestion et groupe de sociétés : orthodoxie juridique versus réalisme économique : Mél. Cozian*, Litec, 2009, p. 263.

(53) Il s'agit du résultat fiscal avant impôts, intérêts, dépréciations et amortissements de l'exercice.

(54) Une société est considérée comme sous-capitalisée si le montant moyen de ses dettes vis-à-vis d'entreprises liées au sens de l'article 39, 12 du CGI est supérieur à une fois et demie le montant de ses fonds propres.

des subventions, voire des abandons de créances, ce qui présente l'avantage de constituer des pertes déductibles fiscalement au niveau de la société mère ; c'est en quelque sorte un moyen de faire participer le Trésor au renflouement de la filiale ; on dit parfois que la société mère ne fait que remplir son devoir d'actionnaire (V. *supra*, n° 1222).

2505. – *Aides à caractère financier.* Pendant longtemps, à condition de s'inscrire dans une gestion normale, toutes les aides consenties par une société à une autre étaient déductibles du résultat imposable, que le bénéficiaire de l'aide soit établi en France ou à l'étranger. Une nouvelle disposition a été insérée en 2012 au sein de l'article 39 du Code général des impôts : désormais, « sont exclues des charges déductibles pour l'établissement de l'impôt les aides de toute nature consenties à une autre entreprise, à l'exception des aides à caractère commercial ». Ainsi, les aides à caractère financier, autrement dit les aides consenties par une société mère à sa filiale, sont interdites de déduction, sauf si elles sont consenties dans le cadre d'une procédure collective.

2506. – *Aides à caractère commercial.* En revanche, les aides à caractère commercial, autrement dit les aides s'inscrivant dans le cadre d'une relation d'affaires (par ex., aides à un client ou à un fournisseur) ouvrent droit à déduction à condition de s'inscrire dans une gestion normale, ce qui suppose que l'auteur de l'aide y trouve un avantage ; on peut prendre l'exemple de l'aide consentie à un client en difficulté afin de sauvegarder un débouché commercial.

C. – Les transactions intragroupe

2507. – *Prix du marché.* La règle, expression d'une certaine morale des affaires qui doit présider même dans les relations entre sociétés d'un même groupe, veut que les transactions soient passées au prix du marché. Elle est sans exception si l'opération porte sur des immobilisations ou des titres de participation ; la Compagnie financière de Suez l'a appris à ses dépens qui avait acheté à l'une de ses filiales à 100 % (la SEPGIP) 14 000 actions de Saint-Gobain pour un prix inférieur à celui qu'indiquaient les cours de bourse ; la filiale fut imposée sur le manque à gagner et la mère sur le montant de la gratification[55] ; comme dans tout acte anormal de gestion, la sanction est double (V. *supra*, n° 662).

2508. – *Pour les transactions courantes* portant sur des biens ou des services, la jurisprudence admet, du moins dans les relations avec les filiales françaises, que les transactions soient faites à prix coûtant ; ainsi, la société mère qui prend en charge certains frais communs (publicité, comptabilité, recherche…) peut refacturer aux filiales la quote-part qui leur revient sans avoir à majorer le coût supporté d'une quelconque marge bénéficiaire. La solution est posée par la loi dans les groupes intégrés fiscalement (V. *infra*, n° 2514).

(55) CE, 6 juin 1984 : *JCP* 1984, n°s 8 et 9, p. 466, concl. J.-F. Verny.

§ 3. – La circulation des résultats

2509. – Chaque société du groupe dégage un résultat qui lui est propre et paie l'impôt correspondant. On ne fait donc pas apparaître un résultat imposable consolidé qui serait le pendant du résultat comptable consolidé. Depuis 1988, il existe heureusement un régime d'intégration fiscale, qui ne vaut cependant que pour les filiales dont la mère possède au moins 95 % du capital.

A. – Les règles applicables aux groupes non intégrés

2510. – L'intégration économique et financière du groupe appelle une certaine circulation des résultats, ce qui ne va pas sans difficultés. Les dividendes peuvent circuler en franchise fiscale ; il n'en va pas de même pour la remontée des pertes éventuelles.

1° La circulation des bénéfices

2511. – *Régime mère-fille.* Pour permettre une circulation des bénéfices sans obstacle fiscal, et donc pour éviter une imposition multiple des bénéfices, tous les États admettent un mécanisme, plus ou moins généreux, d'exonération des dividendes distribués par les filiales. Le régime français, qualifié de « régime mère-fille », figure parmi les plus favorables (CGI, art. 145 et 216). Il s'applique dès lors que la participation dans le capital de la filiale est égale ou supérieure à 5 % (sur l'exclusion de ce régime en cas d'usufruit, V. *supra*, n° 522). Dans cette situation, les dividendes perçus par la société mère sont exonérés, à l'exception d'une quote-part de 5 % qui reste imposable. En cas de cascade de filiales, les bénéfices ne sont imposés au taux normal qu'au niveau de la filiale de base ; les dividendes remontent ensuite en totale exonération fiscale à travers les différentes sociétés superposées jusqu'à la société mère, tête de groupe. À cet égard, les holdings françaises font figure de vrais « paradis fiscaux », n'ayant rien à envier, sur ce point du moins, aux holdings luxembourgeoises ou néerlandaises.

2° La circulation des pertes

2512. – *Absence de consolidation des résultats.* Dans un groupe, certaines filiales peuvent dégager des bénéfices, tandis que d'autres accusent des pertes. Ne serait-il pas possible de compenser entre eux les bénéfices et les déficits de façon à ne taxer que le bénéfice global réel, correspondant au résultat consolidé ? Pendant de leur autonomie juridique, les filiales conservent donc leur autonomie fiscale et le résultat imposable est calculé au niveau de chacune d'elles ; dans la mesure où elles relèvent de l'impôt sur les sociétés (sociétés par actions, SARL), le régime est celui de l'opacité fiscale (V. *supra*, n°s 155 et s.) ; il s'oppose à ce que le déficit d'une société remonte jusqu'aux associés ; le déficit d'une filiale ne peut donc s'imputer sur les résultats de la société mère. Cette absence de consolidation fiscale constitue un handicap pénalisant pour les groupes, mais des moyens existent, que ce soit l'appel aux sociétés de personnes ou l'intégration fiscale (V. *infra*, n° 2514).

2513. – *Consolidation sauvage.* Lorsque la filiale revêt la forme d'une société de personnes, une SNC par exemple, elle relève de l'impôt sur le revenu ; le régime de la transparence autorise dans ce cas la remontée directe du déficit jusqu'aux associés ; de cette façon, le déficit de la filiale s'impute sur les résultats de la société mère ; ceci explique la fréquence de SNC au sein des groupes, en raison de la consolidation « sauvage » qu'elles autorisent (V. *supra*, n° 1849). Le recours à une société de personnes peut également permettre une remontée des bénéfices vers la société mère, dont les résultats seraient déficitaires. Pour autant, le choix d'une telle forme sociale, soit *ab initio*, soit à la faveur d'une transformation de la filiale, n'est pas par lui-même constitutif d'un abus de droit fiscal (V. *supra*, n° 295), mais relève de la liberté de gestion du contribuable, dès lors que l'opération n'est pas artificielle et qu'aucun détournement de l'intention du législateur n'est établi[56].

Ce palliatif n'est pas sans risques, la mère étant indéfiniment responsable si la filiale fait de mauvaises affaires. Il perd de son intérêt avec le régime de l'intégration fiscale, du moins à l'égard des filiales à 95 %.

B. – Le régime de l'intégration fiscale

2514. – À l'image de ce que connaissent les pays étrangers industrialisés, les groupes français peuvent consolider les résultats de leurs filiales relevant de l'impôt sur les sociétés dont elles possèdent au moins 95 % du capital (CGI, art. 223 A). Chaque filiale fait une déclaration séparée de ses résultats, mais ne paie pas l'impôt correspondant. La société mère fait de son côté une déclaration de l'ensemble des résultats du groupe en compensant les bénéfices et les déficits ; l'impôt à payer est calculé sur le résultat net ainsi dégagé.

2515. – Le régime de l'intégration fiscale s'applique même si le groupe ne compte que deux sociétés, l'une étant la mère de l'autre. Cela explique le recours de plus en plus fréquent à la société holding comme technique de rachat d'une société ; le régime de l'intégration fiscale permet d'imputer les frais financiers supportés par la holding avec les bénéfices dégagés par la société rachetée (V. *supra*, n° 2335).

§ 4. – La circulation des titres

2516. – *Exonération des plus-values sur cession de titres de participation.* Si la société mère, souvent une holding, souhaite se séparer de l'une de ses filiales, elle se contente de céder les actions ou parts sociales de cette dernière. Les titres ont la nature comptable et fiscale de titres de participation dès lors que la participation est au moins de 5 % (V. *supra*, n° 2511). La plus-value dégagée à l'occasion de la cession de tels titres est exonérée à hauteur de 88 % dès lors qu'ils sont détenus depuis plus de deux ans.

(56) CE, 8e et 3e ss-sect., 15 févr. 2016, n° 374071, *SNC Distribution Leader Price* : *Dr. fisc.* 2016, n° 11, act. 149, note Fl. Deboissy.

2517. – *Société à prépondérance immobilière.* L'exonération ne joue pas si la filiale est une société à prépondérance immobilière : il est hors de question d'accorder une prime fiscale s'ajoutant à l'envol du prix de l'immobilier ; dans ce cas, la plus-value est imposée au taux de droit commun de l'impôt sur les sociétés, ramené à 19 % dans le cas d'une société à prépondérance immobilière cotée.

SECTION 6

LES ACTIONNAIRES MINORITAIRES

2518. – *Principe.* Les actionnaires minoritaires, sauf le cas des sociétés cotées, sont peu protégés contre un changement de majoritaire. De plus, les actionnaires d'une société mère ne peuvent pas agir à l'encontre des dirigeants des filiales, même si ces derniers ont un comportement fautif et font courir un risque de perte ou causent un dommage à la société mère, actionnaire majoritaire de la société qu'elle dirige (V. *supra*, n° 455).

2519. – *Exception.* L'article L. 225-231 du Code de commerce (mod. Ord. n° 2020-1142, 16 sept. 2020) autorise toutefois une association ou des minoritaires, s'ils représentent au moins 5 % du capital (éventuellement en se regroupant), à poser par écrit au président du conseil d'administration ou au directoire des questions sur une ou plusieurs opérations de gestion passées par des sociétés contrôlées au sens de l'article L. 233-3 (V. *supra*, n° 2409) en vue de déclencher, suite à une réponse jugée non satisfaisante, la nomination d'un expert de gestion (V. *supra*, n° 700). Les actionnaires minoritaires d'une société mère peuvent de la sorte demander une expertise de gestion au sein d'une filiale.

Le coin des amateurs

Être branché, tendance droit des sociétés

2520. – Savoir est utile, faire savoir est crucial, mais faire savoir avec des mots d'hier est mortel, d'où ce petit lexique des termes à la mode et d'inspiration anglaise ou nord américaine, qui se trouvent appartenir à une autre langue, donc à un autre monde.

– **Board :** de l'anglais « board of directors » ; désigne le conseil d'administration ; rien à voir avec les surfboards ou planches de surf, sur lesquelles d'ailleurs la très grande majorité des administratrices et des administrateurs auraient bien du mal à tenir debout.

– **Business Angels :** entrepreneurs aidant, par leurs capitaux ou leurs conseils, les créateurs de *start-up*.

– **Call :** promesse de vente d'actions.

– **CEO** (*Chief Executive Officer*) : directeur général ; lorsque le président de la société n'assume pas cette fonction, on dit qu'il est : « non-executive ».

– **CFO** (*Chief Financial Officer*) : désigne en plus chic un directeur financier.

– **COO** (*Chief Operational Officer*) : terme peu fréquent dans les sociétés françaises, désigne le directeur général délégué, bref celui qui a les mains dans le cambouis.

– **Corporate governance :** gouvernement d'entreprise ; on désignait par là initialement les règles de bon comportement des dirigeants sociaux, mais la formule est également utilisée pour désigner les solutions arrêtées par deux partenaires aux questions de répartition de pouvoirs ; on dira par exemple : « la fusion a buté sur des problèmes de *Corporate governance* », autant dire l'ego des dirigeants.

– **Crowdfunding :** financement participatif de projets, par dons, prêts ou apports ; application de la règle selon laquelle les petits ruisseaux font les grandes rivières.

– **Due diligences :** pratiques destinées à permettre de connaître de l'intérieur une entreprise dans laquelle une prise de participation est envisagée ; cela implique la consultation de documents (contrats, etc.), et l'interview de collaborateurs de l'entreprise ; c'est le strip-tease appliqué aux personnes morales ; selon la formule d'un banquier amateur de japonaiseries, il s'agit « d'ouvrir le kimono ».

– **Earn out :** complément de prix parfois prévu lors de la cession d'actions ou de parts sociales et dont le montant dépend des résultats futurs de la société.

– **Equity swap :** instrument financier permettant d'acheter ou de vendre économiquement un actif sans avoir à l'acquérir ou à le céder.

– **Golden hello :** cadeau de bienvenue ; désigne la somme versée au nouveau dirigeant, parfois débauché auprès d'un concurrent ; est supposé compenser les avantages auxquels renonce l'impétrant en accédant à ses nouvelles fonctions.

– **Golden share :** action dotée de prérogatives particulières ; l'instrument a été inventé par le gouvernement Thatcher lors des privatisations et importé en France ; à ce titre, l'État, titulaire de la *Golden Share* (traduite Action spécifique), peut s'opposer à certaines prises de participation au sein de la société privatisée.

– **Insider trading :** pratique d'initié ; conduit très souvent à faire connaissance avec l'AMF, ou Autorité des marchés financiers, autant dire à passer un mauvais moment.

– **LMBO** (*Leverage Management Buy Out*) : rachat de la société, le plus souvent par ses dirigeants (managers), qui recourent massivement à l'emprunt (V. *supra*, n° 2343).

– **MAC clause :** MAC est l'abréviation de « material adverse change » ; on rencontre cette clause notamment dans les contrats financiers, l'apparition d'un événement majeur défavorable permettant d'exiger le remboursement anticipé du crédit, telle la pandémie de Covid-19.

– **Merger :** fusion ; on retrouve le terme dans *Merger and Acquisition*, dit encore M & A, et prononcé « éméné » (à ne pas confondre avec Guéméné, l'une des deux capitales de l'andouille) ; les banques d'affaires et les cabinets d'avocats d'affaires ont habituellement un département M & A.

– **Phantom shares :** actions fantômes ; on connaît les options de souscription ou d'achat d'actions (stock-options), qui peuvent donner lieu à la vente ou l'émission d'actions, le bénéficiaire réalisant éventuellement un profit tenant à la différence entre le prix d'achat ou de souscription ou d'achat déterminés à l'avance et la valeur de l'action ; le procédé des actions fantômes procure le même avantage mais sans livraison de l'action ; on attribue virtuellement à un dirigeant un droit à acheter *x* actions, s'il exerce ce droit, il reçoit en numéraire la différence entre la valeur réelle de l'action au jour de l'exercice et la valeur au jour de l'octroi de l'avantage ; il n'est pas utile de croire aux fantômes pour en bénéficier.

– **Poison Pill** (pilule empoisonnée) : désigne toute défense anti-OPA, au sens large, de caractère préventif ; cet empoisonnement échappe au Code pénal.

– **Put :** promesse d'achat d'actions.

– **Private Equity** (fonds de) : fonds d'investissement privés réunissant des investisseurs très fortunés et prenant des participations dans des entreprises cotées ou non, voire le contrôle de celles-ci ; n'étant pas cotés, ces fonds sont à l'abri d'une offre publique… et des regards indiscrets puisque leur caractère privé les dispense de toute publication sur leurs résultats, leur patrimoine, etc.

– **Prok :** terme hexagonal formé à partir du mot procureur, ce personnage dont l'ombre arrête parfois les dirigeants tentés par un petit abus de biens.

– **Push down :** pratique consistant à filialiser une activité, par voie d'apport partiel d'actif ; rien à voir avec les « pompes » imposées au temps du service national obligatoire (« toi le diplômé, tu m'en feras cinquante, ça t'apprendra à faire le malin »).

– **SCOP :** société coopérative ouvrière de production ; avec un « o » de plus, on bascule dans la rubrique « célébrités ».

– **Squeeze Out :** retrait obligatoire.

– **Start Up :** société naissante (ou jeune pousse si l'on a la main verte).

– **Stock-Options :** options de souscription ou d'achat d'action, dit parfois « Stocks ».

– **Tracking stocks** (*trackers*) : actions traçantes ; le dividende est indexé sur les résultats d'une des activités de la société et retrace donc les performances du secteur considéré.

– **Venture capital :** en traduction mot à mot, signifie « capital d'aventure » ; le terme embrasse toutes les activités de financement d'entreprise à risque : projet de clonage de la Tour Eiffel, lancement d'une radio pour chats et chiens, découverte d'un remède contre la sottise ; la formule se décline en « venture capitalist ».

– **Vulture funds :** autrement dit « fonds vautours » ; il s'agit de fonds d'investissement spécialisés dans la récupération de firmes à la veille ou au lendemain d'un dépôt de bilan ; certains fonds se sont spécialisés dans le rachat de créances souveraines sur des pays au bord de la faillite.

Une chose est le vocabulaire, une autre son utilisation. Voici un exemple de phrase passe-partout à fort potentiel de séduction lors d'une soirée « *networking* », à prononcer avec le zeste d'accent américain que procure la fréquentation assidue des séries télévisées et deux doigts de désinvolture : « Je suis CFO d'une *start-up* montée avec deux *business angels*, sans clause *MAC*. Pour des raisons de *governance*, je n'ai pas de *stocks* pour éviter le risque d'*insider trading* mais des *trackers* avec un *put* d'un *venture capitalist* en cas de *merger* et pour incrémenter[57] le tout un package de *phantom shares* avec *put* et *earn out*. C'est comment déjà votre prénom ? »

***

Pour la suite des opérations, nous renvoyons à un poète du XXe siècle, Paul Géraldy, rarement cité en droit des sociétés (P. Géraldy, *Toi et moi*) : « Baisse un peu l'abat-jour, veux-tu ? Nous serons mieux. C'est dans l'ombre que les cœurs causent, et l'on voit beaucoup mieux les yeux quand on voit un peu moins les choses ».

(57) NDT : « augmenter ».

Index des amateurs

(Les numéros indiqués renvoient aux numéros d'alinéas)

Index alphabétique

(Les chiffres renvoient aux numéros d'alinéas)

D

E

F

G

H

I

Q

R

Table des matières

PREMIÈRE PARTIE

LE DROIT COMMUN DES SOCIÉTÉS

Titre 1

LA NAISSANCE DES SOCIÉTÉS

Titre 2

LA VIE DES SOCIÉTÉS

DEUXIÈME PARTIE

LE DROIT SPÉCIAL DES SOCIÉTÉS

Titre 1

LES SOCIÉTÉS À RISQUE LIMITÉ

Titre 2

LES SOCIÉTÉS À RISQUE ILLIMITÉ

TROISIÈME PARTIE

RESTRUCTURATION ET GROUPES DE SOCIÉTÉS

Titre 1

LES PROCÉDÉS DE RESTRUCTURATION

Titre 2

LES GROUPES DE SOCIÉTÉS

Photocomposition Nord Compo Multimédia

59650 Villeneuve-d'Ascq

Cet ouvrage a été achevé d'imprimer en juillet 2021
dans les ateliers de Normandie Roto Impresssion s.a.s.
61250 Lonrai (Orne)
N° d'impression : 2103514
Dépôt légal : juillet 2021

Imprimé en France